新时代卫生健康事业

改革发展与医院管理创新

张莘敏 主编

光明日报出版社

图书在版编目（CIP）数据

新时代卫生健康事业改革发展与医院管理创新：上中下 / 张荣敏主编 . -- 北京：光明日报出版社，2019.12

ISBN 978-7-5194-5267-4

Ⅰ . ①新… Ⅱ . ①张… Ⅲ . ①医疗保健制度—体制改革—研究—中国②医院—管理—研究—中国 Ⅳ . ① R199.2 ② R197.32

中国版本图书馆 CIP 数据核字（2020）第 005069 号

新时代卫生健康事业改革发展与医院管理创新：上、中、下

XINSHIDAI WEISHENG JIANKANG SHIYE GAIGE FAZHAN YU YIYUAN GUANLI CHUANGXIN：SHANG、ZHONG、XIA

主　　编：张荣敏

责任编辑：章小可　　　　责任校对：赵鸣鸣
封面设计：李向东　　　　责任印制：曹　净

出版发行：光明日报出版社
地　　址：北京市西城区永安路 106 号，100050
电　　话：010-63139890（咨询），63131930（邮购）
传　　真：010-63131930，67078255
网　　址：http://book.gmw.cn
E - mail：zhangxiaoke@gmw.cn
法律顾问：北京德恒律师事务所龚柳方律师

印　　刷：三河市华东印刷有限公司
装　　订：三河市华东印刷有限公司
本书如有破损、缺页、装订错误，请与本社联系调换，电话：010-63131930

开　　本：185mm × 260mm
字　　数：1330 千字　　　　印　　张：90.75
版　　次：2019 年 12 月第 1 版　　印　　次：2019 年 12 月第 1 次印刷
书　　号：ISBN 978-7-5194-5267-4

定　　价：969.00 元（上、中、下）

《新时代卫生健康事业改革发展与医院管理创新》

编　委　会

卫少东　王　龙　王　军　王　丽　王　瑾　王　武　王　辉
王　现　王　林　王　峰　王　锋　王　强　王　静　王士房
王义平　王长清　王兰星　王庆来　王志军　王丽英　王国平
王明森　王育林　王学彦　王孟和　王春生　王顺道　王晓峰
王健生　王爱明　王海宝　王宾洲　王新文　王新生　王新成
王福生　王端明　支振东　车在世　毛瑞红　亢小迪　方金勇
方雄伟　计成阜　尹志安　尹建荣　尹绍文　邓小凤　邓洽林
邓海波　甘爱民　石　静　石洪秀　龙　文　占秉铃　田仁军
田占园　田炜宁　田爱钊　田得雨　史自立　付春生　白平章
白东浩　白金娥　白彦逵　白海军　冯　峰　冯子英　冯仕彦
冯学毅　尕玛扎西　对先·库尔曼　成延忠　吕　刚　吕　岚
吕宝君　吕建平　朱　炯　朱友银　朱先贵　朱庆立　朱安军
朱继先　朱增利　朱德军　乔正荣　乔来军　乔晓红　任　洁
任云峰　任永强　任佰玲　向正华　多　加　邬光兰　刘　传
刘　春　刘　荣　刘文川　刘成东　刘先富　刘汝艳　刘社平
刘明新　刘忠和　刘承云　刘春华　刘爱卿　刘高俊　齐大光
齐玉萍　闫卫军　闫金伟　闫家平　闫耀生　江梓清　江永旦增
许荣朝　许信龙　孙　义　孙卫科　孙太平　孙贵银　孙继新
阳剑峰　牟作峰　苏义文　苏建华　杜　光　杜　芸　杜　耕
杜克刚　李　立　李　丹　李　军　李　宝　李　锐　李卫东
李天荣　李玉亭　李亚伟　李克祥　李扬帆　李有堂　李仰涛
李庆利　李兴岭　李守利　李红旗　李红霞　李连贵　李秀军
李荣金　李学炯　李宗伟　李宗禹　李建国　李春光　李相文
李顺良　李俊勇　李彦文　李振全　李海贵　李家果　李惠哲
李富强　李德珍　李德铭　杨　杰　杨　军　杨七斤　杨世炎
杨代喜　杨发武　杨兴俊　杨志平　杨求进　杨医通　杨利军

黄　勤　黄　腾　黄大文　黄小兵　黄友柏　黄拉成　黄裕坚
梅俊荣　曹东宁　曹修亮　盛炎炎　常守海　符　斌　脱　皎
康秀燕　梁岁江　梁兆墡　梁红民　梁运利　梁接顺　尉国师
彭海涛　葛长青　葛承辉　董永凯　董淑洪　蒋贵东　韩陈香
韩忠强　景　明　程玉升　傅念生　傅继荣　焦庆华　舒占坤
普静波　曾荣东　曾俊涛　曾常爱　曾鸿毅　谢天喜　靳建明
雷宝军　詹运开　詹建平　廉　兴　雍春华　褚吉绪　蔡乃宇
蔡文德　管廷勇　廖士才　廖碧常　谭　翱　谭晓均　熊　英
熊丽彬　熊晶辉　樊艳勤　黎　萍　颜生祥　潘荣华　薛应亮
戴　夫　魏文生　巍晓务

前 言

国民健康不仅是民生问题，也是重大的政治、经济和社会问题。健康中国建设不仅直接关乎民生福祉，而且关乎国家全局与长远发展、社会稳定和经济可持续发展，从而具有重大的战略意义。目前，我国医疗卫生机构数量已增加到99万个，医疗卫生从业人员达到1120多万人，个人卫生支出占卫生总费用的比重从34.3%下降到28.8%。人均预期寿命提高到76.5岁，孕产妇死亡率降至19.9/10万，婴儿死亡率降至7.5‰，居民主要健康指标总体优于中高收入国家平均水平，取得较高的健康绩效。但是，当前健康中国建设面临着人口老龄化加速和疾病普变化、“三医”联动改革滞后、健康领域投入不足、环境污染和食品安全问题形势仍然严峻等挑战，需要综合治理，特别是要抓住优化全民医疗保障制度、推进健康老龄化、重视疾病预防和健康管理、运用技术手段推进健康治理现代化。

2019年是中华人民共和国成立70周年，是全面建成小康社会关键之年。全国卫生健康系统要以习近平新时代中国特色社会主义思想为指导，全面深入贯彻党的十九大和十九届二中、三中、四中全会精神，坚决践行“两个维护”，坚持稳中求进工作总基调，全面加强党的领导，创造性落实新时代党的卫生健康工作方针，深入实施健康中国战略，聚力抓重点、补短板、强弱项，不断增强群众健康获得感，为全面建成小康社会收官打下决定性健康基础。全力推进健康中国建设，针对重要健康危险因素、重点人群和重大疾病，实施一系列健康行动。整合医疗卫生资源破解“看病难”问题，着力推进医联体建设，提升县级医院服务能力，大力发展远程医疗，做实做细家庭医生签约服务。强化“三医”联动改革破解“看病贵”问题，健全国家基本药物制度，进一步完善药品集中采购和使用等政策，提高公立医院管理水平，统筹推进医疗价格调整和公立医院绩效考核，配合开展医保支付方式改革，推进异地就医直接结算。构建更加成熟定型的分级诊疗制度，着力推进区域分开、城乡分开、上下分开、急慢分开，引导优质医疗资源下沉。举全系统之力实施健康扶贫工程，进一步完善基层医疗卫生服务能力建设长效机制，健全贫困群众医疗兜底保障制度，加强贫困地区健康危险因素防控。扎实做好重大疾病防控和公共卫生工作，坚持预防为主，关口前移，统筹做好免疫规划，加强传染病、地方病、慢性病和职业病防治。促进人口均衡发展与健康老龄化，加强人口监测和形势分析，严格执行母婴安全五项制度，构建养老护理体系，深入推进医养结合。推动中医药振兴发展，深入开展中医药服务，强化中医药科技创新和人才培养。加强卫生健康人才队伍建设，完善住院医师规范化培训相关政策，完善职称评定措施。推动卫生健康治理体系和治理能力现代化，加强卫生健康法治建设，进一步完善鼓励社会办医发展的政策体系。加强政策解读，做好典型宣传，实施综合监管制度，加强科技创新，深度参与全球卫生治理。

《新时代卫生健康事业改革发展与医院管理创新》以党的十九大精神为统领、以习近平新时代中国特色社会主义思想为指导，对新时代卫生健康事业改革发展中重点工作，如：认真学习贯彻党的十九大精神、推动实施乡村振兴战略、加快卫生健康事业改革、创新医院管理、促进民生改善、增强人民群众健康获得感、夯实政策和人才支撑、坚持全面从严治党等方面进行了全面的阐述，为基层卫生健康工作者提供理论与实践支持。本书概念把握准确，对所研究的问题、学术梳理清晰，为深入开展研究奠定了学理基础；思路开阔，理论体系完善，观点鲜明，对认识基层工作具有较大的启发；研究基础扎实，调研充分，利用了大量调研、访谈资料，并有深入的剖析。能够实事求是地分析我国卫生健康事业工作面临的问题，切入准确、分析得当，观点正确；能多角度论述，有独到的见解，且分析比较全面，具有很强的指导价值。综观全书，思路清晰，逻辑结构严密，资料翔实，观点正确，学科知识全面，能够多点多面进行研究，并且具有一定的广度和深度，学术规范，引用资料准确。本书可以为新时代卫生健康事业改革发展提供学术支撑、决策咨询和有益借鉴，也有助于基层卫生健康工作者从一个新的视角深化工作理论研究，进一步提升理论的研究水平及实践能力。

2019 年，广大卫生健康工作者要发扬“敬佑生命，救死扶伤，甘于奉献，大爱无疆”的崇高精神，求真务实，恪尽职守，全力开创卫生健康事业改革发展新局面，推动人民健康水平再上新台阶，以优异成绩庆祝中华人民共和国成立 70 周年。

我们在本书编写过程中，参阅了大量近年来出版的同类著作，借鉴和吸收了许多国内外专家学者、同人的研究成果，在此谨向提供了有益观点和理论的学者表示感谢！由于编写时间和编者水平有限，难免有疏忽、谬误之处，敬请各位读者、专家、同行批评指正，以便今后改进和完善！

编委会

2019 年 11 月

目　录

第一篇
新时代卫生健康工作改革发展探索

第二篇
推进健康中国行动与医院管理创新研究

第三篇
深化医药卫生体制改革与助力全民健康工作实践

第一篇

新时代卫生健康工作改革发展探索

服务新时代 展现新作为 助力全民健康

——重庆市綦江区中医院打造渝南黔北中医高地

重庆市綦江区中医院

引言：2017年10月18日，习近平同志在十九大报告中指出，实施“健康中国”战略，要完善国民健康政策，为人民群众提供全方位全周期健康服务。重庆市綦江区中医院在中医医院发展的道路上，实施“一建双创”核心战略，即整体迁建、创建国家三级甲等中医医院、创建贵州中医药大学非直属附属医院，切实改善就诊环境、提升中医药诊疗服务能力、打造渝南黔北中医高地，助力“健康中国·美丽医院”建设。

重庆市綦江区中医院始建于1953年，是一所集医疗、预防、康复、科研、教学于一体的具有中医药特色综合服务功能的国家二级甲等中医院。2015年12月，该院“一建双创”核心工作正式启动。经过3年的努力，目前，綦江区中医院整体迁建工程（简称通惠总院）1期建设工程已完成，将于2019年3月正式投入使用，同时，三甲创建工作及非直创建工作均取得明显成效。

一、落实整体迁建，构筑“美丽医院”助力“健康中国”建设

为贯彻落实党的十九大精神，推进“健康中国”战略实施，建设“美丽医院”，保障和改善民生，构建优质高效的医疗卫生服务体系，改善诊疗和就医环境，提升医院品质，提高医疗服务水平和群众看病就医获得感，2015年12月，綦江区中医院整体迁建工程正式动工，新院址位于綦江区通惠新城王家湾，总面积6.7万平方米，业务建筑面积4.7万平方米，床位500张，目前，一期主体工程建设

正进入最后的室内装修装饰阶段，预计 2019 年 3 月正式投入使用。届时，綦江区中医院将形成“一院三点”的新格局，通惠总院为综合性医院，北街院区是医养结合的养老中心，九龙院区是中医康复医院。

1.“天人合一”的就医环境，中医药文化氛围浓厚

建成后的綦江区中医院通惠总院，如置身于风景如画的生态公园。这里没有钢筋水泥的大门，映入眼帘的是四季园（春园、夏园、秋园和冬园），四季园里种植了分别在春夏秋冬开花的绿植，比如春园的的晚樱和紫玉兰，夏园的国槐和丛生紫薇，秋园的银杏、金桂、银桂和三角枫，冬园的红梅和腊梅。整个医院依山而建，自然天成，道出了“天人合一”“四季养生”的中医理念。

医院主题广场前矗立着一座孙思邈铜雕。有“药王”之称的孙思邈是唐代医药学家，著有中医经典巨著《千金要方》，他是第一个完整论述医德的人，讲求从医者应以德养性、以德养身、德艺双馨。綦江区中医院将追求医学上精益求精和医德上大医精诚的孙思邈，作为医院中医药文化形象及思想的楷模和代表，将其精神传承并发扬光大。

医院的整体建筑及装饰装修风格为传统古典风格，以暖色调为主，主要以代表温馨的杏黄色及独特的中草药色（褐色）为主。门诊一楼大厅的主体浮雕以药王孙思邈一生的医学贡献及民间流传典故为主题，浮雕墙下是紫铜锻造的《大医精诚》医德篇全文铭刻。

全院室内及室外的园林、道路、广场周边，设置了传统中医音乐疗法体系，让来院的市民在轻慢舒畅的古典音乐中，徜徉在弥漫中草药香的步道上，远离尘嚣，调适身心。

2. 综合医疗技术实力雄厚，防治康养全程无忧

“一院三点”即：通惠总院、北街院区、九龙院区。

通惠总院：分门诊医技楼、急救部、住院部三个部分。

门诊医技楼：党政、行政办公室、职能科室、内镜室（肠镜、胃镜、纤支镜、膀胱镜、咽喉镜）、特检科（四维及系统彩超、B 超、心电）、医学检验科（临床血液体液、化学、免疫、微生物实验）、医学影像科（DR、CT）、磁共振室、普通门诊、产科、妇科门诊、血液透析中心、名医堂、治未病科。

急救部：急诊医学科、ICU（重症医学科）和120救治平台。

住院部：心病科、肺病科、脾胃病科、肾病／内分泌科、外一科（胃肠、肝胆、肛肠、普外）、骨伤科、外三科（神经、手外伤、烧伤、创伤）、妇产科、麻醉科、耳鼻喉科、口腔科、感染性疾病科。

通惠总院正式运营后的綦江区中医院，整体诊疗技术能力得到全面提升，可开展手术如下。外一科：经腹腔镜胃、结肠、直肠癌根治术、肝叶切除、门静脉断流术、泌尿系经软镜硬镜下钬激光碎石术、各种复杂肛瘘、痔疮等肛肠手术、静脉曲张泡沫硬化剂微创硬化治疗。外二科：四肢骨折、骨盆骨折、脊柱骨折切开复位内固定术、膝髋关节置换术、膝关节镜下各类手术、椎间孔镜下微创椎间盘髓核摘除术、脊柱结核、肿瘤病灶清除术。外三科：断肢再植术、烧伤整形术、各种颅脑外伤及颅内肿瘤手术。妇产科：分娩镇痛术、无痛人流术剖宫产、腹腔镜下广泛全子宫切除术、盆腔淋巴结清扫术、前盆底重建术及全盆底重建术。肾病内分泌科：持续血液净化（CRRT）治疗、半永久性中心静脉置管术，自体动静脉内瘘成形术，超声引导下自体内瘘球囊扩张术。脑病科：支气管镜检查术、经支气管镜镜下治疗。脾胃病科：胃、食管、结肠早癌筛查术、ESD胃镜下黏膜剥离术、肠道支架置入术。心病科：心梗溶栓术、心脏起搏器置入术、冠状动脉造影术。耳鼻咽喉科：经鼻内镜鼻中隔、鼻窦手术、扁桃体摘除术、支撑喉镜下声带息肉、会厌囊肿切除术，腮腺、颌下腺、舌下腺切除术。口腔科：颌面部外伤的清创缝合，各种牙槽外科手术如残根、残冠、松动牙的拔除，另开展舌系带矫正术、各种牙颌面畸形矫正术、义齿修复、牙体疾病预防与治疗。

北街院区：医养结合养老中心、肿瘤科、针灸科、内科、专科门诊、全国名中医传承工作室。

我国现阶段未富先老、未备而老和孤独终老的老龄化特点突出，医养结合存在大量切实需求。北街院区改扩建后的医养结合养老中心，将充分利用医疗资源与养老防治相结合，为入住我院的老人提供专业救治以及免费体检、预防保健及疾病干预等服务，构建医养一体的服务体系，实现医疗卫生和养老服务资源有序共享，为入住老人提供健全的医疗卫生服务。

九龙院区：中医康复医院、脑病科、专科门诊、国医馆、全国名中医传承工作室。

我院康复科是国家中医药管理局重点专科，是重庆市卫健委中医药管理局重点学科、綦江区中医康复质量控制中心。九龙院区改扩建成为中医康复医院后，占地面积4000余平方米，住院病床将增至100张，科室拥有价值近千万元先进康复理疗设备：虚拟情景互动评估训练系统、减重步行训练、下肢康复机器人、平衡功能训练仪、射频、臭氧等。主要开展脑血管疾病（偏瘫）、颈肩腰腿痛、骨折术后、颅脑外伤术后、脊髓损伤（截瘫、四肢瘫）等中西医结合康复医疗服务。科室参与及主持国家级、省市级科研课题多项，先后荣获市区级科技成果奖三项。

科室采用醒脑开窍针刺技术、手针、整脊、超微针刀、肉毒毒素注射以及运动、言语、吞咽、认知、心肺功能训练等中西医结合康复技术治疗偏瘫、截瘫、骨关节功能障碍等疾病。

3. 新购先进设备护航健康，诊断治疗能力提档升位

綦江中医院在注重自身“软件”更新的同时，不断优化硬件设施，东部新城中医院一期投入使用时，新购大型先进医疗设备有64排CT，1.5T核磁共振、DSA、飞利浦Q7彩超、高清电子胃肠系统等10余台。

放射科64排128层CT

现有16排CT不能满足心脏系统检查，新购买的64排128层螺旋CT具有准确率高、扫描速度快、图像质量清晰、后处理功能强大等特点，可以判断冠状动脉狭窄程度和区分冠状动脉硬化斑块的成分，有利于新技术、新业务开展，提升医院的整体诊治水平。

磁共振室1.5T核磁共振

现有一台永磁型磁共振已经使用13年，设备老化，故障率高，不能满足病人需求，且扫描时间长，图像质量较差，细微结构显示差。新购1.5T核磁共振可做动态增强、波谱、弥散及功能成像，可鉴别肿瘤的良恶性，诊断超急性脑梗塞，MRCP可确定胆道梗阻的部位及性质，MRA可确定血管病变的部位、性质，提高疾病诊断的准确率，对临床诊治疾病有极大的帮助。

脾胃病科高清电子胃肠镜系统

常规的胃镜对细小的病变及早期胃癌，存在不能明确观察细微病变、无法准确诊断等弊端。而新购高清电子胃肠镜系统，能精细地观察病变轮廓和病变形态，简化了操作步骤，提高了诊断率，避免误诊漏诊现象的发生。高清电子胃肠镜系统均具备染色功能，通过 NBI 等染色技术可清晰地观察细小的地方色彩变化，如组织结构，毛细血管走向，黏膜表面腺管开口形态，凹凸变化，提高早癌检出率，提高医院技术学术含量和收益，提高病人生存质量。

椎间孔镜手术系统

开展先进的脊柱微创技术，从根本上解决了患者长期以来的脊柱疾病。开展最先进的可视化椎间孔镜技术，能让医生快速全面地掌握微创方法，开展更多脊柱适应症的治疗方案，提高医技水平，为医院的整体发展做贡献，该项目预计 2018 年搬迁后投入使用。

未来的綦江区中医院，将是集中医防、治、康、养于一体的国家三级甲等中医医院，实现打造渝南黔北中医高地的宏伟目标，为綦江及周边的人民群众健康保驾护航。

二、创建国家三级甲等中医医院，打造渝南黔北中医高地

自 2015 年 12 月綦江区中医院启动三甲创建以来，通过三年的三甲中医院建设创建工作，该院的院貌已经换然一新，无论是诊治服务水平、医疗设备，还是特色科室建设、人才培养，各方面都取得了较好的成绩。

1. 突出中医特色，培育龙头团队

2015 年 12 月，该院开始启动国家三级甲等中医医院创建工作，区委、区政府高度重视并将中医院三甲创建工作纳入《重庆市綦江区“十三五”区域卫生规划》（綦江府发〔2016〕43 号），全院干部、职工更是齐心协力，积极投身于创建工作中。

医院成立了以院长为组长的创建领导小组，科室成立了以科主任、护士长为

组长的创建小组，并在科室设置了三甲联络员，制订了《重庆市綦江区中医院创建三级中医医院工作方案》，聘请了12名专家督导员，并分期、分批邀请市内外专家来院进行三甲创建指导。该院在三甲医院创建工作中，为确保中医重点专科建设落到实处，对重点专科在人才引进、设备配置等方面都给予了扶持政策。康复科是该院的龙头科室，科室坚持突出中医特色，提升现代诊疗技术，适时调整科室发展战略，不断扩大规模，逐步细分专业。目前已发展成为中医特色突出、人才结构合理、学术技术领先、功能服务完善，集医、教、研于一体的国家级中医重点专科。

“治未病科”是该院的一大亮点，开展了三伏贴、三九贴、针刺、灸法、耳穴压豆等多项治未病服务。对口支援多家乡镇卫生院，建立紧密型医联体，接收医联体单位进修人员50余人，开展中医适宜技术培训推广60余次。连续四年承办了重庆市针灸、推拿、耳穴专委会会议。

与此同时，该院学科中医特色斐然，各临床科室中医药特色得到明显彰显，全院组织开展“一方一技”工作，共制定协定处方33个，中医医疗技术60余项，积极开展专科专病中医特色护理技能培训，科室实施中医护理常规和方案，全院开展中医护理技术28项，提供72个病种中医健康教育处方。中医护理服务人次逐年上升，2017年达56万人次。带动全区中医护理发展，成立中医护理专业委员会，承办全区中医护理培训班和康复护理培训班，为基层培养了中医护理人才。立足中医优势，该院强化中药药事管理，保证临床用药需求。按照国家标准设置中药饮片及中成药库（药）房；针对广大患者用药安全、有效、方便，建成膏、汤、丸、散制作室。目前，中药饮片品种500余种。

2. 加强人才建设，夯实发展基础

“人才建设才是三甲医院建设的根本。”为加强干部队伍建设，该院实施“火炬计划”，先后组织职能科室主任、临床科室主任到广东省中医院、北京大学第三医院等全国知名医院进修学习。科主任每年要参加2次以上的学术会议或培训班，通过培训学习，中层干部和学科带头人的管理能力和技术创新能力得到了提高。

该院还制定了优先引进高学历中医药人才政策，三年来招聘本科以上67人，研究生 7 人。有 16 名年轻干部走上了管理岗位，培养储存了 20 多名预备干部。2018 年度从上级院校引进学科带头人和客座教授 6 人。同时，该院注重护理人力资源配置，加强护理队伍建设，近三年招聘护理本科生 16 人，现全院共 290 名护士，床护比达到 1: 0.4，大专以上学历 278 人，达 95.8%。

与此同时，该院还积极创建贵州中医药大学非直属附属医院，开展临床带教师资培训，实施规范化带教管理。近三年接收多专业和各层次的实习生近 600 人，其中本科以上层次的毕业实习生 66 人次，培训全区乡镇卫生院医师 500 余人次。加大科研扶持力度，加强科研管理，鼓励技术创新，近三年承担市区两级科研项目 56 项，结题 29 项，发表论文 150 余篇。

每年开展“三基三严”“西学中”和护理技能操作培训。两年来选派了 102 人到上级医院进修，培养专科护士 56 人，参加各类培训、学术交流 508 人次。

该院的三级师带徒体系，落实国家级、市级、区级师带徒工作。2018 年启动了全国名中医郭剑华、王辉武传承工作室，实施学术传承。本院中医师与全国名中医师结师徒，更好地开展了师承教育，传承名中医学术思想。三年来，该院的教学科研能力建设不断加强，学术水平不断提高，夯实了医院的发展基础。

3. 提升服务水平，确保诊治安全

“‘德为先、和为贵、学为尚、技为本’是该院的院训。一切为了病员，为了病员的一切是工作目标。”为确保医疗安全，让老百姓享受安全、优质的医疗服务，该院严格执行患者十大安全目标管理和医疗质量安全核心制度，建立健全医疗质量管理体系，增强行医安全意识，狠抓医疗质量管理，以学科指南、专家共识、诊疗规范等行业标准来规范医师执业行为。

三年来，修订完善了《医疗不良事件报告制度》，鼓励全院各部门主动报告医疗安全不良事件；加强应急管理，保障患者安全。医院成立应急领导小组，设置应急办公室，编印应急预案近 100 个，多次组织应急预案培训和演练，有效应对各种突发事件，确保患者安全。工作中不断强化质量控制方式，改善护理服务品质。建立“护理部—护士长”二级垂直管理体系，坚持分管院长为护理质控管理第一责任人，施行护士长目标管理考核；倡导优质护理服务，拓宽护理服务领域。每年投入20万元用于优质护理考核奖。实施医护联合查房，建立医护质控同步化和医、护、康合作化方案，探索医生护士合作小组。

此外，该院还在医疗硬件、软件上下功夫，近年来采购高清电子胃肠镜系统、64排128层CT、1.5T核磁共振、输尿管镜和钬激光系统、进口手术显微镜、关节镜、腹腔镜等先进设备，能开展心脏起搏器植入、血液透析、全髋及膝关节置换、腔镜下胃肠、妇科肿瘤摘除及淋巴清扫术、断肢再植等医疗技术，进一步提升了疾病的诊治水平，对患者的健康有了更好的保障。

4. 文化凝聚人心，服务惠及病员

三年来该院修订完善医患沟通制度，开展出院病人随访工作；修订完善《患者知情同意告知制度及程序》等管理制度，加强对高危、特殊诊疗、输血、麻醉及手术等的知情告知管理；改进投诉管理。修订《投诉管理办法》，成立医患关系办公室，聘请法律顾问，对投诉问题进行原因分析和效果评价，促进医疗服务的持续改进。

同时，医院增加便民设施。窗口科室施行弹性排班，设置老花眼镜，为患者提供轮椅、饮水、做到“六有”（就诊有人引、检查有人陪、手续有人办、困难有人帮、出院有人送、回家有人访）等便民措施，得到了患者及患者家属的好评。

文化凝聚人心、汇聚力量，在创建三甲的过程中，该院始终以孙思邈“大医精诚”为文化主题，用文化来提升医务人员的品质，用文化来提振医务人员的精气神，从而在全院上下形成凝聚力，加强协作精神，促进医院诊疗水平不断提高。三年来不断加强文化建设，形成了独特的中医文化氛围，现有院徽、院歌、院训，传统中医文化礼仪，编写了《中医药文化读本》和《员工手册》，以此来培养医务人员的社会主义核心价值观，规范医务人员的医疗服务行为。

重庆市綦江区中医院在践行“打造渝南黔北中医高地”宏伟目标的大道上，始终贯彻落实党的十九大精神、全国生态环境保护大会精神，和市委五届三次、四次全会精神，推进“健康中国”战略实施，建设“美丽中国”，切实打造集“环境美、服务美、人文美”于一体的美丽医院，促进该院就医条件和医务人员工作环境明显改善，医院形象和品质明显提升，患者看病就医更加优质方便，将中医药诊疗服务覆盖全区，造福渝南黔北周边地区的老百姓。

"一日行医，用心回报"
孙永新用实际行动诠释一位医者的仁心大爱！

云南省迪庆州人民医院

尽管医生这个职业非常辛苦，但当我一次又一次参与医疗急救，把一个个危重病人从鬼门关拉回来时，那种如释重负的感觉便在心底油然而生。救死扶伤是医生的责任与义务，骄傲大爱之路在我们脚下延伸。

——孙永新

走进迪庆州人民医院，第一眼见到常务副院长孙永新的时候，感觉他40来岁，长相憨厚朴实。也许是职业的原因，他似乎不善言谈，更像是一个擅长钻研业务的医生，没有什么多余的话语。然而让他介绍关于分管的医院120急救中心紧张而又繁杂的工作时，他却能娓娓道来。

"我们120中心接到急救电话后，会第一时间通知医院各相关科室进入战备状态。参与一线救援的医生一心想着尽快到达目的地，让病人少一点痛苦。第一时间现场救治，并把危重病患者尽快安全送到医院，组织相关专家会诊，需要手术的马上实施，普通伤员分流到相应科室处置。"从孙永新短短的一席话中，足以见识这个常务副院长的担当、能力与水平，他就是这样一个实实在在的人。

两次参与隧道坍塌事故医疗救援

2011年3月29日，正在建设中的香德二级公路肯古隧道突然大面积坍塌，在洞内进行开挖、支砌施工的19名工人被困。接到急救电话后，孙永新带领急救中心主任杨智勇，抽调医院精干力量组成急救小组，立即赶赴施工现场。

时间就是生命。救护人员和现场施工人员、武警官兵、干部群众齐心协力展开生命大救援。经过 28 小时的努力，救援通道被打通。此时，孙永新立即带领救护人员冲入隧道，将被困长达 20 多个小时的工人一一抬出，送上急救车向医院疾驰，经过现场急救及随后在医院的观察治疗，19 个工人生命体征平稳，不久后便康复出院。

同年 8 月 11 日，香德公路白马雪山隧道突然发生坍塌，8 名施工人员被困。接到医疗救援任务后，孙永新立即抽调人员组织了一支 16 人的急救小组，并协调协和医院、肝胆医院的 4 辆急救车赶赴施工现场。经过及时妥善处置和有效救治，8 名被困人员全部获救。

急救车祸伤员

2001 年的某天，香格里拉至三坝的专线大客车发生车祸。在三坝乡巡回医疗的孙永新听到消息后，和同事一起赶赴现场，他扛着担架，第一个冲下泥滑路烂的大陡坡，与参与救援的当地群众一道将伤员现场处置后，抬到公路边，并亲自驾驶急救车行驶 100 多公里，把伤员全部送到当时的香格里拉县人民医院。回到单位，他根本顾不上休息吃饭，再一次配合同事把这些伤病员全部妥善安置好，完事时已是第二天上午。

2006 年“五一”期间，一辆商务车在香格里拉尼西乡境内因转向不灵翻入山谷，来自北京清华大学的 11 名学生随着商务车滚下 100 米长的山坡。救援工作刻不容缓，接到报警求救电话的孙永新带领 120 急救中心医务人员，立即赶赴事故地点，与负责现场勘察处理的交警一道，从荆棘丛生的山坡下，把这些受伤的大学生一个个抬到路边，送往医院救治。

白衣天使的身影在地震灾区穿梭

120 急救中心的救急电话属于所有报警电话中，响铃频率最高的电话，急救中心也是出动频率最高的部门之一。

2013年8月28日、31日，德钦奔子栏镇与香格里拉市尼西乡交界处连续发生两次五级以上的地震。报警电话就是命令，更何况这次的地震险情比以往的车祸、泥石流、火灾、洪灾险情更重，作为迪庆州内最大、最专业的救援力量，急救中心责无旁贷，孙永新向医院做简单汇报后，紧急抽调骨干医务人员组成抗震救灾医疗救护小组，以最快的速度赶赴奔子栏、尼西上桥头、巴拉格宗大峡谷几个灾区，与公安、武警、消防一道参与抢救，并扛着伤病员撤离灾区。对伤员进行初步处理后，转送到医院治疗。在地震现场，随处可见“白衣天使”们忙碌的身影，他们昼夜奋战在抗震救灾第一线，用实际行动诠释着白衣天使的神圣使命。

传承中华美德，努力为患者服务

一天，德钦奔子栏叶日山区的一名年轻人不慎从树梢上跌落，导致大腿与胳膊动弹不得，被村里人送往州医院骨科治疗。由于患者家庭贫困，无力支付医疗费用，还未到出院时间，他便留下“回家筹集医疗费用”的字条悄悄离开医院，这一去便联系不上。后来，医院多方打听到这个年轻人的住址，为了追回6000多元医疗欠款，孙永新带着骨科主任到年轻人家中时，发现他家爷爷去世，正在办丧事。看到年轻人一贫如洗的家境，两个医生不再说什么，反倒各自掏出200元钱递过去。回到医院后，孙永新和科室的医生护士一起，凑齐了这个年轻人欠下的6000多元医药费用。此后不久，一个来自三坝乡东坝村的单亲母亲因肠梗阻到医院就医，身边还带着一个刚满5岁的小孩，母子俩身无分文，无依无靠，为了抢救患者的生命，孙永新不仅垫付医药费用，还动员科室医务人员为这对母子筹集了半年多的生活费。

谈到这一切，医院骨科护士长陈丽芬说：“我们孙副院长所做的一切，就是讲三天三夜也说不完，他不仅医术好，而且品行端正、助人为乐。‘一日行医，用心回报’是他的口头禅。”

说起行医过程中遇到的感动之事，孙永新说：“迪庆地处‘三江并流’大山大水的深处，居住在大山里的人们就是我们的服务对象，有一次，我在滇川交界处的浪都村巡回医疗时，接到奶奶去世的消息，当时心里非常悲痛，作为长孙，我想再怎么说也必须连夜赶回去，但浪都村距离香格里拉城有 120 多公里山路，得知我的难处后，当地群众打着手电筒连夜送我赶回去奔丧，那种感动至今我都无法用语言来表达。”

“参加工作 25 年来，通过不断学习、进修，我从一个懵懵懂懂的小伙子成长为一名骨干医生和医院的管理人员，20 多年来，无论是日常坐诊，还是到车祸现场、泥石流现场、地震灾区、火灾现场出诊急救，我都感觉自己这一生过得非常有价值，也活得非常有意义。”孙永新说道。

众志成城　克难攻坚
全力推进“健康阿坝”建设

四川省阿坝州卫生健康委员会

在阿坝州州委、州政府的正确领导下，在省卫生健康委员会的正确指导下，阿坝州卫生健康系统以习近平总书记新时代中国特色社会主义思想为指导，深入贯彻落实党的十九大和习近平总书记的系列重要讲话精神，加快推进健康阿坝建设，各项卫生健康工作取得长足进步。

一、凝心聚力、攻坚克难，全面提高人民群众健康水平

（一）全面深化医疗卫生体制改革

继续巩固公立医院综合改革。为有效控制公立医院医疗费用不合理增长，我州确定医疗费用增幅控制目标为 8 %。加快推进医联体建设，拟订了《阿坝州医疗联合体建设和发展实施方案》，经政府审核同意已由医改办印发至各县（市）、各单位。积极推进阿坝州人民医院和马尔康市人民医院医联体建设工作。确定汶川县为州级县域医共体建设试点县，拟订了汶川县建设县域医共体实施方案（试行），年内将启动县域医共体试点工作。积极做好家庭医生签约服务工作。全州前三季度签约率达 60%，慢性病患者、0 ~ 3 岁儿童、65 岁以上老年人等重点人群签约服务覆盖率 81%，贫困人口签约服务覆盖率达 100%。积极做好分级诊疗工作。前三季度，全州共上转患者 5789 人、下转 286 人，基层首诊、双向转诊、急慢分治、上下联动的合理就医格局正在逐步形成。

（二）公共卫生项目继续实施

今年我州基本公共卫生服务经费提高至55元/人，全州继续加强健康教育、预防接种、传染病防治、儿童保健等14类基本公共卫生服务，并进一步做到增量提质，动态管理和签约服务。目前全州65岁以上老年人健康管理率达70%以上，35岁及以上高血压、糖尿病患者管理率分别达到45%、40%。严重精神障碍患者在册管理率保持在80%以上。中医药健康管理服务目标人群覆盖率保持在40%以上。免费建立居民健康档案89.94万份，居民规范化健康档案建档率93.88%。

（三）疾病防控工作有序推进

免疫规划工作继续推进，进一步规范疫苗使用管理，确保免疫规划工作持续推进、健康发展。儿童常规疫苗接种率达95%以上。1—10月，全州共报告甲、乙、丙类传染病4133例，死亡17例，发病率444.36/10万。开展禽流感、流感、手足口病、炭疽、麻风病等重点疾病的监测与防控。按照州综治委安排，完成严重精神障碍患者筛查工作，全州共筛查确认1439例，纳入规范管理。做好包虫病防治工作，对13.68万名群众进行了包虫病病情调查，免费药物治疗1096人，手术治疗31人。加强艾滋病、包虫病、结核病以及其他地方病的防治，控制重大传染病和地方病扩散。艾滋病、结核病免费治疗人数1067人，完成目标任务的142.3%。

（四）妇女儿童健康保障有力

继续实施妇幼公共卫生项目。推进妇女儿童“两纲”各项指标落实。今年，全州为2263对拟婚对象开展免费婚前医学检查；补助农村孕产妇3480人，补助资金170.4万元。完成艾滋病、梅毒和乙肝检测均为10741例，项目任务完成率均为133.53%。为2217对城乡符合生育政策计划怀孕夫妇免费提供孕前优生健康检查。加强全州产科急救体系建设及管理工作，全面实施阿坝州农村妇女常见妇科病免费检查项目。2017年，全州孕产妇死亡率63.18/10万；婴儿死亡率7.27‰、5岁以下儿童死亡率9.48‰，分别较2016年下降18.33%、14.37%；住院分娩率93.84%，较2016年上升5.1%。

（五）监督审批工作推进有力

2017 年，全州卫生计生监督机构共出动 8383 人次，监督 3221 户次，合格 3019 户次，监督合格率 93.73%；对存在问题的单位，责令整改 33 户，无行政处罚案件，为保障人民群众身体健康做出了积极贡献。做好行政审批工作，受理各项许可申请共 26 件，依法完成各项许可批准 26 件。接受群众各类咨询 689 件，所承办业务办结率为 100%，满意率为 100%。

（六）爱国卫生工作稳步实施

大力开展城乡环境卫生整洁行动，推进农村环境卫生改善。推进卫生创建工作，启动 1 个国家卫生城市（马尔康市）、1 个国家卫生县城（黑水县）创建工作。小金、壤塘县省级卫生县城创建已通过现场考核验收，金川县正在整改阶段。受省爱卫办委托，拟于年底前对全州申报创建的 22 个省级卫生乡镇、111 个卫生村、16 个卫生单位及 4 个无烟单位创建工作进行验收。

（七）卫生应急工作不断加强

开展了对红原县麻疹疫情的应急处置工作。积极做好人感染 H7N9 流感疫情防疫工作，组织召开了“全州 H7N9 防控工作会议”，对人感染 H7N9 流感疫情防控工作开展了两轮督导，确保防控工作稳步推进。全力做好“6 • 24”茂县叠溪山体突发高位垮塌医疗救援工作，救援期间，医疗救援队伍累计诊疗 345 人次，转移伤患 6 人，远程会诊 1 次。积极做好对“8 • 8”九寨沟地震的卫生救援工作，组织救援人员 738 名，救治伤员 525 名，其中转院 108 人，在治疗和转运伤员过程中，确保了无死亡、无截肢、无意外。顺利完成领导干部体检工作。组织完成全州卫生应急技能竞赛活动，选拔出 1 个代表队 9 名队员参加省级比赛，取得历史最好成绩。

（八）计划生育服务管理不断深化

坚持计划生育“三个不变”和“三为主”方针。实施全面两孩政策，改革深化计划生育服务管理。开展实施全面两孩政策评估工作，深入推进生育秩序整治行动，严格控制政策外生育。将壤塘县、阿坝县、若尔盖县、红原县纳入全州生育秩序整治重点县，实施长效节育措施奖励项目切实降低政策外多孩率。计划生育“三项制度”奖扶对象共计 9017 人（户），将发放奖励金共计 1654 万元。持续开展出生人口性别比综合治理。大力实施流动人口基本公共卫生计生服务均等化，落实“一盘棋”工作要求，流动人口信息协查及时率、反馈率、准确率均达 100%。

（九）中医民族医药事业不断发展

深入贯彻落实《中医药法》，进一步提升中藏羌医药服务能力，推进全州公立中医民族医院参与医改工作。发挥县级中藏医院龙头作用，启动了全州 25 个乡镇卫生院中医馆项目建设，目前乡镇卫生院设立有中医民族医科室 105 个，乡镇设中医诊室数比例 45%。继续推进基层中医药服务能力提升工程。认真抓好中医药基础设施建设、特色专科建设，加强中医人才培养，提升基层中医药服务质量。组织开展“四川省六批老中医药专家继承”和四川省拔尖中青年中医师、2 个国家级名中医工作室、4 个省级重点专科（专病）建设项目的选拔和推荐及申报工作。积极配合省人大完成了对我州藏、羌医药非物质文化遗产的立法调研工作。

二、聚焦基层、服务群众，全面做好各项惠民工作

（一）持续推进义诊巡诊常态化机制

截至目前，全州共抽调医务人员组成医疗队、健康宣讲队，义诊 21.5 万人次，免费发放药品价值 65.09 万元，健康体检 14.04 万人次，发放宣传资料 53.39 万余份，继续免费为白内障患者开展复明手术，使我州 300 名白内障患者重见光明。

（二）积极做好”献礼十九大共铸中国心”健康扶贫阿坝行公益活动

牵头组织完成了共铸中国心活动，活动共义诊 10521 人次，包虫病筛查 84 人，先心病筛查 1167 人；组织座谈会 5 场、医师培训 9 场、健康大讲堂 6 场；组织包虫病防治知识讲座，入户慰问困难家庭、贫困僧人、贫困母亲家庭、麻风病人；深入敬老院、小学开展慰问捐赠。共计发放药品达 165 万元和慰问物资 21 万元。

（三）积极做好“8·8”九寨沟地震灾后恢复及防疫工作

及时采取维修加固或建立活动房屋等措施，完成灾区县、乡（镇）的临时医疗卫生机构建设，全面恢复灾区正常医疗卫生服务秩序。积极开展灾后防疫工作，

累计消毒公共厕所或临时搭建厕所 1930 个，累计消毒面积约 32.85 万平方米；累计杀虫面积约 8.11 万平方米。发放粘蝇板 1 万余张。累计配发流感疫苗 15690 支、冷藏箱 20 个、非接触式体温计 20 个，累计接种 14196 针次，确保了大灾之后无大疫。

（四）全面抓好健康扶贫各项工作

持续深化健康扶贫五大行动，扎实推进健康扶贫攻坚工作。全州 5 个计划摘帽县县级人民医院创等达标工作有序推进；乡镇卫生院、村卫生室全面达标。全面落实和完善“先诊疗后结算”和“一站式”报销服务制度。截至 2017 年 10 月减免（补助）各类费用累计 1912.78 万元，贫困人口城乡居民基本医疗保险参保率 100%。修订完善贫困人口大病补充商业保险。现阶段，辖区内贫困患者县域内住院医疗费用个人支付比为 4.19%，基本实现贫困患者县域内公立医院住院“微支付”。

三、以努力做好健康阿坝建设为落脚点，创新举措推进健康阿坝建设

（一）抓好卫生人才增量提质工作

深入贯彻全国、全省和全州卫生与健康大会精神，在全省率先出台了《阿坝州激励医务人才安心从医实施办法（试行）》，对 47 名优秀医务人才进行全州表扬，在全社会营造了尊医重卫的良好气氛。州、县、乡分层开展各类培训 9431 人次。今年通过各类方式，新招聘卫生人员近 500 名。

（二）大力推进医疗设备提升行动

建立阿坝州医疗机构服务能力提升循环基金 7000 万元，加大医疗卫生机构设施设备投入力度。会同州国投公司按照会议精神进一步细化实施方案，制定了《阿坝州公立医院服务能力提升循环基金申报流程及条件》《阿坝州公立医院服务能力提升循环基金使用协议》。目前正在完善集中采购方案，待集中采购方案审批后组织实施。

（三）积极做好精神卫生中心建设工作

积极协调州人民医院和马尔康市人民医院，在构建医疗联合体的基础上，打

造精神卫生中心。在全力做好马尔康市人民医院“二级甲等”综合医院达标的基础上，加快精神卫生中心建设。出台了《阿坝州精神卫生中心建设规划（2018—2022 年）》，待修订完成后报送州深化改革领导小组审定，并按照规划加快推进我州精神卫生中心建设。

（四）加快推进卫生计生信息化建设

为进一步加快我州信息化建设，我委赴省卫健委沟通协调，争取项目资金 300 余万支持我州平台建设。目前，项目软件、硬件及机房租赁已完成项目招标工作。州级健康平台的建立，将填补我州无州级健康平台的尴尬境地，为实现全州内医疗资源共享，强化健康管理，提升服务能力提供有力的信息化保障。

（五）全力做好医疗费用控制工作

为有效控制全州公立医院医疗费用不合理增长，切实减轻群众医药费用负担，我委进一步强化责任意识，规范诊疗行为，完善药械的采购使用、严格责任追究，2017 年 1—9 月，全州公立医院医疗总诊疗 95.59 万人次、同比增长 4.96%；医疗总收入基本控制在省下达的 10% 的目标任务内，控费成效居全省前列。

（六）积极打造州级区域医疗中心

积极支持汶川县人民医院州级区域中心建设工作。一是争取省级补助资金 1200 万元支持汶川县人民医院启动三级乙等医院创建。二是将汶川县人民医院州级区域中心相关建设项目纳入我州十三五中央预算内三年滚动储备项目库，积极争取项目支持。三是在卫生十年行动计划和中央转移支付其他卫生计生专项资金中，优先考虑汶川县人民医院建设。四是我州医疗机构服务能力提升循环基金优先支持汶川县人民医院医疗设备购置。

展现作为新突破 助力全民奔健康

——记贵港市中西医结合骨科医院党委书记、院长黄向华

广西贵港市中西医结合骨科医院 谢英毅 林晓欣

贵港市中西医结合骨科医院是贵港市唯一一家三级甲等中医医院，全市中医系统时刻都在关注着这个医院的深刻变化。2018年，作为骨科医院新发展的主要践行者，黄向华紧紧围绕“有效减轻居民就医费用负担，切实缓解看病难、看病贵”的奋斗目标，持续深化医院内部改革，扎实推进学科建设与健康扶贫两项重点工作，服务新时代，展现新作为，不断造福着越来越多的人民群众，助力全民奔向健康好生活。

深化医改的坚定推动者

一定要让医改造福更多人民群众，是黄向华在医改路上的决心。按照上级部署，他将深化医改作为自己的主要职责，倾尽全力打造医改的新亮点。

一是完善药品采购工作。严格执行药品采购“两票制”制度，持续改进药品网采工作，优化药品采购、入库和领用的流程，在保证临床基本用药的前提下，严格执行目录外临时采购制度，药品使用计划均通过自治区采购平台进行采购。

二是严格卫生耗材采购工作。根据《贵港市医用耗材专项整治工作方案》要求，重点加强骨科植入、高值耗材及外用耗材的管理，把各科耗材占比纳入绩效考核，约束科室合理使用耗材，并取得了明显成效。

三是加快构建医联体，建立畅通有序的分级诊疗通道。与覃塘区人民医院结

成 3-2 紧密型医联体，派 5 名技术骨干常驻该院开展业务指导。牵头组建贵港市医学影像远程诊断联盟，继续加强医联体专科联盟的合作交流，从规范制度、人才培养、学科建设、技术提升、资源共享、双向转诊等开展全方位的深度合作。积极推广中医药适宜技术，2018 年我院到中医药技术专科联盟单位开展技术培训班 7 次，举办全市中医药适宜技术培训班 1 次。

四是强化人才培养与重点学科建设。添置了全自动生化分析仪等一大批高端医疗设备，完成了妇产科、内科、骨科的分科和资源整合，学科质量和诊治效率有了质的飞跃。他勇于开拓，创新发展，对五官科进行提档升级，实施标准化建设，迅速打开局面，在本区域的影响力不断增强。2018 年举办自治区级、地市级各类专业技术培训班 11 次，自治区级继续医学教育项目 5 期，学技术、强能力在医院已蔚然成风，全院的服务能力与医疗质量显著提升。

群众利益的热心维护者

医改的最终目标是最大限度减轻群众的医疗负担。对此，黄向华始终牢记“创新不变公益本色、改革不忘为民宗旨”的初衷，想尽一切办法减轻群众就医负担，使患者享受到了更多的医改实惠。他在推行便民惠民措施的基础上，切实落实扶贫惠民制度，2018 年累计为 262 名农村五保户、孤寡老人、残疾人、精准扶贫户等减免医药费用近 20 万元。他切实维护群众的合理诉求，严格控制不合理用药及医疗费用不合理增长，亲自指导制定《控制医疗费用不合理增长实施方案》与《控制人均医疗费用方案》，敢于对贵重药品、高值耗材监督使用下重手，实施大额处方及辅助性用药的动态监控，并取得明显效果。他主动作为，积极推进基层公共卫生服务工作，2018 年我院家庭医生签约服务人群签约率和重点人群签约率两项指标超过当地卫生主管部门下达的任务。

创新服务的积极倡导者

黄向华以改善医疗服务行动计划（2018—2020 年）活动为契机，不断优化医疗服务流程，持续改善医疗服务，不断增强人民群众获得感。重点落实预约诊疗制度、临床路径管理制度、检查检验结果互认制度、志愿者制度、远程医疗制度等五项制度，积极开展急诊急救、医联体内的连续医疗、信息互联互通、多学科诊疗服务等 10 项工作。加强门诊分检诊和预约诊疗工作，提高导医分诊业务能力，缩短患者就诊时间，2018 年预约就诊率比 2017 年明显提高。为贴近群众生活和就诊需求，对服务模式进行人性化设计，开通了微信支付，设置自助打印胶片机、自助打印检验报告机。调整装修封闭室、中药房、皮肤科、门诊输液室等诊室，不断优化门诊布局，改善了就诊环境，为患者提供优质的就医体验。他坚持每天巡查，及时解决了病人反映比较突出的问题，坚持患者随访制度，定期开展住院患者满意度调查，2018 年出院病人满意度平均为 97.9%，出院病人回访率 76.4%。

党的扶贫惠民政策的忠实践行者

急患者之所急、想困难群众之所想是黄向华始终保持不变的党员本色。作为市人大代表，黄向华积极履行联系群众、帮助群众的职责，积极响应市委市政府开展“大招商、招大商”及“进一步优化全市营商环境”的战略部署，除了抓好本职工作外，还建立了我市第一个以专业技术骨干组成的医疗卫生行业人大代表之家——贵港市中西医结合骨科医院“人大代表之家”。他利用卫生行业人大代表的技术、医疗资源优势，组织健康医疗服务队，到企业开展了 20 多场“我为企业送健康”活动。通过主动进企业、进车间为企业员工讲解医疗保健知识，为企业员工入院诊疗开辟绿色诊疗通道，黄向华和他的医疗服务队赢得了企业主和企业员工的交口称赞，兑现了他自己“让企业员工健康驻贵、安心住贵、全心助贵、发展在贵”的承诺。他积极响应市委市政府扶贫攻坚号召，对医院承担的精准扶贫任务和健康扶贫职责，他更是亲力亲为，一抓到底。他首先夯实扶贫责任，选派得力中层干部驻桂平市油麻镇谢余村任第一书记，实施重点扶贫。作为扶贫后盾单位，他已经发动全院党员干部职工为贫困户捐款，每季度到村里了解困难情况，为村委办公楼安装水电、风扇等设施，给 119 名小学生捐赠书包，为 118 名村民进行义诊及体检，慰问 16 名村“五老”人员、尿毒症患者及孤儿，接收孤儿郑某某利用周末、节假日到医院勤工俭学，并给予劳动报酬。其次，扎实开展精准帮扶活动。抽调20余名医护人员组成帮扶医生服务团队，宣传健康知识，指导困难群众就医，提高贫困人口的健康水平。“三八节”期间，为120多名环卫工人免费健康体检。在院内，他实行《优抚对象医疗保障实施办法》，全面启动贫困人口“一站式”结算工作，开设绿色通道，极大解除了贫困人口的看病忧患。

在黄向华看来，医院救治的永远是完整的人，而不是单个器官。为此，他总是谆谆告诫身边的医护人员：“我们不仅要真正治好患者的疾病，更要想群众之所想，急群众之所急，让每一位患者拥有良好的生活质量。”这也正是黄向华孜孜追求的职业操守和人生目标！

服务新时代　展现新作为　助力全民健康

——合江县人民医院依托医联体全面提升医院综合实力

四川省合江县人民医院

为践行党的十九大和十九届二中、三中全会精神，持续深化医药卫生体制改革，创新性地做好卫生健康工作，增进人民的健康福祉，去年 9 月，西南医科大学附属医院下派管理团队和专家团队到四川省合江县人民医院，建立紧密型医联体。一年多来，在县委县政府的关心关怀和西南医科大学附属医院的支持帮助下，合江县人民医院引入现代管理理念，完善内部管理机制，充分释放改革的活力和效益，聚焦管理、人才、技术、服务、文化等五个方面，获得全方位提升。

一、聚焦内部运行机制优化，管理效益明显提升

为认真贯彻落实中共中央办公厅《关于加强公立医院党的建设工作的意见》，强化党政协同和分工合作，由院党委牵头，组织修订了《院长办公会、党委会议事规则》，对院长办公会、党委会的流程进行规范，建立健全医院决策机制和民主管理机制。

为推进医院高质量发展的管理要求，加强管理岗位的职业化培训，借鉴西南医科大学附属医院先进经验，医院建立了管理干部上挂培训机制，将职能部门负责人及主要工作人员分批次派往西南医科大学附属医院对应职能部门锻炼学习。同时与省外多家标杆级县医院展开充分的交流合作，吸收他们先进的管理理念为己所用。针对过去职能职责分工不明的问题，医院以规章制度建设为抓手，对 17 个职能部门职责进行科学划分，分别从医疗质量、人力资源、财务资产、基

建后勤、综合绩效、科研创新、信息管理等方面，加强对内设机构、中层干部和医务人员的监管，先后出台了《费用审批制度》《中层干部选拔任用办法》《科研项目管理办法》《首席专家选聘和管理办法》等制度。同时，深化薪酬制度改革，单独成立绩效办，根据业务增长、人员变动、发展目标、财务预算等情况，动态调整绩效方案中各项考核目标，有效激发职工干事激情。

二、聚焦重点学科建设，医疗质量明显提升

一是建立“1 to 1”的科室对接模式。这种形式采用相对灵活的对接方式，根据每个科室提出的具体需求，制定专案和考核制度，进行专题式的帮扶。采用这种方式的好处是针对性更强，运行更灵活机变，覆盖性更广，容易长期维持。二是建立“1 by 1”的紧密型科室联盟模式。医院以肝胆外科为试点，首先与西南医科大学附属医院肝胆外科建立紧密型专科联盟，从而以点带面，带动县医院各个临床科室发展为专科联盟。在原有会诊，讲座等形式的指导方式上，形成定期查房、坐诊，示范手术、病案讨论的机制，对医务人员技术的提升起到了更直接的效果。通过这种模式，新开展的技术明显增加，手术量迅速提升，不仅增强了学科的内涵建设，也赢得了非常好的社会效应。三是多方位拓展专科联盟合作模式。我们在以与医联体内部建立专科联盟为主的前提下，还加入了区域性专科联盟，包括西南眼科专科联盟、重庆市麻醉与围手术期医学专科联盟，实行跨区域合作，不断探索专科联盟合作新模式，力争取得最好的效果。

另一方面，借助西南医科大学附属医院丰富的教学科研资源，以教学指导和科研合作等方式进行以教促建，借外力补足学科在教学科研上的短板。2018 年医院获得四项市级课题立项，并取得县医院 SCI 论文“零的突破”。此外，医院还集中力量打造优势专科，从长远布局考虑，确立了“骨科”和“神经外科”为重点，按省级重点专科标准建设，在人财物上予以重点倾斜。同时，适应群众需求，新成立了临床心理科。

三、聚焦人才队伍建设，医疗水平明显提升

始终将人才作为打响医院品牌的根本，坚持高标准培养人才、高层次引进人

才、高需求激励人才、高效率使用人才、个性化管理人才，建立“释能”型用人机制，全面实施“接班人”计划，实现科学管理、高效运营。实施提能工程，通过内部培训、上挂培养、专家指导、外出学习等形式培养培训人才600余人次。建立绿色通道，引进以硕士为代表的高学历人才和以主任医师、副主任医师为主体的高职称人才18名。优化发展环境，建立人才激励机制、长效学习机制和人才信息库，在待遇、学习和科研等方面全力保障，促进人才成长，留住人才。

四、聚焦服务带动基层，龙头效应明显提升

充分发挥县人民医院的头雁作用，推进与乡镇卫生院医共体建设，依托新建的影像中心、心电中心、检验中心和艾滋病抗病毒治疗中心、治疗质量控制中心，对乡镇卫生院开展多维度的业务技术指导。自2018年1月起，县人医分别与合江镇、榕山镇、九支镇、甘雨镇、大桥镇五家（中心）卫生院签订医共体合作协议，下派5名从事临床、管理等岗位的人员挂职乡镇（中心）卫生院副院长，协助乡镇卫生院开展工作，稳步推行医共体建设，把县人医的改革成果推广延伸到基层，切实提高卫生事业服务基层群众的能力。

五、聚焦医院文化建设，品牌形象明显提升

充分发挥文化建设的导向作用，以文化建设引领医德医风建设，促进了医院形象效益的提升。以院报、微信、网站等平台宣传推广医院，提升医院品牌知名度。举办联欢会、运动会、茶话会等活动丰富职工文化生活，凝聚活力，激发干事创业热情。打造文化长廊、荔植园、党建文化宣传区、人文医疗成果展示区等阵地，提升医院社会形象。

通过以上措施，合江县人民医院2018年总诊疗人次明显增加，学科内涵得以强化，服务能力得到提升，群众满意度增加，员工幸福感增强，取得了较好的经济和社会效益。

创新发展中的邵阳县人民医院

湖南省邵阳县人民医院

一、医院基本概况

医院始建于1952年，二级甲等综合医院。是全国百姓放心示范医院、中华医院管理协会理事单位，全国最具惠民医院，国家质量服务信誉AAA医院、湖南省消费者信得过单位、湖南省雷锋式医院、省文明卫生单位、市双文明单位，是目前全省唯一能开展心脏手术的县级医院，肩负着全县医疗卫生系统整个医疗教学培训和业务指导等工作。

医院现有在职职工869人，其中高级职称80余人，中级职称292人，开放病床1000张，设有36个临床医技科室。医院设置齐全，临床、医技、功能科设备设施先进精良。拥有原装进口美国GE多排螺旋、64排128层CT和飞利浦AchieVa1.5TSE核磁共振，原装进口的DSA、人工心肺机、四维彩色B超、全自动系列生化分析仪等系列先进高端的医疗设备。人才技术力量雄厚，承担国家和省级科研项目4项。

二、政治坚定，整体工作有效推进

医院坚持用习近平新时代中国特色社会主义思想为统领，坚定维护以习近平同志为核心的党中央权威集中统一领导，全面贯彻落实党的十八大、十九大、习近平总书记系列讲话精神，牢固树立“四个意识”，自觉在思想上、政治上、行动上与以习近平同志为核心的党中央保持高度一致；遵守国家法律、法规，工作制度健全，社会诚信度高，群众满意度高，领导班子信念坚定，廉洁奉公，团结有力，单位职工整体素质好，专业水平高，战斗力强；近五年未受过行政处罚，未发生过安全责任事故，未发生过违法违纪违规事件。医院整体工作有效推进，形势看好，医院管理、物质文明、精神文明、政治文明、协调发展，社会经济效益双赢。

三、管理科学，创建“七型”品牌医院取得成效

医院紧紧围绕“开创六个（管理、人才、环境、服务、设备和质量）一流，实现五位（医院、学校、宾馆、军队和家庭）一体，打造品牌医院”的战略目标，着力创建“管理创新型、学习技术型、服务型、质量型、效益型、阳光型、行业形象型”医院。“七型”品牌医院建设已初步取得成效。医院总资产由2003年1812万元增长到去年6.2亿元，增长了3421.62%，增加了34.22倍；净资产由2003年775万元增长到去年1.87亿元，增长了2312.9%，增加了23.12倍；资产负债率为54%。

一是注重制度、文化和队伍建设，创建管理创新型医院。建立和完善了“以人为本，以病人为自己，以健康需求为中心，全面实现服务人性化”的新服务理念；“以救死扶伤，全面保障人民身体健康，全面提高人口素质和人民生活质量，健康服务走进千家万户”的服务宗旨；让顾客满意和感动的服务标准。建立了医院在管理和服务层面上重点在中层，中层重点在员工和病人，员工重点在自己和病人的管理和服务新格局，医院在职能上进一步体现在社会责任和义务上，体现在民生民利和社会效益上。建立和健全了医院班子队伍建设和中层干部管理体系一体化：狠抓班子的观念、思想、作风、能力和素质的提高；坚持集体决策、民主管理、民主监督、分工合作、团结务实、廉洁无私，开拓创新高质高效；狠抓内部管理和作风建设，提升执行力，重点在科主任、护士长层面上的中层管理能力和执行力，员工层面上的服从意识上下功夫，做到及时、准确、有效的执行和管理。建立和健全了医院制度文化建设和医院流程再造和管理，加强全院法律、法规、职业道德教育。建立了财务后勤药械管理长效机制，严格依法招标采购，坚持质量最好、价格最低、服务最优、付款灵活的“4+1”原则，严把质量、价格关，

严禁行贿受贿、拿回扣等不法行为。综合治理工作持续推进，医院大局持续稳定。

二是注重素质、竞争机制和学科建设，创建技术型医院。员工第一，更新观念、全员培训，全面提高整体素质。重点在科主任、员工、新进人员和进修实习等层面上进行全面培育和提升职工高度责任心、主人翁精神和整体执行力。建立了“亲人、战友、师生、自己”的人际关系、“十家（管理学家、执行家、医学专家、心理学家、演说家、外交家、艺术家、作家、教育学家、创新家）”的员工素质和“人尽其才、物尽其用”的员工价值。注重人才队伍和学科建设，重点人才培养和学科建设紧密结合。秉承“六个一流、五位一体”的远景和目标，创建“管理创新型、学习型、服务型、质量型、效益型、文化型、行业形象型”新医院，加大对中层和中青年骨干的培养力度，更新观念、爱岗敬业，打造团队精神，以快速提升医院执行力、核心竞争力、系统管理、整体综合服务能力和抗危机能力为培养重点。抓人才、抓队伍，重视引进，就地取才、岗位培养。造就一支高层次、高水平、高质量的干部管理队伍和“124”人才梯队。承担了国家科研项目4项。

三是注重创新服务理念、流程和模式，创建服务型医院。建立了院内健康服务新模式。实行“无假日医院”诊疗和院长代表制度。实行“一卡通”和“一站式”诊疗服务。持续开展“三合理五服务”活动，有效控制和降低了医疗费用。全面实施优质护理服务，为患者提供与其病情及生活自理能力相适应的护理，完善陪检、转运、饮食供给服务等，逐步解决由家属或家属自聘护工承担生活护理及相关工作的问题。同时，特别关爱特困、低保等弱势群体，把服务人性化渗透到医疗服务及医院管理的各个环节，进一步使群众满意。120急救绿色通道实行免费接诊，每年免费接诊住院病人约5900人次。建立了投诉监督机制。

建立和健全了出院顾客随访服务制度和院外健康服务模式。开办老年大学，电视健康服务专栏进行健康知识讲座，全面提高人民健康知识和水平，让健康服务走进千家万户。建立和完善了三级医疗网络服务模式。开展了“专家名医下基层，送医送药健康”等活动。

四是注重质量管控体系建设，创建质量型医院。依法行医，建立了“医疗纠纷‘321’防范新模板”和“人尽其才，物尽其用”的质量管控体系和长效机制，整体医疗服务质量全面提高，确保了质量安全。医保农保管理工作严格，没有出现一例违规现象。“平安医院”建设、医疗质量和安全上取得了好的成绩，未发生安全责任事故。特别是在急危重病人医疗救治和重大突发公共事件的处理上取得可喜的成绩。

五是注重党建和党风廉政建设，创建行业形象型医院。医院始终坚持将加强党风廉政和作风建设、医德医风建设和纠正医药购销及医疗服务中的不正之风工作相结合，把开展行风教育整顿，把职业道德、职业责任、职业纪律教育和法制教育结合起来，层层签订了党风廉政建设和医德医风安全责任状并落实到位，强化管理，重点防范。对劳动纪律差、作风懒散、服务态度差、责任心不强、职业道德观念淡薄、学习风气低下、不求上进等问题，开展全面整治，整体推进。加强党建工作，认真开展“两学一做”教育活动。开展开门行风评议，强化社会监督，创建阳光和谐型医院。出院病人服务部定期和不定期征求出院病人对医院的意见和建议，帮助医院和科室有针对性地改进服务。

诚聘县委政府督员、县人大、县政协、县卫生局等数名老领导为社会监督员。定期召开座谈会接受他们的评价和第三方（群众）满意度测评。

四、生态人文，构建现代生态医院初步形成

新院位于县城新区，为县城经济新中心，交通便利，四通八达，医疗救治、绿色通道畅通无阻。占地面积 114 亩，一期建筑面积 8.3 万多平方米，医院景观工程总面积 54000 多平方米，总投资约 4 亿元，一期开放床位 1000 张。

新院实现了县委政府的高起点、高标准、高质量，新城区的亮点、开发区的景点、群众的看点生态理念的总要求。充分体现了“生态人文、自然和谐、天人合一、日月同辉、健康长寿”的先进科学的生态城市设计理念和建设文化。经济、高效、便捷、明亮、通透、温馨、轻松、生态的就医环境，合于实际，着眼未来可持续发展，集医院、学校、宾馆、军队、家庭五位于一体。以人为本，人车、洁污分流，现代化的医疗功能配置齐全，省内领先，国内一流，是一座人在景中、绿在房中的园林式现代化生态医院。绿色自然生态环境，资源共享，环保节能，可持续发展。

人与自然和谐的园林景观和文化内涵，让顾客感受到自然、自由、赏心悦目的高品质环境空间，同时也感受到时代性、差异性的艺术境界的层次，诊疗和保障服务功能齐全，科学的流程、流线、色调、智能信息化与时俱进。室内建设体现了室内借景人性化绿色生态共享，创建了宜人的声、光、色，安静、和谐的居住和工作环境。室外医院生态广场流线清晰、明确。象形动植物造景，做到点、线、面相结合，草木花山水石相结合，充分体现了一个回归自然的人与自然和谐和艺术个性化的绿色自然现代生态医院。

现代化的生态新医院和医院文化建设充分体现在医院管理、员工服务、人文关怀、医院建设、园林绿化等层面上的先进性和时代性。先后有 5 省近 40 家医院前来参观交流。

五、扶贫攻坚，取得成效

深入贯彻落实中央、省、市打赢脱贫攻坚战的重大战略决策，大力推进我县健康扶贫工程并取得了成效。

健康扶贫和对口支医工作全面推进。进一步优化和提升了县乡村三级医疗卫生网络服务能力，全面实行了先诊疗后付费，大病医疗救助、“一站式”综合结算服务。让建档立卡贫困人口能“看得上病、看得起病、看得好病、少生病”。实现“两个比例不低于 90%”。医院每年开展对多个乡镇医院对口支援，全面提升县级公立医院和乡镇卫生院基础建设和医疗卫生服务能力，开展分级诊疗、双向转诊和家庭医生签约服务等。

慢病治疗项目，成效显著。我院是国家卫计委“以终末期肾病为突破口的急慢分治医联体服务模式探索研究”项目的具体试点牵头实施单位，2017 年 2 月全面启动，现“县治、乡管、村访”的分级管理服务模式已初步建立并取得了初步成效，并且为推进家庭医生签约服务和急慢病分治分级诊疗探索出符合我国国情的科学、有效、适用可借鉴的模式和经验。让腹膜透析病人能够在家门口得到有效的治疗和管理。为推进落实我国分级诊疗制度建设和医疗联合体建设提供示范并提出政策建议，使更多慢性病患者受益。我院得到了国家卫计委、省、市、县各级领导的充分肯定和高度赞评。

驻村帮扶，取得实效。五峰铺镇大户村是我院帮扶村，是一个自然环境条件很差，民情非常复杂的贫困村。两年以来，我院投入40多万元用于村部硬件建设改善村部办公条件等。大力发展牲畜、鱼苗养殖，油茶种植产业，村级公路整修拓宽。特别是今年来，进一步深入调研，在全村面临要解决的最大的困难水利灌溉的问题上下功夫，会同镇党委政府和相关部门，采取系列有效措施加以解决，医院又出资20多万元新建电排站，清淤整修大塘多口，以解决水稻种植问题。

为大户村民做好健康文章，组织专家下乡义诊“送医、送药、送健康”每年2次，村民在医院住院治疗的享受本院职工同等待遇，80岁以上者每年免费健康体检1次。

加强村党建和村级文化建设。强力推进了乡风文明建设和环境卫生治理工作。目前，村支两委班子建设得到了加强，全村风清气正、精神面貌和环境卫生明显好转。

细化内涵建设 托起百姓健康梦

江苏省启东市中医院 樊 健 王海燕

党的十九大报告指出："人民健康是民族昌盛和国家富强的重要标志。"健康被提到了一个新高度。实施"健康中国"战略，增进人民健康福祉，事关每一个人的全面发展和社会的全面进步，事关"两个一百年"奋斗目标的实现。

当前，卫生与健康领域发展问题与改革任务交织，深水区和攻坚期叠加。作为医改先行县市的启东市中医院，始终把"公平可及、群众受益"作为改革的立足点和出发点。

走进新时代，要有新作为。自2015年2月正式成为三级中医医院以来，医院始终坚持细化内涵建设，针对基层服务能力不强、人才不足等制约医疗卫生服务能力提升的短板，医院积极寻求破解方法。作为启东市中医药龙头单位，医院首先在加强中医药服务体系建设上下功夫。近几年来，医院在中医药饮片管理、中药制剂管理、中药房建设、中医优势病种研究、中医药人才队伍建设、中医药文化建设、治未病服务、中医特色的优质护理等方面取得了不俗的成绩。医院领导通过多次交流会，对医院中医药事业的发展以及存在的问题进行深入探讨；建设了全国基层名老中医专家传承工作室，并持续推行"中医推广"系列活动，以中医药科普知识宣教、健康义诊、中医药适宜技术推广等形式为居民服务；通过理论和相关实践，加强对社区服务站的乡村医生进行适宜技术的带教、推广；做好每年膏方节、冬病夏治、特色贴敷等一系列工作，通过医院院报、文化长廊、中医文化知识角、中医科普知识微信推送等相关手段，提高社会对中医药事业的认可度；积极开展中医优质护理，各护理专业学组联合专科医生一起到社区、学校、养老院等地方开展了 20 场次的健教沙龙、健康讲座等公益活动。制订实施 37 个优势病种的中医护理方案，充分发挥中医护理特色。

走进新时代，要有新作为。在中医发展的同时，医院加快西医发展，从设备引进、人才培养等多方面给予支持。同时，结合自身医疗资源与技术特点，及时把握医学技术发展趋势，借助与沪毗邻的优势，长期、定期邀请优质沪上医疗资源下沉到患者“身边”，让广大群众享受便利，成功开展与上海知名医院脊柱、关节、心血管介入、五官科、中医科、泌尿科、疼痛科等专家团队的规范务实合作；并充分利用合作平台，切实有效提高医院整体技术水平，在医院管理、学科建设、人员进修、科研方面得到了发展和提升，真正做到惠民便民利民，造福广大群众；与美国克利夫兰医学中心麻醉科定期远程教学顺利开展并完成一名麻醉医师美国短期进修工作（2019 年计划再次派送），拓展国际化视野；申报成功国家级住院医师规培协作基地，强化医疗业务提升能力；医院重视科研教学，专门设立科研教学基金，并规范基金管理使用方法，省市级科研继续教育项目（4/4/5 主办，多场次协办），科研立项工作（0/4/7 主持 + 合作）顺利开展，提升医院业务的可持续发展能力；2019 年，医院将启动与上海中医药大学附属医院对接工作，并为引进数名博士高端人才开展前期工作；近几年来，医院自身也在不断提高，在腹腔镜手术方面也有了长足进步，受到越来越多患者关注。此外，医院通过网络平台对基层医院卫技人员业务培训，通过优质资源下沉，加快了基层医疗服务能力的提升，促进了分级诊疗的提档升级。

走进新时代，要有新作为。在坚持突出中医特色，中西医结合并重的思想指导下，启东市中医院更是注重队伍建设，以党建促院建，着力提高三种意识：提高党员干部廉洁意识，督促医务人员规范执业意识，增加窗口科室工作人员服务意识。全院上下风清气正，患者满意度不断跃升；医院保持“两学一做”学习教育常态化、制度化，不断务实创新，例如开创值班院长每周一次晨会十分钟政治学习的新模式等，加强习近平总书记系列重要讲话精神和党规党纪的学习教育；继续深入开展“走帮服”、志愿者服务、精神文明等主题实践活动，发挥党团员先锋模范作用，涌现出了多位德艺双馨的医务工作者，任劳任怨、兢兢业业，在各级各类的评选中获得荣誉。医院作为面向社会的服务窗口，承载着为大量患者提供医疗服务的重任。尤其是基层医院，患者的康复指数构成了当前社会安全感和幸福感的重要指标，也让医院成为与民生联系紧密的党建工作高地。在启东市中医院，党建工作和业务工作一直齐头并进、同抓共管，在确保医院良性运转的同时，更加彰显了医院的公益性，体现出新时代对民生及民本的关爱。

没有全民健康，就没有全面小康，医疗是民生之需，健康是人类永恒的追求。“健康中国”的新蓝图，凝聚着政府、社会和人民群众的共同理想。深入贯彻党的十九大精神、实施“健康中国”战略，需要我们每一个人凝心聚力，有所作为，一步一步把美好愿景变为现实。在这样一个新时代，启东市中医院在提升内涵建设的同时，把患者需求“存于心”，将人文医疗“化于行”，用耐心细心的医疗服务，换群众的满意与真心，托起百姓的健康梦！

以“4×4”创新党建为载体
打造服务型基层党组织

内蒙古鄂尔多斯市第四人民医院

一、成因背景

党的基层组织是党的全部工作和战斗力的基础，强化和拓展基层组织功能是各时段党组织建设、创新、发展的重要目标和主要任务。市第四人民医院党支部牢记“帮天下儿女尽孝，替世上父母解难，为党和政府分忧”的初心和担当，以“4×4”创新党建为载体，深入推进党建工作，打造服务型基层党组织。

二、主要做法及成效

（一）四个基层第一线

1. 投身到严重精神障碍筛查工作第一线。自2015年开始，党支部全体党员医务工作者率先参与到重精筛查工作中，顺党心应民意，将党建工作思路有机地融入医院实际工作中，集中力量开展严重精神障碍患者筛查工作，把筛查工作落实到人，让支部党员发挥先锋作用，冲到基层第一线。重精筛查工作充分展现了我院党员的先锋模范作用，使党员学在一线，服务在一线。

2. 投身到精神障碍疾病义诊工作第一线。党支部为了给群众送去实实在在的帮助，将医疗服务送到群众家门口。2015年至今累计出动医护人员千余人次，为全市九个旗区近2万人次患者进行义诊，行程近4万公里，“进社区、下嘎查”，耗资近百万元，解决了患者就医不便“最后一公里”问题。

3. 投身到医疗卫生精准扶贫工作第一线。由于精神障碍疾病特别是严重精神障碍疾病是一种反复无常的病，治疗上必须长期服药才能有效，对于普通家庭来说，医疗费用就像是“无底洞”，很多家庭特别是贫困家庭根本无力承受。为减轻精神障碍患者经济负担，提高患者生活质量，在院党支部的领导下，医院基于严重精神障碍筛查专项补助资金，以“免费服药卡”“免费体检卡”的形式，精确到个人，将33万元分发到9个旗区的重精患者手中，为患者送去了真实惠；同时保障94名民政供养重性精神障碍患者、“三无”精神障碍患者、贫困精神残疾者的住院康复，每年为贫困住院患者减免治疗费用、护理费用、基本生活用品等费用约20万；与市残联合作，以每人150元标准对贫困精神残疾者的鉴定费用进行补贴。

4. 投身到精神卫生医联体工作第一线。与全国最知名的精神专科医院结成医联体，并挂牌成立四川大学华西医院鄂尔多斯市物理治疗培训基地、经颅磁治疗培训基地，发挥对口帮扶优势，扎实有效地开展技术指导、科普宣传等工作。2018年由党员组成的专家团队在全市各旗区、苏木乡镇开展公益宣传讲座25场，发放宣传材料8000多份，广泛呼吁全社会关注精神、心理健康问题。

（二）四个模范先锋岗

1. “精卫先锋”。以“不忘初心、精卫先行”党建品牌为引领，在医院党支部中开展争当党建品牌活动。响应“不忘初心、牢记使命”号召，支部党员医务工作者要积极投身严重精神障碍筛查工作中去，为服务患者，保障社会和谐做出自己的努力。在每年开展的严重精神障碍筛查工作中，医院派往每个旗区的专家团队都是由院党支部的党员医务工作者带队的，他们都是冲在第一线的先锋党员，是建设“健康鄂尔多斯”的精卫先锋。

2. “为民先锋”。搭建一个心系患者服务百姓的好舞台。在医院党支部中开展争当“为民先锋”活动。深入开展党员医务工作者进农村、进社区服务活动，促进党员医务工作者转变作风、服务基层。党支部连续两年被市卫计系统评为“优秀基层党组织”荣誉称号。

3. “实干先锋”。建立一套医院和职工共成长的好机制。在医院党支部中开展“亮身份、争先锋、促发展”等活动，由党员组成的“重症护理团队”亲自为重症患者进行喂饭、理发、穿衣、剪指甲等生活护理，实现优质护理“零陪护”，在服务患者、促进医院发展中彰显党建工作的魅力。2018 年我院精神科重症护理团队被鄂尔多斯市妇联授予“巾帼文明岗”荣誉称号。

4.“和谐先锋”。围绕提升患者满意度、幸福感，把解决医患关系问题作为“和谐先锋”的工作出发点和落脚点。党支部书记孙利东同志就把建设微信患者群当作党员服务患者的“纽带”，在拥有几百名患者的微信群里及时解决患者的难题。真正实现“到人民群众中去服务人民”。

（三）四项必须要做到

1. 要做到参加到“四个第一线”工作中去。党支部所有党员都要以身作则，工作在第一线，增强主动担当、积极作为的勇气，要在重精筛查、义诊、扶贫、科普工作中形成想作为、敢作为、善作为的良好风尚。

2. 要做到主讲一堂党课。党支部所有党员要站位正确，立场要坚定，充分利用各种信息化手段，生动、接地气地主讲一堂党课。理论要彻底，话要用心说出来，要结合自身所在岗位，以投身精神卫生事业以来的朴实事例来讲党课。

3. 要做到记一本学习笔记。党支部定期组织党员将学习笔记和心得拿出来“晒一晒”。通过笔记检查、公开展览等方式，严查无所用心、敷衍应付、捉刀代笔等各种逃避学习拒绝进步的行为，督促支部党员真正投入到“两学一做”学习中去。

4. 要做到至少参加 80% 以上的党支部学习和活动。党支部按时组织“三会一课”等活动，但考虑到精神卫生专科医院工作的特殊性，每年比较长的时间在外从事筛查、义诊、扶贫、科普等工作，这些也都是第一线工作，是发挥党员身先士卒精神的工作，所以支部根据实际情况要求支部党员至少参加全年 80% 以上的学习或活动。

（四）四种评议

“四种评议”即党员互评、群众评议、党支部评议和纪检评议。考核评价采取百分制进行，其中党员互评和群众评议权各占 20%，党支部评议和纪检评议权各占 30%。

1. 党员互评：是指本单位党员之间围绕自身问题开展批评与自我批评。

2. 群众评议：是指全体职工对所有党员履行承诺情况进行评议。

3. 党支部评议：是指党支部组织生活会，对各党员履行承诺情况做出评议。

4. 纪检评议：是指纪检组长对各党员干部在依法行政、工作态度、办事效率、勤政廉政方面做出科学公正的评议。

评议总分结果要在全院公开。评议总分低于60分定为不合格党员；低于70分党组织要对其进行党内通报，亮“黄牌”；低于80分要进行党内批评；低于90分不能参加下一年度创先争优评选。

三、成效与反响

实践证明，积极探索创新党建工作，是深入推进“两学一做”学习教育常态化制度化、打造服务型基层党组织的重要手段，这是完全符合新形势下党的建设有关要求的，是得到了广大党员拥护和认可的。作为我市唯一一所精神专科医院，为患者的精神心理健康保驾护航，使命光荣、责任重大。在今后的工作中，在市卫计委党组的正确领导下，医院将不断提高服务能力和水平，采取各种方式不断加强对基层党组织和党员的管理，扎实做好基层党组织的建设工作。

服务新时代　展现新作为

——游红勇同志先进事迹

四川省崇州市中医医院

游红勇同志是崇州市中医医院院长，中共党员，主任医师，1994 年毕业于泸州医学院，从医 20 多年来一直在从事临床诊疗工作。多年来完成新技术新项目 20 多项，撰写并公开发表医学论文 10 多篇，主持并参与科研 4 项，先后获得成都市科技进步三等奖、崇州市科技进步一等奖、“中国科协抗震救灾先进个人”、崇州市“抗震救灾先进个人”、崇州市“第六届、第七届拔尖人才”等荣誉。

一、坚持政治引领，牢固树立四个意识

作为医院法人，游红勇同志牢记责任担当，认真学习党的十九大精神、十九届三中全会精神、习近平总书记系列重要讲话精神，认真贯彻落实现代医院管理制度。在党支部书记的领导下，不断加强政治思想学习、医疗法律法规知识学习，履行一岗双责责任。加强医务人员行风教育、廉洁行医教育，牢固树立法律意识、规矩意识，践行全心全意为人民服务的宗旨，不触碰法律红线。

二、勇挑重担谋发展

“火车跑得快，全靠车头带。”一个医院的发展，院长的决策和发展思路有着举足轻重的作用。2016 年年底，崇州市中医医院的发展处于瓶颈阶段，此时，作为市人民医院副院长的游红勇同志被组织任命，到中医医院担任法人代表。上任以后，他迅速投入到工作中，深入一线科室，与职工、技术骨干、中层干部沟通、

交流。通过认真分析调研，找准医院发展存在的问题，通过“调结构、促增长”，打造“质优、价廉、安全、便捷”的服务品牌，增强医院竞争力。为此，他带领院班子及相关科室负责人多次到各兄弟单位参观、学习，通过反复论证，对中药饮片和部分耗材进行二次议价，降低采购费用，直接让利患者，让病人得实惠。

三、业务创新强优势

通过深入调研，游红勇同志找准了医院发展方面存在的短板：缺乏特色优势项目，没有强有力的专家团队。为了打造医院品牌，他多次到崇州市名老专家和名老中医处沟通，终于将多位崇州市名医和名中医邀请到医院坐诊，同时要求院领导带头坐诊，增强了门诊技术力量，使病人增强了就医获得感。制定了高层次人才的引进措施，筑巢引凤，两年来，引进了多名技术骨干，为医院的高质量发展奠定了坚实的基础。带头开展了“双镜联合胆总管手术、微创髋关节置换术”，填补了崇州市该医疗技术空白。他主持开展的“肝叶切除术、肝脏肿瘤切除术、胆囊癌根治术、腹腔镜脾脏切除术、腹腔镜小儿疝高位结扎术、全胃切除术、腹腔镜结、直肠癌根治术”，填补了医院技术空白。两年来，通过加强技术创新，大胆改革，提升服务品质，降低服务价格，医院的诊疗人次稳步增长。2018 年，医院参加了国家卫健委组织的第三方满意度测评，群众和职工满意度均超过 85%。

四、加强管理促规范

为进一步深化医疗卫生体制改革，促进医院高质量发展，游红勇同志不断加强管理知识学习。多次参加国家中医药管理局、四川省中医药管理局、成都市县级医院协会、中国医师协会等部门组织的院长管理培训及学术交流，参加了“西学中”培训，提高了管理技能。为促进医院精细化管理，促进医院提质增效，他调整了医院绩效分配方案，使绩效分配向关键岗位、临床一线、骨干医生倾斜，调动了医生积极性。加强运营和内控管理，促进科室进行成本效益分析，确保国有资产保值增值。邀请管理专家到医院进行培训，将中层干部和骨干送往上级医院跟岗，开阔视野、拓展思维，促进科室建设。

五、参加公益惠民生

（一）加强基层中医药工作指导

与全市乡镇卫生院建立了医联体协作关系，与6家乡镇卫生院建立了远程中医药适宜技术推广平台，开展中医远程教育。成立了中医药基层指导专家组，对全市24家乡镇卫生院及2家社区服务中心定期进行中医药业务指导，每年下派360余人次。

（二）开展卫生扶贫对口支援

先后选派了2名副高级医务人员到甘孜州白玉县人民医院进行对口支援，选派了8名中高级医务人员到阿坝州马尔康市中藏医院进行对口支援，帮助该院顺利通过二级甲等医院评审。接收了马尔康市2批次共3名医务人员到我院免费进修。

（三）积极参加突发公共卫生事件应急救援

医院有完善的突发公共卫生事件应急救援预案，对突发公卫事件能够迅速启动预案，确保救援及时。医院先后参加了“5·12”汶川大地震、“4·20”芦山地震、“8·8”九寨沟地震的应急救援迅速调配人员、物资，随时接受上级调度。

（四）带头宣传并普及中医药知识，开展了中医中药中国行活动，多次到社区、街道、企业进行义诊、宣传

每个月分别到街道、社区、企业开展科普讲座、义诊、咨询和健康宣教，每年累计派出医务人员约300余人次，发放健康教育宣传资料3万余份，免费发放药品金额约2万元。与崇州市电视台合作，举办了《中医堂》栏目，定期向公众传播健康知识，增强了广大群众疾病防治知识。

在游红勇同志的领导下，医院发展取得了长足的进步，服务技术、服务质量有了明显提升，2018年8月，顺利通过了全国基层中医药先进单位复评审；11月，接受了四川省中医药管理局组织的三级乙等中医医院现场评审。医院被评为成都市医保定点AA级医疗单位，成都市院务公开A级单位，成都市模范职工之家、工人先锋号先进集体，被崇州市卫计局评为先进基层党组织、目标管理先进单位。

整合优质资源　全面深化服务

——邓州市人民医院互联网平台建设卓有成效

河南省邓州市人民医院

近年来，市人民医院立足实际，抢抓机遇，创新理念，加大投入，努力通过互联网医院把市、县、乡、村的医疗机构“网起来”，实现“信息多跑路、患者少跑腿”，着力打破医疗体系间的“围墙”，实现“一键看医生”，让优质医疗资源触手可及。目前，已完成 29 个乡镇、320 个村的远程信息互通和医生培训工作，上线医生 517 人，带动了我市基层医疗机构医疗水平的全面提升。

一、连接国内一流互联网医院系统，丰富医疗资源

2017 年以来，市人民医院按照《“健康中国 2030”规划纲要》《关于促进“互联网 + 医疗健康”发展的意见》《关于加快推进分级诊疗试点工作的通知》要求，紧抓“互联网 + 医疗健康”实施契机，积极与微医集团合作，加入乌镇互联网医院系统，成功连接了线上 29 个省市的 2400 家三级医院，7240 多组专家团队，26 万名医生，横向连接全市各级医院、医生、患者，构建起邓州“市、乡、村”一体化下“1+1+N”的互联网分级诊疗平台，全面开启了邓州互联网医院建设的新征程。通过互联网医院丰富的线上医疗资源，疑难重症患者可通过主治医生申请向全国多家三甲医院的专家进行转诊，专家根据病情优先原则为症患者提供加号就诊机会，为疑难重症患者开启就医绿色通道。同时急性病恢复期患者、术后恢复期患者及危重症稳定期患者可及时转至下级医院进行康复治疗，降低医院成本支出，并为患者提供一体化、便利化的疾病“诊疗—康复—长期护理”连续性

服务。

二、狠抓互联网医疗便利化体验，提升服务水平

该院紧跟新时代的步伐，通过互联网手段设立全科医生学院、远程协作中心、临床数据中心、家庭医生签约中心、影像中心、检验中心，用丰富的网络资源、技术和线下设备，完成“远程诊疗 + 远程会诊 + 远程转诊 + 电子病历 + 远程教学 + 支付结算 + 电子处方”流通的“互联网 + 医疗”模式。

一是整合院内各类系统资源，提升医院管理效率。充分发挥互联网资源优势，结合医院 HIS 系统使用情况，通过职能权限的合理分配，提高医院工作效率，实现移动端“OA”办公，包含数据查看、科室住院动态查询、行政执勤排班、120 派车、不良事件上报、设备出入库及运维管理、工资条查看、内部邮件收发等功能，全面提升管理效率。

二是积极提高便民服务水平，进一步优化患者就医体验。开发医院手机 APP，开通微信公众号，探索建立全流程就诊模式，患者随时随地即可体验线上问询、预约挂号、检查缴费、报告查询、药品缴费、住院服务、医患互动和线下就诊、检查检验、诊断、取药、治疗、住院的全流程就诊服务。医生面诊后可根据患者实际情况进行线下检查、住院、手术等，同时建立电子健康档案；复诊时医生可根据首诊电子档案及病人目前状况制订下步诊疗方案，享受开具在线医嘱、电子处方等服务；对疑难杂症患者也可由主治医生通过远程会诊中心向上级专家发起会诊。

三、坚持与健康扶贫互融共建，促进保障能力建设

为深入实施健康扶贫工程，通过互联网医院探索建立“基层首诊、双向转诊、急慢分治、上下联动”的服务体系，助力健康扶贫。该院组建专家团队，深入乡镇，深入群众，投放 349 台便携式健康体检一体机设备，为贫困群众配备智能穿戴设备，将实时血象、血脂、血糖、肝功、肾功、尿常规、心电检测彩色超声等信息进行采集，然后传送至云平台进行数据分析，为其健康体检、慢病筛查

提供医疗数据支持。同时，以邓州互联网医院为中心建立家庭医生签约服务中心，为家庭医生签约提供综合性线上线下解决方案。目前，管理云平台中建档人数达1415000人，实时监测到工作总次数为195473次，健康大数据的收集，在对我市群众疾病预防、治疗、康复、教育、管理、健康促进等方面为精准防治提供了强有力的支持。

新时代　新担当　新作为
开创禹医工作新局面

河南省禹州市人民医院

禹州市人民医院创建于1951年，占地面积370亩，总建筑面积13万平方米，编制床位1100张。拥有职工1473人，专业技术人员1043名（高级职称79人，中级职称261人，硕士研究生40人），设有25个临床科室，50余个专业，配备有西门子1.5T超导核磁共振、西门子64排128层螺旋CT、西门子平板数字减影血管机（DSA）、直线加速器、数字X光机（DR）、各种腔镜、彩超等万元以上医疗设备800余台（套）。

2017年急、门诊量达43.1万人次，出院患者5.4万人次，开展手术9327台次。是集医疗、康复、科研、教学为一体的公立非营利综合性医疗机构。其中儿科、普外科为“河南省县级临床重点专科”，产科、神经内科、骨科、儿科为“许昌市临床重点专科”。

明者因时而变，知者随事而制。紧跟着新时代、新发展、新作为理念的步伐，引领着医院向高质量医疗水平、医疗服务发展，成为禹州市人民医院新时期发展的重头戏和指向标。

一、以患者需求为导向，完善医疗基础性服务

言为心声，行胜于言。为满足患者的就诊需求，现我院每周固定开展多学科联合会诊（MDT）服务。设立了24小时“一站式”客服中心，开通了24小时服务热线，由专人全天候为患者提供就诊咨询、预约诊疗、双向转诊、投诉接待、

患者随访等服务，有效引导患者规范、有序就医，更为患者提供精准的就医指导。自中心成立以来，热线电话平均日接待咨询量达150余条，电话随访300余人次，共接收建议及意见1000余条。医院努力提高服务质量，及时整改，并且加以完善，使得患者满意度得到明显提升。

二、“互联网+服务”，让患者就医更方便

利民之事，丝发必兴；厉民之事，毫末必去。为减少患者排队带来的不便，缩短候诊时间以及往返的路程上的花费，我院积极开展“互联网+服务”，实现了微信智慧医院功能，构建了“在线预约、家中候诊、分时取号”的诊疗预约服务的新模式，患者可以通过医院的官方微信公众号进行导诊、挂号、缴费、充值、查询等线上业务，不必再到窗口排队。通过“一卡通”、互联网+技术实现了本院的一站式服务，简化了就诊流程，减少了多次往返的现象，让患者看病更加便利。治疗、检查、复检、取药时会在相关科室直接计费，不需要再次返回收费处进行二次排队再缴费。就诊信息会保存在医院后台服务器中，不会丢失，不会外泄。复诊时可以执就诊卡直接到诊室看病，不需要再次办卡和挂号，患者不再为就医排队次数多而头疼。为了方便患者查取检查报告，我院还新增放置了10台自助打印设备，患者持就诊卡随时查询、打印检验结果、影像报告。让患者充分体验到发达的现代信息技术比照原来的改变，感受到信息科技给患者及患者家属们带来的便利。

三、创新服务模式，让患者切实感受医学发展成果

“强有力的学科建设是患者放心就医的基石，更是医院持续发展的压舱石。基于禹州市人民医院在区域的龙头地位，应在危急重症、疑难病症诊疗上发挥更大的作用。”杨洪波院长如是说。为此，医院在苦练“内功”，在增强各学科实力的基础上，以整合医学、扬长补短为思路，突出以急危重症救治为核心的“五大中心”（胸痛、卒中、创伤、危重孕产妇和危重新生儿救治中心）建设。医院对院前急救、院内救治与重症监护三大方面进行了整合，实现了各领域、学科优

质技术人员、设备等资源集中使用，而且接诊、检查、手术、治疗快速高效，真正打通了急危重症患者抢救的“绿色通道”。打造了城区30分救治圈和城乡1小时救治圈，对于急性心肌梗塞这一难题实现了T-to-B20分钟的突破，对危急重症抢救成功率达97.3%，真正意义上实现救治的无缝衔接，提高了患者的抢救成功率，降低了患者的致残率。而且“随着国家二孩政策的放开，如何以更高的技术水准和全方位护佑妇女儿童的生命安全和健康，对禹州市人民医院这样的综合性医院而言已成为一道必答题”。我院给出的答案是充分整合医院妇儿医疗资源，发挥多学科优势，力促诊疗水平全面提升。我院产科为孕妇提供专家预约、产前教育、门诊检查、住院分娩、产后恢复等一系列围绕产期的全程暖心服务。并且成立了孕妇学校，开设了孕期理论大讲堂，为孕产妇进行保健知识宣讲、训练指导服务，为母婴安全提供理论与实践的保障。截至目前开课500余节，线上孕产妇达已800余人。

以“五大中心”为起点，积极推进“MMC”（代谢性疾病管理中心）、“PCCM”（呼吸与危重症学科）标准化建设，使急危重症救治与慢病管理的服务模式逐渐步入以疾病治疗为中心到急慢共治的新型服务模式。苦练“内功”，使我院区域影响力明显增强。据悉医院收治病人数占县城区域内6家医院收治总数的比例已有明显的增长，从2012年的32.48%增长至2017年的48.47%。

四、发展医联体，让更多患者感受到暖心服务

推进医联体建设，让有限的医疗卫生资源进行整合，从而发挥更大作用，让更多的人能够享受到更加全面的医疗。这既是医院的改革要求，更是各级公立医院的职责。要在新一轮医改中有所作为，让更多的人民群众得到优质高效全面的医疗服务，确保90%患者就医不出县目标的实现，就必须做到“上联下通”，把自己做强，把乡镇卫生院带强。努力提高县域的整体医疗服务水平，这已经成为禹州市人民医院全体干部职工的共识。为此，我院不断探索医联体发展新路，全力促进优质医疗资源在联盟内互通共享。

“上联”。我院与河南省人民医院、郑州大学一附院等10余家三甲医院签订医疗合作协议，实现了以远程会诊、远程培训、专家来院坐诊、带教和派专业团队到上级培训等方式提升自身专业水平；并与北京、上海、天津等省外著名三甲医院建立合作关系，补齐自身学科短板；2017 年 6 月，国际欧亚科学院“胡大一院士工作站”落户我院。“上联”，让患者足不出户也能享受到国际、国内知名医院以及顶尖专家的医疗服务，切实解决了当地百姓看病远、看病难、看病贵等问题。

“下通”。我院专家团队已下沉至本地 22 个乡镇卫生院，进行技术和服务支持，带动卫生院医疗服务能力提升。开展了医疗专家“家乡行”活动。组成 22 个专家团队，分赴各自家乡进行医疗帮扶。我院医生与乡医、村医结成对子，提供全方位技术指导、服务支持。无偿为乡镇卫生院提供硬件支持，目前，已实现了 22 个乡镇卫生院云心电的全覆盖，并免费提供 24 小时医疗、咨询的即时服务。建立了三级救治网络平台，为各乡镇卫生院进行远程会诊和培训。

目前，我院已基本确立了公益目标明确、布局合理、结构优化、优势互补、功能完善、运行高效的县域医疗联合体合作框架，让暖心服务走出医院的大门，面向全体患者。

五、塑造“家文化”，全面提升员工获得感幸福感

共享发展，满足人民对美好健康生活的新需求。增进人民福祉，改善民生，让广大员工共享医院建设发展的成果。“今年 7 月份刚上班时就觉得很亲切，大家特别关照我，相处起来很愉快，并且医院还给我过了生日，真的很感动。”初来乍到的检验科小姑娘吃着蛋糕，抿着嘴，甜甜地笑着。我院每月举办一次职工生日会，集体庆祝员工的生日，让员工真正地融入这个大家庭中，感受到被关注、被关心、被关爱的温暖。除此之外，还开设职工子女托管班，招聘专业老师为职工照看孩子。“三八妇女节”送鲜花、“5·12 护士节”赠巧克力、大年夜包饺子已成为我院的传统，让员工备感“家”的温暖。

近年来，医院相继荣获国家级“爱婴医院”、全国“医院人文管理荣誉奖”、全国“百姓放心示范医院”、全国“县域医院学科能力建设奖”、省级“文明单位”、

全省“医药卫生体制改革”先进单位、中国医疗机构公信力示范单位等 20 余项地市级以上荣誉称号。

不要人夸颜色好，留取真情在人间。党的十九大报告指出，人民健康是民族昌盛和国家富强的重要标志，而只有群众拥有了身体的健康，才能品味到幸福生活的真谛。我们将以打造新时代人民医院为契机，在十九大精神的指引下，提高政治站位和行动的自觉性，以责无旁贷的担当意识、不忘初心的使命意识，用大德厚爱谱写时代新的篇章。

秉持“患者至上”理念
发展绿色高效的医院后勤管理体系
——柳州市柳铁中心医院后勤管理改革创新纪实

广西柳州市柳铁中心医院

柳州市柳铁中心医院有着72年的悠久历史，它以雄厚的技术实力守护了柳州百姓半个多世纪的安康。如今，人民群众的健康需求不断增长，现代化医院的管理水平不断提高，对医院的后勤管理提出了更高的要求。柳铁中心医院紧跟发展步伐，在后勤管理方面开展了大刀阔斧的改革创新，努力提升患者及职工的就医和工作体验，并取得了可喜的成绩。

一、改造就医环境，改善患者及员工感受

柳州市柳铁中心医院始建于1946年，其前身为“湘桂黔铁路工程局柳州医院”。2013年以前，医院的住院病房还一直是沿用着建院初期的苏式建筑。随着人民群众就医需求的增长，原有的住院条件已经无法满足医院的医疗发展。于是，在医院“十二五”规划期间，总建筑面积43198.06平方米的1号住院大楼正式启用，定编床位数由2010年的680张扩增到1000张。这也拉开了医院后勤管理改革的序幕。

1号住院大楼建成后，建设于1958年的医院2、3、4号住院楼（苏式建筑）成为了柳州市历史建筑。为了保存这些珍贵的历史建筑，医院对这些建筑的外观进行了保护性修缮，并对内部进行了装修改造，分别用作肿瘤科病房、学生公寓、

月子中心、康复科病房、中医科病房等，让这些历史建筑重新焕发了生机，可以继续服务广大患者。

在重新规划布局之后，医院门诊、住院、医技等楼宇之间存在间隔，在恶劣天气时，行人行走，患者、设备转运等都造成了不便。于是一条贯通医院的文化连廊应运而生。连廊全长156米，结构膜418.6平方米，有效地把门诊楼、急诊楼、医技楼、1号楼及8号楼有机地连接在一起，不仅方便了行人及患者在各楼层之间流动不受日晒雨淋，还成为了医院展示医院文化、宣传卫生健康知识、发布医疗咨询等的一块重要阵地。

同时医院还进一步整合资源，拆除部分闲置建筑，充分利用空间新建占地面积1000平方米的血液净化中心并于12月底投入使用，该中心布局合理，分区明确，流程规范，设有51张透析床，配备先进的透析设备、水处理系统和信息管理系统，在柳州乃至桂中地区均首屈一指。医院还利用连廊与门诊之间的空间建成了门诊检验中心，拓宽了检验工作场所，有效整合门急诊检验资源。新建卡介苗室、装修改造儿科门诊，增添儿童游乐设施，进一步提升患者满意度。

医院利用旧房改造成为健康管理中心，建筑面积4500平方米，是集健康体检、心理咨询、营养辅导、急救培训为一体的现代化健康管理中心，采用“一站式”人性化体检服务流程，环境舒适、开展检查项目齐全、特色鲜明。该中心于2018年6月通过了专家组的现场评审，成为了柳州市唯一一家“全国健康管理示范基地”。除此之外医院还整合了闲散的建筑改造成为肾病中心、心脑血管病房、后勤办公及实习生宿舍等共计22000余平方米，对急诊科、门诊内、外科、口腔科、中医科、眼科、耳鼻喉科及皮肤科等进行装修改造，大大改善了就医环境、职工办公环境和学生住宿环境。

另外医院还完成地面、路面硬化21500余平方米，新建汽车停车场约5800平方米，新建电动车停车棚536平方米。为了改善路面积水，医院还率先在柳州市铺设了有着“海绵路”之称的透水混凝土路面近12307平方米，大大改善交通和停车问题。

为提升职工的工作环境，医院改造了职工食堂及篮球场，新建5人制足球场，改善了职工就餐质量，也为职工锻炼和娱乐提供更好的条件。

为打造“花园式医院”，医院对树木花带进行了重新规划和迁移，种植马尼拉草皮3375.4平方米，种植黄素梅、红花举木、福建茶、大红花、鸭脚木、万年青、蜘蛛兰等10万余株。新种银杏树、美丽木棉、紫薇、紫荆花、罗汉松、四季桂等树木400余棵。如今，走进柳铁中心医院，仿佛置身公园，到处郁郁葱葱、鸟语花香。

二、倡导绿色节能，健全节能管理制度

2015年以前，医院用电采用的是铁路局供电，并且存在一些乱拉、乱飞电线的情况。2015年开始，医院对院内电路进行清理整顿，完成了医院内部所有铁路电改市电及电缆线下地工程。这项工程完工后每年为医院节约电费约100万余元。此外医院还将全院的715盏传统日光灯管改换成为LED节能灯管，节电率达56%以上。

此外，医院对1号住院大楼的中央空调系统进行了改造，采用冷却塔循环代替江边取水循环，循环泵电机的功率从165KW/h降至30KW/h，按半年制冷计算，半年单电机耗能节省583200KW/h，对冷却水泵、冷冻水泵进行变频节能改造、对冷却塔采用变冷量精细化水力分配技术、末端负荷水力自动平衡技术、螺杆机组模糊控制技术、设备运行时间均衡优化控制技术等进行改造，整个空调系统一年可节省约90万元。同时医院还给院内512台分体空调安装了空调节电器，对空调用能时间及室内温度进行智能控制，改善系统运行功率因数及充分利用空调系统余冷，提高制冷效率，节电率高达15% ~ 20%。

三、依托信息化建设，助力现代医院管理

2017年10月，柳铁中心医院与电信合作，建立了远程医学中心，率先在区内与北京中日友好医院建立远程医疗协作网络，成为“国家远程医疗管理与培训中心”在柳州唯一的协同单位。2018年医院成为“国家远程医疗与互联网医学中心柳州协同中心”。同时，在医联体内部实现远程会诊、影像、心电、病理诊

断，通过信息化手段使医联体真正连接起来，提高基层医疗机构的诊疗水平，有效地缓解老百姓“看病难、看病贵”的问题。从10月份试运行以来，已完成与中日友好医院、湘雅医院、广东省中医院等上级医院会诊7例，与融安县人民医院、融水县人民医院、太阳村镇卫生院、银山社区卫生服务中心、西船社区卫生服务中心、柳南区西鹅乡卫生院、五菱医院、融安大良卫生院、融水县三防卫生院、融水县安太卫生院、融水县白云卫生院、融水县和睦卫生院建立了远程医疗、远程心电，并与部分医联体单位建立了远程影像、远程病理。上半年我院开展远程会诊8例，远程心电1341例，远程教育、病例讨论16例，多学科会诊95例。

2017年医院和柳州银行签署战略合作协议，展开“智慧门诊”合作，计划打造银行卡、就诊卡、市民卡、居民健康卡、社保卡等“一卡通”，使患者通过医院的自助设备及手机客户端即可实现自助预约、挂号、就诊、缴费、打印报告单等多种功能，可采用微信、支付宝等线上和线下缴费方式减少患者的等候时间。

为加快后勤保障部门的效能，保障医院医疗服务安全有序地开展，医院后勤保障部利用微信平台搭建了“柳铁中心医院后勤服务平台”。各科室可通过手机微信报修，系统自动派工，可直接派工或者将工单发送到对应班组。维修人员接收到工单后进行维修。在完成工单后，需交回派工单。管理人员可以通过手机查询科室报修信息，并对维修情况进行指示和批示，可全流程地跟踪了解工单详情。提高后勤服务运营的效率，确保已经建立的后勤管理制度及标准化流程能够落实，及时有效地对后勤工作的完成状况进行监督，加强对外包公司进行有效管理，同时在物资使用、突发情况的处理、降低医院运营成本和减少浪费等方面发挥作用。

四、加强制度建设，运用管理工具实行精细化后勤管理

制度是管理的一个重要部分，一项工作的顺利开展得益于精细化的规章制度。建立健全各项制度，需要将管理的内容和管理环节进行精细化表述，将管理目标细化到人、物、事上，把精细化管理渗透到工作的每个环节，做到人人有对照、事事有落实，完善流程，使后勤工作标准化和规范化。

为了深入贯彻后勤工作以“患者至上”为中心的服务理念，进一步加强后勤

整体服务保障质量及水平，促进后勤管理科学化、标准化、规范化建设，加强临床、医技科室与后勤科室之间的沟通、协调和配合，及时了解掌握科室工作动态及需求，保障后勤运行安全可靠，除了建立健全制度外，医院提出了后勤管理“5S”管理模式和PDCA循环闭环管理，使后勤管理逐步向标准化和精细化发展。

通过整理，对医院闲置场所进行全盘点检，对物品制定“需要”与“不需要”的标准，对不需要物品进行处置，腾出空间，发挥更大的价值。医院对闲置房屋清理，重新装修改造，为医院增加了二万二千余平方米业务用房。通过整顿，对需要的物品明确其放置场所，不需要的物品进行处理，并制定废弃物处理办法，对场所、物品进行标记、标识，特别是库房管理方面，对库存物品进行分类，使滞留的物品发挥作用，尽量减少物品库存，做好采购计划，最大限度降低医院在后勤投入的成本；通过对库房的精细化管理，医院后勤库房从2016年20万元的库存量到2018年6月降至12万元，向后勤管理“零库存、低消耗、高品质、高效益”迈出了一大步。清扫公共场所和现场的工作环境，使其保持在无垃圾、无灰尘、无脏污、干净整洁的状态，并防止污染的发生，使员工保持一个良好的工作情绪，消除脏污，保持现场干净、明亮。清洁就是将整理、整顿、清扫的实施做法进行到底，且维持其正果，并对其事实做法予以标准化、制度化。通过整理、整顿、清扫、清洁等合理化的改善活动，培养上下一体的共同管理语言，使全体人员养成守标准、守规定的良好习惯，全面促进管理水平提升，提高全体人员素养。

医用物资供给保障，包括医疗设备、普通电器设备、家具、医用易耗品、非医用易耗品的供给和维修；医用生活保障，包括膳食、水、电、气、热、空调、通信供给和维修，房屋维修等；医疗环境保障，包括安保、物业保洁、消毒、绿化、消防、车辆停放管理等；医疗废弃物处理，包括垃圾清运、医疗废弃物处理、废水处理等。运用PDCA管理工具对后勤实行闭环管理，将多年未能解决的问题逐一攻克。一直以来，医院1号大楼热水供应都有问题，病区使用热水时需要排放近半个小时的冷水才有热水，这样既给病人用热水带来不便，也浪费大量的水和热能，针对这个问题，后勤部门制订了整改计划，并按计划实施，完成后到各病区检查，发现问题立即整改，经过闭环管理，最终将热水回水功能修复。同样，我院运用 PDCA 循环工具，对直饮水系统进行整改，使 2018 年直饮水检测 100% 合格；运用 PDCA 循环工具对医院给水进行检测，查出多处漏水点，通过整改，为医院减少了数百吨水的浪费。总之，医院在建立健全制度，完善工作流程及运用管理工具在后勤管理中取得了很好的成绩。

把时间还给对病人有用的人

——唐县人民医院改善医疗服务行动“三大”举措

河北省唐县人民医院

改善医疗服务行动的核心是在不断提高医疗技术的基础上，以改善医疗服务的行为更精准、更简便，就医的病人幸福感和获得感更高为目的。我院按照省卫健委《进一步改善医疗服务行动计划三年实施方案》的要求和市卫健委的安排，以医改政策为基础，以创新为引领，以“把时间还给对病人有用的人”为目标，创新三大举措，即一站式结算护理站服务、移动主管医生查房系统、移动主管护士护理系统。

三大举措均为全国首创，在国家卫健委医政医管局主办的2018年度改善医疗服务典型经验交流推广会上获评“国家改善医疗服务十大亮点”之一。现将我院三项做法具体情况汇报如下，不妥之处敬请批评指正。

一、创新一站式结算护理站服务，还时间于病人及家属

改革前，来我院就诊的病人需要住院时，患者或其家属东奔西走于各个窗口，包括办理入院手续、交押金，有时还需多次续交押金，出院时需办理出院手续，并等候报销。病人经历一次住院，本人或其家属多次奔波浪费了大量宝贵时间，多数情况下让病人及家属神经高度紧张，容易对医院产生不满情绪。鉴于此种情况，我院创新打破“有医院就有住院处”的固定运行模式，即在护理站实行一站式结算综合服务模式，把时间还给病人及家属，达到让病人安心养病、家属用心照顾病人的目的，提高病人及家属的满意度。

具体做法如下。改变人们长期以来认为医院必须设立住院处的传统观念，取消住院处和即报处。根据医生开具的住院通知单直接到某个病区护理站办理住院手续。需交押金或续交押金时，在各病区的自助服务平台可通过银行卡、微信、支付宝和现金等方式完成。出院时，在护理站即可办理出院手续，并完成即报工作。此种服务模式真正实现了“一站式结算”，缩减了病人诊治过程中的烦琐环节，让病人享受到方便、快捷、高效、舒适的服务，让烦琐的住院、即报环节彻底成为我院的历史，还时间于病人及家属。

二、创新移动主管医生查房系统，还时间于医生

改革前，医生查房后需要到医办室书写病历及病程记录，下医嘱、开检查单、会诊单等，来回奔波浪费了医生很多时间。为把更多的时间还给医生研究医疗技术和质量，我院创新启用移动医疗查房系统，保证了病人在满意中更安全，也实现了医生绩效一级分配。

具体做法如下。每个医生配备了移动医疗查房系统，医生随身携带。医生在查房时直接书写病历及病程记录，下医嘱、开检查单、会诊单等。同时，病人在床旁通过信息系统随时呼叫医生，医生在楼道、医办室、其他病房等不同场所都能接收到病人呼叫声，医生即刻到达病房看望病人，从而保证病人安全，达到了把时间还给医生的目的，使医生省下的时间用于研究医疗质量和技术的发展。按照国家政策，结合我院十几年的分配经验，特别是近五年的各项大数据，医院根据评审标准的具体数字要求，对分配又一次大胆改革，制定了前考核（医生自控指标），即四个占比、九个率、十六个量的标准值。前考核指的是通过移动医疗查房系统对每个医生的行为工作量自动形成的数据的标准值是否达标进行考核。同时，此移动查房系统有预警功能，一旦发现不符合标准值的情况能及时告知医生并能做到持续改进。这一改革彻底改变了过去由他人质控工作质量的模式，变为医生自己通过移动查房系统实时查看，真正达到了医疗质量自控的目标，同时依据自动生成的前考核的数据和各职能部门形成的后考核数据总和为每个医生的工作绩效，实现了医生一级分配的梦想。

三、创新移动主管护士护理系统，还时间于护士

改革前，各病区护士分主班、治疗班、护理班、电脑班、药疗班、夜班等，一个病人由多个班的护士进行护理，多个班的护士只是为完成自己班上的任务而去工作，这样的工作使病人整体安全无法得到保证，同时病人与护士的距离感特别明显。为废除这种工作模式，医院 2017 年创新启用主管护士模式，2018 年又在移动护理站管理系统增加了执行医嘱、书写护理病历及各项表格的功能。此项改革实现了还时间于护士，让护士真正像医生管理病人一样为分管的住院病人进行整体全面的护理工作，同时更全面地实现了护士绩效的一级分配。

具体做法如下。我院 2017 年创新启用主管护士模式，把病区 85% 以上的护士改为主管护士岗位，把多个护士为一个病人进行组合型服务的模式改革成一个主管护士为分管病人提供整体型服务的模式，一个病人从住院到出院，只由一个主管护士负责全方位的护理工作，达到了让护士全部时间用于护理自己分管的病人，从而实现让护士了解病人的全过程，病人安全得到保证。2018 年主管护士模式进一步向纵深发展，医院出台了一项更全面分管病人的改革办法，即过去主班护士的工作职责全部由主管护士负责。此项改革真正实现了护士整体服务于住院病人，即在 2017 年护理工作及治疗工作的基础上又增加了执行医嘱工作、书写护理病历及填写各项表格的功能，也就是说实现了像医生一样管理病人的整体服务模式。这样的管理方法能使护士一旦发现病情有变化即可告知医生，也能帮助医生书写简单的病历、填写各项表格等。这一模式的应用极大推动了工作绩效分配机制的全面改革，即制定了 260 个项目指标，通过移动护理站管理系统实现了像医生一样的前考核和后考核功能，主管护士彻底实现了按劳取酬、按质考核的一级分配管理办法，极大地调动了全院护士为病人做好服务的工作热情，让病人更安全、更满意。改善医疗服务行动永无止境，永远在路上，我们深刻体会到：改善医疗服务行动的核心是把时间还给医生，还给护士，还给病人及家属，最终达到的目标是让医生更专心研讨医疗质量；让护士更专心服务病人全过程；让病人更安心养病，从而达到让病人更安全，在安全中更满意的目标。

悬壶济世谱华章 创新发展铸辉煌

辽宁省海城市中医院

在祖国东北的大地上，有一颗璀璨的明珠，那就是辽宁省海城市。在物华天宝、人杰地灵的海城市，一个拥有百万人口的全国百强县级市，有一座位于杨柳河畔、玉皇山麓，独立鳌头、特色鲜明的现代化国家三级甲等中医院，那就是海城市中医院。

海城市中医院本着“以生命健康为中心，创建现代化新型综合性中医院”为宗旨，历尽风雨，陪伴这座充满活力的城市走过了50个年头，谱写了一段现代化中医院发展建设的华丽篇章。海城市中医院创建于1969年，1997年晋升为国家二级甲等中医医院，2012年晋升为国家三级甲等中医医院，是一所集医疗、科研、教学、康复、保健于一体的大型中医医院。医院拥有两个院区，总占地面积56000平方米，总建筑面积40000平方米，固定资产3亿元。设有一级科室18个、二级科室9个、医技科室14个。

医院现有1.5T、3.0T超导核磁共振机、DSA、64排128层螺旋CT机、CR机、DR机、四维彩超机、电子胃肠镜、移动式C型臂X光机、腹腔镜系统、混合动力碎石系统、眼科超乳手术显微镜、显微外科手术显微镜、中医综合诊断仪等一大批先进设备。

医院实现“一院两部”管理，站前院区占地面积5500平方米，建筑面积16000平方米，铁西院区占地面积51019平方米，建筑面积24000平方米。新院的投入使用使医院的综合实力得到跨越式发展，满足了人民群众日益增长的就医需求。

一、上级领导高度重视，为中医事业的发展指明方向

省卫生计生委副主任、省中医局局长陈金玉，省中医局中医药健康服务处处长佟海明，省卫生计生委妇幼处处长刘嵘，省政府发展研究中心处长崔丽梅，省政府发展研究中心主任李树坤，省中医药管理局中医处主任海晶美，鞍山市卫生计生委党委书记、主任高光来，鞍山市卫生计生委党委副书记、副主任康明树，鞍山市中医药管理局局长梁伟，海城市市委书记闻然，海城市卫计局党委书记、局长胡跃辉等各级领导先后莅临我院调研，指导医院工作，为医院发展指明方向，为医院立足医疗市场夯实基础。

二、充分发挥中医药特色优势，努力提高中医临床疗效

1. 医院人员深入孤山镇、岔沟镇、温香镇等 32 家乡镇卫生院及数十家个体卫生室，对 65 周岁以上老人和 36 个月以下儿童给予中医药指导和评估，对评估中的问题给予指正和督导。同时每走一个乡镇都发放《医疗集团服务手册》《中医药健康知识手册》，既促进了中医健康指导，又加强了医联体建设。

2. 我院专家到牌楼镇南沟村开展“全民健康行动中医药干预知识讲座”。对脑梗死、高血压、糖尿病的发病原因、诱发因素、中西医联合治疗、如何预防复发做了详细的讲解。强调了中医中药、针灸康复、中医护理操作在治疗中的重要作用，并提出了未病先防、欲病早治、既病防变、病后防复的中医治未病理论，通过中医药养生保健知识开展自我保健，达到“治未病”的目的。

3. 医院隆重举行了贾春生中医传承工作室揭牌暨拜师仪式。职工通过拜名师、读经典、学心得、跟临床，进一步加强中医传承工作，加大中医人才储备，大力传承中医药宝贵财富。通过这种形式，不断提升中医药水平，培养高层次中医药技术人才，推动我市中医药的继承和发展。

4. 药剂科诚挚邀请到了辽宁中医药大学附属医院的李亚秋教授和苑冬敏教授来我院授课，同时也很荣幸地邀请到了中国医科大学附属第一医院鞍山医院的周晖主任和齐宏亮主任为我们做鞍山临床合理用药督导检查的总结。为普及合理用药知识、保障用药安全起到了积极的推进作用。

5. 在原有的开放式中药局、国医馆、传统疗法综合调治区的基础上，医院对站前院区一楼大厅及走廊、六楼会议室及走廊进行了全方位的改造，以中医元素为基调，使医院的建筑布局、外观、色彩等因素协调统一，着重体现中医药的历时理念和知识，营造浓厚的中医药文化氛围。

6. 我院作为鞍山市中医药适宜技术培训基地，自工作开展以来，一直得到鞍山市中医药管理局领导、海城市卫计局领导的关心和支持，在培训期间多次莅临现场检查指导工作。同时也得到海城市 24 个乡镇基层卫生工作者的积极参与，更好地提高了基层疗机构中医药技术服务能力，充分发挥了中医药适宜技术在防治常见病多发病的独特优势和作用。

7. 我院与辽宁中医药大学附属医院、辽宁中医药大学附属第二医院签订联盟协议，实现了组织内资源共享、双向转诊、人才培养、技术分享等工作机制，从而使优质医疗资源下沉，提高我院中医医疗服务水平。聘请辽宁中医药大学附属第二医院的省级著名专家定期来院坐诊，既为海城百姓提供高水平的中医服务，又对我院中医临床人员起到传、帮、带作用，使我院中医医疗技术水平得到迅速的提高。

8. 我院举办了两届中医药文化节暨冬季膏方滋补节活动，特邀请省名中医、辽宁省膏方委员会主任委员、辽宁中医药大学附属二院副院长庞敏为市民把脉问诊，辨证施治，量身定制膏方，以及现场熬膏、制膏，使群众充分了解膏方的成分组成、制作流程、服用宜忌等。

三、加强重点专科建设，提高医院竞争能力，为百姓健康提供坚强保障

随着医院的不断发展，重点专科建设不断完善。医院拥有中风病科、糖尿病科、康复科、泌尿外科 4 个辽宁省“十三五”中医重点专科，在全院形成布局合理、技术水平较高、各具优势特色的重点专科，打造以点带面的格局，使百姓能够就近得到较先进的医疗卫生保健服务。特别是内科开展神经血管介入治疗、冠脉介入治疗等新技术，例如经股动脉插管全脑动脉造影术、基底动脉重度狭窄支架置入术、机械取栓手术，以及外科开展的脑动脉瘤栓塞术等已经达到国内领先水平。外科开展双镜联合胆总管切开取石术、腹腔镜下肾盂癌根治性切除术、上腔静脉支架置入术、单孔腔镜胆囊切除术等技术走在医疗领域最前沿。这是海城市中医院院史上需要浓笔书写记录的一页！

1969—2019年，岁月如梭，四季更迭。50载栉风沐雨，几代人薪火相传，中医人以仁、和、精、诚诠释中医药文化灵魂，以变模式、强管理、优服务、创品牌彰显中医药文化精髓。历任院领导班子秉承“悬壶济世、至善若亲、笃学慎行、精诚创新”的院训，以“坚持公立医院的公益性，坚持中医为主，中西医并重的发展方向”为定位，带领广大职工励精图治，团结奋进，顽强拼搏，凭五旬积累，借半世纪勠力，走出了一条厚积薄发，凤凰涅槃的辉煌之路。

几年来，医院在各级领导的关心支持下，在全院干部职工的努力拼搏下，取得了显著的社会效益和经济效益。近年来，医院被辽宁省卫生厅授予卫生系统“诚信服务杯”竞赛活动“优胜单位”，辽宁省总工会对医院颁发“辽宁省五一奖状”，被鞍山市委、市政府授予“先进集体”，被海城市委、市政府授予“红旗单位”等称号。

风正帆满正当时，勇立潮头竞风流。特别是习近平总书记在党的十九大报告中提出的关于对医疗卫生事业的要求给卫生人指明了工作的方向，其中对中医事业的重视更加激发了中医人前进的动力，坚定了中医人拼搏的决心。在未来的道路上，让我们全院职工紧紧围绕在中医院党政领导班子周围，以“同心同德，廉洁行医；仁心仁术，砥砺前行”为价值观，以“百姓就医放心的中医院；员工引以为荣的中医院；省内创新领先的中医院”为愿景，不忘初心，牢记使命，锐意进取，砥砺前行。在这一大有可为的历史机遇期，我们面对一个空前广阔的时代，整个世界正在我们面前展开；面对一个空前激荡的时代，风云际会中孕育无数可能与希望；面对一个空前厚重的时代，社会效益和经济效益的增长、技术的进步、制度创新叠加起改变历史的力量。让我们携手并肩，众志成城，乘着医疗改革的东风，以昂扬的精神面貌、饱满的工作热情，以全新的姿态迎接更大的挑战，向着最新的梦想，扬帆起航！

扎实推进医改政策落地见实效 全面提升基层群众就医获得感

河北省高碑店市医院

习近平总书记在党的十九大报告中指出“人民健康是民族昌盛和国家富强的重要标志”，这体现了我们党对人民健康重要价值和作用的认识达到了新高度。实施健康中国战略，增进人民健康福祉，事关人民的全面发展、社会的全面进步。

实施健康中国战略，必须深化医药卫生体制改革。全面建立中国特色基本医疗卫生制度、医疗保障制度和优质高效的医疗卫生服务体系，健全现代医院管理制度，加强基层医疗卫生服务体系和全科医生队伍建设，全面取消以药养医，健全药品供应保障制度，把以治病为中心转变为以人民健康为中心，树立“大健康”理念，这是所有公立医院责无旁贷的重要任务。

高碑店市医院是一家二级甲等综合性公立医院，始建于1958年，有着悠久的办院历史和光荣的文化传统。近几年来，先后成为全国县级公立医院综合改革试点单位和全国县级医院综合能力建设500强单位，这既是机遇，也是巨大挑战，只有迎难而上，勇攀高峰，才能立于潮头！为此，高碑店市医院在充分发挥县域内医疗资源龙头优势的同时，持续深化医药卫生体制改革，着力提升基层医疗服务机构整体服务水平，创新实施医疗服务城乡一体化管理，通过一系列举措，缓解了当地群众看病难看病贵问题，同时患者满意度持续攀升，取得了良好的社会效益和经济效益。

一、全面深化县级公立医院综合改革

（一）巩固取消药品加成的改革成果

我院自2013年7月1日起实施药品零差率销售政策，全部药品（中草药除外）取消药品加成，同时优先配备使用基本药物，此项政策的实施，打破过去“以药补医”旧机制，降低药品价格，极大地减轻了群众费用负担。

（二）医疗服务价格调整

以“总量控制，结构调整，有升有降，逐步到位”的原则，在医疗服务收入总量不变范围内提高体现医务人员技术劳务价值的诊疗、手术、护理、康复和中医等医疗项目价格，降低大型医用设备检查、治疗和检验等价格。通过综合改革，逐步增加医疗服务收入（不含药品、耗材、检查、化验收入）在医院总收入中的比例，建立公立医院运行新机制。

（三）启动多种形式的医疗联合体建设

2017年7月5日，我院与河北大学附属医院签订了《河北大学附属医院医疗资源集团合作协议书》，发挥省级、县级区域医疗中心作用，提高区域医疗卫生服务的协调水平，建立双向转诊模式，推动优质医疗资源下沉，加强医疗技术、人才培养、科学研究与医院管理合作。

此外我院进一步推进与基层卫生院开展医共体建设，对医共体建设的形式范畴、体制机制的创新不断进行探索，除安排主治医师及以上职称的专家到乡镇卫生院开展坐诊、讲座、义诊等形式的帮扶活动以外，不断推动医疗资源的纵向流动，开展科对科的专业帮扶及以医技检查为突破口的共赢合作模式，通过专业的互利互惠合作提升基层工作积极性，为基层患者真正带来实惠。

（四）推行现代医院管理制度建设

对管理体制进行改革，推行主管院长负责制。首先对临床医技科室按系统进行资源整合，将所有临床医技科室分成五部分，每个院级领导负责一部分，实行主管院长负责制，负责主管范围内科室的经营及管理，原分管职责不变。做到了对科室的垂直管理，更好地整合资源，提高医疗质量和服务能力。

（五）建立符合医疗卫生行业特点的薪酬制度

根据省、市制订的有关符合医疗卫生行业特点的薪酬制度改革方案，结合医院实际，重新制订了绩效工资分配办法，建立了绩效工资分配制度，绩效工资与职工工作质量、工作数量、服务技能、社会效益和医德医风挂钩并实施综合考评，根据考评结果，由医院进行自主分配，在体现绩效优先、兼顾公平的基础上，重点向临床一线、技术骨干倾斜，充分体现医务人员技术劳务价值。严格执行省卫计委“九不准”要求，认真做到不向医务人员下达创收指标，不将医务人员个人薪酬与药品、耗材、医学检查等业务收入挂钩。

（六）严格控制医疗费用不合理增长

进一步加大医疗费用增长的控制力度，通过实施临床路径、处方点评、合理用药等办法规范医务人员诊疗行为；通过全面预算管理、成本核算办法强化医院内控管理；采取严格执行公立医院药品网上阳光采购相关规定，降低药品耗材虚高价格等多举措、全方位的监管，将医疗费用增幅指标严格控制在目标值以内。

（七）严格执行基本药物制度

严格执行国家基本药物制度，落实好关于基本药物制度的规定，建立以基本药物为重点的临床用药综合评价体系，加强对医疗机构和医务人员用药行为的监管，推进处方点评工作，规范医生服务行为，切实减少不合理用药，控制不合理药品费用支出。

二、加强科室建设及服务能力建设，医护质量得到显著提高

我院是全国能力建设500强单位，对照县级医院能力建设基本标准和推荐标准找差距，逐步推进能力建设，无论科室发展还是设备配置方面都取得了巨大进展。

我院先后成立了神经内二科、康复科及导管室，提升了收治能力并扩大了收治范围。自导管室成立以来累计进行冠脉造影及支架治疗、其他介入治疗1000余例；自康复科成立以来已为800余位病人提供了康复治疗。“十三五”以来，我院成功开展无痛胃肠镜检查、无痛人流术、无痛分娩、椎间孔镜下神经根松解

术、膝关节、髋关节置换术等80多项新技术、新项目，提高了我院的救治能力，减轻了患者痛苦。

重点学科建设进展迅速，我院的心内科、神经内科、重症医学科被评为“保定市重点发展学科”。我院神经内科通过“中国卒中联盟”的认证，建立了我市的“卒中中心”。心内科的“胸痛中心”也筹建完成，加入了保定市胸痛中心联盟，同时心内科还加入了河北省高血压联盟和保定市高血压联盟。作为我市的高危孕产妇、高危新生儿救治中心，在高危孕产妇及高危新生儿救治方面取得的成绩，获得了省、市专家的认可。近期，我院还被河北省胎儿先天性心脏病超声筛查培训基地授予技术合作单位称号，对我院先心病筛查、诊断、评估咨询、治疗回访等有非常积极的意义。我院同时也是中国肝炎防治基金会、中国研究型医院学会肝病专业委员会的县域合作医院，在肝病治疗方面可与北京、保定的多家大型医院开展合作。为加强慢病管理，我院参加了赛诺菲全国慢病管理项目，为高血压病及糖尿病慢性病人提供回访、指导服务，将临床服务向社会进一步延伸。

护理工作也取得了长足进步，我院主要以加强优质护理服务、三基三严培训、品管圈活动和专项改善为突破口，极大地提升了服务能力和服务水平。近几年来，涌现了一大批业务能手，我院荣获“保定市二级综合医院健康教育与科普能力竞赛团体第一名”“保定市护理品管圈大赛二等奖”“保定市静脉留置针大赛第二名”“保定市优质护理服务检查第六名”等成绩和荣誉。

三、注重医院服务水平的提升与管理

市医院重视服务水平的提升和管理，先后进行了“医院年度目标管理和绩效管理体系建立”“西点执行力”“医院服务体系建设”等大型全员培训和体系导入；出台了“高碑店市医院患者服务手册”；成立了患者服务中心和患者回访中心；进行了服务的标杆科室建设及全院推广、护理系统服务提升等活动。多次组织全员读书、培训学习活动。邀请专家就服务、礼仪、沟通、执行力等对职工进行专项培训。制订和落实“服务改善工作整改方案”，通过接受投诉、满意度调查、意见箱及回防中心反馈意见等，对职工服务、服务态度进行监督，并定期督

导检查，对违规者进行处罚并和绩效挂钩，服务水平有了较大提高。

四、高度重视专家引进及人才培养

我院常年聘请20余位三甲医院专家，参与出门诊、查房、教学、手术，为我院医疗技术的发展发挥了积极作用，提升了我院品牌效应。尤其是2018年，我院多个科室与北京大型三甲医院建立专家合作关系，专家组定期坐诊、查房、讲学、手术，专家效应凸显，扩大了科室的影响力，从而提升了医院的竞争力。

自2015年以来，公开招聘了100余名大学毕业生填充到了一线岗位，为医院的发展补充和储备了人才。

每年选派骨干医护人员赴北京及石家庄等地进行中长期进修及短期培训，学习新技术、新业务，以扩展诊疗范围。

五、不断完善医院信息化体系建设

我院投入大量资金，在完善原有LIS、HIS、PACS系统的基础上，先后增加了电子病历系统、质控系统、自动办公系统（OA）、不良事件上报系统、药事管理系统、院感监控系统、手麻重症系统、指标库系统等，提高了医院管理水平和整体服务能力，并为后续的“互联网＋医院”的建设及医院大数据搭建了桥梁和平台。

六、大力加强后勤保障，患者就医踏实安心

近年来，我院门诊医技综合楼的启用、旧门诊楼的拆除、南北两个停车场的建设、旧病房楼装修改造、采用空气能供暖、污水处理设施及供氧站建设等项目的实施极大地改善了患者就医环境。在管理上，推进后勤保障社会化，聘请第三方安保公司维持医院秩序及车辆管理，第三方保洁公司负责环境的保洁和美化。近期，我院还制订和落实了“外部环境整改方案”，科室参与对保洁公司的管理、督导、检查，门诊、办公楼的改造也正在进行中，努力为病人提供干净、整洁、优美、舒适的就医环境，为患者就医提供更大便利。

不忘初心，砥砺前进。高碑店市医院几十年的可贵坚持，几十年的不改初衷，几十年的公益大爱，将始终如一。在新时代，市医院将不负重托，以崭新的姿态，在建设“健康中国”的征途上，继续阔步向前！为了守护高碑店市及周边地区人民群众的生命健康而努力奋进！

信息化建设助推医共体发展

辽宁省瓦房店市中心医院

瓦房店市中心医院始建于1949年，医院占地面积3.3万平方米，建筑面积12.2万平方米，开放床位1600张，拥有直线加速器、磁共振、能普CT、DSA等。10万元以上国内外先进的医疗设备300余台件；职工1411名，高级专业技术人才217名；2017年年均门诊量46万人次、年住院患者5.6万人次，年手术1.3万例，固定资产总值7.9亿元。

作为全国百强县级综合医院和全国百姓放心示范医院的瓦房店市中心医院是本地区的医疗卫生服务中心、临床急救中心和医疗护理技能培训中心。是一所集医疗救治、科研教学、危重抢救、康复治疗、重大疫情防控为一体的国家级三级乙等综合性政府公立医院，全国50家重点联系县医院。

一、中心医院信息化建设情况简介

2010年至今，医院先后投资3000余万元，从最初的计费划价系统，逐步完善发展成以EMR（电子病历系统）为核心，融合HIS（医院信息管理系统）、PACS（医学影像信息系统）、LIS（实验室信息系统）及检验自助打印系统、移动护理、远程会诊系统、手机APP系统、财务管理系统、电子图书馆、医保公共卫生管理系统、物资管理系统、OA（办公自动化系统）信息集成平台等十大分系统和120个子系统为一体的医院综合信息管理系统。经过不断的发展完善，实现了各系统的无缝链接。

二、医共体建设情况简介

为了贯彻落实“保基本、强基层、建机制”的医改目标要求，实施“基层转诊、急慢分治、上下联动”的分级诊疗机制，按照《大连市人民政府办公厅关于印发大连市医疗联合体建设的实施意见》和《瓦房店市医疗联合体建设实施方案》（瓦政办发〔2017〕110号）要求，在2017年8月，瓦房店市卫计局组建了以中心医院为龙头，乡镇卫生院为枢纽，村卫生室为基础的医共体，其中医共体模式包括由中心医院与直属的松树镇等10所卫生院及辖区的112所村卫生室实施一体化管理的紧密型医共体和由中心医院与老虎屯镇等13所卫生院及辖区117所村卫生室实施分工协作管理的松散型医共体两种模式。确定了瓦房店市中心医院作为瓦房店市唯一一家公立医院在我市医共体建设中的主导地位，明确了中心医院的责任和工作任务。

2018年1月1日，按照城市社区卫生服务中心由政府举办的医改新要求，在瓦房店市政府和市卫计局的统一部署下，由中心医院组建的瓦房店市共济街道社区卫生服务中心等4所社区卫生服务中心正式替代原来7个民营社区卫生服务中心，成为由中心医院实施一体化管理的紧密型医共体。

三、医共体信息化建设情况

为进一步推动医共体的建设和发展，市中心医院积极探索紧密型医共体间信息化发展的新思路。

（一）创新设计理念，构建一体化信息平台

中心医院重新梳理了医院与乡镇卫生院的业务流程和管理诉求，从顶层架构设计入手，提出了包括业务支撑系统（方便医务工作者）、居民自助服务系统（方便居民患者）、决策支撑系统（方便统计和管理）、区域协同平台（医共体的业务协同）等组成的一套全方位医共体信息化解决方案。在总院设立服务器、存储系统，通过千兆光纤与10所分院和4所社区服务中心联通，利用云计算平台（AHC），将各业务系统所产生的数据实时地传输到总院集中存储，并将全

部数据进行统一规划、统一标准、统一管理，实现信息互通共享。实现了从家庭医生签约到健康管理，从经济核算到临床应用，从医学影像到远程会诊，从大数据处理到决策支持的医共体一体化信息管理。

（二）信息化管理系统在医共体间的应用

1. 建立网络会诊平台

通过网络会诊平台的建立，我院与大连医科大学附属一院、大连医科大学附属二院建立了全院多学科远程会诊。可将患者基本医疗信息情况及相关资料、会诊录像通过其他方式拍摄的会诊或手术的影音文件在系统里和其他医生共享，并通过音、视频交流，传授经验及解答各种疑难问题，帮助医生及时获取全面医疗信息和诊疗支持。远程会诊室的使用充分发挥我院卫生资源的优势及进一步实现医疗资源共享，切实提高了工作质量和效率。

2. 基层医院 HIS 管理系统

基层医院信息系统覆盖中心医院所属的乡镇卫生院。包括患者的门急诊结算业务、住院业务、医生门诊和住院工作站业务、药品管理、物资卫材管理、医保农合管理等。实现乡镇卫生院日常基本医疗业务的信息化管理，实现中心医院和乡镇分院物资供应的远程管理，实现对乡镇卫生院基本药物使用的监管，实现对乡镇卫生院的远程财务监管和统计分析，实现乡镇分院的信息在总院管理范围内互联互通，实现与新农合、医保等系统互联互通。

3. 电子病历系统

按照总院管理模式，规范模板的制作，规定书写的格式和要求，为各乡镇卫生院配置了电子病历管理系统。总院可以实时看到各卫生院的电子病历的完成情况，包括首程和住院志书写是否超时，患者出院记录是否书写，上级医师查房记录是否完整，病历书写是否整洁等。规范了医疗文书的管理，保证医疗安全。

4. 实验室 LIS 系统

各乡镇卫生院的检验设备全部实现了与信息平台的对接，通过医院的 HIS 系统，自动调取患者的信息，检验设备检测报告自动匹配，生成标准的检验报告。乡镇卫生院的检验数据集中存储到总院，总院的检验科负责对各卫生院进行质控，保证检验数据的准确性，同时可以对各乡镇卫生院的检验工作进行远程指导。

5. 网络心电管理系统

为各乡镇卫生院配备台式和移动式心电图机、动态心电图机，通过网络与设在总院的心电图诊断中心保持联通，医护人员既可以为在院的患者进行心电图检查，也可以到农户家里开展心电图检查工作。通过网络将采集的心电信息传输到总院，远程心电诊断中心的诊断医师 24 小时值班，随时为各乡镇卫生院上传的心电图进行诊断，并实现了电子化签名管理，各乡镇卫生院可在自家医院完成心电图报告单的打印。

6. 影像 PACS 传输系统

为各乡镇分院上线了影像传输系统，采用标准的 DICOM 格式进行数据采集和存储，通过网络数据传输到中心医院乡镇分院影像远程诊断中心，总院成立了远程影像诊断专家组，配置了 84 英寸医用显示屏，为各乡镇上传来的 CT 和 DR 影像进行诊断。

该系统与医院管理系统互联互通，门诊和住院医师可以通过电脑查看诊断报告和影像。各乡镇卫生院不需配备影像诊断医师，只需要技师完成影像的采集，就可以完成影像的诊断和报告。

7. 超声远程诊断系统

一直以来，超声的远程诊断在影像远程诊断中被列为空白区，因为涉及实时动态的影像传输，且诊断医师无法指导现场操作人员的手法，且音、视频同步性差等诸多因素会导致诊断误差率高，从而使诊断失去可用性；中心医院高度重视超声远程诊断工作，先后联系多家软硬件技术厂商，按照我院的要求，进行联合攻关，经过很长一段时间的努力，突破了技术瓶颈，使超声远程诊断成为现实。

总院在超声科成立了乡镇超声远程诊断中心，通过音频、视频的传输和解压缩技术，通过光纤实现完美的同步，高清且无损的音视频犹如现场的感受，既可以看到超声设备采集图像的整个过程，也可以观察患者的体位，指导操作手法。乡镇超声远程诊断中心的成立大大缓解了乡镇卫生院超声诊断医生严重不足的困难。

四、信息化建设推动医共体的健康发展

（一）降低管理成本，提高管理效率

通过信息化平台，总院可以实时了解和掌握乡镇卫生院的管理动态和需求信息，发现并及时纠正乡镇卫生院存在的问题，解决乡镇卫生院的困难。既减少了因大量管理干部到卫生院现场检查工作造成的人力和财力的浪费，也减轻了乡镇卫生院疲于迎检的压力。

（二）实现远程诊断，缓解乡镇专业技术人员缺乏的压力

乡镇卫生院普遍存在专业技术人员不足的困难，特别是放射诊断、超声诊断、心电图诊断医生严重不足。通过信息化平台的建设和远程诊断中心的应用，中心医院直属 10 家紧密型医共体卫生院，不需配置放射诊断、超声诊断、心电图诊断医生，至少减少 40 名放射诊断医生、40 名超声诊断医生、40 名心电图诊断医生、40 名检验医生，大大缓解了总院和乡镇卫生院在人员配置上的压力。

（三）统一质控标准，实现检查检验结果互认

通过信息化平台，中心医院与直属的10家乡镇卫生院已经在CT、彩超、心电、影像、病理等方面实现远程诊断、远程会诊，检验执行统一质控标准，中心医院与 10 家卫生院（紧密型）间实现了检查、检验结果互认。

（四）提高医疗治疗，提高群众满意率

通过信息化平台建设，中心医院诊断中心和会诊中心实现对乡镇卫生院就医患者开放，使农村群众在乡镇卫生院即可享受到三级医院专家的服务，既保证了群众看病的质量，又大大降低了看病费用，同时通过中心医院专家的不断指导和培训，乡镇卫生院的服务能力和服务质量有了明显提高，群众满意率持续保持在 95% 以上。

我市紧密型医共体信息化建设为我市医联体信息化建设提供了宝贵的借鉴经验，随着医改工作的不断深入，信息化建设将不断加强，在不久的将来，我市广大群众将普遍体验到信息化建设所带来的就医获得感和幸福感。

聚专家智慧 启医者新旅

青海省天峻县人民医院

2018，注定是不平凡的一年，新年伊始，青海省海西州天峻县人民医院迎来了医联体帮扶团队——青海省第五人民医院专家团！随后浙江省象山县人民医院、辽宁铁法煤集团医院的援青专家团队相继到来！

天峻县地处青海省东北部、青海湖西侧、祁连山南麓，柴达木盆地东部，东邻祁连县和刚察县，南接共和县和乌兰县，西毗德令哈市，西北与甘肃肃北蒙古族自治县为界。县域地势高峻，气候寒冷，平均海拔4000米以上。县辖3镇7乡62个牧委会和2个社区，是一个以藏族为主体的多民族聚集地区，有藏、汉、回、蒙古、撒拉等15个民族，人口共计2.25万人，少数民族人口占总人口的85%。是典型的多民族聚居、民族文化大融合的体现，西王母文化世代传承，气候环境恶劣，树木存活率低，但依然是众多野生动物的栖息地。

地转天旋，万事开头难。天峻县人民医院因人才断层问题，医院发展进入举步维艰阶段，天峻县距最近的三甲医院三百余公里，患者看病成为老大难问题。青海省第五人民医院专家团队的邢艳霞、刘长春、卢发菊、宋建梅、王有清等冒着冬季凛冽的寒风，发挥“干在实处”的精神，毫无保留发挥个人专长和技术优势，实实在在为县级医院医疗技术的改善带来帮助，在两院的深入合作及专家的密切配合中，剖宫产、腹腔镜微创等手术逐步开展，打破了县医院只能做“阑尾炎”“单纯分娩”手术的瓶颈，各类疑难手术成功开展，频频刷新患者认知，为县医院树立了良好口碑。

路漫漫其修远兮，吾将上下而求索。来自青海省第五人民医院的挂职院长邢艳霞到达天峻后，立即将相关科室人员送出去培训；一行专家对留在医院的医务人员，利用现有条件加强培训，每周一次科室小讲课，两周一次科室教学查房，各项工作慢慢步入正轨。专业技术遍地开花，心梗三项和心衰测试检查技术也开展起来了，在第一时间为医生提供临床确定诊断，为急性心肌梗死患者溶栓治疗争取宝贵的时间，明显提高了患者的预后效果。重新启用关闭近三年的血库，建立了输血操作规程，专家们从血液制品制备，深入分析各品种的适应症，详细介绍了外科、重症医学科等临床病人输血指征，着重探讨临床合理、安全用血和大量失血患者的输血原则，并做了精彩案例分享。随之，浙江省象山县人民医院曹珊和高仲辉两位专家，辽宁铁法煤集团医院史长山、王雪峰、王亚兰三位专家先后到来，极大地充实了专家团队实力。手术水平的提升带来住院病人大幅度提升的连锁反应。

成功抢救产后大出血患者及中期妊娠难免流产大出血患者，并对患者成功输注红细胞悬液，进一步规范了妇产科常见病的诊断治疗；成功开展输卵管妊娠破裂出血手术，填补了天峻县此类手术的空白；帮扶专家协作顺利开展无痛人流，为当地女性快速安全解决意外妊娠问题带来福音，极大地降低了普通流产方式给女性患者带来的身心痛苦；开展了宫外孕及剖宫产手术，让本地的孕产妇对县人民医院妇产科的印象大有改观，降低了孕产妇及新生儿死亡率，让牧民们放心在县医院分娩。

时光飞逝，如白驹过隙，青海省第五人民医院已经先后派出专家 30 余名，其中影像科海江、麻醉师田晓涛等 9 名专家长期驻院工作，医务科刘二军主任、医保科李梅主任等 11 名专家进行了短期技术指导。

八月的高原，风轻云淡，迎来送往，天峻县人民医院再次迎来了浙江象山县人民医院三名医疗专家，外科祁嘉武主任医师、内科赵海敏副主任医师，还有美丽温柔的助产士胡奕萍老师，来自江南的三位专家面临着克服高反、干燥、饮食习惯等重重生活难题，但他们没有被困难吓到，经过短暂的修整，立即投入工作。尤其是祁嘉武主任，到达后即刻制订了对外科的三个月帮扶计划。在祁主任的带领下，专家团队的帮扶工作取得了突破性的进展。

三家医院派驻的专家团队带领天峻县人民医院骨干成员完成了群体伤、烧伤、车祸伤病人的院前、院内救治，在内镜检查、优生优育、影像诊断等方面也取得了良好的成绩，得到了相关部门、群众及医院同行们的一致好评。

众人拾柴火焰高，援青者填补了天峻无脊椎手术的历史！

9 月 12 号早晨，关角山发生车祸，120 接来了河南新乡籍 40 岁左右兄弟俩伤者，一个内踝骨折，一个锁骨、肋骨、腰椎、骨盆等 8 处骨折并双下肢不全瘫，下肢刺痛麻木，仅足趾可微弱活动，但生命体征平稳，无明显胸腹部脏器损伤，需要尽早手术才有可能恢复神经功能。限于当地还从未开展过脊柱方面的手术，邢艳霞院长马上联系青海省五院的骨科主任医师付宏伟和麻醉师余仲明赶往天峻协助完成手术，同时紧急从海西州调血，外科、手术室人员认真做术前准备，全力配合。手术历时 8 小时，成功为 2 位患者做了 3 处 4 部位手术，出院时已能抬腿活动了，患者父亲和爱人将两面专程在河南郑州定做的“妙手回春，医者仁心”“救死扶伤，医德高尚”的锦旗送到天峻县人民医院，以示感谢。众人拾柴火焰高，只要大家齐心协力，困难都会迎刃而解。该项手术的顺利完成，填补了天峻县医院无脊柱手术的历史。

2018 年 10 月 18 日下午，天峻县医院外科在浙江援青专家祁嘉武主任医师主刀下成功完成了肝包虫手术。肝包虫病是一种地方病，多发于牧区，由生吃或吃不熟牛羊肉后感染所致，肝、肺、脑、骨包虫居多。该例患者为 41 岁女性牧民，特困户，患有肺结核，胸 10、11 骨结核，肝包虫病等多种疾病。曾在省内多家三甲医院就诊，均因结核病而被拒手术或转诊，长期消耗体弱消瘦，加上心肺功能损坏，手术难度增加。面对该患者，天峻县医院由医务科牵头组织全院相关科室会诊，全面评估患者病情，制订周密手术计划，评估手术风险后，历时近 4 小时成功完成肝包虫手术。

11 月 9 日凌晨，一名怀孕 32 周的产妇，前置胎盘大出血，张梅山大夫果断决定立即剖宫产，在麻醉师田晓涛、儿科赵新宇主任、妇产科、手术室全体成员的尽力配合下，母子平安！产妇及家属送来锦旗并感慨地说：没有你们，我就没命了！

祁嘉武主任说，在这里工作的每一天都是一种煎熬和挑战！倒不是工作上的压力，更多的是心理上的无助。每一个人都是舍小家、顾大家，你可以经常听到微信里孩子伤心的哭泣声，也会经常看到眼圈发红，却又不愿意让人看到的场面！此时此刻又能说什么呢！拍拍肩膀喊一声兄弟姐妹，互相理解、鼓励罢了！唯有下班后援青者一块吃饭时是最高兴的了！因为大家是同甘共苦的兄弟姐妹！也只有此时会忘记忧伤和寂寞！

在这里工作，你不能是一个专科大夫，而得是一个地地道道的全科医生！可能需要你拿出几十年前的知识和经验，而且需要勇气和担当！里里外外、方方面面需要你去亲自料理打点。

由于自然环境的影响，天峻县医院陷入了留不住人才、技术力量单薄的困局。离天峻最近的西宁也要5个多小时的车程，常有患者在转送途中失去生命，着实让人心颤！医护人员也深知责任重大！

尽管如此，大家还是不遗余力地寻找突破口，相信危急重症患者不再转诊的一天会很快到来！解开困局绝非一朝一夕之简单，前方的路崎岖而布满荆棘，相信在三地政府的支持和援青人员的共同努力下，天峻县人民医院的崛起指日可待！

服务新时代 展现新作为 助力全民健康

河南省禹州市中心医院

新时代要有新气象，更要有新作为。十八届五中全会首次提出推进健康中国建设，党的十九大又将实施健康中国战略提升到国家整体战略层面统筹规划。健康中国是卫生改革发展的总目标，对深化改革具有引领方向、更新理念、明确目标、统筹推进的作用。回首 2018 年，禹州市中心医院深入贯彻党的十九大精神和习近平系列重要讲话精神，认真落实省、市的各项方针和政策，结合医院实际和卫生系统的特殊性，积极开展“驻村帮扶、精准扶贫”“百医包百村、送医送温暖”“常态化制度化义诊巡诊”等活动，不断提高全市人民的健康水平，为健康中国的建设贡献了一份力量。

一、驻村帮扶、精准扶贫助力全民健康

2018 年禹州市中心医院围绕健康中国的总目标，实行三医联动综合改革，并成立禹州市中心医院驻朱阁镇席庄社区工作队、西胡楼村工作队。扎根基层，精准扶贫，不断提高人民的健康水平，实现全民健康，进而实现全面小康。

（一）深入基层、社区开展义诊、诊疗服务

中心医院工作队自驻村以来，共组织大型义诊活动 3 次，免费送医送药 2 次，组织志愿者到社区服务 12 次，志愿者及行政管理人员入村服务人次达到 300 余人次，为群众开展内科、外科、妇儿科、眼科、耳鼻喉科及口腔科等科医疗诊治，提供心电检查、彩超检查、血糖测定 1200 余人次，开展中医适宜技术治疗慢性肺病及气管炎等 160 余人次，医疗服务惠及群众 2600 余人。

（二）建立“一户一策、一人一措”的帮扶机制

驻村工作队按照禹州市委、市政府“质量、精准、增收、志智双扶、乡风文明”十四字方针，进一步深入到户，采取“五看一核算”的方法，对低保、五保、边缘户进行再识别再核算，切实做到了精准识别。朱阁镇西胡楼驻村工作队，针对全村经济基础薄弱、医疗就医环境差，群众特别是60岁以上老人身体状况差的问题，在驻村第一书记王国岳同志的带领下，开展便民服务，协助村“两委”为全村百岁老人入户办理高龄补贴，协助村“两委”为全村60岁以上人员做好养老金网上认证工作，指导村“两委”对每户建档立卡贫困户的致贫原因，认真分析，制订“一户一策”“一户多策”的帮扶措施。邀请医院相关专家为老年群众提供健康体检、就医及膳食指导，大大提高了村居民的生活水平和健康状况。席庄社区工作队，在驻村第一书记石欣卫的带领下，挨家挨户排查社区每一户居民的生活水平和健康情况。通过排查发现席庄社区低保户45户64人，五保户21户21人，建档立卡户低保贫困户5户16人，致贫原因2户为因病因残，1户为因病，2户为因残致贫。针对贫困户的实际情况，通过社区两委协调，并与贫困户充分沟通确定了2018年各户的帮扶计划，还针对家庭中每一个人进行了单人施策。同时，席庄社区还建立了60岁以上重点人群和亚健康人员体检档案，组织专业人员进行数据分析，梳理本社区重点人群的身体现状并提出科学的治疗、用药方案及健康生活方式的指导建议，发放价值398元免费“禹州市中心医院慢病中心体验卡”300余份，在促进居民健康方面提供了科学保障。

（三）成立社区大讲堂，宣讲健康知识

为提高社区、村镇居民的健康意识，普及健康知识，传播健康理念，创造健康的生活环境，促进社区、村镇精神文明的建设，并从根本上解决“因病致贫、因病返贫”的问题，在驻村第一书记王国岳、石欣卫及党建指导员李慧、巴子杰的带领下，通过与居民及村两委的沟通协调，分别成立了“西胡楼村农民大讲堂”“席庄社区农民大讲堂”“姚堂村农民大讲堂”“下宋村农民大讲堂”。驻村工作队邀请我院医疗专家和志愿服务人员，利用傍晚、晚饭和居民农闲之时，为居民讲解健康知识，介绍健康生活方式。针对因病行动不便的居民，中心医院驻村工作队还专门邀请医院专家入户进行健康知识宣教与规范用药指导。如：对检查中发现极高危高血压的朱彦利，医院专门邀请相关专家和护理人员入户进行健康干预和用药指导，并每天给他测血压，劝其改变高盐饮食的不良生活习惯，通过近 1 个月的规范服药和饮食调整，朱彦利的血压降至 140/90（mmHg）。

同时，为提升脱贫政策宣传与环境整治的氛围，工作队制作了近 40 幅健康教育、卫生知识宣传及脱贫攻坚相关内容的版画，还在贫困户家中或周边群众相对集中的地方，制作和张贴了“我村贫困户　大家来帮助”贫困户信息和政策宣传内容的小型墙体宣传页。还在盛夏之时，开展“中医适宜技术宣讲服务进社区大讲堂”，为帮扶村群众送来三伏贴治疗和预防肺系疾病活动，并进行扶贫知识和贫困户动态管理等相关内容的宣传。而且为社区老年人提供了医疗帮助和用药咨询服务，受到群众的一致好评。

二、“百医包百村”“送医送健康”助力全民健康

健康扶贫是脱贫攻坚战的重要一环，脱贫从“脱病”开始。为从根本上解决我市贫困地区医疗卫生服务能力低，群众“看病难、看病贵”的实际问题，保障广大人民群众“有病可医”的权利，禹州市中心医院 2018 年以来深入推进许昌市卫计委、禹州市卫计委关于“百医包百村”健康扶贫攻坚行动计划，动员广大医务人员和青年志愿者到禹州市中心医院定点帮扶村禹州市朱阁镇席庄社区、西胡楼村、马厂村开展“送医送药送温暖”活动。切实提高了相关社区、村镇的医疗卫生水平和居民健康水平。

朱阁镇马厂村是禹州市中心医院“百医包百村”的定点帮扶村，虽然距离市区不远，但常年来缺少相应的村镇企业，大量青年劳动力外出务工，全村“留守儿童、空巢老人”现象严重，而且相应的村级卫生室少，居民看病难成为了一个普遍难题。我院脱贫攻坚帮扶干部张青松自 2018 年 3 月接任马厂村脱贫攻坚工作以来，挨家挨户了解居民的生活水平和健康状况，积极开展帮扶行动。党建指导员张青松以加强党员的教育管理为抓手，推进基层党建的制度化建设，建立了一支“有责任、有担当、能干事、会干事”的基层党组织，充分发挥了基层党组

织的战斗堡垒作用。在贫困户“六改一增”、危房改造、健康水平提高等工作中，充分发挥了医疗卫生行业的优势，为马厂村居民的生活、健康水平的提高做出了一份贡献。

今年 5 月 10 日禹州市中心医院赴马厂村健康扶贫大型义诊活动如期举办，这次活动得到了院有关领导的大力支持，党建指导员张青松热心组织安排 18 名医疗专家和志愿者参加了义诊活动，并联系有关厂家赠送了价值两万元的药品。前来就诊的群众可以免费测量血压、血糖，做彩超检查，免费领取药品。对行动不便的群众送诊上门，免费送药，并组织医疗专家向村民宣讲卫生健康知识，大大解决了当地村民看病难，“因病致贫、因病返贫”的问题。

马厂村有一户贫困户肖某，下肢残疾，常年卧床，行动不便。妻子智障 2 级残疾，家庭环境差，室内通风不畅，气味难闻，我院帮扶干部了解情况后，及时和村干部结合，帮助贫困户清理院内垃圾杂物，在肖某的住室后墙开窗，安装了排气扇，并建立了长效的“送医送健康”帮扶机制，定期为肖某开展免费的医疗卫生服务。

“以前农村人都是遇见谁有个头疼脑热的都上愁，大医院太远交通不方便，小医院不放心，要是到城里去做个检查，来回要花上半天时间。今天在咱村家门口就可以咨询医院的专家，还给我们指导合理的健康饮食、适量运动和科学的作息方法，并且还给我们讲授预防保健知识，真是要感谢共产党领导、感谢市中心医院专家的到来。”马厂村一位村民激动地说道。

三、义诊巡诊常态化制度化，助力全民健康

为切实解决人民群众看病就医的实际问题，增强百姓自我保护、关爱生命、关注健康的意识，普及居民群众的医疗保健知识。2018 年禹州市中心医院利用自己的行业优势，成立了医疗支援服务小分队，分别由八小组专业的医生、护理人员组成，并制订了《禹州市中心医院义诊巡诊年度工作计划》，成立了禹州市中心医院义诊巡诊工作领导小组，形成了专业化、常态化、制度化的义诊巡诊方案。

2018 年以来，八组医疗支援服务小分队，严格按照《禹州市中心医院义诊

巡诊年度工作计划》，有序地开展义诊巡诊活动。全年进社区、乡镇共开展大型义诊25次，累计免费送药达5万余元，医疗服务惠及群众2.3万余人，义诊巡诊覆盖了全市大部分乡村、社区，针对西部偏远山区的群众还制定了专项的义诊巡诊制度，有效缓解了基层群众看病难看病贵的问题。

医务人员为前来就诊的患者免费测血压、测血糖、做彩超、做心电图等各方面的检查，并举行健康知识讲座、发放“健康生活方式”宣传手册。家住磨街乡的李大爷握着中心医院王主任的手激动地说：“我们磨街乡离市区比较远，交通环境也差，过去生个病一般都在村里的小诊所看，实在没办法了才去市里面的大医院去就医，现在你们医院的专家来到我们乡为我们做免费的检查和医疗指导，真是为我们这里的百姓带来了太大的方便。”

没有全民健康就没有全面小康，新时代是决胜全面建成小康社会的攻坚期，是深化卫生事业改革实施“健康中国”战略的关键时期，“驻村帮扶、精准扶贫”“百医包百村、送医送健康”“常态化制度化义诊巡诊机制”创新地为禹州人民送去专业的医疗卫生服务、健康的生活方式和就医指导，大大解决了人民群众“因病致贫、因病返贫”的问题。一系列扎扎实实的医疗惠民举措，为禹州各族群众铺就一条“健康路”。在推进健康中国战略实施过程中，以全民健康助力全面小康，必将为全市各族群众带来更大福祉。

医者仁心

——建始县人民医院2018回眸

湖北省建始县人民医院

1938年，在抗日战争的烽火中，位于鄂西边地的蕞尔小县建始，成为湖北军政的大后方。3位没有留下姓名的医务人员，组成了一个小得不能再小的医疗机构——湖北省第七区卫生戒烟院。

斗转星移，风雨沧桑，80年过去，嫩弱的幼苗长成了参天大树，历史在建始的深山大地，演绎了一部丑小鸭变成白衣天使的传奇。

那个小得不能再小的医疗机构，成为了今天的建始县人民医院。成为政府举办的非营利性事业医疗机构，成为卫生部国际紧急救援中心网络医院、卫生部病理远程会诊与质控试点医院、卫生部推广颅内血肿微创清除术协作医院。成为北京军区总医院、武汉大学人民医院、湖北省人民医院定点的友好协作医院，武汉大学中南医院紧密型医疗联合体成员单位和恩施州中心医院对口帮扶医院。医院占地面积3.2万平方米，建筑面积5.2万平方米，定编床位800张，在岗职工743人，已发展成为集医疗、预防、临床教学、科研、康复保健和传染病隔离定点医疗于一体的国家二级甲等优秀医院，2017年荣获全国文明单位之殊荣。在这里，民胞物与，大医精诚。“服务新时代 展现新作为 助力全民健康”，医者仁心，悬壶济世。这里充满着一缕缕温馨脉脉的情怀，流淌着一个个暖意融融的故事。

一、天使妈妈

2018年10月，一个10岁的小男孩，手臂意外被刺伤，紧急手术过后，转入ICU这个特殊的科室，听着他的故事，看着眼前这个全身插满管子的孩子，科室的医生、护士都眼含泪水，哽咽无语。孩子是留守儿童，爸妈都远在外地打工，最让医生、护士为难的是，孩子天生聋哑，交流十分困难。于是，ICU科室的护士们，就成了“天使妈妈”，每天“天使妈妈”都细心地去给孩子洗脸、擦身子，耐心地去跟他交流，孩子右手打着石膏，左边做了手术，不方便行动。着急了就开始号叫大哭，吵闹不休，“咿呀呀、咦咦咦、呀呀呀……”根本听不懂。细心的天使妈妈，就练习着去读孩子的唇语，根据孩子嘴巴一张一合来分析判断孩子想表达的内容。

ICU科室的“天使妈妈”都明白，那就是爱，用爱心爱着这个孩子，把他当作自己的孩子一样。在ICU这个大家庭里，每一个护士都是一个善良的天使妈妈，她温柔，善良，把每个患儿都当作自己的孩子一样耐心照顾。

ICU的医生、护士，是白昼的伴侣，黑夜的精灵。通宵达旦的工作，抬头与低头之间，眉眼疲劳也要打足精神照顾患者，一年146个夜班，在ICU医护的朋友圈，大多是加班，抢救病人，特殊治疗有了效果，才是对病人最美好的祝福。在ICU这个特殊的科室，什么时候能喝口水，什么时候能吃上一口热饭，能不能准时下班，对于他们来说是未知的，他们的神经时刻都紧绷着，这里的病人都太特殊了，他们不能，不能有丝毫的马虎。看着被他们拼尽全力从死神手中抢回来的生命，他们就像这个大家庭又迎来了新的生命一样开心。

看着危重病人病情一天天好转，可以脱掉呼吸机了，可以拔掉气管插管了，能咽下一口水了……这都是他们最欣慰的事。

医者仁心，鸣奏赞歌，建始县人民医院按照“总体布局合理、资源配置优化、学科建设领先、医疗技术精良、科研教育配套、人文环境和谐、医疗服务满意”总要求，部署“学科、人才、文化、品牌”四大战略，构筑“仁爱、质量、责任、幸福、文明”五大目标，着力建设国内一流县级综合医院。医院开设了35个临床专科。其中消化内科、心血管内科、中医康复医学科、医学检验科、皮肤科、泌尿外科、麻醉科8个科室为省级临床重点专科，骨科、神经内科、呼吸内科等28个专科为州级临床重点专科。

医院拥有美国 GE1.5T 新一代 ECO 磁共振、美国 GE64 排 128 层 CT、飞利浦 IU22 三维彩超、日本欧林巴斯、放大胃镜、超声内镜、耳鼻喉电子内镜、美国施乐辉关节镜、德国罗氏 MODULAR PP 全自动多功能生化分析仪等国内外高、精、尖诊疗设备 500 余台件。医院技术力量雄厚，队伍稳定，老、中、青梯队建制。拥有高级专业技术人员 70 人、中级技术人员 180 人，每年有数十人次到省、部级医院进修学习。

二、守护同胞

绚丽的阳光，照进宁静的病房，迎着漫天的朝霞，人民医院妇科主任黄光慧走向住院大楼妇科的花径。

妇科，是抗击妇科疾病的阵地，是捍卫妇女健康的卫士。

2018 年 3 月，患者李大姐来到县人民医院妇科，黄光慧给她做了细致的诊断，说："大姐，你这是子宫肌瘤啊。"同时，李大姐还有心脏病、高血压、甲状腺功能亢进、重度贫血等多种病史，体重接近 200 斤，这给手术治疗及术后恢复、护理等带来了很大的难度。黄光慧组织全体医护人员多方探讨，制订了详细周密的诊疗方案和术后护理措施。

3 月 14 日，黄光慧主刀为李大姐做了手术，在全科医护人员的精心治疗和暖心护理下，一周后，3 月 23 日，李大姐康复出院了。她把一面写有"医患情浓，德技双佳"的锦旗，送到了黄光慧手上，说："人民医院妇科的医生护士，工作认真负责，医术精湛，服务态度太好嗒！你们就像我的亲人一样在照顾我啊，你们就是我们妇女同胞的保护神啊。"

"妇女同胞的保护神"，这就是广大患者对黄光慧和她所带领的县人民医院妇科的最高赞誉，更是黄光慧和妇科全体医护人员心中的誓言。

在这妇女健康的摇篮中，黄光慧精心治疗和悉心照顾着病人。给每一位妇女同胞提供精湛的医疗技术，把每一位患者当成自己的家人去照顾、去爱护，巾帼红颜，让我们的妇女同胞如花的生命，永远灿烂。这，就是黄光慧和她所带领的县人民医院妇科的爱，这样的爱，被写在一个个平凡的故事里。

这样的故事，太多太多。

2018 年 10 月 05 日，患者余女士，从千里之外专程来到建始县人民医院妇科护士站，询问：黄光慧主任在上班吗？我在新疆医院检查出身体有很大的问题，听说黄主任医术很好，希望她能挽救我的生命。

黄光慧从余女士手里接过了那张新疆医科大学第五附属医院在 9 月 20 日的检查结果，上面提示：子宫内膜样腺癌，部分为复杂性增生伴非典型增生，入院诊断为子宫内膜癌。

余女士及家属心情十分沉重，担心自己的病情不会治好，黄光慧耐心细致地与患者家属沟通，余女士的女儿同意进行手术治疗。

10 月 5 日余女士入院了，10 月 11 日，黄光慧为余女士施行了“筋膜外全子宫切除术＋双侧附件切除术＋盆腔淋巴清扫术”，手术很顺利，术后进行对症治疗。半月后，患者痊愈出院了。出院当天，护士很早就给余女士办好了出院手续，余女士眼中饱含泪水，要找黄主任表示感谢，但是黄光慧仍然在手术室，余女士一直等到下午，还是没有等到黄主任回科室，余女士和家属握住值班护士的手，说：“请你一定一定要帮我转达对黄主任的谢意。”

“爱心献妇女、奉献在岗位，”黄光慧说，“得到病人的肯定，是对我们医护人员最高的赞扬。给病人提供精湛的医疗技术，把每一位患者当成自己的家人去照顾、去爱护，是我们医护人员的职责。”黄光慧和她的同事，从不为急救耽误了休息的时间而抱怨，只为顺利治疗每一位妇女同胞而快乐，只为所有女同胞的健康而欣慰。2018 年 10 月，她被提名为“荆楚楷模•最美卫生计生人”。

28 年过去，尽管辛劳的皱纹，悄然爬上了黄光慧的额头，尽管青春的火焰，燃烧消尽在黄光慧的眼角，但黄光慧爱心依然，奉献永远，永远做妇女同胞的保护神。

大医精诚，情系患者，几十年来，建始县人民医院以“诚信、博爱、创新、发展”的办院“八字”方针为理念；以弘扬“爱院、厚德、业精、奉献”的“八字”精神为准则；以“检查、诊治、用药、收费”“四个合理”为抓手；以“医疗优质、护理温馨、经营薄利、价格标准”“四个服务”为标尺；以着力打造“精细管理、精致服务、精美质量”的“三精”医院为行动指南，实行专科专治，真正成为政府放心，老百姓满意的惠民医院。陈列室的每块荣誉牌和科技发明奖项，无不凝聚着全院700余名职工辛勤的劳动与汗水。

三、用心呵护

“每一个患者从悲观的灵魂里崛起不屈的希望，都有医护工作者的全力呵护。”心血管内科主任马明福这样说。

“我是一位特别麻烦的人，对很多药物过敏，性子容易暴躁，可是住进心内科，我就心里舒坦，即使是寒冬腊月我也感到温暖，你们的医护人员真不错……。”说这话的患者名叫朱和玉。

今年75岁的朱和玉，因心脏长期伴随心律不齐，去过不少医院，却总是会因为大小事情而气急败坏，草草出院，这回，老人来到人民医院，住进了心血管内科。

起初，老人也抱着不满和怀疑，从叠被、输液方面多次挑剔，或者是换针药晚到1秒钟，老人都会非常生气，怒摔病房一切物件。

面对这种情况，护士长乔红召开了一个紧急会议，她提出：“这位老人性格有点特殊，既然住进了我们科室，我们就不能因为我们工作的细小问题再次刺激老人，我们要更加用心、耐心地为这位老人做好护理，只有把老人服务好，我们的工作才叫做好，什么叫优质护理？病人的感受良好就是我们的服务标准。”

主任马明福和医生谭运莲精心治疗。无论老人怎么刁难或怒骂，他们都微笑面对，并经常关心这位老人的生活及身心的健康。

护士每次去给老人打针、换药都会耐心地和她聊一聊，听听她的诉说，并亲切地称呼“奶奶”，时间慢慢推移，朱和玉老人再也不在科室里面发脾气，并真真地感受到了医护人员对她发自内心的关心和爱护。

“金杯银杯不如老百姓的口碑。”朱和玉老人为心内科全体医护人员送去一面牌匾“医德高尚　医术精湛”。老人还说：“住进这个科室，让我感到温暖，也谢谢你们不仅治好了我的病也治好了我的心，感恩！”

伸出爱心的双手，牵引光明和温暖，建始县人民医院心血管内科是省级临床重点专科，多年来一直秉承“从心开始，用心呵护”的科室理念，本着以患者为中心的原则，以丰富的临床经验，先进的治疗理念和完善的技术、设备，全心全意为广大患者提供认真、精细、周到的诊疗和护理服务，用情真意切的服务去温暖每一位痛楚的患者。

社会责任，义不容辞。医院巩固“二甲”复审成果，紧紧围绕一个主题（作风建设年），二个满意（病人满意、社会满意），九个创建（全国文明单位、省级护理示范医院、“三好一满意”单位、平安医院、无烟医院、“廉洁诚信医院”“十星”级文明医院、法治单位），十九项活动（“两学一做”学习教育、公立医院综合改革、履职尽责、精准扶贫、城市医生“一对一”结对帮带村医、帮扶计划生育困难户、大型公立医院巡查、志愿者、“复明工程”等）开展工作，实施药品零利润、CT、核磁等大型设备检查降价20%收费，实施临床路径和单病种付费、与州中心医院结成医联体、热忱对口支援乡镇卫生院。

千里奔赴爱心浓，建始县人民医院全体同人不仅追求精湛的医术，他们还以仁爱之心，积极参加到精准扶贫、乡村振兴、义捐义诊、抗洪抢险、支援非洲等社会责任事业中去，为天下同胞排忧解难，奋勇争先，谱写了一曲曲感人肺腑的新时代乐章。

四、抗击疼痛

病与痛，是一对孪生的恶魔，患者在生病的同时，也在忍受疼痛的折磨。

我们的医院，就是抗击疼痛恶魔的阵地。

我们的疼痛专家，就是抗击疼痛恶魔的斗士。

现任建始县人民医院副院长的刘孜，中医康复科主任焦祖斌就是这样的斗士。

刘孜从事麻醉工作多年，对疼痛医学情有独钟，是全国颈肩腰腿痛委员、疼痛学会委员。又是多次的县、州、省各级“劳动模范”、先进工作者，2015年，他领衔建立了劳模工作室，三年来，工作室积极开展新项目、新技术，引进新设备，开展了“肩胛上神经阻滞术治疗肩周炎”“腰大肌间沟神经阻滞术治疗坐骨神经痛”、颈、腰椎间盘射频消融术，颈椎、腰椎间盘髓核臭氧溶解术，经皮穿刺腰椎间盘髓核切除术，椎间孔镜下椎间盘髓核摘除术等多项新技术。并引入微创介入手术，将现代微创介入技术与古老良效的中国传统医学融合在一起，在“能简单不复杂、能保守不微创、能微创不手术”的原则下，为患者个性化设计 1 至 3 种最简单、最安全、最廉价且疗效最大化的治疗方案。改变过去不分病情轻重、一律保守或统统开刀的治疗缺失或治疗过度的弊端，最大限度地保护患者的劳动能力。用“颈椎间盘射频融术”来治疗颈椎间盘突出症，用“腰椎间盘切吸术”来治疗腰椎间盘突出症，这项手术损伤小、费用低，对患者劳动力无影响，真正减轻病人痛苦，提高生活质量，填补了恩施州该领域微创技术空白，至今已完成微创手术 456 例，新技术覆射重庆、湖北两省及州内 8 县市。

无独有偶，焦祖斌也是一位孜孜不倦地追求用中医理疗来解除患者病痛的斗士，早在 2005 年，他主持组建了“中医康复科”，率先在恩施州同级医院中开展针刀疗法、中药熏蒸、麦氏手法治疗颈腰椎病等新业务、新技术；率先引进腰椎牵引床、现代化的中药熏蒸床。传统的中医国粹与现代先进技术的深度融合，以新风貌、新技术、新理念展现中医康复科学的神奇魅力，时至今日，创造出中医康复的一片新天地。

那些解除了疼痛折磨的患者，纷纷赠送锦旗——

“医心如佛，医技如神。”

“医术精湛祛顽疾，医德高尚美名传。”

“精湛一针除顽疾 医德高尚暖人心。”

敬佑生命，大爱无疆。一支支忙碌而又敬业的团队，一支支有爱有奉献精神的团队，担起重托，日夜忙碌。履行职责，一路坚定，从容走过。

刘孜、焦祖斌和他们的同事，与疼痛较量战斗，愈战愈勇，他们将在自己医疗领域，继续努力探索，不断攀登新的高峰。给病人以光明，给患者以温暖。

医学无涯，攀登高峰，人民医院被县委、县政府授予精准扶贫，全县党建、党风廉政建设，综合治理等“优胜单位”，荣获湖北省“五一”劳动奖状，多次荣获省医政医管工作、满意医疗卫生机构，省综合医院中医药工作、物价信得过单位，健康教育示范基地，职业道德建设、敬老文明好等称号。医院规模、基础设施、人才队伍、技术水平和院容院貌等综合实力在湖北省二级综合医院排名中，恩施州排名第一。近年来，医院获县科技成果一、二、三等多项奖。虽然是县级的医院，也具备承担国家重大项目的能力，2018年7月，高技术研究发展计划（863计划）生物和医药技术领域“人与动物血液细胞非接触式识别关键技术与装置研究”——《人与常见动物血液样品差异性光谱特征数据库和数学模型的建立》（课题编号：2015AA021107），子课题：良恶性腹腔积液鉴别诊断拉曼光谱评价体系建立，经由中国人民解放军第三军医大学课题组组织相关专家评审正式批准，在建始县人民医院医学检验科正式立项。

“我们从抗战的烽烟中走来，心中蕴含无疆的大爱……”

蜡梅迎春，杏林欢歌，2018年就要走过，新年的钟声即将敲响。12月18日晚上，建始县人民医院举行“倡文明、树新风、立医德”暨建院80周年“医魂筑梦•大爱前行”文艺晚会，舞台上，响起了这支名为“爱心永在”的医院院歌。

悠扬的旋律，激越的歌声，心中的情怀，奋扬的梦想，袅袅余音，回旋萦绕在这霓虹辉映的广场，缕缕不绝，越过百年时空，融进这如花的国土，融进建医人夙兴夜班的和谐家园，汇成一曲“绿了山川、暖了人心、响遏行云”的救死扶伤、为民服务的世纪乐章。

80年历程，40年改革，回顾过去，几代建医人呕心沥血，励精图治，形成了特有的“建医精神”，谱写出一页辉煌，创造出一个崭新的时代；展望未来，他们团结奋进，众志成城，站在新时代的历史起点，以病人为先，以质量为重，以服务为本，凝聚多方关爱，依靠全院员工，为建设国内一流县级综合医院而不懈奋斗！

深化医改促发展　优质服务促和谐
——舟曲县人民医院服务先进典型工作纪实

甘肃省舟曲县人民医院

近三年，我院紧密结合工作实际，以创新谋思路，以改革促发展，紧紧围绕公立医院改革要求，以“兰州大学支持舟曲卫生人才共建项目”及以“组团式”援藏专家资源优势为契机，紧抓人才队伍建设，扎实学习十八届四中、五中、六中全会精神及“两学一做”学习教育活动；加快推进县级公立医院综合改革工作，统筹推进医院综合管理、医保支付补偿机制、人事改革及薪酬分配制度、价格机制、监管机制、人才培养、技术创新、优质服务、重点学科建设等方面取得了阶段性的成果，有效地缓解了人民群众“看病难、看病贵”问题。

一、医院概况

舟曲县人民医院是一所集医疗、教学、保健、康复为一体的二级甲等综合医院，创建于 1954 年。在党和政府的关心、关怀下，通过几代医护人员的不懈努力，医疗事业得到了较快发展。特别是经过“5・12”地震、“8・8”泥石流灾后重建项目落实及住院新大楼投入使用以后，学科、基础设施设备建设及就诊环境得到极大的改善。医院现核定床位 200 张，实际拥有和开放床位 294 张，共有职工 361 人，其中正式 197 人，聘用 164 人，正高职称 2 人，副高职称 21 人，中级职称 67 人，初级职称 61 人。

医院业务用房 20320 平方米，设有内科、骨科、普外科、妇产科、儿科、急诊科、ICU 及中医康复科八个临床病区及血透室，一个手术麻醉科和门诊部，医技科室配备齐全。拥有16层螺旋CT、DR、全自动生化分析仪、多普勒、超细高清无痛电子胃镜、超高清腹腔镜等20余项大型先进医疗设备。

二、综合指标变化情况

近三年，医院从内外产三大科室到现今的八大临床病区，床位增比2.45倍，2016年门急诊人次超过14.1万人次，手术病人近8000人次，门、急诊人次及住院病人分别上升60%和122%，人均住院费用同比下降68%，手术病人逐年翻番。科室的不断细化及专科建设极大地方便了急、危、重患者专科治疗，全院在多个学科建设及新业务开展方面走在了全州的前列。

三、深化改革，完善服务体系

医院坚持把推进医药卫生体制改革作为工作主线，积极推行国家基本药物制度，药品零差率销售预计每年让利患者约为200余万元。优化临床路径，做好“先住院后付费”及定额补偿工作，为病人开通绿色通道，有效减轻了人民群众的“看病难、看病贵”问题。“优质护理”服务示范病房实行全院全覆盖，2016年内科护理病区荣获省级“标准化护理单元”称号。

四、深化人才改革，促进医院发展

进一步深化人事制度和分配制度的改革。在人事制度改革方面，先后完成了收费人员的全社会公开招聘及总务、医务科主任的院内公开竞聘，初步探索聘用人员人事代理。2016年，借鉴上级有关医院绩效分配方案，重新制订了《舟曲县人民医院绩效工资分配方案》，该机制做到按劳分配、绩效优先，兼顾公平，能充分反映以质量为核心，按工作性质不同确定风险系数，重点向临床一线、风险岗位、关键岗位倾斜，取缔了“大锅饭”及绩效与经济收入、药品收入和单纯的经济指标挂钩的分配方法。薪酬制度改革的实施，转变了工作作风，增强了职工的竞争意识，提高职工业务能力的自觉性，调动了职工积极性，使医院工作出现了新发展局面。

五、加强人才培养

医院充分利用“兰州大学支持舟曲卫生人才共建项目”“万名医师下乡支农”“组团式援藏”等项目，采取“请进来”与“送出去”的方式，近三年选派60余人次到省级以上医院进修学习；完善院内学习及学分管理制度，要求全院“高年资专家讲大课、基础知识讲小课”的学习制度，将学习与年终评先争优挂钩，全院掀起了政治学习与业务学习相结合的学习热潮；通过专家的“传、帮、带、教”和自身的不断学习，极大地为医院培养了大批实用型人才，充实了人才梯队配备，提升了全院整体素质。与此同时，医院在完成基本医疗保障的同时，为各乡镇卫生院和村医培养人才30期，近450余人次，培训中（藏）医适宜技术20余项；通过培训，能够让学员系统掌握基层常见病、多发病、慢性病的预防和治疗，并能够掌握和开展基层急诊急救知识及技术，正确掌握基本公共卫生服务内容及管理。切实为“常见病不出村、小病不出乡、大病不出县”的医疗改革目标做出了应有的贡献。

六、以重点专科为抓手，推进医院整体实力进一步提升

医院的学科建设不仅代表着医院的水平和特色，决定着医院的竞争力和发展后劲，而且与医院的形象和声誉也密切相关。我院按照“院有重点、科有特色、人有专长”的指导思想，进一步巩固ICU、骨科及中医康复科的重点学科建设项目，加大心血管内科、放射科及急诊科省级薄弱学科建设项目的步伐。

加强重点学科人员配养、设备投入及绩效分配等方面的倾斜，真正做到“院有专科、科有专病、病有专治、治有专方”，着力打造特色优势明显、专业技术精湛，具有良好社会影响力的群众满意医院。

同时，以点带面，重点学科带动基础学科发展，外科配备腹腔镜后，积极开展新业务新项目，近两年，依托兰大二院“组团式”援藏专家开展新业务二十余项，逐步独立完成操作，真正打造了一支“带不走的专家团队”，不断提高了本地人才的医疗技术水平。

七、优化服务流程，加大信息建设

2016 年对门诊部及行政办公区域整体重新规划、整体搬迁，新的门诊就诊环境更加干净舒适，大大地方便了患者看病就医。

同时行政集中办公也提高了办事效率，避免来回跑路的麻烦，缓解了住院大楼人员拥挤、乘坐电梯难等问题。门诊部院内设立“中医文化长廊”，一方面宣传中医国粹，另一方面为患者提供了温馨的就医休息的场所。医院 HIS、PACS、LIS 系统的对接逐步实现各医技科室检验结果与临床科室之间高速、安全、互通。

八、积极做好惠民工作

新型农村合作医疗是一项利民工程，是解决群众看病难、看病贵问题的重要途径。

我院严格按照《舟曲县新型农村合作医疗制度实施细则》和《舟曲县新型农村合作医疗费用总额包干制度》，坚持“因病施治、合理检查、合理用药”的原则，自费项目先征求患者同意，严把关口，认真审核有关证件及住院患者信息核对，防止弄虚作假、借证报销等违规现象发生，实行住院病人报销费用每月公示制度，接受群众的监督。一卡通、异地报销及“一站式报销”模式的不断推进进一步缓解患者长时间排队等候及来回奔波问题，使人民真正得到实惠。

九、开展义诊及免费手术活动

为解决边远贫困山区患者看病难、看病远问题，近两年医院利用节假日组织援藏、支农专家及院内资深专家先后深入全县 18 个乡镇组织开展免费义诊及“三病”普查 40 余次，累计为边远山区孤寡老人及小孩开展诊疗 20 余万人次，免费发放药品近 10 万余元，发放国家政策宣传资料 2 万余份；特别是借助于天津市眼科医院“光明行”活动，两次为当地 160 人实施了白内障免费手术，累计减免手术及检查费 60 余万元，受到当地群众的热烈欢迎和高度评价。

十、加强医德医风建设，构建和谐医患关系

一直以来认真贯彻落实省州县关于改进干部作风的有关规定要求，加强宣传教育、医德医风教育、核心价值观教育，结合“创先争优”“三好一满意”等活动，强化“病人至上”的思想意识，始终把维护人民群众的利益放在第一位，紧紧围绕改善服务态度、提高服务质量、控制医药费用、减轻群众负担，“狠杀”医务人员收受回扣、“红包”、开单提成等不正之风。

回顾近三年的工作，我们虽然取得了预期的成效，但还存在着一些不容忽视的问题，政治业务的学习有待进一步加强，人才技术的引进步伐有待进一步加快，全体干部职工的责任意识有待进一步提高，医疗技术水平和医患矛盾氛围有待进一步改善。我们将在上级主管部门的正确领导下，立足现实，群策群力，以更大的工作热情克服前进中的困难，全力推进医院改革再创佳绩。

做好医院功能定位 放大医改惠民效果

广东省廉江市人民医院 杨柳明

近年来，在廉江市委市政府、卫计部门的关心和支持下，我院根据国务院办公厅《关于全面推开县级公立医院综合改革的实施意见》（国办发〔2015〕33号）文件精神在全面推开县级公立医院综合改革过程中坚持建机制、强举措、重实效，取得了良好的经济效益和社会效益，积累了一些经验和做法。

一、做好医院诊疗服务功能定位，为群众健康提供基本医疗保障

我院作为一家县级公立人民医院，结合县级医院实际为群众健康提供安全有效的基本医疗保障，做好诊疗服务六大功能定位。

1. 提供常见病、多发病的诊疗服务。

2. 提供急危重症的诊疗服务。

3. 提供疑难复杂疾病的诊疗和上转服务。

4. 提供现代适宜技术（微创、介入）诊疗服务。

5. 提供传统中医适宜技术的诊疗服务。

6. 推进县镇一体化医疗改革，促进乡镇医疗卫生均衡发展和优质资源下沉，解决基层群众看病贵、看病难问题。

二、发挥医院诊疗服务功能定位，努力解决群众看病贵看病难问题

（一）常见病多发病，90% 大病不出县

国务院办公厅《关于推进分级诊疗制度建设的指导意见》（国办发〔

2015〕70号）文件要求，县域内就诊率提高到90%左右，基本实现大病不出县。目前我院的常见病种和疑难病种共237个，关键诊疗技术或手术239项。其中，开展的常见病种和疑难病种有222个，开展率为93.7%；开展的关键诊疗技术或手术175项，开展率为73.2%，县域就诊率达82%，诊疗能力明显提升，但与文件精神目标还存在一定差距。

我院明确区域定位，以解决本地区危急重症为中心，加强学科建设。一是成立急危重症医学部，涵括心脑血管、神经专业，代表科室有急诊科、重症医学科、心内科、神经内科、神经外科；二是抓好常见病多发病诊疗工作，代表科室有消化内科、骨科；三是建设好妇儿专科，代表科室有产科、妇科、普通儿科、新生儿科；四是开展微创外科适宜技术，代表科室有泌尿外科、普外科、乳腺外科、介入超声科；五是开展传统适宜技术，代表科室有康复科、中医科。

（二）抓好医疗质量管理，提高危急重症的诊疗服务能力

（1）急诊科与重症医学科一体化管理

2011年我院成立急危重症医学部，整合急诊科、重症医学科优势医疗资源，集院前急救、院内急诊和重症监护为一体，实行急诊科与重症医学科一体化管理，实现急诊科、重症医学科、心内科、神经外科资源共享和人员的互助，优化急危重症病人的处理流程，为多发伤和生命体征不稳定的病人开通绿色通道，大大提高了急危重症病人的抢救成功率。据统计，急诊科2013年到2015年急诊病人超过24万例，抢救人数13525例，抢救成功率为97.44%；重症医学科2013年到2015年急危重症患者抢救次数2012次，收住人数1544例，抢救成功率为87.59%，2016年全年门急诊急危重症病人的抢救成功率为98.8%。

（2）绿色通道畅通开放

完善急诊功能，内设ICU、分诊、检诊、治疗，放射科、CT室、收费、药房设急诊服务窗口，保障急诊及绿色通道患者服务通畅。

2015年出台《廉江市人民医院急诊绿色通道管理制度》，确保120急救绿色通道24小时开放畅通。《廉江市人民医院急诊绿色通道管理制度》；建立急性创伤、急性脑卒中、急性心肌梗死、急性心力衰竭、急性颅脑损伤、急性呼衰六大重点病种绿色通道服务流程。

（3）开展全面质量控制

成立医疗质量与安全管理委员会、伦理委员会、护理质量管理委员会、药事管理与药物治疗学委员会、临床用血管理委员会、医院感染管理委员会、病案管理委员会、医学装备管理委员会，临床科室、医技科室、医辅科室建立指标及标准体系。

医疗质量与安全管理委员会及各专业委员会组织审议并完善制度，质控科、院感科、药学部、物管科等职能科室监控指标并分析反馈，医务科、护理部及其他职能科室组织培训并推动实施，各临床科室与其他部门执行落实并发现问题。

通过以上措施，特别是自2012年执行新的三级综合医院评审标准以来，医院的质量和服务上了新的台阶，其中18类重点疾病有50%病种平均住院费用下降，77.78%病种平均住院天数下降，94.44%病种死亡率下降。18类重点手术有18.75%病种死亡率下降，34.38%病种平均住院费用下降，62.5%病种平均住院天数下降。

手术患者死亡率由2014年的1.06%下降至2017年第一季度的0.45%，新生儿患者住院死亡率由2014年的1.58%下降至2017年第一季度的0.47%，抗菌素各项指标全部达到国家标准。

（4）专科急诊建设完善

我院专业学科的设置已彻底改变多个专业一个病区的格局，具备较为完整的专业科室管理、人才配置、技术支持、病员数量保障体系，其独立专业病区已由2010年的36个增加至现在的48个。

（5）120指挥中心的建设

按三甲要求对急诊抢救室进行改造，增加了约150平方米的功能用房，设置了值班房、技能培训会议综合室，使急诊科有了技能培训的场地，进一步改善急诊医疗环境，优化急诊流程，保证生命绿色通道通畅，大大提高了急危重症病人的抢救成功率，2016年门急诊急危重症病人的抢救成功率为98.8%，比上年提高0.41%。

（三）疑难大病甄别和精准上送（转诊）

2013 年到 2015 年全院急危重症患者转诊上级医院例数 911 例，年均 304 例。

（四）现代微创，介入诊疗技术成熟应用

重点推动微创外科在全院转化泌尿外科、普外科、超声科介入手术应用和推广，如：2013 年到 2015 年，泌尿外科手术总例数为 4148 例，其中开展微创手术例数 1657 例，占手术总例数的 39.9%；乳腺外科手术量为 2848 台，开展微创手术达 1908 台，占手术总例数的 66.9%；妇科开展手术 1976 台，其中微创手术 837 台，占总手术量的 42.3%；超声科开展介入手术为 1217 例。

（五）传统自然疗法（康复、中医药）等实宜技术临床运用

我院积极推广中医中药治疗，中医适宜技术、康复治疗技术治疗，实施床边康复治疗。一是以中医科为依托，建成了县域内第一家“中医馆”，带动了医院中医服务。引进中药颗粒技术，填补了区域内该技术的空白，进一步凸显了我院中医特色。二是邀请多名省级中医专家来院开展“拜师仪式”和“西学中”培训班，为我院培养了一批中医人才和中西融通、中西并举的医疗人才。三是推进中医护理技术。医院各科室都配备了中医护理专业人员，开展香熏、拔罐、理疗等技术服务于住院病人。四是推广中医药适宜技术。我院积极发挥传统中医药适宜技术在基层防治常见病、多发病的优势，在康复理疗科、中医科开展中医药适宜技术达数十项，1/3 的科室引入中药协定处方，中医康复纳入一些专科疾病的临床路径，将中医适宜技术、自然疗法和中药等整合成一个“技术包”配合西医和手术治疗常见病多发病。

（六）资源下沉，建设医共体，助力分级诊疗

为进一步深化医疗卫生管理体制改革，建设医共体，促进优质医疗资源下沉，2015 年我院对 14 个乡镇医院和 3 个社区卫生服务中心实行统一管理，落实分级诊疗、急慢分治、双向转诊制度，专家医疗队下沉乡镇医院，让乡镇群众在家门口就能享受到县级医院专家的服务。

2015 年 10 月至 2017 年 6 月，下沉专家长驻乡镇分院 88 人，下沉总天数达 3383 天。完成门诊量达 3.1 万人次，收治住院病人达 2656 例，开展各类手术 1674 台，其15种技术填补基层医院空白，8种新技术的医疗费用平均减少30%。巡诊专家进行疑难病会诊258例；双向转诊2081例，其中下转21例。与此同时，我院专家对17家所辖分院医务人员进行专业技术培训5322人次，有效提升基层分院医疗服务能力。初步形成了基层首诊、双向转诊、急慢分治、上下联动的就医格局。

三、以“招、留、用、管”四位一体实现人才兴院新跨越

（一）招：规模和质量双轮驱动

一是医院采取“招二留一流一”的超前规划招聘策略，克服卫技人员总量短板，“留一”确保医院人才50%以上增量，“流一”为区域内贡献医疗人才。

（二）留：保障底线和绩效激励

一是筑巢引凤，医院在资金困难的情况，投入巨资建设焕然一新的医疗和办公场所，搭建了良好的工作环境。同时，通过借资购房、提供优质过渡性住房等措施，切实改善员工的生活环境。二是坚持“员工为本”留人理念，建立健全人事管理和绩效管理机制，构建“看得见的绩效管理”评价体系，重点向临床一线及高风险、关键岗位倾斜，实行多劳多得、优劳优得，员工创新活力和积极性进一步激发，创造了公平、和谐的工作氛围。

（三）用：内外公平和竞聘上下

我院以广东省全面推行聘用制试点单位为契机，2002年率先全面实行全员聘用制，直至2010年后，实行编制和无编双轨制管理，医院用人自主权得到有效保障，编内外员工实行同工同酬，编内外员工提拔、竞聘一视同仁，极大地盘活用人机制。

（四）管：政策红利和重点关注

我院一直以来积极落实国家及省市有关医改政策，锐意改革。特别是在人事管理方面，超前谋划，创新实践，大胆探索，创造性地实施“县招镇用”人才培养形式，未雨绸缪，切实为医共体人才储备提供保障，助力分级诊疗深入推进。

（五）主要成效

近年来，正是由于我院稳步实施“招、留、用、管”四位一体的人才队伍建

设战略，医院学科建设和综合服务能力取得了显著的成效。

一是人才梯队趋于合理。我院现有在职职工 1974 人，卫技人员 1594 人，占职工总人数的 80%，卫技人员本科以上学历近 50%、中级以上职称超过 26%，硕士、博士学历 22 人，硕士研究生导师 2 人，人才队伍建设成效明显。

二是学科建设迅速崛起。多名中青骨干已经成为学科带头人，人才红利使得我院学科建设走上发展的快速道，目前我院有省重点扶持专科 1 个，湛江市重点专科 10 个，廉江市重点专科 12 个，医疗技术水平明显提升。

三是综合服务能力明显提升。我院 2016 年门诊量达 82 万人次，住院量达 5.7 万人次，手术量达 1.3 万台。医院先后荣获“全国院务公开示范点”“广东省培育和践行社会主义核心价值观示范点”“广东省先进基层党组织”等多项省和国家级荣誉，在 2016 年“中国医院竞争力县级医院 100 强”排名第 30 位，在“广东省县级人民医院医疗服务能力”排行榜中排名第 3 位，在“广东省满意度最高的 20 家医院”榜单排名第 13 位。

纵向无缝直管 横向全面整合

——准格尔旗中心医院发挥龙头带动作用参与紧密型医共体建设

内蒙古准格尔旗中心医院

按照准格尔旗卫生和计划生育局做出的旗级公立医院直管基层医疗卫生机构的总体部署，准格尔旗中心医院作为旗级公立医院，从 2015 年 5 月起，正式直管了 3 个乡镇卫生院、2 个社区卫生服务中心及其所属的 28 个嘎查村卫生室、3 个社区卫生服务站和 2 个门诊，从此承担起提升基层医疗机构服务能力的使命。

直管基层医疗卫生机构，对于长期以发展业务为主的医疗机构来说，管理经验相对不足，面临很多挑战。在挑战面前，准格尔旗中心医院以落实分级诊疗制度为要务，以惠及基层群众健康为己任，举全院之力参与改革，一一破解道道难题，创新性地走出一条规范化、制度化、精细化的直管之路。

厘清职能范围，明确角色定位。直管初期，准格尔旗中心医院厘清自己的职能定位和诊疗范围，专注学科建设，发展新技术、新项目。各基层卫生院、社区卫生服务中心仍为独立的法人单位，其机构性质、承担的职能任务、享受的财政补助政策和职工身份等保持不变。为日后按照疾病的轻、重、缓、急及治疗的难易程度进行分级，实现医院与基层发挥各自所长承担不同疾病的治疗，从而合理分流病人，划清责任、做好保障。

扩大选拔范围，坚持任人唯贤。放宽任职条件，面向全旗各医疗卫生单位，公开选聘基层医疗卫生机构负责人。把有能力、敢担当、懂业务、会管理，能在基层医疗卫生机构负责人的岗位上有所作为的管理人员选聘上来发挥才干。

领导包干督导，科室靶向监管。将五个基层单位分工给院领导一对一包干督导，强化责任，协调上下。行政职能科室按业务属性对口监管基层。打通了医院与基层之间业务交流的沟通渠道，规范了基层医疗卫生机构的服务质量。

配套管理措施，落实五个“统一”。成立基层办（基层医疗卫生机构管理办公室），研究制订直管工作的各项配套措施，对5家基层单位实行行政、人员、业务、财务、药品“五统一”管理。全面统一管理既节约了管理成本、减少了各种矛盾、提高了工作效率，还有利于问题得以快速解决。

整合人才资源，合理上下流动。动态统筹调配医院和基层单位的专业技术人员，采取医院新招聘人员与基层人员对调，上、下接受锻炼的办法，提升基层人员业务能力。人员原福利待遇、职称评审、选拔任用等方面保持不变，在确保人才队伍稳定的基础上真正实现人员上下流通。

硬件设备帮扶，软件技术支持。直管以来，医院累计支持基层单位基础设施建设投入5.858万元，赠送万元以上医疗设备7台件。医院每年下派专家到基层开展坐诊、教学查房、技术指导等学术活动，不少于96人次，每月不少于8人次，每位专家到基层坐诊不少于1周，晋升中、高级职称的医务人员必须到基层连续服务满3个月以上。每个基层单位每年派4人以上医务人员到医院免费进修学习，每人不少于3个月。为基层单位建立了远程会诊系统，打破时间和空间限制，实现了医院专家通过网络为基层患者做进一步确诊、提供更优质的治疗方案。

精准切入人群，稳推健康服务。以老年人、慢性病患者、妇幼、计生特困户等重点人群为切入点，推进家庭医生签约服务，2016年各基层单位家庭医生签约服务覆盖率平均为56.05%。有效实施适龄妇女“两癌”综合防治项目，为65周岁以上老年人免费体检、35周岁以上成年人免费体检，实施心血管疾病高危人群筛查、医疗精准扶贫等惠民项目。目前上述五项惠民政策累计服务基层群众上万人次。

为了便于比较直管前后两个整年的数据（2015年直管不足整年），我们分别选取未实施直管制度前的2014年与已实施直管制度的2016年做比较。5家基层医疗卫生机构总的诊疗人数由2014年的10.36万人次增加到2016年的13.06万人次，增加了 26.06%；5 家基层医疗卫生机构总的医疗收入由 2014 年的 204.62 万元增加到2016年的249.01万元，增加了21.69%。2016年基层上转到医院164人，医院下转回基层 96 人。大量分流了医院的门诊病人到基层就诊，有效破解了“上转容易下转难”这一普遍性的双向转诊困局，基本扭转了患者选择县外就诊的流向，初步形成了“健康进家庭、小病在基层、大病到医院、康复回基层”的分级诊疗格局。

浅谈影响医院发展的几个因素

重庆市巫溪县人民医院

现代医院的发展，是多方面因素形成的。有的是主要因素，有的是次要因素。其中主要因素可以决定医院发展的未来，次要因素也不可忽视，处理不好，有时会严重影响医院的发展，甚至会变成决定性因素。现浅谈一下影响医院发展的因素。

一、影响医院发展的决定因素是人才和学科建设

要有科学的发展规划，人才学科发展要科学、程序和规律，制订近期、中期、远期发展规划。既要符合实际情况又要有远大的奋斗目标，不能坐井观天，要立足本地，放眼周边乃至全国，逐步完成既定目标。先打造区域重点专科、重点学科，再打造市级乃至全国重点学科；勇于挑战、敢于担当，具备统筹全局的战略发展眼光，建立合理的人才梯队和培养、引进创新人才，培养学科领军人物，要丰富经营理念去打造团队；要讲政治、讲协作，个人依靠团队，团队依靠组织，正确理解奋斗与成功的关系；精准做事，低调做人，埋头苦干，朝着既定目标奋斗，不折腾、不停止；做精做细做强，临床、科研方向要集中一个堡垒猛攻，不能分散注意力，从优良到卓越，从精品到极品；谦虚务实、真抓实干，能忍受寂寞和孤单；树立正确的人生观、价值观和世界观；树立创新意识，不断迎接新挑战；全院必须上下齐心。医院真正缺的是人才，特别是高学历人才、卫生技术专业人才、高水平专家、学科带头人和业务骨干。人才缺乏、学科建设跟不上是医院致命的短板，必须多方位、多渠道加快人才建设和学科

建设，医院才能取得长足发展。只有人才和学科发展跟上了，才具有核心竞争力，才能立于不败之地。

二、必须抓好医疗质量，确保医疗安全

医疗质量是医院的生存线和生命线，必须高度重视。首先是抓好基础医疗质量的提高。抓好“三基三严”，从基础抓起，否则“基础不牢，地动山摇”。要抓好常见病、多发病的诊治工作，在此基础上抓好适宜技术的推广。然后就是抓好创新，不是无原则的创新，必须在医学科学基础上抓好创新，抓好医学科学的发展。其次是切实有效贯彻核心医疗制度。核心医疗制度是贯穿整个诊疗活动的主要纲领，是主线索，必须切实贯彻执行。很多医疗纠纷是不严格执行核心医疗制度造成的。诸如首诊负责制、会诊制度、三级医师查房制度、术前讨论制度、疑难病例讨论制度等执行不到位一定会出问题，主要是无法保障患者安全，从而导致医疗纠纷的发生。必须高度重视医患沟通。对于危重病人、大手术病人、老年人、孕妇、儿童、疑难复杂病例等是沟通的重点，必须随时沟通，尤其是在病情发生变化时，要做到切实有效的沟通，一是确保患者安全，二是增进了解和理解，从而构建和谐的医患关系。

三、良好的管理

医院管理非常重要，管理出效益，管理出质量。医院管理大致包括以下内容：依法执业；明确管理职责与决策执行机制，实行管理问责制；根据医院的功能和任务，制定医院的发展目标和中长期规划；医院医疗业务管理；医院人力资源管理；信息与图书管理；财务与价格管理；医德医风管理；后勤保障管理；医学装备管理；院务公开管理以及医院社会评价等庞大的管理体系，需要我们精细分工又紧密协作，不能条块分割、各自为政，必须上下一盘棋才能使医院有活力。这就需要医院制定严格的规章制度，用制度管人、管事、管财、管物。而制度的制定又必须具有可操作性，既具有严肃性，又要人性化，充分调动广大职工的积极性，只有这样，才能充分运行，从而促进医院良性发展。

四、要做到“精医、崇德、团结、创新”

一是“精医”，取自“医以济世，术贵乎精”（吴尚先，清朝），就是要求我们必须有精湛的医学技术。这是医院赖以生存的物质基础。给我们提出了很高的要求。要达到技术精，有一个长期磨炼的过程。首先要学习很多的医学知识及与医学相关的人文知识，向老师学习，向同事学习，向书本学习，通过互联网学习等多种途径获取知识。其次要通过三基训练等途径使自己逐步提高。最后是要有一定悟性，达到举一反三、融会贯通的效果，从而达到精。只有精湛的技术，才可能治病救人，否则就是“庸医杀人”。二是崇德。就是要崇尚高尚的医德和道德情操。关心体贴病人是基本要求，不但要关心病人的身体疾患，还要关心病人因为疾病而产生的恐惧心理和其他心理问题，更要关心病人及其家属的经济问题。古人有乐善好施的美德，我们至少要求要有基本医德。要求我们保护患者隐私，不收受红包，更不能索要红包。有时患者特别困难，还要伸出援手。三是团结。团结就是力量，只有扭成一根绳、握成一个拳头，才会更有力量。必须要团结，要心朝一处想、劲朝一处使，群策群力，不折腾，才能赶上时机，迎难而上，更好地建设医院。四是创新。创新是发展的第一驱动力。个人的发展离不开创新。有人曾经说过，不懂得发现和创新的人，只能使自己生活在狭小的乏味的空洞里。只有不断发现自身的优势与不足，同时创造出合乎实际的应对方案，才能得到长久的发展。医院要发展，没有创新是不行的。所以我们强调多开展适宜的新技术、新项目，并在此基础上创新，医院才能站在制高点，立于不败之地。

五、爱岗敬业

在医院不努力工作，拈轻怕重，又不想值夜班，还嫌报酬低，频繁想调科室，这样做不来，那样也不想做，不珍惜自己的岗位；工作得过且过，不干事，敷衍了事，工作不敬、办事拖沓、不作为甚至“不给钱我不干”；有的吃里爬外，甚至组成“小集团”在采购、销售等环节坑害医院；有的直接把病人介绍给私立医院得回扣或者直接院外行医，这实际是对多点执业的错误理解；有的直接向病人收费不给发票而揣入私人腰包；等等。这些现象会严重损害医院的形象，严重影响医院的发展。医院是大家的，必须爱医院，这也是核心价值观的体现。所以必须强调要爱岗、要敬业、要爱医院。

六、政府的大力支持

在新一轮医改中，政府要发挥主体办医责任，地方财政投入不足，会使医院发展需要的设备、人才、专科建设、学科发展等缺乏经费支持，医院缺乏发展后劲。政府在政策上不给医院松绑，管得过多过死而又不投入，将使医院处于被动，从而严重影响医院的发展。

当然还有其他因素会影响医院的发展和运行，在此不一一列举。上述因素在影响医院发展方面可以叠加，有的可以互相抵消，要想使医院良性发展，必须充分考虑各方面的影响。

突出中藏医特色　服务全县人民健康

甘肃省舟曲县中藏医院

一年来，在县委、县政府的正确领导和主管部门及社会各界人士的关心支持下，在全体职工含辛茹苦的共同努力下，中藏医院以“一切为了人民健康”的服务理念，以改善服务态度、提高医疗质量、规范医疗行为、促进医患和谐，为出发点和落脚点。全力完成各项目标任务，全面推进医院科学发展，突出中藏医特色，加快引进现代医疗技术，切实提高体现中、藏、西医相结合的医疗技术服务能力，工作得到长足发展，现汇报如下。

一、医院基本情况

舟曲县中藏医院（原址：两河口）是由中国健康工程开发基金会（香港）筹资修建，于 2001 年 5 月 16 日建成开业，是一所以中、藏、西相结合的综合性县级医院。2008 年“5 • 12”地震后，医院房屋受损严重，在县委、县政府的高度重视下，借深圳援建机会，在舟曲县曲告纳乡丁字河口工业园区规划修建中藏医院，并于 2009 年 12 月 21 日建成举行搬迁仪式，现已走过九年的发展历程。医院承担着我县山后 5 乡约 4 万人口就医治病、健康体检、乡村医生培训等方面的工作；全院占地面积约 1 万平方米，建筑面积约 1.3 万平方米，业务使用面积约 9000 平方米；目前现有职工 50 人，正式职工 28 人（其中本科 8 人，专科 10 人，中专 10 人），副高职称 2 人，中级职称 2 人，初级职称 7 人，注册护士 5 人，招聘人员 22 人（其中本科 2 人，专科 14 人，中专 6 人）。50 人中，藏医 11 人，中医 5 人，西医 10 人，护理 13 人，非专业 11 人；医院设有中医科、藏医科、内科、外科、儿科、急诊室、门诊科；设有药剂科、医保收费科等辅助科室；设有放射科、检验科、B超室、电子胃肠镜室、C14、心电图室等医技科室；设有综合科、中藏医科两大临床住院科室。医院现有病床80张，开放病床70张，其中综合科40张、中藏医科30张；有8套现代化中藏药浴设备，10台无烟电子灸疗仪和20多台康复医疗设备，现基本能满足山后群众住院需要。

二、完成的各项工作指标

1. 门诊和住院情况：2018年业务总收入489万，门诊接诊5067人次，收治住院病人2171人次，其中，中藏医科703人，住院综合科1468人，平均住院天数为7天。

2. 辅助科室情况：2018年检验完成4898人次，B超完成1887人次，心电图完成1405人次，放射完成拍片1854人次，CT检查257人，胃镜101例，肠镜9例，病案室存档新老病例共计4691份。

3. 完成精准扶贫体检共计3275人，“三病”普查1862人。

4. 派出进修学习50余人次。

三、主要开展的工作

1. 完善设施设备，注重软、硬件建设并举。

2. 开展了肠镜业务。在兰大二院消化科支农专家负建蔚到来后，为扩大我院业务范围，方便群众就医，经我院院务会议研究决定，我院与之沟通后引进肠镜消毒系统，于2018年5月开展了肠镜检查项目。此项目的开展，为山后老百姓带来了实实在在的便利和实惠，减轻了患者的经济负担。目前，胃肠镜检查项目开展良好，诊断和操作技术娴熟，群众认可度高，为医院带来了一定的经济效益和社会效益。

3. 医院组织人员下乡“精准扶贫，健康体检”。因部分地区路途艰辛和经济条件限制，部分建档立卡户不能亲自到医院进行健康体检，为了响应县委政府号召，积极参与扶贫攻坚，我院于2018年3月组织医院业务人员成立精准扶贫体检队相继到武坪、插岗、拱坝、曲告纳、博峪5乡（镇）的二十多个村落为村民送去健康体检和义诊活动，此次下乡共体检1500余人次，义诊300余人次，治疗100余人次，并送出6700元价值的药品。

4. 实行“一站式”结报工作和“先诊疗，后付费”工作。我院在2016年全面实行“先诊疗，后付费”工作的基础上，积极响应相关政策法规，按要求与人社局保险公司等相关单位及公司签订相关合同后，积极联系HIS系统厂家，开设了”一站式“工作平台端口，5月份我院“一站式”结报工作正式开展。

5. 开展了现代化医院管理培训。为深化公立医院改革，改善医院的工作作风，提高工作效率，提高医院职工的敬业精神，今年5月31日，我院特邀请香港联成教育培训公司邓成伟讲师为我院职工开展了一场现代化医院管理的培训，参加职工40多人，得到了良好的效果。

6. 完善医院各项规章制度。为了规范化管理医院，使医院安全有效继续运行，制定和完善了《招聘人员管理制度》《车辆安全制度》《门卫安全责任书》《药房安全责任书》等一系列规章制度。

7. 积极完成党建相关工作。完善了党员活动日和主题党日等计划书，积极进行党章党规以及十九大精神的进一步学习，积极开展了多次党员活动。

8. 引进了县医院闲置双排螺旋CT。卫计局在我院与县医院多方的共同努力下，我院将县医院闲置双排螺旋CT引进中藏医院，现如今在我院不懈努力下，已安装投入使用。同时为了解决我院CT放射人员目前正在进修而使我院CT闲置的问题，我院特邀请两水放射科王主任为我院CT结果做诊断指导。

9. 完善放射科防护工作。根据县环保局相关要求也同时为了工作人员和患者安全考虑，积极联系有关公司，在签订《DR防护工作协议》和《CT防护工作协议》后，迅速对我院放射室进行了防护工作。

10. 医养结合工作进展良好。与曲告纳养老院领导进行协商、沟通，并签定了医养结合服务协议，按照服务协议要求，为“三孤”老人进行了健康讲座、免费义诊服务，建立了健康档案和服务台账，减少了相关服务流程，免除了相关服务费用。目前，我院收住养老院住院病人已达15人次以上，使医养结合工作得到了有序开展。

11. 完善了基础建设。2018 年，我院打造了收费室、西药房、中藏药房、二三楼住院部护士站；同时为了医院的规范化运行专门打造开设了病案室；为了优化患者就诊环境，同时为了更加安全的医院环境，特意将三楼住院部门进行更换，并打造了全新的医生办公室；医院在考虑到职工生活质量、就餐环境以及患者及家属就餐需求，特地将我院食堂重新装修升级，预计在年底可以投入使用。

12. 对山后乡镇进行健康宣教。为了使群众有更好的健康意识，了解更多的健康知识，我院先后在山后几个乡进行健康宣教，主要讲述了常见慢性病多发病的预防以及健康饮食等知识点。

13. 派业务骨干进修妇科。为了从进一步解决山后缺少妇科医生的现状，同时也为了我院妇科能进一步开展，我院在与武都中医院联系后，派出业务骨干进修学习妇科。

14. 制剂室正式投入生产。在县卫计局、县工商局、县食药局等多个部门共同支持下，我院制剂室于 2018 年 10 月份正式投入生产。

15. 电子设备得到有效利用。为了更好地宣传国家政策方针以及党的思想理论，在一楼大厅换上了清晰度更高、板面更大的 LED 显示屏。

16. 与天津市和平区中医院签订了对口帮扶协议。双方自愿选择、资源共享、责任分担，围绕中医药专科诊疗技术、人才培养，开展业务合作和技术交流。

17. 我院与白龙江林业管理局医院签订了《医疗合作协议书》，建立了互帮互助的医联体，随后在 11 月 21 日，我院与天津市和平区中医院签订了《对口帮扶医疗合作协议书》。

18. 我院绩效考核制度逐步完善，职工在上班过程中除了基础工资以外，还可以根据个人表现得到绩效奖金，充分调动了职工工作的积极性。

四、党建及党风廉政建设工作情况

1. 年初按照卫计局党委《党建工作目标管理责任书》及《党风廉政建设工作目标管理责任书》的要求，认真做出了工作安排，制订了学习计划，完善了各项管理制度，及时调整了领导班子成员，成立了支委会、院务会、工会、妇联，与各科室签订了目标管理责任书，并和每位职工进行了约谈。工作中把贯彻落实中央八项规定精神《关于改进工作作风、密切联系群众的实施细则》作为切入点，进一步突出作风建设，不断深化作风转变，适时召开民主生活会和组织生活会，解决存在的问题，教育和引导广大职工全心全意为人民服务，廉洁自律，杜绝开大处方，杜绝乱检查、乱用药、乱收费，杜绝收授“红包”或索要“钱物”，做到“急病人所急、想病人所想、帮病人所需、视病人如亲人”以及“一切为了病人健康、为了病人一切健康”为工作宗旨。把“明明白白做人，踏踏实实工作，干干净净干事”作为工作准则。同时深入实际调查研究，发现一些不良行为，及时进行了思想教育，及时纠正解决，做到了有的放矢，防患于未然。

2. 认真开展“十九大”精神学习、党员冬训活动，组织全体党员和广大职工认真学习了党章、准则、条例及习近平系列讲话和十九大精神，学习具体内容及精神实质，并书写了学习笔记、心得体会。通过学习，全体党员及干部职工宗旨意识、担当意识、看齐意识、群众意识进一步强化，政治思想素质有了进一步的提高。

3. 积极鼓励和发展思想积极的同志入党。2018 年我院通过民主选票共推荐了 2 名预备党员、2 名发展对象、3 名积极分子。

五、存在的问题

1. 医院缺乏业务骨干和学科带头人，医务人员知识结构不合理，外科、骨科、妇科、儿科等临床工作人员严重紧缺，对开展工作造成极大的困难，对医院正常运转带来诸多不利，医疗服务质量得不到提高，与广大群众的就医要求相差甚远，很难保质保量完成医改和分级诊疗工作。

2. 本院护理人员严重不足，护理工作严重滞后，护理质量得不到提高，给临床工作带来了诸多困难。

3. 医院软硬件建设还需要投入大量资金，锅炉需要改造，供氧系统需要建立，职工住房需要扩充，医院需要分科，医院呼叫系统需要建立，职工厕所需要改造，医院大灶需要改造装修，院子需要硬化等问题随着医院的发展慢慢都显示出来。

4. 绩效考核还不完善，不能做到绝对公平公正，核算方式及考核方式还有待进一步完善。

六、下一步工作计划

1. 提高医疗服务质量，完善医疗服务水平。一是医疗工作。继续坚持“以病人为中心，以提高医疗服务质量为主题”的医疗管理理念，全面加强医疗质量工作，牢固树立质量意识，不断提高医疗整体水平，完善医院软硬件建设；结合医院工作实际，严格执行“三基三严”考核制度，要求医务人员自觉执行首问医师负责制、三级医师查房制等医疗制度；加大对重要部门和重要环节的管理督导和考评，严格执行《病历书写规范》，每月进行一次对病案的评价、公示和归档，积极派送相关人员参加医疗学术研讨学习班，进一步完善医院感染管理体系，有效管控医疗服务中的不良事件，保证患者就诊和治疗效果。二是护理工作。以护理质量管理为工作重点，加强护理人员的素质教育和业务技能培训，从护理工作基础做起，坚持每季度一次护理质量分析讨论会议，按时分析存在的问题和提出改进措施，有效落实“三查八对”制度，全面提升各项护理质量指标，使护理人员对护理工作规章制度、岗位职责，应急预案掌握合格率达到更高水平，使护理工作逐步走上规范化。三是院内感染工作。按照医院感染管理评价标准，定期对各个科室进行考评检查，并将结果反馈到各科室；定期检查督导各个临床科室消毒隔离制度的落实和一次性医疗卫生用品的使用情况。

2. 以病人为中心，构建和谐医患关系。医院始终坚持“以病人为中心”，始终把实现和维护好广大群众的生命健康安全作为出发点和落脚点。严格执行国家药品价格政策和医疗服务收费标准，严格落实药品零差率销售制度，做到“因病施治，合理检查、合理用药、合理收费”，定期在门诊大厅通过电子显示屏进行药品价格公示，城乡医保政策及报销金额公示，让病人时时感受到“公开透明、诚信服务”。

3. 以科学的管理机制加强医院内部管理。以提高医疗水平和服务质量为主线，明确履行岗位职责，落实目标责任，进一步使全院职工在思想上树立医疗质量第一的意识，把提高医疗服务质量放在医疗工作的首位，把医疗质量作为开展一切工作的出发点和立足点，形成全院人人、时时、处处抓医疗质量的良好局面。进一步加强医疗质量、医疗安全的各项规章制度，各级人员职责、各种技术操作规程建设，逐步使各项工作制度化、职责明确化、技术规范化、并建立起长效机制，确保我院医疗质量再上一个新台阶。

4. 进一步加强和规范制度管理。重点从财务管理、药房管理、医疗设备和耗材管理、办公后勤管理入手，在保证非业务职能科室，监督并服务职能科室的同时做好自身管理工作。改进服务作风，改善服务态度，提高服务水平。在加强职业道德教育、职业纪律教育的同时，要认真落实已制定的规范和制度，树立忧患意识，强化责任感，不断促进全体职工服务意识和综合素质的提高，塑造良好的行业服务形象。

5. 继续加大培训力度，提高全院整体业务技能。除了上级部门统一派送进修学习之外，医院按照目前的实际情况，选派部分医护人员外出进修学习。

6. 提高安全防范能力，保障医院安全运行。“顶死”高清监控浏览，提高浏览频率，加强门卫管理，提高全天候巡查力度，使安全可防、隐患可控。

7. 加强完善力度，继续在一楼大厅电子显示屏上及时公开、公布有关工作情况，宣传医改政策、分级诊疗政策、预防保健知识、药品价格等，加深群众对国家政策、医院的了解，减少医患矛盾。

8. 加强医院文化建设，打造文化治院思想，提供温馨就医环境，继续绿化医院，改良就医环境，有计划种植树木，整修院子，有效修护院内走廊花卉、绿树，达到花卉常开、绿树长青，院内外墙面安装字体，加强医院文化墙建设。

9. 继续优化办院模式，提高医院整体水平。加强与县医院、武都区医院、白龙江林管局医院、陇南市医院沟通协调，密切合作，签订服务协议，开展协作医院和医联体建设，甲方负责转诊工作，乙方给予技术指导，提供人员进修、培训平台，进一步加强人才引进和培训力度，提升医院技术能力，逐步使内、外、妇、儿、中医科、藏医科住院病人能够得到分科管理。

10. 申请全国穴位埋线基地，与相关部门沟通协调召开全县灸疗大会，积极引进中藏医适宜技术，突出中藏医特色。

11. 计划年内申请院内制剂文号 5 种以上，并逐年增加，将来力争达到 50 种院内药品制剂批准号，扩大中藏药品剂种类，满足临床需求。增长舟曲药农产业链，为我县精准扶贫出力。

12. 医院电子化系统升级，逐步形成电子化管理医院。

13. 承载中藏医药发展使命，发挥中藏医药发展优势，逐步开展灸疗节、膏药节、药膳节、三伏贴三九贴等新项目，着手准备 2020 年在舟曲举办全省中藏医药专家论坛会议。2021 年召开医院建院 20 周年院庆，摘写医院 20 年发展院志。

14. 继续完善绩效考核办法，继续实行院内绩效考核制度，按工作效绩发放绩效工资，彻底改变“工作上干多干少一个样，干与不干一个样”的被动局面。

总之，经过全院职工的不懈努力、多措并举、综合发力，我院的工作取得了较好成绩。无论门诊人次、住院人次、各科室检查人次、医院医疗质量管理、医院技术等方面都得到了空前的提高。但与党和人民的要求，与山后广大病患者的就医要求还相差甚远，我院将不忘初心，继续前行，在新的一年里，继续坚持全心全意为人民服务的宗旨，本着对党和人民高度负责的态度，使医院各项工作做到让党和人民放心、让群众满意。

狠抓内涵建设 提升医疗服务
努力建设人民满意的现代化医院

山东省青岛西海岸新区第二人民医院

青岛西海岸新区第二人民医院是一所集医疗、教学、科研、预防、保健、康复于一体的二级甲等综合性医院。近几年，医院通过深化公立医院改革、提高医疗质量、精细优质服务、改善医疗环境等重点工作，不断深化内涵管理，树立良好形象，努力创建人民满意的现代化医院。

重医护，提质量

一是开展联合查房，解决实际问题。每年组织两次全院行政大查房，每月4次夜查房，每周3次早查房，不定期参与临床科室三级医师查房，深入临床一线，发现问题、解决问题。

二是打好基础，练好内功。医院制订年度业务培训计划，科室每月开展专业培训活动，经常组织全院性业务考试、技术“比武”、病例评比和学术论坛，促进医护人员熟练掌握理论知识和操作技能。

三是注重重点部位建设，提升抢救能力。医院始终把病人生命和健康放在第一位，不断修订完善急诊留观和急危重绿色通道制度、流程，反复培训人员急诊急救知识，配备充足的医护骨干，确保病人得到最好的救助，提升了医院的应急和抢救能力。

四是落实会诊制度，确保手术成功率。为确保高龄患者和高难度手术成功率，专门修订完善手术审批制度，制定了难度大手术多学科会诊制度，多次为近百岁老年人成功开展手术。

抓服务，树形象

一是改善患者就医体验。每位后勤干部职工都是志愿者，实行轮班上岗，流动服务，引导就诊，给患者和家属切心的医疗服务。二是拓宽便民措施。实施了“一卡通”便民服务，信息系统开启了自助挂号、诊间扣费、自助查询等功能，启用了现金、银行卡、医保卡、支付宝和微信五种方式的缴费业务；开展了外地病人复印病历邮递业务，添加了数量充足的便民设施，多举措便捷群众就医。三是加强与患者和家属沟通。出院患者随访全覆盖，反映的问题及时改进，收到的合理化建议积极采纳，促进了医院健康发展。四是减少患者等候时间。为确保病人及时就诊，在妇科、B 超等门诊病人多的科室实施了错时上班，解决了高峰拥堵的问题，为患者节省了就诊时间。

控费用，稳增长

一是推进临床路径管理。利用半年时间全面落实了临床路径管理制度，开展了 100 多个病种的临床路径管理，入径率达到 85%。同时以实施临床路径为抓手，在各专业开展了单病种管理，进一步规范了诊疗行为，使人均住院费用降低了 1000 多元。二是逐步降低药占比。完善了临床用药监管指导和评价制度，加强对住院医嘱和门诊处方管理，同时联合医保、医务等科室对临床用药进行联合督导检查，使药占比保持在 30% 以下，保证了临床合理用药。三是监控各项费用指标。借助信息化手段控制抗菌药物使用，做到超量告知、警示，过度使用采取处罚和限购措施；对检查、检验和高值耗材使用即时统计跟进，发现问题立即整改，确保收入结构不断优化和纯收入的稳步增长。

精专业，强技术

一是学科发展精细化。按照“科有重点，人有专长”的发展思路，细分各类专业，使临床专业发展更加全面。

二是业务培训常态化，聘请上级医院专家带教查房、专题讲座、手术指导、门诊坐诊及疑难复杂疾病诊治等方面的精细化指导，使员工边学边练，逐步掌握新疗法、新技术。

三是发展特色科室。按照“科有特色，人有专长”的发展思路，做大做强特色专科，医院先后被青岛人社局评为“青岛市眼部疾病治疗研究专家工作站”“青岛市骨科专家工作站”“青岛市介入超声专家工作站”。

四是加强与上级医院合作。通过建立医联体、专科联盟的方式，借助上级医院技术力量，打造医院重点学科，提升医院医疗技术。五是积极组织大型学术活动。多次承办区域性学术交流会，承办了“走遍中国前列县（腺）第九期大型义诊活动”，以公益活动为载体，面对面地与专家教授进行学术交流，带动了学科发展和技术提升。

抓作风，促发展

一是转变工作理念。提出了“后勤围绕临床转，临床围绕病人转”的管理理念，职能科室主任经常性深入临床一线解决问题，为临床提供后勤保障，使医护人员有更多时间和精力为病人服务，医患关系更加和谐。二是注重工作落实。要求做到“事事有着落，件件有回音”，工作层层压实责任，分管领导带头抓，科室主任靠上干，既要落到实处，还要讲究效率，增强了干部职工工作责任心。三是抓好作风建设。经常性进行廉政教育、道德教育，提高干部职工综合素质，真正做到“心思用在工作上，作风拧在务实上，聚精会神搞业务”。四是严肃工作纪律。通过签到、电话抽查、微信视频等形式，督查迟到早退，落实外出登记制度、参会和培训制度，规范职工工作行为，形成了风清气正的文化氛围。

近年来，医院领导班子以“踏石留印、抓铁有痕”的勇气和决心，坚持深化公立医院改革，不断改善医疗服务，使医院面貌发生了新变化，医疗水平有了新提高，各项工作取得了新进展。今后，医院将坚持科学发展、健康发展、和谐发展的理念，全力打造高效、优质、放心的医疗队伍，逐步把青岛西海岸新区第二人民医院建设成政府放心、群众满意的现代化医院。

突出中医特色优势 提升医疗服务能力

甘肃省庄浪县中医医院

庄浪县中医医院始建于1983年4月，是一所集医疗、教学、科研、预防保健为一体的二级甲等中医医院。医院先后荣获“全国百姓放心示范医院”“全国大医精诚先进集体”“全国卫生系统先进集体”“甘肃省群众满意医疗机构”和“全国优质服务示范医院”等荣誉称号。医院现有干部职工600余人，专业技术人员443人，高级职称32人，中级职称91人，设置床位500张。近年来，医院按照“夯基础、抓特色、推改革、强管理”的发展思路，坚持“以患者为中心”，突出中医特色优势，充分发挥中医药工作的龙头辐射带动作用，大胆创新，破格发展，医疗服务能力不断提升。主要做了“四个方面”的工作，取得了“四个方面”的成效。

一、主要做法

（一）夯基础，优化服务环境

一是加强基础设施建设。投资1.8亿元，在南城区实施了总建筑面积4.02万平方米的住院部综合楼及门急诊医技综合楼；投资6200万元，开建了总建筑面积2.48万平方米的云崖避暑养生园养老服务中心项目；投资400万元，装修改造建成了2400平方米的中医养生馆；投资1500万元，购置了核磁共振、四维彩超等大型先进医疗设备20余台（件），使医院的就诊环境和基础条件得到了显著改善。二是强化人才队伍培养。通过签约引进、公开招考等渠道，充实本科以上卫生人才70余名；坚持“送出去、请进来，缺什么、学什么”的原则，每年选派 15 名以上业务骨干到省级以上医院进修培训，邀请省内外知名专家定期来我院坐诊、示范讲学和指导查房；同时，通过开展中医药师承教育、“西医学中医、中医学经典”活动，在院内选拔 15 名专家，每人带教 2 名以上中青年骨干医师，医院的人才培养实现了压茬培养、梯队发展、后继有人的良性局面。

（二）抓特色，提升服务能力

我们把引进中医药学术理论、促进中医药传承创新、培育中医药特色疗法、打造中医药重点专科、提升中医药临床疗效作为加快医院业务发展的着力点。建成了全国第一个县级李可中医药学术流派传承基地，加挂了庄浪县中医肿瘤医院牌子，引进了李可中医药学术流派、立新七针、魏氏八卦挑针、玄通古针、王氏热透灸等五个中医药特色疗法和吕景山国医大师传承工作室，创建了 3 个省级中医重点专科（肝病科、儿科、肿瘤科）、3 个市级中医重点专科（针灸科、骨伤科、癫痫科），正在建设 1 个省级中医重点专科（脑病科），中医药综合服务能力逐年提高。

（三）推改革，破解服务难题

在推进县级公立医院综合改革中，我们坚持走中医药特色的“甘肃医改”之路。率先于 2011 年 11 月在全市实行了药品零差率销售，药品价格平均下降 30%；将针灸、推拿等中医非药物治疗费用纳入城乡医保报销范围，对就诊费用中的中成药、中药饮片、中医适宜技术等实行全额报销；将中医药就诊人数、中药处方量、中医药收入占比作为重点指标兑现奖惩。通过中医药优惠政策的引导和落实，“医院重视中医、医生推广中医、患者相信中医”的氛围逐步浓厚。

（四）强管理，规范服务行为

严格落实“八八排队”等 22 项医疗质量核心管理制度，各科室及临床医师医疗行为逐步规范。一是保障患者安全。实施就诊患者全流程管理，在重点部位和关键环节不间断落实患者安全措施，如术前标记手术部位、严格执行术前核查程序，确保手术部位精准、操作精准。二是推广临床路径。2017 年，率先开展 DRGs 支付方式改革试点，对 120 种疾病、70% 以上的出院患者实行临床路径管理和定额付费，提高了诊疗行为透明度。三是促进合理用药。定期开展病例讨论、处方点评和抗生素使用量排队等工作，对目录外用药比例高、抗生素使用不当、常开大处方的医师进行约谈，在全院通报批评，并落实不良执业记录。四是规范诊疗收费。在住院、门诊大厅等醒目位置公示诊疗项目、药品名称及收费价格，对住院费用实行日结日清和明白卡制度，杜绝了分解收费、多收费、重复计费等行为。五是强化绩效考核。在绩效考评体系中，专门增加针对医务人员服务态度和能力的考核权重，并将医务人员的工作量及服务质量与科室绩效挂钩。

二、主要成效

主要取得了“四提高、四降低”的工作成效。

四提高：一是门诊人次明显提高。医院门诊人次每年以10%以上的幅度递增。由2017年的28万人次上升到2018年的30万人次，2018年，门诊人次达到32万人次，较上年增长6.66%。二是外阜就诊人次不断提高。我院中医药治疗急危重症、肿瘤和心衰等疑难杂症的能力有了较大提高，吸引了大量县域外患者前来就诊，2017年县外患者达到3.2万人次，较上年增加了9.5%。三是中医药参与率逐年提高。特别是近两年，中医治疗参与率始终保持在90%以上，非药物中医技术治疗人次占住院总人次的50%以上。四是临床治愈率显著提高。2018年住院患者临床治愈率达到35%，总有效率达到98%。

四降低：一是抗生素使用率、门诊输液率逐年降低。住院抗生素使用率由2017年的37.84%下降到2018年的38.51%。门诊输液率由2017年的3.29%下降到2018年的3.18%。二是次均住院费用相对降低。由于“简便验廉”的中医药治疗参与率比较高，次均住院费用逐年下降，由2017年的2967.52元下降到2018年的3228.89元。三是住院率相对降低。由于中医疗效的提高，医院将一部分住院病人转化为门诊病人，住院人次同综合医院及周边医院相比，增幅较低。2018年住院病人2.2万次，与去年基本持平。四是复诊率相对降低。特别是一些易复发性的鼻窦炎、皮肤病、小儿疾病、成人肺心病、慢支、心衰等常见病和一些疗效明显的疑难杂症，复诊次数明显较前降低。

不忘初心 砥砺前行
全力打造人民满意的高水平医院
——阿鲁科尔沁旗医院不断加强内涵建设持续改善医疗服务工作纪实

内蒙古阿鲁科尔沁旗医院

2017 年 8 月 27 日上午，一场非同寻常的公益活动启动仪式——北京安贞医院“组团式”援助阿旗医院暨阿旗地区“心明眼亮”公益活动启动仪式在赤峰最北方的小县城天山镇隆重举行。此次启动仪式，由北京卫计委、自治区卫计委领导共同牵线，在北京安贞医院于 2013 年派出医疗专家组到阿旗医院长期坐诊帮扶的基础上，医院再一次组织众多业内顶级专家团，走进基层，开展“心明眼亮”大型公益活动，提升阿旗地区医疗技术水平，加快高水平医院建设步伐，助力阿旗医改。项目实施开展以来共为 20 多名贫困患者免费实施白内障超声乳化晶体植入术，减免费用 17.1 万元；在上级医院的鼎力支持下，北京、赤峰协作医院对阿旗医院的帮扶工作从最初的专家团短期坐诊到特色专科专家定期坐诊（一个月），再发展到如今的重点专科专家长期坐诊（一年），通过两级院的往来交流，阿旗医院专科建设取得了突飞猛进的发展，盘活了医院的优良医疗资源，带动了医院管理水平质的飞跃。阿旗医院争取到的“长期坐诊、保姆式服务”这一区内少见的对口帮扶工作模式，在多层级连续医疗服务方面做了有益探索。

为了惠利于民、送医上门，医院专门成立了患者服务办公室，完善双向转诊对接流程，同时利用与北京、赤峰等上级医院协作关系为疑难重症患者开通绿色通道。对急重症患者、急重孕产妇、精准扶贫户开通急诊绿色通道，实行免费上门接治服务和实施“先检查、先诊断、先救治和后付费”的“三先一后”便民措施。

国家扶贫攻坚战略实施以来，医院积极响应号召，开展健康扶贫，落实精准扶贫患者先诊疗后付费政策，2017年正式开通一站式结算，建立贫困人口先诊疗后付费绿色通道，实现患者出院自付不超10%，自费不超3000元，报销比例达90%的目标。根据旗委政府统一安排，认真履行包扶工作职责，扎实开展驻村精准扶贫工作，高质量完成贫困户建档立卡，协助完成“三到村”“三到户”项目100万元帮扶资金落实到位，投入帮扶资金13.9万元进行贫困患者医疗救助及改善贫困户的生产生活；医院先后荣获全国胸痛中心、自治区“敬老文明”先进集体、赤峰市五一劳动奖章、五一巾帼标兵、赤峰市民族团结进步创建示范单位等称号及奖项，班子成员中三人成功当选市、旗人大代表和旗政协委员。

拥有70多年历史积淀的阿鲁科尔沁旗医院，是阿旗地区目前规模最大的集医疗、护理、教学、科研、预防保健、急诊急救、基层医疗指导于一体的技术人才高度密集的公立综合性“二甲”医院。该院特别是从“十二五”以来，紧紧围绕“优质服务、和谐发展、开拓创新、造福百姓”这一宗旨，从管理创新中求突破，从服务改进中树形象，从推进改革中谋发展，实现了医院跨越式发展。

医院作为政府为民服务的重要窗口，关系着千家万户的健康福祉。如何处理好新时代大背景下的改革与自身内部的发展关系，成为摆在医院领导班子面前的一项重要课题。

“稳定人心，共谋发展，这是一切工作的基础。”回顾即将过去的2018年，阿旗医院樊文宝院长感触颇深。他介绍，这一年，时逢医院班子调整，如何协调好局部与全局的关系、个人与团队的关系，以及不同的科室之间的利益关系，形成发展合力，是医院在医改大潮中生存与发展，实现新的跨越的关键要素之一。新一届领导班子继承上一届班子的优良传统，谋篇布局、团结奋进，迅速完成了党务和行政工作的顺利交接，实现了管理无缝衔接。面对医改，新一届领导班子带领全院职工快速融入综合医改的大潮，主动适应，积极探索，“例如深入推进绩效改革工作，对于医生、护理、行政等团队的绩效分配等，这是一个大考验”。

樊文宝坦言，蛋糕就这么大，如何切是一门学问。医院班子专门研究成立了绩效考核小组，同时筹建运营管理部，争取既能满足综合医改的要求，又不让员工的利益受损，使各方的目标达到一个平衡状态。

2018 年以来，医院以医改为主线，深度分解“十三五”规划，构建细化了未来五年医院发展的战略蓝图。同时，医院平稳进入委员会管理体系，强化财务管理和成本控制，提高医院精细化管理水平和运行效率，规范医疗服务行为，有效控制医疗费用不合理增长，加强临床路径、医保等规范管理，全面推行按病种付费为主、多种付费方式结合的医保支付方式改革，药占比、耗占比、住院天数等控制指标有效降低，运营结构更趋良性化。

医院把“让每名患者都能获得满意医疗效果”作为服务宗旨，着力做好“用医疗高质量创品牌”大文章，从技术、科研、服务、人才、环境等各个方面入手，全力打造阿旗医院的服务品牌。

党的“十九大”胜利召开，阿旗医院审时度势推出了进军“三级综合医院”的战略目标。站在新起点，开启新征程，樊文宝院长表示：病人满意，员工幸福——这是我们打造人民满意的高水平医院的初衷，是全院医护员工做群众信赖的好医生的价值坚守，阿旗医院一定会紧紧把握时代的脉搏，紧紧跟随时代发展的步伐，励精图治，奋勇争先，继续谱写砥砺奋进的新华章。

引领健康发展 建设“一生之院”

重庆市丰都县人民医院

没有全民健康，就没有全面小康。要把人民健康放在优先发展的战略地位，以普及健康生活、优化健康服务、完善健康保障、建设健康环境、发展健康产业为重点，加快推进健康中国建设，努力全方位、全周期保障人民健康，为实现“两个一百年”奋斗目标，实现中华民族伟大复兴的中国梦打下坚实健康基础。

面对全面建成小康社会，全力建设“健康中国”的崭新形势和任务，我院将以建设“一生之院”为愿景，努力为人民群众提供全方位全生命周期健康服务，让人民群众一生信赖，终身依靠；努力为全体员工提供实现人生价值可靠平台，让全体员工真诚认同、扎根奉献、共建共荣共发展。

一、建设“一生之院”背景分析

我院提出建设“一生之院”愿景，整合了党和国家对医疗卫生工作的最新要求，整合了上级对我院各种功能定位，兼顾了医院对从业者、从业者对医院的相互要求。

（一）全生命周期健康服务的要求

全生命周期健康服务可分为五个阶段：生命孕育期健康管理、儿童少年期健康管理、成年期健康管理、老年期健康管理、临终关怀。2016 年 8 月 19 日至 20 日，全国卫生与健康大会在北京召开。习近平总书记在大会重要讲话中强调，要坚定不移贯彻预防为主方针，坚持防治结合、联防联控、群防群控，努力为人民群众提供全生命周期的卫生与健康服务。结合我院实际，这一要求是我院新、旧院区功能分区、学科设置分置的根本指导思想，使我们明晰了方向和思路。

（二）国家对县级医院的相关要求

《国家卫生计生委办公厅关于印发〈县医院医疗服务能力基本标准和推荐标准〉的通知》（国卫办医发〔2016〕12 号）指出，县级医院是县域内的医疗卫生中心和农村三级医疗卫生服务网络的龙头，主要为县域居民提供基本医疗服务，包括运用适宜医疗技术和药物，开展常见病、多发病诊疗，危急重症病人救治，重大疑难疾病接治转诊；推广应用适宜医疗技术，为农村基层医疗卫生机构人员提供培训和技术指导；承担部分公共卫生服务，以及自然灾害和突发公共卫生事件医疗救治等工作。我院作为县级综合性、公益型公立医院，理应做到并满足这些要求。

（三）国家关于公立医院综合改革的要求

我们常常讲，要把我院打造成“丰都 85 万父老乡亲自己的医院”，也就是要让更多的丰都籍患者就近就便在我院就诊。这在本质上与国家关于医改的要求高度吻合。国家医改要求是让有条件的县级医院在更高的平台上发展、提高，提升综合诊治能力，这样才能真正实现让 90% 的病人留在当地治疗的医改目标，从源头上解决“看病难、看病贵”的社会难题。

同时，建设“一生之院”，还明确了员工对医院、医院对员工各自要求。员工希望医院能站在为其“全职业生涯”着想的高度，精心设计解决其学习教育培训、多岗定岗培养成长成才、薪酬福利待遇保障、问题困难帮助化解等问题。医院希望员工增强从业忠诚度，以“许终生”精神为医院提供全身心奉献的优质岗位服务，全心投入，全力以赴，全心奉献。

二、建设“一生之院”路径探索

（一）围绕建设“健康丰都”，努力为群众提供全方位全周期健康服务，让人民群众一生信赖，终身依靠

2016 年 8 月 19 日，全国卫生与健康大会在北京召开。以习近平同志为核心的党中央，对新时代卫生与健康工作做出全面战略部署，把人民健康放在优先发展的战略地位，全方位全周期保障人民健康，这是我国第一次把全生命周期健康提升到国家战略高度。落地落实，就是要力争把我院发展成为值得群众终身信赖，保障群众一生健康幸福之院。

1. 始终坚持“全面健康”发展理念，全力提供全方位全生命周期服务

习近平总书记在全国卫生与健康大会重要讲话中强调，要努力为人民群众提供全生命周期的卫生与健康服务。结合我院实际，一是将通过对高危疾病防治、急性期住院治疗、恢复期康复指导、稳定期健康教育及愈后跟踪随访等健康全过程提供全方位健康服务。二是着力做好“院前急救—院内治疗—院外康复—院外随访”服务体系的建立和有效衔接，持续增强群众安全感、获得感、幸福感，让人民群众一次选择，终生信赖。三是着力提升提供生命孕育期健康管理、儿童少年期健康管理、成年期健康管理、老年期健康管理、临终关怀全生命周期健康服务能力，建立覆盖全生命周期的大健康服务体系。

2. 始终坚持“危急救治”发展理念，全力提升“五大中心”急救服务能力

根据国家卫计委发布的新一轮改善医疗行动服务计划（2018—2020），以危急重症为重点，创新急诊急救服务，构建高效率、全覆盖的急危重症医疗救治体系，努力建立胸痛中心、卒中中心、创伤中心、危重孕产妇救治中心、危重儿童和新生儿救治中心（简称“五大中心”）为核心的新型医疗急救体系。一是已建立了保障危重孕产妇、危重儿童和新生儿生命安全的危重孕产妇救治中心、危重儿童和新生儿救治中心。二是于 2017 年 8 月创建胸痛中心，今年 7 月已成功通过专家现场评审，接下来将抓好后期内涵建设，提高胸痛中心医疗服务水平。三是重点着手卒中中心（今年 8 月也启动了卒中中心创建工作）和创伤中心建设工作，全面做好“五大中心”建设，建立起患者生命急救绿色通道体系。同时，将以中心为牵引线，以基层医疗卫生机构为依托点，以信息化手段为支撑点，建立健全分级诊疗体系，做实做优双向转诊，做大做强医联体。

3. 始终坚持“慢病防治”发展理念，全力提升慢病管理服务能力

习近平总书记在浙江工作期间就率先提出“没有健康就没有小康”。慢性病防治是一项长期而艰巨的任务，世界卫生组织研究提出，预防是具有成本效益的

慢性病防控手段，做好慢性病管理工作义不容辞。一是采取有利举措重点防控可防可控的慢性病，依托大数据对糖尿病、高血压等慢性病进行规范化、标准化的档案管理、分析、改进，探索慢性病病因的累积效应，提高对高血压、糖尿病等的规范早诊率、早治率、管理率和控制率。二是坚定不移地贯彻预防为主的方针，坚持防治结合，定期到乡镇、社区开展高血压、糖尿病等专题知识讲座、义诊、宣教活动，普及群众高血压、糖尿病防治知识，提高群众健康理念和健康意识。三是按照全民健康生活方式行动指南，倡导健康生活方式的养成，积极推进“三减”（减盐、减糖、减油），逐步养成合理膳食、适量运动、戒烟限酒、心理平衡的健康生活方式，有效预防慢性病。

4. 始终坚持“公卫服务”发展理念，全力提升公共卫生服务水平

习近平总书记高度重视公共卫生建设和突发公共卫生事件防控工作，提出要建立应急指挥、疾病预防控制、卫生监督执法、医疗救治和公共卫生信息预警监测报告等五大体系。医院将把建设全覆盖、高效率、现代化的公共卫生体系作为努力方向，建立和完善应对突发公共卫生事件防控体系。一是强化重大疾病疫情防控，对近年来经常威胁群众生命健康的重大传染性疾病如禽流感、手足口、HIV 等，认真落实早防早控、严防严控、阻断传染源，尽力控制传染面，努力降低传染风险，切实保护群众健康。二是开展全面做好全民健康体检工作，建立完善动态健康管理机制，不断完善群众档案资料，以更大的决心、更大的力度，把全民健康体检工作开展好，确保党和政府的惠民政策落到基层、落到实处、见到实效。

（二）围绕增强“核心竞争力”，努力为全体员工提供实现人生价值可靠平台，让全体员工真诚认同、扎根奉献、共建共荣共发展

习近平总书记指出，创新的事业呼唤创新的人才。实现中华民族伟大复兴，人才越多越好，本事越大越好。知识就是力量，人才就是未来。

1. 始终坚持强攻“人才引领”，着力提升人才队伍建设

推进医院健康快速发展，必须在实践中发现人才，在实践中培养人才，在实践中凝聚人才。我院响亮提出人才培养发展计划名医计划、攀登计划、朝阳计划。

一是创新实施名医发展计划，着力完善高级职称人才发展机制，最大限度发挥、鼓励高级职称名医教学、科研、论文能力，实现“以名医带新生”的培养计划。二是着力实施攀登发展计划，着力推进副高级职称及以上名医发展机制，建立一支政治强、业务精、作风好的人才队伍。三是全面实施朝阳发展计划，不拘一格、慧眼识才，大力培育优秀青年，为他们奋勇创新、脱颖而出提供强大的施展平台，不断给予想干事的人以机会，能干事的人以舞台。医院近年来涌现出一批敢于担当、崭露头角的青年才俊，像在华西医院药学论坛主旨发言的药剂科唐小飞药师、重庆市优秀医师心内科刘洪军副主任医师、国际伤口创口造口师黎清翠副护士长正是杰出的代表。

2. 始终坚持强抓“学科引擎”，着力提升专科建设水平

学科建设发展战略是医院健康快速发展的核心竞争力，坚持坚定不移地加强市级特色专科和重点专科的建设是提升医院综合实力的有力保障，医院提出了医院发展战略是以学科建设为中心，以科研教学为创新力，以重点专科和特色专科为引擎。在现有 2 个市级特色专科（消化内科、骨科）和 2 个市级重点专科（医学影像科、重症医学科）的基础上，大力扶持呼吸内科市级重点专科和特色专科、普外科和心内科市级特色专科创建工作，对其给予上级创建经费数额相等的经费匹配，对创建所开展的新技术及设施设备给予大力支持，为其创造良好的科研和学术环境，切实提供人、财、物等配套和后勤保障服务保障目标实现。

3. 始终坚持强化“双向补短”，着力提升医院综合竞争力

医院将始终坚定不移地坚持“走出去、请进来”发展理念，不断深化柔性引进人才机制。一是实施“走出去”人才培养计划，选派医院中层以上干部及优秀青年骨干到上级医院进修学习、实地跟岗锻炼，如前往新桥医院、重医附二院、市肿瘤医院、浙江树兰医院等交流学习（今年累计派出 80 余名干部学习归来），学先进、补短板。二是实施“请进来”战略，举办复旦大学管理研修班，邀请复旦大学、陆军军医大学、重庆医科大学、普林斯顿大学医学院等名院名家来院指导授课、教学查房（今年累计 20 余场次），转观念、促发展。三是实施“柔性引才”战略，充分发挥上级医院人才荟萃、学科齐全、基础雄厚的优势，特聘大

坪医院、市肿瘤医院、重医附二院等专家来院坐诊（目前为止共引进专家3名），凝聚技术力量，力促医疗技术水平稳步提升。

4. 始终坚持强推“绩效改革”，切实激发干部职工积极性主动性

深化医药卫生体制改革对医院管理提出了新的更高要求，无论是医院公益性的有效发挥，还是建立规范的内部运行机制，都需要通过构建有效的绩效管理来实现。做好战略性绩效改革，撬动医院整体思路转变和专业发展，激发医护人员的积极性和主动性。医院已于2017年10月启动医院绩效管理考核体系服务项目，历经调研阶段、方案正式策划定稿、方案测试及系统培训等多个阶段，于今年8月正式试运行新绩效方案。方案着力突出体现了医务人员技术劳务价值，对一线医务人员、关键紧缺岗位、高风险和高强岗位激励导向作用，对业务骨干、高层次人才和做出突出贡献人员倾斜的激励导向作用。在试运行基础上，将对医院战略与绩效评价进行深入调研、探索、研究，充分体现战略导向的绩效评价体系，推出一套真正符合医院战略实施的绩效评价体系模型，推动医院又好又快发展。

5. 始终坚持强增“成长关怀”，切实提升干部职工归属感幸福感

医院是我家，建设靠大家。一是加大“职工小家”建设。“职工小家”建设是大力营造和谐向上的文化氛围，增强职工的凝聚力和使命认同感的重要举措。通过以科室为单位建立“职工小家”（现已建立“职工小家”48家），切实提升职工参与科室建设的积极性、自主性，增强了职工凝聚力和集体荣誉感。接下来，将持续开展职工喜闻乐见、有特色、有创新、丰富多彩的活动，完善职工健身中心及活动场地配套建设，为“职工小家”建设提供全方位保障，力争把“职工小家”建设得有声有色，帮助职工健康成长。二是认真贯彻落实“六个老有”（老有所养、老有所医、老有所教、老有所学、老有所乐、老有所为）精神，适时创造条件支持、组织退休人员参加各种有益活动，切实提升离退休老同志幸福感和归属感。每年年初组织开展一次离退休老同志健康体检；春节、重阳节组织慰问一批离退休老同志；每月组织开展一次退休支部组织生活会；办好退休职工老年活动室，支持退休职工参加老年大学学习等。医院通过实实在在的举措、切切实实的活动，丰富了离退休老同志的生活。

三、建设“一生之院”意义评价

我院以倾力建设“一生之院”为愿景，具有重大现实意义，有助于更加自觉主动积极地处理好以下若干重大关系。

一是处理好医疗服务与自觉参与做好公共卫生、健康宣教、义诊等社会公益服务的关系；二是处理好特色专科突进与多学科并进的关系；三是处理好三甲医院建设与区域医疗中心建设的关系；四是处理好顺应人才流动性，坚持好德才兼备、以德为先、任人唯贤的用人理念，践行好“以人为本”，努力为员工“全职业生涯”提供可靠平台的关系；五是处理好适应高中端医疗人才“候鸟化”、多点执业趋势与着力培训养成员工“许终生”忠诚度、“全力事岗”奉献心的关系。

近年来，县委、县政府始终坚持以基层为重点，以改革为动力，将健康政策融入全局、将健康服务贯穿全程、将健康福祉惠及全民，形成卫生与健康治理新格局，给我们广大医务工作者以巨大的鼓舞。下一步，我们将以全民健康助推全面小康，内化于心，外化于行，不忘初心，牢记使命，以建设“一生之院”为美好愿景，带领全院员工豪情满怀、意气奋发，向着国家三级甲等医院和区域性医疗中心目标昂奋挺进，为实现高质量发展、创造高品质生活增添强大动力。

服务新时代　展现新作为　助力全民健康

——宁明县妇幼保健院儿童康复科托起全民健康“中国梦”

广西宁明县妇幼保健院　韦文华

据统计，我国 0 ~ 14 岁残疾儿童所占比例为 1.74%，并以每年 19.9 万人的速度在增长，残疾儿童的问题日益引起社会关注。国务院提出了“人人享有康复的权力”的工作指标。残疾儿童康复工作是残疾儿童合法权益的重要组成部分，也是完成健康中国行的前提条件。

习近平总书记说，没有全民健康，就没有全面小康。宁明县妇幼保健院儿童康复科在崇左市、宁明县卫生健康主管部门和市、县残联的支持下，于 2017 年 12 月应运而生。儿童康复科全体医务人员以“服务新时代，展现新作为，助力全民健康”为理念，每天全心全意为残疾儿童康复事业做着实实在在的工作。我院儿童康复科主要致力于发育行为专科、神经发育专科等领域的临床和科研工作，对脑瘫、孤独症谱系障碍、精神发育迟缓、注意缺陷多动障碍、学习困难、情绪行为障碍等问题开展一系列的诊断和康复治疗工作，是目前为止崇左市唯一一家县（市、区）级获得广西第一批残疾儿童康复救助定点机构。我院儿童康复科的工作成为崇左市儿童康复工作可向全市复制推广和带动示范效应的新模式，成为桂西南儿童康复传播、推广的一个亮点。

鉴于国家对残疾儿童的重视，我院逐渐加大对残疾儿童康复的投入，对诊断明确且有康复需求的残疾儿童，康复训练补助最高可达 24000 元 / 年。

对于残疾儿童患者来说，漫长的康复之路是决定他们今后生活质量的关键所在。为残疾儿童找回生命的尊严，是我们儿童康复医务工作者义不容辞的责任。

目前儿童康复科开展有小儿脑瘫、脑发育不良、缺氧缺血性脑病、脑积水、癫痫、智力低下、自闭症、精神发育迟缓、心理障碍疾病、脑炎、脑膜炎后遗症恢复期和肢体功能障碍的治疗与康复训练。成立一年多来，收治住院病人约 500 人，门诊早期干预病人 3000 余人，目前每天接收康复训练 50 ~ 60 人，治疗好转率达到 90% 以上。让我们走进这群特殊的医务人员，看看他们每天在为这些特殊儿童工作的场面。

“来，再来一遍！”“1、2、3…”，在功能训练室，康复师何淑婷正在训练一群站立不稳、口齿不清的脑瘫、智障儿童，这些简单的数字，语言，教上几十遍、几百遍，他们都不一定掌握。他们需要比常人付出更多，需要得到更多的关怀和爱，才取得一点一滴的进步。

儿童康复科每天都很热闹：有的笑、有的哭、有的闹，医师、护士们就忙着逗逗这个，哄哄那个，孩子站不稳就抱着、扶着，等到孩子们都安静下来了，才能一个一个地指导他们按照程序做康复治疗。我们的医务人员就是这样日复一日，年复一年地进行各种康复治疗，枯燥、繁琐、忙碌，不厌其烦地做康复、示范……

科主任玉素芸说，到儿童康复科来接受治疗的孩子，每个人、每个家庭都有一个艰难辛酸的故事。

韦某云，女，5 岁，宁明县峙浪乡某村一个极度贫困家庭的孩子，3 岁时到广西医科大学一附院检查发现患儿无眼神交流，发音少，适应性差，精细运动、语言、个人社交、小儿社会适应能力等存在各方面发育迟缓症状，诊断“童年孤独症”。第一次来我院住院 10 天，症状有所好转，虽然有了新农合报销及残联康复补助，但由于家庭比较困难，每个月自费几百元的费用都难以承受，不得不放弃治疗。玉主任了解情况后，觉得就这么放弃康复治疗很可惜，就召集科室医务人员讨论如何解决，决定通过新农合报销外，再为她申请残联、民政救助等措施，其余自费部分由科室向医院申请，达到医疗费用全免。韦某云经过 4 次住院康复治疗后，神志清晰，听觉、视觉反应较前灵敏，注意力集中，会说“爸爸、妈妈、姐姐、回家、不要”等简单词语，达到可听从简单指令，四肢肌力肌张力正常，运动发育正常，生理反射存在等效果，生活上很多方面已能够达到自理。

康复工作解决了家长的后顾之忧。

像韦某云这样医疗费用得到全免的还有华侨农场四分场的刘某睿。让我县贫困残疾儿童在新时代、新社会的关怀下，都能享受到儿童康复治疗，这是我院儿童康复科全体职工的心愿。全民健康，全面小康，“一个都不能少”。

陆某颖，女，2 岁，宁明县桐棉镇某村，患儿 6 个月体检发现发育明显落后，表情淡漠、不能行走、不会讲话，诊断为“1. 全面发育落后。2. 中枢协调障碍”。经过系统治疗，陆某颖神志清晰，表情较前活跃，逗笑有反应，呼之会转头，追视追听，能笑出声音，偶尔会喊“妈妈”，仰卧位姿势对称，拉起头与躯干同起，竖头稳，俯卧位姿势对称，俯卧位抬头胸离床面，能翻身，能独坐，能四点支撑及四爬，穿辅具后可独站，可牵手走，能独走约 3 米。“太感谢你们了！”陆妈妈热泪盈眶地对护士长黎霞说，双手紧紧地握住她的手不愿放开，女儿的康复治疗，让陆妈妈看到了希望。

在整洁漂亮的走廊过道，两侧墙上画满了少年儿童喜欢的各种卡通图案，从教室里传出阵阵欢笑声。在沙盘室，孤独症、弱智患儿在康复师的指导下进行各种沙盘演练；在声乐室，听力残疾的儿童正在进行语言康复治疗；在理疗室，智障儿童正在接受推拿按摩、中医理疗、针灸、电针穴位注射等治疗，一切都在有条不紊地进行着。

“世界上最遥远的距离，不是生离死别，而是站在你面前，却无法与他交流。”3 岁半自闭症患者仲某廉的妈妈心力交瘁地跟科室副主任陆亮群医师说。经过几个月的康复治疗，仲某廉的眼睛已经不再像以前那样呆滞，并能简单说一些口语，懂得向医师和父母表达一些需求。陆医师还说，大多数自闭症患儿的恢复都是不理想的，像仲某廉这样疗效明显好转的不多。

尽管残疾儿童们的康复效果很慢，但是每取得一点点的进步，对于他们及家长来说，都是很大的突破，都能够给予他们很大的希望，值得我们康复科医务人员全身心投入去努力让残疾儿童找回失去的尊严，去努力托起一个全民健康的“中国梦”！

深化公立医院改革
缓解群众“看病难、看病贵”问题
——城厢区医院医改工作汇报材料

福建省莆田市城厢区医院

城厢区医院作为我区唯一一家区级公立医院，承担着全区基本医疗保障任务。近年来，我院深入学习贯彻习近平新时代中国特色社会主义思想，以十九大精神为指引，坚持以人民为中心，持续深化医药卫生体制改革，做出了一些积极的探索和实践，现将医改工作推进情况汇报如下。

一、医院基本情况

我院现有编制160人（含凤凰山社区卫生服务中心24人），实有职工273人，高级职称人员27人，医生96人，护士86人，其他卫技人员65人。开设内科、外科、妇科、儿科、口腔科、眼科等20个科室，开放床位100张。2018年上半年门诊量达11.78万人次，住院人数2191人次，实现业务总收入3482.15万元，同比增长38.93%，2018年业务总收入预计将突破7000万元。

凤凰山街道社区卫生服务中心于2007年9月由城厢区医院兼办，辖南门、南园、龙德井、月塘、筱塘、新塘6个居委会，常住人口58255人，为辖区居民提供集社区预防、保健、医疗、康复、健康教育及计划生育技术指导“六位一体”的卫生服务，2011年获“全国示范社区卫生服务中心”称号。

我院在城厢区霞林街道顶墩片区内另建新院，项目总占地面积34.8亩，建设门诊楼、医技楼、病房楼，规划用地面积23125.538平方米，建筑面积26746.61平方米，开设床位300张，建成后将达到二级甲等医院规模。预计今年年底完成门诊楼、医技楼室内二次装修工程，医用气体、室外配套工程，2019年6月投入使用。

二、我院公立医院改革开展情况

我院地处主城区，既有地位优势，也有区位劣势，如何在三级医院林立的夹缝中“开出别样的鲜花”，是我们思考推进医改工作的出发点。

（一）以明确医院定位为出发点，减轻群众就医负担

一是全市率先落实药械购销机制改革。2015年，我区就已出台药品“零差率”改革相关文件，对所有药品实行“零差率”销售。区政府积极落实政府办医职责，由区财政设立药品零差率专项补助经费，并根据我院实际，予以倾斜扶持，将补偿标准由上级规定的药品差价部分的15%提高到30%，补助力度为全市最高。改革以来，我院共采购药品7151万元，政府补助321万元，为群众减轻负担达1072万元。严格执行“一品两规”和“两票制”，药品、器械、耗材进行集中阳光采购，启动并实施了以医保支付结算价为基础的药品联合限价阳光采购工作，推行按病种收费（支付）改革，基本药物销售占47.38%。在大型医疗设备采购方面，我院对设备采购资金由医院自筹60%，财政予以40%补助。截至目前，区财政已下拨设备采购专项补助566.4万元，极大地减轻了医院发展负担。二是严格“两费”控制。我院始终坚守公立医院的公益性，制订《关于控制医药费用不合理增长实施方案》《关于控制医院医保费用有关规定的通知》，将两费控制列入绩效考核的关键指标，实行院科两级管理，科室签定责任状，变医务人员被动管理为主动管理，有效遏制不合理用药、不合理检查现象。积极探索临床路径管理工作，通过修订路径病种、优化路径流程、完善路径文本等方面推进临床路径管理。由2016年的6个科室12个临床路径病种增加到8个科室32个临床路径病种，入径率34.42%、完成率100%，分时间、阶段逐步深入，开展情况良好。2018年上半年，门诊人均费用为183.87元，出院患者人均费用为2807.89元，均处全市较低水平，切实缓解群众“看病贵”问题。

（二）以绩效分配改革为抓手，提升现代医院管理品质

绩效分配改革是医改工作的重要内容，是打破“大锅饭”，调动医务人员参与医改工作积极性的有效举措。我院自2014年起就积极探索绩效分配改革，通过组织多轮学习考察兄弟医院的绩效改革工作经验，聘请上级医院专家帮助指导，不断完善绩效考核方案。以人员定岗定编为基础，在不突破工资总额的前提下，收入分配向高风险岗位、关键岗位、技术岗位和临床一线倾斜，体现按劳分配、效率优先、兼顾公平的原则。方案制订过程中，我们根据医院实际，主动将公立医院的公益性、社会性等融入管理思维，建立了《城厢区医院收入分配方案》《城厢区医院综合考评质量评分实施细则》（试行），综合考评采取百分制考核办法，设立医疗质量、护理质量、院感、设备维护、患者满意度等9大指标，500多项评分标准，重大指标实行一票否决制。实行院科两级管理，主动引进PDCA质量循环管理、品管圈、目标管理及绩效考核等现代医院管理工具，由上级相关专家、医院相关职能科室按月对全院各科室进行考核，做到评分有标准，计分有依据，得分有说服力，并将考评结果落实到绩效当中。改革以来，医院全体员工的收入明显增加，收入水平居全市公立医院前列，职工精神面貌焕然一新，工作积极性、规范性明显提高，医疗服务质量得到持续改进，医院品牌建设大幅提升，实现了社会效益和经济效益双丰收。

（三）以医联体建设为契机，推进医院可持续发展

借力发展是从我院现实情况出发，实现“弯道超车”的有效举措。我院在医联体建设方面主动创新，进行了全方位、多角度的大胆尝试。一是推进城市医联体建设。2016年，我院与莆田市第一医院建立医联体。2017年3月，创新合作模式，签订分级诊疗暨科室帮扶共建协议，把“医联体”细化到“科联体”，与市一医院普外科、甲乳科、心内科、内分泌科、妇产科、麻醉科等8个科室实行科—科共建、专科协作，其中心内科、妇产科由市一医院托管领办。聘请45名学科专家定期到医院坐诊、帮带，与市一医院建立“点对点”技术支持帮扶关系，推进医师多点执业，盘活现有的医院资源。聘请市一医院7名管理专家团队，从行政管理、医疗质量、护理质量、院感控制、制度管理、绩效管理等方面完善医院内部运行管理机制，使我院的医疗服务能力和服务水平得到了进一步提升。二是主动与省级三甲医院对接。2018 年 4 月在省卫计委领导的直接关心支持下，与福建中医药大学附属人民医院签订医疗联合体协议。我院以“医联体”为平台，依托福建中医药大学附属人民医院的强大力量，主动学习，密切合作。发挥福建中医药大学附属人民医院专业技术优势，致力将我院中医肛肠、康复、妇科等科室打造成重点专科，为莆田人民群众提供更好的就医选择。开设“名医工作室”，聘请省人民医院的中医科、肛肠科专家教授定期坐诊，以专家门诊、手术示教、教学查房等方式全方位深入合作，形成“以一带多”的学术传承氛围。今年服务人次达到 3000 多人，让群众在家门口就能享受省级专家的医疗服务，既缓解了群众“看病难、看病贵”问题，也不断提高我院医疗技术水平。三是借力发展专科联盟。厦门中山医院内镜中心是国家级重点专科，2016 年，我院主动联系并与之签订专科合作协议，邀请由 6 名医学博士组成的专家团队每周六来我院坐诊开展内镜业务。通过专家的传帮带，我院消化内科从零开始，创立品牌，胃肠镜预约量大幅上升。独立完成胃镜检查 2600 余例，肠镜检查 1600 余例，提升了消化内科的整体技术水平，极大地提升了服务能力及医院知名度，让群众切实获得医改红利。四是深化推进“双下沉两提升”。切实发挥区级公立医院龙头作用，兼办凤凰山街道卫生服务中心，实现业务、人事、绩效、药采、财务“五统一”的紧密型医联体管理模式，以区医院医生为主，建立“三师共管”模式，推进家庭医生签约服务，现已签约 4418 户，共 17674 人。对口支援灵川、常太卫生院，派出医护人员下乡帮扶，形成松散型医联体，指导开展规范化诊疗服务，辐射带动辖区内公立医疗机构服务能力提升，实现医疗卫生服务资源最大化。经全面调研，我院达成了以高血压、糖尿病等慢性病为突破口的分级诊疗方案，基层卫生服务体系逐步完善，医疗质量持续提升。

（四）以远程会诊中心建设为平台，提高农村医疗服务水平

为解决农村“看病难、看病贵”的问题，区委、区政府将建立远程医疗作为破解“医疗补短板”的民生问题，该平台是全省首家将远程会诊平台拓展到村卫生所一级。2017 年 5 月，我院远程医疗会诊中心开始启动，区财政投入 34.56 万远程会诊经费，我院投入 25 万元资金用以装修及购买配套设备，成立由内、外、妇、儿等各专业高年资医师 16 人组成的专家库。通过不断深入调查研究，我院及时总结下发了《实施方案》等相关工作文件 12 份，建立了完善的激励、考核、培训等机制。不断创新服务模式，在进一步提升改造信息化的基础上，将原来固定安排人员值班会诊的模式丰富为病人选择医生模式，在医生门诊科室安装视频设备，每天 9 名专家在线服务，在病房内配备移动视频设备，及时提供专科服务。远程会诊服务费用由区财政统一负担，不增加群众任何负担。截至目前共会诊 3245 人次，平均每日会诊 10 ~ 15 人次，诊治了冠心病、肺气肿、上消化道出血、小儿高热惊厥等农村群众较为复杂的疾病，减轻患者往返上级医院求医等的一系列费用，受到农村群众的好评，有效解决农村缺医少药问题。

做实家庭医生签约服务 助力脱贫攻坚

陕西省镇巴县卫生健康局局长 庞文学

镇巴县总面积3437平方公里，辖19个镇、1个街道办、157个行政村和24个居委会，总人口28.9万，是国家扶贫开发重点县和秦巴山区连片扶贫开发核心县，是陕西省11个深度贫困县之一。

全县有建档立卡在册贫困户17639户48968人，其中因病致贫7450户，占贫困户总数的42.2%；因病致贫18625人，占贫困人口总数的38%，因病致贫返贫是最主要的致贫因素。

脱贫攻坚实施以来，镇巴县把家庭医生签约服务作为精准健康脱贫的突破口，锁定“健康镇巴”建设目标，坚持减存量、控增量两手抓，着力构建医疗保障、能力提升、健康管理、统筹协作和监督考评“五大体系”，形成了健康扶贫的“镇巴路径”。签约服务过程中，该县以贫困人口慢病防治为重点，以“互联网＋签约服务”为抓手，始终坚持稳中求进工作思路，着力解决“谁去签、给谁签、如何签、签得好、签得实”五个问题，初步实现了基层服务能力、签约对象获得感、签约医生积极性、党群干群关系、干部思想作风“五个显著提升”。全县高血压、Ⅱ型糖尿病、严重精神障碍等慢病患者规范化管理率从2016年年初的不到50%提升到70%以上，控制率从不到30%上升到45%以上。全县因病致贫、返贫户从2016年年初的9862户减少至2814户。中央电视台、新华社等20余家中省媒体先后对“镇巴经验”进行了宣传，央视《焦点访谈》进行了深度报道。镇巴先后荣获“全国优秀家庭医生团队”“全国健康扶贫先进县”“全国脱贫攻坚组织创新奖”等荣誉称号。

一、强化团队建设，着力解决“谁去签”问题

一是组建签约团队。充分发挥卫计融合后卫生技术优势和计生行政优势，统筹兼顾基层医务人员和县级业务骨干，以行政村为单位，以医共体为单元，按照“2+2+1”模式（村医和村卫计专干各 1 人 + 镇级医生和公卫专干各 1 人 + 县级指导人员 1 人），组建 178 个贫困人口签约服务团队，团队成员达 686 名，形成了县、镇、村一体，卫生、计生深度融合的良好局面。

二是合理规划团队。将全县具有中级以上职称的药师、护师和原计生专干纳入签约服务团队，团队成员涵盖医、护、药、技等各个领域的专业技术骨干，县、镇、村三级人员科学搭配，合理分配签约任务，既解决了全科医生不足的实际困难，也赋予了村计生专干新的脱贫攻坚责任，有效提升了签约服务质量。

三是提高服务能力。累计投资近 4 亿元，完成县中医院整体迁建项目，新建县人民医院医技综合楼及 118 所标准化贫困村卫生室，改扩建县妇保院和 6 所片区中心卫生院；大力推进苏陕协作，通过对口支援提升县域整体服务能力；强化乡村医生定向培养，逐步推进非贫困村卫生室建设进度，配齐配强村级医疗设备。设立卫生人才培养基金，每年拨付 200 万元专项资金用于人才引进和能力提升；组建县级健康管理员队伍、县级慢病管理专家库，鼓励家庭医生考取国家健康管理师；编印《家庭医生签约服务知识读本》，家庭医生通过学习并考取“签约医生合格证”才能开展签约服务。通过硬件、软件两手抓，县域内就诊率由 2016 年年初的 84% 提升到 93%，全县的医疗服务和健康管理能力稳步提高。

二、聚焦重点人群，着力解决“给谁签”问题

一是聚焦农村贫困人口。为所有建档立卡贫困户免费提供规范化、针对性的“契约式”服务，按照慢病要求实行“一病一方、一户一策”精准管理；外出或在县外住院的，定期通过电话、短信等方式随访，真正体现了健康、费用“守门人”的双重保障。

二是聚焦慢病重点人群。制定了《慢病防治 2018—2027 年工作规划》，分

期分批将全县所有慢病患者纳入签约管理。2018年，将原发性高血压、Ⅱ型糖尿病、肺结核、严重精神障碍等四类公卫重点人群和脑卒中、甲亢、脑萎缩等14种新农合门诊慢病患者全部纳入了签约服务。全面开展残疾人和计生特殊家庭签约，分批次将城市低保人群和地方病患者纳入服务范畴。在“2+2+1”团队服务基础上，逐步吸纳慢病专科医生，形成了“2+2+1+N”服务模式。

三是聚焦全体普通人群。进一步优化服务项目，针对非贫困人口个性化健康需求，提供初、中、高级三种付费服务包，逐渐将签约服务扩展到普通人群。2017年以来，共签约孕产妇、老年人、儿童等个性化付费服务包3000余个。家庭医生签约服务工作开展以来，我们不仅做到了贫困人口和重点人群“应管尽管”，管理范围、管理对象也逐步扩大，管理成效初步显现，群众对家庭医生的依从感大幅提升。

三、丰富服务内涵，着力解决“如何签”问题

一是规范服务流程。规范实施家庭医生入户“九步走”：自我介绍、询问家庭成员健康状况、治疗路径规范指导、“一病一方”健康教育、核实医疗保障政策落实情况、宣传健康扶贫政策、按国家基本公共卫生服务项目规范对家庭成员中重点人群进行随访服务、指导家居环境卫生整治及健康生活方式、填写健康扶贫手册。慢病患者按照筛查、诊断、审核、签约、治疗、随访、转诊7个步骤开展团队签约服务。

二是确定服务频次。明确县、镇、村三级家庭医生入户、电话随访频次及服务内容，建立长效沟通方式，加强健康扶贫政策知识宣传，指导改善人居环境。保证县级指导人员对签约贫困人口全年面对面随访不少于1次、对大病和慢病贫困人员入户随访不少于1次；镇级医生对大病和慢病患者全年入户随访不少于2次、其他贫困人口面对面随访不少于2次；村医和村卫计专干对慢病贫困人口每季度进行1次面对面随访，对所有贫困人口全年面对面随访不少于2次（其中入户随访不少于1次）；公共卫生服务内容和频次按基本公共卫生规范要求执行。县级指导人员在开展签约服务的同时，与基层医务人员建立一对一帮扶关系，定

期开展传染病防治、健康教育等知识讲座，提升基层服务能力。

三是开展分级管理。依托县级公立医院成立了原发性高血压、Ⅱ型糖尿病、结核病、精神卫生和脑卒中五个治疗中心，为全县慢病管理提供技术支持和培训指导，按初、中、高级对慢病进行分级管理、精准施治。率先启动慢病精准健康工作，与西安交通大学公共卫生学院联合进行镇巴县居民健康素养调查、慢病患病率及危险因素调查，为提升贫困人口及重点人群精准健康管理提供科学依据。在统一的政策规定下，家庭医生团队服务做到了职责清晰、内容明确、管理有序。群众能够就近享受到基本医疗、公共卫生和健康管理等便民利民服务，健康获得感和对家庭医生的满意度有了显著提升。

四、制定激励政策，着力解决“签得好”问题

一是政策引导调动医务人员签约积极性。改革新农合基金支付方式，实行医共体内按人头总额预付，医保资金结余留用、超支不补，既保障了新农合基金的安全运行，也充分提升了医疗机构和医务人员主观能动性，从“要我签约”转变为“我要签约”，达到了关口前移、预防为主、防治结合的良好效果。贫困人口按照每人每年 50 元，因病致贫人员每人每年 80 元的标准核定签约服务费，由医保基金、公共卫生经费和县财政分担。原发性高血压、糖尿病等四类公卫重点人群从基本公共卫生项目资金中按比例提取签约服务报酬。脑卒中、甲亢等 14 种慢病患者从新农合基金中按每人 50 元的标准补助签约服务经费。在村级开发公共卫生公益性岗位 178 个，按照每月 500 元标准落实签约服务资金。各镇按团队成员县：镇：村 =1：4：5 的比例考核发放签约服务报酬，目前已累计发放 580 万元，按照“两个允许”精神不计入个人绩效工资总量。将签约服务工作情况作为“镇巴名医”和“最美基层医务工作者”评选的主要标准。评选家庭医生优秀代表 9 名，在全县开展典型事迹巡讲活动，在签约服务团队中形成了比、学、赶、超的良好氛围，锻造了一批激情干事、敬业奉献的卫计队伍，引导了社会正能量。

二是便民利民调动服务对象签约积极性。将签约服务与分级诊疗制度建设有机结合，引导患者基层首诊，落实双向转诊渠道。在医保报销方面，上转患者连续计算起付线，下转患者免收起付线。赋予基层签约医师一定比例的二级医院专家号源、预留床位，开通预约服务、代办医保，方便签约居民优先就诊和住院。组建文艺小分队，以群众喜闻乐见的方式开展健康扶贫政策和健康知识普及。截至目前，全县签约医生为服务对象代办慢病手册968份、接受电话咨询2千余人次、代办住院手续和出院报销651人次，文艺小分队深入全县73个村，演出80场，受益3万余人。

三是强化考核确保签约服务成效。制定了《定期开展健康扶贫工作专项督查实施方案》，对健康扶贫尤其是家庭医生履职尽责情况进行重点督查，对作风漂浮、工作滞后的家庭医生，进行约谈或追责，情节严重的给予处分，起到了警示一人、教育一片的促进作用；开展了“骄傲、浮躁、抱怨”三种作风问题教育整顿活动，提高了签约服务团的纪律约束力。卫计主管部门每月听取20名家庭医生工作汇报，对工作情况进行点评指导。制定了《贫困人口家庭医生签约服务经费专项审计调查办法》，定期进行专项审计，规范资金管理，确保专款专用、提升使用效能。

五、实现“互联网+”，着力解决“签得实”问题

一是搭建了县镇村三级区域卫生信息平台。开发家庭医生签约服务管理和电话跟踪随访系统软件，在卫生信息系统增加贫困户就诊即时通功能，与第三方短信、微信平台绑定，实现信息互通共享，城乡居民在县内医疗机构就医，签约医生实时掌握签约对象动态，及时开展签约服务随访工作。

二是将公共卫生系统与国家健康扶贫动态系统、健康体检一体机等系统对接。做到了资源共享、信息互通、上下融合，减少了重复录入、多重维护。创建了健康扶贫二维码，扫描二维码即可了解家庭成员状况、住院报销信息，彻底消除家庭医生与签约对象的沟通障碍。

三是研发了“互联网+”医疗健康服务APP。医生通过APP为贫困户提供线上签约、健康指导、应急事件处置等互动服务。患者可通过微信公众号对签约医生服务情况进行评价、获得慢病管理提醒、健康教育与健康指导等知识，通过学习考试得到积分兑换礼品，极大地促进了群众主动学习健康知识的积极性，群众的自我健康意识不断提高，基本实现移动智能工作模式。四是建立了远程诊疗服务体系。县级 PACS（影像归档和通信系统）、LIS（医院检验系统）、心电区域远程诊断中心辐射所有镇（办）卫生院，在全县村卫生室设立“互联网 + 健康扶贫”远程诊疗服务点，形成县、镇、村三级服务立体化、可视化、可跟踪、可量化的运行架构，实现互联互通，信息共享。

大医精诚薄云天　楼高技美垂典范

——不断进取的蒙城县第一人民医院

安徽省蒙城县第一人民医院　魏祥利　邓克明　石　倩

蒙城，安徽省首届园林城市，首届省级文明县城，中国楹联之乡。物华天宝，人杰地灵。在这块厚重的土地上，一代代杰出的历史人物，为后人留下了灿烂文明史话，可歌可泣，感天动地。长风在天，传诵着历史的神奇。安徽一代国医大家田儒钦，也是蒙城县第一人民医院的一位优秀代表，素有南郑北田之称，名播江淮大地，德泽三世而不休，后世承其业为田氏中医喉科。蒙城县第一人民医院建院已近 70 年，英才荟萃，群贤毕至，众星闪耀，经几代人宵衣旰食，夙夜不懈的努力，把医院建成皖北地区县级医院的典范。在医者博大的仁心里，构筑了县城 130 多万苍生的健康梦想。

一、龙骧豹变自有时，英雄创业多艰辛

蒙城县第一人民医院（一下简称“一院”）创建于 1949 年，伴随着共和国诞生的礼炮。第一人民医院的建设者们，满怀改天换地的创业豪情，在农庄环处的田野里，染着血汗，埋下了一块块奠基石。他们殚精竭虑，历尽艰辛，悬壶济世，成就辉煌。2006 年、2013 年“安徽日报”曾以“创造奇迹”和“白衣丹心赋青春”为题，为蒙城县第一人民医院在发展中取得的非凡成就，点赞颂歌。目前，蒙城县第一人民医院集医疗、急救、康复、科研、教学、保健等多功能于一体。2012 年，被安徽省卫生厅授予二级甲等医院称号，是蒙城县医疗系统的龙头，也是亳州市较大的一所综合性医院，服务范围除本县外，还辐射濉溪、凤台、利辛、怀远等

与蒙城接壤的乡镇。医院占地面积约4.7万平方米，医院用房8万平方米，核定床位800张，医院设有66个科室，其中临床医技科室42个。年门诊急救40余万人次，年出院病人近4.5万人次，手术1.85万台次。第一人民医院始终把患者至上，以人为本作为医院宗旨。把厚德、团结、拼博、创新作为院训，以强化医疗质量管理，推进新医改、争创三级医院作为医院的工作目标，深入扎实地开展各项工作，取得良好成绩。

二、大医尚德技多美、明珠光彩满谯郡

工欲善其事，必先利其器。多年来，第一人民医院始终致力于打造一所拥有尖端医疗设备的县级医院，以更好地为全县人民除疾疗苦，如GE64排螺旋CT，西门子1.5T的核磁共振及血管造影仪，英国医科达直线加速器Storz高清腹腔镜等均已落地，有力促进了本地区医疗技术和科研水平的提高，也极大提高了一院在皖北医疗领域的影响力。2012年以来，医院已完成大内大外二级分科的全部工作，重点建设了ICU、妇产科、心血管内科、肿瘤内科、康复医学科、眼科治疗中心。在提高医疗服务能力的同时，为实现医改提出的把90%的患者留在县域就诊这一宏大目标，奠定了坚实基础。

目前，医院临床开展大量新技术、新疗法。“外科技术微创化”稳妥推进，如普外科开展腹腔镜下胃癌、结直肠癌根治术，胆囊及胆道手术、肝脏手术、小儿疝气手术，并开展胰十二指肠切除术，胆管癌根除术等手术。泌尿外科开展输尿管软硬镜下钬激光碎石术，腹腔镜下肾脏及肾上腺切除术及经尿道膀胱肿瘤电切术等。心胸外科开展胸腔镜下肺癌、食道癌根治术等手术。血管外科组开展大隐静脉曲张的微创治疗，下腔静脉滤器植入（IVCF）导管溶栓术（CDT）治疗深静脉血栓形成，经皮肝动脉栓塞术（TACE）治疗肝癌。妇产科已全面开展腹腔镜下的妇科手术，如子宫全切术，广泛、次广泛全子宫切除术治疗子宫良恶性病变。阴道镜、宫腔镜下的检查及系列手术。骨科开展关节镜、椎间孔镜下的微创手术以及关节置换、断肢再植等手术。眼科成功开展超声乳化人工晶体置入术治疗白内障已使数千例病人复明。神经外科开展“脑出血的内镜微创手术治疗”，

率先在全县开展颅脑手术，治疗颅脑外伤肿瘤、脑积水等。

内科治疗外科化微创化进展顺利，如心血管内科已成功开展了冠脉造影术、冠脉支架植入术、永久性心脏起搏器植入术、心脏电生理检查及射频消融术。神经内科对脑血管方面的常见症及疑难危急重的诊疗，在皖西北享有较高的声誉。内分泌科开展糖尿病足治疗和胰岛素微泵治疗糖尿病。肿瘤内科开展放射性粒子植入术、肿瘤介入治疗、胸腔热灌注、微波免疫治疗、穿刺活检诊断。消化内科在内窥镜下诊治消化系统疾病在本地区具有领先地位。感染内科在处理手足口病、霍乱等突发公共卫生事件方面也积累了丰富的临床经验。

医院拥有神经外科、田氏中医喉科、心血管内科等重点学科，并设有全县唯一的 120 急救指挥调度中心，24 小时免费接诊病人，配备 GPS 定位监护系统，可即时了解急救车准确的运行位置，实时掌握患者的生命指征及病情。在信息化建设方面，已投入使用 HIS、CIS、PACS、RIS 系统，并建成全省县级医院第一家远程会诊中心。

多年来，一院坚定不移地走科教兴院之路，各临床科室在做好常见病、多发病诊疗的基础上，还积极与国外医学前沿接轨，全面推动了本地区医疗技术的发展。医院加入了北京常春滕医学高端人才联盟以及吴阶平医学基金会，与复旦大学附属中山医院开展医疗区域协作，是安徽省立医院区域医疗中心网络成员单位。好风凭借力，助我登峰巅。第一人民医院借势高强联盟发展助力，迅捷地把医院技术发展推上快车道。

三、规范科学谨法度、医者仁心唯崇德

各项工作的有效开展和医院的健康发展，靠的是严谨的科学管理和健全的规章制度。为全面规范医护技各类人员的医疗行为，医院连续十余年制定并不断完善医院目标管理责任书，将医疗质量、经济管理、药品收入比、农合人均费用、医疗服务满意度、医疗安全、医患沟通等 8 个项目纳入综合目标考核，开创医疗服务精细化管理的典范，在皖北周边县市有广泛的影响力。近年来，前来学习取经的医院络绎不绝。医院还设立意见箱，公布投诉电话，特聘我县“两代表一委

员”为医院社会行风监督员，定期召开医护人员和群众代表座谈会。实行目标责任书和社会监督双重机制，使第一人民医院医疗服务工作连续多年在全市医疗质量评比中取得名列前茅的好成绩。医院建立健全质量管理体系以来，制定质量标准和考核细则，把医药、护技和行管、后勤等环节纳入“三级”质量控制网络。在“质量万里行”“三好一满意”的活动中，一院以良好医疗服务质量取得了骄人的成绩。

四、大木柱天俊才美，悬壶济世贤德人

人才优势是医院发展的首发优势。一院在促进科技进步、人才培养方面制定出一整套奖惩机制，创造出良好的内部环境，营造积极“传帮带”的学习氛围，青年医疗人才常常把第一人民医院当作首选人生目标。医院现有职工 980 人，专业技术人员 721 人，其中在读博士生一名，硕士研究学历 35 名，高级职称 65 人，其中正高职称 12 人。医院“三基三严”制度化的培训方式，为青年医护人员的健康、成长奠定了制度保障，一大批优秀人才脱颖而出。1990 年以来，蒙城县第一人民医院获得地市（厅）级科技进步奖 39 项（全县 42 项），其中一等奖一项，二等奖四项，在全市各类医疗机构中排名第一。在国内各类医学期刊发表论文、编译、译文近 1000 篇。多名医生获得安徽省科技创新奖，亳州市青年科技奖，亳州市专业技术奖、技术人才荣誉称号，业务领军人物和先锋模范不断涌现，他们都在重要的岗位上发挥着良好的作用。在高楼耸立入云之际，第一人民医院的医疗技术建设，也树立了一座高入云天的丰碑。

五、立院本诚信、大爱无边际

医疗诚信服务，是医院立院之本。第一人民医院在“以人为本”的医疗服务理念大旗下，努力打造医疗诚信品牌，向全社会发出承诺公开信。医护人员响亮地喊出“医者仁心，感动生命”的口号。新医改政策实施以来，医院与立仓、楚村等十个乡镇建立第一医共体，助力帮扶乡镇卫生院全面提高服务能力，从医护人员技能培训到医疗设备更新升级，为医疗技术与设施落后的乡村患者提供优质

的医疗服务。2016年，在医院全力扶助下立仓镇卫生院成功创建了二级医院。医院取得了县域就诊率从2012年的84.5%到2017年的90.9%的好成绩，是全省第三个实现90%县域就诊率的大县，连续两年医保资金结余1300万、2300万元。临床路径、单病种付费在全省县级医院取得了综合前六名的好成绩。医院全面落实新农合报销惠民政策，开展门诊一卡通、单病科付费、临床路径、优质护理服务等项目，简化看病流程，优化服务质量。积极深入开展“三下乡”活动，2014年第一人民医院眼科中心举行大型义诊活动，资助1200名城乡广大的白内障患者重见光明。

2000年以来，蒙城县第一人民医院连续七届荣获安徽省省级文明单位称号，是省级“爱婴医院”“省中医药工作示范单位”，省市县三级“诚信医院”，省委办公厅曾为医院颁发“医德高尚，救死扶伤”的牌匾，医院一人被评为“第二届江淮名医”，一人被评为“省优秀医生”，医院两人是“亳州市杰出青年”和“五四青年奖章”获得者，护理部在亳州市护理技能大赛获团体二等奖，多人获亳州市“十佳护士”奖，三人被评为亳州市“道德模范”和“感动蒙城人物”，两人被评为亳州市“十一五”和“十二五”发展创新先进个人，团市委颁发的“青年文明号”科室，一直像火车头一样发挥着模范带头作用。在这里，“患者至上，以人为本”的服务精神在患者的血脉里流动着赞美的冲动。医务人员脸上洋溢着亲切笑意，让患者如沐春风，整洁的门诊大厅里设有导医咨询台、候诊区，预检分诊。门诊绿色通道、医院门诊部，节假日照常上班。急诊24小时接诊，急救车24小时待命。医者仁心，感动生命的人文情怀，在医疗服务的每一个环节都得到鲜明体现。

六、泪落真情美，无瑕天使心

医院文化在推动医院发展的同时，也以春雨润物无声的方式，深深地影响一院人，无数细节共同把第一人民医院的医务人员塑造成可以生死相托的亲人。每逢重大疫情、灾患、道路交通事故降临的时候，一院医务人员的汗水总会融入感动者闪光的泪滴里。医院2012年正式投入使用的23层住院大楼，建筑面积3.7

万平方米，规划科学合理，功能先进齐全，使蒙城人的就医条件达到一个崭新的高度。即将投入使用的门急诊大楼建筑面积22600平方米，高标准、新一流的设施，将使蒙城门急诊医疗服务工作拔节而上。内科大楼、医技大楼已纳入医院发展的规划中，医院还将向城南发展，在蒙城未来的绿色核心获得更加广阔的发展空间。

欲得浩天情意满，且悬赤子明月心。蒙城县第一人民医院已建院68年，如今，它以非凡成就，傲然卓立于皖北大地，历任院长悬胆苦志，以厚德怀仁、精诚济世为立院宏旨。全体医务人员，在漆园这片古老的土地上，栉风沐雨，披肝沥胆，无私奉献，终于把一座农庄环处、泥泞中的蒙城县第一人民医院建成一所技术精湛、设备先进、环境优美、服务一流、管理规范，在荣誉中灿然而立的现代化二级甲等医院。

苍生疾不消，为医志难休。

今为病患深，慷慨赋青春。

医院医疗服务开展情况

湖南省临武县人民医院

近年来，我院紧紧围绕“创二级甲等医院”目标，始终以学科发展、人才培养、改善服务、环境整治、文化建设为抓手，全力提升医疗服务水平，各项工作均取得了显著成绩。

一、二甲评审顺利通过验收

针对此前医院创二甲工作多次启动未果的情况，我院迅速有力统一全院干部职工思想，下定决心，强力推进，多次邀请二甲评审专家来院授课、并选送各级各类人员到市一医院、市四医院学习二甲评审要点，确保顺利通过三基理论考试、满意度调查、信息化建设等一系列的评审，最终成功摘得“国家二级甲等综合医院”的牌子，实现了全院干部职工多年的夙愿，推动临武医院品牌再上一个台阶。

二、公立医院改革顺利推进

自 2015 年 4 月正式启动县级公立医院医药价格改革以来，我院切实加大医改推动力度，从“两票制”及价格联动工作的落实，到临床路径和单病种付费的推广，从城职医保总额付费及跨省异地结算的实施，到一站式结算服务的推行，一系列的惠民便民措施在临武医院落地生根，更好地维护了人民群众的健康利益。

三、学科发展日趋完善

2016 年以来先后成立了高压氧舱、介入中心、盆底产后康复中心，同时对普外科和泌尿外科进行了分科，并在市一南院专家的大力支持下成立了肿瘤科。此外，市一医院各学科专家、教授每周三定期来院开展带教工作，培养专科人才，取得了显著成效。临武医院骨科被评为省级重点建设专科，儿科被评为市级重点建设专科。

四、文化建设彰显软实力

每年组织开展职工趣味运动会和文艺晚会，2016 年举办了“迎新春”文艺晚会、“庆七一”建党节表彰大会暨“五比五看”演讲比赛，2017 年举办了纪念“五四”青年节暨庆祝 5 • 12 国际护士节歌唱比赛、“唱红歌颂祖国感恩党”歌咏比赛。这些活动的开展既减轻了干部职工的工作压力，丰富了干部职工的业余生活，也增进了彼此之间的情感，营造了良好的工作氛围。

五、就诊环境不断优化

针对临武医院业务用房拥挤、院内环境破旧的现状，投入大量资金对门诊大楼和闲置多年的连接楼进行了重新规划和布局，对门诊楼前后周边路沿、外科楼前空坪等边边角角进行了美化绿化，修建了一条从外科大楼至急诊科的无雨走廊，同时进一步规范就诊流程，为病人提供了方便、舒适的就医环境。占地面积 100 亩、开放床位 800 张、投资 5 个亿的医院整体搬迁项目已完成初步设计并进入招投标程序，新院建成后，医院将为人民群众提供更舒适、更流畅的就诊环境。

与此同时，我院还涌现了大批水平高、医德好的先进事例，如妇科医师文红梅，曾多次到省级、市级医院进修学习宫腹腔镜的微创手术治疗，先后顺利开展了“阴式子宫切除术”“腹腔镜辅助下阴式子宫切除术”“腹腔镜下子宫肌瘤剥除术”“腹腔镜下附件手术”“宫腔镜手术”及开腹手术等新手术和疑难手术，使妇科微创手术有了突飞猛进的发展，从死亡边缘抢回了许多危重病人，使我院妇科病人满意度和认可度大幅提高，她本人也多次被医院评为“优秀医生”“十佳医生”“优秀服务之星”等。

又如年轻医师卢宇亮，从医虽然不过 6 年有余，但他却经常利用休息时间帮助各类特殊患者解决实际困难。抗战老兵陈爷爷和唐爷爷，已是百岁高龄，因其子女在外地工作，每当他们感觉身体不适时，无论上班或休息，卢宇亮都会帮他们办好住院手续，陪同他们做各项检查，及时给予治疗。有时雨雪天气路滑，担心他们行动不便会摔倒，卢宇亮还会主动为他们送去热乎乎的饭菜；五保户来院就诊时，考虑他们无儿无女，年老又没有经济来源，卢宇亮不仅为他们治病，还帮他们做心理疏导，照顾他们起居，出院时带他们到车站，为他们垫付车费；对待离家出走的老年痴呆患者，在为他们提供医疗救助的同时，卢宇亮总是热心地通过散发朋友圈、QQ 群等方式，帮他们寻找亲人，找到回家的路。

健康扶贫对现阶段我省县医院发展和管理的影响

河南省虞城县人民医院　朱明伟

健康是民生之要，脱贫之基。根据建档立卡数据显示，我省农村建档立卡贫困人口中因病致贫返贫占53.58%，在53个贫困县中更是高达71.76%。如何推动医疗卫生工作重心下移、医疗卫生资源下沉，推动城乡基本公共服务均等化，为群众提供安全有效方便廉价的公共卫生和基本医疗服务，真正实现大病不出县，成为现阶段我省贫困县公立医院发展和管理中尤为突出的任务。所以，紧贴新时代脉搏，抓好健康扶贫工作，全面加强贫困县县级公立医院建设，提升贫困县县级医院综合服务能力，是打赢我省脱贫攻坚战的关键举措。研究健康扶贫对现阶段我省贫困县公立医院的发展和管理中的影响，对于医院长足发展和打好打赢脱贫攻坚战都有着重大意义。

一、现阶段我省县医院发展和管理的主要政策背景

（一）健康扶贫是政治任务也是发展机遇

健康扶贫是国家精准扶贫政策体系的重要组成部分，是确保打赢脱贫攻坚战、实现贫困人口稳定脱贫的重要举措。健康扶贫的提出，再次明确了县医院的组织属性是真正具不以营利为目的的非政府、非企业和非营利性质事业单位，是社会公益性的事业单位，是落实健康扶贫的主体单位。健康扶贫的提出同时也给县医院带来发展机遇和多方面支持。

习近平总书记多次在主持会议中强调医疗卫生改革的重要性，从破除公立医

院逐利机制到推动建立分级诊疗制度，推进家庭医生签约服务，以及让老百姓在家门口能享受到便捷优质的医疗服务。《国务院办公厅关于推进分级诊疗制度建设的指导意见》明确提出，全面提升县级公立医院综合能力。根据服务人口、疾病谱、诊疗需求等因素，合理确定县级公立医院数量和规模。将县域内就诊率提高到 90% 左右，基本实现大病不出县。

这项政策的出台将大大促进县医院的综合能力快速提升。县医院应抓住机遇重点解决县级医疗机构紧缺急用设备设施的配置，提高检查手段，解决综合服务能力不强的问题；开展远程诊疗全覆盖，县人民医院与国家级、省级大医院进行远程教学、远程会诊、远程门诊诊疗等，基本解决"大病不出县"的问题，让患者在县内享受优质医疗服务；充分利用医联体单位医疗资源下沉，对县医院的部分专科进行打造提升，着力解决服务水平不高的问题。这项政策的出台也大大提高了广大群众尤其是贫困群众的就医能力和就医积极性，从根本上解决了县级医院病源不足的问题。

（二）健康扶贫是民生工程，是系统工程

目前，扶贫是习近平总书记讲的头等大事、第一民生工程、总揽"十三五"全局工作。总书记在多次会议、多个场合反复讲，多次强调，一定要打好打赢脱贫攻坚这一战役。在全国卫生与健康大会上，习近平总书记要求，深入实施健康扶贫工程，做到精确到户、精准到人、精准到病，保障贫困人口健康。今年"两会"期间，总书记进一步指出，因病返贫、因病致贫是扶贫硬骨头的主攻方向，这个事情是一个长期化的。我省省委书记谢伏瞻、省长陈润儿也多次强调：因病致贫返贫是扶贫工作的一块"硬骨头"，是需要高度重视、系统解决的问题。这些重要的讲话和指示，为我省做好健康扶贫工作提供了基本遵循和工作指向。

贫困往往是和疾病紧密相连的，脱病不等于脱贫。健康扶贫具有其特殊性，其特殊性主要表现为长期性、复杂性和反复性。据调查，凡因病致贫返贫家庭所得疾病全部为大病、重病和慢性病，大病、慢病即使治愈也很难恢复劳动能力。可以说，脱贫攻坚中健康扶贫的任务最为艰巨，而且越往后难度越大，剩下的都是条件差、病情重、贫困程度深的特别困难的群众。由此可见，健康扶贫是一项艰巨的任务，绝不是“敲敲锣、打打鼓”就能轻松实现的。作为落实健康扶贫的主体单位——县医院一定要充分认识健康扶贫形势的特殊性、艰巨性和长期性，做好打持久战的心理准备，要在精准施策上出实招、下实功、求实效，克服种种困难，坚决啃下这块“硬骨头”。

二、现阶段我省健康扶贫工作开展现状

（一）我省健康扶贫的政策设计

中共中央国务院印发的《中共中央国务院关于打赢脱贫攻坚战的决定》中明确提出，开展医疗保险和医疗救助脱贫，实施健康扶贫工程，有效防止农村贫困人口因病致贫、因病返贫。按照“精准扶贫、精准脱贫”的基本方略，我省卫生计生委会同省扶贫办等部门组织开展全省建档立卡贫困人口“因病致贫、因病返贫”调查工作，为实施健康扶贫工程提供基础数据和决策依据。健康扶贫政策体系的运行随着行政层级的下降不断细化和丰富，各市县会根据自身的实际情况对政策进行进一步的细化和调整，使之符合本省的实践规律，并有效落实各项政策部署。

截至 2017 年 9 月 20 日，我省全省农村建档立卡贫困人口中实际患病人口 39.4 万人，导致 64.5 万户、170.2 万人因病致贫返贫，占全省贫困人口总数的 53.58%。53 个贫困县共有因病致贫返贫人口 122.8 万人，占全省因病致贫返贫人口的 71.76%。为了确保健康扶贫工作有效开展，我省在国家层面健康扶贫工程政策体系的基础上，结合本省实际，出台了相关的政策文件，确保健康扶贫工作有载体、有抓手、可操作。我省健康扶贫工作的政策体系基本形成。

（二）我省健康扶贫的具体举措

1. 我省在积极推进健康扶贫方面做了以下工作。一是充分发挥医疗卫生的资源优势，为贫困户提供全面且有重点的医疗服务，阻断“因病致贫，因病返贫”，助力脱贫攻坚；二是加强医疗专业技术队伍的建设，切实提高其业务素质和诊疗水平，为健康扶贫的实施提供人才保障；三是开展群众性的健康教育，引导贫困人口改变不良生活习惯，形成健康生活方式，不断提高贫困人口的健康素养。当

前我国公立医院过度市场化，其过于追求经济效益价值最大化，忽视了其应承担的社会职责，公立医院公益性日益淡化，此项举措是促进公立医院公益性回归的一个具体体现。

2. 通过实施乡镇卫生院、村卫生室标准化建设等一系列项目，基层医疗卫生机构服务环境明显改善，服务功能不断完善，农村群众在家门口就能享受到便捷优质的医疗服务。同时，进一步夯实了基层医疗服务基础，也为启动县医院医共体建设奠定了坚实的基础。

3. 开展医联体建设，是整合区域内医疗资源，促进优质医疗资源下沉，提升基层医疗服务能力，完善医疗服务体系的重要举措，是推动建立合理有序分级诊疗模式的重要内容。以我省国家级贫困县为例，虞城县人民医院在医联体下高速发展，目前已与北京阜外医院、北京武警医院、河南省人民医院、郑州大学一附院、郑州大学二附院、河南省肿瘤医院、商丘市第一人民医院等多家三甲医院建立了 38 个医联体医疗联盟，大大促进了该院的综合能力建设和学科建设。2017 年该院成功承办了省级、市级等多场大型学术会议，充分证明了其综合能力的大幅度提升。

4. 远程医疗。二级、三级公立医院向基层医疗卫生机构提供远程医疗、远程教学、远程培训等免费服务，利用信息化手段促进资源纵向流动，提高优质医疗资源可及性和医疗服务整体效率。

5. 城乡跨区结合医联体。例如以商丘市第一人民医院为牵头单位，在已建立的长期稳定对口支援关系基础上，通过对区域内县医院托管、成立医疗集团等多种形式组建医联体，向县医院派驻管理团队和专家团队，重点提升县医院医疗服务能力和水平。

总之，实施健康扶贫，要加大基层卫生服务体系建设投入，健全基层医疗卫生服务体系，让贫困群众“看得上病”；要建立并完善以基本医疗保障制度为主体、其他形式医疗保险和商业健康保险为补充的多层次医疗保障体系，让贫困群众“看得起病”；要通过增强医疗服务能力、转变医疗服务模式，让贫困群众“看得好病”；要从贫困人口的健康教育抓起，倡导健康的生活方式，让贫困群众“更好防病”。归根究底，实施健康扶贫工程，为贫困户提供一张社会安全网，增强其对抗风险的能力，可为贫困户解决健康方面的后顾之忧，最终还为其发展生产助力，提高其自我发展能力。因此，健康扶贫需要建立长效机制，帮助贫困人口解决看病就医等方面的问题，以有效防止因病致贫、因病返贫现象的发生。

三、现阶段我省县医院的发展和管理的对策及建议

（一）正确认识健康扶贫工作的现实意义和社会意义

健康扶贫工作的系列政策出台后，接踵而来的扶贫工作和督导检查大大增加了医务工作者的工作量，尤其是贫困县的县医院，随着贫困人口的就医能力和就医意识提高，其医疗任务量增加 50% 以上，同时还要义务承担起全县健康扶贫的下乡义诊、驻村帮扶等各项任务。理论是实践的先导，思想是行动的指南。在这个时期，亟需同步做好思想教育工作，使全体干部职工统一思想，正确认识健康扶贫工作的现实意义和社会意义。

（二）多措共举克服健康扶贫工作中管理难题

以虞城县人民医院为例，一是随着新院区的启用和健康扶贫工作的开展，住院病人由 2015 年的每天 500 人左右增加到 2017 年的每天将近 1000 人，医疗工作量翻了一番。二是开展覆盖全县的大型义诊活动。在全县范围内开展了“千医进千村服务万家”“服务百姓健康行动”等形式多样、专业涵盖全面的大型义诊活动。这些活动不但助推实现了贫困县全民健康体检的梦想，还帮助各村的“留守儿童”“病残孤寡”等享受到医疗诊查服务，体会到中国特色社会主义进入新时代的幸福。三是开展一对一医疗专家帮扶。充分利用医院的部门优势，为所帮扶的贫困村提供“一对一医疗帮扶”，对蔡庄村 36 户 67 名、刘集村 60 户 76 人“因病致贫”的贫困患者提供帮扶，医疗专家每月“三五”工作日到贫困户家中进行走访诊疗，建立健康档案，平时根据病情需要“一对一”对贫困户进行电话随访。贫困户到医院就诊时，免收挂号费、优先诊疗，免费乘坐通勤车，贫困户住院凭卡先诊疗后付费，由所在科室人员帮助办理住院、出院手续，需要会诊时凭卡由医务科组织有关专家会诊等。四是虞城县人民医院医共体启动。根据国家

县级公立医院改革的有关政策的要求，正式启动以村卫生室为基础，乡镇卫生院为纽带，县脱贫攻坚五大战区为支柱，县人民医院为龙头的虞城县人民医院医共体。先后选派专家及医务骨干人员 336 人赴全县 28 个乡镇分院 146 个贫困村分院门诊部开展医疗诊治服务工作，工作开展半年来，实现了双向转诊，县医院下转患者 80 余人次，从乡村上转至县医院患者 900 余人次。156 名医生与 423 户因病致贫的贫困户结成帮扶对子，医务人员每月在基层服务 4 个工作日以上，在基层医院和村卫生室累计诊疗服务 20000 余人次。使患者不出村、不出乡就能享受较好的医疗服务，免去了患者的来回奔波之苦，另一方面由于患者在基层就医，城乡居民医疗保险补偿比例更高，减轻了患者经济负担。同时派出专家组到乡镇分院进行技术指导和业务培训，推动医共体整体服务能力提升。

在当前形势下，落实健康扶贫的主体单位县医院凸显人才不足。尽管在人才引进、培养和建设过程中，基层医疗卫生机构都采取了不同程度的倾斜措施，但是基层医疗机构仍然存在人才引进难、留住难的问题。一方面，各级医疗机构迅速扩张、发展，医疗人才不够用；另一方面，基层医疗机构条件、待遇较差，很多医疗人才不愿意到基层去。要进一步加强县级医疗机构卫生技术人员队伍能力的建设，制订长远的人才培养规划，培养适宜人才，留住合格人才，使更多的贫困户能够在基层医院解决看病问题。

针对人才不足问题，虞城县人民医院结合健康扶贫政策，一是利用与商丘市第一人民医院建立的长期稳定对口支援关系，申请向县医院派驻管理团队和专家团队，重点提升县医院医疗服务能力和水平。二是利用我省实施“369 基层卫生人才工程”，实施特招医学院校毕业生计划、特岗全科医生招聘计划、订单定向医学生培养计划，破解贫困县基层医疗卫生机构人才短缺问题。如商丘市 2016 年共为县乡两级基层医疗机构特招医学院校毕业生 656 人，占全省招聘计划的五分之一；2017 年计划特招医学院校毕业生 1609 人。三是利用加大对口帮扶和远程医疗力度，充分发挥医联体三级医院资源优势，广泛开展“名医下乡”“千医连千村健康教育进万家”等活动，联合上级医院派出医疗队为农村贫困人口提供分类救治、集中诊疗服务。四是积极促进远程医疗诊治向贫困县延伸，在二级以上医院组建重大疾病临床诊疗专家组，对定点救治医疗机构提供技术支持和指导，初步实现了“小病不出乡、大病不出县”的目标，贫困患者县域内就诊率达83%。

目前我国的脱贫攻坚已进入攻坚克难的瓶颈期，健康扶贫的任务尤其艰巨，困难重重，为更加顺利地推进健康扶贫工程，除了依靠强制性的行政力量之外，也要引导和动员社会力量共同参与，充分调动社会力量，汇集来自多方的人力、物力和财力，为健康扶贫工作提供多元化的支持，保证健康扶贫工程任务落到实处。更广泛的社会参与一方面可以增加健康扶贫的形式，结合当地自身的实际情况切实调整其健康扶贫的战略，做到“一户一策”，真正扶到点上、扶到根上；另一方面，可以更多地体现人文关怀，社会力量的参与，不仅可以提供物质或资金等方面的援助，也可以提供精神方面的支撑，帮助贫困群体增强战胜疾病、战胜贫困的信心，通过精神力量建设的方式，增强其精神方面的内生动力。

（三）牢牢把握健康扶贫工作带来的发展机遇

当前，人民群众的健康需求日益呈现多层次、多样化、家庭式、个性化特征，健康发展的核心矛盾依然是健康服务供给尚不能满足十几亿人民的巨大需求。推进健康扶贫工作需要对贫困人口更多元、更广泛、更迫切的健康需求的强有力回应。其中包括对地方病、标准化慢性病、大病救助等需求的回应。国家将进一步完善相关的医疗制度，提供更具适应性、更契合贫困人口习惯、更有效的医疗服务，实现大病保险等全覆盖，让更多患者减轻负担，享受到更好的服务。

比如，县级综合医院要抓住政府扶持机遇，将医养结合纳入医院建设规划，以更好体现对贫困人口健康需求的回应。同时，推进分级诊疗制度建设和推进医疗联合体建设，也可为县级医院带来前所未有的发展机遇，抓住优质医疗资源下沉，做大做强学科建设，在实现“大病不出县”的同时也完成了县医院综合服务能力的全面快速提升。

长期以来，在农村存在一种“重治疗、轻预防”的现象，农民缺乏防病意识，对一些基本保健知识不了解，小病基本靠拖，等到病发时，已经比较严重，既花费了很多费用，也不一定能够治好病，导致因病致贫、因病返贫等问题的出现。

因此，为了避免“轻预防”的现象，需要通过健康教育等多种途径对其进行干预。医院不定期组织专家团到贫困偏远地区开展巡回义诊、免费体检、健康教育、送医送药等活动；对贫困人口提供免费的基本公共卫生服务，普及基本卫生知识，加强医疗卫生宣传，免费实施重大疾病的干预；建立贫困人口与基层医疗机构签约的健康服务机构，由基层医疗机构、人员为贫困人口提供健康咨询，同时可结合国家巡回医疗队、“三下乡”、区域医疗协同等项目，针对该贫困地区的疾病谱特点，开展地方病、慢性病筛查；建立群众健康档案，通过“互联网+”等平台，对群众开展健康宣教等，以上健康扶贫措施的实施，也为县医院建立了稳定的忠诚的病源群，从根本上解决了以往部分县医院病源不足的问题。

健康扶贫是一项系统工程，涉及多部门，利益主体多元化，任何部门任务的落实和工作的推进都关系到整个扶贫效果，必须坚持全面统筹、综合推进，通过进一步理顺政府、医疗机构、患者三方关系，建立有效的治理结构和运行机制，实现政府、医疗机构和患者的责任落实和利益协调，能够进一步推进实施健康扶贫工程，保障贫困人口享有基本医疗卫生服务。

参考文献

（1）中共中央 国务院印发《“健康中国 2030”规划纲要》（2016 年 10 月 25 日）

（2）《国务院办公厅关于印发全国医疗卫生服务体系规划纲要（2015—2020 年）的通知》（国办发〔2015〕14 号）

（3）《“健康中原 2030”规划纲要》（2017 年 2 月 26 日）

（4）《河南省人民政府办公厅关于印发河南省“十三五”卫生与健康事业发展规划的通知》（豫政办〔2017〕10 号）

（5）《中共中央国务院关于打赢脱贫攻坚战的决定》（中发〔2015〕34 号）

（6）15 部委联合印发《关于实施健康扶贫工程的指导意见》（国卫财务发〔2016〕26 号）

（7）《国务院办公厅关于推进分级诊疗制度建设的指导意见》（国办发〔

2015〕70号）

（8）《国务院办公厅关于推进医疗联合体建设和发展的指导意见》（国办发〔2017〕32号）

（9）《我省推进医疗联合体建设和发展实施方案（试行）》（豫卫医〔2017〕27号）

创新提高质量　发展巩固品牌

山东省单县东大医院院长　蔡彦敏

摘要：在医院面临生存与发展、改革与创新的新形势下，学科发展是医院发展的根本，学科管理水平直接反映了医院的医疗技术、经营管理水平和市场竞争能力，直接影响着医院的社会形象和经济效益，决定着医院的后备人才培养，甚至决定着医院的生存与发展。学科带头人是科室发展的核心人物，他们在科室中的地位和作用决定他们必须要具备优秀的基本素质、较高的学术水平、卓越的领导能力。选准学科带头人，可以振兴一个学科。一个好的学科，在人才结构上除有高水平的学科带头人来带领外，还要有中青年技术骨干作为中流砥柱。事业上的成功是医务人员最高层次的需求，事业成功除个人主观因素外，还依赖于良好的成才环境和条件。医院要留住人、吸引人，必须积极创造条件，为科技人员施展才华提供各种舞台。要依托优质资源，为科学发展搭建技术共享平台。要有丰富的医院文化做底蕴，潜移默化地影响人、教育人、塑造人和改造人。综上所述，在医疗市场全面深化改革的进程中，加强学科建设与管理，充分调动广大员工的工作积极性、创造性，增强科室正能量，是推动医院快速、持续、健康发展的不竭动力。

在医院面临生存与发展、改革与创新的新形势下，学科发展是医院发展的根本，学科管理水平，直接反映了医院的医疗技术、经营管理水平和市场竞争能力，直接影响着医院的社会形象和经济效益，决定着医院的后备人才培养，甚至决定着医院的生存与发展。学科建设是医院核心竞争力的具体体现，结合东大医院学科建设情况，浅谈一下如何做好医院学科建设与管理。

一、学科带头人是科室建设与发展的核心

学科带头人是科室发展的核心人物，我院现有学科带头人30余人，全部为高级职称。他们在科室中的地位和作用决定了他们必须要具备三种素质。一是优秀的基本素质，作为科室的带头人，要具备强烈的事业心和使命感，自强不息、顽强进取、坚持原则、大胆管理、善于协调干部和职工之间的关系。二是较高的学术水平，学科带头人必须胜任科室的业务领导工作，具有丰富的专业技能和工作经验，在当地本学科中出类拔萃。三是卓越的领导能力，对管辖的人员、设备、物资等做到科学管理，合理使用，能按照医院制定的工作目标和远景规划，引导科室人员制订好本科室的目标和计划，找准方向，做好学科建设与发展。

选准学科带头人，可以振兴一个学科。东大医院普外科学科带头人房巨波，作为主任医师、中华医学会菏泽分会普外科学会副主任委员、山医集团首席专家，有六项科研成果获市科技进步奖，是中国红十字会员之星、山东省劳动模范、菏泽市优秀共产党员、菏泽市专业技术拔尖人才，菏泽市十大名医、最美医生。在他的带领下，我院普外科开展的部分肝切除术、肝门胆管癌根治术等均达国内先进水平，开展的双镜联合胆总管切除取石术、腹腔镜下疝修补术均处于我市领先地位，已成为鲁西南地区腹腔镜微创外科的治疗中心和培训中心。在他的领导下，东大医院普外科被评定为菏泽市重点专科、菏泽市医疗质量示范科室。

二、内培外训是推动学科发展的不竭动力

一个好的学科，在人才结构上除有高水平的学科带头人来带领外，还要有中青年技术骨干作为中流砥柱。我院现有主治医师以上的中青年医师140余人。事业上的成功是医务人员最高层次的需求，事业成功除个人主观因素外，还依赖于良好的成才环境和条件。医院要留住人、吸引人，首先必须积极创造条件，为技术人员施展才华提供各种舞台。东大医院根据学科发展需要，正着力培养新一批具有较大影响力、理论基础扎实、临床经验丰富和学术造诣较高的学科带头人。

医院邀请省内外专家教授前来授课培训；通过直播视频学习方式为医院中层管理人员进行了长达半年的培训学习；选拔业务骨干到北京、上海等上级医院进修学习，开展学术交流。在每位进修人员学成归来后要进行进修汇报，分享学术成果，推进科室开展新项目、新工作。医院近期新开展的手术如：本县区首例腹腔镜腹股沟疝修补术（TAPP）；腹腔镜辅助下远端胃癌的D2根治术、结直肠癌根治术；皮瓣修复创面；单孔操作胸腔镜手术；胰岛素泵对围手术期、妊娠等合并糖尿病患者强化降糖治疗等新工作都是进修人员展示的所学技术。其次，要优化人际环境，实行公平竞争，努力促进中青年优秀人才脱颖而出。年轻员工是医院的未来，为确保医院事业发展后继有人，我院重视对新入职员工的教育和培养，专业技术培训常抓不懈。定期举行各种技能、素质培训、“三基”考试或业务操作考核，充分利用岗位练兵和技术比武，开展优质服务竞赛活动，比学赶帮超，让他们在实践中尽快增长才干，充实医院“人才库”建设。为激励先进，鞭策后进，使薪酬分配向关键岗位与优秀人才倾斜，合理拉开绩效工资的差距，真正体现按劳分配与兼顾公平的原则，切实把员工的职业素质、工作责任、技术能力、工作质量、服务水平、工作效率等方面的考核作为员工收入分配的重要参数。对专业骨干、技能骨干和管理骨干给予相应的待遇，鼓励他们不断创新，不断开展学术研究。2017年5月19日，东大医院与山东省千佛山医院启动医联体协作后，千医即委派专家到我院进行坐诊、会诊、查房、手术、讲学，开展技术帮扶。依托优质资源，为科学发展搭建共享平台。我院已先后选派优秀医护人员32人到千医进修、规培。经过一年多的合作，在千医的支援下，我院新开展了先天性心脏病介入封堵术等新技术，尤其是眼科和心胸外科专业，多次邀请千佛山医院专家前来指导，提高了我院的技术力量。同时，我院还与天坛医院神经内科、山东省耳鼻喉医院建立了专科联盟，成为联盟会员。为技术人员继续深造和接受再教育、再培训提供机会，以此来提高员工的工作积极性、主动性和工作效率。

针对发展滞后的科室，一是通过竞聘上岗，公开、公平、公正地把那些业务精通、技术过硬、善于管理、作风扎实、责任心强、群众拥护的业务骨干择优选配到学科带头人的队伍中来；二是借他山之石，外聘优秀的学科带头人；三是多措并举培养专科人员；四是依托优质资源与高层次医院建立协作关系；五是做好有发展潜力科室的宣传与推介，东大医院泌尿外科就是在集团协调下，通过外引专家后发展较好的科室之一。目前该科可独立开展经尿道腔镜手术，如前列腺电切术、前列腺剜除术、膀胱肿瘤电切、输尿管镜气压弹道碎石术，已经完成了从尿道到肾脏的管腔内腔镜技术，并已常规开展，得到了社会认可，成为“知名品牌”，开展的经皮肾镜技术及腹腔镜技术在菏泽市处于领先地位。

目前，东大医院现已创建2个市级重点专科、2个市级医疗质量示范科室及14个优质护理服务示范病房。

三、建章立制，为学科管理夯实基础

科室是医院各项规章制度、工作流程、具体工作落实的终端，学科建设重在打基础。东大医院以规章制度、岗位职责、诊疗规范、操作常规等规范员工医疗服务行为，并纳入科务会学习内容，加强了对员工的言行教育和引导。在医疗服务过程中，要求每一位医护人员认真执行医疗、护理核心制度、疾病诊治原则和医疗护理技术操作规范，以高度的责任感对待每一位病员，不断为群众提供安全、有效、价廉、便捷的医疗服务。与此同时，针对群众在看病过程中反映的一些突出问题，落实便民利民惠民措施，不断改进工作，让患者得到更多、更好和效用更大的医疗服务，赢得群众认可和满意。让患者从内心感受东大医院是一所有温度的医院，在这里就医感觉温馨舒适，赢得广大患者的普遍好评，医院的综合满意度也由原来的90%上升到95%。

四、文化引领，为团队建设凝神聚力

医院文化具有潜移默化地影响人、教育人、塑造人和改造人的作用，丰富多彩的文化活动能够有效陶冶员工情操、营造先进文化氛围、激发员工的劳动热情和创造活力、提升员工精神文化素质。东大医院始终坚持“让百姓看得起病、让百姓放心看病”的办院宗旨，按照山医集团制定的“区域医疗航母、国内先进的现代化品牌医院和综合医疗保健中心”的战略目标；围绕“创名院、建名科、树名医”的中心工作，不断提高医疗质量，树立医院信誉，打造医院品牌。一是广泛开展员工文化活动，“我的科室我的家，我的岗位我负责”，将诚信服务的理念贯穿到医疗服务的全过程，以良好的形象赢得人民群众的认可，吸引患者，进而拓展医疗市场。二是以科室为单位组织员工开展健康向上的文化、体育活动，在院庆之际，组织开展丰富多彩的院庆文化月活动，举办歌咏比赛、拔河比赛、篮球友谊联赛等活动，在“5·12”国际护士节文艺汇演，展示员工的特长，激发员工的活力，活跃员工的身心。三是培养员工的荣誉感和团队合作精神，增加员工的竞争意识和拼搏向上的自信心，加强领导与员工、员工与员工之间的交流与沟通，院领导在员工生日当天送去鲜花和祝福，使人与人之间的关系更加融洽。举办“重温入党誓词”宣誓仪式，带领党员参观红色革命基地，接受党的教育、重温党的使命，弘扬主旋律，传递正能量。组织员工外出旅游，博览祖国壮美山河，陶冶员工情操，缓解员工工作压力，促进心理健康，全身心投入工作，努力为病人提供满意的服务。

医院鼓励各科室积极参与社会公益活动，深入基层为贫困群众免费送医送药、送健康、送温暖，树立口碑。医院先后获得“中国优秀红十字会医疗机构”“全国诚信示范医院”“山东省消费者满意单位”“菏泽市巾帼建功先进集体”“菏泽市救护培训工作先进单位”等荣誉称号。

山医集团单县东大医院经过14年的励精图治，建筑面积由最初的1.2万平方米增至5万平方米，正在建设的门诊内科病房综合楼建筑面积4.7万平方米，大楼建成后医院总建筑面积将近10万平方米，总占地面积达220亩；床位由最初的100张增至600张；专业技术人员由98名增至620名，总资产达2.3亿元；年门诊量26.3万人次，年出院病人2.4万人次，年手术近9000例。被评定为全国爱婴医院，菏泽市120急救站，单县城镇职工、城乡居民基本医疗保险定点医院，泰医、济医、菏泽医专、菏泽家政学院等多所院校教学实习基地。

综上所述，在医疗市场全面深化改革的进程中，加强学科建设与管理，充分调动广大员工的工作积极性、创造性，增强科室正能量，是推动医院快速、持续、健康发展的不竭动力。

改革执业医师准入制度
破解医疗卫生体制难题

陕西省延川县卫生健康局

医药卫生体制改革10年来，全国上下出台了多项政策，取得了可喜的成绩，各地涌现出多种典型的医疗服务模式值得学习，老百姓得到很大实惠，但也存在一些不可回避的问题。医改的目的是解决看病难、看病贵的问题，百姓需要的是能查清病治好病的好大夫，并不关心其是否具有执业医师资质。当前医疗卫生行业的主要矛盾是广大人民群众对身体健康日益增强的需求和医疗发展不充分不均衡的矛盾。解决这对矛盾，首先需要的是有足够的医师做保障，但目前全国县、乡、村普遍存在短缺医疗技术人才，执业医师短缺尤为突出，其原因值得我们深思。通过多年基层医疗卫生工作的管理经验和对周边县区医疗卫生存在突出问题的调研，认为应尽快改革执业医师准入制度，完善现行医疗卫生法律法规、取消乡村医生执业证、建立刚性的师带徒制度，建设独立的医疗信息系统，着力注重提升县级综合医院医疗服务水平等措施才能有效解决当前基层医疗卫生存在的问题。

一、主要问题分析

当前执业医师考试通过率太低，是导致医师短缺的主要原因。如果说教育改革问题突出，那么医学教育尤为突出，其他非医学类学生绝大多数在校期间就可以获得相应从业资格证书，比如教育类学生大多毕业时就已经获得教师资格，而且准入条件低，如《中小学教师资格考试暂行办法》第六条规定符合以下基本条件的人员，可以报名参加教师资格考试：（1）具有中华人民共和国国籍；（2）

遵守宪法和法律，热爱教育事业，具备良好的思想品德；（3）符合申请认定教师资格的体检标准；（4）符合《教师法》规定的学历要求。普通师范类高等学校在校三年级以上学生，可凭学校出具的在籍学习证明报考，而且非师范类学生都能轻易获得教师资格证。而我们临床医学5年制本科毕业生需要试用期满一年后才可以参加执业医师考试。如《中华人民共和国执业医师法》第九条规定具有下列条件之一的，可以参加执业医师资格考试：（1）具有高等学校医学专业本科以上学历，在执业医师指导下，在医疗、预防、保健机构中试用期满一年的；（2）取得执业助理医师执业证书后，具有高等学校医学专科学历，在医疗、预防、保健机构中工作满二年的；具有中等专业学校医学专业学历，在医疗、预防、保健机构中工作满五年的。所以要取得执业医师资格至少需要7 ~ 8年时间。青春年华短暂，时不待人，毕业生面临生存和成家的抉择，在当今就业竞争激烈的社会大环境下，造成一大批专科及以下医学类毕业生因无法考取执业医师证被迫放弃本专业，改行从事其他容易就业的行业，白白浪费了国家医学教育资源。同时，因医师执业资格考试要求高，通过率低，出现大量的第三方医考培训机构，既让一部分考生因培训费过高无法承受望而止步，又让社会对医学类院校的教学质量提出了质疑。综上所述，医学教育学制长、资格考试报考条件高、通过率低是制约医师短缺的主要问题。现行乡村医生执业证缺乏合理性与合法性。乡村医生是在特殊年代医疗人员极其短缺的背景下采取的一种应急办法。如老乡村医生是由“赤脚医生”“接生员”等转化过来的；新乡村医生是由不具备医师资格的医学类学生组成。如《乡村医生从业管理条例》第二条“本条例适用尚未取得执业医师资格或者执业助理医师资格，经注册在村医疗卫生机构从事预防、保健和一般医疗服务的乡村医生”，这些乡村医生通过短期培训即可上岗工作，既达不到执业医师水平，又赋予和执业医师同等执业权利为农村居民服务，乡村医生身份定位模糊，处于半医半农状态，任务重、待遇低、补助少，国家制定相关条例、办法对乡村医生的工作进一步细化管理，地方政府要求天天驻村。为维持生计问题，部分乡村医生不得不辞职，村医队伍的稳定得不到保障。这支队伍的身份、待遇、作用决定了其缺乏合理性与合法性。老百姓的健康需求日益提高，需要更好的能看好病、治病好的大夫，而乡村医生无法满足目前老百姓医疗需求，故宁缺毋滥，急需取消乡村医生，配备执业医师为农村居民服务。

二、建议

（一）改革执业医师准入制度，破解基层短缺医师的问题

现行医疗卫生法律法规与实际医疗卫生工作需求不相适应，急需修订完善。一是取消全国统一考试制度。将执业医师考试权限下放至市级和医学类院校包括大中专具有医学专科院校，根据各地实际情况，每年至少举行 2 次医师资格考试。二是实行统一执业准入制。加强医学教育管理，提高在校医学类学生素质，全面提升教育质量，实行理论与临床相结合，培养合格优秀医学人才，使医学类专业学生也就是说无论护理、检验、药学、临床等医学类专业学生都应当能参加执业医师考试，而且必须获得执业医师证后方可上岗。应借鉴教师资格考试办法，允许医学院校在校生参加医师资格考试，考试通过率应按照本科 90% 以上，大专 80% 以上，中专 60% 以上的原则予以划定。三是设立执业医生专业培训机构。在各市级设立执业医师培训机构，制定理论与实际培训规则，定期对执业医师进行培训，强化业务交流，全面提升执业医师医疗服务水平。

（二）改革现有职称评审方式，结合实际工作能力评定

一是取消理论考试评定医学职称制，评定应以理论与实际工作能力相结合，重点以工作实绩参数作为评定依据，按照初中高级职称进行评定。二是所有获取执业医师证书人员可根据其专业特长，发展方向，进行分类评定，然后根据职称高低决定其诊治疾病难易程度权限，也就是说初级看常见病、中级看大病、高级看疑难杂症。

（三）建立“特岗全科医生”制，取消乡村医生执业证

实行镇村医疗一体化管理，取消乡村医生，建立“特岗全科医生”制度。按照村卫生室数及服务人口，千人以上村配备 2 人，千人以下村至少配备 1 人的标准，为村卫生室招聘具备执业医师资格证书的医务人员，纳入事业编制，对乡村医生进行全科医师培训，合格后登记注册为特岗全科医生，由乡镇卫生院统一管

理，派驻村卫生室开展工作，解决基层医师短缺问题，促进城乡医疗均衡发展。

（四）建立刚性师带徒制度，做好医术传承工作

享受特殊待遇专家主要任务为师带徒，确保新时期医疗工作接力棒代代相传。对聘用的享受特殊待遇专家必须制定刚性师带徒任务，每人每年至少培养 5 名徒弟，要坚决消除“教会徒弟，饿死师傅”的本位思想，要毫无保留地传授专业知识及工作经验，最终以教会徒弟为主，否则取消其特殊待遇乃至降低职称。

（五）自主研发医疗服务软件，完善独立的医疗信息系统

目前使用的医疗信息系统主要依靠第三方公司进行研发、建设维护，每年维护费用高，不及时缴维护费就不能使用，关键时刻“掉链子”。建议坚决取消医疗信息系统靠第三方研发和维护，杜绝本系统管理乱象，由国家卫健委主导建立全国独立而统一的医疗信息系统，组建独立的研发团队、维护团队，绝不允许由第三方控制，出现“卡脖子”现象。

（六）改革医保支付制度，实行现金或金融卡结算制度

目前医保支付采用虚拟卡结算方式，需要先由医院垫付医药治疗费，这种不合理的医保结算方式，加大了医院的资金周转压力，导致医院拖欠配送企业药品款，影响药品及时供应，最终影响医院正常运营。应采取现金或金融卡结算，坚决取消虚拟卡结算模式。

（七）医改必须遵循五项原则，维护医疗单位合法利益

一是充分尊重执业医师看病权利，以防病控病看好病为原则，因人因病对症下药，进一步扩大甲类乙类药品使用范围，解除同病种患者用药“公式化”的束缚，充分发挥医师医术医治技能；二是遵循国家医保政策为原则，所有城乡居民享受同等报销比例，不得擅自给部分群体提高报销比例，确需提高报销比例的必须在医保资金以外统筹解决；三是以注重提升县级综合医院服务能力为原则，提升县级综合医院服务能力是医疗改革重中之重的工作，是实现分级诊疗的重要抓手，也是实现大病不出县的关键所在；四是以“两个允许”为原则，允许医疗卫生机构突破现行事业单位工资调控水平，允许医疗服务收入扣除成本并按规定提取各项基金后主要用于人员奖励，提高医务人员待遇；五是以严格控制医药费过快增长，做到合理检查，合理治疗，合理用药为原则。

以上对提出问题的原因和解决问题的建议是在基层工作多年体验的积累，或许有多方面不成熟的意见和建议，望各级医管者和上级部门研判。在我国医疗卫生事业的改革发展过程中，难免出现这样或那样的问题，“三项机制”中容许我们在探索发展中出现错误，我们应该坚持为人民服务的原则，坚持实事求是的原则，敢于自我剖析制约工作中的若干规定，敢于破解改革中出现的难题，勇做一名新时代新担当新作为的实践者。

健康扶贫暖人心　大医精诚惠民生

——淮阳县人民医院健康扶贫工作纪实

河南省淮阳县人民医院

为助力淮阳县脱贫攻坚工作，将优质医疗资源和服务送到贫困户家中，进一步提高农村贫困人口医疗保障水平，提高防病治病意识，减少因病致贫、因病返贫，确保医疗扶贫、健康扶贫工作取得成效。近年来，淮阳县人民医院利用自身优势，派遣医院专家，深入乡、镇、村，送温暖关怀，送政策宣传，为贫困群众免费送医送药。一系列量身定制的医疗扶贫方案，靶向精准地疗愈着贫病群众的身心疾患，在实实在在地帮助基层贫困家庭解决就医问题的过程中，帮助他们树立脱贫信心。

健康义诊显大爱

2018 年以来，医院在黄集乡后家村、安岭镇程小庙村、朱集乡大郭营村、葛店乡大王村、新站镇曾楼村、新站镇雷草楼村、冯塘乡汲公集村开展大型义诊活动 10 余次，累计为群众提供诊疗、接受群众咨询 3000 人次，免费心电图、彩超检查 1500 人次，免费发放宣传资料 3000 份，免费发放对症药品价值 40000 余元。

义诊活动的开展，为基层村民提供了专业的医疗服务，不仅普及了健康知识，增强了困难群众防病治病意识，提高了贫困地区医疗健康水平，更是将精准扶贫工作落到实处，落到行动中，落到百姓的心坎里。

温馨关怀暖民心

医院组建了 18 支医疗队（全县全覆盖），每个医疗队均有十多位医疗专家组成，涵盖内外妇儿、耳鼻喉等专业，每月都下乡义诊，走访群众，送医上门，真正服务群众，做人民群众健康的“守门人”。医疗队与乡卫生院对接，有问题及时联系，专家队及时给予业务指导。凡建卡立档农村贫困患者，在享受县优惠政策基础上，医院又减免200元起付线，门诊各项检查费用减少40%，贫困患者来院就诊，均免除挂号费，门诊其他相关自费费用（包括特殊检查费、辅助检查费、辅助治疗费、门诊观察费、专员护送费等）减免40%，至2018年9月底，健康扶贫患者及九大疾病患者门诊量2437人次，优惠金额24万余元，让来院的农村贫困人群能够真正地缓解经济压力，解决他们看病贵的问题。

医院还在门诊大厅设立了便民服务台，为群众提供针线盒、老花镜、饮水机、休息椅、轮椅、平推车、雨伞、打气筒，免费为群众量血压、测体重，遇到不识字的患者，又开展了全程陪诊项目，一系列的工作受到了广大患者的好评。同时，医院还开通了绿色通道，各个窗口全部实行贫困人员优先，每个病区均设有爱心病房，为贫困人员提供免费牙膏牙刷、便盆等一些基本日常用品。

倾力解困惠民生

为了让因病致贫的群众早日树立生活信心，医院采取了得力措施，凡帮扶村村民来院住院，农合报补后剩余部分，医院再减免50%。仅2018年就为帮扶村的住院患者减免25万余元。这一举措对因病致贫的村民无疑是雪中送炭，真正地将健康扶贫和精准扶贫落到实处，为贫困户办实事，解难事，缓解了村民看病难看病贵的问题，减轻了他们的经济负担，受到了群众一致好评。

得力措施解民忧

2013年7月1日淮阳县人民医院率先在周口市开展“先看病，后付费”诊疗模式，开展以来，医院统筹垫付资金2.85亿元，极大减轻了患者的垫资压力和经济负担，患者出院时又享受基本医疗保险、大病保险、医疗救助等“一站式”信息交换和即时结算，解决了患者看病难的问题。此外，医院还把九大疾病纳入大病专项救治范围的病种，实行单病种付费管理。健康扶贫患者平均报补率

87.32%，九大疾病患者平均报补率 100%，切实减轻了患者的经济负担。

医疗帮扶援基层

为提升全县乡镇卫生院技术水平和综合服务能力，加强卫生人才队伍建设，满足村民就近就医服务需求，淮阳县人民医院分别对城关镇、四通镇、郑集乡、曹河乡、王店乡、黄集乡等 6 个乡镇卫生院实施“等额对调”式支援帮扶。接收 9 名乡镇卫生院卫生技术人员到县医院进修学习，安排 9 名业务骨干下沉到乡镇卫生院执业带教，以提高乡镇卫生院对常见病、多发病的诊疗技术水平，提升贫困群众对基层医疗服务的信任度和获得感。

建立了县乡村一体化医共体签约服务模式，针对因病致贫贫困户的需求导向签约，脑卒中、高血压等大病、慢病的预防、治疗及康复签约，双向转诊签约，开展送服务上门，安排医院骨干医师到乡镇卫生院驻点工作。

此外，医院还着力对基层专科进行帮扶和人才培养，减免乡镇医生进修费用，为重点贫困村免费培训一名乡村医生。发挥“淮阳县医疗联合体”作用，为乡镇医联体成员单位免费安装远程心电会诊系统，实施远程医疗项目，使贫困患者足不出县就能享受到省、市级医疗专家的诊治。

扬创新之帆 铸品牌管理
促快速发展 构和谐医院

——记德兴市人民医院院长、外科主任医师王德进先进事迹

江西省德兴市人民医院 张炳和

王德进，江西德兴人，大学本科、学士学位，中共党员、外科主任医师，德兴市人民医院院长。现为上饶市外科专业技术骨干及学科带头人，上饶市医学会外科专业委员会委员、德兴市医学会副会长、德兴市科学技术协会第一次委员会委员、中国中西医结合学会灾害医学专业委员会“灾害创伤救治专家委员会”全国专家组常委。作为一名医务工作者，他从医二十余载，牢记“大医精诚”古训，秉承杏林遗风，对医技精益求精，对事业满腔热情，对患者和蔼可亲。作为一名共产党员，他二十余年如一日，牢记党的全心全意为人民服务的宗旨，严于律己，勤于奉献，廉洁行医，时刻发挥党员先锋模范作用。作为一名管理者，他将全部的身心扑在岗位上，一门心思干工作，用自己的一言一行带动着身边的每一个人。

一、爱岗敬业痴奉献，以院为家情系病患

多年来，王德进始终把救死扶伤、实行革命的人道主义作为自己永恒的追求，将自己的全部奉献给了医院、奉献给了患者。

一年365天，他每天工作时间少则八九个小时，多则十几个小时，几乎全天都在和医院、病人打交道。不管是下夜班，还是公休日，不管是狂风暴雨，还是漆黑冬夜，无论什么时间，一旦医院有紧急事情，一旦有病人出现危急情况，他总是以最快的时间赶到现场组织开展工作。早来晚走对于他是最普通不过的

事情了。

2003年，“非典”肆虐。作为一名医务工作者，更作为一名共产党员，他不顾自身安危，舍小家，为大家，始终坚持战斗在第一线，全身心地投入“抗击非典”工作中。两个多月的时间，他吃住在医院。被子脏了，来不及洗；衣服脏了，来不及换。哪里出现险情，他总是第一个赶到现场。面对家人，他只能用电话问候一声，安慰几句。2004年4月他任院长，为了尽快了解医院情况、熟悉工作、进入角色，他白天深入各科室了解情况，晚上坐在办公室翻阅文件、查看资料，在上任三个月时间里，实行了医院人事制度改革，推行中层领导岗位竞聘制度，建立健全了《医院工作制度与岗位职责》，使医院在短暂的时间进入快速发展的轨道。他正是因为有这样一种责任感，这样一种精神，受到全院职工的广泛赞扬，也得到上级领导的充分肯定。

二、带着感情进病房，想着农民开处方

他深知，病人的需要就是无声的召唤，竭尽所能奉献自己的一切就是一名医护人员最基本的职业道德和操守，也是作为一名共产党员最基本的要求。也正是这种“急病人之所急，想病人之所想”的工作精神，使他对待患者如亲人更似亲人。在解决群众“看病难、看病贵”的问题时，他提出“带着感情进病房，想着农民开处方”的服务理念，开展“零距离沟通”“亲情化服务”的人性化服务。

在临床工作中，他总是习惯站在患者的角度想问题。在医院开会时他经常说：“对于我们医务人员，面对患者也就是面对弱者，要进行换位思考，将患者对我们的信任转化为一种动力，要以关怀式语言接触病人，人性化服务渗透医疗，尤其面对的大多数是不大富裕的农村患者，我们更要一视同仁，全心全意地为患者服务。”在这种理念的支持下，他把医患沟通当作临床一线的重点工作来抓，为医务人员订阅书籍，采取走出去、请进来的方式邀请专家来院讲课，组织职工c观看沟通方面的录像片，全面提高了医护人员的沟通能力。他自己也积极与患者沟通，用尽可能通俗的语言向患者叙述病情，制定出经济可行的诊疗方案，得到了广大患者的一致好评和赞扬。

三、无私奉献廉为本，以身作则练精兵

“作为一名医生，不但要有精湛的医术，更要有医者德为先的高尚情操”，这是王德进一贯的宗旨。为了提高自身修养，他认真学习“医务人员职业道德规范”和卫计委“医务人员九不准”。并从古代中医名家为医做人之道中吸取精神营养，把中医前辈精诚做人、悬壶济世的精髓与当代医务工作者的职业道德规范结合在一起，广纳古今中外优质临床服务理念，廉洁自律，筑牢道德防线。在工作中，严把廉洁关，努力做到洁身自好，一尘不染。要求别人做到的，自己首先做到，要求别人不做的自己坚决不做。并坚持与患者换位思考，面对利益的诱惑，从不动心。多年来，他在抓好医院管理的同时一直从事普外、胸外、泌外科临床研究工作，为了更好地为更多的患者解决病痛，他博览古今专业名著，结合临床经验，悉心求索，使自己在心胸外科、腹部外科及泌尿外科疑难杂症的诊治，临床危重病及复杂创伤的救治方面取得了丰富的临床经验。先后主持开展的“经左胸食管癌切除、颈部食管胃吻合术”“胸腹联合切口行全胃切除扩大根治术”“全胃切除、佐藤法消化道重建”高难度手术均填补本市空白，达省内先进水平。完成的“保留幽门的胰十二指切除术”则为省内首先开展，达国内先进水平。在中华医学会学术会议上宣读论文近20篇，在省级以上及国家级刊物上发表专业论文20余篇。主持完成的“保留幽门的胰十二指肠切除术的消化道重建”课题荣获2006年度德兴市科技进步一等奖；主持完成的“胸腹联合切口行全胃切除术相关临床应用分析”课题荣获2007年度上饶市科技进步二等奖；主持完成的“改良食管癌切除、管状胃代食管颈部吻合术的临床应用”课题荣获2008年度上饶市科技进步二等奖；主要参与的“多层螺旋CT后处理重建在肋软骨骨折诊断中的临床应用”课题荣获2012年度上饶市科技进步三等奖；主要参与的“肠镜下治疗急性阑尾炎的临床研究”课题荣获上饶市2014年度科技进步三等奖。

四、精细化管理，提升员工素养

为加强医院管理，提升员工的综合素养和医职员工的创新思维能力，强化医

院管理力度，大力推崇“厚德仁爱，精诚至善”的院训，牢记“以人为本、患者至上”的服务宗旨，坚持“科学严谨、务实进取、开拓创新、团结奉献”的医院精神，立足“以人为本、人文立院、环境塑院、质量建院、科技强院、以德兴院”的办院理念，坚持科学发展、坚持以人为本、坚持德技双馨。注重管理规范、注重学科建设、注重技术创新，进一步转变观念，内强素质，外树形象。积极参与医疗卫生体制改革，加大改革力度，实现思路创新、经营创新和管理创新，增强团队的竞争力和执行力。积极开展技术年、服务年活动，达到技术上档次、服务上水平，大力推进科技兴院，人才强院战略，使医院在学科建设、技术创新、绩效考核、文化建设、医疗服务、经营理念等方面取得了新突破。

五、不辱使命德兴人，劳模援疆献真情

2017 年 8 月 3 日，值江西省援疆 20 周年之际，王德进主动请缨，积极参加江西省总工会组织医疗战线的劳模奔赴新疆阿克陶县开展送健康义诊活动。8 天 7 夜的西域援疆路，行程共计 11000 千米，义诊途经祖国最西部的南疆喀什噶尔、克孜勒苏柯尔克孜州、阿克苏三个自治区，主要印迹在阿克陶县人民医院、阿合奇人民医院、塔什库尔干县和阿克陶县的布伦口乡卫生院等地。

8 天 7 夜的西域援疆，在大漠、雪山、戈壁、草原的地广人稀的西部义诊，虽然工作是辛苦点，但他感慨很深，他深感边疆人民不易，他们很热爱自己的家乡，热爱我们的祖国，每一个帐篷就是一个哨所，每一个牧民就是一个哨兵，他感慨万千，禁不住赋诗一首《赣疆情、援疆行》：风一程，雨一程，云雾辗转见真情；山一程，滩一程，泥泞之行有真情；戈壁行，沙漠行，盘山迂曲泥流行；赣人行，牧民情，赣疆情谊深厚情；专家行，沿路情，感谢省总携领情；劳模行，艰辛程，蕴含组织培养情；一路行，颠波行，风沙飞扬迎面行；健康行，平安行，振波摇幌触感情；援疆情，西域行，深感党的厚恩情；重此行，边陲情，饮水思源续前行！

六、精湛医术，高尚医德医风赢美誉

他先后获得多项荣誉。2003 年度被评为上饶市优秀共产党员荣誉称号；

2004年度荣获上饶市卫生系统先进工作者；2005年度获评上饶市十佳院长、2006年度德兴市科技工作先进个人。2006年作为上饶市党代表参加中国共产党上饶市第二次代表大会，德兴市首届“十佳杰出人才”及“德兴市百名优秀专业技术人员”；2009年作为全省县级医院唯一及上饶地区唯一一名入选者被列为“江西省卫生系统学术和技术带头人第四批培养对象”；2010年被评为享受上饶市政府特殊津贴人员；2011年被评为上饶市优秀共产党员，2011年10月作为省党代表参加中国共产党江西省第十三次代表大会；2012年入选上饶市“高级人才一卡通”人员，2014年5月荣获上饶市五一劳动奖章；2015年9月荣获“江西省先进工作者”；2016年9月荣获江西省第二届“江西省平安医院”创建工作嘉奖；2018年8月荣获上饶市“外科巧手”，2018年12月荣获上饶市饶城英才“领军人才”。

二十余载辛勤耕耘，二十余载无私奉献。王德进时刻牢记党的宗旨，以一名管理者的无私情怀，带领医院党政领导班子乘着和谐强劲的发展趋势，攻坚克难，勇往直前，坚持“医德并举、恩感并重”，致力于思想道德引导人，改善环境熏陶人，创建活动感召人，解决问题凝聚人，有效地促进全院干部职工思想道德和医院精神文明建设大幅度提升，打造富有特色的医院文化模式，“立足德兴、辐射周边、创建品牌”。他在平凡的岗位上带领医院迈出了不平凡的历程，为医院的创新管理、快速发展，构建和谐医院提供了坚强的组织保障。

营造文化力　提升竞争力

广西崇左市龙州县中医院　植　武

摘要：当前，医院发展的趋同性、同质性，使得医院管理者不得不寻找有别于传统的经验管理模式、新的医院管理理论，在经验管理和制度管理局限之外我们发现医院的重要软实力之一——医院文化管理，在医院的竞争中发挥着越来越重要的作用。

关键词：文化力　竞争力

党的十七届六中全会提出一个响亮的口号：文化兴国和文化强国战略，把国家和民族的文化建设提高到一个战略的高度来经营，以此来强化和提高国家的竞争力。不难理解，一个只有军事和经济强大的国家，很难成为有可持续发展的强国。国家与国家之间的竞争尚且如此，作为医疗行业的竞争何尝不是如此呢！学科建设的仿制、雷同，你方唱罢我登场，管理手段的单一与僵化，管理效率的无序与低下，使得许多医院管理者不得不把目光投向颇具竞争力的医院文化。

一、医院文化概念及主要内容

（一）医院文化的概念

文化在古代含有文治与教化之意，现代泛指人类社会历史发展过程中创造的全部物质财富与精神财富。

医院文化是在建设和发展过程中逐步形成的物质文明及精神文明的总和，是医院长期发展过程中集体创造的，并为职工所认同的群体意识及社会对医院的整体认知，是以形成最佳经营管理为目的，以人为本，以病人为中心、为主体，以对医院共同价值观的共识和医院为目的、目标为基础，以形成团队意识和精神为核心的崭新的现代医院管理理论，是医院管理过程中继经营管理、制度管理、文化管理的较高管理层次，被誉为“医院管理之魂”。

（二）医院文化的主要内容

医院文化是现代医院管理的产物，概而论之，主要包括以下几个方面内容：纵向方面主要包括物质层、制度层、意识层，横向方面主要包括人与自然、人与人、人与个人内心的关系。它们的不断发展与完善是医院文化成熟的标志。

物质层：主要包括医院环境优雅、布局台理、诊疗设备先进合理，医院建设园林化、宾馆化，人文医疗、生活设施配套等体现行业的特点。

制度层：建立与完善一整套涵盖医院行政、医疗、经济、后勤保障等方面的管理制度，实施标准化、规范化质量管理等，通过制度来规范人的行为。

意识层：建立一整套医院价值体系，如医院精神、医院发展目标、医院宗旨、医院理念、院徽、院歌、医院员工手册等。开展备种形式文体活动，培养集体主义及团队精神和整体意识等。

知天：人与自然、社会的关系。要求医院与社会和谐相处，服务社会，救济百姓，始终把群众利益放在首位，这样才能赢得群众的支持理解。同样，医院的职工应自觉履行自身的岗位职责，出色地完成好自己的工作任务，才会被医院所接纳。

知人：医院职工中人与人之间的关系。要求医院要营造相互尊重、相互理解、团结互助的大家庭氛围，上下之间、科室之间、医护之间、干群之间、党群之间关系和谐。

知己：员工自己与内心的关系。在员工适应社会，与同事和睦相处之后，更要加强对员工自身心态的管理，将个人的价值取向放在医院核心价值观念之下，在促成医院总目标完成的同时，自身的价值和理想也得到实现和提升，院荣我荣，院衰我耻，员工对医院有依赖感、归属感。乐岗乐业，爱院如家。

二、医院文化建设的作用

（1）具有导向作用：医院文化是以精神理念及价值观念为核心，通过文化的教化、熏陶和引导，使职工在潜移默化中接受医院文化价值观念，并转化为人的行为准则。将个人发展目标引导到医院发展这个群体目标来，“院荣我荣，院衰我耻”。

（2）具有凝聚作用：优良医院文化是医院取之不尽的精神动力，是职工对医院发展目标、行为准则、价值观念，在认同肯定的基础上产生自豪感、归属感，形成向心力、凝聚力，使整个医院形成一个以医院发展目标为中心的坚不可摧的整体。

（3）具有约束作用：医院文化是无形的行为准则，好比一个控制系统，通过舆论及信念的向心作用，对职工形成约束、规范的作用。

（4）具有激励作用：医院文化建设的加强使医院发展目标更加明确，在共同的文化观念的影响下，职工的上进心、责任感进一步增强，激发广大职工“比、学、赶、帮”学习工作积极性，能动性，形成一种“近朱者赤”的效果，起到激励作用。

三、我院医院文化管理的做法与体会

龙州县中医院成立于1985年，目前拥有职工196人，是国家“爱婴医院”和二级甲等中医院，我院是全县事业单位人事制度改革试点单位，新一届的领导班子励精图治，大胆改革，目前医院环境优雅，布局合理，功能比较齐全，社会效益、经济效益、病人满意度明显提升，职工相互团结，干劲足、人气旺，医院体现出比较好的发展态势。

1. 加强医院的基础设施建设。几年来，我们多次争取到自治区卫生厅和自治区发改委的支持和帮助，加上我们医院自筹部分建设资金，按照“三个一点”的模式，先后完成了医院门诊部改造、住院部的改扩建和医技楼以及门诊输液大棚的新建工程，在医院建设过程中，我们充分考虑到病人的心理生理的因素，在房间色彩、布局、功能等方面尽量人性化、宾馆化。目前我院住院部病区病房单元配置有24小时热水、空调、中心供氧、背景音乐、免费电话、全新的ABS床架、请护仪、输液杆，病床之间还悬挂布帘，尽量保护病人隐私。新建职工营养饭堂，至此整个医院的医疗、人文、生活设施基本配套。惠民、为民、便民措施有目共睹，极大地改善了医院的工作条件和病人的就诊条件，在当地得到社会群众的普遍赞扬。

2. 积极筹措资金完成医疗设备的更新改造。我们想方设法筹措资金先后完成了CT、CR全自动生化仪、奥林巴斯胃肠镜、飞利浦彩超、五分类的血球仪以及心电监护设备和手术室设备。同时我们还与广西中医学院第一附属医院、第二附属瑞康医院结成技术协作医院，请他们不定期地派出专家教授来我院进行学术讲座、教学查房和手术指导，在技术上起到传、帮、带作用，提升了医院的诊疗技术水平和医院管理水平，在社会上引起很大的反响。

3. 利用创建“中医二甲医院”和“爱婴医院”的契机，逐步建立和完善医院的各种规章制度，规章制度涵盖了行政管理、医疗护理、经济管理和后勤保障等方面的内容，成立医院经济管理、医疗质量管理、药品管理、病案管理等各种管理委员会共九个，完善了医务、护理、质量控制、人事管理、纠风办等管理组织网络。形成事事有人管，事事有人抓，横到边纵到底的责任网络，确保医院的各项工作都能在科学规范的轨道上发展。

4. 通过院歌、院徽的征集，广泛深入地开展医院宗旨、医院院训、医院精神等医院核心文化的教育与宣传，要求广大职工深刻理解中医核心文化的“仁”“和”“精”“诚”的深刻内涵。我们公开向社会征集院歌院徽，从征集的163首院歌和43个院徽中，由干部职工评选出5首歌词和3个院徽，再由院领导和有关专家评选出最佳的歌词和院徽，将确定的院徽印制在职工的工作服、各种导医牌、文化宣传栏、门诊药袋，通过这样的一个评选活动，充分调动了广大干部职工学习院史、院情和中医学相关知识的积极性，使他们学中医、用中医、热爱中医，提升了职工的职业信心和职业荣誉感，增强了他们的向心力和凝聚力。

5. 开展各种形式的文化体育活动。每年都举办一次职工运动会和迎春游园晚会，与当地的军警结成警民共建单位，积极派人参加县里的各种文化体育比赛，多层次、多渠道地培养他们相互团结、顽强拼搏的集体主义精神。再者，我们也举办各种形式的演讲比赛，进行年度优秀护士和医生的评选，也经常通过郊游、聚餐等方式加强职工之间的交流和理解。

6. 与时俱进地开展职工思想政治工作，充分发挥医院党、工、团组织的作用，在历次的学习实践“三个代表”创先争优等党员活动中，我们一贯坚持挖掘、发挥、激励共产党员的先进模范带头作用，结合岗位实际，开展党员主题日活动，在日常医疗服务中增强先锋意识，实践先锋要求，树立先锋形象，以改善服务态度，优化服务流程，提高服务质量。共青团作为党的有力助手，要时刻把握医院青年的思想脉搏，积极开展岗位练兵活动。与团县委联合开展青年文明号竞赛活动，比学习，比奉献，比服务。工会妇联也经常围绕医院“服务职工，服务病人”工作主旨，充分发挥工会、妇联在医院政治思想工作中的辐射作用，积极及时解决干部职工日常生活工作中的实际困难，努力做到思想上关心，生活上帮助，业务上支持。用感情留人，待遇留人，事业留人。

医院文化是软实力，医院文化是凝聚力，医院文化是向心力，医院文化是生产力。多年来，我们不断巩固医院文化的物资基础，完善了医院文化的制度建设网络，丰富了医院文化的内涵，活跃了医院文化的气氛。与此同时，我们还加大了医德医风教育，树立为民、便民、惠民思想，顺应时代发展潮流，强调人与自然，人与人之间和谐，用教育转变观念，用文化塑造精神，用感情凝聚人心。党群和谐，干群和谐，医患和谐。我们发现：经验管理解决医院反复出现的一般问题，制度管理解决规范有序的问题，而文化管理能解决上述两者不能解决的问题，特别是解决了中医院创“二甲”后持续协调发展的问题。

参考文献：

许嘉璐 当前文化的问题的症结在哪里《领导干部国学大讲堂》中央党校出版社 11-24

小卡片架起医患心之桥

——西安市第九医院创新举措进一步改善医疗服务

陕西省西安市第九医院

走进西安市第九医院，在每一个光洁明亮的窗口前，都整齐摆放着一沓绿色的卡片，工作人员会递上一张，诚恳地向你发出邀请："为了改进我们的工作，了解您的需求，请您填写'就医体验反馈卡'。"

为了进一步改善患者就医体验，为患者提供更加人性化、更优质的医疗服务，西安市第九医院在实际工作中总结出了"强服务、控成本、增效益、保安全"的十二字方针，让患者获得良好的就医体验。"强服务"是改进工作的重点，怎样改进服务才能让患者满意呢？西安市第九医院通过倾听患者的"声音"，寻找医院服务中自己"看不到"的问题，从患者的角度出发改进服务，将医疗服务工作做得"有细节"又"有温度"。

2015 年，医院推出了"就医体验反馈卡"服务，鼓励患者给医院提意见和建议。当患者来到西安市第九医院的任何一个就医窗口或者科室时，都会收到一张绿色的小卡片。卡片上温馨地写着"为了不断改进我院医疗工作，客观准确地了解患者对医疗服务的需求，烦请您拨冗填写反馈卡"。

医院在门诊大厅、"一站式"服务中心、门诊药房、医保办理窗口等地方都放置了"就医体验意见反馈卡"的意见箱。患者可以填好意见卡，不留电话直接投进意见箱，没有人知道是哪个患者提的意见，既打消了患者的顾虑，也能让患者表达出自己真实的心声。

每天下班前，"一站式"服务中心的工作人员将所有的卡片收集起来，对提出的意见、建议进行分类、统计。需要多科室、多部门联合改进的问题，由职能科室牵头限时改进；需要进行决策或不易改进的，每周一行政大交班时由门诊部主任进行通报，主管院长亲自督办，确保整改落到实处。整改完成后，“一站式”服务中心的工作人员还会第一时间将整改情况反馈给提出意见建议的患者。

通过倾听这些患者的“声音”，西安市第九医院在医疗管理、服务和诊疗水平等方面都做出了改进：为看不清挂号单的老年患者增加老花镜的数量，在导医台、挂号收费窗口等处都配备了老花镜；为夜间急诊未带现金的患者增加了微信支付、支付宝支付、西安城市一账通智慧医院支付等缴费方式。在门诊大厅设置了为患者提供用药咨询的“临床药学服务点”，由专业的临床药学医生为患者提供服务。针对患者反映夏天病房有蚊子的问题，将住院一、二部所有窗纱进行更新，对全院卫生间、下水道多次消杀，并为病房免费发放蚊香片，门诊提供风油精，确保患者舒心度夏。

通过倾听这些患者的“声音”，仿佛架起了一座医、患之间的“心之桥”，医院了解到了患者在就医过程中遇到的麻烦和问题，整改了多项不合理流程，继续深化、细化“一站式”服务内涵，通过信息化技术手段，减化优化就医程序，全方位围绕患者开展诊疗服务，让患者“少跑路”。优化了诊疗环境，增加医院内绿地、广场，让患者就医更舒心。转变了全体职工的服务面貌，人文服务理念微风化雨，贯穿进每一处工作细节。为出院患者每人提供出院意见指导卡，医护人员与患者建立起微信群，方便患者与医护之间进行咨询和交流。为患者常年组织定期免费健康知识讲座，医生护士成为患者可以信赖的朋友。截至 2018 年上半年，患者满意度达到 96.3%，极大地促进了医疗服务工作的进步，获得了患者的认可。

近年来，九院积极响应国家“改善医疗服务行动计划”，始终坚持“以患者为中心”的医疗服务体系，不断创新和探索医疗服务模式。“24 小时一站式服务中心”、全年 365 天无假日门诊、“就医体验反馈卡”等一系列行之有效的改善服务举措，不断推动着医疗服务工作的进步，获得了患者的肯定。

荣誉是对奋进者的褒奖。医院在赢得患者肯定的同时，先后获得了“改善医疗服务示范医院”，陕西省、西安市“文明单位”“创佳评差先进单位”“西安地区医院行业作风建设先进单位”“西安市价格服务示范医院”、《腾讯大秦网》“城市力量社会责任杰出企业”、《华商报》“公益影响力医院”、《阳光网》“市民信赖医疗机构”等称号。

2018 年是西安市第九医院建院 60 周年。西安市第九医院这所走过一甲子沧桑的三级甲等综合医院，始终在为人民健康服务的道路上勇往直前。站在新的起点，西安市第九医院将重新启程。九院人将继续秉持着“仁爱、崇德、严谨、创新”的院训精神，众志成城，努力奋斗，向着建设健康陕西、健康中国的美好未来努力前进！

无悔！用援彝“致我的青春岁月”

四川省彭州市人民医院　刘　帅

七月，盛夏的阳光，带着炽热，像青年追求梦想，散发着积极的能量。一个决定，一种信念，让我把炽热的能量带到了大凉山的深处。

回想往年的七月盛夏，我或许在和同事们讨论着最新的学术前沿技能，或许和女儿在家嬉戏玩耍，单位、家庭两点一线的惬意生活一度让我乐此不疲。但平静的日子在不久后被一条石破天惊的消息所打破——当彭州市准备选派医生到凉山援彝的消息一出，大家议论纷纷。有人说那里山高路远，是生命禁区，生存不易；有人说那里条件艰苦，基础设施落后，不容易发挥自己的专业特长。但也许是一时的冲动，也许是医者的良心，作为一名共产党员，我积极响应党的号召，毫不犹豫地加入了援彝队伍中，扎根到背井离乡的大凉山区，正式成为全省扶贫工作的一分子。现如今，我正战斗在脱贫攻坚的前线，做着勇于奉献、敢于担当的事。在这荒凉、艰苦的地方，我们援彝队员凭着共同的信念、共同的目标走到了一起，成了最亲密的战友。我们相互鼓励、相互支持，为彝区医疗卫生事业的发展，为彝区群众脱贫奔小康一直奋斗着，努力着。队员们顾大局舍小家，视凉山为故乡，不负彭州人民重托，克服高原缺氧、吃住不便、水土不服、道路艰险等困难，始终坚守岗位，迎难而上，圆满完成了各项援建任务，得到彝区群众的高度评价。

一年来，我们援彝队伍攻坚克难，风雨兼程，用实际行动践行援彝誓言。当我最初到达驻地——大坝乡柯且村时，我被这里恶劣的农业自然条件、落后的基础设施，加之艾滋病、吸毒、辍学、超生等各种问题所震撼。但我坚定信念，做好了啃“硬骨头”准备，通过看实情、问冷暖、听心声，我深入村寨走访各户，走进贫困群众家中，探查民情民意，慰问贫困群众，同当地村社干部群众共商精准帮扶之法，激发困难群众脱贫奔小康的内生动力，确保脱贫攻坚实实在在见成效。

一年来，在大坝乡党委政府的领导下，我被任命为“四治专员”在全乡做“四治”工作。同乡的领导班子多次召开艾防攻坚动员会，与各村签订艾防目标责任书，建立大坝乡艾滋病防治领导小组，建立“1+M+N”工作团队，建立艾防台账，我自己也设计了艾滋病政策宣传展板和艾滋病抗病毒治疗领药流程图；我们 8 次召开艾防工作专题会议，我在会上汇报了目前疫情，分析情况，布置工作，同时结合大坝乡的具体情况落实艾防工作领导小组的责任。

我制定了处罚更加严格、追责更加严肃的责任书，并在“全乡艾防工作整改大会”上，和乡、村、卫生院、中心校干部签订了艾防工作责任书；我成立了由乡党委政府一把手、乡党委专职副书记、卫生院长、村书记、村长、艾防员和母婴员组成的艾防工作信息微信群，对全乡最新治疗进展、工作开展进度、会议通知及时进行通报，同时方便乡党委政府跟各村进行工作难点交流，核实汇总各村艾滋病人员名单和人员去向；根据昭觉县卫计部门获取的艾防数据，我建立了全乡艾滋病病人管理台账，通过全乡“艾防工作推进会”，乡党委政府、包村领导和卫生院、村社干部共同核实，制作出分类台账；通过反复核实数据，严格要求各村两委必须通知本村患艾滋病村民到县医院做基本检查，并服药治疗。通过两个月的艾防攻坚整改工作，我们最终顺利通过督查，大坝乡的艾滋病抗病毒治疗率大幅度提升。

为增进与村民的感情交流，做好政策宣传，一年来，我发挥自身的医学知识技能，到村民家中做一些疾病咨询、就医指导、自我保健及减免政策的讲解，利用我的推拿按摩技术，为村民解决肌肉劳损、疼痛等简单的问题。我还与当地懂彝语的干部一起，为村民讲解国家医保政策，提高村民积极购买农合医疗保险的意识，为患有艾滋病的村民讲解艾滋病“四免一关怀”的政策及抗病毒药物治疗的重要性，为育龄家庭讲解少生优生的好处等。

作为一名合格的共产党员，我时时刻刻都以党员的标准要求自己，积极响应党的号召，踏实工作，奋发有为，战斗在脱贫攻坚的最前线，一直保持着一颗勇于奉献、敢于担当的热心，努力为中华民族伟大复兴的中国梦添砖加瓦。我常和村社干部交流：习近平总书记曾指出，全面建成小康社会，最艰巨最繁重的任务在贫困地区，特别是在深度贫困地区，无论这块硬骨头有多硬都必须啃下，无论这场攻坚战有多难打都必须打赢，全面小康路上不能忘记每一个民族，每一个家庭。作为农村干部，我们要有信心，如今需要努力做到让农民群众住上好房子、过上好日子、养成好习惯、形成好风气的“四个好”目标，打造“兴业、家富、人和、村美”的幸福美丽新村。

十一月的初冬，凉山的日出，带着晨光，像女儿懵懂的呼喊，依偎着贴心的温暖，家乡的一条问候信息，让它把晨光的温暖带进了思乡的心中。在短暂的一年里，彭州医疗援彝队与凉山人民肝胆相照、携手并肩，结下了深厚的战友情、兄弟情、朋友情。这种感情不仅深深烙印在我们心中，也是我们最宝贵的精神财富。相信会有更多的彭州卫计人，将继续挑起援彝的重担，怀揣着对彝区人民的爱，为共建健康中国而砥砺奋进！

“新型医联体”使看病不再难

——河北省内丘县人民医院新型医疗联合体让民众得实惠

河北省内丘县人民医院 和彦兵 秦 玲

随着医药体制改革的不断深入，建立新型的医疗服务联合体成为势在必行的一项重要内容，是新形势下贯彻以人民为中心的发展思想、落实《政府工作报告》部署的重点任务，深化医疗医保医药联动改革，合理配置资源，使基层群众享受优质便利医疗服务的重要举措。

河北省内丘县人民医院为让本县、本地区内人民群众分享改革发展成果，最大程度享受到优质方便的医疗服务，他们紧紧抓住京津冀经济一体化发展契机，一是探索与三级公立医院或业务能力较强的医院强强联合，组建医疗专科，二是大力发展面向基层和边远贫困地区的“智慧医疗平台”，三是推动优质医疗资源共享和下沉基层，通过派遣专家、专科共建、业务指导等提升基层医疗水平。在医联体内建立健康档案、病历等互联互通，实行检察结果互认、处方流动、药品共享。目前，正加快落实分级诊疗机制，以改革创新更好满足群众疾病预防、方便就医和护理康复等需求。

2016 年建成了“远程会诊中心”和“内丘县医疗信息化平台”。

目前，该平台已成功建成“内丘县远程会诊中心”“内丘县医学影像诊断中心”“内丘县检验诊断中心”“内丘县心电图诊断中心”四个中心。远程会诊中心采用专线互联，实现了远程会诊管理、病历资料采集、远程会诊、远程教学等功能，患者可与国家顶级专家“零距离”“面对面”咨询对话；医学影像诊断中心、检验诊断中心、心电图诊断中心借助县医院人才、技术、设备优势，对下乡镇卫生院、卫生所、社区医疗服务中心呈递的影像片、血、便等标本给予诊断回递，提出指导性治疗方案。对上可与国家顶级专家技术互动，更大程度地为基层群众提供更好的医疗服务，让优质医疗资源发挥得更充分，助推乡镇卫生院诊疗水平提升。

该平台已与侯家庄中心卫生院、金店中心卫生院等 9 个乡镇（中心）卫生院对接开通，形成了全县卫生管理、业务监督、医疗服务、日常救治、疾病防治、远程医学等业务部门之间建立畅通的信息采集、信息沟通网络机制，有效提升了统一调度、院前急救、医疗救治、过程跟踪、信息反馈等职能水平。

与北京麦豆非凡科技有限公司、北京阜外医院、宣武医院、天坛医院、博爱医院建立了“高端医疗资源基层化服务实地临床教学框架协议”，北京专家定期来院坐诊、会诊、查房、手术；与河北医科大学附属第二医院签订医疗帮扶协议，每周五派儿科、妇科及影像学专家来院坐诊、会诊、手术及教学；与“北京 301 医院、空军总医院、协和医院”签订“远程在线会诊协议”；与北京同仁医院签订医疗支援协议，得到同仁医院医疗设备、技术支持，享受医院高端的眼科、耳鼻咽喉科技术诊疗；与北京阜外医院签订“心血管诊疗质量监测基地”，积极参与国家心血管临床研究网；与河北省生殖医学中心签订“不孕不育治疗基地”协议……

专科医疗联合体和远程会诊的建立，让河北省内丘县人民医院的医疗技术有了很大提升，同时也使他们承担起更多更大的责任。

四级联动　助力全民健康

——青岛西海岸新区人民医院健共体建设纪实

山东省青岛西海岸新区人民医院

当前，随着“健康中国 2030”战略的全面推进，为人民提供全方位全周期的健康服务已经被摆在优先发展的战略地位。在此契机下，青岛西海岸新区人民医院积极响应“健康中国”和“健康新区”战略，在以院长许学兵为首的院领导班子带领下，积极探索医改之路，以医联体建设为抓手，以健共体建设为拓展，“上联下牵”，“牵”出了人通、物通、医通的新模式，“联”出了技术、服务、管理的同质化，构建了“四级联动”分级诊疗大格局，谱写了“服务新时代，展现新作为，助力全民健康”的新篇章。

上联求深度，全面带动自身能力提升

青岛西海岸人民医院是一所二级甲等医院，地处青岛西海岸新区西部，建院 70 年，历史积淀及地理位置因素，让医院担当了护佑新区西部 100 万群众医疗和健康的重任。近几年来，新区的迅猛发展吸引了大量人口拥入新区，加上人们对美好生活的不断追求，对医疗卫生和健康服务也提出了更高的要求，寻求三甲医院提供专家服务成为一部分居民的健康需求。作为当地居民健康服务主体，如何让当地居民“不过海”就能在“家门口”享受到三甲医院的医疗服务，成为医院领导班子共同研究的“课题”。

2017 年 12 月 27 日，在青岛市卫计委、西海岸新区工委的主导下，青岛西海岸新区人民医院以加入青岛市市立医院（集团）的形式与青岛市市立医院（集团）形成紧密型医联体，市立医院首批 44 名专家正式入驻，9 名被聘为相关科室负责人，16 名担任了医疗组长，近 30 名专家每周一至周五全天坐诊，指导开展复杂手术、进行业务技能培训、进行学科共建。2018 年 10 月 16 日，双方共同建设的口腔医疗中心启用。

医联体建设启动一年多的时间，西海岸居民实现了“不过海”就能在“家门口”享受到三甲医院医疗服务的愿望，青岛西海岸新区人民医院加入青岛市市立医院集团为自己带来了多学科的全面发展和综合能力的快速提升，人民医院步入发展快车道。

下联求广度，全面带动基层医疗机构能力提升

农村卫生室、乡镇卫生院是百姓健康的基石，卫生室人员队伍老龄化，卫生院缺人才、缺设备、缺技术可以说是目前国内存在的普遍问题，基层不强，百姓健康难以保障。

在国家全面推行医联体建设举措的同时，青岛西海岸新区管委提出了在新区推进“健康服务共同体”的医联体建设意见，即在青岛西海岸新区不只是要一、二、三级医疗机构联合，所有农村卫生室、社区卫生服务站也要参与，并向能够为群众提供健康服务的其他机构延伸（如养老机构）。并于 2018 年 5 月 23 日，由青岛西海岸新区人民医院牵手 7 家基层卫生院，启动了健康服务共同体试点工作。

强基层、保基本、建机制，四级联动助力全面健康

根据试点方案中“六个不变”“四项权利”的要求，青岛西海岸新区人民医院认真研究实施方案，严密组织实施，初步构建起了“人力资源、设备资源、医疗业务、医疗质量、医疗信息、采购供应”一体化管理新机制，提高了区域医疗资源配置和使用效率，使健共体各参与单位整体健康服务能力得到全面提升。

一是患者双向转诊制度化。建立“基层首诊、双向转诊、急慢分治、上下联动”的分级诊疗模式，通过划定各级医疗机构诊疗范围、制定双向转诊标准、畅通患者双向转诊“绿色通道”，实现了四级医疗机构的有机联动，新型就医秩序逐步得到建立。

二是区级专家下沉常态化。经过充分对接筹备，从7月1日开始，以镇街为单位，每个单位为期一周，共历时两个月，在7处镇街开展“健康梦·百姓情”大型义诊活动，义诊活动有184名医护专家参与，下乡专家600余人次，义诊35场次，义诊人次1.97万，免费诊疗与检查费用共计100万余元；每个镇街义诊结束后即安排专家长期下沉派驻，保证每处基层卫生院每周2次，每次下沉2名专家。通过义诊和医务人员派驻，提高了群众对健共体建设的认知度和对专家下沉的知晓度，对基层卫生院服务能力快速提升和双向转诊工作发挥了重要作用。

三是患者医疗服务同质化。临床路径是规范诊疗行为、实现同质化服务的主要手段，健共体根据诊疗指南和人民医院组团实际情况，编写了临床路径模板88个病种。通过运行测试后，10月1日在泊里分院已经正式运行，目前泊里分院住院病人入径率66.5%，出径率54.3%，运行结果良好。

四是慢病患者管理深层化。区人民医院专家下沉与家庭医生签约服务和慢病管理相结合，通过家庭医生签约服务“1+1”模式和更高质量的干预措施使预防关口进一步前移，实现了“有病治疗向未病先防”的卫生健康深层次转变。

五是基层卫生帮扶精准化。为便利藏南镇陡崖子水库库北百姓看病就医，区人民医院积极与藏南镇政府沟通对接，健共体直接投资50多万元建成了“胡家庄中心村卫生室”，大幅提升了辖区居民看病就医环境，同时在泊里分院筹建肾透析中心一处，解决周边肾透析患者往来市区奔波之苦，得到了当地百姓的一致拥护和好评。

六是资源利用高效化。在专家下沉制度及远程会诊系统的支持下实现了健共体内人力资源的高效利用，同时通过绿色通道支持和信息化的支持实现了区人民医院设备资源的基层共享，区人民医院也正在加快胸痛中心、卒中中心、创伤中心、急危重孕产妇救治中心、急危重新生儿救治中心、癌痛诊疗中心、检验中心、影像中心、病理中心等中心建设，为全面提升健共体诊断水平和救治能力发挥重要作用。

七是健共体后勤服务集约化。通过对耗材目录进行规范和集中议价采购，普通耗材下降幅度为34.67%，检验试剂下降幅度为25%，骨科耗材下降幅度为50%，口腔科耗材下降幅度为26%，预计全年可节省成本1200万元。投资100万元对医院洗衣房进行了改造，成立了健共体洗涤中心，所有基层医院的被服、敷料全部由洗涤中心洗涤；同时依托人民医院供应室成立了健共体消毒供应中心，暂时除第三人民医院以外，其他6家基层卫生院的消毒供应工作已经全部由中心供应室承担。洗涤中心、中心供应室的成立大大减少了健共体的运行成本，仅人力成本每年就可节省200多万元。

八是探索医养一体化。与青岛辐山养老院建立合作关系，定期指导养老院护理人员老年人护理常识，培训口腔护理、皮肤护理、心理护理等专业护理知识，定期为住院老人普及健康常识和医疗护理服务，建立与养老院之间的绿色生命安全通道，为防、治、康、养一体化积累必要的经验。

青岛西海岸新区健康服务共同体人民医院组团紧紧围绕医改中心目标，坚持为人民健康服务的方向，以“保基本、强基层、建机制”和“防、治、康、养”一体化服务为导向，充分发挥区人民医院中枢作用和人才、技术、设备、信息等优势，形成健共体内创新、有序、协调、共享的整合性医疗卫生服务体系，全面助力全面健康水平的提高。

“一体四翼”成就区域医疗中心造福各族群众

新疆维吾尔自治区巴音郭楞蒙古自治州人民医院　杨　蕾

在祖国边陲新疆这片热土上，地处南北疆交通要道的巴音郭楞蒙古自治州（以下简称“巴州”）有“华夏第一州”美誉，州内八县一市，全境48万平方公里，常驻人口125.38万人，境内众多事关国计民生的资源及相应的大型企业，有部队、兵团等众多驻州单位，有人口流动规模和速率高、地域大、民族多等特点。

作为国家三级甲等医院、全国百佳医院，始建于1954年的巴音郭楞蒙古自治州人民医院座落在自治州首府库尔勒市中心，医院现有在职职工2015人，编制床位1400张，编制科室93个。2018年上半年服务门急诊病人49.53万人次，出院病人2.9万人次，手术7317例，平均住院日9.3天，药品比例32.98%，住院药品比例控制在24.26%。

为深入贯彻落实党的十九大和党的十九届二中、三中全会精神，贯彻落实党中央治疆方略，全面落实新时期医疗卫生工作精神，在各级党委的正确领导下，我们结合医院实际制定了“一个中心，四个基地”发展战略，即巩固“全国百佳医院”品牌，着力将医院打造成“区域医疗中心”；深化三级甲等医院创建成果，努力把医院建成区域疑难危重病诊治基地，人才培养基地，科技创新成果转化基地，常见病、多发病诊治基地的发展战略。按照这个目标，我们不断提高诊疗水平、改善医疗服务能力，发展理念上彰显从公立到利公的责任担当，通过这样“一体四翼”的发展模式，不断拓展区域医疗中心服务内涵与服务半径，赢得了各族群众的一致“点赞”。

一、四翼之一——区域疑难危重病诊治基地

库尔勒市地处南北疆交通要道，巴州全境48万平方公里，境内众多事关国计民生的资源及相应的大型企业，有部队、兵团等众多驻州单位，加之人口流动规模和速率持续攀升、地域大、民族多，公共卫生事件发生概率极大。巴州人民医院从20世纪90年代始即承担着全州120紧急救援任务，多年来，我们从基础设施建设、急救体系建设、应急评价指标建设、物资装备建设、人才队伍建设等全方位进行了系统建设，在处理一系列突发公共事件中发挥了良好的作用，得到州委、州政府、社会各界及卫生厅领导和上级医院专家们的好评。目前，急诊医学科每年接诊6万多人次，抢救成功率在95%以上。

一个医疗中心，应该与所在区域的规划以及社会需求相适应，我们能否在这48万平方公里的范围内，建立一个支撑点，解决周边危急症病人、严重创伤，还有一些像脑出血、脑梗死、心肌梗死的突发性疾病的病人的需求，打通患者的生命绿色通道？这既是我们的责任，也是我们的使命。

在实际工作中，我们通过密切加强急性期救治、多学科密切合作的方式，实现院前与院内的无缝对接；通过打破院内各学科壁垒，优化救治流程的方式，依托巴州地区首批获得自治区介入准入资格的医院、区域内最早开展急诊PCI术的医院等技术优势，成功创建了国家级胸痛中心，在胸痛中心的的经验和基础上，启动了卒中中心，（该中心已顺利通过申报，进入运行阶段），并启动了地州危重孕产妇、新生儿救治中心、儿童白血病救治中心等项目。

医院先后与自治区人民医院、新疆医科大学第一附属医院、自治区肿瘤医院以及北京的解放军301医院、北京协和医院等12家实力雄厚、技术水平较高的大医院建立了技术协作关系。与自治区人民医院建立医疗联合体，建立9个专科联盟，与且末县、若羌县、和静县、尉犁县、博湖县、轮台县等建立医疗联合体，并安排专家赴各县市人民医院开展帮扶工作。

在这样上引下联的模式下，以心血管内科为例，不仅与北京协和医院、中国医学科学院阜外医院、新疆医学院第一附属医院、自治区人民医院心血管专业建

立业务指导关系，还与州内各县医院心血管专业建立了1+1查房制度，即每一周派出一名专家到县医院进行查房，指导业务工作，这种上下联动的区域医联体模式，通过“一对一”帮扶，让医院在提升服务水平、医疗质量和技术能力等方面跨上新台阶，在疑难重病诊治能力、科研教学能力上更上新水平。

同时，我们还依托信息平台建立远程医疗合作机制，为“八县一市”人民医院免费提供远程医疗服务。

二、四翼之二——人才培养基地

“致天下之至者在人才”。如何才能够形成带有区域医疗中心独有的核心优势、显著的专业特色和优势学科支撑的立体发展模式，推动医院走上内涵发展之路，实践证明，这与就业学科建设、人力资源水平的提升密切相关。“名医、名科，名院”三者相助相长，是医院取得长足进步的核心。同时依托河北援疆人才优势，着眼于培养一支永不走的人才团队，在全院大力实施“专家带团队、结对带交流、项目带人才”三带工程，为医院医疗事业发展提供人才支撑。

（一）在院内人才培养方面

一是依托国家住院医师规范化培训基地开展人才培养，是医院目前主要的途径，目前有14个国家级住院医师规范化培训专业基地。对所招收的学员按照国家培训大纲及自治区培训制度，通过为期三年的轮转规培，督促学员掌握大纲要求的疾病诊疗规范和基本技能操作规范，目前接收规培医师273人，各县市委托培养全科医师81人。二是开展继续医学教育培训。要求卫生专业技术人员每年必须参加不少于25个学分的继续医学教育，并将其参加学习情况纳入职称晋升、绩效考核、评先选优指标。每年举办继续医学教育项目约60期，邀请区内外知名专家百余人来院开展专题讲座、手术示教、学术交流、疑难病例讨论。三是每年选派近百名骨干人员前往国内知名医院进修学习；同时依托对口援疆项目，按项目要求选派医护人员赴高等级医院进修培养。四是各科室采取传帮带、“师带徒”、细化“专业组”等方式培养年轻医护人员，利用晨会、交接班会、业务学习等，开展科室小讲课、讨论诊疗方案等，一方面学习专业技能，另一方面锻炼医患沟通能力。

医院专家阿依都•热依木、丁江平、关玉华、王红燕、艾克拜尔•加马力、叶银梅等多名同志被评为自治州第一批、第二批有突出贡献优秀专家。其中，副院长神经内科关玉华、普外科•烧伤整形外科阿依都•热依木同志被评为国务院特级补贴专家。

（二）在助力区域内其他医院发展方面

为进一步贯彻落实“万名医师下基层”国家政策，更好地推动分级诊疗工作，积极组建区域医疗联合体，让优势医疗资源下沉，巴州人民医院自2010年开始陆续对巴州境内若羌县医院、且末县医院、博湖县医院进行定点帮扶，通过医院专家“长期驻点+固定时间”的帮扶，且末县、若羌县两家医院于2014年顺利晋升为二级甲等医院。

2017年5月，按照当地州委、且末县委的要求，为提高且末县医院管理水平，规范和优化管理流程，医院考察筛选推荐了专业技术高、医德医风好的两名同志任且末县人民医院副院长；作为疆首批启动“自治区万名医师对口支援县医院”项目，从2016年5月开始，每年选派10名高级职称人员赴和田地区于田县、民丰县医院进行为期一年的对口帮扶，今年已是支援的第三年。

通过对口帮扶，使得受援医院综合实力显著增强，管理更加规范，手术例数也不断增多，门诊、住院病人递增显著，多项技术填补了当地医院空白。仅2018年上半年共选派7个专业10名医师进行了为期3个月对口帮扶，共接诊门急诊患者4000余人次，开展手术75例，抢救危重症病人16人次；开展学术讲座28次，业务培训66次，义诊13次，疑难病历讨论56次，教学查房54次；开展新技术、新项目10项。

三、四翼之三——科技创新成果转化基地

一家医院的科研能力是推动医院发展的动力引擎。在信息传播和沟通日益便捷、医疗技术越发同质化的今天，围绕临床需求持续开展科研创新才能为医院发展提供源源不断的新动力。作为自治州唯一一所三级甲等医院，为本地各族群众

提供更高层次的疑难危重症救治服务是我们的职责所在，而科研正是承担这一职责的支撑。

2018年以来，医院继续完善各项科研管理制度，积极推进科研工作。制定《巴州人民医院院级科研项目科研考核量化管理办法》等制度，召开科研项目经验讨论会和科技管理委员会，邀请新疆医科大学教授来院指导，医护人员科研积极性显著提高。

2018年，组织申报自治州级以上各类科研课题共47项，申报数量较2017年增加114%，立项7项，立项数量增加75%，获专项资金合计8.5万元；申报自治区青年科技人才项目12项中立项1项，申报自治区卫计委适宜技术推广项目12项立项2项，申报自治州科学技术“星火”计划项目23项立项4项。组织申报院级科研项目47项立项20项（10项自筹），项目申报数增加42.5%。组织2016—2017年度自治州科技成果鉴定项目12项参加科技局答辩均顺利通过。发表期刊论文83篇。

四、四翼之四——常见病、多发病诊治基地

在医疗工作运行过程中，医院将打造“常见病、多发病诊治基地”与名科战略相互作用，康复医学科借助医院“一中心四基地以及名科战略”的东风乘势而上，从无到有、从专到强，发展成为以“中枢整合康复技术”为特色的综合性康复科室、住院医师规范化培训基地、自治区重点专科，取得了巨大的跨越和发展；作为医院第一批重点扶持科室，实现该地区专科由传统等、靠、要的“技术输入”模式转变为内地同行竞相邀请传授经验的“技术输出”模式，成为国内康复医学领域的一颗新星。

从2016年起，先后有疆外的河南理工大学第一附属医院、江苏省人民医院、河南焦作第二人民医院、河南理工大学第一附属医院、内蒙古巴彦淖尔市乌拉特中旗人民医院、山东德州市人民医院、郑州市中医院等医院，疆内的若羌县人民医院、伊犁四师医院、伊犁新华医院等医院专程来到巴州向康复医学科寻求技术指导，签订技术协作协议，并选派医护人员前来进修，吸引了全国各地患者前来

就诊。这只是医院常见病、多发病诊治示范基地的一个缩影，在这样的名医名科名院战略思路下，医院越来越多的专业及科室代表了本地区医疗技术水平，为各族群众撑起了健康蓝天。

结束语

可以这样说，在走向区域医疗中心这条路上，我们有汗水，更有收获，有使命，所以更敢担当。“一中心，四基地”互为因果，相辅相成。转眼岁末，回顾一年的工作，我们将继续把建设好“区域医疗中心”，紧紧与医院发展目标结合，立足长远、保持战略定力，大胆创新，提升服务内涵，提升服务的量和质，以昂扬的精神状态，奋力书写医院建设发展新篇章。今后的日子，让我们携手共进，燃起内心发展向上的澎湃之情，不负芳华。

温情传递暖人心 人文关怀在我心

海南省海口市第三人民医院儿科

在21世纪的今天，中国社会正处于一个飞速发展时期。由于社会的进步、医学模式的转换以及个人保健意识的增强，人们对医疗护理服务质量有了越来越高的期望值；另外在日趋激烈的医疗市场竞争中，服务作为一种竞争手段所获得的重视程度也在不断提高。为了不断促使观念改变，探索新的医疗护理服务方法，适应市场的要求，海口市第三人民医院（以下简称为“海口三院”）儿科，坚持“以病人为中心”的宗旨，全科医护人员团结奋进，锐意改革进取，大胆创新，与时俱进，为保障广大人民群众的健康或建立和谐医患关系做出了积极的贡献，得到了社会各界的广泛赞誉。

2013年儿科开展“优质护理服务示范工程”，以“夯实基础护理，提供满意服务”为目标，充实医疗护理服务内容，真正落实医疗护理服务内涵，最终达到“患者满意、社会满意、政府满意”的服务标准。优质护理服务更强调要将“一切以病人为中心”的护理理念和人文关怀融入对患者的医疗护理服务中，在提供基础护理服务和专业技术服务的同时，加强与患者的沟通，为患者提供真正人性化的医疗护理服务。

注重服务细节营造人文关怀氛围

走进儿科病房，病区环境干净、舒适、安静。洁白的走廊一眼就能望到头。走廊的宣传栏，柔和的灯光下，透出几分家的温暖。走进病房，墙上写着责任医生、责任护士的名字。这里，只是海口三院众多病房中一个普通的病房，却处处体现着一切为了病人的人文服务理念，以及通过努力给患者提供一个温馨和谐的医疗环境的希望。

要营造人文关怀良好的氛围，就应秉承“无论在什么场合，无论在什么时候，医务人员都应尊重患者，关爱生命”，将该理念落实到每一个医务人员行为的细节中，在不经意之间，在细微之处，使患者能够感受到对他或她的关心和照顾。有时候，一个眼神、一个微笑、一句问候、一下搀扶，都将会成为医患真心相待的开始。我想说的是：医疗护理也在细节中。医疗护理中的人文关怀集中体现在一个“爱”字上，关爱患者，又采取润物细无声的方式，正是医疗护理工作的真实写照。

人文关怀温情传递医患真情

重症监护室，收治了不少急危重症的孩子，可是因为治疗需要，孩子们必须和家人隔绝，所以在这个时候，护士就像保姆一样，无论是在孩子们的日常生活护理和心情安抚方面都必须以超过十二万分的关怀去对待孩子。医务人员会跟他们一起画画，会跟他们一起玩玩具，然而更多的时候，为了让患儿早日康复，他们守护着每个生命，永远充当生命的守护神！

记得有一次儿童重症病区收治一位“多器官功能衰竭”患儿，刚入科时孩子病情危急，命悬一线，多次游走在死亡的边缘，许志有主任立即组织抢救小组制定缜密的治疗方案，医护人员密切观察病情，细心细致地护理患儿，为患儿的救治保驾护航！在有效的治疗和护理下，孩子的病情恢复得很快，从刚入院时的发热、呕吐、抽搐到多器官功能衰竭再到命悬一线，再到后来看到了孩子灿烂的笑容直到康复出院，真是一种从垂危到重生的喜悦啊！当家属送来锦旗，竖起大拇指感激地说：“海口三院儿科，了不起！”这一刻，对儿科的每位工作人员来说，就是对无缝隙护理的最大安慰！

人文关怀情系人间冷暖

海口三院儿科许志有主任、游海星医生等携手医护人员全体及热心人士慈善献爱心，温暖了福利院。善举凝聚美德，爱心传递力量，用心点燃希望，将爱撒播人间。

福利院的孩子们，大多先天残疾，失去了父爱，失去了母爱，失去了健康的同时还失去了本该属于他们这个年龄段正常的关爱，让人无比心疼，幸运的是他们被儿童福利院收留，福利院的老师和社会上的好心人会将他们抚养长大，让他们可以在这里感受到人间的温暖，得到更多的关爱。

近几年，海口三院儿科全体医务人员多次前往海南省海口市儿童福利院开展爱心义诊慰问活动，了解福利院孩子们的日常生活及学习情况，并与孩子们亲切交谈，给孩子们分发新衣服、尿布，牛奶，送去学习用品、玩具、衣服等慰问品；与小朋友们现场手工制作各种漂亮的动物、花瓶等摆件，现场画画，进行互动游戏，练习书写毛笔字。与孩子们亲密互动，陪孩子们度过了一个快乐、美好的时光，让他们深切感受到祖国社会主义大家庭的温暖。希望关爱能带给他们欢乐，希望他们能在儿童福利院里健康成长。

活动不仅让各位了解了福利院小朋友的生活和学习情况，给小朋友送去了关爱，送去了温暖，用他们自己小小的行动影响他人，宣传正能量的同时，也呼吁更多的热心人、好心人加入到关爱孤儿的行列，把爱心传递到生活的每个角落。他们与美同行，播下美的种子，绽放出美的生命，传递美的正能量，共同为创建和谐社会做出更多的贡献！

儿科是一个团结向上、充满爱心的集体，科内任何一位同志都能感受到集体关爱的温暖。每碰到医护人员生病或生活困难时，他们都能得到一笔充满爱心的捐助款，捐款虽不多但代表了每一位儿科医护人员滚烫的心。此外，团结互作精神也早已深入每一位儿科医护人员的内心，帮助兄弟科室完成小儿静脉留置、静脉采血，配合兄弟科室完成儿童相关疾病诊治，一直是儿科医护人员义不容辞的责任。

没有关怀，就没有优质。优质的医疗护理因为融入了人文关怀，其内涵才丰富和深刻，而医疗护理工作因融入了人文关怀才显得伟大和高尚，并被人们所称颂。去试着关心了解每一个患者，我相信医护工作者的医疗工作会更加复杂，工作量也会更大，他们可能会更累，但是患者满意了，不再抱怨了，他们会得到更多的理解、赞扬和尊重。我相信大家还是愿意这样“痛并快乐着”。

冰心老人的话始终与大家共勉：爱在左，同情在右，走在生命的两旁，随时撒种，随时开花，将这一径长途点缀得香花弥漫，使穿枝拂叶的行人，踏着荆棘不觉着痛苦，有泪可落却不悲凉。

事实上，在当今时代，共建和谐社会理念，提供人性化服务的倡导早已经深入人心。人文关怀已成为人们使用频率最高的词汇之一，成为社会各行各业的管理理念和服务思想，存在于社会的各个角落。这当中，自然也包括医疗服务行业。相对而言，医疗是最富有人性色彩的服务。病人来医院就医，正处于生命中脆弱的时刻。此时此刻，病人最渴求的就是人性的温暖，而最能赢得病人心的就是人文关怀。

“钟楼医改”十年路 万千气象惠民生

江苏省常州市钟楼区卫生健康局

站在“钟楼医改”十年的节点上，纵观钟楼区卫生健康发展历程，从“顶层设计”建机制到“软硬兼施”强基层，从“织网兜底”保基本到“六级联动”补短板，从“以病人为中心”治已病到“以人民群众健康为中心”防治并重，钟楼区始终聚焦人民群众看病就医感受，朝着环境优美化、设施现代化、管理规范化、服务高质化、发展特色化方向大步迈进，实现了健康钟楼战略从“无”到“有”、从“有”到“优”的转变，为钟楼区高质量发展走在前列提供了坚实的健康民生保障。盘点钟楼区卫生健康发展坐标，三个“更加”让行稳致远的健康钟楼画卷跃然如见。

一、先行先试促改革，体制机制更加健全

2008 年，钟楼区在常州市率先启动了社区卫生服务改革试点工作，把顶层设计与基层探索结合起来，把优化制度供给与强化基础建设结合起来，以系统性、整体性、协同性的视角去推动医改，增强钟楼区落实医改方案的科学性、预见性、主动性和创造性。

（一）以理顺管理体制为出发点

严格落实省、市《江苏省城市社区卫生服务条例》《关于印发〈常州市卫生惠民工程实施方案〉的通知》（常发〔2008〕23 号）文件精神，出台《关于推进钟楼区城市社区卫生服务改革发展的意见》（钟委发〔2008〕55 号），从根本上理顺了管理体制，明确了职责，完善了公共卫生经费、惠民让利补助、机构

用房、设备配置、医保制度等政策保障。

（二）以区街分级管理为根本点

坚持重心下移、属地管理的原则，在常州市率先建立了以区为主、街道为辅的双重领导分级管理体制。钟楼区卫计局代表政府履行社区卫生管理职能，卫生服务机构全部实行由区卫计局垂直管理体制。街道配合做好社区卫生服务工作，为社区卫生服务机构业务用房、设施完善、环境改善等提供支持。

（三）以创新管理为关键点

在常州市首推行业全新管理体制，钟楼区卫计局负责对社区卫生服务机构的设置审批、监督管理、指导考核、人事管理、经费安排和财务管理等所有工作。卫计局下设社区卫生管理中心，具体负责辖区内的社区卫生服务机构的日常管理，实现人员编制、岗位设置、绩效考核管理、人员调配交流、补充招聘和激励保障“六统一”。

（四）以一体化管理为结合点

联村设站，建立“中心带站”的一体化管理体制，村卫生室全部成功转型为社区卫生服务站，各街道社区卫生服务站统一接受该街道社区卫生服务中心的业务指导与行政管理，并建立契约式管理制度，使城乡居民享受到同质的公共卫生和基本医疗服务。

（五）以保障药品供应为支撑点

在常州市率先开展基本药物制度，政府管理的基层医疗机构全部配备使用基本药物，并执行零差率销售。首创药品调拨机制，印发《钟楼区区域型医疗联合体药品调拨管理办法（试行）》，制定涵盖 183 个品规短缺药品及国家基本药物目录以外的《钟楼区区域型医疗联合体药品目录》，打破用药壁垒，提升合理用药水平和药品运行效率。

（六）以优化激励机制为着力点

紧扣四项原则（公益性原则、客观公正原则、激励导向原则、科学操作原则），抓住三个环节（细化单项管理方案、定期调整工时标准、科学设定考核基数），在江苏省首创基本公共卫生服务项目有效工时的考核机制，将机构的收入与服务常驻人口数、单位收益“双脱钩”，与完成工作任务的数量质量和满意度“双挂钩”，充分实现项目质量改善的可持续性，提高社区卫生服务的工作效能和社会效益。

二、增量提质抓发展，健康格局更加开阔

钟楼区以加强医疗资源供给、实现医疗资源集约利用为支点，聚焦统筹创新，六级联动补短板，让资源效应最大化、让医疗服务更到位。

（一）多措并举，优质资源放大集聚效应

强化市、区、镇（街）三级布局，完善服务网络。加大基础建设推进力度，建设了常州市第一人民医院钟楼院区、市妇保院新院并随后正式投入使用，先后完成了永红、五星、南大街、西林、北港街道社区卫生服务中心以及区卫生监督所、区疾控中心、区妇计中心等机构的改扩建和移址新建。持续优化布局，省级以上示范社区卫生服务中心（卫生院）达到 80%。打造“187”特色化发展项目，建设“一中心一特色”服务体系，即卜弋卫生院与常州市第一人民医院结成 1 个紧密型医联体，8 家社区卫生服务机构分别与常州市第一人民医院成立了 7 个特色专科，同时西林、新闸、五星等社区卫生服务中心与常州市第二人民医院、常州市第三人民医院、常州市妇幼保健院结对共建专科。

（二）开放融合，智慧医疗助推健康管理

搭建“一网一轴四链”的智慧健康平台。依托国家健康医疗大数据中心，升级原基层卫生信息系统，实现基本医疗、基本公卫和家庭医生签约服务信息的互联互通，形成贯穿个人全生命周期的健康数据轴，并通过“一网一轴”建立远程医疗到村（社区）、在线慢病管理到户、医学教育和健康促进到人、移动智能医疗到病 4 个链式的健康管理模式。

（三）全省首家，体医结合开辟新型路径

与常州市体育医院联合开设江苏省首家运动健康指导门诊，贯串中医治未病、动静结合的理念，以运动处方库建设为核心，根据不同病种定期分类开班，发挥知识密集、人才密集、技术密集和组织网络的优势，整合体育与医疗领域的优质资源，得到了各级领导肯定。

（四）多元办医，行业发展培育新型业态

优化政务服务，拓宽办医渠道，丰富办医层次，满足多元需求。西林街道社区卫生服务中心与常州泽明眼科医院开展共建共享、优势互补的医疗合作新模式；针对特需人群，鼓励社会资源发展高端医疗服务，开办江苏省首家社会办医预防接种门诊——预橙康预防保健门诊部；以公开招募形式引进社会资本开办了四家社区卫生服务站。

（五）医养结合，优化服务构架新型模式

2017 年钟楼区被列为常州市唯一一家江苏省医养融合试点区，荷花池街道社区卫生服务中心作为全市首个医养结合联合体，通过“零距离”的医疗服务和“有温度”的健康管理，取得明显成效。天福聚家养老服务中心的春晖家园推行老人自治化管理，形成以老助老、邻里守护、志愿互助的抱团养老、居家养老新模式，参与中国人口福利基金会“计划生育特殊家庭养老模式探索试点项目”。

（六）两轮并驱，家医服务跑出高效加速度

以“全国卫生计生先进工作者”“全国五一劳动奖章”获得者王月环为品牌引领，结合全区各医疗机构的创新方法汇总和提炼出“王月环五五工作法”，即工作态度常怀“五心”、工作内容紧扣“五小”、工作模式争创“五优”、工作流程推进“五化”、工作成效实现“五新”，让创新创效成为家庭医生签约服务拓展服务体量和提高居民认同感的“双轮效应”。值得高兴的是，我院王琳团队获“江苏省十强家医团队”荣誉。

三、凝心聚力惠民生，社会保障更加有力

围绕“共建共享、全民健康”战略主题，钟楼区始终以完善健康保障、建设健康环境、优化健康服务、普及健康生活为重点，使卫生健康事业发展成果为全民共享。

（一）健全了一套深化医改管理体制

钟楼区委区政府主要领导亲自担任深化医药卫生体制改革领导小组组长，全面负责医改各项工作。健全医疗、医药、医保联动机制，出台医联体建设、药品集中采购、医疗服务价格调整、按病种付费、基层人才队伍建设等文件，使各项

改革措施相互衔接、相互促进。

（二）构建了一个 15 分钟健康服务圈

以居民健康需求为导向，依据服务人口、服务半径、行政区划等综合因素对辖区内社区卫生服务机构的设置进行了多次科学整合，特别是城乡卫生一体化改革，进一步完善了以 2 个卫生院、8 个社区卫生服务中心为主体，26 个社区卫生服务站为补充的健康服务体系。同时，政府大力保障社区卫生服务机构用房，大大改善了全区社区卫生服务机构基础设施，全面达到省定标准。

（三）编织了一张医疗卫生保障网

将设施设备、基本药物、惠民项目、人才队伍建设纳入财政专项资金保障范围，自 2008 年以来累计投入近 11 亿元资金。强化健康生活方式引导，深入开展健康细胞建设，全区居民健康素养水平达 31.6%，建成江苏省健康促进区。社区卫生服务水平显著提升，体现“一升一降”态势：门诊服务利用率上升 90%，居民门诊均次费用下降 25.7%。

（四）深化了一项卫生惠民工程

2008 年以来持续推进一系列卫生惠民举措，便民利民有温度、有广度、更有深度。精准扶贫，全区七类特殊人群家庭医生签约服务全覆盖；阳光扶贫，结对邹区贫困户定期开展一对一帮扶；合作扶贫，与陕西省安康市镇坪县建立扶贫共建机制，从物资、技术、管理上全方位帮扶。国家基本药物制度全覆盖，突破以药补医机制。国家基本和重大公共卫生服务均等化项目全面实施，人均基本公共卫生经费提高到了 80 元。

医改十年路，钟楼区先后获得了“全国基层中医药工作先进单位”“全国计划生育优质服务先进单位”“国家慢性病综合防控示范区”“江苏省社区卫生服务先进区”“江苏省人口协调发展先进区”“江苏省妇幼健康优质服务示范区”“江苏省卫生应急规范区”等荣誉。使命未竟，脚步不止。站在新起点，钟楼区将继续以习近平新时代中国特色社会主义思想为引领，厉兵秣马、奋楫笃行，让关乎民生、情系民意的卫生健康领域新政策、新举措次第推行，让健康钟楼在壮阔的征途中扬帆起航，共同托起健康中国梦。

进一步改善医疗服务行动
琼海市人民医院在路上

海南省琼海市人民医院

2018 年是我院通过国家三级甲等综合医院评审的具有重要历史性意义的一年，也是琼海市人民医院建院 111 周年。百年老院，再续辉煌，以三级甲等综合医院为新起点，认真学习宣传贯彻党的十九大精神和习近平在庆祝海南建省办经济特区 30 周年大会上的讲话及中共中央国务院关于支持海南全面深化改革开放的指导意见，加大宣传力度，营造学习氛围，以深化医改及医院各项举措为抓手，落实打赢脱贫攻坚战及健康扶贫各项工作，实现了社会公益和业务发展新成效。

2018 年我院收治健康扶贫住院患者 1563 人次，门诊慢性病患者 1675 人次，共计 3238 人次；全年开展健康扶贫下乡义诊活动共 6 次，共接诊 1757 名贫困患者，给予符合慢性病特殊病种门诊办理条件的 238 名患者办理证件，免费发放药品 9000 余元；并积极做好脱贫攻坚工作，对中原镇新华村委会、黄思村委会共 10 户贫困户给予帮扶，投入帮扶资金 4 万余元。

2018 年我院住院手术量达 7932 例次，其中，三四级手术 3645 例，占总手术量的 45.95%；独立完成介入手术 723 例，其中心血管介入手术 577 例（冠脉造影 371 例、冠状动脉支架植入 187 例、起搏器安装术 19 例），内镜下逆行胰胆管造影及治疗术（ERCP）40 例，脑血管介入 21 例，外周血管介入 19 例，在省内同级医院处于领先水平。成绩的取得，凝聚着全院职工的智慧和汗水，展示了全院职工的敬业和奉献精神，我深为有这样的和谐团队感到欣慰和骄傲！

辉煌已逝，然当承袭，华章墨淡，尚待再谱。展望 2019 年，挑战将与机遇并存，转折将与发展携手，希望将与梦想齐飞！与我并肩前行的同事们，新年的钟声已经敲响，新的起跑线已经刷新！我们要继续弘扬“大医精诚，仁者博爱”的医院精神，创新工作思路，提高技术水平，拓宽服务领域，加强专科建设，强化内涵建设，改进工作作风，构建和谐医患关系，全面提高医院核心竞争力，真正完善和提高三级甲等综合医院功能，肩负起海南省东部区域医疗中心的职责，让我们用“功成不必在我”的精神境界和“功成必定有我”的历史担当，共同创造 2019 年更加灿烂辉煌的明天！

传承本草医文化　谱写杏林新篇章

——青岛市即墨区中医医院“三甲”创建工作汇报

山东省青岛市即墨区中医医院

青岛市即墨区中医医院按照《山东省中医医院管理评价标准》，以“医疗规范管理”“综合服务能力提升”活动为载体，积极开展三级甲等中医院的创建工作，在提高管理和服务水平、保证医疗质量和医疗安全的同时，重点提升中医药服务能力的可及性、可得性，以疗效为目的彰显中医特色。在上级卫生行政主管部门的大力支持下，我院在发挥中医药特色优势、科室建设、服务水平等方面有了明显提高，现将我院三级甲等中医医院创建工作汇报如下。

青岛市即墨区，东濒黄海、南依崂山，秦代置县、隋朝建城，2017 年 7 月撤市划区，区域面积 1780 平方公里，拥有 120 多万人口。这里风光秀美、商贸发达，素有“千年商都、泉海即墨”美誉。即墨有着悠久的中医药文化传统，2009 年被评为山东省中医先进县，2012 年被评为全国农村中医工作先进单位。

即墨区中医医院 1992 年建成开诊，经过 26 年的发展历程，现已成为一所基础设施齐全、医疗设备先进、技术力量雄厚、中医特色突出的参照三级医院管理的综合性中医医院。医院现占地面积 4.5 万平方米，建筑面积 6.34 万平方米，开放床位 700 张，职工 1025 人，2017 年全年就诊量达 60 万余人次。是中国人民解放军海军总医院合作医院、北京中医药大学东方医院协作医院、山东中医药大学等院校的教学医院、山东中医药大学医疗集团理事单位、山东中医药高等专科学校附属医院、山东省中西医结合康复医疗联盟单位，以及济南眼科医院、青岛市市立医院、青岛市中心医院、青岛市海慈医疗集团等医联体成员单位。

近五年来，先后荣获“全国首批人民满意医院”“山东省中医先进集体”“青岛市文明单位”“全国模范爱婴医院”“全国中医护理先进集体”“青岛市绿色医院”等荣誉称号。

一、党建引领，真抓实干，全力做好“三甲”创建工作

“源浚者流长，根深者叶茂”，院党委一班人讲政治、守规矩、风清气正、激情创业。始终坚持将党的建设摆在工作首位，以习近平新时代中国特色社会主义思想为指导，深入贯彻党的十八大、十九大会议精神，认真执行民主集中制，落实“两个责任”和“三会一课”制度，深入推进“两学一做”学习教育常态化制度化，扎实开展“大学习、大调研、大改进”主题教育实践活动，全面提高党员干部队伍的思想政治素质。以全面从严治党、党风廉政建设、反腐败斗争和区委“四新 + 四高”总体要求，以“三级甲等医院”的行业标准，扎实推进各项工作。

2017 年，我院全面启动三级甲等中医医院创建准备工作，召开全院动员大会，成立“三甲创建领导工作小组”，制定工作实施方案，细化责任分工，层层签订责任状，形成了“全员参与、多管齐下、统筹兼顾、分级负责”的组织保障体系。坚持“以评促建、以评促改、评建并举、重在内涵”的工作方针，充分发挥党组织战斗堡垒作用和党员模范带头作用，为“三甲”创建工作打下了坚实基础。

二、注重传承，多措并举，充分发挥中医特色优势

（一）统筹谋划，推动中医药事业健康发展

一是明确发展道路。医院坚定不移地走以中医为主线的办院道路，秉承“中医为本、科技兴院、突出特色、全面发展”的发展战略。根据区政府中医药事业发展的意见，制定本院中医院发展中长期规划，进一步加强中医药服务能力建设，不断提升中医诊疗水平，加快中医重点专科建设，完善中医药人才队伍建设。

二是提高中医药使用比例，扩大非药物疗法应用。医院制定并实施了一系列发挥中医药特色优势和提高中医临床疗效的激励和考核制度，把中医药特色优势的发挥、中医药适宜技术的推广作为重要指标，提高了非药物疗法在绩效考核中

的分配比例，使中医药特色优势得到较好的发挥。近五年，我院非药物中医技术诊疗人次占门诊总人次的比率均达到 17%。

三是发挥即墨区乡村医生中医药培训基地作用。2010 年起我院作为即墨区乡村医生中医药培训基地，开始承担向全市乡医推广中医药适宜技术的工作，相继举办了西学中、中医基础理论、中医临床和中医病历书写、农村中医适宜技术等各类培训班 20 余次，培训 3600 余人次。

（二）优化结构、教育传承，锻造高素质中医院人才队伍

一是持续优化中医人才结构。我院公开自主招聘以来，注重引进中医药人才，优化中医药人才队伍。医院领导班子、医务、科教、护理等职能科室负责人中医专业技术人员比例逐渐达“三甲”标准。2016 年中医类别执业医师占执业医师总数的 35%，2017 年中医类别执业医师占执业医师比例达到 41%，增长 6%；中药专业技术人员占药学专业技术人员比例达到 62%，护理人员系统接受中医药知识和技能培训的比例达到 86.9%。

二是注重师承培养。成立院中医教研室，制定中医药人员队伍建设发展规划并认真加以落实，师承教育初具成效，现有山东省五级师承教育指导老师 2 名、继承人 4 名，全国中药传承人才 1 名，国家中医药管理局龙砂医学流派传承人 1 名，山东省名中医专家 2 名，青岛市优秀青年医学专家 3 名，青岛市中医药类优秀青年医学人才 1 名，院内自主选拔学术带头人 10 名、继承人 16 名。注重师承教育的同时，加强医护人员外出培训学习，每年选派 60 余名中医医护人员到北京、上海、广州等城市的大型医院学习进修，不断更新医护知识，提高综合素质。

（三）加强临床科室建设，创新中医药诊疗方式

按照《中医医院临床科室与建设管理指南》要求，高标准实施临床科室规范化建设，对各临床医疗科室进行科学设置、合理布局，科室名称均符合国家规范标准。引进德国西门子 128 层高端 CT、德国西门子四维彩超系统、德国 Maxmore 椎间孔经成像系统、方形高压氧舱等大型设备 40 余台套，配置中医诊疗设备达 12 大类 40 余种，开展以针灸、拔罐、熏洗、牵引、体质辨识等为主的中医药特色诊疗服务项目 60 余项。

在国家中医药管理局印发的33种中医诊疗方案基础上，制定中医优势病种和临床路径中医诊疗方案85种并积极应用于临床，各临床科室结合工作实际制定3个以上常见病及中医优势病种中医诊疗方案。同时，全院开设15个中医综合治疗室、1个门诊综合治疗区；在设病区的21个科室中开设了15个，达到设病房科室的76%；开展了中医医疗技术65项。

（四）加强重点专科建设，打造中医药工作亮点

医院对重点专科采取人员、设备、经费、床位优先配置的“四优先”政策。同时，充分发挥现有重点专科的示范作用，带动其他专科发展，不断增加医院重点专科的数量及提高其质量。我院现有国家级农村医疗机构中医特色专科1个、山东省中医药重点专科1个、山东省中医药预防保健服务中心1个、青岛市中医特色专科2个、青岛市国医示范门诊2个、青岛市中医专病（专技）特色门诊10个、青岛市中医药类B类重点学科（诊疗中心）1个、青岛市医疗卫生C类重点学科3个。

为充分发挥针灸科重点专科特色优势，结合针灸推拿治疗范围广泛，涉及康复科、骨伤科、内科、外科、妇科、儿科等多系统疾病的特点，2018年我院针灸科把具有中医传统特色疗法的针灸推拿做大做强，在全院推广针灸全科化。开展数月以来，在解决患者术后腹胀腹痛、尿潴留、泄泻等问题上，效果显著。我院中医诊疗模式得以拓展，中医特色优势进一步突显。

（五）完善设施，加强管理，确保用药安全有效

一是加强管理，重视质量，确保用药安全。五年来，先后到安徽亳州和河北安国公开招标采购中药饮片，为提高中医疗效提供保障，医院中药连续两年全省抽检100%合格，位列全省所有二、三级医院前三名。建立中药饮片供应商评估及采购制度，相关条款被青岛市药监局引用作为全市中药饮片采购评估管理规定模板。培养了青岛市唯一一位专职中药临床药师，建立了中药饮片处方点评工作制度。

二是完善基础设施，提高中药服务能力。医院投资260余万元，完全按照国家GPP标准建设占地面积2000平方米的制剂室；现有制药及检验设备40余台，可进行各类制剂工序的生产，年生产批次达千余次、生产量达600余万元，能够极大满足临床用药需求。此外，2016年医院扩大中药煎药室面积至120平方米，较以前增加近2倍，新增28台循环煎药机和真空包装机，数量达到42台，日煎药能力由原先的50人次提高到120人次，充分保证患者可以当天取药。

三是重视自主研发质优价廉的自制制剂。为发挥中医中药优势，针对常见病多发病，我院制剂室联合临床科室自主研制质优价廉且具有省级中药批准文号的中药制剂30余种，中药协定处方20余个，制剂研发产出能力居青岛市前列，7个中药制剂品种入选青岛市知名制剂。其中，“蜂蜜生肌膏的研究”荣获青岛市科技进步二等奖；“鼻窦炎糖浆”“菁华风湿伤痛膏的研究”均获即墨市科技进步一等奖。

2017年门诊中药处方占比60.61%，中药饮片处方数占门诊人次的30.87%，出院患者中中药饮片使用率为62.3%，全年中药饮片收入为3500万元。

四是运用现代化技术，提升标准化管理。我院先后引进智能麻醉药品管理柜、合理用药管理系统、全自动中心摆药机、门诊全自动智能发药系统、中药饮片及药品智能物流追溯系统（SPD）、标准化药品电子货架、冷链及温湿度实时智能监控系统等一批先进的药事管理设施为我院药事管理标准化提供了强大的软硬件支持。

（六）推崇特色中医护理，提升临床护理质量

一是积极开展专科中医特色护理，每个临床科室开展中医护理技术项目4项以上。护理部组织临床实施35个中医护理方案，定期进行方案优化。医院鼓励中医护理技术开展，应用人数逐年增加，开展耳穴贴压、中药湿敷、穴位贴敷、中药熏蒸、中药灌肠、拔罐、艾灸等中医护理技术17项，2017年已达到21万余例次。此外，组织所有病区结合自身工作统一制作各具特色的健康教育宣传手册，为患者提供个体化的中医药特色护理服务指导。

二是2016年组建养生气功“八段锦”演示队。录制视频，科室带领适宜病患及家属进行健身锻炼；并到乡镇卫生院、政府机关、公园等教授“八段锦”，惠及即墨百姓。

三是全院开展“优质护理服务示范工程”活动。制定优质护理服务规划、目标及实施方案，以“6S”管理工具为抓手，美化病房环境、优化服务流程、深化内涵建设，稳步推进优质护理服务进程，使优质服务病房覆盖率达到100%，并多次组织义诊，延伸优质护理服务，助力百姓健康。

（七）文化搭台，突出特色，打造中医药文化建设新亮点

认真落实中医医院中医药文化建设指导意见等文件要求，制定《即墨区中医医院中医药文化建设实施方案》，促进医院文化建设工作的落实和发展。将“大医精诚、医乃仁术”的传统医学的核心价值理念融入医院宗旨、发展战略、院训院歌等各个方面，形成富含中医药文化特色的服务文化和管理文化。

庭院种植中药材绿植，室内装饰彰显中医药文化。门诊走廊、候诊区、候药区、住院部走廊均宣传中医药知识。室内外中医药宣传展板500余块，主讲历史渊源、诊疗技术、养生方法、科室优势病种和中医药特色等内容，展现中医药文化内涵建设。

医院修订了《中医药传统文化手册》《员工手册》，进行了多次培训，进一步规范了员工言行仪表，形成了医院特有的员工行为规范体系。

2017年医院设立青岛市医疗系统唯一的中药标本馆，打造中医药文化长廊，并面向市民免费开放，中药标本馆现已收集了700余种中药标本，中医药文献古籍及用品100余种，具有中医药教学、科研、交流和科普等多种功能。中药标本馆先后被评为青岛市首批中医药文化宣传教育基地和即墨区科普教育基地，真正实现了传承中医、示教于民的“一馆多能”职责。

（八）预防为主，服务为先，着力打造中医保健新品牌

将“治未病”理念纳入了医院中长期发展规划。我院治未病服务平台筹建于2011年，目前完成中医体质辨识健康档案2万余人次，2014年12月，我院被山东省卫计委、山东省中医院管理局评为“2014年度山东省中医药预防保健服务中心”。

2012年11月成功举办即墨区首届中医膏方养生节，并定期特邀全国著名膏方专家前来坐诊，膏方需求量逐年增加。此外，我院连续多年开展冬病夏治“三伏贴”，采用本院配方的纯中药制剂，通过安全高效的透皮吸收，补充人体阳气，防病健身，尤其是对呼吸系统疾病、免疫系统疾病，减缓发作，防治效果较好。近三年，贴服首日门诊量均达到1000多人次。

三、强化内涵，科学发展，全面提升综合服务能力

（一）加强医院管理，提升综合医疗服务能力

以实施医院、科室、治疗小组三级目标责任制为抓手，把医疗质量作为医院管理的头等大事来抓。

一是建立医院质量管理体系。成立了医院质量与安全管理委员会，针对业务管理分设了医疗质量管理等7个委员会，定期研究督查医疗质量管理工作，将质量管理纳入日常业务工作。同时，建立并不断完善各项规章制度、工作流程、评价体系、风险评估、预警预案、绩效评价等指标体系，全方位推进医疗质量与安全管理提升。此外，加强全院医疗管理制度、岗位制度、操作规范的培训落实。

二是狠抓院感质量，保障医疗安全。医院高度重视感染管理工作，制定相关规章制度及工作流程，加强人员培训和定期质控，有效提升了医院感染防控水平。重点部门管理进一步规范，2016年层流净化手术室、ICU投入使用，扩建口腔科、血液净化中心、内镜中心、感染性疾病科、医疗废物暂存处等；同时，加强信息化建设，污水处理站设有24小时水质在线监测系统；2015年开始应用院感管理信息化进行实时监测，感染率连年下降；2018年消毒供应中心无菌物品追溯系统正式启用。

三是大力提升医务人员整体素质。从提升医疗质量和确保医疗安全入手，深入开展多种形式的技术比武、岗位练兵以及应急演练，不断提高全院医务人员的技术水平。我院在青岛市级、省级各类技能比赛中多次获奖。

（二）强化内涵建设，促进科学发展

一是深入推进公立医院改革，促进医院科学发展。我院积极响应国家医改政策，通过取消“药品加成”、调整医疗服务价格、改革医保支付方式，真正破除“以药补医”机制。2016年，县级公立医院综合改革目标管理体系考核评分，

我院位居即墨区试点医院第一位。2013 年 2 月 1 日零时起，我院全面取消药品加成，实行零差率销售，累计为群众减少医药费用 8184.15 万元；调整医疗服务价格 7275 项，实行了 18 个单病种收费，下调医用耗材费用，将耗材占比降至 20 元以下，规范诊疗，合理控费，切实为群众节省医疗费用。此外，2017 年医院实行了法人治理结构，开启政事分开、管办分开的管理模式，推动了医院科学可持续发展。

二是注重内驱力培养，提升全院执行力。为提升医院内涵建设，医院重视职工内驱力培养，多次邀请专家到医院举办“执行力提升”相关讲座。

三是加强信息化建设，开启智慧医院新模式。医院使用了 HIS 系统、LIS 系统、PACS 系统、电子病历系统、移动查房系统、钉钉办公系统等程序，达到了全院信息电子化管理的目标要求。开通微信公众号及订阅号、移动支付等适应新时代发展要求的功能。

（三）明确功能定位，勇担社会责任

按照三级医院有关要求，明确功能定位，积极履行社会职责，凸显医院公益性。

一是改善就医环境。医院新病房大楼启用后，相继对原有老病房楼、门急诊楼、接收的原交通局大楼进行装修和改造升级，扩展了诊疗空间，优化了住院环境。同时，投入 45 万元改造 600 平方米的停车场，安装收费计时系统，解决停车难问题。

二是优化服务流程。设置一站式导医台，提供问询导医服务；开展多种预约挂号，有效分流患者；开设自助叫号系统，维护良好就医秩序；引进检验、影像自助打印系统，节省患者就诊时间；增设自助发卡、挂号、缴费、查询系统，进一步优化服务流程。

三是积极承担公共卫生职责，搞好临床医学教育。我院连续多年每年免费开展“两癌筛查”7000 余人次，开展全市儿童免费窝沟封闭及涂氟防龋治疗 2000 余人次，公园、社区等场所义诊、健康宣讲 10 余次。同时，我院一直承担山东中医药大学、山东中医药高等专科学校等多所院校多个专业的不同层次学生的临床教学任务，每年接收实习生达200余名，教学条件不断优化，教学经验不断积累。

四是履行社会职责，彰显医院公益性。开展义诊、健康宣讲工作。我院连续多年将下乡义诊列入医院年度计划，每年义诊不少于40个村庄，并相继成立基层服务科、乔春芳义诊队、康乃馨巾帼宣传队、团委青年志愿者服务队等多支下乡队伍和团体，常年深入乡村、社区、学校、企业开展义诊和健康宣讲活动。

开展医疗对口支援，推进医共体建设。多年来，我院积极参与卫计局党委提出的基层医疗服务能力提升和分级诊疗工作要求，开展医疗对口支援。2017年医院与普东、南泉等8所乡镇卫生院建立中医医院医共体，多次调研、座谈制定出个性化的支援帮扶协议；2018年，我院共向8家医共体单位派出40名技术骨干，涉及医药护等多方面，全面帮扶卫生院提升诊疗水平和综合服务能力。此外，建立省外医疗对口支援机制，正在进行援黔援甘工作，并荣获“援黔医疗对口帮扶工作优秀集体”荣誉称号。

开展精准帮扶，助推村庄发展。按照区委区政府对精准扶贫工作的要求，我院领导班子开展“一对一”扶贫，8名贫困户帮扶后7人脱贫；2012年至今先后派出5名党员参加驻村工作队，2017年选派了1名党员干部到村任“第一书记”，帮助村庄建设。

服务新时代 展现新作为 助力百姓健康

四川省壤塘县藏医院院长 拉 巴

作为一名医生，我的工作职责就是“竭尽全力除人类之病痛，助健康之完美，维系医术的圣洁和荣誉，救死扶伤”。作为一名基层的医务工作者，我不辞艰辛，执着追求。2018 年的实践工作，我对自己工作有很多的思考和感受，在这里我做一下简单的陈述。

一、努力学习，不断提高政治理论水平和业务素质

在工作中，我努力学习科学理论知识，学习各种法律、法规和党的政策，领会上级部门重大会议精神，在政治上、思想上始终同党组织保持一致，保证在实践工作上不偏离正确的轨道。同时，在实践中不断总结经验教训并结合本职工作，认真学习有关国家医疗卫生政策、医疗卫生理论及技能，不断武装自己的头脑。并根据工作中实际情况，努力用理论指导实践，以客观事实为依据，解决自己在工作中遇到的问题。希望，将来回首自己所做的工作时不因碌碌无为而后悔，不因虚度时光而羞愧。

二、恪尽职守，踏实工作

我决心竭尽全力除人类之病痛，助健康之完美，维系医术的圣洁和荣誉，救死扶伤，不辞艰辛，执着追求，为祖国医药卫生事业的发展和人类身心健康奋斗终生”。今天，我不断努力着。基层医疗工作，更使用我深深地体会到，作为一名基层医疗工作者肩负的重任和应尽的职责。按照分工，摆正位置，做到不越位，

不离任，严格遵守职责，完成本职工作。只有把位置摆正，把职责搞清，团结同志、诚恳待人，脚踏实地，忠于职守、勤奋工作，一步一个脚印，认认真真工作，才能完成好本职工作，做好我作为一名基层医疗服务工作者的本职工作。

在门诊、住院的诊疗工作中，我医治了门诊病人 4231 人，每周二、周五带领全院医生进行院内大查房。2018 年总住院病人 650 余人。360 天，天天随诊。那怕是节假日、休息日，时时应诊。不管是在任何时候，不耽误病人治疗，不推诿病人，理智诊疗。平等待人，不欺贫爱富，关心、体贴、同情每一位就诊的患者。做到合理检查、合理治疗、合理收费。在新型农村合作医疗的诊疗中，严格按照新型农村合作医疗就诊规则，开展门诊、住院的诊疗工作。

相关政策宣传及居民健康教育方面，本人认真学习新型农村合作医疗政策、相关新型农村合医疗会议精神与新型农村合作医疗诊疗制度，组织本院职工进行培训学习，开展居民健康教育工作。

科室管理。2018 年在县领导的指导下，在本院全体工作人员的支持和协助下，各项工作落实到位并扎实推进，辅助科室相互协作，使全院医疗服务工作有条不紊地开展着。通过派人进修、自我学习、集体培训等方式，使全体医务人员的诊疗知识、诊疗技能及业务水平有了明显的提高，增强了我院的诊疗服务水平。

立足妇儿服务新时代 凸显职能展现新作为

——呼和浩特市妇幼保健院精益求索打造妇幼保健特色服务之路

内蒙古自治区呼和浩特市妇幼保健院院长 刘存威

古语曰："治国有常，而利民为本。"医疗服务事业事关人民群众切身利益，事关国计民生。呼和浩特市妇幼保健院自1953年建院始终坚持临床与保健并重的妇幼卫生工作方针，持续加强妇幼健康服务体系建设，聚焦影响妇幼健康的突出问题，切实增强妇幼健康服务能力，有效带动全市妇幼健康水平明显提升。

一、强基础，谋发展，服务先行

为进一步抓好妇幼特色服务，更加科学地融合保健与临床，推动保健院各项事业全面可持续发展，我们主要做了以下工作。

（一）营造优美医院环境，创建一流服务平台

过去，医院房屋存在面积严重不足、配套设施落后、办公环境差的问题，这些因素大大制约着医院发展。

在市委、市政府及市卫生局的批准和大力支持帮助下，各级领导千方百计、多方奔走争取资金、协调划拨土地，最终，呼和浩特市妇幼保健院迁建项目于2013年6月开工，2017年2月新保健院大楼正式投入使用，呼和浩特市妇幼保健院有了一流的服务平台，进入了可持续发展的快车道。

（二）配齐建强人才队伍，打造一流服务团队

为适应医院的快速发展，医院采用"走出去、请进来"方法，在人才引进、储备、培养上下功夫。从2015年开始，共计引进各类人才50余名，选派专业技

术及管理人员 200 余人次分别赴十余家全国知名医院进修、培训、参观学习。加快推进人才队伍建设，切实提升医疗保健服务能力。2017 年，被中国疾病预防控制中心妇幼保健中心和中国性病艾滋病防治协会联合授予“预防‘艾梅乙’母婴传播工作先进集体”，被呼和浩特市人民政府妇女儿童工作委员会评为“先进集体”；2018 年，在自治区、呼和浩特市两级孕产妇新生儿救治技能竞赛中获得市级一等奖 2 个、二等奖 1 个、三等奖 1 个；自治区级二等奖 2 个的好名次。

二、狠抓重点专科建设，强化特色保健服务

认真贯彻落实“一法两纲”精神，深化医药卫生体制改革，努力提高妇女儿童健康水平，以“大专科、小综合”为业务定位方向，按照四大部建设要求，着力强化妇幼保健特色服务。

（一）以提升临床发展水平带动妇女保健能力

医院在充分提升妇、产、儿、中西医结合科等重点科室临床水平基础上，深挖妇幼保健服务资源，积极拓展服务项目，开展妇女全周期特色保健服务，以孕妇学校、母婴健康服务中心为平台，重点发展围产保健、母婴健康等多样化优质服务。鼓励妇产科、麻醉科大力推行镇痛分娩、陪伴分娩等多种分娩方式，减轻产妇痛苦，降低剖宫产率、孕产妇死亡率、婴儿死亡率。发展多样化孕周期健康管理，充分利用孕妇学校宣教阵地，开展多种形式的公益保健服务，2018 年全年直接受益孕妇 1500 余名。

（二）大力推行筛查工作，发展儿童特色保健服务，保障儿童身心健康

医院遵循“儿童身心健康关系民族发展大计”的服务理念，始终以新生儿、婴幼儿疾病筛查为工作重点，拓展多元化保健服务。开展儿童新生儿眼科、口腔、听力、代谢性疾病、髋关节、颅脑超声等筛查项目，深度拓展婴幼儿发展课堂、智测、营养、心理发育指导等项目。

儿童保健科以全面促进儿童的身心健康为宗旨，大力引进仪器设备，扩大服务领域，重视促进儿童个性化身心发展，开展儿童早期发展课堂、智力测评、儿童早期营养指导、婴幼儿游泳、抚触按摩中心等特色项目。早期发展课堂于

2018年5月8日正式开课，截至目前共开课117节。智力测评又称神经心理发育测评，主要目的是帮助家长了解孩子的发育情况。营养膳食指导项目，自开展以来共为600余位幼儿做过细致分析与指导。

三、持续改进服务流程，创新健康服务模式

依托信息化、医联体建设，让医疗资源发挥更大效用，让“百姓少跑路、数据多跑路”，以“共建共享、全民健康”理念发展基于互联网的医疗保健服务，开展远程医疗、预约诊疗、健康管理等多种服务。先后与内蒙古自治区人民医院、上海市儿童医院等区内外多家知名医院签订了医疗合作协议，切实解决人民群众“看病难、看病贵、看病远”的问题。

四、发挥公益服务功能，营造“预防为主”理念，助力“健康中国”

医院始终坚持以人为本，以维护妇女儿童健康权益为目的，以需求为导向，为妇女儿童提供规范的医疗保健服务。为倾情回报社会，营造关爱生命、甘于奉献氛围，用白衣工作者精湛的技艺和良好的风貌展示着服务新时代的精神。2018年举行“情系乘客人身安全，心系的士司机身心健康”免费体检活动，为全市近万名出租车行业司机全部进行免费体检。同时积极呼吁社会各界人士关注接纳自闭症群体，为自闭症儿童开展健康义诊服务，用爱心帮助他们融入社会。

医院始终秉承习近平总书记“小康路上一个都不能掉队”的精神，助力“健康中国”，让老百姓真正享受到医疗资源的公平性和可及性，为人民群众架设生命健康的“安全屏障”。

抓住医院可持续发展的主要因素，营造优美和谐医院环境、配置先进医疗设备、建设前沿学科体系、引进培养高素质人才队伍、抓好医院文化建设，按照老百姓关心什么，期盼什么的服务理念，转变过去“患者追着医生跑”为“医生围着患者转”，让老百姓真正享受到医疗资源的公平性和可及性。

奋进中的高台县妇幼保健院

甘肃省高台县妇幼保健院

高台县妇幼保健院是一所集妇幼保健、特色临床、计划生育、健康促进于一体的公益性事业单位，始终坚持保健与临床相结合，面向基层、面向群体和预防为主的工作方针和“儿童优先，母亲安全”的宗旨，秉承“厚德、仁爱、精诚、创新”的院训宗旨，与时俱进，不断创新，拓宽新业务，开展新技术。两年来，从职工 20 人、床位 11 张的落后局面，发展到今天院区面积 10000 多平方米，床位 100 张，专业技术人员近 100 人，妇产科、内儿科临床医疗保健业务全面规范开展的符合二级甲等评审标准的县级妇幼保健院，由小到大，由弱到强，基础设施建设逐步完善、医疗保健服务特色日益鲜明、医院综合实力不断增强、职能发挥更加到位、社会效益更加突出，群众满意度明显提升。曾先后荣获省级妇幼卫生先进集体、省级计划生育技术服务示范单位、张掖市卫生系统精神文明建设先进集体、张掖市模范职工之家、张掖市三八红旗集体、实施妇女儿童发展规划先进集体、廉政文化示范点等荣誉称号。

整合资源，规范设置科室

2017 年 10 月，高台县妇幼保健院新院建成投入使用，新院运行坚持保健与临床相结合的统筹协调发展理念，打通保健与临床科室分别设置的传统格局，对应国家相关管理规范，设置孕产保健部、妇女保健部、儿童保健部、计划生育技术服务部，并细化科学合理设置保健与临床深度融合的二级专业科室和辅助功能科室。妇幼保健院新生儿重症监护室、手术室、围产中心、中医科、血库、HIV

筛查实验室、基因扩增实验室建设都达到了国家设置规范要求。这其中无不包含着妇幼保健院干部职工的智慧与奉献。新院建设项目争取工作时，火车上有院长疲惫的身影，为了节省时间、追赶进度，他经常是早晚之间往返单位和出差地；项目建设初期，项目负责人奔波于发改、财政、环保、消防、国土等各个相关部门，协调关系，办理手续，保证工程建设安全顺利；为了更加合理、规范地把医院整体设计搞好，全院齐心协力，出谋划策，请教专家，学习同行，多次组织座谈会、讨论会，多方征求意见建议，多次考察调研，使妇幼保健院的建设更加规范合理，充分体现了妇幼健康文化内涵。妇产科、儿科病区及手术室、围产中心与新生儿重症监护室建设进一步规范，产科服务能力建设达到并通过了二级产科标准等级验收，规范设置中医科及中医保健科，打造了保健与临床深度融合的儿童口腔保健、视力保健、婴幼儿水疗、孕妇学校等特色专科，提供妇幼相关特色服务品牌项目，深化妇幼特色专业学科建设。县妇幼保健院先后加入了甘肃省妇幼保健院妇产科、儿科联盟和甘肃省儿童康复医联体专科联盟，2017 年 7 月由甘肃省残疾人联合会批复加入全省康复医疗体系，10 月经张掖市残疾人联合会资格认定妇幼保健院成为“十三五”期间残疾人精准康复服务项目定点机构，2018 年 12 月通过甘肃省妇幼健康优质服务示范工程验收，我县成功创建甘肃省妇幼健康优质服务示范县。

强化培训，搭建人才梯队

多年来，高台县妇幼保健院始终将人才队伍建设作为解决发展问题的重要工作来抓，采取请进来教、派出去学、单位内部开展传帮带、加大人才签约引进等方式，加强专业人员的培养力度，院内人才建设工作不断优化。针对院内现有人员专业知识欠缺、实际操作能力弱的问题，每年都以集中培训、理论测试、考试考核、技能竞赛等多种形式，组织工作人员进行相关专业知识技能培训，强化理论知识学习。同时实施“请进来，送出去”的人才培养战略，派出医护人员赴甘肃省妇幼保健院、陆军总院、甘肃省中医医院、安贞医院进行中长期学习，并不定期选派人员赴兄弟单位观摩学习，进一步强化了现有人员综合素质的提升。尤其值得一提的是，因诸多原因，新院建成前，高台县妇幼保健院很多业务无法开展，尤其是作为助产机构一直不能开展手术，这成为产科乃至全院业务工作发展的瓶颈，不但不能为广大群众提供更加安全、优质的医疗保健服务，也在医疗保健服务中埋了安全隐患。2016 年，院领导班子大胆创新，魄力决策，提出了打包培养技术团队的人才培养理念，将发展几乎停滞的妇产科住院部暂时关停，将全部产科、护理、麻醉专业技术人员，以团体打包的形式派送外出进修学习，培养了一支以手术为主的专业技术团队，突破了临床不能开展手术的发展瓶颈，目前高台县妇幼保健院已能开展妇科、产科手术，避免了一定的医疗安全隐患的发生，为今后的发展注入了强心剂，为广大患者尤其是孕产妇及新生儿提供了安全、优质的医疗保健服务。选派外出进修学习的儿科团队也不示弱，他们学以致用、配合默契，开展的视力保健、口腔保健、听力保健、营养评价等服务项目受到广大家长及群众的好评。

突出特色，创新开展工作

过去的妇幼保健院，专业人才匮乏，医疗设备短缺，基础建设设施落后，很多业务无法开展，各方面实力都与兄弟县区妇幼保健院存在较大的差距，面临着发展的困境，甚至举步维艰。我们深知，要求生存、求发展，如逆水行舟，不进则退，发展是唯一的出路，寻找发展途径，需从突出服务特色、树立服务品牌上另辟蹊径。积极探索建立中西医结合的妇幼健康服务模式，大力推广应用针灸、拔罐、火疗、放血疗法、推拿按摩、小儿推拿、捏脊、乳腺穴位贴敷、中药热奄包、中药封包、中药涂擦等中医妇科、儿科适宜技术，强化妇幼中医药服务功能建设；在规范妇女保健、儿童保健、妇产科、内儿科、新生儿重症监护、生殖保健、中医保健等妇幼专科建设的基础上，全力打造保健与临床深度融合的儿童口腔保健、视力保健、婴幼儿水疗中心、孕妇学校等特色专科，提供相关特色品牌服务项目，深化妇幼特色专业学科建设；探索妇幼相关健康服务学科建设，依托设置的标准化儿童残疾康复治疗中心，积极协调争取，2017 年 7 月由甘肃省残疾人联合会批复加入全省康复医疗体系，10 月经张掖市残疾人联合会资格认定妇幼保健院成为“十三五”期间残疾人精准康复服务项目定点机构，成为儿童脑瘫、智力残疾、孤独症儿童康复训练定点医疗机构，将进一步推进我县儿童残疾康复标准化、规范化治疗格局；大力推进以产儿科为主的医联体建设，先后与省妇幼保健院、省康复中心医院建立了妇产科、儿科、康复科医联体专科联盟，举办专科联盟活动，邀请了省级专家来我院开展义诊咨询、骨干医师培训、健康知识讲座等系列活动。通过专科联盟，定点精准服务，做到借势发展，进一步推进妇幼保健院妇产科、儿科及儿童残疾康复治疗中心服务能力的快速提升和发展。

曾鸿毅：紧密型医联体健康红利传播者

广西鹿寨县人民医院

曾鸿毅 男，1970 年出生，1994 年参加工作，1998 年入党，研究生学历，主任医师职称，曾任柳州市人民医院核医学科副主任、医务科科长等职务，是中华医学会核医学分会第十一届委员会实验学组委员、广西医疗质量管理分会委员、广西发展战略研究会专家。从事临床工作 20 余年，擅长甲状腺疾病（甲亢、甲状腺癌）、血管瘤等疾病的诊治，曾主持及参与多项科研课题，获柳州市科技进步一等奖及广西医药卫生适宜技术推广奖二、三等奖，发表学术论文 30 余篇。

广西壮族自治区位于中国北部湾经济区、珠江—西江经济带。在这钟灵毓秀有着“八桂”之称的壮乡里，有这样一座县城，位于柳州市境内，有着“呦呦鹿鸣、寨美一方”的美誉，是广西首批县级综合医院改革试点县，是第二批 26 个国家级公立医院综合改革示范县之一，它就是——鹿寨。

近年来，这座有着 43 万人口的小城凭借医改的红利，为新医改树立了榜样，而鹿寨县人民医院就是这份光荣榜上的领航员，她是国家卫计委全面提升县级医院综合能力第一阶段 500 家试点医院之一，是广西首批两家助理全科医生培训基地之一，广西第三家通过国家级胸痛中心（基层版）认证医院。2017 年，在国家医疗卫生体制新一轮改革要求优势医疗资源下沉这一政策的指引下，为进一步改善鹿寨医疗卫生服务状况，保障群众健康，鹿寨县人民政府与柳州市人民医院签署了紧密型医联体合作协议，开启了县域百姓足不出户便可享受医联体红利下三级医院医疗服务的新篇章。

初春的4月散发着新生的气息，在鹿寨县人民医院有这样一位医师，他做事雷厉风行，不管是在患者身边还是在职工中间，总是身先士卒、全情参与，他就是誓做鹿寨人民“健康传播使者”，经柳州市人民医院推荐，鹿寨县委组织部考核聘任，于2017年4月走马上任的鹿寨县人民医院院长——曾鸿毅。

上任之初，务实、果敢、高效就在他身上体现得淋漓尽致。第一天便召开了院领导班子会统一思想，三天完成医院基本议事制度的修订，两周内完成所有科室的走访，一个月内完成所有医共体卫生院实地调研，足迹从院内延伸到各乡镇卫生院……凭借着亲身调研掌握的资料，他为鹿寨县人民医院进一步改革提升做出了五个“一点”的构想，就是为了保障新医改政策能够顺利进行。在其任职不到两年的时间里，医联体的红利已经能够最大限度地惠及鹿寨百姓。

一、规范一点，为了医院发展走得快、走得稳

我院作为基层医院，医联体成立之前相关制度和职责不完备，内控制度也相对薄弱，为了指导医院事务有章可循、有规可依，到任后他便组织医院职能科室负责人参照柳州市人民医院的制度结合我院实际情况进行修订。制度职责规范了，全院职工开展工作就好像有了引路灯、护身符，只要是在制度职责允许范围内的，都可以放心大胆地开展。特别是制定的《现场办公会制度》《时效性管理规定》，明确了职能部门办事的时限、解决的途径以及结果的督办等内容，让效率提高，让临床满意，最终使群众受益。

二、提高一点，为了医务人员更自信、群众健康更有保障

人才是一个医院发展的基础，近年来由于人才流失严重，医院专业技术人才断层现象严重，科室业务发展不平衡，为了解决这一困扰，由上级医联体医院派驻专家边做边带边教，医院职工外送市人民医院进修学习这种双管齐下的方式是最为事半功倍的方法。在他的建议和申请下，在柳州市人民医院的大力支持下，至今累计派驻医疗专家60人，其中高级职称医师9人（常驻两年）、中级职称医师36名（常驻半年）、住院医师11名，并长期保持至少有20名以上派驻专

家常驻我院，并且派驻期间所有人员停止柳州市人民医院处方权，与我院科室共同排班，并明确派驻期间的责任目标，以保证帮扶效果。

面对专家的帮扶，他常说：柳州市人民医院专家是来造血，而不是输血，他们会在鹿寨无私地将手中技术传授给我们，加上外送的进修人员，技术水平才能快速提高，鹿寨百姓健康才更有保障。

截至目前，医院所有临床科室已经完成第一批近 60 名医护人员的外出专科化培训，并作为科室带教人员开展院内二次培训，已覆盖全院；在市人医专家的带领下，新开展了腹腔镜胃肠道肿瘤根治术等 30 多项新技术；成功掌握并运用单孔腹腔镜这一前沿手术技术……一系列技术成果之花在鹿寨县人民医院处处绽放，使群众不出县城就能在家门口享受新技术带来的健康保障。

三、改善一点，为了职工工作舒心、群众就医体验提升

鹿寨县人民医院目前使用的门诊医技楼仍然为 20 世纪 80 年代的旧楼，硬件条件比较落后，2017 年县人民政府为了提升县医院诊疗环境，全额出资在医院原址新建一栋 22 层的门诊综合楼。但是面对建设过程中部分用房拆除的现状，如何有效、妥善、合理地安排业务用房就成了横在他面前的困难。为此，曾鸿毅院长组织院领导班子、职能科室负责人现场办公，在拆迁前期准备的过程中，他深入一线科室，现场观察了解患者需求，收集职工建议，统计拥堵地点，坚持以改善群众就医体验作为决策的第一要素，宁可压缩行政用房也要保证群众业务用房。经过因地制宜的搬迁改造，原来拥堵的采血室、B 超室、西药房、儿科门诊、体检科、放射科全部搬迁至宽敞明亮的候诊室，配备有自助按摩座椅、无线网络、电视等。改造过后，很多群众到医院后的第一感觉是候诊不用站，排队不拥挤，看病不用抢，群众纷纷竖起大拇指点赞。

与此同时，他还通过公开招标，组织职工代表以暗访调研的形式装修改造医院食堂，解决职工后勤保障问题；建设了医院室内体育馆，让职工文化生活更加丰富多彩。每当他和职工在医院里相遇，大家都喜欢和他交谈，他总是说：我给不了你们五星级的宾馆体验，但就现有条件改造一下，让医院温馨舒适是没有问题的，等我们大楼建好了，我们的未来会更好。他就是这样一个把群众和职工体验放在心上，平易近人没有架子，用自己务实的工作态度影响着医院所有干部职工的院长。

四、先行一点，为了医院更有竞争力、群众更有信任感

作为市级医院正高级职称的主任医师，他拥有卓识的远见。

在医疗方面，来到鹿寨后就提出了依托“互联网+”信息化远程医疗，全面建设“胸痛、卒中、创伤、危重孕产妇救治、危重新生儿救治”五大中心，最终打造市—县—乡一体化生命健康通道的目标。在他的推动下，2017 年 7 月，医院迅速与鹿寨四家乡镇卫生院签署医共体合作协议，覆盖全县一半以上乡镇；2017 年 8 月份，相继成为柳州市人民医院胸痛中心、卒中中心网络医院。2017 年底，依托柳州市人民医院远程医疗平台，实现了医共体卫生院 DR、心电、B 超的远程会诊，同时通过组建市—县—乡各学科微信群，使乡镇急危重症患者能直接经柳州市人民医院绿色通道得到及时的治疗，赢得了救治时间。2018 年 11 月，我院胸痛中心获得了国家胸痛中心（基层版）资质认证，成为广西第三家国家级（基层版）胸痛中心，抢救成功率也达到了 99%；危重新生儿救治中心、危重孕产妇中心也通过柳州市卫计委认证并批文；卒中中心、创伤中心也已在柳州市人民专家帮助下正常运转。同时，还建立了鹿寨县首个肿瘤病区，减少了鹿寨籍肿瘤患者往返奔波市县治疗的辛劳。

在医院管理方面，他还提出将党支部阵地延伸到临床科室，把支部活动、主题党日与日常医疗工作结合起来，充分调动党员先锋模范带头作用。同时率先申报成为现代医院管理制度示范医院，并制定医院章程，在硬件条件仍在不断完善的情况下，内涵建设则不断加强大步前进。目前，医院已经成为广西现代医院管理制度示范医院，各项工作也已经按照党委领导领导下的院长负责制这一政策方向稳步前行。

曾鸿毅院长对医院的前瞻性建设，他卓越的眼光与政治意识，让鹿寨县人民医院在这激烈而又瞬息万变的环境下总能先人一步，不断提升市场竞争力，让群

众的健康更有保障。

五、多做一点，为了树立榜样不负“白衣天使”的称号

从柳州市到鹿寨县，曾鸿毅院长总是一如既往地勤奋工作，从他柳州的同事口中得知，他不管做什么事总是比别人想得多一点，深一点，为的就是把事情做得好一点。来到鹿寨县人民医院，作为医院掌舵人，这种敬业的态度一直延续着。对于医疗制度的修订，医生出身的他亲自参与把关；对于医院集体活动，他总是冲锋在前；对于各项三重一大的决策，他总是实地考察，现场办公，只有实地调研才能做到心中有数。最直接的体现就是在他到院以后，带头进行义务献血，打破医务人员不献血的传闻。目前，全院职工在他的带动下，每半年都定期组织一次大型义务献血活动，每次都有超过 30% 的职工参与进来，献血量都在 4 万毫升以上。作为医院榜样的他总说：多做一点，多看一下，多和职工在一起，带个头做个榜样，这既是我作为医生的责任，也是我作为院长应该履行的职责。

不知不觉，鹿寨县人民医院与柳州市人民医院结成紧密型医联体已经一年多，依靠柳州市人民医院强有力的支持，鹿寨县人民医院在曾鸿毅院长的带领下，各项业务开展得如火如荼，既带给职工新的希望，也给群众带来健康的福音。一年来，组织义诊近 60 次，其中深入乡镇卫生院多达 45 次，惠及百姓 1.5 万余人次。医院门急诊人次同比增长 20.25%；住院人次同比增长 8.5%；手术台次同比增长 19.26%，其中腔镜手术同比增长 44.93%，三、四级手术同比增长 62.34%；上转病人同比下降 35.37%，院内就诊率达 96.7%。这一系列的举措，已经将医联体健康保障的种子播撒在鹿寨土地上，也结出了累累硕果，也让县域城乡居民享受到医联体所带来的实惠。

回顾过往，紧密型医联体带来的丰硕成果让鹿寨城乡居民能够共享健康红利，获得感不断增强：

2017 年 7 月，与寨沙、四排、中渡、拉沟 4 家卫生院签订医共体合作协议；

2017 年 8 月，引入鹿寨首家中药饮片，让喝中药不用煮，开水一冲服药更轻松；

2017 年 12 月，鹿寨县人民医院门诊综合楼开工奠基，正式开启现代医院建设新征程；

2018 年 5 月，完成首例单孔腹腔镜手术操作，腹腔镜手术进入单孔时代；

2018 年 7 月，获柳州市卫计委下文批准成为鹿寨县唯一的危重孕产妇和危重新生儿救治中心；

2018 年 8 月，成立鹿寨首家肿瘤科，减少了鹿寨籍肿瘤患者来回奔波的困扰。

2018 年 9 月，成为广西建立现代医院管理制度试点医院；

2018 年 10 月，与龙江卫生院签署医共体合作协议；

2018 年 11 月，通过中国胸痛中心工作委员会认证，成为广西第三家国家级（基层版）胸痛中心；

2018 年 12 月，通过柳州市人民医院紧密型医联体，定向资助 2 名大学生，给予每人一次性 2 万元助学金；

……

这一连串亮丽的成绩，充分体现了公立医院健康为民的社会责任感。正所谓“火车跑得快，全凭车头带”，面对诸多的成绩及日新月异的医疗形势，曾鸿毅院长总能保持清醒，他总是说群众的需要就是我们发展的目标，群众的就医体验就是我们奋斗的方向，他无论是在工作还是生活，无论是纪律还是原则，都一丝不苟，出色的工作成绩更是得到了领导、职工的好评。在成绩面前，他总觉得自己精力有限，做得还不够，他始终相信柳州市人民医院与鹿寨县人民医院紧密型医联体合作的道路会越来越宽，他愿做这条大道上的一块基石，让鹿寨这片热土上勤劳的人民能共享更多更好的医疗服务。

深化医院改革 促进健康发展

广西兴安县人民医院

随着县级公立医院综合性改革逐步深化，进一步改善医疗服务，改进医疗服务流程，创新方便人民群众看病就医的措施，对于落实群众路线教育，让人民群众切实感受到医改成效，提高社会满意度，构建和谐医患关系等具有重要意义。为贯彻落实党的十八大会议精神，我院坚持以病人为中心，以改善人民群众看病就医感受为出发点，围绕人民群众看病就医反映比较突出的医疗服务问题，大力推进深化改革和改善服务，通过改善环境、优化流程、提升质量、保障安全、促进沟通、建立机制等措施，为人民群众提供安全、有效、方便、价廉的基本医疗服务。

一、营造温馨就诊环境

做好就诊区域环境卫生整治，保持干净、整洁、安全、舒适。严格落实公共场所禁烟要求。就诊区域设置建筑平面图、科室分布图，指示标识清晰、明了。完善预约、挂号、查询等服务，为患者提供饮水、应急电话、轮椅、纸、笔等便民设施。

二、畅通急诊绿色通道

加强急诊与院前急救的医疗服务衔接，不推诿、拒诊急诊患者。对于需要紧急救治，但无法查明身份或身份明确无力缴费的患者，要及时救治，不得以任何理由拒绝、推诿或拖延救治。优化服务流程，缩短患者就诊、缴费、取药等候时间。加强急诊与临床科室间的衔接，需住院患者及时收入院治疗。2013 年，国家投入 100 万元在我院建立了完善的 120 指挥中心，120 车辆始终保持随时待发的良好状态，车内急救设施齐备。

三、加强医院信息化管理

近年来，我院投入近 500 万元，建立了医院信息化、网络化管理平台，IC 卡挂号、就诊信息储存与收费一卡多用、无胶片放射、电子病历、远程会诊等在医院被广泛应用，不仅及时获取所需要的医学情报资料信息，提高了工作质量与效率，更提高了科学管理水平。

四、改善住院服务流程

做好入、出院患者引导。做好入、出院手续办理及结算时间预约安排，减少患者等候。加强病区规范化建设与管理，严格执行探视和陪护制度，为住院患者提供安静、整洁、舒适、安全的住院环境。2010 年，我院投入 4500 万元修建 12 层的门诊病房综合楼，拥有业务用房面积 20365 平方米，核定床位 473 张。设有一流的 ICU 病房、一流的按国家标准建成的空气净化层流手术间 8 间。病房均配有卫星电视、空调、独立卫生间、24 小时热水供应、中心供氧及中心吸引等先进设施。2014 年医院投入 770 多万元成立眼科中心和康复中心。2015 年医院投入 1200 多万元开设重症医学科（ICU），总面积 468 平方米，设置 10 病床。重症医学科（ICU）的开业，使医院的整体科室建设更加完善、功能更加齐全、管理更加规范，对于提高危重病人的抢救成功率、降低死亡率、减少并发症 、促进危重病人康复将发挥重要的作用。加强出院患者健康教育和重要患者随访，利用电话、信函和走访等多种形式开展随访。根据患者随访结果，及时改进住院服务。每月在门诊和病房开展患者、社会和职工对医院的满意度调查，及时将调查结果在医院办公会和院务会上通报。

五、开展优质护理服务

为提高护理质量，从根本上改善护理服务，真正将基础护理落到实处，做到让患者满意、让社会满意、让政府满意。2010 年，我院首先在呼吸消化内科、心血管内科、产科等 5 个住院科室实行优质护理服务，目前，我院已开展优质护理病房 12 个，覆盖率为 80 %。优质护理服务结合科室实际，充分体现专科特色，责任护士全面履行护理职责，根据所负责患者的疾病特点和生理、心理、社会需求，对患者实施身心整体护理。医院每月进行优质护理服务住院病人满意度调查表，通过开展调查分析，找出护理工作中存在的问题及薄弱环节，积极进行整改。完善基础护理质量考核评分标准，进一步细化和量化护理质量考核指标，并将考核结果与科室及护士的业绩挂钩。护理部每月对开展优质护理服务的病房进行检查，将优质护理与护理质量有效结合，找出不足，及时按照检查标准的要求逐一完善我院护理工作，并以此为契机全面提高我院护理水平，为患者提供“优质、安全”的护理服务。实行责任护士包干制，人人都是责任护士，做到人人有事做，事事有人管。将护理服务内涵、服务项目进行公示，接受社会及广大患者的监督。每月开展基础护理操作技能培训，使基础护理操作更加规范、专业。每月开展全院护理查房，邀请科主任参加现场指导，提高护士主动学习能动性，培养护士自信心。认真实施护士的岗前培训及岗位培训，内容包括法律法规、护理核心制度、护理专业知识、专业技能，并进行考核，合格者方能上岗，有效降低了护理风险。护理部定期组织学术讲座、强化“三基”及专科技能的培训，激发年轻护士努力学习，对全院在职护理人员进行分层培训、考核，稳步提高各级护理人员技术能力，达到人人过关、熟练掌握、灵活运用，最大限度保障护理安全。通过积极组织各种有意义的活动，如品管圈活动、护士节纪念活动、演讲比赛、技能演示等，增强护理人员的凝聚力、向心力。通过开展优质护理服务，使护理工作更加贴近患者，贴近临床，贴近社会。

六、规范诊疗行为，保障医疗安全

加强医务人员的医德医风教育，规范医务人员诊疗行为，保障医疗安全。救死扶伤、防病治病、实行革命的人道主义、全心全意为人民健康服务是我们的目的和宗旨。始终坚持把社会效益放在首位，杜绝采取不正当手段争“效益”、搞

“创收”。坚持“患者至上，文明行医”“全程优质服务”“一切以病人为中心”作为行动的准则。每年进行全员性、多层次的医德医风教育，强化以“人”为中心的管理，全方位提高医务人员的素质，增强全体职工对医院的热爱和信心，提高向心力和凝聚力，防止医务人员行为准则发生变化、服务宗旨出现偏移，从而更好地密切医患关系，为医院的生存和发展提供可靠保障。每年开展向白求恩、南丁格尔的学习活动，树立一批医院的先进典型，号召大家向他们学习，在全院掀起树典型、学标兵、创先进的高潮。建立健全医德医风考评机制，如将是否遵守《医德医风考评制度》《医院职业道德行为规范》《关于严禁收受红包礼品的规定》等，纳入医院质控管理，把医德医风与工资、评先评优、晋级晋职挂钩，做到奖罚分明。

提高患者识别准确性，改进医务人员之间沟通。加强医务人员手卫生管理，减少医疗相关感染风险。建立相关评估制度，设置防滑、防跌倒设施，降低患者跌倒风险。从2010年开始医院推行临床路径管理，提高诊疗行为透明度，让患者明明白白就诊。严禁开大处方、过度检查和过度医疗行为。这几年来，我院药占比控制在32%。运用处方点评等形式控制抗菌药物不合理应用。规范激素类药物、抗肿瘤药物、辅助用药临床应用，加强临床使用干预，推行个体化用药，降低患者用药损害。在门诊大厅、住院部等醒目位置公示诊疗项目、药品及价格，为患者提供住院一日清单，让患者明明白白消费。目前我院有55个病种实行单病种付费，降低了患者费用负担，既有效地缓解了“看病贵”问题，同时又保证了医疗服务质量。

七、化解医疗纠纷，和谐医患关系

充分调动全院职工的工作积极性和责任心，加强对一线医疗质量、服务规范的管理与监督，改善服务态度，尽量避免医疗纠纷、医疗事故，减少一切对医院造成负面影响的事件发生。医疗质量的好坏取决于医务人员的技术水平和服务态度两方面的因素，其中服务态度在很大程度上起着决定性的作用。有的医务人员技术水平虽不是很高，但对患者认真负责，拟定的每一项诊疗措施都经过深思熟虑，那么治疗效果就好；相反，如果医务人员缺乏同情心和责任感，虽然水平较高，但粗心大意，常常出现差错事故，就谈不上好的诊疗效果。同时医务人员的服务态度直接影响着患者的心理状况，对疾病的转归有密切影响。我们每天面对不同的患者，不仅有来自身体的痛苦，也有隐藏在内心的担忧、困惑。面对生命、情感都很脆弱的他们，需要我们不断汲取知识提高自己的同时，也需要我们用人性化的服务，去温暖他们和关心他们，让他们成为我们身上的一个看点，让我们成为患者的希望。作为医务工作者，仅拥有技术是不够的，更需要医学的人文品格，通俗地说就是人性化服务，比如一个亲切的笑容、一句温馨的话语、一个体贴的动作，就能温暖病人的心房，就能打消患者的顾虑，赢得患者的信任。在工作中，我们要学会与患者换位思考，感受他们的疾苦，内心的不安、忧虑，对他们烦琐的问语耐心去解释，对他们的检查更加仔细、慎重，努力做到“来有迎声、问有应声、去有送声”，让患者在医院这个家庭里能够感受到春天般的温暖、亲人般的关心、天使般的爱心。为此，增强医务人员的事业心、责任感，以细心诊治、热情服务，为患者创造出一个心情舒畅的环境，增强其战胜疾病信心，是提高医疗质量的可靠保证。

公开医疗纠纷的解决途径和流程，积极引导患者依法维权，通过调解、诉讼等途径妥善解决纠纷。建立以医疗纠纷人民调解为主体，医疗纠纷院内调解、人民调解、司法调解与医疗责任风险分担机制相衔接的医疗纠纷处理体系。在医院门诊大厅和各病区设有举报（投诉）箱，公布举报（投诉）电话，方便患者投诉，由人事监察科专门负责患者投诉处理和反馈，对于患者反映强烈的问题及时处理并反馈，对于患者集中反映的问题督促整改、持续改进。2014 年开始，平均每年受理和解决病人及家属投诉 12 件。

在医疗卫生改革的新形势下，改善医疗服务的重要性就更加突出，强化医务人员的职业道德已经成为医院管理的一项重要而紧迫的任务。努力培养一支技术精湛、医德端正、医风高尚的医疗卫生队伍，筑牢廉洁行医的防线，是医院健康发展的需要。加强医务人员的医德修养，提高思想觉悟，树立起崇高的理想、信念和情操，培养大公无私、集体主义和全心全意为人民服务的思想。只有这样，才能培育出社会主义医疗卫生事业的崇高医德、医风，才能培养出合格的医务人员，才能更好地为广大人民群众健康服务。充分发挥全院职工的创新精神促进医院全面、协调、可持续性发展。在医院建设中，我们用文化凝聚力量、用创新推动发展、用制度管人、用考核督促执行，不断追求管理、技术、服务等方面的创新和突破，努力打造医院品牌。始终保持创业、创新精神，制定科学的发展规划，提高医院内部运行质量，打造安全、技术、服务品牌，建设一个具有严谨治院同时充满人文关怀的现代化医院。

服务新时代 展现新作为 筑梦新妇幼

——石门县妇幼保健院妇幼健康服务让“健康中国”看得见摸得着

湖南省石门县妇幼保健院 王锦梅

春华秋实又一年。

刚刚过去的2018年，是石门县妇幼保健院不简单、不平凡、不容易的一年，是石门妇幼创新思维、改善服务、推行学科体系建设与时俱进的一年。一年来，石门县妇幼保健院立足新时代、新任务、新要求，坚持以习近平新时代中国特色社会主义思想和党的十九大精神为指导，全面贯彻落实“一法两纲”，国家、省、市妇幼健康会议精神和新时期妇幼健康工作方针政策，强化措施，提升能力，创新服务，以保障母婴安全，抓实出生缺陷防控和民生实事项目为工作重点，全力提升妇幼健康服务水平，助力健康中国建设，取得了丰硕的成果。

一、学科体系建设和医疗技术得到长足发展

为落实健康中国战略，石门县妇幼保健院围绕妇幼健康中心工作，凝心聚力，锐意创新，开拓进取。全面推进学科体系建设，将原有业务科室整合为“孕产保健部”“儿童保健部”“妇女保健部”“计生技术服务部”四大业务部门，实现保健和临床实质融合、群体保健和个体保健有机融合、公共卫生和临床医疗人才交流融合。学科体系建设打破固有科室壁垒，使妇幼保健服务规范化、标准化、连续化，为人民群众提供全方位全生命周期健康服务。

创新技术发展，提升服务能力。医疗技术是医院的立院之本，医疗质量是医院的生命线，新技术、新业务的开展是打造医院核心竞争力的重要手段。近年来，

石门县妇幼保健院以“大专科”“小综合”新理念为引领，以“微创中心”建设为抓手，优化设备配置，先后引进美国史塞克超高清腹腔镜手术系统，奥林巴斯电子腹腔镜、胆道镜系统，法国摄普乐宫腔镜手术系统，德国狼牌宫腔镜、膀胱镜，美国强生超声刀、巴德乳腺真空旋切系统等大量的高、精、尖医疗设备，为该县的妇科、外科患者带来国内外先进治疗技术。妇科开展了单孔腹腔镜术、多例困难腔镜手术；新拓展了腔镜胆囊切除、腔镜结直肠癌根治术、腔镜阑尾炎切除术、腔镜腹膜后疝修补术等外科腔镜手术及开腹脾胃切除术、甲状腺次全切除、乳腺癌根治术等外科及小儿外科手术，填补了我院业务多项空白。由妇科主导的“腹腔镜下全子宫切除术”获县级科学技术进步三等奖，业务院长陈飞荣获石门优秀科技人才奖。

二、母婴安全保障工作成效显著

《健康中国2030规划纲要》明确指出到2030年孕产妇死亡率控制在12.0/10万以下。多年来，石门县妇幼保健院以保障母婴安全为中心，两个系统管理和死亡控制为重点，着力完善孕产妇保健服务体系，提高孕产妇保健服务能力，强化孕期全程服务，母婴安全保障工作成效显著。

（一）加强组织管理，完善孕产妇保健服务体系

按照省、市要求加强妇幼保健三级网络建设，配置了县、乡、村三级保健队伍，指导各助产机构成立了产科安全管理办公室，建立了县级孕产妇救治中心，组建了县级疑难危重孕产妇抢救领导小组，由县级医疗保健机构的产科专家组建成疑难危重孕产妇抢救专家组，专家组服从领导小组的调度和组织疑难危重孕产妇的救治、会诊、转诊、技术指导和人员培训工作。由卫计局组织，县妇保院实施，每季度对全县医疗保健机构进行一次督导考核，对服务质量和服务效果进行了评价，并将考核结果纳入绩效考核。通过这些举措，加强了产科质量安全管理，完善了高危孕产妇救治、转诊、会诊网络机制，确保了绿色通道畅通，有效保障了母婴安全。全年住院分娩率达100%，孕产妇零死亡，取得历史最好成绩。

（二）加强能力建设，提高孕产妇保健服务能力

一是积极组织相关人员参加省、市举办的孕产妇保健工作各项培训；二是积

极开展产科危急重症管理培训，大力推广新生儿复苏技术培训，并开展了全县乡镇妇幼专干妇幼保健知识技能比武；三是县级医疗保健机构分别委派产科及保健人员到全国走在最前列的医疗保健机构进修学习；四是在全县范围内设立了 2 个妇幼保健带教乡镇，新任妇保专干到县妇幼保健院参加岗前培训，考试合格后由县妇保院颁发结业证书，然后在带教乡镇跟班 7 ~ 15 天，积累工作经验；五是针对产后出血和羊水栓塞编写“情景模拟”演练脚本，安排“标准化病人”进行模拟抢救及转会诊“实战演练”。通过以上方式，加强孕产妇危急重症救治及保健服务能力建设，不断提高孕产妇保健服务整体水平，孕产妇死因顺位均较上年度明显下降。

（三）强化分级管理，落实孕期全程服务

整合资源实施孕产妇系统保健免费基本服务项目，从孕前优生健康检查和补服叶酸营养素、孕期健康管理和风险筛查评估到住院分娩及产后保健，为孕产妇提供了涵盖备孕、孕期、产后的生育全程优质服务。强化妊娠风险筛查，严格实施孕产妇“五色”分级管理，对高危妊娠全面实行专人专管，防范不良妊娠出现。认真落实孕产妇个案月报告制度、孕产妇和新生儿死亡评审制度，对死亡的孕产妇和新生儿病例，从社会、家庭、医疗保健等不同侧面进行逐级评审，不断提高工作质量。为确保优质高效落实任务，县妇保院加强了高危筛查及管理工作。妇保院专门派 7 名产科医生分片包干，每月定时下乡免费产检、筛查高危孕产妇、指导及随访等。对全县 8741 名孕产妇进行了高危的筛选，筛查出高危孕产妇 4008 人，进行了监护追踪随访管理，并已分级安全住院分娩。

三、聚焦民生，项目建设百花齐放

没有全民健康，就没有全面小康。妇女儿童健康是全民健康的重要基石，是经济社会可持续发展的重要保障。作为国家妇幼公共卫生项目管理和实施单位，石门妇幼保健院以踏石留印、抓铁留痕的精神抓好项目落实。通过全面实施增补叶酸，预防艾滋病、梅毒、乙肝母婴阻断项目，免费婚前医学检查，免费孕前优生项目，免费产前筛查，地中海贫血项目，新生儿常见遗传代谢病及听力筛查等相关妇幼公共卫生服务项目，做好出生缺陷防治，有效保障妇女儿童健康，对打赢脱贫攻坚战，如期全面建成小康社会，助力健康中国建设意义重大。

农村妇女“两癌”免费筛查是省重点民生工程，作为全县“两癌”免费筛查项目的具体实施单位，在县委县政府和主管局的领导下，石门县妇幼保健院在全县范围内扎实开展“两癌”免费筛查，把优质服务送到田间地头，对妇科病进行早发现、早诊断、早治疗，并依托相关医疗救助政策，让贫困群众看得起病、看得好病、少生病，为打赢健康扶贫攻坚战添砖加瓦。2018 年完成农村妇女两癌免费检查数 25084 人，检出疾病人数为 7511 人，疾病检出率 29%。因成绩突出，2018 年被省市卫健委评为湖南省“两癌”免费检查重点民生实事项目先进集体。

不忘初心　砥砺奋进
谱写新时期医院发展的壮丽篇章

——鄂尔多斯市中医医院工作纪实

内蒙古鄂尔多斯市中医医院

鄂尔多斯市中医医院始建于 1983 年，是一所集中医医疗、预防、康复、保健为一体的综合性中医医院。

医院占地 2.7 万平方米，建筑总面积 5.4 万平方米，现正式运营建筑面积为 1.8 万平方米，编制床位 480 张，目前，开放床位为 400 余张，年门急诊人次为 32 万人次。现有在职职工 446 人，高级职称人员 91 人、中级职称人员 50 人，具有硕士学历的 32 人，自治区名中医 2 人、鄂尔多斯市名中医 11 人。有自治区特色重点专科建设项目 3 个（针灸科、妇产科、肾病科）、市级重点专科 7 个（针灸科、妇产科、肾病科、脑病科、肿瘤科、皮肤科、脾胃病科）。目前医院已经与北京中医药大学、望京医院、广东省中医院在人才培养、科研等项目建立了合作关系，同陕西省中医医院结成医联体，逐步形成了“大综合、强专科、多特色”的优势格局。

医院设备齐全，拥有核磁、CT、ECT、螺旋 CT、DSA 血管机、大型全自动化分析仪、彩色多普勒超声诊断仪等现代化医疗设备，设备总值近 1.3 亿。

医院把发展作为第一要务，立足把服务市场做大，把临床学科做强，把医疗技术做精，狠抓各项措施的落实。以公立医院改革为契机，坚持公立医院公益性，要将问题导向、患者需求导向、医院发展导向有机统一，整体推进，实行一个灵魂（“大医精诚”的医院精神）、三个支撑（创新、人才、品牌树院为支撑）、五个抓手（患者的需求、“三甲”医院的创建、中西医并重、医养结合、加强宣传）、一个核心（党建工作）的“1351”医院发展规划，扩大中医影响力，为加快中医药发展，提升中医药服务能力实现人民群众可承受、政府可承担、医院可持续发展，以老百姓满意为目标。

加强党的全面领导，提升医院科学发展

院党总支坚持以习近平新时代中国特色社会主义思想为指引，持续深入学习贯彻党的十九大精神，以《关于加强公立医院党的建设工作的意见》为依据，牢固树立党领导一切的大局意识，不断深化党的建设，制定了医院章程，为医院发展提供了依据。同时党总支严格落实“两个责任”，全体领导干部认真履行“一岗双责”，强化意识形态工作管理，将党建工作与业务工作同部署、同落实、同考核，医院党建工作上了一个新台阶。

强化党员教育，认真对标提升。结合医院窗口服务行业实际，组织开展“党员示范岗”“党员亮身份”等活动；切实贯彻落实上级安排的各项主题教育活动，并在每年的“七一”前后，组织评选出的优秀党员、党务工作者等人员外出学习，进行党性教育；实施“双向培养”机制，将优秀业务骨干培养成党员，将党员培养成优秀业务骨干，有力地促进了医院的可持续发展。通过以上举措，加强全体党员领导干部的党性意识和宗旨意识，坚持以党性提升医院诚信，以诚信体现党性。

健全运行机制，发挥核心作用。充分发挥党建带群团工作，定期召开职工代表大会，提高全体职工参政议政能力；医院“三重一大”事项全部通过召开集体讨论决定，广泛听取意见建议，规范议事范围和程序；每年按时按要求召开专题民主生活会，使党总支真正成为医院和谐发展的政治领导核心，充分发挥党组织的政治核心作用。

加强人才建设，发挥中医药优势

以“人才资源是第一资源”为理念，大兴爱才、育才、引才、用才之风，建立健全多措并举的人才培养机制。

"走出去"开阔眼界。近年来先后选派400余名临床医师、护理人员及医技科室骨干到内蒙古附属医院、北京协和医院、北京中日友好医院等省内外医疗机构进修深造、开阔视野。积极开展师承教育，制定了《名医评选管理办法》和名老中医专家查房制度；通过了自治区第二批名老中医专家学术经验继承工作考核；确定了市级第三批名老中医专家学术经验继承工作指导老师与学术继承人，并举行了拜师仪式；申报自治区级第三批名老中医继承工作指导老师和继承人，通过系列举措，促进了学科传承发展。

"请进来"帮带提升。积极开展柔性引才工作，与陕西省中医院结成医联体关系，同时与北京中医药大学、望京医院、广东省中医院在人才培养、科研等项目建立了合作关系，定期邀请各大知名医院专家到医院广泛开展重大疾病的诊断治疗，一方面让群众在家门口就能见上专家看上病，另一方面带动提升了医院相关领域人员的业务水平。医院现有自治区在建重点专科3个、市级重点专科11个，申报并且获批了内蒙古自治区自然科学基金依托单位。

"沉下去"增长才干。每月定期由院领导带领专家，入村进行义诊和健康讲座，同时多次协助市政协、人大、基建办等部门赴乌审旗、鄂旗等地开展了义诊活动，全年共开展健康巡讲和义诊活动50余次，派出业务骨干200余人次，参与群众4000余人，发放健康宣传册、宣传资料6000余份；协调建设村集体经济，帮助销售产品600余件，起到了"扶贫先扶志"的良好效果。完成大型公益性医疗保障13次，派出保障医务人员73人次，彰显了公益性。

进一步完善人才建设制度。通过制定《鄂尔多斯市中医医院院内学科带头人、名医评选办法》《鄂尔多斯市中医医院中层干部选拔任用办法（试行）》等制度，建立了一套符合医院实际的人才建设体系，充分体现了公开、平等、竞争、择优的原则，把有品德、有责任、有担当的优秀干部放到重要岗位大胆使用，充分调动了干部职工的工作积极性。

狠抓医院管理，落实医改政策

坚持以党建为引领，经过中医院几代人的不懈努力，期盼已久的基础建设实现了质的突破，新楼搬迁工作已启动，目前已有6个病区完成搬迁并正常开展工作，预计到2019年7月全面启用新疆，届时将极大提升患者就医满意度及医务人员工作环境，为广大患者、职工提供更为舒适、安全、优质的综合医疗服务。同时东胜分院建设也已进入内装修设计规划阶段。

进一步完善医院内部薪酬分配激励机制，制定了相关的鼓励和考核制度。提高了中医特色治疗的奖励份额，进一步激发了医务人员对中医药工作的积极性和热情。全院共开展中医医疗技术项目68项，门诊非药物性中医治疗率为15.0%，门诊中医治疗率为61.1%，住院中医治疗率为93.3%。

坚持文化建院，提升人文素养

为弘扬中华民族传统文化，体现医院对职工的重视和关心，在重大节日期间，都会开展强化思想素质和业务素质为主要内容的“双比双强”活动，同时对生活困难或有重大疾病的同志进行上门慰问，并定期对离退休的老同志进行身体健康状况全面体检，进一步调动和激发广大党员的积极性创造性；推广落实全民健身活动，多次组织开展了练习“八段锦”和陈氏太极拳学习班；加强意识形态工作，严格贯彻落实习近平总书记对意识形态工作的指示精神，引导帮助干部职工塑造正确价值观，培养良好的职业操守和行为习惯。

沧海当前，必当扬帆破浪，任重道远，更需砥砺奋进，在习近平新时代中国特色社会主义发展中医药事业思想的指导下，在市委政府及市卫计委的大力支持下，我们将以永不懈怠的精神状态和一往无前的奋斗姿态，以硬件为支撑，以质量为基本，以创新为动力，以文化建设为灵魂，继续强化医院管理，夯实内涵建设，打造高水平医疗队伍，使医院综合实力迈上新的台阶，在新时代展现新作为、创造新业绩，为医院发展谱写新的篇章，为健康鄂尔多斯做出新的贡献而努力奋斗！

一切以病人为中心

——河北省石家庄市第一医院改善医疗服务工作纪实

河北省石家庄市第一医院　甄继革

近年来，河北省石家庄市第一医院将一脉相传的文化内涵与服务文化建设融合，将创新注入改善医疗服务中，体现在医疗质量、管理、内涵、人文等各方面，给予患者最需要的关爱，受到了广大群众的赞誉。

一、以“互联网 +”为手段，建设智慧医院

为进一步推进全民健康信息化建设和健康医疗大数据应用，提升老百姓幸福感和获得感，石家庄市第一医院进行了移动互联网医院患者服务平台建设，通过患者移动服务平台，改善医疗服务，获得了众多患者点赞。2017 年 12 月 23 日，患者移动服务平台正式上线。2018 年开通“健康成就梦想”公众号，患者只要一部手机，就可以完成体检全预约、非现金交易、体检结果自助查询等功能。

自平台上线后，市民只需在微信公众号关注医院的服务号，就能享受“智能导诊、当天挂号、预约挂号、门诊账单查询及支付、就诊指引、检验和检查报告、查看住院费用清单和每日清单、住院费用缴存、就医反馈”等从门诊到住院、从资金流到信息流的医疗服务。一是分院区展示，可提供就诊的科室，方便患者就近选择进行诊疗；二是智能导诊，用户选择症状主诉及相应的部位后，系统会推荐就诊科室，方便患者进行挂号，减少就诊盲目性，节省时间；三是查看、检验检查报告，患者可查看近三年的检查检验报告，方便随时调阅，进行健康管理；四是诊间支付，患者可移动支付处方费用、药费支付等，帮助患者节省更多时间；

五是反馈就医满意度，患者可对医生与护士进行评价，帮助医院提升服务质量，和谐医患关系；六是住院费用查询，实现医疗服务更透明，减少患者在医院逗留时间，省时省力；七是健康资讯查询，市民能够第一时间获取相关的健康资讯，及时为自己的健康做管理；八是在线办卡，用户在线实名身份认证后，即可注册认证并使用，方便患者首次使用，降低使用门槛；九是多种支付方式，方便各阶层患者应用，支持手机端微信及支付宝、自助终端设备的微信及支付宝、人工窗口微信及支付宝付款；十是优良的自主退费功能，经过移动服务平台缴纳的费用，在院消费所剩余额，三个月内支持经手机和自助终端设备自主退款，方便患者对自己资金的管理。

二、以“一卡通”为目标，实现就诊信息互联互通

石家庄市第一医院是市级医院唯一一所省内异地就医直接结算住院定点医院，被确定为石家庄市属唯一获得京津冀医疗机构临床检验结果互认资格的医院，同时成为京津冀医疗机构影像检查资料共享单位。医院不仅做到了省内信息共享，与北京、天津的医疗机构也初步实现了信息共享，极大地方便了患者，医院的医疗服务能力、服务质量和管理水平也明显提高。

2018 年，按照石家庄市卫生计生委的要求，石家庄市第一医院与市属医院开通信息互通共享，患者在全市任何一家市办医院近五年的门诊和住院基本诊疗信息、费用明细、用药记录、检验报告、长期医嘱、临时医嘱等信息都可以在诊疗过程中通过“一卡通”实时调阅共享，在提升医生诊断的针对性和科学性的同时，也为患者节省了大量的就诊时间。

三、以病人为中心，推广多学科诊疗模式

石家庄市第一医院陆续建立了“美国斯坦福大学与石家庄联合肿瘤研究基地”，筹建了“京津冀肺癌多中心研究协作组”，启动了多项围绕肺癌的多中心临床研究；创建了首个河北肺癌专病研究机构——“石家庄市肺癌研究所”，开展了围绕肺癌的“气管腔内消融技术”“实质脏器肿瘤冷热消融”“血管介入治

疗”等多项高精尖技术，建立了“疑危重症专家小组”，致力于打造一个国际一流的集研究、预防、诊治于一体的肺癌专病平台，为河北的肺癌防治事业做出了突出贡献。

石家庄市第一医院的MDT会诊诊疗组由具有不同专业特长的骨干医生组成，根据病历需要邀请其他相关专业医生一起在固定时间、地点，对个体病例进行讨论，为患者设计最佳诊疗方案，并定期进行反馈评估，从而使更多的患者及时获得最佳疗效。对于一部分疑难复杂病历，组建院内MDT会诊讨论，或者网络直通京津顶级专家进行更加深度地分析和方案的制订，这种多学科诊疗模式的实施，可以减少患者在医院内多次会诊和前往北京、天津寻医问药的周折，减少不必要的检查，节约患者的费用并大大缩短治疗时间。

四、以医联体为载体，提供连续医疗服务

为了响应国家医改要求，进一步做好分级诊疗工作，缓解老百姓看病难、看病贵问题，在省、市卫生计生委的支持和指导下，医院与12家县级医疗机构以及16家社区卫生服务中心签订了医联体协议，引导患者到基层就医。成立了5个专科联盟——胸痛中心医疗联合体、康复医疗联合体、高血压专科联盟、消化（内镜）专科联盟、眼科专科联盟。

2017年石家庄市第一医院胸痛中心获得国家认证后，在此基础上，牵头组建了石家庄市胸痛中心医疗联合体，作为核心单位在专业领域的技术和品牌优势，辐射56家医疗机构，形成网络规模效应，实现服务领域全覆盖，共建急性胸痛区域协同救治体系。

急性胸痛区域协同救治体系建成后，对于胸痛患者的诊断和治疗效率明显提高，救治成功率也得到提高。通过不断努力，经网络平台转入的ACS患者绕行急诊科、CCU直接进入导管室的比例大大增长，D-to-B时间、FMC-to-B时间显著缩短，其中最短为21分钟。

胸痛中心医联体建立了以胸痛中心为基础的多学科联合诊疗模式，每两周进行一次联合阅片会诊；建立了胸痛中心绿色通道，对于急诊和转院患者实行双绕

行；建立了针对本院、院前急救中心、基层医疗卫生机构的培训教育体系，举办了11期“星火计划”、3期“石门心声”专业培训，组织专家向参会人员宣传“有胸痛，我要拨打120”，提高相关人员的协同救治能力。

如今，石家庄市第一医院改善医疗服务理念已经深入人心，始终以病人为中心，从多方面激发活力、提升实力、彰显魅力，改善服务流程，创新方便群众就医的举措，获得了百姓的好评。

突出中医特色 助力全民健康

——睢县中医院简介

河南省睢县中医院

基本情况

睢县中医院始建于 1952 年，原名中医联合诊所，1958 年成立红十字医院，1977 年改建为睢县中医院。2007 年 3 月，被国家中医药管理局授予“二级甲等中医院”。2016 年由睢县人民政府与河南中医药大学第一附属医院签约全面托管，增名为“河南中医药大学第一附属医院豫东医院”，现已成为河南省规模较大的一所集医疗、教学、科研、预防、保健、康复为一体的市县级综合性中医医院，是河南中医药大学教学实习医院。

医院分南北两个院区，占地约 10 万平方米，总建筑面积为 13.9 万平方米，北院区开放床位 1500 张，南院区开放床位 200 张。北院区占地 165 亩，建筑面积为 12.6 万平方米，总投资 8 亿多元，现有干部职工 1800 人，其中副高及以上职称 79 人，中级职称 201 人，研究生 37 人。拥有党员 246 名，其中行政支部 55 名，临床支部 101 名，门诊支部 50 名，退休支部 40 名。

医院曾获“2016 年度商丘市中医工作先进单位”，2017 年被评为“全省卫生计生系统先进集体”“2017 年度睢县综合目标管理铜杯奖”，2018 年被评为“全省卫生计生系统先进集体”。

办院理念

睢县中医院以中医药为特色，秉承“上善若水，厚德载医”办院理念，充分发挥中医药在保障全民健康方面的优势，运用中药、针灸、推拿等传统中医疗法，在保证临床疾病治疗的同时，逐步宣传推广预防意识，开展“治未病”工作，防病于先，预防重于治疗，使老百姓能不生病、少生病、生少病。

业务概况和区域影响

睢县中医院紧紧围绕“以病人为中心”，在县委、县政府、县卫计委的领导下，在河南中医药大学第一附属医院的指导下，以开展“医疗服务管理提升年”“创群众满意医院”等活动为平台，不断提高医疗质量，保障医疗安全，推动医院管理创新、提高全员素质。

以“创建三级中医医院”为目标，加强医院管理，推进人才队伍建设，努力提升医疗技术水平和服务能力。河南省中医管理局已于2018年9月3日将睢县中医院纳入三级中医医院建设规划。医院将以此为起点，进一步加强医院管理，为广大群众提供更加优质的医疗服务。

随着社会老龄化现象的日益凸显，根据国务院办公厅鼓励二级以上中医医院新建以中医药健康养老为主的护理院、疗养院的文件精神，医院投资1.8亿元成立了睢县中医院医养中心，包括家庭式住宅医养楼两栋，面积约2.8万平方米，大大缓解了社会及家庭养老压力。

睢县中医院巍阁产后休养中心，是睢县首家为产妇坐月子期间提供养、护、食、住的专业护理月子会所。

睢县中医院互联网医院筹建于2015年底，依托“互联网+医疗”实现基层首诊、双向转诊、急慢分治、上下联动的分级诊疗模式，深入21个乡镇、680多家村卫生室，安装网络医院平台和培训远程心电操作。目前可通过远程会诊平台，与30余家国内知名三甲医院实施远程交互式会诊及远程教学查房培训等功能。提升基层首诊率，提高基层医疗机构业务水平。

乡镇医疗联合体内心电图网络传输分析已覆盖20个乡镇卫生院及54个村诊所，可实时将心电图信息传送至我院分析结果回传报告。远程24小时心电图可实现实时监测，对于急性心肌梗死、恶性心律失常可及时警示，大大提高了抢救成功率，远程心电图例数目前每月已突破万例，成为睢县县域网络心电诊断中心。

睢县中医院健康管理中心将体检、体质辨识、治未病亚健康调理、中医保健结合在一起，充分发挥了中医在养生保健领域的优势。2017 年 11 月已被评为“国家健康管理服务示范单位”和“商丘市健康管理工作先进单位”，将逐步打造豫东地区首屈一指的健康管理服务平台。

医院整体运行良好

2018 年在河南中医药大学第一附属医院的大力支持下，在医院全体职工的共同努力下，医疗业务水平和医院服务质量稳步上升，全年医院业务收入 4.09 亿元。2018 年医院年门诊诊疗人次 474500 人次，出院病人 50963 人次，大、小手术 10000 余台，治愈好转率达 90% 以上，危重病人抢救成功率为 82%，基础护理合格率为 85%，大型医疗设备检查阳性率和使用率达 75% 以上，报告合格率达到 95% 以上。经民意测评，患者和职工满意度达 98% 以上。

为进一步优化诊治流程，调整工作模式，为胸痛患者提供高效、便捷、最佳的医疗服务，睢县中医院 2017 年开始胸痛中心建设工作，并于 2018 年 7 月 20 日，顺利通过中国胸痛中心总部认证。为加强脑科危重病人的治疗和护理，进一步提高危重病人的规范化救治水平，医院还成立了神经重症监护室。目前，影像中心、CCICU、创伤急救中心、卒中中心也在进一步申报中。

2018 年医院承办了“第十二届全国中药材饮片质量控制暨中药调剂技术培训大会”“2018 年网络心电临床应用与进展研讨会暨河南省起搏器心电图诊断培训班”“商丘市医学会第一届围产医学专业委员会成立暨学术交流会”等会议，会议的召开加强了各地区专业人员学术交流，促进学科发展，提高诊疗水平，对推动我县卫生工作的快速发展起到积极促进作用。

在扶贫工作中，院党委、院委领导带领帮扶队员（专家义诊团）除利用“周四帮扶日”和“三五基层工作日”外，平时不间断按要求到医院所帮扶的城关镇袁庄村、董店乡杨桥村、董店乡雷屯村、蓼堤镇刘寨村进行走访、调研、义诊。两年来，医院先后投资近 200 万元。

医院医疗质量稳步提升

根据省、市、县相关文件精神，医院加大培训力度，完善各项工作制度和信息化工程，使中医临床路径工作逐渐步入正常化轨道。截至目前，我院共有135个病种制定了144个临床路径，涵盖产科、儿科、儿童康复科、耳鼻喉科、风湿科、妇科、脑病科、呼吸内科、生殖医学科、外科、针灸治未病科等临床科室。

进一步推进医院对口支援乡镇医疗卫生机构中医药服务能力工作，不断提高基层卫生院中医药服务能力和水平。目前，我院与全县所有乡镇卫生院签订医联体对口支援协议书，通过中医药专家定期坐诊、中医药服务教学、技术指导、举办专题讲座、中医适宜技术培训、免费接收培训基层卫生院中医药人员及网络分级诊疗等一系列措施，切实提高乡镇医疗卫生机构的中医药服务能力。

2018年医院职工共在杂志上发表论文37篇。医院新增国家级科研项目3项，医院科研项目拟新立项10项，获取科研经费20万～30万余元，培养科研团队人员150余人。科研项目包括国家“十三五”重大专项H型高血压与卒中防控工程。

医院党风廉政建设及党团工会工作

2018年在上级党组织的领导下，医院院党委认真开展了党风廉政教育，贯彻十九大精神、八项规定等一系列主题教育活动，强化了党风、行风和医德医风建设，积极倡导社会主义精神文明建设，开展了损害群众利益突出问题专项治理活动，规范药品及卫生材料、设备采购行为，重点对照“九不准”里的乱收费、医务人员收受“红包”、开单提成、开大处方、滥检查和医德医风差等严重损害群众利益的行为进行排查梳理，并坚持“双十”公示制度。2018年医院共查处违纪行为16起，违反八项规定处理1起，违反医院规章制度处理72起。

党、团、工会、妇联工作有序开展，结合医德医风教育，组织党员干部学习了《医疗行为规范》《最美乡村医生先进事迹》等，教育医护人员讲诚信、守法纪、尽义务。注重发挥职代会和工会职能，维护职工利益，为职工办实事、办好事，并注重发挥共青团的助手和后备军作用。为加强精神文明建设，院党、团、工会、妇联积极配合，相互协调，努力发挥“青年志愿者”在医院服务中的作用，在重大节日举行了一系列的文体活动，如长跑比赛、书法、摄影比赛、“五四”青年节体育活动、“5·12”护士联欢会等系列活动。如为庆祝首届“8·19中国医师节”，大力弘扬“敬佑生命、救死扶伤、甘于奉献、大爱无疆”的卫生健康崇高精神，2018年医院举行了庆祝首届“中国医师节”知识竞赛活动，院领导及医护人员百余人参加了此次活动。另外，医院圆满完成了县委指派的高考、中招考试等志愿服务活动，受到了上级领导的一致好评。

总结展望

睢县中医院将秉承“至诚、厚德、中和、新医”的院训，突出中医特色，坚持社会效益第一，夯实质量基础，抓好重点学科建设，打造名院品牌，加快基本建设步伐，改善就医环境，规范医院管理，增强综合实力，把造福整个豫东及更多更广人民群众的健康作为奋斗目标而勇往直前！

安丘改善医疗服务十项措施

山东省安丘市卫生健康局

为进一步优化营商环境，切实提升医疗服务质量，改善人民群众看病就医体验，安丘市卫健局紧扣卫生与健康领域主要矛盾变化，以解决群众关心的问题为切入点，制定进一步改善医疗卫生服务的十项措施，不断提升医疗卫生和健康服务水平，进一步增强人民群众获得感、幸福感、满意度。

一是推进诚信医疗，让群众就医更放心。加强医疗机构信用管理，全面开展医疗机构信用评价工作，定期公布评价结果；加强不良执业行为监管，开展医疗机构不良执业行为计分制和医师不良行为记分制，进一步规范医疗行为；推进信息公开。各公立医院完善住院费用清单制、医疗收费及药品的价格公示制和查询制。每月公布二级以上医疗机构的医疗质量、效率、费用等主要指标信息，公开医疗机构依法执业、违规查处情况，增强医疗服务透明度。

二是开展预约诊疗，让群众看病更快捷。二级以上医疗机构全面开展预约诊疗，通过电话、网站、微信、手机 APP 等多种途径，进一步丰富预约的形式，门诊号源全部开放预约；二级以上医疗机构全面推行自助服务、网上支付，及试点诊间支付，减少病人排队；推行一站式服务和志愿者服务，为患者提供更多帮助。

三是落实“三合理”制度，让群众看病更省钱。二级以上医疗机构严格落实“合理检查、合理用药、合理治疗”制度，建立健全处方点评审核制度和不合理通报制度，查处大处方和不合理诊疗行为；推行日间手术、临床路径、单病种付费，降低医疗费用；推广多学科联合诊疗，规范诊疗程序，提升诊疗方案的合理性与精准度；实行药品耗材集中阳光采购，降低价格。

四是提升基层能力，让群众看病更便利。加强基层卫生能力建设，大力推进全市基层医疗机构标准化建设，积极开展“优质服务基层行”活动，提高基层医疗卫生机构中医药服务能力，推动基层医疗机构服务能力等级评审；加强基层人才队伍建设，开展务实进修、免费订单培养定向医学生，提升业务技能水平；落实家庭医生签约服务，在做好免费大众签约服务内容的基础上，积极推送符合本单位实际的个性化服务包，丰富服务内容，以高血压、糖尿病人群为突破口，延伸覆盖全部重点人群。

五是构建医疗高地，让医疗服务更优质。加强重点学科（中医专科）建设及新技术、新项目开展，让群众能够在家门口获得高水平的医疗保障；引进临床医学专家团队、高层次卫生人才，培养临床技术骨干，提高服务能力和水平；推动规范化培训基地建设，提高住院医师规范化培训质量，继续加大全科、儿科、精神等紧缺专业医师引进培养力度。

六是实施健康扶贫，让困难群众看得起病。建档立卡的贫困人群开展先诊疗后付费，畅通绿色就医通道；实行建档立卡低收入人口免费家庭医生签约服务；实施分类救治，减轻困难群众就医负担。

七是开展“互联网+”医疗模式，让优质资源更可及。建立多种形式“医联体”服务模式，让优质资源下基层；全面推进远程会诊、远程影像、远程心电等“中心”建设，打通基层与上级医疗机构及国内优质医疗资源互通渠道，让群众享受到更高水平的医疗服务；加强院前急救体系建设，加强胸痛、卒中、创伤、新生儿、高危孕产妇等急危重症救治中心建设，利用信息化手段畅通院前院内急救通道。

八是推进医养结合，让老年人医疗服务更便捷。推进乡镇“两院一体”型卫生院建设和运营；全面提高各医疗卫生单位老年人医疗服务能力和水平，落实老年人就医绿色通道制度。不断提高60周岁以上老年人家庭医生签约率；将老年医学、康复、护理人才作为急需紧缺人才纳入卫生健康人员培训规划，建立医养结合机构人员进修轮训机制。

九是加强医患沟通，让医患关系更和谐。二级以上医院全面建立医患沟通办公室；推行“参与协作型”医患关系模式，完善第三方调解机制，维护医患双方合法权益，尊重患者选择权，积极构建和谐医患关系；严格落实“首诉负责制”，健全并落实患者投诉、接待、受理、处理、反馈制度。

十是强化职业道德建设，树白衣天使形象。在全市医疗卫生机构开展医务人员入职宣誓仪式，强化医务人员职业神圣感；开展“争创人民满意医院，争做人民满意医生”评选活动，弘扬“敬佑生命，救死扶伤，甘于奉献，大爱无疆”的崇高职业精神。

杏林春暖济苍生　履职尽责谱新章

陕西省洛南县医院

在陕西省洛南县县委、县政府的坚强领导和社会各界的鼎力支持下，洛南县医院告别了栉风沐雨、春华秋实的2018年，正步履铿锵奋进在2019年的春风里，阔步迈入新时代，疾步走向新辉煌。

悬壶济世铸精诚

借梯登高，借力发力，扑下身子，扎根基层，更新设备，“强身健体”。过去的几年，洛南县医院在院长袁洛平的带领下，全体员工同心同德、抢抓机遇、顺应形势、深化改革，顺利通过二级甲等综合医院等级复审，获得了“国家首批县级综合医院能力建设500强”等荣誉称号。为守护一方百姓健康，多年来，县医院开拓创新，包容协作，与各大医院互联互通、互惠共赢。

——2018年是县医院与西安交大一附院建立协作关系的第9年。这些年，交大一附院先后派出17批100余名专家教授到县医院对口支援，使县医院相继完成13个市、县级重点学科建设，同时使铣刀开颅术、大隐静脉腔内激光消融术等77项新技术、新业务顺利开展。

——与南京市江宁医院深化合作，达成胸痛中心共建协议，并迎来该医院20余名专家的对口帮扶。同时建成跨省远程医疗会诊系统，实现与南京市各大医院同步远程会诊。

在广泛外联的同时，2018年，县医院还加入了商洛市中心医院医联体。

联强不忘扶弱。为让优质医疗资源为基层百姓健康保驾护航，2018年，县医院选派 14 名技术骨干对口支援乡镇卫生院。同时利用宁洛扶贫协作项目，建成覆盖全县的远程影像会诊系统，有效解决基层卫生院设备、人员不足问题，半年完成会诊千余例，为患者节约 10 万余元。

打铁还需自身硬。为进一步提升服务群众的能力，县医院对诊疗设备进行升级换代，作为县委、县政府 2018 年民生建设十大实事之一的核磁共振项目顺利实施，投资 1350 万元购置的西门子 1.5T 核磁共振成像设备投入使用。

脱贫攻坚显担当

春天的脚步渐行渐近。在洛南县医院的脱贫攻坚帮扶村——灵口镇的五家沟村，漫山遍野的万余亩连翘树正蓄势待发，为给贫困户结出丰盛的脱贫果实而含苞待放。袁洛平和县医院参与共建的这一惠民扶贫工程，即将绽放春色。

2018 年，县医院严格贯彻县委精准脱贫工作安排，举全院之力，坚决打赢帮扶村灵口镇五家沟村脱贫攻坚战。目前，五家沟村产业逐渐扩大，基础设施不断强化，整村脱贫工作有条不紊。

县医院组建整合涵盖镇办包村干部、村干部、驻村工作队及组干部的 28 人合力攻坚团；抽调党员干部 61 人，配合驻村工作队对全村 168 户贫困户开展一对一帮扶。同时持续落实工作队驻村工作制度和“周扶贫日”制度，严明工作纪律、明确工作职责、落实考核机制，真正让干部力量“沉下去、蹲下来、干起来”。

为使贫困户拔掉穷根，县医院帮助该村“长短结合”实施产业脱贫。

在长期产业上，促使该村合作社栽植连翘树 12000 余亩。预计到今年底，连翘树栽植面积将覆盖全村 2 万余亩荒山坡地，让连翘产业成为村里脱贫致富的主导产业。同时坚持“资源变资产，资金变股金，农民变股东”原则，预计今年让贫困户分红和务工总支出达到 40 余万元。

在短期产业上，县医院出资 3 万元，帮助全村种植油葵 100 余亩，组织动员群众种植油菜 500 余亩，联合“以奖代补”政策补助，使得贫困户群众短期产业年收入 6 万余元。发展种植红参、桔梗等中药材 2000 余亩，为群众创造收入 20 余万元。

产业帮扶之外，县医院还加强该村基础设施建设。投入 12 万元完成村委会后院院落道路硬化、排水管道铺设工程；积极推进3公里环山产业路的硬化工作；与县水务局协调，争取自来水管道1800米，投入10余万元检查修缮全村自来水管道水路不通问题……

唱响洛医好声音

在洛南县第九届委员会第三次会议上，作为县政协常委的袁洛平立足本职、脚踏实地、放眼长远，以第一手的经验材料和作为一名政协委员的深思熟虑，在会议上建务实之言、谋管用之策，并带动其他委员，凝聚成洛医强音，为全民健康事业发展同心同向、同建诤言。

会上，袁洛平作了题为《提升医疗服务水平保障人民群众健康》的大会发言，建议：一要做好大病救治，强化医疗保障，助力健康扶贫；二要深化对口协作，整合优势资源，服务乡村振兴；三要狠抓医德医风，规范行业作风，塑造良好形象；等等。

在他的抛砖引玉下，县政协委员、洛南县医院神经内科主任张天峰，县政协委员、洛南县医院心血管内科副主任王晓敏也积极建言献策，唱响洛医好声音。

张天峰委员建议采用政府主导、社会参与的方式，集智集力，建立集医药产业、健康服务业、养生休闲和康复医疗等为一体的养老院，加强医养结合，满足老人需求，缓解日益严重的养老问题。

“目前，随着洛南县人口数量的不断增长和县级医院病员的不断增加，县级公立医院的专业技术人员需求也应相应增加。”王晓敏委员也积极发言。她建议县级相关部门根据近年来全县县级医院增加的床位数设置相应的岗位数，使相应职称的专业技术人员得到相应的聘任。

以袁洛平委员为组长的县政协城区委员第三活动组荣获“2018年度先进城区委员活动组”，受到大会表彰。

阔步迈进新征程

展望2019，洛南县医院充满希冀，信心满怀。2019年，洛南县医院将以习近平新时代中国特色社会主义思想为指导，牢固树立“四个意识”，始终坚定“四个自信”，坚决做到“两个维护”，全面推进落实卫生健康工作方针，以公立医院改革为目标，以提高综合服务能力为核心，努力为人民群众提供优质、高效、便捷的服务。持续发力，全力推进公立医院综合改革；多措并举，进一步提升医疗质量和安全水平；承上启下，统筹做好对口支援工作；真抓实干，助力健康扶贫和精准脱贫；加大投入，加快信息化建设步伐。

不忘初心，牢记使命，奋力开创发展新征程；振奋精神，担当作为，同心谱写改革新篇章。

医者，仁也。正如洛南县医院总支书记、院长袁洛平所言：“2019 年，让我们以更加振奋的精神、更加昂扬的斗志、更加务实的作风，埋头苦干，狠抓落实，不忘初心，牢记使命，担当作为，全院干部职工上下一心，低调务实不张扬，步履铿锵迈进新时代新征程，全力推动医院发展，为建设富裕和谐美丽健康新洛南贡献力量！”

履行社会责任　彰显公立医院本质

——海医一附院“服务新时代 展现新作为 助力全民健康”

海南医学院第一附属医院　郑　梅　何和智

“人民健康是民族昌盛和国家富强的重要标志。”习近平总书记在党的十九大报告中提出“实施健康中国战略”。2018 年以来，海南医学院第一附属医院（以下简称“海医一附院”）以党的十九大精神为指引，坚持问题和需求双导向，聚力创新，不断凝练医院特色，大力深化公立医院综合改革，积极探索医联体工作机制，破解医改难题，努力提高群众看病就医体验。

多模式探索医联体工作机制

2018 年 12 月 11 日，三沙市社会事业与后方基地管理局与海南医学院第一附属医院托管共建三沙市人民医院项目签约仪式在三沙市永兴岛举行。这标志着海医一附院全面托管三沙市人民医院，三沙市群众在家门口就能享受到省内一流三甲医院的优质医疗资源，海医一附院医联体建设迈出了坚实的一步。

海医一附院与三沙市人民医院的合作始于 2014 年。2014 年 5 月 15 日，海医一附院就与三沙市人民医院签署战略合作协议。自此，对三沙的医疗帮扶与协作的序幕拉开了。四年多来，海医一附院持续派驻医护及管理人员驻地帮扶，并定期派遣专家学者开展高级别业务指导；派驻人员深入各岛礁渔民村开展疾病防控宣传、健康教育；开展“三沙卫生员”培训，大力提升当地岛礁卫生人员医疗水平；打通与三沙的医联体信息平台，开展远程疑难危重病例会诊、远程心电 / 影像诊断、远程视频门诊等，并联合南海救援队、边防部队等部门打造三沙海上救援、空中救援的急救网络体系，提供便捷、优质的医疗服务；加强日常应急演练，组织当地卫生人员开展应急救援。四年多来，累计派出 59 人驻地工作，三沙市人民医院就诊量增长 15 倍，诊疗科目显著完善，诊疗能力尤其是急危重症抢救能力得到大幅提升，惠及了三沙市 200 万平方公里海域居民、渔民。全面托管三沙市人民医院后，海医一附院将从规范医院制度管理、完善医院质量体系、开展医院质量改进等细节入手，促进海医一附院与三沙市人民医院的科室间融合，进一步提升三沙市人民医院的整体服务能力，力争把三沙市人民医院建设成为基础设施好、专业学科强、技术水平高、医疗服务优、医院环境美的标准化二级综合性医院。

与三沙市人民医院的合作只是海医一附院医联体建设的一个缩影。2016 年 9 月 9 日，海医一附院就在海南省率先建设“医疗联合体”。根据与海口市人民政府签订的《促进龙华区医疗卫生事业发展战略合作框架协议》，龙华区 40 家社区卫生服务中心（站）加入海医一附院医联体，4 家乡镇卫生院开展紧密型医联体建设工作，这一举措直接惠及该区 66 万常住人口。此外，在文昌市及锦山镇当地政府的支持下，海医一附院整合地区现有资源，在锦山镇卫生院开展以检验、超声、心电等为依托，以普通外科、妇产科为优势的特色专科医联体。

两年多来，海医一附院积极与各级政府、医院合作，大力推进远程医疗系统建设，多模式探索医联体工作机制，建立起了覆盖各级医疗机构的医联体，截至目前已有成员单位 60 家（含 56 家松散型，4 家紧密型）。包括三沙市人民医院在内的医联体单位可以实现远程疑难危重病例会诊、远程视频门诊等远程医疗服务，有效推进了分级诊疗。仅 2018 年 1 ~ 11 月，海医一附院对基层社区、乡镇卫生院等累计派出 61 名专家，接诊患者 14281 人次……医联体工作初见成效，受到政府、广大群众的好评和认可。海医一附院在服务“健康中国”“健康海南”，服务“海南自贸区（港）”、国际旅游岛建设中发挥了一家公立医院应有的作用。

特色发展服务国家重大战略

地中海贫血是一种严重威胁人类生命健康的遗传性疾病。在全球，有超过

8000 万的 β - 地中海贫血基因携带者。在中国，突变基因携带者超过 3000 万人，地中海贫血患者超过 30 万人。而海南是我国地中海贫血高发的地区之一。针对这一省情，海医一附院精准定位，以地中海贫血筛查及产前诊断为重点，锻造热带生殖医学重点专科，不断凝练医院特色。

早在 1995 年，海医一附院就成立了海南省生殖医学中心，这也是国内首批卫生部批准准入人类辅助生殖技术的机构之一。经过多年的发展，该中心在不孕不育的治疗、遗传病（地中海贫血）的筛查及产前诊断方面均居全省领先及国内先进水平，海南的患者不用出岛便可以接受高水平的治疗。如今，通过跨国交流与合作，海医一附院热带生殖医学成果又开始惠及缅甸、伊朗等越来越多的“一带一路”国家。

2018 年 10 月 18 日，由国家科技部批准设立的海南省“中—缅区域性重大疾病防治联合研究中心”在海医一附院揭牌成立。这是海南省获批的首家国家联合研究中心，标志着海南省国际联合研究中心实现零的突破、全省推动“一带一路”国际科技合作工作再上新台阶。

“中—缅区域性重大疾病防治联合研究中心”由海医一附院与仰光医科大学合作共建，中心的成立旨在以区域性高发血液性遗传病为切入，建立共享的科学研究、临床转化及协同创新的平台，形成独具特色的区域性重大疾病防治的协同及共建学科群，成为具有区域影响力的医学研究及人才培养基地。双方将在地中海贫血的诊断及干细胞治疗、血液疾病诊疗等方面，进行高层次的交流与合作；通过医疗技术上的互通有无、人才的交换交流、科研项目的合作，实现成果共享，对临床技术进行改造和升级。此外，海医一附院生殖医学中心还将协助缅甸仰光医科大学附属仰光中心妇女医院生殖中心开展生殖培训。而此前，海医一附院已经帮助缅甸卫生部筹建了首家公立的生殖健康医学实验室，缅甸医科大学也先后选派了多批医护人员来海医一附院学习。

11 月 2 日，海医一附院又组织专家赴缅甸仰光举办“东盟地区重大热带疾病的防治与诊疗技术”培训班，帮助缅甸、印度尼西亚、伊朗、巴基斯坦等发展中国家掌握我国成熟的生殖健康及热带地区疾病的诊疗技术。这已是海医一附院第6次联合香港中文大学承办这一科技部国际培训班项目。

创新构建新的健康管理体系

在《“健康中国2030”规划纲要》中提出，以“共建共享、全民健康”为指导路径，落实预防为主，推行健康生活方式，减少疾病发生，强化早诊断、早治疗、早康复。为顺应新形势，满足人民日益增长的健康需求，2018年以来，海医一附院依托中医国家级重点学科（肝胆病学）、国家级重点专科（针灸科）建设优势，以健康体检、慢病病患相关资料为基础建立健康档案，加强中西医临床、科研协作，尝试构建“健康促进、亚健康干预、慢病管理以及疾病预防”三位一体的健康管理体系。同时，整合中医科、针灸科、康复科、心理咨询室、体检中心以及内科系统相关学科资源，在健康科普、膳食指导、传染病防治、养生保健、慢性病防治等方面开展健康方面的研究，推动由疾病治疗向健康管理延伸。复旦版《2017年度中国医院专科声誉排行榜》中，健康管理专科在华南区排名第4位。

糖尿病属于四大类慢性病之一，重在日常管理，需根据情况及时调整用药剂量。2017年10月，海医一附院启动“互联网+糖尿病居家照护”项目，提供健康管理新服务。今年7月4日开始，又将该项目推广到医院医联体内的三级综合医院、二级综合医院、社区卫生服务中心/站和乡镇卫生院。该项目利用移动穿戴设备、互联网技术结合医生的专业服务实现了糖尿病患者实时跟踪、全天候照护，医联体内慢病患者上下联动、双向转诊、分级诊疗。这一项目使得糖尿病患者获得了更高效、贴心的治疗和服务，医院也探索出了一条优化健康管理新路径。

强化管理提升教学质量

长期以来，医院承担着海南医学院临床教学的主要任务，教学总课时占学校总课时50%以上。经过长期历练，通过临床医学本科水平评估、临床医学专业认证及本科教学审核评估，临床医学学科能力和水平得到明显提升。获批国家级特色专业、国家级临床教学示范中心、国家住院医师规范化培训基地，“临床医学”学科进入ESI全球排名前1%行列。获批同等学力硕士学位授予权，实现住院医师规范化培训与专业硕士培养并轨，进一步完善“在校教育—毕业后教育—继续医学教育”体系；申报的临床医学博士学位授予权已经被国务院学位委员会批准通过。

今年，海医一附院继续转变办学理念，强化教学管理，深化教学改革，不断提高教学质量。实施了医教研协同人才培养工程，全面推进医疗服务、人才培养、科学研究三位一体发展；强化实践教学，提倡早临床、基础与临床结合的教学理念，从整合基础与临床教学团队、整合教学方法、教学资源建设等方面入手，强化临床专业课讲授、临床见习教学、临床技能模拟教学等，推动教育教学改革，提升学生多学科交叉及临床能力；加强临床教学基地建设，建立科学稳定的临床教学基地管理体系，确保有足够的临床教学基地以满足临床教学需要；完善了教师激励机制，实施教师激励工程，提高临床医生参与教学、教改的积极性。通过一系列举措有效提升了医院教学质量，今年成功入选了首批 74 家国家临床教学培训示范中心。临床医学影响力不断扩大，医教协同发展势头良好，临床医学教育特色凸显。

此外，今年以来，海医一附院还以医联体内同质化建设为基础，大力开展基层医疗卫生培训，重点加强海南省全科医学培训中心建设；同时开展服务式继续医学教育——在各市、县举办培训班，加强信息化建设，将全景医疗系统逐步覆盖医联体并应用于医疗、教学指导。此举有力推动了海南省基层医疗卫生机构标准化建设工作。

新时代，新起点，新征程。海医一附院将以习近平新时代中国特色社会主义思想为指导，不忘初心，牢记使命，凝心聚力，锐意进取，大力提高医院综合管理水平，全面加强医疗、护理质量管理，继续深化医改工作，改善群众就医体验，用实干扛起社会责任担当，为海南自贸区（港）、“健康中国”建设贡献力量。

乘势扬帆　鲜明旗帜
凝心聚力引领涉县中医事业高质量发展

河北省涉县中医院

“中医是个宝库，中医是种文化，中医是种精神，中医作为中国民族的瑰宝，传承至今，我很荣幸能够坚守涉县中医药这片技术文化阵地，也必将在这片阵地上发光发热，以赤诚之心、燎原之势，传承创新并推动涉县中医事业走向更加辉煌灿烂的未来……”

这是涉县中医院党总支书记、院长牛换香同志的一番肺腑之言，他是这样说的，也是这样去做的。

2017 年 10 月 11 日宣布任命决定的那一刻开始，牛换香的心就和医院的发展紧紧地扭在了一起。从这天开始连续七天里，医院发生了一系列大的变化：院内车辆停放有序，来往交通由混合进出改为循环进出，病区进行了厕所革命，物业管理全面整顿……七天里，他走遍了医院的每个角落，基本了解了医院的全面工作和取得的成绩，也直指出了存在的问题。怎样让中医院有更好的突破，业务技术、服务环境、发展建设如何更上一层楼，这些都是摆在他面前的实际问题。医院要发展，人才是关键，技术是根本，创新则是动力之源，要将这三个因素充分利用好，必须占领思想高地，统一全院职工的思想意识，凝心聚力推动医院的高质量发展。

党的十九大以来，“实施健康中国战略”成为医疗工作开展的总方针，如何从基层推进卫生与健康工作，让基层群众的医疗需求不断得到提升时，让中医这一中国传统文化瑰宝得以传承壮大？牛换香带着新的问题，带领新的领导班子用新的时代担当引领涉县中医院开启了崭新的发展征程。

党建做纽扣，思想做引领，干部职工紧密团结共创涉县中医队伍新风貌。谋划开展“六个一树形象暨三提升树品牌”活动年，将全院的思想政治建设提升到一个新高度，体现在实际医疗工作中。“六个一”即看一部正剧、读一本红书、走一次抗战路、唱一次院歌、写一篇心得和办一次“院训在我心中”演讲比赛。以科室为单位，依托涉县建设的15个红色教育基地实地接受红色教育，并在当地及偏远乡镇为群众开展医疗义诊服务，除深入学习《习近平总书记系列重要讲话读本》《中国共产党章程》《习近平新时代中国特色社会主义思想三十讲》等书籍外，还组织购买了《苦难辉煌》《论共产党员修养》《共产党宣言》等500多本红色书籍，观看了《井岗山》《毛泽东》等纪录片，全院唱响院歌《大医精诚》，在“5·12国际护士节”当日开展了一次总结性演讲比赛，一系列活动提升了全院职工的政治信仰，带动128名人才积极递交了入党申请书，吸收了6名预备党员，充实了科室党员力量，提升了人才中党员比例，缩短了“消灭党员空心科”这一目标距离，调动职工的工作热情和积极性，全院精神风貌得到了更大的转变。职工投身医疗事业大干特干，干就干好的激情不断上涨，从而持续促进了“三提升”创品牌暨提升管理水平、提升救治水平、提升服务水平目标任务的落实，医疗队伍中不断涌现出一批优秀的技术人才，为医院争得了“邯郸市2016—2017年度精神文明单位”“邯郸市二级医院静脉治疗护理知识竞赛团体三等奖”“2018年度中国医疗行业‘华医奖’2018年全国医德医风建设示范单位”等荣誉，并被省组织部推荐参加了“全国优秀基层党组织”的评选。医院的业务动态先后被国家及省市县50家网络及媒体转载报道近200篇，在县级中医院引起了极大的社会反响。全年无一例纠纷及投诉，创造了五年来医疗投诉零突破，营造了尊医重卫的良好风气，用患者的话来说就是：“涉县中医院服务态度就是好，也会越来越好，我相信中医，更相信涉县中医院……”

文化做核心，业务做动力，携中参西同心协力共促医院发展新思路。2008年涉县中医院院歌《大医精诚》在众多中医志士的智慧中创作出炉，随之诞生的还有象征妙手仁心、传承古典的院徽，院歌和院徽蕴含了特色、传承、奉献、创新等发展思路，2017年修订院训为“铭史、立信、担当、圆梦”，强调了医疗工作者勇于担当的时代品格，编撰出版了横跨30年岁月，真实反映涉县中医院成长的《涉县中医院志》，通过举办“庆祝建院30周年文艺晚会”，激情演绎了医院热烈奔放的行业风采，如今全院职工铭记院训，创新业务，勇担责任，深植内涵建设，树立了强大的文化自信。

为持续提升医院的技术水平，主动与国家、省市各大医院搞好业务联谊，14个临床科室中10个科室与省市级三甲医院建立了技术联盟关系，指导医院业务发展，向基层医院及社会医养机构抛出合作橄榄枝，同8家医疗机构、5家康养机构、3家民营医院共建医联体、医共体，同其他县级医院进行技术交流合作，同社会资本河北润亲源养老产业发展有限公司签署了涉县康养合作意向协议书，构建了合纵联横、上下联动的理论自信。

推进12S管理，以人性化服务、亲情化沟通、宾馆式环境为标准，提升了服务环境和人文素养，先后打造4个标杆科室，实现全院质量提升，严格执行绩效管理制度，从实从严对各项医疗核心制度及院内规章制度制定考核标准，引领县域医疗管理新航向，加强了保障医疗业务稳定发展的制度自信。

普及中医文化教育，开展了“中医文化进校园”活动，将传承及普及工作深入校园里，深入儿童中，举办了“中医适宜技术——邯郸首届曹龙心法推拿培训会”“曹龙心法年会”，特别是“第十四届全国中药材饮片真伪鉴别暨太行山野生药用植物辨识培训大会”的举办，推动全县中医药事业更好更健康地发展，为八百里太行山域2000多种常见野生中药材、200多种地道中药材面向全国、走出涉县进行了深入宣传；构建了以全国名老中医付正良及李时懋传承人牛广斌为师的中医学徒队伍，扩大了中医技术传承队伍。中医技术、文化、内涵从学生到群众，从乡村到城镇，全面开启了齐推共举的发展模式。医院采取“送出去学习技术，回家来开展业务”的培养政策，大力培养营养、伤口、准介入、外伤、病理、治未病等业务人才，完善科室建设，成立了重症医学科，不断推进各项医疗业务的稳步快速提升，2018年10月准介入在医院大力开展，仅两个月开展近30例，中西结合，业务技术百鸟争鸣，走上了一条特色传承、业务创新、中西并进的道路。

民心做秤，质量做砣，医患和谐，坚定为民服务初心共筑医院发展大根本。医院派驻固新镇小矿村工作队扎实开展精准扶贫工作，集医疗、扶贫、助困为一体，宣传国家政策，落实政策要求，在领导班子的组织及动员下每年下乡不少于20次，仅2018年慰问物资近20000元，给予免费医疗体检3次，解决了群众实际医疗需求，贫困人口“因病致贫、因病返贫”的现象明显下降，部分群众在医生的指导帮助下能够运用简单的中医知识治疗日常小病，真正为群众提供了生活帮助；2018年12月26日，在小矿村村委会，与村双委及涉县统盛经济发展有限公司（小矿村贫困户经济互助组）达成三方协议，签订“杏园”合作开发项目，为小矿村整体脱贫摘帽吹响冲刺的号角，全力保障完成健康扶贫攻坚任务。以中医院为龙头，乡镇卫生院为枢纽，乡村卫生室为网底的中医网络结构，对口支援6所卫生院，派出医护人员15名；新建46所“健康小屋”，派出医生46名；组建家庭医生签约团队57个，签约93个村，惠及46000余人次；科室自发组织义诊120次，出动义诊医生510人次，义诊16乡镇、160个村，惠及21000余人次，走近群众扎实进行医疗服务；成功举办两届涉县中医膏方养生节，满足人民群众日益增长的高品质中医药服务的需求。涉县中医院不断响应民生关切，解决群众基本健康服务需求，服务质量、业务技术、提升救治水平，使“全国十佳百姓放心医院”的称号越叫越响。

咬定中医不放松，立根传承创新风；风雨磨砺还坚韧，高质发展冠三省。涉县中医院是涉县这座古城中医药文化脉系传承的核心力量，更是全县百姓观望中医发展的聚焦点。“利民之事，丝发必兴”，正是本着这一信念，涉县中医院新一任领导班子从小事做起，抓队伍建设、抓技术发展、抓口碑民心，为努力打造晋冀豫三省交界区医疗水平最高、装备水平最高、服务水平最高、机制活力最好的中医院勇挑新的时代担当。

十年磨一剑

——记西南医科大学附属中医医院院长杨思进

西南医科大学附属中医医院

“好学善思、知行合一、心无旁骛、智勇精进”用这16个字形容杨思进院长再合适不过。

数字：10年来，在职人员增幅达258%，专业技术人员增幅达293%，高级技术人员增幅达191%；硕博人员增幅达1068%。

西南医科大学附属中医医院是一所集医疗、教学、科研、预防保健、产业文化、集团医院、国际交流于一体的具有中医、中西医结合特色的三级甲等综合性教学医院。2008年10月至2018年，杨思进在西南医科大学附属中医医院院长的位置上坐了整整10个年头。十年磨一剑，当今天亮出这把剑时，西南医科大学附属中医医院得到了业界的肯定、政府的认同、职工的满意、患者的好评。

2017年，医院门急诊人次111.69万人次，与10年前同比增长407.5%；出院人次62606人次，同比增长662.6%；手术台次25771台，同比增长827.0%；总收入约13.4亿元，同比增长1505.3%。医院是中医药传承创新工程重点中医医院、国家临床药物试验机构，先后荣获全国重点建设中医院、中国百强品牌医院、全国中医药文化建设先进单位、全国医疗卫生系统先进集体、全国中医药系统创先争优先活动先进集体等荣誉。

上一个10年，杨思进用“千头万绪、千磨万击、千方百计、千年一搏”来概括，下一个10年，他立志要将这所医院打造成“国内一流、国际知名的中医、中西医结合特色现代化医院”。

打铁还需自身硬

“中医医院要姓‘中’，中医医院要姓‘综’，中医人才要姓‘博’，现代科技要‘跟踪’。”在这样的办院理念下，杨思进在10年前就开始了轰轰烈烈的改革，使医院走上了一条自强之路。

“当时医院里的医生人手都不够，何谈人才？所以改革首先从人才建设入手。”为此，医院先后修订了《人才引进管理暂行办法》《引进人才奖励标准》《博士人才引进奖励标准》等制度，从政策上给予支持。

医院人才招聘采用多种途径和方式，在延续双选会招聘等传统招聘方式的基础上，不断拓宽引进模式，借助微信公众平台、招聘网站、新闻媒体等多种渠道，针对特殊人才，如博士、高级职称专家的引进开辟绿色通道，秉承“一事一议”“特事特办”的原则。

杨思进告诉记者，一方面，医院加大培养和引进中医药复合型、领军人才力度，如聘请了香港中文大学终身教授蓝辉耀，美国内华达州立大学雷诺医学院药理系段大跃教授、叶玲玉研究员等，特聘了中国工程院院士钟世镇教授、李兆坤教授等专家新建院士工作站；另一方面，进一步加强中医和中西医结合人才的培育力度，开展了全国中医药专家学术经验传承工作、省级师承及院内师承工作。截至2018年底，医院在职人员1932人，拥有国务院特殊津贴专家、四川省学术及技术带头人等国家、省市各级各类高级人才150余人。

在人才梯队逐渐成型的基础上，杨思进审时度势，提出了“稳定提升忠山老院、高速发展城北新院、大力扶持集团医院、充分发挥特色优势”的理念，实现了从“医教型医院”向“研究型医院”转变、从“学习型团队”向“宣教型团队”转变的发展理念，以及提出“科学精细创新服务年”的理念。

为了提升中医药优势服务能力，医院充分发挥中医特色优势，开展了灼烙法治疗慢性扁桃体炎、高血压病和脑卒中中西医结合防治技术，以及中药“浴热净”、中药贴脐止泻等中医技术，并率先推出了“冬病夏治”“冬病冬防”“中医膏方节”活动。

在注重中医药特色优势发挥的同时，医院紧跟现代医疗技术，开展了体外循环术、心脏介入手术、外周血管介入治疗、断指（断肢）再植等先进技术。同时，医院成立了手外科中心、胸痛中心、介入诊疗中心、健身中心、医学美容中心等，加强学科建设。截至 2018 年底，医院拥有各级各类重点专科、学科、实验室 20 余个。

借助专科中心平台，医院加大科技领军人才的引进力度及中青年科技人才培养力度，制定了《专职科研人员管理办法》和《专职科研人员考核办法》，为优秀科研团队及个人配备专职科研人员。近年来，医院获得国家级科研课题立项 53 项，各级各类科研经费达 2.16 亿元；获国家科技奖励 2 项，省部级科技奖励 15 项；获国家发明专利授权 24 项；发表学术论文 2021 篇。

医院以临床新技术新项目为支撑，整体提高中医临床研究的能力与效率，实现了中医学“从临床中来、到临床中去”的继承创新与发展，也使医院综合实力大幅提升，成为四川乃至全国的中医名院。

资源下沉扶基层

伴随着实力的提升，西南医科大学附属中医医院的社会责任也更加凸显。在“医院不分大小，发展不分先后，同行相互切磋，互助才是出路”的帮扶理念和“学术引领，技术指导，上下联动，开放共享”的分级诊疗理念指导下，医院于 2011 年牵头成立了泸州市中医医疗集团。

截至 2018 年底，医院共有 167 家集团医院、14 家分院、21 家技术指导医院，覆盖川、滇、黔、渝四地，包括了公立医院和民营机构的中医院、中西医结合医院、综合性医院和专科医院。

杨思进告诉记者，集团采取医疗集团、专科联盟、远程协作的运行模式，通过成立各级专委会并开展学术讲座、“专家讲师团”巡讲工作、派驻专家到成员单位开展技术指导、免费接收成员单位进修人员来院学习等形式，为成员单位提供医院管理、医疗技术、信息化建设、人员培养等方面支持。通过对基层的全方位帮扶，医联体整体实力得到较大提高，特别是合作帮扶较为紧密的分院，帮扶成效尤为显著，极大提高了基层患者的满意度。

2017 年，西南医科大学附属中医医院部分国家级重点专科、省级重点专科牵头组建了“专科联盟”，包含脑病、疼痛、针灸康复、骨科和放射影像 5 个专科联盟，共有 270 余家单位加入。同时，医院成立了远程会诊中心、远程影像中心、区域检验中心、消毒供应中心、远程心电中心和病理检验中心，为 100 余家签约合作单位提供技术帮助。

此外，根据四川省卫生计生委、四川省中医药管理局、西南医科大学的指示和要求，医院还承担了凉山州普格县甲甲沟村、泸州古蔺县双沙镇普庆村、合江县榕山镇回洞桥村等地的精准扶贫工作，以及广元市苍溪县妇幼保健中心、凉山州昭觉县中医医院、甘孜州康定市呷巴乡俄达门巴村医务室等单位的对口帮扶工作。

通过各对口支部的帮扶，合江县榕山镇回洞桥村于 2017 年实现整村脱贫；古蔺县双沙镇普庆村将于 2018 年实现整村脱贫；凉山州普格县甲甲沟村、胜利村扶贫工作正在积极进行中。截至 2018 年底，西南医科大学附属中医医院已派出 8 人驻村开展精准扶贫工作，资金投入 250 余万。

凡是过往，皆为序章，所有将来，皆是可盼。杨思进表示，下一步医院将通过打造一支高精尖优的科研技术团队，充分发挥中医医疗优势，不断丰富中医药文化内涵，彰显特色品牌。同时充分发挥教学医院优势，为国家培养更多的中医、中西医结合人才，为推动中医药事业发展做出应有的贡献。

医院文化体系建设探索和研究

河北省武安市第一人民医院院长　郝保乾

医院文化是什么？医院文化是指在一定的社会文化大背景下，经过医院领导者的长期倡导和广大员工的积极创造及参与实践所形成的关于医院的整体的价值观念、行为准则、道德规范、管理风格以及习惯之总和。医院文化是医院的灵魂，是可持续发展的动力。

河北省武安市第一人民医院自 1945 年建院以来，始终遵循“以人为本、引导规范、遵循认同、持续推进、全员参与”的文化建设原则，经过 70 多年的建设和发展，目前已经形成了以“科学完善的管理文化、以人为本的沟通文化、不折不扣的执行文化、品德高尚的医德文化、细致入微的服务文化、精益求精的技术文化、海纳百川的包容文化、精诚合作的团队文化、风清气正的廉政文化、无私奉献的关爱文化、薪火相传的理念文化”等为主要内涵的一整套独具特色的文化体系，这个体系包含八大元素，即：院徽、院训、院歌、院旗、院誓、院魂、院梦、院信。这八大元素共同构成了武安市第一人民医院对内凝聚人心的文化载体和对外独具特色的文化标志。

院徽——院徽灵感来源于“佛手”

舍利塔是武安文化的典型代表，佛手在佛教文化中代表救世济民，手形有治病救人、妙手回春的隐喻，三者结合既突出武安文化，又体现了医疗行业特性，内涵丰富，意味深远；院徽又似一把熊熊燃烧的火炬，传承着拼搏不息、凝聚团结的医院精神，体态又神似凤凰涅盘，预示医院无限的发展前景，代表着武安市医院全体职工目标一致，凝聚拼搏，使医院迅速发展壮大的愿景；院徽动感的造型又像一面扬起的风帆，也突出了生机勃勃的枝叶形态，体现武安医院扬生命之帆、乘风破浪、驶向健康彼岸的精神使命。标志富有希望与健康的气质，体现医院对患者的人文关怀：黄、绿、浅蓝构成了武安首字母“w”，点名了医院名称；黄色代表阳光和温暖，绿色代表健康和生机，蓝色代表严谨和科技。院徽整体风格现代朝气、内涵深远，充满生机与关爱的同时也充满着信仰与希望，品牌个性鲜明深刻。

院训——“诚信厚德 求实创新”

诚信。《礼记•祭统》言：“是故贤者之祭也，致其诚信，与其忠敬。”“诚”即诚实诚恳，主要指主体真诚的内在道德品质；“信”即信用信任，主要指主体内诚的外化。“诚”更多地指“内诚于心”，“信”则侧重于“外信于人”。“诚”与“信”一组合，就形成了一个内外兼备、内涵丰富的词汇，其基本含义是指诚实无欺，讲求信用。千百年来，诚信被中华民族视为自身的行为规范和道德修养，在基本字义的基础上形成了其独具特色并内涵丰富的诚信观。我们要发扬中华民族传统美德，培养高尚的职业道德，忠诚医疗事业，讲究职业信誉，文明服务，礼貌待患。

厚德。“厚德（载物）”，源自《易经•中象》中的“天行健，君子以自强不息；地势坤，君子以厚德载物”。意思是君子与天共一乾德，故能自强，无须外力而自我前行；君子要以坤地一般宽厚的胸怀包容天下之人与物。百行德为先，德对于我们这样一个关乎民众健康的行业尤为重要。厚德，是每名医护人员必须的职业修养。作为医院的职工，每天面对的是患病受难的病人，我们一定要身怀厚德之道、博爱之心，诚心待人，对待患者如亲人般热情、如春天般温暖，把为病人解除病痛作为自己的最大幸福。

求实。求实就是讲求实际，就是从实际出发、实事求是，大胆地坚持真理，无畏地修正错误，就是要客观地或冷静地观察以求得到对客观实际的正确认识，做学问不可弄虚作假，异想天开，要脚踏实地，实事求是。求实务实是我们医务工作者做人的本质，实事求是是我们的行为准则。在医学科学道路上只有实事求是才能发展壮大，才能取得成功。

创新。创新是指以现有的思维模式提出有别于常规或常人思路的见解为导向，利用现有的知识和物质，在特定的环境中，本着理想化需要或为满足社会需求，而改进或创造新的事物、方法、元素、路径、环境，并能获得一定有益效果的行为。创新是人类特有的认识能力和实践能力，是人类主观能动性的高级表现形式，是推动民族进步和社会发展的不竭动力。一个民族、一个单位要想走在时代前列，就一刻也不能没有理论思维，一刻也不能停止理论创新。创新才是我们不变的追求，是医学发展和生存之命脉。只有不断创新才能生存，才能有发展。医学只有不断地创新发展才会造福于全人类，才能更加进一步成为民众的福祉。

院歌——“天使的翅膀”

这里开启一扇扇窗，看到微笑在脸上。白衣天使的形象，是一道亮丽的风光。在这神圣平凡的岗位上，闪耀着爱的光芒，让我们筑起人民健康的脊梁……院歌含义深奥而亲切，内容丰富且具特色，歌词高雅，旋律优美，唱起来荡气回肠，深受广大职工的喜爱。

院旗——院旗为红、蓝两种配色方案

蓝色院旗应用了标志的标准色彩，现代、大气，主要适用于运动会、医院活动等较为活跃的场合；红色院旗中标志色彩反白，端庄、热情、醒目，主要适用于庄重、喜庆的场合。蓝色院旗中增加了辅助图形，其弧状的形体与标志造型风格统一，动感且富有张力。由细到粗的变化增强了院旗版式的空间感，整体上扬的动势体现了医院蒸蒸日上的发展态势，预示着医院无限的发展前景。当辅助图形与标志结合使用时，弧形象征了地平线，院旗似一幅飞鸟高升的生动画面，体现着医院创新发展、生机勃勃的精神面貌。

院誓——我志愿做一名医疗卫生工作者，积极投身医院发展建设

“决心竭尽全力，刻苦钻研，精益求精，除疾患之痛苦；满腔热忱，执着追求，高度负责，助健康之完美；尊重患者，团结协作，无私奉献，维医术之圣洁；廉洁正直，诚信厚德，求实创新，护职业之荣誉。为人类身心健康，为医疗卫生事业和医院科学发展而奋斗终身！”由郝保乾院长亲自编撰的“院誓”（医务人员誓言）言简意赅、重点明确，涵盖了医疗技术、医疗服务、奉献精神和职业精神等几个方面内容，是每一名医务人员的行为准则、努力方向、价值取向和奋斗目标，也是每一名医务人员对社会的庄严承诺。

院魂——懂政治、讲规矩、明事理、要团结、守纪律、履职责、保安全、促发展

懂政治是确保医院快速前进的标准航向；讲规矩是事业又好又快发展的有力保障；明事理是为患者用情服务的素质使然；要团结是凝聚集体力量的唯一源泉；守纪律是提高工作效能的重要保证；履职责是提高执行力的基本要求；保安全是促进医院发展的重要前提；促发展是医院追求的永恒主题。

院梦——百姓健康就是我们最大的梦想

“院梦”的提出，反映了医院的期待，顺应了时代的要求。“一院梦”是时代的梦，是强院的梦，是实干的梦，是创新的梦，是攻坚的梦，是奋斗的梦，是出彩的梦。“梦想只要持久，就能成为现实。”英国诗人丁尼生的话寓意很深。同心共筑“一院梦”，需要我们每一个人不断付出辛勤劳动和艰苦努力，脚踏实地地做好自己的事情，解放思想，改革开放，创新驱动，科学发展。我们“一院人”定能不负历史责任、担起时代使命，为“一院”迎来一个更加美好的明天！

院信——弘扬白求恩精神，像白求恩那样做人，像白求恩那样行医

作为中华民族的宝贵财富——伟大的白求恩精神，鼓舞激励着医务人员以他为楷模，沿着他的足迹前进。即使是在当前社会主义市场经济形势下，卫生系统面临严峻挑战，白求恩精神仍是国际主义的一面旗帜，弘扬白求恩精神已成为卫生界的光荣传统，是卫生系统精神文明建设和文化建设的永恒主题。以培育和弘扬医院精神为核心，大力弘扬白求恩精神，运用白求恩精神，真正把握医院文化建设方向，挖掘白求恩精神文化内涵，促进精神文明建设。新形势下，医院文化建设为白求恩精神开辟了新的土壤，弘扬白求恩精神是医院文化建设的内在要求，也是贯彻落实十八大精神和迎接十九大胜利召开的具体体现。只有将白求恩精神赋予新的内容，使其更充实，更接近实际，真正落到实处，才能培养和造就一大批新一代的白求恩式的医务工作者。

在医疗市场竞争非常激烈的今天，医院文化在现代医院现代化建设中的地位和作用越来越突出。可以说，医院文化水平已经成为衡量医院核心竞争力大小的一个重要标志，决定着医院的兴衰。医院要生存、发展并在竞争中立于不败之地，就必须有相应的医院文化作为根基。医院文化是以人为中心提高医院的整体素质、提高医院的医疗水平和信誉、赢得医院发展的巨大潜能。医院文化在医院的发展中起着内聚人心、外树形象的核心作用，优秀的医院文化又对社会进步起着积极的促进作用。

1. 医院文化是目标，具有导向作用

医院文化以精神理念和价值观念为核心，通过文化的教化、熏陶和影响，使职工在潜移默化中接受共有的价值观念，并以此作为医院行为的方向和准则，在共享价值观的基础上将个人目标趋同群体目标。医院文化的形成，使医院具有一种“文化定式”，能把职工的努力方向引导到医院发展目标上来。

2. 医院文化是引力，具有凝聚作用

医院文化是医院取之不尽、用之不竭的精神动力和智能之源，是医院内部一种强大的动力源，它能使广大职工对医院发展目标、行为准则、价值观念的认同产生强烈的使命感，在这种文化氛围的作用下，又能激发出职工对本职工作的自豪感，进而潜在地、自然地产生对医院的向心力。这种巨大的心理力量，就不断产生着把每个个体职工都凝聚在医院集体中的整体效应，形成了一个坚不可摧的整体。

3. 医院文化是准则，具有约束作用

医院文化是一种无形的行为准则，通过广大职工在医疗实践中形成的自我约束机制。它像一个控制系统，通过舆论和信念的向心作用，形成一个强大的自约力量，从医院管理的深层规范、约束、塑造着医院和职工的思想与行为，从而有效保证了医院经营目标和服务宗旨的实现。

4. 医院文化是力量，具有激励的作用

医院文化的加强，使医院有明确的发展目标。职工有各自的岗位责任，又有领导的信任、同事间的相互尊重和先进楷模的影响，在共同文化观念形成的群体意识驱动下，职工的事业心、责任感逐步加强，激发职工自觉地产生出一种高昂情绪和进取精神。良好的医院文化氛围，对职工的激励不是一种外在的推动，而是一种内在的积极性、创造性发挥，并源源不断地提供激励的力量。

5. 医院文化是桥梁，具有辐射作用

人们可以通过新闻媒介、患者的自身感受介绍、患者之间的信息传递等渠道，去影响大众的认知和选择。因此，医院要不断加强自身整体素质提高的建设，塑造独具特色的医院形象，提高医疗服务质量和文化品位，将医院的经营理念、服务宗旨、价值取向等传递给广大患者与群众，进而树立并提高自己在社会公众心目中的良好形象。

润物细无声，文化育新人。建院 70 多年来，医院涌现出了一大批先进集体和优秀个人，如：获得“全国计划生育工作先进集体”的医院妇科、国家卫生部“老护士荣誉奖章”获得者侯琴、中国首届“白求恩式好医生提名奖”获得者张培胜、河北省计划生育工作“先进工作者”梁培群等，真是数不胜数、英模辈出，有力推动和保证了医院中心工作的全面发展，为武安人民的健康做出了贡献。

改革创新 健康惠民

——新乐市医院医改纪实

河北省新乐市医院

一、医院概况

新乐市医院始建于1948年，是新乐市规模最大、技术水平最高、科室设置最齐全的一家集医疗、教学、科研、预防、保健、急救、康复于一体的二级甲等综合性医院。医院占地7万平方米，建筑面积3.32万平方米，固定资产1.5亿元。全院现有职工750余人，其中卫技人员占95.3%，副高级职称以上技术人员115人，中级职称技术人员242人，医学硕士研究生26人。共建立了30余个专业科室，病床设置480张，开放床位550张。医院现为承德医学院和河北医科大学西山校区教学医院。

二、公立医院改革推进情况

（一）加强组织领导，完善工作机制

成立了以院长为组长、副院长为副组长，相关职能科室负责人为成员的医改工作领导小组。并多次召开院长办公会、中层干部会议进行研究部署，结合工作实际，制订具体工作方案，明确具体工作要求，上下合力做好医改工作。

（二）调整医疗服务价格，减轻患者就医负担

强化用药管理，做到合理用药、规范用药，着力减轻患者就医负担。自2013年7月1日起，全部取消药品加成，按实际进价“零差率”销售；对CT、核磁等大型医疗设备检查价格降低10%；合理提高体现医务人员技术劳务价值的诊疗、

手术、护理等医疗服务价格1000余项。

（三）多措并举强管理，多管齐下控费用

强调“大门诊，小病房”，以控制费用为切入点，加大考核力度，制定“双控一降”控费措施，设定考核指标，大力推行临床路径，控制医药费用不合理增长。

1. 强化“大门诊”工作

充分发挥门诊的功能和作用，增强门诊接诊能力，提高门诊入院诊断符合率。增加诊室，充实门诊的人力资源，增加并配备了高年资、有经验的医务人员，科主任每周三、五定期出门诊，实行一医一诊一患、无假日门诊，给患者提供最全面、细致的诊疗服务。规范入院前检查，门诊检查科室实行弹性排班，入院前能做的或能够预约的检查、检验项目全部在门诊完成，缩短手术等待时间，入院后即可治疗、手术。并开展日间手术，使患者得到及时有效的诊治，减少患者上转及门诊转住院现象。

2. 建立“小病房”

强调首诊负责制，严格把握住院指征，做到专科专病专治。提高科间会诊质量及效率，要求会诊医师必须是副高职以上，普通会诊当日完成，缩短疾病诊治时间。手术室实行弹性工作制、中午连台手术。开展腔镜微创、无痛及介入手术治疗，减少术后住院时间，加快床位周转，缩短主要治疗完成后的康复时间。使平均住院日下降到6.67天。

3. 建立“双控一降”考核体系

统一制定科室控费指标，纳入绩效考核管理，结果直接与医生绩效工资挂钩，严格控制药占比及次均药品费用，降低平均住院日。药占比实际完成数低于或高于指标数则给予全科的每位医生最高不超过300元的奖扣。次均药品费用实际完成数低于或等于指标数不奖，高于指标数部分扣发全科每位医生最高不超过300元的奖金。平均住院日实际完成数低于或高于指标数则给予最高不超过300元的奖扣，即与诊疗相关则纳入考核（与护士无关）。

4. 大力推广临床路径，实施单病种付费管理

（1）根据医院实际情况，认真遴选病种，推广科室前五种疾病纳入临床路

径管理。严格落实临床路径管理，截至目前，实际运行164个病种、580个临床路径，入组率及完成率均达标；进入临床路径的病例占出院病例的70.3%，且此数据在逐月提升。进一步为DRGS付费做好了前期准备，夯实了基础，使DRGS付费成为可能，规范了医务人员的诊疗行为，提升了患者安全。

（2）在总额预付基础上，实施单病种付费管理。现对白内障、剖宫产、正常分娩等10种疾病实行单病种限价管理。对纳入单病种定额付费管理的病人，必须符合病种质量控制标准，遵循病种治疗临床路径管理，确保医疗质量，减少不合理检查、治疗、用药，减少总体治疗费用，缩短平均住院天数。

5. 建立“六个一”工作机制，持续改进医疗质量

建立“一月一考核，一月一通报，一月一分析”工作机制，对医疗质量进行检查考核，并在医院质量考核简报、绩效考核简报上通报。利用质量管理工具进行分析点评，持续改进医疗质量，确保医疗安全。

（1）每月把运行病历、科室质控、临床路径、抗菌药物、护理技能操作、院内感染、门诊质量、合理用药等作为考核重点，对存在的问题进行原因分析，提出改进意见，并追踪落实情况。各线按考核结果分出等次，给予最高1000元的奖励。

（2）每月1～2次聘请省级医院临床药师来院进行处方点评、医嘱审核、抗菌药物合理应用培训，指导临床开展合理用药工作。每月对抗菌药物用药数量及金额前十位的人员实行双排序并进行监控，预警公布，对营养类、辅助类等不合理用药者及时进行干预、约谈，促使临床用药安全、有效、合理。

（3）每月召开一次医疗质量与安全管理委员会成员及职能科室负责人参加的质量管理分析会议，指定专人负责对问题的整改落实。每半年召开一次不良事件评析会，从制度、流程层面查找原因，积极消除各种隐患；每年召开一次医疗纠纷讲评会，总结经验，查找不足，提高职工风险防范意识。

（四）大胆探索，深化人事薪酬制度改革

我院自2003年起，全面实行了全员聘用制度和岗位管理制度，按需设岗，以岗定编，竞聘上岗，全员聘用。中层干部由院长聘任，员工由科主任、护士长

聘任，双向选择。建立起有约束、有竞争、有激励、有活力的运行机制，及干部能上能下、人员能进能出、人人爱岗敬业的用人机制。完善激励机制，强化岗位绩效考核。实行岗位管理基础上的绩效工资制度。建立以绩效考核为主要内容并体现激励导向的收入分配制度，注重向临床一线、高风险苦脏累岗位、技术骨干倾斜，合理拉开收入差距，吸引和留住高层次人才，体现优劳优得、同工同酬，充分调动各级各类人员的积极性。

1. 以岗定酬

打破专业技术职务终身制，按照“医疗、护理、医技和行政后勤”系列定岗定编。结合技能要求、工作强度、承担风险等要素，拉开分配档次，分四个档次确定岗位工资标准，各线按照岗位条件进行聘任。“一岗一薪，岗变薪移”。两年一个周期，2017 年 1 月已全面实施了第八周期岗位设置与聘任工作。

2. 加强综合绩效考核

依据医疗服务质量、数量和服务效率和业务指标等制定了《临床医疗考核方案》《护理工作量考核方案》《手术增量考核方案》《中层管理人员管理考核方案》等方案。重实绩、重贡献，更加关注综合指标。建立了将药占比、门诊工作量、平均住院日、次均药品费用、出院人次、手术例数、护理工作量以及社会满意度作为主要量化考核指标的管理体系，按月考核发放，护理奖金与医疗分开，实行工分制。

3. 建立激励考核制度

每半年对没有违反“组织纪律、医德医风”管理规定的职工、中层领导、院长给予奖励；每年对科室主任管理职能及业务职能履行情况进行综合考核，按得分高低对优秀中层领导进行奖励。对在医院学科建设工作中做出贡献的，如开展新技术、新项目的科室，每年评出一、二、三等奖给予 1000 ~ 5000 元奖励；还对优秀论文及科技成果进行相应奖励等。

4. 创新人员管理体制

对紧缺的高层次硕士以上专业对口人员，采取择优选择、柔性引才等灵活方式直接选聘；对全日制本科一、二批次临床、影像、病理专业医师系列人员，签订医院聘用合同；对院龄满一年且具有执业资格者的派遣人员，纳入医院岗位聘任管理，落实同工同酬。编外人员同在编职工一样享受冬季取暖费、医德医风半年考核奖、产假休养奖励及工会福利等各项福利待遇。公开招录临床、护理、影像等专业人员 35 人；引进选聘内科、外科、妇产科、病理等专业医学硕士 29 名。

（五）加强医院内涵建设，不断提升医院服务能力

1. 强化队伍建设及学科建设

采取“走出去，请进来”的方式，每年选送业务骨干 20 余名到京津冀三甲医院进修学习，并参加各类短期培训班，在院内开展各项培训考核等；聘请上级医院专家来院会诊、坐诊、查房、手术、授课。系统性、精细化进行人才分层、分类、分级多种方式培养，提高专业技能。调整科室设置，拓展服务范围，大力发展亚专业，实施精细化管理，形成科室有特色、专项有专人、人人有专业、分类齐全的学科构架。重点发展的新生儿科、神经外科、儿科已成为石家庄市重点培育学科。

2. 开展新技术、新项目

近三年来，积极开展新技术、新项目近百项，在众多医学领域内取得了丰硕成果。相继开展了床旁血滤以及腹腔镜、胸腔镜、关节镜、椎间孔镜、无痛胃镜、无痛分娩、肾脏穿刺术、妇科自凝刀微创手术等高水准的诊疗项目，提升微创及无痛治疗能力。其中微创手术占手术总量的 40% 左右，95% 的妇科手术在腔镜下完成。2016 年开展冠脉介入手术 445 余例，神经外科介入手术 76 例，周围血管介入手术 225 例，无痛胃肠镜 367 例，无痛分娩 988 例。

3. 积极探索医联体建设

与省三院、和平医院、市三院、市四院、市八院、市人民医院、和平医院、省眼科医院等建立协作关系，并签定双向转诊协议；与省人民医院内分泌科结成协作科室，充分利用上级医院的资源优势广泛开展合作，聘请专家来院手术、讲课、业务指导；同河北省儿童医院及河北省眼科医院建立协作并加入北京儿童医院集团，打造京津冀一体化的医疗平台，全力提升我院的整体服务能力；加入石家庄市结核病定点医院联盟、石家庄市第一医院胸痛中心医联体，加强合作，优势互补，实现资源共享，不断提升医院学科水平和服务能力。2016 年共选派高级职称人员及业务骨干 30 名到对口支援的五所乡镇卫生院（东王卫生院、邯部卫生院、木村卫生院、化皮卫生院、协神卫生院）授课、坐诊、业务指导、教学查房，有力提升了乡镇卫生院的医疗技术水平。开设专科、专病门诊；开办常见病、慢性病防治讲座；到学校、社区、机关、乡村进行健康宣教；受益群众 5000 余人，让广大患者在基层享受便捷、全面、高水平的医疗服务。

三、改革成效

（一）群众、医护人员满意度“双提高”

2016 年门诊患者次均医药费用 168 元，增幅 3.7%；2017 年第一季度增幅 1.22%。2016 年住院患者人均医药费用 4421 元，增幅 7.02%；2017 年第一季度增幅 5.39%。门诊、住院人均费用增幅均有所减缓。2016 年住院患者人均药品费用增幅下降 3.88%；2017 年第一季度增幅下降 18.46%。药占比由改革前的 32.3% 降至目前的 24.12%。每月 5 日门诊检查优惠 30%，近三年来，仅此一项就共计让利于民 808 万元。切实减轻了患者的经济负担，群众满意度达 99%。

2016 年医疗服务收入（不含药品、卫生材料、检查、化验收入）占医疗业务收入的 25%；2017 年第一季度 25.9%。在一定程度上实现了医务人员技术和劳动价值的回归。医务人员经费支出占业务支出（不含药品、耗材支出）由 51.97% 提升至 65.64%；人员支出的比重逐年提高，医务人员工作积极性得到有效调动，生活工作幸福指数不断提高。

（二）县域就诊、服务能力“双提升”

通过强化队伍建设及学科建设、强化门诊工作、开展新技术新项目等一系列工作，一些疑难疾病在我市得以治愈，一些关键技术如冠脉介入术、神经外科介入术以及腔镜、无痛治疗等得以成功开展，满足了我市人民群众诊疗需求，真正让老百姓在家门口就能享受到优质、高效、安全、便捷的现代医学高新技术，切实减轻了患者的经济负担。2015 年 12 月，我院顺利通过了全市第一批二级综合医院等级评审，医院的综合服务能力得到了有效提升。2016 年门急诊疗人次同比增长9.7%；2017年第一季度同比增长6.06%。2016年出院人次同比增长3.36%；2017年第一季度同比下降0.89%。2016年域外转诊率为8.5%；2017年第一季度为4.02%。基本实现了“大病不出县”的目标。

四、下一步工作思路

通过公立医院改革工作，初步体现了政策落实到位，人民群众医疗负担减轻，职工待遇提高，医院有所发展的态势。但我们也应当清醒地认识到，医改工作离省市的要求和群众的期望还有一定差距。下一步我们将学习借鉴兄弟单位的好经验、好做法，立足新起点，寻求新突破，狠抓薄弱环节，不断完善政策措施，重点加强以下几个方面的工作。

一是加快医院整体建设工作，抢占制高点。通过新建综合病房楼，改善医院软硬件条件，进一步优化学科布局，打造新技术平台，提升医院综合实力。

二是争当县级公立医院改革排头兵，积极参与并主动适应医改的要求与变化。从强化内部管理入手，不断提高医院运行效率，有效控制患者费用增长，制定科学合理的绩效政策，充分调动医务人员积极性，构建现代医院管理制度。

三是积极参与医联体建设，进一步提升医院水平。夯实现有医联体工作基础，主动作为，探索紧密型医联体建设。目前正在积极筹划与河北省肝病医院建立专科紧密型医联体，预计2017年12月底前还要与1～2家基层医院建立紧密医联体关系，探索将医联体工作延伸到乡村，开展与病人面对面的交流服务，加快促进优质医疗资源上下贯通。

四是持续提升服务质量，提高患者满意度。进一步改善医院医疗环境，优化医疗流程，深入推进优质护理服务，强化医务人员沟通宣教，打造信息化智能医院。

面向未来，医院将继续坚持“团结协作、精诚勤慈、追求卓越、创新发展”的宗旨，秉承“大医精诚、至臻至仁”的院训，争取在今后的医疗服务与改革发展之路上再创辉煌。

以创三甲促进管理 持续提升医疗质量

四川省阿坝州人民医院

2015年阿坝州人民医院以创建三甲医院为契机，按《三甲医院评审标准》要求，围绕加快推进医院卫生体制改革，进一步完善质量管理控制体系和医疗质量检查指标标准体系，运用质量管理工具，把管理指标数据化、日常监管常态化、整改措施制度化、制度流程科学化，充分利用评审及各类专项检查，不断加强医疗质量管理，探索长效机制，持续改进、规范医疗行为，确保医疗安全，促进医院发展。

一、建立完善三级医疗质量管理机构

按照《四川省综合医院评审标准》要求，对医院的管理、质量、服务、安全等进行了全面梳理，重新制定、修订、完善了医疗质量管理体系。

（一）形成”决策层—控制层—执行层“三级医疗质量与安全管理体系

1. 决策层。院长担任医疗质量安全管理委员会主任，副院长杨林负责临床医疗质量，分管医务科、质控科、门诊部和药剂科等，副院长唐代玲负责护理院感质量，分管护理部、院感科等职能科室组成决策层；

2. 控制层。医务科、质控科、护理部、院感科、药剂科等职能科室，医院质量管理，护理质量，医院感染，药事管理与药物治疗，输血质量，病案管理，医疗安全生产委员会等 9 个委员会为医疗质量的控制层；

3. 执行层。各临床科室科主任、质控小组、全体医务人员为执行层。

（二）调整完善各质量管理安全委员会

1. 医疗质量管理体系：医务科、质控科是医疗质量管理委员会的重要成员，为行使医疗质量管理的决策控制监督职能的部门，在分管业务院长的领导下全面负责医院医疗质量管理。2015年相继成立了儿科、超声、麻醉、院感、护理、眼科、急诊、放射、康复、药事、消化等11个州级质控中心，在上级专家指导下，着力开展质控工作。

2. 护理三级质量管理体系：护理部—科护士长—护士长。成立了以分管院长、护理部主任和各科护士长组成的护理质量管理委员会，全面负责护理质量管理、督导和检查工作。

3. 药事质量管理体系：调整成立了药事管理与药物治疗学委员会，下设抗菌药物管理、药品不良反应监测、基本药物配备和使用管理、特殊药物管理、处方点评、药品质量监督管理等领导小组，各领导小组明确工作职责和制度，定期开展工作，相关工作常态稳步推进。

4. 医院感染控制管理体系：调整了分管院长、医院感染管理专（兼）职人员—科主任、科护士长感控组长—感控小组成员的三级感控管理体系。

5. 输血科质量管理体系：独立建制输血科，由医疗管理、临床、输血、麻醉、护理、检验等相关专业的专家组成的临床输血管理委员会。

6. 临床科室质量管理体系：科主任是科室质量管理的第一责任人，全面负责科室质量管理，各科室成立质控小组负责执行质量控制。

二、建章立制，完善管理制度流程

医院质量与安全管理委员会及其下设医院质量管理、护理质量、医院感染、药事管理与药物治疗、输血质量、病案管理、医疗安全生产等委员会等按照《四川省综合医院评审标准》对现有制度流程进行更新、修订、增补，完善医疗质量检查指标标准体系，2015年全院更新修订制度64个、流程28个，使质量管理制度化规范化。

三、各级管理机构按照制度和章程利用管理工具开展管理工作

医务科、质控科、护理部、院感科、药剂科、输血科定期与不定期监督、检

查、考核、评价医疗护理核心制度执行情况、重点部门及重点环节的医疗护理质量，及时反馈，及时整改。每季度定期召开医疗、护理、医技、院感、药事、输血等质量管理会议，指出医疗、护理、医技质量存在的问题，分析原因，提出整改措施，进行持续改进，确保了医疗安全；并根据《四川省综合医院评审标准》建立了如门诊、住院病历质量、收费检查、抗菌药物应用、院感、远程会诊、输血管理等定期考评通报制度，定期召开医疗质量通报会，实行医疗纠纷责任追究制，将质量考评结果与科室绩效挂钩，有力推动了医疗质量的持续改进。

全院职工通过创三甲工作，充分将现代管理理念融入医院管理，加强质量工具应用培训，运用头脑风暴，广泛开展根本原因分析、个案追踪、系统追踪，召开质量管理追踪会，查找医疗质量管理中存在的节点问题，改进不合理的制度、流程和体系，通过查原因、找问题，完善了以基础质量、环节质量、终末质量为基本框架的院、科两级全面质量与安全监管体系，对于在医疗、医技、护理、院感、药事等检查中发现的问题，应用以“人、机、环、法、料”五要素为轴心的质量管理工具进行分析，按照 PDCA 工作方法持续整改，进一步把内涵质量做实，逐步形成全院共同参与质量与安全管理的医院文化，管理人员对管理工具从不会到能够灵活运用，医院在管理理念、基础质量管理、监管控制质量、管理模式、管理水平上实现了新突破。

（一）加强医疗质量管理

1. 医务科、质控办开展了基础质量控制，对医疗活动重点部门、重点环节、重点人群实施了有效的监督管理。加强对医疗纠纷与差错的处置力度，保障医疗质量和医疗安全。创新工作方法，制定医院《医疗核心制度检查表》，定期对临床医疗医技科室是否对照《医疗核心制度检查表》进行检查，使核心制度内容的督查落实更趋合理，便于操作。

2. 严格医疗技术准入，加强医疗技术管理：严格按照核准的执业范围开展相应的医疗技术工作，对新开展的医疗技术进行严格管理，建立新技术档案。各种技术项目，尤其是临床各种有创的操作技术项目在允许独立操作之前都有明确的培训、授权程序。2015 年全院各级各类人员开展定期能力再评价，并予以重新授权 456 人次。

3. 对“危急值”报告制度有效性定期进行了督查，建立了医疗风险预警机制与程序，并有效实施。对重点科室、重点项目、重点人员有预警管理制度，对预警的医疗风险、不良事件信息进行收集、分析、处理、报告。

4. 加强病历质量管理，2015 年共抽查终末病历数 5943 份，涵盖所有医生。开展了病历书写比赛，促进病历书写质量提高。

5. 强化利用信息系统，规范管理流程方式；加强院内及远程会诊，规避医疗风险。

（二）加强护理质量管理

1. 按照《四川省综合医院评审标准》《四川省护理质量管理评价标准》采用护理三级质量控制与管理定期和不定期检查方法进行管理，对于发生的不良事件采用质量管理工具如鱼骨图等进行根因分析，制定整改措施反馈给科室，指导科室质控小组按照标准进行整改，形成 PDCA 循环。

2. 护理质量管理委员会每半年召开一次质量管理专题工作会，对护理工作中存在的问题，提出整改指导意见。半年及年终对全院护理质量工作进行总结。

3. 优质护理服务病房覆盖率达 100%，QCC 活动在护理工作中率先实施，开展了“减少留置针超时间留置”协力圈活动。

（三）加强医院感染控制管理

引进医院感染实时监控系统，通过采集感染相关数据，及时发现感染病例、高危因素、新发感染等预警情况，实现了对患者从入院到出院全过程在线监测，真正做到实时动态监控，实现感染防控关口前移。加强对新生儿病房、妇产科、血透室、急诊科、重症医学科、手术室、输血科、供应室等重点部门、重点环节的感控监测，加强医院感染病例、手术切口感染、环境卫生学、医院感染目标、手卫生执行情况监测，监测数据纳入质量考核中，与月绩效挂钩，并及时把监测结果反馈各临床科室。

（四）加强药品质量管理

强化药品采购、验收、存储、调剂、使用及不良反应监测等各个环节，保证药品的质量与安全。每季度进行药事管理专题会议，研究存在的问题并改进。加强对抗菌药物、麻醉精神药品、高危药品、急救药品的管理。狠抓临床合理用药，安全用药。加强处方管理、每月对处方进行检查，开展处方点评、住院医嘱点评和不合理用药点评。医院严格执行药品集中招标采购和药品调价政策，药品供应能满足临床医疗工作的用药需求。

（五）加强临床科室质量管理

科主任及科内质控小组负责科室质控工作，严格执行首诊负责制、三级医师查房、手术分级制度及手术准入管理等核心制度，由简单的病历检查分析到正确运用质量管理工具开展质量评估、分析，随时对运行病历质量的及时性、完整性、准确性，核心制度执行情况、医院感染控制、药事管理、输血及各种基本操作质量进行监督检查，对发现的问题当即改正，不断提高医疗质量，确保医疗安全。

四、取得成效

1. 2015 年门诊诊疗 133951 人次，比去年同期增长了 4.59%；住院部收治入院病人 14466 人，病床使用率 83.1%；出院患者平均住院天数 10.5 天，手术人次 8594 人次，与去年相比增加了 2.0%；出院病人治疗有效率为 98.1%；门诊与出院诊断符合率为 81.4%；入院与出院诊断符合率为 94.8%；术前与术后诊断符合率为 99.9%；临床与病理诊断符合率为 99.8%；2015 年全院发生医疗纠纷 2 起，比去年同期的 5 起减少了 3 起，各科室上报医疗不良事件 25 起（不含 ADR），比去年同期的 40 起减少了 15 起，减少了 60%；门诊病历书写率从 2014 年的基本为零到今年的 89.6%；病历甲级率从去年的 88.7%，提高到 93.8%；其他主要医疗质量监测指标均达到三级医院标准。

2. 2015 年优质护理病房 100% 全覆盖，各项护理质控指标均达到三级医院要求；强化护理不良事件报告，各护理单元共上报护理不良事件 72 例，较 2014 年的 47 例增加 25 例。

3. 抗菌药物的品种数为 43 个，住院患者抗菌药物使用率小于 60%，门诊抗菌药物使用比例小于 20%；抗菌药物金额占药品总金额的比例远低于 25% 的要求；住院患者抗菌药物使用强度基本达到40DDD，抗菌药物治疗住院患者微生物样本送检率基本达到30%的要求，Ⅰ类切口手术抗菌药物预防使用率为小于30%，药品不良反应上报达108例。

4. 各项输血指标全部达到100%。

5. 2015年，医院感染率0.93%，送检率64%，手术切口感染下降了9例次，感染率下降了6.65%；手卫生依从率上升了3.29%，正确率上升了6.22%，医院感染目标监测未发生导管相关性静脉血流感染。

医疗质量是医院的生命线，医疗质量管理是医院管理的核心内容和永恒主题，是需不断完善和持续整改提高的过程，随着医院的发展和社会对医院的期望日益提高，在医院质量管理中会面临着越来越多、越来越复杂的问题，阿坝州人民医院刚刚跨入三甲医院行业，还需要向同行多学习，持续改进，不断进步。

跋涉不懈 前行不止
——侧记西乌珠穆沁旗医院

内蒙古西乌珠穆沁旗医院

岁月沧桑数十载，风雨兼程铸峥嵘。

1953年，西乌珠穆沁旗医院从襁褓中诞生，前身是“东部联合旗卫生院”，身处锡林郭勒盟东部西乌珠穆沁旗巴拉嘎尔高勒镇。建院初期，正处于艰苦的年代，医院的基础设施极差，人员奇缺。当时医院用房是10间砖木平房，全院共有工作人员20名，设有病床8张，设医疗、预防、妇幼、财会四个股，在院部及旗所在地各设一个门诊。1958年医院又新盖了几间门诊和病房，把原“东部联合旗卫生院”改称为“西乌珠穆沁旗医院”。然而医院几代人始终恪守着“救死扶伤”的人道主义精神，不畏艰难、自强不息、奋斗不止。从当初一穷二白艰苦创业到如今的实力雄厚，从昔日一片荒芜到如今的现代化医院建设，65年，一路风雨兼程的跋涉、辛勤的耕耘，换来丰硕的收获：新建医院综合楼挺立在西乌旗巴拉嘎尔高勒镇乌珠穆沁街，呈地面六层门诊楼与五层病房大楼以走廊环环相连为一体的框架结构；医院占地面积3万平方米，总建筑面积2.4万平方米，其中主楼建筑面积为2万平方米，附属楼建筑面积为4000平方米。院内设有公开停车场，建有假山、喷泉、休闲凉亭，矗立在广场中的“白求恩”等标志性的碑塑令人肃然起敬；医院拥有价值2000万元以上的医疗设备仪器，其中128层螺旋CT、腹腔镜、高端DR、彩超、心电、检验等系列高端大中型设备50台以上；建立了远程会诊中心，引进传染病直报系统、卫生统计信息网上直报系统、出生证明网上直报系统、医保住院病人费用即时结算与自治区级、国家级异地医保即时结算系统、HIS、LIS、EPIS、PACS、电子病历、医疗全成本核算软件等，信息化医院建设初具规模；全院核定床位编制200张，设有5个病区、10余个医技科室、20个门诊科室，拥有职工队伍200余人，其中医、护、技、药等卫生专业技术人员占82%，正高级3人、副高级22人，中级33人，并相继与北京、内蒙、锡林郭勒盟、赤峰等多家上级医院开展了不同领域的交流合作，医院的医疗技术服务能力和影响力与日俱增，经济效益、社会效益不断攀升。可以说今天的西乌珠穆沁旗医院，有先进的医院管理和规范的临床诊疗，有优秀的人才队伍、出类拔萃的科室领头人和认真负责备受学生赞扬的教学群体，有先进的医疗设备和较高水平的技术服务能力，有不断扩大的服务项目和质与量逐年上升的技术成果，有宽敞舒适的病房、温馨优质的服务与和谐的就医环境，成为锡林郭勒盟地区一颗璀灿明珠，成为全盟旗县级一流医院。

春华秋实，载誉前行。医院先后被上级部门评授为“爱婴医院”“二级甲等医院”，确立为2011年锡盟旗县级公立医院改革试点之一、内蒙古自治区旗县级医院远程会诊系统建设5个试点之一；先后获得内蒙古自治区、锡林郭勒盟授予的“先进单位”“先进基层党组织”等多项集体荣誉称号；涌现出“自治区医德模范”“五一劳动模范”、全盟“优秀科技工作者”“三八红旗手”“卫生系统先进工作者”“基层卫生系统优秀共产党员”等多位先进个人。

日月轮回，春秋代序，65年的光阴岁月漫长而厚重，65年的磨砺奋斗深沉而隽永。回望往昔，65年的历史积淀为西乌珠穆沁旗医院的建设与发展奠定了良好的基础。面对曾经的坎坷与荣耀，我们沧桑满怀；继往开来，65年的薪火相传到了我们这一代，直面时代的挑战，我们豪情依旧！2018年以来，新一届领导班子矢志不移，与时俱进，励精图治，启迪进取，以“抓学习、提质量、转方式、求创新、强作风、促医改”为主线，以提升能力、提升效率、提升质量为目标，持续推进医院发展，将医院建设成为一个多学科、多层次发展的新格局。

一、创新机制，规范医疗业务管理

一是加强医疗质量的管理。健全和完善医疗质量管理组织，完善医疗质量考核机制并加强检查考核，严格执行医疗核心制度，不断强化病历、处方质量。二是加强临床路径管理，将适宜临床路径管理病种增加到70种，进一步减轻患者医疗费用。三是积极创建并在全院内开展了优质护理服务。四是注重院感管理。坚持逐级逐月的质量考评，加强对重点科室的重点管理，有效控制院内感染，全年无医院感染发病率。五是严抓药事管理。重点加强抗菌药物临床应用督查与整治工作，明确了抗菌药物分级分类使用权限；严格贵重药品的使用管理，对所有药品实行竞价采购，降低医疗成本，提倡成本低、效果好的“朴素治疗”；落实建档立卡贫困人口“先诊疗、后付费”便捷就医模式，切实减轻贫困户垫资压力。六是按照分级诊疗的标准，制定适合我院的上转病种和下转病种与双向转诊临床标准、转诊流程，为最终形成“分级诊疗”的新格局奠定了良好的基础。七是推进绩效管理，将工作数量、工作质量、劳动纪律、工作业绩、劳动量等指标与绩效水平挂钩，多劳多得，并向临床一线岗位、高风险岗位倾斜，有效地提升了职工的工作积极性。八是推进“三好一满意”活动，通过改进服务流程，规范医疗服务行为等措施，医患关系进一步融洽，医疗就诊环境与医疗服务水平有了大幅度的改善，医院的社会形象明显提升。

二、适度扩张，着手做大做强

一是添置更新医疗设备，争取政府投入资金1380万元招标购置CT、DR、彩超、腹腔镜高端设备，有力地提升了医院设备诊查条件。二是在巩固与内蒙古医院、内蒙古附属医院协助的基础上，又与北京航天中心医院构建了远程会诊业务关系，通过远程医疗工作，既使患者在当地就能得到北京地区医院权威性的医疗诊断与高水平的医疗服务，又使患者免去外转路上颠簸的劳苦，节省就医时间，降低了医疗开支，受到当地患者的赞誉。三是与西乌旗7个苏木镇中心卫生院构建了紧密型医共体，与锡林郭勒盟医院构建了紧密型医联体，为患者提供了安全、有效、便捷、价廉的医疗卫生服务。通过实地实施危重病人手术抢救、专家坐诊、授课培训、病例讨论、教学查房等帮带工作，有力地助推了我院专业人才能力建设和医疗技术水平的快速提升，而且部分项目填补了我院技术空白。四是拓展医疗项目，新建疼痛科、肛肠科、精神卫生科门诊，构建了检验项目外送业务关系，将我院受检测能力的限制，难以完成的一些临床检验项目，通过标本外送，经上级医疗机构检验完成，缓解了医疗资源不足问题带来的压力，进一步减轻患者经济负担。

三、改善医疗环境

在医院建设的整体格局中，尤其对院容院貌进行了系统设计，在医院庭院、走廊、候诊区、诊室等区域，利用医院的宣传栏、展架、视频系统，以及公众号将医院的发展情况及最新动态，进行深入广泛、行之有效的宣传，在社会公众心目中，形成鲜明美丽的医院外显形象；尊重关心员工，营造一个“人性化”与文化气息浓厚的工作氛围，让职工在这种氛围里浸润、熏陶，产生巨大的凝聚力和向心力。

四、请进来与送出去，促进人才队伍建设

面对人才缺乏和外流现象较为严重的现实，医院努力在“培养人、留住人、使用人”上做文章，因为有了人才，医院才有发展的动力，为此医院加速人才建设步伐，采取了提供宽松的环境、优厚的待遇等措施吸引、引进、培养人才。一是引进来。对骨干人才刚性引进，年内刚性引进执业医师 3 名，其中 1 名儿科医生为拟新建儿科门诊及病区提供了有利条件；对高层次人才柔性引进，年内柔性引进三级医院 2 名专家，在工作中注重发挥专家的传、帮、带作用，对促进我院专业人员的培养、技术服务能力提升产生了积极作用；大力招聘人才，年内先后两次赴包头医学院人才招聘会，通过应聘与考试考核择优自聘临床医学专业人员 2 名，并与 6 人达成双向选择意向；面向社会自聘执业护士 10 名，满足了护理岗位工作需要。二是送出去。年内分批外派 20 多人去往北京、内蒙古、赤峰、锡林郭勒盟等地区上级医院进修医疗、护理、彩超、心电、检验、药学、儿科、精神卫生科等专业。三是加强院内培训。通过外请专家授课、临床带教等形式，充分发挥高层次人才的帮教作用，方便快捷地提高专业人员的技术能力；通过举办院内各类知识讲座、技术练兵活动，积极参加内蒙古、锡盟有关部门组织的学术活动，短期培训班等，提高业务知识与能力。

五、加强急诊急救能力建设

按照《二级医院急诊科建设标准》，进行了急诊科改造工程，同时按照急诊急救能力建设的需要，配齐心电图机、心电监护仪、除颤仪、自动洗胃机、呼吸机、电动吸引器、多功能抢救床、氧气供应、担架车、超声雾化器、急救推车、急救箱等设备，以及完备的急救药品，并将120平台合并于急诊科管理，形成急救呼叫、接诊、救治工作无缝有效衔接的一体化管理，提高了急危重症患者的抢救率、交通事故等公共卫生事件应急救治工作效率。

六、医疗惠民，勇于承担社会责任

医院把实施医疗惠民工程作为便民为民的着力点和落脚点来抓，对危重病人开设绿色通道，先进行抢救，后支付费用；积极落实困难群众就医减免政策，无偿救助流浪乞讨人员和无主病人；深入开展下乡扶贫义诊和健康社区行、健康学校行活动，使当地人民切实感受到医疗惠民的温暖；长期无偿支援帮扶点基层卫生院的业务建设和人才培养，并捐赠医疗设备，全力支持与开展助医、助困、助学与送温暖献爱心活动，受到社会各界的高度评价和广泛赞誉。

65年，作出一首催人奋进的诗篇；65年，谱写一曲荡气回肠的歌谣。西乌珠穆沁旗医院经过几代医院人历久弥新的传承与心血付出，已经由一个弱小的“作坊型医院”发展成为在盟内具有一定实力、一定知名度的规模医院，呈现厚积薄发、欣欣向荣的面貌。走进医院，你会强烈地感受到一种“以病人为中心”的人性化就医环境和温馨氛围，医护人员精湛的医术、先进的医疗设备、完善的配套设施以及优美的绿色医疗环境，都在向每一位患者诠释着“关爱生命，营造温馨，奉献真情”的深刻内涵。

65年的沧桑巨变已载入史册，医院又掀开了崭新一页，当代医院人将会以领跑者的英姿乘胜前进，绘就西乌珠穆沁旗医院一幅更加气势磅礴的画卷。

如何解放思想推动医院健康发展

黑龙江省鹤岗市传染病院　张启龙

医疗工作关系百姓健康，更关系到我国是否如期实现全民小康。笔者就如何推进医疗工作持续健康发展谈几点意见。

一、我市医疗市场存在的不足

一是品牌意识不强，医院没有特色。我市公立医院科室在全省没有排名靠前的科系，百姓对医生诊治水平不信任，疑难重症患者看病无人可找，导致我市患者大量外流；医务人员对医疗技术发展没有紧迫感、迫切感，导致新技术、新项目和治疗手段更新、应用较慢，不适应患者需求，造成专科医院不强，三级综合医院不精。

二是医联体作用发挥不好，分级诊疗服务尚未形成。优质医疗资源和人才大都集中在三级医院，各级医疗机构的功能定位未能有效落实，优质医疗资源过度利用，二级医院医疗发展空间不足、人员设备短缺，能力不足，各层级医疗机构之间分级诊疗任务不清，急需通过完善政策调整，形成双向转诊、分级诊疗的就医模式和就医秩序。

三是受经济因素影响，卫生技术人员匮乏。因为薪酬和编制，二级医院本科生很难引进；卫生人员编制不足，空编人难进，管理人才匮乏、专业技术人才短缺、人才梯队建设严重断档，优秀卫生人员外流现象突出。

四是医疗改革还需顶层设计，财政兜底。我市 2017 年 8 月 1 日所有公立医院取消药品加成，市财政仅在 2017 年底对全市公立医院药品加成补助 400 多万，药品补助资金严重不足，公立医院改革体制、机制性矛盾叠加，难点、热点凸显，深化医改任务重、困难多、压力大，医疗、医保、医药之间不协调、不理顺，需要部门配合、政策衔接、强力推进。

二、我院发展定位和发展思路

我院发展定位由现在的“大专科、小综合”逐步发展成为“强专科、大综合”医院，重点要做好五项工作。

（一）抓品牌建设，办特色医院

1. 做大肝病科

一是依托肝病定点防治单位特点，实行减免政策，对在我院治疗的特困肝病患者减免不少于10%的住院费用，并全力邀请国内、省内专家来我院坐诊、带教，打造我院肝病科精品团队品牌。二是依托肝病筛设备，深入市区周边农村开展义诊宣传，树立医院特色品牌。三是依托肝病远程会诊设备，实现诊疗技术创新和突破，让百姓在我市即可享受北京专家服务，形成医院特色品牌。

2. 做强结核科

鹤矿集团各医院被晋商集团收购后，我市所有肺结核病患者都可到鹤矿集团肿瘤医院治疗，我院却不能收治矿务局患者，存在不公平性。一是积极申请鹤矿医保部门支持，将我院尽快纳入医保报销定点医院。二是依托结核病防治门诊作用，做好亲情服务，加大患者回访力度，力争留住居民和职工医保患者。三是邀请省内专家和我市专家到我院多点执业，开展新项目、新技术引进，打造患者信任医院，让患者愿意在我院治疗。四是耐药结核患者较多，为防止出现院内感染事件，拟成立耐药结核科。

3. 做细艾滋病科

一是依托我院承担鹤岗市艾滋病诊疗中心职能，做好艾滋病患者的治疗、跟踪和回访工作，让其信赖医院。二是提供亲情化服务，设立封闭式诊室，保护好患者隐私，让其愿意治疗、接受治疗。三是加大对贫困患者扶持力度，对无能力支付治疗费的患者，全部减免让其感受到社会温暖，不仇视社会，减少社会危害。

（二）抓多元化办医，强化人才引进

一是选择适当时机，开展医疗合作。适当探索第三方合作机制，解决困扰医院发展、建设问题和设备更新问题。二是上与国家级、省级医院建立医疗加盟及协作关系，探索成立医疗联合体，派出进修人员到这些医院进修学习，邀请这些医院专家、教授到我院坐诊、讲学，带出好的医生队伍，及时掌握临床最前沿知识，提升医院整体诊疗水平。三是下与全市县乡级医院建立医疗协作关系，与两县医保部门建立转诊机制，既达到了送医下乡，资源共享，又解决了群众转诊难、看病难问题。四是积极引进、挖掘、培养人才，邀请我市优秀人员到我院多点执业，解决医务人员短缺问题。打造合理化人才梯队，开展“名医工程”建设，选拔出符合医院特色的名医名护。

（三）抓人员管理，做好科技转化

一是建立科学、合理、完善的绩效考核体系，充分体现多劳多得、不劳不得薪酬制度，改掉懒散等靠现象，调动广大干部职工的积极性，爱岗敬业、甘于奉献。二是实施“科技兴院”战略，引进新设备，开发新项目，不断满足患者诊疗服务需求、临床学诊断需求。使医院得到可持续性发展、跨越性发展。三是鼓励积极开展科研课题研究，扶持临床科室积极引进开展新技术、新项目。对获省、市卫生新技术奖、科学技术奖人员给予奖励。

（四）抓亲情服务，树服务品牌

一是继续实行卫生惠民政策，减免贫困人员治疗费用。推出便民服务措施，实行“首问负责制”“一站式服务”，方便患者就医。二是成立市场营销部门，搭建与病人沟通的有效平台，设专人专职做病人临督服务工作。三是坚持“患者永远没有错，我们永远不足”宗旨和“需要的才是最好的”理念，以及“问候式”服务，强化服务，待患如亲。

（五）做好舆论宣传，建设特色文化

一是大力弘扬医院“敬业、奉献、诚信、和谐”的院训精神和“院兴我荣、院衰我耻”的荣辱观，感召每一位职工把全部精力投入医院发展建设中来。二是充分发挥新闻媒体和我院网站宣传作用，将医院的亮点工作、专科特色、优质服务措施等充分展示出来，扩大医院影响面。三是开展读书活动。号召每名职工读一本好书，通过诵读比赛、演讲等形式，宣传先进、树立典型，发挥职工正能量。

立足患者需求 构筑健康家园

——感受荆州二医“进一步改善医疗服务行动”的温度

湖北省荆州市第二人民医院

医疗服务质量是影响健康的重要因素。2018 年初，国家卫健部门出台《进一步改善医疗服务行动计划（2018—2020 年）》。号角吹响，基层积极响应。荆州市第二人民医院（以下简称“荆州二医”）按照国家、省、市主管部门的部署，结合医院实际和各部室工作特点，以群众医疗服务需求为导向，从多方面激发活力、提升实力、彰显魅力，通过加强学科建设、改善服务流程、创新方便群众就医等举措，切实提升群众就医获得感，获得广大患者好评。

优质资源一沉到底 共绘区域发展“同心圆”

下沉优势医疗资源，落实分级诊疗，既关乎患者的就医感受，也关乎医改发展大局，更是“百年二医”的责任使然。

“大型综合医院虹吸效应不可避免，这样只会进一步造成百姓看病难。改变这一局面的关键，就是要扎实推进医联体建设，我们必须投入其中，并发挥应有的作用。”荆州二医院长杨学武的话，表达了该院推进医联体建设的决心。为此，该院通过“上联下通”，一方面积极输出先进诊疗技术，与下级医院成立医联体，方便基层患者家门口就医；另一方面与上级医院联动，引进先进技术与管理模式，让广大市民享受更高层次的医疗服务。

“上联”方面，荆州二医积极接受上级医院的技术帮扶。以肛肠专科为例，从 2012 年起，该科每年派出骨干医护人员，前往武汉八医（武汉市肛肠医院）

的省级临床重点专科——肛肠外科，学习全省最先进的诊疗护理技术、管理模式。全国知名肛肠专家、武汉八医肛肠外科主任俞立民教授，还在荆州二医肛肠专科成立了“俞立民工作室”，每月定期来荆州免费义诊。经过5年的发展，荆州二医肛肠专科建起了全市首个“无痛病房”，让手术全程无痛，其先进的诊疗模式与武汉八医完全对接。

与武汉八医正式挂牌组建“肛肠专科医联体”，与北京中日友好医院共建“关节外科医联体”，打造京•荆关节外科协作治疗中心……通过依托上级医院强大的技术支撑，荆州二医让更多患者在家门口享受到优质医疗服务。

“下通”方面，荆州二医骨二科在科主任郑汉江的带领下，于2012年成功开展荆州首例椎间孔镜技术，至今已经开展手术5000余台次，手术量在全省范围内遥遥领先，成为德国THINK椎间孔镜技术湖北省培训基地。为更好地服务于周边地区腰椎间盘突出症患者，2018年3月29日，荆州二医与荆门市掇刀区人民医院正式组建“脊柱外科专科医联体”，计划通过3年的技术帮扶，将掇刀医院骨科打造成荆门地区椎间孔镜微创技术的第一品牌。

与此同时，医院泌尿外科以科主任王竞为主导，深入基层，开展专科合作项目。在江陵县白马寺镇中心卫生院等医疗机构挂牌王竞博士工作站，为当地众多泌尿系疾病患者搭建起健康桥梁。

为进一步改善医疗服务，荆州二医积极推进医联体建设，与观音垱卫生院共商联合发展健康之路，满足基层百姓的健康期待。

医疗水平升级换挡　打好多学科诊疗“组合拳”

强有力的学科建设是患者放心就医的基石。荆州二医秉承“以病人为中心、以质量为核心”的办院宗旨，在苦练内功、增强各学科实力的基础上，聚焦改善医疗服务行动重点，充分发挥多学科协作诊疗优势，集中优势兵力组建了江汉平原独具特色的神经疾病学科群、消化学科群、骨科学科群，成功救治了众多罕见病、疑难病、急危重症患者。以此为起点，医院学科建设发展进入了升级换挡的2.0时代。

单侧心源性肺水肿，发病凶险且不易确诊，患者初期表现类似“感冒”，容易出现急性休克而死亡。

2018年1月荆州二医呼吸内科接诊了一位自称“感冒”的患者严先生，检查显示患者出现肺部感染，经过抗感染治疗病情却仍在恶化，呼吸越来越困难，随时都有生命危险。呼吸内科主任孙晓顺将病例向医院首席医疗专家、党委书记吴国栋汇报，吴国栋立即组织重症监护室、影像科、心内科等多学科专家召开了全院首个临床病案会。

经过多学科临床病案讨论及进一步详细检查，专家们判断严先生的二尖瓣重度脱垂、急性左心衰竭等心脏疾病，才是造成其肺部感染、肺水肿的真正祸首。最终，患者被确诊为十分罕见的单侧心源性肺水肿。找准了病因后，经过重症监护室5天的抢救，严先生生命体征开始稳定，又转入呼吸内科进行后续治疗。一个月后，严先生终于康复出院。

还有患上重症肺栓塞生命垂危的农民兄弟、不慎落入长江重度溺水的阿姨……荆州二医多学科协作模式充分发挥集体智慧，对罕见病、疑难病以及危急重症进行精准诊断、精准施治，打出了一个又一个漂亮的“组合拳”，解决了一个又一个医学难题，给了患者“看好病”的信心和安全感。

优势学科彰显特色　争当救死扶伤“急先锋”

7月15日，沙市区48岁的徐大姐在钻床上操作时，手突然被卷进钻床里，左手大拇指完全离断，鲜血直流，被送到荆州二医中山路部手足外科急救。

接诊医生吴昌盛小心翼翼地用镊钳，从布满油污、尘土的脏手套里，将断指取了出来。只见完全离断的左手大拇指已经严重污染，里面还伸出两根长约15厘米的白色肌腱……手指旋转撕脱性离断伤，其断面呈极不规则形状，不仅吻合困难，断指再植成活率也大大降低，是断指再植手术中难度最大、风险最高的一种。

手术从上午11时，一直持续到晚上9时，脱位的关节被复位，骨折部位被复位后固定，离断的肌腱、血管、神经也都一一吻合。一台高难度、高风险、复杂而又精细的拇指再植手术，经过10小时的努力得以完成。术后第7天，徐大姐的再植拇指完全成活。

这是荆州二医坚持以安全和质量为准绳，全心全意为患者提供更高水平服务的缩影。

为了强化医疗安全和质量管理，荆州二医加大各项医疗、护理核心制度的落实力度，严格手术分级管理；着重运用PDCA循环管理、品管圈管理等工具，对医院运行、医疗质量和安全实施持续性监测。同时，医院全面深入推进临床路径管理，强化全方位培训，转变医务人员观念，迅速实现了临床路径管理科室和病区全覆盖，规范了医疗行为，缩短了患者住院天数，减少了患者的就医费用。

正是有了这样严格的安全和质量管理，医院才能积极组织医务人员，开展新业务、新技术，为患者带来了新的希望。

——以肝病科为龙头，消化学科群相互促进、彼此加强，为医院树立品牌优势，形成了荆州市肝癌治疗中心地位。

——大力推广各种腹腔镜、经皮肾镜、支气管镜等各类腔镜、内镜微创手术技术，对腔镜微创技术的操作、技术规范、团队协作等达到省内先进水平。

——神经疾病诊疗中心以“整合医学”思维，建立脑卒中救治绿色通道，快速、安全、有效的一体化诊疗模式优势日益凸显。

——椎间孔镜熟练开展。以此为基础，在全市率先开展颈椎椎间孔镜技术，填补了我市医疗领域的又一空白，医院脊柱微创技术已处于全省领先水平。

——介入技术享誉江汉平原。准予开展的介入项目，涵盖全身各系统疾病，包括脑血管、心血管、腹主动脉、下腔静脉。

这些保持强劲发展势头的优势学科，保证了群众能在家门口享受到高水平的医疗服务，看病不再需要东奔西跑。在不断提升人民群众的获得感、幸福感、安全感上，荆州二医交出了一份优秀的答卷。

科教兴院科技强院　立起永续发展“顶梁柱”

如何才能让医疗服务水平迈入持续的上升通道？荆州二医以院长杨学武为领头雁的领导班子高度重视医院内涵发展，始终坚持将“科教兴院、人才强院”作为可持续发展战略，在对外交流、科研教育、人才培养等方面大步前行。

日前，在医院举办的首届“国际学生教育研讨会”上，杨学武和长江大学国际教育学院院长曾亚军共同为“长江大学国际学生实习实训基地”揭牌。双方将在人才培训、教育教学研究、信息交流和咨询服务等方面开展密切的交流与合作。此举在荆州二医的医教研发展史上，具有里程碑意义。

近年来，荆州二医各类管理、医护人员教学、科研水平不断提升。在前一阶段的教学、见习工作中，医院先后安排青年骨干，到长江大学担任临床医学专业本科阶段国际学生的教学任务，同时接待了10批共200余名国际生到院见习，培养了一批合格的国际医学人才。通过院校之间的合作，形成科、教、研共进，院校互利共赢的局面，进一步提升了荆州二医的学术、科、教研水平和综合竞争力。

在进一步改善医疗服务行动的实践中，荆州二医不断强化“人才资源是第一资源”观念，通过搭建国际化平台，使医院发展逐步与世界先进水平接轨。在此理念引导下，每年选派骨干医护人员到国内外知名医院进修学习，努力打造一支拥有强大的技术与积极进行科研人才队伍，和一支具有国际化视野、管理出色、业务精湛、作风优良的管理队伍，提升医院发展的内在原动力。

播下的种子结出了丰硕的成果，日前，荆州二医荣获湖北省唯一国家首批“老年医学培训基地”授牌。这是医院在医疗、科研、教学、照护、服务等方面不断发展提升的缩影，也是指引医院继续前行的“风向标”。

健康帮扶精准发力　开出医疗扶贫“好处方”

在积极做好医院本职工作的同时，荆州二医不忘公立医院公益为民的责任与担当。2015年底，精准扶贫工作正式启动，荆州二医与松滋市卸甲坪土家族乡杨树坪村的61名贫困村民，结成了一对一帮扶对子。经过前期大量调研摸排，医院掌握了这些贫困村民大多是因病致贫、因病返贫。结合医院的医疗优势，荆州二医创新性地探索出了将“精准扶贫”与“健康中国战略”相结合的健康扶贫新路子。

2016年3月，荆州二医派出专车，前往杨树坪村，将35名无钱看病的贫困村民，专程接到荆州二医进行免费检查、免费治疗。54 岁的杨金朋因为腰伤而丧失劳动能力，其 24 岁儿子杨日明也患有罕见病——“橡皮腿”。经过半年多的治疗，杨金朋、杨日明父子俩恢复了劳动能力。如今，杨金朋早已住上了扶贫组帮其建造的新房，并和妻子扩大了土鸡、生猪养殖规模，日子一天更比一天好。

除了健康扶贫，荆州二医还帮助贫困村民寻找致富途径。通过修路、绿化，改善村貌；发展种植养殖业，增加经济来源；发展乡村旅游、光伏发电等产业，扩大村集体经济规模……一条条实实在在的帮扶措施相继落地，带来了实实在在的效果和可喜变化。两年来，医院共免费救治 58 名贫困患者，为 107 名困难群众免费体检，为全村 512 名贫困患者就诊费用进行减免；两年来，已有 35 名村民成功脱贫，计划到 2019 年底，所有结对贫困村民全部脱贫到位。

之前，荆州二医党委曾带领医院各党支部党员代表深入杨树坪村，开展“聚焦精准扶贫、共谋乡村振兴、共庆七一主题党日”活动。对 16 户尚未脱贫的贫困家庭进行走访和慰问，为村民免费义诊，并围绕扶贫攻坚、乡村振兴等主题开展党日活动，将党的温暖送到家家户户。

温情服务塑造品牌　擦亮医院文化“暖名片”

走进门诊大厅，热情的导医服务、宽敞整洁的环境、安静有序的就诊队伍和便捷的服务流程，会给人们留下深刻印象。门诊及各楼层就诊区域等醒目位置张贴的标识导视、科室分布图、就诊流程引导图，可以让患者迅速了解各项就医流程，少跑冤枉路。

走进病房，每个房间都干净明亮，独立卫生间、中央空调等设施充满温馨，床头呼叫系统方便患者……“于细微处见精神”。在诊疗水平快速提升的同时，患者持续地被荆州二医“以人为本”的服务细节感动着。

93 岁的张寿山老人有多年的心脏病史，荆州二医心内科医护人员的奋力抢救，一次次把他从鬼门关拉了回来。最近 5 年，老人疾病多发，长期需要住院治疗。在荆州二医老年病医院的心内科、呼吸内科病房里，老人与医护人员成了“老熟人”。为老人端茶倒水，每半小时巡查一次，每两小时翻身、按摩一次……提起医院的医护人员，老人赞不绝口。

去年除夕，老人拿出事先早已包好的16个小红纸包，为心内科医护人员每人送上一份祝福："他们都是好人啊！平时喊我都是'爷爷'前、'爷爷'后，亲热得不得了，我也叫他们'孙儿''孙女'。"医护人员十分感动，但同时坚决不收老人的红包，可老人执意要给，医护人员一合计，决定将红包悉数上缴，用来冲抵老人的住院费。为了回报老人，医院20多名医护人员带着急救箱，或搀扶或推着轮椅，带着张寿山等9名老人游园观灯。一路上，老人们兴致勃勃，笑得合不拢嘴。

端午节，市老年病医院、荆州二医中山路部粽叶飘香，老年病区在院的20余名老年患者与医护人员及志愿者欢聚一堂，进行"包粽子、学做操、庆端午"活动。清香的粽叶裹上糯米、红豆、蜜枣，把浓情和祝福紧紧包裹。老人们感受到了浓浓的传统文化氛围，在互帮互助包粽子的过程中，更进一步增进了医患感情。

2012年重阳节，荆州二医正式挂牌荆州市老年病医院，这是荆州市目前唯一的老年病专业医院。6年来，医院秉承"尊老敬老爱老助老"精神，发扬传统"孝"文化，坚持"暖心服务"，深入社区、养老院，为老年人送医送药送健康，深受广大老年市民的欢迎，被评为"全国敬老文明号单位"。

厚德载物，医者仁心。荆州二医的跨越发展，是提档振兴的历程，更是源源不断提升医疗温度和患者就医幸福感的追寻。回望这一年的坚定脚步，既有"二医宝宝回娘家"的人文接力，也有"阳光满屋"深入社区、关爱老人的温馨之举；既有"21天生命陪护"让患者有尊严走完生命旅程的温情坚守，也有顶住压力完成高难度手术，让瘫痪病人享受"迟来两年的幸福"的大医担当；既有签约沙市区"爱心医院"为计划生育特殊家庭开辟绿色通道的爱心传递，也有"健康扶贫"为许多因病致贫患者免费救治的帮扶之义……

在深化医改、建设"健康中国"的大背景下，进一步改善医疗服务的实践，形成了推动荆州二医发展的内生动力，将"政策利好"化为涓涓细流，升华为每个人都能感知的医院"温度"，打造出"荆州二医暖心医院"的靓丽名片。

健康“保护神”　百姓“贴心人”

——万延永事迹简介

江苏省连云港市赣榆区妇幼保健医院

万延永，男，53 岁，赣榆区妇幼保健医院儿科主任。万延永 6 岁时因为一场小儿麻痹症落下了残疾，因她从小就暗下决心，长大学医为更多人解除病痛。乡镇招录“赤脚医生”，万延永第一个报了名，并和乡村名医扎实学习了五年。1987 年，万延永以全省第二名的成绩被常州医学院录取，成为一名攻读专业儿科的大学生。毕业后万延永高兴地成为城西卫生院的一名乡村医生。刚走上工作岗位时，万延永怀着对农村卫生事业的热爱，一边努力提升自己医疗卫生知识专业化水平，一边到南京、扬州等医科大学学习儿科疾病方面的知识，不断提升自己业务水平。多年来，万延永参加培训学习达 30 多次，做了大量学习笔记。平时，他积极向资深医疗专家请教，在业务上力求精益求精。近 30 年来，万延永把所有医疗知识和技术全部奉献给乡村群众，及时解除患者病痛，在巩固农村医疗卫生网，保障一方百姓的健康安全，发挥了自己应有的作用，被当地群众誉为健康“保护神”。

2013 年，万延永因工作成绩突出，上调到区妇幼保健医院做儿科医生，填补了该院一直没有专业儿科的空白。每天门诊量近百人次。每天十里八乡的群众总会慕名找到万延永帮助为孩子诊病，不到八点万延永就提前上班，就忙着为居民孩子诊断、开处方，开始了一天的忙碌，有时连饭都顾不上吃，为的是给居民及时诊治，帮患儿解决病痛。他们说，就是相信他，服他。几年来，同事们总说：

“什么时候看到万医生门前没有患者了，才能确定他是真正下班了，因为他从来没有正点下过班，总是要等到最后一名患者离开才放心地下班。”

一次傍晚，万延永刚送走最后一名患者，正要准备下班时，一名幼儿的父母急忙忙带着孩子堵住了他，哭着央求帮助看看孩子。当万延永了解到这名患者已辗转好几家诊所，就是退不下烧，两天没有吃下东西时，二话没说，当场帮助检查确诊病情，并用他精湛的医疗技术使患者转危为安。三天后，当父母带着孩子见到万延永时，连声称赞万医生真是他们家的“保护神”。近30年来，无论是在乡镇医院，还是在妇幼保健院，万延永就是这样默默地把人生最美好的年华都献给了基层卫生保健工作。

为民健康服务，永远在路上。只要有一口气，就要努力不放松。万延永是这样想的，也是这样做的。30年如一日，万延永默默无闻地为当地群众服务着，努力践行着一名白衣天使的神圣职责，在平凡的岗位上做出了不平凡的业绩，受到社会大众和同事们的好评。他多次被上级表彰为先进医务工作者，连续10多年被评为“优秀乡村医生”。

加强人文关怀建设 努力打造医患共同体

安徽省明光市人民医院 周广明

近年来，我院积极实施医院人文关怀制度建设，让人文关怀在医疗服务的各个环节“生根发芽”，成为百姓信得过的地方，树立良好的社会形象，融洽医患关系，促进医院健康发展。医院先后荣获“2017 年中国县域医院管理创新奖”“安徽省健康促进医院”“安徽省全科医生培训基地”“安徽省中华诗教先进单位”“2018 年二季度临床路径考核在全省排名第 4”“2013—2017 年滁州市先进集体”等国家、省市级荣誉。

一、传递人文理念，彰显医德仁心

切实加强思想政治教育，坚持正面引导与反面警示相结合，培育高尚医德，使广大党员和医务工作者不忘初心、牢记使命，践行“救死扶伤、甘于奉献”的职业精神。

抓好职业道德和医德医风教育培训。每年有计划地进行医德医风专题教育。2018 年 8 月，组织全院 700 余名职工进行医德医风内涵、医学道德规范、医疗机构从业人员行为规范、医德相关法律法规等培训考试，强化医德教育，树立正确的职业价值观，强化优质服务理念。

培育弘扬“高尚医德和高超医术”精神。东大门撰刻毛泽东手迹“全心全意为人民服务”；住院楼北大厅 18 块展板，图说中外医学大家，如中医医祖扁鹊、中国医学圣母林巧稚、英国免疫学之父爱德华·琴纳、古希腊医学之父希波克拉底等，注解大医精诚和希波克拉底誓言。院训院徽内涵丰富。医院院训“博学创新，德高医粹”是医院精神和灵魂的象征，是医院办院理念的集中体现，是医院全体员工共同遵守并为之努力的行为规范。医院宗旨：救死扶伤、服务大众。医院愿景与目标：医院发展，员工幸福，社会满意。打造技术品牌，提升核心竞争力，立足明光，面向皖东提供优质高效的医疗服务。办院理念和愿景使命的课程作为新员工教育第一课，由管理者亲自授课，传递医院建设人文理念。

弘扬身边善行义举，传播道德正能量。坚持对先进典型医德事迹进行弘扬宣传，让更多隐藏在锦旗和感谢信背后的医患故事散发芬芳。2017 年 4 名医生被评为明光市最美医生，4 名护士被评为明光市最美护士，3 名医务人员被评为滁州市、明光市道德模范。2018 年 8 月 16 日，我院妇产科主任张泽莉荣获“安徽好医生”荣誉称号。还定期评选护士之星、优秀医生、安全标兵等，激励全院职工提升技能，做好服务，让良好医德内涵得到拓展，医院影响力得到彰显。

二、完善流程设施，营造良好人文环境

医院环境嘈杂、厕所脏臭、流程烦琐，因此患者的心情不会太好，医护人员在这样的工作环境中，也很难保持良好的心态。医院围绕温馨舒适的工作环境和诊疗环境来布局，打造现代、舒适、智能和人文的诊疗流程和环境。

“赏心悦目”的园林医院。通过连廊、景石、园路、廊架、座凳、树桩等多样化的绿化方式强化景观中心，将自然景色与医院主体建筑交融，形成多层次的立体绿化空间，让患者和医护人员充分享受自然风光所给予的清新、美好景色，给患者、医生创造良好的就医、工作及生活环境。

“清新舒适”的诊疗环境。医院建筑承载了厚重的新文化理念，医院的门急诊楼和住院楼整体设计、流程顺畅合理，就诊方便快捷。门诊大厅宽敞明亮，令人耳目一新，迎面大电子显示屏滚动播放健康知识和医院文化，各诊区都有候诊厅和候诊椅，智能排队叫号，高低错落配置竹林、椰子树、沙椤树、榕树等花草树木，患者可静心舒心候诊看病。

“随手可得”的智能化医疗。依托信息化平台，对门诊流程进行优化，配备 17 台智能自助终端，实现了微信、支付宝预约挂号支付，检查结果自助打印，

就医数据等一系列“智能化医院”服务，为患者提供了高效、便捷、贴心的就医服务。

“充满关爱”的温馨设施。门诊总服务台设立青年志愿者服务站，备有轮椅、雨伞、充电宝、老花镜、纸笔、针线等各类便民服务物品；二楼儿科候诊区设置亲子乐园和母婴室；妇产科诊区设置女职工阳光家园、孕妇学校，定期进行孕期知识讲座。病区配套微波炉、陪护椅；在住院楼、行政楼安装两处150个电瓶车充电桩，方便患者员工使用。

三、开展健康促进，树立大健康理念

我院医务人员，努力实现从“以疾病治疗为中心”到“以健康促进为中心”的转变，重视并大力推进医院健康促进工作；并向乡镇村延伸，在医共体内形成预防、医疗、慢病管理、康复为一体的全过程、全周期的健康管理服务链。

持续开展健康宣传。医院健康文化长廊图文并茂、内容丰富。门诊医疗街24块展板图说医学史，如法国名医雷奈克发明听诊器、德国物理学家伦琴发现X射线、中国古代名医华佗发明麻沸散等，说明医学科学发展缓慢而曲折，注定医学不完美且有局限；南北健康长廊上，26块展板图说健康生活方式的四大基石——合理膳食、戒烟限酒、适量运动、心理平衡，倡导健康生活方式，降低慢性病发病率。门诊部、住院部安装了电视、彩色屏、单色屏，每天循环定期播放主题明确、形式多样的各类健康教育与健康促进知识。编写内科、外科、妇科、儿科等112种常见病、多发病的健康处方，发放到门诊、各病区；向就诊患者开具用药处方和健康处方。

积极开展健康干预。宣传动员医护员工及就诊、住院病人不断增加健康知识，掌握更多的健康技能，养成有益于健康的生活方式。通过不同形式对门诊病人、住院病人进行健康教育培训，成立丰富多彩的病友会及患者沙龙，如氧护人生、糖友会、肾友会、孕妇学校等，使病人接受针对性的健康教育，了解相关疾病防治知识和常识，同时缓解心理压力，使其配合治疗，促进早日康复。深入社区、乡镇、机关事业单位对相关人员、人民群众开展健康教育培训，使其增强健康意识，倡导健康生活方式，降低慢性病发病率。依托医院网站、微信公众号等多种新媒体途径开展健康促进活动。

四、关注服务对象，提升群众的满足度

对患者进行满意度调查，“不满意”的原因，很大程度上是“态度不好、设备不完善”。“‘重技术，轻关怀’，疏忽了对生命的尊重。”医院建筑和各种仪器设备是有形的，而对患者的服务却是无形的，站在患者角度思考和解决一些问题，在无形中彰显了医疗服务的人文特征。

1. 保障患者权利

在诊疗过程中，保护患者的基本医疗权、知情同意权、医疗选择权、隐私权等权利；门诊诊室、治疗室、住院病房均设置隔帘，保护患者隐私。注重与患者之间交流，帮助患者答疑解惑，及时梳理和归纳患者心理及常见问题问答，体现医院细致入微的人性化服务。门诊大厅彩屏、医院网站公开最新就医信息、医生坐诊信息等，方便患者就医。

2. 注重慰藉帮助

建立患者需求回应制度，定期发放职工及患者满意度调查表并及时给予反馈；明光嘉禾社工定期为行动不便的患者提供陪检、陪护服务；不断推进优质护理，实现优质护理服务病区全覆盖。肿瘤科开展终末期疾病舒缓治疗，提供临终关怀服务，提高生命质量。

3. 规范诊疗行为

落实医疗核心制度，遵循临床诊疗和技术规范，因病施治，做到“合理治疗、合理用药、合理检查、合理收费”。2018 年 11 月 12 日，滁州市打击欺诈骗保专项行动检查情况通报，“通过检查发现，明光市人民医院总体情况较好，未发现挂床住院和不合理治疗等违规问题”。针对疑难危重患者，2018 年以来实施多学科会诊 24 例；各病区及时进行电话回访患者，指导患者服药、复诊；定期召开医患沟通座谈会，听取患者意见，改进存在问题。设立医患沟通办公室，规范院内投诉管理，完善患者投诉机制，2018 年以来，妥善处理各类医疗纠纷 20

余起。

五、关怀医务人员，提高员工的幸福感

倡导人文关怀。对身处病痛中的患者，应该有“关爱”和“同情”相伴；不能忽视为人们提供医疗服务的医生、护士，也需要关怀和体贴。要“视病人如亲人，提高病人的满意度；视同事如家人，提高员工的幸福感”。

完善绩效考核指标体系。2018 年元月实行新的绩效考核方案，绩效标准向临床一线、关键岗位、业务骨干倾斜，员工绩效大幅度提升，2018 年 1—10 月医院人员支出占业务支出 45.45%；2013 年，我院聘用人员落实了同工同酬。

公平竞争，明晰职业前景。“英雄不问出处”，任何人来医院，不论出身、背景、经历如何，只要品行端正、能力出众，就一定会脱颖而出，员工在公平公正的环境里，通过自身努力和医院人才支持举措，实现职业规划。

关心医院员工身心健康。建立医护人员定期体检制度，2016 年健康体检 802 人，2017 年健康体检 933 人，并建立健康档案；建立设施齐全的职工活动中心，配置健身房、瑜伽室、乒乓球室、图书室等；工会每年组织开展丰富多彩的文体活动，比如拔河比赛、扑克牌比赛、篮球比赛、迎中秋经典诗歌朗诵会、春节联欢晚会等，文体活动使职工放松了身心，加深了职工之间的友谊，展现医护员工骄人文化风采，增强医院发展活力和动力。

打造医患共同体要以人文关怀的理念为出发点，这是一个长期的过程，并不是提供高大的楼房、宽敞的走廊和通过几幅字画的张贴、几句标语口号的呐喊，而是潜移默化的自觉行动，是对员工、对患者真诚关爱、充分尊重的习惯养成和文化自觉，它需要历史的积淀，更需要不断地传承和创新。

王明森："铁人院长"勇立潮头

——以仁心仁术为患者除病痛，以改革创新为医院发展谋新路，以实际行动践行着为医初心与医者情怀

广东省普宁市中医医院

整洁的短发，挺拔的脊梁，睿智的眼神，幽默的语言是广东省普宁市中医医院党总支书记、院长王明森给人的第一印象。查房、坐诊、手术、处理院务，普宁市中医医院各处都有他忙碌不停的身影。从医40年来，王明森牢记"大医精诚"古训，秉承杏林遗风，用行动诠释着医者情怀。他以坚定的信念发展中医事业，以精湛的医术造福广大患者，以高尚的医德服务人民群众，深受当地群众的爱戴和好评。

中西医结合疗骨伤

1985年，王明森进入江西中医学院中医专业学习。"不管做什么事情，一定要做一行爱一行，才能体现自己的人生价值。"这是王明森在江西中医学院读书时激励自己的话语。在父母的鼓励和导师的激励下，从江西中医学院毕业后，他先后到北京协和医院、中国中医科学院广安门医院、北京中医药大学进修学习，拜多名专家、学者为师。1994年5月，王明森作为特殊人才从江西省吉安市到广东省普宁市工作，从此便扎根在这片热土，将人生中最宝贵的岁月献给他热爱的中医骨伤科事业。

多年临床实践经验使王明森练就一双"火眼金睛"，能够准确诊断出顽疾的"七寸"，误诊率极低。他熟谙药理，善对症开中药，偏好选用中档药材，结合

实际药性加减药量，只消几服便药到病除，简单实惠，一些旅外华侨、知名企业家不远万里寻他只求一剂药方。

王明森不仅熟谙中医理法方药，对于西医外科手术也在行。他能在观摹前辈手术过程及自身临床实践的基础上提炼出一套又好又快的“招式”。

2001 年，他率先在广东省揭阳市开展膝关节置换手术，在业内引起不小的轰动。此外，他还擅长开展如全膝、全髋关节置换术，采用椎弓根针内固定治疗胸腰椎骨折、滑脱、椎体成形术、骨病、骨肿瘤等，均取得满意疗效。

香港的叶小姐 8 岁时不慎摔伤，导致左股骨头坏死，由于年龄太小无法施治，落下跛足的病根。成年后，她慕名找到王明森诊治，而此时她左腿已经萎缩了 5 厘米。王明森为她开展了了全髋关节置换术，术后 2 个星期就可以出院。告别多年“长短腿”的叶小姐，不仅重拾信心和生活的乐趣，还遇到良人，组成了幸福家庭。

中西医各有所长，“双管齐下”能取得最佳疗效。2014 年 3 月，一名来自河南的建筑民工不慎从高处摔下，下肢顿时失去知觉，无法动弹，诊断为腰椎脱位伴截瘫。王明森为他实施了腰椎骨折并脱位切开复位内固定术，同时以活血化瘀、消肿止痛的复元活血汤和补阳还五汤调养，术后第二天患者双腿开始恢复知觉，经过三个月的调理已接近痊愈。“这是一个中西医结合诊治的极佳案例。”王明森说。

“铁人院长”暖病患

王明森常言：“做医生要具备四要素，吃得了苦头、耐得住寂寞、受得了清贫、忍得了性子。”他是这样说的，更是这样做的，几十年如一日。在工作中，他不断锤炼自己，精益求精、尽职尽责，良好的医德医风和精湛的技术深受群众的欢迎和信赖。他做到“三个坚持”：坚持不脱离临床一线，定期门诊；坚持不断学习，提升自身专业理论与实践技能不放松；坚持以培养年轻中医药后辈力量为己任，传思想、授经验毫无保留。

现在，身处医院管理层的王明森依旧坚持每天坐诊，慕名而来的患者络绎不绝。不管忙到多晚，王明森都会把等待的患者诊治完，错过饭点、没有休息时间都是再平常不过的事。在担任医院“一把手”之后，他每晚回家前都要在医院上下巡视一圈，“不溜达一圈睡不着。”王明森说，他将每天24个小时分成3个部分：8小时做业务，8小时做行政工作，8小时休息。近年来，他年诊治患者逾万人次，每年要做700余台手术，节假日不休。有如此旺盛精力和工作热情的他被同行和患者称为“铁人院长”。

“行医一时，鞠躬一生；不求闻达，但求利人”。在王明森看来，做医生的人一定要怀有一颗慈善家的心。他对待患者始终一视同仁，不分贫穷富贵，也不论职业高低贵贱。每每见到生活有困难的患者，他都想着如何帮助他们。普宁市流沙北山的低保户齐某，为养家糊口劳累过度。2014年6月份因旧疾复发来到普宁市中医院检查，X光片显示其左侧人工髋关节出现松动，需进行手术。虽然知道了治疗方法，但齐某却开心不起来，说：“以前看病借的钱还没有还清，现在根本交不出上万元的手术费用。”王明森得知这一情况后，决定不考虑手术费，先为她开展人工全髋关节置换翻修术。术后，王明森向全院干部职工发出捐款倡议，得到全院职工积极响应，大家为齐某筹齐了全部医疗费用。

或自掏腰包，或动员职工捐款，或减免医药费，王明森一直用各种方式帮助贫困患者。他不仅用精湛的医术治愈病痛，也用高尚的医德温暖人心，在行医路上播撒爱心，为群众打开健康之门。

醉心科研为患者谋福音

王明森不仅在医术上屡获称赞，在科研上同样成就非凡。对股骨颈骨折，他研发的“三棱内固定器”能够在提高骨折愈合率的同时降低股骨头坏死率，成为治疗股骨颈骨折较为理想的方法之一，该项目获2002年广东省科技进步奖三等奖，并获国家专利；同样获得国家专利的“骨盆牵引固定器”治疗骨盆骨折及脱位疗效好，现已在临床上普遍使用。

中医素有同病异治、异病同治的说法，王明森常会琢磨着开发一些中药制剂。针对骨伤科门诊常见的腰腿痛，王明森便研制出了益肾舒筋汤，有效率达90%

以上。此外，他还开发骨科一号、二号、三号等中药协定处方并在全院推广，促进骨科患者痊愈。

拱桥式锁骨骨折复位固定器、克氏针张力带内固定器、腰痛背心、珍珠褥疮粉等等，王明森诸多的科研产品为患者送去了福音。从医以来，王明森先后获国家专利 7 项，广东省科技进步奖 1 项，潮汕星河科技奖 1 项，揭阳市、普宁市科技进步奖 10 多项，主持省科研项目 4 项，发表本专业论文 40 多篇。“技精为师，德高为范”，王明森获得的荣誉和奖励不计其数，他是享受国务院政府特殊津贴专家、岭南名医、广东省名中医、广东省劳动模范、揭阳市名中医等。他同时也担任着揭阳市骨伤科专业委员会主任委员、普宁市中医药学会会长、揭阳市中医药学会副会长等职务。

肩负双重使命践行医者情怀

王明森一直有个中医梦，希望中医药能造福全球患者。这个中医梦很大也很小，落实到具体就是发展好普宁市中医医院，发展好普宁市的中医药事业。从 2008 年 2 月担任普宁市中医医院院长那一天起，王明森开始了漫长的追梦之路。

接管普宁市中医医院时，医院正处于举步维艰的境地，很多人对医院的前途失去了信心。面对这样的局面，王明森认为，解决问题的关键在于管理的创新，在于闯出一条特色之路，在于把全院职工的心凝聚在一起。他团结领导班子，广开言路，仔细为医院把脉开方，明确了“以特色专科带动医院发展”“在大医院模式中建设小医院”的构想，瞄准了“中医为主，中西医结合”的发展路子，并结合个人专业特长和粤东骨伤患者较多的现状，向上级申请加挂牌“普宁市骨伤科医院”，为医院发展找到了最佳突破口。通过不断深化体制改革、夯实人才基础、提升服务水平、铸造品牌专科，医院走上了一条快速发展的道路。

回首半生，王明森说：“我从医近四十年，就做了两件事——治病和建院。”医生和院长的身份让他肩负着双重使命，行医处事多了一份社会责任和担当。

在推动普宁中医事业发展的道路上，王明森一往无前。他相继组织成立普宁市中医药学会、揭阳市中医药学会骨伤科专业委员会，为广大中医药工作者提供了良好的学术交流平台，为全市中医药事业的发展创造机遇。

行之苟有恒，久久有芬芳。王明森就是这样践行着一个党员、一个院长、一个医生的职责，用坚实的脚步向人们昭示“仁德仁术济苍生，勇立潮头写春秋”的为医初心与医者情怀，追求着自己的人生境界。

管理提升 改善群众就医体验

——安源区妇幼保健院积极改善群众就医体验

江西省萍乡市安源区妇幼保健院

安源区妇幼保健院创建于 1981 年，原址坐落于萍乡市城区中心，2016 年医院搬迁至新院区，现有职工 200 余人，是一所集妇幼保健、住院分娩、妇女儿童疾病诊疗、婚前医学检查、孕前优生健康检查、计划生育服务、基本公共卫生服务于一体的区级妇幼保健和计划生育服务机构。

在医院建设发展过程中，如何提升管理水平和服务质量？安源区妇幼保健院从精细化管理中找到了答案，通过引入“9S”管理体系和积分管理制度，既提升了医院的服务质量，又提高了医院综合竞争力。

一、以“9S 管理”标准，改善医院服务环境

“9S”起源于日本，是“5S”的深入拓展和升华。“9S”既讲究个体素养的培养和提高，又强调相互间的团结协作，促进医院方方面面的满意。

在建设过程中，医院借助“9S 管理”这个强有力的抓手，将其标准融入基础设施建设和流程设计中，尽可能地给服务对象提供温馨、整洁的就医环境，以“整理”“整顿”“清洁”为标准，对物品、流程、环境进行规范，在确保医疗安全的情况下，营造了温馨、舒适的就医环境，提高了群众的就医体验。

细节决定成败，品质决定未来。现在，当服务对象走进安源区妇幼保健院时，导医礼貌得体的问候让患者顿时心情舒畅；病房里护士娴熟而充满人文关怀的操作让患者倍感温馨。

二、以“规范”为抓手，完善学科体系建设

为了完善医院学科体系建设，按照国家卫健委有关文件要求，医院“建章立制，执行有序”，完善了孕产保健部、儿童保健部、妇女保健部和计划生育服务部的学科体系建设，通过完善科室设置、积极引进急需人才，打通了临床与保健不能充分衔接的格局，围绕大部为中心进行管理，实现保健与临床的深入融合。

通过建章立制，明确了分工和运行机制，转变了管理理念，走上了以内涵建设为主、内涵与外延相结合的整体管理的发展道路，完善了以一、二级预防为主的三级预防健康管理模式，通过集约化归口管理推动保健和医疗服务的同步发展。

三、以“安全”为核心，警钟长鸣

医疗安全，是医院的核心工作，通过“9S 管理”对环境的整理，确保了继续物品能在最短的时间能够取用；通过对流程的规范，确保了诊疗常规的落实，医疗服务质量得到了保障；通过对内化于心、外化于行的“素养”的管理，实现了全院职工良好的意识、行为、习惯的养成。通过积分制管理，对关心服务对象、提供优质服务的行为的奖励和对不良诊疗行为的约束，改善了群众就医体验，构建了和谐的医患关系，融洽了医疗服务氛围。通过医疗责任险购买，为医疗纠纷防范和规范处置提供了强有力的保障。

四、以“服务”树品牌，医院全面发展

根据城市公立医院综合改革的总体要求，医院的服务能力得到全面提升，服务体系日趋完善，激发妇幼发展的新活力。

（一）人才战略常抓不懈

医院一直坚持人才引进为抓手，促进医院管理体制改革。截至 2018 年引进副主任医师 5 人，副主任护师 2 人，中级职称专业技术人员 20 人，全日制硕士研究生 2 人，其他卫生专业技术人员 150 余人，完善了医院学科体系建设。

（二）开展改善医疗服务行动和改善群众就医体验主题活动

为有效落实城市公立医院综合改革要求，医院充分利用现有条件，积极引进了医院信息管理系统，充分发挥了互联网和信息技术在预约诊疗、优化流程、付费结算等方面的作用，实行了一卡通，医院就诊卡实现了诊间结算，极大地方便了服务对象；创新了服务模式，打造了婚育一站式服务中心，将婚前医学检查、婚姻登记、生育服务证办理等统筹管理、一体化办公，方便广大群众办理各项婚育服务；将妇科病普查普治、两癌筛查、环孕检等工作进行了统筹，一支队伍、多项服务，理顺了服务流程，让服务对象的满意度得到了极大的提高；加大了便民利民措施的落实；实现了安全、有效、经济、便捷就医；引进了导乐分娩和 LDR 导乐一体化产房，开展人性化诊疗服务，全面提高了医院服务满意度。

（三）医院业务稳步增长

通过大部制建设、9S 管理和积分制管理，医院门诊人次、出院人次、业务收入逐步增长，2016—2018 年，门诊人次增长率分别为 74.43%、51.51%、14.11%，住院人次增长率分别为 100.82%、20.77%、21.76%，医疗收入增长率分别为 123.59%、46.69%、45.74%。

（四）服务对象次均费用得到全面控制

2017 年，医院门诊服务对象次均费用为 129.51 元，住院次均费用为 3193.42 元；2018 年 1 ~ 11 月门诊次均费用为 154.01 元，增幅仅 18.91%，住院次均费用为 4027.34 元，增幅仅 26.11%。服务对象的次均费用均低于全市同级其他机构次均费用，其增长得到了有效控制。

五、以“满意”为最终追求，实现了医院的全面发展

通过不懈努力，医院服务满意度逐年提高，得到了全区广大人民群众的一致认可，产妇分娩数由 2015 年的 500 余人提升到现在的 1500 余人。自 2016 年以来，荣获了多项国家级荣誉，2016 年度荣获了中国妇幼保健协会“母婴友好医院”荣誉称号；2017 年，医院荣获国家卫生健康委员会“改善医疗服务示范医院”称号；2018 年荣获国家卫生健康委员会医政医管局“进一步改善医疗服务行动计划”

全国擂台赛华东赛区“延伸优质护理服务”“十大人气案例”奖，还荣获《中国卫生》杂志社“2018 年管理创新医院”荣誉称号，“安源妇幼”服务品牌初显成效。

龙江楷模

黑龙江省双鸭山市岭东区人民医院

袁英海自1995年开始从医以来，一直深爱着他的岗位，深爱着他的患者。他时刻秉承：提高医术能更多地祛除病人痛苦，增长能力能让事业有更多的成就，善待他人就是传递更多的坚强和信心。就是凭着这全心全意服务村民患者的理念，袁英海二十几年如一日，竭尽全力为患者解除病痛，为许许多多的家庭带来了欢乐，正是这些默默的奉献让袁英海获得了很多荣誉和名气。几年来，袁英海切实把“三严三实”与自己的本职工作相结合，始终以这些标准和榜样来要求和提醒自己，做自己该做的事，做对得起群众和自己良心的事。把群众当亲人，增进群众感情，他始终扑下身子、沉下心来，走进基层、深入群众，挨家挨户巡诊，走街串巷瞧病，为让患者少走路，他就和医务人员多出门。

重医德，待患如亲，吃苦受累无怨无悔

袁英海出身于中医世家，自幼随父学习中医，也秉承了父亲仁爱为民、探求医术的行医风格，在取得医学学历之前，他已经积累了很多的临床诊疗经验。走上行医岗位后，他就秉承仁医仁术的理念，安心医道善待病患。他对待来院就诊的患者像亲人一样。平时不善言谈的袁大夫，一有患者来找他，他就像变个人，像接待多年的好友似的，温柔话语问病情，笑容可掬解烦恼。很多患者痛苦地来医院，看过病后，高兴地回家了。他们说，只要有袁大夫在医院，只要能让袁大夫看病那就放心了。虽然对家人照顾得少了，可在百姓心里，他是好医生，他是待患如亲的好大夫。张大爷哮喘病犯了，一个电话，他就急忙赶到家里去。李大

妈血压升高了，家里人着急了，他会立刻出现在患者身边，刘师傅腰病发作了，他也要去扎几针直到刘师傅起床上班，他才松口气。袁大夫爱打篮球，球场上他是主力队员。每到周六周日他多么希望能跑上篮球场，可是，一些患者还要找他针灸，找他按摩、做理疗。付某患脊柱炎，在外地做了手术，回来后还是起不了床，患者恳求袁大夫为其针灸，但院里因动迁无住院场所，患者本人又无人护理，于是袁大夫决定用休息时间到患者家中为其针灸，袁大夫就风里来雨里去，免费为这位患者针灸了半年时间，经过精心治疗，现在患者已能够下地行走了。

袁大夫待患如亲的事还有许多许多，感人的事情更是数不清了。一次袁大夫到东风村义诊，走到村口就看到一堆人敲锣打鼓的。原来，是四十位村民组成的欢迎队伍，迎接袁大夫一行的医疗队。很多熟悉的村民握着袁大夫的手说："听说你带着医生来给村民看病，全村都热闹起来了，都在等你呢。"大半天的时间，袁大夫为一百多位村民看了病，有的号脉、有的听诊、有的量血压、有的做心电。能开药的，他就开药出方，能吃中药的，他就出方抓药。他一一答对村民患者，一一精心问切。一天下来虽然很累，但他看到村民个个欣慰地带着处方回家，他心里踏实很多。

有不少百姓因为没钱治病，知道他开药不贵，慕名找到他。面对穷困的病人，他不但精心为他们治疗，还经常为他们垫付医药费。一次，一名身患腰痛的村民，因带的钱不够交医药费，急得哭了起来。他得知后，悄悄为他垫付了所有药费，还带他去取药。药房的医护人员问他："袁大夫，你总是这样为病人垫钱，有几个人把钱还给你了？"他笑着告诉他们："还是治病要紧！"这么多年他到底给病人垫付了多少医药费，自己都说不清楚。他的名字也传到了外地。有一天，一个患者走进诊室，突然就朝他跪下大哭。他赶紧把患者扶起来，通过后来进来的家属，了解到，这名患者叫赵国成，得的是急性脑梗，说不出话来，经多方治疗也不见好转，因为他们单位不上班就不开资，现在也没钱治病了。听了他的病情，袁大夫心里也在痛，他二话没说就为赵国成免了医药费用，并把赵国成在纸上写的"救救我吧，我感恩一辈子"留作纪念。通过精心的治疗，半年后赵国成已初步康复。

重医术，视病如敌，刻苦专研精益求精

袁英海知道，医生是用仁术和仁心赢得患者的信赖和尊敬的，他要成为一名让患者“瞧得起”的好大夫。他始终把学习放在首位，把理论和实践结合起来，总结临床病例和病理加以研究，让自己的技术和能力尽快提高。他觉得光自己钻研是不够的，还要借助高级专家的指导，才能站得更高、看得更广。所以，他不断地找省内的名医名家求教，经常和专家们探讨、求解疑难杂病。一有空闲时间，他就钻研业务，查阅病典范例、文献资料。充实自己就是对病人最好的服务。多年来，袁大夫一直没有放弃学习和对医术更高境界的领会，他起早贪黑，医院病床、患者家里是他一刻不能脱离的战斗岗位，他视病魔和杂症如恶敌，一直与病魔顽疾拼杀。尽快解除患者的病痛，也是他一刻不能耽搁的使命。他平时很注重总结经验。把个性的病例收集整理出来，作为研究课题，把常见的有规律的病例作为主治防范，把每个病例和患者的特殊性，都一一记录在案，在领导和同事眼里，他是肯吃苦肯用心的人。

重医责，一心为公，履职尽责成绩显著

2016 年 6 月开始参加筹备岭东区医院建设工作，在此期间每天早 9 点之前在长胜乡卫生院出诊，9 点后到达工地监督工程施工质量。同时积极筹备、规划科室设置、设备采购、发展方向。2017 年 12 月 25 日岭东区医院正式开业运行，同时成立了免疫接种门诊、职业体检中心及双鸭山市最大的康复医学中心。并起草岭东区医疗共同体实施方案，将岭东区多家公立医院变为一家人，并实行“六统一管理模式”。

新院投入使用后，每天早上 7 点钟，在院长的接诊室中，已经排着二十多人的队伍，等着就诊。尽管他院务缠身，却仍然全年无休息日坚持在临床一线。问诊、把脉、开方、针灸，每天的门诊量超过 80 余人次。午间简单吃过午饭，马上处理院务工作，为新形势下、新医院的发展方向“把脉开方”。截至 2018 年 6 月岭东区医院日门诊量达到 300 余人次，住院患者总计 550 余人，岭东区医院整体面貌焕然一新。

他用实际行动诠释医生的职责，用对医学事业的热爱，用一腔热情浇灌出神圣的职责之花，用二十余载的青春谱写医者的荣誉，用真诚和爱，诠释着一名医生的崇高信仰，在自己热爱的事业中无私奉献，用妙手谱写这大爱无疆的美丽华章。

立足新时代　展现新作为
以高质量发展更好服务百姓健康

山东省潍坊市中医院

近年来，山东省潍坊市中医院始终“坚持以习近平总书记新时代中国特色社会主义思想为指引，坚决执行新时期卫生与健康工作”38字方针，坚定不移实施“四大”战略工程，努力推动医院高质量发展，显著提升群众的获得感和满意度，综合实力跃居全国地市级中医院前五强。医院先后荣获全国卫生计生系统先进集体、全国改善医疗服务示范医院、全国医患和谐医院等多个荣誉称号。

一、实施“人才强院”工程，打造人才集聚新高地

医院牢固树立“人才是第一资源”的理念，大力实施“人才强院”战略，创新人才引进、培养、使用和管理机制，为医院跨越发展提供强有力的人才支撑。

（一）海纳百川聚人才

借力潍坊市“人才新政20条”，创新实行项目工资制和协议工资制等灵活多样的分配形式引进顶尖人才团队。加大中医人才引进力度，设立了1个院士工作站、6个国医大师工作室、6个全国名老中医传承工作室、2个学术流派传承工作室，共有55名同志跟师学艺，实现了由院内师承向跨地域师承的新突破。加强国内外合作，本着“一科室对接一国内知名专家团队”的原则，西京消化病医院潍坊整合医学中心、江西热敏灸医院潍坊分院落户医院，与中国中医科学院广安医院、西苑医院、北京中医药大学东直门医院、北医三院、天坛医院、上海交大附属医院等多家医院建立全面合作关系，借助外力促发展。

（二）固本强基育人才

利用举办和参加国内大型学术会议、远程教学查房等渠道，不断扩大人才“朋友圈”，加速高层次人才梯队培育。对标国内顶尖医院，定期和不定期安排临床科主任、护士长、业务骨干轮流带着课题、带着项目、带着问题到对标单位进修学习。鼓励支持在职人员接受更高学历教育，与北京中医药大学等大学合作，定向培养了一批专业博士，人才的创新能力和技术水平大幅提升。先后建成王法德、王景彦、张奇文 3 个全国及 22 个省市级名老中医专家传承工作室，7 名同志分别被遴选为全国老中医药专家学术经验继承指导老师、全国中医药领军人才、山东省和潍坊市有突出贡献的中青年专家等。

（三）机制创新留人才

大胆创新人才激励机制，建立与医院发展相适应的收入分配制度，探索完善知识、技术、管理、技能等生产要素按贡献参与分配的方式激励人才，让各类人才看见奔头、干有劲头、尝到甜头，激发各类人才的创造活力和创新热情。建立人才交流互动平台，面向各类人才实行创新、子女入学、补贴申领等“一站式”服务，开通人才“绿色通道”，让人才干得顺心、舒心。

二、实施“质量立院”工程，培育区域医疗新高峰

医院始终把医疗质量放在首位，创新诊疗模式，提高临床疗效，打造以患者安全满意为核心的卓越质量管理文化模式。

（一）打造 10 分钟绿色抢救圈

医院作为山东省胸痛中心联盟单位、急诊急救医疗质控中心牵头单位，在实行心脏急救、脑病急救、骨伤急救、外科急救并行值班、联合救治的基础上，开启智慧急救模式，加强患者信息共享、远程急救指导和院内急救准备，做到了院前急救与院内救治的无缝衔接，急危重患者抢救成功率提高到了 96% 以上。

（二）积极开展重大疑难疾病中西医临床协作试点

医院在成立疑难杂病门诊和多学科会诊中心的基础上，充分发挥国家重点专科优势，成功创建国家重大疑难疾病中西医临床协作中心，非小细胞肺癌入选试

点项目，形成独具特色的中西医结合诊疗方案，大大提高了重大疑难疾病、急危重症的临床疗效。

（三）构筑国内一流特色专科集群

各重点专科积极向省级、国家级行列迈进，脑病科成功创建山东省专科专病诊疗中心、国家高级卒中中心建设单位；心血管病科成为中国心衰中心建设单位、中国房颤中心建设单位；肿瘤科成为中国中医肿瘤防治联盟理事单位；介入医学科成为中国出血中心联盟理事单位；耳鼻喉科成为全国耳鼻咽喉头颈外科联盟成员单位；皮肤科成为京津冀皮肤科中西医融合发展联盟成员单位。另外，急性脑血管病的溶栓和介入治疗、脑病康复、急性心肌梗死、老年骨质疏松性椎体骨折成功创建为市级区域医疗技术中心；乳腺甲状腺肿瘤、老年痴呆病、股骨头坏死成功创建为潍坊市临床精品特色专科。

（四）新技术新业务蓬勃开展

临床医技科室瞄准医学发展前沿，积极开展人无我有、人有我优的高精尖技术 100 余项。其中，多学科联合开展的"心脏不停跳体外循环辅助下肾癌根治 + 下腔静脉瘤切除"、骨伤科开展的一体化治疗脊髓伤瘫痪和胸椎肿瘤后路全脊椎切除、心外科开展的主动脉窦瘤破裂修补、胸外科开展的单孔胸腔镜肺癌根治、消化内科开展的内镜下粘膜剥离、治未病中心开展的无痛蜂疗等多项技术在潍坊市率先开展；影像中心开展的头颈部动脉斑块高清磁共振成像和急性缺血性脑卒中多模态磁共振检查达到国内领先水平。多项技术在全国大赛中斩露头角，乳腺甲状腺外科连续三年蝉联全国青年医师乳腺癌手术视频大赛山东赛区第一名；肝胆胰外科获得全国精准护肝经典病例演讲比赛第二名的好成绩。

（五）大力开展中医综合治疗

在每个科室设立中医综合治疗室，将中医综合治疗纳入科室常见病、多发病的中医诊疗方案和临床路径中，全院开展中医传统疗法 96 种。将中医经典理论与现代技术相结合，建立起多种方法并用的综合治疗模式。脑病科开展的中风系统化治疗、骨伤科开展的外固定支架治疗骨盆骨折入选"全国地市级医院百项绝活"，开展的中药联合中医正骨成功救治抗生素耐药的重伤昏迷患者、中医整体治疗成功唤醒沉睡半年的植物人、中医特色疗法治疗“渐冻人”等特色技术均被《中国中医药报》进行了大篇幅报道，得到国家中医药管理局的认可。

三、实施“服务兴院”工程，树立优质服务新标杆

创新发展无止境，服务改善无穷期。医院以开展改善医疗服务行动计划为抓手，优化就医流程，完善服务细节，拉长服务链条，努力提升群众就医感受。

（一）成立全国首家中医互联网医院

在门诊，推出微信、支付宝、V派等7种预约挂号缴费平台，患者可凭身份证、医保卡、银联卡、就诊卡等随时随地预约挂号、自主择医、诊疗缴费、检查检验结果实时查询等功能，实名就诊率达到84%。在病房，实行护士站缴纳住院预交金，自助机缴纳住院预交金、住院费用清单打印、检查检验结果打印，推出住院病历复印支付室预约并快递到家服务，避免了住院患者来回奔波；推行移动医疗、移动护理服务，简化工作流程，减少医疗差错，提高整体工作效率。在中药厂，成立智慧云药房及中药智能配送中心，实现了诊疗、开方、审核、煎煮、配送“一条龙”服务，让患者在家里吃上好中药。

（二）深化优质护理服务内涵

先后开展了亲情化护理、品管圈管理、护理质量提升工程等系列活动，推行了无痛、无栓和快速康复病房管理，均取得良好效果。不断拓宽服务内涵，开展多元化健康教育，通过面对面、床头平板、发放健康教育处方、患者微信交流群等途径进行健康宣教；成立了“康爱家园”“糖之友”“凤之媛”等22个患者俱乐部，开展健康宣教、咨询答疑、护理康复、心理干预等综合服务，打造患者战胜疾病的“健康乐园”，目前覆盖患者6万余名。

（三）创新实施“三级随访”服务

病人出院7 ~ 14天内，由主管医生通过电话进行一级专业随访，指导病人治疗用药、康复锻炼、门诊复诊等；15 ~ 30天内护士长进行二级健康随访；随访中心进行三级监督管理随访，就医疗质量、服务态度、医德医风等方面进行全面调查，发现问题，及时整改，将不满意的患者转化为满意甚至是感动、忠诚的

患者，真正做到把投诉和意见作为病人送给医院的最好礼物。

（四）大力推进中医药养老服务

医院充分发挥中医药在健康养老方面的优势，经市政府批准，与社会资本合作，按照“全龄化社区”的中医药健康养生养老理念，在高新区规划建设用地33.1公顷的医养结合中心、在潍城区规划建设中颐国际生态健康城、在安丘市规划建设用地1206公顷的中颐龙湖康养小镇，努力打造全国康养产业发展典范。

四、实施“人文名院”工程，谱写公益惠民新篇章

医院在做大做强的同时，时刻牢记社会责任，在精准医疗扶贫、提升基层能力等方面走在了全国前列，医院的经验做法在全国中医医院院长培训班和中国医院院长年会上做了专题报告，受到与会人员的认可和评价。

（一）组建潍坊市中医医疗集团

医院作为全市中医龙头单位，面对中医药优质资源分布不够均衡、发展不充分问题，主动担当，积极作为，以开放共享发展理念为引领，于2017年10月牵头组建了覆盖县级综合医院、中医院、乡镇卫生院和社区卫生服务中心共147家成员单位的潍坊市中医医疗集团。加强基层人才培养，遴选专家到成员单位实施“一对一”“团队带团队”的导师带教制度；在免费接收来院进修的基础上，承办了全市经典中医药传承杰出人才千人培养工程，邀请知名院士、国医大师、全国名中医、学术流派负责人集中授课。加强基层学科建设，实施“一县一院”重点帮扶工程，成立脑病、骨伤、外科、消化等多个专科联盟，带动基层专科诊疗能力提升。积极开展远程协作，成立了远程心电诊断中心和远程医学影像中心，出资600余万元免费为基层单位配备了信息化设备，并提供免费会诊。目前，远程心电诊断中心成员单位发展到92家，日均心电诊断260余人次；远程医学影像中心成员单位发展到67家，日阅片量达到80人次。另外，潍坊市远程医学中心、远程病理诊断中心、远程检验中心也在加快建设中。

（二）开展惠民义诊送健康活动

组织专家到80个市直选派第一书记帮扶村及市卫计委挂职干部联系点开展

“送医送药送健康”大型义诊活动。成立义诊服务队、健康宣讲团、急诊急救骑行队深入广场、灾区、基层、企业、军营、学校开展了“服务百姓健康行动”和中医药文化大型义诊科普巡讲活动，每年服务群众 10 万余人次，让群众在家门口享受到三甲医院的优质服务。

（三）做实东西部精准扶贫协作

医院认真贯彻落实党中央、国务院关于打赢脱贫攻坚战三年行动的决策部署，与贵州省榕江县、重庆开州区、西藏南木林县、新疆生产建设兵团十二师等医院开展“造血式”帮扶，定期选派专家帮助开展新技术新项目、指导学科建设，免费接收受援单位人员来院进修学习；支持重庆市开州区大进镇卫生院改扩建项目和新疆生产建设兵团十二师国医堂建设项目，进一步激发帮扶单位的内生发展动力。

刻进百姓心里的名字
——江西省抚州市中医院退休名老中医专家黄调钧的先进事迹

江西省抚州市中医院

在抚州中医学界，有一位老中医的名字家喻户晓，他的医术、医德被广大患者交口称赞，广为传播，他就是享受全国名老中医药专家传承工作室专家、江西省首届国医名师、享受国务院特殊津贴的专家黄调钧。

今年 79 岁高龄的黄老，在中医临床一线工作了整整 57 年。57 年来，经他手接诊治疗康复的患者不计其数。仅 2001 年退休返聘回院工作以来，他一年门诊接待患者就达 17000 多人次，至今共接诊患者约 20 余万人次。他的名字，深深烙进患者的心里，他的形象，代表了抚州中医界的形象。稍有些中医常识的人都知道，抚州自古是中医界的重镇。盱江医学远近闻名，众所周知，明清江西的十大名医中，抚州就有七人。黄调钧的外祖父李元馨是我省著名中医学家，为盱江医学的代表性人物。黄调钧师从外祖父李元馨并得其真传，成为盱江医学流派李氏中医的正宗传承人。从一开始，他便致力于中医的临床工作，在名师手把手的言传身教之下，聪明、刻苦的黄调钧打下了坚实的中医临床基础。不仅如此，他还在中医临床实践的基础上，利用业余时间，自学中医理论知识、中医内科学及四大经典等，边学习边实践，用理论指导实践，用实践印证理论。一个个寒来暑往，他的医术不断提高，20 世纪 70 年代初，黄调钧在抚州中医界崭露头角，前来求医者日益增多。70 年代末至 80 年代初，更是医名鹊起，慕名前来就医的患者络绎不绝，日诊 70 余人次，多时达 100 余人次。抚州城里城外，都知道中医院有位名叫黄调钧的中医师，患者以能得到他的亲诊而欣慰。他的医术高超，他看过病的患者，治愈率都非常高，在抚州创下了一个又一个的医学奇迹。

有一位乐姓女患者，因患运动神经元疾病，肌肉萎缩，不能独立步行，站立不稳，生活不能自理。家人背着她四处求医。在省会城市，甚至经过博士专家会诊，亦不能治。当她的家人听说黄调钧的医术后，抱着试试看的心理，背着她来到抚州。黄老凭着精湛的医术、丰富的经验，为她望、闻、问、切，精心用药，仅用了半年的时间，将其治愈，患者能站能走，生活能够自理。

患者樊某，女，67岁，某小学退休教师。1980年患扁桃体癌，左颌下颈项长有一肿块，约有鸭蛋大小，该肿块坚硬，推之不移，触按不痛。其舌尖红且有紫点，苔黄，脉弦，扁桃体充血肿大，已历数月，遍求名医，皆不能治。当她听说黄老医名后，前来求医。黄老仔细为其诊治，认为患者之疾乃为痰湿毒淤郁结逐渐加重、耗伤正气所致，邪不除则正难复。故黄老以五海散加枯草、山慈姑、山豆根、煅牡蛎、瓜蒌等为其医治，患者连续服药仅一月有余，肿块全消，精神、食欲基本正常，经调理数月痊愈。其后享年80有余，无疾而终。

黄老医术精湛，医德更好。他常说，病人前来求医，以生命相托，这就是对自己最大的信任，自己没有什么理由不好好为患者服务。黄老是这么说的，也是这么做的。从医50多年来，他对待病人，始终如对待亲人一般。在他眼里，人有男女老少之分，绝无贫富贵贱之别。因此，他对待病人，从来一视同仁。在患者眼中，黄老总是一副和蔼可亲的菩萨模样，他们乐于把自己的健康，甚至生命托付给他。抚州名寺金山寺的老住持印空师傅，长期以来，有病只找他看。而黄老，亦不辜负老住持的信任，无论在什么时候，总是随请随到，精心为其调理、治疗。如今老住持已经有98岁高龄了，身体依然十分硬朗，她常对人说，自己身体能有这么好，与黄老的高超医术和高尚医德密不可分。她从心底对黄老充满感激，愿佛陀保佑黄老平平安安，能为更多的患者解除痛苦，造福苍生。

从2001年到现在，黄老退休返聘已有18个年头了。18年间，他仍然如在职时一样，每周工作6天，每天工作9小时以上。本来返聘时，家人考虑到他的身体状况，与医院商定，他每天只上午上班，节假日休息。但黄老一工作起来，就什么都忘了。医院安排黄老每天限号接诊40人，实际上，每天慕名前来找他医治的人数远远超过这个限额。有人为了能让他诊病，找关系、托熟人，甚至有了专门挂他门诊号的“黄牛”，这在抚州各大医院绝无仅有，虽屡禁仍不止。这些慕名前来就医的患者，来自四面八方，既有本市各县、区的，也有来自全国各地的。对这些患者，特别是那些远道而来的，黄老非常体谅，常常用中午吃饭休息和下班后的时间为他们诊治、开药，哪里受什么名额和上下班时间的限制。长此以往，黄老自己也落下了病根，身体有恙，需要长期服用拜阿司匹林治疗，同时他的心脏和血压也经常“闹情绪”。黄老也因长期服药，甚至出现了上消化道出血。看到这种情况，家人很心疼，劝他在家全休一段时间。他却说：“别担心，我这点病，吃吃药就会好。那么多人远道来看病，好不容易挂上号，如果我不去，他们该有多么失望呀，如果因为我没去耽误了病情，我会内疚一辈子的。”在接诊时，由于等待的患者太多，有些人脾气不好，等得不耐烦就会口出不逊。对此，黄老从来不和他们计较，总是有条不紊地工作着，直到把当天的最后一位患者看完。对于一些因病不能上楼的患者，他还亲自下楼为患者诊治。

“不为良相，但为良医”，这是黄老给自己定位的人生追求。他把为病人解除痛苦、帮助病人康复和痊愈当作自己最大的快乐。他擅长治疗中医内、妇、儿科病及不孕不育等各种疑难杂症。50多年来，经他治好的急危重症和疑难杂症者不胜枚举。放开二胎政策后，有些妇女想生二胎，但苦于一直怀不上。如某学校一位女教师，因为先前只生了一个孩子，一直想再生一个。越急，越是怀不上。经黄老调理不久后便顺利怀孕，产下一位可爱的宝宝，家人欣喜若狂。又有一女患者，怀孕四个月，腹痛里急后重，痢下赤白粘冻，日行十余次，不敢随便就医，苦不堪言。黄老为其诊治时，考虑到她为早孕、痢疾，从经旨“有故无殒，亦无殒也”，给予芍药汤合白头翁汤加减，仅服四剂，患者病好胎安。那些被治愈的患者，事后总想对他表示感谢，但每次送的钱物，他都一概谢绝。他说，我要是为了钱，早不在这里干了。他说的是事实，很早的时候，就有外地的多家医院，以年薪百万配专车住房等优惠条件想礼聘他前去工作，但他从来不为所动。他宁愿留在抚州，留在自己原来工作的单位，继续实践着自己的人生追求。

对于一些不遵医嘱的患者，他总是尽力劝导，晓以利害，希望他们能得到系统的治疗。有一位50多岁的癌症患者，曾到他这里就诊，经他治疗、吃药后，黄疸消了，肿瘤也缩小了，患者以为自己病好了。他一再告诉他及家人要继续用药，以绝后患，也许是由于经济原因，抑或是患者自我感觉良好认为不再需要治疗，而未遵从医嘱，再次就医时已经病入膏肓，回天乏术了。每言及此，黄老深感痛惜。仁者情怀，溢于言表。

黄老的医德、医风，不仅表现在对患者的尽心和仁爱上，也同样表现在对中医人才的传承和培养上。他常说，自己得利益于中医前辈的教诲，是盱江医学的传承人，又享受政府的特殊津贴，获得过省国医名师等众多荣誉，自己更有责任和义务把抚州的中医事业发扬光大，让更多的中青年医生掌握中医技能，让更多的患者从中受益。黄老对门下的学生言传身教，毫不保留。在带教工作中，黄老提出“三强化、三结合”的要求：强化继承意识，理论与实践相结合；强化发展意识，中医与西医和现代科技相结合；强化服务意识，智育与德育相结合。他还特别告诫并激励学生：要想成为好中医、名中医，不能急于求成，不能有“短、频、快”的思想，要耐得住寂寞和清贫，要有坐冷板凳的思想准备，要热爱中医、专心致志，坚定不移、艰苦奋斗，精勤不倦、仁心为民，只有这样才能学有所成，梦想成真！他的学生黄纡寰经过三年跟师学习，中医基础理论和专业知识更加扎实，经典著作更加熟谙，外围知识更为丰富，诊疗技能也更为娴熟。黄纡寰总结黄老经验，先后发表国家级、省级论文9篇，2014年她总结黄老治疗慢性非萎缩性胃炎的临床经验，主持市级课题一项，获临川区科技进步二等奖和抚州市科技进步三等奖，2018年被评为抚州市名中医。黄老的学生除了通过科研和发表论文传承黄调钧名老中医的学术经验，还把这些经验在临床上广泛推广，效果显著，深得患者的好评。

“爱在左，同情在右，走在生命的两旁，随时播种，随时开花”。秉承“燃烧自己、照亮别人”的宗旨，黄调钧老先生把他的爱心、仁心以及他精湛的医术全部奉献给了他钟爱的中医事业，成为患者健康的“守护神”，他的名字，也深深地刻进了百姓的心里。

服务新时代 展现新作为
助力妇幼保健事业发展

河南省沁阳市妇幼保健院

2018 年，沁阳市妇幼保健院在市委、市政府以及卫计委的正确领导下，认真学习领会十九大精神，紧紧围绕“党建统领全局，全面从严治党”的思想基础，以“惠民、和谐”为目的，开拓创新，努力为人民群众提供优质、高效、安全、便捷和经济的医疗服务，全面推进沁阳市妇幼保健事业稳步发展。

一、党建工作开展情况

一年来，始终把做好党建工作作为推动医院发展的原动力，把学习贯彻习近平新时代中国特色社会主义思想和党的十九大精神作为主线。加强政治理论学习，开展廉洁自律和“两学一做”教育活动；强化工作纪律，严明工作作风；深入开展批评与自我批评，组织党员干部认真开展“三会一课”、十九大精神及习近平系列讲话的学习。履行“一岗双责”，开展谈心谈话活动，建立问题整改台账，开展“不忘初心，我与妇幼共成长”演讲比赛。加强党风廉政建设，稳步推进基层党建标准化工作，扎实做好抓党建促脱贫攻坚工作。

二、履行岗位职责，业务工作完成情况

（一）加强医院管理，规范制度落实

紧紧围绕妇女、儿童两条主线，坚持走妇幼专科之路，倡导妇女全生命周期服务，抓制度落实，督促核心制度和岗位责任制的落实，提高病历书写质量，加

强医院感染管理，确保医疗安全，保证医院各项工作的顺利开展。

（二）严抓医疗质量，确保医疗安全

坚持以“三好一满意”活动为原则。聘请省、市专家来院进行学术讲座、业务指导、疑难病例讨论等。妇产科特聘焦作市妇幼保健院专家王爱玲教授来院长期坐诊，进行业务指导，规范科室管理制度与诊疗流程；聘请郑大三附院妇产科专家李根霞主任带领专业团队10余人，来院开展产科急重症多学科模拟训练营培训班，全院50余人参加了此次培训，本次模拟训练营在我省属首家县级妇幼保健院培训，通过培训规范了各类抢救诊疗制度和流程，职工的实际操作能力快速提升，尤其增加了急危重症孕产妇的抢救能力，使我院成功抢救多名产后出血等患者，避免了孕产妇死亡的发生。确保了医疗质量，妇产科诊疗技术和急救水平明显提高。

（三）以创“二级妇幼保健院为契机”，提升综合服务能力

以创“二级妇幼保健院”为契机，继续整合资源，加强孕产保健部、儿童保健部、妇女保健部三大部建设，进一步建立计划生育服务部；四项节育手术和孕前优生检查，已经整合到我院，确保了保健和临床的无缝衔接。继续坚持请进来、送出去的办法，建立科学合理的人才梯队。先后与省级医院签订医疗联合体合作协议。妇产科诊疗技术和急救水平明显提高。儿科继续拓宽诊疗范围，儿童康复科开展多项康复技术，填补行业空白。通过努力，二级妇幼保健院顺利通过评审。加强危重孕产妇和新生儿救治中心建设；儿童康复项目获得焦作市残疾人联合会定点资格。本年度收治门诊患者141977人次，收治住院患者8283人次，实现业务收入3963万元，其中产科分娩2590人。

（四）履行公共卫生职责，推行民生工作

发挥妇幼卫生指导职能，加强对基层业务的指导。妇幼保健三级网络逐步完善，完成了全市12家乡镇卫生院和4家社区卫生服务中心签订妇幼联盟联合体合作协议。

开展免费婚前医学检查2753对，扎实做好预防神经管缺陷项目叶酸发放14646瓶。做好孕前优生的接收，并规范了检查流程。做好两个系统管理：孕产妇系统管4563人，管理率90.4%，其中高危孕产妇150人；七岁以下儿童33324人，管理率94.74%。推行民生实事项目，预防出生缺陷免费筛查和妇女“两癌”筛查。2018年宫颈癌筛查8000人，乳腺癌筛查8025人，民生实事产前筛查超声3777人，血清学检查4256人，新生儿两病筛查5259人，听力筛查5335人。降低新生儿出生缺陷发生率，提升妇女儿童健康保障水平。

（五）投身公益事业，加强医院文化建设

“单车骑行医疗队”继续利用节假日下乡为群众义诊，为全市已婚育龄残疾妇女进行免费健康检查，为在我院分娩的产妇发放爱心大礼包。不断加强医院文化建设，一年来我院多次邀请知名教授到院做医疗质量和医院文化方面的培训，组织党员到廉政教育基地进行廉政培训，举办趣味运动会、演讲比赛。在全院推行我为患者及陪护送杯水活动，为全院职工及家属进行免费体检，提高大家的归属感和干事创业的积极性。

（六）新院址建设持续推进

在市委市政府的支持下，异地新建项目稳步推进。截至目前，一期综合业务楼建设主体完成、后续工程也招标完成，预计综合业务楼2019年6月完工，二期病房楼设计招标也已完成。

三、下步工作计划

以党建统领医院中心工作，履行“一岗双责”，学习十九大精神，开展三会一课、两学一做和党建廉政工作。发展医院各项业务工作，不断提高医疗质量。认真做好扶贫攻坚工作，为我市妇幼保健事业的发展作出应有的贡献。

共助健康扶贫路　医疗扶贫进牧家

——霍尔果斯市人民医院医疗扶贫纪实

新疆霍尔果斯市人民医院　李　伟　李秀莲　侯君晶

“小康不小康，关键在老乡。”这是习近平常说的一句话。一直以来，习近平带着一心为民的家国情怀，关心贫困地区的发展、贫困百姓的生活、扶贫工作的推进。2019 年 3 月霍尔果斯市人民医院迎来了新一批援疆专家，这里，展现出了不一样的援疆情。

不是所有的树都能在沙漠生长，胡杨做到了；不是所有的花都能在雪山绽放，雪莲做到了；不是所有的人都能践行援疆梦，他们做到了。

5 月初的霍尔果斯市，天气渐渐地变暖，但气候的寒冷使人们还没有脱去毛衣，在这个特殊的春夏交替季节，来自苏州、连云港的专家们偶然得知了霍尔果斯市格干沟牧场的哈萨克族牧民——沙里山别克•介克山拜家中有两个因病生活不能自理的孩子。他们生活艰苦，但疾病并未妨碍孩子们的乐观心态，在他们身上能够深深感受到顽强的生命力。

这一天，霍尔果斯市人民医院党支部领导班子，江苏连云港援疆工作队队长、外科专家李伟副院长，援疆儿科专家武宜亮，护理专家许丽，检验科专家姚希，影像科专家隋东奎，信息科负责人等一行 10 余人，不顾天气的寒冷，急匆匆地从医院出发，沿着崎岖的山边公路，第四次去贫困牧民沙里山别克•介克山拜家里，进行一次具有特殊意义的诊疗活动——与连云港第一人民医院的小儿神经科杨自金主任、神经内科徐丙超主任一起，对两个孩子的病情进行远程会诊，帮助两个孩子恢复健康。

哈萨克族牧民沙里山别克·介克山拜家住格干沟牧场牧业二队，家里有五口人，夫妻两人有 3 个孩子，儿子今年 14 岁，大女儿 10 岁，这两个孩子从 8 岁起开始出现进行性四肢无力，现在儿子已经瘫痪在床，每天都要靠妈妈给翻身、喂饭，生活完全不能自理。大女儿现在也出现了四肢乏力，但还能活动，扶着工具可以走路。

牧民家靠近山，天气还很寒冷，当一行专家来到沙里山别克·介克山拜家的时候，他激动、高兴地从房里走出来，用哈萨克族的礼仪，亲热地迎接这个关心、待他如亲人的专家们。这是他们第四次去贫困牧民沙里山别克·介克山拜家。

2018 年 3 月，市人民医院下乡开展“两个全覆盖活动”期间，开展了大型义诊活动，发现了沙里山别克·介克山拜一家因病致贫的现状。当时任卫计委主任、医院党支部书记的谭大海同志，高度重视，亲自带着援疆医学专家和我院医生到家中多次诊治，并派救护车接到医院住院免费诊疗，市人民医院的医生护士在治疗结束后，用轮椅推着患儿在霍尔果斯市区进行了参观游玩。从此，以谭大海书记为组长的医院领导班子把沙里山别克·介克山拜一家时刻牵挂在心上，不辞辛苦带他大儿子到新疆医学院一附院、州友谊医院进行诊治，确诊为：进行性肌营养不良。这是目前医学不能治愈的疾病，只能通过治疗、康复延缓疾病的发展。

为了查清楚沙里山别克·介克山拜儿子和女儿疾病发生的原因，找到治疗患者的最好方法，院领导和援疆专家对两个孩子病情了解分析后想方设法联系连云港第一人民医院小儿神经科杨自金主任、神经内科徐丙超主任，进行远程会诊，帮助其进一步确定诊治方案。

援疆专家影像科隋东奎主任，对 3 个孩子进行心脏彩超、腹部超声等全面检查；检验科姚希主任、护理部主任许丽等援疆专家则为全家 5 口人抽血，留取血液样本，对血样进行保存。在义诊结束后，血液样本被第一时间寄往广州进行基因检测，为沙里山别克家的疾病寻找发病原因及遗传系谱。

检查结束后，援疆儿科主任武宜亮专家和沙里山别克·介克山拜建立直接长久的联系——加了微信。他们之间还有一个约定：每个月援疆医疗专家都会去他家里一趟，不仅是家访也是对生病孩子的定期随诊，更是为一家人送去关爱和慰藉。

走出沙里山别克家，抬头看着近在眼前的天山，顶峰白雪皑皑，山上松树在阳光照射下，显得挺拔翠绿，富有勃勃生机，我们脑海里突然想起新疆的一句谚语："天山松树根连根，各族人民心连心"。是啊，在中央援疆政策的指导下，在新疆社会稳定、长治久安、聚集总目标的大好形势下，民族团结一家亲活动的开展，让我们医院医护人员与沙里山别克一家结下了深厚的、亲如兄弟的友谊。

今天，在健康扶贫的征程中，霍尔果斯市人民医院和连云港市人民医院，手牵手、肩并肩，在丝绸之路上谱写出新时代民族团结一家亲、健康扶贫的凯歌。健康行动为沙里山别克一家带来了亲情、温暖和人间大爱，将使沙里山别克一家对生活树立起新的希望。

愿我们的健康行动，使沙里山别克一家早日脱离贫困，过上阳光、幸福的生活！

“兴院为民是我最大的追求”
——四川省蓬安县中医医院院长罗卿先进事迹

四川省蓬安县中医医院

根罗卿，男，1971 年 5 月出生，中共党员，大专文化，副主任医师，1991 年南充卫校毕业后从事临床外科工作，历任蓬安县罗家区中心卫生院副院长、蓬安县巨龙区中心卫生院院长，现任蓬安县中医医院党支部书记、院长。特别是 2006 年受命危难时刻，担任蓬安县中医医院支部书记、院长以来，始终坚持“兴院为民”的治院理念，与同事们同舟共济，在激烈的市场竞争中掌舵摇桨，披波斩浪，奋勇向前，使医院的政治效益、社会效益、经济效益不断提高，成为广大病友向往、全体职工热爱、人民群众称赞的二甲医院。因工作出色，他多次被县委、县政府评为“优秀共产党员”“卫生系统先进个人”，先后荣获蓬安县科技进步一等奖 1 次，三等奖 2 次，2018 年 12 月被评为四川省十佳中医医院院长。

一、人才兴院——抓班子带队伍

“没有一个坚强有力、团结务实的班子，没有一支敢打硬仗、能打胜仗的队伍，谈兴院为民都是空事。”这是他挂在嘴边经常说的话。

2006 年，面对医院债务高达上千万、医院职工散沙一盘的现状，他坚持抓班子、带队伍、促发展的工作思路，迅速扭转劣势，促使医院走上了正轨。

（一）班子建设，重在选好人，重在廉洁务实

他积极向组织推荐，把能干事、会干事的人选出来，把能力弱、群众反映差的坚决调整，最大限度优化班子结构，提升班子公信度和带动力。作为支部书记、院长，他严格落实全面从严治党责任，把领导班子思想政治建设放在首位，严格党内政治生活，强化党内监督，让每位党员干部增强了“院兴我荣、院衰我耻”的团队意识，激发了每个干部职工的内生动力。

带头落实“一把手”不直接分管药品、耗材、人事、财物制度，班子成员不承担相关物资、设备、药品的采购以及项目的招标工作，对涉及“三重一大”等事项，班子成员集体研究，院长末位发言，严格执行集体决策，树立了班子清正廉洁的良好形象。

（二）队伍建设重在磨砺和培养

他始终坚持“人才奠基、质量立院、名医兴院、科技强院”的办院宗旨，严格临床准入，建立学历教育制度，不断提高院内人员的学历教育水平；贯彻“送出去训、请进来教”的方针，完善外出进修学习管理办法，提高进修人员待遇，先后选送30余名业务人员到四川华西医院、成都中医药大学、川北医学院、南充中心医院进修学习，外聘川北医学院、重庆三军医大、北京中医药大学专家12人次来院咨询授课、现场业务指导，帮助职工更新知识、提高业务技能；建立科内自学与院内讲座相结合的业务学习制度，坚持考核评价、落实奖惩，促进了全员业务水平整体上升；招贤纳士引进人才，先后招聘30余名本、专科医学生，潜心培养，不断加强人才储备；实施名医战略，确立学科带头人，重点培养，宣传推介，逐步形成人才梯队，为医院长远发展奠定了坚实基础。目前，肛肠科已是省级重点，耳鼻喉科已是市级重点专科，儿科、心脑血管科、治未病科是正在打造的市级重点专科。他撰写的《胸腔内注入尿激酶门诊治疗有小房形成的胸腔积液80例分析》《食管癌与贲门癌术后胃排空障碍原因和防治措施》《经食管床弓上吻合在食管癌手术中的应用》等学术论文在《中外健康文摘》《川北医学院学报》等刊物发表。

在他的带领下，医院各项工作呈现出了“超常规发展，跨越式前进”的良好势头，步入良性发展的快车道，在南充市19家公立医院行风、政风满意度第三方调查时，结果是医院获得了就医环境第七、行风第三、院务公开第一、办事效率第一、整体形象第四、清正廉洁第五、综合满意度第四的优异成绩。

二、管理兴院——重精细建机制

向管理要质量，向管理要效益。

面对以前医院管理制度不健全、管理漏洞较多的问题，他带领医院一班人，大力推崇改革创新，深入到各个科室，与每一位职工进行交流，了解每一位职工的想法，坚持用制度管人管事。

加强基础医疗质量管理，狠抓医疗服务过程中重点环节、重点区域、重点人员的管理；加强质量检查和考核，制定并落实考核方案和奖惩办法；加强对首诊负责制、三级医师查房制度、疑难病例讨论制度、术前讨论制度和查对制度等核心制度的落实和检查；健全药事管理制度和药事管理组织，完善处方点评制度，规范临床应用行为，推动药物的临床合理应用；做好中医传承工作，规范中药房管理；完善中医药适宜技术平台硬件改造，完成 HIS 系统升级、PACS 安装调试、医保数据库更新调试，积极协调实行医疗远程会诊；建立健全医疗安全管理制度和安全责任追究机制，开展医疗质量和安全评价，对发生严重医疗不良事件的科室和人员敢于铁腕执纪，依法对相关责任人进行严肃处理，进一步强化了医疗管理质量。

动员千遍，不如问责一次。对违纪违规者，院支部、行政部门敢于说“不”、坚决问责，以良好的医风促院风。近年来，先后处理投诉医务人员服务态度不好 7 起，处理吃拿卡要 1 起，投诉结案率达 100%，群众满意度达 100%，处理相关人员 8 人，罚款 2 万余元。通过持续整治，各科室涌现出了许多好人好事，拒绝宴请 20 多次，拒收红包 9 次，总金额 7 余万元。

约束与激励并存，使医院从困境中一步步走出来。在他的带领下，经过十余年的努力，2014 年医院通过了二甲医院评审，2018 年通过复审；创建全国中医药工作先进县示范单位，年收入近 1 亿元。由于业务量不断上升，医院发展受限，他又到处跑项目，先后筹集资金 7670 万元，于 2014 年建成了 4560 余平方米的住院大楼。2017 年投入近 1 亿元建设的 22000 平方米的医院新门诊综合大楼拔地而起，2019 年 7 月投入使用。

三、服务兴院——抓示范重极致

让患者满意，让家属放心，让社会公认，是医院和医生最大的幸福与满足。

以上率下，无声胜有声。不管职称和职务如何变化，他始终没有改变他对病人的极端负责、对事业的满腔热忱。26 年来不管刮风下雨，不论春夏秋冬，遇有危重病人总能第一时间赶到患者床前，熬夜加班、抢救病人在他眼里已习以为常。2017 年的一个中午，一静脉曲张手术后病人突发呼吸困难、心跳停止，正在午休且前一天晚刚刚做了胆囊切除术的他接到电话后，立即徒步跑到医院，对病人进行检查判断，指挥其他医生胸外心脏按压的同时亲自为病人做胸外闭式引流，30 分钟后病人呼吸心跳恢复，他守护患者床前 2 小时，直至患者脱离危险才离开病房。病人家属和同事们看着他那疲惫的双眼，劝他多注意身体，他却说："患者就是我们的亲人，我们必须精心守护、呵护，才对得起自己的良心，才对得起组织的培养"！数年来，他没有休过一个完整的节假日，加了多少班，熬了多少夜，没有人包括他自己都数不清。

在他的带领下，全院自上而下形成了"领导为群众服务，后勤为医疗服务，医技为临床服务，全院为病人服务"的管理理念，大家把患者当"熟人""亲人"，为患者所想，急患者所急，让患者感觉到亲情的温暖。

一站式服务、叫号服务，缩短候诊时间；完善投诉处理流程，设立投诉登记本和意见箱，加强和规范医疗纠纷的调解处理，完善医患沟通制度，强化医院内外环境管理，狠抓医疗安全核心制度的贯彻和落实……一系列的极致服务措施换来丰厚的回报，康复患者将一面面锦旗、一封封感谢信送到了医院，蓬安中医医院好的名声在当地越传越好、越来越响。

功夫不负有心人。这就是一名共产党员的清醒与执著，一名医务人员的热忱与赤诚，他牢记使命，恪守职责，尽心竭力兴院为民，使生命在平凡的工作中闪光，树立了一个真正白衣天使的良好形象！

文化为根　党建为魂
建造幸福美丽妇幼新家园

——山东省淄博市妇幼保健院特色医院文化建设事迹材料

山东省淄博市妇幼保健院党委书记、理事长、院长　张立新

山东省淄博市妇幼保健院党办主任　田秀美

文化是构成一家一流医院最重要的精神与品格。

作为山东省淄博市唯一一家三级甲等妇幼保健院，淄博市妇幼保健院从实践出发，以文化为根，以党建为魂，致力于建设“亲亲妇幼”品牌，走出了一条独具特色的发展之路。

淄博市妇幼保健院是一所集医疗、保健、教学、科研、预防、康复于一体的三级甲等妇幼保健院。医院拥有职工1419人，高级职称187人，博士、博士后7人，硕士研究生229人。职能科室23个，临床科室29个，医技科室11个，编制床位607张，开放床位766张。先后荣获“全国百姓放心示范医院”“全国卫生系统巾帼文明示范岗”“全国诚信医院”“全国青年文明号”“国家级节约型公共机构示范单位”“山东省模范爱婴医院”“山东省妇幼卫生先进集体”“山东省消费者满意单位”“山东省护理示范病房”“全省卫生系统十大质量品牌”“省级文明单位”等荣誉称号。

一、以文化为根，以党建为魂，开启淄博妇幼品牌新时代

医院坚持“敬业、仁爱、协作、卓越”的核心理念，以党建为引领，启动医

院文化建设系统工程中，传承创新，积淀融合，不断赋予医院文化以新的时代意义，以文化力量开启淄博妇幼品牌新时代。

（一）坚定导向，不忘初心，党建文化薪火相传

医院夯实组织建设，成立医院文化领导小组及办公室，院党政一把手亲自抓，党办、院办、工会等职能部门具体抓。健全《理论学习制度》，每年制订学习计划，强化党风廉政教育和理想信念教育。认真学习宣传贯彻习近平新时代中国特色社会主义思想和党的十九大精神，深入推进“两学一做”学习教育常态化制度化，注重中国特色社会主义和中国梦宣传教育。

医院开展党建规范建设年活动，制定党建工作目标，签订目标责任书；坚持中心组学习制度，每月下发党员学习计划表；坚持党建各项制度，强化三会一课制度；大学习、大调研、大改进活动中，开展“不忘初心、牢记使命”主题教育专题讨论，列出问题清单 24 条，并逐条调研改进；确定 9 个调研题目，召开由支部书记及有关职能科室负责人参加的务虚会，研讨推进；对标先进，先后到广东省妇幼保健院、上海复旦大学附属儿童医院、无锡市妇幼保健院等省市医院调研学习；绷紧廉洁弦，先后组织 70 余名党员，赴山东省爱国主义教育基地、淄博市反腐倡廉教育基地、桓台县王渔洋纪念馆参观学习。

医院启动“妇幼先锋 天使之爱”党建品牌建设，以“建设全国一流现代化妇幼保健院，用行动为党旗增辉”为目标，旨在让医院的每一名共产党员都成为一面旗帜，成为服务患者、服务社会的一道标杆，同时把党组织的力量、党员的作用传导到基层一线，激活医院神经末梢，带动医院职工综合素质和服务水平的全面提升。

（二）强化学习，典型示范，榜样文化引领提升

通过举办青春榜样分享会、开展“追循优秀医者脚步”科主任讲管理报告会及“重温医院过往”院史发展报告会、开展庆“七一•党在心中”诵经典活动、分享身边优秀党员事迹等，不断加强社会主义核心价值体系建设。

开展“践行崇高精神”主题征文活动、“我与患者的故事”及“医患友好小故事、好举措和好人物”征文活动，用医生和护士手中的笔书写身边发生的感人事迹，在创作的过程中更能体会“敬佑生命、救死扶伤、甘于奉献、大爱无疆”的崇高精神。

积极开展文艺创作，培育职工文化素养。微电影《我也要当医生》荣获淄博市首届微电影大赛一等奖；纪录片《走近淄博市妇幼保健院》荣获山东省卫生计生委新闻宣传一等奖；医院还出版了《幸福妈妈日记》一书；每季出版一期向各届发行的《淄博妇幼保健》杂志；微电影《医道》已拍摄完毕，12 月 1 日将参加全国在武汉组织的颁奖大会。

注重选树和培育先进典型，深入挖掘典型内涵，并通过媒体宣传倡导广大干部职工学习。如亓玉淑、崔艳国获“淄博金牌工匠”，援坦医生耿岩获评“淄博市最美青工”，张丰明获“全市职工优秀技术创新成果一等奖”等。

二、以人为本，温馨服务，打造特色突出的妇幼“家”文化

“家”，是世间最温暖的港湾，最幸福的源泉。医院结合发展，把“家”的概念引入医院文化建设，连续三年开展妇幼“家”文化建设工程。

（一）以人为本的员工之家

“让患者满意，要先让员工满意。”医院培育“家”文化，从关爱员工做起，把员工的冷暖时时挂在心间。为困难职工争取大病救助资金，看望生病职工，开展“感受爱·传递爱——向白衣天使致敬”“爱家人·爱医院——亲情传递”“内生动力健康相伴”职工户外行、趣味职工运动会等活动，使员工时刻感受到医院大家庭的温暖。医院下大力气实现“人本管理”的转变，提升管理层次。多次组织中层管理人员赴清华大学、浙江大学培训学习，赴北京、上海、深圳等地的一流医院考察学习，让“员工第一”、尊重知识、尊重人才的管理理念深入人心。

医院建立长效机制，为员工打造发展平台，实施“青年才俊”“青苗计划”培养机制，与青岛大学联合举办研究生班，先后派出 20 余人分别到美国、德国、澳大利亚、英国、以色列进修，极大促进了青年业务骨干的快速成长。

（二）温馨服务的患者之家

患者满意是医院文化建设的出发点和落脚点。在淄博市妇幼保健院，文化建

设不是一句空话，而是实实在在的高水平温馨服务。

医院以亚学科为引领，推进学科建设。在实现传统优势学科做大的基础上，努力向精、细方向推进。与以色列 MATATA 和德国 SES 国际医疗专家组织建立合作关系，与上海复旦大学附属儿科医院、上海第一妇婴医院、齐鲁儿童医院等国内顶级妇幼专业医院合作，与德国夏洛特医疗中心计划合作成立妇科腔镜培训基地。围产保健学科是山东省医药卫生重点学科，妇科、产科、儿科、新生儿科、儿童保健科、生殖医学中心为市重点学科。随着优势学科群的形成，众多医疗技术在国内或省内率先开展，生殖医学技术等走在全国前列。

与高水平医疗技术相伴的，是温馨如家的服务、人性化的顺畅就诊流程、以家庭化为中心的护理服务。护理部先后开展品管圈、9S 管理、以人为本温暖照护等活动，科室涌现了许多护理品牌，如专门服务早产儿的“袋鼠式”护理、妇科开展的“爱心食谱，温暖传递”、骨伤科的“试行无陪护照护”、产科的“知足常乐安全提示卡”、手术麻醉科“无痛暖护”、产房“小小卡片温暖你我”、为患者及家属设立的心理沙龙、为乳腺癌术后患者建立的“爱汝俱乐部”、对耳聋患儿的特殊关爱、对脑瘫患儿的细心呵护……医院用尊重与真诚，打造着暖意融融的患者之家。

患者就诊更加科学便捷。开展预约诊疗服务，实施“妇幼移动医疗建设”项目，通过开发 APP 应用软件、微信、支付宝等移动终端系统实现帮助患者方便地进行预约挂号、手机支付、检查检验报告查询、免费的就医咨询等多种功能。增加自助办卡、缴费、查询设备，减少或消除就诊流程中对患者没有价值的等候行为，缩短就诊时间。更新门诊的叫号系统，安装合理用药管理系统，在全院实施 HOST-WIFI 无线信号覆盖项目，在病房楼、门诊设置直饮水终端。开展医患友好满意度医院创建活动，提供便民措施 15 项，畅通就诊流程，改善就医体验。

三、以公益为担当，以温暖为底色，铸就大爱无边的公益文化

医院的公益惠民之心，经过 50 余年的传承与积淀，在文化建设过程中，不断被赋予新的时代意义，大写着深具人文情怀的妇幼担当。

（一）志愿服务传递天使之爱

医院成立妇幼天使志愿服务队，满载爱心，服务大众；组织为贫困患儿捐款，给无法负担治疗费用的患儿送去生之希望；救助贫困先心病儿童，用温柔的坚持重建“心”之健康；关注贫困孤独老人，组织义诊，送米送面，为他们带去健康与温暖。

（二）“第一村医”助力百姓健康

医院积极响应市卫计委号召，先后选拔 3 批“第一村医”，奔赴淄博贫困村庄，让优质医疗资源下沉最基层，提供价值数万元的医疗器械、药品和办公用品，并赠予 28000 元援建基金，帮助建设村卫生室，切实解决了村民看病难的问题。

（三）彰显跨越国界的大医情怀

医院选派儿科医生夏顺刚、产科医生耿岩分别到坦桑尼亚进行为期 2 年的援助活动。他们的精湛技艺和高尚医德获得了当地政府和居民的一致好评，不仅为当地人民带去了健康，也为中国赢得了荣誉。

（四）帮扶基层，共建双赢

医院先后托管高青县妇幼保健院、文昌湖商家卫生院，与沂源县妇幼保健院签署合作协议，从管理、技术等方面指导帮扶，提高其诊疗水平；与淄博市公安消防支队建立共建单位，帮助支队员工解决病痛之忧；组织志愿者到沂源县鲁村镇西官庄村看望并慰问贫困农户，开展精准扶贫、落实结对帮扶活动；组织开展名医赶大集活动，为群众送医送药每年 30 余次。

四、以新院区建设为契机，以全国一流为目标，建造幸福美丽妇幼新家园

文化是医院发展的底蕴和灵魂，也是推动医院持续向前的强大力量。医院以新院区建设为契机，以全国一流为目标，以更坚韧、更深沉、更持久的文化力量推动医疗技术水平不断提高，打造妇幼医疗新高地，让淄博妇幼卫生事业不断壮大，惠及更多群众。

（一）新院区建设镌刻人文印记

备受各界关注的淄博市妇幼保健院新院区，占地 147.5 亩，总建筑面积 18.3

万平方米，设置床位 1000 张，集医疗、保健、教学、科研、预防、康复于一体，是目前国内单体量最大的妇幼保健机构。

更具意义的是，淄博市妇幼保健院新院区建设不是对原有医疗机构的简单复制，而是在提升医疗水平的基础上，着力打造一种全新的人本化医疗服务模式。新院区结合妇幼保健功能的特殊性，分围产保健中心、妇女保健中心、儿童保健中心、优生优育技术服务中心等四大中心，并由充满光线和绿化庭院的医疗街连接医院门诊、急诊、医技等各个功能部分。每个分诊单元都有独立的出入口和门厅及独立的挂号、收费系统，避免不同人群交叉，缩短就诊人群的步行路线。尤为先进的是，按照“院中园、园中院”的设计理念，新院区将健康人群与病患人群分成两个相对独立的院区，形成多层次、全方位渗透整座建筑的立体绿化系统，营造了具有国际前瞻性的时尚、生态、温馨、舒适的就医环境，项目设计荣获 2016 年中国医院建设匠心奖。

（二）文化力量引领妇幼新高地

面向未来，淄博市妇幼保健院的规划远大而踏实。突出“发展强项，补齐短板，高点定位，突出妇幼特色，顶层设计与基层创新相结合，实施 12345 工程”是 2018 年医院确立的发展路径。即以建设全国一流现代化妇幼保健院为工作目标，紧紧围绕三甲复审和新院区建设两大中心，聚焦党的建设、重点学科和人才建设、全面质量管理三大重点，采取宣传为引导、绩效为杠杆、制度做保证、文化促执行四大举措，建设患者满意、员工精彩、文明和谐、厚德仁爱、幸福美丽的妇幼新家园。

医院文化是医院的底蕴和灵魂。经过多年的实践和探索，医院充分认识到医院文化建设的重要性和必要性，具有鲜明特色、相对完善的文化体系在医院已经逐步落地生根，并在医院发展中发挥出重要作用。

走进新时代，再启新征程。淄博市妇幼保健院将以医院文化为核心竞争力，不断探索完善医院文化体系，以文化的力量塑造品牌，更好地为广大患者服务，为建设“患者满意、员工精彩、文明和谐、厚德仁爱、幸福美丽”的全国一流现代化妇幼保健院砥砺前行。

砥砺前行促发展 凝心聚力谱新篇

——龙华医院宁波分院（镇海区中医医院）发展纪实

浙江省宁波市镇海区中医医

基本情况：截至2019年3月，医院核定床位250张，实际开放210张，在职职工353人，其中卫技人员309人、高级职称53人、中级职称129、硕士研究生20人。现有省基层名中医1名，市领军拔尖人才1名，宁波市中青年名中医2名，宁波市基层名中药师1名，区名中医3名，“黄氏喉科”第十一代传承人1名。入选第四批全国中医（临床、基础）优秀人才研修项目培养对象1名，入选省中医药传承与创新“十百千”人才工程中医护理优秀人才项目培养对象1名。学科建设上，现有浙江省“十三五”中医药重点专科、市级中医重点扶植学科1个（中医儿科）、区级重点学科3个（骨伤科、肛肠科、肿瘤科）、区级重点扶植学科1个（中医治未病科）。

2017年7月24日，宁波市镇海区卫生健康局与上海中医药大学附属龙华医院达成战略合作，镇海区中医医院正式挂牌上海中医药大学附属龙华医院宁波分院，骨伤科、肛肠科、肿瘤科为首批重点合作科室。龙华医院直接派名医专家、管理专家到宁波分院参与医疗业务和科室管理，力争从医教研多角度帮助提升医院水准，服务百姓。与此同时，建立名老中医师承教育培养体系，通过以师带徒、口传心授等方式，加快本土中医人才培养步伐。

在区委、区政府的大力关心、支持下，龙华医院宁波分院广大职工不忘初心、和衷共济，迈出了阔步前行的铿锵足音。通过凝心聚力的奋斗，“龙华合作”的意义逐步显现，不仅使百姓和医生受益，更带动全区中医药事业发展迈上新台阶，开启新征程。

资源下沉　福泽病患　甬城百姓“家门口看沪上名医”

创建于1960年的上海中医药大学附属龙华医院，是全国最早建立的四大中医临床基地之一，在中医诊治、学术研究等领域，一直走在全国前列，拥有国家重点学科、重点专科30余个，国医大师、国家级项目首席科学家、上海市名中医等60余名，是名副其实的国内顶级中医品牌。

两院开展深度合作以来，宁波分院诊疗技术和管理能力均得到明显提升，学科建设、学科发展、人才培养等也取得长足进步。门诊量显著增加，外地患者慕名前来，医疗服务水平大幅提升，诊疗技术更先进，手术范围进一步拓宽，手术科室的手术量得到较大提升，初步实现“优质资源人才两下沉、服务质量水平双提升”的良好发展预期。

宁波分院借助上海龙华医院的品牌效应和常驻专家门诊的服务能力辐射甬城，让老百姓在家门口享受国内顶级的中医医疗服务。截至2019年3月，三个合作科室门诊量增加、手术量创新高。其中骨伤科门诊60031人次，住院922次；肛肠科门诊12777人次，住院1367人次；肿瘤科门诊13718人次；肛肠科、骨伤科分别完成手术1002台、427台。诊疗费用较上海大医院就医大幅降低，还减少了异地陪护、食宿等费用，一定程度上缓解了群众看病难、看病贵问题。合作以来，龙华医院先后派出30多名专家，义诊惠民550余人次，参与社区科普讲座、学术交流30余次。一年一度举行“冬令进补”膏方节活动，每年邀请上海龙华医院20余名专家坐诊，膏方就诊700余人次。

肛肠科、肿瘤科先后成立“全国中医学术流派传承工作室顾氏外科二级工作站”“上海市名中医曹永清宁波工作室”“上海市名中医徐振晔宁波工作室”。工作室建立后，两个学科邀请名中医及其专家团队定期来院坐诊、开展特需门诊、进行技术指导，帮助学科快速、全面提升医疗水平。同时在学科建设管理上予以指导帮助，特别是对学科团队成员进行培养，搭建了学习继承名老中医学术思想和经验的平台。肛肠科及肿瘤科顶级医疗资源得到共享，以“师授传承”的方式学习和继承名中医丰富、独到的学术经验，将对名中医学术经验的传承和医院中医药人才的培养起到积极作用，今后将开展更多、更先进的各类肛肠、肿瘤疾病治疗，福泽病患。

科室建设　稳步推进　着力提升医疗服务水平

在龙华总院的鼎力支持下，宁波分院首批合作科室建设稳步推进，拓宽临床诊疗思路，不断优化治疗方案，提高整体专业水平。

骨伤科致力于发挥中西医结合的特色，以优势病种为主结合宁波当地疾病特点，以中医整体辨证治疗为理念，灵活运用中医内服、外敷、手法（理筋、整骨）等治疗手段，小夹板固定、针灸火罐、牵引、小针刀、关节腔灌注治疗等中医特色疗法，结合现代西医微创精准的手术理念，综合治疗临床常见病多发病，尤其是在治疗复杂性骨折、颈、肩、腰腿痛等方面疗效显著。推广了一系列新技术，开展了各类高难度手术，推广使用由全国名老中医施杞教授所创建针对各类急慢性筋骨病的系列协定方，不断有外地患者慕名前来就医；在区内率先开展中医骨伤无痛病房，用中西结合手法调治各类急慢性筋骨类疾病数百例，为长期持续疼痛的患者解决了困扰许久的病痛。

肛肠科开展了各类高难度手术；设置了混合痔临床路径，规范医生的临床治疗，缩短患者的住院时间，节省患者的住院费用。2018 年 4 月 10 日，肛肠科成功抢救一例“坏死性筋膜炎”病例，该病为“全球十大恐怖怪病”之一，起病急骤、发展迅速、病情凶险，死亡率高达 33% ~ 72%；6 月 9 日，宁波分院成功举办“顾氏外科可持续发展论坛——2018 国际肛肠高峰论坛暨沪甬肛肠微创培训班”，大会邀请到国内肛肠领域多名知名专家学者及日本、韩国等国际学者，海内外专家 300 余人参会，通过网络视频连线的全新形式，进行了一场沪、甬两地会场同步直播的高规格学术会议。

肿瘤科脱胎于原中医院内二科，具有大内科临床基础，汇聚沪甬两地多名资深中西医肿瘤医生。作为两院首批合作科室之一，肿瘤科在龙华医院专家的带领下，迅速转型，向专科化方向发展，为区级重点建设学科。该科不断拓展中医业务，开展中医综合治疗，推广、使用系列协定方。开展了中药离子导入、手法治疗良性位置性眩晕等新技术，增加中医肿瘤专科专家门诊时段，开设徐振晔教授特需门诊。住院患者诊疗方案与龙华医院同步，专家每周查房两次，根据患者病情随时制定、调整方案。肿瘤科专家常态化在院内、街道、社区、区癌症协会等举办肿瘤科普讲座，为甬城百姓普及健康知识。

规范管理　增添活力　助力“龙医”品牌花开甬城

龙华医院宁波分院内部管理逐步规范，实行科主任责任目标考核制，完善考核细则，签订责任书，年底进行考核量化打分，做到管理有程序、有章法，减少随意性。加强医院质控管理，对药占比、医疗服务性收入占比、临床路径入径率等各类核心指标进行实时监控，严格控制医疗费用的不合理增长。每月一次科主任质控例会，每季度一次医疗质量评价，分析存在问题及提出改进措施，加强督促、指导、检查与考核，使管理更为高效，医疗行为更为规范。

栽下梧桐树，引来金凤凰。医院始终坚持以学科建设和人才培养为导向，实施“名医、名科、名院”战略，探索出符合医院实际的一些创新举措：采取“走出去”的方式拓宽渠道引人才，赴哈尔滨、温州等地参加高洽会、医学高等院校现场招聘会，设上海龙华医院招聘专场，招揽储备各类专业人才；不拘一格用人才，不以学历、职称、资历“论英雄”，大胆启用优秀的中青年骨干担任科室负责人、主任助理等职务，人才队伍较稳定；多措并举育人才。2018 年，医院被确定为“浙江省中医住院医师规范化培训基地宁波市中医院协同基地”和“浙江省基层常见病多发病中医药适宜技术推广基地”，有助于中高级师资人员临床带教和科研能力的提升，为低年资住院医师提供学习平台。针对科研论文薄弱环节，把专家“请进来”，多次举办科研申报专题讲座。鼓励专业技术人员参加各类在职学习，积极培养一批自己的优秀中医药人才，首批选拔本院优秀的中青年骨干4名，作为“优培对象”赴龙华医院“一对一”跟师学习，把分院骨干“送上去”培养。

2019 年，该院学科发展定位更“精准”，立足中医特色，完善学科体系建设，形成中医特色鲜明的诊治体系；人才成长环境更“适宜”，搭建不同层次的奖励体系，完善高层次人才奖励制度、青年人才后备培养制度，为不同层级人才明确努力目标，发挥高端人才的引领和辐射作用。充分发挥“名中医工作室”作用，加大优秀中青年人才师承培养力度，积极为中青年的成长铺路搭桥；中医文化建设更“浓厚”，在医院环境布置、内部装饰、医院标识等方面融入更多的中医元素，组织职工学习中国传统文化，逐步形成富含中医药文化特色的服务文化与管理文化。

龙兴华医，在龙华总院的鼎力支持下，在“龙医团队”的优秀带领下，紧密的沪甬医疗合作，将促使镇海乃至宁波当地中医发展进入“快车道”。沪甬两地将共同为中医药卫生事业的腾飞而不懈努力，完成“共享资源、共创健康、传承中医、造福一方”的使命，助力“龙医”品牌在基层开出美丽的杏林之花。

牢记患者至上 方能焕然一新

——省直中医院改善就医体验，提升服务质量纪实

湖南省直中医院

引言：“坚持基本医疗卫生事业的公益性，不断完善制度、扩展服务、提高质量”，这是习近平总书记在全国卫生与健康大会上所做的重要指示。

更温馨的环境、更贴心的服务、更舒适的体验，这是随着社会与经济的发展，人们对医疗服务日益增长的切实需求。

顺应时代新要求，把握市场新机遇，省直中医院近年来乘势而上，屡有革新举措：建成启用院内停车场，医院附近路段不再拥堵，生命通道越发畅通；打造医院西门入口，患者的休闲健身范围即将扩容，离神农公园越发亲近。

省直中医院院长徐伟辉说，该院秉持“病人第一，患者需求至上”的服务理念，在改善设施环境、加强急诊急救建设、推广实施“6S”管理等多方面进行探索，提升了医疗服务质量，增强了患者就医的获得感、舒适度，深获广大患者好评。

见贤思齐，省直中医院的革新经验不容忽视，值得借鉴。

一、环境：畅通生命通道，升级就医体验

开车走过河东人民路的株洲人都知道，曾经的省直中医院附近路段很堵，而医院是救死扶伤的地方，这一堵，影响的是一条“生命通道”，也即患者获得救治的效率。

如今，记者看到的却是焕然一新的景象，省直中医院内外车辆出入畅通有序，毫无拥堵之感。这一改变是如何发生的?

（一）建现代化停车场，实现多赢局面

省直中医院院长徐伟辉介绍，近年来，该医院认识到，停车问题日益成为制约医院服务患者、提升能力建设的最主要瓶颈之一，于是开始寻求破解之法。

2016 年，省直中医院为提升医院服务能力和品质，在省卫生计生委、市委市政府的大力支持下，医院党委决定建设医院地下停车场。

经过近 2 年的建设，省直中医院打造了三层的地下停车场，将医院内的车位由以前的 100 多个提升到 600 多个，还贴心地设置了标准的人防设施、引导标识等。

徐伟辉说，由于医院占地面积与施工面积有限，建设过程并不容易，但省直中医院克服重重困难，斥资 3000 万建成了这座高标准、现代化的地下停车场。

事实证明，这是一项多赢的举措。

省直中医院的地下停车场投入使用后，不仅极大缓解了人民中路的交通压力，也解决了医院的人车分流问题，极大改善了患者前来就医的体验，以及医院的环境面貌。

“现在不堵了，以前经常上午 8 点多开始堵车，堵到上午 11 点。”说起交通状况，省直中医院门口正对面的商铺店主普遍这样感慨。

市民郭先生也说，曾经开车来省直中医院就诊只能把车停外面，有次还被交警罚了款，“现在好多了”。

徐伟辉也给记者举了个例子，他说，以前交通堵塞的时候，救护车开不进来，只能由医护人员把患者运进医院，移动 ICU 和一些高档的急救设备一般都停在院外，但现在从根本上得到了改观。

“畅通生命通道，打通城市微循环”，省直中医院曾经许下的目标，已然成为今天的现实。

（二）建新桥、设西门，优化住院环境

除了地下停车场，省直中医院也针对医院后面的曹塘坝路桥进行了建设，整治翠塘黑臭水体，新建翠塘大桥。

不要小看这项工程，受位置等条件所限，省直中医院此前主要依靠一个进出口，院内的相关绿化与休闲设施相对不足。翠塘桥及相关项目完成后，医院会出现一个西门，出西门一百多米，就到了建设路，会极大方便河西的患者就医，以及救护车通行。

侯启龙说,翠塘桥修通后,有医院西门、建设路交叉路口,今后会设置人行通道、红绿灯、相关标牌标识，方便交通导向，也便于患者更好地就医。

更重要的是，省直中医院的住院患者也将从此受益，他们的休闲与健身区域将得到拓展与优化。翠塘的黑臭水体改造后，会有湖，有绿植，有亭榭，方便病人健身休闲。“而且出了西门，跨过马路，患者很快就能走到神农公园，休闲健身区域会进一步扩大。”

泊车时间极大缩短，就诊等候时间极大缩短，住院环境还在继续优化，省直中医院通过地下停车场与翠塘桥等项目的建设，提升了医院服务能力与质量，给患者带来了实实在在的获得感。

二、急诊：综合实力过硬，凸显公益情怀

去年 9 月，省直中医院在第三届“瑞医杯”中华中医药学会青年医师急救技能竞赛上，夺得团体一等奖。

对危急重症患者的急救与突发事件的救援，考验着一家医院的医疗技术水平与综合实力，近年来，省直中医院大力加强急诊急救能力建设，实现了“及时联动，多拳出击”：急诊急救团队反应迅捷、专业严谨；移动 ICU 等急救设备高端先进、功能齐全；中西医结合施行急救、疗效显著。

与此同时，该院还长期面向市民开展公益急救培训，彰显了社会责任。

（一）急诊实力雄厚，居省内先进

急诊科业务用房面积 5000 余平米，年急诊接诊 69000 余人次，年抢救 6000 余人次。这些数据都在表明省直中医院的急诊急救实力。

事实上，省直中医院急诊科也是湖南省中西结合急危重症区域诊疗中心，是目前省内中医医院最大的急救中心。在省市级各急救竞赛中，该院屡获佳绩，曾连续 3 年院前急救年终考核成绩全市第一，2015 年全省中医院应急能力考核获第一名，“2018 年获湖南省院前急救先进集体”，等等。

省直中医院急诊网络完善，医护阵容强大。该院急诊科由 120 院前急救、急诊诊区、抢救区、急诊病房及 EICU（急诊重症监护室）组成，医护人员 70 余人，有主任医师、副主任医师 10 余名，主治医生 8 名，其中 20 名医护人员曾参加美国心脏协会举办的初、高级生命支持培训（AHA-BLS/ACLS）并获得合格证，4 名医师参加美国高级创伤生命支持培训（ITLS）并获得合格证，4 名医师获得全国重症医学资质考核合格证，每年派多名医护人员去全国一流急危重症中心进修学习。

以西医规范化诊疗为基础，省直中医院还围绕心衰、肺衰、高热及中风等中医优势病种建设，在毒蕈中毒、药物中毒、急性痛症等中医治疗方面疗效明显。同时研制出 10 余种特效中药方剂，运用于急诊门诊及留观患者，受到患者好评。

（二）引进首批移动 ICU，极大提高生存率

为提高急诊急救实力，省直中医院也配备了诸多功能先进的高端急救设备。

2016 年 10 月，我市首批 2 辆移动 ICU 落户省直中医院，大大提升了省直中医院的急救综合实力，也提高了急危重症患者的生存率，给株洲老百姓带来福音。

“移动 ICU”是集重症监护、急诊抢救、应急救援、快速转运等功能于一体的数字化重症监护型救护车，能完成各类急危重患者转运，途中的重症监护，各类技能操作、手术。它是性能优良、设备先进的顶级救护车，加上训练有素、一专多能的医护团队，能最大限度保障急危重症患者的生命安全。

省直中医院投入使用移动 ICU 之后，带动提升了全市院前急救的整体水平，也提高了突发事件的应急救援能力。目前，移动 ICU 已为下级医院成功转运并救治数百名危重患者。

不仅如此，省直中医院也开展了以“生命的呼唤”为主题的公益急救知识培训班，该培训班长期面向市民开班授课，提高了市民急救意识，向全社会普及了急救知识。

三、急救：加强“五个中心”建设，推动高质量发展

去年 1 月，国家卫计委和国家中医药管理局发布《关于印发进一步改善医疗

服务行动计划（2018—2020年）的通知》，接着，我省出炉了具体实施方案，要求二级及以上符合条件的医疗机构建立“五个中心”（指卒中中心、创伤中心、胸痛中心、危重孕产妇救治中心、危重儿童和新生儿救治中心），打通救命快速通道。

为响应号召，省直中医院逐步推进并加强“五个中心”建设，取得初步成效。

（一）建立创伤急救中心，拟做成品牌

据了解，创伤是我国45岁以下人群死亡的第一位原因，伴随着社会的现代化进程，创伤的规模、人数、发生机制都变得更为复杂。

去年4月，省直中医院召开创伤急救中心筹备会，成立以外科ICU、急诊科、移动ICU为主导，多学科共同协作的创伤救治中心。该中心由30余名精英专家组成，其中正高职称12人，副高职称23人，专家成员分一、二两个梯队，分别由科室主任、副主任担任，严格按照创伤急救中心的各项规章制度执行医疗救护。

省直中医院院长徐伟辉介绍，创伤急救中心将坚持把病人的利益放在第一位，珍惜抢救时间，坚持走临床、科研、教学全面发展的道路，努力提升医院创伤救治能力和水平，“争取几年后成为株洲市品牌学科中心，为全市人民保驾护航”。

（二）成立孕产妇急救中心，呵护母婴安全

8年时间，省直中医院产科年分娩量增加了50倍，实现从年分娩量500人到稳居全市第一的华丽“蝶变”，曾经产科诊室门可罗雀，如今一床难求。

这是省直中医院在国家实行“全面二孩”政策后，响应政府号召加强产科建设，苦练“内功”，做优“软服务”收获的成果。

根据这一实际情况，今年7月，省直中医院汇聚内外妇儿的专家们，以及麻醉科、内科ICU等科室相关负责人，成立“湖南省直中医医院高危孕产妇急救中心”，确保母婴安全。

徐伟辉介绍，在儿科及新生儿科的建设上，省直中医院也配备了先进的技术设备和优秀的专家人才，卒中中心及胸痛中心的探索也在稳步推进。

“将来，我们会将院前医疗急救机构与各中心形成网络，实现患者信息院前院内共享，构建快速、高效、全覆盖的急危重症医疗救治体系。”徐伟辉说。

四、管理：推进“6S”精益管理，改善医院风貌

（一）什么是“6S”管理

“6S”管理是一种现代企业管理模式，通过规范现场、现物，消除医院在办公、诊疗和护理过程中可能面临的各类不良现象，能有效解决工作场所凌乱无序的状态，有效改善物品、器材及文件的管理，强化安全管理，保障安全与稳定，培养员工良好的工作习惯，提高员工的人文素质和职业素养，从而达到各项工作程序化、标准化、简洁化，节约时间，提高效率的目的。

整理（sort）、整顿（straighten）、清洁（sweep）、规范（standardize）、素养（sustain）、安全（safety），这是医院实行“6S”管理的六要素，也是省直中医院持续推进精益管理，逐步为患者呈现的全新面貌。

（二）“外树形象，内强素质”

省直中医院院长徐伟辉介绍，开展“6S”管理具有重要意义，简单来说是“外树形象，内强素质”，具体而言则能提升医院形象、塑造医院文化、提升患者满意度、保障医疗质量安全、提升工作效率、提升员工素养。

为了实现“6S”管理全覆盖，实现管理更规范、更高效，省直中医院经过多方考察筹备，专门设立“6S”精益管理综合办公室，将所有科室分批进行考核授牌推进。

去年4月，省直中医院召开“6S”管理启动大会，邀请华医修制的顾问对医院职工进行“6S”基础知识培训，并详细解释了“三天一层楼”样板科室打造和“6S”管理的含义、重要性以及具体实施办法等。

为持续推进“6S”精益管理，进一步提升医疗服务质量，全院七批共87个科室进行了“6S”改造，并顺利通过验收，获得表彰授牌。

徐伟辉表示，“6S”管理工作不是某一个人的事，而是全院干部职工共同参与的工作，“我们立志于不折不扣完成任务，取得实实在在的成效，最终实现建成‘美丽医院’的梦想，不断增强老百姓就医的获得感、幸福感”。

新时代 新风貌 新作为

——项城市中医院抓党建促发展助力全民健康

河南省项城市中医院

“不忘初心，牢记使命”，是项城市中医院医务人员的根本遵循和努力方向。干事创业敢担当，为民服务解难题，是新一届领导班子的工作重心。近年来医院以习近平新时代中国特色社会主义思想为指导，树牢“四个意识”，坚定“四个自信”，做到“两个维护”，注重发挥党的战斗堡垒作用，党的凝聚力、战斗力、向心力显著增强，为医院服务能力和服务水平的不断提升提供了思想和组织保障。

“哪里有党组织，哪里就有战斗力和凝聚力；哪里党建工作抓得实，哪里就有纯洁生态和蓬勃朝气”，“党建工作做得好，医院才能发展好”，这是项城市中医院党委书记在全院党建工作会议上经常讲的话。近年来，项城市中医院充分发挥基层党组织服务患者、回报社会、促进和谐的作用，用爱心与真情谱写出一曲曲动人的赞歌。先后被评为河南省卫生系统先进集体、河南省卫生工作先进单位、河南省创新医院，河南省文化建设先进单位、河南省科普先进单位、河南省优质护理服务先进单位。在河南省（县级）中医院综合管理评价中，连续 9 年居全省县级中医院先进行列和周口市县级中医院第一名。这一系列荣誉背后，都体现了党建作为引领创新发展之魂的强大力量。

旗帜引领，规章制度与人才培养同进步

党建兴则事业兴，党建强则事业强，党建工作与医院发展是“一条心”。“有旗帜引领在前，队伍的行进才有章法。在基层医院，党建就是这面旗帜”。项城

市中医院党委书记表示，在当前思想多元、诉求多元、利益多元的社会背景下，中医院党建工作根植医院这块土壤，切实履行主体责任，通过选优培强党支部等手段，全面推进党的思想建设、组织建设和作风建设，为党建不断注入新活力，增强了医院的凝聚力和战斗力。

“火车跑得快，全靠车头带”。实践证明，一个医院发展的状况如何，很大程度上取决于领导班子的战斗力。好的班子才能带出好的队伍，好的队伍才能有好的形象。项城市中医院始终把班子建设放在首位，坚持用“讲党性、重品行、作表率”的标准规范言行、约束举止、推动工作，带来了“班子团结和谐、全院风清气正、发展基础扎实”的良好局面。

怎样增强党组织的凝聚力和号召力？项城市中医院党委的答案是，扎实开展一系列主题活动，将党建活动贯彻于日常的工作生活中。各项教育活动组织党员干部全部参加，严格理论学习、查摆问题、开展批评、整改落实、建章立制等各项细节，真正做到“规定动作不走样，自选动作有特色”。项城中医院在抓好党建工作的同时，加强对全体医护人员的培训。医院现有职工 783 人，副高以上职称人员 41 人，硕士研究生 47 人，本科以上学历 692 人。新入职执业医师全部纳入中医住院医师规范化培训。所有非中医类别医师都参与了中医药知识系统培训。注册护士 379 人全部系统接收中医知识与技能培训。

为了方便基层群众就医，医院设置有“基层指导科”，安排专人负责，采取接受进修、巡回医疗、轮流下派、技术培训多种形式，对基层医疗卫生机构开展中医药业务指导。每年接受镇卫生院 30 人来中医院进行中医药适宜技术培训，抽取 20 位骨干医师组成四个医疗服务队，每月进行一次轮流下派，巡回医疗。同时医院建立有效的双向转诊机制，并严格按制度执行。

全程服务，做好百姓健康的“守门人”

作为国家二级甲等中医医院，如何发挥中医优势、保障群众健康，这是项城市中医院全体党员干部经常思考的课题。

为了做好百姓健康的“守门人”，近年来，按照《县级中医医院服务能力建设基本标准》，项城中医院以加强中医重点专科建设为切入点，全面提升中医医疗服务能力。先后成立了心脑病科、内分泌肺病科、肿瘤科、康复科、脾胃肝胆科五个独具特色的中医专科。脾胃肝胆科、康复科为河南省中医特色专科建设项目科室，骨科、心脑病科为周口市重点专科，消渴科为周口市中医特色专科。通过中医专科专病建设，带动了医院的全面发展。

为了提高中医药健康服务能力，医院先后与郑州大学第一附属医院等 21 家三级医院建立了医院联盟，与 76 个科室建立了专科联盟，三级医院专家定期来院坐诊或参加手术治疗，初步缓解了群众看病难看病贵的问题。

医院与各乡镇卫生院和社区卫生服务中心建立了区域联盟，正在向医共体建设方面探索和努力。为了提高基层中医药服务能力，每年坚持两期“中医药健康管理服务规范和技术规范”专题培训，受训人员为全院医护人员和全市乡村医生；依托项城电视台“健康 365”栏目，向全市宣传中医药健康管理服务项目。通过集中培训和电视台的长期宣传，提高了全民对健康管理的参与率和知晓率；高血压、糖尿病等慢病群体在接受教育的同时能积极主动地参与慢病防治，接受慢病管理。

“不治已病治未病，未病先防有病防变”，项城中医院长期以来从注重疾病治疗转向注重维护健康，协同发展“治未病”和“康复”等多元化服务，不断完善中医药服务内容，丰富服务形式，拓展服务项目。医院成立了健康管理中心和“治未病”管理中心，具体负责全院健康管理服务工作，已经形成具有医院中医特色的养生保健、医疗、康复、中医护理等综合服务科室和服务病区。各科室以不同方式向健康、亚健康、慢病患者等不同群体提供防病治病基本知识和技术指导，让更多居民和患者了解中医、相信中医、宣传中医，让中医文化精髓在发展中得到发扬和传承。

签约服务对于项城中医院既是新课题也是新举措。

近年来，项城市中医院在推行签约服务工作中大胆探索，稳步推进。一是向对口支援乡镇卫生院派驻专家，由专家配合乡镇卫生院共同组成服务团队实施签约服务；二是对门诊患者和住院患者建立签约服务机制，扩大服务范围，进行定期回访，对行动不便的患者实施上门服务；三是专家号源优先向签约患者开放。通过以上签约措施的实施，签约服务效果逐步显现，基本满足了居民多层次中医药服务需求。

创新思维，加快推进中医药信息化建设

为了提高信息化建设水平，项城中医院成立了信息管理中心，信息中心设备配置起点高、功能全、服务范围广，已经实现了涵盖电子病历、治疗规范、绩效考核、财务管理等基础信息化管理系统和医学影像图像传输系统，检验数据传输系统，门诊候诊排号系统，取药排号系统，自助收费系统，自助打印系统，自助扫码支付系统等信息管理和服务系统。信息化系统的建立有效地提高了医院的管理效率、管理水平、诊疗水平和社会信誉度。医院建立了“远程会诊中心”和“中医适宜技术远程教育中心”。“远程会诊中心”的建立能够时时与联盟医院进行远程会诊。“远程会诊中心”开通以来，极大地提高了项城中医院的诊断水平和治疗水平，实现了方便患者就医、减少患者费用支出的目的，是解决因病致贫的一种有效途径。“中医适宜技术远程教育中心”邀请全国中医医院的优秀专家进行执教，坚持每周二下午集中授课，根据课程安排，医院组织相关科室的医务人员参加学习，通过集中学习，中医适宜技术得到应用、推广和普及，医院的中医医疗水平得到显著提高。

长远规划，共谋医院发展未来

项城市中医院一期工程建设全面完成，建筑面积 45000 平方米，开放床位 800 张。项城市委市政府为了医院的快速发展制订了中长期发展规划，二期工程已获省发改委批复，争取项目资金 4000 万，设计建筑面积 45000 平方米；项城市人民政府支持医院建设医养结合综合病区，建筑面积 60000 平方米，项城市城投公司负责承建。二期工程和医养结合病区全部建成后，医院总建筑面积达到 150000 平方米，达到了三级医院的建设规模，项城住院难看病难的问题可得到有效缓解。

扶贫攻坚，一片真情留在百姓心间

习近平总书记指出："办好中国的事情，关键在中国共产党。"群众能不能脱贫，能否打赢脱贫攻坚战，关键在于党，关键在于能否充分发挥党组织的战斗堡垒作用、党员干部的标杆作用、党员先锋的旗帜作用。项城市中医院扶贫村是贾岭镇马店村，为确保各项扶贫工作顺利完成，中医院根据上级有关精神，成立了中医院脱贫攻坚工作领导小组，选派工作积极且有责任心的共产党员任扶贫村第一书记，经过几年的努力，马店村的脱贫工作已经取得了阶段性成果。

按照全市统一部署，项城中医院负责对口支援南顿、官会、永丰、范集 4 个乡镇卫生院。在对口支援工作中坚持不搞形式、不走过场，根据乡镇卫生院实际需求，选派不同学科等 20 名专家人员分成 4 个医疗小组进行驻点和技术指导。在设备和资金的支持方面，根据医院实际情况和承受能力，与对口支援单位进行积极沟通，力争做到技术支援到位，设备与资金支援能满足中医药适宜技术的推广和普及，使对口支援取得实实在在的成效。

"大道之行也，天下为公"。"吾日三省吾身""克己复礼为仁"……进入项城中医院，包括规定、典故、格言等版块的文化长廊令人耳目一新。漫步其中，讲美德、守纪律、懂规矩的浓厚氛围也使人印象深刻。项城中医院一直注重传统文化教育，充分利用党建平台，把优秀传统文化贯穿于党员干部的教育中，让传统文化精髓在党员干部的心里落地生根，形成了别有特色的党建工作模式，干部队伍的学习力、服务力、创新力显著增强，社会满意度显著提高。

党旗招展千帆竞，凝心聚力万象新。谈及未来发展，项城中医院院长表示，"要紧紧围绕医院改革发展，深入学习习近平新时代中国特色社会主义思想，落实全面从严治党各项要求，聚精会神抓落实，一心一意促发展，不断将党建工作和医院发展推向新台阶"。

服务新时代　展现新作为

山西省大同市新荣区医疗集团

2018年，区医疗集团在区委、区政府、区卫计局及上级有关部门的正确领导和大力支持下，深入贯彻习近平总书记系列重要讲话精神和治国理政新理念新思想新战略，以党的十九大精神和习近平新时代中国特色社会主义思想为指引，围绕省委“一个指引、两手硬”重大思路要求，市委“136发展战略”，着力推进“四个新荣”建设，坚持党的领导，以医疗改革为契机，坚持制度创新，坚持发展、改革和管理相结合，坚持社会效益与运行效率相统一，不断改善就医条件，加强对乡镇卫生院制度建设及业务指导，积极开展利民为民的优质医疗服务，较好地完成了2018年度各项工作，使集团管理水平、整体规模、业务总量跃上新台阶。现将2018年工作总结和2019年的工作要点汇报如下：

一、经济、业务及人员构成基本情况

（一）工作量指标

截至2018年11月31日，集团人民医院门急诊6179人次，乡镇卫生院门诊60820人次，住院人数604人次，出院人数614，床位使用率14%，住院手术32例，门诊人均费用28元，住院人均费用12150元，平均住院天数8天，1—10月医疗收入为540万元。

（二）人员状况

1. 集团人民医院

截至2018年11月，编制人数109人，在编职工105人，聘用职工职工80名，卫生技术人员117人，其中高级职称15人，中级职称29人，初级职称46人，编制床位 100 张，实际开放 80 张。

2. 乡镇卫生院

截至 2018 年 11 月，乡镇卫生院编制人数 141 人，在编职工 107 人，聘用职工 97 人，卫生技术人员 71 人，其中高级职称 6 人，中级职称 17 人，初级职称 48 人，编制床位共计 146 张。

二、党建工作方面

2018 年，新荣区医疗集团党总支在区委及院领导的正确带领下，以邓小平理论、三个代表重要思想、科学发展观和新时代中国特色社会主义思想为指导，深入贯彻落实党的十八届六中全会和十九大精神，以开展党的“两学一做”学习教育实践活动常态化制度化为重点，围绕协调推进“四个全面”战略布局，牢固树立“五大发展”理念，切实增强“四个意识”认真实施先锋引领工程；围绕医疗集团卫生工作目标，不断加强领导班子自身建设、党员队伍素质建设、医院文化建设和党风廉政建设，全面提升思想政治工作水平，全面推进医疗集团稳定发展，为加快推进现代化优质精品医疗集团改革提供坚强的组织保证。

（一）医疗集团基层党组织和党员基本情况

医疗集团现有基层党支部 4 个，其中在职人员党支部 3 个，退休人员党支部 1 个，正式党员 54 人，其中在职党员 39 人，退休人员党员 15 人。

（二）2018 年主要工作情况

1. 顺利召开专题民主生活会

集团党总支根据上级要求，于 2018 年 3 月 13 日召开了以“认真学习领会习近平新时代中国特色社会主义思想，坚定维护以习近平同志为核心的党中央权威和集中统一领导，全面贯彻落实党的十九大各项决策部署”为主题的党员领导干部专题民主生活会，帮助查找每位党员干部存在的问题，特别是认真帮助查找领导班子及党员干部在“保持党的纯洁性，发扬优良作风”方面存在的突出问题，更好地推动我集团各项工作，为加快推进现代化优质精品医疗集团提供坚强的组织保证。

2. 加强“三基”建设

医疗集团“三基”建设工作在区委、区政府正确领导下，紧紧围绕卫生计生工作和医药卫生体制改革，通过制定出台加强“三基”建设工作相应的制度措施，集中解决影响“三基”建设工作突出问题，在新荣区医疗系统营造“抓三基、强三基”的浓厚氛围，基层组织、基础工作、基本能力得到全面加强，取得了一定的成效。

（1）结合集团实际成立了党支部办公室，把党建工作纳入重要议事日程，做到党建工作常安排、常检查、见成效，加强对党员及医院员工的人事管理工作。

（2）通过支部主题党日、三会一课等有效载体，践行科学发展观，加强“三基“建设的思想基础，安排以集中学习为主要形式的党课教育，达到“以学习提升素质、以形象促进和谐、以实干促进发展”的目标。

（3）坚持每月一次的培训制度，我集团每月邀请上级医院专家宣讲专业知识，使医护人员专业知识不断充实。

（4）在一月份我集团制订了《2018 年干部职工学习教育培训工作计划》并召开了 2018 年我集团“三基建设”工作部署会。

（三）巡察工作

按照 5 月 25 日九届区委第二次巡察工作动员部署会的精神和 5 月 29 日卫计局巡察部署工作会的要求，区医疗集团结合实际，于 5 月 30 日及时召开了动员会，安排部署了巡察工作。

（四）纪念中国共产党成立 97 周年

2018 年 6 月 20 日接组织部文件《关于开展纪念中国共产党成立 97 周年活动的通知》，集团于 6 月 30 日的支部主题党日上举行了庆祝中国共产党成立 97 周年表彰活动，全体党员重温了入党誓词，书记讲了“守纪律、讲规矩”的党课，表彰了优秀党员（梁云鹏、柴文成、冯建新、张雅宁），慰问了困难党员（张伟）。

（五）学习《习近平新时代中国特色社会主义思想三十讲》精神

2018 年 6 月 28 日接宣传部文件关于转发《中共大同市委宣传部关于认真组织学习习近平新时代中国特色社会主义思想三十讲的通知》的通知，集团于 6 月

29日、7月30日党员会上学习了《三十讲》精神，并且每位党员都上交了心得体会。

（六）集中整治群众身边腐败问题

按照省、市、区整治群众身边腐败问题工作部署和要求，为扎实推进区医疗集团集中整治和查处基层侵害群众利益不正之风和腐败问题专项治理工作，结合我集团实际，于2018年4月28日制定了《新荣区医疗集团集中整治群众身边腐败问题实施方案》新医党〔2018〕4号文件。以维护群众切身利益为出发点，以解决侵害群众利益问题为着力点，坚持问题导向，重点整治和查处在纪律作风、医疗服务、医药设备购销等方面存在的不正之风和腐败问题。通过集中整治，真正从源头上防范和减少侵害群众利益问题的发生。具体做法如下：

（1）加强组织领导。集团成立以理事长刘英、书记付国忠任组长，集团领导班子其他成员任副组长，各中心主任、分院院长为成员的集中整治工作领导小组。领导小组下设办公室，办公室设在党办，负责整治工作的组织协调和督促责任部门落实工作，为整治工作提供组织保障。

（2）强化责任意识。充分认识开展集中整治工作的重要意义，将整治工作作为落实“两个责任”的具体行动，切实增强责任意识，履行“一岗双责”。

（3）注重实效。党员干部职工必须积极投身到“集中整治”工作中，做到主体责任抓到位、“一岗双责”做到位，监督责任落实到位。坚决管住管好“微权力”，严肃惩治“微腐败”，严格按照“问题不解决不放过、整治不到位不通过”的要求，通过集中整治，集团的党风廉政建设得到明显加强，医疗环境得到明显优化，患者满意度得到明显提高。

（4）按照5月24日新荣区整治群众身边腐败问题领导小组第二次会议精神，医疗集团在5月30日召开了医疗集团集中整治群众身边腐败问题动员会，设置了群众举报意见箱。

（5）大力整治医药购销领域不正之风。重点是公立医疗机构药品统一招标采购、规范药品流通秩序、实行药品“零差价”销售、推行药品价格公示制和院务公开制度、药品经营市场监督检查、医疗服务项目和医疗人员的诊疗、医患双方不收不送红包等。

（6）将医疗卫生行风建设“九不准”、医疗机构从业人员行为规范等编印成册，人手一册，组织督查，查处违反“九不准”规定的行为。目前未发现集团各部门和职工有违反“九不准”情况。

（七）平稳推进驻村精准扶贫工作

根据上级指示，我集团高度重视，成立驻村工作队，每天轮流驻村值班，并每天在村委会进行考勤登记，使帮扶工作落到实处，在新荣镇党委、政府的领导下，摆正工作队员位置，以有所为有所不为为原则，在“精准”上下功夫，驻村工作队员着力协助村“两委”在精准扶贫户的识别、贫困户帮扶、扶贫项目实施、积极争取资金、扶贫党建“双推进”等方面务实工作，为助力畔沟村扶贫工作向前推进起到了积极的作用。

1. 精准识别贫困户

在精准识别建档立卡贫困户的工作中，在驻村工作队和村两委在调查摸底的基础上，经贫困户提出申请，村两委班子和驻村工作队按照“一会三评三公示”的办法，先以小组为单位召开村民大会评议张榜公示，再以村为单位召开村民大会集体评议张榜公示，在此基础上，召开党员、干部、村民代表会议复议，并张榜公示，群众无异议后，上报镇政府审查。确定建档立卡贫困户 81 户 204 人；后于 2016 年年底成功脱贫 45 户，2017 年成功脱贫 19 户，2018 年计划脱贫 17 户。建立了贫困户一户一档档案并上报镇扶贫办保存。

2. 认真落实帮扶活动

充分利用春节和“七一”建党节等重大节日临近期间，村两委班子和驻村工作队带队深入开展“挂包帮、转走访”回访工作。每位帮扶干部多和自己的联系户促膝谈心，嘘寒问暖，交流勤劳致富的思维方式，并认真填写回访表，了解联系贫困户的生产、生活、工作、家庭和收入情况，仔细倾听他们的意见和想法，春节还送上了新春对联和慰问金，鼓励他们要克服困难，自立自强，树立信心，早日脱贫致富，并和贫困户一起制定帮助措施，使“精准”扶贫工作变得更清晰；今年入冬以来我院驻村工作队陆续为畔沟村委会送去了 2 吨爱心煤和一批办公用品。

3. 大力实施扶贫项目

由于畔沟村地理位置所限，农业耕地愈来愈少，明显少于其他村庄，剩余劳动力的状况越来越明显，但与区址明显相接。利用这一有利位置，与畔沟村村委会商讨，应采取以农业为辅，副业为主，大力发展养殖业、输送劳动力等一切有利措施，确保今年年底畔沟村整体脱贫。

（八）扎实开展扫黑除恶专项斗争行动

根据《大同市新荣区卫生计生系统扫黑除恶专项斗争工作实施方案》新卫发〔2018〕70号文件精神，我集团高度重视、强力推进，扎实开展扫黑除恶专项斗争行动。具体落实情况如下：

1. 强化领导，确保专项行动有序开展

为确保“扫黑除恶”专项行动取得实效，我集团成立了扫黑除恶专项斗争工作领导小组，以付国忠书记为组长，其他班子成员为副组长，各中心主任和分院院长为成员的扫黑除恶专项斗争领导小组，设立了专项办公室，确实形成了扫黑除恶整体工作合力，为该项工作奠定了组织基础。制定了切实可行的《新荣区医疗集团扫黑除恶专项斗争工作实施方案》，召开了扫黑除恶专题工作会、动员会、集团中层领导参加的推进会，且部分会议特邀驻卫计局纪检九组组长周美、卫计局党组负责人薛日喜、巡察四组组长闫广忠等同志参加，并听取指导意见。

2. 积极开展，确保专项行动取得成效

（1）强化宣传，营造浓厚氛围。扫黑除恶专项斗争开展以来，集团共在区医院和各乡镇卫生院各单位悬挂条（横）幅20条，制作扫黑除恶展板18块，设立扫黑除恶举报箱13个，举报热线1部，利用医院多处LED显示屏广泛宣传扫黑除恶宣传标语，以及利用微信群发扫黑除恶相关知识等形式手段，广泛宣传扫黑除恶相关内容，营造宣传氛围。利用家庭医生进村服务时机，开展主题宣传，向广大群众宣传扫黑除恶工作的重要意义。通过宣传，赢得群众理解、参与和支持，有效提升了我院扫黑除恶工作效果。

（2）积极摸排。我集团对扫黑除恶专项工作调查摸底，进行一次内部摸排，排查有无黑恶势力的存在。在排查摸底的同时，认真对广大职工进行法制、法律知识的宣传，做到有黑扫黑，无黑除恶，无恶治乱。各科室发挥贴近病人、熟悉民情等优势，积极对乱收费、收受红包，特别对重点科室容易出现黑恶事件进行细致排查。设立扫黑除恶专项斗争举报联系电话，便于社会群众投诉举报。

（九）加强行风建设和精神文明建设

1. 进一步加强行风建设工作

今年我们不断完善各种公开制度，重新修改社会公开承诺部分内容，层层签订纠风工作目标责任书、公开服务承诺书、严格遵守工作纪律杜绝“走读”行为承诺书、院科级及党员自觉抵制随礼风公开承诺书、不出入私人会所和持私人会所卡承诺书，签订执行医患双方不收和不送“红包”协议书。强化医务人员上岗着装，挂牌服务。通过投诉举报信箱和投诉电话，充分发挥社会监督作用，一经发现或举报，核实后按规定及时处理，坚决纠正一切不正之风，保证卫生事业顺利发展，到目前无患者反应收受红包问题。

2. 继续开展“三好一满意”“优质服务竞赛”活动

把创建活动与医疗工作相结合、与深化医药卫生体制改革紧密结合起来，贯穿于医疗活动的全过程。始终把政风行风评议、治理医药购销领域商业贿赂、反腐倡廉和医德医风建设作为医院精神文明的一项大事来抓，组织全体职工学习医院工作人员守则、文明服务公约、医院文明用语、医疗卫生行风建设“九不准”。通过学习和争创活动，为树立卫生行业形象，提高服务水平，改进医患关系方面打下了坚实基础。

（十）结合医改工作我集团成立 4 个党支部

为进一步贯彻落实党中央、国务院深化医药卫生体制改革的决策部署，按照《中共山西省委山西省人民政府关于进一步深化医药卫生体制改革的意见》和 2017 年政府工作报告及 8 月 15 日上午省政府召开全面推行县乡医疗卫生机构一体化改革工作电视电话会议精神的要求，进一步推进新荣区医疗集团一体化改革进程，中共大同市新荣区医疗集团总支部委员会于 2017 年 10 月份组建成立，按照要求和我集团实际，医疗集团党务工作急需加强。为便于开展组织生活，加强对党员的教育和管理，在医疗集团的建设和发展过程中，更好地发挥共产党员的先锋模范带头作用，经研究决定，我集团总支请示成立 4 个支部委员会：中共大同市新荣区医疗集团人民医院支部委员会、中共大同市新荣区医疗集团破鲁医院支部委员会、中共大同市新荣区医疗集团古店卫生院支部委员会、中共大同市新荣区医疗集团退休党员支部委员会。新荣区委组织部已于2018年11月12日下发批复文件《关于同意成立中共大同市新荣区医疗集团人民医院支部委员会等4个支部委员会的批复》新组批字〔2018〕15号文件，目前，成立支部准备工作正在进行中。

三、医疗质量提升方面

（一）提高医疗质量，保障医疗安全

医疗质量与安全是医疗工作的生命线。2018年围绕提高医疗质量、保障医疗安全，质量控制管理方面做了如下工作：

1. 建立健全医疗管理组织

组织成立了医院医疗质量管理委员会、处方质量管理小组、药事管理领导小组、输血管理委员会，为医疗质量与安全提供了组织保障。

2. 建立健全规章制度

质量控制管理中心，结合集团实际，参考相关医疗管理制度，制定了《病历书写制度》《处方管理制度》《临床输血相关制度》《临床输血管理实施细则》《手术分级管理制度》《住院患者化验检查程序》《医院十三项核心管理制度》等，为医疗质量与安全提供了制度保障。

3. 落实医疗质量管理与监督责任制

一年来，按照集团管理规定，集团人民医院医务科每月定期进行处方质量检查与监督和药事管理检查，及时发现医疗过程中存在的问题及隐患，并提出整改意见，对医疗行为实施奖惩，起到了全程监督，管理医疗质量与安全的作用。

4. 严把病历质量关

严格按照《病历书写基本规范》的要求，对住院病历、病程记录及其相关资料的书写提出进一步的规范化要求，要求各科室认真组织学习，组织相关职能部门和人员审查后归档，病历合格率明显上升，临床医师的病历书写意识和书写质量大有提高。

5. 处方规范化

严格执行处方规范管理，对无指征用药、指征改善后应停药而未停药的、违反联合用药原则的、针对性不强的“大包围”用药、无指征超剂量用药、不合理使用药、违反药物配伍禁忌等进行点评，使得医生的责任意识、风险意识和规范意识都有明显提高。同时，质量控制管理中心联合集团人民医院药剂科对乡镇卫生院处方质量进行了多次检查，加强了乡镇卫生院处方管理。

（二）加强临床路径管理，控制费用

2018 年，集团人民医院紧紧围绕区卫计局整体工作安排部署，结合县级公立医院改革对临床路径管理的要求，响应上级要求，将临床路径由 40 个增加为 60 个，新增临床路径 20 个，通过一系列工作的开展，规范了医疗行为，提高了医疗质量，增进了医患沟通，进一步和谐了医患关系，保证了医疗安全，有效控制了临床常见病医药费用，减轻了患者负担。

（三）加大人员培养力度，建立人才队伍

本年度质量控制管理中心负责举办了 11 次培训学习，同时派出 7 名人员外出市级医院进修学习。并协同三医院制定了一对一帮扶计划，提高医护人员的业务技术水平。同时继续抓紧全体医护人员的三基及抗菌药物知识培训，全年进行两次全院三基考试及四次抗菌药物考试，达标 100%。

（四）开展巡回医疗，服务人民群众

2018 年集团人民医院巡回医疗下乡总计 15 次，服务 15 个乡镇，义诊 766 人次，派出工作人员 202 人次，发放免费药品金额 8502 元，发放健康宣传资料 3000 多份，受到人民群众的一致好评，取得了良好的社会效益。

（五）狠抓医疗安全，保证安全生产

医疗安全是医疗管理的重点。我集团对医疗安全工作长抓不懈，把责任落实到个人，各负其责，层层把关，切实做好医疗安全工作。

四、护理质量提升方面

护理质量在集团领导重视下不断得到提高，具体表现在：

（一）提升护理质量，塑造集团形象

（1）规范护理人员着装、要求文明用语，让护理人员以端装、和蔼、亲切、大方的形象和饱满的精神面貌投入工作中，用文明礼貌的语言热情接待病人，为病人提供满意的服务。

（2）加强主动服务意识，贯彻“以病人为中心”的思想，让护理人员改变思想，提高认识，及时满足病人的要求，不断改善服务态度，提升护理质量，注重护患沟通，从单纯的责任制护理转换到了以人性化护理为中心的整体护理。

（3）加强护理人员操作技术培训，提升护理质量，使病人满意。

（二）规范护理文件书写，强化护理法制意识

集团人民医院护理部于今年严格按照省卫生厅护理文件书写规范要求，制定了医院护理文件书写实施细则，使护理人员更加明确了护理文件书写的意义，规范了护士的行为，保障了护理安全，提高了护理质量。

（三）加强监督管理，保障护理安全

（1）定期督促检查医疗安全，重点加强了节前安全检查，增强医务人员防范意识，杜绝事故隐患，抢救车内药品做到了“四定”：专人管理、定点放置、定量、定数，班班交接，有记录。抢救设备及时维修、保养，保证功能状态备用。

（2）护理部按照护理文件书写规范，及时修订完善了各种护理文件质量标准及考核项目，检查考核中均严格按标准打分。

（3）新聘用护士进行岗前培训，通过培训，使她们树立法律意识、质量意识、安全意识，在岗位中认真遵守各项规章制度及操作规程，履行好白医天使的神圣职责。

（4）加强了手术室无菌物品的洗涤、消毒存放、保证了消毒物品的质量和医疗护理安全。加强了医院感染控制管理，组织了护士长及全院护理人员学习新消毒技术规范、环境卫生学监测的方法及重要意义、医院感染控制对策、医院感染管理规范。

（四）重视人才培养，优化护理队伍

（1）集团人民医院护理部查房每月 1 次，业务查房学习每月 1 次，加强护理管理培训。为提高护理人员的素质，优化护理队伍，选派骨干外出进修专科知识。

（2）2018 年 5 月 11 日，集团人民医院举办了“展护理魅力、秀护士智慧”为主题的护理知识竞赛活动及“2018 年纪念‘5•12’国际护士节暨优秀护士表彰大会”。大力表彰在开展“优质护理服务”过程中取得突出成绩的人员。对 2 名优秀护士、6 名优秀共产党员、2 名劳动模范等进行表彰。

（3）为进一步提升基层护理能力、改善基层护理服务，适应深化医改和分级诊疗新型医疗格局对护理工作的要求，省护理学会派大同市第三人民医院护理部骨干武丽俊主任对集团人民医院对口帮扶 6 个月，武主任深入各个科室对优质护理服务评价工作进行督导检查，协助护理部修订了部分的护理文书、应急预案和流程。建立完善延伸护理抢救车管理制度，重新修订了护理查房记录表。

（4）大同市第三人民医院护理部骨干武丽俊主任同集团人民医院护理部主任李思浓下乡指导工作，帮助堡子湾和破鲁中心乡镇卫生院开展和推广新一轮优质护理工作，切实改善基层护理服务能力。

（5）配合集团，完成人民医院护士长的聘任工作。协助各科护士长顺利完成交接工作。认真学习集团人事制度改革相关文件，按照文件精神拟订护理人员编制，并配合集团全面展开人事制度改革，集团人民医院护理部不断建立健全各项规章制度、各班职责并按各项评分标准加以落实。

（五）以病人为中心，提倡人性化服务，加强护患沟通

（1）截至今年 11 月底，集团人民医院总接诊门诊人次 5390 人次，住院患者 619 人次，日间住院手术共计开展 4 项，开展手术共计 21 项。护士积极真诚接待病人，把病人送到床前，主动做出入院病人健康宣教。

（2）坚持“以病人为中心”的观念，在尊重、理解、关怀病人的基础上，为病人提供温馨、周到的人性化服务，尊重病人的人格尊严，重视病人的人格心理需求，以最大限度地满足病人的生理及心理需求，通过方便、快捷、热情周到地为病人提供优质服务，从根本上体现了以病人为中心的宗旨。

（3）提倡人性化服务，提高人性化服务理念，从服务对象的特点和个性出发，开展优质护理服务，以尊重病人，服务于病人，顺应时代发展和现代生活需要为切入点，不断改善服务措施。

五、药品保障方面

（一）药品收入

2018 年集团人民医院西药房门诊收入 2378425.7 元，就诊人次 11963 人。住院收入 1414761.1 元，住院就诊人数 5563 人。中药房总收入 374669.16 元，其中草药的收入 116236.05 元，中成药 258433.11 元。

（二）药品管理制度不断完善

1. 严格执行药品购销两票制度

根据同医改办〔2017〕16 号文件关于大同市推行公立医疗机构药品采购两票制实施方案通知，集团人民医院于 2017 年开始实施两票制采购制度。在过去的一年里两票制已经达到 100%，确保从合格合法的企业购入合格的药品，确保临床用药安全，基本满足患者的用药需求。

2. 缩短盘点周期

定期对药品进行效期的盘点，及时销售距离有效期 6 个月以内的药品，最大限度地减少药品损失。

3. 严管精麻药品

依据相关管理规定，对麻醉药品、精神药品按要求进行严格的管理，严格执行麻醉、精神药品“五专”规定，确保使用安全，对销售的麻醉药品进行回收登记。

4. 严把处方质量，有力推进合理用药

为提高处方质量，促进合理用药，保障医疗安全特制定处方点评制度，集团人民医院医务科、药剂科以及相关科室对各科室处方每月进行点评，对其中的门诊处方 100 份、病房医嘱 30 份、麻醉处方 10 份、抗菌药物处方、辅助性用药处方、一类切口手术病例进行重点点评。

5. 继续加大重点药品监督力度

集团人民医院对辅助性用药制定了一系列考核细则以及相关的监控措施：药剂科每月根据辅助、营养性高价药品进行重点监护，对金额前 10 位，数量排名前20名的药品进行重点监控，根据数量和金额监控情况进行限量采购，按照比例下调用量，并根据实际情况进行不定期调整。

六、医保工作方面

医疗集团医保中心紧紧围绕以患者为中心的服务宗旨，加强医保工作管理，建立健全医保管理中心制度，全面提升服务水平和服务质量，不断巩固医疗成果。

（一）整合窗口，提供一站式服务

为方便患者报销，集团人民医院在门诊大厅设立了城乡居民大额疾病报销窗口两个、住院报销窗口一个、职工刷卡报销窗口一个，并在窗口贴放医保就诊流程图，医保报销须知。

（二）积极宣传，提供暖心服务

窗口工作人员积极向每一位参保职工和城乡居民宣传、讲解医保规定政策及各项补助措施，认真解答各种问题，努力做到不让一位参保患者或家属带着不满和疑惑离开；同时，多次联合乡镇卫生院组织宣传活动，向广大区民宣传医保政策。

（三）公开账目，做到公开公正

为使医保病人“清清楚楚就医，明明白白消费”，我集团向住院病人提供费用一日清单，要求病人或家属在清单上签字，并对医保账目实行公开公示制度，自觉接受群众督导。

（四）加强报销管理，按规定审核、补偿参保农民的医疗费用

集团医保中心加强病房管理，经常巡视病房，清查有无挂床、冒名顶替现象，对不符合住院要求的病人，医保中心一律不予审批。尤其加强对外伤医疗费用的核查，多渠道调查取证，从源头上杜绝医保基金的流失。

（五）完善医保信息化

我集团现已将民政报销与易联众系统结合，完善了农村建档立卡贫困人口医疗保障帮扶中民政医疗救助与基本医保、大病保险和补充医疗保险“一单式结算、一站式服务”衔接不到位的问题。

（六）医保业务数据情况

自2018年1月1日至11月28日止，集团人民医院城乡居民住院病人493

人次，总费用2215267.99元，较上年约增加16%，共补偿金额1723402.46元；城乡居民门诊大额疾病7067人次，总费用1882839.44元，较上年增加13%，共补偿金额1266896.13元。城镇职工住院病人59人次，总费用217190.12元，共补偿金额142847.81元，城镇职工门诊大额疾病1320人次，总费用494257.47元，共补偿金额398301.23元，城镇职工普通门诊1439人次，总费用165765.12元。以上费用都给予公示，透明受补偿人员姓名及户主、补偿金额、住院时间等，接受人民群众的监督。

七、防保工作方面

2018年，集团人民医院防保工作有序开展：计划免疫预防接种常住人口入册77人；12种基础疫苗全年接种4941针剂；新生儿及时接种8人；传染病的报告，均建卡、证并按时上报各种项目的报表；疟疾、食源性疾病完成率100%；准确上报传染病5例；食源性疾病报告121例；狂犬疫苗接种300人份。

八、院感工作方面

2018年，我集团认真贯彻落实卫生部颁布的《医院感染管理办法》《消毒技术规范》《医疗卫生机构医疗废物管理办法》等法律法规，完善各项规章制度、加强医疗废物管理及医院感染知识培训，严格质量检查及考核。

（一）加强质量管理，确保医疗安全

1.集团人民医院每月对各科室进行一次大检查，每周随即检查，重点对医疗废物、手卫生、院感知识培训、日常清洁及无菌操作等进行检查，医疗废物正确分类登记率由60%提高到100%，院感知识培训率由20%提高到90%，手卫生掌握率由20%提高到80%。

2.集团人民医院积极接待上级质控部检查4次并对发现的问题及时进行整改。同时针对妇产科、手术室布局不合理、各种监测工作未开展的问题，解决方式如下：人民医院改建工程结束后进行重新布局、规划，手术室已请专家对手术室布局进行指导，需逐步完成；由于人民医院检验科无生物实验室，决定准备将

生物监测和环境卫生学监测外送进行监测。

（二）完善规章制度，落实管理措施

新增制度、措施及职责 8 项，新增科室工作流程、医疗废物分类收集及锐器伤处理流程 12 项，医疗废物遗洒应急预案 1 项。明确职责分工，强化责任意识，鼓励人员学习专业知识，不断提升管理者的业务水平，落实各项管理措施。

（三）加强医疗废物的管理

1. 对医疗废物各项规章制度及流程进行修订，对医疗废物暂存间进行重新修建，对医疗废物桶进行分类分区放置，设专人管理，集团人民医院根据各科室的分布情况，制定了院内医疗垃圾转运路线及时间，指导卫生员上收时使用周转箱，配备紫外线灯管，将各项规章制度上墙，加强医疗废物管理并常规检查，发现问题及时整改并反馈。

2. 10 月 30 日，对集团医务人员及保洁人员进行《医疗废物管理条例》知识培训，使工作人员提高了认识，落实了各类人员职责，使医疗废物分类、收集、储存、交接等做到规范化管理。严防因医疗废物管理不善引起感染暴发。积极开展应急演练：今年 6 月 6 日组织相关人员进行了医疗废物泄露应急预案演练，6 月 22 日组织相关人员进行了医院感染暴发应急演练，11 月 26 日组织相关人员进行了医疗废物泄露应急预案演练。

（四）加强标准预防及职业暴露的管理

今年 8、9、10、11 月集团人民医院组织各科室主任及护士长对科室医护人员进行了消毒隔离、无菌技术、医疗废物分类及标准预防的培训，确保医护人员职业安全，增强了科室领导的责任意识和职工的感染意识。

（五）加强院感知识培训，提高医务人员感染意识

1. 集团人民医院院感科今年一共组织相关人员参加上级部门组织的《医院医用织物洗涤消毒技术规范》、大同市医院感染质控部会议、2018 年全市临床规范用血、医院感染管理暨医疗废物分类管理培训班及 2018 年医院感染管理专业委员会换届暨培训会议等 4 次培训。

2. 组织集团医护人员对医院感染管理知识及医疗废物管理知识培训了 13 次，

共 183 人次。

九、财务工作方面

（一）加强财务管理制度建设，理顺业务流程

2018 年，我集团进一步加强了财务管理制度建设，理顺业务流程，为提高财务服务质量提供了制度保障：2018 年财务按以往积累的经验进行适当调整，支出一起统计，核算、收帐、调拨放到一起，减少了不必要的环节，给集团财务工作打开了一个新局面。

（二）财务收支状况

截至 2018 年 10 月末，集团人民医院医疗收入 540 万元，其中药品收入 175 万元，中草药收入 14.5 万元。医疗服务收入（不含药品、耗材、检查、化验收入）295 万元，卫生材料支出 16.8 万元，业务支出 814 万元，其中人员支出 556 万元。2018 年 1—10 月取消药品加成收入 26.25 万元，百元收入中消耗的卫生材料 2.68 元。

（三）完善“收支两条线”管理

进一步完善了收费政策和收费公示制度，确保各类收费公开透明。行政事业性收费继续坚持按照国家政策由院财务科统一收取、管理和核算，服务性收费坚持成本标准、收费公示和自愿付费原则。

（四）进一步推进医院财务信息化建设工作

财务信息化服务体系已初步建立，构建财务信息化服务体系有助于集团各级领导及时了解、掌握财务情况，科学决策、科学管理，提高工作效率。

十、科教管理工作方面

（一）完善体系建设

科教管理中心于成立之初，修订了《外出进修人员管理制度》《科教管理中心工作制度》《继续教育管理制度》《业务学习管理制度》《进修实习生管理制度》《住院医师规范化培训制度》《医务人员外出培训、进修、参加学术会议管

理规定》等相关文件，填补了集团科教管理方面的空白。

（二）继续教育、培训、教学工作开展情况

1. 继续教育

本年度参加继续医学教育的职工共有 71 人，达标 54 人，参与率达到 87.65%，达标率达到 66.67%。

2. 培训

科教管理中心与大同市第一人民医院、大同市第三人民医院、大同市第五人民医院等单位联系，举办了多次继续医学教育培训活动，总计 190 人次参加。

3. 三基建设

为扎实推进全市卫生计生系统“三基建设”，有效提升我集团干部、人才专业素质，不断增强履职服务能力，按照上级部门要求，科教管理中心协助人力资源管理中心于 2018 年 11 月完成了 2018 年度干部专业能力测评工作。

4. 教学

为加强集团基层卫生人才队伍建设，提高服务能力和水平，科教管理中心按照中央、省、市、区卫计委统一部署，自 2018 年 11 月起，启动实施了基层卫生人才能力提升培训项目，分理论培训和实践操作，为各卫生院培训村医 2 名、护士 8 名、村卫生室人员 41 名。

（三）规培、实习生、外出学习培训管理工作开展情况

1. 接收雅安职业技术学院药学检验系，医学检验技术实习生一名，并安排至集团人民医院检验科实习。

2. 接收规培生 2 名，安排至集团人民医院内科进行为期 1 年的培训。

3. 派出 7 人次外出参加短期培训。

十一、公共卫生服务方面

今年，我集团将公共卫生工作纳入集团全年工作计划，完善了公共卫生相关管理制度、各类突发公共卫生事件应急预案和工作流程，建立责任追究制度和奖惩机制，对集团的组织管理、疫情监测与报告、医疗救治、后勤保障等都做了详

细的规定和部署，以应对可能出现的任何突发事件。

（一）加强领导，成立检查小组

我集团成立公共卫生服务项目检查小组，对各卫生院家庭医生签约协议书填写情况、签约人群及签约成员进行电话回访以及对国家基本公共卫生服务项目实施情况进行检查。集团公卫中心对卫生院公共卫生工作共进行质量督查一次，基本公共卫生工作效果评价一次。

集团公共卫生管理中心从2018年9月1日开始对各乡（镇）卫生院、分院2018年度家庭医生签约服务工作进度质量督查，对督导中发现的家庭医生签约服务协议书填写中存在的问题进行指导；从2018年11月26日开始对各卫生院基本公共卫生工作进行效果评价，对居民健康档案中存在的问题进行纠正和指导。

（二）加强学习培训，规范服务行为

为了规范国家基本公共卫生服务项目管理，在基本公共卫生服务项目经验的基础上，我集团积极参加省、市、区所组织的国家基本公共卫生服务项目培训班，对公卫管理人员进行集中培训学习。2018年7月至今公卫中心管理人员参加的国家基本公共卫生专门性培训共三次，除现场的学习培训以外，还利用“云鹊医”APP和“国家基本公共卫生服务项目管理平台”APP等手机软件来学习国家基本公共卫生服务的相关专业知识。

（三）开展国家基本公共卫生服务的宣传工作，提高知晓率

按照省市卫计委统一安排，在全区开展国家基本公共卫生服务项目知晓率竞赛活动，并在2018年10月22日至10月29日大同市各县（区）知晓提升量排名表中取得排名第一的好成绩。

十二、信息化建设方面

为加快医疗集团进一步发展，为患者提供更加优质便捷的医疗服务，实现信息化管理，我集团不断完善信息化建设。

（一）基础信息化建设

我集团雕龙病案病历上报系统运行良好，已成功上报486份病历；建立药品采购平台并已开始正常采购；建立并完善省预约诊疗平台，使患者可以通过手机预约，进行挂号诊疗，方便群众看病就医，节约了时间；建立了全民健康信息互联互通平台，平台数据已成功上传到省里；完成了医保、慢性病、精准扶贫患者等费用结算和门诊、住院流程的更新、调整，方便了患者结算，畅通了就诊渠道；积极做好网络线路的改迁、对接工程，保证各科室线路畅通，并在每月6日前更新进度上报至国家重大项目建设库，20日前完成工程进度各类报表，并对工程项目各类文件进行整理存档。

（二）建立专业信息化系统

在医疗服务价格调整上已经做了前期准备工作，正在开展医改监测系统平台、分级诊疗系统平台、云影响平台等工作。

十三、工会工作方面

（一）开展文体活动，活动职工文化生活

今年三月，集团工会响应区总工会的号召，积极协调、组织集团职工参加2018年元宵晚会大合唱；十月，总工会组织开展了第二届全民运动会，医疗集团积极响应并选取职工参加此项活动，包括篮球比赛、趣味运动比赛、拔河比赛，经过十几天激烈地角逐，我集团在趣味运动比赛和拔河比赛中均斩获二等奖。

（二）关心职工，做好职工的贴心人

2018年7月，启动了大同市第十二期职工大病医疗互助活动，此次活动共参加105人，共缴费5250.00元。8月，我集团人民医院为所有执业医师、护士、医技人员缴纳医疗责任险，共计15万元整。11月，集团工会贯彻总工会职代会精神，积极开展为贫困职工送温暖活动，为困难职工李跃成同志发起募捐，集团领导带头捐款，职工们积极响应，共捐助5260.00元人民币。

（三）创建“互联网＋工会”新模式

按照上级文件指示，集团建立了医疗集团工会工作群，利用方便快捷的网络，及时传达总工会的工作安排，互相交流工作经验，促进工作的准确化、细致化。

十四、医联体建设方面

目前，与集团人民医院结成医疗联合体的单位有五家医院，即市三医院、一医院、五医院、二医院、省肿瘤医院，主要医联体建设帮扶单位是市三医院。2018 年总计下派 8 名专家，开展专题培训 9 次；远程教育讲课 48 次；远程会诊 60 人次；派往三医院进修、学习人员 7 人 .

十五、县乡一体化改革进展方面

（1）2017 年 6 月 29 日新荣区人民医院集团挂牌成立。

（2）2017 年 8 月 29 日新荣区人民医院集团理事会成立，召开了第一届理事会会议，并在会议上选举产生理事长、副理事长。

（3）2017 年 9 月 30 日，新荣区医疗团组建八大管理中心、八大业务中心，目前机构成立，人员配置未完善。

（4）2017 年 10 月 31 日医保总额打包付费协议签订。

（5）2017 年 12 月 6 日医疗集团法人登记完成。

（6）2018 年 6 月完成新荣区医疗集团对所属乡镇卫生院行政、人员、资金、业务、绩效、药械“六统一管理”。

（7）2018 年 7 月完成药械采供“五统一”。

（8）一体化改革信息化建设正在持续推进中。

（9）动态价格调整机制正在完善中。

（10）人事薪酬制度改革正在推进中。

（11）巡回医疗下乡工作于 2017 年 9 月正式展开，2018 年巡回医疗下乡总 25 次，总去 31 个乡、镇、村。

十六、平安医院建设方面

我集团 2018 年“平安医院”建设的工作重心主要是加强医疗服务质量，认真落实优质护理工作，加强投诉处置和化解医疗纠纷，改善就医环境、服务流程。

（一）加强投诉处理，优化投诉程序

1. 加强回访力度

2018 年，我集团人民医院回访办积极主动回访住院病人，共回访 3398 位，指导病人用药、饮食以及听取病人、家属对医院和医务人员的建议和意见，提醒病人按时复诊等，每个月底到病房做满意度调查，征询病人对住院期间环境卫生、饮食、护士、医生及行政人员的满意度和建议及意见。住院回访率达 86% 以上，较 2017 年稳固上升。

2. 投诉反馈情况

2018 年度，“12345”接到投诉电话共计 32 次，经调查后都一一如实反馈于诉求者，问题情况都得到整改。

（二）完善保卫相关制度、职责

我集团保卫工作坚持抓法律法规、岗位职责、车辆管理、应急预案、防火急救知识等，以提高保卫人员综合素质、工作效率和执法能力；建立健全了管理和责任制度，落实领导责任制，进一步深化和完善治安防范措施，有效降低医院的刑事发案率，改善医院的治安面貌；充分利用现有的硬件设施进行 24 小时监控，并加强制度建设，要求每个值班保安做好巡逻登记工作，做到谁上班，谁负责，增强保安人员的工作责任心。

（三）加强安全生产工作检查力度

我集团深入贯彻落实各项安全工作要求，健全和完善安全生产目标责任体系，构建安全生产长效机制，进一步加强安全生产工作力度，落实安全生产责任；每月集团对设备、电源、食堂、医疗废物进行全面安全隐患排查，有效防范和遏制生产安全事故的发生。

十七、爱国卫生工作方面

（一）开展健康教育方面

在集团领导的高度重视下，职工齐心协力按照医院健康教育工作要求，积极开展了多种形式的健康教育与健康促进活动，取得了显著成绩。

1. 完善措施狠抓落实

我集团将健康教育工作列入集团重要议事工程，制定了健康教育与健康促进工作制度、年度计划实施方案及奖惩制度。各科室都有健康教育、控烟工作计划，并按照计划实施开展良好，每月护理部组织检查健康教育开展情况，按照奖惩制度进行奖罚，并进行通报，完善集团内部各种指引标示牌、就诊检查流程、检查注意事项，方便患者就诊。

2. 开展多种方式的健康教育

（1）健康教育宣传栏按时更新宣传知识，门诊候诊大厅资料架放置健康教育资料供就诊患者免费取阅，接诊医生做随诊健康教育，针对病情指导患者检查、提供用药健康指导或发放健康教育处方。

（2）利用急诊科楼电视屏、门诊大厅电视屏等多媒体播放健康教育知识。

（3）积极参加区卫生局组织的“健康万里行”义诊周活动、百岁老人健康体检等宣传活动。

（4）积极开展医护人员健康教育活动。

集团职工每年参加省卫生厅、市、区卫生局组织的继续教育学习健康教育理论、心理健康教育知识和慢性病相关知识。

（二）集团内部卫生及病媒生物防制工作方面

制定了环境卫生考核标准，按照考核标准，每月对集团环境卫生进行检查考核；每月定期检查食堂卫生情况，特别是操作间及储物间的卫生，做到生熟食品分开；不销售过期、有毒食品，杜绝群体性食源疾病的发生。

根据区爱卫会工作具体要求，制定春季灭鼠，夏季灭蚊、蝇、蟑螂工作方案，准备药械，适时在集团内广泛开展鼠、蚊、蝇、蟑螂的消杀工作。我集团在2018年3月、4月开展了春季灭鼠工作；7—9月开展了夏季蚊、蝇、蟑螂的消杀工作，进一步降低了鼠、蚊、蝇、蟑螂的密度，预防了传染病的发生，并做好病媒生物控制工作的信息收集。

十八、创建精神文明单位方面

（一）强化领导，加强精神文明建设和医德医风建设

2018年，我们在抓物质文明建设的同时，继续狠抓集团干部职工的精神文明建设和医德医风建设，集团上下统一思想，从强化教育入手，对全体干部职工坚持用马克思列宁主义、毛泽东思想、邓小平理论、“三个代表”重要思想和习近平总书记重要思想教育人、武装人，引导职工牢固树立和落实科学发展观，利用集团理事长会议、晨会、党员会等各种会议，积极开展爱国主义、集体主义和中国特色社会主义教育。

（二）注重学习，不断提高职工素养和技能水平

我集团采取切实措施不断加强干部职工的理论学习和技能培训。规定了每周二、四的下午为职工集中学习时间，并坚持党员的“三会一课”制度。各种学习制度健全，要求明确。

对专业技术人员，在强化对集团现有规章制度的学习的基础上，质量控制管理中心坚持每季度两次业务大讲座，每周一次科室讲座。与市第三人民医院联合，开通了远程会诊教育系统，每周学习一次。

（三）文明创建扎实有效，文体活动丰富多彩

我集团党总支把精神文明创建工作列入重要议事日程，每年工作计划中都有具体的安排部署，精神文明创建工作作为医院思想政治工作中的一部分，既有长远规划，每年又有所不同，一年一个主题，有具体的实施方案。今年，我集团参与了丰富多样的文体活动：3月，参加“2018年元宵晚会”大合唱；10月，参加“第二届全民运动会”，在趣味运动比赛和拔河比赛中均斩获二等奖。

十九、2019年工作要点、目标任务及推进措施

（一）指导思想

2019年，我集团将以党的十九大精神为指导，深入贯彻习近平总书记系列重要讲话精神和治国理政新理念新思想新战略，紧密围绕区委、区政府、区卫生

局的整体工作安排，科学管理，加快人才梯队培养，全面提升专科医疗技术水平和社区医疗服务能力；加大投入，引进新技术、新项目，加快重点专科建设，增强核心竞争力；积极探索新的合作模式，依托上级医院医、科、研丰富资源，提高整体业务水平，为全区广大居民提供安全方便的医疗服务。

（二）业务指标

医疗集团诊疗人次 12000 人，出院人次 1500 人，业务收入 1000 万元。

（三）主要目标任务和推进措施

1. 加强党的建设

（1）强化党委领导核心作用。全面加强集团党委对医院工作的政治、思想和组织领导。发挥好党委把方向作用，自觉在思想上政治上行动上同以习近平同志为核心的党中央保持高度一致，全面贯彻执行党的理论路线方针政策，引导监督集团遵守国家法律法规，维护各方合法权益，确保集团改革发展正确方向。

（2）全面加强集团基层卫生院党建工作。加强和完善集团党建工作领导体制和工作机制。合理设置集团党建工作机构，配齐卫生院党建工作力量，推进党组织和党的工作全覆盖。推进“两学一做”学习教育常态化制度化，严格“三会一课”民主生活会和组织生活会、主题党日等制度。

2. 继续推动医疗集团一体化改革

（1）健全决策机制。规范集团内部治理结构和权力运行规则。建立健全集团内部管理机构，明确理事长办公会议、党组织会议议事决策规则。涉及医务人员切身利益的重要问题，要经党组织会议研究讨论同意，保证党组织意图在决策中得到充分体现。发挥医疗质量安全管理、药事管理等专业委员会在决策中的作用。把党的领导融入集团治理结构，党组织领导班子成员按章程进入集团管理层或通过法定程序进入理事会。

（2）加强医疗集团领导班子建设。认真学习贯彻落实党的十九大精神，坚持走党的群众路线，把群众放在首位，认真落实党风廉政建设责任制。对职工严格要求，自觉接受监督，杜绝红包、回扣等违纪违规现象。工作中真抓实干，说实话，办实事，力戒摆花架子，作表面文章，搞形象工程。

（3）发挥医疗集团“八大管理中心”“八大业务中心”的作用。十六中心已建立，下一步将进一步理清工作职责，发挥管理作用，建章立制，加强对所属医疗卫生单位相关工作的统一管理，为所属医疗卫生单位统一提供服务，降低运营成本，提高服务效率。

（4）健全民主管理制度。健全以职工代表大会为基本形式的民主管理制度。工会依法组织职工参与医院的民主决策、民主管理和民主监督。集团研究经营管理和发展的重大问题应当充分听取职工意见，召开讨论涉及职工切身利益的会议，必须有工会代表参加。推进院务公开，落实职工群众知情权、参与权、表达权、监督权。

（5）健全集团内部管理制度。加强集团规范化、精细化、科学化管理。以质量、技术、效率为核心，进一步健全医疗质量安全管理、人力资源管理、财务资产管理、绩效考核、人才培养培训管理、科研管理、后勤管理、信息管理等制度，加强医院文化建设，形成制度健全、管理有效、发展持续、充满活力的运行格局。

（6）全面推进医保支付制度改革。发挥医保的基础和引擎作用，实行医保总额打包付费，按照“总额管理、结余留用，合理超支分担”的原则，建立按人头付费、按病种付费、按服务项目付费等多种方式结合的复合式医保总额预付管理制度，结余基金集团留用，可用于增发奖励基金绩效工资且不纳入绩效工资总量。

（7）加快医疗集团信息化建设。集团要建立一体化信息系统，实现医疗、卫生、健康管理、计划生育、医疗保险等信息互联互通，建立网络就医平台。

3. 改革人事管理和薪酬制度

我集团计划开展编制备案制度，即人员控制在总量内的情况下，自主拟定岗位设置、招聘方案和面向社会公开招聘人员，实现同工同酬，激发医护人员的工作积极性，从而提高医疗服务能力，提升患者满意度和职工获得感。

按照“允许医疗卫生机构突破现行事业单位工资调控水平，允许医疗服务收入扣除成本并按规定提取各项资金后主要用于人员奖励”的要求，优化薪酬结构，合理确定薪酬水平，推进主要负责人薪酬改革。集团自主调整基础性和奖励性绩效工资比例，向关键和紧缺岗位、高风险和高强度岗位、高层次人才、业务骨干和作出突出成绩的医务人员倾斜，向人民群众急需且专业人才短缺的专业倾斜，重点向基层医疗卫生机构和签约服务的医疗卫生人员倾斜，提高薪酬待遇，调动积极性。对医疗卫生人员加班、值班、巡回医疗、基层工资应给予相应补助，补助不纳入绩效工资总额。

4. 健全考核评价机制

制定集团的绩效考核标准，以公益性为导向，突出职责履行、医疗质量、费用控制、运行绩效、财务管理、人才培养、医德医风和群众满意度等考核指标，加大基层服务能力、基本公共卫生服务、家庭医生签约、健康促进、健康扶贫等体现公益性考核指标权重。考核结果与医疗集团管理团队的任免和奖惩挂钩，与财政补助、医保偿付、薪酬总量挂钩。

5. 加强医疗服务能力建设

集团应根据功能定位和群众健康需求，结合全省提升医疗服务水平行动计划，推进医教研协同发展，加快补齐医疗服务短板，加强人才储备、骨干医生培养和临床重点专科建设，提升医院整体服务水平和核心竞争力。推进集团内部院长职业化建设，提升内部各医院管理水平。探索建立以需求为导向，以医德、能力、业绩为重点的人才评价体系。采取多种举措加大人才、技术、先进管理模式引进力度。

6. 建立医疗质量安全持续改进体系

落实医疗质量安全院、科两级责任制。建立全员参与、覆盖临床诊疗服务全过程的医疗质量管理与控制工作制度，严格落实首诊负责、三级查房、分级护理、手术分级管理、抗菌药物分级管理、临床用血安全等医疗质量安全核心制度。严格执行医院感染管理制度、医疗质量内部公示制度等。加强重点科室、重点区域、重点环节、重点技术的质量安全管理，推进合理检查、用药和治疗。

7. 全面开展便民惠民服务

继续积极参加医疗联合体建设，提升服务能力。配合分级诊疗，加强上下协作，畅通双向转诊机制。持续实施改善医疗服务行动计划，大力推进预约诊疗、检查检验结果互认、日间手术、远程医疗、多学科联合诊疗、异地就医直接结算、优质护理、健康咨询等便民惠民服务。

8. 推进家庭医生签约服务

依托集团专科医生与家庭医生（乡村医生）组成签约服务团队，为群众提供更优质的服务。对经家庭医生上转的患者提供免挂号费、免健康管理费、优先接诊、优先检查、优先住院服务，对下转的慢性病和康复期患者进行医疗服务跟踪和指导。

9. 完善双向转诊机制，实现区域协同联动

制定各级各类医疗卫生机构分级诊疗病种、常见病出入院标准和双向转诊标准，完善双向转诊程序，充实分级诊疗管理人员，实现集团所属医疗卫生单位的有序转诊。通过医联体、专科联盟、远程医疗协作等模式与省市三级医疗机构联合，实现与上级医疗机构之间的顺畅转诊。加强与疾病预防控制机构、健康教育机构协作，做好基本公共卫生服务、预防保健、健康促进等工作。

10. 切实控制医药费用的不合理增长

进一步落实省、市医改办下达的控费要求，逐步建立控费长效机制，减少医疗费用的支出，减轻人民群众负担，破解人民群众看病贵的难题。

服务新时代 展现新作为 助力全民健康

新疆尉犁县人民医院

尉犁县人民医院始建于1950年，是全县唯一一所集医疗、教学、科研、保健、康复为一体的非营利性二级甲等综合医院；是全县社会保险、农村合作医疗和商业保险的定点医院。医院作为县域内的医疗卫生服务网络的龙头医院，承担县域居民的常见病、多发病、疑难病的诊疗，危急重症抢救，为农村基层医疗卫生机构人员培训指导，以及部分公共卫生服务、自然灾害和突发公共卫生事件应急处置等工作。我院不仅是技术型单位，还是一个服务型窗口单位，在提升医疗技术水平的同时，持续深化医药卫生体制改革，创新性地做好今年卫生健康工作，为我县社会经济发展保驾护航，为患者群众提供优质、高效的医疗护理、健康教育、疾病预防等服务，最终实现让政府放心、让患者满意这一根本。

一、以习近平新时代中国特色社会主义思想为指导，坚持党要管党、全面从严治党，创新理念、聚焦重点、突出问题、落实责任

1. 认真落实党支部组织生活。以加强支部班子建设、提高党员队伍素质为主线，落实“三会一课”“五 +X”“8+X”主题党日、党费收缴等制度。

2. 认真落实党风廉政建设责任制，把党风廉政建设作为党支部和党建工作的重点，认真开展警示教育系列活动。召开党风廉政教育月动员会、政风行风动员会，组织观看《蜕变》《群众工作督导永远在路上》等警示教育片。

3. 强化责任担当，抓好意识形态工作。加强党员干部思想政治教育，我院党支部每周五开展《加强党风廉政建设 转变工作作风 再发声、再亮剑，肃清“三

股势力和两面人”》发声亮剑活动。结合“读总书记的书　读总书记读过的书”全民阅读活动，通过集中学与自学结合，掌握了党的理论、民族团结知识、黑恶势力12种表现形式等。抓实“三个专项”活动，多次召开“三个专项行动”会议，签订责任书、承诺书。对全院干部开展入户调查、谈心谈话、组织各类知识测试，通过系列活动使全院干部职工把准政治方向、坚定立场，坚决地与“三股势力”“两面人”“黑恶势力”做斗争，做到主动检举揭发。

二、强化管理，提高医疗质量，保证医疗安全，提供优质护理服务

医疗质量与安全是医院发展的永恒主题，是医院各项工作的立足点和出发点，坚持管理创新，整合优势资源，使有限的医疗资源得到最大发挥，扩大医院服务能力，进一步树立“以患者为中心、以临床一线为中心”的服务理念。

1. 提高医疗技术。按照二甲医院标准，围绕18项核心制度开展业务大练兵活动、加强三基培训、坚持三级查房、规范病历三级质控、疑难病历讨论等措施。建立并完善继续医学教育制度，积极开展继续医学教育讲座，不断提高医疗技术人员的业务水平和整体素质。加强人才培养：今年我院派12名专业人员进行长期学习培训进修，通过培养把国内先进的医疗技术学到手。开展新技术，打造新学科，致使我院医疗水平得到提高。加大人才引进力度。引进与学科建设、学科的总体发展目标相一致的高端人才，促进医院专业学科的发展，把培养重点从个别学科带头人，转移到优秀中青年骨干，带动我院专业学科的发展。重点扶持传统优势学科，着力建设好内一科、外二科、妇产科等。充分发挥河北援疆人才，不断引进新技术，完善“传帮带”人才培养机制。采取“团队带团队”“专家带骨干”等方式，集中优势力量打造重点专科、特色专科，推动多学科交叉发展，着力解决疑难危重疾病、地方多发病、常见病等在当地救治难的问题。今年结合实际情况，在我院开展了宫腔镜手术、心包穿刺引流术、腹腔镜胃十二指肠穿孔修补术等10项新项目。

2. 多措并举提高护理服务质量。分批选派护士长、护理骨干到上级医院进修，学习先进的护理模式和管理经验，使护理管理人员提高管理水平和专业素质，转变服务理念，使我院的护理管理服务工作上了一个新的台阶。对我院护理工作人

员加强培训考核，每月进行护理理论考试，每季度开展技能操作培训，进一步提高护理人员的急救技术及操作能力。各科室每周对护理相关工作进行督导检查，护理部二级质控小组每月进行督导检查，每季度对进行抽查，每月对护士长进行考核。

3. 推进公立医院改革。我院按照医改要求准时启动药品零差率销售，取消所有药品加成。实行药品零差率以来，医院通过加强管理，加强成本核算、节约运行成本，严格控制贵重药品、减少辅助药品、规范抗菌药物使用等多种措施，药占比由 2015 年的 41.77% 降至现在的 36.49%，以药养医的局面有所突破。进一步规范临床诊疗行为，提高医疗质量，保障医疗安全，控制医药费用不合理增长。我院通过总量控制、结构调整的原则，同步调整医疗服务价格，重点降低大型医用设备检查治疗和检验等价格，调整后的费用纳入医保支付范围，为患者进一步减轻就医负担。加强推进与上级优势医院的交流与合作，签订医联体协议、搭建远程会诊平台。我院现已与 4 家上级医院签订了医联体协议，与 7 个乡镇卫生院签订了医共体协议。并对 7 个乡镇卫生院进行调研，根据各乡镇卫生院实际情况进行技术帮扶，制定多项措施严格控制医疗费用过快增长。通过临床带教、业务指导和规范培训等多种方式，提高业务水平。外二科在古勒巴格乡卫生院开展了首例手术，方便群众就近就医，减轻疾病负担。今后进一步加强医院学科建设和重大疾病救治能力，加快医联体工作推进，加强与各乡镇卫生院远程医疗会诊的建设，以及信息化建设等。形成基层医疗卫生机构与上级医院之间稳定发展的“基层首诊、双向转诊、上下联动”分工协作机制，逐步实现“小病不出村、常见病不出乡、大病不出县”的目标。

4. 完善绩效考核制度并与激励因素有机结合。既要发挥多劳多得、优劳优酬形成的物质激励，更要注重人尽其才、各得其所、公平的机会带来的精神鼓舞，充分调动广大医护人员的积极性、主动性和创造性。

三、加强文化建设，改善医患关系，促进医院发展

1. 狠抓医院内部管理，提升医疗服务质量，坚持“文化建院”方针，坚持“以

人为本”原则，不断推进医院精神文明建设要与国家卫计委《进一步改善医疗服务行动计划》的工作要求相结合，深入推进社会主义核心价值体系在医院各项工作中的作用力和影响力。加强医院文化建设，强化特色科室服务内涵，提高文明服务水平，不断提升医疗服务质量。

2. 坚持以病人为中心，以医疗服务质量为核心，开展优质护理服务。在尊重、理解、关心病人的基础上，增进医患沟通交流，促进互相信任，减少医疗纠纷和矛盾，为患者提供安全放心的医疗服务。我院严格实施健康扶贫医疗保障和先诊疗后付费机制，自 2017 年 7 月 1 日至今，共计结算患者 470 人次，我院累计垫付资金 42 万元，享受先诊疗后付费和一站式结算的人员约 876 人次。提高人性化服务，对于“三无人员”、重症医学科患者等无法自理的危重症患者，护理人员不仅有娴熟的操作技能，更需要爱心和耐心。帮助其翻身叩背、喂饭喂药、理发、护理大小便等工作，给予精心照料，细心呵护，彰显优质护理服务。扎实开展社区服务工作和全民健康体检工作，完成居民健康档案的建档 21843 份，完成体检 23656 人次。在结对认亲活动中为群众办实事、办好事，同时河北援疆专家和我院工作人员积极开展义诊活动 20 余次，累计投入资金约 20 万元，县医院将进一步加大力度，做好群众服务工作。

3. 加强医德医风建设，规范医疗行为。大力推行药品公开、检查费用公开、住院费用一日清单制，严格收费标准，严格执行临床路径，以零容忍的态度坚决杜绝乱收费、大处方、滥检查等现象，做到合理检查、合理用药。

今后县医院在县委、县政府和卫计委的大力支持下，结合工作实际，进一步把学习十九大精神与推动医疗事业发展相结合，开拓创新、砥砺奋进，在“强班子、带队伍、抓作风、建制度、促健康、保稳定”等方面下功夫，把维护患者群众利益作为根本出发点和落脚点，在推动医疗卫生事业发展上见实效，力争做到服务好、质量好、医德好，群众满意的医疗卫生服务。

新时代医院发展面临新使命

内蒙古锡林郭勒盟多伦县党支部书记、院长 闫卫军

当前中国特色社会主义进入了新时代，医药卫生体制改革正走在新征程，公立医院面临新使命，党的十九大把健康中国建设上升为国家战略，提出了“实施健康中国战略”号召，健康产业作为未来三大朝阳产业之一方兴未艾，医防康护养融合发展被确定为县域综合医改的目标，一大批加强县级医院能力建设的改革举措陆续出台。县级医院作为分级诊疗的枢纽和县乡村一体化的龙头，在维护区域百姓生命健康中担负着承上启下的关键作用，多伦县人民医院应该顺势而为，主动作为，为政府分忧，为百姓解难，在全县积极打造医疗卫生健康服务品牌的过程中担当起主力军和排头兵的作用。

近些年来，在各级领导的关心支持下，在社会各界的关爱帮助下，在全院职工的共同努力下，通过超前谋划、积极争取、内引外联、多方联动，县医院各项工作协同发展，医疗质量安全管理和综合服务能力明显提升。建立起符合二级甲等综合医院要求的组织构架、科室设置和管理体系；能够完成急诊心血管介入手术、心脏起搏器植入、脑出血微创手术、髋膝关节置换术、腹腔镜手术、鼻窦内窥镜手术、内眼手术、血液净化术等一批管用救命的医疗技术；拥有了西门子 64 排 128 层 CT、1.5T 超导核磁、数字血管造影机（DSA）、日立 2000 全自动生化分析仪、西门子全自动免疫分析仪、GE 和迈瑞超声诊断仪、系列腔镜、系列康复治疗设备、系列功能诊断设备等近 300 台（件）大中型设备；建设了层流手术室、消毒供应中心、锡盟中心血站多伦储血点、微生物实验等临床支撑科室，以及完善的后勤保障设施。通过大力加强文化建设，医院职工的精神面貌焕然一

新，一批年轻有活力的业务骨干成长起来，其中很多人逐步走上管理岗位，可以说现在的多伦县人民医院已经整理好行装，随时准备接受新使命，扬帆再起航。

中国共产党始终是我们各项事业的领导核心，加强公立医院党的建设，国家有了新的要求。近些年来，县医院以党建为统领，以党建促业务、以党建促服务、以党建促行风、以党建促安全、以党建促扶贫、以党建促文化、以党建促团建、以党建促发展，有力地保证了医院的良性发展和群众的就医需求，下一步要根据“一个核心、一个根本、一个关键和一个要义”的要求，全面落实公立医院党的建设各项职责任务。

根据习近平总书记的重要指示精神，要全面加强医务人员队伍建设，发挥医务人员主力军作用，要树立大卫生、大健康的观念，把以治病为中心转变为以人民健康为中心，落实预防为主的方针，促进预防、治疗、康复相结合，努力为人民群众提供全周期全方位的卫生健康服务。经过几年的准备和实施，县医院在拓展服务内容方面做了一些尝试，取得了一些成果。一是组建义诊筛查队，开展“关爱健康、慢病防控、我们在行动”活动，目前基本完成了对全县 5 个乡镇慢病人群的第一轮义诊筛查；二是强化预防保健科职能，将健康教育职能从科教科划归预防保健科，主动承接公共卫生职能，在传染病发现报告与治疗、慢性病鉴定与上报、死因结果上报、肿瘤病例上报、食源性疾病上报、AFP 病例上报、不明原因肺炎病例上报等方面做了大量认真细致的工作，同时担负起职业暴露追踪管理，完善职工健康档案，出具出生医学证明，并承担控烟及对接妇幼保健等职能；三是加强体检中心建设，目前是全盟唯一具备职业病健康体检资质的医院，还承担全县从业人员健康体检和残疾人鉴定等任务，连续几年圆满完成上级下达的农牧民和贫困人口的免费体检任务；四是主动承接健康扶贫工作，去年较早实施了“先诊疗、后结算”和“一站式结算”，在盟直两所三级医院开通转诊绿色通道的基础上，又与赤峰学院附属医院和包头肿瘤医院签署了多伦县贫困人口“先诊疗后结算”的服务协议，建档立卡贫困户在办理相关手续转往上述两所医院，实行“零押金”入住，出院仅支付 10% 的自付部分费用，其余的由我院用扶贫保障资金垫付，然后与医保、民政救助、商保等机构对接，让贫困患病人口少跑路，无后顾之忧。今年为2017年新认定的贫困人口中的慢病患者根据疾病类别分别进行免费体检，同时开展健康教育和指导，目前正配合新合并的医保部门开展今年的慢性病鉴定工作；五是根据县委政府安排部署，依托残联康复楼建设多伦县人民医院康复分院，利用多种方式筹措资金，引进先进康复仪器和设备，整合中医科、康复医学科、皮肤和医学美容科、疼痛科、精神卫生科资源，打造以康复为特色的多学科诊疗联合体。下一步我们要发挥优势，进一步整合资源，细化工作措施，将康复医学、预防医学和临床医学深度融合，积极对接长期照护和康老产业等新业态，将医院康护养融合发展，走多元发展的路子，为区域百姓提供全生命周期全方位的医疗健康服务。

作为县级医院，我们要做的就是能够提高自己的技术水平，服务更多的患者。下一步在一级学科的基础上加强二级学科或专业组的建设，培养一批具备全科医学知识和基本技能，又各具专业特长的专业技术人员；在现有120急救中心、孕产妇和新生儿急救中心、健康体检中心、远程会诊中心、静脉配液中心、消毒供应中心、影像中心、检验中心、康复中心的基础上，加紧建设胸痛中心、卒中中心、创伤中心、肿瘤中心、病理中心等，推动多学科诊疗模式落地见效。提高常见病多发病诊治、危急重症抢救和转诊、疑难病例发现和转诊的基本能力，然后把急性心脑血管病等危及本区域群众生命的高发疾病和耗费大量人力物力财力在外地长期治疗的血液透析、脑瘫康复、肿瘤化疗等患者接回来，让他们在本县就能解决这些问题，一方面能减少各项投入和支出，另一方面守家在地能和亲戚朋友常见面，这样为社会和谐进步贡献我们的一份力量；我们会不断加强管理知识培训力度，注重医学人文素养培养，加强对医务人员的人文关怀，不断优化绩效分配方案，鼓励医务人员的积极性，进一步营造干事创业的良好氛围，打通人才进步成长的通道，搭建人才施展才能的舞台，积极锻造医院文化，凝心聚力、团结协作、积极进取、攻坚克难、不忘初心、不断开拓，让每个人的成长推动医院的进步，反过来团队的进步又进一步带动个人的发展，最后实现多方共赢的局面，最大限度地满足区域百姓对医疗卫生健康的需求，在全面建成小康社会和健康中国建设中做出我们应有的贡献！

服务新时代 展现新作为 实现医院新跨越发展

陕西省城固县中医医院

2018 年是深入贯彻十九大报告精神的起始之年，也是我院夯实基础、扩建规模、稳中求进的重要年份。

这一年来，在县委、县政府和县卫计局的关心和大力支持下，医院领导班子高瞻远瞩，缜密谋划，以医院东迁为契机，以集团化发展为思路，带领中医院全体干部职工打造出以中医特色突出的院本部，以精神、心理卫生疾病诊治为主的精神卫生分院和以老年病、养老、康复为一体的“医养结合”养老中心的“三驾马车”并驾齐驱，协同发展的新格局。

一、回顾 2018 年工作

2018 年是我院实施“十三五”发展规划的第三个年头，我院仍以学科建设和人才培养为强院之本，继续强化“以病人为中心，以服务质量为核心”的服务理念，树立“集医疗、预防、保健、教学、科研、养老和康复治疗为一体”的功能定位，认真实践“做浓中医、做强西医、做实中西医相结合”的总体发展路线。不断提升中医药服务能力，打造特色优势学科，同时有效提高医院科学化、精细化的管理水平，建立健全质量控制体系，促进医疗质量持续提高，为医院新格局的稳定发展奠定了坚实的基础。

（一）牢固夯实“硬实力”，精心打造“软实力”

经过 2018 年的筹备和推进，医养结合社会养老中心已经全面试运行，“三驾马车”齐驱并进的局面已全面启动，并产生了良好的联动效应。以院本部为中心点，占地 15.7 亩，建筑面积 2.1 万平方米，现装修改造工程已进入收尾阶段，计划 2019 年上半年搬迁。设有血液透析、内窥镜诊治、体检和屈光不正矫正治疗等四大中心，住院病区 12 个，在门诊设置中医馆，中高档次的中草药大药房，为群众提供更好的中医药服务。县政府批准采购的 3000 万元医疗设备，64 排 CT 一台，1.5T 核磁共振一台，彩超 5 台等大中型设备已陆续到位。届时，一所功能齐全、设备先进、中医药特色突出、中医药文化浓厚的、崭新的中医医院将在县城中心位置呈现。

近两年，医院陆续对精神卫生分院投入 600 余万元，大力美化靓化分院环境，改善患者入住条件，细化病区管理，现有四个病区和一个综合治疗区，检验科、放射科、功能科等医技科室齐备。每天在院患者达 310 余人，全年共收治住院患者 2259 人次，同比提升 50%，累计完成业务收入 2793.01 万元，同比增长 43.6%，占医院业务收入的 35.4%。

医养结合社会养老中心设置养老床位 216 张，医疗床位 30 张，门诊设施设备齐全，以老年病、养老、康复为特色，为老人提供养老与医疗相结合一站式服务。2018 年年底已全面试运营，试运行以来，全体工作人员始终坚持“一切为了老人”的服务宗旨，认真履行岗位职责，周到细致地服务着每一位老人，赢得了老人、家属和社会各界的一致好评。目前，养老区累计入住老人 92 人次，实现养老收入 61.9 万元；老年病科累计接诊 1378 人次，住院 61 人次，实现业务收入 29.3 万元，在社会上的影响力和广大群众中的知晓率与日俱增。

（二）追赶新高度，顺利完成“二甲”迎检任务

2018 年，我院迎来了二级甲等中医医院的等级评审工作，全院上下高度重视，各科室、各部门严格依照二甲评审细则，以高标准、严要求，加班加点认真准备。修订、完善了《城固县中医医院管理规范丛书》12 类 1200 余册。全体职工以扎实的业务技能、优良的专业素养和饱满的精神面貌顺利完成“二甲”评审工作。在此次“二甲”评审中，我们全体职工收获的不仅仅是工作中的改进建议，更是在整个现场评审过程中表现出的强大的爱院精神和凝聚力。

（三）树医院形象，做合格医生

在首届“8.19 医师节”到来之际，我院医务人员在院领导的组织带领下进行了庄严的宣誓，充分表达出义无反顾的投身医疗事业、服务病人、无怨无悔的坚定决心。并在县委县政府、县卫计局等相关单位筹划举办的首届医师节大型文艺晚会中，派出一支经过辛勤排练的表演团队进行参演，节目以“中医传承”为中心思想，充分体现了我院中医药事业发展的亮点特色和薪火相传。与此同时，在本届医师节先进集体、先进个人的评选中，我院也凭借多年以来的扎实工作和勤勉作风获得“中医药工作先进集体”、“重点专科建设先进集体”、“桔乡最美医师”、“城固县首届名中医”等多项殊荣。

（四）坚定信念，加强党风廉政建设

深入贯彻党的十九大精神，坚持以习近平新时代中国特色社会主义思想为指导，全面推进从严治党，不断提升中医医院党风廉政建设和反腐败工作水平，认真落实中央八项规定精神，按照中省市县的部署和要求，贯彻落实党风廉政建设会议精神，院领导与支部党小组长分别签订 2018 年《党风廉政建设责任书》。

在深化廉政教育的过程中，不断推进法规制度全面落实，建设忠诚干净担当的医疗队伍，以高度的政治责任感和使命感落实党风廉政建设的各项工作任务，为加速医院追赶超越，建设“三驾齐驱”宏伟蓝图提供坚强的政治保障。

（五）业务收入持续增长，中医特色日趋突出

1. 全年业务收入。2018 年共完成门、急诊诊疗 16.7992 万人次，同比增长 15.1%，出院 8223 人次，同比增长 23.9%，总收入 8801.53 万元，其中医疗收入 7892.86 万元，占总收入的 89.7%，药品收入 2499.59 万元，占总收入的 28.4%，病床使用率 152.8%，基本药物使用率 48.5%，处方合格率 99.3%，平均住院日 22.6 天（含精卫分院），手术人次 1304 例，较去年提高 11.8%，药品三统一购进 2236.41 万元，药品零差率销售让利群众 312.48 万元，医院各项工作运转正常，全年无等级医疗纠纷及事故发生。

2. 中医重点专科建设工作。作为国家中医药管理局的“12.5”中医重点专科培育单位，目前有国家级中医重点专科培育项目 1 个，省级重点专科 1 个，市级重点专科1个，2018年我们进一步加大了对省级重点中医专科精神卫生科和市级重点中医肾病专科的建设力度。扩建了精卫分院业务用房，改善了患者的就医环境，细化了分科，提升了精神疾病患者入住率。投资4.5万余元为肾病科配备了中医诊疗设施，选派了一名中医医师到上级医院进修学习一年，中医类别执业医师占全科医师的比例达到了80%，该科的中医药特色进一步显现。

（六）加强人才梯队建设

1.人才引进

截至目前，政府为医院招聘编制内专业技术人员32人，医院引进成熟型专业技术人才3人，自主招聘医学类本科生42人，2019年计划自主招聘大学生31名，有效缓解了医学专业技术人员紧缺问题，为医院人才队伍建设增加技术力量。

2.人才培养

“做浓中医、做强西医、做实中西医结合”是我院发展的总体思路。全年共选派6名医师（3个月以上）到三甲医院进修学习；共有61人次参加了上级医院组织的各类短期培训会、学术会；同时，着力进行学科带头人培养储备，注入新鲜的血液，为搬迁后学科设置及业务开展做好充分准备。

（七）积极开展医学科研工作，提升专业技术水平

2018年共开展新技术、新项目9种，肾病科参与陕西省中医医院承担中管局的《慢性肾功能衰竭治疗方案》科研项目，同时又参与北京大学人民医院关于《优化尿毒症患者管理模式的研究》的科研课题。外一科和妇产科加大在微创技术的临床应用，合作完成的《腹腔镜微创技术在县级医院外科妇科常见急腹症中应用》科研项目，取得市级科研成果。此项治疗技术的开展使我院外科、妇科手术治疗水平提升了一个新的高度，同时也带动了我院麻醉专业的发展，为我县手术患者带来福音。妇产科于2018年8月成功为一名子宫脱垂患者实施了腹腔镜下脱垂子宫腹直肌悬吊术，填补了我县妇科微创手术的一项空白，无疑成为广大脱垂妇女的福音。该手术的开展，能更好地体现微创和快速康复，也标志着我院妇科微创手术又迈向了一个新台阶。

（八）不断改善医疗服务能力，提高医疗服务质量

1.充分发挥中医药特色优势，不断提升中医药服务能力。医院设有中医临床路径和中医诊疗方案指标，把发挥中医药特色优势和提高中医临床疗效纳入科室考核，考核结果与绩效工资挂钩。持续开展的“冬病夏治”三伏贴治疗和“三九贴”治疗，深受群众喜爱，使中医药治疗疾病的优势得到了充分发挥。中医门诊较去年增长 10.3%，今年开展三伏贴前加强宣传，人次增长 236%，收入增长 212%。打造中医药“治未病”学科优势，坚持首选中医药非药物疗法，大力推广代茶饮、膏方等保健项目，其中免费发放防暑降温代茶饮 19060 袋，健康体检 14328 人次，体质辨识 7000 多人次。同时，为满足人们对中医药的需求，医院开设了中药炮制室，增添了水丸机、蜜丸机等 20 余万元的设备设施，开展了膏方剂、蜜丸剂、水丸剂制作，本年度共炮制蜜丸 2033 付，收入 48480 元；水丸 42.59 千克，收入 2973 元；膏方 1750 克，收入 390 元。

2. 不断充实和加强护理队伍业务学习，组织实施优势病种中医护理方案 15 个，辩证施护和中医护理技术操作 23 项，优质护理病区 10 个，优质护理病房覆盖率 100%。通过定期召开护理质控会议、护士长例会、中医护理质量评价、中医护理技术培训、中医护理技术操作比武等工作，不断推进中医护理优质服务。

3. 加强中药饮片质量管理，实施临床药师下科室制度，确保用药疗效。门诊中药处方数、中药饮片处方数占门诊处方总数及中药饮片处方数的比例逐年提高，中药饮片处方占门诊处方总数的比例为 26.56%，中药饮片、中成药处方比例为 51.13%。药剂科由专人负责，严把中药饮片的质量关，为中医临床疗效提供了保障。

4. 进一步健全和完善了院感防控体系，全年共开展院感知识培训 6 次，每月定期进行环境学监测，重点做好手术室、供应室、产房、口腔科、血透室、胃镜室、治疗室、换药室等重点部位的院感防控。

5. 注重医疗投诉的及时性，建立了《投诉管理制度》《医患沟通制度》，规范了医患沟通内容，及时受理、处置患者投诉，未发生一例等级医疗事故。

（九）开启“互联网 + 医疗 + 健康”医疗服务模式

今年 4 月，我院与汉中市中心医院正式签订《心电网络诊断中心合作协议》，把“互联网 + 医疗 + 健康”链接到医疗服务模式的改革和创新之中，真正推动分级诊疗模式的落地，实现远程及时会诊和信息互联互通。全新的心电网络诊断模式不但能极大地方便患者，缓解医院心电诊断医生紧缺、专业分析不足的矛盾，更能有效提升医院的医疗卫生服务能力。强化我院对心胸急危重症患者的规范化救治，有力地促进院前、院内急救通道的密切合作与无缝对接。

（十）积极开展公卫工作，大力推广中医适宜技术

1. 临床路径和中医优势病种工作。2018 年我院中医临床路径实施方案为 9 个专业 15 个病种，临床路径工作在全院临床科室达到了全覆盖。全年全院共实施临床路径病例 896 例，较去年有了较大幅度的增长，入径率 68.2%，完成率达到了 95.5%。

2. 全年完成 65 岁以上老年人体检 445 人次。

3. 积极开展义诊活动，大力宣传中医药文化知识。全年组织医护人员在城区广场、体育场和乡镇等场所，为群众义诊 4 次，接受群众疾病咨询 1200 余人次，发放中医药健康保健知识资料、宣传画册 13000 余份。

4. 医院先后分两次派出 6 名专家对全县卫生院、村卫生室中医类别医务人员开展了常见病多发病中医适宜技术培训，共计培训 530 人次。

（十一）继续加强医共体建设，认真履行托管职责

2018 年 10 月，我院组织召开了医共体成员单位联席会，积极推进医改、建立和发展医共体重点建设工作，充分发挥出县域医共体牵头单位的龙头带动作用。与各医共体单位同心同力规范完善各项规章制度，将医共体建设各项工作落到实处，做出亮点，实行同质化管理。同时，整合现有医疗资源，实行对口帮扶，共同打造出以中医特色为亮点的医共体团队。

（十二）稳定扶贫攻坚措施，建立长效扶贫机制

按照上级文件精神，确保在既定时间节点实现村脱贫、户越线。进一步统一思想认识，明确脱贫职责和脱贫目标，继续贯彻执行《城固县中医医院关于成立二里镇兴隆村脱贫攻坚驻村工作队的通知》，实地走访了解贫困户生产生活及产业发展情况，认真落实帮扶任务。全年共组织党员干部 80 余次赴 70 户贫困家庭开展“送医送温暖”入户大走访活动，宣讲帮扶政策精神，强化精神扶贫、推进健康扶贫，“扶志扶智”相结合，鼓励贫困户借助扶贫政策精神，激发贫困户内生动力，现已有效改善兴隆村的贫困状况，2018 年脱贫 56 户。

（十三）提升职工待遇，丰富精神生活

确保在岗工作人员的工资福利待遇等足额发放；职工绩效向临床一线倾斜，按临床、医技、药剂、行管后勤的顺位发放，较上年同比增长 38.38%，充分调动广大职工的积极性；充实广大职工文化生活，组织开展多种节假日趣味活动、演讲比赛、职工运动会及每月一次的生日座谈会，全年共发放生日慰问金 6.78 万元。

二、2019 年工作重点

1. 医院计划于 2019 年上半年完成新院址的整体搬迁。大力抓好医院文化建设，强化宣传报道的力度，充分利用标识牌、文化墙、院报、网络平台等传播媒介，进一步提高医院的社会影响力。

2. 缜密谋划，精心准备，在确保安全生产的前提下，力争业务量和医疗收入稳中有升，主要业务经济发展目标全院业务收入增长 28%，力争 30%，突破 1 亿元，住院平均日控制 12 天以内，门诊人次 20 万，住院人次 1 万例，不含中药饮片，药品比例控制在 30% 以内，根据这一思路和目标，医院继续坚持“小步快走”的形式逐步提高大家的待遇，调整完善医院绩效工资方案，最大程度发挥绩效考核的激励作用，促进各项工作再上台阶。

3. 精神卫生分院在“错位发展”下，已然成为医院整体发展大格局中的第二支重要力量，业务收入和入住患者持续提高。2019 年继续打造精神疾病的特色治疗方法和手段，体现公立医院的特色优势，夯实在全市精神卫生疾病治疗机构中的领先地位，力争 2019 年业务收入达到 3500 万元。

4. 医养中心在经过各方面精心筹备下已然初具雏形，现已正式投入试运行。其间，通过不断外出学习、总结经验教训、县内实地宣传、积极查缺补漏、提升服务质量，目前长者入住人数节节攀升、满意度逐步提高，总体呈稳步上升之势。2019 年继续扩大宣传，定期选派专家组到县域内敬老院巡诊，以此带动老年病科的发展。择时举行隆重的开业典礼，力争在2019年度内完成500万元业务收入。

5. 以学科建设为重心，增强核心竞争力。按照医院规划，抓好重点学科的建设发展，继续大力推进专科专病专治，实施开展中医特色、加大医学类大学生招聘和成熟型人才引进力度，增加各类专业技术人员，制订好科学的人才培训计划。医院整体搬迁后，逐步组建儿科、病理科、呼吸内科等科室，向小综合大专科医院进军。

6. 以从严治院为依托，强化综合考核，提高管理效能。抓好行政管理，强化监督考核，强化责任追究，切实做到令行禁止、奖罚分明。加强物资采购管理，厉行节约，反对浪费，堵塞漏洞。强化财务、审计监督职能，落实好预决算管理，抓好医保管理，执行好医保政策，落实设备物资效益跟踪，促进医院经营效益提升。

7. 推进信息化建设，创建智慧医院。抓好软件系统建设，持续完善以电子病历为重点的临床信息系统，推进临床路径信息系统，采购并推进护理电子病历、手麻电子病历、ICU 电子病历、临床工作指南等。计划增设 PACS、LIS 系统，智慧病房建设，完善影像、检验工作流程；搬迁后在门诊大厅上线移动支付、预约挂号系统、检验检查结果自助打印等，优化门诊就医流程。抓好信息安全保障工作，加大系统安全投入，在现有防火墙、入侵防御等措施基础上，推出易地容灾备份方案，减少系统风险，确保安全符合二级甲等医院要求。

8. 深化健康细胞示范建设，创建健康医院。认真落实县委、县政府加快“健康城固”建设、深化健康细胞示范建设的有关精神，结合我院实际，制定切实可行的实施方案，以“健康医院”的具体标准为依据，高标准、严要求，定期对自身的创建工作反复进行自查，对查出的问题认真整改。于2019年7月前完成健康医院创建工作。

9. 以“二甲”复审的检查结果和反馈内容为切入点，加强内涵建设。对2018年“二甲”评审工作专家组指出问题和不足，认真落实整改；对医院发展过程中所显现的优势和亮点，进一步巩固保持，精益求精。要让全院职工深刻意识到，“二甲”创评不是一个目的，而是我们工作永恒的主题。在今后的工作中，我们要一如既往地严格按照二级甲等中医医院标准开展各项工作，进一步加强专业人才队伍建设，打造特色优势学科，不断提高医院科学化、精细化管理水平，不断强化内涵建设，大胆运用现代化技术和治疗手段，提高临床疗效，始终坚持等级医院常态化、精准化、长效化的建设，实现医院新的跨越发展。

服务新时代 展现新作为 助力全民健康

——县级市里的“大”医疗，探访新时代中的义乌市妇幼保健院

浙江省义乌市妇幼保健院

编者按： 这是一所县级妇女儿童专科医院，也是一所新时代中站在改革前沿的医院——义乌市妇幼保健院。它的年门诊量达 100 万人次，年住院病人超过 24000 人次，年分娩量超 10000 例，各类数据均名列全国同级医院前列。在它的积极参与和推动下，2018 年义乌市被评为“国家级妇幼健康优质服务示范县”，在它的不断创新和努力下，2018 年义乌市妇幼保健院应邀参加“世界健康大会”，其探索的“义乌市共建儿童健康服务联盟的新模式”为大会提供了新思路、新视角。

人民健康是民族昌盛和国家富强的重要标志，党的十九大作出“实施健康中国战略”的重大决策，将维护人民健康提升到国家战略的高度。新一轮党和国家机构改革决定组建国家卫生健康委员会，“健康”一词第一次出现在国家部委名称中，充分彰显了党中央、国务院对人民健康的高度关注和责任担当。而对于义乌这座开放性的世界商贸名城，如何更好地保障本地居民和外来建设者的身心健康，义乌一直以敢于尝试、敢于创新的精神践行“健康中国战略”。

义乌市位于浙江省中部，面积 1105 平方公里，下辖 6 镇 8 街道，本地户籍人口约 82 万，外来常驻及流动人口 140 多万，常驻外商约 1.5 万，是全球最大的小商品集散中心，也是“一带一路”倡议中贸易往来的一个重要支点城市。发达的工商业和繁荣的小商品贸易，决定了义乌开放型、国际化的城市定位。面对相当于一个地级市的服务人群，面对多元化、多层次、多样化的服务环境，步入

新时代，如何新作为？让我们一起走进义乌的一家医院——义乌市妇幼保健院，揭晓如何在基层做好“大健康”服务。

一、“以保健为核心、临床保健相融合”——构建新时期妇幼保健服务新体系

义乌市妇幼保健院秉承“大保健”服务理念，按照临床和保健相结合原则进行科室重组，优化结构配置，设立了孕产保健部、儿童保健部、妇女保健部和计划生育服务部，以部为单位提供卫生健康服务，促进内部融合与外部交流，为更好地提供“一体化”的健康服务打下坚实基础。

以“让妇女儿童更健康”为目标，积极推动改革创新，探索性地建立了新型优质的妇幼健康服务体系——“妇幼健康服务生态圈”。它是一种以市妇幼保健机构为龙头、市属综合医院为支撑、民营医院为补充、镇街社区卫生服务中心（中心卫生院）为主体、社区卫生服务站（村卫生室）为网底的全覆盖无缝对接服务网络，覆盖婚前、孕前、产前、产时、产后、儿童成长的全过程，同时强化公共卫生责任，突出群体保健功能，有效落实区域妇幼保健服务指标。通过“生态圈”的建立，夯实了服务对象信息采集、人员管理和项目服务的基层网底；通过“生态圈”的建立，实现了市属医院与乡镇卫生院对儿童健康的同质化管理；通过“生态圈”的建立，实行了全网格化管理，加强了母婴安全保障。

“妇幼健康服务生态圈”模式运行一年多来，各项保健指标逐年稳步提升。2018 年全市产妇建册 34316 人，筛选高危孕产妇 19149 例，筛出率 55.81%，较 2017 年增长 16.96%，其中重度高危孕产妇 423 人，筛查率 2.21%，危重孕产妇抢救 49 例。2016 年至 2018 年，免费“两癌”检查项目，共有近 10 万妇女接受检查，全市宫颈癌发病率明显下降。

二、“共生共荣、共建共享”——共建义乌市妇幼保健院儿童健康服务专科联盟

医疗改革永远在路上，没有休止符，国家卫生健康委员会主任、党组书记马晓伟指出，落实好医改任务，要实现“村稳、乡活、区强”。即村医当好健康守门人，实现村稳；乡镇卫生院发挥枢纽作用，实现乡活；区市医院要强化龙头带

动，实现区强，真正做到基层首诊、急慢分治、双向转诊，小病不出乡，大病不出区。

在建设健康中国、健康浙江的战略布局下，在打造浙中医疗高地、推行分级诊疗政策的思想指引下，在深化医疗服务领域“最多跑一次”改革内容的推动下，义乌市委、市政府积极探索“如何打造儿童健康共同体，提升基层医院医疗服务能力，让镇街的千万个家庭享受到与市属医院同等的医疗服务”这一民生命题。2018 年 3 月，义乌市共建儿童健康服务专科联盟正式启动。它是一种儿童健康服务领域全新的“一体化”的服务模式，即集医疗、保健、康复、健康管理等服务功能于一体化“1+5”的共建模式，即共建 1 个儿童健康服务中心和实现 5 个共享（专家共享、管理共享、临床共享、教学共享、信息共享）。目前，全市已有 7 家镇街卫生院签约，携手共建义乌市妇幼保健院儿童健康服务专科联盟。“联盟”模式的建立，促进了基层医院医护的急救能力及常见疾病的规范化诊治能力，促进了儿科学科的发展，实现了医院间共同发展，部分联盟成员医院的门诊量同比增加 30%，更多的城乡家庭选择在家门口给孩子看病。

2018 年 10 月 20 日，院党委书记刘进群受邀参加“2018 世界健康大会”，并以“义乌市探索健康儿童管理模式——儿童健康服务联盟构建的初步实践”为题作了经验汇报和典型性发言，受到与会专家和学者的一致好评。

三、勇于创新，敢于突破——推出“六合一”出生联办新机制

优化工作流程，提高办事效率，长期以来都是各行各业永恒的话题。在浙江省“最多跑一次”改革的推动下，义乌市大胆探索，先行先试，于今年 3 月 28 日，推出“六合一”出生联办新机制，通过流程优化，提高办证效率。

新机制一经推出就受到全市居民的广泛好评。在同一个窗口办理出生医学证明、落户手续等六个事项总共花费时间约 10 分钟，而在之前，在多个部门办理完六个证件至少需要一周时间。新机制极大地缩短了人们的办证时间，提高了办事效率，截至 5 月底，全市已办理近 4000 人，覆盖面超过 90%，真正做到让群众“少跑腿”“不跑腿”。因此，这一典型做法也成为浙江省“最多跑一次”改

革中的“领跑者”。

“服务新时代，展现新作为，助力全民健康”，义乌市国际贸易综合改革试验区的人民百姓期盼有更高水平的医疗卫生服务。义乌市妇幼保健院党委书记刘进群在谈及医院的发展时说：“2019年，义乌市委、市政府提出了‘对标自贸区、干实试验区’的口号，我们医院将以实际行动积极响应，在发展的道路上，医院要实现从规模扩展型转向质量效益型，提高质量；实现从粗放管理转向精细管理，提升效率；在新时代，义乌市妇幼保健院要实现医疗水平的现代化、服务能力的整体化、管理手段的信息化和共建模式的集团化，为打造全国最佳的妇幼保健机构而不断努力。”

深化公立医院改革
提升医疗服务质量

新疆沙雅县人民医院

2018 年在县委、县政府正确领导下，在卫生局党委大力支持下，我院紧紧围绕以全面深化医药卫生体制改革、不断提升医疗服务质量为抓手，精细谋划，精确举措，精准发力，扎实有序推进医改工作，取得了明显工作成效。现将工作开展情况汇报如下：

一、主要任务落实情况

（一）完善公立医院管理体制

2018 年年初，我院成立了以院长为组长的公立医院综合改革工作领导小组，制定了《沙雅县人民医院公立医院综合改革实施方案》，修订并完善《沙雅县人民医院章程》，成立了医院综合改革管理办公室（简称“医改办”），每季度召开医改工作推进会，分析讨论医改工作中各项指标监测情况和存在的问题，及时查漏补缺、限期整改，不断推动医改工作向纵深发展。

（二）加强医改重点指标监测

2018 年，我院通过加大内部管理、加强成本核算、节约运行成本，严格控制贵重药品、减少辅助药品、规范抗菌药物使用等多种措施，有效控制医疗费用不合理增长。1 ～ 10 月重点指标完成情况如下：

1. 医疗服务收入：截至 10 月，全院医疗总收入 13050.71 万元，其中医疗服务收入 5528.88 万元，占比 42.36%，相对 2017 年占比增长 7.5 个百分点。

2. 药占比（不含中药饮片）：全院药品总收入 2896.08 万元，其中西药、成药收入 2618.19 万元，药占比为 20.06%，相对 2017 年占比下降 6.93 个百分点。

3. 百元医疗收入（不含药品收入）消耗的卫生材料：全院卫生材料支出 1905.49 万元，百元医疗收入（不含药品收入）消耗的卫生材料比例 18.76%，相对 2017 年比例下降 5.15 个百分点。

4. 医疗费用增幅、门诊及住院人均次均费用：2018 年医疗费用增幅 -16.36%，相对 2017 年增幅比例下降 32.26 个百分点；门急诊 182787 人次，门诊收入 3728.70 万元，门诊人均次均费用 203.99 元，与 2017 年同期对比增长 37.93%；住院 30748 人次，住院收入 9322.02 万元，住院人均次均费用 3031.75 元，与 2017 年同期对比下降 6.38%。

5. 临床路径管理：全院出院患者 26081 人次，符合临床路径管理病例数 8580 例，占比 32.9%（大于 30%）；进入路径例数 3699 例，入径率 43.11%；完成例数 1882 例，完成率 50.88%。2018 年按病种付费病种数 159 个。

（三）建立完善人事管理制度

1. 建立并完善人事岗位制度

建立和完善以聘用制度和岗位管理制度为重点的人事管理制度，制定了《人事管理制度》《全员聘用制度》《全员岗位设置和聘任工作方案》《中层管理干部选拔与聘任管理办法》《人才激励机制》和《聘用人员同工同酬实施方案》，通过竞聘上岗、按岗聘用、合同管理，实行全员聘用。优化了人员结构，完善了激励机制，强化了岗位管理，逐步建立起科学分类管理、人才结构合理、人员能进能出、职务能上能下、充满生机与活力的用人机制。

2. 加快推进人事薪酬制度改革

自年初以来，医院不断完善人事薪酬制度，积极推行“两证”齐全（执业证、资格证）聘用职工同工同酬制。经考核合格后，先后对 57 名聘用医护人员实行同工同酬，其中享受 100% 同工同酬 7 人，享受 80% 同工同酬 30 人，增资 1000 元标准 20 人，有效缓解县级医院岗位不足问题，优化了医务人员结构，稳定了医务人员队伍，充分调动了医务人员积极性。

3. 加强人才引进及培养工作

一是严格按照医院学科发展、岗位需要和核定备案的人员总量实施公开招聘，按方案公开、过程公开、结果公开的原则组织公开招聘19人，按需招聘45人（目前在岗30人），引进紧缺型高层次人才1名，充实并完善我院人才队伍建设。二是分别与阿克苏第一人民医院、阿克苏第二人民医院、嘉兴第一人民医院开通了远程培训，累计开办了46期继续教育培训班，培训医护人员5100余人次；三是在保证外派进修学习人员工资福利待遇不变的情况下，持续加大外派力度，培养190人次，外派进修27人次（其中，疆内18人次，疆外9人次）、学习75人次（疆内）、自治区中医院轮训22批88人次，为提升医疗服务水平、增强医院核心竞争力打下坚实的基础。

（四）加快推进分级诊疗工作

依据《沙雅县医疗机构分级诊疗实施方案（试行）》，结合我院实际制订《沙雅县人民医院分级诊疗实施方案》，完善双向转诊制度建设，进一步畅通与卫生院之间的便捷转诊通道，为基层转诊、残疾、老年人、孕妇患者提供优先就诊、优先检查、优先住院等便利。年初以来，转上级医院1746人次（其中：居民1390人次，职工356人次），向各乡镇卫生院下转2369人次，县域内就诊率达94.5%。

（五）加强医联体、医共体建设

一是向上对接，积极组建医疗联合体。今年来，我院与自治区妇幼保健院、阿克苏地区第二人民医院建立专科联盟合作关系，与新疆维吾尔自治区中医院、兵团第一师医院建立了医联体技术协作关系；全年远程会诊575例，其中自治区远程会诊152例，地区远程会诊423例；接受上级医联体专家来院开展专题讲座、查房义诊活动150人次，同时我院积极选派科室医护骨干22批88人次到自治区中医医院进修。

二是向下联动，构建紧密型医疗共同体。我院目前实现了与沙雅县维吾尔医院、沙雅镇卫生院、红旗镇卫生院的医疗资源重组；搭建沙雅县医共体影像会诊平台，与县域内12个乡镇卫生院开通影像、会诊，截至目前完成县域远程会诊

35 例、远程 DR 会诊 1483 例、远程 B 超会诊 54 例、远程心电图会诊 239 例；协助红旗卫生院完成 3 级洁净手术室的打造，指导实施 1 ~ 2 级常规手术 56 例。

（六）完善现代医院管理制度

一方面，我院积极邀请香港专业讲师开展 1 期现代医院管理讲座，让全院干部职工对如何提升个人执行力有了更深刻的理解；另一方面，我院积极选派行政人员前往自治区中医院学习管理知识，派人事、财务负责人到自治区参加人事薪酬及绩效分配方案培训等。此外，我院结合自身实际，制定《沙雅县人民医院章程》，完善了各项现代医院管理制度，注重医疗质量考核体系建设，强化对医务人员的奖惩机制，逐步推进公立医院管理的规范化、精细化、科学化。

（七）加强药品“两票制”管理

2018 年来，我院实行“两票制”药品 521 种，“两票制”药品品种占比 97.20%，相对 2017 年占比增长 50.7 个百分点；“两票制”药品金额 2509.64 万元，占总药品金额 99.13%，相对 2017 年占比增长 49.81 个百分点。“两票制”的实施，切实减轻了人民群众的就医负担，得到广大群众的高度认可。

（八）持续加强对口支援工作

针对年初制定的《沙雅县人民医院对口支援工作实施方案》，与托依堡勒迪镇卫生院、红旗镇卫生院等 9 个卫生院签订对口支援协议，选派 48 名临床医技人员开展对口支援工作。

实行轮换制、排班制相结合的方式，在受援卫生院坐诊服务 1732 人次、教学查房 1527 人次，会诊疑难病例讨论 100 余次，业务培训基层卫生人员 1400 余人次，健康宣讲 2400 余人次。

（九）平安医院建设

1. 加强医疗质量管理

成立医疗质量管理委员会，严格执行我院医疗质量考核 300 分值考核标准，每月对全院临床医技科室进行一次医疗质量考核，累计开展医疗质量、病历质量检查 20 余次，检查内容包括医疗质量与安全管理、科室台账完成情况、运行病历书写情况、抗生素合理使用等；严格落实逐级上报制度，全院共上报医疗安全不良事件9例，特殊患者主动上报备案75例。

2. 合理规划医院布局

根据《二级综合医院评审标准（2012年版）》及实施细则等相关要求，先后申请增设老年病科、公共卫生科及血液透析技术等项目，不断满足广大群众患者的就诊需求；加快推进医养结合楼项目建设，成立危重孕产妇、胸痛、卒中中心，规划患者就诊引导标线，全院范围开展优质护理服务等惠民措施的推行，有效改善患者就医环境和就医体验。

3. 加快信息化建设

更新HIS系统、ERM系统、LIS系统、PACS系统、合理用药、院感系统、体检系统、OA协同办公系统等；完成自治区区域卫生信息平台对接工作，完善临床路径、单病种系统管理，构建医疗大数据库、对提升医疗服务质量提供有力遵循。目前与软件公司对接推进医师电子签章、银医自助服务系统上线工作，年底投入使用。

二、存在的主要问题

虽然在深化医疗卫生体制改革方面取得了一些成绩，但离公立医院改革等方面的工作与目标任务仍有很大的差距，行风建设、信息化建设等方面还有待提高。

一是少数干部职工医德观念淡薄，个人主义思想严重，尽管医院把行风建设作为一项重要工作来抓，思想觉悟不高，责任心不强，一定程度影响了医疗服务质量。

二是我院今年实施系统软件升级与完善工作，但与医院发展及医改工作推进的要求还有不小差距，部分数据抓取方式烦琐或无法抓取，建立医疗大数据库进程缓慢。

三是我院核定编制287个，可使用编制348个，目前我院正式在编职工340人，几乎无空缺编制。2018年，我院通过实行聘用人员同工同酬，调整绩效分配向临床一线、关键岗位（如儿科、传染科、妇产科等）倾斜等措施，一定程度上缓解人才流失问题。但人才梯队建设仍不合理，今后的工作中有待进一步加强。

三、下一步工作计划

我院将结合实际情况，严格落实各项医改工作，坚持以群众反映突出的重大问题为导向，以公立医院改革为重点，着力提升医疗服务质量，巩固和扩大医改工作成效。

1. 落实县委县政府有关安全生产各项措施，完善医疗安全管理制度，强化安全生产监督管理，确保医院全年安全无事故，减少各种安全隐患的发生。

2. 深化医改工作成效，加强与上级医院战略合作项目及对口支援乡镇卫生院工作，推进医联体、医共体建设，实现覆盖全县12所乡镇卫生院医共体建设工作。

3. 加快医院基础设施建设，完成医养结合楼项目建设及运营，推进医院信息化建设进程，使医院现代化管理再上新台阶。

4. 继续发扬中医药特色，加强中医民族医特色专科能力建设，推广中医药适宜技术，做大做强中医民族医和西医相结合的特色诊疗服务。

5. 改善服务态度，优化服务流程，继续优化医院布局结构，合理安排患者就诊过程，增加便民措施，减少就医等待，改善患者就医体验。

6. 增强人才意识，加强专业人才培养，加快科技兴院步伐，使医院技术水平整体迈上一个新台阶。

7. 加大医院外宣力度，充分利用院报、微信平台等媒体，宣传医院新技术新项目及发展动态，进一步扩大医院的知名度。

健康扶贫："保健康 奔小康"

——汉阴县中医医院健康扶贫纪实

陕西省汉阴县中医医院 陈 娇 欧定娥

近年来，汉阴县中医医院将健康扶贫作为医院的主要工作，坚持健康扶贫与健康促进细胞工程两手抓，在各个乡镇、社区、校园、敬老院开展健康扶贫送医送药义诊活动。仅 2019 年 5 月以来，就已开展义诊活动 7 次，进行健康查体、高危疾病筛查、健康知识普及，受惠群众达 700 余名，免费发放药品 3000 元，发放健康知识手册 500 余份，让群众"看得起病，看得好病，少生病"。通过全院百余名职工的用心用情帮扶，越来越多的群众战胜了病魔，对生活重燃斗志。自脱贫攻坚以来，据统计，汉阴县中医医院收到了感谢信、锦旗等 40 余封（面）。

一、群众身体好了，脱贫就有希望

在汉阴县中医医院改革开放 40 周年暨建院 30 周年文艺晚会上，小品《健康扶贫开新花》格外引人注目，这个小品创作灵感来自医务人员健康扶贫过程中发生的真实事件，剧中台词"身体好了，一切都可以转变，没有好的身体，一切都是空谈"就是帮扶对象们最真实的写照。

"身体好了，吃东西有食欲了，精神也好了，我现在想要好好做些事情！"眼前这个踌躇满志的汉子在半年前可是另外一个样子。

"我初次跟他见面是 2018 年上半年，他那时胃不好，食欲差，精神很萎靡。"观音河村五组村民赖定银的帮扶干部柳传鸿说道。

而这次见面，赖大叔带来了一面"感谢帮富干部"的锦旗送给柳传鸿院长。

“为什么是‘帮富’呢？”柳传鸿问道，心想自己明明是帮扶干部啊？“因为你治好我的身体，我才能‘富’起来啊！”赖大叔感激地说道。

柳传鸿亲眼见证了赖大叔从生命低谷逐渐走出来。

这半年多，柳传鸿经常到赖大叔家里走访探望，用自己的医术为赖大叔治好了胃溃疡。后来又发现赖大叔的老伴患有高血压，经过反复调整降压用药，赖大叔的老伴不再头昏，把家里料理得井井有条，又协助办理了慢病证，用药可以报销。一家人身体好了，赖大叔有了干劲，想再饲养一头小猪。柳传鸿得知后，买了一头猪崽送到赖大叔家中。赖大叔是个勤快人，除了养猪，又琢磨着栽油菜。柳传鸿和赖大叔一起来到田地里，帮忙栽种，看着眼前这个干劲十足，对未来有无限憧憬的“老大哥”，心里想，这不是个懒汉，以前身体不好家里贫困，现在身体好了，不用别人说，他自己就知道创造幸福生活。

在观音河村像赖大叔这样的勤快人还有很多：有身体康复后积极自主做事的；也有天生有缺陷的残疾人在健康扶贫政策中体会到温暖和关心，从而对社会充满感激，对自身命运不再痛苦抱怨，转而寻找力所能及的工作自食其力；还有患有慢性病的患者，他们以前怀着“过一天算一天”的消极心理，脸上没有笑容，可是现在有了“慢病签约管理一批”的政策，他们对生活有了信心，不再破罐破摔，开始锻炼身体、保养身体。他们重拾健康，有了对未来的美好期盼，也就有了家庭的幸福。

二、身体是革命的本钱，健康扶贫盘活一个村

在联村帮扶的脱贫攻坚工作，汉阴县中医医院派驻年富力强的第一书记和工作踏实认真的扶贫队员，长期驻扎观音河村部。驻村队员除了日常的扶贫工作，还不忘自己医务人员的本职，积极为群众提供健康指导，协助办理住院转院、慢病证等；配合下乡义诊为群众送医送药，驻村工作队员们日夜辛劳换来了观音河村千余名群众的健康保障。

一个家庭就是一个社会细胞，健康扶贫为患病的家庭注入了新鲜血液。有了健康保障的群众，重新投入到生产生活中，使一个乡村焕发了新的生命力。为了巩固健康扶贫成果，医院再出举措筹建爱心超市，鼓励新民风建设，引导群众自强、自立，树立致富标兵。

在观音河镇2018年度新民风促扶志“三评议树典型”活动中，何昌盛被评上了“自强标兵”，这不仅仅是一个光荣称号，更是一段精彩的“健康扶贫帮扶记”。一个年近50的老汉，家中7口人，孙子孙女都还在上小学，老伴儿又患有乳腺癌，他是如何在穷困潦倒的困境中逆袭成“自强标兵”的呢?

2014年4月8日，何昌盛因病申请成为建档立卡贫困户，在精准帮扶过程中，工作队帮助他申请了大病医疗救助，并成为中医院职工的天使健康扶贫对象，定期为他和老伴检查身体、宣讲健康知识。身体好了，大脑就活络了，何昌盛于2018年向村上递交了自主创业意愿书，表明自己有养殖方面的技能，愿意在养殖方面自主创业，发展养鸡、务工产业。镇政府“对症下药”，为他找政策、项目支持，解决资金短缺的问题，目前，他家里养了鸡，由身体日渐好转的妻子照料，他自己在村上的金丝皇菊基地上班，每个月都有2000余元工资，家里的日子越过越红火。何昌盛在2016年申请脱贫，经过两年来的巩固，现在家里情况已经逐渐稳定下来。

目前，观音河村镇园联盟产业发展如火如荼，有公司6家，合作社3个，农场7个。身体是革命的本钱，健康扶贫在帮助一个个因病致贫的家庭重燃生活希望的同时，也为村镇发展注入了的活力，为村镇“健康”发展提供有力保障。

三、贫困群众就医不再贵、不再难

来到汉阴县中医医院，在门诊大楼醒目位置你会看见健康扶贫政策宣传栏，就医、报销流程图；候诊大厅有“贫困人口先诊疗后付费”的温馨提示；各个住院部成立了“扶贫病房”；在一站式结算窗口，白底蓝字的“四重保障”报销映入眼帘……这些点点滴滴的举措，为贫困群众就医提供了便利，让就医的群众心里明明白白，哪些条件可以享受政策，什么情况不能报销。知晓了政策，不仅自己少跑冤枉路，在关键时候，还能变身“健康扶贫政策宣传员”，将好消息告诉身边那些需要帮助的人。

今年6月份，在汉阴县中医医院针灸康复科，74岁的唐大爷在出院前夕，非得要写感谢信，他要感谢党的好政策，没想到这么一大把年纪还能遇上这样的好事。

唐大爷26年前由于车祸导致腰部受损，多年来一直在家“拖”着，以前这样的情况在农村很常见，有了病第一时间想的不去治，而是“拖”着，实在不行了，再到医院看，而这时候，往往小病拖成了大病，延误了最佳治疗时间。“拖”，并不是基层群众愿意的，只是家里拿不出钱，怎么去看病呢？所以当村民告诉他可以到县中医医院看病，不用操心费用的时候，他将信将疑，抱着试试看的态度来到了医院。

唐大爷来到医院后，经医生确认是可以享受扶贫政策的人员后，没交一分钱就住上了院。住院后，没有陪护人员，医生护士陪检、送药、打水、叫餐，这一幕幕让唐大爷非常感动。

“经过针灸康复等一系列的综合治疗，现在患者的病情已经好转了80%。他现在不用拐杖，能自己行走了，生活方面能自理了。”唐大爷的主治医师说道。

“我忍受病痛折磨26年了，没想到现在的政策这么好，如果没有这个政策，我还是看不起病，我就变成瘫子。”唐大爷感慨道。

在汉阴县中医医院，还有很多像唐大爷这样的患者，通过健康扶贫重新恢复了健康。“像唐代春这种病人，通过健康扶贫四重保障，新农合、大病保险、民政救助、补充医疗四重保障后，他自己缴费最多不超过10%，报销比率达90%以上。大大地减轻了他的经济负担，让他能看得起病，看得好病。”汉阴县中医医院合疗科经办人员说道。

截至2018年10月底，汉阴县中医医院共收治贫困人口2277人，四重保障报销比率达92%，报销总费用达到25868257.89元，医院还为住院特困人员减免费用千余元，使一大批群众重拾健康与信心，开始迈步新生活。

医院在注重内部发展的同时，还通过各种举措，加强医共体帮扶，着力提升基层公共卫生服务质量。保障“小病不出村、大病不出县”。截至10月份，各医共体成员单位共派驻专家坐诊、查房带教108人次，参与技术比武竞赛、进修学习143人次，使基层医疗服务水平有了明显的提升。

观音河镇观音河村位于县城西北9公里处，辖7个村民小组，438户1483人；版图面积9.8平方公里，耕地面积3131亩，林地面积3754亩。2014年建档立卡贫困户识别191户587人，2014年至2017年脱贫88户298人，标注稳定脱贫68户216人，2018年年初在册贫困户35户73人（死亡1户1人、户口迁出1人），现有在册贫困户34户71人，（其中兜底户23户29人）。习近平同志在4月22日上午主持召开中央财经委员会第四次会议上发表重要讲话强调，全面建成小康社会取得决定性进展，要正确认识面临的短板问题，聚焦短板弱项，实施精准攻坚。汉阴县中医医院在联村帮扶过程中，认真识别帮扶群众贫困原因，找准“穷根”，全力以赴冲在健康扶贫第一线，用实际行动将健康扶贫政策化作点点春雨，滋润着广大贫困群众的心田。

加强医院内涵建设
提升综合服务能力

江西省分宜县中医院

2018 年度在县委、县政府的正确领导下，在主管局的支持与帮助下，医院以党的十九大精神为指导，深入学习了习近平总书记系列重要讲话精神和治国理政新思想新战略；始终坚持“以病人为中心，以质量为核心”的办院宗旨，以“党建 +”模式不断加强医院内涵建设，狠抓各项制度落实，进一步转变工作作风，促进了医院各项工作的稳步发展。现具体总结如下：

一、业务开展情况

2018 年度完成全年总收入 4850.06 万元。业务收入 4518.37 万元，增加 595.44 万元，增长率 15.18%，其中：医疗收入 4443.35 元，增长率 24.85%；医疗业务成本支出 5048.96 万元，增加 906.76 万元，增长率 21.92%。完成收支结余 -204.71 万元。2018 年完成门急诊人次 75538 人，同比增长 6.81%，门急诊人均费 146.49 元，同比增长 2.83%；住院人次 5644 人，同比增长 15.95%，住院人均费 5774.09 元，同比增长 10.21%。

二、统筹协调，以质量和安全为中心，平稳推进各项日常重点工作

（一）医疗质量和安全管理工作

1. 严格执行首诊负责制、三级医师查房制等核心制度安全管理，强化了突发事件的处理能力。

2. 深入推进中医临床路径工作，2018 年度开展临床路径病种数 50 个。

3. 大力加强人才培训，增强持续发展能力。2018 年度分别选派了 2 名主治医师、1 名医师到上级医院进修培训，严格执行“三基三严”培训计划与考核制度。

4. 积极调节医疗纠纷，保障医疗工作秩序。对待投诉做到了投诉有接待，事后有总结，总结有改进。

5. 协助医联体单位不断完善相关制度，大力推广中医特色治疗，积极推进双向转诊工作。选派专家定期到乡镇卫生院进行坐诊、会诊、教学查房及业务讲座等，截至 12 月底，我院专家下乡坐诊约 200 余人次。

6. 积极发展中医药事业。2018 年我院中医肺病科成功申报并列为了江西省基层特色专科，开展了老中医药专家学术经验继承和整理工作；根据主管局安排，由县卫计局主办，我院承办的 2018 年度全县中医药适宜技术技能培训达 300 余人次，切实提高了乡镇卫生院及村级卫生室专业技术人员的中医药服务能力和水平。

7. 按照上级部署，在全院范围内深入开展了“规范诊疗行为，保障医疗质量，维护患者健康”专项检查活动，重点整治“小病大治”“过度使用医保目录外药物与耗材”“随意延长住院时间”等违规行为。

8. 强化突发事件的处理能力，加强管理，2018 年组织医院急诊科进行了应急演练，提升应急水平，确保紧急救援任务的完成。

9. 建立健全实验室生物安全体系，完善了各种应急预案制度、流程、措施等，2018 年度新开展了感染四项定量检测；全年用血悬红 129.5U，血浆 3300ml。

（二）护理质量管理工作

1. 根据《护理质量管理实践评价》，重新修订《护理质量评价标准》并制定了《护理质量查检表》，相关制度汇编成册并下发科室，进一步加强了重点环节，重点时段，重点人群、重点部门的护理质量管理。

2. 进一步加强了专科护理人才的培养，于 9 月选派了 1 名骨科护士长参加江西省为期 3 个月的骨科专科护士培训班，10 月至 11 月选派了 3 名护士长参加全省为期 15 天的护理管理人员培训班，先后派了 7 名护理人员到省内外上级医院进修了中医护理、外科护理、助产护理等专科护理。

3. 深入开展优质护理，落实责任制整体护理。在原有优质护理服务示范病区基础上新增了妇产科病区，且每季度开展病人满意度调查，患者满意度达 95%。

4. 积极开展专科（专病）中医特色护理，加大力度推广和应用中医护理技术，全院累计开展中医护理技术项目 17 项；且在全院范围内开展了“中医护理服务之星”评选活动，

充分调动了护理人员的工作积极性。

（三）院感、防保管理工作

1. 修订完善职业防护的相关规定、制度、流程，进一步提高了医务人员的自我防护意识。每季度对全体医务人员进行手卫生督导，并组织开展手卫生规范、职业防护等相关知识培训 100 余人次；2018 年度发生职业暴露 3 例，多重耐药菌 0 例，全年灭菌消毒合格率 100%。

2. 继续强化“门诊日志”“住院日志”“传染病登记和报告”及“死亡病例报告”工作。2018 年网络直报乙类、丙类和其他传染病 51 例，报告率、及时率和准确率达 100%，报告规范率达 98% 以上。在手术、输血前检测和其他人群中开展“HIV”初筛监测共计 4490 人次，孕产期检测 343 人次。

（四）药品与医疗器械管理工作

1. 严格按照上级要求，药品采购实行医联体议价品种及“双信封”集中采购，并与配送企业签订协议、廉洁购销合同及“两票制承诺书”，2018 年度药品挂网采购率达 96% 以上。并全面执行耗材招标平台及省平台高值耗材的采购。

2. 继续加强对抗菌药物和重点监控药品临床使用与管理的日常监督，定期对门诊及住院处方、医嘱等进行点评。2018 年度药占（不含中药饮片）比 29.41%，同比下降 7.81%；抗菌药物比 18.37%，同比上升 1.72%；基本药物比 63.21%，同比增加 23.75%；百元医疗收入消耗的卫生材料（不含药品收入）为 19.51 元，同比下降 0.47 元。

（五）人事、教学管理和人才队伍建设

1. 全年共招聘各类人才 20 余名，安排外出长短期进修培训 10 余人，选派参

加市级及以上学术会议 30 余人，接收实习生 15 人，完成副高级专业技术资格职称评审申报 3 人。

2. 全年共安排有关法律法规、病历书写、医院感染、传染病防治等全院性大讲课 12 次以上，培训学习 500 余人次。

3. 完善开展“三基三严”等相关培训工作，培训覆盖率达 100%，2018 年度组织开展了卫技人员“手卫生”操作及“三基三严“理论考试考核，合格率达 90% 以上，不断提高我院专业技术整体素质，确保医疗质量的可持续发展。

4. 认真组织全院医师申报各级科研项目、课题，健全在研课题的档案管理工作。认真落实院内奖励政策，提高医务人员撰写论文的积极性，全年共发表期刊论文 9 篇，课题立项 1 项、结题 1 项。

（六）医保、新农合管理工作

为规范诊疗行为，严格控制医疗费用的不合理增长，按照上级相关要求，制定了《分宜县中医院住院均次费用控费方案的通知》等文件，坚持合理用药、合理检查、合理医疗。

2018 年度我院医保住院患者共 4943 人次，补偿金额共 1962.01 万元，人均补偿金额 3969.27 元；门诊患者 33343 人，补偿金额 73.56 万元，人均补偿金额 22.06 元；切实为老百姓减轻医疗负担。

（七）健康扶贫管理工作

1. 全面落实贫困人口“三免四减半”、住院“先诊疗后付费”及“一站式”结算服务，实现基本医疗保险、大病保险、补充保险、医疗救助“一站式”信息交换和即时结算，确保“四道保障线”政策补偿的住院及特殊慢性病医疗费用补足 90%；2018 年度共收治贫困户患者 281 人次，实现医疗总费用 177.23 万元，医保目录外费用 5.01 万元，占比 3%，贫困户患者自负费用比率 8.8%。

2. 开展了急性心肌梗死、脑梗死等 8 种重大疾病的专项救治工作。

3. 开展了由 137 位医护人员组成的 28 支扶贫小分队对操场乡、杨桥镇、钤东办辖区内等 34 个自然村 135 户贫困户健康扶贫一对一结对帮扶工作，做到因户因病施策帮扶，为民办实事，解难题。

（八）新院建设、信息化建设管理工作

1. 医院整体搬迁项目全部主体工程于 7 月 19 日顺利封顶。截至目前，项目已完成屋面、外墙保温、内墙粉刷、铝合金安装等工序，实际完成投资 5000 余万。

2. 为适应新医改要求，方便群众就医，医院于 5 月投入 158.6 万元进行 HIS 系统二次升级改造，通过完善成本核算管理系统、合理用药系统、处方审查与点评系统、电子病历监控系统等功能模块，促进了医院各项工作的规范化、标准化管理，实现了患者就诊后检查图像和报告的实时共享、分析、存储及远程调取。

三、稳步推进医院党建和文化建设等各项工作

1. 持续深入学习党的十九大精神、习近平新时代中国特色社会主义思想、省委十四届六次全会、市委八届六次全会、县委十四届七次全会等精神，牢固树立“四个意识”，坚定“四个自信”，始终做到“两个维护”。

2. 继续推进“两学一做”学习教育常态化制度化开展，进一步完善党支部“三会一课”制度、学习制度、民主生活会等制度，建立健全党组织目标管理制度，并将党建工作纳入医院年度考核范围。全年共组织全体党员学习 15 次，讲党课 4 次、党员谈心谈话 2 次，开展专题民主（组织）生活会 2 次。

3. 开展了“党员公开承诺”“党员亮身份”“党员示范科室”等先锋创绩活动，活动期间，共设立党员示范岗 8 个，党员示范科室 2 个；并召开了“七一”表彰大会，评选出优秀党员 3 名，优秀党务工作者 1 名，充分发挥党员干部的模范带头作用。

4. 认真完成重点工作任务。抓好在职党员回归社区活动，报到率 100%；党员回社区参加网格化大扫除等志愿活动共计 100 多人次。对党员组织关系认真开展排查，无失联党员；2018 年度发展正式党员 1 人，预备党员 1 人，积极分子 1 人；完成了每月党费收缴工作。

5. 深入贯彻落实党建促脱贫工作，与文江村 31 户贫困户 70 人脱贫对象建立了精准结对帮扶关系。2018 年以来，走访慰问贫困户共计 400 余人次，慰问金共计 2.5 万余元，送上棉被、食用油、大米、电饭煲等价值约 7000 余元；拨付

文江村委扶贫发展资金共计 7 万元。

6. 选派骨干医生与 21 个“晓康诊所”建立起了一对一结对帮扶联系，进一步提升“党建 + 晓康诊所”服务保障能力，组织“天使健康行”走进新时代文明实践中心开展义诊活动和健康知识讲座，为贫困患者和广大农村居民提供健康咨询和健康服务。

7. 全年在省、市、县级网络媒体、报刊等刊发稿件 10 余篇，开辟了院内先进事迹宣传栏，为沟通医患之间的信息架起了一座友谊的桥梁；并积极配合县卫健委开办的《健康分宜》栏目工作，不仅推出了我院各专业的医疗专家及特色专科，还宣传了新院整体搬迁民生项目、精准扶贫、健康扶贫、优质（中医特色）护理服务等工作，达到了医院综合实力整体宣传的目的。

四、其他工作

1. 完善各种管理机构，加强内部管理，强化院科两级负责制，形成院科层层抓质量，层层抓落实的网络，使医院工作运行正常化。

2. 继续坚持院务公开，实行民主管理；切实加强工会组织建设。健全和完善有效的院内外监督机制，确保医院持续、稳步发展。

3. 执行财务工作制度，加强物资管理，做到增收节支。

4. 加强安全消防工作，防止安全事故。

五、亮点工作

1. 骨伤科名医工作室于 3 月县委人才办正式授牌成立，属县第一批名医工作室；在县域内率先成功开展了切口小、费用低的高难度手术，疗效显著。2018 年骨科业务收入同比增长近 20%，手术人次同比增长 40%。主持的课题《加速康复外科理念在胫骨骨折术后患者中的临床应用》在市科技局立项，发表国家级论文 2 篇，省级论文 3 篇。

2. 为改善职工福利待遇，于 6 月起为全院职工发放 200 元 / 月餐补费，同时对外包食堂定期进行监督，尽量为职工提供满意的服务。

3. 结合“人民至高无上，患者是我亲友”“新余人才日”等主题活动，积极开展党员医疗志愿队进农村、社区、敬老院、福利院等微心愿、义诊宣教活动。2018年以来，志愿队免费为群众查病义诊3000余人次，发放健康教育资料5000余份，普及防病治病知识，帮助留守儿童实现微心愿10余次，深受群众好评。

六、集体、个人荣誉

1. 医院党支部荣获县卫计系统“2017年度先进党组织”称号。

2. 护理部随手拍《生命之凝》入选市卫计委2018年十大“感动新余优护瞬间”作品。

3. 袁彦成同志荣获全县“2017年度先进工作者”及第二届县“十大优秀人才”称号。

4. 谢柳青、朱分安同志荣获江西省“基层名中医”称号。

5. 刘建中、廖香贵同志等3人在新余市、县首届医师节活动评比中分别荣获市“优秀执业医师”及县“最美医师”称号。

6. 张星平、潘慧瑾同志在全县卫计系统“人民至高无上，患者是我亲友”主题演讲比赛中荣获二等奖。

7. 钟水辉荣获全县“最美护士”称号，袁小珍、梁婷荣获全县“优秀护士”称号。

8. 雷玉婷同志荣获共青团新余市委员会和新余市青年委员会颁发的“青年五四奖章”称号。

七、下一步工作建议

1. 进一步加强专科建设，提升综合服务能力。在突出中医特色诊疗和特色专科建设的同时，重点加强针灸推拿科、骨伤科、肛肠科、老年病科、中医妇科等具有中医特色专科的建设；打造中医五官、血透室、口腔科的建设，切实提升医院综合服务能力。

2. 建立激励机制，大幅调整绩效考核方案充分调动医务人员的积极性，体现其职业特点和专业技术要求以及医务人员的劳动价值和付出，提高医务人员的福利待遇。以达到用好人才、留住人才目的。

3. 医院现有信息管理系统安全需要提高，如防火墙、医院线路老化、数据库数据备份无实施异地备份，有可能发生数据丢失均需进一步完善。

4. 大力推进医院整体搬迁项目建设，下一步拟实施电梯安装、钢结构雨棚、强弱电、二次深化装修及医疗设备采购工作，力争 2019 年下半年竣工并正式投入使用。

5. 进一步加大医疗设备的投入，如移动式平板 C 型臂 X 光机、高端彩色多普勒超声波诊断仪、电子胃肠镜等。

第二篇 推进健康中国行动与医院管理创新研究

服务新时代 展现新作为 助力全民健康
医共体模式提升百姓就医获得感

浙江省余姚市人民医院 俞玲玲

“人民对美好生活的向往，就是我们的奋斗目标。”这不仅仅是一句口号，也是余姚市人民医院医共体建设最直接的生动体现。自去年12月28日，余姚市人民医院医共体成立以来，余姚市人民医院与余姚市第三人民医院、市康复医院、市临床检验中心、阳明街道社区卫生服务中心、马渚中心卫生院、陆埠中心卫生院、低塘中心卫生院、丈亭中心卫生院、梁弄中心卫生院9家成员单位间建立新机制、创新工作模式、整合有效资源，优化信息平台，大小医院成一家，显著提升了百姓实实在在的就医获得感。

一、数字跑腿，百姓就医加速度

今年10月26日早上9点33分，余姚市人民医院陆埠分院的摄片室里，8个月的王毛毛因咳嗽做了胸正位的拍摄。

“医生，我什么时候可以取报告？”家长急切地问。

“请稍等，按常规需要10分钟左右。”陈医生回答，“我们的设备和余姚市医学影像会诊中心联网，如果你想请专家会诊，我可以把片子传过去。”在征得家长同意后，陈医生在电脑上填好申请单，发送会诊报告。此时是9时38分。

“嘀嘀嘀”，几乎是同一时间，20公里之外的余姚市人民医院放射科医生王鸿林收到了会诊提醒，12分钟后，他的诊断意见传到陈医生电脑前：支气管炎征象，请结合临床随访。

这是余姚市人民医院医共体单位间实行“基层检查上级诊断”的服务模式，检查检验结果通过电子化流转实时查阅、互认共享，让人民群众看病检查少跑腿。

我市在完善市域临检、影像、心电会诊等资源共享中心的基础上，合并医共体内资源“同类项”，各医共体设立消毒供应、健康管理、药品耗材采购等资源共享中心，实行管理同步、服务同做、资源同用。

与时俱进，余姚市人民医院医共体优势再造，进一步加强信息化建设，让数字跑腿，方便百姓就医。目前已建成市域共享中心 7 个、远程会诊中心 1 家，双向转诊平台 1 家、云诊室 1 家，以及 100 多台自助机在住院病房、门诊大厅投入使用，使百姓就医速度明显加快，深受好评。

截至 10 月底，区域共享中心服务量已达 247.38 万人次。

二、清单管理，百姓就医更有序

“现在真是方便了，我再也不用乘车跑到余姚城里一院去配高血压药了。”今年 7 月 30 日，测完血压、配好药，又特意折回来的叶大妈手捧“施慧达”药，对余姚市人民医院梁弄分院的医生高兴地说。

原来，高血压病（非危重）等 60 种常见疾病已经纳入中心级卫生院诊治范围。

这是余姚市人民医院医共体认真贯彻落实清单管理、推动分级诊疗取得的成效之一。

去年 6 月，余姚探索实施浙江省内首个出台的“基层医疗卫生机构和公立医院医疗服务基本作业清单”，通过一年多的建设，全面厘清了不同层级公立医疗机构功能定位和服务范围，为分级诊疗夯实了基础。

余姚把全市公立医疗机构功能定位分为三级。一级为基层医疗卫生机构。主要指乡镇卫生院、社区卫生服务中心（站）、村卫生室。二级指位于中心城区向市域或位于中心乡镇向集镇及周边乡镇提供以综合医疗服务为主的医疗卫生机构。三级主要向市域内居民提供代表本区域较高水平的综合性或专科医疗服务，以及重大疾病诊治、急救等为主的区域性医疗卫生机构。

依据全市公立医疗机构的综合服务能力，确定了基本作业任务清单 33 项。

实施乡镇级首诊“高血压（非危重）”等疾病清单52种，中心级首诊“消化性溃疡”等疾病清单60种。制定市域就诊“继发性高血压”等疾病种类目录清单234种，牵头医院不轻易外转“胃癌”等病种目录清单108种。确定基层上转疾病46种，下转疾病16种。

余姚市人民医院医共体在此基础上进一步延伸清单管理，根据基层成员单位的功能定位和作业清单，并结合实际，制定了《余姚市人民医院医共体基层成员单位医疗服务作业清单》，明确了238项诊疗、368项手术、56项护理操作为基层成员单位的医疗服务作业清单。10月16日～11月8日共分8期对基层成员单位的185名医生进行系统性培训。

此举，使医共体成员单位间“各归其位”，患者有序分流更精准，按需就医更有效、科学。

三、培育同质，百姓就医更放心

“现在家门口就能维护，免除了路途劳累，也节省了很多费用。”今年8月31日，在余姚市人民医院丈亭分院住院部三楼护士站，当叶静波护士长用娴熟的手法，按照规范的操作程序为来自丈亭的胡大叔做了PICC（经外周置入中心静脉的导管），维护完后，胡大叔很宽心地说道。以往胡大叔都是每周一次专程去市人民医院进行管路维护，现在丈亭分院、梁弄分院、陆埠分院护理人员在市人民医院专科护士的指导下，已完全掌握了PICC维护技术。

余姚市人民医院医共体根据各成员单位的能力“需求清单”，组团配置医疗技术团队6个，配备医务人员122人（其中高级职称73人），探索协同发展了多种模式，积极打造“同质化”医护人员，有力提升了基层医疗服务能力。

按市域医共体“一院一品”的原则，人民医院每周定期安排专家、专科医生到基层成员单位进行查房、手术、门诊。重点扶植了如市人民医院丈亭分院的联合病房等11个科室，使基层医疗机构住院诊治病种从去年的44种上升到现在的65种，出院人数同比增长11.18%。就医新秩序有效建立。

医共体选聘了业务能力出众、医德医风良好、综合素质突出的高级职称医学专家54名作为培训导师，由各分院选派骨干医务人员62名，以结对形式开展培训，涉及普内、消化、心血管、内分泌、呼吸、肿瘤、外科、妇产科、儿科、口腔、中医等各个亚专科。通过线上线下、分层分类、交流互动等方式，精心培育“同质化”医生。

同时余姚市人民医院医共体还设立医护总监、组建讲师团、培训专科护士、成立“阳明消化专科联盟”，此举也极大地推动了医共体内医务人员“同质化”。

目前医共体已培训基层医务人员近1300余人次。

特别值得一提的是，医共体针对10家单位制定了门诊病历检查评分、超声质量、临床用血、医疗护理质量控制考核等20项评价和质控检查标准。17个质控小组对成员单位采取多种形式组织培训、巡检督查。统一了医共体所有单位的《药品处方集》和《基本用药供应目录》、组织新药准入评审、药品采购、结算、配送。规范了医共体所有单位门诊医疗、护理、人文服务，实现门诊服务同质化管理。

余姚市人民医院医共体多措并举，进行精细管理，同质培育，让百姓在基层看病既称心又放心。

四、医防融合，服务百姓一条龙

钱老伯是此次活动中众多受益人之一。今年7月，他听说有余姚市人民医院医共体的牵头单位——市人民医院专科医生和成员单位丈亭分院的全科医生一起组建的专家团来到家门口，为当地群众送来专家义诊、疾病筛查、血糖及PSA检测等医疗服务，他遂也来做个疾病筛查。钱老伯PSA（前列腺特异性抗原）检测异常，加上排尿困难，医生结合临床症状，诊断钱老伯“前列腺增生”，此时医共体机制马上发挥了作用，绿色通道从乡村直达市人民医院泌尿外科，一条龙服务，住院安排床位，检查手术，术后复查，流程顺畅，诊疗及时。

据悉，此轮“阳明农村健康行”活动，服务群众人数2265名，筛查出100名前列腺疾病患者，333名白内障患者，1名肿瘤疾病患者、31名其他疾病患者；现场转诊13人，现场家庭医生签约66人，共为6位泌尿外科病人和8位眼科白内障病人提供了一条龙服务。

开展“健康乡村”综合管理，是医共体组织开展健康素养调查、疾病筛查和健康干预的一块试金石，也是牵头医院作为全过程健康服务“领头羊”，能否“以治疗为中心向健康为中心”转变的一次重要检视。同时也是一次创新家庭医生服务模式的契机，开展专科医生、全科医生和乡村医生共同参与、市镇村三级联动的家庭医生签约服务，做到有档可查，有制可循，有径可医，扎扎实实为老百姓提供连续的可及性医疗服务。

对于医共体下阶段推进工作，余姚市人民医院医共体理事长陈锋表示，将以更大的勇气和魄力在推动医疗服务高质量协同发展，推进医康养结合，发展“互联网 + 医疗健康”服务，加强岗位管理，建立与医共体相适应的薪酬制度等方面下功夫，让人民群众得实惠，医务人员得尊严。

刚柔并济 引航前行

——记莱州市妇幼保健院书记、理事长杨楠

山东省莱州市妇幼保健院

他，是精于业务的外科医师，性情中，尽显沉着冷静；把握大局的能力和理念总让人眼前一亮，负责的医疗案例被清华大学纳入清华学堂教学案例库；他是年轻人口中的“超级男神”，激情澎湃，魅力四射……他就是现任莱州市妇幼保健院书记、理事长的杨楠同志，同时兼任中国妇幼保健协会县级工委常委，山东省妇幼保健协会县级工委副主委，齐鲁儿童医疗集团常务理事，烟台市医学会公卫专业副主委，莱州市医学会会长。

一、胸中有丘壑，定方向绘就发展新蓝图

2016 年 12 月，杨楠调任莱州市妇幼保健院院长，这个时候，医院刚刚搬迁到新院区一年，基础设施不甚完善，业务架构亟待新建。杨楠利用一个多月时间马不停蹄做访谈、搞调研，在熟悉了解医院整体发展情况的基础上，结合当前医改政策要求，迅速理清思路，运用自己多年的医院管理经验，针对医院实际，确立了医疗支撑和保健导航“两条腿走路”，精湛业务和优质服务“两条线并进”的医院发展方向，明确了建设大专科、小综合、辐射区域的烟台县市级首家三级妇保院的奋斗目标。

发展方向和奋斗目标的提出，一下解决了职工们普遍对医院发展前景比较迷茫的问题，让职工看到了发展希望，增强了全院干部职工工作的信心和动力。职工们说，有了主心骨，心里都敞亮了！

同时，杨楠敏锐地认识到，莱州妇幼保健院经过60多年的发展，“服务到感动，真诚到永远”的感动服务品牌虽然已在老百姓心中根深蒂固，但是随着医疗保健需求的提高，群众对技术的要求也越来越高。“服务好是必要的基础，但技术强才是医院发展的出路，也是最能让群众认可的法宝！”他一改莱州妇幼保健院昔日温和风格，大刀阔斧进行了一系列改革，给医院注入了一股阳刚之气。在他的带领下，两年时间里，医院改革方案一个个有序推出，沉积多年的问题一个个跟进解决。

二、平地起高楼，破瓶颈提领事业新高度

杨楠认为，高品质医院内涵之一就是掌握过硬技术，只有瞄准“高精尖”，力争做“第一”，才能更好地赢得发展先机。他带领全院职工，自我加压，从强化基础知识、基本技能做起，对技术精益求精，不断锤炼，带出了一支从“不能”“不敢”到“就我能行”的技术队伍，实现了医院发展史上多个“零”突破。

（一）加大合作补“短板”

在他积极运作下，医院加盟了山东大学齐鲁儿童医疗集团，从而正式成为烟台县市区医院中第一家与齐鲁儿童医院合作的医疗单位。争取烟台市首家国家卫计委病理远程会诊与质控中心落户妇幼保健院，有效带动医院乃至莱州、烟台各级医院的病理诊断水平。与北京儿童医院、山东省妇幼保健院、山大二院、青岛市立医院、青岛妇女儿童医院、济南市妇幼保健院、烟台市妇幼保健院等三甲医院建立技术合作关系，邀请专家定期来院坐诊、会诊疑难病人、指导手术，以教促学，快速提升医院临床诊疗技术水平，让莱州百姓体会到“家门口三甲医院”的服务便利。他更清醒认识到“医教学研”四位一体现代化医院建设的必要性和紧迫性，争取多方支持与牡丹江医学院、佳木斯大学结成实习基地。

（二）敢于突破创品牌

只有打造自己独有的“金刚钻”，才能凸显优势，让自己更强大。两年来，杨楠带领全院上下不断强化质量品牌意识，聚精会神把宫腹腔镜、乳腺微创、孕期营养、无痛分娩、产后康复、新生儿救治、儿童早期发展与康复、中医诊疗项目这些比较成熟、群众认可度较高的特色项目做精做细，切实打造“拳头”品牌，以此引领医院整体实力上台阶、上水平。

在杨楠“技术强院”思想引领下，2017年以来，莱州妇幼保健院呈现了“爆发式”创新：新开展了妇科吊带、膀胱阴道漏、补片手术，技术达到烟台先进水平；在烟台县市率先引进荧光探测技术，应用于乳腺癌前哨淋巴结活检术；在莱州市率先开展了产科自体血回输技术，加大了急救安全筹码；儿科新开展了小儿支气管镜检查及镜下治疗、新生儿眼病筛查项目、脐静脉置管术、PICC，救治了国内罕见的双胎输血综合征患儿；产后康复科新开展了腹直肌分离、闭孔肌梨状肌疼痛治疗工作；建立起烟台市首个盆底康复中心和首个儿童身高促进门诊、莱州市更年期保健门诊；努力打造全市危重孕产妇救治中心和新生儿救治中心；新引入CT、MR等大型设备，医院硬件条件极大改善……

一项项新技术的引进，一个个新成绩的取得，不只员工感受到医院强劲的发展脉搏，莱州市民也意识到了妇幼保健院的变化，而今“妇幼保健院不光服务好，技术也厉害，看病更放心舒坦”的认识正在群众心中逐渐建立。

（三）高瞻远瞩深固根

技术的发展，关键在人才。杨楠对此有独特的人才观。他认为，现有人才的培养与提升是人才战略的关键，给人才合适的平台是留住人才的根本。用对地方即是人才，要善于发现人才、真正用好人才。他努力争取政策解决医院人才缺口问题，力求“让有用的人才进得来、留得住、用得了”。他多次要求中层干部有针对性地制订人才培养计划，稳步推进人才强院战略实施。2017年，医院一下引进了4名医学院校研究生，从此打破了医院建院60多年来无高学历人才的历史。

他更把科研放在提升自身能力头等重要位置，邀请青岛大学医学部专家多次来院进行培训，并设立专项科研资金，建立科研小组，在全院形成讲学习、重科研的良好氛围。在他的鼓励下，医院有多项科研在莱州市立项，多人在莱州市、烟台地区乃至全国各类比赛中夺冠，比学赶超蔚然成风。

三、阔步向前行，聚能量迸发发展新活力

他始终认为，一个单位就是一个大家庭，家和才能万事兴。只有让全院500

名职工心往一处想，劲儿往一处使，形成发展合力，医院才会拥有源源不断的发展活力。

他率先垂范，要求职工做到的，自己必须不打折扣先做到；他坐镇每一次急危重症手术和每一次应急演练；他改革医院早交班工作模式；他习惯每天下班前到医院各处巡视；他脱下西装换上白大褂，走进病房进行规范化查房，引导临床科室做好带教；他献完血后再匆匆赶到外地开会；他放弃休假，陪伴新入职员工在医院过中秋……

只有把职工当“家人”，职工才会把医院当“自家”。职工生老病故他亲自到场慰问；职工遇到任何困难，他总是第一个站出来全力相帮。在他的倡导下，医院先后组织开展了新员工入职典礼、老员工退休仪式、员工集体过生日等人性化活动，切实增强了员工“获得感”“幸福感”，形成了情感认同，全院职工中逐步形成了作为“妇幼人”的高度荣誉感，真正实现了文化自信。甚至是已经社会化的物业人员都被感染，将“我们妇幼医院”作为自豪的口头语。

他心里更装着大众。两年来，他多次深入农村包村调研，为帮扶村庄争取到5公里公路建设项目，改善了村民居住环境；带头与莱州贫困女童结对，助其完成学业；带领党员干部奔波70多里地，到贫困村进行健康义诊与医学保健知识宣教，把优质惠民医疗服务送到群众家门口。

“群众需要什么样的诊疗，我们就干什么；群众在医院怎么能就诊放心，我们就提供什么。”在带领医院参加等级评审的日程规划上，杨楠明白，担子依旧重，前路还很长，“我相信我们能做专做精做第一！”对于未来，杨楠信心满怀。

患者至上 在这里落地结果

——邹平市人民医院优质服务概述

山东省邹平市人民医院

走进邹平市人民医院就会发现，所有员工的胸前都佩戴着两枚胸牌，一枚是与其他医院相同的工作牌，另一枚是其他医院所没有的红底黄字的“患者至上”胸牌。“以病人为中心”“患者无小事”俨然已是各家医院都秉承的工作原则与宗旨，邹平市人民医院为什么要把“患者至上”这四个字如此醒目地挂在每一名员工的胸前呢？这小小的胸牌又起到了什么作用，发挥了什么效果呢？

一、“患者至上”，特色文化固医院之根本

2018年11月9日，产科护士站收到了一篮鲜花和一张卡片，上面写着：“一年365天，感谢。去年11月9日，66床。”看到这些，所有上班的医护人员又惊喜又感动，但更疑惑，是哪位产妇能一年后还记得产科？还能够把这份感情积攒浓厚到一年后还送来鲜花？当时又发生了什么让产妇如此铭记这份感情……通过住院登记本，科室很快就查到了鲜花的“主人”。但科主任邢书健和全科医护人员却并没有仅仅止步于找到“主人”，止步于收到鲜花的高兴和对自我工作的肯定，而是把这篮鲜花当作了科室职业道德教育的“活教材”，就像胸前的“患者至上”胸牌一样，警醒、激励全科人员时刻注重工作的规范化操作和服务的人性化拓展，再接再厉、更上一层楼做好工作，通过热情周到的服务搭建起医患之间友情友谊的桥梁，通过社会担当缔结医院与社会和谐共建的纽带。

的确，医院的工作就是为群众健康生活和社会经济发展提供的一种特殊性质

与内容的服务。服务是内容，更是根本。服务的对象是人，实施服务的也是人，人与人之间的沟通和交往就必然产生和发展“人文”。产生和发展什么样的人文，就决定了会有什么样的服务，就决定了是什么样的医院。

正是基于此，邹平市人民医院通过充分的酝酿、讨论，在短短两年的时间里，逐步凝练完善出“患者至上，员工第一”的管理理念，让患者“看得上病，看得起病，看得好病，看得便利，看得愉快，看得及时，看得安全，看得知病，看出改变，看出友情”十个看发展目标等独具特色的医院发展理论指导体系，使医院发展有了“文化”的引领和依托。

二、医院发展理论指导体系

医院精神：大气包容，至诚至善，创新精进，追求卓越。

工作理念：不断有新思维推动新实践，不断有新项目拉动新发展，不断有新服务塑造新形象，不断有新文化开创新局面。

发展目标：让群众看得上病，看得好病，看得起病，看得及时，看得便利，看得愉快，看得安全，看得知病，看出改变，看出友情。

发展方向：平安医院，科技医院，创新医院，效能医院，人文医院。

工作作风：以创新的思维谋发展，以团结的品德干事业，以求实的品格定决策，以廉洁的状态抓工作，以忘我的作风抓落实。

医院形象：一流的医疗技术形象，良好的服务态度形象，先进的医疗设备形象，高尚的职业道德形象，和谐的人际关系形象，温馨的就医环境形象。

八个员工：信任员工，依靠员工，深入员工，服务员工，尊重员工，快乐员工，利益员工，发展员工。

六个发展：提底线促安全发展，提作风促快速发展，提管理促和谐发展，提医改促科学发展，提项目促创新发展，提人才促持续发展。

“‘患者至上’的医患文化是医院文化的着眼点，更是落脚点。我们把为患者提供最满意的服务当作项目来抓，用抓项目的魄力、作风和目标要求来抓服务，要求有创新、有人情味、有效益，特别是社会效益。从而在全院，全流程、全过程地打造出一种让患者可以看到的“至上”的环境，营造出一种让患者可以感受到的“至上”的氛围。院长成延忠如是说。他是这样说的，更是这样做的，他带领全院1500多名干部职工，用“抓铁有痕，踏石留印”的作风，制定一项项制度，落实一项项工作，建立一项项机制，形成了邹平市人民医院“以文化人，人化成文”的良性循环和人文氛围，形成了邹平市人民医院医患文化独具特色的文化现象和文化符号。

1. 医院把每年的4月16日设立为“医患同心节”，每到这个节日，医院都会为当日住院患者送上精心设计的祝福卡和免费查体卡，让他们感受到节日的温暖与实惠。

2. 每年11月，医院都会聘任60位当年的住院患者为医院的“名誉员工”，让他们享受医院免费查体、参加医院各种活动的权利，积极从患者、群众、社会角度对医院发展提出意见建议，也就是创新性、突破性地让患者参与到医院管理中来。目前，连续4年已聘任240多名“名誉员工”，在邹平市各行各业、各镇街有了一支特殊的“员工队伍”，聆听群众的意见，反馈社会的声音，维护医院的形象，传播医院的声誉。

3. 自今年9月10日，医院为每一名出院的患者赠送精心包装的平安果，为所有康复出院的患者送一份健康、送一份平安、送一份祝福，更送上了一份贴心、一份用心、一份真心。

4. 院长在无特殊情况下，都会每月下病房行政查房，到所有临床科室的病人床前，询问他们的住院感受，征求他们的意见，并赠给病人一幅精美的风景画、一箱牛奶和成本查体卡，表达对他们的慰问和祝福。

5. 医院为所有住院期间正值生日的病人赠送生日贺卡和礼物，送上生日的惊喜与祝福。

6. 2014年1月，在医院每月印发《人民医院报》的基础上，创新性地提出编印《患者之声报》，同样是每月一期，刊发与社会、患者有关的医疗工作与活动，来自患者的声音和作品，让邹平市人民医院的患者有了自己的报纸，并为每期刊发作品患者寄发报纸。目前已印发58期，收获了一大批来自患者的忠诚粉丝。

7. 2014 年编印医院圣经《心灵之光》，摆放在每一位住院患者的床头柜上。书内收集收录了 10 多个小故事，每则故事最后都有简短感悟，提炼出故事的内涵与寓意，引导和培育患者对疾病、世事宽容豁达、感恩为善的观念与态度，得到了患者、患者家属、社会各界强烈的反响和高度的认可。住院患者，有的摘抄，有的欲购买，有的甚至悄悄带走。今年 10 月 14 日，中国工程院院士、原卫生部副部长王陇德在出席邹平市人民医院“共建全民健康管理医院”签约仪式时，对《心灵之光》的创意和内容给予了充分的肯定。

8. 设立“临床服务中心”，提供预约、陪诊专职服务。

9. 组建了以糖尿病俱乐部为代表的各科室、各专业的患友群体，把相同疾病的患者通过微信群、俱乐部等方式集合起来，进行健康科普、疑病解答、患友互助，便于集中管理，更便于迅速为患者解决问题。

10. 在医院并不宽松的地理空间内，开辟出同心广场、竹园、竹廊、荷花池、健康器材活动区等文化活动场所，供患者休闲娱乐。同心寓意为：“病员与医务人员同心，全院全体同志同心，同心战胜疾病，同心发展带来，同心和谐生活，同心创造未来。”立意深远，意味深长。

……不一而足，邹平市人民医院将服务与人文有机结合，有机融合，将医院的培育功能发挥到极致，全方位为患者提供“十个看”的完美服务，打造出有情有爱、有文有物、有形式有内容的医患文化。

三、平台搭建，借势借智破发展之限制

2018 年 11 月 8 日，泰安的王女士和母亲一大早搭乘泰安到邹平的大巴车赶往邹平，只为偶遇到泰安游玩的张月，体验到他快速有效的手法调理。体验过后因为满意的疗效，在回到泰安的第二天就打电话给张月，预约下次的时间，还要带两位患有同样疾病的朋友一起来。

张月所谓的特效调理手法，利益于与中国脊骨神经医学会对接成立脊骨神经医学华东诊疗中心、全国临床示范基地、国际合作临床基地，把这一项具备国际前沿水平的技术引进医院，并以其精准诊断、快速显效的特点瞬间风靡邹平，并

口口相传，名声在外。

走进邹平市人民医院，与众多县市级医院不同的是，这里没有高楼大厦，最高的病房楼住院三部只有六层，其他病房楼要么三层，要么五层，门诊楼四层除去一层办公，也只有三层的空间。从南到北，从东到西，总占地仅有 83 亩。对于一家致力于打造医疗、科研、康复、教学、急救于一体的综合性医院，捉襟见肘的空间极大地限制着专业的细化和发展。怎么办？等？靠？人民群众对优质医疗服务不断增长的需求不能等！健康中国的大健康战略、邹平市人民医院的持续发展不能等！这一辈人的职业使命和责任担当不能靠！

没有大楼，但要有大师！硬件不强，软件要强！哪些是软件？环境、流程、服务、技术、名医、名科……

邹平市人民医院启动了“美丽家园创建活动”“白手套活动”“厕所革命”，对有限的医院空间进行环境整修改造，楼与楼之间全部连廊连接，既遮风雨方便患者，又充分利用连廊进行文化装饰与美化，名人名言建成了文化长廊；竹叶潇潇、专家介绍建成了竹廊，让医院多了绿色与生机；对病房楼进行统一改造装修，设施变得简洁实用，设备力求高端便捷，并把四座病房楼依次命名为“爱梅楼”“爱兰楼”“爱菊楼”“爱竹楼”，让原来生硬的一部二部数字命名的病房楼有了“高大上”的文化气息；白手套活动，就是卫生检查要戴白手套，看角落，重细节，让医院卫生质量与标准进一步提升；为每一处厕所放上空气清香剂，洗手盆处放上精致的小花盆，让厕所也有了人文气息……这一系列工作与活动的开展，让空间虽小的邹平市人民医院，处处有风趣，步步见风景，洁净中现优雅，有序中见大气，受到群众和各级领导、同行们的赞誉与肯定。

作为医院核心竞争力的人才与技术，如何提高？如何让老百姓在家门口就能解决绝大多数健康问题，不再东奔西走、劳民伤财？凝练以院长成延忠为首的院领导班子智慧的“五个毫不吝啬”准确地把住了“走出去，请进来”的“脉”，通过“对职工培训学习毫不吝啬，对专科建设毫不吝啬，对走出去、请进来的内引外联毫不吝啬，对政策允许范围内提升职工福利待遇毫不吝啬，对年轻同志的培养毫不吝啬”五个层面的人才机制建设，极大地挖掘和激发了全院干部职工走出去、请进来、搭平台、建渠道，通过进修学习，通过各种专业委员会会议，对接国内外专家的潜能与热情，从 2015 年开始，短短三年多的时间，就对接北京解放军医院、首都医科大学宣武医院、北京安贞医院、北京大学第一医院等国内知名医院 10 多家，建立各种形式的技术对接、人才培训、项目共建 40 多项，让邹平市人民医院综合医疗水平与能力实现了连年跳，“跳”出了 20 多个“中心”，实现 10 余个“第一”。

仅 2018 年，就实现了与中国医院协会共建成立邹平市疾病与健康管理中心，立足健康中国大健康战略，实现医院功能的转型升级；创建滨州市首个国家级胸痛中心，并在今年第八届中国胸痛中心大会上，荣获全国 500 家通过验收的胸痛中心综合质量控制评选第六名，急救中心、心内科主任被授予全国胸痛中心暗访专家；成立全国第一家基层医院承接的脊骨神经医学华东诊疗中心、全国临床示范基地、国际合作临床基地，对接新加坡、北京等国际脊骨神经专家定期不定期来院会诊与指导，成立起了国内第一支技术过硬领先的基层医院青年医师团队；成立亚洲痛风联盟高尿酸血症及痛风管理中心邹平分中心，全面启动痛风与高尿酸规范化诊疗和筛查工作；成立山东省疼痛临床研究中心邹平分中心，成为山东省极少见的拥有 20 张床位的成立疼痛专科的医院；成立山东省肿瘤医院肿瘤规范化诊疗基地，几十位曾在多家上级医院中断治疗的各类中晚期癌症患者，通过基地的综合辨证诊疗，延长了生命，提高了生命质量；还有邹平市康复中心，邹平市儿童喘息性疾病诊疗中心，千佛山医院骨关节中心邹平分中心、邹平市人民医院眩晕中心等先后成立。

“2018 年，可谓是硕果累累，喜事连连。”院长成延忠说：“这种态势一方面说明我们的真诚感动了上级专家，另一方面更是我们实力的证明。这一个个平台的成功搭建，既为我们提供了交流与提升的平台，更为全市及周边的广大群众得到了在家门口就能让国内知名专家看病的实惠。作为医院，既要有培养人才、培养专家的责任，更要有不为所有、但为所用的智慧，跟着大家才能成为大家，对接前沿才能成为前沿。我们要在励精图治、自力更生的基础上，大力推进借势、借市、借力、借智、借制、借治、借平台、借资源、借舆论、借载体这十个借，实现专业技术与技术人才的大连接、大联合、大融合，造福邹平市民和广大患者。”

后记：

所谓“天下为公，大道至简”，邹平市人民医院，无论是人文医院建设的创意创新，还是平台搭建的专业突破，始终都围绕着提高就医体验，切实解决问题的“患者至上”理念延续而来，因此，我们便不难理解，为什么会有患者一年后还记得他们的好，为什么会有患者不远千里来寻医问药。什么是“名医”“名科”，不是挂着多少荣誉和桂冠，而是让老百姓、让患者念念不忘、口口相传。邹平市人民医院，做到了。

立足本职工作 争做优秀党员

内蒙古商都县妇计中心支部书记、驻村第一书记 郝建飞

中央决定开展“两学一做”学习教育，是推进全面从严治党向基层延伸的一项重大部署，是巩固和拓展党的群众路线教育实践活动和“三严三实”专题教育成果，深化党内教育的重要实践，是推动党内教育从“关键少数”向广大党员干部拓展、从集中性教育向经常性教育延伸的重要举措。作为一名党员的我，响应党的号召，肩负着使命、重托来到了派驻村。去实现一个党员、一个工作人员的使命。作为一个卫计局派出干部自己时刻想着，必须用力、用心、用情努力把工作干实；作为一个农村干部又必须做到脑装群众观点，手抓群众工作，心想群众利益，脚走群众路线。今年又是自治区危房改造、精准扶贫关键年，我在“两学一做”上主要体现在如下几个方面：

一、危房改造

危房改造工程 8 月份已进入决战决胜期，作为驻村第一书记时刻用“两学一做”学习教育，带领党员干部深入践行“基础在学、关键在做”的要求，着力将学习实效转化为推动“危房改造”工程建设的动力，确保“危房改造”工程惠及广大农民群众。

为发挥群众参与工程建设的能动性和积极性，党员干部在做好本职工作的同时，积极深入村民家中做好群众工作。为顺利推进危旧房拆除，镇包片领导、村支书多次参加村民代表会议和户代表会议，向群众宣传讲解各项政策，争取群众的理解与认可，确保顺利推进工程建设。

在推进“危房改造”工程中，全体党员、干部放弃了节假日以及自家天地劳作时间，始终以“五加二”“白加黑”的拼搏精神奋战在攻坚一线，抓工期抢进度，突出重点打造亮点，严把工程质量关，真正把责任扛在肩上、把工作抓在手上、把任务落到实处，用实际行动带领和发动群众共同建设美丽村庄，保证“危房改造”工程建设顺利完成。

二、精准扶贫

精准扶贫是我们党和国家“十三五”期间向贫困宣战的攻坚时间，要在“十三五”期间消灭全国范围内的贫困。2016 年是“十三五”规划的开局之年，中共中央在当前精准扶贫的关键时刻，提出在全党内开展“两学一做”学习教育活动，为脱贫攻坚战提供强大的思想动力。作为驻村第一书记是最基层的实践者，要充分发挥党员、党组织的先锋模范作用，紧紧围绕“两学一做”思想教育，突出问题导向，与精准扶贫攻坚紧密结合，将精准扶贫工作抓出成效。

正所谓，思想是行动的先导，理论是实践的指南。“两学一做”学习教育活动就是要从思想上入手；就是要共产党人永葆党员先进性和纯洁性，不忘党的信仰；就是要自觉践行党章党规，不忘入党初心，始终一心向党。只有从思想跟进了，才能进一步开阔思路、拓宽视野、找准方向、指引发展才能成就一名优秀党员。我正是以开展“两学一做”学习教育为契机，立足自身和基层实际，领会其重大意义，切实发挥一个党员的先锋模范作用。引领广大人民群众凝心聚力，调动一切积极因素，积极推动发展，形成脱贫攻坚精神力量的强大合力。

“两学一做”以“学”为根本，以“做”为落脚点。学，就要认认真真学；做，就要踏踏实实做，学的最终目的是为了做。作为基层驻村干部，把开展“两学一做”与精准扶贫紧密结合起来，吃透精神实质，学思践悟。按照“基础在学，关键在做”的工作要求，紧密结合脱贫攻坚工程，以学促改，以学促推，多方举措助力精准脱贫。切实解决好“扶持谁、怎么扶、谁来扶”的问题。真正做到学以致用，在扶贫攻坚战场把学习教育的成果转化为为人民服务和为贫困群众解难题、办实事的实际行动。

既然是扶贫攻坚战，我们的首要任务就是要精准识别扶贫对象，做到有的放矢。在精准识别过程中遵章守纪：坚持民主集中制原则。努力营造既有集中又有民主，同时兼顾各方意见的生动的政治局面。认真做好基础资料的收集，做到精准识别，积极开展查漏补遗工作，利用“五定五看”评价体系，给每一个贫困户算好经济帐。进一步对已脱贫的贫困户进行再摸底、再排查，真正做到精准识别，一户都不能少。确认精准扶贫对象的过程，是检验每个党员干部的学习成果。经过几轮的摸排及认真筛查，全村 2016 年的贫困对象为 63 户 165 人，多为缺资金生产力发展不足所致。

任务已经明确，就要为之努力奋斗，最终统一到“两学一做”活动，“做”这个落脚点上。在村支两委及广大党员群众的支持下多方了解，全方位调研，立足村情、为精准扶贫对象及广大人民群众出点子、谋路子。真正找到脱贫致富的“金点子”，打赢这场脱贫攻坚战。

三窝卜自然村的白玉梅一家 3 口是我们识别扶贫户，其无自家土地，白玉梅常年有病，一子离异后无正当职业，留有一女上小学。了解此事后，汇报派出局领导并得到了大力支持，为上学小女孩交了在校伙食费。新胜村的王飞身患肺癌一年的药费就得 3 万多，而且又有在校学生家庭经济困难，经与派出局干部魏文革一同去县民政局、镇政府以及孩子就读学校说明情况摆明事理，为其在经济上得到了一些补助，解决了燃眉之急。像这样的事例还有好多，这在“两学一做”活动，“做”这个落脚点上进行了体现。

依据新胜行政村地下水资源丰富土地较平坦等全方位的实际情况，从战略上提出转变旱改水种植结构的发展思想，即由原来单纯的粮食种植业转变为以经济作物为主，特色种植葵花、糖菜、土豆相结合的产业发展路子，同时加快壮大集体经济夯实村集体发展的基础，使广大人民群众共同脱贫致富。

“两学一做”教育活动的关键是把学与做有机地统一起来，为此，勇于担当，不辱使命，大力弘扬优良作风，时刻把人民群众的冷暖放在心上，是争当一个驻村干部优秀党员干部所应有的职责。顺民意、解民忧、增民利，才能不断增强打赢扶贫攻坚战的信心和勇气。党员做给群众看，带着群众干，这就是在扶贫攻坚战中发挥党员先锋模范作用的具体体现。

相信通过深刻领会、开展“两学一做”学习教育，定能为所在村庄的危房改造、脱贫攻坚凝心聚力。定能在实际工作中全心全意为人民服务，争先创优，给身边的群众带来示范效应，带动大家一道实干，一道奔向小康。

大步走进新时代　创新发展立潮头

——走进奋进中的平遥县人民医院

山西省平遥县人民医院　刘秀玲

平遥县位于山西省中部，是中国境内保存完整的明清时期古代县城的原型，有300多处古迹。如“汇通天下”的日升昌票号被誉为“中国现代银行的鼻祖”，双林寺被专家誉为“东方彩塑艺术宝库”等。平遥县人民医院就坐落在这座拥有2700余年历史的世界文化名城，是一所具有70年院史，集医疗、预防、保健、教学、科研为一体的县级综合医院。2018年4月有幸被山西省卫计委核定为三级综合医院。

感受着平遥古城的蓬勃发展、沐浴着党的十九大春风、脚踏着深化医改的步伐，院长郝金福表示：走进新时代，站在新起点，平遥县人民医院将继续谨守使命，牢记初心，践行服务群众誓言，努力打造全市有位置、全省有影响、与古城齐名的三晋名院。

一、顺应时代发展，着力“破冰”前行

习近平总书记提出了“没有全民健康，就没有全面小康”的发展战略。国家卫健委推出了深化医药卫生体制改革，实现“三医”联动的政策。作为最基层的县级医院，如何顺应时代发展潮流，在医疗改革的进程中“破冰”前行，探索出符合县域特点、满足群众就医需求和推进全民健康的发展规划是院领导日夜思考的问题。为此，今年年初全院就提出了“12345”工作思路，奠定了医院发展的总基调。

“思想破冰”，全院以习近平新时代中国特色社会主义思想为指引，加强党建引领，发挥管大局、把方向、强监督作用。进行党总支换届选举，成立党办，全面落实好两个责任。医院党办以提升组织力为重点，开设“道德讲堂”“医护大讲堂”活动，通过身边的事鼓励教育身边的人，筑牢为民服务的思想根基，凝聚起全院的精气神。

“政策破冰”，医院在人才引进、培养、干部使用等方面出台了一系列新的政策和措施。医院选拔 13 名青年技术骨干挂职乡镇卫生院副院长，每周下乡指导帮扶乡镇卫生院至少 2 次，落实家庭医生签约、分级诊疗、健康扶贫等工作。使每月基层分院和县医院双向转诊病人量上升到 100 余例、县医院医生家庭签约服务每人达到 60 余人次。护理部建立起护士长后备人才库，通过公开、公平、阳光透明的竞聘，有 11 名优秀人才脱颖而出，医院对他们进行重点培养和使用。通过搭建平台，使一些有能力、敢担当、善做事的青年骨干逐步走上管理岗位，实现更大的人生价值。医院引进专业管理团队指导绩效改革，出台了科学、合理、精细化的绩效测算方案，建立起多劳多得、优绩优酬的分配体系，通过撬动绩效杠杆，调动广大职工工作的积极性。

“后勤破冰”，医院针对后勤服务滞后、人员缺乏等问题，在提出“三转”模式基础上，采取突破性改变，引入后勤服务社会化。通过社会公开招标，以服务外包形式引入专业公司对后勤服务模块实行委托管理，涵盖医院后勤服务体系的保洁、保安、洗涤等服务项目。医院后勤干部强化巡检监督责任，对服务人员实行医院、公司双重管理。通过后勤改革，环境卫生越来越好、医院秩序越来越井然、服务临床越来越主动，病人、职工满意度越来越高。

二、回应多方期待，大胆改革创新

作为县域最大的综合医院，如何实现政府办院宗旨，在体现公益性的基础上，最大限度地更好地为全县52万父老乡亲和每年1300万国内外游客提供医疗服务，是政府的期待；面对人民群众日益增长的健康需求和患者就医目标，如何在硬件软件上进行满足，是社会和患者的期待；面对 700 余名员工，如何凝聚力量、鼓足干劲，带领他们走向新的辉煌，是职工的期待！面对这么多期待的眼神，医院领导更是铆足干劲，大胆改革、积极创新，出台许多推动医院发展的有力举措。

外聘专家门诊开展了，省级专家定期来院坐诊、检查、手术，老百姓再也不用旅途劳顿，劳心费力去为看专家而奔波了。半年时间，共有27名专家出诊164次，接诊病人1219人次。

内镜中心、介入中心、卒中中心、病理中心相继开张了，北京名医、省级名医应邀而来。4个月时间，共邀专家做大的手术212台、检查198例。许多重病、大病终于在家门口解决了。刚刚开展的康复大厅，也是收效良好，每天络绎不绝的患者和康复治疗师忙碌的背影，构成了一道和谐亮丽的风景线。

医师助理台建起来了，患者挂号、开单、买药、咨询等更加方便了。健康山西连起来了，身份证、银行卡、支付宝用起来了，分时段预约挂号、诊间支付、一日清单、检查结果手机实时查看实现了，再也不用排长长的队了。

“大门诊”的作用越来越明显了，所有医师轮流出诊，患者就医选择更多了，普通门诊、院内门诊、外聘专家门诊，每天都可以找到想看的医生。病人看病的连续性、就医的多元性、选择的便捷性，得到越来越多患者的肯定和认可。

体检套餐的打包优惠，不仅惠及更多的人群，而且在减低医保费用，减少不必要住院方面发挥了更大的作用。群众可以根据症状选择不同的套餐项目进行体检，既做到了早防早治，又做到了对症检查，有效提升了全民健康素养。

新购进的DSA C型臂；电子胃镜、电子肠镜、电子支气管镜、内镜超声诊断系统；美国进口史塞克腹腔镜；1.5T美国GE核磁共振成像系统；徕卡冰冻切片机……一台一台新的医疗设备投入使用，正在为患者检查和医生诊断发挥着积极的作用。

三、对标三级坐标，再度合力攻坚

面对三级医院的转型升级和新医院94亩地900张床位的扩张搬迁，如何找好坐标、架起引擎、多轮驱动，撬动医院的快速发展，是摆在医院议事日程上的重要事情。为此，在描绘出医院发展蓝图基础上，着力打造医院内涵建设的四梁八柱。

首先，搭建三级医院学科建设框架。根据病种分析和区域特色评估，医院新增疼痛科、老年病科、康复科；分设神经外科、普外科、泌尿肛肠科；将普外科分成胃肠外科组、肝胆组、甲乳血管组，为三级分科做好铺垫。各学科明确发展方向和奋斗目标，在四个省级重点专科保持优势，持续推进前提下，再建2～3个省级重点专科。精准实验室、院士工作站正在筹建中。

其次，强化学科建设内涵。各个学科按照三级医院标准，认真梳理能够开展的医疗技术项目，对标找差距，分类找方案。在大政策指引下，各学科主动请缨，积极开展新技术项目。如普外科ERCP、甲状腺癌改良根治、腔镜下阑尾、胆囊切除等手术，心内科的心脏支架、骨科的关节镜手术、妇产科的内镜下子宫切除等技术，一个一个的“首例”正在一项一项地填补着县域技术空白，为三级医院发展合力攻坚。

再次，建立起“大质控”体系。医院重新调整质控办组织架构。由院长助理兼质控办主任，能够更加有力推动医院质量建设。要求质控办承接起涵盖医疗、护理、院感、行政、后勤等所有部门的质量管理，以精益管理的思想和科学的管理工具进行质量监管和持续改进。

最后，继续推进文化凝聚工程。“用思想建设医院、用文化凝聚人心”是医院可持续发展的动力。为此，医院推出“优质服务从我行”“共产党员示范岗”等主体活动，许许多多感人的正能量事迹不断涌现。急诊医生为不慎摔伤的西班牙游客扛起了行李箱、为76岁发生骨盆骨折的法国老人喂水送饭；门诊护士捡到外地患者的医保卡、现金、手机等，想方设法归还失主；“90后”护士自己淋着雨，为病人打着伞护送检查……一点点、一件件好人好事，正在温暖着患者的心灵、净化着医院的风气、和谐着医患的关系。

一所有温度的医院、有关怀的医疗、有文化的医生正生机勃勃绽放出生命的活力。人人思发展、个个盼发展、众人谋发展的良好局面已经形成。

雄关漫道真如铁，而今迈步从头越。平医人正以鲲鹏展翅的豪迈气概、大爱无疆的医者情怀走进新时代，再立新潮头，创造新辉煌！

栉风沐雨六十载 砥砺奋进谱华章

——写在徐州市口腔医院建院60周年之际

江苏省徐州市口腔医院 葛 飞

六十年风雨兼程，六十个冬去春来。伴随着时光老人的脚步，至2018年，徐州市口腔医院已走过了整整60年的光辉历程。2018年11月18日，医院迎来60华诞。60个春秋，60年沧桑，在人类历史的长河中如同一朵转瞬即逝的浪花，但在徐州市口腔医院的发展史上却写下了浓墨重彩的一页。这一天，医院成为徐州医科大学直属附属医院、上海第九人民医院集团牙颌面畸形诊治专科联盟揭牌、徐州市口腔医院种植牙专科联盟揭牌……

回眸过去，徐州市口腔医院从1958年五家镶牙所的联合，到如今的淮海经济区第一家、江苏省第三家公立三级口腔专科医院，当中风云变幻、人事沧桑，或披荆斩棘、或蹒跚踯躅、或乘风破浪、或徘徊彷徨，一代代口腔人，不畏艰难，筚路蓝缕，用勇气和智慧书写了一部口腔人专属的医疗传奇。

一、仁心仁术，打造区域一流口腔品牌

岁月悠悠！透过历史烟云，时光回到1958年建院初期，在职人员仅40人，有18台老式牙科椅位，建筑面积仅约400平方米。60年间，从最初的徐州市联合镶牙所到徐州市口腔病防治院，再到徐州市口腔医院；先后成为南京医科大学教学医院、徐州医学院附属徐州口腔医院、三级口腔专科医院、徐州医科大学附属口腔医院；先后荣获“平安医院”“人民满意医院”“徐州市先进集体”“徐州市文明单位”“徐州市工人先锋号”“徐州市青年文明号”“徐州市巾帼文明

岗”“江苏省诚信计量示范单位”等称号。

特别值得一提的是，2018 年 1 月 1 日，医院新门诊大楼开诊，建筑面积增加至 19000 平方米，从根本上缓解了医院医疗用房紧张的难题，更为医院发展注入了新的活力。2018 年 11 月 18 日上午，随着徐州市人民政府李燕副市长与徐州医科大学夏有兵书记共同为“徐州医科大学附属口腔医院”揭牌，更是开启了徐州市口腔医院发展的新篇章，对高素质口腔医学人才的培养、临床、科研、教学等工作必将会有大提升、大促进。

目前，医院拥有牙科综合治疗椅 200 余台，病床 50 张；设有临床科室 15 个、直属门诊部 1 个、辅助科室 8 个、病区 2 个，年门诊量达 19 余万人次，口腔医疗服务辐射淮海经济区。也许从字面上看，这些数字并不庞大，可这些数字却是医院快速发展的明证，它们凝聚着一代又一代口腔人的智慧和努力、汗水和付出。

不积跬步，无以至千里。建院 60 年来，医院在学科建设、医疗服务、人才培养、科学管理、基本建设等方面均取得了突飞猛进的发展。今天的徐州市口腔医院，已成为集口腔医疗、保健、教学、科研为一体的淮海经济区口腔诊疗中心。

其实，荣誉对徐口院人来说只是一种激励，用仁心仁术守护广大人民的口腔健康，才是一代代口腔人最高的追求。

二、创新服务，彰显“一切为了病人”的人文情怀

“多在细节上下功夫，就能让患者就诊多一份便捷。”这是每个徐州市口腔医院人最常挂在嘴边的话。医院为不断优化服务质量，推出了一系列便民就医举措。

医院挂号收费处、药房、放射科、“一站式”服务台等实行弹性工作制，提前 15 ~ 30 分钟上岗接待病人，延后 15 ~ 30 分钟下班，所有服务窗口均公示窗口服务规范，接受病员监督；建立 VIP 特诊室方便特需人群就诊；门诊一站式服务，免费为患者提供轮椅、推车、热水、笔、纸、针、线等便民服务，提供老弱病残孕陪护服务，以点带面，全面推进各项服务向优、细、实延伸；全面推行检验检查报告及时传送制度，合理安排节假日门急诊和住院医疗服务，完善医院标识和就诊流程引导系统。

开展多种形式的门诊预约挂号服务。建立医院预约平台，推进与省、市集约式预约诊疗平台直连。进一步丰富预约的形式，通过电话、网站、微信、手机APP等多种形式开展预约，加强预约诊疗管理，确保预约成功率。门诊号源全部开放预约，全面推行分时段预约诊疗、诊间预约和集中预约。扩大预约比例，医院门诊预约就诊率不低于50%、专家门诊预约就诊率不低于85%、门诊患者分时段预约就诊率不低于50%，口腔检查复诊预约率100%，完善就诊、检查检验时间段（点）告知，缩短预约患者候诊时间，提高预约诊疗效率；落实“预约优先”，对预约患者和预约转诊患者优先安排就诊和入院。要逐步完善住院床位、日间手术预约服务，探索提供预约停车等延伸服务。

合理调配医疗资源。根据就诊患者病种排序，科学安排各专业出诊医师数量，实行门诊服务窗口和诊室弹性排班，保证医师有足够的诊查时间。合理安排检验检查设备和人力资源，努力缩短检查等候时间和出具检查报告时间，力争使预约诊疗患者、当天就诊且无须特殊准备的患者及时检查。全面推行检验检查报告及时发放制度，能即时出结果的，即时发放；能当天出结果的，当天发放。

在这里，你能感受到太多温暖的细节：从走进大门看到的第一张笑脸开始，从候诊时导医热心的引导开始，从门诊大厅里红马甲志愿者热情的服务开始，从接诊时一句简单的“您好”开始……

三、从严管理，切实保障医疗质量和安全

医疗质量是一个医院赖以生存发展的生命线，没有过硬的医疗质量医院也就无从发展。为此，徐州市口腔医院在医疗质量管理中，认真落实以病人为中心、以提高医疗服务质量为主题的医院管理年活动。在各项医疗工作中，规范操作程序、规范医疗行为。第一，医院着重提高医护人员的业务素质，开展了有计划的基础知识理论学习，专业技能操作比武和业务讲课，定期组织全院的三基本考试。第二，医院在医疗工作中，坚持落实“诊前三分钟，诊后四到位”制度、首诊负责制度、业务检查制度、病例讨论评价制度、疑难病例讨论制度等，并形成了质量控制三级组织体系。以真情换理解、以奉献赢民心，徐州市口腔医院一直在全

力打造人民信得过、看得上、百姓喜爱的口腔医院。

同时，严格规范诊疗服务行为，推进合理治疗、合理用药、合理检查。医院采取有力措施，认真落实各项诊疗规范和《药事管理规定》以及抗菌药物临床应用指导原则，严格执行《处方管理办法》，加强对药品使用的管理和监督，严格规范医生处方行为，促进合理治疗、合理用药，每月公布一次检查情况，发现问题及时整改。加大对口帮扶力度，派驻专人赴丰县口腔医院口腔科进行帮扶，通过专家坐诊、教学查房、手术带教、专题讲座、质量评价、人员培训等形式，加强受援医院临床专科服务能力，推广适宜受援医院开展的医疗技术，显著提高常见病、多发病、部分危急重症和疑难复杂疾病的诊疗能力；加快推进受援医院人才培养，提高医院医疗质量和安全管理水平，提升其综合服务能力。

服务水平的提高，关系到医院的形象和品牌。为服务患者，徐州市口腔医院先后制定了一系列人性化的便民措施和制度：不断优化服务流程，做到安排合理、服务热情、流程顺畅，不断促进医疗服务水平的提高；深入福利院、学校、社区、部队开展口腔健康指导，门诊导诊护士随时为患者服务。在服务中，医院一直强调“一切为了病人，为了一切病人”的服务准则，从而引导全院医护人员时时处处以病人为中心，视病人为亲人。贴心的服务，彰显的是仁医大爱的情怀。

四、精准定位，打造淮海经济区口腔医学中心

面对新医改的大形势，如何进一步增强医院的综合实力和核心竞争力，更好地打造口腔专科特色，以更高的定位谋划医院未来的发展，一直是全体口院人在重点研究的课题。

医疗服务和医疗技术是构成医疗质量的两个翅膀，哪个翅膀有问题都会影响医院的发展。要让群众满意，要打造一流口腔医疗品牌需要有让患者满意的医疗服务，更需要有让患者放心的医疗技术，而保证医疗技术的领先地位，唯有走科教兴院的路子。

近几年来，医院全面加强学科建设和人才队伍建设，加强重点学科、优势学科建设，完善各级人才培养体系，特别是领军人才队伍建设、中青年骨干队伍建

设，以出“新理念、新方法、新技术”为目标，提供政策支持，充分调动、激发职工的积极性和活力，提高创新能力，形成以学科培育人才，以人才推动学科的良好格局。高、精、尖的诊疗技术也为口腔疾患的诊疗提供了可靠保证。目前，我院是江苏省口腔医学会副会长单位，徐州市口腔医学会会长单位，承担着徐州及周边地区口腔疾病的临床诊疗和预防保健任务，服务范围辐射淮海经济区。

科研成果更是硕果累累，获得科研奖项 37 项，其中中国整形美容协会科学技术奖 1 项，淮海科学技术奖 2 项，江苏省医学新技术引进奖 1 项，徐州市医学新技术引进奖 24 项，徐州市科技进步奖 9 项。近年来，成功申报科研课题 46 项，其中国家自然科学基金课题项目 1 项，省卫生计生委科研课题 6 项，市科研课题 43 项；发表核心期刊论文合计 348 篇，其中 SCI 论文 13 篇。

为了把自身优势技术推广，更好服务徐淮地区患者，同时也是强化巩固自身口腔医学中心地位，徐州市口腔医院定期举办口腔方面的培训课程，其中最为让人津津乐道的就是《种植精品班》每两个月举办一期，目前已经举办到了第五期，期期爆满，来自全国各地的口腔医生会聚徐州学习牙齿种植的前沿技术。

另外，徐州市口腔医院作为徐州市重大公共卫生服务项目“儿童窝沟封闭预防龋齿项目”定点医疗机构和业务技术指导单位，自 2009 年起，对我市主城区适龄儿童提供免费的窝沟封闭技术服务，有效保护我市广大儿童身体健康。截至目前，已累计筛查近 14 万余名学生，完成近 6.3 万余人次窝沟封闭工作，累计对近 21 万颗牙齿实施了窝沟封闭术技术服务。医院是“微笑列车唇腭裂修复慈善项目”合作医院，从 2013 年以来已为 230 多名患儿进行了免费治疗。2017 年成为“泉山区弱势老人口腔关爱工程”合作医院，承担了为低保老人进行口腔健康筛查、口腔基础治疗及义齿制作安装等工作。

当然，成绩只能代表过去，作为一家有着 60 年历史的口腔专科医院，各个专业的发展必须要与社会需求相适应，才能满足群众不断增长的口腔健康需求。对此，徐州市口腔医院王鹏来院长动情地说：“60 年是新起点，也是医院发展的新契机。在今后的工作中，我们将继续保持认真务实的干劲，继续在省、市级重点专科建设方面下功夫，力争在人才、科研、学科建设等方面取得新突破。紧紧围绕‘改革、创新、提高、发展’四大主题，按照三级甲等口腔专科医院的新标准和新要求，全力建设集医、教、研、防四位一体的功能齐全的现代化口腔专科医院，更好地满足徐州及周边地区人民群众多层次的口腔医疗服务需求”

探索心理健康服务体系建设新路径
全面提升市民心理健康获得感

安徽省马鞍山市第四人民医院

没有全民健康，就没有全面小康。心理健康是健康的重要基石，关系着广大百姓幸福安康，影响着社会和谐发展。

作为全国首批医改试点城市的安徽省马鞍山市，近年来积极践行习近平总书记“以人民健康为中心”新思想，以实施“心理健康惠民工程”为抓手，以市精神卫生专科联盟建设为载体，精准对接全市市民日益增长的心理健康需求，初步探索建立起了安全、有效、便捷的心理健康服务体系，让心理健康服务惠及千家万户，为全省乃至全国心理健康服务和社会心理服务体系建设提供了马鞍山经验。短短几年，马鞍山的心理健康服务工作便成效显著，全市民众的心理健康获得感大大增强。

一、路径一：心理健康成为为民办实事项目，顶层设计打造服务新样本

马鞍山是一座重工业新兴城市，位于安徽省最东部，横跨长江、接壤南京、毗邻长三角，现辖三区三县。随着近年来全市经济快速发展、社会变化加快，对民众心理产生了重要影响，一些人在应对多样化的社会价值观念、复杂的社会关系变化等方面明显心理准备不足，心理健康问题日益凸显，极端情绪引发的突发事件时有发生，各种矛盾叠加、社会压力剧增，对经济发展和社会和谐产生了负面影响。

目前，马鞍山 226 万常住人口中罹患精神障碍人群近 40 万，在册管理的重

症患者9582人，多数患者均是因前期的心理健康问题无法得到有效疏导和控制导致病情加重，逐步演化为精神障碍疾病。预计到2030年全市预期的330万人口中罹患精神障碍人群将近80万，其中重症患者将近6万。

“我市精神卫生工作起步晚、基础薄。2016年以前，全市精神科床位276张，精神科医生28人，专科护士45人，精神病人检出率仅2.74‰，规范管理率、治疗率等均居全省后位。”马鞍市卫生计生委副主任夏羽告诉记者，精神卫生工作的滞后给患者心理咨询和心理治疗带来极大不便，多数心理疾病患者选择去南京、上海等大城市看病就医，但路途遥远、异地治疗不便等又给患者造成负担，医患矛盾加剧。

为解决这些难题，马鞍山市委、市政府审时度势，2016年投资4000万元新建市精神卫生中心并投入使用，2017年组建了全市精神卫生专科联盟，以市精神卫生中心为牵头单位，与辖区三个县级精神卫生服务机构建立起上下联动的分级诊疗长效机制，借助专科联盟平台资源共享、技术帮扶、医疗合作等优势，实施全市心理健康促进项目，加强心理保健、心理卫生健康教育和指导。

2018年，马鞍山市政府在全省率先将心理健康服务列为为民办实事项目之一，在全市组织实施心理健康惠民工程，从顶层对全市心理健康服务体系建设工作进行了设计和监管，成立了项目领导小组并制订了“1+9”共计10个工作方案，落实了240万专项资金，组建了6支心理危机干预队伍，开展了15期心理健康队伍培训，组织了近40次心理健康进学校、进社区、进企业、进机关活动，对6500余人次开展了心理健康评估筛查测量，实施了200余人次的心理危机干预服务，开展了重点人群全覆盖的心理障碍人群规范治疗，开展了近40次的心理健康知识社会宣传。同时，在市政府的牵头推动下，市综治、卫生计生、公安、民政、残联等多部门联合建立了联席会议制度，强化部门协作，建立完善救治补助、队伍组建等配套方案，形成了齐抓共管的工作机制。

马鞍山推进心理健康服务体系建设工作得到了国家、省、市相关部门的认可和肯定，2018年8月，马鞍山被中央政法委和国家卫健委列为2019—2021年全国社会心理服务体系建设试点城市。

二、路径二：建立健全心理健康网络，心理健康服务逐步“全覆盖”

习近平总书记在全国卫生与健康大会上指出，要加大心理健康问题基础性研究，做好心理健康知识和心理疾病科普工作，规范发展心理治疗、心理咨询等心理健康服务。党的十九大也提出，加强社会心理服务体系建设，培育自尊自信、理性平和、积极向上的社会心态。

马鞍山市在推进心理健康网络建设中，按照“建体系、带队伍、见成效”三步走总体思路，重点从心理健康的机构建设和队伍培养上下功夫。今年以来，马鞍山通过“心理健康惠民工程”建设，大力推进心理健康服务专业机构建设，市政府将位于市中心位置的一栋 880 平方米的房屋改建为市心理健康中心，并落实 100 万专项资金用于设备购置和房屋装修。10 月下旬，一个在安徽省内布局最合理、设置最规范、区位最优化的现代化心理健康服务中心正式投入使用，中心将以打造成为集医疗、教学、科研、预防、康复、干预、鉴定等为一体的全国知名心理健康服务基地为目标，不断强化全市心理健康服务的龙头作用。

马鞍山下辖的含山县、和县、当涂县也建成了三个县级心理健康中心并投入使用。市县两级心理健康机构还指导中小学、乡镇卫生院、社区新设立 63 个示范心理辅导室，全市各部门各行业心理辅导室等心理健康服务机构突破 250 个，心理健康服务网络全面铺开。

马鞍山在健全服务体系过程中，全力推进心理健康专业人才培养与建设，实现心理健康队伍“量、质”双提升。马鞍山市心理健康中心主任程志元说：“随着生活水平的提高，越来越多的人关注自身的心理健康，会主动寻求专业的心理帮助。目前社会上各类机构很多，如心理热线、心理咨询中心、心理门诊等，而这些机构心理咨询人员的行业准入门槛普遍不够高，素质良莠不齐。”

程志元告诉记者他接触到的一个案例，“一位即将高考的高三学生因学业压力去某心理咨询中心求助，和咨询师谈话前，看到办公桌上书过多过乱，学生突然歇斯底里地大喊，并把书籍拿起不断撕扔。咨询师当时被他的举动吓得发蒙，害怕他会伤及自己……”“这种处置很业余，有些精神类疾病不是心理治疗的适应症。”程志元认为，现在社会上心理咨询师的专业化水平和服务能力亟须改进加强。

针对这一情况，马鞍山一方面开展人员摸排，成立了全市心理危机干预队伍领导小组和专家组，组建由精神科医师、心理咨询（治疗）师、社会工作者等60名人员组成的覆盖三县三区的6支心理危机干预队伍，负责为辖区群众提供心理咨询、心理危机干预等服务，同时将心理危机干预和心理援助纳入各类突发事件应急预案，组织对全市心理危机人群开展心理辅导、心理咨询、心理治疗和危机干预，2018年共开展心理危机干预200多人次。

另一方面开展了多层次、全覆盖的师资培训活动。今年从全国招募顶级心理治疗（咨询）专家组成的师资队伍，先后举办5期心理健康师资队伍培训班和10期心理健康服务人员短期培训，各县区心理健康服务人员近1200余人次参加系统培训，有效提升了全市心理健康服务人员的专业理论水平和服务能力。

在解放街道社区卫生服务中心，从事基层心理健康服务多年的钱静医生，向记者讲述了自己近几年的变化：加入了花山区心理危机干预小组，多次参加心理健康师资队伍和服务人员培训，自身能力进一步提高了，处理日常的心理健康咨询工作更加得心应手了，社区的心理健康服务更周到细致、范围也更广了。同时社区还与市精神病医院建立起来双向转诊绿色通道，遇到病情较重需要进一步诊断的患者直接上转到精神病医院进行专业治疗。

三、路径三：提升公众心理健康素养，让人人成为“自己心理健康第一责任人”

2016年发布的《“健康中国2030”规划纲要》指出，要加大全民心理健康科普宣传力度，提升心理健康素养。构建以健康为中心的新生态，需要加强心理健康知识科普宣传，引导公众培育积极心态、预防不良心态，引导全社会科学、理性地对待心理行为问题人群和精神障碍患者。

马鞍山坚持预防在前，持续开展心理健康进社区、进学校、进机关的“三进”活动，针对职业人群、儿童青少年、老年人等重点人群心理健康需求，分别制订了市、县、区心理援助计划，组织专业人员深入学校、企业机关和社区，开展心理健康知识讲座，提供心理健康教育、健康宣传、心理评估等服务，共深入中小学校、社区30余家，企业机关10余次，服务人群近5000人次，在“三进”活动中，开展了心理筛查评估测量，完成测量6500余人次，为全市心理健康服务体系建设工作提供了基础性数据。

同时，马鞍山将提高市民心理健康素养作为心理健康惠民工程建设的一项重要内容，围绕“世界睡眠日”“世界预防自杀日”“世界精神卫生日”等主题活动，在全市举办多场大型心理咨询义诊和心理健康知识讲座，发放宣传资料共14000余份，受到省市主流媒体的专题报道，同时在市电台开设“心理健康服务栏目”，通过全方位、立体式的宣传，普及了心理健康知识、传播了心理惠民政策，使“每个人是自己心理健康第一责任人”的理念深入人心，逐步形成了“人人参与、人人建设、人人共享”的健康向上社会心理氛围。

马鞍山“心理健康惠民工程”实施一年来，心理健康服务逐步获得社会的认可，心理健康服务行业日趋逐步规范，服务队伍不断建立完备，心理障碍人群治疗进一步规范。此外，马鞍山还针对心理障碍中的低保、五保等特殊困难群体，坚持开展免费救治救助，制订了免费住院救治工作方案，深入推进精准健康扶贫，努力塑造行业正面形象。据统计，截至目前全市共免费救治精神障碍患者220余人次，减免费用约40万元，近200个贫困家庭享受了免费医疗救治政策红利。

“没有心理健康，全民健康就无从谈起。心理健康服务工作任重而道远，全社会要携起手来共同应对精神疾病，逐步做到不歧视精神疾病患者，重视心理咨询、心理干预、心理治疗等服务，并给予病人更多关爱，给予医生更多认可。”马鞍山市卫生计生委主任周晓明说：“未来，我们将把心理健康服务作为健康马鞍山建设的一项重要内容，以市心理健康中心为龙头，在建体系、带队伍、优服务上下功夫，努力为社会提供更加优质的心理健康服务。”从“心理健康服务体系初探”到“社会心理服务体系建立健全”，在马鞍山，全民心理健康正在夯实基础、持续推进。

服务新时代 展现新作为 助力全民健康

——重庆市铜梁区中医院发展纪实

重庆市铜梁区中医院

近年来，在区委、区政府和区卫健委的领导下，铜梁区中医院顺利通过国家三级甲等中医医院复核验收，平稳推进公立医院综合改革，扎实抓好健康扶贫、分级诊疗、民生监督暨过度诊疗专项整治工作，有力开展行业作风整治专项行动，逐步形成了综合管理高效规范、服务质量提档升级、医教研协同发展、医德医风全面改进、群众就医获得感大幅提升的良好发展格局。

一、以坚持公益办院为己任，践行健康成果共享理念

该院全面贯彻党的十九大精神，以习近平总书记系列重要讲话和全国卫生与健康大会精神为指导，切实推进《“健康中国2030”规划纲要》落地，认真贯彻《中医药法》，坚持中医院姓“中”和医院的公益性，在中医药人才配备和中医药运用指标上符合三级甲等中医医院标准。全面实施健康中国战略，牢固树立以人民健康为中心的发展理念，把为人民健康服务作为一切工作的出发点和落脚点，更好满足患者看病就医需求，切实增强人民群众的获得感、幸福感和安全感。

二、以注重临床疗效为目标，进一步发挥中医药特色优势

近年来，该院从创新中医诊疗服务模式、开展中医综合治疗和中医护理技术、实施中医药文化建设等方面入手，促进中医药特色优势的进一步发挥。一是加强中医药质量和服务能力建设。建立健全中医科室规章制度，严格要求门诊、住院

病历、中医处方等医疗文书书写规范。全面加强临床医疗管理，进一步完善院科两级质控组织体系，做好全院中医业务及服务质量的督察，让医院的“内部管理强起来”。二是先后引进 1.5T 磁共振成像系统（MRI）、64 排 128 层螺旋 CT 等价值 1.3 亿的先进设备，让医院的“整体实力强起来”。三是定期组织医务人员“西学中”等教育培训，积极推荐医护人员走出去拓宽视野，学习先进技术，不断向各大医院争取进修名额，让医护人员的“能力素质强起来”。四是牢固树立质量意识，时刻绷紧医疗安全这根弦，多次开展医疗安全质量的教育宣传活动，让医院的“安全理念强起来”。五是发挥中医药在公共卫生服务中的作用。积极利用中医药知识和技能开展防病治病，定期开展中医药健康教育和宣传咨询活动，提高城乡居民中医药预防保健能力，让患者的“健康意识强起来”。六是开展了中医药特色优势监测工作。全年门诊中医病历书写率 83.49%，门诊中医治疗率 70.77%，住院中医病历书写率 94.66%，住院中医治疗率 64.27%，住院中药饮片使用率 53.84%，以上指标均达标。

三、以人才队伍建设为抓手，培养塑造中医药事业主力军

该院身负公立医院、教学医院双重身份，始终坚持从加强人才队伍建设入手，努力培养高素质的科教人才，既创立了医院竞争之本，促进“医教研”齐驱并进，又向社会输送中医药事业骨干力量。一是制定了人才选拔、培养、考核制度和人才分层分类培养办法，细化、量化了职称评聘标准，人才培养体系逐步完善。同时依托中国中医科学院培训中心“名医传承计划”、重庆市中医药“百千万”人才工程“千人计划—第三批重庆市中医药师带徒项目”等，培养和造就了一批高层次中医专家、中青年学术带头人和学术继承人。现有全国师带徒继承人 1 名，三峡之光访问学者 4 名，铜梁区名中医 9 名。队伍规模不断扩大，结构不断优化，初步形成了层次分明、结构合理、老中青结合的中医药人才梯队，中医人员配备比例达到三级中医医院要求。二是以科研平台为载体、重大科研项目为牵引、学科交叉为特色，建立完善科研保障和激励机制，成立了重点专科研究室，积极开展科研工作，不断提升科技创新能力和社会服务能力。三是注重发挥名中医示范引领作用。成立了全国名老中医郭剑华传承工作室、汪克敏全国（基层）名老中医药专家传承工作室，努力为广大人民群众提供便捷、高效、优质的中医药诊疗服务。

四、以专科建设为龙头，构建品牌新格局

该院高度重视重点专科建设工作，从提升技术水平、加强人才培养等方面着手不断打造专科特色品牌。现有国家中医药管理局“十二五”重点专科 1 个；国家中医药管理局农村中医医疗机构特色专科 2 个；重庆市中医重点专科 2 个；今年，骨伤科成功入选重庆市中医药重点学科建设项目。医院各个学科在充分发挥中医药特色优势、继承中医传统理论的基础上进行学术创新，将现代先进的诊疗技术与传统的中医中药有机融合，提升综合诊治水平。经过多年的建设，医院形成了国家、市级重点专科齐头并进的良好局面，为育名医、建名院夯实了基础。

五、以智慧医院建设为契机，助推医院健康科学发展

一是加快推进了智慧医院建设工作，运用互联网信息技术，改造优化诊疗流程，贯通诊前、诊中、诊后各环节，改善患者就医体验。二是运用“互联网 + 医疗”模式完善诊疗服务工作。实施了检验、影像报告自助查询打印系统建设和互联网、微信、电话等多种预约挂号，以及手机 APP 查询体检结果等；开展了“银医一卡通”等便民措施；实现了跨省异地医保结算。三是完善服务流程。在医学影像科、检验科等增设了叫号系统，缓解患者排长队现象；开设了周末无假日门诊、午间门诊等便民门诊，减少患者集中排队候诊现象。四是提供便民设施。在门诊大厅、检查检验等人流密集区域均设置了等候区，并提供了饮水、座椅、纸笔等便民设施，提升患者就医满意度。

六、以基本建设为抓手，全面改善就医新环境

目前，启动了“一中心一基地”建设项目和整体迁建及外科大楼建设项目。预计“一中心一基地”项目将于今年 8 月投入使用；整体迁建及外科大楼建设项

目将于 2021 年建成投入使用。迁建后的新院占地面积 200 亩，建设面积 14 万平方米，病床设置 1000 张，届时，将会极大提升医院综合服务能力和改善群众就医环境。

2019 年是新中国成立 70 周年，是决胜全面建成小康社会的关键之年。面对新形势新任务新挑战，该院将紧密团结在以习近平同志为核心的党中央周围，不忘初心，牢记使命，服务新时代，展现新作为，助力全民健康，以优异成绩庆祝中华人民共和国成立 70 周年！

深化医院改革 推进分级诊疗
提升健康获得感

宁夏第五人民医院

在自治区卫健委和石嘴山市委、市政府的坚强领导下，在市卫计局、医改办的精心指导下，第五人民医院按照城市公立医院改革工作要求，把握医改工作重点，以落实现代医院管理制度为切入点，以紧密型医联体建设为主线，深入推进分级诊疗制度建设，切实提升基层服务能力，促进优质资源下沉，形成合理有效的分级诊疗就医格局，稳步推进医改各项工作，取得了积极的成效。现将具体情况汇报如下：

一、全面深化医院内部改革

1. 推进现代医院管理制度建设，提高医院管理效能。按照现代医院管理制度的要求，率先在全区完成医院章程的制定，提交医院职工代表大会讨论通过，进一步规范和完善了医院的决策机制和管理体制。以医院等级复审为抓手，重新修订和完善医院的各项规章制度 759 项，应急预案 29 项，编写应知应会工作手册，推进医院标准化、规范化建设，为医院发展提供强有力的制度保障。

2. 落实自治区医管委公立医院绩效考核评价体系。多次分解培训，对重点指标加强监控，制定费用控制指标，将药占比、耗材比、门诊次均费用、住院次均费用、平均住院日等指标分解到科室，纳入奖励性绩效考核，实时监控，有效发挥绩效考核管理在公立医院改革中的作用。

3. 稳步推进人事薪酬制度改革。聘请第三方按照“病人需要什么，绩效考核什么”的宗旨制订医院绩效考核方案，增加技术难度、医疗质量、病人满意度以及学科发展等指标的权重。探索符合医院实际，建立向临床一线、关键岗位、业务骨干、风险度高和贡献突出岗位倾斜的薪酬体系，充分调动职工的积极性。职工收入稳步提升，2016 年人均收入 9.47 万元，比 2015 年增长 14.10%。2017 年人均收入 10.1 万元，比 2016 年增长 6.65%。比 2015 年增长 21.69%。

4. 强化集团医院管理，促进基层医疗机构功能转型。积极探索“公立医院改革”新模式，努力实现“强基层”目标。出台《关于加强医院集团化管理意见》《关于加强社区卫生工作的意见》，明确集团内各级医院的功能定位。石炭井医院承办“大武口区医养服务中心”。朝阳医院侧重于慢性病管理，提供常见病、多发病的诊疗和保健、康复服务。沟口医院定位“中西医结合医院”，由本部中医、肾脏内分泌等专业延伸，同时完成下沉大病患者的管理。大武口医院重点发展老年病和康复医学，并加挂大武口区中西医结合医院。经过整合医疗资源，优化内部专业设置，明确各分院专业发展方向。5 家分院形成了一分院一特色，差异性、专科化的发展格局，逐步由大综合小专科向小综合大专科转变，更好地发挥集团医院的整体优势。与石嘴山市残疾人联合会合作，整合五医院集团医院康复医学力量，积极筹划建设石嘴山市残疾人康复医学中心和石嘴山市康复医院，拓展服务内容，努力打造石嘴山市康复事业品牌。

5. 加大社区管理和标准化建设。成立社区工作管理委员会，每月召开社区工作会议，对社区工作加强管理和督导。加大基层卫生机构基本建设投入，所有社区卫生服务中心均建设标准化中医馆；投资 90 万元，建设 6 个“健康小屋”；依托自治区“城市社区卫生服务能力提升项目”，为下属长城和锦林社区服务中心购置 400 万元的医疗设备，基层医疗卫生基础设施、基本医疗设备得到进一步完善提升，群众就医条件显著改善。开展“建设群众满意的基层医疗卫生机构”活动，我院 5 家社区卫生服务机构通过“群众满意的基层医疗卫生机构”创建命名。

6. 进一步改善医疗服务，提升群众就医感受。将进一步改善医疗服务固化为医院工作制度，应用新理念、新技术，不断创新医疗服务模式。2018 年“进一步改善医疗服务第四季全国擂台赛”，我院总结报送 6 个案例参与。其中 2 个案例被专家评为“十大价值案例”，6 个案例获评“人气案例”。护理部的“优化医疗服务环境，构建医患和谐关系”案例取得西北赛区小组决赛第一名的好成绩，并进入全国总决赛，荣获全国十佳案例。

二、巩固医联体建设成果，强力推进分级诊疗

1. 推进紧密型医联体建设。制定了《宁夏第五人民医院医联体章程》，成立医联体理事会，设立医联体办公室，安排专人负责医联体工作。制定医联体管理办法，与 25 家医联体成员单位签订合作协议，明确医联体内各级医疗机构的责权利，加强对业务工作的考核和指导，逐步实现医联体单位同质化发展，推进分级诊疗。

2. 人员下沉，提升基层服务能力。2018 年选拔 1 名五医院总医院职能科长担任联体下属医院院长，全面管理，助力下属医院提升综合实力，扭转经营局面；选拔 1 名五医院总医院科主任担任医联体下属医院业务院长，加强基层医院的业务管理能力。落实《2018 年百名医师下基层工作安排》，以“知名专家团队”的方式积极参与家庭医生团队管理，帮助基层社区医生服务于慢性病管理、家庭健康管理。选派总医院 4 位首席专家到医联体基层单位开展坐诊、查房、开设专科门诊等技术服务。2018 年截至 10 月下基层专家 36 人，下基层专家服务患者 7125 人次。2018 年我院承办区卫计委“基层医疗卫生服务能力提升培训工程”，开展六期培训，对医联体成员单位医务人员进行系统化、规范化的医学理论、临床技能培训。医联体下属 24 家医疗机构共 292 名基层医务人员参加了培训和考核。

3. 大病下沉，方便患者就诊。将总医院 40% 的门诊大病患者下沉到基层医院，合理选择 150 余种非基本药物下沉到社区卫生机构，做好用药衔接，方便慢性病患者就近诊疗。五医院医联体基层门诊咨询、预约体检、慢性病随访人数明显增多，2018 年 1 ~ 10 月份基层门诊量由 10.8 万人次增加到 18.8 万人次，同比增加 74.2%。其中糖尿病、高血压、冠心病慢病诊疗量基层医院增幅 132%，总医院下降 47.93%。

4. 大型医疗设备共享，便民、惠民。出台《宁夏第五人民医院集团内大型医疗设备资源共享管理办法》，实施同级医院检验、检查结果互认。基层单位不具备条件的检验、检查项目，按照基层单位标准收费，通过医院“患者服务中心”预约直接到总医院检查，让优质医疗资源便民、惠民。成立心电诊断中心、血糖管理中心、医学影像诊断中心，消除集团医院内部重复建设、重复投资的弊端，弥补基层医院设备不足的短板，解决了基层诊断能力不足的困难。自医联体组建以来，基层医疗机构上转检查2543例次，其中CT 694例，核磁86例，动态心电图29例，彩超24例，胃肠镜检查56例，血检验1654例。医学影像诊断中心成立，为医联体内基层医疗机构阅片、诊断800余例。

5. 做实家庭医生签约。巩固落实家庭医生签约“1+2+N”服务模式和“6543”量化考核机制。截至2018年10月，已与5.8万名城乡居民签订家庭医生服务协议书，完成签约任务的96.02%，其中重点人群签约率78.41%。高血压目前的管理率为101.4%，糖尿病目前的管理率为115.9%。

6. 畅通双向转诊绿色通道。发挥患者服务中心作用，提供预约挂号、健康咨询、分诊导诊、双向转诊等服务一站式解决方案，对符合上转条件的患者提供优先服务和专人接待。对需要下转的患者提供技术支持，促进双向转诊服务有效衔接。2018年1 ~ 10月份，服务中心提供各类服务43042人次，基层医疗机构门诊上转患者4185例，上转住院198人次。二、三级医院下转基层机构出院康复患者9005人次，下转住院102人次，分级诊疗机制初步建立。

7. 搭建医联体急危重症患者救治体系。胸痛中心与医联体内6家医院签署胸痛中心建设合作协议，全员培训普及胸痛救治知识、心肺复苏技能及胸痛救治流程，构建医联体急危重症患者救治体系，提高不同层级医院急性胸痛患者协同救治的能力，保障患者安全。所有医联体内医院转诊的胸痛和危重孕产妇患者第一时间开通“先救命、后交费”的生命绿色通道，优先化验检查，优先手术，联合多学科共同救治。五医院医联体建设在2018年全国医联体建设学术与实践交流会上交流，并被授予“全国医联体建设示范单位”称号。

三、加强学科建设，学科和人才队伍建设再上新台阶

1. 加大科研能力建设，搭建技术创新驱动平台。制定实施《重点学科和学科

梯队人才评选与管理办法》，设立科技发展专项基金。建立医院重点专科选拔机制，实行动态管理。评选出5个院内重点专科、3个重点扶持专业和10名青年拔尖人才，量身定制发展目标和方向。制定对重点专科发展的扶持、保障机制，在设备投入、人员配置、进修培训、科研立项、绩效分配等方面重点倾斜。

2. 健全长效机制，搭建培育平台。与上海市第一人民医院签订紧密型技术协作协议，建立对外交流和人才培养新平台，开启“互联网 + 医疗”新模式，开通远程医疗会诊平台，实现远程会诊、手术示教、远程查房等功能。充分发挥京宁、沪宁对口支援平台的作用，选派26名管理和业务骨干到北京友谊医院和上海市第一人民医院进修学习和挂职锻炼，提升管理和业务素质。7月份，成功举办第二届沪宁科技周活动，进一步活跃医院的学术氛围，推动科技进步。通过线上线下的交流，提升医院业务能力。

3. 学科建设和科技创新再上新台阶。2018年整合优势学科，组建肿瘤中心、胸痛中心、危重孕产妇新生儿救治中心、职业病防治中心和康复中心，打破科室之间的壁垒，推动多学科协作，打破传统和专科医疗的界限，凝练跨学科跨专业的优势学科群，为患者提供更优质的服务。胸痛中心成立至10月底，共完成冠脉介入诊疗406例，急诊冠脉造影171例，支架置入的163例。120余例危重孕产妇得到及时救治。新生儿科成立两个月收治危重患儿64例。

四、规范诊疗行为，控制医药费用不合理增长，解决患者看病贵

1. 加大内部收支结构调整。制定费用控制指标，控制医药费用不合理增长，将药占比、耗材比、门诊次均费用、住院次均费用、平均住院日等指标分解到科室，纳入奖励性绩效考核，实时监控，有效发挥医保管理在医疗控费工作中的作用。

2. 规范诊疗行为，控制医药费用不合理增长。实行药品用量动态监测和超常预警，加强临床用药干预，落实处方点评制度。推行医务人员积分制考核，从制度、技术和监管多个层面遏制“大处方”、滥用药等不合理用药行为，对不合理用药加大处罚力度，坚持合理检查、合理治疗、合理用药，加强临床路径管理，严格控制住院指证，结合医疗服务价格调整和学科建设需求，鼓励支持科室合理

引进和开展先进、适宜的诊疗技术，优化收支结构，切实降低患者负担。

3. 医院主要运行指标持续改善。2018 年 1 ~ 10 月份医院药占比 25.895%，下降 24.6 个百分点，医疗服务收入占比达 27.01%，增加 1.56 个百分点。2018 年 1 ~ 10 月份同期相比，住院次均费用由 6932.31 元下降到 6143.55 元，下降 11.37%，门诊次均费用由 267.29 元下降到 236.8 元，下降 12.8%。

五、推进信息化，“互联网 + 医疗”提升患者获得感

1. 启用“趣医院”手机 APP、网站、微信等预约挂号和移动支付功能，简化就医流程，缓解看病难。

2. 为推动“互联网 + 健康”，促进分级诊疗的落地，持续提升基层医疗机构服务水平，我院首先推进家庭医生签约工作的信息化，与中国电信签约 24 个家庭医生签约服务移动云工作端，为社区家庭医生服务提供信息化技术平台。

3. 依托信息化，建立远程会诊中心、心电诊断中心、血糖管理中心、医学影像诊断中心、医学检验中心，辐射至医联体内基层单位，大型医疗设备资源共享，消除集团医院内部重复建设、重复投资的弊端，弥补基层医院设备不足的短板，解决了基层诊断能力不足的困难。开展远程医疗服务 10 余例。实现医疗数据互通共享，建立“基层检查，上级诊断”的远程诊疗模式。真正实现患者支付基层的医疗费用，享受三级医院的诊疗技术和服务，提高患者的就医获得感。1 ~ 10 月基层医疗机构上转检查 2543 例次，其中 CT 694 例，核磁 86 例，动态心电图 29 例，彩超 24 例，胃肠镜检查 56 例，血检验 1654 例。医学影像中心为基层阅片、诊断 800 余例。

六、成效

1. 深化医院内部改革见成效。推进现代医院管理制度建设，助力医院发展更规范、更具活力。人事薪酬制度改革的实施让职工收入稳步提升，医务人员工作积极性被充分调动。整合学科资源、全面推进学科建设和人才培养，进一步明确三级医院发展定位，理顺了业务关系。加大内部收支结构的调整，引导医院经济

运行良性发展初见成效。五医院内部改革的持续深化为我院下一步的发展奠定了良好的基础。

2. 分级诊疗制度初步建立。依托双下沉、资源整合、基层医疗机构的成功转型、分级诊疗、双向转诊等措施的深度落实，分级诊疗制度初步建立。社区、二级医院、三级医院的功能定位更加准确，责权利关系更加清晰。初步形成慢病管理、居民首诊在社区，常见病、多发病在二级医院治疗，危重疑难患者上转三级医院的诊疗体系。

3. 改善医疗服务患者得实惠。做实专家下沉、资源下沉、慢病下沉、提升基层服务能力、大型设备共享，让老百姓放心、便捷地享受基层首诊。患者服务中心有效衔接双向转诊，急救绿色通道畅通危急重症患者的救治，一系列便民利民的改善医疗服务的举措为患者提供了更优质、便捷的服务。五医院门诊和住院患者次均费用的持续同比降低，进一步减轻了患者就医负担，患者得到了实惠。

服务新时代 展现新作为
助推妇幼健康教育工作发展
——运城市绛县妇幼保健计生服务中心经验交流材料

山西省绛县妇幼保健计生服务中心

绛县地处太行之首，中条山末，辖8镇2乡、189个行政村、30万人口，农业人口25.7万，国土面积998平方公里，有“七山二岭一分川”之称，森林覆盖率达38.8%。绛县人文历史悠久，文化积淀厚重。《左传》中关于长寿“绛县老人”的记载，是先秦历史典籍中首次出现“县”这一名称，被称为“天下第一县”。目前，全县共有5个助产机构，政府举办，独立建制的妇幼保健院1所，疾病预防控制中心1所，卫生监督所1所。全县卫生系统职工总数为1200余人，其中乡镇级以上医疗机构卫技人员765人，乡镇妇幼专干57人。

近年来，绛县以习近平新时代中国特色社会主义思想为指引，深入贯彻落实党的十九大精神，把人民健康放在优先发展的战略地位，把以治病为中心转变为以人民健康为中心，树立“大卫生、大健康”理念，按照绛县第十四次党代会报告提出的建设“绛老长寿之乡”健康战略，以创建国家卫生县城为契机，坚持“以保健为中心，以保障生殖健康为目的，实行保健与临床相结合，面向群体、面向基层和预防为主”的妇幼计生工作方针。坚持妇幼卫生的公益性，以《母婴保健法》为依据，以做好妇幼基本公共卫生服务项目为依托，以落实国家重大妇幼公共卫生项目工作为抓手，以解决妇女儿童健康突出问题为重点，积极倡导以人为本、优质服务理念，紧紧围绕“领导重视好、规范管理好、服务质量好、指标落实好、人民满意好、队伍作风好”的“六个好”标准开展工作，有力地推动了全县妇幼健康教育工作的全面开展。

一、主要工作措施

（一）政府主导，部门联动，推动妇幼健康教育工作向纵深发展

县委、县政府高度重视妇幼健康教育工作，将其纳入政府工作重点和全县经济与社会发展规划，将孕产妇死亡率、婴儿死亡率等妇幼健康核心指标纳入政府考核指标，建立卫计、财政、妇联、残联等多部门参与的协调工作机制。县卫计局成立了健康教育工作领导小组和专家技术指导组，制定了健康教育工作实施方案，对“健康教育”指导思想、内容、要求予以明确，对健康教育任务、指标进行分解，确保健康教育任务落到实处。

按照县上的统一部署，成立了以分管领导为组长的健康领导小组，我们设立了健康教育科，制订了健康教育工作计划。做到分工明确，责任到人，协同发展，为健康教育工作提供了组织保障。通过定期召开健康教育工作碰头会，核查进度、查找差距、调整思路和方向，做到健康教育工作心中有数，各项工作督促及时，使健康教育工作有序进行。

（二）加强健康教育阵地建设，努力打造“一个媒体、两个平台、三个基地”

一是利用多种媒体宣传。定期在县电视台一套节目和图文频道就妇幼重大项目“增补叶酸预防神经管缺陷”“免费为城乡怀孕妇女进行产前筛查”等内容进行宣传。同时，将由我们中心的工作人员录制，经电视台制作的妇幼项目专题片，在新闻开播前后黄金时间段进行循环播放。在县电影院广场电子屏，反复播放基本公共卫生妇幼免费项目，向公众不间断地宣传国家优惠政策。今年，我们不断探索更新宣传方式，在原有的宣传教育模式基础上，积极推行流动宣传新模式，与县出租汽车公司大力合作，制作了动漫视听为一体的动画视频短片，宣传妇幼计生项目工作，普及健康教育知识。

二是网络平台宣传。2016 年开通了绛县妇幼微信公众平台和天使医生围产期健康管理远程监护平台。安排专人每天不定时推送所学的健康新知识及妇幼项

目工作内容。同时开设“线上孕妇学校”，孕妇关注二维码后，进行登记注册，根据个人孕周系统每天推送备孕知识、新生儿护理常识、孕期应做的检查项目等。

三是建设“三个基地”。以县妇幼计生中心为主导打造全县妇幼健康教育示范基地。高标准建设健康教育活动室和孕妇学校，制作图文并茂的健康教育展板和橱窗上墙，营造健康教育文化氛围。以妇幼卫生民生实事项目工作和健康66条、疾病防治知识为主要内容，定期开展健康大讲堂活动，做到“五有”即有通知、有签到、有课件、有图片、有小结。以县医疗集团十个乡镇卫生分院活动室为中心打造乡镇社区健康教育活动基地。协调社区定期组织社区居民开展健康讲座，利用社区图书阅览室建设健康书屋，使社区居民通过多种渠道获取健康信息和知识，提高居民的健康意识和参与健康教育的自觉性。以村卫生室和村级党员群众活动中心为基础打造基层健康教育活动基地。通过组织群众开展相关健康教育活动，引导群众建立和养成健康的生活方式，畅通了“县—乡—村”健康教育渠道。

（三）整合资源，加强健康教育基础设施建设，切实做到“四有”

俗话说：“工欲善其事，必先利其器”。在健康教育基础设施建设中，我们注重整合各方资源，切实做到“四有”。

一是有固定的健康教育宣传栏。集中资金在医疗集团各乡镇卫生分院、村卫生室（村委会）、社区服务中心统一制作了规范的健康教育宣传栏，按照要求结合辖区健康教育实际情况安排专人进行统一集中更新。

二是有健康教育视频影像设备。全县各级妇幼保健机构均购置了健康教育专用电视机和投影仪，中心在楼道走廊醒目位置和孕妇学校安放电视机，卫生院和村卫生室在规定区域不间断循环播放涉及民生实事的各项基本公共卫生知识视频影像。

三是印刷健康教育宣传资料。我中心自2015年创办了“绛县妇幼”报双月刊，已发行20余期，每期印发10000份。同时以妇幼卫生基本公共卫生和重大公共卫生项目为主要内容，兼顾妇幼其他工作内容和健康素养66条，健康生活方式，高血压、糖尿病、中医理疗等常见病和慢性病防治为重点制作了40余种健康教育处方和宣传手册，并在社区人口集中区域安装的取阅栏内，定期更新和补充，供居民自由取阅。中心孕妇学校针对准妈妈们每月召开一次孕妇课堂，并有课后小测试。通过授课、健康讲座、健康咨询和就医，对居民进行针对性发放宣传页，形成填压式和被动记忆。

四是配置完善的健康教育活动室。各助产机构、乡镇、社区、县婚姻登记处均设立了设施完备、功能齐全的健康教育活动室，每月定期开放，针对新婚夫妇、育龄妇女、孕妇、老年人、慢性病患者开展健康教育宣讲，播放防病治病科普知识，以提高重点人群的健康素养。

（四）加强健康教育队伍建设，提高健康教育水平和质量

健康教育的质和量，很大程度上取决于健康教育工作人员的专业技能和管理水平。老百姓对健康教育的需求和要求越来越高，打造一支专业素质高，实践技能强的健教队伍尤为重要。我中心坚持以人为本，把握“理论够用，实践为重”的原则，集中内部各专业优秀人才，由健康教育科牵头，部门联动的形式组建了健康教育宣讲团。通过组织主要骨干参加运城市“百千万卫生人才培养工程”系列知识培训班，返岗后再进行二次授课。同时，邀请县内外健康教育专家讲课和内部交流等走出去、请进来的方式，加强健康教育基本理论和实践操作技能的培训，提高健康教育人员的业务素质和服务水平。采取群众喜闻乐见、科学易懂、易记易传诵等健康教育方式开展健教活动，提高健康教育的知晓效果。

一是利用节假日、妇幼健康主题宣传日和社会团体的重大集体活动，积极参与并大力宣传健康教育知识。全面实施健康教育“六进”活动。按照区域划分，统一制订工作计划和制定方案，针对服务人群的特点和需求，开展健康教育进社区、进农村、进家庭、进机关、进学校、进企业活动。利用中秋、春节重大节日，对参加“两癌”筛查检查出的患病妇女进行专门上门随访和慰问。把分发健康知识宣传页、宣传品和义诊活动有机集合，既把健康知识送到群众的家门口、送到居民的手中，又帮助特殊人群实现足不出门把病看的目的，实现健康教育人群全覆盖。

二是通过健康俱乐部和患者自我管理小组形式，安排专人负责组织社区居民和妇女儿童开展集中式健康教育和经验交流，增强妇女儿童的满足感和成就感。引导居民由过去的被动接受转变为主动参与，由自愿行为转变为自觉随从，由健康知识的学习者转变为健康知识的传播者，带动身边更多的人参与到健康教育中来。

三是利用健康管理团队和签约服务形式，针对特殊人群和贫困家庭人员的常见病患者和高危人群开展面对面个体化健康教育，制订健康干预计划，督促养成有利于疾病康复的健康生活方式，提高干预效果。

二、重点工作成绩

全面开展妇幼健康教育工作，是不断提高全县妇女儿童健康水平的重要举措，更是新形势下推进妇幼健康服务的重要抓手。多年来，我中心紧紧围绕“六个好”的总体目标，加快推进妇幼健康教育机构标准化、规范化建设，加快促进全县妇幼健康教育事业科学、健康、全面发展，努力实现“党委政府得民心、人民群众得实惠、卫生计生得发展”的三赢局面。

（一）居民健康行为意识不断提升

近年来，我中心在上级主管部门和专业机构的指导下，大力推进妇幼行业民生实事工程建设。按照基本公共卫生和重大公共卫生项目工作规范的各项要求，以“健康绛县”和“创建国家卫生县城”系列活动为契机，针对全县居民存在的主要健康问题、生活习惯和妇女儿童疾病发病现状，扎实开展了全民健康教育工作。通过“健康教育面对面”方式和健康教育系列活动，实行全方位立体干预，全县居民健康知识知晓率和健康行为形成率达到 75% 以上。

（二）妇幼卫生工作目标和民生实事逐步得以实现

1. 优化整合妇幼保健与计划生育服务资源。在国家原卫计委提出优化整合妇幼保健和计划生育服务资源的指导意见后，我县领导高度重视，大力宣传融合发展的重要性和必要性。根据县上统一安排，我们积极行动，于 2016 年 3 月全面完成县妇幼保健院和县计划生育服务站的资源深度融合任务。及早实现了资源共享、优势互补，强化了人群生命全过程管理，为提高全县出生人口素质和妇女儿童健康水平打下了坚实基础。

2. 加强产、儿科能力建设。通过专业技能培训与健康宣传，规范高危孕产妇的筛查管理与追踪随访，加大对助产机构相关制度及技术规范的执行、产科急救绿色通道的运转、产儿科质量及危急重症孕产妇的抢救与转诊等问题督导频率，不断提高急救服务能力，提高产、儿科质量，达到预期目标。

3. 爱婴医院管理成效显著。在爱婴医院复核评估过程中，坚持“儿童优先、母亲安全”的宗旨，严格规范诊疗行为，努力降低非医学需要的剖宫产率，大力开展健康教育，积极倡导母乳喂养，加强院感控制，规范爱婴医院管理，确保母婴安全。

4. 育龄妇女免费增补叶酸预防神经管缺陷和产前筛查。我们大力倡导实行“311”管理模式，利用三级妇幼计生网络，结合婚前保健、孕前保健、孕期保健等多种途径开展宣传工作。2016 年 ~ 2018 年共计服用叶酸人数 6640 人，服用率达到 95%，依从率达到 78%，知晓率达到 96%，有效地预防了胎儿神经管畸形的发生。在免费发放叶酸的同时，提高孕产妇系统管理水平，将干预措施落到实处，真正做到惠及于民。2017 年 4 月份开始了产前筛查民生工程，通过各种宣传，共筛查孕妇 4000 余人，对高风险孕妇 111 人进行及时转诊，产前筛查率均达到预期目标。

5. 定期免费为 35 ~ 64 岁农村妇女进行两癌筛查。每年从三八妇女节开始，县主管局同妇联联合发文，为全县广大农村适龄妇女进行“两癌”免费筛查，同时制订优惠体检项目。通过入村宣传发动，广大适龄妇女积极主动参与，确保了筛查任务的顺利完成。几年来，累计筛查 3.2 万人，筛查出各种癌前病变患者 116 人，阳性检出率 386/10 万，真正实现了早检查、早诊断、早治疗的目的。

6. 孕产妇健康管理——免费孕期检查。建立了高危管理的表、簿、卡，规范高危产妇的筛查与管理，注重对高危孕产妇的预约、追踪与随访与健康教育工作。孕妇凭“册”享受孕期 5 次免费产前检查，确保母婴安全。并做到在平时进行督导检查，将检查结果与专项经费落实相结合，健康管理率达 95% 以上。

7. 免费筛查、检测、治疗——预防艾滋病、梅毒、乙肝母婴阻断传播。大力宣传全面开展预防艾滋病、梅毒和乙肝母婴传播工作，自项目实施以来，共为 2.7 万名孕产妇开展免费检测与咨询，检测出 HIV 阳性 13 例，梅毒双阳 11 例，单阳7例，为乙肝病毒表面抗原阳性的326例孕产妇所生儿童在出生后24小时内注射乙肝免疫球蛋白和乙肝疫苗。

8. 0 ~ 6岁儿童健康管理。宝宝出生后，凭儿童保健手册享受10次儿童基本免费体检。根据预警征象进行体弱儿和残畸儿筛查并上转到我中心，月月上报妇幼数据，由中心核实工作质量。我中心每年都对新入园儿童、在园儿童和教师进行体检，并进行相关知识培训和卫生保健指导。全县儿童保健覆盖率为98.49%，高危儿管理率达100%。残疾儿筛查项目正逐步推进。

9. 开展新生儿疾病筛查。我县建立了新生儿疾病筛查网络，制定了血标本采集、递送工作常规、人员知识技能培训、质量控制等可行性措施，确保新生儿疾病筛查工作的顺利实施。累计筛查1.4万名新生儿，确诊阳性8例（PKU4例，HPA2例，甲低1例，高瓜氨酸血症1例）。去年以来，县域内助产机构新生儿疾病筛查率达98%以上。

10. 出生医学证明的信息联网管理与健全的管理制度、发放流程和宣传图版密不可分。

11. 免费孕前优生优育健康检查。孕前优生健康检查是预防出生缺陷的关键环节，是出生缺陷一级预防的重要手段。积极搞好孕前优生健康宣传，从源头上降低出生缺陷发生风险，达到政府少投入、群众少痛苦、投入低成本、产出高效益的目的。

12. 避孕药具免费发放与免费生殖健康技术服务，成为我们日常工作的一部分。工作井然有序，考核评估体系完善，科普宣传内容丰富，提高了群众自我保健意识和自我保健能力，效果明显。

13. 各种慢性病得到了有效的控制、各种传染疾病的发病率明显下降。居民自发组织的健身团体，参加晨练和散步等各种体育运动，戒烟、限酒等各种健康活动的人数明显增多，健康社会日渐形成。

近年来，在各级领导的大力支持下，我们绛县的妇幼健康教育工作虽然取得了一定的成绩，走进新时代，健康教育工作的不平衡发展依然存在。我们将认真总结经验，对照标准，不断加强对健康教育工作的监督管理。积极学习借鉴省内外兄弟单位的先进经验和做法，创新服务模式，落实各项措施，及时调整工作思路，切实解决工作中遇到的困难和问题，把健康教育的各项工作抓紧、抓实、抓好。为提高广大妇女儿童的卫生意识和文明意识而努力，努力将全县健康教育与健康促进工作水平提高到一个崭新的高度。

布分级诊疗新格局 建合理就医新秩序

——湖北省洪湖市人民医院 / 协和洪湖医院创新发展之路

湖北省洪湖市人民医院 徐开勇

“人人都说天堂美，怎比我洪湖鱼米乡。”

洪湖，被誉为百湖之市、水产之都、旅游胜地、工业新城。如果说红色洪湖是本色，绿色洪湖是底色，那金色洪湖则是把洪湖的红色品牌和绿色资源有机整合，将洪湖打造成持续发展，繁荣美丽的城市。

凭借洪湖发展东风，创建于 1951 年 6 月的洪湖市人民医院，已成为集医疗、科研、教学、急救、预防和康复于一体的二级甲等综合医院、爱婴医院、二级优秀医院；是洪湖市唯一一家国际紧急救援中心网络医院。作为县域医疗卫生的龙头单位，该院担负着全市近百万人口的医疗保健、急危重症抢救、疑难病症诊疗的主要任务，是洪湖市医疗技术指导中心，也是城镇职工医保、居民医保、新农合病人定点收治医院。

让百姓少生病、看好病、就近就医，这是国家的要求也是洪湖市人民医院的努力方向。“十三五”深化医疗卫生体制改革规划中提出：推动形成基层首诊、双向转诊、急慢分治、上下联动的就医新秩序。如何实现分级诊疗模式，形成“小病在基层、大病不出县、康复回基层”的合理就医格局？洪湖市人民医院在行动。

一、引进优质资源

对于医院，要留住病人，说到底要能看得了病。洪湖市原本医疗水平底子薄，引进优质医疗资源是快速改变自身条件薄弱的好办法。2015 年 7 月 18 日，洪湖市人民政府与华中科技大学同济医学院附属协和医院（简称武汉协和医院）签署医院全面托管协议，协和洪湖医院正式挂牌。

东风满帆，加速医院发展正当时。洪湖市人民医院/协和洪湖医院抓住机遇，以创建高品质的县级市三级综合性医院为目标，三年来，他们着力打造洪湖市临床疾病诊疗中心，创伤急救中心和微创手术中心，目前，正加倍努力，争取步入全省县级医院第一方阵行列。他们的愿景：实现立足洪湖，辐射周边，让百姓大病不进省城，小病不出一小时行程，在家门口就能享受到三级医院的优质医疗服务。

随着武汉协和医院全面托管，开启了洪湖市人民医院快速发展新篇章。他们立足本院，补短板、促发展。内科，以慢病和老年病为突破口；外科，则以微创手术为突破口。依托武汉协和医院优质医疗资源和医学人才“双下沉”，医院制定了学科发展五年规划和重点学科建设方案。急性心血管疾病风险大死亡率高，以往没有救治条件，一些病人因外送不及时而去世。为解决这一问题，该院积极创建胸痛中心，大大提高了急性心血管疾病救治的成功率，在协和医院领导和专家的关心与支持下，医院顺利通过了湖北省首家县级医院基层版中国胸痛中心认证。重点专科建设，也是医院做强的重要举措，目前，该院的神经内科、康复科分别被评为省级、市级重点专科。在管理、科教和人才培养方面，医院聘请武汉协和医院医务处徐永春主任、消化内科胡耿成副教授、泌尿外科陈朝晖教授、护理部刘义兰主任为督导专家，定期来该院进行专业指导和技术帮扶，全面提升医院的综合实力。

全面托管后，医院开展新技术 89 项，44 项填补了洪湖市或荆州市技术空白，化解技术难题。目前，该院的新技术发展已形成制度化、规范化、常态化局面：在荆州市率先将 3D 打印技术应用于创伤骨科手术；完成了荆州第一例、全省第三家脊柱微创——机器人辅助下椎体成形术，利用蔡司手术显微镜为脑出血患者进行血肿清除术……

一位名叫范同舜的患者曾为骨科送来一封热情洋溢的感谢信。他身患多种基础疾病，有腰椎间盘突出，并伴有椎体滑脱。因腰椎滑脱，必须进行手术治疗，但基础疾病复杂，过去只能在三甲大医院进行手术治疗，然而高昂的医疗费用，让经济本不宽裕的他望而却步。犹豫之际，抱着试试看的态度，来到洪湖市人民医院碰运气。当骨科专家看了检查结果，耐心细致地询问了腰腿痛发病时间、疼痛部位、基础疾病等具体情况，经过科学严谨的身体检查和仔细分析研判，决定对这一典型的因为腰椎滑脱造成神经压迫症状，且伴随腰椎间盘突出、椎管狭窄的脊柱疾病实施微创治疗。经过近 5 个小时精准操作，手术取得了圆满成功。术后 17 天患者出院时，疼痛已完全解除，四肢活动自如，身体恢复健康。他在感谢信中说：高超的医术就像是一阵清风，带给人清新、温暖和希望。

二、加速自身造血

输血可解决一时之需，造血才能长久发展。武汉协和医院全面托管洪湖市人民医院后，将加快人才队伍建设作为医院战略发展方向。截至 2018 年 1 月，举办各类继续医学教育活动 76 期，其中国家级继续医学教育项目 3 项（首次由县级医院承办），省级继续医学教育项目 9 项，市级继续医学教育项目 17 项；业务培训与学术讲座 92 期，出台了优秀青年医师培养计划 + 柔性人才引进管理办法，93 名卫生专业技术骨干赴协和医院深造学习。医院还自筹资金组建了协和医院临床技能培训中心——洪湖基地，由刘义华博士牵头，对洪湖市域内医疗机构开展理论教学和操作培训 32 场次，培训学员 326 人次，该培训项目受到了广泛关注并被国家级媒体《健康报》报道。

三、分级诊疗显效

创建省、县、乡区域医疗联合体，开展双向转诊、逐步推进分级诊疗工作，努力打造基层首诊、急慢分治、双向转诊、上下联动的新气象，满足了老百姓多元化医疗需求。他们建立检查检验、病理诊断、医学影像等中心，推进市（县）域内检查检验结果互认，降低医疗成本，使县域内患者更加便捷地享受优质医疗资源，为医院技术水平全面提升奠定了坚实的基础。

王静和她的家人永远忘不了那次惊心动魄的“生死时速”。

2016年2月20日，28岁的王静在洪湖市人民医院/协和洪湖医院产下一名健康女婴。22日下午王静突然晕倒，呼吸、心跳停止。医生紧急实施心肺复苏、气管插管，王静有了心跳，但呼吸、神智仍未恢复，病情十分危重。根据王静的症状，医生初步诊断为肺栓塞。肺栓塞死亡率很高，被称为“沉默的杀手”。在立即实施抗凝治疗没有明显效果时，医生们一边积极救治，一边向武汉协和医院紧急求援，武汉协和医院闻讯立即开通绿色通道并派出专业救护车和急诊科医生携带呼吸机赶赴洪湖。

两家医院的医护人员联手连夜护送戴着呼吸插管的王静到武汉协和医院抢救。经过急诊科、呼吸内科、心内科、心外科、介入科、ICU、血管外科、妇产科等科室专家的多学科会诊，确诊王静为大面积肺栓塞，需要冒险使用介入方法去除堵塞肺动脉的栓子。病情非常凶险，看到家属眼中的顾虑和犹豫，武汉协和医院急诊科张劲农主任反复和家属真诚沟通，终于取得了家属的同意。在武汉协和医院介入科历经2个多小时的紧张手术，成功疏通了梗阻的肺动脉主干。随后，王静被转入综合ICU进行监护治疗。

在武汉协和医院历经16天多学科联合救治后，王静进入平稳期，按照分级诊疗原则，患者可以回到基层医疗机构接受后续的康复治疗。在患者下转回洪湖前，武汉协和医院组织专家团队对其整体状况进行全面评估，并利用远程医学平台进行技术指导，让患者和基层医院解除了“下转”的后顾之忧。转回洪湖市人民医院/协和洪湖医院康复治疗期间，继续利用远程视频诊疗服务和武汉协和医院的专家团队保持联系，保证治疗的科学性和连续性，使患者尽享公立医院改革带来的分级诊疗、远程视频等便利。

经过洪湖市人民医院/协和洪湖医院和武汉协和医院两家医院10个专科60余位医生4次会诊13次接力抢救，3月28日，王静准备出院，一场远程随访在武汉协和医院和洪湖市人民医院之间同步进行。武汉协和医院院长胡豫教授为首的专家团队和王静面对面地交流，听到她频频发问咨询，看到她的笑脸，胡豫教授坦言恢复得比预料的还要好，可以出院回家静养了。

2018年8月8日，一位60岁的男性患者，因头部及双下肢外伤后意识障碍 17 小时入院，这位病人的获救同样是得益于分级诊疗。到洪湖市人民医院 / 协和洪湖医院时，查体：体温 36.3℃、呼吸 18 次 / 分钟、心率 72/ 分钟、血压 109/70mmHg，神志呈昏睡状，刺痛睁眼无言语、刺痛定位 GCS 评分 8 分。头部 MRI 检查：1. 左侧额叶出血、左侧额颞顶枕部硬膜下少量出血、脑疝形成。2. 左侧半卵圆中心及左侧基底节梗死。3. 脑内多发钙化灶、脑内多发缺血灶及软化灶。4. 脑白质脱髓鞘。5. 脑萎缩。患者病情复杂，年龄偏大，神经外科团队立即讨论救治方案，经过一系列处理后，患者意识逐渐清醒。可是，患者虽然清醒但反应却迟钝，并且有混合型失语。这让神经外科团队有些担忧，随后神经外科医生郭圣元申请了武汉协和医院专家远程视频会诊，希望能解疑答惑。9 月 14 日上午，武汉协和医院脑外科姜晓兵教授为患者远程视频会诊，根据专家给出的诊疗方案对患者继续治疗。患者终于进入康复期，转往卫生院治疗。

四、医改惠及民众

鼎新图治，医院高举改革、科学、服务的旗帜，成功领跑县市级医疗卫生体制改革。他们开出了一剂合理、科学、安全用药，规范使用抗生素的良方猛药，使得药占比控制在合理范围；他们落实县级公立医院改革，实行药品零差价，大型检查费用直降 20%，主动加压，挤去医用耗材水分 50%，年让利患者近 2000 万元；该院新增设专家诊室和协和医院专家诊区，提高专家出诊率；医院优化门诊服务流程，使门诊量提高 10%；构建分级诊疗服务网络，优化转诊路径，落实双向转诊，分层就诊，接转乡镇患者提高 10%，患者外转率下降 10%。医院新建了内科住院大楼，新增住院床位 150 张，病床使用率也一再提高。

自身强不忘带动全县域强。洪湖组建以县人民医院为龙头的区域医疗集团，发挥医疗集团优势，承接优质资源，下联乡镇医疗，广泛开展巡回义诊活动，近三年，多次下基层，走进镇卫生院、村医务室，接诊病人 63072 人次，讲学习、讲奉献、讲实力、讲质量、讲创新、讲责任的协和风气已经形成。

提升医院综合服务能力，方向比速度更重要。坚持以群众需求为导向，准确把握新形势，不断实现新突破，铺就生命救治“高速路”。为了真正让贫困群众看得起病、看得好病，该院不断健全升级惠民便民的医疗服务体系，打好健康扶贫组合拳：2017 年 8 月 15 日，洪湖市人民医院 / 协和洪湖医院在洪湖市率先推行“先诊疗后付费”和“一站式”结算办法，为贫困患者开通生命“绿色通道”，通过三网联动“一站式”结算，让信息多“跑路”、群众少“跑腿”。

在洪湖市人民医院 / 协和洪湖医院，从外科走到内科，从后楼走到前楼，病患及家属满面愁容地进来，精神焕发地回家，这得益于医疗水平的大幅度提升，也源于良好的医患关系。水乡百姓赞扬洪湖市人民医院 / 协和洪湖医院为医疗行业的标杆，夸他们是老区人民最信赖的医院。

智慧医疗助推智慧城市建设

——以南充市中心医院为例

四川省南充市中心医院

随着第三次世界工业革命的深度推进，智慧城市已经成为检验一所城市现代化的重要标准之一。南充作为西部地区三线城市，要逐梦“成渝第二城”的新未来，其智慧城市的建设具有举足轻重的作用。而智慧医疗是智慧城市的重要组成部分。

曾几何时，基层患者为看病长途跋涉舟车劳顿、在医院看病就诊反复排队……一系列问题引发各界群众“看病难”的感慨，也成了党和政府的一块“心病”。随着医疗卫生改革逐步推进，南充市中心医院把破解“看病难”作为首要任务，并着力探索智慧医疗，目前已初显成效，这无论对提升南充在成渝地区卫生行业的地位，还是对提升南充及周边地区群众就医获得感，都已产生较大影响。

一、医院基本情况

南充市中心医院于1937年由原国家副主席张澜先生创建，现为一家集医疗、急救、科研教学、康复保健为一体的国家三级甲等综合医院，是国家卫生计生委临床药师培训基地、全国脑卒中筛查与防治基地、全国健康管理示范基地、中国航天员救治医院，主办国家科技论文统计源核心期刊《西部医学》。现拥有1个本部、4个分院、2个社区卫生服务中心，占地373亩（含在建江东院区216亩），编制床位2800张（含在建江东院区1500张），开放床位2200张，在职职工2067人。设置临床一、二级科室36个、医技科室11个，配有双源CT等价值3

亿元的医疗设备，医疗服务辐射南充及周边地区3000多万人口，2017年门（急）诊服务110万人次，住院8万人次。

二、医院智慧医疗建设的做法及成效

随着现代医学模式的转变，卫生服务已从单纯的医疗服务供给转向多元化的医疗服务。为此，市中心医院把智慧医疗相继纳入“十二五”及“十三五”发展规划，开始大手笔布局智慧医疗。

（一）通过“互联网+远程医疗”，使城乡居民共享优质医疗资源

针对中国尤其是西部地区城乡医疗资源不均衡的问题，市中心医院充分利用“互联网+远程医疗”，架起乡村居民与城市居民共享优质医疗资源的桥梁。2013年1月，经过长达一年的基层调研、项目立项、基础建设准备，市中心医院牵头成立链接市、县、乡三级医疗机构共60家成员单位的南充市临床医学影像诊断中心。

为高标准建设影像诊断中心，打造国内一流影像诊断平台，医院委派影像科学家母其文博士挂帅，整合脑功能康复与开发研究所、放射科、核医学科、CT/MRI室及超声科资源，成立大影像科，组成拥有30多名专家的高端技术团队。

影像诊断中心坚持对基层放射技师巡回开展高标准的放射技术操作规范和临床影像诊断技术培训，确保摄片质量。全天24小时运行，由基层医疗机构将拍得的X光片通过互联网络传送到诊断中心，由诊断中心专家集中诊断、及时反馈，做到2小时内回传诊断结果，30分钟内回传急诊报告，受到基层医疗机构和患者好评，日均诊断400余人次。

随着影像诊断中心运行模式的逐步推广，该运行模式越来越得到欢迎。目前成员单位达到94家医疗机构（含普格县人民医院、厦门三级乙等民营医院—莲花医院、成都文峰医院等），日均诊断近700人次，提升了基层医院诊治水平，减轻了基层患者就医负担，作为全国运行规模最大的医学影像平台之一，成为全省及全国医改亮点。

在影像诊断中心运行模式的基础上，医院牵头成立南充市心电诊断中心、南

充市临床检验检测中心。

不仅让基层群众就近享受如南充市中心医院这样的三甲综合医院优质资源，还让基层群众通过市中心医院的平台，享受国内外高端优质医疗资源。为此，市中心医院建成与美国国际远程医疗中心远程会诊服务平台，与北京大学人民医院合作建成国家卫生计生委高端远程会诊服务平台，每年向该院提交远程病历讨论近 10 次、参加远程病例讨论近 20 次、接受远程培训 10 多次。

市中心医院远程医疗的运行模式催生出多个平台，产生了极高的社会价值和经济价值：

1. 提高基层医院作为分级诊疗首诊医院的诊疗水平。解决了基层医院长期存在的影像、心电、检验等学科诊断人才短缺、诊断技术不高、相应设备闲置的问题（如在影像诊断中心运行前，各乡镇医院由财政支助配置的 X 光机 20% 以上没有投入使用，甚至有些还没有开箱）。

2. 为基层医院节省大量人力、物力成本。通过影像、心电、检验平台，每家基层医院可减少配备影像、心电、检验诊疗技术人员 4 人，按人均人力成本年 6 万元计算，年均为基层医院节省近 3000 万元人力成本，节省的成本又可供基层医院用于人才培养和就医环境改善。

3. 为患者降低就医成本。基层患者无须为影像、心电、检验检查从乡镇往返城市大医院，按 30% 的患者入城花费两天时间就医，每名患者及家属车旅、住宿、生活费用 300 元计算，年均至少为患者节省 2000 多万元。

4. 为国家节省大量医保资金。通过“互联网 + 医疗”平台，市级医疗机构出具的影像、心电、检验诊断报告在各级医疗机构获得认可，避免了过多的重复检查，按目前诊断量，一年可节省近 3000 多万元医保资金。

5. 影像、心电、检验集中诊断中心价值凸显，尤其是影像诊断中心已经成为南充走向全国的一张“名片”。该中心运行模式受到社会各界广泛关注：全国政协教科文卫体委员、广西卫计委、新疆喀什、山西运城、安徽六安等 50 多个城市的医疗同行先后前来参观交流学习，其运行模式被评为“四川省卫计委卫生适宜技术推广项目”，科研成果获得四川省推广类医学科技进步一等奖，并作为重大惠民项目得到国家科技部认可。

（二）通过“互联网+自助医疗”，使所有患者共享便捷医疗服务

为改善患者就医体验，医院充分应用信息化技术进行服务流程再造。一是通过实施门诊“预约挂号”“一卡通”“自动分诊、取药叫号”“门诊医师工作站”“触摸查询机”，实现了从挂号、候诊、就医、缴费、检查、治疗、取药等各个环节全面信息化。如通过门诊医生电子处方，收费后数据自动传入摆药系统，由原来“人等药”，变成了现在“药等人”，患者取药比以前节省了2/3的时间。在门诊配置自助终端，实现了打印检验报告“自助服务”。二是2015年成功启动全国首个移动互联网医院平台，通过手机微信服务号登录注册，患者用手机就能实现挂号、缴费、查询检验检查报告、医保报账、医疗咨询、院内导航等，更加方便患者就医。三是2016年通过信息流程再造，帮助患者出院结算时实现出院手续、医用退血、医保结算一站式服务，减少了患者及家属重复排队。四是2018年实现“一卡通”就诊服务，用个人身份证或银行卡即可实现全流程医疗储值、缴费、退款服务，无须为各个项目反复排队缴费。同时，考虑大多老年患者常用老年机，不会使用智能手机，更不会微信自助的情况，市中心医院推出一卡多人（家人）使用服务功能，通过“电子就诊卡”，即便子女在异地，也可帮老年人手机挂号、缴费、查报告等，让老年人轻松就医。

智慧就诊的最大效果就是“便捷”，患者由以前所有就诊流程都由亲身排队，演变为手机智能代替；由以前办入出院手续要反复排几次长队，缩减为一站式服务（下一步将直接床旁办理）；以前办理就诊排队时间数小时，缩减为现在几分钟；以前对各个就诊环节情况完全模糊，演变为对就诊专家、检验报告、医嘱等全透明，患者满意度大幅提升。

（三）通过“互联网+移动医疗”，使医务人员产生高效医务行为

为使优质医疗资源充分利用，医院通过数字化建设，不断提高运行效率。一是以临床业务为中心、以电子病历为核心，全力打造临床医疗数字化平台。通过技术引进和自主开发，建立了5大模块50多个信息子系统，并将多个信息子系统高度集成、全面覆盖，消灭信息“孤岛”，实现了临床与医技、管理及后勤保障等部门之间的信息整合、资源共享、数据互通，大大提高了工作效率和工作质量。同时，通过医生工作站和护士工作站，把医生、护士从烦琐的书写工作中解放出来，使他们有更多时间走入病房，进行医疗护理和医患沟通，真正实现了“临”床服务。二是通过信息化战略，医院OA系统上的文件传达、审批申请、信息公示，以及随其他信息系统研发的科研上报、三基考核、员工学习、处方检查、病历质控等，汇聚成了一张医院运行发展的“总表”，有力提高了各部门的工作效率。

市中心医院在智慧医疗上的探索与实践，不仅提升了自身服务能力，被省卫生计生委评审为数字化医院，并先后获评“全国百姓放心百佳示范医院”“全国医院文化建设先进单位”“中国百强院”等，同时还对智慧城市建设产生了较好的示范效应。

探索优质医疗资源下沉新路径
治未病 重帮扶 助力全民健康

广东省人民医院珠海医院

党的十九大报告提出，人民健康是民族昌盛和国家富强的重要标志，要深化医药卫生体制改革，全面建立中国特色基本医疗卫生制度、医疗保障制度和优质高效的医疗卫生服务体系，加强基层医疗卫生服务体系和全科医生队伍建设。作为近年来医疗改革的重要任务，构建分级诊疗模式、推动优质医疗资源下沉基层一直被视为缓解我国百姓“看病难，看病贵”问题的核心路径之一，各地政府、医院纷纷就此展开积极探索，立足新时代，展现新作为。

今年，是全面贯彻党的十九大精神的开局之年，是改革开放40周年，也是决胜全面建成小康社会、实施“十三五”规划承上启下的关键一年，我们看到，在深化医改探索前行的路上，健康中国战略业已落地生根，医联体建设在全国遍地开花。当全面深化医疗改革已进入深水区，如何检验各项医改举措落地的成效，将探索成果去芜存菁，更精准地对接群众健康需求，需要各地医疗卫生系统进行对比研究、总结思考。广东省人民医院珠海医院在这个时代背景下应运而生，也在积极探索如何抓住“医联体”“互联网＋医疗”等发展机遇，构建现代医院管理体制，完成好精准医疗扶贫等时代任务，不断满足人民群众日益增长的卫生健康需求。

一、分级诊疗、防治结合相促进，精准对接群众健康需求

目前而言，分级诊疗就医模式未形成、大小病种挤向大医院仍然是很多地方

的通病，群众自然觉得“看病难、看病贵”，与此同时，还导致了社会医疗保险费支出长期居高不下。如何能有效发挥基层医院、卫生服务中心的功能，分流扎堆往大医院跑的患者？另外，随着城镇化推进和社会经济的持续发展所带来的生态环境问题和生活方式转变，以及人口老龄化的加速，心脑血管病、癌症、糖尿病等慢性病正成为威胁我国居民健康的主要因素。我们是否能化被动为主动，不仅不让群众的“病根”变成“穷根”，甚至可以将“病根”的苗头提前拔起？发动联合社区医院成为首层执行单位的慢病筛查干预模式是一举多得的“防病端口前移”举措。

从2017年开始，广东省开展国家心血管病高危筛查项目试点工作，确定在广州市、珠海市、东莞市三个地市试点运作“心血管病高危人群早期筛查与综合干预项目”，珠海市项目由广东省人民医院珠海医院负责整体实施。在广东省珠海市金湾区委、区政府和几个地方基层卫生中心的大力支持和帮助下，由广东省珠海市金湾区三灶镇、红旗镇计生办及各村居委会负责发动宣传，金湾区红旗、三灶两家社区卫生服务中心组织实施早期筛查和简单干预，由广东省人民医院珠海医院负责高危筛查和进一步干预，这个慢病防治项目单单在去年便筛查了12061个本地居民，其中筛出高危人群3356人。今年9月19日，世界卫生组织慢性病医学官员张新华及非传染性疾病医学官员Warrick JunsukKim还率队来到金湾区考察这个项目，称赞各级医疗单位不仅对高危人群进行了有效的筛查，后续的干预和控制措施更加难得，完全把患者的健康和社会效益放在首位。

除了将疾病防治端口前移，联合各级医疗单位进行慢病管理项目合作，广东省人民医院珠海医院还积极通过建立“医联体”“健联体”“省医专家直通车”等模式将分级诊疗落到实处，有效拉动省级优质医疗资源（广东省人民医院的专家）下沉，解决基层百姓到省级大医院看专家“预约难、床位难、费用高”的三大难题，实现百姓在“家门口的省医院”就能看好病的需求。不管对居民、医院还是政府而言，建立基层首诊、双向转诊、急慢分治、上下联动的分级诊疗和就医模式都是迫在眉睫。作为地方医院，我们建议政府尽快建立健全居民动态电子健康档案、个人诊疗记录等健康信息库，全面推动医院联网，同时进一步建设区域影像中心及远程会诊系统的部署，让患者减少去大医院就诊的概率，实现患者分流的同时，还能减少医保的医疗支出。

二、“互联网 + 医疗”挽救更多的生命，普惠更远的百姓

“互联网 +”热风劲吹，传统的医疗行业也已经被吹到了风口上。然而，“互联网 + 医疗”并不只是“吹吹”而已，它代表着医疗行业新的发展方向，同样有利于解决中国医疗资源不平衡和人们日益增加的健康医疗需求之间的矛盾，是值得积极引导和支持的医疗发展模式。举一个例子，今年 9 月 20 日，医疗帮扶义诊活动“情系贡山、助力健康”刚刚结束，正当广东珠海金湾区的医疗专家团队返程之际，广东省人民医院珠海医院突然接到云南贡山县卫计局紧急的求助电话，贡山县人民医院一颅内出血的危重病患者需要专家指导急救。

广东省人民医院珠海医院立即启动远程会诊系统，将院内的脑外科、神经内科、放射科等科室专家聚集到一起，给远在千里之外的贡山县人民医院医生出谋划策。会诊过程中了解到，一名云南贡山男性患者在当日凌晨 5 时 20 分发病，突发昏迷于早晨 8 时被送入云南贡山人民医院，8 时 30 分的 CT 结果显示：基底节出血破入脑室形成脑疝，病情危险，随时有生命危险。9 时 00 分，金湾、贡山两地远程会诊开始，在听取对方医生介绍病情和病人生命体征后，决定紧急手术。但是，当地医生没有这方面手术的经验。人命关天，分秒必争，广东省人民医院珠海医院领导马上指示对方医生，由金湾这边的脑外科专家通过远程会诊系统及微信视频指导手术。10 时 00 分，在谢强医生的远程监控指导下，对方医生对病人顺利进行了开颅脑室引流术，为病人留住了生命之门。

此次远程会诊、手术指导操作体现了新时代下的精准医疗技术扶贫。它的成功主要得益于广东省珠海市金湾区委、区政府对建设“互联网医院”大力的关心、支持和投入，搭建了“远程会诊”的平台。远程会诊具有实时、高效、点对点的优势，可以最大限度缩短抢救时间，真正突破地域和时空的限制，实现院外院内的无缝衔接，进一步提高危急重症患者的抢救成功率。贡山县人民医院的医生过去没有操作脑室引流术的经验，此次远程会诊既挽救了一个鲜活的生命，又实现

了医疗技术的传递、共享和提升。

三、对口帮扶医疗下乡，授人以鱼更授人以渔

除了透过远程会诊系统开展帮扶工作，新时代下，各地医疗卫生系统还积极组建了各类医疗队远赴对口帮扶的山区以及非洲等医疗水平较低的地区进行医疗援助，在贫瘠的土壤里播种健康、传播现代医疗技术成果。就在此时，身处赤道几内亚的“白衣战狼”们可能正暴露在病毒感染的风险中给患者手术，拯救生命；就在此刻，心系山区百姓健康的医疗援助队医生可能正走在悬崖边上的小路上，准备给当地居民义诊、体检。这些白衣英雄的故事值得我们传颂，他们的精神鼓励着我们给群众提供更好的医疗服务，用精湛的仁心仁术救治更多的患者。

今年 1 月初，广东省人民医院珠海医院麻醉科孟凡建医生和其他 26 名优秀医务人员组建的援助医疗队队员一起，奔赴赤道几内亚开展为期 18 个月的医疗援助工作。经过一路奔波，孟医生来到了他未来一年多工作的地点——巴塔医院，当地最大的公立医院，也是我国医疗援助赤几的三个点中最偏远和艰苦的地方，服务对象主要是当地的黑人兄弟及华人同胞。据孟凡建医生介绍，他第一天到医院上班进行麻醉的就是一个艾滋病患者肝脓肿手术，病人要做一个坐位腰麻。凭借孟医生的技术，麻醉效果自然不错，但病人身上散发出的异味异常难闻，孟医生以专业医生的职业操守一直强忍着难闻的异味坚持等手术做完才离开。孟医生说，赤道几内亚当地高发的艾滋病、梅毒、疟疾、霍乱和丝虫病等传染病固然让人谨慎，疾病本身也许并不可怕，但是医院的无菌观念差、操作不规范，老百姓的预防、医疗意识差更是可怕，每台手术都可能存在感染传染病的风险。然而，作为中国与赤道几内亚之间的友好使者，这些“白衣战狼”仍以甘于奉献、大爱无疆的精神在恶劣的医疗环境中守卫着非洲群众和华人同胞的健康。

广东省人民医院珠海医院的另一名医生，耳鼻喉专科李尧尧医生，今年 3 月前往云南省怒江州贡山县丙中洛镇卫生院，开展为期 6 个月的帮扶工作。贡山地处世界第二大峡谷——怒江大峡谷深处，滑坡、塌方时有发生，下乡的医疗队伍经常行车到一半，路就无法通行。医生们必须背上医疗器械，徒步走到村庄。一

天下乡，往往是4个小时在徒步，4、5个小时在体检。山路难，尚可靠意志力克服。最不能让李尧尧医生适应的，是当地的跳蚤。因为个人卫生状况差，当地不少居民身上都有跳蚤。为居民体检或治病，李医生少不了掀开别人的衣服或被子，跳蚤也就随之而来。最厉害的一次，李尧尧医生双腿被咬了100多个包，奇痒无比，晚上都睡不着。为此，他不得不将包挤破，双腿血肉模糊，形成结痂后，才能缓解痛痒。援助贡山的200多个日日夜夜已经过去了，家中老人和妻儿却仍未盼到李尧尧医生回家的身影。原来，为了救治更多的当地居民，为了把更多的手艺教给当地医生，在家人的理解和政府、医院的支持下，李尧尧医生决定留在当地再扶贫半年。“希望能手把手地在贡山带出两名徒弟来，自己离开时，当地的医生也能慢慢成长，健康的种子可以在丙中洛生根发芽。”李尧尧医生这样说。

韶山市医共体建设工作调研报告

湖南省韶山市人民政府副市长 周 正

湖南省韶山市人民医院院长 王长青

构建县域内紧密的医共体，是医疗体制改革的重要举措之一。韶山市人民医院和韶山乡卫生院自 2018 年 10 月份以来建立了县域内紧密医共体，运行了一段时间，积累了一些经验，也存在一些困惑，现总结汇报如下：

一、基本情况

韶山市系湘潭市管辖下的县级市，辖区人口 11.8 万，面积 248 平方公里，为伟大领袖毛泽东主席故乡，辖区内有一所二级甲等综合医院（韶山市人民医院）、四所乡镇卫生院。

韶山市人民医院是韶山市内唯一一所二级甲等综合医院，拥有 MRI、DR、CT 等一大批先进的仪器设备，高级技术人员 30 余人，拥有两个市级重点学科，年业务收入 1.2 亿，有较强医疗实力。

韶山乡卫生院总部位于韶山希望小镇，大坪分院位于韶山乡章公桥，在编职工 38 人，高级职称 2 人，中级职称 11 人，服务人口 3.5 万，行政村卫生室 10 个。

二、工作进展

今年年初，韶山市委、市政府提出了韶山市人民医院与韶山乡卫生院建立紧密医共体的工作思路，唐杰市长亲自来韶山市人民医院调研、了解医共体推进工作具体情况；10 月 8 日，韶山市政府召开常务会议，通过了《韶山市医疗服务共同体建设方案》；10 月 15 日，湘潭市刘永珍副市长、湘潭市卫计委唐文静主任一行来韶山检查、督促医共体建设情况；10 月 12 日，韶山市人民医院班子成员到韶山乡中心卫生院现场办公，解决实际问题；10 月 23 日，韶山市周正副市长召开专门会议，推进医共体工作；11 月 17 日，韶山市委书记杨晓军带领相关人员向湘潭市政府副市长刘永珍、市政协副主席、市中心医院院长曾建平、市卫计委主任唐文静就医联体、医共体建设工作作专题汇报；11 月 12 日，韶山市常务副市长崔旺、常委副市长周正就医共体建设召开专题会议协调相关工作；11 月 18 日，韶山乡卫生院班子成员来韶山市人民医院与人民医院班子成员座谈，请求解决相关问题。

三、取得成果

通过了《韶山市医疗服务共同体建设实施方案》，市人民医院与韶山乡卫生院签订了医共体建设协议，签订了医保总额预付协议，双方就双向转诊、市人民医院专家下基层定期就诊、业务培训等达成了共识，市人民医院专家参与了家庭医生签约工作，为韶山乡卫生院争取了韶山市健康体检业务工作，年体检人数估计可达 7000 人次，增加了乡卫生院的业务量，提升了乡卫生院服务能力。

四、存在困难

（一）服务能力不强

韶山乡卫生院定编 47 人，在编人数 38 人，严重缺编，因待遇等问题，人才难以引进，人才难以留住；医疗设备陈旧，缺乏基本的检验设备，只有心电图机、尿 10A 机、手提 B 超仪，无法开展复杂的医疗业务，外科手术无法进行，以公卫工作为主。

（二）管理体制僵化

乡卫生院缺乏奖励激励机制，干多干少，干好干坏，基本上没有绩效考评，工作缺乏主动性、积极性。院长自主权不足，无法做到令行禁止。

实行基本药物制度以来，供货商渠道单一，基本药物保障不到位。村卫生室没有完全执行基本药物制度，自行采购，药品价格远低于基药价格，导致卫生院缺乏竞争力。

（三）创收能力不足

医改以来，突出了乡镇卫生院的公益性，压缩并减少了收费项目，药品实行零利润销售。诊疗服务价格仍按照2002年收费标准执行，与医务人员劳动付出极不匹配，收费标准极不合理，自身造血能力差，运转非常困难，年亏损在50万～70万元。

（四）政府投入不足

卫生院属于公益一类事业单位，为全额拨款单位，但实际上财政补助只负担职工的财政工资和乡镇补贴，卫生院必须自筹五险一金和公用费用（办公费、印刷广告费、水电费、培训费、房屋设备维护费），造成运营困难，人心不稳，卫生院运行举步维艰。

（五）医疗支援不对口

湘潭市中心医院对韶山乡卫生院业务支援已经多年，中心医院的相关专家下沉乡卫生院开展医疗服务，但因设备不足，仅能提供基药，虽然专家们工作态度认真，但也没有起到很大的作用。基层卫生院需要的是全科医生，而大医院是专科医生，在乡卫生院受学科限制，难有用武之地。

五、工作建议

（一）理顺管理体制

乡卫生院虽是公益一类事业单位，但为医疗业务单位，有其行业特殊性，必须强化法人自主权，必须有奖励罚懒的激励考核机制，充分调动各方面积极性。

（二）增强业务能力

乡镇卫生院业务能力较差，现处于小病看不着，大病看不了的尴尬状态，必须加强硬件、软件建设，加强人员培训，充分调动医务人员积极性。市人民医院必须加强业务指导，利用先进的网络信息平台，资源共享，迅速提升乡卫生院业务水平。

（三）增加政府投入

乡镇卫生院不能创收，是由乡镇卫生院肩负的社会职能所决定的，必须坚持公益性，如果政府不加大投入，不落实管办分离，乡卫生院负担会越来越重，将会无法运转。市人民医院也没有能力给予经济上的支持，必须由政府兜底负责，确保正常运转。

（四）调整相关政策

乡卫生院收费标准15年未做调整，与医务人员付出极不匹配，必须尽快调整。卫生院人员不足，达不到定编人员，政府应给予补助，才能确保工作效果。中草药使用，在不突破收费标准的前提下，应给卫生院自主采购权限，按市场规律办事，确保卫生院可用财力提升。

医共体建设是新事物，湘潭市委、市政府及韶山市委、市政府高度重视，韶山市人民医院及韶山乡卫生院一定努力创新，共同发展，积累经验，闯出新路。

服务新时代　展现新作为

——乐东县人民医院妇产科副主任医师、质控科主任孟秀芳主要事迹

海南省乐东县人民医院

孟秀芳从事妇产科工作已达17年，坚持四项基本原则，坚持中国共产党的领导，牢记“为人民服务的雷锋精神”，“雷锋精神”是“助人为乐”“无私奉献”的代名词，半个多世纪以来，雷锋精神感染和教育了几代中国人，本身所展现所传递的是热爱党、热爱祖国、热爱人民的崇高理想和坚定信念，服务人民，助人为乐的无私奉献精神，干一行爱一行，专一行精一行的敬业精神，锐意进取、自强不息的创新精神，艰苦奋斗，勤俭节约的创业精神，她所从事的医务工作，同样需要这种精神作为推动力。

2018年1月22日晚上，她收治一位高危孕产妇，此孕妇较特殊，是一位从事教育事业的工作者，此次妊娠为“珍贵儿”，因反复多次阴道流血，在妇产科住院保胎治疗好转出院，此次入院也是阴道出血，已接近足月妊娠，诊断为“前置胎盘出血”，当时孕妇及家属要求转上级医院，在她的劝说和安慰下，孕妇丈夫拉着她的手说：“孟医生，我相信你，我们多次住院都是你管，这次住院也要求你管，你一定要保证手术的安全，母婴平安。”看着那位丈夫期待的和信任的眼光，她非常感动，手术前准备紧张有序地进行并送手术室行剖宫产，术中见中央性前置胎盘，术程顺利，母婴平安，经过一周的精心护理，母婴安全出院，出院时产妇丈夫拉着她的手，激动地说“谢谢你为我妻儿保驾护航”，并为孟医生送来一面锦旗表示感谢。

医生的工作虽然平凡，但是把平凡的事情做好，就是不平凡，技术不在高，而是德，术不在巧，而是仁，医者仁心。

2018 年 10 月 26 日，急诊科送来一位“死胎，胎盘早剥，弥漫性血管内凝血，妊娠期高血压”贫困患者，病情危重，危及生命，经剖宫取胎，子宫背带式缝合，输血，纠正凝血功能障碍等处理后，患者转危为安，因患者才 16 岁，按相关规定，不得按新农合报销，她联合 ICU 科主任多次到民政部门申请医疗救助。有朋友问她说：“病人和你非亲非故，你这么卖力干吗？”她说：“医生眼里只有病人，没有贫富贵贱之分。”

作为一名妇产科医生，其工作性质决定了平时急诊多，手术多，工作强度大，又容不得丝毫闪失，两条人命呀，特别是对危重病人来说，时间就是生命。她从最初的实习医生到今日的副主任医师，十多年来没有周末、节假日，无论刮风下雨，还是白天黑夜，只要患者所需，随叫随到，数不清多少个日日夜夜，手术台一站就是好几个小时，腿酸了也要站得住，肚子饿了也要维持着，困了也要熬得住……多少个深夜，她被急诊电话惊醒，不管是雷电交加还是刮风下雨，也得从温暖的被窝中爬起来，冲入紧张而忙碌的病房……

根植大地的深情

——西安交大一附院韩城市人民医院“感恩家乡、健康韩城行”活动走笔

陕西省韩城市人民医院

新时代、新目标、新作为、新辉煌。2017 年 8 月，韩城市委、市人民政府与西安交大一附院签约，将市人民医院交由西安交大一附院整体托管，打造黄河金三角区域医疗中心。一年多来，这所“二甲”医院技术水平、服务能力、创新动力显著提高，门诊、住院、手术等业务量明显增加，影响力明显增强，先后有 40 多家省内外县、市领导卫计部门及医院负责人前往考察学习。

院两委一班人深知医院发展壮大，得益于韩城人民性命相托、不离不弃的信任与支持；医院未来的发展目标的顺利实现同样离不开广大人民群众的信任、支持。他们把习近平总书记《全国卫生与健康大会重要讲话》精神与推进“健康韩城”八大细胞工程有机结合，组织开展为期半年、覆盖全市城乡的“感恩家乡、健康韩城行”活动，感恩路上踏石留印，专家名医下乡进社区义诊、健康知识宣教，倡导健康生活，群众得实惠，众口皆碑。

一、担当

在家门口能够看上好医生是老百姓想都未曾想过的事情。西安交大一附院韩城市人民医院“感恩家乡、健康韩城行”活动让百姓这一梦想成真。活动为期半年，选择 35 个相对居中的村镇社区，分三步走：义诊、健康宣教，启迪百姓的防病治病、健康生活意识；巡诊回访，提供个案服务，解决疑难问题，巩固提升义诊、宣教

成效；培训乡镇社区全科医生，推进韩城医联体建设，借助信息化为分级诊疗、家庭签约医生服务提供技术支撑，弥补百姓健康知识短板，使人民群众不得病、少得病、得了病及时就医，花小钱补小洞，避免延误治疗拖成大病，堵住因病致贫大窟窿，早日过上小康生活。

活动9月9日开始，由西安交大一附院常驻支医专家、本院学科带头人、业务骨干组成的30多人的义诊宣教志愿者服务队，携带钼靶检测、彩色B超、12导心电图机等设备及折叠式帐篷，酷热不避、风雨无阻，完成35个村镇及单位，行程1500多千米，出动专家名医936人次，义诊咨询7609人次，健康宣教上万人次，举办心脑血管、高血压、糖尿病、肿瘤、妇产科等多发病、常见疾病甄别与治疗技术讲座12期、培训镇村医生223人，举办婴幼儿秋季疾病预防家长培训班4期，健康生活知识讲座16期，受众2300余人次，指导康复治疗40余人。义诊宣教队所到之处，干部群众抬桌子、搬凳椅、布置活动场地、维持秩序、安排准备午餐，像亲人般热情款待。板桥镇王村、西庄镇杨村、芝川镇东范村、龙亭村、芝阳镇王村等村张挂横幅、芝川镇桃李等村还贴对联、挂灯笼，基层医务人员协助登记排号、准备诊室；百姓相互传讯、早起排队，热切期待，甚至自发地敲锣打鼓放鞭炮送匾赠锦旗，情胜言表。

二、走心

樱桃好吃树难栽，不下苦功花不开。好事要做好，先得在做实上下功夫。西安交大一附院韩城市人民医院“感恩家乡健康韩城行”活动顺民意得人心，受到广大干部群众及基层乡村社区医生的欢迎。薛峰卫生院院长薛亚宏对随队下乡的院长王健生说：“你们医院是韩城的老大，一直希望着你们能放下架子走出大门，给基层以支持。今天，你们来了，我们感到创业有了依靠，干事有了底气。”

感恩丹心日月可鉴，泽彼桑梓众口铄金。活动开始一两天，个别村民曾质疑作秀。院领导听到反映后，院长王健生鼓励大家说：“有不同声音是好事，提醒我们要贴民心、接地气，把好事做好；如果都说好，那就真有问题。”经过反观自省，他安排院领导轮流带队，保障各项检查义诊服务切实到位，力戒浮躁。专家、名医从不当班的医务人员中抽调素养好、亲和力强、志愿服务的同志，院长或书记每天至少有一人随行指导，35 个目的地均由担任科主任或有影响力的业务骨干负责联系，进行前期宣传准备工作。

上下同心，其力断金。每天投资近 10 万元的“感恩家乡、健康韩城行”活动得到员工普遍认同与支持。活动初期，老天不作美，阴雨连绵，负责联系家乡板桥镇王村的孙学勤、联系五四村的郑晓丽、联系芝川镇芝川村的柴小艳、联系桃李村的秦亚琴、联系芝阳镇王村的程登康等同志都曾冒雨开着私家车，两三次往返家乡故里，与村镇社区干部、医务人员商洽通联，广泛深入宣传，以使乡亲们不错失专家名医们到家门口义诊服务的珍贵机会；专家、名医们看到乡亲们冒雨扶老携幼、早起排队候医的情景，了解到接诊的村民许多有病不知道，知道的不及时就医、有的小病拖成了大病，有的因种种原因延误治疗造成遗憾，特别是西范村一老村医竟将自己的前列腺肥大症贻误至肾衰的现实，真切体恤到基层民众对优质资源的渴盼，深感责任沉重使命荣光。他们不顾风吹日晒雨淋，忘却疲劳饥渴，把脉问诊耐心咨询做检查，像对待自己家人一样在倾心用情。9 月 10 日在梁代村，82 岁的党某从轮椅上站起艰难地上台阶来看医生，院长王健生大步走上前去搀扶，党委书记赵亚军让候诊的乡邻们稍等一等，来到台阶下为老人把脉诊病，糖尿病科主任苏宇芳推着轮椅陪老人做完检查；9 月 29 日，农历八月十五中秋节，义诊宣教队在五星村活动，院长王健生早前约定在西安请岳母吃饭，放假在家的爱女打电话催他，他不无抱憾地说：“我在韩城正带队义诊呢，饭局订好了，时间推后点，代我向姥姥道个歉好嘛。”他收起电话，看到一位右耳后长个鹅蛋大个腺瘤的老人在转悠，便上前询问。这位 64 岁的文姓老人，去年六月曾寻熟人到省城某医院住了 9 天院，医生怕担风险，咋说也不给他做手术治疗。王健生说：“我在西安交大一附院就是个肿瘤科的医生，你到韩城市人民医院来，我给你做。”老人感慨万端：“到西安都没能治了的病，谁承想在家门口就能治了。”

心内科主任医师刘江茹当日也在五星村义诊。知道爱女今天携新女婿回韩城与家人团聚，她先天晚上制备好肉菜，次日约请妹妹与弟媳到家帮她剁肉包饺子。

女儿在高速路过合阳打电话时，她正与护理部副主任、心内科护士长祟小艳在给第六位高血压危症患者服药缓释症状。随后在村文化活动室办高血压防治知识讲座，指导患有高血压病的村民正确检测科学用药规范治疗。他们把一年一度与亲人团聚的珍贵时光奉献给了乡亲们。

在西安交大一附院韩城市人民医院，痴心倾情有温度的仁心医者屈指可数。副院长陈丽梅应约专程到板桥五四村为患有鼻咽癌、因病致贫的村民李某义诊，为患者制订治疗方案，提出治疗建议，留下联系方式，并说："西安交大一附院的专家在韩城，就在你身边，韩城市人民医院的设备、环境、医疗团队也是一流的，在家门口就医方便、经济，今后不必再舍近求远就能得到相同的治疗效果。"常驻儿科专家刘丽应邀前往盘龙移民新区幼儿园为参加家长会的家长们讲授幼儿秋季防病知识；在金城办范村，专家杜岳峰为准确诊断下医嘱，亲自到血压测量处查询检测准确数值；中医科主任主治医师高庆、内分泌科副主任医师康艳妮、神经内科副主任医师潘延平、陈晓华，曾几度出国行医的中医主任医师张朝阳等坚持看完最后一名患者，才去吃饭；钼靶检查组工作人员经常从早晨 8 点多做到最后一位填表者检查完毕，返回时已是满城灯火。

西安交大一附院韩城市人民医院"感恩家乡健康韩城行"活动也使许多乡村医生受益匪浅。西庄镇、芝川镇、芝阳镇等卫生院约请专家再来办讲座；与金城办社区中心签约合建高血压慢病智慧管理云平台，与龙亭、薛峰、乔子玄卫生院等基层卫生院建立紧密型医联体，齐心协力把家庭医生签约这项基本公共卫生事业做出让党和政府信服、百姓放心满意的样子来。

竢实扬华，大道致远。11 月 26 日，"感恩家乡、健康韩城行"活动第二阶段巡诊回访活动进行到第十站，三、五位专家组成精干的医疗组义诊、办讲座、个性化指导，了解并解决上次没能解决的问题，使这件开始被质疑作秀的活动赢得了百姓普遍认同和良好的社会反响。芝阳镇迪庄村前党支部书记、村医张岗说："作秀的讲痕迹，做好事干实事的留名声，老百姓眼内有水，心内有秤。"

护佑妇幼健康 浇灌生命绿洲

——徐州市妇幼保健院发展纪实

江苏省徐州市妇幼保健院 张 彤

无数生命在这里迎来人生的第一缕阳光，无数母亲微笑着从这里拥抱幸福……以“关爱妇幼，呵护健康”为神圣使命的徐州市妇幼保健院，自 1957 年成立以来，62 载栉风沐雨，始终以温暖的爱心、真情的服务和精湛的技术，呵护着徐淮经济区亿万妇女儿童的幸福安康。自建院以来，已有 30 余万婴儿在这里平安诞生。

岁月见证了它的巨变，也见证了它的进取与跨越。三级甲等妇幼保健院、全国首批爱婴医院、全国卫生系统先进单位、全国妇幼健康服务集体、国家级母婴友好医院、江苏省文明单位、江苏省用户满意服务单位、连续 7 年跻身全国地级市妇幼保健院前 30 强……每一项荣誉的获得，都是一次无声的赞美和由衷的感谢。

一、放心——以实力赢得信赖

在徐州市妇幼保健院每天熙熙攘攘的就医人潮中，有不少患者是来自外地甚至国外，他们从四面八方赶来，奔的是信任，图的是放心。这份信任，来自对医院实力的肯定和信赖，从年门诊量 100 万人次、出院 3.7 万人次这些数据上，便可窥视一二。

1957 年 7 月，徐州市妇幼保健院正式对外门诊，当时仅有 48 名工作人员和 100 张床位，从一个名不见经传的“小医院”发展到如今集医疗、保健、教学、科研于一体的三级甲等妇幼保健院，62 载光阴流转，徐州市妇幼保健院每一步都走得坚定而笃实。

62 年厚积薄发，医院从建院之初的产、妇、儿临床科室及 3 个医技科室不断拓展延伸，如今已建成临床、保健、医技等科室 64 个，拥有省妇幼保健重点学科 6 个，省临床重点专科 1 个，市临床重点专科 12 个，以及不断创新并发展壮大的卫生部妇科内镜与微创技术培训基地、中国医师协会妇科内分泌培训基地、江苏省孕产妇危急重症救治中心（苏北唯一）、江苏省妇科内镜诊疗技术培训基地、江苏省苏北片遗传医学诊断中心、江苏省新生儿疾病筛查中心徐州分中心、江苏省住院医师规范化培训基地、省市两级妇产科规范化培训基地等国家级和省市级特色培训基地和诊疗中心，为徐海地区广大妇女儿童提供了最全面、最专业、最先进的医疗保障服务。

去年 10 月，医院与中科院化物所张玉奎院士合作，共建徐州市妇幼保健院“张玉奎院士工作站”，成立“医学系统生物学联合实验室”及“淮海经济区医学遗传与出生缺陷防控专科联盟”，并设立“徐州市出生缺陷综合防治中心”，进一步提升了医院的医疗技术能力。从无到有，从有到强，从强到精，支撑这些优势学科和特色专业不断深入发展、走向医学技术前沿的，是医术精湛的专家团队。如今的徐州市妇幼保健院，已从建院之初的 48 名医护人员发展为现有职工 988 人，卫技人员 827 人。其中高级职称 195 名，中级职称 285 名。博士硕士 110 人，江苏省“333”工程培养对象 3 人，江苏省“六大人才高峰”资助项目 1 人，徐州市优秀专家 2 人，徐州市拔尖人才 1 人，徐州医科大学副教授 4 人、硕士生导师 8 人。一流的专业、技术和人才，让徐州市妇幼保健院牢牢确立了淮海经济区妇幼保健领域的“龙头”地位。

二、诚心——医疗质量安全是发展的生命线

医疗质量安全是医院存在和发展的生命线。长期以来，徐州市妇幼保健院通过完善业务管理的组织建设，建立健全全程动态管控体系，为患者构筑起一道道质量安全的“防火墙”。

为了确保医疗安全，医院坚持落实核心制度，积极开展业务查房和质量控制，

强化手术分级管理，严格执行手术医师资格准入和手术分级授权管理制度。确保24小时生命救援有效，完善急危重症抢救绿色通道，提高危重患者抢救成功率。去年收治急危重疑病人5209人，占住院病人总数14.59%，抢救成功率99.9%。其中，孕产妇危急重症救治中心收治患者367例，新生儿危急重症救治中心收治患儿492例，抢救成功率均为100%。

在具体操作上，医院一方面认真落实临床路径管理，制定相应病种临床路径标准流程、表单及奖惩措施，将49种疾病纳入临床路径管理。同时强化落实“三合理”规范，控制医疗费用增长；组织科主任病历质量互查，各级质控人员不定期巡查；严格医疗技术准入和高值耗材使用权限管理，定期监管及评估临床使用高值耗材的情况；研究制定质量持续改进及合理控费措施。统计数据显示，2018年平均住院日6.8天，药占比降至24.02%，有效控制了平均住院费用，出院者平均费用连续8年居全市三级医院最低。

此外，2017年以来，医院认真贯彻《母婴保健法》《医疗质量管理办法》《江苏省高危孕产妇管理规范（试行）》等医疗保健相关规章制度。明确院长为质量管理第一责任人，建立了院科两级质量安全管理责任体系，强化各管理委员会职能，运用管理工具实现预防保健医疗质量持续改进。

如今，“质量和安全”如同“紧箍咒”，贯穿着医院所有的医疗行为，且愈发深入人心。

三、贴心——细节服务温暖患者

从走进大门看到的第一张笑脸开始，从候诊时护士送来的第一杯热水开始，从门诊大厅里红马甲志愿者热情的引导开始，从空腹检查后一份小小的“爱心茶点”开始……不断强化服务意识，提升患者的就医感受，是徐州市妇幼保健院一以贯之的努力目标。

为给患者营造一个干净、整洁、舒适的就医环境，医院持续投入大量资金，绿化美化院内环境，完成新生儿科NICU、产科病房及标准化输液室的升级改造，优化诊室布局，扩大超声科规模，将妇科、产科的超声诊室对应开设，在徐州市率先设立助产士门诊、二胎门诊；规范导诊标识，对院内及楼宇内各种索引、标识进行了醒目、准确标注；病理科窗口前移，在一楼服务台接收标本；大厅设立母乳喂养角，方便哺乳；在各分诊台和窗口，提供手机充电器、老花镜、便签、轮椅、推车、雨伞等设施。

为切实提高就诊效率，方便患者就诊，医院通过开展多种预约挂号方式、完善“无假日门诊”、开通绿色通道等便民服务措施，全面推行就医“一卡通”，开设 7 种预约方式，号源 100% 开放。全年预约患者达 33 万人次，预约诊疗率达 46%，其中复诊预约诊疗率 64%。此外，对重点专家的预约时间精确到“分钟”，患者只需按约提前 15 分钟来院即可。

2018 年，医院第 5 次蝉联市级医院出院病人满意度第三方调查“特别满意”级别；在省卫计委委托第三方调查服务机构对全省 147 所三级医院开展的满意度调查中，医院综合满意度 98.09%，位居全省第二位，全市第一位。医生服务和技术、护士服务和技术、挂号收费及住（出）院服务、药房服务、各项检查服务、膳食服务、收费情况等各项目得分均高于全省平均值，其中，护士服务和技术满意度达 100%。

无处不在的细节服务，让徐州市妇幼保健院处处弥漫着厚重的人文气息和阳光般的关爱。

四、责任心——践行公益献大爱

一直以来，徐州市妇幼保健院始终立足公益性质，充分发挥三甲医院在人才、技术上的资源优势，积极参加各类社会公益活动，推动全市妇幼卫生事业健康快速发展。

每周三次的孕妇学校常规课程、每周五次的“面对面”家长早课堂，数十年如一日。两类课程均旨在强化孕期管理、优生优育、母乳喂养、婴幼儿护理保健等知识的宣教，专家与孕产妇交流互动，深得孕妇及家属喜爱，受益患者及家属每年 2 万余人次；配合妇幼节日举办的“喂爱坚持”“萌宝爬行比赛”“预防新生儿缺陷”等活动广受欢迎。

此外，医院充分利用报纸、广播、电视、网络、微信等形式，开展科学备孕、妊娠风险防范、新生儿安全等知识宣传；积极指导、推进孕前优生健康检查、孕产妇保健、农村孕产妇住院分娩补助、新生儿疾病筛查补助等妇幼健康服务项目实施，落实好各项妇幼惠民政策；定期举办全市基层妇幼人员母婴保健技术新进展、预防艾梅乙母婴传播技术、新生儿复苏、新生儿疾病筛查、产前筛查等各类培训班，每年培训近两万人次。

为进一步推进医联体建设，医院还与徐州市五区五县（市）妇幼保健所（院）和安徽砀山县妇幼保健院、宿州市百佳妇产医院等 12 家基层医院续签了联合体合作协议，与淮海医管公司矿一医院、丰县人民医院、睢宁县人民医院建立妇产专科联盟。根据各成员单位的业务特点及发展需求，不断扩大重点专科对口支援，拓宽分层服务模式，延伸双向转诊绿色通道，实施妇幼分级诊疗，健全人才培养工作机制及科研项目合作机制，促进了全市及周边地区妇幼保健服务能力和管理水平的整体提高。

精术耕杏林　仁爱济苍生
——邢台市第九医院加快发展服务百姓健康

河北省邢台市第九医院

邢台市第九医院（巨鹿县医院）始建于1948年，71年风雨沧桑，一代代巨医人秉承厚德精术、博爱济世的院训，在继承中创新，在创新中发展，建成为国家二级甲等综合医院。作为河北省首批公立医院改革试点医院，全国第一批县级医院能力提升医院，邢台市第九医院站在新的起点上，高举发展的旗帜，引领县域医疗卫生事业阔步向前，守护百姓健康。

一、对接京津冀：名医名院常驻家门口

4月1日，68岁的农民王立棉，早早地坐上公交车进了城。“今天，北京协和医院的金晓峰教授来坐诊，他是从京城来专治心血管病的专家，正对我的病。”王志敏说，自己不用出任何费用，能在家门口享受北京专家的治疗，这辈子还是头一回。这是邢台市第九医院与京津冀知名医院“牵手”合作，给患者带来的“福气”。

在国家实施京津冀协同发展战略下，邢台市第九医院立足院情，决定拿出自己的优势资源主动对接京津冀，与京津冀优势医疗资源开展精准合作，全面提升巨鹿医疗卫生事业的发展水平，让患者家门口就享受优良的医疗服务。

2015年，与京津冀医疗合作中，邢台市第九医院成果丰硕：2015年7月7日，邢台市第九医院与北京妇产医院签署技术支持协议，正式挂牌“北京妇产医院技术支持医院”；8月14日，邢台市第九医院与北京儿童医院集团—河北省儿童

医院签署协作医疗机构合作框架协议，正式挂牌“北京儿童医院集团网络医院”“河北省儿童医院儿科协作医院” “河北省儿童先天性心脏病筛查协作医院” 。

2016 年初，邢台市第九医院与北京消化肝病专家组、香港儿童康复专家等建立合作协议。4 月，又与医疗专家公司合作，以医院出资购买医疗服务，医疗公司出专家技术的模式，实现与北京大学第一医院、北京协和医院、卫生部中日友好医院“结亲”，再添合作新平台。2018 年与河南省人民医院建立医联体协作关系。

别小看增挂的几个牌子，正是这“金牌子”，让名院名医常驻家门口。北京多家医院知名专家定期来巨鹿坐诊、讲学、示范手术，免去了患者外出求医的舟车劳顿和较高的费用。同时，建立双向转诊和疑难重症远程会诊制度，危重患者可通过“绿色通道”直接转诊到北京各合作医院就医，畅通转诊渠道。

精准对接，实现资源的最佳配置和力量的最佳凝聚。自去年以来，通过对接京津冀医疗机构合作，北京妇产医院、北京儿童医院、北京协和医院知名专家累计来巨鹿坐诊 600 余人次，诊治患者上千余人次、指导手术 700 余台，实现了名医名院常驻家门口。

4 月 21 日，远在 400 多公里之外的中日友好医院呼吸内科教授黄铁群，通过与邢台市第九医院一名呼吸科病人的视频对话以及平台远程阅片，完成了远程查房。“足不出户，通过电脑、网络、摄像头就能隔空接受首都专家的查房。”这位 70 多岁的老年呼吸病患者感到十分神奇。

这神奇的背后是一个新诊疗模式——远程会诊模式带来的便利。作为河北省卫生计生委确定的远程医疗会诊定点县级医院，该院去年底启用了“会诊中心”，具体操作是，会诊中心与“北京蓝卫通公司”建立远程会诊，实现与河北省人民医院、河北省儿童医院、河北医科大学附属第二医院、以及北京空军总医院、武警总医院、协和医院、阜外医院等知名医院的技术协作。目前，已建立了 300 余名专家的远程会诊专家库，开展多项专业会诊服务。

据会诊中心负责人张宏业介绍，会诊中心通过两套医疗远程会诊平台，医院只要提出申请，就可以通过平台邀请到专家库的专家给邢台市第九医院进行远程会诊、阅片、查房、教学等。

“会诊中心的建立，实现了医疗资源的共享，减轻了患者经济负担，将更多的病人留在基层，有利于分级诊疗的早日实现。”邢台市第九医院院长吉增良说。

二、建设“拳头”科室：擦亮医院金名片

5 月 20 日，巨鹿县贾庄村一名 27 岁孕妇小谢通过剖腹产顺利产下了宝宝，母子平安。“我度过了人生中最紧张、最害怕，也最幸运的一天。”产后的小解虽身体虚弱，脸上却挂满笑容。

“她的情况属于前置胎盘，是高危孕产妇，极易造成产后大出血，产前我们做了多套预案，随时处理可能出现的紧急情况，手术中我们及时做了各种处理，最终防止了产后大出血出现。”邢台市第九医院产二科主任薛晓霞说。

小谢的幸运源自邢台市第九医院产科医护人员在病理产科方面丰富的临床经验及处理流程。

产科是邢台市第九医院的拳头科室，颇有口碑，成为周边县市孕产妇就诊的首选之地，很多孕妇慕名而来。有数字显示，2018 年邢台市第九医院分娩量达 7786 人，其中有 45% 以上出生儿是外地的。

这么多的孕产妇为何选择在邢台市第九医院分娩？近年来，邢台市第九医院产科推出产前、产中、产后一条龙式服务，重点在技术和服务上打造优势：是河北省第一家开展水中分娩的医院，是邢台市第二家、县级医院第一家获得产前筛查资质的医院，是全国爱婴医院、河北省示范孕妇学校、河北省促进自然分娩示范医院。

“产科的医护人员会针对每位孕妇，制订周密、科学的孕检时间表，及时跟踪胎儿发育情况，为孕妇提供全程健康指导。”产科常务副主任薛晓霞说。着眼于满足部分高端人群需求，今年，邢台市第九医院开设家庭式产科。它是集待产、产后休养为一体的家庭式产科病房，医师团队，为孕产妇精心诊治，24 小时为产妇和宝宝提供全程专业护理服务；分娩时由资深的助产士进行一对一导乐、助产、接产服务，确保母婴平安。

北京妇产医院妇产科主任王欣在巨鹿考察时说，在这里看到的一切，让她感到惊喜：能够开展羊水穿刺、无创DNA、优生检查；开展了无痛分娩、导乐分娩、陪伴分娩；孕妇学校，除了授课外，还教给孕妇们球操、体操、瑜伽；新生儿抢救流程较完善，经常培训，可以做到人人过关……

产科的成绩是邢台市第九医院加强临床学科建设，提升医疗技术水平的一个缩影。

近年来，邢台市第九医院结合本院实际，确定了“以产科为龙头，以内科为基础，以外科、儿科为两翼”的学科建设总体规划。2014 年 2 月，该院被国家卫计委确定为第一批 500 家提升县级公立医院服务能力定点医院，借助政策优势，更加快了医院学科建设的步伐。

——大力开展心脑血管介入技术和外科微创技术，使县域内常见病、多发病能够在县医院得到规范治疗，其中神经内科被评为全市县级医院唯一的一个市级重点专科；2009 年，在河北省率先开展手术治疗糖尿病技术，有效率 100%，治愈率 90%，成为全国手术治疗糖尿病例数较多的病例组之一。

——儿科设普通儿科、新生儿科、儿童康复科，床位 300 张，最多日收治患儿 350 人，是邢台市重点发展学科。其中，儿童康复科是“河北省脑瘫康复示范基地”、中残联“七彩梦行动计划”贫困脑瘫、孤独症儿童康复救助项目定点机构、中国全方位密集训练培训基地、上海复旦大学儿童医院儿科康复技术协作基地。新生儿科开展了亚低温治疗新生儿缺氧缺血性脑病，固尔苏气管内滴入治疗新生儿呼吸窘迫综合征，全静脉治疗早产儿、极低体重儿等先进治疗技术，使新生儿科危重患儿抢救成功率达 98% 以上。

——2013 年开始，该院联合中日友好医院开展 FSPR（功能性选择性脊神经后根部分离断术）手术，使痉挛性脑瘫患儿的肌肉痉挛可以通过手术治疗得到恢复，成为河北省第一家手术治疗脑瘫患儿的县级医院。

——2015 年 9 月开展脑瘫高危儿超早期筛查项目，是长江以北第一家开展此项目的县级医院。截至目前，共为 130 余名脑瘫高危患儿进行了超早期筛查，将脑瘫患儿的发生率与致残率降至最低。

——建立福缘居老年医养中心。2014 年 10 月 21 日，巨鹿县福缘居老年医养中心在邢台市第九医院内科楼正式成立，设置床位 80 张，目前拥有工作人员 50 余人。那里阳光充足，环境温馨、设施齐全的环境，为老年人提供一个老有所医、老有所养的场所。

……

一个县级医院，缘何能取得这么多全省乃至全国第一？人才，是邢台市第九医院实现跨越发展的坚实支撑。目前，全院在职职工 1000 余人，拥有高级技术职称 50 人，中级技术人员 113 人。该院还不断加快对人才的引进培养，10 年来先后引进研究生 30 名，本科生 200 余名，使一大批学科带头人脱颖而出。同时，医院每年派出数十余名医生到北京、上海、广州、石家庄等地进修学习，参加全国各级各类学术会议近 150 人余次，学习先进的技术和理念。

硬件设施的改善也同步跟进。为提高技术水平，突破技术瓶颈，邢台市第九医院近十年来斥巨资引进飞利浦 64 排 CT、1.5T 超导核磁、美国瓦里安直线加速器、奥林巴斯 260NBI 胃镜、OCT、大型血管造影机等大型仪器 30 余台件。

身体发生生理病变的人群往往会伴随着一定程度的心理焦虑、急躁、不安等情绪，一切以病人为中心的周到服务就至关重要。

基于这一理念，邢台市第九医院为住院患者免费提供院内乘坐电瓶车；在病区安置晾晒架，电梯旁安置等候椅；儿童康复科建立爱心厨房，为住院的病人家属提供燃气灶台，可以在医院免费做饭；产科免费接送出入院产妇，为孕妇提供便利……从点点滴滴的细微服务中彰显仁爱本色。

三、持续加快发展：引领医院新跨越

行走在巨鹿县城，邢台市第九医院漂亮的建筑群使人印象深刻！

始建于 1948 年的邢台市第九医院，经过 71 年的风雨历程，俨然由一名少年变成风华正茂的壮年，今天已是一家国家二级甲等综合医院。特别是近十年来，该院蹄疾步稳，奋发作为，一次次大手笔建设，都在巨鹿医疗卫生史上留下了雄浑笔墨。

加快建设步伐，夯实发展基础。2007 年，投资 4900 万元，建筑面积 19000 平方米的 11 层外科大楼投入使用；2008 年，斥资 4000 余万元购买土地 108 亩，扩大医院规模；2012 年，建筑面积 29000 平方米的 17 层现代化内科大楼投入使用，成为当时巨鹿县重点基础项目之一；2014 年对原病房楼进行装修改造，改为妇产科楼；2015 年 2 月，建筑面积 4500 平方米的儿童康复新区投入使用；目前，占地 106 亩，建筑面积 24000 平方米的分院正在建设之中。

此外，邢台市第九医院还投入 1000 余万元用于信息化建设；投资 300 余万元建成 700 平方米高标准消毒供应室，大大提升了医院感染管理水平。斥资 485 余万元，建成长江以北第一家安装德国进口轨道物流系统，大大节省了人力、物力。

基础建设的完善促成了医院专业化、区域化医疗格局的形成。目前，邢台市第九医院拥有门诊楼、内科楼、外科楼、妇产科楼、儿科楼、急救中心各一栋，完全按照系统收治患者，流程更加优化，环境更加优美，患者就诊更加方便，使巨鹿县的医疗服务体系更加完善。目前，该院拥有开放床位 1000 张、29 个临床住院科室。

引进管理新制度，让医疗环境更有序。开展“院长代表下病房”服务，每天上午安排原两位护理部资深主任到病房看望新入院患者，了解患者基本情况，及时为患者提供服务和帮助；推出了 6S 打造计划，6S 即整理、整顿、清扫、清洁、素养、安全，通过对全院所有科室进行了定位、定量、定品 6S 管理，打造干净、整洁的就医环境，完善做事流程，提升工作效率，保障工作安全；开展 QCC 品管圈管理，即是由相同、相近或互补之工作场所的人们自动自发组成数人一圈的小圈团体，全体合作、集思广益，解决工作现场、管理、文化等问题。

为加强医患沟通，该院每月定期召开病友家属座谈会，院领导及相关职能部门、患者代表以茶话会的形式面对面交流，让患者及患者家属畅所欲言，对医院医疗技术、住院环境、医疗服务等方面提出意见和建议，至今共召开 24 期。

“发展医院，回报社会。”院长吉增良说，邢台市第九医院肩负着全县及周边县市 50 余万人的医疗、保健工作，加快医院发展的同时，更要牢记公立医院公益的本色。

为此，邢台市第九医院启动多项惠民活动：每年为环卫工人、计划生育奖励人员免费体检；医院每年还拿出 10 万元作为脑瘫儿童康复费用，减免儿童康复科患儿住院费用 70%；每月农历初六血脂，血糖，肝功能，乙肝五项，尿常规、甲胎蛋白、肝纤维化四项检查半费，每月农历十六孕妇彩超检查半价，开展了新生儿免费体检项目，新生儿遗传代谢病免费筛查项目，以上四项惠民政策年减免费用近 700 余万元；定期开展下乡义诊和健康宣教活动；对于具有巨鹿户籍的病人，实行“先治病，后付费”的就诊模式……

脚踏实地的努力，换来实实在在的成绩。据统计，2017 年，邢台市第九医院门急诊量 81 万余人次，出院病人 5 万人次，医保平均转诊率连续多年位居全市转诊率最低。如今，已有超过 92% 以上的巨鹿人，选择在本县安心就诊。这一数字在国家倡导把患者留在基层的当下，更显靓丽和难能可贵。

改善医疗服务　助力全民健康

海南省保亭县人民医院

今年，我院在县委、县政府及卫生主管部门的正确领导下，紧紧围绕全县工作大局，坚持以党的十九大精神为指导，以深入开展“进一步改善医疗服务行动计划”活动为总抓手，把医院中心工作与公立医院改革、文明县城创建、精准扶贫等系列活动有机结合起来，管理上从严，工作上做实，不断提高服务意识，充分发挥海南省第三人民医院优势，努力提高技术水平和服务能力，各项工作圆满完成年初既定的预期目标，现将工作总结如下：

一、加强党风廉政建设和行风建设，风清气正环境形成

今年，按照县委县政府及上级主管部门部署，医院认真落实主体责任，扎实推进党风廉政建设及行业作风建设深入开展。一是制订具体实施方案，开展动员部署，确保一级抓一级，层层抓落实。按照谁主管谁负责和“一岗双责”原则，与领导班子成员、各科室主任签署党风廉政与行风建设责任状，形成主要领导负总责，其他领导分工负责，各科室负责人具体负责的工作格局，层层落实党风廉政建设与行业行风建设主体责任，明确责任追究。二是加强廉政警示教育，筑牢思想防线。结合“两学一做”学习教育常态化制度化要求，以党支部“三会一课”、全院业务培训等形式，组织党员干部系统学习习近平系列讲话、党纪法规、省委、省政府“二十条”及县委、县政府“三十条”规定和国家卫计委“九不准”等，并组织全体党员干部集中观看《打铁还需自身硬》反腐教育专题片等多种活动，深化源头治理，增强党员干部廉洁自律意识。

二、加强组织领导，全面推进精准扶贫工作

自精准扶贫工作开展以来，我院高度重视精准扶贫工作，积极参加近年来全县“精准健康扶贫”工作。今年，我院组织业务骨干到毛感乡开展健康扶贫义诊活动，为建档立卡贫困户免费送医送药。今年，根据县委、县政府统一部署，我院负责定点扶贫大本村委会、响水村委会13家贫困户，医院选派三名同志定期下乡负责具体工作，针对帮扶对象家庭情况和意愿制订切实可行的帮扶计划和帮扶措施，并结合实际，定期召开会议研究讨论，调整帮扶思路，实现农民增收。年内，按照上级有关工作要求，医院按预定计划完成了定点帮扶村小组什门村、新队、什掘一、二村村容村貌建设项目。另外，医院为乡镇扶贫对象开展健康扶贫义诊活动，共计发放3000余元药品，收治住院“健康扶贫”对象1060人次，健康体检127人次。同时在春节、劳动节及“七一”前，医院还组织党员干部下乡进行慰问，为帮扶对象送去“米、面、油”等慰问品，受到帮扶对象的一致好评。

三、抓规章制度落实，规范化管理水平持续提高

医院继续加强规章制度的落实，重点是针对医院日常工作中对有关医疗质量、护理质量、院感、精神文明建设等有关规章制度落实进行定期和不定期检查考核，考核成绩与科室绩效挂钩。通过全面检查考核和检查结果通报，查找工作中存在的问题，提高各科室及广大干部职工的纪律意识、质量意识、服务意识和安全意识，确保整体工作持续整改、持续提高，努力构建和谐医患关系。为防止不正之风发生，严格加强药品和高值耗材采购管理，加强对合理用药监管，坚持处方点评制度，对不合理用药现象予以经济处罚和通报，使全年药占比控制在25%左右，耗占比控制在12%左右，2018年全年门诊抗菌药物使用率为24%，急诊抗菌药物使用率为24%，住院抗菌药物使用率59%左右。

同时，以开展进一步改善医疗服务行动计划活动为契机，深挖患者就诊不方便、不满意等不足，进一步改善服务环境和流程，提升广大干部职工的责任意识、奉献意识、服务意识、管理意识，患者就医感受明显改善。

四、加强国医馆建设，提升中医服务能力

今年，根据《2018年海南省国医馆建设项目实施方案》要求，利用上级专项资金50万，结合实际，我院将门诊二楼部分诊室进行国医馆建设改造。目前该项目于11月底竣工，国医馆的装修改造不光美化了门窗、墙壁，还张贴了体现中医氛围的宣传画，使建筑装饰风格充分体现中医元素。同时还配备熏蒸床、牵引床、治疗仪等治疗设备。国医馆要配置国家和省规定的基本药物目录中的中成药和中药饮片，并能充分发挥中医药“简、便、廉、验”的优势和特色，开展（诸如中药、针灸、推拿、火罐、敷贴、刮痧、熏洗、针刀、穴位注射、热敷等）中医诊疗服务。

我院国医馆建设工程竣工后，将提高我县基层中医药服务能力，巩固基层中医特色建设成果，切实实现了“服务更可及、能力有提高、群众得实惠”，为缓解保亭县地区看病就医问题发挥了重要作用，对建立中国特色基本医疗卫生制度起到了关键作用。

五、创新护理管理，巩固提高优质服务水平

在全院范围全面推行“6S”管理模式基础上，今年继续强化“6S”管理模式推行。主要在提升护理安全意识方面，开展了三方面的工作：一是全面规范备用药管理，制定下发备用药品领用审批、检查、登记等相关表格，按流程申请备用，按要求做好备用药品的管理。二是强化危重病人管理，按危重患者管理标准督导在住危重患者，重点是护士对患者病情观察、各项护理措施落实情况、各种管路的正确护理及维护、护理文书书写等方面。三是调整护理质量控制体系，细化分工，明确责任。

六、投资引进高端医疗设备，不断满足临床需求

为进一步提高诊疗能力，全年在各级财政的大力支持下，我院投资276余万元，招标采购了神经外科手术显微镜系统、胰岛素泵、新生儿辐射抢救台、婴儿

光疗暖箱等高精尖设备，目前如上设备已陆续到位并调试安装使用。新设备的引进应用有力推动了诊疗技术的发展，大大提高了医院的整体医疗水平，为患者提供更为优质的医疗服务。特别是神经外科手术显微镜系统，它独有的双荧光高清显影技术，提高了图像的分辨率和保真度，可以让手术医生观察到血管中血流的变化，分析血流动态，更准确地定位各种脑肿瘤的边界，清晰辨别正常组织和病变组织，对微小部位的微创手术操作可进行精准导航，从而提高术中判断的准确性，使手术更为安全流畅，使复杂的操作变得灵活简便，有效减小手术切口，降低组织损伤，提高颅脑手术精细度及肿瘤全切率，手术止血效果明显，极大提高了手术的安全性和成功率。

七、强化公共卫生管理，提高医院服务能力

作为卫生医疗部门，履行公共卫生职责是我院卫生工作的一个重点。今年以来，我院依托上级主管部门的技术指导，积极开展了我院的卫生监督工作。

一是加强法定传染病疫情报告管理，通过深入排查，切实减少漏报、错报。规范传染病诊断程序，及时如实报告。未经授权，任何人不得发布突发公共卫生事件与法定传染病相关信息。

二是严格落实传染病预检分诊制度，加强感染性疾病科规范化建设，加强对不明原因肺炎、流感样病例和腹泻病例的症状监测，发现异常及时报告。建立健全责任制，严格执行有关技术操作规范和工作标准，做好医院感染控制工作、患者生命安全工作和保障医务人员职业健康。

三是加强结核病、艾滋病等重大疾病的专病管理。在结核病防治方面，加强对医务人员的培训，提高结核病诊断和鉴别诊断能力，规范转诊程序。在精神疾病防治方面，根据我县制订的精神卫生建设和发展规划，我院积极落实在医院内设立精神科门诊，开展精神科门诊和应急医疗处置服务，通过利用上级专项资金，我院将门诊二楼部分诊室进行精神病门诊改造，目前该门诊投入使用后，大大提升了我院精神卫生诊疗的服务管理能力。

八、加强群团组织建设，凝聚力量促进了和谐

为了充分发挥群团组织作用，营造团结和谐、积极向上氛围，激励员工立足岗位，努力做贡献，医院注重群团组织工作。一是今年6月份选派三名优秀青年参加入党积极培训班，为医院党员队伍注入新鲜血液。二是群团组织发挥各自职能，通过举办趣味运动会等活动，丰富广大干部职工业余文化生活，增强主人翁意识和工作自豪感。三是积极发挥群团组织作用，圆满完成了“三月三”等县委、县政府等交办的各项工作任务。

九、医院健康发展，门急诊就诊人次有较大幅度增长

今年，经过全院上下共同努力，医院各项工作均取得了可喜的成绩，院科两级管理不断规范，技术水平和服务能力又有提升。与去年同期相比，其中门急诊达到135322人次，同比增长13.70%；业务总收入6128.71万元，同比增长1.35%。

一所边疆医院的“新医疗功能”

——内蒙古巴彦淖尔市医院改善医疗服务事迹

内蒙古巴彦淖尔市医院

内蒙古巴彦淖尔市医院位于中蒙边境接壤处，间于陕甘宁边区夹角中，史称“走西口”之地。边境线长195千米，辖域6.4万平方千米，176万蒙汉族人民，守护着乌拉特高原戈壁、乌兰布和沙漠、阴山山脉、河套平原，局地生产生活条件极其艰苦，沙漠夏日“鸟不飞”，戈壁冬雪“驼铃运”。然而，让人难以想象的是，虽地处偏远，但在党的民族政策指引下，当地党委政府始终把医疗、教育作为“优先发展工程”，使医院建成了祖国正北方条件最好的现代化医院，从而也创新性打造了具有边疆文化特征的“新型医疗功能”。

一、地方政府、医院双发力，让医疗条件“好”起来

作为欠发达地区，政府始终围绕“落实民族政策，实施社会公益保障”的国家安全、边疆发展原则，保障医疗、教育基础建设。

2013年，当地政府出资兴建20万平方米新区医院，开设床位1560张，日接诊能力达5000人次，使这个建院60年的三甲医院，实现了建筑、设施、设备等“新型医疗功能”“适度超前”的历史性跨越。医院与国内顶尖医院合作引入优质医疗资源，中国西部国际远程会诊中心、沃森智能肿瘤会诊中心、西京消化病医院巴彦淖尔整合医学中心、中国工程院石学敏院士工作站、郝希山院士工作站、北京世纪坛医院腹膜癌诊疗李雁博士工作站先后落地；相继组建了市县医联体、城市医疗集团、专科联盟、远程协作网，形成了全域“医疗整合功能”。

2017年，世界著名针灸学专家、中国工程院院士石学敏选择在此建立工作站时感慨地说，如此超前令我感动，“完全站在现代化视角来设计、管理，充满人性化！尤其是在疾病急慢分治方面的改革，不仅是在地级市医院，就算在全国也属前沿。”

利用直升飞机救援，该院大胆的改革举动可见一斑，36例急危重症患者因及时救治且费用低廉，被称为草原上的救命“神话”，“在边疆地区太实用了”。

二、创新推动改革，让机制“活”起来

地广人稀，地貌多样，偏远落后，边民收入低，176万群众散居于7个旗县区，尽管政府倾斜投入，但占人口80%的农牧民依旧“看病远、贵、难”，小病忍、大病拖。

2017年，地方政府、医院再次强调：重回保障、公益轨道，纠正产业化、创收型狭隘思维，以创新推动改革，建立新型医疗机制功能。医院开启以急危重症救治中心为核心的“八大中心”建设改革。以急危重症救治中心为例，可见“八大中心”设计之匠心。把院前急救、院内救治与重症监护整合一体，将各领域、学科优质技术人员、设备等资源集中使用，检查、手术、治疗高速高效；根据农牧民分散、交通不发达等边疆实际，医院长期不计成本地租用直升飞机，配合救护车，形成地空立体式医疗救援体系，打造急救绿色畅通的30分钟“黄金救援圈”；实行急危重症病人先抢救后付费政策，2017年共急诊急救门诊患者5万人次，手术治疗3.5万人次，住院治疗5.8万人次，救治成功率为85.14%。

为降低药品价格，切断“以药补医”利益链条，实行药品零加成、遴选主供货商、统一结算平台、采购两票制、二次议价、医联体带量采购等多管齐下政策，从源头上将药品和医院收入彻底脱钩。目前，医院在全自治区范围内率先探索大规模药品阳光采购路径，全院各类药品在内蒙古招标价基础上，23种药品降价15%，83种药品降价10%，在每月采购量达1000万时继续下降1个百分点，采购量每上升500万再降1个百分点。医用耗材供应商由原来129家遴选清退至26家，确定一家主供应商在原有供应价基础上，所有高值耗材至少下降20%，低值耗材至少下降10%。

整肃有效，改革红利显现。医院医疗费用增幅、药占比、检验占比均控制在指标内，2017年就医患者门诊、住院费用分别降幅32.5%、16.7%，阶段性破解农牧民“看病贵”难题。

新疆一位打工者因这里药品便宜而带药回家；药品零差价后，过去围绕医院周边开设的个体小药店纷纷关门歇业；药品采购新法截断了医务人员的灰色收入链。

三、上联北京，下接牧户，让医疗水平“高”起来

用足用好自有资源，发挥出最大医疗效益，是边疆医院的基本传统功能，而新医改就是要整合资源，探索撬动国家权威、最新医疗的力量的“新医疗功能”。

医院通过远程网络会诊系统“上联”国际、国内知名医院、顶尖专家，“下通”周边旗县、乡镇医院，实现了国际国内知名医院专家——本地三甲医院专家——基层医院患者点对点服务的模式。

去年，2位疑似肿瘤的患者在市医院国际国内远程医学中心，通过盛诺一家与美国医学专家现场连线，实时会诊。6位心血管病患者通过联结中科院阜外医院心血管病远程会诊中心平台，完成了远程会诊。33名患者完成了沃森智能肿瘤会诊中心的会诊，获得治疗方案。远程心电布点全市近百所基层医疗机构，为上千名基层患者提供了服务。

市医院与国内知名医院、顶尖专家大规模建立协作关系。目前已成为北京协和医院博士专家团队协作医院，一次性出资300万元，免除患者就诊专家的会诊、手术劳务费；与首都医科大学附属北京世纪坛医院建立长期对口协作关系，在技术、人才、学科建设以及医学科研等方面深度合作与共享，让农牧民不出当地就能享受国内一流水平的医疗服务。

医院坚守三级公立医院使命，以分级诊疗、医联体等形式，实现边疆地区医院的“新医疗功能”。医院与自治区级贫困旗乌拉特后旗、磴口县建立了“托管型”医联体，使边境线上的农牧民也能享受三甲医院的诊疗。全年为贫困患者减

免医疗费用达 170 万元。

四、三分医疗治肌体，七分文化治心灵，让医患沟通“畅”起来

“医改必须以改善群众就医体验为核心”，这是院长杨志平一班人开发“新医疗功能”的共识，将“文化灵魂”赋能于医疗服务和流程设计。2017 年，医院借助信息化建设，大力优化工作流程、提升服务质量，全方位改善患者就医体验，给患者营造“家”的感觉。

医院文化打造从“可视”“可知”“可感”开始。门诊大厅的钢琴曲、绿植、沙发、咖啡馆、便利店、书店、老弱病残代步车触目可及，温暖舒适；预约挂号、系统叫号、预约诊疗、医师助理、全科医师、一站式检验检查等开放式服务，体贴知心，顺畅便捷；原来仅用于学术会议和临床教学的“现场直播手术”，如今开放延伸到手术患者的家属，在等候区通过 iPad 就能观看手术全过程，还能通过麦克风随时与主刀医生进行交流，开启了医患沟通新模式。

住院楼每个病区单元设有医患沟通洽谈室。温馨的原木小桌、素色沙发、手工装饰画、绿植、医患沟通照片、健康宣教书籍、饮品，医患近距离术前谈话、沟通治疗方案……

启动“肿瘤中心爱心基金”认捐，院领导带头为身患肿瘤病痛的贫困患者募集资金，年终捐赠金额将达 16 万元。

300 米的院街之间，老弱病残由专人专道的爱心车免费护送；门诊做完检查的患者免费领取低糖低盐面包、茶水；血液透析患者中午无法脱机提供免费午餐；重症患者的陪护家属可就近楼层休息，免费提供折叠床、夏凉被；住院患者统一配备冰箱、微波炉，床前电视点餐、专人送餐；为贫困患者设立“爱心屋”，可领取职工捐赠的衣物；儿童医院为就诊儿童设置游乐休闲区；设立特递服务、近邻宝、洗衣店……一系列更具智能化、人文化的“新医疗功能”一改大家对传统医院的印象。

2017 年，涉及医务人员切身利益的一大批人事制度、分配制度、经营机制、管理机制陆续修订出台，内部活力倍增。对中层干部任用推行“能者上庸者下”

的竞争上岗和聘期管理制度；创新人才培养、引进、使用和激励机制，多渠道、多方位为人才的成长搭建平台；优化薪酬结构，分配激励向“高技术、高风险岗位，短缺专业、紧缺岗位”倾斜，突破原有“天花板”，大幅提高一线医务人员薪酬待遇，体现技术劳务价值；加大对优秀学科、先进个人的选树表彰；优化工作环境，设置爱心书屋、按摩椅、健身器材。

“医疗文化小生态”建设使社会形成了“尊医敬患”的“小气候”，医生、患者的心理状态日益走向平和。据悉，医院2017年医闹件次、人数下降60%。

五、宣传生命知识，自己拯救自己，让群众“悟”起来

越是偏远落后地区，越是缺乏对生命体的认知。少数民族嗜好饮酒，是心脑血管病的高发人群。酒驾死亡、酒后冻死冻残者多，燃煤中毒死亡、农药误伤占比也高。

为改变农牧民“不信医生信鬼神，不重保健重治疗”的落后观念，医院积极响应国家、自治区促进全民健康的号召，推进知行合一、医民联动、大健康“隧道”工程，充分发挥医院“主阵地”作用，抓重点，多形式，大力培养热爱生命、健康生活习惯，普及健康知识，引导农牧民“治未病”，提高全民健康素养，让民族基因健康发展。

医院设置戒烟门诊，医务人员带头禁烟，对吸烟患者进行干预，控烟监督员确保院内全面无烟；设置2000平方米康复训练厅，投资3000万元配备一流康复设施；绿色健康小屋配置先进的身高、体重、血压测量仪；病区设健康角，提供33种疾病健康宣教手册，就医者免费取阅；院内24小时供应净化热水、病房洗浴水、冷暖空调；设置母婴室、投诉接待、休闲场所，尽可能满足多种人群需求。

农牧民来院就医，医护人员针对吸烟、饮酒、营养、心理等主要生活方式与危险因素进行评估，提供改进健康、促进疾病康复的建议，并通过出院随访、建立病友微信群等方式提供后期康复指导；院内开设健康大课堂、开通专科微信公众号、“317护”等手机软件平台为患者提供医学、健康知识，使他们在院是病人，出院成为健康知识的宣传员；成立孕妇学校、抗癌健康俱乐部，开展肾友会、乳

腺癌病友联谊会、糖友会等特色健康教育与健康促进活动，为病人和家属宣传疾病防治、康复知识、健康指导；引入慢病管理平台，对高危人群及患者筛查建档、提前干预、健康管理，降低群众医疗卫生经济负担；组建医疗队、宣讲队走进社区、企事业单位和乡村牧区，结合艾滋病、结核病、地方病等相关疾病开展义诊、慢病筛查、健康讲座，2017 年受益群众达 1.7 万人次；通过医院网站、微信公众号、院内各类电子屏以及当地报刊、电视台等媒体，面向大众开展健康科普宣教。

医院是展示地方文明、国家制度优越性的窗口。巴彦淖尔是沟通大西北大西南、连接蒙古国、融入国家“一带一路”、打造“中蒙俄经济走廊”的重要节点，医院努力为外籍患者搭建国际化、无障碍健康平台，医疗服务享受国人待遇，得到了来自蒙古、土耳其、叙利亚等国患者的点赞。

经过“新医疗功能”再造，“物质体治疗和精神体康复”双推进模式已经开启，“政府负责让边疆人民富起来，医院负责让边疆人民健康地‘活’起来”，“医生和全民双发力”的劳动分工日渐清晰，边疆农牧民的幸福感、获得感与日俱增！

完善卫生服务功能
构建健康和谐社区

内蒙古化德县妇幼保健所

一年来，在县委、政府和卫计局的领导下，我们认真贯彻《城市社区卫生工作会议》精神，按照上级文件的要求，以“关注民生，促进健康”为宗旨，构建健康、和谐社区为目的，继续完善社区卫生服务机构基本公共卫生服务功能。

现将2018年工作总结如下：

1. 健全并完善居民健康档案，逐步完善更新居民电子信息管理。建立健康档案信息管理制度，充分利用现有资源，建立健全社区卫生服务信息化网络，建立和完善统一的数字化社区健康档案系统、慢病管理系统，通过社区卫生服务信息网络平台，对社区居民健康信息进行动态监控和管理，有专人负责健康档案信息整理、录入、统计，上传下达，信息反馈。年内共建立健全居民健康档案45306人，其中录入微机36976人，其他的人员有的在其他机构已经建立电子档案，但有慢病的患者我们仍然进行随访管理（纸质档案管理）。其中录入微机的高血压患者2123人，糖尿病496人，精神病93人，其他慢病354人。对慢病患者我们认真开展慢性病规范化管理服务，按区域服务范围责任到人，分片包干的制度，入户人员一律实行挂牌服务，对多次上门不在家不能及时提供服务的贴通知单或社区卫生服务便民服务卡以使居民能够联系我中心的随访人员。对我县慢病患者通过上门服务、门诊随访、电话咨询、健康教育宣传、健康教育讲座等多种形式进行健康服务管理，对慢性病管理的病人随访时由患者本人签字。每年不少于四次面对面随访。根据疾病控制情况适当地增加随访次数并及时调整用药、根据情况建议转诊。针对不同病种开健康教育处方进行健康教育和行为干预。

2. 我们积极落实国家基本公共卫生服务项目，从 6 月 1 日开始为我县学前班、托儿所、幼儿园儿童进行全面的体格检查，我们对这项工作高度重视，建立组织，落实人员，具体分工，责任到人，有序地开展了工作。共检查了 1398 人，其中 1000 名儿童患病，龋齿 418 人，男童发病率 30.3%，女童发病率 29.5%；弱视 294 人，男童发病率 21%，女童发病率 20.8%；营养不良 49 人，男童发病率 3.5%，女童发病率 3.5%；肥胖症 25 人，男童发病率 2%，女童发病率 1.2%，扁桃体肥大 206 人，男童发病率 2.4%，女童发病率 1.2%；其他疾病 8 人。根据体检情况针对不同病种开具相关处方和医学建议。

3. 对我县适龄妇女（35 ~ 59 岁）进行了两癌免费筛查，共检查了 4511 人，其中生殖道感染 971 人，宫颈癌疑似 52 人，宫颈癌确诊 8 人。乳腺癌疑似 32 人，确诊 5 人。通过检查和宣传教育，使我县的广大妇女达到了有病早治，无病预防的目的，从而对自身的健康状况有了更进一步的认识。

4. 营养包、叶酸发放和管理。落实国家启动的公共卫生项目，为切实控制当地出生缺陷与残疾，提高我县人口素质，加强地方产科建设，及时、动态、准确监测干预，对我县农村、城镇妇女孕前、孕早期免费投放叶酸片并进行填写登记和随访。实施“消除婴幼儿贫血行动项目”，举办多次营养包培训，包括发放、储存、登记、管理、使用方法等。积极宣传营养包的好处，让更多的婴幼儿及时服用，提高有效服用率，达到健康成长的目的。年内叶酸新增服用 675 人，依从人数 608 人，依从率 90.07%。发放营养包 7424 盒。

5. 孕产妇、儿童两个系统管理。对怀孕的妇女建立孕产妇管理手册，及时进行管理，对高危孕妇我们加大管理力度，多次进行系统管理与孕期指导，年内共管理产妇 467 人，活产数 469 人，其中男 238 人，女 231 人。我们通过婚前医学检查、儿童计划免疫、孕产妇管理等途径发放孕产妇管理手册，共发放了 398 册。新生儿疾病筛查，我们对新出生的婴儿进行听力测定，以达到早发现、早治疗、早干预的目的，使孩子听力得以改善，成为一个健康的人。年内新筛 318 人，听筛了 321 人。

6. 健康教育。我们按照年初工作计划积极开展健康教育，针对不同人群我们有针对性地开展健康教育活动和健康咨询，共开展健康教育 1 2 次，健康咨询 12 次，发放宣传资料 7600 余份。按照卫计局要求我们年内共完成了 20 场健康素养巡讲，36 场健康促进巡讲，有图片、有签到、有讲义、有记录，真正达到了预期目的。年内共完成了 210 份健康促进问卷调查，同时双录入专用系统，圆满完成了工作任务。

7. 65 岁以上老年人体检工作。根据基本公共卫生服务项目的要求，我们开展了 65 岁以上老年人健康体检工作，共体检了 1235 人，筛查出高血压患者 482 人，占总检查人数的 39%，筛查出脂肪肝 243 人，占总检查人数的 19.68%，筛查出糖尿病 144 人，占总检查人数的 11.66%，筛查出冠心病 62 人，占总检查人数的 11.66%，筛查出慢阻肺 24 人，占总检查人数的 1.94%，筛查出肝囊肿 139 人，占总检查人数的 11.26%。筛查出肾囊肿 46 人，占总检查人数的 3.72%，筛查出高脂血症 191 人，占总检查人数的 15.47%，筛查出胆结石 94 人，占总检查人数的 7.61%，筛查出胆囊炎 94 人，占总检查人数的 7.61%，筛查出泌尿系感染 37 人，占总检查人数的 2.3%，筛查出脑血管疾病 38 人，占总检查人数的 3.08%，筛查出慢支 11 人，占总检查数的 0.89%，筛查出哮喘 5 人，占总检查人数的 0.40%。通过体检，发现高血压是老年人的首发病，其次是脂肪肝、糖尿病及高脂血症，造成这些疾病的主要原因是吸烟、过量食盐及高脂肪饮食。肝囊肿病人也相对较多，大部分是先天发育异常造成。体检后我们根据体检情况有针对性地建议他们到上级医院进行复查；对检出的慢性病人，我们纳入了公卫项目的慢病管理。同时我们有针对性地进行了健康指导，注意饮食和增强体育锻炼。

8. 长顺镇共有精准扶贫户 202 户（379 人），其中因病致贫的 137 户。今年脱贫 39 户，69 人。年内药品总金额 20333.83 元，其中基药占 86%，药品采购规格总数 82，药品总收入 852.3 元，医疗业务 5246.5 元，两票制执行 95%。

9. 计划免疫工作扎实有效地开展，年内共接种 8432 人次。对流动儿童实行规范管理，接种完疫苗的需要留观，同时可以在留观室观看健康教育宣传片和宣传画、手册、折页等。

浅谈托管是区级公立医院快速发展的有效途径

武汉市江夏区第一人民医院/华中科技大学协和江南医院党委书记 韩 军

党的十八大以来，以习近平同志为核心的党中央把“健康中国”提升为国家战略，在以往工作的基础上，坚持用中国式办法解决医药卫生体制改革这个世界性难题，在较短时间内建立起世界上规模最大的基本医疗保障网，大病保险制度覆盖10亿多城乡居民。但也要看到，我国仍然面临多重疾病威胁并存、多种健康影响因素交织的复杂局面，人民群众不但要求看得上病、看得好病，更希望不得病、少得病，看病更舒心、服务更体贴，对政府保障人民健康、提供基本卫生与健康服务寄予更高期望。唯有把人民健康放在优先发展的战略地位，加快推进健康中国建设，才能为实现“两个一百年”奋斗目标、实现中华民族伟大复兴的中国梦打下坚实健康基础。

十九大报告顺势而为、站高望远，果断而响亮地提出了“实施健康中国战略”号召，深刻阐述实施健康中国战略的重大意义，做出了加快推进健康中国建设的重大部署。“实施健康中国战略”，具体到区级公立医院建设与发展而言，就是要学习贯彻习近平新时代中国特色社会主义思想，明确新形势下卫生与健康工作的方针和目标，紧跟党中央医改步骤，强基固本、坚守公立医院职能，加速推进改革与发展、抓牢建强紧密型医疗联合体协作模式，强力推进三甲医院全面托管，快速提升医疗服务能力，让更多基层老百姓享有优质、高效、便捷、价廉的诊疗服务。

一、托管目标

医联体建设可细分为四种模式，即城市医疗联合体、医共体、专科医联体、远程医疗协作。“托管”是城市医疗联合体的一种形式，是解决医疗卫生事业发展不平衡不充分与人民健康需求之间的矛盾的有效手段，有利于调整优化医疗资源结构布局，促进医疗卫生工作重心下移和资源下沉，快速提升基层服务能力，有利于医疗资源上下贯通，提升医疗服务体系整体效能，更好实施分级诊疗和满足群众健康需求。2014 年 6 月，江夏区人民政府主导与华中科技大学附属同济医学院协和医院签订托管协议，促成武汉协和医院和江夏区第一人民医院“联姻”——协和医院全面托管江夏区第一人民医院，挂牌“华中科技大学协和江南医院”。2016 年 7 月，刘承云履新协和江南医院院长，协和托管全面进入实质阶段；协和托管一年多来，确定“以提高医疗服务能力为核心，以信息化为支撑，上联省部署医院，下联社区卫生服务中心，立足本部，一院多区，打造武汉南部高水平医学中心”的托管战略目标。

二、托管成效

在协和医院大力支持下，援引协和先进的管理模式和医疗技术支持，规范科学管理，强化学科建设，推动了分级诊疗工作创新发展，各项工作取得了显著成效。

（一）业务发展指标不断刷新，数据有看头

托管以来，医院扎实推进“百名协和专家进江夏”系列活动，做到“协和专家天天见”，建立“协和专家工作室”，有 24 名协和专家开启常态化门诊诊疗和疑难手术带教服务，让百姓真真切切享受“家门口”的协和专家诊疗服务。在协和品牌影响下，医院业务指标显著提升：2017 年，门急诊人数约 55 万人次，同比增长 34.5%；出院人数约 5 万人次，同比增长 59.1%；住院手术万余人次，同比增长 55.9%，危重病人抢救成功率 97.9%。其中，三级手术 3663 台、四级手术 754 台，同比增长 75.4% 和 152.8%；先后成功开展冠状动脉支架置入、脑动脉瘤手术、断指再植等新业务、新技术 40 项（共计 3636 例），多项新业务新

技术实现了江夏区零的突破。在协和品牌影响下，2018年医院业务指标显著提升，门诊就诊量不断攀升，日均门诊量达2000余人次，多措并举让全区人民群众在家门口享受更加优质便捷诊疗服务。2018年医院被湖北省卫健委核定晋升为“三级综合医院”。

（二）人才引进培养面貌一新，干事有劲头

人才引进培养我们坚持“输血”与“造血”并重。托管以来，在协和医院大力支持下，派驻先进管理团队入驻协和江南，将协和医院先进的管理理念源源不断注入江南医院，制定了《人才引进管理规定》，在引进学科带头上予以安家费、专项人才津贴、过渡性住房等福利待遇，成功引进高素质、高学历实用型人才18人，其中博士8名（博士后1名），副主任以上医师职称18人。通过网络平台及大专院校招聘会，招录87人，其中硕士24名，本科48名（本科护士11人），为医院快速发展注入新鲜血液。近年来，人才梯队不断完善，学术氛围浓厚，科研项目和高水平论文实现历史性突破，成功申请国家自然科学基金项目1项、省市级科研项目共计22项，获省级课题1项，市级课题7项。发表学术论文107篇，其中SCI收录3篇，实现了SCI论文本土化，40多人在省、市专业学术委员会担任主任委员、理事、委员，参与编辑12部医学及管理专著。

（三）医疗服务能力耳目一新，群众有甜头

分级诊疗创新发展。依托协和医院托管契机，探索建立了协和主导立体分级诊疗模式，今年以来，实现双向转诊300余例；按照“省市区一体化，下沉再下沉”的思路，与区域内21家基层卫生院和1家精神卫生中心签署紧密型医疗共同体合作协议；借鉴协和医院经验成功托管了金港社区服务中心。通过远程心电诊断中心、区域医学检验中心，通过心电远程系统已为基层医院解读心电图11951份，筛查诊断心梗、冠心病120余例；区域检验中心接收并完成体液样本检验数167256项，实现了检验结果“一单通”，弥补了乡镇卫生院检验科检测能力不足的问题，减轻了病患的支出负担。

优质资源不断下沉。扎实推进“百名协和专家进江夏”系列活动，组建“协和专家工作室”，24名协和专家在本院开启常态化门诊诊疗服务，让患者享受“家门口”的协和专家诊疗实惠，协和专家工作室共接诊病患万余人次。其中，国内知名超声影像教授严天慰等协和专家接诊疑难病例诊查千余例；甲乳科教授刘春萍等开展疑难手带教术百余台次；协和专家团队进江夏，开展义诊活动13批次，参与教授102人次，接诊病患5000余人次。协和教授把关健康管理，聘请协和医院余达林教授、张银环教授等健康管理中心主检专家，审核健康体检报告，分析评估后给出指导意见，体检服务人次近10万。

专科建设多点突破。医院现开设33个病区，43个临床和医技科室，涵盖了大型综合性医院的所有诊疗科目；医院制定“重点专科建设五年规划”“重点专科奖励办法”等扶持政策，强力推进重点专科建设，取得长足的发展，重点专科向国家级、省市级多点突破，先后成功获评1个武汉市临床重点专科，5个湖北省县级临床重点专科，3个武汉市市级临床建设重点专科，19个武汉市区级临床重点专科。此外，老年病科建立湖北省首家舒缓医疗科；2018年，医院健康管理中心被评为“全国健康管理示范基地”。

医学中心能力凸显。相继成功建成江夏区急危重症孕产妇救治中心、120急救中心、健康管理中心、胸痛中心、介入诊疗中心、脑卒中中心、医学美容中心、产后康复中心、国际肿瘤会诊中心、区域心电诊断中心、区域检验中心等数十个规范化医学中心，建强现代化医学中心是更好服务患者健康的重要保障。同时，医院各学科积极与武汉协和医院专科对接，建立了眼科联盟、骨科联盟、卒中专科联盟、心脏康复联盟、老年病分级诊疗中心、国家老年疾病临床医学研究中心协同创新合作单位等联合体，不断深化分级诊疗举措，让患者享受家门口优质医疗服务。

急危重症救治保障有力。“协和力量”在医疗救治中频频出现，恰如其分地诠释了“江南有所呼，协和必有应”的托管理念。在协和指导下，确诊一例禽流感病例；“6.19”工人窒息救治事件中，协和医院及时伸出援手，成功使一位心跳呼吸骤停的病人复苏，赢得了区委主要领导高度肯定。“5.18”车祸重伤员“创伤性胸主动脉夹层”救治，协和教授协助完成首例人工血管支架腔内植入术，成功救治因车祸伤所致胸主动脉瘤患者。“5.31”火灾救治、“6.10”重大交通事故救治等突发公共卫生事件中，协和教授远程抢救指导和第一时间赶到现场急救的联动机制发挥了巨大的作用。

（四）文化融合引领与日俱新，创新有念头

主导协和“声音”。注重文化移植，强化现代医院管理。与百年协和文化进行深度融合，牢固树立“同一个协和，同一个追求”的工作思路，以提升医疗服务水平为立足点，不断强化提升自身的服务意识；营造“爱护医院就像爱护自己的眼睛一样”医院文化氛围。

讲好江南“故事”。一是细化便民服务举措。率先在我院实行了精准扶贫“一站式”结算服务，协调打破居民医保、民政局、保险公司等相关部门结算壁垒，实现大病医保、城乡基本医疗保险、民政救助、大病补充保险等住院报销项目“一个窗口”办结，共计办理精准扶贫对象报销 4341 人次，报销总费用一千多万元，报销额度可达 90% 以上，大大减轻了贫困患者身体、心理及经济负担，真正做到“让信息多跑路、让病人少跑路”；省、市各级领导多次来院调研及召开现场经验交流会，得到了高度肯定。二是坚持典型文化引领。身边典型为医院赢得良好声誉，“援非女英雄”吴玉萍（CCTV4、中国妇女报、中国之声网络转载），获评“时代楷模”“三八红旗手”，其提交的“关于综合援非医疗的若干改进意见”的提案被国家卫计委采纳。“最美睡姿”江喜姣，网上点赞 410 多万人次，市卫计委授予江喜姣“白求恩式好医生”荣誉称号，获湖北省“荆楚楷模”“身边暖医”等荣誉称号。三是注重学术带动。托管以来，医务人员参加协和举办的各类培训班和学术活动千余人次，为实现与协和同步管理充电，联合举办 / 承办湖北省老年学会老年保健医疗专业委员会年会暨湖北省临床保健高峰论坛、“武汉 1+8 城市圈普外专业学术年会”等高层次学术会议 10 余次。

三、托管经验

实践证明，“托管”是区级公立医院快速发展的有效途径，是落实公立医院改革重要手段，也是确保惠民政策落地的有力保障，更是加速推进分级诊疗的重要平台。托管一年多的实践取得的显著成效，积累形成了以下几条重要经验：坚持托管区域政府支持这个主导；坚持医疗服务能力提升这根主线；坚持人才支持专科帮扶这条主旨；坚持文化融合培植引领这支主轴；坚持便民惠民群众满意这篇主题。

四、几点建议

1. 推进跨区域专科联盟。推进跨区域专科联盟，调整优化专科资源，打造具有影响力品牌专科。

2. 完善资源共享机制。完善资源共享机制，利用信息化手段促进资源纵向流动，提高优质资源可及性和医疗服务整体效率。

3. 制定科学的评价指标体系。制定科学的评价指标体系，对托管的实施效果进行评价，促进分级诊疗制度落实，确保医联体公益性。

通过一年多的托管实践，本院业务指标、学科发展、服务能力均得到显著提升，医院品牌影响也取得了显著成效，这些均说明了协和医院托管协和江南医院非常符合中央医改政策提倡的医联体建设方向。在不改变所有制的情况下，通过全面托管这一模式形成了协和医院和区级医疗机构的紧密联系；协和医院向托管医院品牌输出、提供人才支持、技术帮扶、统一管理；协和医院托管是托管医院快速发展的捷径，有利于增强群众的获得感、幸福感、安全感。

扶沟县中医院志

河南省扶沟县中医院

扶沟县中医院始建于1983年，是扶沟县唯一一所集医疗、急救、研究、保健于一体的二级公立中医医院，承担了全县的中医药适宜技术的推广、培训任务。位于扶沟县城新建西路27号，占地面积2998平方米，业务用房面积5575平方米，设有内、外、妇、烧伤等病区，临床及医技科室30个，设置床位200张，截至2018年底，全院共有人员181人，其中卫技人员131人（高级职称15人，中级职称48人，初级职称68人）行管工勤人员50人。

一、整体搬迁项目建设

2016年，在县委、县政府和县卫计委高度重视和直接领导下，扶沟县中医院开始整体搬迁建设项目。

项目位于县城力神大道东段南侧、贾鲁河堤西侧处，占地29.91亩，计划总投资1.162亿元，建筑面积2.95万平方米，主要建设四层门诊医技综合楼一栋和9层病房楼一栋；同时配套建设医疗垃圾临时贮存室、污水处理、道路、广场、车位、绿化等附属设施。床位设置350张。

根据目前我国的健康养老产业的现状，二期医养结合项目建设也在筹备当中，如何将中医院做成“医养结合”的范本，发挥“治未病”的优势，做好健康管理，也是中医院未来发展的重要方向。

二、区域影响

扶沟县中医院是我县唯一一所二级中医医院，是发挥中医药特色治疗的重要载体，是特色中医药适宜推广项目实施单位（实施“大型服务百姓健康行动”“中医药文化知识科普进基层”“中医药技能知识培训”“中医中药中国行”“中医进社区、进乡村、进家庭”等活动），也是我县中医药适宜技术培训基地，承担了全县的中医药适宜技术的推广、培训任务。是担负着全县人民健康中医保健治疗的责任主体，深受人民群众赞誉。

三、对外合作

先后与河南中医药大学第一附属医院、河南中医药大学第三附属医院、周口市中医院等医院成立专科联盟。加入河南省中医院远程会诊系统，专家教授科随时远程会诊疑难病例。

四、领导班子

院长、党支部书记：张焕生

副院长：王中伟

副院长：杨富强

副院长、工会主席：娄希望

院委成员、医务科长：邵卫东

院委成员、财务科长：郭巧云

院委成员：温涛

五、公共卫生服务

我院在医院走廊、过道、诊室、病房等处悬挂古代中医名家、中医药、“治未病”等宣传图画，积极营造中医药特色服务氛围，大力倡导“看中医、吃中药”“治未病”理念，开展“中医中药中国行”“中医进社区、进乡村、进家庭”“中医适宜技术推广”“中医药文化科普进基层”“服务百姓健康行动”“阳光献爱心”等活动。我院作为县中医药适宜技术培训基地，承担了全县的中医药适宜技术推广、培训任务。我院成立了领导小组，在卫计委的领导下，扎扎实实地开展中医药适宜技术推广工作，召开乡医交流会，采用理论授课、指导实际操作，并深入乡镇卫生院对乡村医生进行了中医药健康管理和保健服务相关规范及技术规范培训。

六、特色专科建设

近几年人们对中医养生保健和中医诊疗服务的认知程度越来越高，医院也迎来了良好的发展时机。为打造中医院特色专科建设，在张院长的组织下，将原针灸理疗科全面整合，从房屋改造、设备更新、人员配备等方面入手，全面打造国医堂。国医堂建设完成后，古色古韵，亲民祥和，充分体现了中医药文化氛围，彰显了中医药文化特色。国医堂充分发挥中医特色，不断加强中西医结合内涵建设，秉承中医传统采用辨证与辨病，中药与西药，内治与外治相结合。现开设有蜡疗、针灸、弧刃针、穴位注射、刺络放血、中频治疗仪导药、拔罐、走罐及中药熏蒸等中医特色疗法治疗各种疾病，这种“安全、经济、高效”的治疗方法深受广大患者喜爱。

七、人才培养

为加强中医人才培养，我院制定《关于加强中医药人才培养的实施方案》，拿出专项经费，通过人才引进、外派进修、对口支援、师承培养、专科联盟和继续教育等方式，持续加强我院中医药人才培养和队伍建设。2018 年共招收专业技术人员 26 名，外出进修学习人员 21 名，开展学习讲座 13 次，组织技能操作培训 6 次，省级及以上学术刊物发表论文 6 篇。

八、药品

扶沟县中医院严格执行相关法律法规，成立药事管理领导小组，明确药品质量管理责任，每年对药品从业人员进行培训，严格执行规范中药房相关管理制度，中药饮片全部由正规渠道购进，由主管中药师对每味中药饮片都进行验收入库并做好记录，每季度对中草药养护一遍，保证了药品质量。2018 年，扶沟县中医院药品遴选四家药品供应企业，与四个公司均签订了“两票制”药品供应合同书，从 2018 年 6 月 21 日以来，医院常用药品为 468 种，能够实现“两票制”配送。

九、卫生经济

编制床位、门诊住院人次、收入、资产具体数据如下表所示。

编制床位、门诊住院人次、收入、资产一览表

年度	编制床位	门急诊量	住院人数	业务收入（万元）	固定资产（万元）
2018	200	40861	3641	2056	1342

十、医院大事记

2017 年 12 月，中医院中风康复眩晕临床医学研究中心正式下文被认定为市级临床医学研究中心。

2018 年 3 月，设置健康扶贫“一站式”窗口。

2018 年 3 月，举办乡医学术交流会。

2018 年 4 月，赵水丽当选为周口市医学会首届运动医学专业委员会委员。

2018 年 4 月，召开“基层卫生技术人员中医药知识与技能培训会议”。

2018 年 5 月，赵水丽荣获“扶沟县优秀医生”荣誉称号。

2018 年 5 月，迎“5•12”国际护士节，举办“护理技能操作大赛”。

2018 年 5 月，国医堂举办“风湿与疼痛大型免费义诊活动”。

2018 年 5 月，特邀省防火宣传中心举办“消防安全知识讲座”。

2018 年 7 月，举办“中医药健康文化主题活动暨《中医药法》实施一周年”纪念活动。

2018 年 7 月，开展“中医护理技术在临床的应用和规范管理培训”及“中医特色技术理论学习及操作”。

2018 年 8 月，庆祝首届“中国医师节”，举办“读经典 背方剂”活动。

2018 年 8 月，承办“关爱骨病 健康中国行”送医送药活动。

2018 年 9 月，开展“服务百姓健康行动”义诊活动。

2018 年 9 月，财政部驻省财政厅监察专员来我院新院区实地调研。

2018 年 11 月，开展《中医病历书写规范》和《十八项核心制度》培训。

2018 年 12 月，在县直高中举办“全民自救互救应急知识技能普及活动”。

腾飞的邵阳市妇幼保健事业

湖南省邵阳市妇幼保健院

邵阳市妇幼保健院始建于 1953 年 5 月，是一所集预防、保健、临床、急救、科研、教学于一体的二级甲等妇幼保健机构。前身为邵阳市妇幼保健所，有妇幼保健人员 5 人，主要负责市区内新法接生的宣传，接生员的培训与管理。1958 年以后数度整合：1986 年地、市妇幼保健站（所）合并为邵阳市妇幼保健所；1994 年升格为副处级事业单位，改称邵阳市妇幼保健院。秉乘“母亲安全，儿童优先”妇幼方针，承担着全市妇女儿童的健康教育和保健、医疗服务等，1995 年经世界卫生组织评定为邵阳市首家“爱婴医院”；1997 年荣获省卫生厅“文明单位”和市委、市政府“双文明”单位；2008 年荣获全市社会治安“综合治理先进单位”“人口与计划生育工作”红旗单位和全国妇联授予的“全国三八红旗集体”荣誉称号；2015 年再次被授予国家级爱婴医院称号。

医院占地面积 18 亩，业务用房面积 7965 平方米，固定资产 25264 万元，编制病床 110 张，职工人数 188 人，其中卫生技术人员 157 人（正高 2 人，副高 18 人，中级职称 43 人）。设有邵阳市唯一一家经湖南省卫生计生委批准的产前诊断中心、新生儿疾病筛查中心。拥有高端彩超、腹腔镜、微量元素分析仪、小儿呼吸机、麻醉机、Lifecycle 检测仪、可视人流仪等先进的医疗设备。

一、保健工作屡创佳绩，健康水平日益提高

2018 年，邵阳市总人口 810 万，妇女 381 万，其中育龄妇女数 178 万。现有妇幼保健计划生育服务中心 13 所，其中市级 1 所，区级 3 所，县级 9 所；市

级危重孕产妇救治中心2所，县级危重孕产妇救治中心9所；9个县市成为产科建设合格县，开展助产业务的乡镇卫生院111所，县级以上医疗机构46所，年分娩量大于300的助产机构58所，开放产科床位2651张，专业技术人员687人；开放儿科床位2455张，专业技术人员692人。

解放初期，邵阳的妇幼保健事业，处于极端落后的状态。广大农村普遍是旧法接生，新法接生率仅13.89%，一遇难产就烧香拜佛，请巫婆野蛮助产，以致产妇死于难产和产褥热、新生儿死于破伤风的不计其数。产妇死亡率，有的地方达17.20%，婴儿死亡率高达140.30‰。所以民间一直流传着“妇女生孩子如过鬼门关”的民谣。从1953年开始，逐步建立健全了各级妇幼保健机构，逐年培训，不断提高技术力量。妇幼保健工作内容，从20世纪50年代开展新法接生，70～80年代开展妇女“两病”普查普治、儿童健康检查、围产期保健，90年代开展孕产妇系统管理、儿童系统管理，到2000年以后为加强基层产、儿科建设能力，降低孕产妇、5岁以下儿童死亡率，提高住院分娩率和加强预防出生缺陷技术干预措施。近年来，新法接生率达100%。将两个死亡率的控制纳入对县卫生重点工作和绩效目标管理考核内容当中，对超出省定目标的县市区实行一票否决。建立两家市级危重孕产妇救治中心。2018年上半年，2个市级急救中心抢救急危重症孕产妇33例，抢救成功率达96.97%。实行分级住院分娩，严格危重孕产妇转诊流程，建立高效、有序、畅通的市县乡三级会诊、转诊、抢救长效管理机制。2007年荣获省卫生厅授予的全省“降低孕产妇死亡先进单位”。

出生缺陷是影响人口素质的一个重要因素。出生缺陷不但会引起胎儿、围产儿、婴儿死亡，而且存活者多为残疾，给社会和家庭造成沉重的负担。市妇幼保健院2009年顺利通过省级验收，正式批准设立新生儿疾病筛查中心。近年来，为进一步降低出生缺陷发生率，通过实施“六免两救助”（免费婚前医学检查、免费孕产优生健康检查、免费增补叶酸、免费产前筛查、免费新生儿疾病筛查、免费新生儿遗传代谢性疾病筛查、新生儿多种遗传代谢疾病救助、0～18岁儿童先天性结构畸形救助）项目，全市新生儿疾病筛查率由2005年的3.87%增加到2018年的97.86%，叶酸服用率从2007年的1.61%提高到2018年的99.35%。新生儿听力筛查率从2008年的7.43%提高到2018年的94.26%。为进一步提高我市遗传优生学水平，加大出生缺陷综合防治力度，现正在筹备成立遗传优生专业委员会的前期工作。

近年来，农村适龄妇女“两癌”免费项目纳入省、市重点民生实事项目，2018年上半年，全市共筛查88334人，宫颈癌前病变检出率57.50/10万，宫颈癌检出率14.37/10万，早诊率为37.40%，乳腺癌前病变及乳腺癌检出率22.58/10万，早期诊断、及时治疗大大提高了患者的治愈率。全面推进预防艾梅乙母婴传播项目，减少因艾滋病、梅毒和乙肝母婴传播造成的儿童感染，实现2020年全国艾梅乙母婴“零传播”目标。2018年上半年全市孕产妇艾滋病、梅毒、乙肝病毒孕期检测率为95.11%、95.10%、95.11%。

二、强化医院内涵建设，彰显特色专科成效

该院始终把“以医疗质量为核心，以病人为中心”作为医疗保健事业发展的生命线，开展一系列有特色的服务项目。1995年在全市率先设立的“母婴同室”病房，集产时、产后、抚触于一体，实现了“以医为本”向“以人为本”模式的转变。2003年开设的艾滋病初筛实验室成功筛查出邵阳市首位艾滋病孕妇，并经省疾控中心进行了确诊，及时地阻断了艾滋病母婴传播，2013年被评为“湖南省艾滋病抗体检测实验室质量考评优秀单位”。2004年成立了全市首家小太阳早教中心和产后康复中心，现为我市残联儿童脑瘫和智障的康复基地。2012年成为湖南省首批二级甲等妇幼保健院。2015年开创邵阳市首家规范化人流关爱门诊，设立二胎再生育门诊，妇产科开展人流术后关爱PAC项目通过国家终期评审授牌，建立了地贫基因诊断实验室、宫颈癌HPV基因检测系统。

该院现开设急诊科、妇科、产科、妇女保健科、儿科、新生儿科、儿童保健科、儿童早教康复科、遗传优生科、生殖医学科、超声影像科、病理科等科室。开展妇女保健、不孕不育、儿童早教康复、产前筛查及诊断、新生儿疾病筛查、新生儿危急重症诊治、产后盆底康复、妇产科微创手术、宫颈疾病诊治、病理检验等优质特色服务。作为我市唯一的出生缺陷防控中心，开展产前筛查与诊断、

羊水穿刺染色体遗传学检查、新生儿疾病筛查、细胞染色体培养、无创DNA检测、地中海贫血筛查与诊断、染色体微阵列（CMA）、遗传咨询与指导等。年门诊量12万人次，住院病人4000余人次，分娩量3000余人次。

2018年年初该院按国家卫健委关于妇幼保健机构业务科室设置要求设立了“四部二中心”，即“妇女保健部、儿童保健部、孕产妇保健部、计划生育部、医学遗传中心、新生儿疾病筛查中心”，围绕妇女儿童全生命周期开展健康服务。

三、激情燃烧六十五载，开创妇幼美好未来

市妇幼保健院医院职工从1991年的47人增加到2018年的178人，医院病床从1991年的8张增加到2018年的110张，固定资产从1999年的322.89万元增加到2018年的25264万元，新法接生率由1953年的13.89%提高到2018年的100%，婴儿死亡率由1953年的140.30‰下降到2018年的6.82‰；孕产妇死亡率由1979年的83.1/10万下降到2018年的13.18/10万。这几组数字凝聚着邵阳几代“妇幼人”荜路篮缕的心血和励精图治的精神。65年来，年轻的妇幼保健院燃烧着激情一路走来，围绕着“提高医疗质量、保障医疗安全，促进妇幼保健事业快速发展”的主题，面对医疗市场的激烈竞争，充满坚定而执着的信念：以发展妇幼保健事业为已任，爱岗敬业，团结奉献、自强不息、追求卓越；用热情和智慧，奏响新的乐章；用诚信和严谨，吟唱新的心曲；用心血和汗水，谱写新的篇章，努力开创邵阳妇幼保健事业美好的未来！

提升医院品质 让服务有温度

——乌海市第三人民医院以优质服务温暖患者

内蒙古乌海市第三人民医院

乌海市第三人民医院（海南区人民医院）成立于1976年，是海南区政府所在地唯一一所集医疗救护、预防保健、教学科研为一体的二级甲等综合性公立医院。2018年是全国医疗卫生系统实施改善医疗服务第二个“三年计划”开局之年，我院积极响应，认真贯彻落实，加强内部管理，强化服务意识，改善服务流程，努力做到让基层人民群众便捷就医、安全就医、有效就医、明白就医。

医院始终坚持“以患者为中心”的服务理念，贯穿医疗服务中每个环节，改善基础设施，完善制度建设，持续改进医疗服务，利用医院网站、微信公众平台、院报专栏、院外媒体等渠道进行广泛宣传，让全院干部职工更加深刻认识改善医疗服务活动的重要意义，营造良好的服务氛围。医院通过开展患者满意度调查、公开监督电话、意见箱、院长接待日等方式及时反馈，持续改进，提高服务水平。

一、改善医疗服务质量，从人才强院开始

习近平总书记曾提出高度重视人才的重要作用，想要事业发展得好，人才是第一资源。为培养与锻炼医护人员，外出进修、培训和学术交流，引进与吸收人才。利用继续医学教育、专题讲座、远程教育、卫星网络直播等形式开展院内培训；承担起全海南区卫生专业技术人员的继续医学教育工作，支持医护人员在国家核心期刊发表论文，申报院内科技创新项目，开展科研项目，着力提高医疗人才的培养质量，努力完善人才发展机制，最大限度地支持和鼓励医务人员学习和创新。

二、重服务抓细节，做好生命守门员

门急诊室是医院重要的服务窗口之一，也是挽救生命的第一道门，为了给患者提供方便快捷的医疗服务，医院通过一系列精细化管理举措，优化就诊流程，改善就诊体验，门诊开展一体化管理；合理配合充分调动诊疗资源，多科室合作进一步加强对危重病人的救治；在门急诊高峰时段合理分流患者，减少病人排队时间；开展午间、夜间门诊，方便群众就医；在门诊大厅设有清晰易懂的医疗就诊标识，设立导诊台、志愿服务站，引导患者就诊；提供健康教育咨询，协助老弱危重患者办理手续，免费提供轮椅、测量体重、血压、体温、开水、针线盒等，生动地用中国居民平衡膳食宝塔做慢性疾病的规范化管理及治疗的健康宣教。

三、人文关怀，情暖医患

以人文服务为媒介，构建和谐医患关系。从服务环境、服务理念、服务态度、服务效果等各方面持续改进，秉承着严谨、求真、博爱、奉献的院训，将人性化理念融入医疗服务过程中。通过建立和完善医患沟通制度、投诉处理制度，及时受理改进，充分尊重和理解患者痛苦，努力减轻患者身心负担；注重和患者全方位沟通，了解患者被理解、受重视、受尊重的需求，用可亲的态度、温柔体贴的语言，给患者以信任温暖的关怀。开展多元化便民服务，发挥医务人员职能优势，走近群众，大力发展医务社工、健康巡讲等公益志愿服务，进一步提高群众健康素养水平和自我保护意识；为保障帮扶地区人口享有基本医疗卫生服务，把健康扶贫落实到人、精准到病，实施分类救治，下乡进行免费义诊、免费“送医配药”“重大疾病”及“白内障”免费筛查活动、协助健康扶贫患者办理慢病卡。全院医务人员把对患者强烈的责任感，融入诚心实意的服务中，为患者提供温暖、安全的医疗服务。

四、“互联网 +”，开启健康新模式

以“互联网 +”为手段，建设智慧型医院。建立远程会诊室，利用计算机和

网络技术，开展“互联网+医疗”和远程培训，进行远程会诊、远程影像诊断、远程心电诊断，远程教育，使更多疑难病患者能够在家门口获得国内知名医院专家诊疗服务。通过预约平台把病人的信息录入系统，远程会诊医生在会诊前了解患者病情，专家通过视频向患者及主治医师提出系统的诊疗方案，通过远程会诊提高诊断和医疗水平的同时，降低了医疗费用，实现优质医疗资源下沉，专家在会诊的同时，为当地主管医师提供针对性的学习机会，充分提升人才资源利用率，实现远程帮、传、带、教，使医院整体医疗水平得到提升；利用微信公众平台为患者提供信息查询和推送服务，定期推送健康宣教、养生、医学常识和护理知识等；创建“甜蜜家园”糖尿病在线咨询微信群、微信公众账号对患者血糖进行实时监控，进行在线问诊和咨询，通过这种高效便捷的医患互动，为患者搭建多元化交流平台，增加医患结合度。

五、医联体联动办实事，合作为民保健康

以医联体为载体，提供连续医疗服务，医院加强医联体建设，实现双向转诊、分级诊疗，成为乌海市市级三所医院医联体骨干医院，成立专科联盟，同时组建以乌海市第三人民医院为核心的海南区区域医疗共同体，医院选派各科室专科医生与拉僧仲社区卫生服务中心的医护人员组成签约团队，对社区医护人员进行技术指导、技能培训、疑难问题解答及咨询。开展对巴音陶亥镇卫生院对口支援工作，每周二、五选派医院专家到巴音陶亥镇卫生院坐诊，优先将慢性病患者纳入家庭医生签约服务范围，为患者提供顺畅转诊和连续诊疗服务。同时通过信息化建设，患者信息在全市内互联互通，实现多方共享，进而提升区域内整体医疗诊疗能力。改善医疗服务是民生导向，更是公立医院的使命和责任，为了给患者提供最大限度便捷式服务，医院本着以提升人民群众就医需求为主线，从细节着手，真正把改善医疗服务落到实处。通过我们的努力，无论是医疗水平还是就医体验，相信平凡的点滴也能创造医患间爱的奇迹。

提升妇幼保健水平 促进健康萍乡发展

——萍乡市妇幼保健院情况介绍

江西省萍乡市妇幼保健院

一、基本情况

萍乡市妇幼保健院创建于1953年，是一所集医疗、保健、科研、教学于一体的三级甲等妇幼保健专科医院，是赣西地区儿科、妇产科培训教育基地及全市妇幼保健技术指导中心。近年来，医院不断深化医疗卫生体制改革，把握妇幼卫生工作方针，始终坚持公益性质，履行政府公共卫生职能，承担着全市120余万妇女儿童的医疗保健任务，并全力支持基层保健机构能力建设，促进了全市妇幼保健水平整体提升。医院先后被评为“爱婴医院”“全国百姓放心医院”“江西省医德医风建设先进单位”“江西省群众满意医院”“江西省平安医院”“国家级PAC优质服务医院”。2017年产科荣获“全国巾帼文明岗”，妇科荣获“江西省三八红旗集体”，2018年妇科荣获江西省卫计委“全省医师优秀团队”，儿内二科荣获“共青团萍乡市委首届萍乡青年五四奖章”，产二科获得萍乡市卫计委“优质护理服务示范病房”等荣誉称号。医院分两址。总院（文昌路66号）占地面积37.4余亩，总建筑面积约5万余平方米。分院（安源宾馆旁跃进路）占地面积约5亩。遵循保健与临床相结合的宗旨，总院以临床为主纵深发展；分院以保健为主，为全市120万妇女儿童保健中心。

人员情况：医院现有合同制以上员工650人，卫生专业技术人员569人，其中高级专业技术人员93人，享受市政府津贴1人，省级学科带头人培养对象2人，市优秀人才1人，硕士研究生20人，入选“省级新世纪百千万人才工程”2人。

科室设置：经市卫健委批准，我院现有60个内设机构，其中党群机构9个，行政科室16个，临床及保健业务科室28个。设立了孕产保健部、妇女保健部、儿童保健部、计划生育技术服务部，加强“四部”建设，强化保健与临床深度融合，构建妇幼保健机构规范化管理新格局。

诊疗设备：医院拥有美国产乳腺钼靶X光机、螺旋CT机、DR、C臂机、四维彩超、腹腔镜、早产儿培养箱、聚焦超声治疗仪、骨密度分析仪、盆底功能康复检测仪等医疗设备。引进民营资本购置了一台GE1.5T磁共振（MRI）和一台数字减影血管造影X光机（DSA），共建影像中心。

学科建设：自2012年10月份起，我院制定了《萍乡市妇幼保健院学科等级评选细则》《萍乡市妇幼保健院学术系列人才评选考核暂行办法》。通过严格评选、层层审核，在全院评审出24个等级学科，52名首批学术系列人才。每三年会进行学科等级评审。2019年评选出26个等级学科，学术系列人才在评选中。医院目前有省市共建学科2个，市重点学科5个，妇科微创和新生儿科为省市共建学科，妇产科、妇科微创、新生儿科、（遗传）检验学科和儿内科为市重点学科。

二、工作情况

2018年，我院门诊服务人次429724，出院人次22979，实际开放床位410张，病床使用率81.7%，分娩人次4538，占市内医院61.92%，手术台次3799，麻醉人次10065。业务收入2.1亿元，同比增长3.13%，药占比（不含中药饮片）22%。

（一）以深化医药卫生体制改革为契机，有效保持公立医院公益性质，取得良好的社会效益

1.有效控制各项指标，各项指标均达到公立医院改革目标。优化收入结构，做到三降一升：药占比下降。2018年医院药占比（不含中药饮片）22%，与去年同期相比下降1.5%。2018年，全院销售西成药4662.33万元，让利于患者达700万元，低于国家要求最高限额30%。百元医疗收入消耗卫生材料下降。2018年百元医疗收入消耗卫生材料15.3元。医技检查占医疗收入比重下降。2018年

医技检查占医疗收入比重 32.25%。医务性收入占医疗收入比重上升。2018 年医务性收入占医疗收入比重 40.79%。

2. 不断降低老百姓治疗费用，让老百姓看得起病。一是利用信息技术，提高医疗管理质量。合理用药、危急值管理系统、临床路径系统、护理信息等系统均能实时监控提醒，指导、规范临床医务人员医疗行为，做到合理检查、合理治疗。二是加强抗菌药物的使用管理。“阳光医药”监察一直作为医院重点工作，每月对黄牌情况进行考核通报。医院多次召开药事管理与药物治疗委员会，针对药物治疗过程中可能存在的不适当药物治疗进行分析并制定规则进行干预，持续提高抗菌药物合理应用水平，2018 年门诊抗菌药物使用率为 15.18%，住院部抗菌药物使用率为 55.27%。三是不断降低门诊输液率。从 2013 年起，我院停止门诊成人患者输液，并严格控制儿科输液指征，2018 年门诊输液率下降到 19.38%。四是患者均次费用始终保持全省最低水平。2018 年门诊均次费用：262.3 元与 257.32 元相比，同比增长 1.9%，住院均次费用始终排在全省地市级专科医院最低水平。2018 年住院均次费用：4265.05 元。

（二）以开展“人民至高无尚，患者是我亲友”活动为抓手，不断优化就医流程，改善患者就医体验

以患者满意为目标，不断改善医疗服务行为，提高医院服务社会能力。医院深入开展了“人民至高无尚，患者是我亲友”主题活动，全年患者满意度达 94.16%。一是将医师队伍建设与“人民至高无上，患者是我亲友”活动有机结合。以首届“医师节”活动为契机，开展了主题演讲比赛，医师法律法规、“三基三严”“核心制度”等知识竞赛，将医师素养的提升与该活动有机结合。在全市的综合知识比赛中，我院取得了团体三等奖，在全市病历比赛中，取得了团体二等奖的好成绩。二是优化门诊就医流程。针对门诊就诊流程不够顺畅问题，医院多次召开现场办公会，改善门急诊尤其是门诊三楼患者就医体验，将门诊三楼检验科搬迁至门诊负一楼，仅在门诊三楼保留孕妇采血窗口，避开大人与小孩同一区域就医情况。优化了产科诊室布局和服务流程，集中将产科门诊、胎心监护、采血、缴费等设置在同一楼层，实现了“一站式”服务。三是加强信息化管理。进一步推广微信支付应用，在原功能基础上进行增项，人工收费窗口仅需扫描二维码，便可用微信、支付宝支付：2018 年在医院微信公众号上挂号人次 116219，占总门诊人次 27.1%，微信缴费 5086 万元，其中门诊 3714 万元，占门诊总收入的 35.7%，患者可以通过手机查询排队叫号情况及查看检查、检验单，极大地缩短了患者就医时间；与第三方平台公司建立了“商业保险理赔服务平台”，凡在对接保险公司购买了保险并在我院住院的患者可向保险公司直接进行理赔申报，病人出院结算后保险公司系统自动理赔，10 分钟赔付到帐，截至 2019 年 4 月 30 号，通过商保理赔服务平台，在医院完成理赔案件 715 人次。四是积极开展预约诊疗服务。医院开设了诊间预约、现场预约、网络预约、电话预约等多种预约方式。2018 年月平均网络预约人次达 8441 人次，复诊人次 25434 人次。五是注重收集患者意见和建议。将“主动服务”与“被动服务”相结合，投诉科人员主动下病房，收集患者意见和建议。投诉电话 24 小时畅通，接收患者投诉。

（三）以深入开展“医疗质量管理年”“创三甲”活动为载体，医疗质量得到提升

医疗管理工作与“三甲”创建工作有机结合。根据《三甲评审细则》《医疗质量管理办法》，进一步完善了质量安全考核细则，每月定期进行质量考核并通报，针对问题开展质量活动，持续改进并与绩效挂钩；深入推进三甲创建工作，医院选派人员外出学习、邀请专家来院授课，目前已完成第三次自查，预计 2019 年提交创建评审申请。做好了季节性高峰期有条不紊的应对。我院作为手足口病定点医疗机构，在全市手足口病爆发流行的高峰时段，每日手足口病门诊就诊患儿高达200余人次。医院各部门举全院之力予以支持。开展警示教育，提高安全意识。通过不良事件统计分析，每季度进行一次典型案例的警示教育，强化医师及管理人员的安全意识。2018 年调查处理不良事件共计 127 例，无重大医疗事故发生，荣获市卫健委医责险“风险管控”先进单位。接受指令性工作任务。医院承担着莲花县医院、莲花六市卫生院、芦溪县妇幼保健院、湘东区妇幼保健院 4 家医疗机构的对口支援工作，选派了 8 名骨干医师对他们进行支援，有效提升了乡镇卫生院医疗技术水平。2018 年我院儿科医师受市卫健委委派，积极协助萍乡市湘雅萍矿合作医院处理了小儿集体食物中毒事件。

（四）以进一步提高妇幼健康服务能力建设为目标，母婴安全得到保障

1. 履行辖区保健职能，促进全市妇幼健康工作开展。制定各类督导计划。协助市卫健委制定了《萍乡市高危孕产妇管理》《产前筛查管理》《母子健康手册管理》《高危儿童管理》《托幼机构卫生保健管理》等多个项目督导计划、考核标准，培训计划与安排；到各县区进行督导。协助市卫健委每季度组织专家对各县区医疗机构开展的妇幼健康工作进行督导，对存在的问题提出整改意见，并形成分析报告向市卫健委反馈；做好专项工作督导。协助市卫健委做好母婴安全五项制度落实、孕产妇妊娠风险评估与管理、母子健康手册使用与管理等专项工作督导；积极推广适宜技术。开展辖区妇幼保健技术培训。举办了“全市预防艾梅乙母婴传播项目及妇幼健康相关服务技术推广培训班”，孕产妇艾滋病、梅毒和乙肝检测率分别≥ 95%，孕期检测率≥ 85%，乙肝感染孕产妇所生新生儿接受乙肝免疫球蛋白注射的比率≥ 95% 等各项指标均达标。做好《出生医学证明》管理工作。做好了全市《出生医学证明》的申领、发放和督查工作；协助市公安局以及外省市卫健委、公安局等单位进行《出生医学证明》协查工作；开展漏报调查年报质控等工作。协助市卫健委组织专家开展了全市孕产妇死亡漏报以及 5 岁以下儿童死亡漏报调查、年报质控等工作，并汇总分析将材料上报省妇幼保健院。

2. 加强妊娠风险防范意识，筑牢母婴安全防线。开展形式多样的健康教育活动。针对二胎开放、高危孕产妇剧增的严峻形势，我院选派专家进社区、进学校、进乡村与广大民众进行面对面授课，科普宣教，2018 年受惠民众达 600 余人；院内利用孕妇学校、微信平台进行孕产期的理论及技能授课，大力提高了母乳喂养、促进自然分娩相关知识知晓率，2018 年我院派出的选手在全省孕妇学校授课比赛中荣获三等奖。深入贯彻执行五色管理制度。我院协助市卫健委设计了“爱心”五色标识并对全市所有从事医疗保健及相关管理人员进行了培训，规范了全市的标识管理。

3. 完善危重孕产妇救治体系，有效提高危急重症孕产妇的救治能力。建立全市高危孕产妇管理微信群。将全市各县区妇幼保健院的分管院长、保健科长、产科主任等 52 人加入微信群中，组建了危重孕产妇沟通交流平台，有效加强了高危孕产妇的管理、转诊及随访工作。完善多学科危急重症孕产妇救治体系。制定了《萍乡市妇幼保健院疑难危重孕产妇救治制度及预案》，完善了相关制度、标准、应急预案，针对重点病种，制定了具体的流程。成立了产科、麻醉科及新生儿科快速反应团队，加强了多学科协作。2018 年我院成功救治危重孕产妇 91 人，抢救成功率 100%。2018 年我院提供的救治成功的危重孕产妇及新生儿病例均入选全省危重孕产妇及新生儿救治典型病案的优秀病案行列。

4. 加强医疗质量和医疗安全管理，全力保障母婴安全。加强产儿科的深度合作。对于有合并症及并发症的孕妇，新生儿科医生参与胎儿宫内会诊及新生儿的分娩过程，与产科医师、助产士联合做好新生儿复苏处置。对所有在产科分娩的新生儿，由新生儿专科医师负责查房，发现异常及时处理、转诊。新生儿住院期间，儿童保健科高危儿门诊参与会诊，并派出康复师早期康复干预，出院后转诊儿童保健科高危儿门诊管理。产妇产后由责任护士负责做好产褥期保健、母乳喂养技巧指导，做到多学科无缝对接。多措并举促进自然分娩。规范疤痕子宫阴道试产流程，2018 年有 140 人疤痕子宫阴道试产，成功率达 100%；开展了自由体位分娩项目、多学科合作模式下的臀位外倒转术；每日开放孕妇学校，进行科普及技能授课，建立了 7 个孕期管理微信群，定期更新孕妇学校课程，随时解答孕妇提问；营养师为孕妇们量身定制食谱控制孕妇体重，避免巨大儿的发生；引进导乐陪伴分娩、分娩球操、无痛分娩等多项措施，2018 年首次剖宫产率 22.1%，会阴侧切率 9%，新生儿窒息率 2.56%。借助医联体平台积极推进分级诊疗。积极推进妇幼健康联盟“远程诊断中心”建设，通过该平台对医联体医院进行远程放射及病理诊断，现与各县区妇幼保健院达成远程诊断合作意向；建立了萍乡市生殖健康分级诊疗平台，已到运行阶段；2018 年由我院转至基层医院病人数近 150 人次，各县区转入我院病人数 288 人次。

（五）以开展高新技术和特色技术为核心，让萍乡妇女儿童在萍乡享有国内先进水平的医疗服务，实现让老百姓看得好病的目标

一是辅助生殖技术（试管婴儿）达国内先进水平，为患者带来福音。2018

年辅助生殖中心团队不断成长成熟，医院再次派出技术团队前往中信湘雅生殖中心进修学习，引进生殖医学专业研究生，在开展一代、二代试管婴儿的基础上今年又开展了“囊胚培养技术，冻卵技术”。目前总临床妊娠率51.6%，35岁以下临床妊娠率65.5%，高于全国平均水平。至2019年4月30日，出生正常试管婴儿350个，男婴181个，女婴169个，在孕93人。迄今为止，已经吸引了30余例在长沙，上海等其他生殖中心助孕失败患者来我院试管治疗成功。该项高新技术的开展为萍乡以及周边地区的不孕不育患者解除了长途跋涉外地求医奔波的各种痛苦与不堪。

二是产前诊断技术，独领风骚。作为赣西地区率先开展产前诊断技术的医疗机构。2018年共完成遗传咨询门诊人数12135例，羊水穿刺术508例，脐血穿刺术62例，无创产前胎儿基因筛查1674例，通过筛查及诊断共检出染色体病胎儿45例，染色体微缺失微重复综合征12例，全年诊断罕见病、单基因病14例。有效降低了出生缺陷儿的出生。

三是遗传分子基因检测实验室高新技术的开展，成为产前诊断技术开展的坚强后盾。目前实验室已经成熟开展的高新技术项目有孕妇外周血DNA基因检查、外周血和羊水染色体检测，地中海贫血基因诊断，Y染色体微缺少微重复检测，性别决定基因（SRY）基因检测等，通过多项高新技术项目的开展，为临床医生诊断胎儿宫内状况提供诊断依据，为有效干预致死致残患儿出生提供精准诊断。

四是开展舒适医疗特色服务，无痛分娩引领行业标杆。医院开展无痛分娩技术项目13年，有超万例产妇应用了该项技术。近几年来，医院不断规范分娩镇痛相关诊疗行为，提升产妇分娩镇痛水平，提高围产期医疗服务质量，分娩镇痛达60%，达全省前列水平。2018年医院改进了无痛分娩方案，改进后的可行走无痛分娩技术达国内先进水平。2019年我院获得第一批国家分娩镇痛试点医院。

五是不断推进PAC（流产后关爱）特色项目，使广大妇女重复流产率大幅降低。PAC项目是国家妇女发展基金会为保障女性生殖健康在全国推行的公益项目之一，我院从2012年开始实施该项目，2018年开展PAC服务2579余人次，使重复流产率从2012年32%下降到3%以内。2018年我院顺利通过国家级专家

PAC 项目复审，获得“PAC 优质服务医院”。

六是高起点打造儿童保健中心，成为被竞相学习的“实力担当”。中心在世界自闭日、世界早产儿日、语言周举办了各类义诊亲子活动；接收残联肢体残疾儿童 55 人的康复训练任务；2018 年儿童保健中心门诊人次 73768，康复训练人次 33944，较去年同期增长 5.6%，体检人次 37533，较去年同期增长 0.5%；中医针灸室在开展康复治疗的同时，开展了新技术项目穴位埋线及小儿厌食贴。儿童保健中心已成为省内儿童早期发展示范基地样板，正全力向国家级儿童早期发展示范基地迈进。

七是省市共建学科，加快医院提质步伐。妇科微创：2018 年医院开展了 13 例妇科恶性肿瘤的腹腔镜手术，成功完成了腹腔镜下宫颈癌广泛子宫全切术及盆腔淋巴结清扫术、腹腔镜下早期卵巢癌肿瘤分期手术及子宫内膜癌分期手术。妇科微创的腹腔镜下手术及宫腔镜下手术一直处在全市领先，全省前列水平。新生儿科：引进了早产儿肠道内外营养管理新理念，脐动静脉置管和 PICC 置管技术已成熟运用，儿童保健康复治疗早期介入早产儿管理，使得我院早产儿救治水平持续稳步发展。2018 年成功救治 50 余例孕 26 ~ 32 周体重 1250 克以下的极早及早产儿，最低出生体重 670g，最小胎龄 24+2W，脐动静脉置管 20 余例，PICC 置管 50 余例，有创呼吸机治疗 61 例，换血 15 例。加强多学科协作，全年救治危重新生儿 1000 余例，抢救成功率 98% 以上。

2018 年，我院转出妇产科病人 3 人，儿科病人 50 余人，基本实现了让萍乡妇女儿童在萍乡看得好病的目标。

（六）以科研教学为重点，不断提升学科建设和人才队伍建设

2018 年医院承办了“萍乡市产前筛查及产前诊断相关知识培训班”“萍乡市儿童保健及儿科诊疗技术继续教育培训班”等 6 次市级继续教育项目；协助市卫健委完成了 2017 年度新技术项目的验收工作，有 17 项新技术项目通过验收；完成 2018 年 21 项新技术引进项目的申报工作，有 16 项通过立项；完成 2018 年度萍乡市科技局科研课题的申报，共提交立项申请书 20 份，有 17 份通过立项，完成科研项目验收 7 项；完成 2019 年度江西省卫健委科技计划项目的申报工作，共提交立项申请书 9 份，其中有 6 个项目通过立项。全年发表论文 65 篇，其中：国家级期刊 46 篇，省级期刊 19 篇。

2018 年医院选派外出进修人员 18 人，短期培训学习 167 批次。邀请浙江大学附属儿童医院、江西省儿童医院、湖南省妇幼保健院等专家来院讲学、业务指导 5 次。

2018 年医院招聘和引进各类人员 40 人，其中招聘生殖专业、妇科专业、中医儿科专业、心理学专业硕士各 1 人，本科生 18 人，招聘规培医生 3 人。为加强人才引进工作，医院出台了提高高层次人才待遇的相关政策，保证高层次人才的薪酬待遇；选派了姚丽凤、孙敏两位同志赴乍得援外一年。

近几年医院稳中突破，持续发展。在今后工作中医院将，提高党委领导能力，在党委的领导下，以公立医院改革和现代医院管理为指引，一如既往地履行公立医院职责和使命，为推动公立医院改革、促进健康萍乡、推进妇幼卫生事业的发展做出新的更大的贡献。

新起点开启新征程

——四川省资阳市人民医院创新发展纪实

四川省资阳市人民医院

2018年2月，四川省资阳市人民医院正式升级三级乙等综合医院。站在新的历史起点上，面临新的形势任务，以冯仕彦同志为院长的领导班子创新管理模式，突出抓好质量管理、学科建设、人才建设、托管工作等，助推医院全面发展。

突出制度落实，质量管理再上新台阶。健全医疗质量、医疗安全、信息化工作等管理委员会制度，加强诊疗行为监管，推进核心制度落实，强化依法执业意识，推进全面质量管理，医院质量管理再上新台阶。资阳市肿瘤性疾病、放射治疗、肾脏病专业、眼科质量、口腔质量、临床营养、高压氧和麻醉等8个质控分中心挂靠我院。

突出基础夯实，学科建设取得新突破。坚持走以肿瘤大专科带动医院全面发展之路，大力推进专科建设，肿瘤科、肾脏内科分别于2016年和2017年被确立为省级重点专科，心血管内科于2017年被确立为市级重点专科。

突出技术创新，医疗技术水平新提升。医院致力于医疗技术水平的不断提升，一方面定期派遣骨干人员外出进修学习，另一方面邀请上级专家来院授课指导，医护人员理论水平和专业技术水平不断提升。新开展的无痛纤支镜麻醉、膀胱癌根治性切除术、硬质支气管镜下硅酮支架植入术，为患者健康带来福音。

借助省医平台，综合服务能力提升。2016年8月，资阳市人民医院接受四川省人民医院托管。托管以来，医院积极贯彻落实市政府与省人民医院签署的托管协议，通过聘任学科主任、专家团队常驻、管理团队指导、远程网络会诊等多种形式“传帮带”，医院综合服务能力明显增强。牵头打造市级专科联盟——肿瘤专科联盟、口腔专科联盟和胸痛中心联盟，为老百信健康带来福音。

强化人才支撑，人才梯队基本建成。资阳市人民医院大力实施“人才强院”战略，按照“空降兵”“蓄电瓶”“牧羊人”计划进行人才引进和培养，建立院内学科带头人选拔激励机制和医疗专业组长选拔聘任机制，人才梯队基本建成，现有正高级职称 14 人，副高级职称 49 人，中级技术职称医护人员 107 人。

加强科研创新，提升整体科研实力。资阳市人民医院大力实施“科技强院”战略，制定科技奖励考核办法，推动科研教学工作。近 3 年，在中文核心期刊发表论文 19 篇，省科研立项 2 项、市级科研立项 10 项。2018 年，医院与四川省人民医院签署国家重点研发计划项目“基于国产诊疗装备支撑的主动健康型医联体跨区域规模化应用示范”合作协议。

创新管理模式，激发发展活力。院领导班子积极探索现代医院行政职能管理新模式，在后勤保障部门率先推行“一部三科六室”的大部制改革试点，整合医学装备、保卫科、总务基建、项目办四大科室，将原有部门个体和组织有机结合起来，形成一个完整、统一的团队。运行 10 个多月，效果较为明显，提高了医院后勤管理与服务水平，取得了良好效果。

强化党建工作，政治方向坚定正确。医院党委牢固树立“四个意识”，旗帜鲜明讲政治，通过持续强化理论教育、深化主题活动、突出党员示范、深化廉政建设等方式，为医院持续健康发展提供坚强政治保证。

突出文化建设，铸造医院品牌灵魂。开展了读书会、故事会、知识竞赛、趣味运动会、篮球赛、微电影大赛等活动，医院文化建设再上新台阶。

开展公益活动，塑造医院良好形象。积极推行优质护理、志愿服务、便民门诊，扎实开展抗震救灾、义诊服务、精准扶贫、对口支援，彰显公立医院公益性，塑造人民医院良好形象，患者满意度达 90% 以上。

撑起上栗妇幼健康的一片蓝天

——上栗县妇幼保健院工作综述

江西省上栗县妇幼保健院

这里每天演绎着欣喜与激动，这里时刻准备着迎接新生命的降临，每一声婴儿的破啼长哭，每一位患儿的灿烂笑容，都是对上栗县妇幼保健院全体医务人员的莫大安慰。在这里，他们用辛勤的双手披荆斩棘，开拓了创新发展新局面；在这里，他们用勤快双脚风雨兼程，走出了一条优质服务上栗百姓的新路子；在这里，他们用一颗颗敬民爱民的红心演奏血肉深情的篇章！他们挥洒汗水心血、奉献爱心力量、发挥特长智慧，撑起了上栗妇幼健康的一片蓝天。

一、发展一个基地，促进儿童早期开发

儿童早期发展是指从孕期到出生后 3 年，对儿童的营养、卫生、教育、环境和保护等方面开展科学综合干预，以发挥儿童潜能，使儿童的体格、心理、认知、情感和社会适应性达到健康完美状态。儿童早期发展工作是新时期儿童保健的重要内容和发展方向，是保障儿童优先、促进社会公平的具体体现，是提高民族素质、建设人力资源强国的必然要求，是助力经济长期发展、阻断贫困代际传递的有效策略。作为妇儿专科医院，上栗县妇幼保健院在儿童保健工作的基础上，进一步规范了产前筛查、新生儿疾病筛查，大力发展高危儿早期干预与多学科协作、危重症儿出院后保健及早期发展服务、早期发展相关的专科专病服务。早在2016年，上栗县妇幼保健院就从全省 30 多家申报单位中脱颖而出，被评为江西省首批“儿童早期发展示范基地”，成为首批获得该项目的 9 家妇幼保健机构之一。走进上

栗妇幼儿童早期发展中心，温馨整洁的诊疗环境、先进精准的设备设施、专业细致的医疗服务、前端优秀的发展理念，让上栗县妇幼保健院走在了全省儿童早期发展工作的前沿。

二、依托两个中心，提升妇幼健康能力

为全面控制全县孕产妇死亡率和 5 岁以下儿童死亡率，提升孕产妇与儿童健康管理水平，更好地保障妇女儿童身心健康，由县卫健委牵头，相继成立了全县孕管中心和儿童健康管理中心，“两个中心”均挂靠在上栗县妇幼保健院。上栗县妇幼保健院通过划网格、组团队、建信息、定制度、明职责、强保障、提能力、优服务、严考核等措施，构建了横向到边、纵向到底的县、乡、村三级妇女儿童保健网络，妇幼健康工作获得了长足的进步。特别是由于孕产妇管理中心加强了对全县孕产妇的管理，尤其对高危孕妇的筛查、管理，中心工作人员对全县每个高危孕妇进行登门检查、宣教注意事项等。孕管中心成立以来，我县孕产妇六年来实现零死亡，是全省唯一达到这一目标的县（区）。孕产妇系统管理率由 78.60% 提高到 2018 年的 95.53%；婚前医学检查检查由 0.17% 提高到现在的 95.56%；7 岁以下儿童健康管理率由 44% 提高到 90.5%；新生儿保健管理率由 84.5% 提高到 97.43%；5 岁以下儿童死亡率由 8.77‰降低到 4.91‰。该成效远远高于国家要求，得到了国家卫计委及省、市领导的充分肯定和高度评价。

三、优化三大专科，发挥妇幼特色优势

充分发挥专科优势，依托四大部建设，确立了产科、儿科、产后康复三大重点专科，提高医院的诊疗水平和服务能力，医院核心竞争力不断增强。同时，全力抓好危重孕产妇和新生儿转诊救治两个中心建设，成立危重孕产妇及新生儿救治领导小组、专家技术指导小组，积极开展急救演练，加强医务人员应急处理能力。2018 年，该院全年共收治危重孕产妇 52 人次，抢救 2 人次，抢救成功 2 人次，抢救成功率 100%。按照妇幼保健服务机构标准化建设要求，设立孕妇学校、LDR 家庭化产房、产后个性化康复，实现围产保健、待产、分娩、产后“一站式”

服务。坚持以人为本，产科全面开展陪伴分娩、导乐分娩、无痛分娩、自由体位分娩等，最大程度地减轻产妇痛苦，降低剖宫产率；儿科对儿童各系统疾病形成了一套规范、科学的诊疗方案，尤其是在一些危急重症疾病的诊断、治疗方面摸索出了有自己特色的方案，新生儿救治成功率达到了市内先进水平；产后康复科为我市首家产后特色科室，拥有先进的盆底治疗仪、产后康复仪、妇科康复治疗仪，为产后妈妈提供专业的全方位的产后健康恢复和哺乳指导服务，满足了上栗县妇女儿童的医疗保健需求。

四、加强四大建设，取得优良医务业绩

一分耕耘，一分收获。近年来，上栗妇幼在上级部门的支持和全体医务人员的辛勤劳动下，取得了良好的社会效益，既得到管理部门的肯定，又得到社会的认可，还得到群众的好评。翻开工作纪录的画卷，可看到丰硕的成果。2010 年创建为二级甲等医院；2014 年荣获“全国妇幼健康服务先进集体”和“全省巾帼文明岗”荣誉称号；2015 年荣获“全国母婴友好示范医院”；2015 年以保健院为受检主体，上栗县被评为“全国妇幼健康优质服务示范县”；2016 年被评为江西省首批“儿童早期发展示范基地”，成为江西省首批获得该项目的 9 家妇幼保健机构之一；2017 年 3 月荣获江西省“巾帼建功先进集体”荣誉称号。2018 年 2 月 6 日在萍乡市召开的全省妇幼健康工作会上，被评为“全省妇幼健康能力提升先进单位”。2019 年 1 月的全省妇幼工作会被授予江西省“中医药适宜技术推广先进单位”荣誉称号。上栗妇幼能取得优良的医务业绩，其根本在于加强四大建设，即加强基础设施建设、加强临床专科建设、加强人才队伍建设和加强管理体制建设。特别是 2018 年以来，医院在县委、县政府的坚强领导下，在市卫建委、县卫健委的精心指导下，积极申报接受新一轮省级二级甲等医院评审，严格对照评审要求，在业务上精益求精，在管理上追求卓越，在服务上优化提升，医疗卫生保健多项工作走在全市乃至全省县级妇幼保健院前列。

对于下一步工作，上栗县妇幼保健院院长钟健干劲十足，他表示：打专科牌，走保健路，创建省级一流妇幼保健院，为全县及周边妇幼健康撑起一片蓝天。

濉溪县医院县级公立医院改革工作汇报

安徽省濉溪县医院

一、医院概况

濉溪县医院始建于1950年，历经几十年风雨洗礼，已发展成为一所设施设备齐全、技术精湛，集医疗、教学、科研、康复、急救于一体的二级甲等综合性医院（目前三级医院设置许可已公示）。濉溪县医院是安徽医科大学、蚌埠医学院教学医院，是蚌埠医学院第一附属医院、徐州医科大学附属医院、徐州市中心医院的协作医院。

医院目前编制床位1329张，设临床科室30个，医技科室11个，另设有120急救中心、健康管理中心。医院现有职工1200余人，其中高级职称93人，中级职称500余人，“安徽好医生”1名，“淮北好医生”3名，江淮名医1名，淮北名医5名，首届濉溪县优秀专业技术人才1名，1人入选首届“淮北市高层次人才培育计划”。

医院拥有3个安徽省重点特色专科（泌尿外科、呼吸内科、心血管内科），2个淮北市重点专科（普外科、呼吸内科），2个淮北市特色专科（耳鼻喉科、新生儿科）。目前已有6个市级质控中心设置于我院，分别是医疗文书质控中心、临床路径质控中心、普外科质控中心、肺癌质控中心、结核病质控中心、老年病质控中心。其中，医疗文书质控中心被市卫计委评为“2017年度市级优秀质控中心”。

经过全院职工的辛勤努力，医院发展硕果累累。医院仅2017年度就获得“全省卫生计生系统先进集体”“全市医疗和医改工作优秀单位”“第十届濉溪县文明单位”“2017年度全县医共体建设先进单位”等荣誉称号，并被安徽省卫计委推荐为医改典型。

2017年，医院收治住院患者55254人次（同比增长7.4%），门急诊患者381439人次（同比增长15.44%），开展手术10626例次（同比增长12.8%），出院患者平均住院天数8.9天，治愈率45.2%，好转率54.1%，病床使用率97.1%，病床周转次数43.1次。2018年1～10月份，收治住院患者47422人次（同比增长2.7%），门急诊患者358561人次（同比增长16.15%），开展手术10325例次（同比增长16.76%），出院患者平均住院天数8.8天，治愈率46.0%，好转率52.1%，病床使用率101.0%，病床周转次数35.8次。

二、医改方面

濉溪县医院于2012年12月15日启动县级公立医院改革工作。

1. 落实药品零差率销售，执行药品带量采购及两票制度，实行高值耗材集中网采，让利于病人。

2. 推行临床路径管理及按病种付费工作。医院临床路径出院患者所占比例从2015年的占总出院人数的18%提升到目前的（2018年1～10月份）73.4%（完成31948例），已超过省卫计委的要求。新农合按病种付费总执行率在全省县级医院中也处于领先水平（23284例，执行率64.21%）。

3. 推进人事、薪酬制度改革，提高员工工作积极性。医院根据人才队伍建设及业务发展的需要，制订用人及招聘计划，上报主管部门后面向社会公开自主招聘。对紧缺专业和高层次人才，给予解决编制和其他优惠待遇，对新进人员凡取得执业医师资格的一律享受在编职工同等待遇。完善医院内部分配激励机制，加强绩效管理，将医务人员工资收入与药品、耗材收入脱钩，与医院重点考核指标挂钩，与医共体分级诊疗相关考核指标挂钩，与收治危重疑难病人例数挂钩，与三、四级手术例数挂钩，做到多劳多得、优绩优酬，收入分配向临床一线医务人员倾斜。在落实编制周转池政策方面，医院目前正在为符合政策要求的141名卫生技术人员办理入编手续。

4. 医院经营管理自主权落实情况。医院具有独立法人地位和人事管理权、内部机构设置权、副职推荐权、中层干部聘任权、收入分配权、年度预算执行权等自主经营管理权限；院长按照医管会确立的权责、义务，领导医院开展各项工作并接受政府有关部门的指导、监督。

5. 2017 年及 2018 年 1 ~ 10 月份医改关键指标完成情况。

（1）医疗费用增长幅度。2017 年医院医疗收入 36515 万元，同比增长 9.2%（低于 10%）；2018 年 1 ~ 10 月份医院医疗收入 30321.48 万元，同比增长 0.38%（低于 10%）。

（2）药占比。2017 年医院药品收入占比 25.37%（低于 30%）；2018 年 1 ~ 10 月份医院药品收入占比 24%（低于 30%）。

（3）百元医疗收入中消耗卫生材料费。2017 年百元医疗收入中消耗卫生材料费 16.6 元（低于 20 元）；2018 年 1 ~ 10 月份年百元医疗收入中消耗卫生材料费 15.63 元（低于 20 元）。

（4）人员经费支出占业务支出比例。2017 年人员经费支出占比 49.8%（高于 40%）；2018 年 1 ~ 10 月份人员经费支出占比 48.62%（高于 40%）。

（5）医疗服务收入占业务收入比重。2017 年医院不含药品、耗材、检查化验的医疗服务收入为 15364 万元，占业务收入的比重为 39.1%（高于 35%）；2018 年 1 ~ 10 月份医疗服务收入 12144.16 万元，占业务收入的比重为 37.55%（高于 35%）。

由于医院在科学控制医疗费用增长方面成效显著，我院被省医改办作为典型代表在《安徽省深化医药卫生体制改革领导小组简报》（2018 年第 22 期）上予以表扬。

三、县域医共体建设方面

濉溪县于 2015 年底启动医共体工作，成立了分别由县医院和县中医院牵头的两个医共体，县医院医共体下辖 12 家乡镇卫生院。主要做了以下工作。

（一）不断完善医共体制度建设

2017 年，濉溪县医院医共体先后下发了《濉溪县医院医共体乡镇卫生院及村卫生室帮扶实施方案（2017 年版）》《濉溪县医院医共体县、镇、村三级师带徒指导意见（2017 年版）》《濉溪县医院医共体乡镇卫生院和村卫生室医务人员进修管理办法》《濉溪县医院医共体驻点医师管理办法》《濉溪县医院医共体包村医师管理办法》等一系列文件，建立健全了各项规章制度。2018 年根据医共体工作实际开展情况和下一步发展的需求，医院进一步对相关制度进行了修订和完善。

（二）严格落实各项帮扶措施

资金投入方面。2017 年向每家乡镇卫生院投入建设资金 50 万元，12 家共计 600 万元，主要用于设备购买、院区改造等项目；全年乡镇卫生院转诊病人达到 8279 人次，其中经转诊在县医院住院的病人 5600 余人次，共计发放转诊补助 175 万元；村室县外住院奖励 75 万元、处罚 16 万元；乡镇卫生院手术与分娩服务奖励 8 万元、处罚 4 万元；师带徒“师傅”奖励 8 万元、处罚 4 万元；医务人员下乡帮扶补助 47.8 万元；驻点帮扶补助 8.6 万元，向南坪、临涣、岳集、双堆卫生院赠送救护车 4 辆，赠送 DR（数字化 X 线摄影设备）4 台。

技术帮扶方面。2017 年，医院共开展技术帮扶 2000 余人次；为每个乡镇卫生院开办培训班 6 期，包括乡镇卫生院技术骨干常见病诊断、鉴别诊断和临床诊疗技能培训班 2 期，村医免费培训班 2 期，乡镇卫生院常见病门诊和住院诊疗规范培训班 1 期，村卫生室常见病门诊诊疗规范培训班 1 期；包村医生每季度开展一次对村卫生室和村医的师徒见面指导，内容包括对常见病、慢性病、传染性疾病防治的指导，指导合理用药，控制“三素一汤”的情况，帮助村医进行医共体、转诊、农村贫困患者救治政策的宣传工作；截至目前已完成基层医生进修 59 人，正在进修 32 人，发放补助 82140 元；为人员技术较薄弱的乡镇卫生院安排医生下乡驻点帮扶 47 人次。

针对乡镇卫生院医疗服务能力较弱，加大帮扶力度，2018 年 1 ~ 10 月份县医院共计派出了 9 批 37 人次的医疗团队开展驻点服务，驻点帮扶开展各类手术 291 例、门诊坐诊 11080 人次，查房 2564 人次，技术讲座培训 33 次、下乡指导签约服务和义诊499次。县内转诊补助、乡镇卫生院服务量奖惩等各项奖惩、补助措施全部及时落实到位。其中转诊补助1582225.7元，妇产科和外科手术量奖励26.02万元，惩罚17.66万元；县外住院奖励68.26万元，惩罚27.22万元；师带徒奖励9.7万元，惩罚8.9万元。

（三）积极进行政策宣传

利用报纸、电视、宣传单、宣传墙、电子显示屏等多种载体，在院区、乡镇、村等区域开展宣传，为辖区各村卫生室发放诊疗工具包，为每名村医发放印有“濉溪县医院医共体”字样的冬、夏季工作服；举办了两期大型培训班，学习外地医共体建设的先进经验和成功做法。

（四）建设紧密型医共体

2017年12月12日，濉溪县医院南坪分院正式挂牌成立，我院与南坪镇中心卫生院组建成首个紧密型医共体。

成立濉溪县医院医共体远程消毒供应中心，做到医疗器械统一消毒供应；成立濉溪县医院医共体中心药房，实现了“四个统一”，即统一用药范围、统一网上采购、统一集中配送、统一药款支付；医共体远程心电图中心及远程影像中心已建成并投入使用。医共体消毒供应中心于2017年12月建成并投入使用，共为南坪镇卫生院消毒布包86个，器械包75个。影像中心自2018年1月份正式运行以来，共完成会诊267例；远程心电图中心从投入使用以来，共完成会诊206例。医共体中心药房投入使用以来，共向南坪分院配送320.85万元药品。

（五）医共体建设取得成效

2017年县外住院人数同比上年下降4.71%，总体住院率为11.51%，低于控制线（12%）0.49个百分点，同比上年下降0.22%。2017年乡镇卫生院服务能力稳步提高，医共体内乡镇卫生院共计开展手术2075例，同比上年增加788例，增幅达61.2%。

市卫计委对2017年度医共体牵头医院绩效进行考核，我院取得各项指标综合得分142.45分的好成绩。2017年濉溪县医院医共体包干结余资金共计1562.38万元，实际分享额达到1595.21万元，其中濉溪县医院实际分享额1201.83万元，医共体内有9家乡镇卫生院合计分享237.15万元，未分享结余资金的有三家，均是因为辖区总住院率超标被一票否决而未得到结余资金。体内村卫生室共分享结余资金156.24万元，其中100家村室得到分享结余资金，剩余70余家未得到结余资金，主要是因为家庭医生签约服务完成率、县外住院人数等指标不达标。

2017年，濉溪县医院医共体先后被人民网、人民日报客户端、新华网、安徽日报、安徽经济报、搜狐网、百姓中国周刊等国家和省级媒体广泛报道，引起了强烈社会反响。

2018年4月17日，濉溪县召开了全县医共体建设暨妇幼健康工作会议，副市长陈英应邀参加了会议，我院在会上做了医共体建设经验发言。

2018年召开了全省卫生计生工作会议，2017年我院医共体核心指标完成情况在全省排名第三，得到省卫计委领导高度肯定。

2018年上半年，由于我县县外住院病人和住院率两项核心指标稳步下降，濉溪县医共体运行情况再次受到省卫计委通报表扬。

四、家庭医生签约服务履约微信群建设情况

家庭医生签约服务是推进县域医共体建设、落实分级诊疗制度的一项民生工程。我院配合县卫计委，全力推进家庭医生签约服务工作，不断提高镇村两级医疗服务水平，让更多的百姓在家门口享受优质医疗服务。

医院班子成员分片包干，全院医务人员参与，建立医共体“1+1+1”县镇村三级师徒签约服务团队。建立医共体官方微信群，师徒全上线，县医院老师为镇、村两级医务人员进行在线指导。

由我院主治医师以上人员牵头建立了156个“1+1+1+N”微信群，第一个“一”代表县医院医生，第二个“一”代表镇卫生院医生，第三个“一”代表村卫生室医生，“N”代表家庭医生签约户。近期数据显示，县医院医共体居民签约人数80855，加入该微信群9905人，占签约居民的12.25%。县医院老师通过该微信群加强与镇医、村医和签约户的联系，对村民和签约户进行政策宣传、合理用药指导、督促村医履约以及有序转诊等工作。

五、人才队伍建设情况

（一）深化人事制度改革

我院一直将人才培养作为“科教强院、人才强院”的首要任务，对人才的引进和选拔培养遵循公开、平等、竞争原则。为做好人事制度改革，医院前期做了大量基础性工作，首先全面清退临时用工人员，对闲散在机关职能部门的卫生技术人员，进行回归一线岗位整顿；对临床、医技无资质人员进行全面清理，实行全员聘用制。

（二）重视人才引进与培养

1. 坚持请进来与派出去相结合。对于引进的高学历（博士、硕士研究生）、高职称（正高、副高职称）的卫生技术人员给予争取解决事业单位编制问题；对于引进的医院紧缺的学科带头人，医院则给予一次性补助。医院通过公开招考和严格的考评，每年从安徽医科大学、蚌埠医学院、皖南医学院等高等院校新招本科毕业生、硕士研究生多人。人才引进的同时医院每年派出一批各科室的技术骨干及储备人才前往大医院进修学习，使医务人员开阔了视野，更新了知识，掌握了先进的医疗技术和科研方法。截至 11 月，2018 年共派出 28 名业务骨干在省内外的知名医院进修学习。

2. 坚持激励与约束相结合。不搞一评定终身，推行竞聘上岗的机制。对于新进人员只要你有能力，你就与正式职工享受一样的待遇，而且主动为素质高、有能力、讲奉献的新进人员解决编制、福利等问题，为他们解决后顾之忧。医院每年对中层干部进行民主测评，公开选拔调整中层干部，形成了“能者上、庸者下”，“混日子就下岗”的用人格局。此举大大激发了医务人员的工作热情和进取心，弘扬了医院用人方面的正气，让那些真正业务能力强、工作有热情、管理有方法的医务人员走上领导岗位。

3. 坚持重点培养和专科建设相结合。目前我院已有省级专科护士 15 名，院级专科护士 32 名。

（三）加强医学继续教育

继续医学教育得到持续加强，2017 年成功举办 3 次省级继续医学教育讲座，

2018年成功举办4次；截至目前，2018年举办市级继续医学教育讲座57次；同时，每周各科室均开展科室业务学习，为鼓励学习，医院出台政策对省级继续教育项目补助举办费用3 ~ 5万元，市级继续教育项目根据授课人职称及参会人数补助授课人200 ~ 400元，科室业务学习讲座每次奖励100元。

（四）完善人才激励机制

1. 鼓励职称晋升，对职称晋升的专业技术人员给予一定的奖励。另外，在我院积极争取下，县委、县政府批准了正高职称人员享受干部保健待遇，在此基础上，医院还另外为晋级正高人员月增1000元职称补贴，大大激励了全院人员晋升热情。

2. 努力改善工作环境。建立医生、护士工作站，在医务人员的值班室配备空调、电视。为体现专业人员的贡献，不断深化绩效工资分配制度向一线人员倾斜。医院每年为35岁以上职工组织体检。

六、县医院自身能力建设其他方面

1. 加强基础设施设备建设。我院外科综合大楼已投入使用近5年，新门诊、医技、内科病房综合楼预计年底完工使用，届时将极大改善患者就医环境。

2. 开展创建三级甲等综合医院和创建人文关怀示范医院工作，目前已经全面启动，今后三年，三甲医院和人文关怀示范医院创建将是我院工作任务的重中之重，这对于规范医院管理，提升服务质量，提高技术水平，增强服务能力，促进医院健康持续发展具有重要的意义。

3. 计划与安徽医科大学第一附属医院建成紧密型医联体，充分利用省级优质医疗资源，对我院医务人员进行传、帮、带，提升我院医疗水平。

4. 濉溪县政府会同两家医共体牵头医院设立了“濉溪县医师培训统筹资金”用于医务人员外出进修学习、上级医院专家来院带教指导以及设立名医工作室等。

5. 今年9月份由县委、县政府发起的上海安徽经济文化促进会赴濉溪县大型义诊活动成功举办，在举办义诊的同时医院也与这些专家建立了联系。

健康中国
基层医院人才队伍建设何去何从？

江苏省兴化市妇幼保健院　丁如硕

“十三五”规划建议提出，推进健康中国建设。健康中国建设离不开“健康医院”建设，然而“健康医院”的建设应以人才培养、学科建设为基础，以提升医疗服务水平为根本，优化合理配置医疗资源，方能打造出一所有自己品牌特色的“健康医院”。

学科建设是医院稳定发展的基础，人才队伍更是检验、衡量学科水平的关键。“健康医院”的建设应以创新人才培养、学科建设为保障、不断重视诊疗技术的创新和人才梯队的建设。面对科学医疗技术的快速发展与市场经济的激烈竞争，医学人才的争夺已成为医疗服务市场竞争的关键。基层医院要摆脱目前的窘境，必须树立科学的人才观，实施可持续发展的人才战略，建立人才梯队建设方案，积极探索人才管理机制，在人才培养、引进、激励和管理等方面进行有益的探索，为医院的可持续发展提供有力的人才保障。

何谓医学人才？医学人才是指在医学及相关专业对口中具有一定技术特长、某学科领域有一定知名度和影响力，并利用其特长和技能在医学行业进行创造性劳动，为医学事业努力工作并能做出一定贡献的医学专业人员。在如今这个信息化飞速发展的时代，以及人民群众对健康生活水平需求的不断提升，作为社会公共事业的医疗行业，同样面临着激烈的市场竞争。市场竞争归根究底是人才的竞争，基层医院现有的人才队伍状况不够理想，缺乏竞争力等状况影响着医院的可持续发展。

基层医院人才队伍建设方面主要面临着以下几个问题亟待解决：

一、人才队伍结构不合理

统计数据显示，基层医院人才队伍中，人员结构比例大部分为初级中级职称人员，学历层次大部分为大专及本科人员，高水平顶尖人才的缺乏严重影响和制约了一所医院、一个科室的持续发展。人员学历层次低，缺乏对先进的专业知识、临床技术的掌握是基层医院普遍存在的问题和现象。

二、人才流失、队伍不稳定性情况严重

基层医院的人才队伍特别不稳定，经常性地出现人才外流，尤其是副高以上的学科带头人的流失，给医院带来很大的困境。高层次的医学人才往往对自己的发展有着自身的定位和规划，会向更高级别的医院和城市流动。基层医院往往不能长时间地留住此类人才为医院发展献策献力。

三、人才引进难与人才培养不到位

目前基层医院求贤若渴，渴望引入高级人才，迅速提高人员的诊疗水平，临床能力，带动科室医院的整体发展。由于多种原因在人才引进方面存在各种困难与不足，虽然引进了几名副主任医师之类的技术人才，但对改变医院的现况还明显不够，引进的人才能起到学科带头人的少，不能够带动科室形成质的飞跃，医疗技术水平得不到明显提高。而在对现有人员的培养上也做得很不够，基层医院往往忙于现况的应对，虽然偶尔也有各种进修学习的机会，但与高速发展的医疗行业整体水平与进步相比还有很多不足，培养的人才也远不能达到担当学科带头人的重任。

由于基层医院往往得不到政府的太多投入，导致诊疗环境得不到改善，医院得不到发展；间接地导致大量人才流失，大量病人的流失，职工的收入也就长期处于低位，出现要的人才留不住，引进的人才不能发挥作用，形成了这样一个恶性循环。人才成长和发展没有理想的环境、条件和设施，无法用事业、待遇等创

造留人的条件，不能给人才提供一个充分展示才华的环境，形成高学历、高职称人员严重不足，缺少具有较强开拓创新能力的学科带头人；缺少较强管理能力、具备竞争意识与参与竞争能力的科室负责人；缺少名医、名科。引起医院学科建设滞后，在本地区的影响力无法得到有效提升，医院的品牌效应不明显等一系列的效应后，基层医院的发展更是举步维艰。

而面临这样的一系列的人才队伍建设方面的问题，我们基层医院需要怎样去面对以及解决这样一个问题，是值得我们医院管理者及执行者去思考的。医疗行业工作具有较强特殊性，不同级别的医院、不同科别、不同岗位需要不同类型的人才，要综合考虑医院的定位与学科发展的实际，引进和培养真正适合医院，能推动带动医院发展的自身需要的人才。通过近年来的医院管理工作实践中的不断思考与探索，我认为真正需要去解决这些问题改善目前的现状，可以试着从以下几方面着手：

（一）创新改革人才机制，加大人力物力投入

坚持以人为本，认真落实科学发展观，从战略高度上重视人才的作用。紧紧围绕医院发展目标，把人才工作摆上重要议事日程，设立专门的人才培养、引进基金，创新改革人才机制，加大人力物力投入，确保各项工作落到实处。同时加强领导，科学规划，制订年度工作计划目标。每年年底进行一次规划总结，根据社会发展变化情况及时调整完善规划内容，逐步使人力资源管理步入科学化规范化轨道。

（二）合理控制人员编制，有效调整人才结构

未来几年内，医院要在科室人员上进行科学控制、科学定岗定编的基础上，适当补充以研究生为主的医疗人员，以本科学历为主的护理人员，以对口专业、高学历为主的行政管理人员。改革人事制度，完善分配激励机制，制定适合单位实际情况的绩效考核方案，结合卫生事业单位岗位设置管理，健全全员聘用制和岗位管理制，竞聘择优上岗。实行以服务质量和岗位质量为主的综合绩效考核和岗位绩效工资制度，有效调动员工工作积极性，提高员工的业务收入水平。医疗、科研、教学任务的完成，需要多人才协作，综合医院整体员工的智慧和力量，所以医院人才结构组合形式是实现医院现代化的关键。医院各科室、专业形成大大小小的人才群体，各种人员相互配合，积极交流，充分发挥各自相关领域的作用，为医院的良好发展创造有利条件。

（三）加大人才引进力度，注重人才培养方法

高层次人才是医院整体发展的根本，也是发挥联动效应，促进医院人才整体素质不断提高的保证。医院要在现有的基础上，制订引进及培养主要学科带头人计划，积极创造良好的工作、学习、生活条件，在医院人才培养基金中划出专款用于培养经费的配套开支。为新引进的技术高层次人才可以给予物质性的奖励，提供良好的学习进修条件，使其自身在保持与社会整体发展的医疗技术水平中保持领先的同时，可以带动自身科室的其他人员共同进步，提高科室的整体临床诊疗水平及服务能力，树立“名牌科室”效应带动医院的整体发展。在培养人才方面，不光要做到“送出去”，还要做到“带进来”。不是一味盲目地追求将单位人员外出进修，而是要选择适合本单位的发展方向学科去学习，对进修人员要求做到学以致用，进修完成后回本单位能将进修的成果真正利用在实际工作中，能带动科室的整体诊疗水平的提升。还可以定期邀请专家教授来院进行授课及讲解，促进提高医院整体人员的业务水平。在人才培养中注重对中青年技术带头人的培养，要大胆启用优秀的高学历人才。高学历人才基础好，理论功夫扎实，有较强的发展潜力和后劲。为优秀的高学历人才提供良好的成才环境，培养高学历人才作为高层次人才队伍的后备军，实现人才建设的可持续发展。坚持把能力建设作为人才培养的核心，重点培养职工的学习能力、实践能力，着力提高创新能力。建立立体多面的培养体系：以外出进修培养培训、学术交流和继续教育讲座为主要形式，建立普及性继续专业教育；鼓励职工利用业余时间提高学历层次和专业理论水平；建立学技术带头人培养对象制度，加强中青年骨干培养；扩大高层次人才对外合作交流，拓宽学术交流渠道；鼓励本院学术技术骨干在学术团体兼职，注重发挥学术团体在人才培养方面的独特作用。

（四）深化人事制度改革，营造医院文化氛围

基层医院要完善各项人事管理制度，要构建公开、公平、竞争、择优的平台，坚持以能力、业绩为导向，完善科室管理者和职能部门工作人员的竞聘上岗工作，重点是聘后管理各考核工作，通过考核，理顺人员“进”“出”口关。要打破行政职务和专业技术职务终身制，由身份管理向岗位管理的模式转变。要进一步完善聘用办法，鼓励各类人才脱颖而出。医院发展离不开医院独有的医院文化，医院必须营造自身独特的文化氛围，让员工融入医院的大家庭，以医院文化为底蕴，建立医院文化主要是通过确立正确的价值取向和事业目标来引导职工奋发努力，医院学风主要是借助人才成长机制和人文环境来形成群体学习倾向。良好的学习风气是医院文化中不可缺少的一大特色。医院文化因注入浓郁的学风特色而提升品位，医院学风因受到先进文化的催化而欣欣向荣，二者之间存在着有机、互动的关系。这便是“以人为本”“科技兴院”的医院发展战略。营造良好的学习氛围，能够使员工的工作能力、人文素养得到提高和升华，对人才队伍的建设有着不可或缺的作用。

基层医院要在市场经济体系下的激烈竞争中站稳脚跟，稳步持续发展，就必须把人才队伍建设作为第一要务，把培养各类人才作为长期要务，大力实施高层次、高素质的人才发展战略，努力建设一支适应医院改革发展需要的高素质人才队伍。在学科建设和人才培养上，应着重培养能提供综合医疗服务的有能之才，同时不断提高他们的专业技术水平和实际诊治能力。基层医院需要的是临床一线的专业人才，需要具有良好的医德医风、较强的临床思维能力、严谨的科学作风、实事求是的工作态度、坚实的基础理论、系统的专业知识和技能的实用型人才；需要具有较强开拓创新能力的学科带头人；需要具有较强管理能力、具备竞争意识与参与竞争能力的科室负责人。医院人才队伍建设与培养，要着重以此类人员为基础，人尽其才，在最适合的岗位发挥出自身最大的力量，为医院的良好发展发挥自身最大的作用，建设“健康医院”，为健康中国的建设作出应有的贡献。

开出扶贫“五处方”祛除病痛保健康

——内黄县卫生健康委健康扶贫工作掠影

河南省内黄县卫生健康委员会主任、党组书记 赵勇军

2019年5月9日，河南省人民政府召开新闻发布会，宣布包括内黄县在内的33个贫困县脱贫摘帽。在内黄县脱贫摘帽全力“赶考”攻坚战役中，该县卫生健康系统3000余名干部职工凝心聚力、众志成城，围绕因病致贫、因病返贫建档立卡户“把脉问诊”，开出了健康扶贫“五处方”，治表除根祛除病痛，通过“送医上门”和“送人就医”，着力解决了有病看不了、看病就医难、健康管不好等问题，将健康扶贫工作做得更细更实。

“能力处方”夯基础

内黄县地处黄河故道，豫北边陲。辖7个镇、10个乡，县域面积1161平方公里，总人口82万人。有县级医院3家，专业医院1家，17家乡镇卫生院。作为省级贫困县，内黄县在卫生基础设施及人才培养方面欠账太多。为此，该县从夯实基层基础入手，加强医疗服务能力保障。

一是加强基础设施建设。近年来，全县争取和整合各类资金4.32亿元，新(改)建3家县级医院、16家乡镇卫生院、207所标准化卫生室，完成了乡级“国医堂”、锅炉煤改气等项目建设。目前，县域内已达到2所综合医院（县人民医院和县第二人民医院）、1所中医医院（县中医院）、1所妇幼保健院（县妇幼保健院），17个乡镇均有1所政府建立的乡镇卫生院，每个贫困村均有1个标准化村卫生室，实现了群众看病“小病不出村、一般病在乡镇、大病不出县”的目标。2018

年投入扶贫专项资金 1000 万元，新建标准化村卫生室 83 所，使全县 90 个贫困村均有 1 所标准化卫生室。二是加强诊疗设备配备。整合各类资金 4035 万元，为全县所有乡镇卫生院配备 DR、彩超、大生化等诊疗设备及中医康复理疗设备 220 余台（件），为所有村卫生室配备了电脑、打印机和健康体检一体机。4 家县级医院先后投入资金 2.15 亿元，购买了直线加速器、核磁、螺旋 CT、彩超、C 型臂血管造影机、腹腔镜等大型诊疗设备，为县、乡、村三级医疗机构开展医疗服务奠定坚实基础。同时，县财政在财政紧张的情况下，还每年拨付资金 450 万元，专门用于提升乡村两级医疗卫生服务能力。三是加强人才队伍建设。牢固树立“人才强医”工作理念，狠抓“引、培、帮、用”四个环节，努力打造业务精湛、素质过硬、作风优良的卫生干部队伍。2016 年以来，通过县级医院自主招生和实施“369”人才工程，县级医院引进研究生 5 名、本科生 103 名；乡镇卫生院引进本科生 28 名、专科生 89 名、特岗全科医生 8 名。对他们真正做到政治上关心、工作上支持、生活上关爱。同时，还加大人才培养力度，认真落实全科医师转岗培训、基层骨干医师培训、住院医师规范化培训和内黄县基层卫技人员三年培养计划，组织乡镇卫生院 156 名医师参加了县级医院培训，选派乡镇卫生院 36 名技术骨干赴县级以上医院免费进修，完成 54 名全科医师转岗培训，培训乡村医生 3000 余人次。加大对口帮扶力度，推行“等额对调”式对口支援帮扶模式，县级医院下派医师帮助乡镇卫生院开展诊疗业务，乡镇卫生院选派技术骨干到县级医院免费进修。截至目前，90 个贫困村卫生室共配备从业人员 258 名，其中乡村医生 120 名，执业（助理）医师 119 名，执业护士 19 名，达到贫困村卫生室“有合格乡村医生或执业（助理）医师”标准要求。

“政策处方”惠群众

一是制定出台“先诊疗后付费”“一站式”结算政策。出台了《内黄县困难群众县域内住院先诊疗后付费工作实施方案》，各医疗机构将所有贫困人员信息录入结算信息系统的同时，还专门开辟贫困人员就医绿色通道，设立了“一站式”结算窗口、贫困人员服务窗口和专用病房。出台了《关于提高农村贫困人口医疗保障待遇水平的通知》文件，对在乡镇卫生院住院的建档立卡贫困户，在享受各项报销政策的基础上，对于个人自付部分，乡镇卫生院根据各自情况，给予不同程度的减免。2018 年，全县共开展先诊疗后付费 25844 人，实施“一站式”就医结算 25620 人，免收住院押金 5984.48 万元。2018 年，全县建档立卡贫困人口医疗费用报销比例达 93.62%，高于全省平均水平 91.45%；建档立卡贫困人口县域内就诊率达 95.14%，高于全省平均水平 94.89%。二是实施大病集中救治。县卫健委联合人社、民政、扶贫办等部门，共同印发了《内黄县农村贫困人口大病专项救治实施方案》，对纳入九种重大疾病的农村贫困人口，明确规定享受城乡居民重特大疾病医疗保障待遇，确定定点治疗医院。贫困患者在享受重特大疾病医疗保障补偿后，按照大病保险、大病补充保险等有关规定享受相应的补偿待遇。2018 年全县共有九种大病患者 74 人，其中已完成救治 43 人，正在治疗 31 人。2019 年已将大病病种由九种扩大到二十一种，覆盖更多人群。三是实行家庭医生签约服务。出台了《关于全面开展因病致贫因病返贫群众健康签约服务的通知》文件，全县采取“4+N”模式，组建起 77 个由基层全科医师、公卫医师、护士、乡村医生和其他人员组成的家庭医生签约服务团队，以贫困人口、孕产妇、儿童、高血压、糖尿病、残疾人、重症精神病等为重点，通过智能化签约、集中签约、诊间签约、上门签约等方式，签订《家庭医生签约服务协议》，对建档立卡贫困户和慢病患者全部签约，做到了签约居民广覆盖。

“数据处方”更快捷

建立了可动态更新的健康档案系统，已建立电子居民健康档案 70.07 万份。2018 年 7 月，以县医院为中心、乡镇卫生院为基点，建成了心电图、影像、检验三个远程会诊中心，实现了县级医院诊断、乡镇卫生院治疗的工作目标。群众在乡镇卫生院做 DR、彩超、心电图检查后，对于疑难问题，医生可将检查数据上传至集中诊断系统，县级诊断中心及时完成诊断，并将诊断结果反馈给乡镇卫生院，卫生院医生负责实施治疗；如果病情复杂，还可将数据传送到省人民医院会诊中心，让省级专家协助会诊；通过远程会诊，群众看病天涯变“咫尺”，不出家门口就能享受上级专家的诊疗指导，真正做到了让数据多跑路，让群众少跑腿。与此同时，还在在县人民医院引入移动查房和智慧门诊系统，医生可随时在手机等终端查阅患者电子病历、检查报告等信息，并进行及时处理。患者可通过手机实现预约挂号、自助缴费、查询报告等功能，诊疗更加便捷。

“宣传处方”解疑惑

“您若有病进医院，住院别愁押金钱。不用掏钱先住院，专用病房真方便。”在内黄县的县、乡两级医院，随处可以看到宣传健康扶贫政策的展板。在病房里，医护人员对贫困住院患者“1 对 1”床头讲政策。县上组织县、乡、村三级医疗机构工作人员进村入户开展“面对面”健康扶贫政策讲解。目前，内黄县共为因病致贫家庭免费发放健康扶贫明白卡 5667 张、小药箱 5510 个、治疗包 2500 个、小药包 3000 个、健康扶贫手册 7930 本和价值 5 万元的药品 10 余种，为所有贫困家庭安装了家庭医生签约服务联系牌，确保贫困人口随时能够联系到自己的“家庭医生”。同时，县卫生健康委还加大宣传力度，增加贫困群众的政策知晓度。通过微视频、宣传单、宣传画、广播、微信公众号、农村“大喇叭”、墙上标语、顺口溜等多种形式广泛宣传健康扶贫政策；充分利用村医、驻村工作人员对贫困人口通过面对面、问答等形式，“一对一”宣讲健康扶贫政策；通过制作健康扶贫专题片等方式对健康扶贫工作进行阶段性总结和对社会宣传。

“签约处方”更贴心

内黄县 17 家乡镇卫生院按照“先重点、后一般、逐步推开全覆盖”的原则，采取智能化签约、集中签约、诊间签约、上门签约等方式，优先覆盖贫困人口、老年人、孕产妇、儿童、残疾人等人群，以及高血压、糖尿病、结核病等慢性疾病和严重精神障碍患者等，并兼顾一般人群全方位签订“家庭医生签约服务协议书”，明确责任、权利、义务，规定服务频次、服务内容，确保签约居民获得约定的个性化健康服务。家庭医生团队打破传统“坐堂行医”模式，利用一早一晚（5：00 ~ 8：00、16：00 ~ 21：00），对行动不便的群众上门开展健康指导、健康干预、用药指导、就医路径指引和转诊服务。家庭医生对九种重大疾病患者每周随访一次、大病患者每月随访 1 次、一般疾病患者每两个月随访 1 次，每次随访不少于 20 分钟，根据个性化检查和随访情况，制定动态健康管理方案，并与签约居民约定下次随访时间，确保群众准时接受服务，切实提高签约服务到位率和群众满意率。同时，建立了家庭医生签约服务管理系统，家庭医生通过平板、手机等便携设备即可完成签约、随访、服务等工作，实现签约服务数字化、智能化。截至目前，内黄县贫困人口慢病患者签约 5381 人，实现贫困人口慢病患者签约全覆盖。家庭医生在随访中，将群众健康信息及时录入系统，纳入个人健康档案，为临床诊断提供连续性信息。同时就异常随访结果与临床医生进行沟通，由临床医生提供针对性健康指导。临床医生在诊疗中，进一步完善和更新患者病情信息及档案，按规定纳入相应人群管理。医防融合让群众健康档案活起来、健康信息用起来，使群众对签约医生由陌生到认识，由认识到熟悉，由熟悉到信任，由信任到依赖，群众有需求第一时间便想到签约医生，签约医生真正成为群众健康“守门人”，打通了服务群众“最后一米”的距离，进一步增强了群众获得感、幸福感、安全感。同时，通过开展签约服务，一是推动了门诊前移，优质医疗资源向基层、向群众“双延伸”，签约居民不出家门口就能享受上级专家的诊疗服务。二是促进了基层首诊，县域内住院次均费用下降 4.3%，县外转诊率下降 5.2%，减轻了群众医药费用负担。

“爱心处方”暖民心

内黄在打出健康扶贫组合拳，根据实际情况推出“健康扶贫套餐”，切实为贫困群众脱贫提供健康保障的同时，融入了更为贴心的“爱心处方”，这些新处方组合扶贫套餐，让贫困群众身心共愈。这些“爱心处方”即为贫困群众提供诸如洗头、免费头部按摩、洗脚、剪指甲、免费提餐和辅助检查等贴心服务。“爱心处方”迅速拉近了医生与患者的距离，打通了健康扶贫“最后一米”，让遭受病痛折磨的贫困群众在医院享受到亲人般的精神抚慰，心身共愈。目前，全县共有 367 名贫困群众享受到了这个特殊的“处方”。

开展“两癌”筛查　为妇女健康保驾护航

——积石山县农村妇女“两癌”检查项目工作总结

甘肃省积石山县妇幼保健站

2018年，农村妇女“两癌”检查项目被省委省政府列入为民办实事项目，同时，我县也首次开展妇女宫颈癌、乳腺癌的同步筛查工作，截至12月，“两癌”筛查工作圆满完成，现总结汇报如下。

一、组织管理

县委县政府高度重视“两癌”筛查工作，积极安排县妇儿工委组织实施。2018年5月31日，县妇儿工委印发了《积石山县农村妇女“两癌”检查工作实施方案》（积县妇儿工委发〔2018〕1号），县卫计局印发了《积石山县农村妇女“两癌”检查工作技术实施方案》，向各乡镇分解下达了年度筛查任务。成立了“两癌”筛查项目督导质控小组，县妇幼保健站（以下简称县妇保站）成立了“两癌”筛查项目技术小组。制定了宫颈癌检查工作制度、乳腺癌检查工作制度、宫颈癌异常转诊制度、乳腺癌异常转诊制度、高危人群随访制度、项目信息管理制度、健康教育宣传制度、两癌筛查质控制度。确保两癌项目工作的顺利实施。

二、主要做法

（一）加强技术培训，明确工作职责

2018年5月29日，县妇保站组织，对参与两癌筛查的业务人员进行了项目培训，学习了项目实施方案、筛查流程、技术要点和信息统计等内容，明确了人

员职责，共计28名业务骨干参加了培训。6月5日，县政府召开“两癌”项目启动会，与各乡镇签订了“两癌”项目管理责任书。

（二）加大宣传力度，提高项目知晓率

县妇保站印制了“两癌”知识宣传折页12000份用于宣传教育，与2018年3月29日、6月19日分别在大禹广场举办义诊宣传2场次，在17个乡镇卫生院及部分村举办“两癌”筛查知识讲座20场次，4000余人受训；播放“两癌”知识宣传录音20小时，制作6平方米的大型宣传栏一块，置于单位门口；同时发动单位职工利用微信、QQ等媒体开展了广泛宣传。

（三）集中筛查与长期筛查相结合，方便群众参与

根据两癌筛查项目实施方案，由县妇联牵头，县卫计局、乡计生办、乡卫生院参与，县妇保站具体筛查，充分发挥各部门职能作用，密切协作。采取下乡集中筛查与县妇保站妇产科长期筛查相结合的方法，成立三个下乡筛查小组，借用县计划生育指导站B超机，开展了4轮下乡，累计下乡45天654人次，于2018年11月13日完成6000人初筛任务。在后期结案过程中出现的高危对象，由县妇保站与临夏州医院协调，专人负责，安排车辆统一接送，集中进行筛查和结案。

三、筛查结果

我县项目筛查任务6000人，实际筛查6000人，筛查率为100%。宫颈癌筛查结案6000人，正常3801人，生殖道感染1685人，低级别病变12人，高级别病变2人，原位癌2人；乳腺癌筛查结案6000人，正常5505人，良性疾病53人，乳腺0、3级192人，钼靶筛查异常17人，乳腺癌确诊0人。

四、存在的问题

1. 受民族、文化、经济、农活等影响，对象自愿参与的少，接受能力差。

2. 因便携式彩超设备短缺，项目启动时间迟。7月底县上配备一台彩色B超后项目启动，从工作实际看，还需要配备2台便携式彩超。

3. 业务人员缺少，县妇保站B超室仅有业务人员2名，专业人员严重短缺。

五、下一步打算

根据两癌筛查项目实施方案，完成项目总结分析报告，总结经验，为2019年“两癌”筛查工作打好基础。

服务新时代 引领新发展

——聊城市度假区卫计局工作情况及下步计划

山东省聊城市度假区卫生和计划生育局

今年以来，在区党工委、管委会的坚强领导下，度假区卫生和计划生育局坚定不移地贯彻落实中央和省市各项决策部署，深入学习贯彻落实党的十九大和习近平总书记系列重要讲话精神，深入开展“两学一做”学习教育，家庭医生签约和医联体建设稳步推进，健康扶贫持续深入开展，大力实施国家基本公共卫生服务项目，加大重大疫情防控力度，全面实施两孩政策，严格落实计生奖励扶助和特别扶助政策，加强出生缺陷综合防治，各项便民惠民措施得到有效落实，全区卫生计生工作取得新的发展。

一、工作总结

（一）党建工作开展情况

1. 扎实开展各项活动。根据市、区有关会议和文件精神，扎实开展“解放思想大讨论”“榜样”等活动。通过集体学习和个人自学相结合的方式，认真学习十九大、《中国共产党纪律处分条例》、习近平系列讲话、习近平视察山东重要讲话和批示精神。

2. 深入推进党建学习教育。一是按照上级要求和工作计划及时开展各项学习活动，通过组织生活会、个人和集体学习活动、主题党日、分管领导讲党课等活动，把思想政治建设抓在日常，推进“两学一做”学习教育常态化制度化。同时加强了政治理论、新旧动能转换、安全生产、扫黑除恶和环境保护等内容的学习。

二是根据实际情况和上级部门支持，于 2018 年 12 月 12 日成立了卫计局党委，选举出了第一届卫计局党委委员，为今后更好地开展党建工作打下了基础。

3. 做好“1+1”好支部、“双联共建”和领导干部包村联户工作。结合我局派出的第一书记、“双联共建”和领导干部包村联户工作，拓展共建内容、深化帮扶效果。分别与“1+1”好支部村（魏庄村）、“双联共建”村（刘皋村）和包村联户村（王庄村）党员干部开展学习交流活动，深入探讨发展当中存在的问题和困难，分析研究推进发展的路子和方法，切实解决问题。

（二）切实做好卫生计生重点工作

1. 切实提高卫生健康服务保障能力。一是 65 岁以上老年人规范健康管理工作。2018 年我区常住 65 岁及以上老年人总数 18605 人，全年查体目标人数为 14545 人，完成查体 12660 人，完成任务总数的 87%。高血压目标管理人数为 10429 人，完成管理 6338 人，管理率 60.77%；糖尿病目标管理人数为 3813 人，完成管理 2319 人，管理率 60.82%。二是家庭医生签约工作有序开展。全区常住人口 13.37 万人，共组建 12 个家庭医生签约团队。截至目前共签约 63133 人，覆盖率 47%，重点人群签约数为 20036 人。其中 65 岁及以上居民签约 11248 人，高血压患者签约 8192 人，糖尿病患者签约 3023 人，登记在册严重精神病患者签约 444 人，残疾人签约 693 人，计划生育特殊家庭签约 48 人，农村建档立卡贫困人口签约 3173 人。二是聘请第三方对辖区卫生院（社区卫生服务中心）开展国家基本公共卫生服务项目工作考核，并将考核结果与资金分配挂钩，调动了各医疗机构的工作积极性。

2. 切实提高人口出生素质，降低出生缺陷发生率，实现我区人口均衡发展。全面推进免费叶酸发放、孕前优生健康检查、婚前检查工作。截至目前免费发放叶酸 7187 瓶，服务群众 1229，对 823 人进行了婚前检查，690 人进行了孕前检查，870 人进行了产前筛查，107 人进行了无创 DNA 检查。

3. 加强出生人口性别比综合治理。经过全区卫生计生工作人员的大力宣传、上门入户做育龄妇女的思想工作，破除重男轻女的传统观念，有效地将出生性别比控制在 124 以下。

4. 加强卫生计生宣传工作，营造良好舆论氛围。利用春节、元宵节、“5.29”等重大节日加强卫生计生工作宣传。其中，元宵节期间在人民广场举办的宣传、义诊活动受到了市委、市政府及市卫计委领导的一致好评，并受到市委宣传部的表彰。截至目前，在大众日报刊登文章12篇，聊城日报刊登文章13篇，文章涉及综合监督、健康扶贫、计生协会、传染病防治等各个方面，营造了广大群众支持卫生计生工作的浓厚舆论氛围，收到了较好的社会效果。

（三）持续推进健康扶贫工作

1. 实施建档立卡贫困群众“八个一”工程，落实贫困群众“家庭医生签约服务”“两免两减半”“先诊疗、后付费”等政策。依托市中心医院，结合镇卫生院、街道社区卫生服务中心组建了家庭责任医师团队，落实“八个一”工程2462人。

2. 设立了“一站式”结算窗口，实行“先治疗、后结算”机制。设立便民惠民门诊，落实“两免两减半”政策。截至目前，辖区四家卫生院共垫付资金313824.96元，其中医保229624.28元、医疗商业保险2748元、民政救助81452.68元。

（四）推进信息化建设，助力“智慧医疗”发展

1. 成立了网络安全和信息化领导小组和办公室，制定了相关规范性文件（聊江卫发〔2018〕20号文），做到有人管事，有章可循。

2. 加快推进医疗机构信息化建设。截至目前全区100M网络专线全区应通5条，实通5条。全区10M网络专线全区应通94条，因村庄拆迁原因实通74条。完成了4个镇卫生院、街道社区卫生服务中心的公共卫生、基层His、电子病历、家庭医生签约、分级诊疗等系统的投入使用。

（五）安全生产和扫黑除恶工作

1. 安全生产工作。利用宣传栏及宣传材料等多种形式，加强对广大干部职工医疗质量和安全生产意识教育。对重点单位、重点科室实行24小时值班责任制。今年9月份组织有关人员对全区各医疗卫生单位进行了消防安全生产大检查。通过检查，进一步增强了单位领导对安全工作的重视，增强了责任心和防患意识，保障了各项工作的开展。

2. 扫黑除恶工作。利用各种会议、宣传材料等多种形式，加强对干部职工及辖区人员的扫黑除恶意识教育。通过上级督查及自查多种形式摸排查线索，建立专门工作台账，配合多部门开展扫黑除恶工作。

（六）其他重点工作进展情况

1. 优化配置卫生和计划生育服务资源，推进计划生育转型发展。制定下发了《聊城江北水城旅游度假区镇（街道）卫生计生技术服务资源整合方案》，明确了卫生计生资源整合工作的有关要求。整合了计生服务站与卫生院资产，将计生服务站资产划归整合到卫生院，实行统一管理和调配。

2. “两票制”工作得到有效落实。制定下发了药品采购实行“两票制”文件，召开会议，组织有关人员参加“两票制”培训学习，对药品开展督导检查，并制定相关制度和工作流程，严格查验。

二、存在的问题和不足

一是医院规模、卫生人才队伍等方面与周边县市存在着明显差距。由于基层待遇低、发展空间小，存在人才引不来、留不住的现象。二是服务体系不够完备，部分设施设备简陋陈旧，建设投入仍需进一步加强。三是计划生育工作严重滑坡。由于认识不到位，基层计生工作人员流失严重。原计生工作转变成理论服务，内容却有增无减。婚前检查、孕前检查、叶酸发放、产前筛查、产后随访、新生儿管理、独生子女和双女户管理等业务繁重，人员严重不足。

三、工作计划

（一）党建工作方面

1. 加强政治理论学习。认真落实组织生活会、民主评议党员、交纳党费、“三会一课”等制度。结合学习讨论、谈心交心等情况，对照党章党规和职能职责，联系工作和生活实际，认真查在思想、作风、纪律等方面存在的问题，做到边查边改。

2. 深入推进党风廉政建设。落实领导干部“一岗双责”，强化岗位廉政教育、示范教育特别是警示教育，进一步筑牢党员领导干部拒腐防变的思想防线。

（二）卫生计生重点工作方面

1. 规范实施国家基本公共卫生服务项目。按照人均 55 元标准，继续推进基本公共卫生服务项目工作。坚持“费随事走”的资金分配原则，落实专业公共卫生机构指导责任，突出项目组织管理、项目成效、居民感受度的绩效考核。

2. 提升家庭医生签约服务水平。进一步完善家庭医生和村居民签约服务机制，以老年人、孕产妇、0 ~ 6 岁儿童、慢性病人、农村建档立卡低收入人口为重点，开展个性化签约服务，不断提高签约服务质量。

3. 全面推进基层医疗卫生机构标准化建设。卫生计生、机构编制、财政和人社各部门分解工作责任、倒排任务工期、积极配合加大在房屋建设、设备购置和人才引进上的政策支持力度，强化日常督导，力争 2019 年底完成标准化建设任务。

4. 继续推进国家免费孕前优生健康检查、婚前检查、产前筛查项目。认真做好目标人群的摸底与宣传发动，严格落实临床检验质控措施，规范优生宣传教育，力争明年完成婚前检查 900 人、孕前优生 840 人、产前筛查 1000 人。

5. 继续巩固国家基本药物制度和零差价销售。坚持基本药物主导地位，强化医疗机构基本药物配备使用管理，加强短缺预警应对，切实降低医药负担，增强群众获得感。

（三）健康扶贫方面

1. 加强便民惠民政策的宣传，积极落实“八个一”工程。落实好大病分类救治，加强对贫困群众的救治服务力度。

2. 继续开展贫困人口签约服务，按照要求建立签约服务团队，通过门诊、电话、上门等方式，定期对签约群众开展健康状况调查和管理，并建立签约服务考核机制。

（四）继续抓好安全生产、扫黑除恶、信访稳定和上级领导临时安排的其他各项工作

强管理　抓落实　保质量
努力推进妇幼健康工作上水平

甘肃省渭源县妇幼保健站

2018 年我县妇幼健康工作，在市卫健委和县卫健局的正确领导下，在市妇幼保健院的精心指导下，在各级妇幼人的共同努力下，妇幼健康服务各项指标稳步提升，质量指标逐年下降，妇幼健康扶贫项目运行良好，妇女儿童健康状况得到了明显改善，2018 年成功创建为“全省优质服务示范县”、获得“2018 年度全市三八红旗集体”荣誉称号。

一、完善机制，落实责任

（一）统筹推进辖区妇幼健康工作

我县将妇幼健康服务工作纳入当地经济和社会发展规划，将重点指标纳入县政府目标管理考核责任书。每年都统筹安排辖区妇幼健康工作，针对重点工作召开推进会议，明确重点任务，加强了群体保健工作。

（二）建立多部门联动机制

县政府制定并下发了《渭源县创建省级妇幼健康优质服务示范县工作实施方案》和《渭源县妇女和儿童发展规划（2011—2020 年）的通知》，县妇儿工委牵头，卫健局、民政、残联、教育、公安等部门定期组织召开联席会议，研究部署相关工作，做到任务清，责任明。

（三）建立了培训和督导制度

由妇幼保健站牵头，每季度对全县各级医疗保健机构的妇幼专干及村医进行培训，每季度进行工作督导，每次督导有计划、有通报、有整改。做到问题没有整改不放过，整改不到位的不放过，对一些整改不力的乡镇实行“再回首”，直至督导到发现的问题整改为止。重点督查孕产妇和儿童的系统管理，定期对高危孕产妇和高危儿童跟踪随访。督查过程中，明确了卫生院院长是第一责任人，层层靠实责任，提高了“两个系统管理率”，降低了“两个死亡率”。

二、夯实基础，狠抓落实

（一）严格落实了高危专案管理

印发了《关于高危孕产妇抢救应急预案的通知》，按照“严防、紧盯、死守、严查”的总要求，在全县各级医疗保健机构开展了妊娠风险筛查评估，实行了“五色分级”管理，做到了“发现一例、登记一例、报告一例、管理一例、救治一例、转诊一例”。

（二）严格执行信息反馈和随访制度

充分利用“渭源县妇幼健康 QQ 群、微信群”，对高危孕产妇、高危儿信息进行反馈，并由县、乡、村三级进行跟踪随访，做到了全程监管。

（三）落实了“五项核心制度”

成立了妇幼健康工作领导小组和母婴安全领导小组，统一调度孕产妇急救专家组，参与辖区内高危孕产妇的抢救。各助产机构成立了产科安全办公室，负责院内高危产妇的急救；成立了全县孕产妇急救转诊网络，建立妇幼信息监测网，健全安全信息网；成立了县级“母婴安全领导小组”和“围产（儿童）保健协作组”，指导、协调、参与全县危重孕产妇和新生儿抢救工作。对孕产妇死亡和新生儿死亡病例、危重孕产妇病例实行了助产机构双月评审、县级季度评审的制度，对评审为可避免死亡、不可避免死亡、创造条件可避免死亡的医疗机构主要领导、分管领导、主治大夫进行约谈，并与主治大夫的绩效工资挂钩，进一步压实责任，全力保障母婴安全。

（四）定期开展急救应急演练和技能大赛

县急救中心每季度组织妇产科、儿科、麻醉科、手术室等相关人员，对高危孕产妇及高危儿进行模拟急救演练，通过演练提高了他们的急救技能和应急处置能力。每年组织 1 ~ 2 次由妇产科、儿科参加的全县妇幼健康技能大赛，以赛促学，提升他们的技能水平。

三、科学管理，创新工作

（一）严格开展助产机构产科达标提升工程

组织县级医院开展了产科等级达标工作，顺利通过二级产科评审；在县医院建立了儿童重症监护病房，中医院成立了独立的儿科，进一步提升了危急重症孕产妇和儿童的救治水平。

（二）普及新生儿窒息复苏技术和儿科医师进产房制度

县级医疗保健机构产儿科工作人员，必须掌握新生儿窒息复苏技术，实行季度考核; 严格落实儿科医师进产房,加强产儿科协作,提高了产儿科综合服务能力。

（三）建立产儿科专科联盟

县医院、县中西医结合医院、县中医院与省妇幼保健院建立了产儿科专科联盟，形成了上下联动、无缝连接、运转高效的急救、会诊、转诊网络，最大限度保障母婴安全。

（四）加强“两个”系统管理

按照《孕产妇保健管理规范》和《母子健康手册》的要求，完善检查内容，保证检查质量，切实加强高危孕产妇筛查管理，积极打造孕前、孕中、产前、产时、产后的一条龙围产保健服务体系，提供生育全程优质服务。按照《儿童保健管理规范》和《托幼机构管理规范》的要求，以入园查验《儿童保健手册》、发放营养包、计划免疫、办理出生证为切入点，将七岁以下儿童全部纳入管理，且每年在放假前给幼儿家长发放家长告知书，告知家长儿童入园前体检的重要性，入园时必须持儿童体检证明方可入园，有效促进了儿童健康工作。

一年来，我县妇幼健康工作坚持强管理、抓落实、保质量的总体思路，使各项工作取得了明显成效。2018 年全县活产数 3248 人，孕产妇系统管理率达到 96.4%，托幼机构儿童体检率 100%，3 岁以下儿童系统管理率达到 96.06%，婴儿死亡率下降到3.39‰，新生儿死率下降到2.46‰，“两癌”筛查15300人，全部完成当年检查任务数，叶酸投服率为97.12%，艾梅乙检测率达95.8%，营养包有效服用率为95.4%，新生儿疾病筛查率和听力筛查率均达到100%。在取得成绩的同时，也认识到我县的工作与全市卫生健康工作的总体要求和妇幼健康工作的各项指标要求还有一定差距，我们将以本次会议精神为契机，认真学习贯彻党的十九大精神和习近平新时代中国特色社会主义思想，深刻认识妇幼健康扶贫项目工作的紧迫性，切实做到不放松，不懈怠，虚心借鉴各县区先进经验和好的做法，不断开拓创新、真抓实干，全力推进我县妇幼健康工作再上新台阶。

渭南市妇幼保健院 全力保障妇女儿童健康新需求纪实

陕西省渭南市妇幼保健院

渭南市妇幼保健院（以下简称市妇幼院）作为渭南唯一的三级甲等妇幼院，始终坚持“以保健为中心，以保障生殖健康为目的，保健与临床相结合，面向群体、面向基层和预防为主”的妇幼卫生工作方针。近年来，认真贯彻落实国家深化公立医院改革精神，按照“大专科、小综合”的发展思路，努力改进工作作风，提高服务质量，突出保健和临床融合发展的模式，专心致力于妇女儿童全生命周期的临床保健业务，全力保障渭南百姓，尤其是妇女儿童的健康新需求。

预防为主：重点关注妇女儿童亚健康

多年来，根据国家关于妇幼保健机构的功能定位，渭南市妇幼保健院积极倡导和推行“防治结合、以防为主”的健康理念。比如开办了特色孕妇学校，每周举办孕期保健和科学育儿理论课，开办孕期瑜珈或运动课，定期举办孕妇沙龙和手工胎教课，这样既教会了孕妈妈们健康孕育的知识，减少孕期疾病的发生，同时也陶冶了孕妈妈情操，孕妇学校受到广大孕妈妈的热烈追捧，每次听课都得提前预约。

将孕产保健关口前移，从根源上降低妇女儿童健康隐患。开设了妊娠期营养门诊，购置了孕期营养分析设备，营养师针对不同孕妇制定个性化运动膳食指导方案，促进孕妇及胎儿体重合理增长，可以有效地减少和预防妊娠期糖尿病、高血压、肥胖等疾病的发生，减少产伤、产后出血，加快产后恢复，减少胎儿发育异常。另外，还致力于产后女性健康和美丽方面的服务，因为孕妇怀孕和分娩过程中经历了各种生理变化，所以分娩后需要科学地康复，否则会造成很多的后遗症，产后乳腺护理、子宫恢复以及盆底肌功能康复等，都属于产后康复的业务范围。

健康扶贫：扎实推进惠民生

根据市卫计局关于健康扶贫工作的要求，专门成立健康扶贫医疗救治小分队，抽调 77 名医生分组与乡镇卫生院包联医生进行无缝对接，深入包联华州区赤水镇台台村、蒋家村，华阴市太华办 77 户 109 名帮扶对象家中提供医疗服务。同时，从以下几个方面保证健康扶贫对象安全便捷就医，让他们真正享受到党和政府扶贫政策带来的实惠。一是迅速开辟了绿色通道，专门在医务科设置了健康扶贫办公室，专人全程陪同健康扶贫对象办理入院、出院和就医和其他手续，设立了健康扶贫专用接诊室，设立了健康扶贫对象入出院一站式窗口。二是严格落实健康扶贫政策，健康扶贫对象持本人身份证、医保卡等有效证件来院就诊，即免收门诊诊疗费、挂号费、病历费和报销后自付医疗费用兜底保销，并实行先诊疗、后付费；在本院的一个窗口即可按照健康扶贫政策，完成所有保险和救助基金的结算。三是全员培训。掌握健康扶贫政策，规范医保医疗服务行为，严格控费控药。医务人员诊疗过程中，严禁开具大处方，不得重复检查，不得频繁使用大型检查，不得随意突破药品、检查和诊疗项目目录。

对口帮扶：推进医联体建设

近年来，为推动全市妇女儿童健康事业发展，优化妇幼保健资源配置、提升基层妇儿保健服务能力，市妇幼院牵头组建了以各级妇幼保健机构为成员的渭南市妇幼保健医联体，对各县妇幼保健院、部分综合医院进行对口帮扶，本着整合资源，协调发展，分级诊疗，方便群众的原则，建立了合作帮扶和双向转诊机制，逐步推进儿童保健服务标准化、系统化和一体化，最终实现全市妇女儿童健康管理率逐年上升。

同时作为渭南市妇女儿童医疗保健中心和技术指导单位，渭南市儿科、妇科质量控制中心挂靠单位，陕西省保健协会助产专业委员会渭南工作站主委单位，渭南市医学会儿科、妇科、新生儿科、儿保科、超声科分会主委单位，为提高全市妇女儿童保健服务水平，保证全市各级医疗单位经常性得到妇女儿童保健前沿技术、理念的培训和交流，帮助大家解决疑难问题，指导机构业务发展。定期深入对口帮扶医院开展讲座、义诊和业务查房，在帮助基层医院提升业务技术水平的同时，让我市妇女儿童在家口门就能享受到专家的服务。

惠民便民：着力落实各项惠民政策

作为政府创办的妇幼公共卫生机构，市妇幼院认真履行“一法两纲”即《母婴保健法》《妇女发展纲要》和《儿童发展纲要》所赋予的职能，每年都会落实国家相关惠民政策，如市妇幼院作为先天性结构畸形救助项目定点医院，苯丙酮尿症项目定点医院，凡具有渭南市户籍，符合救助诊断标准的儿童到本院进行康复治疗，费用除可以按医保政策报销外，还可另外享受救助补贴最高达30000元；市妇幼院作为渭南市妇幼重大和基本公共卫生服务项目主管单位，在做好项目管理的基础上，投资14万元，派遣超声科和乳腺科专家携带设备下基层，为潼关县、华州区2038位农村适龄妇女进行乳腺癌免费筛查，以便及早发现、及早治疗。另外，每年，在“三八”妇女节、“六一”儿童节等特定节日，均会举办健康体检大型优免活动和免费健康讲座，切实减轻广大市民就医负担。

生育高峰：保障母婴健康新需求

全面二孩政策实施后，许多家庭加入了生育二孩的队伍，为切实保障母婴安全，确保二孩政策顺利实施，市妇幼院作为陕西省和渭南危重孕产妇与新生儿救治与转运中心，多措并举，为母婴安全保驾护航。一是畅通机制。市妇幼保健院作为市级危重孕产妇、新生儿急救中心强化母婴安全保障工作，抢救小组专家24小时待命，与各基层医院建立了顺畅的会诊转诊机制，全市高危孕产妇、新生儿救治和转诊绿色通道畅通，形成了分级负责、应对有序、运转高效的危重孕产妇和新生儿急救、会诊、转诊机制。二是加大硬件投入。进一步完善产科病区、产房、新生儿科病房设施；产科病区扩增至 3 个，设置病床 150 张，新生儿科病区扩增至 2 个，病床 70 张，增设了 NICU 为具有高危因素的新生儿服务；另外，添置了新生儿科急救转运车和呼吸机、心电监护仪、注射泵、抢救台和新生儿温箱等设备。加大人才培养力度，积极引进新技术新业务，努力提升新生儿科服务质量，为产科提供坚实的保障。三是全面应用新生儿早期基础保健（EENC）项目、分娩镇痛、导乐分娩等产科新技术，促进自然分娩，降低剖宫产率。四是设立了二胎门诊，服务内容包括孕前优生优育、高危孕产妇的预防和诊治，以及产前筛查、产前诊断、妊娠并发症合并症的预防和治疗等，从而减少了生育风险和出生缺陷，让有生育二孩意愿的育龄夫妇怀得上、生得好。

儿童健康：呵护成长每一步

因为爱心、贴心、细心，渭南市妇幼保健院也让患者放心。最近几年来，随着渭南市人口规模不断扩大，各科室、尤其是儿科常常人满为患，平均门诊量持续增长，夜间门诊量不断增多。为最大限度解决患者就医难题，市妇幼院不断增设新的科室，合理调配医护人员，增加工作强度，全面满足患者需求。儿科设置日间门诊和夜间门诊，实现儿科就诊 24 小时无缝衔接，设置儿科日间病房和儿科消化、呼吸、神经三个病区，开放床位 150 张，是渭南目前规模最大的儿科病区，年诊疗人次首屈一指，已成为渭南患儿看病就医的第一选择。

市妇幼院非常注重儿童保健业务的发展，重点是在硬件建设优质化、业务发展体系化方面做了大量工作。一是优化就诊环境，设备设施先进化。儿童保健科位于儿童医院和门诊大楼五楼，业务用房 3000 余平方米，走廊、候诊区、诊室内等墙面在图案设计、颜色搭配、文字描述等方面充分考虑儿童特点，为儿童提供了安全有趣、温馨舒适、适宜发展的就诊环境。同时科室也配备儿童身体成分分析仪、母乳成分分析仪、儿童构音障碍评估治疗仪、儿童脑功能康复治疗仪、儿童膳食分析仪、儿童精神心理评估治疗仪、听力视力筛查仪等先进设备，以确保保健的科学性和精准性。二是拓宽业务范围，学科发展体系化。开设了儿童生长发育、儿童心理行为、儿童营养、儿童康复、青春期医学等五个二级专科，不断加深专业化水平，为全市0～18岁儿童提供：生长发育监测、营养喂养咨询指导、膳食分析、身体成分分析、发育性髋关节发育不良筛查、喂养困难干预、神经心理发育评估、运动功能评估、钙营养诊断、发育偏离（如矮小、性早熟等）及遗尿症的诊治、视力保健、听力保健、特殊儿童训练（如孤独症、语言障碍、脑瘫）等全方位的儿童保健服务，为我市儿童的健康成长提供了强大的支持和保障。

提质控费：多措并举解决看病贵

按照省市关于卫生健康重点问题专项整治的要求，主要在控价、控费、控药、控质等方面做了大量工作。一是控费。要求临床医生严格把握临床检验和检查适应症，互认同级或上级医院检查检验结果，做百元以上检验检查或特殊治疗时，均要求取得患者及家属同意，每月对大处方、抗菌药物不合理使用和不合理检查情况进行全院通报。二是控价。建立医疗费用清单点评制度，审计科不定期抽查各科室病人费用清单，发现问题及时反馈督促整改，坚决查处分解项目收费、重复项目收费、变相多收费等情况，确保医疗物价政策准确执行到位。三是控药。每月统计门诊和住院抗生素使用率，排名科室及个人使用总量和使用率并公示；开展处方和医嘱点评，严格控制大处方，建立大处方通报和处罚机制，开展病原微生物和细菌耐药监测，滥用抗生素情况得到明显好转。四是控质。加大18项核心制度执行和落实力度，开展了院级行政业务查房、处方（医嘱）点评、合理用药公示等工作。抽查各环节和终末病历，督查病历书写及时性、三级查房书写质量、治疗计划合理性、病情告知有效性等，及时发现、反馈和整改问题。通过严格管理，加强监督，市妇幼院门诊和住院例均费用在同级医院中处于较低水平。

“幼吾幼以及人之幼”，妇幼人正是凭借着这种为民服务的情怀和改革创新的勇气，才赢得了成千上万个家庭的信赖，成为了无数妇女儿童的“娘家人”。在未来的医疗服务道路上，她们定会一如既往地挥洒汗水心血、发挥特长智慧、奉献爱心力量，为我市妇女儿童的健康平安撑起一片蓝天。

崇文厚德自芬芳

——聊城市第四人民医院以优秀传统文化促和谐发展透视

山东省聊城市第四人民医院　翟　晖　任喜荣

“古人尚知‘孝、悌、忠、信、礼、义、廉、耻’的做人根本，我们今人特别是医护人员，更应该以孝心报答父母，以爱心服务病人，以诚信对待客户，以忠心报效祖国，真正做一位品德高尚的白衣天使。”在市第四人民医院道德讲堂上，院长武建胤正为职工讲授中华优秀传统文化课程。一句句鞭辟入里的话语，耐人寻味，余韵悠长。

文以载道，汇则兴邦，中华优秀传统文化是中华民族的突出优势，也是我们最深厚的“文化软实力”。作为鲁西地区唯一一家特殊专科医院，近几年来，聊城市第四人民医院秉承“一流管理靠文化”的理念，大力加强对员工的优秀传统文化教育，并与“四德”建设相结合，形成了具有自身特色的文化个性。优秀传统文化的种子在这里生根发芽、开花结果，全院职工的凝聚力、向心力显著增强，服务质量和社会满意度明显提高，聊城市第四人民医院的“文化软实力”浑厚坚实、令人注目。

一、以“仁爱”为魂，推进社会公德建设

从管子的“务人”思想，到孔子的“仁者爱人”思想，墨子的“兼爱”思想，以及孟子的“民贵君轻”思想等，形成了以孔、孟为代表的中国传统的“以人为本”思想体系。市第四人民医院把孔子“仁者爱人”的核心思想作为医德准则，演绎着以德立院的生动实践。

武建胤院长经常讲：大爱无疆，大音希声，决不能让一位病人因为没钱而放弃治疗。多年来，医院积极发展公益事业，勇担社会责任。推出“先看病，后付费”惠民诊疗模式，并成立爱心基金会，对确实拿不出医疗费用的特困家庭进行帮助，先后开展了慈心一日捐、党员与重症贫困患者结对子、爱心惠民工程、心连心惠民救助等各项公益活动……一系列爱心之举，温暖了每一位患者的心灵。

为发挥专业优势，近年来，市第四人民医院承接了全市60余家企业、学校的心理健康教育、心理健康查体及后续指导工作。举办公益讲座、义诊活动。在高考所有考点设立“心理减压站”，资助贫困大学生。节日期间，为特定人群进行免费心理健康查体，受益人群达20000余人次。

如今，“诚信”文化已经深深烙印在四院人的心灵深处。武建胤院长经常教导大家：“诚者，天之道也；诚之者，人之道也。全院员工要完全从患者的利益出发，严格执行各项医疗制度，落实‘九不准’，强化‘爱人、行善、慎独’的儒家医德核心。”对内，院领导班子成员首先讲诚信，年终对做出突出贡献的先进集体和个人进行表彰，同时要求干部职工之间讲诚信、顾大局、谋发展，形成“院兴我荣，院衰我耻”的浓厚氛围。对外，始终坚持一个“诚”字，对客户以诚相待，严格按合同付款；对同行诚信交流，先后与多家医院建立协作。

“民之于仁也，甚于水火。”（《论语》卫灵公第十二）。市第四人民医院施行的“仁”，是爱人，是大爱，他们用实际行动诠释着“替政府分忧，为社会奉献”的办院宗旨。

二、以“修正”为本，推进职业道德建设

修正，修元正本，修德正心。修身克己是中华传统文化的重要思想之一。“以佛修心，以道养身，以儒治世”，已成为中国知识分子修行处世，安身立命的根本大法。

为形成良好的医德医风，市第四人民医院从正心修身入手，以道德讲堂为思想建设新平台，践行“厚于德，诚于信，敏于行”。每年对新进院职工进行岗前教育，对窗口科室工作人员进行培训，对重点科室人员进行谈话，通过举一反三

的教育，提高职工道德素质。同时，开展医药购销和医疗服务中不正之风专项治理，杜绝收受回扣、“开单提成”、收受红包等问题的发生，营造了浓厚的廉政文化氛围和健康向上的医德医风。

医院最根本的使命在于救死扶伤、服务患者。该院将“一切为了病人”的理念融入医院文化之中，在心理疾患治疗与康复中，将行为疗法、音乐疗法和沙盘疗法等技术应用于临床。从2009年开始，以“三年一个发展规划，一年一个发展主题”和“三好一满意”等活动为契机，扎实开展优质护理服务示范工程，将优质服务理念贯穿于文明科室、文明窗口、文明班组、文明个人争创活动中。

尊重，是给病人最好的“心灵鸡汤”。该院积极践行人性化服务理念，提出了“病人永远没有过错”的服务理念，把病人称为“休养员”，为妇产科产妇免费熬制“全菜汤”“小米粥”；在全市首创“行为治疗科”；有计划地开展音乐、手工制作、绘画治疗等，每年举办“医患和谐康复运动会”，让那些长期游离在正常生活之外的患者找到了属于自己的心灵家园。

技术，是做好服务的基础。武建胤院长经常告诫全院职工，要“博学之，审问之，慎思之，明辨之，笃行之”。该院以业务人员继续教育为重点，大力加强人才梯队建设。选派业务骨干到北京、上海、南京等地进修学习，参加全国性学术会议，举办学习班、培训班。业务科室每周进行业务学习讲座，青年医务人员实施“月抽考”“季统考”，并开展“三基三严”训练和技术比武，提高业务人员整体素质。在“送出去”的同时，积极“请进来”，聘请国内外知名专家来院讲学，团队结构模式和人才储备走在国内同类医院前列。

“厚德至善，博学求精”，是市第四人民医院的院训，是医院办院理念和行医精神的高度概括与凝练，也是砥砺全院员工团结奋进、携手共勉的人生追求和价值取向。

三、以“和谐”为根，推进家庭美德建设

“君子和而不同，小人同而不和”，“和为贵”，“天时不如地利，地利不如人和”，“和合故能谐”，一系列传世名言，彰显出古人对“和”的深刻理解。

如今，“和”这一理念从中华传统文化中脱颖而出，成为当代社会的一大强音——和谐社会。市第四人民医院通过家庭美德建设，营造了和谐的家文化。

“夫孝，德之本也，教之所由生也。”百善孝为先，“孝”是中国社会道德的根本。市第四人民医院以构建和谐的“家文化”为契机，开展了“我向父母献孝心”和评比“文明家庭”“孝星”“寿星”等家庭美德活动，树立“文明之星”光荣榜，分别进行精神激励和物质奖励，充分发挥典型的示范带动作用。同时，在一些重要节日和纪念日，组织职工和患者开展丰富多彩的文体活动，激发员工的进取意识、集体荣誉感和团队精神。

要让患者满意，首先要让员工满意。几年来，该院不断改善职工福利待遇，不但补缴了拖欠几年的养老保险和医疗保险，还率先在医疗行业实行了人事代理人员同工同酬制；每年免费为全院职工健康体检，并为精神科医护人员办理意外伤害保险；成立“职工健康基金会”，职工一人入会，全家人在本院住院享受优厚待遇；对升入高校的职工子女进行物质奖励；建立祥鹤康复基地，为职工及住院患者提供绿色无公害蔬菜，开展农疗、团体心理活动。一系列务实举措，大大提高了职工“幸福指数”。

四、以和善为基，推进个人品德建设

中国传统文化以善为本，以和为贵，追求和善的目标和价值取向。《论语•学而》中说，“礼之用，和为贵”；《周易》中说，“地势坤，君子以厚德载物”；荀子说，“与人善言，暖于布帛；伤人以言，深于矛戟”，都是强调要以友善的态度、宽广的胸怀来待人接物。

“仁义礼智信，忠孝节勇和”，在市第四人民医院道德讲堂内的两排屏风上，十个大字格外醒目。每个培训班的开班典礼，武建胤院长都会在这里给大家上关于传统文化的第一课，勉励大家日行一善，自身要做到止于至善、上善若水、与人为善；对同事亲友要做到“三好四给”：存好心、说好话、做好事；给人信心、给人希望、给人欢喜、给人方便。在这里，每名45岁以下的员工都有一本《弟子规》和《了凡四训》，让员工通过读书学会如何做人、处事。他们根据员工岗位和年龄的不同，有针对性地举办培训班。院内建立了“青年图书角”，定期举办“青年读书交流会”。一系列举措，在全院营造了浓厚的学习氛围，使员工真正做到了“内德于己，外德于人”。

风成化习，果行育德。在优秀传统文化的润泽下，全院形成了“医患和谐、上下一心、内外协作”的浓厚氛围。深厚的“软实力”，转化为过人的功夫，医院先后荣获“全国十大百姓放心医院”“全国十大惠民诚信医院”“省级文明单位”“省级花园式单位”“全省职工最满意医保定点医院”“山东省医疗保健服务质量优秀示范医院”“聊城市职业道德建设先进单位”“聊城市卫生系统先进集体”“市级文明单位”“聊城市先进党委”等荣誉称号。

服务新时代 展现新作为 助力全民健康

湖南省永顺县人民医院

永顺县人民医院始建于1946年，是一所集医疗、教学、科研、预防、保健为一体的国家级综合性二级甲等医院、“爱婴医院”“国际紧急救援中心网络医院”及湘雅医院“远程会诊系统网络医院”、永顺“120”急救中心、永顺县危重孕产妇急救中心、危重新生儿救治中心。医院在当前“健康中国2030”战略全面推进的背景下，紧抓医改和“创建人民满意医院”的机遇，以“两学一做”学习教育和“转作风、优服务”活动为抓手，在确保安全生产、改进医疗质量、规范运营管理、提升服务效能、强化内涵建设等方面，走出了一条健康稳健发展的路子。具体成效如下。

一、职工整体素质有提升

一是以“两学一做”常态化制度化教育为契机强化政治引领，通过精心组织、周密安排，广泛征求意见，积极撰写心得体会，坚持边学边改，努力做到了组织学习严密、查找问题充分、分析原因到位、整改措施得力、活动效果明显，努力完成了深入学习活动的各项要求。二是以医德医风教育为指引强化服务意识，引导全院医务人员，努力发扬人道主义精神，大力弘扬“患者至上、服务第一，精益求精、质量第一”的精神。成立了以院党委书记为组长的医德医风评议工作领导小组，强化了作风办公室工作，并制订了实施方案。在医疗服务过程中真正体现“以人为本”的思想，从而做到尊重病人、关爱病人、方便病人、服务病人。三是以整顿医疗秩序为主线转变行风作风，设立纪检监察室，加强纪检监察力量，加大院内监督监察力度，通过开展自查自纠，对存在的问题追查责任、限期整改，对个人问题依照有关规定给予处罚。同时，设置意见箱，公开举报电话，扎实有效地开展了行风评议工作。四是以医院文化建设为平台增强爱院意识，组织了“5.12 趣味运动会”活动，参加了县委举办的演讲比赛，利用节假日举办宣传、义诊等活动，营造了心齐气顺、风正劲足的良好局面。

二、脱贫攻坚取得新成果

根据县委、县政府的总体部署，我院加强了对万民乡海角村、新农村的精准扶贫工作的领导，院领导班子高度重视，把精准扶贫工作作为一项重要政治任务，成立了永顺县人民医院精准扶贫工作领导小组，抽调四名专职工作人员组成扶贫工作队，驻村开展精准扶贫帮扶工作。凡是两个扶贫村村民来我院内科治疗，核准身份后，住院期间的费用除国家报付的比例外，自费部分全部由我院承担，从根本上解决了两个村村民看病贵的问题。据统计，从我院进驻扶贫村工作以来，已累计减免两村村民医疗费用的自费部分共计 150 余万元，中层以上干部、党员共 118 人结对帮扶贫困户 244 户，2018 年完成 7 次以上走访，有效地保证了扶贫措施的落实。其中海角村 2018 年实现“村退出、户脱贫”的标准；新农村 2018 年预脱贫 47 户 185 人；同时，加大了对两个村精准扶贫工作的投入，给两个村建设经费已投入 8 万元，其他基础设施方面投入 20 万余元。

三、医疗质量安全管理效益显著

（一）规范医疗行为严格依法执业

组织医务人员认真学习卫生法律法规和医院的各项规章制度，结合湖南省《关于做好2016—2018年度提升医疗质量相关工作的通知》（国卫医发〔2016〕765号）要求和我院实际，针对工作中存在的问题开展自查自纠，并制定切实可行的整改措施进行整改，促进了医院管理工作制度化、规范化、科学化。

（二）严格落实医疗核心制度

做好首诊负责、三级医师查房、疑难病例讨论、危重患者抢救、术前讨论、死亡病例讨论、交接班等核心制度的落实工作。建立手术分级管理制度，制定具体实施细则和管理办法，制定手术分级目录，严格审核医师手术权限。认真执行《病历书写基本规范》，提高病历质量。强化“三基三严”训练，有计划、有目的地组织医护人员进行业务学习，传输新的知识，训练业务技能。通过开展理论知识学习与考试、业务技术训练与比武工作，在全院营造了重学习、重安全、重质量、重技术、重服务、重实效的良好氛围。坚持召开医疗质量和医疗事故分析会议，分析医疗事故的原因，完善制度，改进管理，提高技术水平。对形成的一些经验性总结在全院组织学习，以切实保障医疗质量和医疗安全。

（三）加强医院感染控制工作

继续加强传染病预防管理，按照《传染病应急预案》《院内感染控制方案》《医疗垃圾及废物的处理规范》等规章制度的要求，对出现的传染病，按要求及时上报。积极预防院内感染，树立无菌观念，制定洗手制度，严格按照要求洗手，减少院内感染的发生。制定一次性用品的处理工作流程，确定各科护士长为第一人责任人，明确职责，对一次性医疗用品的回收、焚烧实行双签制，院感领导小组定期或不定期进行抽查，杜绝了医疗垃圾和医疗废物的外流。积极开展院感控制知识培训，采取分散与集中、理论与实际相结合的办法举办各类培训，提高全院职工对院内感染控制的意识。

（四）落实处方点评制度，对处方实施动态监测及超常预警，对不合理用药及时予以干预

认真落实抗菌药物分级管理制度，明确各级医师使用抗菌药物的处方权限，对不合理使用抗菌药物的医务人员严肃处理，促使临床用药安全、有效、合理。

（五）提高医技检查质量

严格医技检查科室的管理，为临床提供了可靠的诊断依据，以安全、准确、快捷和负责的原则为临床服务。坚持做到了管理严格、操作规范、检查结果准确、报告时间及时，满足了临床业务工作需要。另外，同常德市力源检验中心建立协作关系，扩展检查项目，使许多患者足不出县，就可以得到更为全面的检验结果，方便了患者，节省了医疗费用。

（六）加强临床用血安全管理

成立输血管理委员会，制定临床用血管理制度，明确职责，做好临床用血的规范管理和技术指导工作，组织各科室学习《临床输血管理实施细则》，加强用血管理，提高临床用血安全，防止血源性感染。血液出入库由专人负责登记，临床用血必须由医务人员领取，共同核对，不得将血液直接交给患者家属。

（七）完成继续教育任务

今年共派遣外出进修人员 18 人次，落实进修实习管理制度，接纳进修生 8 人，实习生 28 人；给乡镇卫生院医生公共卫生知识培训共 125 人次。

（八）夯实优质护理服务

秉承“服务、质量、安全”为工作重点的护理服务理念，着力提高护士的工作能力，组织护理技能的示范、训练及相关知识培训。并进行三基理论、技能培训及考试考核共 8 次，参考人数达 1200 多人次。先后安排护士长及骨干护士 36 人分别进行短期培训、进修，加速专科护理建设。给病人发放护理工作满意度调查表，病人对护理工作的满意率达 95% 以上。

四、医保新政策得到落实

新型合作医疗是一项利民工程，是解决群众看病难、看病贵问题的重要途径，为此我院将其作为医院工作的重点，常抓不懈。2018 年至现在共完成城镇职工医保人数 1453 人，住院总费用 763.91 万元，次均费用 5257.46 元，补偿 539.13 万元，补偿比例 72.52%；城乡居民医保 18700 人，住院总费用 8053.05 万元，次均费用 4306.45 元，补偿 5252.03 万元，补偿比例 65.22%；自 2017 年 10 月成立“先诊疗后付费”及大病救治一站式结算窗口以来，完成精准扶贫病人、九种大病救助 7846 人次、补偿 499.66 万元；医院减免费用 110.95 万元。

五、公共卫生管理得到加强

2018 年至现在，医院共及时上报乙类、丙类传染病 3137 例，无甲类传染病报告。认真做好了重大传染病、结核、艾滋病的专病管理，落实好艾滋病疫情监测。

网络报告率100%，报告及时率100%，报告卡填写正确率100%，无漏报迟报现象。

六、积极推行院务公开

根据省、州卫生主管部门相关文件要求，制定院务公开制度，成立院务公开领导小组。利用公告栏、宣传牌、电子显示屏、印发资料、院内局域网、查询电话、微信等形式向院外公开医院基本情况，重点学科、专业技术力量构成、科室设置、服务能力、举报电话及投诉箱、诊疗项目、价格等；向院内公开年度工作计划制订与实施完成情况，中层干部的职务任免，专业技术人员的职务晋升，药品招标采购，设备购置的费用、名称、招标中标情况，基建项目建设规模及总投资，招投标情况，新医保报销比例及有关的政策规定，济困病床的减免比例及减免对象等，年门诊人次、住院人次、业务收入和支出情况。

七、医疗服务新业务有拓展

2018 年，我院各科室积极开展新业务。骨 1 科开展了肩锁关节脱位带袢钢板内固定术、类风湿性关节炎双侧全髋关节同时置换术、肱骨近端四部分骨折人工肱骨头置换术；医院今年开展了脑卒中胸痛中心、新生儿重症监护室、肿瘤科、腹膜透析中心建设，极大提升了我院的诊疗服务能力；内 7 科开展介入治疗，实施心脏冠脉造影、支架植入、脑血管造影、起搏器植入、肝癌肝动脉、脾动脉栓塞术、肺癌肺动脉栓塞术、膀胱癌动脉栓塞术、前列腺增生栓塞术治疗，效果显著。其他一些科室也结合本科实际，大力开展新项目、新技术，有力地促进了科室发展。

八、项目建设实现新进展

县人民医院整体搬迁项目规范有序推进，截至目前，已完成了合同的签订（项目总投资 8.27 亿元）、成立项目指挥部、按划拨用地红线打好围墙（规划用地 131 亩）、设计方案通过了专家评审及县规委会认定（按照三甲医院标准、1200 床、地下 2000 车位规模设计）、建设施工方已进场施工，按合同约定建设期为 3 年，若无特殊原因影响，3 年后可基本建成，建成后将有力提升我院的综合服务能力。

2018 年是全面贯彻落实党的十九大精神的开局之年，是改革开放 40 周年，是全面实施“十三五”规划、决战决胜脱贫攻坚、全面建成小康社会承上启下的关键一年。全面贯彻党的十九大精神，以习近平新时代中国特色社会主义思想为指导，牢固树立新发展理念，打好项目建设、绩效体系建设、医疗治疗安全管理体系建设、人才队伍建设“四大战役”，坚守县委“11662”发展思路，突出健康扶贫、项目推进、业务升级、管理提质、改革创新等重点，统筹抓好稳增长、调结构、防风险、促和谐各项工作，助力全面健康，加快建设美丽、开放、幸福的永顺县人民医院。

创新“互联网+健康扶贫”模式破解因病致贫返贫难题

——平舆县先进事迹材料

河南省平舆县卫生健康体育委员会

近年来，河南省平舆县贯彻落实习近平总书记扶贫开发重要战略思想，创新“互联网+健康扶贫”模式，实现互联网与医疗服务深度融合，推动优质医疗资源下沉基层，有效破解因病致贫返贫难题。截至2019年4月底，通过互联网分级诊疗平台已为贫困患者累计会诊2.96万人次，县乡村三级医生走村入户巡诊114.4万人次，因病致贫返贫的3035户7527人实现脱贫。

一、运用互联网让健康扶贫更智慧

平舆县构建起“一纵一横四个数据库”健康扶贫体系，打通医疗资源壁垒，探索健康数据深度运用，让健康扶贫更加智慧、便捷与精准。

（一）构建上下贯通的纵向诊疗平台

通过政府购买服务，开发“互联网+健康扶贫”信息系统，建立县级医院、乡镇卫生院和村卫生室三级互联网诊疗平台，实现医疗机构分诊畅通、数据联通、资源融通。一是建立县级“互联网+健康扶贫”服务中心。中心通过互联网向下联通至19个乡镇卫生院、224个村卫生室，向上联通至北京、郑州多家医院，主要开展远程会诊、远程检验、远程教学、康复指导等医疗服务。二是乡镇卫生院建立服务站。站内设协同会诊室，科室设服务平台，乡镇就诊病人可直接与县级专家面对面进行视频会诊。病人影像、心电、生化检查情况可通过平台直接上传，共享检查结果，避免重复检查。三是村卫生室建立服务点。村医都能熟练使用协同会诊平台，随时呼叫县级在线专家协同会诊，共同制定治疗方案。县人民医院等4家县级医院每天安排专家在线值班服务，乡镇卫生院或村卫生室向县服务中心提出会诊申请后，值班医生在10分钟内作出回应，延迟回应或无效回应情况与医生绩效考核挂钩。三级诊疗平台使贫困群众足不出村就可享受更优质的诊疗服务。比如，2017年11月，该县庙湾镇贫困户李新妹突发肺源性心脏病，病情十分危急，村卫生室立即通过平台联通县医院专家在线诊断治疗，指导用药，使患者转危为安。

（二）构建互联互通的横向信息平台

为打通县内横向信息孤岛，县政府投入专项资金，开发软件，配备自助查询一体机等硬件设备，实现全县范围内跨职能部门、跨区域、跨医疗卫生机构的健康信息、就诊信息共享和一卡通用。群众在县内任何一家医疗机构使用身份证就可以挂号就诊、检查检验、信息查询等，极大地改善了群众就医体验。

（三）建立“四个数据库”

一是建立健康扶贫动态管理数据库，包含全县建档立卡因病致贫返贫人员基本信息、病种信息、治疗方案等信息，确保精准到人、精确到病。二是建立全县居民电子健康档案，记录全生命周期健康信息。目前，已建立95.7万份电子健康档案，建档率达93.5%。三是建立全县医生信息数据库，包括基本信息、专科擅长、签约服务情况等，乡村医生网络会诊可随时查阅医生信息。四是建立慢病人群数据库。利用“协同大夫”手机APP软件进行慢病筛查功能，对贫困户的22项身体指标进行比对，筛查出低危、中危和高危人群，做到分类施策、早诊早治。截至2018年底，已筛查3.3万例，6000余例高危人群及时得到预防和治疗。

二、创新签约巡诊让健康扶贫暖民心

平舆县成立由332名县医、127名乡医、708名村医组成的专家和巡诊队伍，签约帮扶贫困户，他们主动下沉农村访贫治病，在基层温暖人心、赢得民心。

一是实行贫困户与医生“1+3”分级签约服务。对全县贫困户逐人体检建档，每名贫困户按病种、区域等，分别结对签约一名县级专家、一名乡镇全科医生、一名村医。签约医生提供康复咨询、体检、访视等服务。二是开展定期巡诊服务。签约医生定期到签约对象家中或村里巡诊。村级医生每月上门巡诊一次，乡级医生每两月巡诊一次，县级医生组成团队分病种半年深入农村巡诊一次。为巡诊医生配备巡诊车、便携式彩超、心电图机、血糖仪等，巡诊医生利用“协同大夫”手机 APP 记录、更新患者康复情况，调整治疗方案，对疑难问题及时上传，由县级专家进行在线指导或预约转诊。三是建立巡诊奖补制度。县乡两级医生每下乡有效巡诊 1 人次奖补 5 元，发放交通补贴 5 元，每会诊一例分别奖补 10 元、5 元，村医每有效巡诊 1 人次奖补 5 元。在平舆县广大乡村，巡诊医生穿着白大褂，背着巡诊箱走村串户成为一道靓丽风景。庙湾镇大杨村 68 岁贫困户彩劣孩说，“医生经常到家里问寒问暖，量血压送药品，党和国家这么关心我感动得没法说”。东和店镇卫生院医生李锋身患绝症却主动签约张赵、前楼两村 441 名贫困患者，自己病情恶化期间依然坚持巡诊，用生命践行了一名共产党员的铮铮誓言，2018 年他被评为首届“河南最美医生”并荣登“中国好人榜”。

三、延伸服务体系织密健康扶贫保障网

平舆将健康扶贫的工作链条向“治未病”延伸、向重残托养延伸，织牢织密健康扶贫保障网。

（一）强化健康教育重防病

一是建立了县乡村三级新时代脱贫攻坚讲习所，把健康教育纳入讲习内容，配备兼职健康讲习师和讲习员共 280 人。2018 年开展健康讲习活动 3000 多场次，受众达 40 多万人次。二是推行“双处方”制。医生在坐诊和巡诊时，开具药方的同时开出“健康处方”，向患者宣传防病知识。

（二）完善医疗救助体系缓解贫困群众看病贵

县内出台“四免三提高两兜底一补偿”医疗救助政策，并对 21 种重大疾病、白内障和强直性脊柱炎患者进行集中救治。目前，县内贫困患者实际报销比例平

均达90%以上。2017年以来，医疗救助贫困人口17.7万人次，财政补偿2379.4万元。该县贫困患者李国英，因糖尿病在镇卫生院住院，共花费3345元，通过基本医疗补偿、民政补偿、政府补助等政策报销后，个人仅支付198元，补偿率94.1%。

（三）建设残疾人集中托养中心为特困家庭减包袱

依托乡镇卫生院，全县建立7个重度残疾人集中托养中心，通过“互联网+健康扶贫”平台指导乡镇卫生院，对入住残疾人进行康复评估和康复治疗，实现“一人托养，一户脱贫”。从贫困户中选聘护工，实行专业化护理，既解决了重度残疾人护理，又解决了贫困户就业问题。目前已累计托养115人。

（四）夯实基层基础

实施乡镇卫生院提升工程，新建和改造10家乡镇卫生院门诊病房大楼，新建15个乡镇卫生院中医馆，更新添置检查检验设备，与县级四家医院组成医共体，人员上下流动、等额对调。实施村卫生室提质工程，对206个村卫生室全部进行达标改造；对全县村医进行业务技能培训，持证在岗村医792人，实现行政村全覆盖。

平舆县“互联网+健康扶贫”经过3年多有效探索，初步构建起规范化、标准化、制度化、信息化的工作格局，激发了各主体内生动力，让效果更可持续。

一是群众得实惠。“互联网+健康扶贫”促进优质医疗资源下沉，贫困群众足不出村就可得到更好诊治，就医问诊更加方便，医保报销水平持续提升，看病负担不断下降，既减少了奔波之苦，又降低了外诊支出，实现了经济和精神双减负。截至目前，全县因病致贫返贫的3035户7527人实现脱贫，贫困发生率由2017年的4.75%下降到2018年的2.77%。

二是医院得发展。通过构建互联共享的三级医疗服务体系，医疗机构改善了条件，如今，乡镇卫生院医护人员增加了、医疗器械齐全了、技术水平提高了，患者看病更方便了，前来就诊、治疗的患者不断，提升了业务收入、稳定了人员队伍。目前，全县县级医院可治疗的病种达3680种，县内就诊率89%、基层首诊率65%，乡镇卫生院门诊量同比增长79.9%。实现了小病不出村、常见病不出乡、大病不出县的就医格局。

三是医生得提升。广大医生通过巡诊、会诊和远程教学，互相进行学习、交流，骨干医生发挥了传帮带作用，极大地提升了其他医生的技术水平，一批80后、90后年轻医生迅速成长为县级医院科室和乡镇卫生院的业务骨干。另一方面，通过巡诊走访，从“坐堂行医”到“走村入户”，赢得了群众的亲近和信任，与群众的感情深了、信任深了，精神得到洗礼，思想得到锤炼，广大医生业务水平和思想境界得到双提升。比如，该县万金店镇卫生院年轻医生李珍第一次巡诊后，在微信群里发了这样一段话，他说：“当我巡诊到一个贫困户家中时，一家两口，大娘高血压，大伯瘫痪10多年，我走的时候，大娘哭着说：这么寒冷的天，谢谢你们来看我，要不是你们来，我就断药了。我也感动得哭了，他们太需要我们了，就是再辛苦也值得。”

四是政府得民心。在健康扶贫一线，广大医生和干部弘扬焦裕禄同志“三股劲”，走村串户，送药问诊，把党的关怀送到千家万户、送进贫困群众心坎里，很多贫困户都很感动，纷纷夸党的政策好，感党恩、听党话、跟党走，群众满意度大幅提升。

2018年8月河南省健康扶贫三年攻坚工作推进会暨健康扶贫规范化标准化制度化建设现场会在平舆县召开，11月国务院扶贫办在海口举办全国健康扶贫培训班平舆县做典型发言，12月国家卫健委在郑州举办“互联网＋健康扶贫”新闻发布会介绍平舆经验。2019年3月，平舆被列为第一批全国强直性脊柱炎健康扶贫工程试点县。中央、省级主要新闻媒体多次深度报道平舆做法。平舆县“互联网＋健康扶贫”模式为打赢脱贫攻坚战、攻克扶贫硬骨头提供了有益的探索与借鉴。

服务新时代 展现新作为 助力全民健康

黑龙江省庆安县人民医院

以党的十九大精神和《“十三五”卫生与健康规划》为指导，按照习近平总书记提出的要着力推进基本医疗卫生制度建设，努力在分级诊疗制度、现代医院管理制度、全民医保制度、药品供应保障制度、综合监管制度 5 项基本医疗卫生制度建设上取得突破的要求，庆安县人民医院坚持以人为本，以人民健康为中心，以病人为中心的基本原则，充分发挥公立医院的公益性。

一、持续深化医药卫生体制改革

按照二级综合医院的标准要求，庆安县人民医院抓内涵质量建设，加强人才培养，强化重点学科建设，提升医院品牌形象，为人民群众提供“优质、安全、便捷、价廉”的医疗服务，全力打造高水平的区域医疗中心。以创建“三级综合医院”管理为目标，力争建成“总体布局合理、资源配置优化、学科建设领先、医疗技术优良、科研教学配套、医疗服务满意”的集医疗、预防、教学、科研、康复等功能为一体的智慧型“三级乙等综合医院”。最终达到回归公立医院本质，体现公益性，承担社会责任的目标，做到大病不出县，让患者少花钱看好病，真正解决老百姓就医难、看病贵的问题。

二、严格落实医疗质量安全核心制度

院长是医院依法执业和医疗质量安全的第一责任人，要落实医疗质量安全院、科两级责任制。建立全员参与、覆盖临床诊疗服务全过程的医疗质量管理与控制工作制度，严格落实首诊负责、三级查房、分级护理、手术分级管理、抗菌药物分级管理、临床用血安全等医疗质量安全核心制度。严格执行医院感染管理制度、医疗质量内部公示制度等。加强重点科室、重点区域、重点环节、重点技术的质量安全管理，对全院的诊疗服务流程进行规范化管理，建立健全各项规章制度。

三、持续提升医疗技术水平

重点学科建设是培育和扶植医疗“精品”，创建“名牌”效应的要求，是医院现代化建设的重要组成部分，是“科技兴院”的重要举措。我们将分步建设脑卒中中心、疼痛中心、康复中心、胸痛中心、呼吸中心、代谢中心、区域医学检验中心、区域医学影像中心，打造成区域内有特色、有影响、有竞争力的学科，提高诊疗水平，最终解决临床问题。2018 年已经完成了脑卒中中心、疼痛中心、康复科、区域医学检验中心和区域医学影像中心的建设，2019 年重点打造胸痛中心、代谢中心。

四、持续提升便民服务能力

进一步改善医疗服务，优化就医流程，合理布局诊区设施，科学实施预约诊疗，推行日间手术、远程医疗、多学科联合诊疗模式。加强急诊急救力量，畅通院前院内绿色通道。对内开展就医引导，2018 年我们成立一站式患者服务中心，配备轮椅等便民设施，为患者提供就医一站式服务，安装楼层开水器，24 小时供应开水，解决患者饮用水问题，对病房环境进行粉刷和更换病房窗帘，给患者营造温馨就医环境。对外成立医疗小分队，配备健康体检车，深入社区和老百姓的田间地头直接为低保户、精准扶贫对象和 65 岁以上老人进行免费诊疗。并把全院所有临床科室主任联系方式及专业制作成联系卡，悬挂各户家中，随时提供咨询和诊疗服务，把家庭医生签约落到实处。目前已经诊疗 4300 多人次。下一步我们持续改进流程，开展诊间结算、检查检验结果推送、异地就医结算等信息化便民服务，为患者提供更加方便快捷的就医通道。

五、建立健全考核体系，充分调动医务人员积极性和主动性

围绕办院方向、社会效益、医疗服务等方面，突出岗位职责履行、工作量、服务质量、行为规范、医疗质量安全、医疗费用控制、医德医风和患者满意度等指标，建立健全绩效考核指标体系。不给医务人员设定创收指标，不得与药品、卫生材料、检查、化验等业务收入挂钩。

六、持续推进医院文化建设

树立正确的办院理念，转变职工思想作风、工作作风和行业作风，弘扬“敬佑生命、救死扶伤、甘于奉献、大爱无疆”的职业精神。恪守服务宗旨，增强服务意识，提高服务质量，全心全意为人民健康服务。推进医院精神文明建设，开展社会主义核心价值观教育，促进形成良好医德医风。关心爱护医务人员身心健康，尊重医务人员劳动成果和辛勤付出，增强医务人员职业荣誉感。建设医术精湛、医德高尚、医风严谨的医务人员队伍，塑造行业风清气正的良好形象。

有爱有为好医生

——记麻城市第七届“五一”劳动模范明升

湖北省麻城市中医医院　李红军

明升，男，1970 年 10 月出生，黄冈英山人，现年 49 岁，麻城市中医医院内一科（心脑病科）主任，曾于湖北省中医学院中医专业学习，1995 年大学毕业后响应党的号召，对口支援，来到麻城市中医医院工作，一干就是 24 年！24 年来，不忘初心，始终视患者胜亲人；24 年来精勤不倦，医疗技术精益求精；24 年来，刻苦钻研，传承学术传帮带；24 年来，善于总结，争创、引领学科前沿，受到各级组织的肯定和表彰。先后被麻城市卫生健康局推选为“麻城知名中医”，2018 年首届医师节“中医卫士”。2019 年在百行竞争中脱颖而出，荣获麻城市“五一”劳动模范称号。

医生，注定了每天的忙碌和无序。随着人们的健康意识水平的不断提高，对医生医术有了更深刻的考验，在这个“全民皆媒、全民皆星、全民皆侠”的时代，做名人们交口称赞的好医生更是难上加难！明升主任用自己的实际行动得到了麻城市百万人民的一致认可，成为为数不多的，病患者互相称道，想千方、设百计也要寻找到的“好医生”。好医生的标准很多，孙思邈用“大医精诚”四个字来概括。“精”是指医术精湛，“诚”是指待人诚恳。千百年来，“大医精诚”激励着无数医疗工作者为之奋斗，明升医生就是这其中的一员。

明升医生有爱，爱工作爱患者

他老家是英山农村的，小时候农村条件差，见过很多因缺医少药而发生的悲剧，所以，“当医生”是他从小的理想。到中医院工作后，无论是在门诊、急诊还是在病房，从来都兢兢业业，热诚服务，把病人的苦痛当成自己的苦痛，把病人的忧患当成自己的忧患。有一年在急诊科值班时，来了一位70多岁的昏迷老人，老人是捡破烂的，大热天倒在垃圾箱旁，被路人送来。经过一个多小时的紧张抢救，老人清醒过来，一问才知是个孤老，只有一个妹妹住在棉花公司附近。在老人脱离危险后，他把老人交给同事照看，自己亲自到棉花公司附近去找老人亲属，不凑巧的是她妹妹到乡下去了，后来他自己就在急诊室照顾了老人一整晚，为老人买吃买喝，并为老人减免了急救费用。这样的事经常遇到，旁人不解，他说：身为医务工作者，要牢记职业誓言，只要能够帮得上忙，就应该帮，否则哪里来的“割股之心”？

明升医生有爱，爱惜医生这个崇高的职业

工作这么多年来，从不接受病患者的吃请和财物，哪怕是一盒烟或一包茶叶，也坚决拒收！遇到有些家属误会非要送红包实在推脱不了的，过后就当成病人住院预收款退掉。明升主任说“医患之间应该是非常纯洁的关系，你生病，我治疗，尽力保证你的疾病痊愈是我的本分，对我的医疗技术水平给予肯定最好的谢意！”

明升医生有爱，着眼细节，注重基础治疗

当今，同种疾病采用不同药物治疗，效果好、差，费用多、少全在医生一念之间。明升医生工作24年来，都是从最简单、最便宜、最合适的药物开始治疗起，很多家属不理解，还怪明医生不为他们考虑效果，明升医生说：药不在贵与便宜，能治疗好你的病就是好药，能用最少的钱治疗你的病是每个医生最起码的道德。

明升医生有为，在学术上有作为

长期以来，他以工匠精神钻研医疗技术，上班看病，空闲读书，积极参加各类学习和培训，用自己的医疗本领为病患服务。工作以来，没有脱离一天临床，也没有发生一次医疗差错和事故。他还积极开展科研，他拟定的医院制剂“健步丸”，对中风偏瘫症状改善非常明显，让很多患者恢复了健康。他所在的内一科是以心脑血管疾病为主，危重病人多，这些年，他经手抢救治愈的病患不计其数，医院每天的统计都是他科室病人数量最多。

明升医生有为，在科室管理上有作为

他心胸坦荡，不计得失，每天七点准时上班，带领医生查房，会诊疑难病例，接诊门诊病人，经常一忙就是一天。科室就是家，除开会外，他很少休息，个人身为主任和科室同事们同样轮流值班，遇到同事请假总是自己顶班，不求回报。2009 年到现在，连续 11 年没有回家乡英山过一个春节，除夕几乎都是在病房中度过的。

明升医生有为，在业务管理上有作为

他认为，科室要发展，年轻医生水平要提高，这都是他自己的责任。他所管理的内一科在他的带领下，2002 年被成功申报为黄冈市中医重点专科。他严格要求科室工作人员遵守职业操守，充分发挥中医院优势，用好医院中医、中药，发挥中药的简、便、廉、效作用，并积极与药械科沟通，改良中药自制制剂包装，推行丸剂、颗粒、口服液、膏方等，极大地方便病人使用。他常说：中药是老祖宗传给我们的民族瑰宝，不能在我们这代人手中丢了，不但要继承、更要发扬，要让每个病人都得到最好的疗效。

赠人玫瑰，手留余香。一花独放不是春，万花齐放春满园！明升医生用他自己实实在在的行动诠释了人民好医生的标准和要求，成为麻城市中医医院人的学习典范，也必将成为全市医务工作者学习的典范，全市各条战线上学习的典范。万丈高楼平地起，让我们从一点一滴的小事做起，从现在做起，务实求精，一步一个脚印，努力开创麻城卫生健康系统良好发展的新局面，为助力麻城健康扶贫工作添砖加瓦、贡献力量。

积分制管理助推妇幼发展

河北省大名县妇幼保健院　卢广旭

近年来，大名县妇幼保健院本着“理念开道、标准跟进、机制落地、积分管理”的工作思路，让优秀的员工不吃亏，吃亏是福成为现实的理念，我院在妇幼保健工作中引进了积分制管理。积分制管理是通过积分（奖分、扣分）形式对员工的个人能力、行为和业绩等综合表现进行量化考核，并通过软件记录和永久使用，按名次高低与各种福利和资源挂钩的一种新型管理体系。积分制管理事事可见，处处可用，它可以解决我们工作中的难题，提高职工的素质和品德修养，达到从“要我干”到“我要干”的转变。实现了用积分制管理助推妇幼发展的新篇章。

一、党建引领，积分见实效

2016 年习近平总书记指出，全面从严治党要落实落地，必须从基本组织、基本队伍、基本制度抓起，切实抓好基层党员的日常教育管理，强化党员的身份意识、宗旨意识、先锋意识，发挥党员的模范带头作用。大名县妇幼保健院以“学习教育常态化、制度化为契机，坚持问题导向、党员带头做模范”等方面，探索性地运用积分制管理于党建工作之中，取得了较好成效。

一是党员工作之余主动打扫卫生，铲除垃圾堆。二是增进了主动学习，并把学习到的知识分享给大家。三是爱的接力，主动献血和捐献干细胞，拯救生命，孝敬父母等，每次都要给予一定的积分鼓励。四是把党员学习“学习强国”纳入积分制管理，学习劲头空前。五是利用积分，职工排名靠前的优先发展党员积极分子。

二、积分制管理，促妇幼发展

（一）促建三级网络更完善

我院自2014年开始真正打造三级保健网络建设，本着“强县级、带乡级、建村级”的目标，由县卫生局出台了《关于加强县村级妇幼保健人员队伍建设的意见》的通知，使我县651个行政村中村村有保健员，他们负责本村的孕产妇及儿童保健管理工作，我院会根据积分制管理把他们的每项工作按照劳动强度分别给予积分。比如，我院安排专人统计每个村保健员每月积分情况，根据婚检率、建册率、孕检率等各项妇幼保健工作积分进行排名，并在妇幼例会上进行公布，积分高的乡镇发放荣誉匾牌进行表彰。积分制管理提高了村保健员的积极性，使妇幼保健工作形成了纵向到底、横向到边、队伍广泛、覆盖到户、服务到人的大保健格局，并达到了保健与临床真正融合的目的。实现了各村保健员赶、帮、超的大好局面。

（二）提高婚检人员参与率

为进一步推动“一法两纲”目标落实，保障母婴健康，降低出生缺陷率、预防先天性疾病发生，大名县坚持把开展免费婚前保健服务放在民生“源头”工程位置来抓。自2016年6月成立了以县政府分管领导任组长，县卫计局、民政局、妇幼保健院、电视台和各乡镇卫生院为成员的免费婚前医学检查工作领导小组。由妇幼保健院出资对新婚夫妇实行免费婚前医学检查。我院针对以往婚检参与积极性不高的问题，利用积分制管理重点抓好三道防线：一是发挥乡村一线医生人情熟、婚育人员掌握准、便于做工作优势，对准备结婚对象进行宣教，每宣教一人次给予积分奖励，通过积分达到了“一帮一”“一传十”的宣传效果。二是妇幼保健院利用积分PK选拔出语言表达能力强、业务精通的人员常驻行政服务大厅民政部门婚姻登记处窗口办公，精准掌握需要婚检人员、精确政策讲解，精细做好信息登记服务，全力争取群众参与婚检。三是发挥县妇联“半边天”优势，抓好广播、电视、报纸、自身网络等常规婚检知识宣传，印发了“致新婚夫妇的一封信”“为了您的家庭和下一代的健康——请自觉接受免费婚检”“婚前保健——预防出生缺陷的第一道防线”“出生缺陷的三级预防措施”“参与婚检幸福一生”等宣传材料，并把健康教育科与孕妇学校进行整合，进行课堂延伸。让每个群众都能耳濡目染，成为婚检知识的宣传者。通过强组织，广宣传、优服务、提效能，全县婚检率提升到了 86%，先天畸形发生率有明显下降，取得了显著社会效益，得到了县领导的肯定和群众的高度赞誉。

（三）提升医疗管理质量

把积分用于 9S 管理（整理、整顿、清洁、规范、节约、安全、服务、满意、素养），实行各项标准问责制，明确各级各类人员的职责，促进医院职工及管理人员的优胜劣汰,通过工作量效能积分多少的考核办法形成能上能下的激励机制。通过实行医院全面积分制绩效管理，充分调动全体职工的积极性，促使医疗质量、运行效率全面提升。年初制定了总体绩效工作量效能考核任务目标，按照工作质量、工作数量、科室经营管理、服务满意度四个维度对各科室实行层层考核。在具体工作中，实行考核办考核职能科室、职能科室考核临床科室主任、科室主任考核本科室员工等一系列的考核标准。通过对医疗质量控制、合理用药、检查检验、病例书写、操作常规、临床路径等方面进行考核，显著提升了医疗质量。工作数量方面按照每天应接诊的门诊人次、住院人次进行考核，体现职工的荣誉感、成就感。科室经营管理方面主要是考核人均结余，使科室内部一个人完成的工作不需要两人，节省了人力，体现了职工人生价值。服务满意度方面通过门诊患者调查问卷、住院患者调查问卷和医务工作人员满意度评价，衡量患者获得感及医务人员的积极性。这四个维度考核的结果月底必须利用 PDCA 工具制定整改措施，并按照责任人、科室主任、主管院长 7:2:1 的比例进行不同程度的奖惩。积分制管理以满足职工和患者的期望与需求为目的，促进了医院健康稳步发展。

（四）扩大宣教覆盖面

宣传教育工作是妇幼保健院的先锋号，保健工作的好坏需要大量的宣传，要做到“未病先防”。积分制管理促进了宣传工作人员的积极性，媒体宣传点击率也大幅度提高。

三、人人响应，成果显著

（一）主动服务，患者满意而归

通过我们的积分激励机制，员工拥有了做事情的原动力，开开心心服务于病患，促进了医患和谐。形成了原来没有管的事情现在争着管，原来不愿意干的工作现在争着干，原来一个人操心的事现在人人都操心的良好局面。真正实现了让人才“海阔凭鱼跃、天高任鸟飞”的效果。

（二）积分制管理的心得体会

我从一接触到积分制管理这个管理工具，就已经认同和接纳了这套创新的管理方法”，从管理学的角度看积分制管理简单到“一听就懂、一学就会、一用就有效”，把人性研究得很好。积分制管理研究人性的目的就是利用人的私心因素，把员工与医院、与管理者结成一个利益共同体，使员工的梦想和医院的梦想、院长的梦想融为一体；而在传统的管理体制下，员工和院长就是对立面，通过积分制管理，它把大家结成了一个利益共同体。虽然积分不是用多少钱来简单衡量，但是它解决的是员工短期、中期、长期的福利。积分制管理对员工进行点对点的认可是一大发明，它激活了中层，解放了院长，让中层成为医院真正的管理者。积分制管理实施以后我感受到了什么叫快乐工作，幸福生活：院长快乐，因为成就了员工的梦想；员工快乐，因为员工成就了医院的梦想。医院管人难、留人难、用人难的实际困难得以解决：员工需要的是啥？是认可，是快乐，是积分制管理！

千寻万觅皆辛苦，吹尽狂沙始见金。过去几年在管理上吃下了“千重山万重海的苦”，而积分制管理将使苦尽甘来。

（三）积分管理解决工作中的难题

我们利用积分绩效与工作量效能相结合的方法解决了工作中的 1、2、3、4、5 等五类大问题。

一个打破：打破了大锅饭平均主义，平均主义对优秀员工来说是不公的，对懒惰员工来说是纵容。

两个改变：

1. 改变了原来的传统管理模式；

2. 改变了员工的精神面貌。

三个提升：

1. 提升了员工工作积极性；

2. 提升了员工工作的执行力；

3. 提升了员工工作的效率。

四个有利于：

1. 有利于留住优秀的人才；

2. 有利于建立健康的医院文化；

3. 有利于形成竞争的氛围；

4. 有利于节约管理成本。

五个解决：

1. 解决了分外事无人做的问题；

2. 解决了优胜劣汰的问题；

3. 解决了各项管理问题；

4. 解决了人才传帮带的问题；

5. 解决了劳动纪律的问题。

一个人做事情如果有了原动力，就不会疲劳、不怕挫折，就会为了完成事情全力以赴。积分制管理大道至简。水一样的管理工具，无所不及，无所不能，化有形于无形，无招胜有招。通过学习积分制管理，苦我心志，劳我筋骨，饿我体肤，取回真经。真经是为了传播，让更多的人受益。我们将致力于积分制管理探索和总结。通过我们的不懈努力，让医院的员工拥有做事情的原动力，开开心心服务病患，促进医患和谐，促进医改推进，为健康中国添砖加瓦，为打造职工乐园开辟管理的新理论、新气象、新模式！

立足卫计融合
打造生育健康全程服务链

浙江省宁波市江北区卫生健康局

浙江省宁波市江北区妇幼保健院

全面两孩生育新政实施以来，江北区作为浙江省生育服务证制度改革和母子健康手册先行先试单位，紧紧围绕融合谋发展，着眼融合增实效，注力融合强服务。在“多证合一”的基础上，变“多证服务”为“一册式”服务，改“多点申领”为“一站式”申领，建立起“一册在手，全程服务”的全链条式生育与妇幼保健服务新体系。进一步提升了群众对妇幼健康全程服务的满意度和获得感。

一、机构队伍融合，锻铸“全链根基”

（一）部门职能“融到边”

机构改革以来，江北区化整合为融合，变合并为合力，率先在区卫生计生局设置“计生指导与妇幼保健科”，统筹推进全区计生与妇幼服务工作；成立“江北区妇幼保健计划生育服务中心”，将妇幼保健与计划生育宣传技术指导工作协同开展；该区区委、区政府办公室专门下发文件，在全区 8 个街道（镇）成立卫生计生办公室，对卫计办职责和人员编制进行明确规定；在 8 个街道（镇）卫生服务中心基础上成立 47 个社区（村）卫生计生服务站，形成区、街道（镇）、社区（村）三级上下联动、职责明确、分工协作的基层卫生计生服务管理体系。

（二）服务网络“连到底”

进一步疏理 159 个社区（村）公共卫生联络员、计生工作服务员和流动人口计生专管员服务队伍，整合三支服务队伍为一支卫计专管员队伍，履行公共卫生、健康教育、疾病防控、计划生育、流动人口计生服务等方面的工作职责。健全基层工作网络、明确工作职责、保障经费拨付，发挥基层队伍善于宣传发动做群众工作优势，为人民群众提供生命全周期的卫生与健康服务。

（三）职责任务“落到位”

充分发挥目标管理考核这一“杠杆”作用，强化计生与妇幼保健工作同布置、同督导、同检查、同考核。进一步细化制定了不同条线目标管理考核办法，盯目标、明思路、促发展；实行计划生育与妇幼工作协同会议制度，通过月例会、重点工作推进会、培训会等工作交流载体，将计划生育与妇幼保健工作有机融合、统筹推进，减少重复劳动，提升工作效能。

二、服务模式融合，创新“无缝链接”

（一）实施“多证合一”

作为浙江省母子健康手册推广使用四个试点地区之一，江北区在国家版本基础上率先将生育登记服务卡、孕妇保健册、儿童保健册、免疫接种证等 7 种证（卡 / 册）合一，根据工作实际情况，将再生育审批、婚（孕）前检查、产前筛查、新生儿疾病筛查、生育服务报销凭证等 5 项服务项目打包整合进母子健康手册，形成妇幼健康服务“一本通”。为统筹做好妇幼健康服务工作、推动全面两孩政策顺利实施做好服务载体。

（二）创新“前置服务”

将服务及时、精准送到目标群体手中，这是提升生育与妇幼健康服务质量关键的“第一步”。区卫生计生局科学设计服务流程，突出地方服务特色，充分发挥卫生计生办工作优势，以手册采取前置发放的形式，在生育登记或孕前（备孕期）前置发放，建立全区 167 个计生服务点日常随访和开展生育登记发放手册新模式，以点带面、精准打造 5 分钟生育登记与手册申领服务圈。

（三）开展“兜底服务”

由区妇保院、8 家社区卫生服务中心（中心卫生院）对个别未登记孕妇在孕期建卡时进行生育预登记和手册兜底发放工作，预登记信息同步录入平台，实现方便群众与服务管理相统一。

这一模式不仅实现了全员“一册式”妇幼健康服务需求，更提升了群众对基本公共卫生服务的获得感和满意度，也为推进生育服务管理改革提供了实践经验。试点以来，目标人群发放到位率98.6%，母子健康手册APP活跃用户5800余人，累计提供3.3万余人次妇幼健康免费服务。

三、信息数据融合，推进“全链贯通”

（一）搭建一个互通平台

探索构筑统一的信息化服务体系，助力宁波市人口信息管理服务平台（简称3302平台，下同）与宁波市妇幼电子监测系统数据信息互联互通，开发应用生育登记模块，当事人生育信息与妇幼服务信息实现互通抓取，只需录入一次当事人有效信息，计生与妇幼服务人员便能同步获取，此举大大减少了信息重复录入，提升了基层卫生计生服务效率。

（二）共享一个信息网络

强化与民政、公安、法院等统筹解决人口问题的领导小组成员单位的信息交换，签订《信息安全保障协议》，确保信息安全有效。全面实现医院分娩记录、出生医学证明、孕期及儿保建卡、免疫接种、公安“四变”、民政新婚（离婚）等人口婚育信息定期导入3302平台，为基层有序开展生育和妇幼健康服务工作提供了保障。

（三）力推一个便民载体

开发“江北宝贝计划”微信公众服务号，居民动动手指足不出户就可自行申请生育登记，当前微信公众号关注用户近万人，已有1300余人享受到这一便捷生育登记与再生育审批服务，达到“信息多跑路、群众少跑腿”效果。融合宁波云医院，打造母子健康手册APP，软件囊括生育健康服务全内容，实现孕期医疗门诊信息、化验检验系统数据与市妇幼健康管理系统的全信息共享，建立起自我管理和公共服务相结合的孕妇专科电子档案。实现孕产妇与医生“线上线下”

多层次的沟通咨询，提高孕产妇健康的自我管理水平。

四、服务品牌融合，实现“为链增色”

（一）优势项目强联合

将家庭医生签约服务、婚育咨询师团队服务和“三优”指导中心三大服务品牌无缝对接，实现项目强强联合。2017年在全区范围内开展“三优”活动140余场，受益目标人群达1.78万人，签约孕产妇1917人，签约率92.74%，婚育咨询师结对服务1991人，服务率98.3%。

（二）注力融合精服务

制定出台《关于优化免费婚前医学检查项目和国家免费孕前优生健康检查项目的实施意见》文件，在区妇幼保健院建立婚育健康服务中心，合并实施免费婚前医学检查和国家孕前优生健康检查项目，提升婚孕前优生检查服务水平。婚孕前优生健康检查覆盖率达到90%以上。高质量实施妇女病普查和“两癌”筛查，年投入270万元以政府实事工程项目化形式推进妇幼和计划生育技术服务深入融合，实现宣传发动、项目实施、质量控制有序统一。建立生殖健康服务中心，不断拓展生育健康服务内涵，综合开设计划生育门诊、妇科门诊、更年期门诊、盆底康复门诊、孕产妇心身健康门诊，延长妇女健康服务链。

（三）双向协作增实效

深化流动人口“一盘棋”工作，与全国124个县市区签订了《流动人口计划生育服务管理双向协作协议》，形成区域合作的长效机制。双方共同对流动人口开展生育技术服务、生育信息交换、生育宣传辅助等工作，为流动人口均等化服务保驾护航。协作工作开展以来，出生人口性别比长期保持在110以下，累计交换生育信息3.3万余条，开展工作交流130余次，两非案件联合执法130余次，实施免费查环查孕1.6万余例，四项基本手术1400余例，提供分娩救助500余人，发放救助金20余万元。

涞源县医院精准扶贫帮扶驻村工作纪事

河北省涞源县医院

涞源镇后堡子村位于涞源县的北部，距离县城3公里，距张石高速金家井出口3公里，村子挨着涞蔚线，地理位置优越。在村东头，有一棵500多年的老榆树，树高12米，胸围9.7米，冠幅20米×18米。五百年沧海桑田，默默守望着这一片土地。

村里来了工作队

2017年3月，根据河北省委组织部指示精神，按照市委市政府，县委县政府的统一安排部署，村里迎来了涞源县医院驻后堡子村精准扶贫工作队。工作队三个人一到村里安排好驻地，便开始积极调查村里实际情况，制订脱贫工作计划，集中精力、强化措施，一步一步地开展精准扶贫工作。

要想带群众脱贫，先要转变自身思想。工作队以邓小平理论、“三个代表”“科学发展观”的重要思想为指导，深入贯彻落实科学发展观、“十九大精神”“中国梦”。紧紧围绕国家“六个精准，五个一批”的方针，大力宣传和讲解扶贫政策，深入村里走访。全村总户数115户，总人口416人，年人均纯收入2350元，耕地面积521亩。

实干抓起小事情

根据工作需要，工作队认真识别扶贫对象。今年，根据县扶贫办的要求，工作队对后堡子村进行了扶贫对象调查摸底，并按照贫困户的识别标准，入户识别，按照上级指示精神进行精准识别回头看的回头看及清洗工作，通过对贫困对象的识别，为精准扶贫打下了坚实的基础。村里共识别出建档立卡贫困户 18 户，贫困人口 32 人，其中一般贫困户 10 户，贫困户人口 15 人；低保户 6 户，低保人口 15 人；五保户 2 户，五保人口 2 人。

考察村里实际，为村里完善基础设施建设。后堡子村每天下午的 5 点 30 分左右才有自来水，而且水量较小，村民的生活受到一定影响。农业蔬菜大棚用水，使当前的用水情况极为紧迫。为此，工作队多次请示上级主管部门，得到县水利局大力支持，为后堡子村审批了一口机井。

主动联系爱心团队，积极开展暖心行动。按照省委市委要求，工作队联系到我县爱心团队，9 月 16 日，在工作队和村主任带领下，到后堡子村 9 户贫困人家进行慰问，送去了大米、油等生活用品。贫困户对慰问行动表示由衷的感谢，工作队在广大村民间受到一致好评，带来了良好的社会反映。

根据贫困户实际情况，尽全力帮助村民解决实际问题。后堡子村村民伊晓发与其子伊东明常年患病，并丧失部分劳动能力。我工作组结合实际生活状况，为其讲解了惠民减免政策。由于父子二人行动不便，全部手续由我工作队办理。在伊晓发和伊东明住院报销了一部分医药费用后，又为伊晓发减免了 1229 元，伊东明减免了 409 元，共计 1638 元。通过工作队的工作，村民伊晓发父子深深感受到了党的惠民好政策。

落实党的好政策

工作队认真贯彻落实省委精准扶贫的会议精神，吸取教训，总结经验，集中精力，强化措施，扎实推进下一步精准扶贫，对还没入户调查摸底的贫困户继续走访调查，为实现精准扶贫带动村民奔小康提供精准依据；积极争取，在医院领导的大力支持下，组织专家来村进行义诊，开展送温暖爱心活动，最终为全村实现共同富裕的目标做出积极的贡献。

村头那棵老榆树，年年发新芽，冬天来了早已光秃秃的枝干，在党的阳光的照耀下，政策的温暖下，明年春天一定会更加枝繁叶茂。

自国家实施精准扶贫政策以来，涞源县医院根据上级要求共派出两个驻村工作队，分别入住东团堡乡红花峪村和涞源镇后堡子村，工作队本着“精准扶贫、脱贫致富”的原则，紧紧围绕农村实际情况，严格落实国家政策，踏实工作，密切联系群众，扎实开展驻村工作，全面推进经济发展，受到了群众及上级的一致赞扬和好评。

昌图县中心医院医联体建设情况汇报

辽宁省昌图县中心医院

为深化医药卫生体制改革，逐步建立“基层首诊、双向转诊、急慢分治、上下联动”的分级诊疗模式。按照铁岭市卫生计生委《关于印发铁岭市医疗联合体建设工作实施方案的通知》（铁市卫发〔2017〕15号）、昌图县人民政府办公室《关于印发昌图县分级诊疗工作实施方案的通知》（昌政办发〔2017〕19号）和昌图县卫生计生局《关于推进全县医疗联合体建设工作实施方案的通知》（昌卫发〔2017〕49号）文件精神。结合我院实际，牵头组建医疗联合体，现就有关情况汇报如下。

一、我院基本情况

我院始建于1907年，是集急诊急救、医疗、预防、保健、康复、教学、科研于一体的三级综合性医院，是中国医科大学附属第一医院协作医院、辽宁省人民医院集团医院、锦州医科大学培训基地。医疗辐射半径100多公里，服务县域及周边地区人口120万。

医院编制床位1000张，今年9月末中医院交付使用增设床位255张。现有在岗职工1259人，高级技术职称80人，硕士研究生23人；临床科室49个，医技、医辅科室25个，行政后勤科室22个。诊疗设备有美国GE1.5T磁共振、西门子双源CT、美国GE数字减影血管造影机（DSA）等大中型医疗设备百余台/件。具备冠脉造影、心脑血管介入、开颅、开胸等大型复杂手术的能力，与北京常春藤医学高端人才联盟结成了长期战略合作伙伴，与心医国际（北京各大医院）建立了远程会诊中心。2017年门诊量37.4万人次，住院4.16万人次，手术7200例，总收入4.03亿元。

二、医联体建设基本情况

（一）开展紧密型医联体建设试点

我院在2016年5月按照卫计局的工作部署，选派党办主任冀凤文到古榆树镇卫生院任院长，心内一科技术支持。2017年6月由护理部护士长焦瑞飞接任院长，眼科技术支持。

（二）全面开展医联体建设

医联体架构阶段——2017年8月

成立医联体建设工作领导组织——昌图县中心医院医联体医联会。医联长由我院院长贾绍东担任，对医联体建设工作负总责。副医联长由主管副院长王日新担任，理事由各医联体单位院长担任。下设办公室在外联部，在医联会领导下负责医联体日常管理工作。制订医联体建设工作实施方案，起草医联体章程，拟定医联体协议、双向转诊协议，制定乡镇卫生院诊疗目录和病种清单等，医联体体系架构初步建立。

启动运行阶段——2017年9月1日至10月30日

在县卫计局的指导下，我院与3家镇场卫生院建立紧密型医联体，与22家镇场卫生院建立松散型医联体，并于10月6日组织召开医联体工作会议，签订协议。在医联体内制定统一的服务规范和流程标准：先后制定了分级诊疗和双向转诊实施方案、双向转诊流程及绿色通道、远程会诊管理规定、基层卫生院收治不上转50种病种清单、41种下转病种和15种康复期下转病种目录等。

组织实施阶段——2017年11月至今

1. 人员和技术支持。组织25个科室对口技术支持25家医联体卫生院，定期安排学科带头人或高年资主治医师到各基层单位开展坐诊、会诊、查房、手术、疑难病例讨论和业务培训等工作。同时，接收各基层单位医务人员到我院接受轮训、专题培训和进修学习。自2017年11月至2018年10月10日，共出诊专家231人次，诊治病人1433人次，手术5人次、授课70课时，听课人数243人次。接收11名医生，3名护士，免费进修学习半年。并为乡村医师授课26学时，300余人次参加培训学习。在5家紧密型医联体卫生院选派院长，每周至少2天到任职卫生院进行医院管理和业务指导。

2. 提升基层服务能力。通过帮扶，各医联体单位业务增长显著，管理更加规范。医院门诊量、住院量、床位使用率、病人满意率、业务收入等都有了明显提升。古榆卫生院门诊量由原来的月均498人次增加到现在的月均1422人次，增长了185%；住院人数由原来的月均58人增加到现在的月均83人，增长了43%；业务收入由原来的月均12.2万元，增加到现在的月均21.86万元，同比增长了79.1%；尤其是医院转变收入结构，强化成本控制，可支配收入增长显著，职工工资待遇得到大幅度提升，由原来的人均收入每月2007元到现在的人均收入每月3510元，增长了74.8%。毛家店卫生院门诊量由原来的月均1686人次增加到现在的月均1944人次，增长了15.3%；住院人数由原来的月均3人增加到现在的月均27人，增长了8倍；业务收入由原来的月均8.4万元增加到现在的月均11.1万元，增长了32.1%；职工收入由原来每月1520元增长到现在每月3000元，增长了97%。马仲河医院门诊量由原来的月均1515人次，增加到现在的月均1592人次，增长了5%；住院人数由原来的月均11人，增加到现在的月均132人，增长了11倍；业务收入由原来的月均4.1万元，增加到现在的月均30.3万元，增长了6.4倍；职工收入由原来每月1000元增长到现在每月5600元，增长了4.6倍。

3. 推进基层首诊和分级诊疗。正确引导居民在基层医疗机构首诊，规范实施双向转诊。对基层卫生院不能收治的复杂、疑难病例转入我院治疗，明确医联体内转诊流程，设立双向转诊优先窗口，建立有效绿色通道。医联体内向我院转诊患者优先接诊，优先安排检查、检验服务，对需住院治疗的转诊病人预留床位，由医联体办公室专人负责沟通协调，公示电话。对诊断明确、病情稳定患者和术后康复期患者的向下转诊，由我院出具后续治疗、护理方案，回转当地卫生院。对口支援科室的出诊专家对回转病人通过会诊、查房，对后续诊治提出指导建议。

截至目前上转患者 113 人次，下转患者 74 人次。

4. 开展远程会诊。我院制定了明确的远程会诊管理规定和相关流程，当地卫生院对复杂疑难病例可以通过远程会诊平台申请远程会诊。设立远程会诊办公室、成立专家组，并由医联体办公室专人负责，及时安排相应专家在规定时间内完成远程会诊，出具诊疗方案和指导意见，截至目前，完成远程会诊 11 人次。

三、在医联体建设工作中存在的问题

1. 分级诊疗政策支持不够。住院患者在医联体内医疗单位双向转诊，医保和农合均计为 2 次住院，不能连续计算起付线，病人不愿意转诊，特别是下转。

2. 医疗机构间信息共享不能实现。县域内信息化平台没有完全搭建完成，不能实现健康档案和电子病历连续记录和信息共享，通过远程平台进行远程会诊和远程授课开展得不理想。

3. 不能完全实现医联体内检查结果互认。医联体内 25 家乡镇卫生院，技术条件各不相同，设备差异较大，检查结果只能作为参考，到我院后还需要做相应的检查以明确诊断。

4. 我院医生本身工作量就非常大，患者多，在出诊时间的保证上确实存在困难，压力很大。

5. 基层卫生院对我院医生出诊、双向转诊和远程会诊都表现得不是很积极，热情不高，担心留不住患者。

四、下步工作安排

推进医药卫生体制改革，借鉴安徽省界首市和天长县医共体建设经验，结合我院实际，在原有医联体基础上建立医疗服务共同体（以下简称医共体）。

（一）强化组织，确保工作运转

成立医共体办公室，负责建设各种组织构架、考核评价、收入分配、人力资源管理等。医共体办公室设主任 1 人，双向转诊、宣传员 1 人，财务、运行分析 1 人，医疗质量、病历、药品审核 3 人，下乡签约 2 人。办公室设立独立财务账户专款专项，由财务人员进行管理、记账和拨款。

（二）建立工作机制，严格考核管理

借鉴界首市和天长县医共体经验，建立我院牵头的医共体工作机制和监督机制，重新制定县域医共体章程、双向转诊实施细则、医疗服务收入结算与分配办法等。每月对体内成员医院农合费用支付进行考核、审核，以此控制医疗费用不合理增长；每季度进行一次综合检查考评，强化医共体内部管理。

（三）加大资金支持，渡过启动难关

针对镇场卫生院普遍缺乏资金的情况，借鉴现有5个紧密型医联体建设经验，首先要解决硬件问题，为每个卫生院准备6万元启动资金。

（四）建立双向转诊激励机制，实现合理流动

一是实施绩效激励机制。在我院，改革绩效工资分配制度，借鉴流行的RBRVS与DRGs绩效考核方法，以工作量价、医保评价、成本核算、质量控制为考核指标，转变趋利思维，变追求经济收入为合理控制费用，变“挣钱”为“省钱”，目前我院医技科室、外科科室新绩效工资已经实施。在成员单位内，建立以双向转诊率、病种价值、协作价值、医保评价、签约服务为主要指标的绩效激励体系。

二是争取农合政策支持，体内转诊患者只承担一次住院起付线费用。

三是建立双向转诊激励机制，体内基层卫生院上转1例患者来院按照每名住院患者30元的补助给乡镇卫生院医生；我院医生下转1例患者给予50元的补助；在镇场卫生院推行临床路径，入径每例给予30元奖励。

（五）加大人才培养和技术支援，提升服务能力

根据医共体内各成员单位收治能力，一院一策，为其量身订制针对性帮扶计划，通过开展联合病房、共建专科或选派院长等形式，提升基层卫生院服务能力。以县中医院为依托，加速推进医联体卫生院中医药服务能力建设，打造中医馆，发挥中医药技术成本低、易学习、治疗预防兼备的特点，快速提高卫生院造血功能。探索建立医务人员晋升和干部选拔下乡实践优先制度，提高支援医共体建设热情。

（六）建设医共体内统一的信息平台，实现资源共享

一是完善体内医疗机构 HIS（医院信息化管理系统）、CIS（临床信息系统）、PACS（医学影像信息系统）、LIS（实验室信息管理系统）和 EMR（电子病历），实现成员单位间检验、影像、电诊、病理等结果互联互通，对比校正检验结果，实现相互认证。二是建立以远程门诊为特色的分级诊疗服务系统，通过远程门诊、互联网诊疗让老百姓不出村就享受到我院专家的诊治。三是建设医联体内医疗机构一体化工作平台，开发居民就诊、慢病管理、居民健康档案、签约服务等功能，让诊疗服务、基本公共卫生服务系统有机统一，通过手机 APP 为卫生院医生、村医提供技术支持。

（七）组建专业团队，逐步开展家庭医生签约服务

成立签约服务团队，以高血压、糖尿病等慢性病管理为切入点，依托信息系统，开展家庭医生签约服务，做好医防融合这篇大文章。服务团队由医院不同专业高年资医生组成，定期深入村社开展基本医疗服务，每 2 月轮转 1 次。同时推出签约优惠政策，提高群众签约积极性。

传承创新中医管理 助力健康常熟发展

江苏省常熟市中医院

常熟市中医院始建于 1958 年，是一所集医疗、教学、科研于一体的综合性三级乙等中医医院。2003 年和常熟市妇幼保健院合并重组为常熟市中医院（新区医院），2006 年成为南京中医药大学常熟附属医院。医院荣获香港艾力彼中国县级医院竞争力排行榜百强医院，中国公立医院品牌传播百强榜地市级医院五十强。

医院现占地总面积 8.7 万平方米，建筑面积 10.3 万平方米，全院开放床位达 1000 张，开设 26 个病区。拥有在职职工 1278 人，其中正高级职称 32 人，副高级职称人员 141 人；博士 5 人，硕士生导师 3 人，硕士 105 人，拥有江苏省第四期“333 高层次人才培养工程”培养对象 1 名，第三批“姑苏卫生重点人才”1 名，省名中医 3 人，常熟市名中医 9 人。

医院为国家中医药管理局“治未病”预防保健服务试点单位，中医药预防保健及康复服务能力建设单位。拥有国家级中医重点专科 1 个（肛肠科），国家级中医农村特色重点建设项目 1 个（心内科），省级中医重点专科 3 个（骨伤科、肾内科、儿科），苏州中医重点专科及常熟市重点专科 9 个。为苏州市危重孕产妇救治中心，苏州市危重新生儿救治中心、苏州市卒中（分）中心建设单位。2008 年 11 月建成开馆的“常熟中医药博物馆”，拥有珍贵馆藏 500 多件，为江苏省爱国卫生教育、健康教育基地；苏州市、常熟市科普教育基地，苏州市健康教育与健康促进基地。2015 年，医院成立吴门医派虞山医学研究所，深层次挖掘虞山医学流派的精髓，促进虞山医学流派的传承与发展。

医院拥有MRI、螺旋64排CT、DR、数字胃肠机、自动生化分析仪、腹腔镜、膀胱镜系统、神经外科手术显微镜、眼科手术显微镜、胎儿监护网络系统、宫腔镜、进口血透机、中药泡洗、中药熏蒸、肛肠综合治疗、生物刺激反馈仪、舌面脉信息采集体质辩识系统（中医四诊仪）、自动发药机等一批中医药诊疗设备，医疗水平日益提升。医院引进各类国内外新技术，获得省技术准入项目12项；科研立项课题常熟市级有64项，其中资助性课题37项；获得科研资助性立项46项，近五年发表论文合计471篇。

近年来，常熟市中医院在市委、市政府及市卫健委的正确领导下，以深入贯彻“中医药法”为主线，秉承“精诚、博爱、传承、创新”的院训，以建设“环境精美、服务精诚、管理精细”的“精致医院”为目标，紧紧围绕“中医中药、妇幼保健、急诊急救、慢病诊治”四大特色，全面提升医疗服务品质。2018年医院门急诊量120.6万余人次，出院病人4.11万余人次，手术1.4万余例次。医院在中医药传承发展方面，主要开展了以下工作。

一、以特色创新为动力，传承中医文化

1. 专设中医药特色诊治区，塑造浓郁中医药文化氛围。院本部设立中医特色诊疗区，内设虞山名医馆、非药物治疗区、中医护理操作室、中药标本展示区等。在古城区设立虞山国医馆，开展纯中医服务。内设吴门医派虞山医学流派研究所、常熟名中医江育仁纪念馆，成为古城文化旅游的一个特色。院内建成中医药文化长廊，将中医药文化核心价值融入办院理念、医院管理、诊疗服务、品牌塑造等医院形象体系之中。

2. 实施中医治未病工程。挖掘名医名方名技名药，形成医院验方集，供临床及基层医生使用。持续开展冬病夏治，冬令膏方节活动，推出专科敷贴和四季养生膏方，并推动亚健康膏方治疗的健康教育。依托江苏省中医院“全国名老中医汪受传工作室”团队，开展儿科非药物中医治疗，效果显著。

3. 医学流派研究成果丰硕。成立常熟市虞山医学流派研究所，编撰《虞山医学流派丛书—藏珍集萃卷》获江苏省哲学社会科学优秀成果三等奖。新编《虞山

医派发展源流》获常熟市社会科学应用研究课题立项及科协软课题立项《常熟名医医案》《缪希雍精义》加紧校稿中，系列虞山医派研究文集的出版，奠定了着虞山医学流派的地位。

二、以创新人才管理为突破，推进学科建设

1. 搭建全国名老中医工作室，加快中医人才梯队建设。医院拥有全国基层名老中医专家传承熊秀萍工作室、省级名中医周本善工作室、李葆华工作室、邵亨元工作室、全国名老中医汪受传工作室常熟市中医院工作站等平台，成为中医后备人才的孵化基地。医院积极引进北京中医药大学白兴华教授工作室，成立胃食管反流中医特色诊疗中心，以专病特色促进专科发展。目前我院已经完成二批江苏省老中医药专家经验传承，并通过省中管局的验收，院内先后有六批师带徒，为医院的年轻中医提供了很好的学习机会。

2. 创新“三跑计划”人才培养和激励机制。前后二批，37 名进入医院三跑人才库，医院在资金、设备、科研等方面给予优先支撑，制定严格考核指标，建立晋级和淘汰机制，促进人才健康成长。发挥常熟名中医作用，鼓励临床医师外出拜师，制定中医师阶梯培训计划，培养年轻中医师中医药技术运用的基础能力，提高中级中医师中医诊治能力，提炼高级中医师特色中医技术及理论。

3. 柔性引进紧缺人才。利用医师多点执业政策，与苏州、南京、上海等三甲医院建立合作关系，以 MDT 共建，知名专家团队引进等形式，推动医院学科建设。今年新成立生殖医学中心，血管外科、泌尿外科、骨科快速康复等专科联盟，借力造势，促进学科发展。

三、以推进医共体建设，提升区域中医药服务能力

1. 积极指导医共体成员单位中医馆建设。营造中医药服务的文化氛围，同步成立基层名医工作室 3 个（其中苏州市级 1 个），名中医工作室 7 个，以名医师承为基础，促进一院一品特色科室建设。

2. 夯实医共体业务帮扶内涵。向区域医共体和专科医共体下派专家团队 11

个，专家组成员 66 名。对 8 家基层医疗机构特色科室建设重点扶持，其中 7 家基层医疗机构特色专科建设方面初见成效。

3. 强化社区卫生服务中的中医药元素。面向基层推广中医适宜技术，使每个社区卫生服务站都能提供 5 种以上中医适宜技术。对因病致贫、长期卧床的家庭医生签约对象，提供上门送医送药送温暖活动。积极开展“中医药就在你身边”健康巡讲，使中医养生保健知识深入人心，惠及千家万户。

半个多世纪风雨兼程
只为妇女儿童身心健康

海南省三亚市妇幼保健院

潮平两岸阔，风正一帆悬。今年是海南建省办经济特区 31 周年，也是改革开放 41 周年，这些年来，一代又一代的海南人以敢闯、敢试、敢为人先的精神，奋力书写着海南发展的壮丽辞章，使曾经的边陲岛屿蜕变成了如今开放、繁荣、文明、宜居的海上明珠，从民生水平的全面提升，到区域综合实力的日渐强大，到如今的海南自由贸易实验区（港）建设的不断加快，一切都发生着翻天覆地的变化。同样蝶变的，还有海南的卫生健康事业和三亚市妇幼保健院。

2018 年 12 月 18 日上午，三亚市妇幼保健院广大职工集中收听收看了庆祝改革开放 40 周年大会，看到了伟大祖国发生的巨大变化，及改革开放 40 年来取得的伟大成就，职工们无一不充满了自豪感、荣誉感和使命感。

“报告内容鼓舞人心，催人奋进，下一步我们要认真学习贯彻落实习近平总书记在大会上的重要讲话精神，切实把思想和行动统一到大会精神上来，结合正在开展的‘在建设海南自由贸易试验区和中国特色自由贸易港实践活动中勇当先锋做好表率’专题活动，牢固树立‘四个意识’，以全新的服务和扎实的医疗服务技术为建设海南自由贸易试验区及健康中国战略实施奉献自己的力量，不断奋进。”市妇幼保健院党总支书记、执行院长周玉海有感而发：“让群众看上病、好看病、看好病，我们还需不断探索和总结更多更新更好的经验，与改革开放共进步，让群众有更多、更直接、更实在的获得感、幸福感、安全感，在病有所医上不断取得新进展。”

继传承：几代“三亚妇幼人”的医疗服务传承

三亚市妇幼保健院始建于 1952 年，原名崖县妇幼保健站，1984 年撤县建市更名为三亚市妇幼保健所，如今，市妇幼保健院的很多退休老职工都还记得那栋 L 型的一层小建筑，白色的外墙，几个房间就构成了当初的妇幼保健所。在 1987 年时全所上下只有 17 名职工，有时一天来就诊的患者人数还比不上在岗职工的人数。在那个时候，没有人能想到未来会发生翻天覆地的变化。

借着改革开放的春风，1993 年，医院老建筑被推倒，1996 年，新院区拔地而起。1995 年升格为地级市妇幼保健院。2007 年加挂“三亚市妇女儿童医院”和“海南医学院教学医院”牌子……一个个时间节点，见证着医院的飞速发展。66 年来，不断改革发展的市妇幼保健院始终坚持“关爱妇女儿童身心健康是三亚市妇幼保健院、三亚市妇女儿童医院永恒的主题”。医院的广大医务人员，不管是过去、现在、还是将来，都在以饱满的工作热情、精湛的医疗技术，竭诚为广大妇女儿童服务。

经过几代“三亚妇幼人”半个多世纪的不懈努力，市妇幼保健院已经成为目前三亚市唯一一所集医疗、保健、教学、科研为一体的地级市妇幼保健院，医院紧跟国家改革开放步伐一起成长壮大，逐步实现了从无到有、从小到大、从弱到强的历史跨越，从救死扶伤到技术提升，从医院建设到人才培养，几代“三亚妇幼人”奉行“以人为本，患者至上”的服务宗旨和“健康所系、生命本托、勿忘使命、神圣职责”的服务理念，坚持“以保健为中心，以保障生殖健康为目的，保健和临床相结合，面向群体、面向基层和预防为主”的妇幼卫生工作方针，在维护妇女儿童全方位全周期健康中发挥了重要作用。

改革开放 41 年，随着医疗设施的基础建设和医疗水平的不断提升，就医环境和就医方式也发生了很大的变化，“健康中国战略的实施不是一个空洞的概念，而是具有丰富内涵的艰巨任务。”周玉海认为，没有全民健康，就没有全面小康，其重要程度，不言而喻。这些，对医务工作者、医疗机构的管理者都提出了更高、更严格的要求，需要持续努力，久久为功，为健康中国做贡献。

谋发展："修其身"，用优质医疗服务百姓

"关爱妇女儿童身心健康"是市妇幼保健院的永恒主题。新时代，市妇幼保健院不忘初心、继续前行，如何为三亚乃至全海南妇幼健康工作做出应有的贡献？

市妇幼保健院干部职工结合自身实际，开出了解决"发展问题"的"药方"：不断整合优质医疗资源，积极引进优质医疗技术，提高综合服务能力，从注重疾病治疗到坚持疾病预防，防治相互结合，以满足人民群众日益增长的健康需求。也就是"修其身"，用优质医疗服务百姓。

为促进医院科技进步和学术发展，充分调动和鼓励医务人员的科研积极性，2018 年，结合医院实际，特设立了"金椰种子基金项目"，对科研立项及论文发表的职工给予一定的奖励，市妇幼乳腺外科主任洪日因其论文被国际 SCI 核心合集数据库收录，成为该项目的第一位受益者，极大地激励了医院职工对科研的热情，从而也带动了医疗技术的进一步发展。

在 2018 年，因为学科建设的进一步完善，学科优势的凸显，医院相继成立了新生儿出生畸形外科诊治中心三亚分中心、疑难罕见病远程会诊中心三亚分中心、三亚市先天性心脏病筛查与诊治中心、儿外科示范门诊、儿童呼吸科示范门诊等医疗单元，并成为儿童听力障碍康复诊治定点医疗机构、三亚市脑瘫儿童定点服务单位、先天性结构畸形救助项目定点医疗机构，而这些诊治中心的建设，也带动了麻醉科、放射科、体外循环监护等周边的学科群发展，推动了三亚医疗技术水平的提升。同时随着经验的积累和人才的加入、设备的配套，将逐渐实现筛查和治疗的落户，进而实现足不出岛在三亚即可享受高质量诊疗服务的目标。

展身手：成功开展多例省内首例新手术

提供优质医疗服务不仅仅局限在医院诊疗区域，医院宣传团队也利用医院官网、官方微信平台，同时与人民网、海南日报、南海网、三亚日报、三亚电视台等主流媒体精诚合作，收集群众关注的健康资讯，定期发布疾病预防控制健康知识宣传，让群众足不出户便可获得相关的健康资讯，提倡合理就医，微信官方健康资讯单篇阅读量最高达 30000 多人次，医院 + 传统媒体 + 各网络自媒体等多方结合，共同致力于全民健康知识普及，方便了群众的同时也获得了广泛赞誉，为健康中国战略的实施打下了广泛的大众资讯基础。

同时，医院还通过每月的医疗质量与绩效考核，以临床科室考核指标为基点，通过数据发现和分析医疗服务流程中存在的缺陷并加以改进，坚守医疗安全底线，提升服务效率效能，引导医院良性发展，进一步提高医疗服务质量。

通过不断地“修其身”，市妇幼保健院医疗服务水平也得到不断提升。2018 年 8 月，小儿外科成功开展了海南省首例“产房外科”手术，同时也刷新了海南省手术时龄最小新生儿的纪录，对产前诊断发现的出生缺陷儿改善与预后起到了重要作用，降低了治疗费用，节约了社会医疗资源。2018 年，小儿外科通过施行 Ponseti（潘赛缇）方法，让多名先天性马蹄内翻足患儿足部畸形得到彻底纠正，保住了孩子的健康人生和一个家庭的长远幸福。2018 年，妇科施行的宫颈环扎术也让很多宫颈机能不全的孕妇能够保住胎儿，圆了当妈妈的梦想，减少了因为宫颈机能不全引发的流产或早产给孕妇及家庭带来的巨大身心伤害。2018 年，医院还携手上海儿童医学中心先后为 19 名极重度听力障碍儿童免费植入了人工耳蜗，为 31 名符合条件的听障儿童免费佩戴了助听器，让他们获得了“新声”。2019 年，医院携手上海儿童医学中心为 7 名先天性心脏病患儿施行了免费的手术救治，孩子们重获“心”生。“为了不让孩子输在起跑线上”，2019 年 5 月，海南首家由公立医院设立的儿童早期亲子活动中心在三亚市妇幼保健院成立。“母亲强则儿童强，儿童强则少年强，少年强则中国强，妇女儿童的身心健康是健康中国战略中很重要的一环。”周玉海说，2018 年是改革开放 40 周年，也是贯彻党的十九大精神的开局之年，是决胜全面建成小康社会、实施“十三五”规划承上启下的关键一年，新篇章的开启需要每一名干部职工的不懈努力，与改革开放共进步。

谱新篇：新院开业，将打造三级甲等妇女儿童专科医院

三亚市已被定位为“国际热带滨海旅游城市”，经济建设和城市建设在高速发展，人口数量逐年增加，医疗保健工作任务将更加繁重。由市政府投资的三亚市妇幼保健院（三亚市妇女儿童医院）新院区，其建设规模为500张病床位，新院在进行各种设备安装调试后已于2018年12月底陆续投入使用。

展望未来，市妇幼保健院将以新形势下党的卫生与健康工作方针为指引，采取针对性更强、覆盖面更广、作用更直接、效果更明显的举措，扎实推进医院综合改革，加强人才梯队的建设，不断提升医院综合服务能力，打造三级甲等妇女儿童专科医院。

周玉海介绍，在医院学科建设方面，市妇幼保健院将以新院区的投入使用及上海儿童医学中心全面托管为契机，实现门诊医疗服务能力、急诊急救能力的大幅度提升和住院服务能力建设的全面加强。有效实施“互联网＋医疗”，逐步实现与上海儿童医学中心的远程会诊、影像、病理会诊、转诊等服务功能，以确保医疗服务信息的共享和管理效率的提高。同时，加强产前筛查 / 诊断中心、儿科重症急救中心、生殖中心、新生儿疾病筛查中心、乳腺病防治中心、呼吸哮喘康复中心、PICU、NICU、急诊科等包括组织、场地、人员、设备、信息管理、运行模式等内容在内的软、硬件建设，积极系统地开展各项相关工作。逐步实施门诊急诊科、小儿内科、小儿外科、康复科独立建制。

市妇幼保健院常务副院长陆兆辉表示，将依托上海儿童医学中心，实施妇科、产科与上海资源的有效对接，建立远程会诊制度，加强上海儿童医学中心等岛外知名医疗机构与医院的远程互动。依托上海儿童医学中心优势学科技术力量，率先在三亚建立小儿心脏病诊治中心、小儿血液与肿瘤临床诊治中心及分子遗传诊断中心等，随着市妇幼保健院新院区的投入使用，医院学科架构也将会得到极大的优化，学科空间布局与就医环境都会得到极大的改善，能够为琼南地区乃至全省妇女儿童和国内外游客提供不同层次和方式的医疗保健服务，提高三亚知名度，促进三亚城市建设、经济建设和文化产业建设的繁荣与发展。为海南自贸试验区建设，打造一张闪亮的三亚名片，为健康中国、美好新海南打造坚实的区域性基础。同时，三亚市妇幼保健院依托三亚作为21世纪海上丝绸之路桥头堡的地理位置优势，将把中国优质的医疗服务资源辐射到东南亚地区，为打造人类命运共同体做出自己的贡献。

“我们图发展，谋布局，一切为了妇女儿童身心健康而努力，我们相信，三亚市妇幼保健院将在省市两级政府及相关主管部门的领导下，心系妇女儿童身心健康，并通过不断的努力创新，将三亚妇女儿童医院建设成为在海南省乃至全国都具有一定知名度的妇女儿童医疗中心，为三亚、海南乃至全国的妇女儿童带来更多的福祉。”周玉海说。“国家在改革开放的历史进程中不断繁荣昌盛，医院也将在改革开放中不断崛起壮大，我们将用我们温暖而有力的双手，为妇女儿童托起健康的明天。”

服务新时代 展现新作为 助力全民健康

浙江省临海市第二人民医院

临海市第二人民医院始建于1952年2月，位于临海市滨海重镇杜桥，是一家集医疗、科研、预防、教学、保健、康复为一体的现代化二级甲等综合性医院。

医院始终坚持“以病人为中心、以质量为核心”的宗旨，以精湛的技术、先进的设备、优秀的服务、科学的管理、合理的价格，努力为病人提供全程、全方位的服务。进入新时代，人民健康是民族昌盛和国家富强的重要标志。立足新方位，临海市第二人民医院（简称市二医院）一直主动作为，把智慧和力量凝聚到落实党的十九大提出的各项健康任务上来，不忘初心，继续前进，奋力开创市二医院更加光明的前景。

深化最多跑一次，优化就医体验

在门诊楼，宽敞明亮的天井大厅，导医微笑着为患者导诊、解答问题。挂号收费等窗口前，以往排队的长龙不见了，在各楼层门诊自助机前，医务人员正在指导患者办理相关手续。在放射科、B超室，一切都是井然有序……门诊诊室中，医生认真地为患者做着检查，与患者交流着病情，温馨的气氛，让患者忘记了紧张、担忧与忐忑不安。

信息化建设，为医院发展插上翅膀。医院开展电子病历、智慧医疗，深入优化门诊服务流程。医院在临海市率先开展门诊电子病历系统；门诊全面实现二次分诊报到叫号，为病人创造了舒适、安静的候诊环境，确保了“一人一诊间”管理制度的实行。同时，门诊还实现了诊间结算，省去了缴费的环节，实现边诊疗边结算，让患者少跑腿。医院建立了智慧药房存取系统，实现了从“人找药品”到“药品找人”的转变，做到门诊取药“随到随取”，并即时对药品的进出药时间、批号、有效期和包装信息进行信息化管理。为进一步提升医院服务内涵，简化服务流程，改善患者就医体验，助力“最多跑一次”改革，临海市第二人民医院结合患者需求，成立一站式服务中心，将原来分散的双向转诊、特殊病种、麻醉卡、医疗证明办理等事项集中下移、前移至门诊大厅统一办理。通过一站式服务，给患者提供实实在在的帮助，切实让广大市民和患者少跑腿，快办事。

严控医疗质量，优化创新服务

“本以为手术都是在身上大动刀子，没想到这次静脉手术完全不痛，也没出血，甚至连疤痕都没有。做完手术后留院观察了半个小时，然后我就步行回家了，真是不可思议。”谈及在市二医院做的下肢静脉手术，70 多岁的王大爷赞不绝口。

下肢静脉曲张在临床上十分常见，全球约有 25% 的女性和 15% 的男性均患有此病。传统治疗方法手术创伤大，术后疼痛重，康复时间长，并且会遗留下明显疤痕。自去年起，市二医院普外二科以“日间手术”模式为下肢静脉曲张患者提供现代化微创治疗，现已成功实施几十例手术，术后无痛、无疤、无须住院，受到了患者的一致好评。市二医院普外二科主任金崇田介绍：“‘日间手术’令病人只需跑一次，便能完成入院、手术、出院的就医全流程，是解决看病难、看病烦的有效手段。通过开展‘日间手术’，原本耗时 5 到 7 天的住院手术在 1 天之内便可解决，极大地提升了患者的就医体验。”

为不断提高医院诊疗水平，医院配备了磁共振、飞利浦 16 排螺旋 CT 机、DR 放射成像系统、骨密度仪、康复机器人、DSA、碎石机、C 臂机、飞利浦进口彩超、三维彩超、口腔 X 射线数字化体层摄影设备（CBCT）、美国雅培全自动生化分析仪、西门子全自动微生物鉴定及药物分析仪、日本 OLympus 胃肠镜、OMOM 胶囊内镜、进口连续性血液净化设备等一大批先进医疗设备。

医院开展了多项高新技术，包括骨科的显微外科的断指（趾）再植术，普外科的腹腔镜下胃肠肿瘤切除术、乳腺肿块麦默通微创旋切术，妇产科的腹腔镜下子宫、卵巢肿瘤切除术，消化内科的内镜下 ERCP、ESD（内镜下肿瘤黏膜剥离术），心内科的心脏起搏器植入术、血管造影术，重症医学科的 PiCCO 技术，等等。同时重点加大对临床科室新业务和新技术开展的监管力度，特殊病例及时邀请邵逸夫医院、台州医院等上级医院相关专家来院现场指导手术，确保患者手术安全。

深化合作交流，共建"健康临海"

近年来，市二医院以"紧密协作、协同发展"为原则，以"上联下挂"为途径，以缓解"看病难、看病贵"为目标，邀请推进"双下沉、两提升"长效机制建设，与一众医疗机构开展紧密合作。通过"上联下挂"，市二医院与邵逸夫医院、上海复旦大学附属眼耳鼻喉科医院、台州医院等上级医院加深合作，积极请院外专家对本院医疗质量进行模拟评审，扎实整改，及时追踪，持续改进，医院的医疗质量与医疗水平得到大幅提升；与杜桥、桃渚、小芝、上盘、涌泉等 5 家中心卫生院联合，于今年 6 月成立了医疗服务共同体，共推分级诊疗、智慧医疗、健康管理等工作，为"健康临海"建设注入了新的活力。

通过主动作为、务求实效，市二医院 2018 年在全省第一次联合质控检查中成绩斐然，医院门诊、康复医学等六项质控检查内容的最终成绩均领跑全省二甲医院，其中三项内容更是获得了全省第一、第二的佳绩。架起医患连心桥，强化医患沟通。制定了《医患沟通制度》，从方式方法、时间内容及评价考核等方面做到与患者有效沟通，提高了患者对疾病诊疗全过程及其风险性的认识，减少了医患之间的矛盾和纠纷。成立公共关系科，专门处理医患纠纷，同时，建立出院病人回访登记制度，了解患者康复情况，通过主动服务，建立良好的医患关系。

坚定决心，强化作风，全面推动医院发展

医院的发展，不仅需要有好的就诊环境、优秀的人才、先进的技术，更需优质的作风。为此，医院高度重视作风建设，严格落实"一岗双责"，成立以党委书记、理事长为组长、其他班子成员为副组长的作风建设领导小组，把党风廉政建设、医德医风建设纳入科室的日常管理之中，修订完善了各项规章制度，用制度来规范医务人员的行医行为；同时加强对职工的职业道德教育和法制教育、廉洁警示教育，不断增强干部职工廉洁行医的意识，提高医务人员自觉抵制和纠正行业不正之风的自觉性。

为了把行风建设抓到实处，医院每月定期召开病人家属座谈会，征求门诊、出院病人满意度，对医院行风建设情况进行摸底。同时在门诊病房大厅设立意见箱、监督电话，根据群众投诉、举报反映的情况，严厉查处滥检查、滥开药和收受回扣、红包等不良行为。建立了药品采购领导小组，严格落实了医疗设备采购的申报、审批程序，医疗设备购置、更新和药品采购必须严格按照程序公开透明，坚决杜绝医疗设备及药品购销领域的商业贿赂行为。

新时代，新气象，新作为

新时代，新气象，新作为。市二医院随着科技和社会发展的脚步，焕发出了新的光彩。近年来，在市委、市政府的正确领导下，在社会各界的大力支持下，医院深入贯彻党的十九大精神，坚持以病人为中心，以医疗质量为核心，从“新”出发，用“心”服务，书写着新的篇章，先后荣获浙江省文明单位、浙江省治安安全单位等荣誉称号。

2017 年度医院门诊服务人次 72.61 万，较去年同期增长 14.2%；出院人次 2.26 万，较去年同期上升约 2.81%；门诊均次费用 175.74 元，住院均次费用 7137.60 元；药品占业务收入比例 33.6%，比去年同期下降了 1.4 个百分点。

奉献爱心，服务群众，推进人文医院建设。医院坚持“以人为本”的服务理念，在全院树立“善待别人就是善待自己”的服务观念。强化员工“以病人为中心”的服务意识，倡导文明服务，礼貌待患，促使全院上下形成医患和谐的良好氛围。每年对全院员工进行 9S 管理培训，对新入岗职工从服务礼仪、服务语言、医患沟通等方面进行系统培训。通过开展 9S 管理培训，全院职工的精神面貌有了较大改观，服务质量得到进一步提升。

春风化雨暖人心，惠泽百姓新征程。市二医院将继续坚持以社会需求为向导，以群众满意为标准，转作风，强服务，谋发展，用心书写医院发展的新篇章。

以党建为引领 创造妇幼健康新业绩

甘肃省甘南州妇幼保健院党支部

近年来，甘南州妇幼保健院在州委、州政府的正确领导下，在州卫生健康委党委的坚强领导和领导班子的多方支持下，院党支部坚持“用党建引领医院发展、以党性规范医疗行为”的工作思路，让党建工作和医院中心工作同频共振，“围绕中心抓党建、抓好党建促发展”，深入贯彻以习近平为核心的党中央关于全面从严治党的新要求、新部署，坚持以人民健康为中心，切实加强深化医药卫生体制改革，建立健全现代医院管理制度，推动实施健康中国战略，积极落实中央和省委关于加强藏区工作、推进精准扶贫、精准脱贫和“健康甘肃”“健康甘南”建设的总体部署，努力打造群众满意、特色鲜明的藏区一流妇幼保健院。

一、基本情况

甘南州妇幼保健院党支部2016年12月换届，由州卫生计生委党委批复成立，目前，全院党支部现有党员33人，其中退休党员1名，党员总数占在职工人数的44%。其中，女25人，占党员总数的78%，男7人，占党员总数的22%。藏族10人，占党员总数的31%，汉族22人，占党员总数的69%。党员队伍的不断壮大，有力促进了甘南州妇幼保健院的学科发展，也为医院品牌建设奠定了基础。

作为医疗保健服务单位，院内党员的工作时间差异性较大，根据工作、学习等实际情况，院党支部会议研究划分三个党小组，每个党小组设有一名组长兼联络员，有利于组织、推动和指导每个党员的日常活动，便于对党员的组织管理，保证党的指示和决议的贯彻落实。

二、强化党务工作，凝聚先锋力量抒发正能量

（一）加强学习教育，不断强化政治引领

突出学习重点，积极创新学习方式，切实提高学习成效。党支部结合院内工作实际，将《党章》、习近平总书记系列讲话精神、习近平总书记在参加十三届全国人大二次会议甘肃代表团审议时的重要讲话、《习近平扶贫论述摘编》《甘肃省事业单位党支部建设标准化手册》等列为重点学习内容。坚持每月集中学习和自学相结合，利用好“学习强国 APP”，微信“党员干部学习交流群”等，抓好党员干部理想信念教育，牢固树立“四个意识”，坚定“四个自信”，做到“两个维护”。

（二）加强政治教育，不断强化组织生活

我院党支部结合当前的政治形势、工作实际，认真落实好“三会一课”，做到确保时间、人员、内容和效果“四到位”，有效地解决了思想问题，促进了实际工作的开展。党支部积极发动、重点学习、深入讨论，紧紧围绕党章中党员标准、义务，认真开展民主评议工作，促进了全体党员对照检查自己的问题。

（三）加强政治活动，不断丰富文化

切实加强院内群团工作，充分发挥群团组织作用。结合春节、“3·8”妇女节、“5·12”护士节等节目丰富职工文化生活，慰问困难党员、职工及离退休老干部，开展植树绿化环境等活动，丰富职工文化生活，努力营造团结和谐，充满生机和活力的干事创业环境，使“家”文化建设在医院开花结果。扎实开展党建共驻共建活动。联合甘肃省妇幼保健院开展“铭记初心 共谋发展”支部共建座谈交流会，积极探索健康扶贫工作开展经验、党建与业务工作融合模式。积极参与合作市当周街道办开展的“扶残助残献爱心·共驻共建显真情”共驻共建活动，为甘南州特殊教育学校的残疾儿童献爱心，捐赠价值 4500 元的生活用品。

（四）加强组织建设，夯实党建基础

一是抓好党员队伍建设，为医院发展提供了中坚力量，医院中层干部、二级以上科主任基本都由党员来担任，全体党员在岗位上奋力争先，努力向前，有力

地促进了业务工作的发展。二是持续深入抓好党支部标准化建设，以建好用好管好活动场所为着力点，推进党支部标准化建设，提高党建工作科学化水平，基本达到硬件配置齐全、场所功能完备，标牌设置统一规范、管理制度健全完善，较好满足党员活动和服务群众需要，着力增强党支部战斗堡垒作用。三是在行政后勤保障楼内营造党风廉政建设宣传氛围，楼道楼梯间设置宣传自警、自醒、自律、自我监督，党风廉政建设宣传版画 10 多幅，使每个医务人员及党员干部将廉洁自律、廉洁行医入脑入心。

（五）改善工作作风，不断提高服务能力

按照“从严治党、从严治政”的工作原则，强化“两个责任”，落实“一岗双责”，突出“三重一大”的落实，持续深入医疗专项整治。医院、科室和个人层层承诺廉洁诚信服务，医患双方签订不收和不送“红包”协议书。治理医药购销领域的不正之风，与配送企业签订廉洁配送药品、耗材、试剂承诺书。

实行院内行政督查工作的制度化、规范化、程序化。对上下班纪律、会风会纪、工作状态等情况严格督查，对发现的问题及时处理纠正，确保院内每天的工作有序开展。

（六）加强意识形态建设，做好思想政治工作

为落实中央、省、州委关于意识形态工作的文件精神和相关要求，党支部高度重视意识形态工作，多次召开意识形态部署会，进一步规范党员干部的网络行为，促进全院干部职工上下牢固树立政治意识、大局意识、核心意识、看齐意识，坚决维护党中央权威，在思想上、政治上、行动上始终同以习近平同志为核心的党中央保持高度一致。

三、以党建加强队伍建设，推动人才兴院

为了方便人民群众就医，我院借助甘肃省妇幼保健院妇产科儿科专科联盟及兰大一院医联体，发挥省级医院学科优势，组织开展网络课堂、远程会诊、远程急危重症技术支持，使疑难病人不出甘南州就得到及时的有效诊疗，极大的方便了群众就医，并且也降低了患者的医疗费用，使广大患者受到益处，同时大大提

升了医务人员的业务知识水平。

为了适应我院就诊人员日益增长的局面,促进重点专科学术水平的不断提高。我院充分发挥本单位专业技术人才优势，使用好培养好现有人员，把临床妇幼保健一线高级职称专家人员聘为重点学科带头人，并先后聘用了7名州内知名高中级卫生专业技术人员，分别到我院中心妇产科、中医保健科、儿科、妇幼保健科、麻醉科等科室服务，不断完善各级各类工作人员的岗位绩效工资分配办法，建立岗位学科带头人激励机制，对从医30多年坚守在医疗保健平凡的岗位上的医护人员，授予“德医双馨”荣誉称号，并给予绩效奖励。加强和稳定了专业技术人才队伍建设。

2019年,我院积极创新党建引领帮扶机制,省妇幼保健院支持帮扶我院妇科、儿科等设备设施30余万元；确定今年帮扶援藏骨干专业人员4名，形成了领导带队、专家驻点、学科骨干轮流帮扶的精准扶贫、精准发力的援藏模式。作为受援单位，我院努力创造条件，生活上努力完善后勤保障服务；工作上不断优化专家工作环境；行政待遇上，医疗队队长聘任为甘肃省妇幼保健院甘南分院院长，副队长聘任为我院院长助理，其他队员分别在各自科室兼任科室副主任，参与医院管理各项活动，并由我院绩效考核与奖励。工作中，我院选拔政治过硬、医德医风好、业务素质高的8名青年医务人员，确定“师带徒”形式，通过“师带徒、手把手”培训，给甘南留下一支永不走的医疗队。

四、以党建提升管理水平，加快医院发展步伐

在全体干部职工的共同努力下，2019年上半年门诊接诊达27813余人次，服务人次提高12%。住院治疗1567人次，服务人次提高6%。住院分娩780人次。成功地抢救了妇产科、儿科危重病人54例，病床使用率为82.8%。在甘南藏区取得了良好的社会效益和经济效益，为全州妇幼保健事业发展做出了表率，为进一步提高民族地区妇幼保健服务水平奠定了良好基础。

全州妇幼保健群体性保健工作指标不断进步。2019年上半年全州重点妇幼卫生指标完成情况良好。全州活产数为3228人，产妇人数为3233人，上半年创造全州孕产妇零死亡，产前检查率为97.32%，比2018年上半年提高1.42%；孕产妇住院分娩人数为3198人，住院分娩率为98.9%，比2018年上半年提高0.28%；孕产妇系统管理率为89.1%，与2018年上半年比下降了3.9%；三岁以下儿童系统管理率为91%；七岁以下儿童健康管理率82.1%，比2018年上半年下降1.1%；5岁以下儿童死亡数为12人、死亡率3.72‰，比2018年上半年降低2.48‰；婴儿死亡数10人、死亡率为3.1‰，比2018年上半年降低1.8‰；新生儿死亡数7人、死亡率为2.17‰，比2018年上半年降低1.43‰。

近年来，州妇幼保健院以党建工作引领，着力提高基层妇幼健康服务能力，在甘南藏区取得了良好的社会效益和经济效益，为全州妇幼保健事业发展做出了表率，为进一步提高民族地区妇幼保健服务水平奠定了良好基础。

1. 门诊服务人次比2011年提升了近10倍。

2. 住院服务人次比2011年提升了近10倍。

3. 固定设备资产比2011年提高近8倍。

4. 职工绩效工资收入比2011年提高了近5倍。

2015年11月我院被国家卫生计生委妇幼司评为“全国百家优秀爱婴医院”。2016年被国家卫生计生委妇幼健康服务司评为“西部地区妇幼卫生能力提升项目先进受援机构”，并正式成为国家卫生和计划生育委员会开展的中国宫颈癌防治工程定点医院。被甘肃省妇联评为“甘肃省三八红旗集体”荣誉称号。2018年被甘南州委、州政府表彰为“甘南州民族团结进步创建工作先进集体”荣誉称号。去年在首届中国医师节，我院妇产科团队被甘肃省卫生计生委授予“甘肃省优秀医师团队”荣誉称号。在甘南州妇幼健康技能竞赛中，荣获全州妇幼健康技能大赛团体一等奖，三个专业两个个人一等奖，一个个人三等奖。积极争取中国妇幼保健协会及宋庆龄基金会为我中心捐赠价值15万元的救护车一辆。2019年3月被中华全国妇女联合会表彰为“全国三八红旗集体”，并授予荣誉称号。

五、以党建深化医疗改革，大力提升服务保健质效

一是加强现代医院管理进程，规范医院运行，建立了分级诊疗管理制度并严

格执行。2019年上半年城乡居民医疗保险报销595人次，共112.18万元。二是严格执行零差率销售药品。2017年8月28日零点起，我中心实行药品零差率销售，破除以药补医，截至2019年5月，药品让利药品加成120万元，药占比控制在30%以下。三是2018年1月1日起执行甘南州2017版医疗服务价格，4月18日起执行住院患者“先诊疗、后付费”和“一站式”结报服务模式，切实解决群众“看病难、看病贵”的问题。四是自“一人一策”健康扶贫工作开展以来，抽调11名副高以上职称专家前往合作市、碌曲县开展家庭医师签约、制定因病致贫返贫户“一人一策”健康帮扶措施工作。

六、以党建工作强基固本，积极组织创二甲工作

为全面提升医院管理水平和服务效率，持续改进医疗服务质量，推进医院又快又好发展，在通过创二甲州级评审的同时，全院各科室团结协作、全体职工齐心协力，积极整改，通过对照材料查漏补缺等完善了大部分资料，逐步建立了功能健全、制度完整、技术完善、管理规范、运行高效的妇幼卫生服务体系，以积极向上的态度迎接省级复评。

七、下一步工作打算

我们将以学习贯彻落实十九大精神及习近平新时代中国特色社会主义思想为主线，以党章为根本遵循，紧密结合“不忘初心、牢记使命”主题教育，紧密结合单位工作特点，引导全体党员干部聚焦干事创业加快发展，在工作实践中找准位置、发挥作用、彰显作为。以新时代、新思想、新理念引领甘南藏区新妇幼、新发展、新作为，创造不负党、不愧群众的新业绩，为党的健康事业继续努力奋斗。

一个骨科医生的“医者仁心”

江西省宜春市第二人民医院

他，工作严谨、手术造诣精湛、谦虚好学；

他，任劳任怨、精益求精，把病人当亲人。

19年来，他兢兢业业，一直坚守在医疗第一线。

……

他，就是宜春市第二人民医院骨科副主任钱志松。

钱志松在袁州区金瑞中心卫生院工作，经过自己的努力，他考上了南昌大学医学院外科学专业的研究生。2009年研究生毕业之后，便在宜春市第二人民医院骨科工作。在工作中，他处处以共产党员的标准严格要求自己，立足本职，爱岗敬业，恪尽职守，勤奋工作，诚恳待人，积极发挥党员的先锋模范作用和医生的救死扶伤作用，赢得了同事和患者的一致好评。

勇于探索，多项手术取得成功

“我是宜春人，有责任把先进的技术带到宜春，给宜春人民带来便利，让他们享受现代医学高度发展的成果。”毕业后，他放弃了到大城市发展的机会，毅然回到了生他养他的家乡。

作为一名医生、一名党员，钱志松始终保持好学向上的心态，孜孜不倦地汲取着新知识、新营养。作为一名党员，在政治上，他积极参加党组织的一系列学习活动，认真学习党章、法律法规，时刻与党的要求保持一致。工作上，他除了参加医院组织的理论学习，还积极参加各种骨科学术活动，经常在网上浏览国内外的医学动态，以此来提高自己的医学理论水平，并把学习到的理论知识更多地用到临床上。

2012 年，袁州区芦村镇的黄女士患有严重的颈椎病，行走不稳，四肢一天抽搐十余次。钱志松马上给她做了仔细的检查，确定患的是脊髓型颈椎病，必须尽快手术，并决定亲自为其进行颈椎管前路减压植骨钢板内固定手术。

在做手术之前，他花费大量时间查阅资料，并制订了一套严密的手术方案。手术做得非常成功。在医护人员的精心看护下，患者手术后的当天，原有的手足抽搐、麻木等症状完全消失，术后第三天就能自已起床下地行走、活动。患者和家属激动不已，逢人就说："钱医生真是全家的'大救星'哪。"

钱志松的努力取得了一系列成果。他成功地开展了颈椎管前路减压植骨钢板内固定手术，颈椎管后路减压钉棒内固定术，颈椎管前、后路联合减压内固定手术，以及胸椎管、腰椎管后路减压钉棒内固定手术，均取得了较好的治疗效果，填补了该院几项医疗技术上的空白，给患者带来福音。

任劳任怨，病人的事就是他的事

急病人所急，想病人所想，任劳任怨是钱志松的写照。

钱志松是医院出了名的"工作狂"。由于医术好、人品佳，慕名来找他看病的患者越来越多。不管是什么时候，只要一接到电话，钱志松总是第一时间从家中赶到医院，认真为患者诊疗。不管当天工作到多晚，第二天患者仍能在病房看到他的身影，查房、诊疗、手术……

讨论疑难病例时，钱志松很健谈，总有自己的一番见解。而在生活中，他却很寡言，从来没有向领导提过要求。

不久前的一个周日，钱志松的儿子在玩耍的时候不小心摔了一跤，造成桡骨头半脱位。他爱人打来电话，让他回家看一下。但是当时病人很多，他走不开，坚持把最后一个病人看完才离开。回到家里，女儿埋怨他说："弟弟是不是你的儿子？痛了几个小时你都不管！是你自己的儿子重要还是那些病人更重要？"这个在病房、在手术台上叱咤风云，掌控全局的汉子，对着自己的女儿，此时一句话也说不出来，只有愧疚地轻轻摸一摸孩子的头。

精益求精，拥有一颗“仁爱之心”

钱志松对待医术、对待工作要求十分高，不容许工作上一点儿的不完美。但是，对待患者却有一颗十分细腻的“仁爱之心”。

2015 年的一天，120 急救车送来了一位 60 多岁、全身散发出恶臭的智障流浪者。他刚为这位患者打完石膏，患者示意需要解大便。因为患者没有亲人在场，钱志松只好忍着刺鼻的臭味，为这位素未谋面的智障患者托屎装尿，最后还为患者擦拭肛门。

钱志松就是这样，用一件件小事，完美地诠释了一个“医者仁心“的好医生形象，以锲而不舍的追求和脚踏实地的努力工作，赢得了患者的信任。完美地诠释了一个全心全意为人民服务的好党员、好医生形象。

致力为公秉承使命　竭诚服务百姓健康

——郯城县第一人民医院十项措施服务群众健康

山东省郯城县第一人民医院　李金花

在马陵山麓、沂沭河畔的古郯大地上，始建于20世纪40年代的郯城县第一人民医院，历经70余年的坚守与蜕变，从一个小小的卫生所逐渐发展成现在占地145亩，建筑面积10万余平方米，拥有46个临床病区和12个医技科室，在职职工1392名、医疗设备固定资产1.2亿元、在县域及周边地区都享有较高声誉的综合医院。

敬佑生命、救死扶伤，是仁医良医的精神支撑，是白衣天使的终生信仰，医院本着“尊重生命，呵护健康，注重人文，精益求精”的精神，秉承“厚德笃行、医精惠民”的院训，在习近平总书记提出的“实施健康中国战略”中，坚持公益性不动摇，积极推进综合改革，致力于医疗服务、创新发展，以提升技能、健康惠民、服务群众为己任，真心实意造福地方百姓。

措施之一：打造医疗质量安全，让患者就医满意放心

医院始终坚持以健康为中心、以质量为核心，严格落实医疗安全管理的相关法律法规、规章制度、诊疗规范和技术操作规程，对于核心制度及岗位职责，人人知晓、个个掌握；医疗质量管理委员会在月、季度、半年和一年时定期进行质量检查，发现问题及时反馈督促整改，将检查情况在内网公示，并与科室的绩效挂钩；对重点部门、关键环节、薄弱环节如重症医学科、急诊科、血液透析室、新生儿监护室、麻醉科、供应室等加强重点管理；强化对输血、患者安全目标、

围手术期以及新技术项目等关键环节的措施落实，近几年，医院没有一起大的责任事故或纠纷发生。

持续开展合理用药和抗菌药物专项整治，通过“处方点评”、控制“药占比”、限制辅助用药、对超过500元大处方进行综合管理等手段，规范用药行为，减少不合理用药。目前，全院“药占比”为24.03%，住院患者抗菌药物使用率47.19%，药品不良反应监测工作连续十年获得市、县“药品不良反应监测先进集体”荣誉称号。利用PDCA或品管圈管理工具进行护理质量管理；建有“急危重症护理应急管理机制”，遇突发、特殊情况，人员及时到位；全体医护人员注重沟通，主动服务，对患者进行身心两方面的指导，加快了患者康复进程。

措施之二：加快信息化建设步伐，改善患者就医体验

医院紧跟时代发展步伐，加快推进信息化流程再造和服务模式创新，在建设使用医院信息管理系统（HIS）、临床路径系统、影像资料存储与传输系统（PACS）、检验信息系统（LIS）、手麻系统及重症监护系统、协同办公系统、IPS入侵检测系统的基础上，积极探索“互联网+”医疗模式，又陆续建立了预约诊疗、分诊叫号系统、“5·12”考试系统、合理用药系统、病案质控统计系统、不良事件上报系统、等级评审系统、移动医生查房系统、移动护士工作站、心电工作站等，预约就诊可通过人工窗口、电话、微信、自助机等。实现身份证、社保卡、“一卡通”等多卡通用，提高就诊效率，最大限度地减少排队环节、缩短就诊等待时间；“微信患者移动服务平台”可让患者享受智能导医、预约挂号、就诊顺序推送、检验与检查报告推送、费用支付、费用明细查看、就医满意度反馈等服务。全自动发药机、“银医通”自助系统、“共享轮椅”、微信扫码自助储物柜、扫码领取纸巾等不仅方便了群众，保障了候诊秩序，更加提高了工作效率。

措施之三：争创市级重点专科，提高专业技术水平

在学科建设方面，形成自己的特色和优势，目前已有感染性疾病科、肛肠外科、眼科、泌尿外科、儿科、普外科、心血管内科、呼吸内科、影像科、骨科、内分泌科、肾内科和急诊科 13 个市级临床重点专科；成功承办了山东中西医结合学会肛肠专业委员会第二届七次学术年会暨全国肛肠手术无痛管理及快速康复技术论坛，这不仅是该院历史以来承办的最高规模的会议，也是省级年会第一次选择在县级医院召开，在业界引起了良好反响；“职业健康体检资质”通过了省职防院的复审。“山东省残疾儿童康复救助工程脑瘫项目”通过了省、市残联的评审验收。医院还成立了孕妇学校、胸痛中心、介入中心、卒中中心、创伤救治中心、伤口造口门诊等。

措施之四：丰富为民服务内涵，专家送医送药进基层

为让基层群众就近享受优质医疗服务，每年的“学雷锋日”“爱眼日”“爱耳日”“爱牙日”“重阳节”“糖尿病日”等节日，深入学校、敬老院、广场、社区、乡村等开展送健康、送服务、义诊义治及送医送药活动，2017 全年和 2018 年上半年，开展义诊活动 11 次，惠及万余名群众，发放药品价值近 8000 元；与共青团郯城县委联合，组织相关医务人员成立健康扶贫医疗队，计划利用两年的时间，陆续对全县 126 个社区开展“青春扶贫 • 医路同行”活动，为社区居民开展健康咨询、查体及送医送药服务。目前，扶贫医疗队已深入了 14 个社区，发放健康资料 4000 余份，发放药品 20000 余元，受惠群众 5000 余人次。

措施之五：拓宽服务范围，上接下连服务高效优质

医院与北京 301 医院、山东省千佛山医院、临沂市人民医院、江苏省新沂市人民医院等多家三级医院建立了协作或合作关系，与齐鲁医院和山东医学影像研究所建立了远程会诊系统。定期邀请三级医院知名专家来院讲座、手术、学术交流，加快了人才培养步伐和新技术、新疗法的推广，让群众不出县就能享受到各级专家的权威诊断和治疗服务。针对基层医疗卫生机构管理落后、病床使用率低、设备重复购置且较为低端、群众就医难等问题，先后与县域内 7 家乡镇卫生院组建了医疗联合体，以“资源共享、优势互补、互利互赢”为原则，以“项目合作、技术帮扶、专科建设、人才培养、学术交流、科研开发”为纽带，建立“基层首诊、双向转诊、上下联动、急慢分治”的分级诊疗制度，并为转诊病人开辟“绿色通道”，其经验做法作为“样板”在全市进行了宣传报道。

措施之六：坚持公益性质不动摇，解决群众看病就医难问题

积极推进健康扶贫工作，对持有惠民卡的贫困人员实行“两免两减半（普通门诊挂号费、检查费全免，门诊专家诊查费、大型设备检查费减半）”优惠政策，并在全市率先实行贫困人口住院费用“一站式”报销，该项工作 2017 年启动，已让 2142 例次贫困患者受益，医院为此承担 51.99 万元费用，贫困患者个人担负不超过 10%；开展免费白内障手术。2017 年全年至 2018 年上半年完成 650 余例，累计为病人节约费用 155 余万元，目前该手术仍在继续进行中；其他公益行为，比如“结亲连心”“驻村第一书记”“慈心一日捐”、造血干细胞捐献、征兵体检服务、高考体检服务以及为全县各种会议、比赛活动承担医疗救助任务等。

措施之七：创新服务模式，打造服务品牌

为全面提升服务水平，该院自 2005 年开展“创病人满意病房，争做星级护士”活动，至 2018 年已开展了 14 个周期，优质护理服务实现了全院 29 个病房科室全覆盖。为进一步提高专病预防诊治水平，神经内科开设了心脑血管病健康教育基地、内分泌科开设糖尿病健康教育大课堂、肝病科成立了肝友俱乐部。孕妇学校面向社会开展优生优育讲座、孕期保健指导；肝病学校不定期开展急、慢性肝炎知识讲座，肝病诊疗咨询；糖尿病宣教室每月 8 日定期举办健康教育大课堂，目前已举办 160 期，辅导糖尿病患者及亲属 8000 余人次。开展出院病人回访，及时了解患者病情恢复情况，指导康复并征求意见、建议，2018 年前 11 个月，电话及短信回访出院病人 41215 人次，占出院人数的 84.62%，群众满意度为 97.14%。

措施之八：强化人才队伍建设，建设高水平医疗团队

一所好的医院要有一批技术过硬和医德高尚的医生。基于此，院党委形成共识，在采用“短、平、快”的方式积极培养现有人才的同时，不断拓展招才引智渠道，优化人才环境，扩大对内对外学术合作与交流。每年选送 20 名以上中青年业务骨干到国家或省级以上知名医院进修学习、学术研讨，并聘请上级专家来院讲学授课、手术示教；培养和引进了 44 名硕士研究生；与青岛大学医学院合作，设立了全县首个在职研究生培训班，为专业技术人员接受高层次教育搭建了良好的平台。在人才管理上，完善竞争、激励机制，制定各类岗前培训、业务学习培训、能力提升培训，促进全员整体素质提升；分批次组织全体中层到浙江邵逸夫医院、山东千佛山医院、浙江大学、临沂市委党校等地培训学习，提升了中层人员的管理水平。

措施之九：建设医院人文文化，树立良好社会形象

医院注重秉承优秀的传统文化，深入探讨如何塑造医院文化品牌，在打造医院人文方面做出了新突破。一是为医务人员塑立铜像，铜像底座上镌刻的“精益求精”，体现了行业的特点和要求；二是建成了“一横两纵”文化长廊，“一横”是“厚德笃行，医精惠民”的新院训，阐释出医院宗旨和医院精神，“两纵”长廊，是“引领—足迹—成就”，展现了医院从无到有、从小到大、从沧桑到辉煌的发展历程；三是建立了“荣誉展室”，展示建院 70 多年来的精神传承和辉煌成就；四是建成了“职工之家”，为职工锻炼身体、休闲娱乐搭建了良好的平台；五是成立“老干部活动中心”，让离退休干部职工深切感受到来自医院的温暖和关怀；六是设立了“病员营养餐厅”和“职工餐厅”，原材料保证，饭食新鲜多样且价格实惠，可以满足不同病员需求及职工生活所需。打造医院文化建设新高地，对医院内、外观进行重新设计，围绕党建文化、医院文化、孔孟文化三条主线，利用展板、雕塑、景观等形式，凸显医院人文特色，提升职工思想意识，提高群众就医感受。

措施之十：提高党员干部队伍素质，发挥模范表率作用

在全面从严治党的要求下，院党委不断加强领导班子自身建设、党员队伍素质建设和党风廉政建设，强化责任落实，大力提高党员职工的思想政治工作水平，创新教育学习机制和“双向培养”机制，努力将优秀党员培养成业务骨干、将业务骨干培养成党员；推进廉政建设常态化机制，每月 5 日定为“廉政自省日”，组织教育和自省活动；开展优秀、先进党员评选，并加大宣传力度，引导党员立足岗位、争创一流；创新为民服务机制，设立党员先锋岗，强监督、亮身份、明承诺、做表率，自觉接受职工和群众的监督，真正把“服务群众，维护健康，加强作风建设”作为医疗服务永远的行动主题。

服务新时代 展现新作为
助力全县妇幼健康

山西省河曲县妇幼保健计划生育服务中心

一、2018 年工作总结

河曲县妇幼保健计划生育服务中心（以下简称中心）在县委政府的领导下，在县卫计局的指导下，认真学习贯彻落实党的十九大精神和习近平总书记视察山西的重要讲话精神，全面落实脱贫攻坚和妇幼卫生保健工作，切实履行“一岗双责”和妇幼卫生的公共职能，圆满地完成了省市给我县下达的各项妇幼工作任务，具体工作归纳如下。

（一）政治理论学习方面

中心认真学习贯彻落实党的十九大精神和习近平总书记视察山西的重要讲话精神，将“两学一做”“四联三强化”“三基建设”“维护核心见诸行动”主题教育活动等与贯彻落实党的十九大精神有机地结合起来，争取以走出去，请进来的方式进行学习，提高广大党员干部的工作积极性，使中心全体党员干部职工紧密地团结在以习近平总书记为核心的党中央周围，顺利地完成省市给我县下达的各项工作任务。

（二）脱贫攻坚方面

1. 中心今年上半年加大了对所包贫困村田巨峁村成立的集体经济合作社和中心干部职工所包文笔镇、前川乡贫困户的帮扶力度，在过春节之际，对所包贫困户进行走访慰问，送去白面、黄油、肉、衣服和床单等节日慰问品，并派出驻村工作队长和驻村工作队员进行帮扶，中心党支部与巡镇镇党委政府共同研究田巨峁村搬迁后村民的安置工作，对搬迁后新成立的集体经济合作社就如何运行与巡镇镇党委政府共同进行了研究，制订了帮扶措施，使该村集体经济合作社走上了正常运行。

从今年 8 月份开始，为了响应全县脱贫攻坚摘帽的号召，服从县脱贫指挥部的安排，重新调整了帮扶责任人，中心有 37 人参加结对帮扶，分布在前川乡刘家沙也、李家沙也、前沟和史家山村共计 78 户，接任务后，中心党支部高度重视及时协调召开了有乡政府、驻村工作队、村委和中心所有的帮扶责任人参加的帮扶责任人培训会，由于大部分职工为临床医务人员，第一次参加结对帮扶，对扶贫政策不了解，中心多次聘请前川乡扶贫副乡长对他们进行业务培训，提高他们的业务素质，使他们在极短的时间内投入到了扶贫工作中。为了做好扶贫工作，中心主任带领帮扶责任人亲自到每一户贫困户家中，了解具体情况，和乡政府共同制订帮扶计划。

2. 中心主任带领全体党员及医疗队到中心所包贫困户家中宣传扶贫政策，并为贫困户进行了健康体检，把党的十九大精神宣传贯彻落实到群众中，提高了广大群众对党的政策的理解力度，树立了贫困户的脱贫信心，受到了所包贫困户的普遍好评。

（三）业务方面

今年以来，中心重点从强化基层妇幼保健管理，实施“三注重”督导，制订妇幼保健工作督导考核标准，注重加强“平时指导督导，季度督查通报、年度全面评估考核”三项举措来确保妇幼卫生服务项目顺利实施，并取得实效。

1. 为了提升妇幼保健服务能力，我中心以一法两纲为主线，强化专业技能培训，规范了高危孕产妇的筛查管理与追踪随访工作，不断提升了急救服务能力，规范了孕产妇系统管理工作，使孕产妇系统管理率达 90.2%（2018 年 1—12 月份全县活产 961 人，产妇 961 人；产检 961 人，产检率 100%；产检≥ 5 次 836 人，早期孕检 606 人，早检率 63.1% 以上；产后访视 855 人，访视率 89%；住院分娩 961 人，住院分娩率 100%，其中剖宫产 187 人，剖宫产率 19%；孕产妇系统管理 606 人，系统管理率 63.1%；高危孕产妇 284 人，高危孕产妇管理 284 人，管理率 100%；高危孕产妇住院分娩 284 人，住院分娩率 100%）。

2. 规范了我县儿童系统管理工作。全县 0 ~ 6 岁儿童健康管理率 96%，3 岁以下儿童系统管理率为 90%，6 个月内母乳喂养率 96%，纯母乳喂养率 89% 以上，5 岁以下儿童生长迟缓率 1.12%、低体重儿率为 1.60%、贫血患病率为 13.6%。

3. 开展国家免费孕前优生健康检查工作。到目前为止，孕前优生健康检查 1002 人（任务数为 984 人）任务完成率为 101%.

4. 出生医学缺陷预防干预工作。为了防止出生医学缺陷的发生，今年我县对准备怀孕的妇女发放叶酸，1—12 月份叶酸发放服用人数 1250 人，发放 2263 盒，已完成了省市给我县下达任务的 109%。

5. 新生儿疾病筛查工作。1—12 月份，新生儿疾病筛查率为 91.2%，新生儿听力筛查率为 90.8%，筛查率位居全市前列。出生缺陷发生率 40/ 万，神经管畸形发生率为 0/ 万。发生率均低于全省平均水平。

6. 今年我县继续开展孕产妇免费产前筛查及产前诊断工作，通过大力宣传和动员，提高了育龄群众的知晓率，使孕产妇产前筛查率达 80% 以上，到 12 月份，共筛查 919 人，其中初筛高风险人数 86 人，高风险率为 9.35%，完成了省市给我县下达任务的 113%。（任务数为 805 人），此项民生工作位于全市第 1 名。为了提高我县医务人员的筛查水平，我中心于今年 5 月份聘请省妇幼保健院的专家对我县的相关医务人员进行了专业培训。

7. 今年中心承担着全县 0 ~ 6 岁残疾儿童初筛工作，1—12 月通过对全县 4883 多名儿童初筛，共发现异常儿童 38 人（通过筛查已发现视力缺陷、弱视 23 人，智障、自闭症、发育异常 13 人。聋哑儿 0 人，肢体残疾 2 人）。

8. 我县认真贯彻落实《托儿所、幼儿园卫生保健管理办法》，2018 年 6 月 30 日前对全县 24 所托幼机构的幼儿园进行了卫生监督管理、卫生保健指导，托幼机构卫生管理率达 100%，幼儿健康体检 4842 多人，及时反馈体检结果，并提出相应的指导意见和干预措施。

9. 为了提高我县“艾、梅、乙”母婴传播阻断工作的管理水平，我中心于 5 月份聘请省妇幼保健院的专家对我县的相关医务人员进行了专业培训，并根据我县90%的孕产妇在县城居住的特点，由中心统一进行第一次产前检查，并进行“艾、梅、乙”初筛，筛查率达100%（2018年1—12月份共有1792名孕产妇接受咨询与检测，检测率100%，其中初检发现乙肝表面抗原阳性产妇12例，梅毒0例，艾滋病0例，均给予了科学规范的治疗），到目前为止，已完成省市给我县下达咨询与检测任务的112%。

10. 为了抓好妇幼工作，我中心建立和完善了妇幼卫生信息报告与信息安全制度，并定期对基层妇幼保健工作进行评估、指导、培训。积极开展适宜技术培训。除以会代训外，2018年全年举办培训班3次，培训人次达270余人。

11. 全面推行妇幼卫生重大公共项目工作，成立了工作领导小组及专家技术指导小组，制定各类妇幼卫生项目实施方案及督导评估标准，规范项目工作流程，定期开展项目业务指导及督导考核，从而提高了全县妇女儿童的健康水平。

12. 加强避孕药具的宣传管理和发放工作，利用各乡镇赶集、过古会及人口集聚的地方进行宣传和发放避孕药具及宣传资料，在全县建立避孕药具发放点10个，投入自动取用机5台，全年累计发放避孕药具4200余盒、发放各种宣传资料10700余份。

13. 我中心受县妇联的委托承担着全县35 ~ 64周岁农村妇女的“两癌”筛查工作，到目前为止共筛查8927人，确诊宫颈癌14例，乳腺癌2例，非典型性增生（癌前病变）55例，均提供了科学规范的治疗方案。此项工作完成了省市给我县下达检查任务的101.5%。

14. 加强《出生医学证明》管理工作。今年为了加强我县《出生医学证明》的管理，规范管理和发放人员的工作流程，对全县从事《出生医学证明》管理和发放的工作人员进行了业务培训，重新制定了我县《出生医学证明》的管理流程，规范了我县《出生医学证明》的发放工作，同时按季度对河曲县人民医院的《出生医学证明》的发放和管理工作进行了专项督导，对督导中发现的问题提出了整改建议。通过以上举措，使我县的《出生医学证明》的管理和发放工作更加规范。

15. 今年我县启动了贫困地区儿童营养改善项目工作，为了做好此项工作，按照省市文件精神，聘请省妇幼保健院的专家对全县参与此项工作的所有医务人员进行了专业培训，同时制定了我县的儿童营养包管理和发放流程，并且对各乡镇卫生院进行定期督导，对发现的问题提出指导意见，要求限期整改。到目前为止，我县共为1156名儿童发放了营养包，发放率达85%，同时对服用营养包的儿童家长进行了相关知识的宣传和回访工作，提高了家长对儿童营养包的认可和知晓率，从而保证了儿童营养包的有效服用率。

（四）存在的主要问题和不足

1.学习上认识不够。一是认为平时理论学习是软任务，被动学习多，主动学习少；二是认为我中心的业务工作多，事杂，难以集中精力开展理论教育活动，忽视了理论学习是做好各项工作的思想动力和政治保证；三是理论学习不能持之以恒，周五学习日因工作繁忙，没有完全落实；四是纯政治理论学习的多，联系实际解决问题的少。

2.对党员干部职工的教育、管理、监督不够。在平时工作中，主观上对党员干部职工加强管理的意识不强，致使个别党员干部职工放松了思想改造，党的理想信念与为人民服务的宗旨意识淡薄，整天乐得清闲，不思进取，工作上只求过得去，不求过得硬。

3.主体责任落实不够到位。中心领导班子落实“一岗双责”和党风廉政建设不够到位，没有将压力层层传导下去，平时重业务，轻学习，没有将政治理论学习与中心工作紧密地结合起来，导致中心个别职工出现理想信念宗旨意识淡化，工作敷衍塞责，工作质量和效率不高的问题。

4.对职工的专业能力提升培训力度不够。因中心今年承担民生实事和扶贫工作，再加上平时的业务工作繁重，放松了对职工的专业能力提升培训力度，导致个别职工业务素质差，不能够适应新时代下的新岗位要求，在工作中不能够完成本职工作。

（五）今后努力方向

一是要教育中心广大干部职工坚持理想信念和党性修养，要组织中心党员干部职工加强政治理论学习，全面系统地学习习总书记系列讲话，党的十九大及十九届四中、五中、六中全会精神和习总书记视察山西的重要讲话精神及骆惠宁书记在忻州调研时的重要讲话精神，坚持理论联系实际，努力提高服务意识，用科学的发展观。创造性地开展工作，在思想上与党中央保持高度一致，使广大党员干部职工自觉接受党组织和群众的监督，坚定理想信念，切实履行好本职工作职责。

二是要加强对党员干部职工的教育、管理和监督，严格落实“一岗双责”和党风廉政建设，将压力层层传导下去，将政治理论学习与中心业务工作有机地结合起来，不断提高广大党员干部职工干事创业的积极性和主动性，为做好我中心的各项工作打下坚实的基础。

三是要加大对职工专业能力提升的培训力度。21 世纪是充满期望与挑战的世纪，是知识不断更新的年代，如果不注重对职工理论学习和业务学习的培训，不断掌握现代化科学理论知识和业务新技术，在实际工作中就很难做出科学决策，就难以完成本职工作。因此，在今后的工作中，中心要加大对职工专业能力提升的培训力度，努力提高所有职工的自身素质，使每个职工用政治理论武装头脑，用精湛的医疗技术服务群众，使中心整体服务群众的水平走上一个新的台阶。

二、2019 年的工作计划

经领导班子和支部委员会召开专题会议，在总结 2018 年工作的同时，对发现的问题经过认真的调查研究，深刻分析了存在问题形成的原因，紧紧围绕贯彻落实党的十九大和十九届二中、三中全会精神，以及省委十一届六次全会，市委四届五次全会和骆惠宁书记督导调研忻州讲话精神，为实现全面深化改革，加快转型升级，决胜全面小康进而建成晋陕蒙黄河金三角区经济文化中心这一奋斗目标，经过认真分析我中心面临的形势，机遇和挑战，结合我中心的具体实际情况，制订了 2019 年的工作计划，具体如下。

（一）政治理论学习方面

中心将认真贯彻落实学习党的十九大精神，学习习近平总书记视察山西重要讲话精神和省委十一届六次全会，市委四届五次全会和骆惠宁书记督导调研忻州讲话精神，将“三基建设”“维护核心见诸行动”与中心业务工作紧密地结合起来，不断提高党员干部职工政治理论素质和业务技术水平，提高广大党员干部干事创业的积极性，使中心全体党员干部职工紧密地团结在以习近平总书记为核心的党中央周围，顺利地推进省、市给我县下达的各项妇幼工作任务指标。

（二）脱贫攻坚方面

中心承担着78户结对帮扶任务，2018年全部脱贫，中心及时召开支部委员会，根据每户的具体情况，逐户与乡镇、村委员共同制订了脱贫后巩固发展计划，按照计划，我中心将组织所有结对帮扶责任人认真学习领会扶贫政策，精准施策，开展结对帮扶，使每个贫困户逐步过上小康生活，为我县的脱贫攻坚添砖加瓦。

（三）业务方面

中心将重点从强化基层妇幼保健管理，实施“三注重”督导，并根据省市督导考核方案制订我县妇幼保健工作督导考核标准，要注重加强“平时指导督导，季度督查通报、年度全面评估考核”三项举措来确保妇幼卫生服务项目顺利实施。

1. 加大培训力度，不断提升妇幼保健服务能力。我中心将以一法两纲为主线，对全县从事妇幼工作的工作人员加大专业技术能力培训力度，不断规范高危孕产妇的筛查管理与追踪随访工作，对高危孕产妇实行“五色”管理，畅通急救绿色通道，提升急救服务能力，逐步规范我县对孕产妇系统管理和0 ~ 6岁儿童的健康管理工作，使我县孕产妇系统管理率达91%以上，0 ~ 6岁儿童健康管理率达96%以上。

2. 继续开展国家免费孕前优生健康检查和出生医学缺陷预防干预工作。中心将加大宣传力度和医务人员的培训力度，提高服务人员的服务水平，高质量完成省市给我县下达的检查任务指标。

3. 加大宣传力度，不断提高新生儿疾病筛查率。为了降低我县新生儿出生缺陷疾病的发生率，中心将加大新生儿疾病筛查宣传力度，不断提高我县居民的知晓率，争取使我县的新生儿出生缺陷疾病的发生率均低于全省平均水平。

4. 继续开展孕产妇免费产前筛查及产前诊断工作。为了将这一民生实事办好，中心将加大宣传和动员力度，不断提高育龄群众的知晓率，同时为了提高我县医务人员的筛查水平，我中心准备聘请省市有关专家对我县的相关医务人员进行业务技术培训。

5.加大对我县托儿所、幼儿园的管理工作。我中心将认真贯彻落实《托儿所、幼儿园卫生保健管理办法》，定期对全县24所托幼机构的幼儿园进行卫生监督管理、卫生保健检查指导，及时反馈检查结果，并提出相应的指导意见。

6.继续做好“艾、梅、乙”母婴传播阻断工作。为了提高我县“艾、梅、乙”母婴传播阻断工作的管理水平，我中心将聘请省市有关专家对我县的相关医务人员进行专业技术培训，不断提高他们的业务技术水平，使我县的管理工作不断完善，孕早期检测率不断抬高，按时推进省市给我县下达的任务指标。

7.继续做好农村妇女的“两癌”筛查工作。我中心将和县妇联合作，继续对全县35～64周岁的农村妇女开展“两癌”筛查工作，为了提高医务人员的筛查水平，将对我中心的工作人员进行专业技术能力提升培训，同时加大宣传力度，争取提前完成省市给我县下达的工作任务指标。将这一民生实事办好办实。

8.继续加强《出生医学证明》管理工作。我中心结合新版《出生医学证明》，进一步规范管理和发放人员的工作流程，对全县从事《出生医学证明》管理和发放的工作人员将进行业务培训，规范我县新版《出生医学证明》的管理流程，同时将进一步规范我县新版《出生医学证明》的发放工作，按季度对河曲县人民医院的新版《出生医学证明》的发放和管理工作进行了专项督导。

9.继续开展我县贫困地区儿童营养改善项目工作。我县将继续开展贫困地区儿童营养改善项目工作，为了做好此项工作，按照省市文件精神，将聘请省市有关专家对全县参与此项工作的所有医务人员进行专业培训，同时规范我县的儿童营养包管理和发放流程，加大对各乡镇卫生院的督导力度，同时对服用营养包的儿童家长进行相关知识的宣传和回访工作，不断提高家长对儿童营养包的认可和知晓率，提高儿童营养包的有效服用率。

我中心将在新的一年里，严格履行“一岗双责”和党风廉政建设责任制，认真学习贯彻落实党的十九大精神、习总书记视察山西的重要讲话精神以及省委十一届六次全会、市委四届五次全会和骆惠宁书记督导忻州讲话精神，紧密地团结在以习近平总书记为核心的党中央周围，将政治理论学习与中心业务工作紧密地结合起来，不断提高党员干部干事创业的积极性和主动性，严格执行中央八项规定，争取提前完成省市给我县下达的各项工作任务，撸起袖子加油干，为我县的妇幼健康工作再创辉煌。

固基强本　立足本职　成就健康梦想

——红塔区妇幼保健院"发展史"事迹材料

云南省玉溪市红塔区妇幼保健院　李自敏

红塔区妇幼保健院始建于1953年，前称"玉溪县妇幼保健站"，1992年改"站"建"所"，1997年改"所"建"院"，位于玉溪市中心城区明珠路30号，为政府依法设立的专业公共卫生机构，目前已成为集妇幼保健服务与管理、医疗、教学、科研、培训、临床为一体的"一级甲等"妇幼保健院和红塔区高危孕产妇抢救中心。共设妇产科、儿科住院部，开设了具有保健特色的产后康复保健中心、儿童健康门诊、儿童口腔、眼保健门诊、婴儿水疗室、妇女生殖健康门诊、宫颈疾病门诊、乳腺专科门诊、中医科、围绝经期保健门诊等20余个科室。全院现有在职在编职工97人，其中高职26人，中职35人，卫生专业技术人员占职工总数的91.8%，设病床100张。

2003年以来，红塔区妇幼保健院在历届区委、政府和区卫生局的领导和支持下，在新一届院领导的团结带领下，不忘初心，开拓创新，砥砺奋进，努力破解难题，强力推进基础设施建设，不断壮大特色专科实力，实现了从小到大、从弱到强的跨越式发展。先后获得了卫生部"全国妇幼保健先进集体"、云南省青年文明号、云南省卫生厅"先进集体"、玉溪市首家"爱婴医院"、"玉溪市先进基层党支部"等20余项荣誉称号。与此同时，我院把履行公共卫生职责、改善医疗服务质量作为医院工作的出发点和落脚点，把有效控制医疗费用的过快增长、倾力解决群众看病贵看病难问题作为为民服务的重要体现，赢得了社会广泛赞誉。并在2012年8月全国妇幼保健机构运营与发展状况综合指标排名中获县区级100强称号，为云南省唯一一家进入前100位排名的县区级妇幼保健机构。2013年荣获中华全国妇幼联合会全国农村妇女两癌免费检查工作先进集体称号。2014年12月荣获国家卫计委颁发的“全国妇幼健康服务先进集体”光荣称号。2018年1月荣获国家卫生计生委办公厅颁发的“国家级妇幼健康优质服务示范县（市、区）”称号。

一、固基强本、全面提高自身服务能力

（一）大力推动基础设施建设，持续改善医疗条件

2002年我院内业务用房仅为2000余平方米，病床10张。长期以来，建筑面积的不足、病床数量的有限和医疗设备的相对落后，成为制约我院发展的瓶颈。为破解这一难题，我院千方百计自筹资金，加快基础设施建设。2003—2008年，自筹资金1273.5万元建设业务用房，医院建筑面积由2002年的2000平方米增加到现在的8258余平方米；床位由1992年的10张增加到现在的100张；投入600余万元购置设备。购置多功能全电动产床、多普勒胎儿脐血流诊断仪、全自动生化分析仪、美产GEB超、阿洛卡－α10彩色B超等先进仪器设备150余件（台）。截至目前，固定资产总值从原来的428万元增加到现在的5063.8万元。到2018年底，业务收入3092万元，门诊人次突破14万。临床业务的良好发展，促进和扶持了基层妇幼保健工作的更快发展，二者相辅相成，相互促进，经济效益、社会效益“双丰收”。2012年4月，我院又投入50余万元增加模块，购置PC机及打印机等相关硬件设备，正式启用电子病历系统，进一步完善信息化建设，提高工作效率和诊疗水平。

（二）牢固树立人才立院观念，夯实基层网底建设

1.院内人才培养。开展多种形式的业务学习，结合单位实际，创新学习平台，每年院方均邀请省级专家到我院进行妇幼保健适宜技术培训讲座2 ~ 3次；选送业务骨干150余人次到省外及省内进修学习。推动了新业务、新技术的发展，形成一支政治过硬、作风过硬、技术过硬的专业人才队伍。

2.不断夯实基层网底建设。妇幼公共卫生工作的重点和难点在农村，薄弱环

节在山区。为此，我院一直坚持以保健为中心，重视基层保健工作的思路，为基层配备电脑等信息化建设设备，加强和完善区、乡、村三级妇幼保健网络建设，提高了妇幼保健服务质量，规范信息管理，提高信息的准确性、可靠性，保质保量完成各项工作指标。历年来坚持聘请省市专家对三级妇幼保健人员进行适宜技术培训，近五年，培训两千余人次。同时组织全体基层妇幼专干到省外发达地区参观学习妇幼保健工作开展情况，极大地丰富了基层妇幼专干的专业知识，开阔了眼界。

二、立足本职，依托项目全力开展公共卫生服务

一是开通医疗保健绿色救助通道，落实“降消”项目。2002 年、2003 年分别建立了危急贫困孕产妇救助基金、危急贫困儿童救助基金，政府每年均投入 13 万余元，有效控制了孕产妇及婴幼儿死亡率。

二是全面实施预防艾滋病母婴传播工作，切实降低艾滋病母婴传播的发生率。2005 年至 2018 年底共计实施母婴阻断 224 例，均获得成功，阻断成功率 100%。2006 年被选定为首批全国母婴阻断工作项目区，并被确定参与美国艾伦•戴蒙德艾滋病研究中心、云南省 HIV–1 阳性孕妇抗病毒治疗和预防 HIV–1 母婴传播试点项目研究工作。自 2007 年开展了“彩虹之家”爱心小组活动，为 HIV 阳性孕产妇提供人文关怀及管理；2010 年相关科研论文获市、区科委奖励。2008 年、2011 年两度荣获市政府“三年防艾战争”先进集体表彰。

三是实施国家基本公共卫生服务，开展农村妇女两癌筛查项目。2008 年我院被确定为“中央转移支付地方乳腺癌早诊早治项目筛查点”，2009 年下半年，红塔区被确定为云南省农村妇女乳腺癌检查项目试点县，2008—2018 年，共计为我区 28988 名妇女开展了规范的乳腺癌检查，共确诊乳腺癌 30 例；2016 年开展宫颈癌筛查项目，到 2018 年底共计筛查 6374 例，确诊 3 例，得出了具有较高科研价值的筛查结论。我院高质量、高标准完成国家级乳腺癌筛查项目，得到广大群众的认可和好评，获得卫生部督导专家高度评价；荣获 2013 全国城乡妇女岗位建功、“两癌”免费检查工作先进集体荣誉称号；目前又与国家科技部“乳腺癌、

宫颈癌早期筛查与中西医结合防治技术运用与推广”项目合作立项；“红塔模式”乳腺癌筛查及早诊治早成功分析获2013年度红塔区科技成果进步二等奖。

四是积极拓展保健特色新业务，不断满足人民群众日益增长的保健需求。在全省妇幼系统率先开设了妇女乳腺癌、宫颈癌专科门诊，产后康复中心，儿童系列保健门诊，生殖健康门诊等特色科室，开展了乳腺彩超检查、无痛分娩、妇科微创等新业务，继续开展宫颈癌“三阶梯”筛查、DNA倍体分析。2017年3月，我单位在全省率先开通“中国女性月经不调和围绝经期健康微信全程管理区域平台”，着力为人民群众提供更优质的医疗保健服务。

五是彰显妇幼特色，弘扬中医国粹。2018年2月28日，云南中医药大学实习医院和熊磊教授专家基层工作站的揭牌仪式正式在红塔区妇幼保健院中医馆举行。云南中医药大学校长、全国中医儿科专家熊磊教授及其团队担任驻站专家，指导我院中医儿科发展工作，并于每月定期至我院中医科进行专家门诊坐诊、住院部查房、专题讲座、科研项目的申报和指导等工作，极大促进了我院医疗水平的提高。

中医科自成立以来，在开展妇幼保健工作方面不断努力，发挥中医药绿色、安全、健康的优势，中医内治法与外治法并用，结合中医传统保健养生理念，与游泳中心、儿科、妇产科等加强科室间协作，在临床上对妇科、儿科常见病，多发病进行诊断、治疗；并对其常见问题进行中医保健指导、干预。同时配合其他科室中西医结合开展中医服务，积极开展具有妇幼保健特色的中医服务。

三、深入学习，提高认识，扎实有效推进党风廉政建设，促进妇幼保健计生事业全面发展

院党支部高度重视、精心组织、突出特点、稳步推进，确立了以“服务、奉献、让患者满意”为主题的创建活动。

一是以创先争优为契机，全面加强行业作风建设。开展“加强作风建设、促进廉洁行医”和“三个一”党员教育活动、授旗评星活动、“四亮四评”主题实践活动，通过“亮流程、亮身份、亮职责、亮承诺”，改进工作作风，营造优质的发展环境，2010 年被确定为创先争优区级示范点。

二是以人为本，大力开展“三好一满意”活动。大力开展“三好一满意”活动，医疗质量明显上升，诊疗人次明显提高，医患纠纷明显下降。

三是以开展学习型党组织建设为载体，大力培养学科带头人。党支部建立考评制度，以党小组为单位，开展多种形式的业务学习、病案讨论、学术交流活动。加大政治理论学习力度，严格落实“万名党员进党校”“三会一课”制度。充分发挥医监委的监督作用，认真落实“三重一大”集体决策制度。组织了生动活泼的“三基”操作竞赛、业务知识竞赛、礼仪表演赛等活动，形成有效载体，推动了新业务、新技术的发展，形成了一支政治过硬、作风过硬、技术过硬的党员队伍。党支部对挂钩包村困难户进行慰问，并到社区开展急救知识培训及健康教育知识宣传，配合区总工会为困难职工免费体检。

医院是社会文明的窗口，是救死扶伤的前沿，不论出于对患者的权益保障，还是卫生队伍的稳定发展，都必须要有良好的行业形象。切实解决群众看病难、看病贵的问题，把群众满意作为第一标准，自觉把工作着力点转移到保障和改善民生上来，转移到维护人民群众的健康权益上来，努力构建和谐医患关系，努力为全区妇女、儿童提供优质、安全、便捷、高效、价廉的服务，真正让人民群众满意。

错位发展求突破 中医特色谱新篇

——记发展中的海曙区中医医院

浙江省宁波市海曙区中医医院

宁波市海曙区中医医院，是一座具有60余年历史，中医特色鲜明的区级中医院。创建于1957年，其前身为苍水联合诊所，后相继改名为苍水卫生院、海曙区红十字医院，2000年更名为海曙区中医医院。医院坐落于海曙最繁华的商业中心，交通便捷。医院多次被评为市级基层平安医院、党建共建先进单位、学习型单位、爱卫健教工作先进集体等。

医院现有卫技人员110余名，拥有高级职称人员22名，中级职称30名，其中浙江省基层名中医1名，宁波市基层名中医1名，海曙区名中医3名。内设中医儿科、中医内科、中草药肝科、中医妇科、针灸推拿科、西医内科、外科、皮肤科、妇科、口腔科、五官科等门诊科室，年门诊人次约31万。

海曙区中医医院在60余年发展的历程中始终坚持中医特色，不忘初心，厚植发展优势，勇担重任立潮头。60余年沧桑跌宕印刻着无数勤奋敬业甘于奉献的职工们用自己的汗水、热情和青春年华汇成的医院历史长河，一代又一代海中人励精图治使医院得以不断崛起，厚积而薄发，如今在宁波市基层名中医、市级劳动模范李宗伟院长的带领下沿着一条中医特色明显，错位发展求突破的中医发展道路，同时也为医院发展成学科门类齐全、医疗技术精湛、人才梯队结构合理、学术氛围浓厚、服务水平优良，集医疗、教学、科研、预防保健为一体的现代化规模综合性国家二级中医院而努力奋斗。

曾几何时，有这么一句话时常挂在某些中医人的嘴上，“中医院坚持中医特色，就没有效益、难以发展"，与此同时，一些中医医院的"西化"现象也引起社会的广泛忧虑。但是，随着时间的推移，越来越多的事实证明，中医药特色优势和中医医院的生存发展并不是对立的，在新形势下，特色优势恰是中医医院实现持续发展的灵魂。中医药特色优势是中医药事业赖以生存发展的核心所在和强大动力。此前，由于投入政策不到位，补偿机制不合理，人才队伍培育不利，导致一些中医医院中医药的特色优势逐渐淡化、萎缩，甚至弃自己的田，去种别人的地，有的中医医院也陷入讲效益就要"西化"的误区。

然而，海曙区中医医院60余年的发展实践，有力地证明了特色优势正是其立院之本、发展之魂。

一、以习近平新时代中国特色社会主义思想为指导，走中医强院之路

为全面深入贯彻落实党中央、国务院振兴发展中医药的方针政策和决策部署，海曙区中医医院以习近平新时代中国特色社会主义思想为指导，牢固树立"以人为本、和谐医患、全心全意为人民健康服务"的服务理念，立足中医，面向基层，坚持以中医药为主的发展方向，以专科专病建设为重点，以人才队伍建设为关键，创新中医服务模式，构建特色健康服务体系。

二、以现代化二级中医医院建设为目标，绘中医建院之图

海曙区中医医院地处天一商圈，业务发展严重受限，为解决医院的生存发展问题，经上级领导及有关部门的努力，医院整体迁建项目于2016年9月在海曙区政府常务会议通过，2017年2月正式立项，2018年3月启动施工，现阶段通过我们医院全体职工的共同努力，逐步加强医院科学管理，扩大医院规模。以提高医疗技术水平、强化医疗服务质量、注重人才开发培养为重点，积极探索新的经营模式，做好医院整体搬迁前的各项准备工作。力争使医院综合服务能力明显提高，中医药人员数量占总医务人员数量比例逐年增长，中医药继承和自主创新能力显著增强，中医药特色优势得到明显发挥，成为本地区中医药适宜技术推广、中医临床科研和中医药专业技术人员培养中心，为下一步创建二级中医医院打下

坚实基础。

到 2025 年，通过自身的发展及周边资源的整合，海曙区中医医院已建成规模适度、功能完善、环境优美、设施完备、管理规范、技术精湛的标准化、现代化二级中医医院，为人民群众提供完善有效、质量优良的医疗保健服务。

三、以人才培育为基石，专科建设为抓手，强中医兴院之势

（一）加强人才队伍建设，优化人才梯队结构

海曙区中医医院在市卫健委、区卫健局的正确领导下，深入学习贯彻习近平新时代中国特色社会主义思想和党的十九大报告精神，加强医院人才队伍建设，制定人才培养计划，建立培训体系，推出“三鹰”计划。

1. 金鹰培养。医院重视学科带头人的培养，定期选派优秀学科带头人交流深造，积极申报省市级重点学科，申报省市区级名医，努力造就一支影响较大的“名医”队伍。

2. 雄鹰培养。对于业务能力强的中高级人才，选派进修学习，在提高自身业务素质的同时全面提升能力，积极申报区级院级重点学科，成为各学科的中流砥柱。

3. 雏鹰培养。对于热爱中医药工作的杏林新秀鼓励其开展跟师学习工作，积累临床经验，更好地服务民众。

另外，培养人才还要打好“三张牌”。培养人才要打好政策牌：根据上级文件精神对优秀人才给予奖励并通过优惠政策使引进的人才留得住；培养人才要打好亲情牌：对于优秀专家充分利用“多点执业、预约就诊”等医改政策，定期邀请其来院开展学术讲座、特需门诊等带动学科和人才成长；培养人才要打好合作牌：积极争取和省内外知名的三甲医院合作，采取“请进来、走出去”的模式，选择优秀年轻骨干医师外出进修学习，邀请三甲医院专家举办学术讲座，加快现有人才成长，对重点学科医护人员进行轮训，全面提升医务人员的管理能力和业务技术水平。目前海曙区中医医院有正在筹建的国家级名中医董幼琪工作室海曙站 1 个，全国基层名老中医药专家传承工作室一个，市级劳模工作室 1 个；省级

基层名中医1名，宁波市基层名中医1名，海曙区名中医3名，3名中医类别临床医生分别被遴选为国家级、市级、区级名中医学术经验继承人。

（二）注重重点专科发展，强化临床实践能力

加强重点“6项”专科建设，突出中医药特色优势，提升专科实力。针灸推拿科开设颈腰病专科门诊及小儿推拿专科门诊，运用绿色疗法，激发人体潜能，提高自愈能力，2018年我院针灸推拿科被评为海曙区区级重点培育学科；中医儿科开设生长发育门诊、慢性咳嗽门诊、消化门诊，区域内影响力不断扩大，2018年儿科被评为区级重点学科，全国基层名老中医叶芹工作室设立呼吸病专科门诊，在省市内独树一帜；五官科舌系带矫正门诊是目前宁波市屈指可数的特色专科门诊，通过中医儿科和儿童针灸推拿科、五官科的资源整合，突出儿科中医立体疗法的特色。儿科中医立体疗法通过初步的融合，对哮喘、消化不良、肌性斜颈、遗尿、抽动多动症等优势病种的疗效显著上升，深受患儿家长好评。另外中医内科的肿瘤门诊，妇科的宫颈门诊等专科为患者提供了更好更专业的医疗服务。

海曙区中医医院多年来围绕重点专科建设，针对中医优势病种，入址新院后拟开展多专业联合诊疗、中医综合治疗、经典病房等探索创新，形成可复制可推广的中医多学科诊疗模式。以我院儿科立体化治疗、“颈腰腿痛”疾病多专业一体化诊疗服务模式创新为基础，有效整合与疾病全过程诊疗相关的各专业优势资源，制定实施疾病综合诊疗方案，强化药物疗法和非药物疗法、内治法和外治法的联合应用，提高治疗效果，特别是通过中医经典病房建设，充分发挥中医药在重大疑难疾病、危急重症临床诊疗中的重要作用，对中医药传承创新，改善群众看病就医感受，提高诊疗效率和医疗服务质量有着重要意义。

四、规范医院内部管理，建中医医院务实之本

1.学习现代管理理念，提高整体管理水平

切实按照二级中医医院的要求，完善医疗质量管理体系，以医疗质量为核心，以病案质量管理为中心，强化质量意识，加强工作责任心，完善二级质控组织和质量评价体系，实施全员全程全面质量管理；完善成本核算体系，强化经营理念、市场意识，坚持质中取胜、量中增收的原则。推行全成本核算，进行成本量化管

理，切实降低医疗成本。加强医保费用管理，积极推行单病种费用控制办法，做到合理检查、合理用药、合理收费，降低病人负担。

2. 强化医院制度建设

联系医疗卫生改革和医院工作实际，进一步加强医院管理，强化制度建设，不断完善医院各项规章制度、诊疗技术常规和操作规范及各种工作质量考核标准、考核办法，保证医院各项工作制度化、规范化管理。

3. 坚持强化继续教育

有序开展全院职工的中医药技术培训和继续教育工作，着重加强中医住院医师规范化培训和中医药专业技术人员“三基”培训，并加强对科室主任、护士长的中医药知识培训。培养一批高素质的中医药管理人才和专业技术人才，保证医院可持续发展。

4. 加强中医药科研研究

现阶段力争完成市区级中医药科研课题不少于 2 项，坚持科研直接为提高临床中医疗效服务。新院投入使用后，各科室积极申报开展临床科研研究，争取每年有一项省市区级科研立项。

5. 做好中医重点专科的申报工作

坚持以“专科特色为龙头，提高整体功能，促进综合发展”的办院方向，坚持中医特色，发挥中医专长，加强专科建设，五年内，努力将我院重点科室中医儿科或针灸科打造成市级中医重点专科、县级龙头学科。

6. 加强医院信息化建设

利用新院建设这一契机，结合“最多跑一次”工作要求，全面更新软件信息系统，对 HIS、PACS 进行升级改造，逐步推行中医电子病历并按照国家中医药管理局要求建立中医药视频平台，临床医护人员能够定期参加中医药适宜技术推广网络视频交流与培训活动，构建基本现代化中医医院。设置独立的远程会诊诊室，建设云医院诊疗服务体系。

7. 加强中药药事管理

按照《医院中药房基本标准》的要求，合理调整中药房的布局，严格执行有关中药饮片、中药煎药室、中药饮片处方等有关规定，规范临床用药行为，推广使用院内中药协定处方，大力提高中医药（中药饮片、颗粒剂、中成药和中药制剂）使用率。加强医院中药制剂的临床研发和应用，加快标准化中药制剂室建设。同时进一步规范膏方制剂室的使用。

8. 突出医院文化建设

（1）深入开展优质服务活动，落实承诺服务和便民措施，不断提高医疗服务满意度。大力纠正行业不正之风，完善投诉查处机制，促进医院行业形象不断提升。

（2）加强中医药文化建设。医院制定中医药文化建设实施方案。坚持统筹规划，要从建筑风格、内部装潢、诊疗环境、形象识别等方面入手，通过传统文化元素和艺术手段（书法、摄影等）展现中医药文化，营造出特色更加鲜明、内涵更为丰富的中医药文化氛围。强化核心价值理念，将中医药文化核心价值融入办院理念、医院管理、人才培养、诊疗服务、品牌塑造及院内的建筑风格等医院形象体系中，在全院形成浓郁热烈的中医药文化氛围。积极开展中医药非物质文化遗产传承工作，推进国家中医药传统知识保护名录的收集工作。

（3）拓展阵地，注重宣传。充分利用报刊、电台、电视、杂志、微信、QQ群、网络等现代传媒手段，以医院门户网站和宣传栏等作为宣传阵地，采用书法、图版、标语、摄影等多种表现形式，切实把中医经典、医德警言警句等富含中医哲学思想的内容渗透到医院文化建设中来，力争使每位职工从中感受到中医药文化氛围，接受中医药文化的陶冶。

9. 优化医院人事分配制度

按照县级公立医院改革要求，坚持因事设岗，公开竞争，合同管理，增强广大职工的紧迫感和责任心。改革内部分配机制，建立鼓励发挥中医药特色优势的绩效工资制并不断完善，充分调动医护人员使用中医药的积极性，重点体现服务技能和劳动价值，并向技术骨干和重要岗位倾斜。

10. 坚持 6S 管理及最多跑一次工作

海曙区中医医院以 6S 管理为基础，以“最多跑一次”工作为抓手，提升群众满意度。医院自2018年3月启动6S管理以来经过努力完成了各个阶段的考核，目前医院环境、职工精神面貌焕然一新，工作效率显著提高。6S重在维持，贵在坚持，任重而道远，只有不间断地总结，培训，规范物，规范人，PDCA才能形成闭环管理，逐渐形成医院的6S管理文化。

进一步完善“最多跑一次”效能提升改革专项行动，着力优化服务流程、改进服务方式、提升服务绩效，形成诊疗更加安全、就诊更加便利、沟通更加有效、体验更加舒适的医疗卫生服务新模式。完成移动设备支付功能，便民措施落实到位，使病人看病少排队、付费更便捷、检查少跑腿、便民惠民服务更贴心、配药更方便、转诊更顺畅。

五、弘扬中医药文化，谱中医惠民之篇

认真做好“双下沉、两提升”工作。根据海曙区基层中医药服务工作的发展需要，进一步完善辖区基层乡镇中医药服务功能，提升服务水平，加强基层中医药卫生人才和队伍素质，推进区级医疗资源规范化下沉基层医疗机构，加快形成医疗资源依次梯度下沉的格局。共计派遣10名中医类骨干医师下沉到龙观卫生院等6家偏远的基层卫生院开展中医门诊、中医体质辨识、孕产妇中医保健等相关工作，获得了基层医疗单位的一致好评，很大程度上解决了当地老百姓的中医药需求；开展中医药六进活动，发挥中医质控指导作用，开展适宜技术培训及何艳琼适宜技术示范点推广工作，定期派遣专家对辖区内的临床医生、乡村医生，甚至中医药爱好者现场教学，指导适宜技术的实践应用操作，真正将中医药适宜技术带入社区，服务百姓；组织中医人开展求本远志“学经典、识本草”活动。通过学习经典、感悟经典、应用经典，扎实医学基础，厚植中医文化，造就医者的灵性、悟性和韧性；推进海曙区中医“治未病”联盟建设工作，并开展相关业务培训。

健康所系，性命相托。历代中医人竭尽全力除人类之病痛，助健康之完美，维护医学的圣洁与荣誉。几年来，在上级领导的关心支持下，医院职工以院为家，

开拓进取、精诚团结、爱岗敬业、振兴医院，为人民的身体健康作出了一定的责献，迎得了社会各界的高度赞誉，取得了社会效益和经济效益的双丰收。面对医院发展所必须要克服的不足和困难，我们将进一步凝聚人心，形成合力，锐意进取，奋力拼搏，为医院的发展而努力奋斗！

新疆三甲医院托管县级医院实践与探索

新疆皮山县人民医院　胡延孟　叶尔扎提

摘要：如何将现代医院管理带到县级公立医院，满足群众不断增长的健康需求，是破解基层群众就医难的关键问题之一。结合新疆维吾尔自治区人民医院全面托管皮山县人民医院的实践，在新疆首个对县级医院全面托管，与省级三甲医院同步管理，实施科学化、人性化、优质化管理，本文对托管中的举措和成效体会进行全面分析与总结，旨在对三甲医院托管县级医院总结经验，推广经验。

关键词：医院　托管　实践　探索

新疆维吾尔自治区皮山县位于新疆南部，塔克拉玛干大沙漠南缘，喀喇昆仑山北麓。东与和田县、墨玉县毗邻，西同叶城县相连，南与印度、巴基斯坦在克什米尔的实际控制区交界，北与麦盖提县、巴楚县接壤。距自治区首府乌鲁木齐市 1811.6 公里，皮山县是一个以维吾尔族为主体的多民族聚居的县，共有 16 个乡镇，全县总人口近 30 万人，是全国贫困县。

皮山县人民医院成立于 1956 年，是一所集医疗、科教、预防和保健为一体的综合性“二级甲等医院”。医院原址位于老城区，新院区是安徽省对口援疆项目筹建，项目总投资 2.34 亿元，医院占地 90 余亩，建筑面积 4.3 万平方米，于 2017 年 9 月投入使用。根据新疆维吾尔自治区党委、人民政府部署，在新疆维吾尔自治区卫生健康委统一领导下，2018 年 5 月新疆维吾尔自治区人民医院正式托管皮山县人民医院，并挂牌使用自治区人民医院皮山医院。目前，医院编制床位 420 张，设置临床科室 20 个，医技科室 8 个。现有职工 500 余人，其中专业技术人员占88%。拥有西门子16排CT，西门子单板DR、胃肠镜等先进医疗设备及远程会诊系统。医院年门诊量15万余人次，出院病人3.5万余人次，手术5000余例。皮山县医院自托管以来，在安徽对口援疆和自治区人民医院组团式帮扶下，极大地改善了皮山县群众的就医环境，全面提升了医院医疗服务水平，积极开展新业务、新技术，加强医院管理，提高医院内涵，与自治区人民医院同步实施“1346医院品质提升工程”。“一个目标”即用严格的标准加科学的方法来管理运营医院。“三个转变”即转变发展方式、转变管理理念、转变服务理念。“四个提高”即切实提高工作效率，稳步提高服务质量，扎实提高业务水平，逐步提高职工待遇。“六项措施”即找差距，补短板；抓培训，夯基础；调结构，利长远；立标准，建体系；抓落实，重长效；强内涵，提品质。同时，积极打造和田区域内“两中心一特色”优势，即：心脑血管病中心、微创中心、中医康复特色，使医院管理、学科建设、人才队伍走上可持续发展道路。

一、托管背景

谈到组团托管，印象还大多停留在援疆省市对新疆某一地区或某一医院的援建。而由新疆本地三甲医院如此全方位地组团托管县级医院，在新疆还是首例。自新一轮医药卫生体制改革启动以来，全国各地积极探索，医疗卫生改革取得明显进展，呈现出了“三明三医联动模式、上海申康管理公司模式、安徽天长医共体模式”等许多种模式，中国的医改模式多种多样。近几年，医疗“组团式”援疆逐步显现，站在改革的最前沿，我们需要总结经验，把握现在，谋划未来。此时，我们更需要通盘考虑和顶层设计，更需要从全局的观念审视组团式援助，从而推进公立医院改革，结合新疆自治区人民医院的组团式对口帮扶的基本情况，谈几点体会仅供参考。

由于皮山县人民医院原处于老城区，医院设施设备老化，开放床位仅200张，服务能力较差，远远不能满足当地人民群众的看病就医需求。长期以来，皮山县人民医院医疗条件较差，导致老百姓不在本县域医院看病就医，大量患者赴外地就医。为深化医药卫生体制改革，优化卫生资源，解决和田地区皮山县广大群众

“看病难、看病远”的问题，满足人民群众的医疗卫生健康需求。2017 年 8 月搬迁至新院区以来，床位数及工作量倍增，医院服务能力及管理水平难以满足目前医院发展需要，医院整体运营情况问题凸显，主要表现如下。

1. 医院整体医疗水平较低，学科能力差，诊疗水平较差。医院编制床位 420 张，开放床位 525 张；设置 20 个科室，拥有医生 159 名；编制人员较少，仅占总人数的 29%；整体医疗技术能力较差，新技术、新业务基本没有开展，导致大量皮山县域内患者赴外地就医。

2. 医院医疗质量与安全体系建设较差。医疗质量安全管理体系不健全，质控不到位，医疗核心制度执行情况差，技术操作不规范，三基三严培训考核机制不健全，医疗安全隐患较大。

3. 护理管理规范性要求不到位，护理质控未应用质量工具进行持续改进。护士在编人员少，年轻护士多，普遍低学历、低职称，实际床护比均未达标，护理管理缺乏管理经验。护理信息网络直报系统不够完善，很多信息不能上报，数据无法统计。专科护士缺乏，整体专业知识水平低。护理绩效分配未体现工作数量、工作质量及满意度等，高风险科室护士绩效未倾斜，同时未做到同工同酬。

4. 医院管理不到位。医院内部管理机制缺乏科学规范的现代医院管理制度，医院管理不够规范，医院服务意识差。

5. 公立医院改革重点任务落实不到位。破除以药补医，以管理体制、运行机制、服务价格调整、人事薪酬、医保支付等为重点的县级公立医院改革多项指标未完成，在全国公立医院考核中排名落后。

6. 财务信息化低端，差错率高。绩效分配机制不科学，不能体现“多劳多得、优劳优得”。未进行全面预算，在计算绩效时有不完全的科室成本。财务科目使用存在不符合财务制度要求的情况，缺少数据分析，内部审计制度未建立。

7. 医联体建设差。根据国家分级诊疗原则，县人民医院上下联动机制发挥不够，县域内医共体建设不够，县域内没有实现县、乡、村“医共体”。在医联体建设方面对上级医院联动方面欠缺，没有充分发挥好援疆专家的作用。

8. 医院信息化建设差。HIS 系统不能提供及时的技术支持，信息化流程繁琐，病人信息不能充分共享，不能方便浏览病人历史资料，医保结算步骤复杂，结算效率低下，且财务人员医保费用对账困难。电子病历、LIS 系统、PACS 系统没有技术保障。合理用药系统没有和 HIS 进行很好的对接，使用效果不好。数据统计不准确，不能满足医院管理和国家数据上报的要求。

9. 后勤保障体系机构、人员不健全。缺乏基本的关键岗位技术力量，缺乏国家有强制上岗要求的基本人员。业务分工不明确，管理制度、监管制度、考核制度缺乏。

二、托管举措

根据新疆自治区卫生健康委的部署安排，结合皮山县医院的实际情况，自治区人民医院对该县人民医院进行了认真细致的调研，本着“真帮、真扶”的原则，采取“组团式对口帮扶托管模式”对皮山县人民医院全方位帮扶。新疆自治区人民医院专门成立了对口帮扶皮山县医院领导小组，院党委书记挂帅，业务副院长具体负责，其他院领导和各职能部门负责人担任副组长和成员，具体制订帮扶计划，讨论研究帮扶的重大工作事宜，争取利用 2 ～ 5 年的时间，全面提升县人民医院的医疗服务能力，培养一批医疗技术管理骨干，使皮山县医院整体走上科学有序可持续发展之路。帮扶托管工作主要有三项任务：提升医院管理能力，提升医院服务能力，培养一批人才。具体举措如下。

1. 自治区人民医院全方位管理运营皮山县人民医院，县人民医院资产、人员、机制不变。皮山县人民医院挂牌使用自治区人民医院品牌“自治区人民医院皮山医院”。

2. 自治区人民医院派出管理团队和专家团队共 13 人，派出的 1 名院长采取任期制，管理和专家团队原则上任期为 1 ～ 2 年。院长为法定代表，全面运营县医院。

管理团队 7 人。派出院长 1 名，整体负责皮山县人民医院工作；总会计师兼经管办执行主任；办公室执行主任 1 名，医务部执行主任 1 名，护理部执行主任 1 名，门诊部执行主任 1 名，总务科执行主任 1 名。

医疗专家团队。派出急诊内科执行主任（重症）1名，心内科执行主任1名，泌尿外科执行主任1名，普外科（肝胆）执行主任1名，消化科执行主任1名，口腔科执行主任1名，神经外科执行主任1名，妇科主任1名。

3. 组团式援助团队采取执行主任模式，使受援单位主任有积极性，支援专家有动力，强有力地推动各项工作。

4. 对口帮扶充分利用自治区下乡专家活动赴皮山县人民医院开展义诊、查房、手术、讲座等活动。平均每周有20余名专家赴皮山县人民医院进行帮扶，极大地发挥了自治区人民专家效应。

5. 建立自治区人民医院名医工作室。利用自治区人民医院专家名医在皮山县人民医院成立“自治区人民医院名医工作室”，定时在县医院坐诊、查房、讲座、手术、带教。

6. “百名首席专家进皮山，千名医生护士进皮山。”我院百余名知名专家、主任分别担任皮山县人民医院首席专家、名誉主任，千余名医护人员走进皮山县人民医院门诊、病房开展帮扶活动。

7. 打造皮山县医院“两中心、一特色”（心脑血管病中心、微创中心、中医康复特色）为区域性医疗中心。对口帮扶工作在自治区卫生健康委的正确领导下，县委政府的大力支持下，精心打造两个强势专科为县域医疗中心，发展1个特色专科为优势学科，在和田地区有明显优势。

8. 运用现代医院管理制度运营管理医院。根据公立医院改革的要求，建立和完善县医院的各项规章制度，善于运用管理工具、信息化建设来管理医院。

9. 开展远程医疗，打造智慧医疗。发挥县人民医院“医共体”主导作用，打造医共体示范医院。

10. 优化就医流程，改善就医环境，提高医疗服务，加强医院文化。

最终，自治区人民医院通过5年的整体组团式帮扶托管皮山县人民医院，力争整体提升县医院的医疗水平和服务能力，使皮山县医院1年改进，2年变化，3年提高，4年发展，5年巩固。最后使皮山县人民医院形成现代医院管理制度和运营模式。

三、主要成效及体会

自托管以来，通过实施“1346医院品质提升工程”，本着找差距，补短板；抓培训，夯基础；调结构，利长远；立标准，建体系；抓落实，重长效；强内涵，提品质的原则，提升县医院各项工作，县医院的医疗护理质量和安全进一步提高。

县医院新成立组建了门诊部、重症医学科、神经内科、结核病集中收治中心，优化了结核病、艾滋病门诊，体检中心，血透室，住院部等流程，调整了妇产科、医保办、公共卫生管理科等科室设置划分。严格三级医师查房，严把入院指征，狠抓医疗质量，通过专家查房逐步提升了医疗服务能力；加强急救医疗工作，医疗救治能力显著提高。

同时，严抓制度建设，在县医院管理制度上新建或完善制度医院管理、医疗护理制度、财务制度、会议制度等50余项，与自治区医院同步实施行政交班会和院周会，建立党政联席会议制度，充分发挥民主集中制管理，为探索公立医院改革的托管模式探索经验和方法。按照现代医院管理制度，县医院首次选举成立了职代会、工会、团委、妇女委员会等组织机构，为医院发挥民主决策，奠定了基础。

县医院邀请自治区人民医院临床、医技、护理、行政后勤等500余名专家到院工作，先后开展了首例经皮肾镜钬激光碎石术、输尿管结石钬激光碎石置管术、腹腔镜精索静脉曲张高位结扎术、后腹腔镜肾囊肿去顶减压术、经尿道膀胱肿瘤电切术、肾盂成形术、胆囊癌根治术、经皮肝穿胆道引流术、无痛胃镜、盆腔粘连松解术、腹腔镜下疝修补术、腹腔镜下阑尾切除术、腹腔镜下胆囊切除术、胆管癌根治术、胆肠吻合术、肝癌切除术、B超引导下胆囊穿刺术、腹腔穿刺术、肠切除术、肠瘘术、腹腔镜下输卵管结扎术、巨大包裹性输卵管积液的手术、首例反复性巴氏腺囊肿的手术根除、骶尾部巨大脂肪瘤合并脊髓脊膜膨出切除+修补术、脊髓栓系松解术、眼科显微镜下高血压脑出血开颅血肿清除术、脑室腹腔分流术、人工硬脑膜袋形缝合修补术等近100余项新技术、新业务，从多个方面实现了零的突破。

半年来，县人民医院各项指标均翻一番。自治区人民医院专家在县医院查房、手术共计 1000 余人次，继续医学教育、适宜技术推广项目 4 个，免费支持、赠送设备、材料共计 100 余万元。主要指标如下。

2018 年 1—12 月：门诊人次 15 余万人次，出院病人 3.4 余万人次，手术 5197 例，药占比 16.72%。托管前后的指标对比如下：2018 年 1—6 月：门诊人次 4.9 万人次，出院病人 10693 人次，药占比 23.18%，手术 1920 例（托管前）。2018 年 6—12 月：门诊人次 10.10 万人次，出院病人 23530 人次，药占比 13.22%，3277 例（托管后）。

如今，医院环境好，医疗技术好，医院又同步实施了先诊疗后付费政策，日门诊最高达 800 余人，住院患者 900 余人。手术住院的患者越来越多，深受全疆各族人民群众的信赖。皮山县老百姓不用出家门就可以在当地医院享受到自治区三甲医院的医疗服务。而正是三甲医院的“加盟”，一点一点撬动着医院的变革。

皮山县人民医院作为新疆首个三甲医院组团托管县级医院的试点，通过不断摸索，总结出可复制的援建经验与制度，在全疆推广，惠及更多的基层医院，以试点建模板，带动新疆基层医疗机构技术提升。

加强内涵建设 实现可持续发展

——重庆市长寿区人民医院改善医疗服务纪实

重庆市长寿区人民医院

重庆市长寿区人民医院始建于1940年，是一所集医疗、教学、科研、预防、保健为一体的三级甲等综合性医院，是重庆医科大学附属长寿人民医院，重庆医科大学附属第一医院长寿医院；是重庆医科大学附属第二医院、重庆医科大学附属儿童医院和陆军军医大学西南医院的技术指导医院。该院设有老年康复研究所、健康服务中心，代管长寿区中心血库。医院本着“追求完美，维护人民健康”的宗旨，以丰厚的人文内涵，吸纳了一大批有着深厚医学功底和丰富临床经验的医学人才，组建了一支支专家团队。近年来，医院积极开展的各类诊疗技术已达到较高水平，呼吸内科、泌尿外科是重庆市特色专科，急诊科、医学检验科、普外科是重庆市临床重点专科，多个学科形成了自身的特色优势。同时，医院高度重视医疗设备、设施的配套更新，努力提供高效的医疗保障，现承担着本区90余万人口的医疗任务，还辐射渝北、巴南、涪陵、垫江、邻水等周边区县。目前，医院以加强人才团队和学科建设进一步发展为重点，开展优质服务项目，提升技术水平，不断推进三甲医院内涵建设，为医院实现健康可持续发展奠定坚实基础。

立足实际 推动发展

医院通过合理布局医疗卫生资源，提高医疗服务能力。

首先，医院全面开展住院医师规范化培训，有1个国家级全科医师培训基地和15个住院医师、护士规培基地。2016年，医院新进本科及以上学历临床医师接受住院医师规范化培训率达 94.1%。

其次，医院加强学科和人才建设，提升医院综合竞争力。医院继续推进特色专科和重点专科创建工作，进一步打造优势学科。医院骨科、妇产科积极申报重庆市区域性临床重点专科。消化内科、护理部申报市级临床重点专科。医院全年公开招聘 62 人，共引进研究生 25 人、本科生 26 人，新晋正高职称 6 人、副高职称 28 人，推荐西部医院高级管理研修班学习 2 人，推荐享受政府特殊津贴人员 1 名，引进眼科学科带头人 1 人，选派援藏专家 6 人。

最后，医院强化医疗护理质量管理，落实医疗核心制度。医院深入开展“医疗质量提升年”主题活动，积极实施进一步改善医疗服务行动计划，持续开展“优质护理”“三基三严”培训等活动，加强对医疗核心制度的督查，规范依法执业和准入，保障医疗安全；继续推进抗菌药物专项治理，提高合理用药水平；医院成为重庆医科大学非直管附属医院；医院申报重庆市卫生计生委科研项目 10 项，区级 9 项；获长寿区科技先进个人 1 名，获重庆市卫生计生委科技进步三等奖 1 项；医院代表长寿区总工会参加重庆城市发展新区护理技能大赛分别荣获个人二等奖、三等奖和团体一等奖。

探索运营新模式

医院与部分社区卫生服务中心开展城乡合作共建，在双向转诊、医师多点执业方面进行探索，形成 1+1+12 的医联体模式。在现有业务用房不足的情况下，医院积极拓展业务，延伸医疗服务，租用场地集中打造康复理疗、体检场所，尽力满足人民群众日益增长的医疗需求。

此外，医院稳步推进岗位绩效管理。医院积极开展科室成本核算，严格奖惩，与科室绩效挂钩。2017 年以来，医院引入第三方公司进一步推进绩效改革，努力建立公平合理的符合医务人员特色的薪酬体系，充分调动医务人员积极性。

以患者为中心 提升服务形象

首先，优化医院环境。医院加快基础设施建设步伐，有序推进北城分院建设。

医院合理调配病床资源，推行科室间床位互借，尽量减少空床数量，最大限度进行整合，有效缓解了部分科室住院难的问题，满足了患者需求。

其次，加强党风廉政建设，倡导廉洁行医。医院以“勤政廉政、安全生产、生态环保”“三条保障线”引领医院建设，全面加强医德医风建设；强化社会监督，完善医德医风考核评价，把医德医风考评跟职称晋升、聘用挂钩；对患者反映强烈的问题及时纠正，对损害患者利益的人或事严肃处理；全面加强行业作风建设，竭尽全力抵制商业贿赂，规范药品进货渠道，把好药品入院关；严格执行行风建设“九不准”，严禁收受红包、回扣、提成等行为；扎实开展“两学一做”学习教育，同时按照长寿区卫生计生委在全系统内开展“两对照”“三查找”“四提升”强化作风纪律工作的要求，开展作风、纪律建设。

再次，创建平安医院，构建和谐医患关系。医院持续开展法律法规、医疗纠纷防范培训，强化法律意识、安全意识教育；建立医疗风险信息化与预警系统，加强网络舆情监控及矛盾隐患排查，实行安全零报告，保证医院安全；畅通投诉举报渠道，认真办理患者投诉，大力推广医患纠纷第三方调解机制，及时化解医患矛盾，积极引导患者尊重医学、尊重医生、合理就医，共同构建和谐医患关系。

最后，着力改善医疗服务。医院高度重视民调工作，结合患者看病方便程度指标，通过预约诊疗、合理调配诊疗资源、优化就医流程、畅通急救绿色通道、发放便民服务手册、打造标杆窗口、创建优质护理服务示范工程等活动，不断完善便民服务措施，持续改进便民服务质量，不断提高患者就医满意度。院党委委员带头走进社区，积极开展义诊、巡诊、健康咨询、健康体检等服务，为患者提供便捷的医疗服务，改善患者就医体验，提高就医满意度。

2017 年，在第三方评价机构开展的社会满意度调查中，医院的患者满意度为 92.12%，患者认同度为 92.5%，患者忠诚度为 92%，均较上年同期有所提高。

在深入开展进一步改善医疗服务行动计划中，医院特别注重改善服务流程，在实现全程服务方面取得明显成效，并因此获得重庆市卫生计生委充分肯定，并推荐至原国家卫生计生委评优。

2017 年 1 月 17 日，因在改善患者就医感受、深入落实进一步改善医疗服务行动计划中表现突出，医院及急救重症部受到《健康报》表彰，分别被评为2016年改善医疗服务示范医院和示范科室，典型经验在《健康报》上刊登。

积极承担社会责任

医院在自身发展的同时，不忘公立医院的公益属性，积极承担社会责任。

首先，开展送医送药送健康活动。坚持开展义诊咨询、送医送健康等活动，在“服务百姓健康行动”大型义诊暨“卫生下乡”“白求恩精神巡回医疗队”等活动中，医院主动走进边远山区，到社区、工厂、学校，为百姓送医送药送健康，广受群众好评。2017年，医院共开展宣传义诊活动14次，直接服务百姓2000人次，发放健康处方和宣传资料累积7800份，捐款61403元。

其次，积极应对突发公共卫生事件。医院已经建有健全的卫生应急队伍，人员梯队建设合理，力量精干，有完善的应急预案和应急流程、工作计划，定期对急诊绿色通道管理和流程、“120”车载设备和应急库物品、设备、药品贮存情况进行督查，并进行卫生应急演练和培训。2017年，医院共完成突发公共及公共卫生事件11次，收治伤员109人次，突发事件报告率100%，伤员均得到及时有效治疗。

另外，医院还积极参与公益慈善事业。医院多年来一直坚持对敬老院老人、特殊学校学生、社区留守儿童、单位和社区贫困党员、计划生育贫困家庭，开展健康体检、义诊、心理疏导，赠送生活、学习用品，把对群众的关爱，尤其是对弱势群体的关爱和帮扶，落实到具体行动中。

最后，医院积极开展帮带活动。医院派员赴西藏类乌齐县、昌都市、察雅县等多个边远地区进行对口支援。另外，医院有1名医务人员作为重庆市首个放射学检查专家赴巴布亚新几内亚开展援外医疗工作。医院先后与本地22家基层医疗单位签订了帮扶指导协议，针对基层医院开展规范化培训17次，参培人员达700人次；接受乡镇卫生院骨干医师进修培训13人次，接受西藏类乌齐县人民医院医技骨干进修培训32人次。

推进中医药事业发展

为巩固全国综合医院中医药工作示范单位成果,医院完善了相关制度及流程。2017 年 10 月，医院接受了全国综合医院中医药工作示范单位复评验收，获专家组高度评价。

此外，医院以建设生态文明医院为抓手，全力推进长寿区创建全国文明城区的工作和节能减排工作。通过积极宣传的方式，引导全院职工参与到全国文明城区创建工作中。活动中，通过深化意识，强化措施，落实督导，医院达到了两促进两提高的目的，夯实了生态文明医院基础。2017 年 5 月，医院荣获重庆市生态文明示范医院称号。

风云两甲子 惠民三世纪

河南省新乡医学院第一附属医院

虽偏居豫北一隅，却久负盛名，拥有超过120年的悠久历史；坐落在小县城卫辉内，影响力却早已辐射整个豫北乃至中原大地。这就是全国唯一一家扎根县城的省级三级甲等高校附属医院——新乡医学院第一附属医院。

国家有难时，它挺身而出。抗战时期，大量收治中方伤兵和被日寇飞机炸伤的百姓，病房长期爆满；唐山大地震时全员上阵，不分昼夜营救伤员；“非典”期间沉着应对，组建9支医疗队，分赴各地开展防治增援……

120余年风雨兼程，从清末的博济医院，直至1982年定为新乡医学院第一附属医院（以下简称新医一附院），因时局变动和社会发展，它曾十余次易名，但始终不变的，是“仁心仁术博济惠民”的医道。

今天带你一起了解新医一附院风云两甲子，惠民三世纪的风雨历程。

百年名院“红色基因”一脉相承

今年7月，新医一附院的普通护士刘珊，突然间火遍大江南北。

原来，在照料重伤病患时，刘珊手臂突然被患者咬住。因担心挣脱会导致病人身上的插管脱落，刘珊一直没有将手臂拿开。直到医护人员给患者打了镇静剂后，患者才慢慢松开牙齿，此时刘珊已坚持了3分钟，手臂上深深的牙印触目惊心，让人看着都疼。这一感人事迹被央视新闻、人民日报官微、新华网官微等全国各大媒体先后报道，广大网民称她是“真正的白衣天使”。在阿里巴巴“天天正能量”公益评选中，刘珊获得第251期唯一的一等奖。

和平年代能爱岗敬业，战火年代敢共赴国难，在新医一附院，从不缺乏这样的医护人员。

时光穿梭回到1937年，医院一名女护士栗秀真，冲破各种阻挠和教规约束，毅然投笔从戎，赴南京参加抗日救亡活动。从那时起，红色基因的血脉，代代赓续。

始建于1896年的这家医院，前身为加拿大医学博士罗维灵等创办的博济医院。因与病人之间结下了深厚情谊，罗维灵被豫北群众亲切地称为“老罗大夫”。罗维灵之子罗光普，从小在河南长大，直到高中毕业后才赴加拿大攻读大学，获取医学博士后又回到河南，投身于当地的医疗事业。在抗战时期，罗光普与另一名加拿大医生成为好友，当过其助手和翻译，并掩护其通过敌占区来到延安。这名加拿大医生，就是白求恩。

抗战爆发后不久，医院便成立了汲县抗敌委员会，承办战场救护常识训练班，主讲为栗秀真。此后，医院大量收治抗战受伤的中方伤兵，以及被日寇飞机轰炸而受伤的当地平民，病房长期爆满；1938年，汲县被日寇占领，院领导为保护伤兵、平民，全力与日寇周旋……

医院历代医疗人员言传身教，“红色基因”一脉相承。唐山大地震时，全员上岗，不分昼夜地抢救、照护500余名受伤群众；新中国成立后，新医一附院先后选派100余名医疗骨干，参加援疆、援藏、援非医疗队，开展医疗援助；2003年“非典”期间，作为抗击“非典”涉外和应急定点医院，先后接诊发热患者数百例，组建9支医疗队，分赴各地开展防治增援工作；2008年，“5·12”汶川地震时，新医一附院派出12名骨干医生组成救援队奔赴救灾现场，并被授予“全国工人先锋号”……

钱惠茵教授，中共党员，被称为“儿科七大家”之一。一位江南水乡的妙龄少女，扎根豫北农村一干就是53年，为成千上万豫北儿童带去健康，培养了一批又一批优秀的儿科医生。她离职返乡那天，500余人自发送行。在这里，和钱教授一样的优秀医务人员不胜枚举，处处彰显着先进基层党组织的战斗堡垒作用和共产党员的先锋模范作用。2012年，医院党委还被授予“全国医药卫生系统创先争优活动先进集体”的称号。

“没有一个职业像医护人员这样神圣而责任重大，因为他们面对的是每一个人只有一次的生命，以及一个个家庭幸福的托付。”新乡医学院工会主席、新医一附院党委书记邵金远告诉记者。百余年来，该院之所以能涌现出一大批优秀典型人物，是因为这里厚植了先进人物生长的“土壤”，具有悠久且优秀的文化底蕴。“仁心仁术，博济惠民”的背后，是新医一附院“红色基因”的一脉相承，是历久弥新的初心不改。

豫北“医疗高地”引进人才连祭大手笔

早在二十世纪二三十年代，提及医院名气与实力，“北协和、南湘雅、中惠民”的说法，就在当时的医疗界广为流传。

与百年之前的辉煌相比，如今的新医一附院不遑多让。

“我清楚地记得，手术结束没几分钟，贝贝就从手术台下来了，手术全程中，她还能与医生说话沟通。”提起那场轰动全国的开颅手术，当时曾全程参与的新医一附院医疗事业发展部副主任郭楠记忆犹新，“问孩子几个简单的问题，她能对答如流嘞”。

这是在 2007 年，新医一附院神经外科联合加拿大多伦多大学总医院，成功开展了大陆首例全过程清醒开颅手术，引起全国社会各界高度关注。当年 15 岁的女孩儿贝贝，如今已成家做了母亲，过着平静幸福的日子。

作为河南省医学重点学科，该院神经外科技术水平在省内首屈一指。医院相继开展了大陆首例全程清醒开颅切除功能区脑肿瘤、开颅脑动脉瘤夹闭术、脑深部刺激电极植入术治疗帕金森氏病、颅内外血管搭桥治疗烟雾病等；在省内率先开展了冠心病的介入诊疗及经皮肺动脉瓣球囊扩张术等多项心脏介入诊疗技术；成立全省首家前列腺绿激光手术培育基地，河南省首例粪菌移植……先后创下的多个首家、首例，是新医一附院持续打造豫北“医疗高地”的一个缩影。

神经外科学、心血管病学、神经病学、小儿内科学、肿瘤治疗学是新医一附院的重点优势学科。据业内专业评测机构数据显示，2017 年中国医院影响力排行榜 100 强中，该院神经外科、结核内科的实力排全省第一，此外，儿科、感染科、血液专业、心外科等多个专业也名列全省前茅。而新近成立的胸痛中心、高级卒中中心，正见证着医院诊疗水平的不断攀升。

今年4月，辉县市患者李某突发心肌梗死，家人立即拨打了胸痛中心电话。医院的救护车中午12点20分接到病人，下午13点53分人便被送进了介入室，经过介入治疗打开了堵塞的血管，最终患者痊愈回家。

医院的一项统计数据显示，从病人入医院大门，到开通梗死血管的时间，已经由原来的平均120多分钟，降至如今的平均76分钟。对于心肌梗死的患者来说，时间就是心肌，时间就是生命，血管开通时间的缩短意味着，与时间赛跑的新医一附院医务人员能够挽救更多的生命。

去年7月27日，医院胸痛中心一次性通过国家认证，并于9月15日获得中国胸痛中心总部授牌。自此，新医一附院正式进入了急性胸痛患者救治的快车道，使区域内的急性胸痛患者救治水平大大提高，不仅仅是快速，更是规范、准确地诊治。今年，经过国家卫健委脑防委专家组考评，该院卒中中心被正式命名为“高级卒中中心”。

新医一附院院长赵国安认为，医疗技术、诊疗水平和学科建设，是判别一家医院服务群众能力大小最直接的衡量标准。为此，医院在人才引进培养、学科建设、科研能力、对外交流等方面投重资、下大力，连连亮出大手笔。譬如，与中国工程院樊代明院士共建新乡整合医疗中心；聘请英国伦敦大学国王学院张敏博士担任心脏中心副主任及首席专家；聘请哈佛大学医学院刘玉珍博士担任神经病学研究所所长……

针对年轻的高素质人才，医院全力引进——以博士生为例，提供50万元安家费、50万元科研启动经费，一套120平方米的住房。

人才培养方面，医院始终秉承一个原则——不但要引进来，还要送出去。仅从去年至今，医院就选派了将近200名科室骨干、优秀青年医师奔赴世界各地学习，学成归国以先进的理念与技术服务于人民群众。

在香港艾力彼“2017中国地级城市100强”医院排名中，新医一附院位列第23位，较2016年提升11个位次；“2017中国地级市医院16个专科30强”

排名，该院 15 个专科榜上有名。

基层担当的惠民情怀，让群众享实惠

引进国内外先进医疗技术、不断提高诊疗水平的同时，不仅致力于让患者看得好病，还关注患者看得起病，是这所百年名院的基层担当。

家住卫辉农村的高大爷，是村里的五保户，由于年事已高，且患有耐药性肺结核，几乎每年都要住院一次，一次花费上万元。不过，自从他到新医一附院看病以来，就再也没为看病花钱的事发过愁。

原来，新医一附院的第二名称是河南省结核病医院，在这里，高大爷不仅可以享受到高水平的医疗服务，还可以享受到各项减免优惠。这里的普通结核病人，治疗费用减免 20%，上限为 2000 元；低保户和伤残军人，减免 30%，上限 3000 元；像高大爷这样的五保户，费用经新农合报销之后，剩余的费用全免，可以说，高大爷在这里治疗结核病，基本不花钱。

“上新医一附院看病，花钱少！”如今已是新乡及周边不少地区群众的公认看法。据 2018 年河南省医疗行业发展数据显示，新医一附院在提供优质的省级医疗服务前提下，出院病人平均费用仅为同级别医院的 65%。作为一家三甲医院，新医一附院如何做到?

其一，招标之后再议价。药价高，是看病贵最直观的表现。药品采购招标之后，新医一附院又采取院内药品二次议价制度，把药品实际价格控制在招标价格之下。去年 9 月至今，该院不仅实现了药品零差价销售，还将零售价降低到了省定标准以下，此举大大受到门诊、住院病人的欢迎。不仅如此，医院附近的群众也纷纷来医院买药，直言“质量有保障，还不贵”，这让医院药学部笑着“抱怨”——工作量又增大了！

其二，培养临床药师，杜绝不合理用药。2014 年，新医一附院在全省率先成立了国家级临床药师培训基地，4 年来，为我省医疗机构输送了大批合格的临床药师。

其三，开展药物基因检测，确保精准用药。用药基因检测，就是针对与药物反应相关的基因密码进行解读，预测患者对不同药物的不良反应程度，指导临床更加有效用药，达到提高药物疗效、降低药物毒副作用、减少医疗费用的目的。

其四，控制医用耗材进价，降低高端检查收费。为此，新医一附院制订了《医用耗材降价方案》，成立了医用耗材议价管理委员会，对心血管介入类、骨科类等25类高值耗材进行三轮降价谈判，最大降价幅度达40%，确保处于全省低价水平。

今年3月份开始，该院放射科大型仪器检查主动降费，320排CT按64排机器收费，基本扫描项目由585元降至390元；CTA检查由1400元降为1100元。

新医一附院还不断推进健康扶贫，让贫困户除“病根”，拔“穷根”。封丘县贫困户姬周玉，18岁那年在建筑工地打工时从11米高的台架上摔落，造成腰椎粉碎性骨折，双下肢瘫痪，在家卧床8年。2017年10月，新医一附院通过“博济爱心基金”对姬周玉实施无偿救治。3个多月的全方位康复治疗，让姬周玉重新站了起来，如今，借助支具已经能够走上500多米。

汤阴县贫困大学生马安琪因家庭贫穷、母亲病重而陷入困境，医院通过减免一些治疗费用、职工爱心捐款等措施，帮助她重拾对人生的信心，中央电视台以《病魔再凶，我们和你在一起》给予了报道。这样的扶危济困已经成为了医院的一种文化。

2010年起，该院联合河南省慈善总会开展“博济爱心基金”医疗慈善公益活动，对患有心、脑、血管疾病，恶性肿瘤，先天性儿童心脏病等疾病的贫困患者提供援助。至今已累计救助约4000人，发放救助金2344万元。

资源下沉贴近基层与群众始终天然亲近

优质医疗资源下沉，多年来始终是国家医改的关注重点。其实早在几十年前，“开门办学，下乡办医”的新医一附院，就已身体力行，坚持在做这项工作，可谓殊途同归。

早在20世纪20年代，医院创始人罗维灵，就在豫北多地广泛行医。其子罗光普，除了在门诊接诊和收治住院病人外，还自备一辆自行车，主动外出到附近村庄接诊急诊病人，即使深夜也随叫随到。冬季农闲时节，带一顶大帐篷下乡，在帐篷里为病人看病，培养乡村医生，在豫北地区建立了涵盖“县乡村”的三级医疗网。

新中国成立后，医院更注重服务基层群众，始终保持着和人民的天然亲近感。1960年左右，外科主任段美卿、豫北医专党委书记魏文超等带领各科医生组成“医疗队”，自己驾辕拉着大马车，装着“X光机”“发电机”等医疗设备到最缺医少药的“山区”“边远县乡”免费巡回诊疗，每到一处，就诊求医问药的群众都蜂拥而至，像赶“年会”似的。“豫北医专医疗队”走遍豫北，乃至全省。

医院在1999年便在全国率先成立了城乡医疗服务中心，开始接诊上转的疑难重症患者，举办义诊活动。至今，已发展成医疗事业发展部，其职能从单纯的上转义诊，发展成多渠道的服务体系，其中包括上下转诊，到豫北各个地区开展县、乡、村医师培训，接收各级医疗单位人员的进修等。近20年间，组织各种义诊体检活动上千场次，培训各级医师数万名。近年来，医院更是坚持开展“百年名院，百名专医”的大型义诊活动。2011年3月，在滑县成立新医一附院滑县分院，当地人民足不出县，就可享受到省级的优质医疗资源。

新中国成立以来，新医一附院先后三次荣获全国卫生先进集体称号。

桃李不言，下自成蹊。儿科医生周福军是钱惠茵教授的学生，自2013年，他和他的医疗公益志愿服务者团队建起了“手机医学院”，先后自费约10万元，组团去村里义诊，手把手带教乡村医生。近两年，医疗公益志愿服务者团队走到新乡、鹤壁、安阳等豫北地区的数十个乡村，累计讲解百余个疾病专题，惠及乡村医生近千人次。

在豫北大地，新医一附院已建起了一艘“医疗航母”。这艘“医疗航母”，就是该院于2016年建立的“新乡医学院第一附属医院医疗集团”，是医联体的一种形式。两年间，豫北地区14家县市级医院主动“上船”，利用新医一附院“人才库、智力库、科技库”的优势，实行“两院一科”模式，畅通“双向转诊”渠道，实现资源共享、优势互补。尤其是近年来，新医一附院创新工作方法，通过住院医师培训、专科护士培训、手机医学院等方式，加强基层卫生队伍建设，大力推进优质医疗资源下沉，做基层医疗的“守门人”。

潮平两岸阔，风正一帆悬。在中国的传统文化中，60年为一个轮回，一个甲子年象征着周而复始；两个甲子年，寓意着生生不息、创新发展。院长赵国安告诉记者，拥有120余年辉煌历史的新医一附院，将继续坚持以临床为中心，以科研为引领，医教研协同发展，争取建成全国知名、中原经济区领先的医学中心，围绕人民群众的所需所急提供更好的医疗健康服务，为把我国早日建成健康强国贡献一份力量！

实施病区助理的做法与成效

甘肃省榆中县第二人民医院 於赤忠

提高患者对医院的综合满意度，是我院不懈的追求。我们知道，谁拥有优质的服务，拥有精湛的技术，拥有良好的素质，谁就拥有信誉。我院历届领导本着这种创业精神，高瞻远瞩，紧紧围绕一切“以患者为中心”的服务理念，积极拓宽医疗服务领域，完善服务措施，优化服务流程，竭力满足患者需求。自 2012 年 10 月份开始，医院为全面落实优质护理服务活动，深化现代护理专业内涵，提升整体护理服务水平，延伸护理服务领域，在各病区特设病区助理新岗位，由单一的电话随访扩展为对患者进入院宣教、健康教育、心理护理、情感疏通、用药指导、生活帮助、解难答疑、协调医患矛盾、提供后勤保障、出院指导等系列的服务工作，取得良好的经济和社会效益。

当新患者进入医院病区，首先看到的是面带微笑和彬彬有礼的病区助理，她亲切地称谓患者并进行自我介绍；然后根据病房床位情况，合理安置床位，送患者到床旁；提供生活用品，并为患者准备好开水。随后发放书面住院指南，根据患者病情，适时进行入院宣教，介绍病区的环境、床位医生、床位护士、病区护士长等病区人员结构，介绍病区的各项规章制度和安全常识。同时完善入院后相关事宜：如指导患者或家属生活必需品的购买地点，告知患者或家属医院辅助检查科室的位置，告知患者病区助理的联系方式等。在住院期间，检查前告知需要特殊检查的患者检查项目、目的、意义及相关注意事项。每天跟随科主任查房，对疑难危重病例重点掌握。针对患者的年龄，文化程度，疾病种类及病情，心理状态，通过有效沟通，采取不同的方法，有针对性地提供心理、饮食、用药、睡眠、休息等与疾病相关的健康教育知识及人文关怀。每日检查治疗区域的各种设施，发现问题及时与有关部门联系，及时维修；督促卫生员做好病房保洁工作；为患者及家属做好解难答疑工作，对患者住院期间费用一日清单不清楚的，耐心做好解释工作等。工作中不讲“不知道，不清楚”，如遇不能解决的问题，主动寻求解决方法，及时请教科主任，护士长，取得患者信任。对在院患者不定期发放问卷调查表，收集患者意见和建议，及时改进工作不足。每月定期召开一次患者座谈会，针对不同的疾病提供图片、手册、操作示范等疾病相关知识的书面文字资料，提高患者对疾病的认识，树立阳光心态，使患者在防病、避免诱发因素、减少并发症、配合治疗、正确用药、功能锻炼等方面得到指导和帮助；同时鼓励患者积极参与病区管理，为医院提高意见和建议，使医院及时发现问题，改进服务，共同创建医患和谐的医疗环境。

对于出院患者，出院后 1 月内不少于 3 次电话随访，随访内容主要是：了解出院患者的康复情况，是否能按医嘱正确服药、是否按要求合理安排活动与休息等，对患者存在的问题给予指导讲解，满足患者的健康咨询要求，并提醒患者及家属根据病情来院复诊，必要时预约复诊时间，使患者疾病得到延续性治疗，也使我们的医疗服务延伸到社会及家庭，传递着医院对出院患者的后续关爱和慰问，体现我院对患者的长期全程服务，有效地获得患者对我院的安全感、信任感。

我院通过开展病区助理这项工作，为患者提供了一个系统、全面、规范无缝隙的服务，使患者从入院到出院在心理、生理、社会、精神上处于满意而适应的状态，迎合了患者的心理需求，真正体现了“以患者为中心”的服务理念，进一步提升了患者对我院服务的满意度，提高了医院的知名度和社会信任度，收到了良好的社会效益。

总之，我院为了适应医学改革发展的需要设立病区助理岗位，在一定程度上提高了病员满意度。由 2012 年出院患者满意度 80% 提高到现在的 96.5% 以上。今后，我们将继续探索病区助理这一新事物的做法，深化服务内涵，提高服务素质，拓展服务空间，不断满足患者对医疗服务新的需求。

服务新时代 展现新作为 助力全民健康

——巴中市中心医院改善医疗服务工作纪实

四川省巴中市中心医院

坐落于大巴山里、毗邻中国最大红军碑林的四川省巴中市中心医院，历经75年的栉风沐雨，始终坚持“为人民健康为中心”的服务理念，传承革命精神，不断开拓创新，全力打造“让政府放心、人民满意”的三甲医院。特别是近年来，医院确立“人才立院、科技兴院、管理强院”的发展战略，以“四零服务”（零差错、零距离、零投诉、零容忍）为目标，创新“优质服务”新思路新举措，推动医院高质量发展。

亮点一：引进先进设备，铸造院之重器

2018年4月医院南坝院区开业，引进3.0T核磁共振、数字化双平板探测DR、128排256层螺旋CT、全自动生化免疫流水线、彩色超声诊断系统、飞机激光角膜手术系统、洁净手术室等一大批国内外高端的医疗设备，全新打造服务优质、技术一流的临床科室，更好地服务百姓。

亮点二：创新服务流程，改善就医环境

该院与上海金汇通航等9家实力雄厚的企业建立创新合作联盟，建成全市首家空中“120”、南坝院区智能化药房、全自动生化免疫流水线等。建立重症与急诊急救中心，建立空地一体化立体救援新模式。引进中国工商银行巴中支行负责门诊、住院收费业务，服务更加便捷。

亮点三：建设智慧型医院，开启智能医疗

作为巴中市唯一的三级甲等医院，巴中市中心医院率先在全市推行“银医一卡通”“互联网＋移动医疗”服务，实现微信预约挂号、在线缴费、检验和体检报告查询、智能导诊、健康科普宣传等便民服务，住院部能够在自助服务设备上进行住院缴费、用药清单查询等。建立以门诊和住院电子病历为核心的综合信息系统建设，利用大数据信息技术为医疗质量控制、规范诊疗行为、评估合理用药、优化服务流程、调配医疗资源等提供支撑。目前南池河院区有自助服务设备27台，微信凭条打印机2台，南坝院区有自助服务设备20台，医院微信公众平台关注人数8万余人。

智能化药房可实现自动配药、发药，将以前“人等药”变为现在“药等人”，提高了服务效率。建立全自动生化免疫流水线，提高了检验效率，缩短了群众等候时间。

亮点四：发展健康产业，满足群众健康需要

医院成立四川万众健康产业发展有限公司，投入共享轮椅、共享按摩椅等便民设施。随着医院南坝院区的运行，医院编制床位达到1708张，实际开放床位2708张，大大缓解了南池河院区的诊疗压力。同时，依托医院优质医疗资源，建设医养中心，实现养老和医疗康复资源共享。目前部分功能老年病中心、中医康复中心已投入使用，即将实现“老有所医、老有所养”，更好地满足巴中老年人的医疗服务需求。

亮点五：牵头成立医联体，推动分级诊疗

2015年7月，医院联合全市305家医疗机构，牵头建立秦巴区域医疗联合体，签订双向转诊协议，通过开展住院医师规范化培训、县级医院骨干医师培训，对口支援、技术指导等方式，多措并举加强对基层医疗机构的指导帮带，稳步提升基层医疗机构服务能力。

自 2016 年以来，截至今年 8 月，医院门诊收治基层转诊患者 16 万人次，住院收治基层转诊患者 4.8 万人次。2018 年，我院牵头组建巴中市城市医疗集团，并与集团内 10 家基层医疗卫生机构签订“传帮带”对口帮扶合作协议，开启了全市医联体新模式。2018 年 11 月 2 日下午，巴中市中心医院与浙江省丽水市中心医院签署合作协议，双方将在医院管理、医疗技术、专科建设、科研创新、人才培养等多方面开展广泛合作和交流，开启了东西部卫生交流协作的新纪元。

亮点六：下乡健康扶贫，传播健康理念

自 2016 年起，医院实行健康扶贫下基层活动，每年抽派骨干医护人员组成精准扶贫医疗队定期下基层免费巡回诊疗，让老百姓在家门口就能享受到优质医疗服务。

截至目前，共派出 31 批医疗队到 31 个贫困村送医送药送健康，诊疗群众 5000 人。同时，建立“五位一体”（医院网站、微信、院讯、LED、电视栏目）的大健康宣传平台，特别是新媒体渠道，加强公众教育，引导大众正确认识疾病和医疗，提高公众的健康素养。自 2016 年起，医院与巴中市广播电视台合办《巴中大医生》栏目 55 余期。

亮点七：倡导人文关怀，和谐医患关系

医院始终以“四零服务”为目标，持续改善医疗服务。建立医务人员和窗口服务人员的服务用语和服务行为规范。开展护理服务明星评选，增强人文关怀意识，拓展非医疗服务延伸至社区、家庭、养老院等，有针对性地提供上门服务。设立志愿者服务制度，由各科室人员轮流到门诊、检验等进行服务，实现与患者“零距离”。设置营养膳食中心和综合服务中心，满足群众所需。2018 年上半年住院患者平均满意度为 94.58%。

医院设立警务室，实行警医联动，加强巡逻，及时处置“医托”“医闹”及影响医疗秩序的行为，保障来院群众的人身安全。成立医院投诉管理办公室，开通 3456789 全天候投诉服务热线，强化社会监督，探索利用微信平台进行医疗服务满意度测评，力求质量“零投诉”。对违背医疗技术操作规程、违反院规院纪的人和事，以“零容忍”的态度一查到底，逗硬问责。

患者满意是我们的动力，改善医疗服务是我们永远的行动。作为四川省十大医疗作战区领头医院、秦巴区域医疗联合体牵头医院，巴中市中心医院将时刻以“人民健康”为己任，不断创新服务方式，持续提升医疗服务质量，为群众健康全力护航。

杏林逢春风 国粹谱华章

——记发展中的辽宁省凌源市中医院

辽宁省凌源市中医院 李继丰

一包草药，价廉物美，却能将患者从危境中解救；一根银针，沟通五脏六腑，迅速止痛解表；一把针刀，在不知不觉中，刺入病变部位，游刃有余，止痛祛病，功效神奇。凌源市中医院以其独特的中医药治疗技术和效果，向疑难患者展示着古老的中医药妙手回春的魅力。

下面分六个部分讲述在医改中发展的凌源市中医院。

一、曾凤凰涅盘，今浴火重生

如果说医疗改革犹如一股浩浩荡荡的潮水，汹涌而来，荡涤着、冲击着全国各个医院，林立于其中的凌源市中医院，也和无数个公立医院一样，一度被冲击着，犹如大潮中颠簸的一叶小舟，一度艰难前行。特别是凌源市中医院由于建院时间短，基础薄弱、发展实力不足，设施落后，人才匮乏，尤其是多年来的“以药养医”的传统思维定势犹如一道厚厚的藩篱，阻碍着医护人员的思维，中医院的生存多年来靠买药来维持，这和实行药品“零差价”销售的医改精神背道而驰。同样是二级医院的西医医院药占比（就是医院业务收入中买药收入占的比率）为百分之三十左右，而中医院却高达百分之六十多，同样是收入 100 元，市内西医医院就多收入 30 多元。致使凌源市中医院不仅几年来的生存只有靠借债来维持，而且因用药过高，医院的社会声誉也不断降低，解决“看病贵”的呼声在社会中越来越高。

面对医院艰难的处境，张海龙同志自2017年2月担任医院院长以来，率领新一届领导班子，深入基层，广泛听取群众意见，集思广益，找出阻碍医院发展药占比过高这一问题的症结。阻碍医院生存的症结找到后，新一届领导班子，勇立医改潮头，在自操“手术刀”，革除看病“贵”这个“积瘤”的同时，在新形势下，探寻新的发展思路，既秉承“以人为本、精业仁德、继承创新”的宗旨，坚持以“中西医结合，精中医、强西医，突出专科特色，增强综合实力”的发展目标，在传承祖国医药上寻找医院发展的支撑点，确定了中医院在激烈的医疗市场竞争中的发展战略定位，既“以建设具有中医特色为优势的现代化中医院为主体，以构建以人为本的服务模式和现代化中医院管理模式为发展战略”。在实际工作中，加大重点中医专科和中医特色专科建设力度，走出一条“突出中医特色、围绕专病发展专科、中西合璧”的内涵发展道路。

正确的发展思路确定以后，医院新一届班子采取了一系列措施。大力加强经济管理，一方面堵塞收入漏洞，杜绝漏收私收，另一方面制定了较严厉的《降低药占比实施方案》，该方案自2018年6月实施以来，截至2018年11月末，医院药占比比去年同期降低了近20个百分点，医疗收入比去年同期增加1400多万元，医院当年就减少亏损1000万元。为走出中医特色，进一步加大规模建设，医院抓住国家支持中医院建设的机会，争取国家资金4300万元，在中医院住院部投资新建2万平的门诊康复综合楼，现在主体已完工，科室布局正在规划中；进一步加强人事管理，实施了绩效工资，极大地调动了职工工作的积极性；针对医院人才短缺的现状，加大人才引进力度，采取优惠条件引进专业技术人才。一系列措施的实施，使医院的发展呈现了新气象，犹如黎明，初现了发展的曙光。

尽管该院距离医院的规划，还有很长的路要走，犹如“万里长征”刚刚开始，但是在医改的大环境下、在医疗市场竞争如此激烈的情况下，凌源市中医院每前进一步，每发展一步，都不得不令人深思。他们的发展也和其他事业一样，也曾经历过从踌躇到探索，从坚定发展方向到矢志不渝地追求这个过程。

二、引现代科技，汲国粹精华

在医院改革发展进程中，该院不断引进现代医学科技，赋予古老的中医新的内涵。

医院自筹资金先后购进了CT机、大型数字X光机、彩超、高压氧舱、全自动生化分析仪、电子胃镜、腹腔镜（STORZ内窥镜）以及先进的康复理疗设备和全套急救监护设施及微创等30余台（件），随着门诊康复楼的投入使用，核磁等大型医疗设备正在计划引进中。这些先进的医疗设备运用于临床医学实践中，使临床医学诊断和治疗真正形成了两套手段和方法，集中西医于一体，相互印证、补充、对同一种疾病两种诊断和治疗方法相得益彰。现代化的医疗设备和设施的引进，不仅达到了同级中医院的领先水平，而且可以与同级西医医院相媲美。

该院为了实现办院理念，大打“中医特色”这个金字招牌，用“特色”去开拓市场，用“特色”赢取发展空间，在“特色”上着力渲染，在着力打造“专家、专科、专病、专技、专药”的“五专”优势的基础上，高举中医药特色这面大旗。

为了突出自己的中医优势和特色，在医疗临床工作中，首先把中医的整体观和辩证论治思想，贯穿于整个医疗活动实践中，并作为实现中医特色的突破口。有针对性地培养医护人员的整体观和辩证论治思想，咬住中医特色不放松。同时，在医疗质量建设中和在医疗实践中，有计划、有目地培养专业技术人员，医院要求在临床中，无论是诊断，还是病例讨论和会诊中，都要体现整体观和辩证论治思想。把突出中医特色变成医护人员的一种自觉的医疗实践。

其次该院在突出中医特色上，还在全面发展多样化的中医治疗途径上做文章。他们在大力加强中医多种治疗方法的联合应用的同时，充分发挥非药物治疗方法的应用，优化个体治疗方案的设计。在医疗实践中，除强调辩证论治外，还充分考虑病人的年龄、性别、体质、病程，季节等多方面情况，制定个性治疗方案，医生开出的处方加减灵活，不受古方经典所限。据了解，该院每一个临床科室都有针对单一病种的拿手方剂，每一个重点专科、每一名学科带头人都有不同数量的临床方剂，这些不同方剂的运用，不仅缩短了病程，而且减轻了患者的经济负担。该院为了突出中医特色和满足患者的需要，对同一种药物的购进，并不满足于同一剂型，尽量把同一种药物的不同剂型药品购进，来满足不同患者的需求。如同一种药物的汤、丸、散、膏、丹、片、冲、颗粒等剂型应有尽有。外治中又充分发挥“洗、泡、敷、刮痧”等疗法，并结合内外治法和“针灸、推拿、按摩、理疗”等非药物治法，集中院内技术实力，组建康复科，充分发挥中医的特长，集理疗、按摩、针灸、推拿、功能锻炼等疗法为一体，形成了无任何副作用的绿色疗法，不仅充分发挥了中医“简、便、廉、验”的特点，深受广大患者的欢迎，而且为医院的发展注入了新的生机。

在突出中医特色上，该院充分发挥中医在治疗急症上的特色。中医在社会上经常扮演“慢郎中”的角色，人们大多数亦认为中医只能治疗慢性病，不能治急症。为了改变人们的这一传统的认识观念，增强医院的竞争力。该院在充分挖掘祖国医学治疗急症理论的基础上，又充分引进现代医学的急诊手段，来提高医院的急诊急救水平。通过几年连续不断地投入人力物力，尤其是今年上半年投资近 100 百万，改造了急诊科的布局，并引进了先进的系统的急救设备，形成了一套完整的科学的急救体系，可以实行 24 小时的院内院外急救，和本辖区的西医医院一样，承担着社会上突发事件的救治。如今该院已形成一支较完善的急救体系，先进畅通的信息手段，心脏复苏、心脏监护等现代高科技的监护抢救设施，加上多剂型、多途径的给药，形成了独具特色的急救体系，尤其是在发生一些大型的交通突发事件的人员抢救中，起到了举足轻重的作用。医院在治疗急性中风、急性心肌梗死、急腹症、多脏器衰竭等领域，取得了可喜的成果。

三、建设名专科，精心铸品牌

中医院的发展首先围绕专病、发展专科，既充分利用中医的优势，并结合本地区的多发病和常见病组建独具特色的专科。尤其在激烈的医疗市场竞争中，中医专科特色是中医院立于不败之地的根本保证。用凌源中医院领导班子的话说就是，围绕专病、发展专科是中医院的兴旺之路。为此，该院确立了“专科立院”的发展思想，按照“院有优势、科有特色、人有专长”的业务发展总体目标和思路，引入竞争，优化结构，突出“以人为本”“人尽其才”的管理理念，组建和不断强化专科建设，形成了血栓病、心血管病、肾病、糖尿病、骨伤病等 5 个具有中医药特色和中西医结合优势的院内重点专科，其中血栓病科、骨伤科被评为朝阳市重点专科。制订长远发展目标，加大人力、物力投入，从医疗资源配置与医疗技术上为专病专科建设搭建发展平台，确定重点培植的科室，确定科室研究方向，提高软、硬件建设，广开中医特色疗法，培养了一批业务水平过硬的医务人员，形成了成熟合理的学术梯队和专科发展的良好格局。如该院的血栓科、中西医结合骨伤科等专科，在本地区享有盛誉，已成为医院的支柱科室。但他们并未满足于现状，在荣获朝阳市重点专科基础上，加大人力，财力及技术力量，向省和国家级重点专科迈进，并将其作为新起点、新目标，集院内外技术实力，采取“借船下海”策略，积极与全国有名望的专科专病医院广泛开展技术合作，来快速提高自己的技术水平。并有针对性地成立科研课题组，血栓科由副院长刘春旺、周国玉率领的 12 人组成的血栓病课题组，历时近 20 年，一方面驰骋于博大精深的祖国中医之中，汲取营养，秉承精华，弘扬传统；又充分利用现代西医技术，站在学术前沿，探究血栓病机理，经过探讨和钻研，终于获得了理论上的突破，得出了自己的真知灼见，提出了“疏通平衡治中风”的新思维、新观点。在医疗方法上在充分运用中医、中药、西医、西药的基础上，还注重治疗手段的多样性和灵活性。他们采用的非药物疗法有针灸疗法、中医传统按摩疗法、脑超声疗法，高压氧法、现代一对一手法康复疗法、功能锻炼等综合治疗措施，分进合击血栓部位，从而达到了激活细胞，血流顺畅，活力再现的目的。该院血栓科不仅在社会中享有盛誉而且也为医院创下了良好的经济效益。据统计，该院血栓科自 1995 年创建以来，共收脑血栓患者 21250 例，首次发生脑血栓康复率达 90% 以上，机体功能恢复率达 93%，这在同领域中处于领先水平。该院不仅血栓科具有特色，中西医骨伤科、肾病科、糖尿病科、心血管病科都各吐芬芳，香溢广远。

四、科学抓管理，开源靠节流

用科学管理统领医院发展。多年来，该院从每一个层次，每一个科室、每一个工作流程和每一个环节入手，把科学管理作为治院之本，各项工作井然有序。

为了确保医疗安全，医院建立了严格质量控制体系，患者一入院，就要求医护人员开好每一张处方，写好每一页病志，对每一个环节，都有规范化的保证措施。大力强化首诊首问、三级查房、病案讨论等制度的落实。院里要求对急危重患者会诊，实行“三指定”：指定到场会诊时间，指定辅助检查出结果时间，指定会诊程序。该院还建立了病志质量管理体系，从建立病志首页开始到患者出院病志都进行了量化打分，对于处方质量、查房记录、交接班记录等环节，随时全院通报，给予奖优罚劣。

为了尽快提高医院的医疗质量，医院大力开展了医疗质量建设年活动，通过有计划、有步骤地开展活动，不仅大大提高了医技人员的技术水准，而且也养成了全院性的学习习惯。如今该院学习业务成风，研究问题成风。良好的风气，带动了医院整体工作的提高。

开源节流，勤俭办院是该院在管理上的又一点亮点。在这家医院，人们常常看到医生珍惜每一张处方，打印纸两面用，员工离开房间随手关灯，自来水龙头跑水一定有人主动去关上。他们正是这样从一点一滴做起，使勤俭形成一种时尚。该院实行了全成本核算，将勤俭渗透到每一个环节。为了节约，工程建设、设备设施引进、药品采购等实行集体招标和网上采购，货比“三家”。使药品、耗材等在保证质量时，引进价格都是最低的。同时该院领导班子，也率先垂范，厉行节约，招待费压了又压，能不招待的就不招待，能简单招待就简单招待。对设施设备，能维修的绝不更换，能自己维修的尽量自己维修。

医院管理还体现在以人为本、尊重人才、用人之道等方面。该院在管理上具有浓厚的人文关怀。如职工家里婚丧嫁娶的事情，院领导都会到场，职工生病长灾，院领导都亲自前去慰问。职工的生活冷暖都挂在院领导的心上。管理上的人文关怀，使医院呈现了良好的人际关系和和谐发展的局面，医院在管理上，还十分注重人才培养，千方百计为医护人员创造良好的学习生活环境，每年都要拿出二三十万元，送出一二十人到全国著名医院进修深造，为医院的发展培养了中坚技术力量。

五、承国粹文化，营发展氛围

中医在诊病治疗中讲究的是整体观念，辨证论治，标本兼治。在凌源市中医院医院文化建设中，也坚持整体观念。该院领导班子，在抓好医院形象、医院精神、人员素质、职业道德等医院文化建设工作的同时，突出抓好祖国中医传统文化的继承和创新这个主旋律，从整体上加以精心设计，从方法手段上标本兼治。

该院在文化建设上，在打造现代化和谐中医院文化精神的同时，突出了具有传统特色的外在形象和内部环境。医院的建筑和装饰中，注重引用中国传统的建筑装修风格，矗立于院百花丛中的李时珍塑像，足以体现出该院的文化内涵。在内部环境设计上除创造一种干净整洁舒适的就医环境外，还在医院大厅、走廊处以图文并茂的形式，将一些常见和名贵中草药及中医古籍向患者展示；在各病区悬挂了中国古代医药发展简史，祖国中医药的发展历程；中华历代名医画像，介绍了包括神农、扁鹊、华佗、孙思邈、李时珍、张仲景、朱丹溪在内的中医药大家的生平和他们对中医药事业的贡献，使人对中医药的发展史一目了然；康复科的古代针灸穴位图则展示了中国中医药的历史渊源。这些不仅使人们在诊病就医中感受到一种中医医院高雅优美的中医文化品位，而且能让人们更好地了解祖国中医的博大精深。

该院在弘扬、提升医院文化品位的同时，还注重打造“凌源中医人精神”这个文化建设的核心内容，把文化建设的重心放在思想道德素质和人的科学文化素质建设上，积极营造“一切以患者为中心”的医患关系和精神境界。通过有目的、有意识的教育培训，有制度、有约束的监督导向，有激励、有奖惩的管理手段，培植和树立“凌源中医人精神”，全体职工同心协力、目标一致、奋发向上，共同坚守“以事业追求为中心、以领先同行为目标、以开拓创新为手段、以团结协作为前提，以团队荣耀为骄傲”的凌源中医人精神内涵。传统的中医文化建设，营造了医院良好的发展氛围。

六、精神文明花，芬芳溢杏林

精神文明建设是医疗卫生事业的方向盘。多年来，该院始终把家庭美德，职业道德、社会公德作为经常性的思想政治工作来抓，并明确提出 8 小时“内外一样”的口号。为提高全院职工的道德素质，并作为员工考核的重要标准，该院一方面从加强医院文化建设入手，另一方面大力强化医务人员的爱岗敬业精神和诚信服务理念，通过开展各种各样的学习活动和丰富多彩的文体活动，增强医护人员的责任感、荣誉感、使命感。并狠抓治理行业不正之风，提高员工遵纪守法和廉洁行医的自觉性。并健全完善各项规章制度，用制度约束全院员工。医院针对每一个部门的特点，制定出相应的全面的各项职责和规章制度，装订成册，每位职工人手一册。在医德建设上坚持定时开展医德查房，每次查房广泛征求患者意见、建议，对出现的问题及时整改，率先实施社会承诺服务制，使医院的服务越来越完善，与人民群众的距离越来越近。

该院不仅在业务发展上突出特色，在精神文明建设中也体现了自己的特色。几年来，医院在精神文明建设中，紧紧围绕医院的一切行为都以满足患者的需求为出发点，以医疗质量、优质服务为立足点，以赢得患者满意为目标。他们还把传统医德在对病人服务中要求“一心赴救”“仁爱救人”“杏林春暖”“橘井流香”等中医传统医德与现代精神文明建设有机地融合在一起，弘扬光大现代精神文明建设的内涵，真正把维护患者的利益放在第一位，真正做到尊重人、关心人、理解人、帮助人、感动人。通过开展“一张笑脸、一声问候、一次详细的入院介绍、一张舒适的病床、一壶热水、一个整洁的环境”活动，为病人提供温馨、细心、爱心、耐心的服务，让患者到了医院就有回家的感觉，在身体疾病得到有效治疗的同时，心理也得到最大的慰藉。

“问渠哪得清如许，唯有源头活水来。”良好的精神文明建设，必然带来丰硕的文明之果。该院先后荣获省示范中医院、省“十佳”中医、中西医结合医院、省周期形象工程建设先进单位和“五好四无三满意”单位等十多个荣誉。

凌河滔滔千帆过，杏林岸边一枝春。面对新的发展机遇和挑战，凌源市中医院全体员工铭记“居安思危、精医济世”的院训，本着科学发展、和谐发展、特色发展的新思路，根据社会对中医事业发展的需要，努力弘扬祖国医学，瞄准中医药发展的最高层次、最新领域，励精图治、务实创新，医院将在进一步强化医疗质量建设的同时，把争创三级中医院作为新的目标，在新时代特色社会主义旗帜的指引下，使人民群众从诊疗环境、就诊方式、服务态度等方面切实感受到独特的中医药服务，真正实现医院的物质文明、精神文明、管理科学的完美统一。

“雄关漫道真如铁，而今迈步从头越。”面对充满挑战的医疗市场，敢于拼搏，勇于拼搏的凌源中医人淡淡地说，成绩只属于过去，未来更需奋斗，我们有理由相信在新一届领导班子的率领下，凌源市中医院一定会迈向更辉煌、更美好的明天！

风雨历程70载 春秋走笔谱华章

山东省聊城市人民医院 王 迪

71年栉风沐雨，71年悬壶济世，71年传承跨越，71年品牌生辉。历史是一条见证奇迹的长河，悄然流逝的岁月铭刻了聊城市人民医院造福鲁西百姓，惠泽水城苍生的不朽，积淀了聊城市人民医院“修己以敬，诚信载物”的文化传承与“一日千里，扶摇直上”的历史辉煌。

过去的71年，聊城市人民医院经历了由无到有，由小变大，由弱变强的历程；

过去的71年，敢为人先的聊医人，展现了他们厚积薄发的综合实力与干事创业的澎湃激情；

过去的71年，聊医人建起了一座立足鲁西、辐射晋冀鲁豫的医疗高地。

日月轮回、春秋待续。在深化医改、建设健康中国，改善医疗服务等方面，聊城市人民医院将继续发扬“强基础，重服务，育名医，创名院”的办院理念，“奉献，创新，责任，荣誉”的价值观，“崇学新知，厚实笃行”的院风学风，创造一个辉煌卓越的新时代，谱写一个风华绝代的新篇章。

求发展，老院破茧成蝶

走进聊城市人民医院，领略“水城明珠”新魅力。这里医疗业务用房29万平方米，设有东、西两个院区，聊城市脑科医院、聊城市儿童医院、聊城市眼耳鼻喉医院、聊城市口腔医院、聊城市卫生职工中等专业学校等6个分支机构，是集医疗、教学、科研、预防、康复、急救为一体的人文化、智能化、园林化的大型医疗保健中心。

在这里，它散发着浓浓的历史气息。顺着历史的脚步，追寻聊城市人民医院的蝶变历程……

1947 年，冀鲁豫行署哈利生医院二分院和冀鲁豫九专署政民医院合并，成立了当时的平原省聊城专区人民医院。建院之初，从只有几座营房，几张病床，几十号人到拥有建筑面积 11 万平方米的现代化医疗保健中心，29 万平方米的医疗业务用房，5400 余人的医务人员队伍；从只有内、外、妇、儿等基础科室到设有 72 个临床医技科室、116 个护理单元、4 所国际合作研究中心、3 个省级医学研究机构、5 个国内联合实验室的大规模医疗中心；从消毒用高压锅，检查只靠手摸眼瞧，手术设备仅有锯、刀、锉、镊到拥有 PET-CT、3.0T 静音磁共振、256 层螺旋 CT、激光共聚焦显微镜等价值 12 亿元的大型医疗科研设备，医院面貌发生了沧桑巨变。

建院以来，医院几度易名，先后更名为“平原省聊城专区人民医院”“聊城专区第一人民医院”“山东省聊城中心医院”“山东省聊城地区人民医院”。1998 年，聊城撤地改市，“聊城地区人民医院”更名为“聊城市人民医院”，这所历经沉浮的老院终于以“聊医”品牌安身立命，济世一方。

2000 年以后，医院驶上了跨越发展的快车道。全院干部职工秣马厉兵，卧薪尝胆，医院的学科、技术、规模、设备、管理、服务发生了巨大的变化。2013 年 10 月 10 日，聊城市人民医院在山东省三级甲等医院的评审中，以高分通过，获国家卫计委授予三级甲等医院；2014 年 8 月 4 日，被山东省卫计委评为全省首批省级区域医疗中心，接受省级医院同质化的管理；2016 年、2017 年连续两年被香港艾力彼医院管理研究中心评为非省会城市三级综合医院全国前十，进入国内名院行列。2018 年 8 月 17 日，聊城市人民医院在山东省三级甲等综合医院等级复审中，再次以高分通过三级甲等综合医院评审，这也标志着这所拥有 71 年历史的老院又站在了新起点，跃上了新高度，跨进了新轨道。

创思路，聊医顺势崛起

医改每一步都是解难题，闯难关，结合习近平总书记在十九大报告中提出的

“健康中国”战略，更是需要作为嫡系的公立医院的大力配合与推进。在这个过程中，聊城市人民医院创思路，调结构，抓内涵，顺势而为，走出了一条适应医院发展的崛起之路。“让外科手术智能化，内科治疗操作化”，聊城市人民医院党委副书记、副院长马胜军这样说道。

2018 年，马胜军主持医院工作以来，将“健康中国”战略与医院的工作实际相结合，围绕深化医改这项中心任务，开展了一系列卓有成效的改革。

他立足省级区域医疗中心的战略定位，将急危重症作为收治病人的重点，把普通病房改建为重症病房，扩大重症床位的占比；继续加强胸痛绿色通道、卒中绿色通道、产科绿色通道、急性颅脑创伤绿色通道等绿色通道建设，确保了急危重症患者第一时间得到有效救治；大力发展卒中中心、胸痛中心、创伤中心、危重孕产妇救治中心、危重儿童和新生儿救治中心、癌症中心等六大中心建设，配置了相应的信息化系统、急危重症设备等设备设施，给重症患者吃了定心丸；鼓励内科科室积极开展体现技术劳务价值的医疗服务，进一步拓展了医院消化内镜室的规模，大大缓解了消化内镜室的工作压力，减少了患者等待时间；大力发展中医药研究与技术推广，45 个中药制剂成为医院的拳头产品；成立了肿瘤、两腺、妇科、胃肠、肝胆、胸外等一系列 MDT 团队，开设了 MDT 门诊，大大提升了医疗质量和服务效率。

加床是大型三甲医院都无法避免的一个痛点。在医疗用房无法增加、病人量又只增不减的前提下，如何提高床位使用率和周转率，成为摆在聊城市人民医院面前的一个难题。床位短板逼出了“聊医智慧”，聊城市人民医院探索建立了院内双向转诊机制，提高外科病房手术病人的占比，把慢病和康复病人转到社区分院。既缓解了总院病区压力，又盘活了病人较少的社区医院，既让急需手术的患者及时手术，又让术后康复的患者有了良好的康复环境，这一模式得到了迅速推广。

一花独放不是春，万紫千红春满园。聊城市人民医院深知作为一所大型三级甲等公立医院的历史使命与社会担当，与周边基层医院积极对接，建立紧密型医联体和专科联盟，派驻专家深入基层开展实质性工作，手把手地进行“传帮带”，带动了一大批基层医院的学科发展和技术进步。

筑高地，学科品牌生辉

学科强院是聊城市人民医院发展的永恒主题。培育具有核心竞争力的学科品牌，是聊医人矢志不渝的追求。

目前，医院拥有37个国家级、省级重点学科、重点专业、特色专科。其中，肝胆外科被国家卫计委批准为肝脏移植指定单位，口腔颌面外科整形专业被批准为国家A级专业，口腔修复正畸专业是国家首批卫生行业职业技术培训基地，病理科成为国家卫计委“远程会诊专家成员单位”，中医儿科是国家中医药管理局“十二五”中医药重点学科，中医肛肠科是国家中医药管理局“十二五”重点专科建设项目，口腔头颈—颌面外科、血管神经外科是山东省临床精品特色专科。以脑系科、儿科、眼耳鼻喉科、口腔科为基础成立了脑科医院、儿童医院、眼耳鼻喉医院、口腔医院，并在区域内形成了学科优势，儿童医院加入了北京儿童医院集团，儿科主任杨巧芝成为北京儿童医院首席专家。

医院开展的“介入、微创技术”“组织、器官移植技术”“急危重症救治技术”“疑难病症诊疗技术”等四大技术亮点已形成技术特色和区域优势。肝胆外科开展的双供体活体肝脏移植术、肝肾联合移植术、幼儿肝脏移植术，引起全省肝胆外科专家的广泛关注；心外科开展的经心尖及经股动脉主动脉瓣膜植入术（TAVI术），手术例数及难度均处于省内领先水平；脑系科开展的颈动脉内膜剥脱术、颅内颅外动脉搭桥术等高难度的技术项目，成为全国脑系科急危重症救治品牌和培训基地；神经内科宫殿荣主任开展的寰枕间隙侧方穿刺法移植脐血干细胞治疗帕金森氏症、一氧化碳中毒后迟发性脑病、多系统性萎缩、肌萎缩侧索硬化老年痴呆症等多种神经系统难治性疾病，取得了明显的疗效，多次被邀请到美国、日本、韩国等国参加国际学术会议并作专题发言，她国际首创的寰枕间隙侧方穿刺法，被美国神经外科杂志称为“宫氏穿刺法”。

搭平台，科教助力医学

科教兴院是聊城市人民医院可持续发展的兴盛保障。医院与聊城大学合作，共同成立了中原生物医学研究院、组织工程与再生医学研究所、人类生殖遗传研究所。目前，医院拥有4所国际合作研究中心，3个省级医学研究机构，5个国内联合实验室，1个基因组大数据库，1个生物样本库，配备了激光共聚焦显微镜、激光显微切割捕获系统、流式细胞仪等国际一流的仪器设备，形成了高精尖的科研平台。近年来，先后承担和完成省部级以上课题295项，获得省部级科技奖励80项，发表SCI论文935篇。

让科研成果“活”起来，真正成为治病救人的“灵丹妙药”，聊城市人民医院的管理者下足了功夫。医院积极开展转化医学研究，建立了转化医学实验室等研究技术平台，开展了从临床实践到实验室基础研究、技术开发再到临床实践的转化型研究，提高了实验室研究成果转化效率。开展了肿瘤靶向治疗、基因诊疗、干细胞临床研究、生物医用材料研究等研究转化工作，将循环肿瘤细胞和循环肿瘤DNA检测、肺炎肺泡灌洗液支原体核酸检测、母乳巨细胞病毒核酸检测及药物基因多态性检测等一批诊断治疗的新技术转化应用于临床，对于肿瘤个体化治疗、支原体肺炎及脑炎、新生儿黄疸及肝损害等疾病的临床诊疗有良好的疗效。

医院形成了本、硕、博教育教学体系。是泰山医学院临床学院和口腔医学院，承担临床医学、口腔医学见习教学，以及医学相关类专业实习教学任务，年均在院学生700余人。是泰山医学院、徐州医科大学、青岛大学、澳大利亚查尔斯特大学、山东大学、武汉大学研究生培养基地，硕士研究生培养点实现了所有专业全覆盖，年均在院学习的研究生120人。有心血管病、血液病、胸心外科、口腔医学、眼科学、骨科、神经病学、麻醉医学等11个博士生培养专业。

医院是国家首批住院医师规范化培训基地，拥有24个专业基地，带教医师664人，建立了客观结构化临床考试（OSCE）系统，组建了标准化病人（SP）团队，拥有先进的介入、内镜、腔镜、ICU、临床思维训练等模拟培训设备200余台（套），总价值超千万元，累计招收学员978人，已结业544人。

借智力，英才纷至沓来

问渠那得清如许，为有源头活水来。“故步”的结果只能是“自封”，得不到进步和发展。聊城市人民医院深谙“变则通，通则久”的道理，始终坚持开放办院的理念，坚持“请进来”“走出去”并重的发展思路与举措。引进、培养了一大批国内一流乃至在国际上享有较高声誉的医学人才，可以让百姓足不出户就能享受到高水平的医疗服务。

让院士不再成为北上广深的专属，医院领导班子下定决心，引进国内最好的院士团队，建立院士工作站，聊医有了新的生产力。2018 年 9 月，三甲医院复审刚过，聊城市人民医院院长便带队前往北京、上海、石家庄等地招贤引智。在上海，医院与上海华山医院顾玉东院士签约建立院士工作站，这是山东省首家手足显微外科专业院士工作站，对于促进医院手足显微外科专业跨越式发展具有积极意义。同时，医院还与海军军医大学附属长海医院李兆申院士签约建立院士工作站，将大大提高医院在消化道肿瘤的早期筛查和微创治疗、胆胰疾病的早期诊断和综合治疗等方面的能力。在北京，医院与中国科学院大学在前期良好合作的前提下，又达成建立中国科学院大学首批直属附属医院和合作成立“中国科学院大学山东转化医学研究院”的合作意向；在石家庄，医院与中国工程院院士吴以岭教授达成在聊城建立吴以岭院士工作站的战略合作协议，双方在健康产业管理、中医药研究、成果转化等方面开展全面合作。

目前，医院有荷兰、美国、加拿大等国的 8 名外籍专家全职在院工作。聘任美国国立卫生研究院、荷兰阿姆斯特丹大学诺贝尔奖获得者盖蒂•谢克教授，英国剑桥大学医学院赵晶教授，荷兰乌德勒支大学德赫鲁特教授，美国密苏里大学安南教授等 200 余名国内外知名学者为我院的科教顾问、名誉主任、兼职教授等。医院拥有高级专业技术人员 840 人，博士、硕士 1547 人。每年派出近百名业务骨干到国外长期进修学习和参加国际学术会议，掌握国际先进的医疗技术和管理理念，进一步提升了医院的综合实力，也培养了一支优秀的管理队伍，其中一大批拔尖人才脱颖而出，成为医院可持续发展的中坚力量。杨巧芝、王继跃、吴铁军、李森林等一大批在全省乃至全国拥有很高认知度的专家学者成为医院的学科带头人，这些医务人员扎根聊医，仁心仁术为水城人民健康服务。

时光荏苒，岁月如歌。聊城市人民医院已经走过了 71 年风雨历程，形成了独具聊医特色的医院文化。“上承前人，不废名院盛名；下惠众生，构筑医学高地”，聊医人秉承“修己以敬，诚信载物”的医院精神，集众人之力，承大爱之魂，坚守医泽水城、济世人间之心，在漫漫的医学征程中，不畏艰险、勇攀高峰，像一颗冉冉升起的启明星，为中原大地带来耀眼的光芒，谱写着一部持续发展、继续跨越，建设晋冀鲁豫边区名院的新篇章！

认真践行“防控疾病，健康百姓”服务宗旨保障全民健康

河南省洛阳市洛龙区疾病预防控制中心

近年来，在区委、区政府的坚强领导下，在市、区卫生健康部门的具体指导下，我中心坚持以习近平新时代中国特色社会主义思想和党的十九大精神为指导，积极贯彻“预防为主”的方针和“防治结合、分类管理、依靠科学、依靠群众”的原则。认真践行“防控疾病，健康百姓”的服务宗旨，不断完善政府主导，部门协调、联防联控的传染病防治工作机制，为保障全区人民群众健康和生命安全发挥了重要作用。

一、贯彻实施传染病防治法、大力开展普法宣传教育

区疾控中心根据《中华人民共和国传染病防治法》的要求开展了多项工作。

一是充分利用每年3·24结核病日、4·25免疫规划日、4·26疟疾防治日和12·1艾滋病日等宣传日活动，积极组织辖区医疗卫生机构、学校、托幼机构等有关单位开展《中华人民共和国传染病防治法》《突发公共卫生事件应急条例》等相关法律法规普及宣传活动。

二是联合教育体育局、农业农村局、安监局等业务相关部门组织召开联席会议，研究协调解决工作中的问题。

三是举办辖区医疗卫生人员、学校、托幼机构负责人《传染病防治法》和重点传染病防治知识培训班，2018年培训1000余人次。通过微信、微博等媒体宣传普及传染病防治知识，向辖区医疗机构、学校和居民群众发放传染病防治法、

艾滋病、结核病、流感、手足口病、布病、疟疾等宣传册、折页等宣传品2万余册（张），提高了医务人员、居民法律意识和防病意识。

二、加强传染病防治体系建设，提升疫情监测报告能力

（一）加强传染病防治体系建设

根据《中华人民共和国传染病防治法》的要求，建立健全了以传染病哨点医院为中心，以乡镇卫生院、社区卫生服务中心为支撑，以村卫生室（社区站）为基础、区疾控中心提供技术支持的四级传染病防治体系，为全区《传染病防治法》的贯彻实施提供了组织保障。

辖区疾控中心、各乡镇卫生院、社区卫生服务中心、二级以上医院均配备传染病预防控制（控感科）科室及专业技术人员，与相关单位进行业务对接，上下联动、左右协同的工作机制不断完善。

（二）认真落实传染病监测与报告制度

辖区现有疫情网络直报单位26家，辖区镇卫生院、社区卫生服务中心以上医疗卫生单位均配备了疫情网络直报电脑，并有专人负责疫情报告，实现了疫情网络直报全覆盖；区卫生健康委协同区疾控中心定期对医疗机构进行督导，开展传染病漏报调查，使疫情报告的敏感性、及时性、准确性及整体疫情报告质量有大幅度提高，区疾控中心设置固定疫情报告电话，并保持24小时畅通，确保了全区疫情的应急处置。

（三）建立传染病疫情定期分析、反馈、利用制度

区疾控中心疫情管理员每两小时上网浏览疫情信息一次。通过周、月分析，专题疫情分析，及时发现疫情信息、掌握流行趋势和规律，科学指导疫情防控工作，整体传染病异常信号发现能力和预警能力显著提高。

洛龙区卫生健康委要求基层医疗机构设置传染病预检分诊点，发现法定传染病后按照相关标准流程进行上报，转诊，严格落实相关救治流程。各医疗机构每月组织开展传染病报告自查，并按要求开展月、季度疫情分析，及时掌握辖区疫情信息。

三、落实政府财政保障措施，传染病防控能力大提升

区委、区政府高度重视传染病防治工作，按照《传染病防治法》和国家、省、市有关文件要求，不断加大传染病防治工作的的各项投入，并将传染病防治工作经费纳入财政预算，努力改善卫生基础设施条件。区财政每年安排传染病防治和突发公共卫生事件应急处理等专项经费80余万元，有效保障了全区传染病防治和突发公共卫生事件应急处置的实施，为保证市政府年度重点卫生工作目标完成提供了有力保证。

四、落实联防联控工作机制，重大传染病防控成效显著

（一）部门联防联控机制有效运行

建立完善政府主导、部门协调、联防联控的传染病防治工作机制。先后制定《洛龙区防治艾滋病“十三五”行动计划》《洛龙区“十三五”结核病防治规划暨实施方案》。成立了突发公共卫生事件领导机构，积极组织参加全市突发公共卫生事件应急演练观摩活动。建立完善了应急队伍建设体系，规范了应急物资储备管理，定期召开由农业农村局、教育体育局、安监局等相关部门参加的全区艾滋病、肺结核病、布病、手足口病防治等联席工作会议，发挥政府的统筹协调作用，各相关部门各司其职，密切配合，形成上下协调、齐抓共管的局面，确保了全区传染病各项防控措施的有效落实。

落实布病联防联控措施，区疾控中心组织完成人间布病流行病学个案调查和病人治疗随访管理工作；区畜牧部门接到疾控部门疫情信息，及时开展畜间疫情调查和病羊处置工作，确保辖区人畜共患传染病防控措施的落实。

（二）全面完成艾滋病、结核病等重点传染病防治目标

1. 艾滋病防治工作

一是积极开展艾滋病综合示范区创建工作，全面落实艾滋病防控措施。配合洛阳市疾控中心组织参与12·1艾滋病日宣传、艾滋病讲故事大赛和红丝带进校园宣传活动，开展辖区医务人员和大学生艾滋病防治知识培训工作。

二是开展高校新生入学体检 HIV 检测工作，共计完成学生检测 24901 人，其中洛阳师范学院 8009 人，洛阳理工学院 7652 人，河南科技大学 9240 人，入学新生 HIV 检测率达到 95% 以上，检测发病率为 2.00/ 万。

三是区疾控中心与洛阳市社会组织（九都工作组）开展 MSM 人群检测干预工作，全年共完成 MSM 人群 HIV 初筛检测 1500 余人次，检测确证 HIV 阳性率 0.15/ 万。

2. 结核病防治工作

认真落实肺结核病人督导管理措施，全年完成肺结核可疑症状者推荐及疑似肺结核患者报告 1206 人次，达到辖区总人口的 3‰；报告发现肺结核病人 249 人（其中病原学阴性 181 人），规范管理率达 95% 以上，督导服药率达 90% 以上，超额完成市政府年度新发涂阳肺结核病人指标任务，治愈率达到 85% 目标。

3. 重点传染病疫情与突发事件处置

组织开展辖区传染病疫情和突发公共卫生事件监测分析和风险评估报告，及时开展学校、托幼机构水痘、流行性腮腺炎、手足口病等聚集性疫情处置工作，规范处置率达 100%。

完成学校、托幼机构肺结核病疫情处置 38 起，完成新生体检筛查肺结核病疫情 13 起。完成学校、托幼机构手足口病、水痘流行性腮腺炎聚集性疫情处置 10 余起。

按照突发公共卫生事件标准规范开展白马寺镇 1 起副伤寒和龙门镇 1 起输入性登革热疫情处置工作。

（三）寄生虫病防治工作

按照河南省卫计委《2018 年河南省疟疾和寄生防治项目实施方案的通知》要求，我区积极组织开展 2018 年土源性线虫病监测工作，在区卫健委、市疾控中心专家领导和指导下，中心传控科、检验科与重点乡镇卫生院（社区卫生服务中心）和村卫生室有关人员共同努力，按期完成 2018 年省级土源性线虫监测工作任务。全区共计完成土源性线虫监测 1044 人，发现蛲虫阳性感染者 23 人（其中成人 6 人、儿童 17 人），感染率为 2.2%。

六、疫苗安全监管和免疫接种工作

（一）疫苗流通和质量监督管理情况

建立健全了一套完善的疫苗流通和监管体系。区疾控中心统一在省级疫苗采购平台采购疫苗，由省卫健委进行统一配送，区疾控中心按照各疫苗接种单位接种计划进行配发，严格按照食药监部门的质量监管流程和标准对疫苗进行质量监督管理。进一步规范冷链和疫苗管理，在全市各县区中率先建立了疫苗冷库，配置疫苗冷链运输车，确保了疫苗安全，实现生物制品管理的科学化和信息化。杜绝了在疫苗发放期间发生差错事故。

（二）预防接种情况

1. 预防接种门诊标准化建设情况

认真贯彻《传染病防治法》《疫苗流通和预防接种管理条例》，积极推进省级示范化预防接种门诊建设工作。目前，我区有 12 家（其中省级示范门诊 7 家，市级规范门诊 5 家）预防接种门诊和 3 家产科接种点组成的预防接种网络。辖区接种门诊接种服务由周接种调整为每日接种工作制，节假日不间断提供接种服务。

2. 国家免疫规划落实情况

2018 年各类疫苗累积接种率均达到国家要求 90% 以上。3 月初省疾控下达春季含麻成分疫苗补充免疫工作，按照工作部署完成系统筛查 13008 人，其中 MCV1 漏种 551 人、MCV2 漏种 805 人，经过通知预约补种，完成 MCV1 补种 472 剂次，补种率 85.66%；MCV2 补种 700 剂次，补种率 86.96%。现含麻成分疫苗接种率达到 95% 以上。积极开展预防接种信息化建设工作，信息化管理率达 100%。目前已建成覆盖全区 6 个乡镇 6 个社区的儿童免疫规划信息化管理系统，全面提高了我区预防接种的工作效率和信息化管理水平。

（三）疫苗相关疾病监测工作

按照省、市要求开展麻疹、AFP、甲肝、乙肝监测工作。AFP 病例 48 小时及时调查率、14 天双份合格大便采集率、大便标本 7 天内送省脊灰实验室及时率和麻痹 75 天内随访及时率均达 100%；麻疹疑似病例 48 小时及时调查率、血清标本采集率和病原学标本采集率均达 100%，样品 3 日送达率达 100%。

七、学校、托幼机构传染病防控工作

区卫生健康委和区疾病预防控制中心与区教育部门协作，积极开展学校、托幼机构传染病防控工作。一是完成了学校、托幼机构负责人和保健人员《传染病防治法》和《中小学校传染病预防控制工作管理规范》培训工作。二是落实了预防接种查验制度。坚持开展新入学儿童、流动儿童等预防接种证查验工作，按期完成补种及数据上报工作，促进了学校传染病防控工作顺利开展。

下一步，我们要坚持新时期卫生与健康工作方针，以《“健康中国 2030”规划纲要》为蓝图，继续深入贯彻落实《中华人民共和国传染病防治法》，坚持科学防治、依法防治，坚持联防联控，进一步创新工作思路，振奋精神，真抓实干，为保障全区经济社会发展和推进健康洛龙做出新贡献。

为基层医疗卫生事业发展发声

广东省紫金县中医院

作为一名扎根基层一线几十年的医务人员，市人大代表、紫金县中医院院长廖碧常尤为关注基层医院的发展现状，通过走访调研、提交建议等方式积极献计献策；同时，他还立足岗位，发展和传承中医药文化，推动当地医疗卫生事业发展。

市人大代表、紫金县中医院院长 廖碧常

关于社保总额付费的问题，跟我们的兄弟医院院长都沟通过，做了很多调查，就像卡住脖子不能抬头这个感觉，不利于我们医疗卫生的发展。

廖碧常口中的“社保总额付费”，指的是我国2016年施行的医疗机构医保报销总额控费制度。经过多方调研，廖碧常认为该制度存在一定弊端，不利于基层医疗院所的发展，更不利于老百姓看病就医。2017年，他提出了《关于提高紫金县医疗机构医保报销总额控费的建议》，建议在提高医疗机构医保报销总额控费标准的同时，制定更加科学的医保报销制度。

2018年，中央、省、市陆续推出了新的医保报销制度——按病种分值付费，不再执行医保报销总额控费制度，这让廖碧常分外高兴。

市人大代表、紫金县中医院院长 廖碧常

按病种分值付费，从某个角度说，杜绝了我们医院或者说我们医生开大检查、大处方的问题，有利于我们医院的长远发展。患者自付的也低，从而减轻了患者的负担。

廖碧常表示，近年来，我市医疗卫生事业取得了长足发展，但县区各类医疗人才依旧匮乏，尤其是缺乏学科带头人，吸引和留住人才是实现“大病不出县，小病不出镇”的关键。在他的推动下，今年初，紫金县中医院先后从省、市级三甲医院高薪引进了疼痛康复科、麻醉科、泌尿外科 3 位学科带头人。

市人大代表、紫金县中医院院长　廖碧常

引进人才以后，一个人带动一个科室，我们医院整体的服务能力水平短期内就能得到一个很大的提升，我们就能够全力推动我们医院的发展。

作为一名医疗卫生领域的人大代表，多年来，廖碧常始终心系群众，从不脱离临床一线。为了给患者提供更优质的医疗服务，廖碧常带领全院干部职工加强中医专科专病建设，创建了耳鼻喉科，发展扩大了康复科、血液透析科、骨伤科等专科，把发展缓慢的中医院推上了快车道。

市人大代表、紫金县中医院院长　廖碧常

我将时刻鞭策自己，听民意、讲民生、解民困、办实事，尽最大的努力做好本职工作，发展和传承中医药文化，推进紫金的医疗卫生事业发展，更好地为紫金百姓服务。

呵护农牧区妇幼健康 托起生命的蓝天和希望

——推动新时代妇幼卫生健康新发展

青海省玉树州妇幼保健计划生育服务中心

健康是满足人民对美好生活需要的重要支撑。十九大报告中提出的实施健康中国战略，是新时代健康卫生工作的纲领。医疗是民生之需，健康是人类永恒的追求。“健康中国”的新蓝图，凝聚着政府、社会和人民群众的共同理想。在州委、州政府的坚强领导下，在州卫健委的大力支持下，玉树州妇幼保健计划生育服务中心（以下简称玉树州妇计中心）踏着时代的主旋律，始终秉承妇幼卫生工作方针，肩负保障妇女儿童健康的神圣职责，在砥砺前行的脚步中，以创建“品质卓越、百姓信赖的妇幼保健服务中心”为目标，秉承感恩、仁爱、团结、奉献的院训精神和“母亲安全 儿童优先”的办院宗旨，让卫生健康事业改革发展成果更多更公平地惠及当地老百姓，保证全州妇女儿童群体在共建共享发展中有更多获得感。

为了拓展玉树州妇计中心业务范围，开展特色服务，提升服务质量，实现保健医疗一条龙。玉树州妇计中心多次安排相关人员到江苏无锡市妇幼保健院、北京市海淀区妇幼保健院、省妇幼保健院等地进行进修学习，并于 2016 年开设了全州首家孕产妇活动指导中心和新生儿沐浴中心。根据学科发展的需要，中心功能科配有进口 E8 四维彩超，黑白 B 超、心电图机，现能开展乳腺、腔内彩超等新技术，这两项技术填补了玉树超声诊断的空白。检验科拥有全自动血分析仪、尿分析仪、血凝分析仪、全自动生化分析仪、全自动电解质分析仪等仪器设备，能开展肝功能、肾功能、血常规、尿常规、分泌物检查等项目。尤其是开展的新技术液基细胞检查，填补了玉树检验空白，为玉树州妇女“两癌”筛查奠定了基础。率先在全州开展了妇女两癌筛查、新生儿疾病筛查、预防乙肝、艾滋病母婴阻断项目、听力筛查和产前筛查、产前诊断等工作，为全州提高人口素质，全面推动我州妇幼保健事业全面健康发展做出了贡献。从 2015 年 7 月起率先实行免费接送孕产妇出入院，孕期免费超声检查，免费建立了妇女健康档案。

为持续提升医疗服务质量安全，中心领导班子率先垂范，充分发挥先锋模范作用。针对职工思想动态，开展经常性的思想道德教育，把思想政治工作渗透到医疗业务工作的各个环节。大家树立良好的医德医风和职业道德，工作中不断提升医疗技能、完善服务态度、转变服务作风，以优质的医疗护理质量，不断加强医院业务建设。

玉树州妇计中心坚持组织开展“患者满意度调查、优质护理服务”活动，实行了孕产妇住院分娩、全程陪同制度。还出台了定期考评、征求患者意见等办法，对院内医疗服务工作进行考评。此外，还积极探索开展了对出院病人的回访，这一系列过程的落实与成效都与医院的诊疗服务挂钩，也与绩效考核挂钩。开展接送亲情服务，着实有效解决病人的问题，不仅给患者提供了方便，而且让患者切实感受到了医院的暖心亲情服务。

新时代推进医院建设和发展，党的领导是根本。玉树州妇计中心充分发挥党支部的管理作用，通过支部活动把每个党员的教育、管理、监督工作抓起来，把党员的力量凝聚起来。坚持思想建党、制度治党，以加强“三基“建设为重点，以习近平新时代中国特色社会主义思想和“十九大精神”为指导，全面加强党的思想、组织、作风、反腐倡廉和制度建设，不断提高党的建设科学化水平。围绕中心工作重点，以党建工作为抓手，夯实基础，努力适应新形势，在改革中创新，调整中加强，发展中提高，打造一支“政治坚定、勤政为民、清正廉洁、敢于担当”的党员干部队伍，扎实开展党建系列活动，稳妥推进单位快速健康发展。

“高原好医师”是卫生健康战线的典范和楷模。医师节的设立让我们青年医师备受鼓舞，心存感动。在青海省首届高原好医师评选推荐工作中，来自玉树州妇计中心的黄长珠获得“高原好医师”称号，在平均海拔4200米以上的艰苦地区从医二十余年，几十年如一日地扎根边远基层，她用自己精湛的医术和无私的奉献精神为农牧民患者健康做出了贡献，将“敬佑生命、救死扶伤、甘于奉献、大爱无疆”的职业精神发挥到了极致。她是我们广大医务工作者学习的典范，我们要立足本职岗位，竭诚为基层群众提供基本医疗卫生服务。

为深入贯彻落实党的十九大精神和党中央、国务院脱贫攻坚决策部署，以习近平新时代中国特色社会主义思想为指导，结合精准扶贫和健康扶贫工作，2018年，玉树州妇计中心“一对一”结对帮扶拉布乡卫生院，以“一个中心”带动“一个卫生院”，组成了医疗扶贫专家队，给予了拉布乡卫生院人力、物力等方面的支持。共为拉布乡村民开展免费健康诊疗2200余人次，向拉布乡卫生院捐赠价值49000元的医疗设备和药品，凸显了帮扶合作实效。

玉树州妇幼保健计划生育服务中心，以“打造区域性妇幼保健中心”为使命，全面贯彻习近平新时代中国特色社会主义思想和十九大精神，认真贯彻上级党委部署要求，学习新思想、改革再出发、开放迈新步、发展高质量。破除与医院发展不相适应的思想观念和思维定式，审视现状、不断改进，在全院上下形成聚焦发展、锐意进取、勇于创新的浓厚氛围，实现医院发展新跨越，为农牧区的妇女儿童健康撑起一片蓝天。

走中医特色崛起之路

江苏省徐州市中医院

导语：随着新一轮医疗卫生体制改革的不断深化，各级政府高度重视和支持中医药工作，公立医院的改革形势也逐渐有利于中医院的发展，中医院面临前所未有的机遇和挑战。在外有改革，内待突破的关键时期，如何从改革中获取新思路和新方法，坚持走中医特色的科学发展之路，是摆在广大中医人面前的一道必答题。

党的十九大报告提出，要坚持中西医并重，传承发展中医药事业。中医药事业迎来了发展的春风，但是，如何在改革中找准定位，徐州市中医院院长、党委副书记范从海心中有自己的规划。在他的带领下，医院立足改革创新，坚持稳中求进，科学精细管理，优化学科结构，不断突出中医药特色，着力抓好内涵质量建设，全力提升中医药服务能力，医院取得了显著的发展成果。

一、向管理要效益

（一）中医院要想有特色，创新管理是关键

近年来，医院积极搭建公平公正的管理平台，便捷快速的管理渠道，强大高效的沟通机制和科学合理的管理制度。不断提升基础管理能力和基础管理水平。

（二）全面推进科务会管理

职能科室和临床科室日常管理工作以科务会为主要管理平台，强化了民主管理和科学决策机制，提高了职工全员管理、全面管理的积极性、主动性和创造性。

（三）扎实开展对口联系工作

职能科室对口联系临床科室制度既强化了职能科室服务临床一线的责任心和紧迫感，把医院各项工作方针政策制度高效传达落实到临床一线，又能积极为临床排忧解难，形成了“全院围绕临床一线转，临床围绕病人转”的有效工作态势。

（四）强化督查督办提高效能

今年以来，共发放院级督查督办单 160 个，科级协办单 240 余个，有力地推动了各项工作进度，提高了工作效率和职工满意度。

（五）健全完善规章制度建设

医院先后制定出台了《徐州市中医院科务会制度》《职能科室与临床一线科室工作联系制度》《非惩罚性医疗安全（不良）事件报告制度》《科研“种子计划”管理方案》等各类管理制度、规定、规范 45 个，全面加强了管理工作和临床工作，管理科室和临床科室形成了互考互评的良性循环机制，提升了管理人员的基础管理水平、工作能力和工作效率。

近年来，医院以“立规矩、讲规矩、成习惯”为管理原则，立足“人人要管事、事事有人管”的工作理念，行政职能部门做到了“言而有信，定而有为”，各行政部门公开管理职能和服务职能并承诺缩短“响应”时间，建立“坏而不报”“报而不修”的问责制度，切实铲除“懒政”“怠政”“懒事”“怠事”的官僚主义和形式主义；总务后勤部门做到了“行而有效，稳而有进”，将医院环境建设、后勤服务建设、保卫工作建设视为基础性工作，坚决杜绝“久坏不修”“久脏不清”“久疾不问”的现象；临床科室做到了“言行一致，坚定自信”，坚定了中医自信和传承发展的自信，严格落实医院管理要求，管建结合，以管促建，以管促升。全院确立了“一切为了病人，为了一切病人，为了病人一切”的基本服务理念，精简流程、精简环节，确保“有问题敢于面对，快速改进是基本要求，变化与态度是口碑的源泉”的治院理念得以扎实落地。

二、向技术要发展

特色就是优势，就是核心竞争力。为充分发挥中医药特色优势，创新中医服务模式，提高中医临床疗效，打造中医诊疗模式创新品牌，徐州市中医院以发挥中医药特色优势、改善患者就医感受为出发点，以推进中医诊疗模式创新为抓手，以优化中医服务流程为核心，推广中医诊疗模式创新试点做法，集中优质资源，整合优势技术，遵循中医药特点规律，建立以提高中医临床疗效为目的的中医综合治疗模式、肿瘤多学科联合诊疗模式、普病与专病的分离模式，为患者提供方便、安全、快捷、高效的诊疗服务。

（一）强化中医综合治疗模式

为进一步推广中医综合治疗模式，加强医院中医特色技术诊疗服务，医院以针灸科、推拿科、康复科牵头，制定各科室联合其他科室治疗相应病种的诊疗规范、适应症及禁忌症。形成以针灸、推拿、康复科为主体、院领导参与、行政科室保障的运行机制；针灸、推拿、康复科制定各科室中医特色技术适应病种、症状，确定介入的时机、治疗时间、疗程，给相应科室明示；医务处联合信息科设计门诊和住院的医嘱系统，提醒医生联合诊疗；经管和财务部门设计相应绩效激励机制，鼓励中医特色技术的推广。

医院通过信息化平台，运用大数据手段，采集针灸、推拿等中医特色治疗的时间、手法、部位，分析疗效最佳的治疗方案，并根据患者不同诊断制定相应标准，形成具有中医特色的同质化治疗方案。目前，针灸、推拿、康复已制定三百余种病、症相应诊疗规范、适应证及禁忌症，信息科对医嘱系统进行升级改进，做到了自动抓取电子病历系统中患者需要中医特色治疗的疾病与症状，提示医生开具相应医嘱，实现中医特色技术的院内推广。

2017 年 12 月 16 日，医院在呼吸科、心内科、重症监护室、胸心外科、骨伤科等科室率先实施特色治疗。各科临床医师针对有治疗需求的患者开具中医特色技术医嘱，针灸、康复、推拿科医生在本科室住院电子病历系统直接接收，在下午分时段地为患者提供床边中医药特色服务。

依托三级甲等中医院的优势，徐州市中医院积极推广中医特色技术，目前已在住院患者中实施中医特色治疗 10 万余人次，显著提高患者治愈率，改善患者诊疗体验，受到广大住院患者的好评。

下一步，医院将继续加大针灸、康复、推拿科的人才引进，确保全院各科室有序推广中医特色技术疗法，从而深挖中医精髓，促进中医特色技术的普及与推广。

（二）推动中医多学科联合诊疗

为优化医院诊断流程，提升患者就医体验，医院着力推行多学科综合诊疗协作模式，分别以肿瘤科、介入科、普外科和中医外科牵头成立中医肿瘤多学科综合诊疗协作中心（MDT）。

该中心下设胃肠肿瘤组、肝胆胰肿瘤组、乳腺肿瘤组、肺癌、食管癌肿瘤组、消化道早癌组，由多学科专家共同参与组成各 MDT 工作组，由结直肠外科、肝胆外科、甲乳外科、消化科内镜中心、肿瘤内科、影像科、介入科、病理科等多学科共同完成恶性肿瘤患者的诊治，实现 MDT 所具备的互动、协同、沟通、快速、优化等特点，体现医院以患者为中心的服务精神，为患者提供一揽子诊疗服务。诊疗中心立足中医特色，做到内科与外科、中医与西医、保守与开刀相结合，完善科与科直接转接机制，科室内部形成同质化治疗标准，科室之间形成专业共识，对患者进行有序、多学科的诊治。

信息化管理对出院患者同样起着重要作用。中医肿瘤诊疗中心要求全院各科室所有恶性肿瘤患者的信息均录入医院肿瘤平台，或由医务处专人自院电子病历系统抓取数据，加强患者的入院诊断、手术方式及有无化疗药物的使用等方面的信息收集与监管。医院中医肿瘤中心设有专职人员对恶性肿瘤出院患者进行随访，为患者合理安排复查时间、提前预约接诊专家，并将随访内容及时录入肿瘤平台数据库，为参加肿瘤中心的各专科监测患者病情提供了方便。

医院在中医治疗肿瘤方面取得了良好的口碑，MDT 诊治模式的引入，无疑是学科进步和医院发展的一个里程碑。自 2017 年 12 月 16 日开诊以来，门诊已收治 2000 余例患者，病房讨论每周开展两次，现已讨论 1000 余例住院患者，每一位患者都收到一份“菜单式”诊疗方案。集智而治，为患者提供“一站式”诊疗服务，越来越多的肿瘤患者将在这里重新燃起生活的希望。

为进一步加强医院抗菌药物临床应用科学化管理，积极实践 AMS 策略，规范抗菌治疗的药物选择、使用剂量和用药时间，建立科学化精细化的长效管理机制，医院在淮海经济区率先开展抗菌药物管理多学科协作会议（AMS-MDT）。AMS-MDT以病历讨论会的形式开展，分别由重症医学科、呼吸科、感染性疾病科、检验科、药剂科牵头，其他临床科室参与。会议通过对患者抗菌治疗中存在的主要问题及改进治疗方案等进行详尽汇报，提出了每个治疗阶段的问题和疑惑，临床专家现场讨论，针对病例提出的问题及自身的临床体会展开深入点评与热烈讨论，为患者的诊疗提供了思路借鉴。自2018年5月开展以来，每两周召开一次，至今共讨论病历300余份，为患者的治疗提出了客观、科学的治疗方案和建议，取得了良好效果。

（三）创新普病与专病诊疗模式

在范从海看来，普病是学科建设的基础，专病是学科未来发展的方向和品牌，没有专病的分组就没有亚学科的建设。因此，从2017年4月起，他力推普病和专病诊疗模式建设。该模式是将普病和专病分离与分组相结合，科室分组按照专病和亚学科建设进行分组，按照科室的个人专长分组。

为提高专科医生医疗技术水平，为患者提供更精准的医疗技术服务，从2017年4月起，徐州市中医院实施科室普病与专病诊疗模式的建设。

普病和专病分离与分组相结合，科室按照专病和亚学科建设进行分组，按照科室的个人专长分组，没有专病的分组就没有亚学科的建设。普病为技术含量低、科室主要收入的疾病，所有的医疗组都可以收。科主任发挥领导作用，普病必须在科主任的带领下制定同质化、同标准的诊疗规范，科室每一组，每个人都要按照规范去执行。

专病是目前市场紧缺，或科内目前进行研究的疾病，目前病人不多，但有广阔前景。普病是基础，专病是发展，是品牌。医院及科室会定期对专病进行考核，不合格组，取消专病资格，交予有能力的其他医疗组来实施。科室对专病领队的人也有考核及要求，达不到要求的带领人要退出，且医院会对专病进行支持。科主任做好对专病的质控，其诊疗规范、诊疗流程要达成科室共识。

2017年12月1日，医院在骨伤科与肛肠科正式开展试点，肛肠科分为肛瘘专业组及肛痈专业组，骨科分为脊柱专业组、创伤专业组和关节专业组，各专业均制定自己的专病同质化标准。通过两个月的实施，病人收治有序，各专业业务水平明显提高。目前全院其他科室已制订本科室普病与专病建设方案，分离专病82种，真正实现科有特色、人有专长，为患者就医提供便捷服务，为全面落实分级诊疗打下坚实基础。

三、向服务要品牌

医院牢固树立“主动服务、自觉服务、优质服务”的服务理念，在此理念的带领下，切实推行便民惠民方案，实现“让百姓少跑腿，数据多跑路”。门诊大厅安置院内导航机，辅助微信公众号“院内导航”进行实时跟踪导诊，线上线下多方位保证患者对院内布局及相关科室的了解；实施24小时电话预约服务，在门诊落实“预约优先”机制；在病房和急诊区域增设了迷你自助机，实现微信和支付宝的预交金缴存；实施诊区分诊叫号系统，有效地保障了“一医一患一诊室”制度的落实，保护患者隐私。成立了962120随访中心，实现了出院患者一周内随访率100%；成立服务暗访小组，每天对全院各类服务进行暗访督查，重点查访服务形象、服务质量和服务效率，定期通报整改，对违反服务规定的一查到底，绝不姑息；想方设法提高患者就医便利，在病房分层增设办理出入院窗口，在各病区和门诊增设资助缴费系统。

信息化建设秉持“永远畅通，不断升级”的工作理念，医院今年实施了手术包条码追溯系统，心电工作站系统，手麻系统，院感管理系统，办公自动化OA系统，病区无线网络系统，机房异地灾备系统，分诊叫号系统，医保监控系统，病案扫描系统，自助终端查询缴费系统等11个系统，目前正在积极上移动护理系统，极大地解放了医护人员，方便了患者，提高了工作效率。

通过开展优质服务月活动，“满意度”责任到科到人，提高了医德医风水平和医院整体服务水平。制定了《徐州市中医院关于出院病人满意度第三方调查的奖惩规定》，各科主任签署了责任书，严格履行行风建设第一责任人，落实“一岗双责”制，对出现的问题提出即时限时办结制。医院在2018年出院病人满意度第三方调查中总体满意度为95.84分，在全市32家二级以上医院中处于“特别满意”级别。坚持每月开展门诊、住院、出院病人满意度问卷调查，开展临床医护人员对机关、医技、药剂等相关科室满意度问卷调查，促进了服务效率的提升。为全体医务人员建立了医德考评电子档案，做好医德医风日常管理和行为记录，其中200名医务人员被评为优秀等次。

在突出中医药特色方面，医院充分发挥中医医院的龙头作用，主动拓宽服务领域。充分依托中医药“简、便、廉、验”的优势，着力推进中医药特色化服务。开设了中医药预防保健服务中心，为中医预防保健服务提供了良好的运行平台。中心设立了独立的服务区域，并通过中医养生保健知识的宣教和技术的辅导交流，延伸到社区及基层，逐步形成一个群众性中医养生预防网络，普及了未病先防的中医预防保健理念，基本满足了人民群众日益增长的、多层次多样化的健康需求。

与此同时，该院还积极开展“健康讲座进机关、进社区、进学校”活动，举办“中医中药社区行”“中医健康大讲堂”系列讲座；积极搭建中医药宣传平台，拓宽了群众了解认识中医药知识的渠道，每年利用国医节、健康节、中医药文化科普宣传周等节日，为群众提供舌诊镜自检、体质辨识、中草药展示、针灸、真假中药鉴别、保健穴位按摩、各类保健茶品尝、科研成果展示、膏方品尝、健教宣传、有奖灯谜竞猜等活动。春季发放“防感香包”、端午发放“避秽香包”、重阳节发放“茱萸长寿香包”、春节发放“祈福香包”，在徐州市营造了“满城尽飘中药香”的浓郁中医药文化氛围。

每年“三伏”，医院都会举办“冬病夏治、内病外治穴贴”，每年冬至举办“膏方节”等活动，并实施膏方分级以提高养生保健针对性，医院组织名老中医对此前医院膏方进行认真分类、分析，将膏方分为三级，即以滋补为主的院级膏方，以辅助治疗为主的科级膏方，以治病为主的个人膏剂。未来，医院计划将院级和科级膏方转化为制剂，批量生产，实现中医在治未病领域的全程介入。

医院相继荣获国家卫计委“改善医疗服务示范医院”、江苏省公立医院综合改革满意度第一名，江苏省“进一步改善医疗服务”满意度检查第一名的成绩；跻身香港艾力彼评选的“中国中医医院竞争力”百强榜，位列第58名，全国地级市中医医院竞争力第7名；心血管科（心病科）、肛肠科、内分泌科、针灸科、康复科等五个专科入选“2018 中国中医医院·最佳临床型专科”，为全国地级市中医院入选最佳临床型专科最多的医院。

2019 年，医院将继续全面贯彻落实医改精神，以实施精细化管理、全成本核算、优质诊疗服务为抓手，加大学科建设、人才梯队、科研教学工作力度，实现医院综合管理、医疗内涵质量、临床技术水平、科研教学能力、优质服务水平不断提高，促进医院科学发展、平稳发展、快速发展。

救命“骑士”

——柳州市工人医院驻三江分院重症医学科副主任莫松事迹

广西三江县人民医院　梁晓洁

2018 年 2 月 19 日（大年初四）下午五点半，春节期间三江县人民医院相对安静。突然，一阵摩托车的轰鸣声和一抹橘黄色的身影划过，一辆白色的摩托车安稳地停靠在了停车场里。这时有个人从摩托车上下来，他边脱头盔边往重症监护室的方向跑去。这个人就是柳州市工人医院派驻三江分院重症医学科（以下简称 ICU）专家——莫松副主任。

莫松和爱人有一个三岁的女儿“吵吵”，还有一个“闹闹”也即将降生。由于平日里与家人聚少离多，他决定在春节期间多陪陪她们母女。大年初四那天，听到爸爸要带自己去公园逛逛，“吵吵”高兴极了。就在一家人着手准备的时候，他收到了三江县人民医院的消息——有位老年男性患者在就诊检查期间因极度呼吸困难，被紧急气管插管并转入 ICU 接受呼吸机辅助呼吸支持。

他向杨医生详细了解患者的情况，当看到微信传来的胸片影像，他不由得一惊：“这不是‘大白肺’吗？”进一步询问了病史情况后，虽然排除了患者与禽类的接触情况，但凭着在 ICU 工作十余年形成的职业敏感，他仍能察觉病人遇到了巨大的危险。“我应该去看看”，他心里这样想着，但看到爱人失望的眼神，他也只能用商量的语气说道：“三江有个病人病得很重，我想回去看看……”爱人对他工作的支持已无法用言语表达，但同是医生的她也许有时也难以理解这种对待工作的“执着”。他简单收拾了行李，准备赶往三江。

春节期间，动车票早已售完，离最早发班的汽车还要等几个小时，而高速公路的路况也显示随时有堵车的可能。怎么办？三江那边的病人危在旦夕，晚一分钟就可能损失一份希望。想起了家里还有一辆摩托车，粗略算了一下时间，他心里暗想“不管了，救人要紧”，于是便戴上头盔等护具，开着摩托车，奔往三江。一路马不停蹄颠簸了近四个小时，赶到了三江。路上的艰辛只有他自己清楚，而这种毅力又有多少人能拥有。

到了医院，顾不上休息，他便一口气跑到了 ICU，迫不及待地换上工作衣帽来到病床旁，详细了解病人情况。这一家人来自四川，患者儿子在深圳打拼了十多年，想带着老人和孩子们旅游过年，谁知刚游玩雪山下来，一家十口人，竟感冒了七个，其他人虽逐渐好转，但这黄老爹却是越拖越重，家里人商量着赶紧赶回深圳治疗。“一家人旅行了几千公里，偏偏就到了三江这里发病了。缘分吧？”他在心里调侃着自己。

“我保证不了患者的结果，但请你们相信，我能保证的是全力以赴。”这是他对病人家属的承诺。于是他马上联系市级医院，请市级医院派送相关设备到三江来。将近凌晨三点，行驶了两个半小时的救护车终于抵达三江分院，没有太多寒暄，大家迅速将车内的设备运往患者床旁。家属签署知情同意书，也意味着抢救将拉开序幕。20 分钟的时间，一个由股静脉、颈内静脉插管组成的 VV–ECMO 便安装完毕。启动 ECMO 主机，离心泵便高速地运转起来。“指脉氧上来了。”随着外周血氧饱和度的不断攀爬，患者的缺氧症状迅速改善，口唇黏膜、甲床、肢端都逐渐红润了起来，ECMO 正发挥着无比强大的作用。

看着情况“好转”，大家都很高兴，他倒是很平静，因为他心里清楚，ECMO 只是暂时解决了机体供氧的问题，患者原发病的诊治才是救命的关键。因此，为完善诊疗，患者必须回到总院接受更高级别的检查和治疗方案。黄老爹在经历了近 140 小时的 ECMO 支持、8 天的呼吸机辅助通气后，赢得了与疾病的博弈，转危为安，最终步行出院。

像黄老爹这样的患者还有很多很多，疾病让他们遭受了躯体的痛苦和心灵的创伤。有一名患者突然消化道出血，送往医院，情况紧急，莫松副主任根据病情进行快速、精准判断，迅速下达抢救指令。经过他沉着冷静的边指挥抢救，边联系总院——柳州市工人医院重症医学科开通绿色通道。患者情况平稳后，第一时间被送至总院进行治疗，最终病愈出院，还送来锦旗。

近年来，三江县一直积极搭建引进医疗专家的平台。在县委、县政府的关心支持下，2016 年 4 月 19 日三江县人民医院与柳州市工人医院结成“紧密型医联体”，成立“柳州市工人医院三江分院”。柳州市工人医院常期派驻 10 名专家对口帮扶三江分院，派驻专家已覆盖急诊医学科、心内科、消化内科、妇产科等各学科，对三江分院学科建设起到了全面带动的作用，先后把骨科建成独立的科室，成立了三江县首家心脏监护病房（CCU），首家基层胸痛中心。同时，市工人医院还有针对性地举办各种培训加强县医院医护人员的业务水平。2018 年上半年三江县人民医院同期对比转诊率下降 10.99%，手术量增长 7.74%。

今年 7 月，柳州市工人医院派驻专家谭保平上任三江县人民医院院长。在他的带领下，10 月 10 日，第四批派驻三江分院的专家、干部队伍来到我院进行帮扶工作，涵盖消化内科、普外科、泌尿外科、急诊医学科、神经内科、手麻科、信息工程科。新派驻专家的到来，使我院注入了新的血液，各学科建设遍地开花。我院着力推进基层医疗服务水平，利用市工人医院派驻专家的技术优势，能在本地解决的就在本地解决，向“大病不出县”目标迈出一大步。

筑牢医疗安全基石
助推“健康中国”战略

湖南省桃江县人民医院院长　詹运开

人民利益高于一切，生命安全重于泰山。近年来，桃江县人民医院在创建县域三级综合医院的进程中，坚持以人民为中心，牢固树立安全发展理念，不断创新安全发展机制，为患者筑牢安全屏障、撑起生命绿荫，使人民群众的医疗安全感更加充实、更有保障、更可持续。

一、坚持生命至上，压实安全责任

1. 高度统一思想认识

质量是基础，安全是底线，医疗质量与安全不仅仅是医院的生命线和立院之本，更直接关系着人民群众的身体健康和生命安全，关系着经济社会的协调发展。习近平总书记在党的十九大报告中提出：“要牢固树立安全发展理念，始终把人民群众生命安全放在第一位，牢牢树立发展不能以牺牲人的生命为代价这个观念。”这为我们做好医疗安全工作提供了根本遵循。全院干职工以高度的政治自觉和行动自觉，坚决克服麻痹思想和侥幸心理，切实做好安全发展工作。

2. 建立安全责任体系

近年来，桃江县人民医院认真落实“党政同责、一岗双责、失职追责、齐抓共管”的医疗安全责任体系，把医疗安全工作列为医院工作的重中之重，实行院、科两级责任制，院长为医疗安全管理的第一责任人，科室主任是科室医疗安全管理的第一责任人，时刻扣紧扣牢责任、压力、警示、技术四个链条的每一环，落实医疗安全责任制和责任追究制，实行年度目标考核。院长办公会议定期听取工作汇报，及时研究解决医疗质量与安全工作中存在的薄弱环节和突出问题。

3. 健全安全工作机制

成立了院长任组长、常务副院长任常务副组长，其他班子成员任副组长，各职能股室长、科室负责人为成员的医疗安全工作小组，专设医疗安全办，明确了各级管理人员的责任，实现责任无盲区、管理无死角。通过医院微信公众平台、院报、电台、逢会必讲及举办医疗安全知识竞赛等多种形式，加大对医务人员医疗安全红线意识、底线意识的教育培训，在全院营造了人人重视医疗安全的浓厚氛围。

二、坚持关口前移，推动安全发展

1. 不断完善各项规章制度

扎实开展了医疗安全专项整顿。由医务部牵头，全面排查梳理各科室在医疗质量、医疗安全和医疗服务方面的重点问题和薄弱环节。严格落实医疗质量安全核心制度和基本规范，以病历书写、三级查房、疑难病例和死亡病例讨论、手术安全管理和急诊抢救等工作为重点，落实医疗质量与安全管理五项制度，即巡查、点评、约谈、处罚和通报。针对主要医疗安全风险制订了相应的流程和预案 60 余项，职能部门、临床和医技科室均制定了细化的规章制度，责任到人。

2. 健全医疗质量管理体系

按照三级综合医院创建要求，建立了多部门质量管理协调机制，建全了医疗质量、护理质量、药事管理、医院感染、输血管理等 10 余个管理委员会。院科二级质量管理体系定期专题研究医疗安全工作，医务部每周组织 1 次由院班子成员带队、相关职能科室负责人参加的行政业务大查房，并以敢于揭短亮丑的态度，对照评审标准，结合科室的实际情况，把查摆问题找全、找准、找实，并开好良方，拿出具体方案和时间表，逐项研究细化落实，力争将医疗安全隐患消灭在萌芽状态，持续改进医疗质量。

3. 严格依法依规执业

严格按照《执业医师法》《护士条例》等法律法规管理医院专业技术人员，

定期开展法律法规知识培训。不断规范诊疗行为，严格遵守医疗卫生行风建设“九不准”，加强对临床检查、诊断、治疗、使用药物和植（介）入类医疗器械的监督检查，杜绝不合理检查、不合理治疗、不合理用药现象。定期开展处方点评和药品用量、药占比排名公示与分析，提高医疗同质化，增加医疗透明度。加强医疗技术临床应用管理，成立了医疗技术临床应用管理委员会和伦理委员会，评估明确哪些技术能够开展，哪些人员能够开展哪些技术，并实行动态授权管理；对新开展的医疗技术实行全程追踪，及时发现并采取措施降低医疗技术风险。

4. 加强风险防范能力建设

建立了医疗安全事件报告和预警制度，对重点科室、重点部位、重点时段实行风险预警控制，如配足配强门急诊、晚夜班、节假日医疗技术力量，实行行政领导带班制，加强病房安全管理等。严格执行各项医疗质量和医疗安全制度，常态化组织突发事件应急演练，不断提高医院各项应急处置能力。落实医疗废物、传染病和疑似传染病人生活垃圾，以及毒麻药品、精神性药品、放射源等有毒有害物品和相关废物的管理措施。做好治安保卫值班和巡查工作。

5. 着力提高诊疗技术水平

加强顶层设计，科学制订了医院“十三五”学科发展规划。强化与省人民医院合作，组建了“省医—桃医”医联体，让人民群众足不出县，在家门口就能享受到三甲医院的技术与服务。突出多学科诊疗模式，进一步畅通“先救治、后缴费”的急诊绿色通道，强化急诊急救能力建设，实现院前、院内医疗服务的无缝衔接。积极打造胸痛中心、卒中中心、危重孕产妇急救中心、危重新生儿急救中心、创伤中心五大中心建设并取得了实效。今年，胸痛中心通过了国家级认证，为益阳市首家；卒中中心通过省级卒中联盟认证。微创手术，三、四类手术，CD 型病例逐年增加，一些疑难、危急重症在县人民医院就能得到及时救治，为县域内就诊率从医改前的不到 70% 提高到目前的 86% 提供了重要的支撑和坚实保障。

6. 完善医疗安全调处机制

畅通患者投诉渠道，实事求是地了解和掌握投诉患者的相关信息，及时做好投诉人员的思想疏导和矛盾化解工作，将维稳工作做到实处。健全医患纠纷“三调解—保险”长效机制，会同司法部门依法妥善处置医患纠纷，有效防范了因医患矛盾引发的群体性事件。完善安全管理责任体系，坚持问责与整改并重，每月组织召开医疗质量安全分析点评会，对医疗安全事件和存在的隐患进行分析和点评，建立整改责任清单。对履职不力、整改不到位的依法依规追究相关负责人和当事人责任，对于不能胜任临床工作的医务人员实行降级使用或调离岗位，形成了人人守土有责、人人履职尽责的安全发展格局。

7. 加强网络安全管理

信息科对全院网络运行安全及网站内部涉密内容进行了加密管理，规范内外网使用权限，对内网电脑及涉密电脑一律封闭外部接口，定期对电脑系统及网络线路进行巡查和维护，防止病毒感染、数据丢失及网络涉密事件发生。

8. 加强特殊设备的维护保养

设备科、维修中心加强对高压氧舱、中心制氧、压力容器、电梯、高低压配电系统等各类特种设备和 CT、核磁共振等大型医疗设备的检查、检修，确保设施设备时刻处于正常运转状态。各类特种设备定期年检，安全管理人员、特种作业操作人员均持证上岗。

三、坚持改革创新，构建长效机制

1. 弘扬法治精神

医院是一个对外开放的医疗场所，庞大的人流通量和特殊的人群结构使医院的安全发展有一定的特殊性和复杂性。同时，随着患者自主意识的提高，“以病人为中心”的医疗服务模式逐步建立，对医疗安全提出了更高、更新的要求。习近平总书记强调，要用法治思维和法治手段解决安全生产问题，着力提高安全生产法治化水平。我们深刻领会习近平总书记的重要论述，坚持依法治院，深入开展全员医疗安全服务教育，不断提高诊疗技术水平，明确患者医疗安全目标，强化手术安全核查，落实临床“危急值”管理制度，加强医务人员有效沟通，鼓励患者参与安全管理。邀请国内知名专家来院对中层骨干进行管理培训，推行预安销号考核管理提高职能科室管理水平。积极引进了 PDCA、品管圈等先进的管理工具，助推医院管理程序化、标准化和规范化。

2. 构建长效机制

充分发挥医院质量与安全管理委员会、医疗安全管理委员会等各专业委员会职能，不定期研究、分析和协调处理医疗安全管理工作，加强对医疗安全隐患的排查和处置能力。按照等级医院评审要求，制订了突发公共卫生事件、灾害事故、医院内部突发事件等应急预案并常态化组织应急演练。进一步完善重大医疗安全事件，医疗事故防范预案和处置流程，通过升级信息化系统不断完善医院安全管理监测指标，实现关口前移、精准监管、源头治理、科学预防的长效管理机制，真正筑牢安全发展防线。

顺应国家医改政策 探索新型发展模式

——医共体模式下的“互联网+医疗健康”发展

云南省昆钢医院（昆明市第四人民医院）院长 宋 超

十九大报告指出：“人民健康是民族昌盛和国家富强的重要标志”，在这一“健康中国”的总体路线下，党中央、国务院高度重视“互联网+医疗健康”工作。习近平总书记指出，要推进“互联网+教育”“互联网+医疗”等，让百姓少跑腿、数据多跑路，不断提升公共服务均等化、普惠化、便捷化水平。李克强总理强调，要加快医联体建设，发展“互联网+医疗”，让群众在家门口就能享受优质医疗服务。

安宁市医疗发展建设改革前状况

安宁是云南省昆明的县级市，位于滇中高原的东部边缘，总面积 1313 平方公里，人口 37.7 万人，距昆明 32 公里。安宁市内各级各类医疗机构 201 家，其中 3 家公立医院、8 个卫生院、2 个社区卫生服务中心、64 个村卫生室、6 家民营医院，共有床位 3640 张，每千人拥有床位 9.9 张；卫生专业技术人员 3384 人，每千人拥有卫技人员 9.2 人。医疗资源分配不均、基层卫生医疗服务能力不足现象突出。

为积极响应国家大健康政策，加强基层医疗卫生服务能力，优化医疗资源配置。2017 年 11 月 27 日，在安宁市委、市政府的大力支持下，成立的一体化紧密型唯一法人代表医共体——安宁市医共体，是云南省内首家紧密型医共体。医共体以信息化为支撑，医疗改革为动力，一张无形的互联网，正在改变着安宁人的就医体验，增强健康获得感。

优化医疗服务流程，改善医疗服务质量

云南昆钢医院作为安宁市医共体领头雁，率先对医疗信息化进行积极探索，推动优质医疗资源下沉基层。2016 年 3 月启动市乡村三级联动分级诊疗一体化模式，构建了院外、院前、院内的综合数据管理平台，让患者足不出村就可以享受我院的诊疗服务。与安宁市中医院、昆明鼎立医院、安宁市八街卫生院等 8 家医院签订双向转诊协议，与昆明医科大第一附属医院签订医疗联盟体，落实分级诊疗制度。2016 年 9 月 13 日，云南昆钢医院启动了云南省首家“昆明人社通”手机 APP 平台的“智慧医保”服务，患者可以通过社会保障卡的医保个人账户，实现参保人在医院通过手机 APP，快速、便捷地完成挂号、门诊缴费等服务，实现医保个人账户的互联网支付；12 月 20 日，云南省首家互联网医院在云南昆钢医院上线，云南昆钢医院自互联网医院上线以来，与全国 27 个省份 1900 多家重点医院建立了信息系统的连接，其中，三甲医院的接入率达到了 70%，会聚 20 万名医生资源。这一平台的启用将大力推动家庭医生签约服务与管理及远程医疗，实现县乡村百姓与省外大医院专家的“面对面”远程会诊。

以需求为导向，做实家庭医生签约服务，提高慢病管理水平，重点人群签约服务率达 70%。同时，云南昆钢医院依托医共体资源在陆良县人民医院、剑川县人民医院建立“宋超教授专家工作站”，与大理市第二人民医院建立了疼痛专科联盟，对县医院提供“一对一”医疗健康帮扶，通过手术带教、远程会诊、人才培养、资源共享等方式，使优质医疗资源下沉基层，成功走出了一条小病不出乡、大病不出县的惠民就医模式，为安宁市医共体“互联网＋医疗健康”模式的发展奠定了基础。

构建一体化信息平台，推动医学模式变革

医共体成立之初，资源整合，信息共享，利用互联网增加医共体间的紧密性是医共体发展的必经之路，经过不断地探索与研究，安宁市医共体搭建了三个一体化信息平台。

一是安宁市医共体将安宁市内医疗机构作为一个整体，打造城乡一体化信息网络平台，将安宁市所有医疗机构连通，接入安宁市区域数据中心基层平台，包含三级医院（云南昆钢医院）、二级医院（安宁市人民医院、安宁市中医院）、市属 8 所公立卫生院、2 个社区卫生服务中心及其下属点、64 个村卫生室等医疗机构的基层医疗卫生信息系统、基本公共卫生系统及网络建设。打破了区域内医疗机构间信息无法共享的壁垒，标志着安宁市区域城乡一体化建设迈出了实质性的一步，为实现安宁市域内四级医疗机构之间分级诊疗、预约诊疗、双向转诊提供了便利条件，逐步建成“预防为主、防治结合、四级联动”的医疗卫生体系。

二是建设安宁市医共体数据中心集成平台，以平台为中心，向上连通昆明卫生平台，横向连接安宁市区域内医疗卫生机构，向下贯通基层医疗卫生机构。环环相扣，紧密连接，实现信息资源共享、数据互通、信息共用。

三是以医共体数据中心集成平台为依托，成立安宁市区域医疗卫生监管平台。利用大数据分析评估对医共体内“医疗机构、医务人员、医疗行为”进行全方位的综合监管。

同时，平台将市内所有医疗卫生机构数据纳入数据中心，建立安宁市区域健康数据中心，居民健康档案上传至管理平台，医生通过数据中心集成平台可以方便地查阅到相关患者在各医院的就诊记录、病历情况和用药处置情况，方便快捷地掌握患者的既往病史，更加精准地对症下药，为安宁健康城市建设打下基础。

实现智能化管理覆盖，推进质量管理体系

医共体成立之后，所属三家医院采取共用精细化管理系统、绩效管理系统、OA 办公系统三种智能化管理模式。其中：精细化管理系统，能够实现基础公共信息的共享，避免重复录入，保证数据的准确性、完整性和一致性，以更好地做到精细化地管理医院的人、财、物，做到事中控制和反馈，更好地为医院决策提供准确的依据，达到开源节流、精细化管理的经营目标；绩效管理系统通过建立与医共体相适应的绩效管理机制，提高考核工作效率，规范绩效考核机制，完善分配激励体系，有效调动了医务人员的工作积极性，最终改善了医院全院各项运营指标；OA 办公系统的运用在医共体内各部门间可直接进行信息互通，支持多分支机构、无纸化办公、跨地域的办公以及移动办公，提高了工作效率，并且通过精细化系统与 OA 接口，实现网上审批，有效地提升了管理能力和执行力。

打造区域资源服务终端，提高临床协作效率

安宁市医共体正逐步建设安宁市医共体区域医学影像中心、病理诊断中心、血液透析中心、健康管理中心、物流配送中心、信息统计中心六个区域资源服务终端，以云南昆钢医院为龙头，全市各级医疗机构参与其中，建设完成后，通过区域资源服务站，可实现安宁市内医疗资源共享，全国专家远程诊疗全覆盖，安宁市内各级医疗机构可通过远程会诊系统、远程病例系统、远程影像系统、远程超声系统让百姓在家门口享受到远程诊断、协同诊疗。同时，通过资源整合，做强做大各个专科，各医院之间实现检查检验结果互认，避免患者重复检查、重复付费，减轻患者负担，让患者享受到更加优质的服务，真正实现了让百姓少跑腿、让数据多跑路的目标。其中，血液透析中心建立后透析人次和人数均呈正向增长，透析人次昆钢医院同比增长 22.2%，市人民医院同比增长 14.3%；透析人数昆钢医院同比增长 23.1%，市人民医院同比增长 12.5%。

加强网络安全保障，完善信息质量监管

安宁市医共体在大力建设“互联网＋医疗健康发展”的同时，也注重网络信息的保密，建立区域信息平台网络安全监控管理系统和网络等级保护系统建设，保证信息、数据、共享、网络的安全，防止病毒或恶意入侵导致病人的医疗数据泄露，保护病人隐私，杜绝安全隐患。

蓄势待发，破茧成蝶

“互联网＋医疗健康”的建设发展模式，加快了医共体的建设和完善，通过近半年多时间的运作，健全完善了各医院内部管理制度，市人民医院、市中医医院在管理、业务等方面均有了大的变化，三家医院共同发展、共同提高，医护人员思想得到转变，增强了对医共体和各医院发展的信心和决心，调动了工作积极性和主动性。另一方面，以昆钢医院三级医院的服务标准为典范，市人民医院、市中医医院向昆钢医院学习看齐，改善医德医风，医护人员精神面貌有了较大提升，服务质量明显好转，业务工作稳步发展。2018 年一季度三家公立医院门诊人次、出院人次实现同比增长，各医院业务收入都呈现不同程度的正向增长，市人民医院截至 8 月份已经扭亏 1220 万元，完成了扭亏 1000 万元的目标。5—8 月昆钢医院、市人民医院门诊人次、出院人次继续实现同比增长。

相信在不久的将来，这张“网”的触角将延伸到国内外先进医疗机构及各地州医院，“穿”起整个医疗卫生系统，破除医疗卫生信息无法共享，医疗资源分布不均的现象，让距离不再成为百姓就诊就医无法横跨的障碍，解决百姓看病难、看病贵的现象，为百姓提供优质、高效、快捷的就医服务，使人民群众获得感持续提升。

护生爱民一念系 德技双馨绽芳华

——魏县中医院砥砺杏林之志，传承精魂医脉，书写新时代“全心全意为患者服务”新篇章

河北省魏县中医院

题记：1990年，魏县中医院应运而生，在千年古县点亮了一盏悬壶济世的明灯。魏勇军，邯郸市中医院副院长，魏县中医院院长，博士研究生，主任中医师，河北中医学院教授，硕士生导师，第四批全国名老中医学术继承人，第三批全国优秀中医临床研修人才，河北基层名老中医学术指导老师。

魏勇军30余年如一日，亲临临床一线，坚持坐诊、查房、会诊等，深受患者青睐。几年来，共发表论文37篇，出版医学专著8部，完成省市科技课题8项，研制自制药品3种。

2016年6月，魏勇军担任魏县中医院院长。他锐意进取，大胆改革，使医院各项工作名列全省前列。2007年被评为“河北省跨世纪‘三三三’科技人才”；2007年被邯郸市评为“优秀青年专业技术拔尖人才”；2011年被授予“邯郸市优秀中医药临床人才”；2012年被评为“全国中医药系统创先争优活动先进个人”；2013年被评为“邯郸市好医生”；2014年被评为“首届河北好中医”；2016年被授予第二届“河北省名中医”；2017年被省政府授予“特殊津贴专家”“河北省五一劳动奖章”。

2018年“五一”前夕，魏勇军被省委、省政府授予“河北省劳动模范”称号。

医院是一个特殊的组织，充满人间温情；医生则是集奉献、爱心、责任于一

身，悬壶济世。这样一种人间大爱，成为白衣天使们的追求。

寒来暑往，魏县中医院院长魏勇军带领一班人，始终恪守着“习医先修德，无德不成医”的初心，以“全心全意为患者服务”为宗旨，崇尚大医精诚，秉大医之心，行大医之道，干部职工上下同欲，共同努力，2018 年至今已完成业务收入 1.30 亿元；住院 20750 人次，门急诊 106375 人次；城乡居民住院报免 14967 人次，补偿金额 5228.76 万元，先后有 3672 名建档立卡贫困患者受益，共垫付资金 2467 万余元，患者满意度达 98%。

医者仁心。他把满腔热忱投入到挚爱的医疗事业，开启了“救死扶伤”的新征程，纵笔书写“仁心仁术”的新篇章。

魏勇军院长从医30余年。他自幼发奋读书，立志学医，治病疗疾。在邯郸医专、河北医大、天津中医药大学就读期间，他把全部精力集中在他所喜爱的中医学专业上，探求岐黄医术，潜心钻研《内经》《伤寒杂病论》《金匮要略》《温病学》等古典医籍，深刻领会经典内涵，奠定了坚实的中医理论功底。1982 年参加工作以后，先后在石家庄、潍坊、北京、天津等地医院进修深造，师从国医大师孙光荣、国家名医张炳厚、高社光、刘建设、韩志河，汲取大师的临证经验和学术思想。

1996 年，调到魏县中医院工作后，更是把满腔热忱投入到挚爱的医疗事业，开启了“救死扶伤”的新征程，纵笔书写“仁心仁术”的新篇章。

魏勇军常说：“医道和医术只差一个字，但是境界却差很多，没有医道的人，有了医术以后，只会把医术作为谋取钱财的工具；而真正有医道的人，才不计个人得失，一心救治病人，最终成为一代大医。”他坐而论，起而行，无论是患者还是同事，都对他的认真、平和、严谨、干练，印象深刻。每年慕名前来就诊、咨询的各地患者达 2000 多人次，同时魏勇军经常还要外出参加学术会议、交流讲学等，为了保证出诊，减少患者等候时间，每次不管他外出多晚回来，第二天他总是照常出诊，通常一出诊便长达 10 余个小时，由于门诊量大，有时还免不了加号，耽误吃饭、休息更是常事。

多年前曾有一位外县患者李某，因车祸摔倒造成两侧血气胸，进行了引流管手术，但仍然影响呼吸功能，胸腹剧痛，大便实。李某慕名前来魏县中医院求助魏勇军，针对患者李某的病情，经过分析研究后，他采用了大陷胸丸疗法。经过他的对症治疗，李某服用药物半剂后疼痛症状减轻，一剂后疼痛症状消失。李某痊愈后，逢人便夸："魏院长真是神了，一剂药就让俺不疼了，真是俺的大恩人啊！"

他致力于增强中医药核心竞争力，为社会提供了优质、高效、安全、便捷的医疗服务，探索医联体模式，让优质医疗资源更多地惠及百姓。

2016 年 6 月，魏勇军担任魏县中医院院长。提高医疗服务质量，创建优质服务品牌，促进医院快速发展，打造群众满意医院，是魏勇军不懈追求和承诺。他带领一班人强化管理，苦练内功，改革创新，开拓进取，加强医院内部管理，着力塑造名医、名科，创建名院，努力创新技术，持续改进医疗质量，推动医院走上持续快速的发展道路，确保了医院强有力的发展势头。

魏勇军推行全成本核算，实行绩效考核管理。医院进一步强化精细化管理和绩效考核机制，严格医疗质量、医疗服务考核，将目标细化到每个科室、每个岗位，形成人人有压力、有目标的良好态势，使药占比稳控在 27% 左右，中药使用率 90% 以上，住院病人次均费用下降 10%，床位使用率达到 95% 以上，患者满意度达到 99%。开展和推广中医药适宜技术，每个临床科室均设立了中医综合治疗室，开展的中医诊疗技术项目达 50 余种，并配足了中医诊疗设备。

深化法人治理结构建设，建立以理事会为核心的管理体系。成立理事会、监事会，建立决策、监督相互分工、相互制约的权利运行机制，落实医院独立法人和自主经营管理权，制定了《魏县中医医院理事会章程》。召开了理事会成立大会和首届理事会，按规定配备了理事成员和监事成员，为公立医院法人治理结构的正常运行提供了决策保障。

医疗行业是一个专业性很强的行业，只有不断更新理论观念和提高业务技能才能适应时代的发展。魏勇军作为一名医学家院长，致力造就学术人才，不断增强医院的竞争力。他十分注重中医药人才队伍建设。医院始终坚持科教兴院战略，引进推广新技术、新项目、新疗法；坚持"请进来，走出去"，派出业务骨干到北京、省级医院进修深造，聘请省市专家来我院开展学术交流和中医适宜技术培训。医院定期开展医护质量考核，并记入档案，作为年终考核评优依据，营造了良好的学习气氛。

塑造名医、名科，创建名院。2017年以来，魏县中医院相继规范、扩展了“刘建设全国名老中医传承工作室”，在此基础上，成立了“魏勇军全国名老中医传承工作室”，制定了制度、规范了流程，完善了功能设施，定期对其学术继承人进行考核，使刘建设教授、魏勇军教授的中医临证经验，在临床中得到了广泛发挥。在第二届“河北省名中医”评选中，魏勇军院长榜上有名，为实施“名医、名科、名院”战略，提供了有力保障。

2017年9月8日、10月26日，举办了全国基层名老中医药专家传承工作室现场会，通过了全国基层中医药工作先进单位验收，受到了上级领导极高的评价。2018年，成功举办第七届冬病夏治节、第二届膏方节，受到了患者和社会的好评。

随着新时代医疗制度改革的推进，魏县中医院探索医联体模式，解决基层群众就医难题。先后与北京同仁医院、阜外医院、省中医院、市中医院、市中心医院、市第一医院，建立医联体，实施技术对接，创建眼科远程会诊中心、心脏介入治疗中心，每周二定期由市级专家坐诊查房，实施技术帮扶和专题培训。同时与车往镇、回隆镇、沙口集乡、大辛庄乡等卫生院，建立医共体，开展网络技术对接，实现了“基层首诊、分级诊治、双向转诊”的就医模式；选派82名专家建设“健康小屋”35个，其中3星级“小屋”7个，完成家庭医生服务签约12万余人。2017年11月，邯郸市健康小屋建设工作现场会在魏县中医院召开，标志着医院改革发展进入了新境界。

他始终工作在中医临床第一线，“抓主证、识病性、辨病位、选方药”，锲而不舍地登临医学高峰，让中国中医文化彰显时代价值。

从医30多年来，魏勇军始终工作在中医临床第一线。他曾先后拜从国医大师孙光荣、国家名医张炳厚、高社光、刘建设、沈绍功、韩志河等为师，深得真传。坚持周一、三、六、日坐诊，日门诊量多达70余人。还不定期深入病区查房、会诊及组织抢救急危重症等。

多年的临床实践，魏勇军总结出“抓主证以审病因、识病性以求病机、辨病位使药达病所、选方药求药证相应”的临证思维模式，做到环环入扣，有一份病机，便用一份本草，不拘于一法一方，法无定法，方无定方，但求药证相应，突出疗效。

由于当今人们生活、环境的变迁，痰湿体质人群的增多，表现出“多郁、多痰、多瘀、多虚”的病机特点，多见高脂、高粘、高凝、高糖等浊毒表现，魏勇军倡导“痰瘀致病”，提出了“从痰瘀论治相关性疾病”，如中风、眩晕、痴呆、胸痹、消渴、闭经、不孕等，疗效明显。

魏勇军善用经典理论指导论治疑难病，如“邪在胆，逆在胃”，用小柴胡汤、温胆汤合左金丸，治胆热犯胃之呕苦吞酸；“上气不足，耳为之苦鸣”，用升阳益气汤加减，治中气不足，清阳不升之耳鸣。“天运当以日光明”，用健脾化湿、芳香化浊法，治疗湿阻胸阳之胸痹等。

用经方论治疑难病，如用苓桂剂、天麻半夏白术汤、泽泻汤治疗痰眩；小青龙汤治疗外寒内饮之咳喘；小柴胡汤合茵陈蒿汤治疗肝胆病；麻黄附子细辛汤、桂枝甘草汤合瓜蒌薤白半夏汤治疗病窦综合征；桂枝茯苓丸、当归芍药散合抵挡汤治疗子宫肌瘤、卵巢囊肿等。

经方合时方治疑难，如柴胡温胆汤治痰热内郁之失眠、焦虑；三仁汤合栀子豉汤治疗湿热郁胸之心烦；小柴胡汤合越鞠丸治疗妇人气郁。

2011年12月一个寒冷的深夜，大雪纷飞，一阵急促的电话铃声把魏勇军惊醒：魏城镇南关村一老年妇女，哮喘发作，不能平卧。他急忙赶到患者家中，只见患者胸闷喘息，坐卧不安，极为痛苦。通过望闻问切，他确诊为支气管哮喘急性发作，通过背肌针穴位注射，大约15分钟后患者喘息逐渐缓解，病痛随即消失。

为了解除患者病痛，魏勇军创办了哮喘病专科，发明的背肌针穴位注射缓解哮喘急性发作，疗效显著。他还根据产后多虚理论，创立了治疗产后发热系列方、治头痛系列方、治H1N1流感系列方、治咳喘系列方、治痤疮系列方、治胃痛系列方等。自研的通腑清脑合剂灌肠治疗中枢性高热，疗效迅速、可靠，均被省、市列为科研课题。研制的内服中药治疗婴幼儿哮憋性肺炎、病毒性心肌炎及小儿高热等，疗效可靠。

魏勇军在全院实行中医辨证会诊制，把针灸、火罐、艾灸等简便廉验手法普及到临床，中医药使用率达 80%，治愈率 98% 以上；以省级重点专科骨伤科和脑病科、心病科、肛肠科等 3 个市级重点专科为重心，积极申报市级重点专科康复科，采用中药内服、外洗、中医康复治疗，凸显中医简、便、廉、验的特点。

魏勇军在 30 余年的从医生涯中，擅长治疗外感病、肺系病、心脑血管病、脾胃病、肝胆病、肾病、肿瘤、儿科及妇产科等疑难杂症。创办了哮喘病专科，自创背肌针穴位注射治疗支气管哮喘急性发作，临床疗效可靠。用“涤痰通络方”法，治疗中风急性期、恢复期、后遗症期，疗效明显。自拟咳喘系列方治疗肺病咳喘；用月经周期序贯疗法治疗月经不调；用“通腑清脑合剂灌肠治疗中枢性高热”，疗效迅捷。

静流细注，事毕竟成。几年来，魏勇军参加学术会议并做学术报告 13 场次；发表学术论文 36 篇；撰写学习经典心得 74 篇，跟师学习笔记 13 篇；总结临床医案 190 余篇；出版医学专著 6 部；完成省级科研课题 3 项，市级科研课题 6 项。研制出通脉降脂丸、痛经胶囊、乳消散、止痛酊等自制药品 6 种。

医者仁心，春风化雨。魏勇军厚德济世担道义，构筑民生工程，带领团队跋山涉水送医下乡义诊，扎实开展医疗扶贫，倾力打造人民群众满意医院。

运筹之妙，存乎于心。

2017 年 8 月 30 日，魏县中医院综合楼建设项目开工。该项目总投资 1.3 亿元，拟建规模为 17 层 35760 平方米，增加床位 300 床。作为县政府 2017 民生工程之一，魏勇军把综合楼建设作为医院的首要任务和工作的重中之重来抓。该项目建成后，将达到“省内创先，国内先进”的水平，极大地造福人民群众，切实解决人民群众看病难、康复难、托老难等社会问题，进一步推动全县医疗卫生事业快速发展。

魏勇军有一句口头禅：“喊破嗓子，不如甩开膀子”。他在构建医院科学规范的管理体系上提出了“讲政治、懂规矩、守纪律、强医能、优服务、严管理”18 字方针，做到了一级带着一级干、一级做给一级看，严格落实各项责任制；围绕二甲标准，不断提高医疗护理质量，保证医疗安全；加快完善人事考评机制进程，调整分配政策比例，加大向临床一线、技术骨干和关键岗位的倾斜力度；完善修订了全院各类规章制度，以制度作为管理基础，保障医院各项工作在制度的框架内程序化、制度化、规范化运作，使医院在中医医院二甲复审活动中，以全市第一、全省名列前茅的优异成绩成为河北省最有实力的县级中医医院之一。

作为魏县中医院党总支书记，魏勇军认真组织全院职工重点学习习总书记系列讲话精神、十九大会议精神，学习贯彻中央省市县各项决策部署。医院积极推进医德医风和精神文明建设，以“为民务实清廉为”主线，推进作风建设；以认真落实中央“八项规定”和省、市、县“十项规定”为重点，树立清新政风。

魏县中医院扎实开展精准扶贫工作，2018 年选派 24 名党员干部，组成 5 个精准扶贫工作队，对分包的北皋镇 5 个村、73 户贫困户 209 人建档立卡实施精准扶贫工作，现已脱贫 68 户 204 人。

积极建立扶贫产业项目，建立梨乡水城中医药健康扶贫产业基地，加大中药绿色种植产业，实行生产、供销及产品转化升级为一体的产业体系，为健康扶贫构建长效机制，为人民提供健康药品、食品，增加健康幸福指数。

魏县中医院先后推行了“先诊疗，后付费”、一免四减、九种大病救治等优惠政策，并积极开展了“双签”“健康小屋”基层首诊、义诊等服务，通过定期召开贫困患者家属座谈会，对出院贫困患者进行入户回访等，切实解决了贫困患者看病难、看病贵等问题，实现贫困患者小病不出村、大病不出县，病有所医、医有所惠，目前，出院贫困患者报销比例均在 90% 以上。

医院启动“先诊疗，后付费”优惠政策以来，共有 6367 余名建档立卡患者在该院享受到此政策，该院垫付资金 4263 余万元；共有 149 人享受到大病救治政策，该院垫付资金 78 万元；3915 人享受到“一免四减”政策，减免费用 174487 余元；共完成困难群众签约 12 万余人，建档立卡贫困户签约率达 100%。

面向广大乡村，用优质医疗资源为广大农民患者服务，是魏县中医院矢志不渝的价值追求。传统的中医学是祖国的瑰宝，服务社会是中医学发展的应有之义。

魏勇军身体力行，定期到邯郸市电台、电视台、报社举办养生讲座、防病治病咨询等，折射出一位医学家院长的人生追求和精神境界。

医院定期组织党员志愿者并带头到基层乡村开展送医下乡义诊、“服务百姓健康行动”大型义诊活动和“千名专家进百乡兴百业”等活动，发放健康明白卡和保健宣传单；在组建县、乡、村中医网络集团的基础上，在医院培训中心对全县22个乡镇、561个村的乡村医生进行中医适宜技术培训，受训人员达5600人次，有力地促进基层技术人员服务能力提升；选派专家下基层，对口帮扶12所乡镇卫生院建立健康小屋，派知名中医专家到健康小屋坐诊，为辖区群众提供中医医疗保健服务。30余名医务人员长期入驻乡镇卫生院，指导卫生院处理疑难病症，开展健康教育和咨询服务；并组成主任专家团每周轮流到卫生院，实行周三“主任会诊日”，解决难题，亲手带教，专业培训。医院实行双向转诊，对乡镇卫生院上转的患者免收挂号费、优先安排就诊；重症缓解后下转回卫生院观察治疗。通过县、乡、村三级中医网络工程实施，基层对口帮扶的指导以及医疗联合体的建立，有效地实现了县、乡、村三级医疗机构优势互补、资源共享和患者“无缝式”连续化管理；真正落实“基层首诊、分级诊治、双向转诊”大病不出县的就医模式，得到了基层医院和广大群众的赞誉。

心中有梦，其道大光。阔步新时代，面对人民群众的健康新期盼，魏勇军带领魏县中医院正以开创性思维、勤奋务实的敬业精神，不负人民的生命重托，发扬光大传统中医事业，推动医院发展踏上新征程，跃上新台阶，奋力书写新时代“全心全意为患者服务”新篇章。

以党建引领医院全面健康发展

山东省东明县人民医院党委书记、理事长 黄 腾

近年来，东明县人民医院不断深化党建工作，秉承“不忘初心，牢记使命，担当创新”的工作理念，坚持“以病人为中心，以质量为核心，以安全为轴心，让老百姓放心”的管理思路，落实“以人才为支撑，以质量求信誉，以管理促发展，以服务树形象”的办院方针，实施“质量立院、服务建院、人才强院、科技兴院、文化塑院”的发展战略，内强素质外树形象，全面落实从严治党要求，实现了党建与业务工作的深度融合，促进了医院的健康快速可持续发展。

一、抓党建优化服务环境

加强党委班子建设，严格履行一岗双责，在把方向、议大事、谋全局上下功夫；实施党委班子成员联系科室制度，以党风带医风正行风转作风，打造风清气正的医疗环境，实现了医院的跨越式发展。2017 年 6 月，历时 5 年建设，总投资 6 亿多元，占地面积 128718 平方米，总建筑面积 14.6 万平方米，开放床位 1860 张，集科学化设计、规范化流程、人性化特色于一体的东明县人民医院新院区全面启用。

耳目一新的门诊楼、纵横贯穿的医技楼、宏伟壮观的病房综合楼令人心旷神怡。大厅导视色彩统一、简洁明快，诊室设置错落有致、井然有序。标准化病房设置科学、宽敞明亮、安静整洁，VIP 病房设施齐全、温馨舒适、富有情趣。院内翠竹万竿、花草荫荫，浑然一体、互为映衬；亭台楼阁、人文景观，水系雕塑、小径草坪相间其中，让人仿佛置身于生态绿色花园之中。

二、抓党建保证医疗质量

强化基层党支部建设，发挥支部战斗堡垒的引领作用，形成群众看党员、党员看干部、干部看支部的良好氛围，刹风正纪，规范医疗行为，提升医院规范化标准化建设水平，促使内涵建设提档升级。积极推进临床路径单病种付费改革，有效利用医疗资源，规范医疗行为，控制医疗成本，优化医疗服务流程。立足质量考核与监督，注重奖惩结合，完善医疗质量控制体系，强化医疗服务质量管理，健全医疗质量持续改进机制；严格执业准入，强化职业监督，加强对医师执业的定期考核和评价；严格控制药占比，合理使用抗菌药物，对科室和医务人员抗菌药物使用量、使用率和使用强度情况进行排名和公示，对排名靠前的科室负责人、医师进行约谈，并严格兑现奖惩。严格落实各项医疗核心制度，建立并落实手术资格准入、分级管理制度，重大手术报告、审批制度，手术安全核查与风险评估制度，确保了患者的医疗安全和手术安全。规范医疗文书书写，使病历和处方的书写符合《病历书写基本规范》，及时反映病人病情变化及上级医师查房情况。规范临床用血管理，保证临床合理用血、科学用血、安全用血，严格按照《临床输血技术规范》进行操作，防止临床输血差错事故的发生。强化院感各项规章制度的执行力度，对重点科室、重点环节、重点部位及医疗器械定期进行细菌监测；规范医疗废物管理，医疗垃圾分类回收，提高院感控制质量，有效防止了院内感染的发生。

三、抓党建提升服务能力

以晋升三级医院为契机，通过设立党员服务窗口、党员责任区，创建党员示范岗、服务患者零距离，开展党员亮身份树形象做表率、践行“四讲四有”做优秀党员、重温入党誓词活动，建立党员志愿者服务队、推行一站式服务等系列举措，抓好党员示范教育，强化党员引领辐射作用，彰显“以人为本，关爱生命，呵护健康，奉献社会”的服务理念，增强了群众就医获得感。

开展“优质护理服务示范病房”创建活动，做到“五主动”（主动介绍、主动宣传、主动进行健康教育、主动解答疑问、主动沟通）、“六规范”（迎接病人规范、文明用语规范、礼仪着装规范、称呼病人规范、征询意见规范、送别出院规范），融洽医患护患关系。

推出线上服务平台，通过关注手机 APP 实现挂号、缴费、查看报告、就医反馈等功能，减少诊疗咨询、挂号、缴费、查验报告等一系列烦琐耗时的排队就医流程，改善群众就医体验。

严格落实“先诊疗后付费”“两免两减半”等惠民政策，仅 2018 年，就惠及困难群众 400 余人，为白内障患者免费实施复明手术 1500 余例（台），为全县肾脏疾病患者免费进行血液透析 9000 余人次，为边远乡村 65 岁以上的老人进行免费健康查体 1000 余人次，惠及群众近 3 万人。

四、抓党建推动学科建设

在学科建设上，注重党风引领学风，将党组织的先进性渗透到学科建设的各个方面，以党建促进业务提升。建立党政联席会议制度，制订医院学科建设与发展总体规划，定期分析、研究、调整学科建设策略，寻求解决学科发展的瓶颈，保证学科发展的持续增长力。健全完善支部和科室的沟通协作制度，发挥支部的协调、监督、引导作用，做好与学科建设有关的科室管理，完善考核的标准、程序和办法，加强对执行过程的管控。坚持“突出重点学科，加强重要学科，扶持一般学科”的总体思路，通过定性、定量评分将医院现有学科分为重点发展学科、促进发展学科和扶持发展学科，在资源投入、管理考核、绩效分配上制定相应配套激励措施，鼓励重点学科壮大规模，促进重要学科提升实力，扶持一般学科形成体系，培植了 4 个市级重点学科、6 个院级重点学科，促进了医院的健康快速发展。

五、抓党建丰富文化内涵

坚持党政齐抓共管，职能部门各负其责，层层压担子，步步看效果，以党建统领人文创建。以德为先，开展思想文化建设；以严为基，夯实制度文化建设；

以人为本，加强职工文化建设；以廉为荣，促进行业文化建设；以新为魂，培育先进的科室文化，使得医院文化血肉丰满，自成一体。

凝练医院院训（仁爱、精术、创新、奉献），提炼员工精神（爱岗敬业的奉献精神、精益求精的科学精神、负重奋进的实干精神、争创一流的进取精神、爱院如家的感恩精神），确定医院标准色系，编印文化手册、员工手册，精心设计院徽、制作院旗，出台《医务人员行为十典礼仪九章》，注塑“东医”新形象。

开启情感服务模式，引导患者尊重医务人员的地位和劳动，相信医务人员的技术和能力，感谢医务人员的付出，积极配合治疗；医务人员敬畏生命，感同身受，理解患者的痛苦，处处为患者着想，主动承担自己的责任，完美地完成治疗任务。

倡导树立“尊重员工、依靠员工、关心员工、为了员工”的服务理念，加强与员工家属的沟通联系，增强员工的归属感自豪感，使员工从中领悟到人文精神的感召和教化，以积极的态度全身心投入工作，为患者提供满意的医疗服务。

健全完善“东医”书吧、职工之家等基础性文化设施，浸润熏陶职工身心，为技术创新、服务创新提供强力助跑器；开展“创意环境，秀我东医”主题活动，环境设置处处显现医院特色，功能设施处处体现人文关怀。

党旗招展千帆竞，凝心聚力万象新。在香港艾力彼医院管理研究中心发布的中国县级医院500强榜单上，东明县人民医院连续两年（2016年、2017年）荣进500强，分别列居169位和167位；2018年6月荣膺“星耀中华——最具成长力医院管理之星”；2018年9月顺利通过二甲复审；2018年11月，摘取“中国医院质量管理（医疗）奖”的桂冠。

富锦市妇幼保健计划生育服务中心工作30年成果

黑龙江省富锦市妇幼保健计划生育服务中心

1988年以来，全市广大妇幼保健工作人员认真贯彻落实国家颁发的《母婴保健法》《妇女发展纲要》《儿童发展纲要》的一法两纲，扎实工作，锐意进取。30年不但出色地完成了妇幼保健工作，而且取得了优异成绩。

一、儿童保健

《母婴保健法》《儿童发展纲要》颁发后，就把儿童保健工作纳入法制轨道。对全市儿童发育水平和健康状况进行了普遍调查，制定了有效地防治措施；开展了创建爱婴医院活动，开办了孕妇学校和育儿学校，推广了母乳喂养技术，保证了婴儿健康成长；举办了《中英妇幼保健合作项目》适宜技术培训班，成立了新生儿急救中心；举办了全市托幼园所教师、保育员、学前班教师上岗培训班，并进行健康体检。1995年召开了全市妇幼卫生工作会议，举办了妇幼保健管理学习班，开展了创建“爱婴节”活动，推行了母乳喂养、优生优育、住院分娩、母婴同室；争取到了中英妇幼保健项目；富锦妇幼保健院被国家卫生部、世界卫生组织、联合国儿童基金会评为“爱婴医院”。1997年富锦市被省卫生厅评为“爱婴市”。

1988年至现在，每年都要组织专业人员对幼儿进行入托前体检工作，对少儿疾病，早发现早治疗；2010—2017年新生儿死亡率全市仅15例；2014—2018年，0 ~ 5岁儿童死亡人数大幅度下降。

二、妇女孕期保健

为了全面贯彻落实国家卫生部、财政部《关于进一步加强农村孕产妇住院分娩工作的指导意见》，2010 年成立了项目工作领导小组，制订了实施方案。对项目工作管理人员进行了全员培训，利用各种媒体广泛宣传实施住院分娩项目的必要性和重要性，扩大宣传面，提高知晓率；国家重大公共卫生妇幼项目下达后，富锦市卫生局认真贯彻落实。2011 年补助农村孕产妇 1944 人，有效地保障了农村妇女健康。高危妊娠管理是孕产妇系统管理的核心；是降低孕产妇和围生儿死亡的关键，也是降低残缺儿出生率的关键，对提高人口素质具有重要意义。为了规范孕产妇管理，妇幼保健院从 2010 年 12 月成立了高危妊娠门诊，针对高危妊娠人群进行管理，做好孕 13 周内的建卡工作；36 周时进行催检，定期产检；病情严重者转诊，开设绿色通道，追踪妊娠结局。上述采取的一系列措施，大大减轻了孕产妇死亡率。

三、两癌检查

为了提高妇女健康水平，2014 年全市开展宫颈癌、乳腺癌的“两癌检查”。2017 年宫颈癌检查任务数为 81500，完成人数为 81764。查出癌前变病变共 86 例，确诊癌为 32 例。乳腺癌任务数为 21500 例，完成人数为 21266 例。确诊乳腺癌 20 例。

四、三病预防

为贯彻落实《预防艾滋病、梅毒、乙肝母婴传播工作实施方案》，扎实推进预防艾滋病、梅毒、乙肝母婴传播工作，维护广大妇女儿童身体健康，富锦妇幼保健院建立健全预防三病母婴传播工作的组织管理；开展预防三病母婴传播健康教育活动；加强预防三病传播服务能力建设；全方位提供预防三病母婴传播综合服务。为梅毒感染的孕产妇提供规范治疗，治疗率达 90% 以上。为乙肝表面抗原阳性的孕产妇所出生的胎儿 24 小时内免费注射乙肝免疫蛋白和乙肝疫苗，注射率达 100%。多年来，孕产妇免费进行“三病”母婴阻断等活动，全市未发生孕产妇死亡，孕产妇和儿童健康管理率分别达到 95.38% 和 97.21%。

五、三级网络建设

为了加强各乡镇卫生院和社区服务中心所管辖的村级妇幼公共卫生工作开展的质量，提高乡村妇幼公共卫生的服务能力，妇幼保健院在全市建立健全了“妇幼保健三级网络”，不断的加强网络建设，坚持例会制度，强化社会职能，准确掌握各乡镇妇幼保健动态，定期下乡检查，指导基层工作。三级网络对孕产妇进行危险因素评分，帮助孕妇和重症儿到乡镇卫生院及以上医疗保健机构住院分娩和治疗，还做好了儿童建卡建证等一系列工作。

六、计生工作

计划生育技术服务工作实行了站内工作与下基层巡回相结合，宣传教育与技术服务相结合，面向基层方便群众。市妇幼保健院计划生育服务中心负责全市乡镇农村育龄群众包括流动人口的避孕节育、生殖保健、优生优育等知识的宣传、咨询服务。2001 年颁发《计划生育技术服务管理条例》（简称《条例》），市计划生育服务中心一直根据《条例》要求落实免费技术服务，免费服务达到了全覆盖。2013—2018 年全市免费上环术 1371 例、全市免费取环术 1606 例、全市免费人流术 1009 例、全市免费生殖保健 124398 例、全市免费输卵管结扎术 3 例。

七、妇幼保健记事

2000 年在妇幼保健院成立富锦市妇幼保健中心；黑龙江省卫生厅〔2012〕445 号文件认定富锦市妇幼保健院为二级甲等妇幼保健机构；佳市编委〔2015〕144 号文件同意组建富锦市妇幼保健计划生育服务中心（挂富锦市妇幼保健院牌子），机构规格为正科级。

我院义务巡逻志愿者在行动

湖南省常德市妇幼保健院

在常德市妇幼保健院这个女性占据 90% 的大环境下，有这样一群来自行管后勤的“男子军”们显得尤为显眼。他们穿着鲜艳的“义务巡逻队”马甲，戴着红袖章，精神奕奕地在妇幼的门诊楼、住院部、宿舍区巡查，不论是严寒酷暑，还是夜深人静，他们为守护病友及家属的生命财产安全、构建和谐安全的就医环境，默默做着贡献。

楼梯上，他们在抬着病友担架、抬着轮椅一步一个脚印的前行；人群中，他们在认真巡查，维护医院的治安与和平；宿舍区，他们在消除隐患，杜绝安全事故的发生；半夜里，他们健壮的身影，是印在病友和医护人员心里的一盏明灯，守护着医院的安全。提起他们，医护人员和病友们都赞不绝口。

巡逻队刚开始没多久的某天上午，王优异在巡逻过程中捡到一个遗失的女式钱包，内有 1700 余元现金，银行卡若干，身份证两张。中午午休时，王优异一直焦急地寻找失主，后来通过查询与失主联系后把钱包送回到失主的手上。当王优异看到失主那感激的眼神，他觉得这就是咱们巡逻队的意义——“巡查、巡防、随手帮！”

今年 9 月中旬，市里因电路检修突然毫无预兆的临时停电，医院电梯不能运行，但是那天手术病人特别多，面对这样的突发情况，当天值班的义务巡逻队队员们在该组组长陈颖曦带领下，用自己的双手扛起手术病人的担架，一趟一趟的往返于三楼病房和六楼手术室之间，一个中午抬送病友十多次。汗水打湿了队员的衣襟，手臂开始酸痛，脚步有些踉跄，但是为了保证病友的安全和手术的顺利，他们不顾辛苦，一直坚持把病友护送进手术室。正是巡逻队员用他们强有力的臂膀，成功化解了这次危机，守护了病友们的平安。

刘清平是医院的副院长，在繁忙的工作之余同时也肩负着“巡逻队”队长一职。他认为这支队伍能坚持下来，离不开两个法宝：奉献和制度。

队伍成立之初，队员们认为，虽然巡逻是义务劳动，但这不能成为怠慢“工作”的理由。他们自发制订了《月排班表》，规定任何时候都要遵守制度，按月召开总结会。“没有奉献精神，我们建不起这支队伍，若没有制度，我们也走不了这么顺利。”刘清平笑称，这些队员相互之间都很了解，“给妇幼做事，也是给自己做事，谁都不愿意落后”。

如今，这支队伍里有十多名队员，他们除了巡逻，还爱管医院里的各种“闲事”，参与处理过上百起医院突发事件。在全国轰轰烈烈开展“两学一做”学习教育及彭进院长倡议“日维护、夜巡查”的形势下，他们一直在用自己的实际行动，默默践行着“讲奉献、有作为”，默默的于日间巡查、于夜间巡防，守护着人民群众的生命财产安全。

面对病友们和同事们的赞誉，队员们很谦虚，表示只是“做了点小事”。但就是这些点点滴滴的“小事”，为医院构筑了一道牢固的安全屏障，为我们的义务巡逻队点赞！

如何提高医疗服务质量

山东省潍坊市卫生健康委员会

健康是人们最具普遍意义的美好生活需要，而医院发展和服务水平直接关系到人们健康状况的改善。一直以来，潍坊市卫生健康主管部门始终坚持以人民健康为中心，以质量、安全、服务、管理、绩效为主题，深入开展人文医院建设，缩短服务距离，提高服务效率，提升医疗技术，改进医疗服务，努力提高人民群众对于医院服务的获得感、幸福感和安全感。

2018 年，围绕提升医疗服务质量和人民群众的获得感、幸福感，市卫健委主要做了以下几方面的工作：

一、增强医疗服务能力

一是加强医疗机构标准化建设。重点是开展医疗机构等级评审工作。这是加强医院标准化建设、提高医院整体服务能力的重要举措。去年主要是对提出申请的综合医院、中医医院、妇幼保健院以及基层医疗机构进行了等级复审工作；二是推动县级医院服务能力建设。县级医院是构建优质高效医疗服务体系、满足县域居民医疗服务需求的重要阵地。自前年开始，我市 8 个县市分别有 1 处县级人民医院被纳入全国县级医院医疗服务能力建设范围。能力建设包括基本标准和推荐标准两个标准。去年底，8 家县级医院全部达到了国家卫生健康委公布的县级医院医疗服务能力推荐标准。现在，我市 90% 的群众不用出县就能满足看病就医；三是建立市级区域医疗中心和医疗专业技术中心。为缩小区域间的医疗差距，提升优势专业辐射带动作用，全国和全省都开展区域医疗中心建设工作；四是组织开展“六大中心”建设。为了进一步完善全市重点疾病防治康复体系，提高重点疾病救治水平，我们在符合条件的医疗机构中开展胸痛中心、卒中中心、创伤中心、危重孕产妇救治中心、危重儿童和新生儿救治中心、癌症中心等六大中心建设。制定了《潍坊市“六大中心”建设工作实施方案（2018—2020年）》，发布了“六大中心”建设地图，召开了全市胸痛中心建设现场推进工作会议，目前已建成国家级中心3个、省级中心5个、市级中心12个。

二、提高医疗服务效率

医疗服务质量的改善，需要从对信息科技和生命科学的认同和普及上着手突破。信息科技和生命科学是当前人类社会科技发展的两大聚焦，“互联网+”、医疗大数据、医疗人工智能，以及生命科学成果的转化，将给人类健康带来巨大的改变和福利。现在，我们正着力从“互联网+医疗健康”入手推进。

首先是搭建“互联网+医疗健康”市县两级区域平台。我们积极推进“互联网+医疗健康”便民惠民行动。目前，全市健康医疗信息互联互通基本完成。市级全民健康信息平台和17个县级平台基本建成，三级医疗机构和二级公立医疗机构全部接入，乡镇卫生院和社区卫生服务中心接入80%。

“互联网+医疗健康”便民惠民效应加快显现。全市二级以上医院均实现了社保卡代替就诊卡、自助服务、手机预约、在线支付、在线查询等功能。远程医疗服务体系初具规模，面向基层的远程会诊、远程影像、远程心电等远程医疗系统已覆盖80%以上乡镇卫生院和社区卫生服务中心。全市二级以上医院普遍与国内高水平医院建立了远程医疗系统，其中与北京301医院联通的有12家，与北京协和、中日友好、山东省立、山大齐鲁等知名医院联通的均在10家以上。“互联网+医疗健康”服务的开展，让居民在本市、在本县、在家门口就可享受到更上一级的优质医疗服务。

三、改善医疗服务质量

我们主要在以下三个方面狠下功夫。

一是大力加强质量控制。医疗专业质量控制中心是加强医疗质量规范化标准化管理、落实医疗核心制度、提升诊疗水平的一个重要平台。目前，我市已经建立了40个这样的质控中心。我们通过每四年全出竞入，每年组织质控中心述职考评，对质控中心优存劣汰、激发活力。质控中心的作用越来越明显。

二是努力改进临床服务。推行了分时段预约、日间手术、多学科联合门诊、优质护理服务和临床路径管理等多方面的创新服务。2018年，全市三级医院预约时段均精确到1小时以内，三级医院预约诊疗率达到71.87%，二级医院预约诊疗率达到61.31%。潍坊市人民医院、市中医院、益都中心医院为全市首批日间手术试点医院，首批推荐了43个日间手术病种。8家三级医院设立多学科联合门诊。二级及以上公立医院均实现了优质护理服务全院覆盖。47家医疗机构实施了临床路径管理。

三是着力改善服务态度。几年来，我们重点开展了三项“行动”。这三项行动是:“进一步改善医疗服务行动计划(2018—2020年)”“双命名双提升双满意”三年行动，医疗服务“六化”提升行动。其中，医疗服务“六化”是指医疗服务的规范化、信息化、便利化、惠民化、亲情化、法制化。我们建立了优质服务示范单位和智慧服务示范品牌项目库，4家医院被评为省级优质服务示范单位或智慧服务示范品牌，我们还评选出了市级示范单位和品牌各20个。

四、畅通沟通机制

为了更充分及时了解民声民意，于去年11月份制定了《潍坊市畅通沟通机制改善医疗服务十项举措》，在全市广泛实施。一是逐一回访信访群众。使信访问题在规定时限内得到妥善解决。二是改善住院病人就医体验。三是做好“一站式”服务和“院长代表”工作。随时提供服务、解疑释惑。四是优先保证就医群众使用车位。最大可能解决“停车难”问题。五是各级各类医疗卫生机构(包括民营医院)在院内公开领导班子成员联系方式。六是推行医疗纠纷“调赔结合”服务。公开公正解决医疗纠纷。七是开展卫生健康行业作风整治活动。解决侵害人民群众健康权益的突出问题。八是开展“开门纳谏”活动。在《健康潍坊》栏目、《健康潍坊》公众号等公开征求意见。九是开展社会满意度第三方调查。面向全市随机电话访问群众看病就医满意度情况。十是积极探索创新提升满意度的有效举措。

五、建立健全医疗纠纷化解机制

在完善医疗事故鉴定工作的基础上，去年以来，我们又建立起“医调委调解+医责险赔付”相结合的“调赔结合”新模式。

去年1月，潍坊市医疗纠纷人民调解委员会正式挂牌运行，标志着我市建立起了医患协商、人民调解、行政调解、司法诉讼等多管齐下、互为补充的医疗纠纷化解机制。市医调委的调解成功率达到了100%。8个县的县级医调委也已经基本建成。欢迎有医疗纠纷疑问的群众及时到市县医调委进行调解。

为了有效落实医疗纠纷赔付问题，我们组织各级医疗机构加入医疗责任险，并通过公开招标确定了第三方承担全市医责险统保工作。进而建立起了以“第三方保险经纪公司+多家保险公司”为主体的医疗责任保险体系。

为进一步提升我市医疗服务质量，增强群众就医获得感和满意度，2019年我们将做好以下五个方面：一是以医联体建设为抓手，持续推进分级诊疗制度落实；二是以行业作风整治为契机，不断提升医疗服务质量和水平；三是以“六大中心”建设为基础，继续加强重点疾病防治防治康复服务体系建设；四是以医疗服务绩效评价为杠杆，切实提升医院运行质量和效率；五是以电子病历分级评价为重点，深入推进医疗机构信息化建设。

做无愧于时代和人民的答卷人

——记辽源市中医院内镜科主任刘杨

吉林省辽源市中医院

在东北，有一个历史比较悠久，文化底蕴丰厚的小城辽源市，因东辽河发源于此而得名。在美丽的东辽河畔，坐落着一所三级甲等中医院——辽源市中医院，拥有国家级重点专科 2 个，省级重点专科 7 个，省级重点学科 1 个，院士工作站 1 个。秉承着“厚德、精业、博爱、济世”的院训；坚持“突出中医特色，发挥专科特长，体现时代特点，提高综合实力”的办院方针；以建设学习型、和谐型、研究型现代化中医医院为目标，以改善医疗服务和行风建设工作为着力点，培养一批优秀专科带头人，迅速成长为辽源地区老百姓认可的中医医院。现任辽源市中医院内镜科主任就是具有代表性的一人，刚刚获得吉林省医德标兵荣誉称号的刘扬，更是辽源地区的“大名人”，刘扬同志刻苦攻关，深入开展“无痛”胃肠镜检查术、消化道早期癌的诊断与黏膜剥离术等多项高精尖的内镜下治疗技术，开创辽源市消化内镜诊断与治疗的先河。填补了辽源市消化内镜诊断与治疗的多项空白，多项技术已达到省级水平，得到了广大患者的充分肯定和好评。

作为一名医务工作者，刘扬处处用更高的从医标准要求自己，爱岗敬业，踏实工作，甘于奉献。多少年了，他没有请过病事假，因为他知道患者需要自己。为了患者健康，在治疗过程中，刘扬不放过任何细节，做出的诊断和治疗效果力争达到最好水平。那一面面锦旗和一封封感谢信，就是各界人士对他优良医术和优秀品格的有力证明。

2005 年，刘扬开始从事消化内镜工作，自此他的事业便与患者的健康紧密地连在一起。刚接触消化内镜业务时，他还是个这门学科的门外汉。虽然有着扎实的外科基础，但他深深地知道“知识改变思想、思想改变行动、行动决定命运”这句话的内涵，懂得在当今社会里，医疗领域应不断汲取新知识、更新新理念、提升新技术的迫切性，以满足新时代对医疗技术更高的要求。怀揣一种做好人、做良医的理念，他先后走进北京大学附属第三医院、中国人民解放军总医院、上海复旦大学附属中山医院、中国医科大学附属盛京医院，吉林大学附属第一医院等等多家医疗机构的大门，求知识、学良技，披星戴月、废寝忘食，胃肠镜诊疗水平得到空前提高，解除了无数个患者的病痛，成为辽源地区精英人物代表。

生活中，谁没有大事小情需要处理？谁没有父母子女需要照料？刘扬的时间大都交给了医院和患者，因而双方父母经常由爱人一个人照顾。孩子从小到大的家长会，都是妻子一个人参加。很多时候，能和爸爸在一起吃顿饭、玩一会儿，孩子会感觉十分开心……

在患者和家人之间，刘扬的天平永远会倾斜到患者那一边，即使在父亲住院手术期间，他也没有时间倾情陪护，只能在午休时跑到病房看看病床上的父亲，与老人家说几句话。尽管父亲有点不舍，但看到儿子天天在为老百姓忙碌着，心里就会生出一种欣慰。每每想到亲人，刘扬的心中总会有一丝丝愧疚。他多想让爱人责备自己几句，又多愿爸爸数落自己一顿。但他们什么都没有说，目光里充盈的是无限的满足和自豪。家庭的港湾里有享受不尽的温馨，所以刘扬工作的脚步变得愈加坚实！

从医至今，刘扬始终坚持一切以病人为中心、一切从病人出发，千方百计减轻患者的痛苦，树立了一名医生的良好形象，即使再忙、再累，在病人面前都显得那么轻描淡写。近日，83 岁的李女士确诊了患有恶性肿瘤并引发了肠梗阻，辗转多家医院都说已经错失了手术机会，因肠梗阻越来越严重，身体状态变得很差，随时会因为电解质紊乱导致生命危险，病情危急，李女士的家人带着希望慕名而来，面对患者家属的求助，分析李女士的病情后，决定选择为患者行内镜下肠道支架置入术以解决肠梗阻问题。由于患者高龄，全身状态差，各项化验指标均呈现异常，病情比较危急，风险极高。为了解除患者梗阻，缓解病情，延缓生命，刘扬主任带领团队邀请相关科室会诊，认真并全面分析患者病情，制定全面的治疗方案，对术前、术中及术后可能出现的情况，做好相应的治疗预案，当肠道支架置入成功的那一刻，整个肠道粪水喷溅而出，刘扬主任的全身已经被粪水“亲吻”，房间弥漫着粪臭味道，但刘扬主任却是满脸笑容，患者梗阻解除，症状缓解，为延缓患者生命做出了巨大努力。类似的病例在他的临床工作中数不胜数，他也早已习以为常，真正的做到了“急病人所急、想病人所想、做病人所做”。为了预防胃肠道疾病的发生，经常牺牲个人时间，为多家单位义务做起了健康宣讲员，为更多人的胃肠健康做出了自己的努力，并将把这项活动推广到全市范围。鉴于医术精湛，成绩显著，2014年刘扬同志荣获辽源市五一劳动奖章，被评为“辽源市经济技术创新标兵”，2016年被评为“农工党吉林省先进个人”，2017年又荣获辽源市五四青年奖章，被评为“辽源市第八届十大杰出青年”。

他对工作高度负责的态度和执着的敬业精神，深深地感染和激励着身边的每一位同志，科内上下形成了健康的互动氛围。

治病回春，医者仁心。刘扬是勤奋的，也是快乐的，每一天他都用灿烂的笑脸迎接朝阳。一位作家说得好：“当你把一份真诚交给别人，你获得的是比它更宝贵的东西。”刘扬就是这样的人。他的意志那样坚定，他的憧憬那样辉煌，他的患者那样期待……

整合后的广宗妇幼中心现状与发展

河北省广宗县妇幼保健计划生育服务中心

妇女儿童健康关系到每一个家庭的幸福，是构建和谐社会的基本要素，是全面建设小康社会的必然要求。妇幼健康政策和服务的任何改善，都将直接惠及超过三分之二的人口，对国家经济社会发展将起到积极的作用。优化整合妇幼保健和计划生育技术服务资源是妇女儿童健康的需求。

妇幼保健站和计划生育服务站合并后，中心始终坚持“以人为本”的科学发展观，通过不断完善运作机制，合理设置岗位职责，建立健全规章制度加强内部管理，实现资源共享、优势互补、提高效率、节约成本的目的，为更好地满足广大群众对计划生育服务和公共卫生、预防保健方面的需求提供保障。目前我中心开设了妇产科门诊、乳腺科门诊、检验科、公共卫生科、儿童保健科、中医科等科室，成为集婚前卫生保健、儿童保健、围产期保健、更年期保健、生殖保健、健康教育、妇幼保健计划生育技术指导于一体的综合型医疗保健机构。

“两站合一”后，依托覆盖县乡村三级优质服务网络体系，把服务触角延伸到每个家庭、每名育龄群众。同时，利用各类服务、纪念活动等节点，在加强计划生育宣传教育的同时，围绕计划生育各类人群，纳入妇幼保健内容，进行个性化服务，促进了妇幼保健水平的提高。

一、妇幼健康服务能力不断提高

明确新形势下妇幼健康服务机构的功能定位和职责，充分体现妇幼保健服务特色，加强各科室服务能力建设，新技术、新项目不断引进开展；以孕前优生健康检查项目被省级抽检为“质控县”为契机，向县财务申请购置全自动酶标仪和半自动发光仪各一台；以“两癌”检查项目为依托，开展乳腺科建设，并购置血氧仪、电子阴道镜、闪针治疗仪、妇科臭氧治疗仪等新设备，实现硬件设备的更新换代，为临床业务工作的提升打下基础。

居民医保及城镇职工门诊医保定点为妇幼中心的发展增添了活力；各科室间的沟通，为各项目工作按时完成起到关键作用；我院先后派出多拨管理人员和临床一线员工到全国各地学习参观，把先进技术引进来，好的经验借鉴来；乳腺科的建立、温馨病房的装修、超声科的改造、院落地面的重建，使我院的就医环境明显改善、诊疗服务水平有了极大的提升。

二、加强内部管理，树立良好的行业作风

在管理工作上，完善规章制度，明确岗位职责，加强日常监督，奖优惩劣，培训学习，从多个方面引导加强职工的职业道德修养和责任心，自觉维护单位形象，使全体职工切实树立起全心全意为人民服务的价值观。在日常工作中，坚持自我约束，从严要求，不以职权谋私利、不为人情所左右，踏实干事，不弄虚作假，不公款吃喝；培养讲政治、顾大局、办实事为主的办事风格，带领大家向群众展现妇幼新面貌。

在今后，我们将加强自身专业技术和管理水平的提升；引进专业技术人才，培养科室带头人，专业的人做专业的事；力所能及的争取资金加大功能科室设备的投入；加强公共卫生服务项目与各单位之间的合作；加强与基层乡镇卫生院、卫生室的业务沟通，把妇幼健康项目做得更好，争取更多的满意度和赞誉；加大对国家惠民政策和健康知识的宣传力度，提升群众的知晓率。

总而言之，我们将巩固已经取得的成绩，再接再厉，不断深化改革，开拓创新，内抓管理，外树形象，扎实工作，提高妇幼卫生工作新水平，以更高质量、更高标准，为我县妇女儿童服务，为我县的妇幼健康事业做出更大贡献。

医养结合新模式 民生社保促和谐

——长春济康老年养护中心，医养结合典型案例

吉林省长春济康医院济康老年养护中心

一、服务机构名称、具体规模

长春济康医院，济康老年养护中心，坐落于长春市二道区荣光路 2510 号，（乐群街和荣光路交汇处）使用面积为 12000 平方米，室内面积为 9000 平方米，室外面积为 3000 平方米，床位数 300 张，医疗床位 150 张。现入住老人 73 人，有管理人员 8 人，护理人数 21 人。医院医护人员 108 人。

二、养老服务的创新模式

长春市二道区济康老年养护中心，是吉林省长春市二道区民政局管辖的集养老、医疗、生活、康复、护理为一体化的医养结合的公益性民营养老机构。它的前身是长春济康医院，现在是长春济康医院和济康老年养护中心共为一体，既体现医疗作用又发挥养老功能。

三、成立背景及发展思路

我们根据全面贯彻党的十八大“关于积极应对人口老年化，大力发展老龄服务事业和产业”的精神。是在各级领导的大力支持下，创建了适应社会老龄化发展的需求，为社会和子女减轻负担，为老年人幸福快乐安度晚年为宗旨。2013 年由于社会养老需求，将长春济康医院部分疗区转型开办了济康老年养护中心。于 2014 年 11 月代表吉林省医养结合的老年养护机构迎接国务院调研检查；2014

年迎接长春市人社局调研组调研；2015 年 4 月，被长春市人社局评定为失能人员照护保险定点单位；于 2015 年 4 月 3 日接受长春新闻（失能人员照护保险）专题电视采访，是长春市唯一一家集医疗和护理为一体的老年养老机构，得到社会各界好评。

四、运营时间

长春市二道区济康老年养护中心是经过长春市二道区民政局审批，于 2012 年 12 月 16 日开始运营。

五、模式的主要特点具体内容

（一）管理方面

长春市二道区济康老年养护中心，分为 4 个养护区，收治能自理、半自理、完全不能自理（失能）的老人。护理人员统一参加民政部培训，持证上岗，定期进行培训，对护理老人及失能老人有丰富的护理经验。护理中心由于是医院转型的，所以房间都是医院规格，房间宽敞明亮，走廊宽敞通畅，走廊设有扶手、监控器。设有单人间、双人间、三人间、四人间。室内有电视机、衣柜、床头柜、呼叫器、可移动病床。设有淋浴室、理发室、活动室、免费洗浴、免费理发、免费测血压、免费医务咨询、免费入住接送、免费洗衣服、24 小时热水、24 小时护理员陪护。24 小时医护人员随叫随到，随时有病随时治疗。家属不在护理员护理。真正体现为子女减负、为政府尽责、为社会奉献。实行营养配餐，合理搭配，绿色健康食品。

室外设有运动场、休闲活动场和绿化景观园。场地宽敞，环境优雅，各种健身设备齐全，其中有双位落地漫步机、腿部按摩器、双位蹬力器、腰背按摩器、扭腰器、仰卧起坐训练器、下肢训练器、平步机、划船机等。设有健身室、阅览室、棋牌室、活动室、会议室等。具有老年养护所具备的完善的生活、文化、医疗、康复的条件。

长春济康医院是二级乙等民营医院，现有医疗床位 150 张，设有医疗科室

21个，设有内科、外科、心脑血管科、妇科、骨科、口腔科、放射科、电诊科、检验科、麻醉科、手术室、输血科、中医科、药剂科、处置室、抢救室、心理咨询室、康复指导等。设有DR机、彩超机、全自动生化检测仪、离子检测仪、酶标仪、心电机、心脏监护仪、除颤仪、呼吸机、洗胃机等检测治疗设备。具有临床医师40名，护士56名，具有丰富的临床经验。对常见病、多发病、老年病有独到的治疗方法。医院实行24小时值班制，随时为老年人及时提供优质的医疗服务。医院及养护中心均有信息化HIS系统。

（二）服务方面

我们坚持一切为老年优质服务为宗旨，落实老有所养、老有所依、老有所乐、老有所医、老有所居的政府承诺，替子女尽孝、为政府分忧、替社会减负、让家属放心、让老人满意、真正体现社会主义为民担忧、替民负责、为民解难的优越性。

根据长春市人社局关于长春市失能人员医疗监护保险实施细则的要求，我院按照医疗照护机构条件，实施生活自理能力高度依赖人员的医疗服务、养老和护理等。我们按照上级要求尽职尽责履行承诺，按合同办事，不违章违纪，把政府开展的民生工作做好，让人社局满意，让政府满意，让家属满意，让老人满意。

济康老年养护中心是在济康医院的工作重点，认真落实市卫生计生委要求，以老年服务为侧重点，实行亲情优质服务，医护人员实行24小时值班，随时为老年人健康保驾护航。凡是入住的老人全部进行体检，建立健康档案，养护中心成立心理疏导室，定期为老人进行心理疏导，释放不良情绪，调节心理平衡，使之生活快乐。医务人员定期组织医疗养生知识讲课。讲解生活小常识，中医养生保健知识，不断提高知识水平和生活质量；根据老年人不同的身体状况进行保健康复指导，提高老年健身能力；实行每天早上护士为老人测血压，测脉搏，测体温，关注老人身体变化情况，如发现体征异常，就请医生随时查房，真正实行专家会诊、及时转诊，护士全程陪护。使老人患病及时得到治疗。特别是长春市实行失能医疗照护保险以来，医养结合更显重要。因为，失能人员卧床，易造成心肺功能异常，抵抗力低下，身体素质虚弱，易发生各种病情突变，尤其是气管切开患者，发烧感染是常事，随时医治随时用药调理，所以，医养结合是老年护理的必然发展趋势。

具体病例如下：

510-2 老人刘秀英，年龄 93 岁，盲人，卧床五年，由于近日子女忙没来看她，一股火发生四肢无力，大汗淋漓，呼吸困难，嘴唇发绀的现象，护理员发现后，及时通知主任医师，护士马上为她做心电，显示急性心梗，医护人员马上给于吸氧、给药、抢救。病情逐渐缓解，‘一口气也上来了，我的命也得救了，还是这个养老院好啊，你们是我的救命恩人’。老人握着医护人员的手，非常感动的说出心里话。

C27-5 老人刘德威，年龄 57 岁，脑出血后遗症，鼻饲喂养，植物状态，肺内感染，呼吸困难，有痰不易咳出，经用药治疗后，症状缓解。护士经常给于扣背，护理员精心护理。身体好多了，心情也好了。

50A 室的老人许同金，年龄 87 岁，每天习惯去劳动公园，一天中午回来后，突然面色苍白、大汗淋漓、站立不稳、斜滑向下，护理员马上搀扶上床，急喊一声，医护人员马上到位，急查心电、血糖、血压、发现陈旧性心梗急性发作，低血糖。根据病情及时治疗，老人病情得到缓解，然后才通知家属，他女儿来院后，见到医护人员像儿女一样对待他父亲，她感动的直说谢谢，她说：“我也是医务工作者真应该向你们学习，称赞这个养老院太好了，老人放在这里我们子女太放心了。”

507 室老人魏永孝，她已经 84 岁了，夏天天气热，晚上失眠，休息不好，导致头晕头痛，心脏病复发，经主任查房，及时用药打针，经过一个疗程治疗后，老人恢复健康。在她躺在床上时，院长发现老人不愿意吃饭，主动到食堂为老人做了一碗面汤，送到老人面前，感动得老人盈眶，说：“这个养老院就是我的家，亲姑娘也没有这么及时关照她”。

508 室仲崇祥老人，年龄 78 岁，失能老人，大小便失禁，下肢不能站立，是我院第一个入住的老人，刚来时，心脏和血压都不稳定，主任积极想办法给予用药治疗，注射营养心肌和活血化瘀药物，口服降压药物等。使老人病情好转，身体康复较快。他说：“我已经去了 9 个养老院了，只有济康养护中心是最好的。”

509 室的王凤兰老人，年龄 85 岁，患有脑梗，刚从大医院出院，女儿找了几家养老院都没相中，到我家一看条件很好，还有医疗 24 小时值班，太适合刚出院的母亲了，马上就订了床位。认为我院医养结合照护，对她母亲的后期康复有好处，当时老人不能下地走路，经医护人员康复训练后，现在能正常走路了，生活也能自理了，两个女儿非常感谢我们。是我们帮她们减轻了负担，替她们尽了孝心，让老人康复好转。老人的愁容也消除了，有时还到大厅看一会电视，生活质量也提高了。

513 室的老人，名字叫张文清，我们都叫她小阿姨，因为她个子小，很和善。原来家里人开养老院，后来把养老院兑给别人，她听说我院好就来我院了，她身体挺好，已经 85 岁了每天还能打麻将。有一天，天气温度达 33℃，她血压升高，达到 180/100 毫米汞柱，一时间迷糊，不能起床，护理员发现后，及时找医生，进行诊治，经主任查房，用药后好转。院长、护士长，都去看她，感动得一个劲跟子女说："大院长都来看我了，我老感动了。我哪也不去，就在这不走了，这就是我家。"

515 老人，马玉珍，患有帕蒂森氏病，精神一紧张就抽搐，有时大小便失禁，有时大便干燥，护士及时给予打针用药，有时还给灌肠，有时大便不通畅还要用手抠，减轻患者负担，患者和家属非常满意。刚来时，女儿每天都来陪护，后来，经过医护人员和护理员护理，精神状态好多了，人也变开朗了，一有机会还能表演京剧唱段，自己也能在走廊散步了，子女说到别的敬老院行不行，她说她不上别的养老院，就在济康老年院。一次子女在离家较近的养老院找了一个，并交了定金，老人说啥也没去，就是觉得济康好。

521 的患者，叫李永祥，年纪不大，56 岁，脑出血术后，气管切开，卧床 3 年，经常发烧，感染打吊瓶，随时患病随时治，非常方便，家属非常满意。

319 的患者，叫刘浩明，是省级抗战老干部，81 岁，因年龄过大，身体虚弱，于 2015 年 8 月 11 日在我院去世。他在院期间对我院护理和生活非常满意，自己在生命的最后一段时间里，用最微弱的体质支撑自己，写完《济康老年养护圆梦记——致济康医院临到、医护、护理的一封信》。其中《2015 年'七一'纪念》

圆梦之舟，勇立潮头——

1. 圆梦之舟，勇立潮头

中华圆梦二百年，全国小康奔富强；
老年社会力不足，济康护老开新篇；
解放家庭增新力，助阵民生惠老情；
世代接力园大梦，济康之舟立潮头。

2. 圆梦之舟拾首歌——长春照护之歌

洁白大褂穿在身，“长春照护”戴在胸；
曾是敬老幼强手，今是社会护老兵；
服务内容对象变，时代意义赋新容；
家庭变迁土地转，务农转为护理工；
新岗换来爱心情，满腔热血做护工；
代替子女尽孝心，排除孤独解忧愁；
言行传递人间爱，共筑社会中国梦。
可歌可泣都点赞，社会和谐创新风。
老来享福感谢党，唯有中国古孝馨。
知福享福天天乐，祝福济康传美名。

此文系为一老人，夕阳之余流笔端，面朝天花板所思，核心体现真善美，护老圆梦是关键，传递人间真情意，感恩共党社会善，孝敬古训传万代，世人尊敬受欢迎。国富民强党振兴，国泰民安盛万年。

另外我们还根据老年入住情况开设了临终关怀病房，对临终老人转到临终关怀病房，给家属和老人安排出一个房间，创造一个条件，让他有尊严地离开人间。并帮助老人及家属完成临终告别等事宜。是任何养老院都无法做到像在医院一样正规专业医生进行抢救和治疗，家属没有任何遗憾，对我们的护理和医疗十分满意。我院医养结合的名气也越来越大，老人也越来越多。

自建院以来，我院共为老人免费出诊 1967 人次；大小抢救 259 人次；入院治疗 122 人次；内科门诊 1075 人次；外科门诊 115 人次；心理咨询 1056 人次。

医护人员随时为老人服务，体现出医养结合的优越性。

实践证明，养老院老人多，体质弱，大病小病常常有，所以，医养结合是老年院的最佳选择，也是老年养老的必要保障，更是养老事业的发展方向和社会养老的需求。

为了更好地做好养老工作，坚持一切以老人的需求出发，在生活上根据老年人年龄大、身体差的特点，合理安排膳食，对老人的特殊要求给予特殊制作，随时征求老人意见，调节饮食结构，实行营养配餐，食谱公开。每到不同的节假日，增加不同的菜肴。入住的老人共同聚餐欢度佳节。老人过生日院里给买生日蛋糕，添加菜系，煮鸡蛋送祝福，祝他们健康长寿。感动得他们泪如雨下，涕不成声。院领导和医护人员还为老人唱《生日歌》《为了谁》，老人说是一生当中过得最有意义生日，养护中心把温暖送到他们的心坎上，让他们太感动了，非把第一口蛋糕送给医护人员吃，场面令人感动。

在满足老人物质生活的同时，我们也给老人更多精神和身心的关爱，每天活动室开放，播放影碟、电影、电视剧、二人转等节目。定期组织老年娱乐活动，唱歌、跳舞、唱戏、说曲儿等，欢乐气氛非常融洽。我们还为老人设置了健康读报角，购置了书架，征订不同的报刊杂志，养生知识，让老年养护中心这个大家庭里充满了温馨幸福和快乐，我们还组织了济康养护中心健康联谊会，聘请吉大二院老年病科主任，全国老年医学专家委员会委员、吉林省老年病专家委员会主任杨文教授，讲解糖尿病防治的新进展，请中日友好医院退休老教授白凤德讲解‘骨科徒手复位法’得到老人和辖区居民的欢迎。

经过全体员工的共同努力，一个深受老人和家属认可，医疗和生活一体化的养老机构在社会中享有很高的声誉，得到社会各界的关注和慰问。给老人带来精神安慰，对我们从事养老事业给予高度评价。

我们将不断总结经验，不断改正不足，不断完善工作，将医养结合的创新模式，做大做强，为社会养老服务事业做出积极贡献。

医疗惠民新风吹进千家万户

——中阳县深化医疗卫生体制改革工作纪实

山西省中阳县卫生健康和体育局

去年以来，中阳县以“办群众满意的医疗”为目标，全面深化医疗卫生体制改革，上对接三甲医院，下融合基层卫计工作，积极推进家庭医生签约服务，医疗惠民新风吹进千家万户。

一、体制机制层层得民心

成立医疗集团，全县医疗卫生一盘棋。出台了《中阳县县乡医疗卫生机构一体化改革实施方案》，成立中阳县医疗集团，并于2017年10月11日在中阳县人民医院、中阳县中医院举行了挂牌仪式，确定了医疗集团的负责人，医疗集团下设3个县级医疗机构、11个乡级医疗机构、8个管理中心和4个业务中心。成立了由县长任主任的中阳县医疗集团管委会，明确了管委会的职责。召开了医疗集团第一次全体会议，对医疗集团今后运行做了安排部署，把全县的医疗卫生纳入整体运行。

改造中医院，推动中医药发展。投资120万元维修改造中医院，基本可以投入运行，并力争把中医院纳入公立医院改革范围，顺应了群众对中医的期待和信赖。融合基层卫生院工作，理顺村级服务体系。将乡镇卫生、计生机构合理融合，强化了乡镇政府职能，确保了工作的连续性和稳定性。并对村级计生卫生机构开始了人财物全面的摸底调查，逐步整合、理顺村级服务体系。成立基层卫生院财务集中核算中心，实现院财局管。

今年我县要力争实现 104 个村卫生室全部达标，并在达标基础上，打造有特色、有亮点的 12 个样板村卫生室。截至目前，卫生室场地全部确定，32 个贫困村卫生室全部达标，72 个周边村卫生室中目前已有 65 个基本达标，7 个正在按四室分开的要求进行结构布局改造。

前期已完成 32 个贫困村卫生室的设备配备，其余村卫生室短缺设备由卫计局统一招标采购，预计 12 月底前完成配备。

县政府预算 20 万元用于乡村医生能力提升培训，对全县 138 名村医集中进行农村常见病、多发病、易发病的初步诊断和护理技术以及基本公共卫生服务技能、法律法规、医德医风进行培训。共开展了 10 期培训，全面提升乡村医生服务能力，通过综合考试，颁发合格证，11 月份乡村医生全部持证上岗，实现村村都有合格村医。

二、惠民服务点滴润民心

家庭医生签约，群众享受保姆式医疗服务。为了让群众享受优质医疗服务，该县积极开展家庭医生签约，实行建档立卡贫困人口等重点人群签约服务，开展面对面、一对一医疗服务，为群众进行体检、建立健康档案，并定期宣传健康知识，让群众及时享受到科学优质的医疗服务，提高其健康意识。

上引下联分级诊疗。紧密联系山西大医院、山大二院、省儿童医院、汾阳医院等上级医联体医院提供医疗医技的优质资源援助，定期专家坐诊解决疑难杂症，对重大疾病患者县内有条件缺技术的则请医联体医院派专家来救治，县内院没条件又缺技术的，则敞开急病救治绿色通道，由县医院帮助病人联系上级医院，让患者随入随住接受治疗。同时强化县医院对七个乡镇卫生院、妇计中心对四个分院的帮扶责任，以强带弱，同舟共济。一年来，无一患者被耽误最佳治疗期。

抽调两个医疗报销组，进村入户集中办理医保报销，让群众少跑腿、快报销、资金结转快，解决了“看病愁”的问题。

医改不仅理顺了现有的医疗体制中的关系，而且让老百姓感受到了实实在在的便利，赢得了百姓的交口称赞。

甘肃清水县卫生健康局持续推进“厕所革命”

甘肃省清水县卫生健康局

清水县卫生健康局将“厕所革命”作为乡村振兴战略的一项具体工作，坚持政府主导、部门参与、属地负责、政策支持、标准规范的原则，以“卫生、经济、适用、环保”和“集中连片、整村推进”的方式建设农村户厕，实施厕所新建、改建提升工程，全面改善农村人居环境，努力补齐影响群众生活品质的短板，提升居民幸福感，助力脱贫攻坚。

在工作任务上，以乡镇为单位，以贫困村为重点，聚焦建档立卡户，延伸到非贫困户，整村推进改厕工作。全县 18 乡镇 260 个行政村共有农户 65645 户，截至 2018 年底已实施卫生改厕 29540 户，其中改成卫生厕所 19664 户、水冲式厕所 2045 户、无害化厕所 7831 户。再通过两年的努力，完成 23000 户农村卫生厕所改造建设任务，预计 2019 年完成 10000 户，2020 年完成 13000 户，使卫生厕所覆盖率达到 80% 以上。

在改厕模式上，一是三格化粪池式、双瓮漏斗式卫生厕所。适用于地处偏远、山区且无地下管网的村户，主要采取单户旱厕改造的方式进行，建成后的三格化粪池式、双瓮漏斗式厕所能够对粪液进行初步无害化处理，再由农户定期清运至田间集中堆肥处理。二是水冲式卫生厕所。适用于有污水管网覆盖的川区新农村和异地搬迁村，建成后通过管网收集粪液和生活污水到化粪池中，经沉淀分解后再进入污水处理设备集中处理。三是卫生厕所。改造为厕屋（有墙、有顶）清洁、无蝇蛆、无臭，贮粪池不渗、不漏、密闭有盖，适时清运至田间堆肥。四是“卫生厕所+”模式。将农村“厕所革命”与农户浴室建设有机结合起来，通过在卫生厕所安装太阳能热水器、墙面贴砖、地面防水处理，实现一室多用，让农村群众既用上卫生厕所，也洗上热水澡。

在保障措施上，一是强化组织保障。建立健全县乡村三级领导协调机制，成立县“厕所革命”工作领导小组，下设办公室，办公设在县爱卫办，负责协调统筹全县“厕所革命”项目建设，督办检查改厕进度，制定标准规范，开展考核验收等工作。各乡镇、村分别成立领导小组，切实担负起推进“厕所革命”的重任，负责将建设任务落实到位。二是广泛宣传动员。在农村有针对性地开展改厕知识宣传，普及肠道传染病防治知识，使广大农民群众明白不使用卫生厕所的危害和养成良好卫生习惯的重要性，增强群众主动改厕、使用卫生厕所的自觉性和积极性。三是强化政策保障。按照农户无害化厕所建改每户 800 ~ 1000 元标准，除去采购改厕设备费用，剩余费用采取“竣工验收、以奖代补”的方式予以补助。四是强化督导考评。加强对“厕所革命”相关工作督导考评，将厕所建设管理作为“乡镇‘十星’制综合目标管理责任的重要内容”，加大考核权重，严格兑现奖惩。

深圳龙岗创新基层中医院发展模式“三共享、两获得、一满意”助力全国基层中医药改革

北京中医药大学深圳医院（龙岗） 胡世平

2018年11月11日，国家中医药管理局于文明局长在深圳调研中医药工作时，对深圳龙岗的中医药工作及北京中医药大学深圳医院（龙岗）五年多来的创新发展给予了高度肯定，并表示积极支持龙岗区作为全国中医药改革重要试点，为全国中医政策的制订提供“龙岗模式”。

近日，国务院办公厅发布的《深化医药卫生体制改革2019年重点工作任务》提出，要将支持中医药事业传承创新发展作为一项重点工作；要发挥中医药在治未病、重大疾病治疗、疾病康复中的重要作用；完善中医药服务体系和符合中医药特点的医保支付政策等。深圳市龙岗区先行先试，在县域中医药改革实现“三共享、两获得、一满意”，助力粤港澳大湾区中医药高地建设。

一、创新基层中医院发展模式：“1+N”

北京中医药大学深圳医院（龙岗）是龙岗区委区政府按照三级中医医院标准，高起点、高规格、高质量，一次性投入10亿元资金建成的区属中医医院，2012年12月28日正式开业，2016年10月23日正式挂牌北京中医药大学深圳医院（龙岗）、北京中医药大学第五临床医学院，2018年4月正式成为三甲中医医院。医院占地面积6万平方米，建筑面积8万平方米，开放床位500张。

“1+N”：“1”指的是建设好区域中医龙头——北京中医药大学深圳医院（龙岗）（以下简称“医院”），“N”指的区第二中医院、宝龙分院、沙湾分院、冲之名医诊疗中心、20家社康中心、中医馆，全区126家“中医治未病工作站”等。

（一）高标准建设区域中医龙头

1. 党建引领，把准发展方向

组织开展“红色系列工程”“廉洁文化十个一”主题教育，用习近平新时代中国特色社会主义思想武装头脑、指导实践、推动工作，提升党委对全院的核心领导作用。研发五权监督管理平台，建立多层次、全方位、立体化的廉政风险防控体系。医院领导班子率先垂范，充分发挥“头雁”作用；中层干部凝心聚力，转变作风，提升工作效能；医务人员医德医风不断强化，打造精神振奋、充满活力、勇于担当的工作队伍。医院2012年底开业，2018年4月成为三甲中医医院，五年创三甲，成为全国最年轻的三甲中医院。

2. 院校合作，加快建设速度

医院另辟蹊径，多方寻求合作，“借力”名院名医，借势发展。医院与北京中医药大学东直门医院建立了战略联盟；与北京中医药大学东方医院肿瘤科、皮肤科共建深圳诊疗中心；与广州中医药大学签订共建教学医院协议；与广东省中医院签约成为广东省中医院协作医院；与广东省中医院肾病科、风湿科、皮肤科建立学科联盟。2016年10月，医院挂牌成为北京中医药大学深圳医院、北京中医药大学第五临床医学院，借助北京中医药大学与各附属医院优势，将北京中医药大学的“传承”和深圳医院的“创新”有机结合，创新了高等学府与地方政府合作办医院的成功模式，实现了医疗业务、科研教学、综合管理等方面的快速发展。

3. 人才建设，增强发展动力

医院把人才队伍建设放在最重要的位置，借助“三名工程”“柔性引才”项目，先后引进了王琦、唐祖宣、吕景山三名国医大师在内的10余个国家、省级优秀团队专家，打造一支实力雄厚的“领头羊”队伍。并建立起传承团队，通过查房带教、手术示范、门诊抄方、病例讨论、学术讲座等形式，加速培养中青年骨干，强化基层中医药人才队伍建设，提高自身中医药服务水平。

4. 学科建设，扎稳医疗根本

依托北京中医药大学及名医名院优势，整合资源，建立健全学科管理体系，引进和选拔学科带头人，加快学科建设。现有 1 个深圳市中医临床重点专科和 4 个深圳市中医特色专科。治未病科被评为深圳市中医临床重点专科，填补了龙岗区的空白。医院成立了王琦国医大师工作室和北京中医药大学中医体质与治未病研究院（深圳），搭建治未病五大平台，全面开展中医治未病健康管理。突出中医特色，注重中医适宜技术应用，倡导“医生人人成为中医治疗师，患者个个享受中医特色服务”，全院中医治疗率超过 80%，中医非药物治疗率近 30%。率先在广东省内全面禁止门诊输液（包含儿科）。

5. 智慧医疗，定制健康服务

坚持自主研发，依托互联网、物联网及云计算等新兴技术，从智慧服务、智慧诊疗、智慧运营着手，将移动微支付、自助服务、病房服务系统、患者健康管理平台嵌入至门诊、住院等就诊全流程服务，为市民提供快速便捷就医体验；依托物联网，搭建了医院移动医疗平台、医患安全平台、设备安全管理平台，将全院医患安全及设备安全管理起来；搭建 HRP 精细化管理平台，对医院人、财、物进行一体化管理，提高医院行政工作效能，建设高度智慧化医院。

（二）统筹发展全区中医药事业

1. 完善专业管理

成立区域中医医疗集团和中医医联体，全面提升基层中医药服务能力。组建以北京中医药大学深圳医院（龙岗）为总院、下设区第二中医院等三家分院的中医院集团，区第二中医院规划床位 1000 张，重点开展医养融合业务。中医院集团是全区中医药事业发展的核心力量。由北京中医药大学深圳医院牵头，联合各医疗单位中医科、社康中心、中医馆、中医门诊部等，成立龙岗区中医医联体。通过优化整合全区中医医疗资源，以专科协作为纽带，突出专科特色，完善中医学科（专科）网络建设，形成补位、错位发展。中医医联体是全区中医药事业发展的基层网络。

2. 构建治未病服务网络

统筹制定了《深圳市医疗机构治未病工作规范》，搭建区域治未病网络平台，全面开展中医治未病工作。在全区126家社康中心建立“治未病”服务站，形成全覆盖的治未病服务网络。医院作为龙岗区治未病健康指导中心，积极开展基层医务人员培训督导，先后承办了五期“龙岗区社区适宜技术暨中医治未病培训班”，促进全区所属各社区健康服务中心中医治未病推广覆盖率达到100%。定期抽派专业技术人员前往龙岗区各社康进行中医药服务督导，提高龙岗区各社康中医公共卫生服务能力。

3. 搭建高端平台

搭建中华中医药学会“海峡两岸暨港澳地区中医药国际交流中心”“珠三角中医药创新联盟”等多个学术交流平台，举办多项国际交流学术活动，营造良好的学术氛围，聚集粤港澳台等地区的高端学术人才，为中医药事业发展建言献策，践行中医药“一带一路”国家战略，提高中医药国际影响力。

4. 推广中医药文化

建设全省首家以中医药标本为主的深圳中医药博物馆，馆藏2000多种中医药标本，搭建摸得着、看得到、听得见的中医药文化科普教育基地。医院组织专家编撰《社区中医药文化推广丛书》，含社区中医体质辨识与养生、中草药和运动养生等十册140余万字，为基层中医药服务提供指导教材。医院牵头组建龙岗区健身气功协会，邀请国家级体育教练每周三下午在医院门诊阳光大厅免费教市民和职工八段锦、五禽戏和太极拳等养生保健操。组建健康科普专家团深入基层，与社区、学校、企事业单位等合作，每年开展“百场义诊进社区”活动。六年来开展健康咨询、“健康服务行动”、送医送药等公益活动1200余次，共为群众免费服务13万余人次，发放宣传资料20万余份，形成健康向上、文明和谐的文化氛围。

二、基层中医药改革：“三共享、两获得、一满意”

近年来，中医药事业发展迎来了“天时、地利、人和”的大好时光，步入了发展快车道，但仍存在诸多问题，如治未病发展不理想，缺乏系统性、规范性；优质中医药服务集中在大医院，广大居民可及性低；未能有效发挥中医药在治疗重大疾病中的协同作用等。深圳龙岗紧跟国家中医药事业改革发展步伐，通过创新中医治未病服务模式，探索政策、机制改革，共享中医治未病大健康服务、共享简便验廉的优质中医药服务、共享慢性疑难疾病中医特色服务，使居民对中医药服务有更多获得感、医务人员从事中医药工作有更多获得感，让人民群众满意的“三共享、两获得、一满意”发展模式，深入推进中医药事业综合改革。

（一）“三共享”

1. 共享中医治未病大健康服务

制定中医治未病服务标准，创新中医治未病服务模式和医保支付方式，建立覆盖全区的中医治未病服务体系，将中医治未病纳入基本公共卫生服务项目，发挥中医药在疾病预防方面的独特优势，实现居民少生病的大健康目标。

2. 共享简便验廉的优质中医药服务

扩大医保对中医药服务项目支付范围，对在社康中心诊疗的支付中药、中成药和中医适宜技术由社保基金支付 30%，个人支付 70%，降低居民中医药服务支出。引导中医药专家下社康，推广基层家庭医生中医药服务，制定家庭医生中医药服务包。提供慢性疑难病中医特色服务。打造集中医特色社康中心、国医馆为一体的名中医诊疗中心。实施“互联网 + 中医药”工程，建立中医药服务平台，融预约诊疗、候诊提醒、划价收费、诊疗报告查询、药品配送等为一体，为居民提供规范、便捷、高效的中医预约服务。

3. 共享慢性疑难疾病中医特色服务

引进高层次人才和全国知名中医流派，挖掘中医特色技术；创新中药制剂管理模式，建立全区共享的中药制剂中心，中药制剂统一研发、生产，供给中医医联体成员单位，有效发挥中医药在慢性疑难疾病方面的特色优势。

（一）“两获得”与“一满意”

“两获得”，即使居民对中医药服务有更多获得感，医务人员从事中医药工作有更多获得感。

“一满意”，即让人民群众满意。

服务新时代，勇担新责任。深圳龙岗积极打造全国中医药改革的创新典型，力争为新时期、新形势下中医医院的发展开辟贡献“龙岗模式”。

改善医疗服务　助力全民健康

湖北省孝感市第一人民医院

为更好地落实国家卫生计生委、国家中医药管理局《关于印发进一步改善医疗服务行动计划的通知》（国卫医发〔2017〕73号）文件精神。我院积极响应，加强内部管理，强化服务意识，改善服务流程，努力做到让人民群众便捷就医、安全就医、有效就医、明白就医。现将我院开展“进一步改善医疗服务行动计划”活动情况汇报如下：

一、深入理解，高度重视

（一）召开全院动员大会

医院召开了全院“进一步改善医疗服务行动动员部署大会”，会上杨鹏鸣院长就未来三年开展“进一步改善医疗服务行动计划”活动进行了全面动员和部署，要求全院职工认真贯彻落实“行动计划”。

（二）健全机构，明确工作任务

2018年2月1日医院成立“进一步改善医疗服务行动计划”领导小组及办公室，并制定了《孝感市第一人民医院进一步改善医疗服务行动计划实施方案（2018—2020）》，将工作任务分解细化至各科室，成员职责分工明确，形成医院院长亲自抓，分管领导具体抓，班子成员合力抓，层层抓落实的领导体系和工作格局。

（三）广泛宣传，营造良好的活动氛围

为使“进一步改善医疗服务行动计划”活动深入人心，在门诊楼电子显示屏

循环滚动播放该方案，并利用医院网站、微信、院报专栏等途径进行宣传，让全院广大干部职工更加深刻认识活动的重要性和意义，提高大家的服务意识及主动参与意识，全面掌握活动的进展情况。

（四）查找问题，持续改进

医院通过发放病人满意度及医务人员满意度调查表、开展职工座谈会等方式来收集群众意见，将存在的问题反馈到相关科室进行整改，同时，医院也积极进行自查，于 12 月 6 日下午，在城中院区行政楼中会议室进行 2018 年度“进一步改善医疗服务行动计划座谈会”，回顾一年来的工作，以杨鹏鸣院长为首的院班子成员、各职能科室主任出席了座谈会，对照医院年初制定的目标逐项自查，发现问题，提出解决方案。

二、具体措施实施情况

（一）工作中的亮点

1. 大力推进预约诊疗

（1）大力推行网络预约就诊方式。我院通过 114、趣医网为患者提供预约挂号，有效地缓解了门诊排队挂号现象。

（2）推进双向转诊。医联体内基层医疗机构开通绿色预约就诊通道，实行急诊患者按病情轻重分级、分类处置原则，对急性心脑血管疾病、严重创伤、急危重孕产妇及急危重症患者，均能及时开通绿色通道，对孝南区贫困人口实行“先救治、后缴费”政策，及时将需住院患者收入院治疗，无拒绝、推诿和拖延救治情况发生。

2. 利用医联体平台，提供连续医疗服务

2018 年 6 月 14 日我院与武汉大学中南医院签订医疗联合体，为孝感地区广大人民群众的身体健康提供更为有力的保障。

2018 年 10 月 30 日，市民黄先生突发蛛网膜下腔出血，出血量占蛛网膜下腔三分之二，情况非常危急！我院神经外科专家一边为黄先生进行对症处理，一边与患者家属沟通，建议尽快转上级医院进行手术。我院迅速发挥医疗联合体优势，与武汉大学中南医院无缝对接，黄先生从入院、会诊、评估到进入武汉大学中南医院手术室，只用了不到两个小时，为抢救赢得了宝贵时间。《命悬一线！医联体绿色通道上演生死时速》该文章发表于《孝感日报》。

3. 努力开展医务社工和志愿者服务

党办于 2 月份成立了“医务人员志愿献血队”，血库告急时进行义务献血服务，成立至今，献血达 30000 余毫升（院长、科室主任、护士长、医生、护士齐上阵）。

在我们医院有这样一群绿衣天使，她们热情无私、阳光开朗、真诚善良，她们是医院里最积极、最可爱的一群人，她们像是一朵盛开的花，盛开在门诊部、急诊科、检验科、住院病房等。她们奉献着自己的青春，奉献着自己的热情，她们有一个共同的名字：“天使志愿者”。

“天使志愿者服务队”成立于今年 6 月份，在护理部的管理下，负责就医指引、咨询导诊、健康指导、陪检陪送、维持秩序等服务，有效缓解了门诊、急诊乘梯拥挤，就诊秩序混乱的现象，为病人提供了优质便捷的服务，同时，积极配合医院完成各种大型活动。

4. 围绕重点，改善病人就医体验，为病人提供便民服务

（1）门急诊大楼、医技楼、住院病区等处设有完善、清晰易懂的科室分布图及医疗就诊标志，方便患者查询、索引门诊部、住院部，均设有精准扶贫患者一站式结算窗口，并在门诊一楼大厅设有应急电话、纸、笔、书籍、饮水机等便民物品。

（2）2018 年 10 月份，医院实现了轮椅自助共享，减轻了医务人员的工作量，实现了医院轮椅智能化管理，24 小时自助租借服务，方便了患者的就诊，得到了患者及家属的一致好评。

（3）对消化内科、感染性疾病科护士站、治疗室、病区环境进行了布局整改及“7S”管理，既符合医院感染管理要求，又达到统一规范化管理，为等级医院评审打下了坚实基础，同时解决了住院患者饮水、保洁、衣服晾晒等实际问题。

（4）在各科室护士站建立“读书角”，在为病人及家属进行了健康知识宣

教的同时，也丰富了他们的业余生活。

5. 继续深入开展优质护理服务，延伸优质护理服务内涵

（1）优质护理服务之质量与安全篇。为提高全院护士的静脉治疗水平，落实特殊病人应急状态下的静脉治疗，保障静脉治疗安全、提高护士整体素质、规范护理服务行为，护理部开展了“静脉穿刺能手”“服务之星”等系列活动，从静脉治疗技术、护士礼仪、沟通技巧、工作流程等进行统一、规范的培训，使全院护理人员的服务意识和专业素质得到大大的提升，为病人提供全程、全面、优质的护理服务，不断提高病人就医体验的满意度。

（2）延伸护理服务之基层医院篇。为更好地满足基层卫生院工作需求，各科室护士长及护理骨干不定期到乡镇卫生院进行工作指导及授课培训 5 次，培训达 700 余人。

（3）延伸护理服务之家庭篇。为适应当今护理学科发展的新形势，拓展护理服务领域，将护理服务途径多样化，服务范围扩大化，使病人能够得到连续性的治疗及护理，我院肿瘤科护理人员不辞辛苦地来到患者家里，为患者进行 PICC 维护。

曹奶奶是一位离休老干部，曾经在我院肿瘤科住院治疗，因曹奶奶年纪大，行动不便，化疗间歇期，我院肿瘤科护士会定期到曹奶奶家为她进行 PICC 维护。

在工作之余，护士长余莲红跟护士一起来到曹奶奶家，与曹奶奶谈心，讲一些见闻趣事逗她开心；每当护士为曹奶奶进行 PICC 维护时，护士长会双手紧握着曹奶奶的手，在她耳边轻声细语，总能让曹奶奶不那么紧张。

类似的事情还有很多，肿瘤科的护士上门为病人进行 PICC 维护 10 次；神经内科的护士为病人进行压疮换药、更换胃管、尿管等护理操作 13 次；内分泌科的护士为病人测量血糖、指导如何正确使用胰岛素笔 5 次；这一切都是为了满足年纪较大、行动不便的老人就医。

延伸护理服务已成为病患从出院到居家康复阶段的紧密连接，我院以“医院—家庭”为中心的护理模式，将专业的、全方位的护理延伸至家庭，使广大人民群众在家就能享受到优质、专业的护理服务。

（二）完成的工作

1. 扩大远程医疗范围

医院建立了远程会诊中心，向医联体内机构提供远程会诊。实现了医联体内基层医疗机构远程影像、远程超声、远程心电、远程病理等服务。

2. 医联体内基层医疗机构支持检查、检验结果互认

向医联体内基层医疗机构进行医学影像、医学检验、病理检查等技术指导，实现了医联体内医学影像、医学检验、病理检查等资料和信息共享，检查、检验结果互认。

3. 推广多学科诊疗模式

部分科室在麻醉、医学检验、医学影像、病理、药学等专业技术人员共同合作下开展新业务、新技术，为住院患者提供了多学科诊疗服务，促进各专业协调发展，提升综合诊疗水平和患者医疗服务舒适性。

4. 创新急诊急救服务

2018 年 12 月 8 日，我院“胸痛中心”启动。胸痛中心是通过多学科合作，为胸痛患者提供快速而准确的诊断、危险评估和恰当的治疗手段，从而提高胸痛的早期诊断和治疗能力，减少误诊和漏诊，避免治疗不足和过度治疗，以降低胸痛患者的死亡率、改善临床预后。我院与杨店镇中心卫生院、肖港镇中心卫生院、三汊镇卫生院、毛陈镇卫生院、广场街社区卫生服务中心、孝感市第一人民医院朱湖分院共六家医疗机构签署协议并授牌，进一步完善中国胸痛中心认证体系理论基础——建立区域协同救治体系，更好地实施统一的救治方案。

5. 实行就诊一卡通

为缩短病人看病流程，节约就医时间，我院实行就诊“一卡通”，解决病人看病难的问题，有效减少了病人往返“跑”的次数，得到了病人的一致好评。

6. 加强人文服务，促进医患和谐

建立医务人员和窗口服务人员的服务用语和服务流程，要求上班讲普通话，党办、医务科、护理部定期督导。

三、正在进行中的工作及存在的问题

1. 全面实施临床路径管理。

2. 开展日间手术室，将注射室、门诊换药室和急诊科重新布局。

3. 利用互联网手段，建设智慧医院。

4. 拓展药学服务新领域。

5. 提高后勤服务，改善设施环境，提高患者和医务人员满意度。

6. 城中院区环境差、配套设施陈旧、病房无电视。

7. 医院食堂伙食需改善。

8. 挂号、收费处少数工作人员态度差。

9. 医护人员对夜班补贴不满意。

10. 医院后勤保障不到位。

四、以问题为导向，持续改进

1. 将城中院区病房进修翻新装修，添置新设施配件。

2. 向食堂反映，尽量菜系多样化，满足大众口味。

3. 医院加强督查力度，同时，召集挂号、收费人员座谈，要求改善服务态度，将督查中存在的问题与绩效挂钩。

4. 向院领导反映提高员工福利待遇。

5. 与后勤反映，要求后勤工作人员定时巡视病房，发现问题及时处理，保证后勤围绕临床“转”。

六、下一步工作计划

1. 进一步细化 2019 年《进一步改善医疗服务行动计划》实施方案。

2. 逐步将药学服务、检查检验服务等纳入临床路径管理，增加住院临床路径管理比例，实现临床路径（医、护、患）一体化，增加临床诊疗行为规范化和透明化。

3. 完善日间手术室工作制度和工作流程，督促医联体内乡镇卫生院和社区卫生服务中心负责患者的随访等后续服务。

4. 逐步实现预约诊疗、结果查询、信息推送等便捷服务。

5. 临床药师利用信息化手段，为门诊和住院患者提供个性化的合理用药指导，通过远程方式或现场指导，对基层医疗卫生机构处方进行审核，重点为签约服务的慢性病患者提供用药指导，提高合理用药水平。

6. 提高后勤服务保障、膳食质量及卫生间洁净状况、改善设施环境，做到标识清晰、布局合理。

7. 整理资料，做好年终的迎检准备工作。

服务医改新时代 展现医疗新作为

安徽省长丰县人民医院

党的十九大报告对发展卫生事业和深化医改作出了全新的系统部署，明确提出“人民健康是民族昌盛和国家富强的重要标志，要完善国民健康政策，为人民群众提供全方位全周期的健康服务”。作为一所县级医院，在省、市、县各级领导的正确领导与大力支持下，我院一直积极推进各项医改工作，不忘初心，牢记使命，助力全民健康。

一、医院概况

长丰县人民医院始建于1965年，是长丰地区唯一一所集医疗、康复、预防、急救、教学、科研于一体的二级综合性医院，是城镇职工医保和城乡居民合作医疗定点医院。2017年10月开始长丰县人民医院与中国科技大学附属第一医院（安徽省立医院）建立紧密型医联体，安徽省立医院对长丰县人民医院实行人、财、物全面托管。

长丰县人民医院现开放床位434张，开设22个临床科室，8个医技科室，骨科、外科是市级重点学科和特色专科。现有职工436人，其中卫生专业技术人员353人，占总人数的81%，硕士研究生6人，高级职称23人，中级职称105人，初级职称308人。

目前，医院已拥有和正在引进许多进口设备，包括磁共振成像系统、DSA介入设备、64排128层CT、乳腺钼靶机、美国GE移动式C形臂X射线机、超声刀、钬激光、腹腔镜、胸腔镜、美国贝克曼大型全自动生化分析仪和化学发光免疫分析仪、普兰梅卡口腔综合治疗机等。全新的手术室设备先进，可同时进行多台、多类别手术。

二、建立紧密型医联体，开启县医院发展新篇章

2017 年 9 月 29 日，长丰县委县政府与中国科技大学附属第一医院（安徽省立医院）签订了医联体协议，着力打造安徽省立医院长丰县人民医院紧密型医疗联合体。安徽省立医院选派管理团队（院长 1 名兼任法人、业务副院长 1 名、总会计师 1 名）和专家团队（内、外、妇、儿等各学科专家）全面进驻长丰县人民医院。

建立医联体后，省立医院管理团队开展了一系列工作，通过规范规章制度，明确管理目标，形成科学的管理体系、全面的绩效考核、高效的运行机制，同时提高医疗质量，提升服务水平，加强医院文化建设，使医院发展面貌焕然一新。省立医院专家团队通过门诊坐诊、手术、病房查房、疑难病例讨论、讲座等多种形式对县医院进行全面帮扶，使县医院医疗技术水平和服务能力有了大幅度提升，让老百姓在家门口就能享受到省级三甲医院专家们的诊疗服务，让老百姓看病省心、省力又省钱。

三、开展工作及成效

（一）坚持公益办院方向，积极履行社会责任

医院始终坚持公益性导向，牢固树立办院为民宗旨，开展好健康扶贫工作，落实精准扶贫。全年共完成贫困人口大病专项救治 15 个病种摸底调查任务，共计 973 例。建立大病专项救治台账，且制定诊疗方案，指导卫生院家庭医生签约。承担突发公共卫生事件应急处置、健康义诊、执行保健任务等不折不扣完成政府指令性任务，充分彰显社会责任。

从县医院及县域医共体单位中选派百名卫生专业技术人员到基层开展医疗服务、预防保健和技术培训等工作，即“百名医生下基层”。合理组建 9 支医疗健康服务团队，指导基层管理、开展上门服务，运用自己的专业知识指导培养下级

专业技术人员。为孤寡老人、残疾人、低保特困家庭等弱势群体提供免费服务，为出行不便的病人上门送医送药。医疗健康服务团队成员上门查看健康脱贫资料是否完善，认真宣讲健康扶贫政策。通过活动的开展，全面提高乡镇卫生院和村卫生室基本医疗及预防保健等公共卫生服务能力，提升贫困人口健康水平。

（二）创新分级诊疗模式，满足病人需求

推动优质医疗资源下沉，省立医院与长丰县人民医院建立医联体后，除派驻管理团队外，专家团队也全面进驻县医院，每天有心内科、神经外科、内分泌科、风湿内科、肿瘤科、普外科、妇产科、儿科、皮肤科、耳鼻喉科、眼科等众多科室的知名专家在县医院进行门诊坐诊、手术、查房、会诊、讲座及疑难病例讨论，让长丰老百姓在家门口就能享受到省立医院专家的诊疗服务，让老百姓看病省时、省力、省心、省钱，切实解决全县群众“看病难、就诊难、看专家更难”的问题，为全县群众搭建起了优质、高效、便捷的就医桥梁。

融合精准医疗扶贫、医联体医共体建设，与安徽省立医院组成紧密型医联体，推动优质医疗资源下沉。与县域内 11 家乡镇卫生院组成长丰县县域第一医共体，其中中心卫生院 4 家，乡镇卫生院 7 家，村卫生室及社区共 137 所，辖区参合人口 42 万余人，医共体成员单位之间资源共享，有效提升乡镇卫生院医疗卫生服务能力，发挥医共体的整体效率，形成“基层首诊，分级诊疗，双向转诊”的就诊格局。

（三）破除以药补医机制，切实减轻群众用药负担

2012 年年底实行医院改革以来，医院所有药品均从安徽省医药集中采购平台上进行网上采购，符合安徽省集中招标采购的有关规定，优先配备使用国家基本药物，所有药品取消加成，实行零差率销售。规范药品流通秩序，推行“两票制”，切实减轻群众用药负担。实现医药分离服务模式，避免了开大处方、开贵药、多开药等现象的发生。

长丰县 2015 年的乡镇带量采购配送企业大多已经倒闭或被合并，目前乡镇卫生院药品采购已经远远不能满足临床需要。为解决乡镇卫生院采药难的困境，满足全县老百姓治疗用药需求，确保药品配送及时、有序、合规。长丰县人民医院牵头成立长丰县县域第一医共体中心药房，成立中心药房药事管理与药物治疗学委员会，完成药品供应目录遴选、配送企业招投标及购销合同签订，确保统一目录、统一采购、统一配送、统一结算，保障药品有效供应，降低药品虚高价格，实现医共体内部药品配送良性运转。

（四）持续推进临床路径管理，诊疗行为更加规范

优化临床路径信息管理系统，制定临床路径管理手册，临床路径病历实现信息化管理，完善考核机制，加大考核力度。2018 年 1—11 月份出院人次 13058，开展临床路径 9565 人次，开展临床路径的科室 16 个，开展病种数 131 种，临床路径占比 73.52%，全院临床路径完成率 86.6%。建立病历质量为核心、临床路径为主线、合理用药为中心的医疗质控系统，有效保障医疗质量与安全。加强医疗质量管理，每月对全院医疗质量、合理用药、临床输血及院感管理工作进行督查，并就各临床科室存在的问题进行总结，在每月行政例会中进行反馈，要求各科室立行整改。每季度开展病历质量评选活动，规范医疗文书，提高诊疗行为。

（五）加强基础学科建设和重点学科建设，全面提升医疗服务水平

安徽省立医院对长丰县人民医院妇产科、检验科等基础学科进行全面托管，增开内三科、肿瘤科、外二科（胸外科）、泌尿外科和磁共振室。建立医联体后，安徽省立医院重点加强学科建设和人才培养，大力开展新技术新项目，先后开展了内窥镜治疗、腹腔镜、椎间孔镜、甲状腺、前列腺穿刺、钬激光碎石、无痛分娩、无痛人流、LEEP 刀、显微手术、头颈血管造影及术中冰冻等项目，介入技术也已摆上日程，危急重症救治技术大大提高，全面提升了县医院医疗技术水平和服务品质。

为加强重点学科建设，创建学科品牌，长丰县医院制定了《重点学科建设管理办法》，强化学科建设，促进人才成长，建设品牌与特色专科，带动全院相关专科发展，为医院的可持续发展提供人才和技术储备，全面医生医院医疗技术水平和服务能力。

（六）理顺医疗服务价格，真正让利于民

按照“总量控制、结构调整、有升有降、逐步到位”的原则，遵照物价相关规定调整医疗服务价格。严格按照《关于公布 2017 年安徽省基本医疗保险药品医保支付参考价目录的通知》（皖卫药〔2017〕20 号）相关要求，对长丰县医院 284 种药品价格进行调整并及时公示。提升体现医务人员技术劳务价值的医疗服务价格，降低大型医疗设备价格，以电子显示屏、公示栏、公示牌的方式，向社会公开医疗服务收费项目和标准，并进一步完善医疗服务价格公示制、查询制、费用清单制，真正做到了让利于民，让群众看得起病，让群众得到更多实惠。

（七）人事管理制度更加成熟，人才梯队更加合理

全面实行了切合医院实际的人员聘用制度和岗位管理制度，基本实现了由固定用人向合同用人，由身份管理向岗位管理的转变，非正式编制在岗人员对医院的依从性明显增强。实行聘用合同制管理，按需聘人，按需设岗，基本实现了用人自主。对医院领导、科室负责人实行竞聘上岗，进一步优化了人员结构。努力培养优秀学科带头人和管理人才，储备一批有潜力的中青年后备力量，为医院发展建立合理的人才梯队。

按照方案公开、过程公开、结果公开的原则实施招聘，每年为医院引进各类专业技术人才。2018 年通过长丰县人社局进行公开招聘 51 人，将招聘人员纳入编制内管理，吸引优秀人才来院工作。同时，按照上级有关要求落实编制周转池相关工作，制定医院考核细则，对符合条件人员进行初审、复审及公示，充分调动职工积极性，留住人才。

（八）完善收入分配激励机制，制定相对科学合理的绩效考核方案

多次召开沟通会议，建立相对科学、合理的绩效分配方案。绩效分配向临床一线、业务骨干、关键岗位等人员倾斜，并适当拉开差距，合理体现医护人员的劳动价值。

加强绩效考核，健全以服务质量、数量和患者满意为核心的综合绩效考核制度，有效调动医务人员的积极性。提高人员经费占业务收入的比例，逐步提高医务人员待遇。

（九）推进医保支付方式改革，改善就医体验

加大对医保、新农合医疗服务管理，制定了长丰县人民医院按病种付费标准及质量控制考核办法、临床路径绩效考核方案等多种监管和激励机制。在我院治疗的按病种付费住院患者，不设起付线、不设封顶线，出院时实行“一站式”报销流程。针对贫困人群，实行住院不收预交金，出院即时结算的模式。建立市职工医保门诊慢、特病控费系统，慢性病门诊补偿也实现了即时结报。重点关注门诊次均费用及住院次均费用，方便群众就医。

（十）开展百日行动计划，全面提升服务品质，提高患者满意度

在全院范围内启动“改善医疗服务质量，全面提高患者满意度”百日行动。“百日行动计划”旨在推进等级医院创建工作，同时进一步提升我院的医疗服务质量，改善患者就医感受。从提升服务意识、提高医疗服务质量、优化服务流程、加强行风建设及后勤保障等方面，着力提升县医院的服务能力与水平，每月评选优秀服务科室及服务之星，并给予精神和物质奖励，改善服务态度，全面提高患者获得感和满意度。

不忘初心，牢记使命！长丰县人民医院将继续加强学习、认真听取意见，借助安徽省立医院的全面托管，深化落实综合医改的各项政策，逐步实现90%病人不出县的医改目标，打造以省立医院牵头的紧密型医联体医改典范，为开创全县医疗卫生事业新局面贡献力量。同时，提升技术，优化流程，规范管理，凝心聚力，开拓进取，不断提高医疗技术水平和服务能力，立足新时代，展现新作为，朝着创建县域医疗中心、建设一流县级医院奋进，努力为全县及周边地区人民群众提供健康保障！

服务新时代　开启新征程
建设一流区域医疗中心

河北省承德市第六医院

航天中心医院承德分院（承德市第六医院）2018 年以来，医院在区委区政府和航天中心医院的正确领导下，医院的环境面貌、设备设施、职工收入、思想观念、学科建设、经营情况都发生了很大的变化，门诊人次、出院人数、手术台次和收入等各项指标都有较大幅提升，2018 年 1—11 月医疗收入 7534.75 万元，较去年同期增长 22%；住院人数 7891 人，较去年同期增长 27%；药收比 29.8%，较去年同期下降 12%。医院新开展了号源紧张医生微信预约挂号和电话预约挂号服务，改造并设置数字化预防接种门诊等，医院可持续发展的局面正在形成。现就 2018 年营子区县级公立医院绩效考核情况汇报如下：

一、家庭医生签约、对口支援、“雨润工程”顺利开展

全力做好支援乡镇卫生院的各项工作，与卫生院签署对口支援协议，成立了以主管副院长为组长的管理小组，提名四名优秀医生为挂职副院长，并派出一名高年资主治医师进行为期 3 年的援藏医疗工作，在西藏阿里日土县医院担任副院长。组织相关人员到受援卫生院进行调研，切实了解卫生院的实际情况和当地群众的医疗需求。同时派驻内、外、妇、中西医结合，医学影像，药学等专业前往基层医院，全面提升基层医院医疗水平。帮助受援卫生院拓展服务范围，同时根据派驻医务人员的专业特长，指导受援卫生院提高常见病、多发病和疑难重症的中医诊治水平。不断完善受援卫生院的工作制度和技术操作规程，规范和改进管

理。全面推行家庭医生签约服务，在家庭医生和健康扶贫工作中，积极指导和协助开展居民健康管理工作，提供“面对面”个性化健康指导；对空巢、行动不便并有需求的老年人提供上门健康咨询和指导服务；定期开展健康教育讲座，发布健康相关信息；组织城镇和乡村义诊、免费发放健康知识宣传手册、老年大学健康培训授课等；为病情复杂、病情不稳定者提供联合治疗服务；帮助预约上级医院专家门诊、特殊检查、床位等服务；对不能解决的疑难疾病提供双向转诊等服务。

二、优化学科结构

托管后，航天中心医院（以下简称总院）派出管理团队与专家团队入驻承德市第六医院，期中专家团队根据科室实际情况担任科室执行主任，并同时总院科室主任兼任分院主任，真正做到总院和分院“一盘棋”，2018 年医院注重采用“输血”与“造血”并举的方式，希望让医院实现快速提升。

三、重在建设，突出特色，学科技术水平不断提升

医院不断优化专业结构，突出专业特色。建设以器官为中心的特色学科，组建神经疾病诊疗科，将神经内科与神经外科合并，达到学科互补、高效协同。神经疾病诊疗科开展了面神经显微血管减压术、显微镜下血肿清除术、颅内占位性病变切除术等；利用影像 mismatch 技术进行醒后卒中溶栓，静脉溶栓无一例死亡。引入开展国家脑防委“十三五”科研课题。心脏疾病诊疗科立项课题 75 岁以上急性 ST 段抬高型心肌梗死患者半量普佑克溶栓治疗临床应用、鹰手营子矿区人群血清同型半胱氨酸的横断面研究。普外科开展了经脐单孔腹腔镜阑尾切除术、胆道镜腹腔镜双镜联合保胆取石术等。泌尿外科开设了体外震波碎石室、泌尿外科及男科专科门诊，开展了尿道闭锁经尿道输尿管镜下钬激光切开球囊扩张术、腹腔镜下肾囊肿去顶减压术、体外碎石技术、腹腔镜下肾上腺肿瘤切除术、输尿管狭窄输尿管镜下球囊扩张术、输尿管口囊肿经尿道等离子电切术，并积极深度参与航天微创泌尿外科年会。急诊科申请了 MDT 诊疗模式救治急诊危重创伤患者的临床研究课题，熟练开展院前急救、心肺复苏、创口美容缝合黏合等技术。

医院形成了重点专科建设扎实推进、特色专科优势更加凸显、其他学科发展亮点纷呈的良好局面。

四、高校合作，教学相长，教学工作扎实推进

一是先后与承德护理职业学院、赤峰学院医学院正式签署临床教学医院协议，招收学生来我院教学实习；二是医院严把教师入口关，组织骨干教师参加教学质量管理、教改研讨、课程建设等活动，组织全体带教老师参加总院“住院医师规范化培训师资大会”培训；三是坚持督导检查性听课，坚持生产实习教学质量监控，坚持教学评估总结与反馈，采取学生评价、教办督导检查、学生投票选优、反馈等方式有效促进教学质量；四是严格规范各学科各阶段考核，坚持实践技能与理论考核并举、坚持操作考试现场点评与反馈，完善考评体系，以考促培、以考促教。

五、优质服务，岗位练兵，满意度不断提升

践行“五个一”“六个在前”的服务宗旨，护理组全面实施“优质护理服务示范工程”，推行护理服务模式改革，开展“以病人为中心”的责任制整体护理为核心的优质护理服务活动。不断提高满意度，按照分级护理、专科护理工作标准，加强健康宣教，为患者及家属提供安全、优质、高效、满意的服务。落实基础护理，规范病房管理；优化工作流程，细化岗位职责；强化护理“三基三严”培训，提高护理基本技能；专科护理以加强压疮管理为切入点，建立专科小组三个，医院不断涌现“全市内科护理专业技能竞赛考核先进个人”“南丁格尔先进个人”“最美河北 • 美丽承德最美护士”等优秀护士。

六、健康扶贫成效显著

一是成立健康扶贫领导小组，全院上下高度重视，确保各项健康扶贫工作落到实处。1—11 月先诊疗后付费惠及 921 名贫困患者。贫困患者办理出院结算时，在收费口享受“一站式”信息交换和即时结算，只需支付“三重保障线”

报销后的医疗费用。二是严格执行住院费用“一日清单”制度，严格控制医保报销目录外药品、耗材、检查项目。积极按照要求开展自查自纠，我院对出院贫困患者进行筛查，将自付比超过10%的86名贫困患者，医院进行了统一退费，总计32993.71元。三是区民政局已为全区建档立卡贫困人口购买商业保险，贫困患者定点医疗机构（区内、区外均包括）住院正常报销后，享受四重保障政策，出院后携带结算发票、费用清单、病历复印件等到中国人寿鹰手营子支公司办理，我院住院患者收费室在患者办理出院时告知患者，保障患者知晓政策并及时享受政策。

七、综合管理水平得到提高

一是完善绩效考核制度，计划出台了基层科室绩效考核和行政管理科室绩效考核制度，并将医疗数量、服务质量等多种指标纳入绩效考核范围，新增加了垃圾处理、电话费、出车费等成本核算内容，增加了医院收益，也实现了奖金的稳定增长。在保障医院运转和发展的前提下，工资分配向临床一线倾斜，有效调动了医务人员的积极性，现正在根据相关文件要求积极探索医院院长及重点科室负责人年薪制管理，该项工作现正在向区领导和总院领导汇报中；二是管理基础进一步完善，新会计核算系统上线，科目设置及核算更加规范；首次完成年度财务报告审计，首次办理税务登记，取得医疗业务外收入开具票据合规合法，降低财务风险；三是加强人才队伍建设，借助总院影响力，采用校园招聘、社会招聘、基层卫生院招聘相结合的方式，加大人才选拔、培养、引进力度，为医院发展奠定人才基础，通过严格的笔试、面试、实践技能操作和心理素质综合测评，层层选拔，2018年共招聘了各类院校毕业生42人。

八、控制医院医疗费用不合理增长

（一）狠抓控费主要指标落实情况

一是住院标准符合率在二甲工作的推动下已达100%。

二是截至2018年11月份，门诊病人人均医疗费用比上一年度同期下降了6

个百分点。在总院的帮助下，医院危重病人救治，收治疑难杂症病人的水平不断提高，住院患者医疗费用较上年度持平。

三是2018年11月药品占收入的比重为29.8%，比上年度同期降低了12个百分点。

四是医院基本药品比上年度同期提高了2个百分点。

五是2018年人均住院日10.4天，较上年度下降1.3天。

六是2018年大型设备检查阳性率85%，比上年同期提高了3个百分点。

七是住院病人抗菌药物使用率55%，比上年同期下降5个百分点。

八是抗菌素DDS值从2017年的105降至今年的41。

（二）着力开展控费工作

根据区卫计局关于印发《营子区卫计局关于控制医疗费用不合理增长和过快增长的实施方案》文件精神，医院认真贯彻实行，切实采取有效措施，加强管理，努力完成各项控费指标，主要方法有：

1. 成立小组，加强领导

成立以执行院长为组长的控制医疗费用不合理增长小组，领导小组多次研究管理办法，制定《抗菌药物管理考核办法》，签订《抗菌药物合理应用责任书》，制定“门诊绩效考核”，对点评处方进行奖惩等，在全院职工大会、中层干部会上，加大政策宣传力度，对医务人员进行合理用药的培训，对处罚办法进行多次解说，提高医务人员对控费工作的认识和重视程度，将这项工作作为重要工作来抓。同时为确保控费工作见成效，将各项指标与科主任目标责任令挂钩。2018年1月至今，住院患者抗菌药物使用强度控制指标，所有科室有50次未达到控制指标。处方点评中有65份处方不合格，均进行经济处罚和诫勉谈话。

2. 专项整治，合理用药

严格执行《国家基本药品目录》《临床诊疗指南》和《抗菌药物临床应用指导原则》，积极开展临床抗菌药物合理使用专项治理活动，严格落实抗菌药物分级管理制度，在抗菌药物使用率、使用强度上严格控制，定期开展临床检查与评估，采用微机授权管理，门诊、急诊处方每月点评，对不合理处方进行通报并罚款。每月对使用数量和金额前十位的药品“双排序”，并在医院内网进行公示，对超常用药的科室和个人进行诫勉谈话。对使用量排名靠前的抗菌药物进行限制使用。

3. 查找不足，持续改进

（1）加强药品及材料的采购管理，规范采购过程中价格的比对，使药品及一次性材料价格低于同级医院。

（2）取消各类医技检查组套，检验项目已完成，其他医技科室待推进，骨科、妇产科、普通外科、泌尿外科、眼科须进一步规范术前检查；

（3）各临床科室检查项目由主治医生根据病人病情单独制定；

（4）各临床科室进一步加大抗生素检查力度，定期汇报抗生素使用情况，严格执行加大抗生素惩罚措施；

（5）根据同级医院收费水平完善单病种限价清单，配合临床路径的管理，保证各病种费用低于同级医院。

九、加强医疗质量安全管理

（一）强化终末质量控制和环节控制

2018 年 1—11 月份，共完成 500 余份病历质控工作，做到月月有总结、反馈及持续改进；结合二甲工作深入科室进行医疗质量检查 30 余次。组织多学科会诊、多学科病例讨论共 13 次；参与院级查房、交班、巡查等 16 次；组织并参与各委员会等会议 12 次。

（二）着力抗菌药物管理

与各临床科室签订《抗菌药物合理应用责任书》，规范抗菌药物管理；定期开展抗菌药物临床应用监测与评估，按照医师权限执行分级管理，定期进行公示；分析临床科室抗菌药物的使用情况，评估抗菌药物使用适宜性。

（三）加强对高危药品、麻醉药品和精神药品的监督

根据《河北省医疗机构麻醉药品和第一类精神药品使用管理标准操作规程》重新修订了麻醉药品管理制度和流程，通过了营子区麻醉药品、精神药品管理督

导检查；加强合理用药的检查督导。

（四）开展输血质控

对全院医护人员进行了相关的输血知识培训，对输血病历进行检查，保障了临床合理安全用血。

（五）优化门诊管理

调整门诊布局，为方便患者就医，减少患者排队时间，我院整合了门诊药房与住院药房，门诊收费与住院收费，成立了门诊综合服务大厅。患者排队缴费与拿药时间大幅缩短。制定《门诊综合医疗质量考核细则》，专人负责导医与便民措施的落实，开展预约诊疗800余人次；2018年1—11月份总院共有21名专家出专家门，每月通过院内电子屏和官方微信等平台发布出诊公告。

十、满足患者多元化需求，提供优质护理服务

全面实施“优质护理服务示范工程”，深化“五个一”“六个在前”人性化服务理念，推行护理服务模式改革，开展“以病人为中心”的责任制整体护理，优服病房覆盖率100%；落实基础护理，规范病房管理，贯彻执行护理分级标准，不断完善工作流程，加强患者入、出院管理，出院后随访、心理健康指导等具体细节工作；优化工作流程，细化岗位职责，明确责任护士岗位职责及岗位要求；实施护士岗位管理，完善紧急人力资源储备库人员及培训，储备人员达到了16.6%，满足临床护理工作需要；强化护理“三基三严”培训，提高护理基本技能，选送护士外出进修、学习、护士短期、长期培训50余人次；承担护理学生带教任务，定期进行实习生反馈会，听取学生的意见及建议，做到教学相长；专科护理以加强压疮管理为切入点，成立压疮专科小组、静脉治疗专科小组、糖尿病小组，加强重点培训、护理安全管理和医院感染控制，提高专科护理技术水平；利用护理查房及护理会诊讨论等形式更新知识和技能，提高护士长会议、护理查房的内涵；实施护理绩效考核，充分调动护理人员积极性，护士人力资源配备与医院功能、任务及规模基本匹配，护理部弹性调配后能满足护理工作需求，护理服务质量得到明显提升，在承德市优质护理服务专项督导检查中，获得专家组的好评；

不断提高病人满意度，按照分级护理、专科护理工作标准，加强健康宣教，为患者及家属提供安全、优质、高效、满意的服务，医生对优服工作的满意度调查达到93%，患者满意度调查达到98%；完善护理不良事件上报及持续改进分析能力；不断完善信息、后勤等支持保障系统，供应室通过积极改善实行全院集中清洗，保证临床工作需求，满意度由59%提高到94.4%；更好地为优质护理工作提供了保障，形成全院各部门服务于临床，“把时间还给护士，把护士还给病人”的大格局。

2018年即将结束，我们用智慧和辛勤，换来了丰厚的收获，获得了前行力量。2019年，让我们紧紧抓住新时代发展机遇，开启医院历史发展新征程，让我们团结一心，拼搏进取，承接过去，把握未来，为将医院建设成为承德市一流区域医疗中心而努力奋斗。

突出重点 提升能力
全面推动疾控工作发展

山东省夏津县疾病预防控制中心

2018年，夏津县疾控中心在省市业务部门的关心支持下，以党的十九大精神为指导，认真践行习近平总书记重要讲话，全面贯彻落实省、市卫生工作会议要求，进一步完善和加强疾病预防控制、公共卫生管理体系，认真履行工作职能，突出做好以麻疹、艾滋病、结核病等重点传染病的防治工作，以及职业卫生、饮用水卫生、公共场所卫生为重点的卫生监测工作，切实加强党组织建设和队伍建设，各项工作取得明显成效。

一、巩固星级门诊建设成果，夯实免疫规划工作基础

（一）加强星级门诊管理、推进数字化门诊建设

根据上级文件的要求，按照“突出重点、分类指导、注重实效、分步实施”的原则，全面推进和落实扩大国家免疫规划工作。我县共建成数字化接种门诊12处，为广大人民群众提供更加便捷、高效、实用、安全和人性化的预防接种服务。

（二）扎实提高和保持高水平疫苗免疫接种率

根据上级要求，保持并提高国家免疫规划疫苗接种率，以乡镇为单位适龄儿童接种率达到90%以上；首针乙肝及时接种率达到90%以上。

对于6周岁以下儿童，各预防接种门诊以乡镇为单位每月、每季度统一组织集中查漏补种，以确保免疫规划疫苗适时接种后3个月内及时接种率达到90%

以上。

二、重点传染病防控工作扎实推进、成效显著

（一）消除麻疹工作

按照《全国麻疹监测方案》的要求，进一步落实各项技术措施，提高适龄儿童常规免疫接种率和及时接种率，提高监测系统的灵敏性和工作质量，加强预测预警，确保麻疹消除目标如期实现。密切关注麻疹疫情动态，做好麻疹疑似病例报告、个案调查、标本采集和检测工作，各项监测指标都达到上级要求。

（二）艾滋病防控

完成我县艾滋病监测网并及时准确报告，2018 年坚持每月四次到监管场所对重点人群进行监测，共监测 23 次，共计 104 人，每月一次对外来妇女进行调查，调查监测外来妇女 31 人，使监测工作制度化、规范化，做到及时、准确、完整。

三、实验室建设工作进一步提升

2018 年，职业健康及各类从业人员体检 1463 人次，水质理化分析 15 份，各类样品微生物检测 14 份，各类人群 HIV 抗体检测 517 人次。所出检测数据快速准确，检验报告规范化、合理化，为建立以质量为核心的管理体系，对检测的全过程实施质量控制，保证实验室能够提供公正、准确的检验数据和检验报告。夏津疾控中心已完成设备更新并正式投入使用，下一步积极争取增加实验室用房面积，为实现计量认证打下良好的基础。

四、健康教育工作逐步深入

大力推进重点人群、重点疾病和突发公共卫生事件的健康教育工作。进一步完善不同行业、不同人群，特别是老年人、妇女和儿童等重点人群的健康教育工作，扩大健康教育覆盖面，按照《山东省城乡居民健康素养和烟草使用监测工作实施方案》对我县开发区、南城镇、田庄乡 3 个乡镇开展居民健康素养和烟草使用监测工作，积极开展各种宣传及咨询活动，普及传染病、慢性非传染性疾病防

治知识，倡导健康文明的生活方式。

五、公共场所、职业卫生、生活饮用水卫生及病媒生物防制工作

（一）公共场所卫生检测

在我县创城期间，疾控中心对417家公共场所进行了现场检测，并发放健康证，现场监测、微小气候监测率100%，公共场所细菌指标检测率100%。通过集中整治，进一步规范了经营单位的经营行为，提高了卫生管理水平。

（二）职业卫生工作

认真宣传贯彻《职业病防治法》，2018年在搞好《职业病防治法》宣传的同时，积极开展了各项职业卫生工作，监督职业健康检查机构的职业健康查体工作，对日常监督中发现的问题及时下达卫生监督意见书，并限期整改落实到位，共完成了对我县5家企业，500余人的体检。

（三）生活饮用水监督监测工作

按照2018年生活饮用水卫生监督计划，对市政供水（凯发新泉自来水公司）每季度进行出厂水、水源水、末梢水定期采样监测与监督，监测24项微生物、理化项目指标；采集水样49份，对供管水人员体检20人，全部持健康合格证上岗，持证率100%；对日常监督中发现的问题及时下达卫生监督意见书，并限期整改落实到位。

（四）病媒生物防制工作

按照德州市疾控中心的要求，进行定期、连续的检测，及时收集蚊、蟑螂等检测资料。根据调查内容进行分析，及时掌握全县病媒生物种类、密度动态，进行病媒生物性疾病风险评估，为上级部门决策提供可靠依据，科学合理、及时有效地控制病媒生物，切断传染病传播途径，保护辖区居民的健康。

六、2019年工作思路

以重大传染病防控为重点，加快实验室建设，提高检验检测能力；抓好应急队伍建设，提高应急处置能力保障；全面提升疾病预防控制工作能力。

（一）抓好重大传染病防控工作

一是加强传染病疫情网络直报提升预警监测能力。加强对医疗机构传染病防治工作的督导检查，强化医疗机构公共卫生职能。加强疫情网络监测、报告和信息资料的分析利用，及时有效应对突发疫情，发挥传染病监测哨点作用，提升预警预测能力。

二是加强生物制品及免疫规划管理。按照《疫苗采购管理制度》《疫苗和冷链使用管理制度》等制度，规范疫苗采购、运输储存，加大辖区接种单位检查督导力度，规范预防接种程序，确保疫苗使用安全有效，提高人群免疫水平。

（二）抓好实验室能力建设

进一步提高实验室装备，拓展卫生检测服务。强化在职人员继续教育，进一步优化专业人才，提高中心检验检测能力。2019 年疾控中心面临拆迁，正在积极申请新的办公场所，进一步增加实验室业务用房，争取计量认证工作早日实现。

总之，我县在疾病预防控制工作中做了大量工作，取得了一定的成绩，但也存在一些问题和不足，如专业技术人才匮乏、办公面积和办公经费不足等。在 2019 年，我们将继续强化措施，落实责任，扎实工作，要认真学习兄弟县市的先进经验，取长补短、创新思维，为推动我县疾控事业更好发展做出积极的努力。

搭建平台 环境支持
全力保障全民健康

河北省石家庄市裕华区卫生健康局 李红旗

健康已成为全社会共同关注的问题。党的十九大提出了“实施健康中国战略”，习近平总书记在全国卫生与健康大会上强调，没有全民健康，就没有全面小康。

近年来，裕华区始终坚持把人民健康放在优先发展的战略地位，践行“以基层为重点，以改革创新为动力，预防为主，中西医并重，将健康融入所有政策，人民共建共享”的卫生与健康事业工作方针，不断普及健康生活、优化健康服务、完善健康保障、建设健康环境、发展健康产业，加快推进健康裕华建设。

一、加强宣传引导，努力为全民健康营造良好的舆论氛围

2018 年，我区启动“万人千场大讲堂”活动，全年共举办健康知识讲座近 900 场。2019 年已经举办健康知识讲座近 400 余场。

同时，结合“世界卫生日”“世界高血压日”“世界无烟日”“联合国糖尿病日”以及“世界艾滋病日”组织咨询活动十余次，发放宣传资料 5000 余份，条幅十余条，宣传品十余种 5 千余份，咨询人数 5 千余人。为全民健康营造了良好的社会环境，提升了家庭生殖健康、自我保健等健康知识的知晓率。

二、积极搭建平台，鼓励全民参与健康健身

（一）设立自助健康检测服务点

在辖区社区、基层医疗卫生服务机构、公园共设置了 41 个体质指标自助检

测点，供居民免费检测身高、体重、腰围、血压、体脂、心血管功能等指标，免费取阅健康宣传资料，还配备了 BMI 转盘、控油壶、限盐勺等工具。裕华区政府也将此项工作作为 2018 年为民办实事的重要内容。

（二）开展健康支持环境建设

打造以健康社区、健康单位、健康学校、健康食堂、健康主题公园、健康小屋、健康步道、健康一条街、健康餐饮单位等为代表的系列健康支持性环境，极大地调动了全民参与的积极性，普及健康科学生活的相关知识。全区 99 个村居共建设 203 条健身路径，建有 12 个多功能运动场，17 个健身广场，社区体育健身工程实现了全覆盖。全市唯一一个以体育健身为主题的体育公园设在我区，极大地方便了辖区居民健身。据统计，我区 52 所中小学的学生每天锻炼 1 小时的比例达 100%；区属 232 家机关、企事业单位开展工间操，覆盖率为 87.54%，我区机关、企事业单位职工体检率为 99.28%。

三、充分发挥家庭医生签约作用，保障全民健康

卫生健康系统利用社区卫生机构、乡镇卫生院工作人员基层工作的优势，开展家庭医生签约活动，强化家庭和高危个体健康生活方式指导及干预，组织开展“三减三健”（减盐、减油、减糖、健康口腔、健康体重、健康骨骼）活动，为全民健康提供有力医疗保障。

发展健康产业，不断满足人民群众多层次、多元化健康需求，一直是裕华区追求的目标。近年来，我区在解决老年人的养老问题上进行了有益的探索，建立起以居家为基础、社区为依托、机构为补充、医养相结合、信息为辅助，覆盖城乡的多层次、多元化医养结合服务体系。辖区 12 家社区综合居家养老服务中心与社区卫生服务中心（站）建立合作联系，11 所民办的养老机构，4 所设有医务室，7 所分别与就近医疗机构进行签约服务。医疗机构充分利用医疗资源，为老年人提供健康膳食、医疗保健、紧急援助以及“健康大讲堂”等医疗养老服务，满足老人“即能享受托老，又能获得医疗保健”的复合式需求。平安养老院顺利通过省级医养结合试点机构验收；爱慈养老院被评为市级医养结合示范机构，裕

翔社区卫生服务中心、裕翔街道综合居家养老服务中心被评为市级社区居家养老示范机构。

今后，裕华区将进一步加大健康与社会公共服务相融合的力度，通过开展健身活动、健康讲座、健康食谱培训、发放健康支持工具等方式，不断提升辖区群众的健康水平，做牢做实健康服务。

提高诊疗水平 提升服务能力
建设健康凤山

——凤山县人民医院医联体建设情况

广西壮族自治区凤山县人民医院

2018年来，凤山县人民医院在县委、县政府及县卫计委的正确领导下，坚持以习近平新时代中国特色社会主义理论思想为指导，认真贯彻落实党的十九大会议精神，在医联体建设上取得了一定成就，现将凤山县人民医院2018年的医联体建设情况做以下小结：

一、凤山县人民医院简介

凤山县人民医院始建于1952年，至今已经有60余年历史。60余年的风雨前行，60余年的春秋岁月，凤山县人民医院在县委、县政府的坚强领导下，在业务主管部门的精心指导下，在上级医院的帮助下，基础设施、基本功能、医疗环境、服务质量、队伍建设和综合实力不断取得日新月异的变化，如今的凤山县人民医院是全县唯一一所集医疗、保健、教学科研于一体的二级综合性医院，担负着凤山县及邻县周边30多万人民群众的防病治病任务。

医院占地面积14180平方米，业务用房建筑面积30000多平方米。近年来，医院先后新建了12层住院综合楼、120急救中心、12层医技综合楼，院内绿化率达40%，环境布局合理，就医环境舒适优雅。

医院现有干部职工416人，其中卫生技术人员325人，高级职称30人，中级职称 100 人。设有内科、外科、妇科、儿科、急诊、重症医学科、中医综合等 9 个临床科室，医技科室 7 个，开放病床 352 张。

工欲善其事必先利其器，作为凤山县医疗系统的龙头，凤山县人民医院勤俭立业，致力于医院设备的更新换代，先后配置了西门子 16 排螺旋 CT、DR、高压氧舱、东芝四维彩色 B 超、高频热疗机、血液透析仪、全自动生化仪、C 臂 X 光机、全套病理设备、体外碎石机、腹腔镜等一批高、精、尖大中先进现代化诊疗设备 100 多台。为广大患者提供了便利的就医条件。

秉承"以人为本、关爱尊重"的人才理念，多年来，凤山县人民医院不断加强卫技人员的进修培训学习及上级医院的技术合作交流，努力提高医疗护理服务质量，先后与广西医科大学第一附属医院、广西区人民医院、右江民族医学院附属医院共建技术协作医院，与河池市人民医院共建紧密型医联体医院，成立多个专科联盟技术协作，并得到深圳市龙华区人民医院对口帮扶，诊疗技术得到迅速提高，医疗技术水平达同级医院水平。目前，医务人员的年龄结构、人员比例等方面逐步优化合理，一支专业化的人才队伍正在形成中。

医院 2017 年固定资产 1.8 亿元，2017 年门诊量达 18 万人次，住院 1.6 万多人次，手术 2000 多台。2017 年业务收入 1.07 亿元，医院先后获得自治区先进单位、自治区和谐单位、自治区精神文明单位、国家"爱婴医院"等多项殊荣。

凤山县人民医院以"全心全意为人民健康服务"为办院宗旨，以"自强不息，精诚仁爱"为医院院训，打造区域性一流的县级综合医院为愿景；以"仁心敬业，精诚为民"为医院服务理念；以"以人为本，关爱尊重"为医院人才理念；以"务实、规范、高效、创新"为医院管理理念，努力践行"自强、精医、明德、敬业"的医院核心价值观。

凤山县人民医院在经过六十余载的岁月洗礼后，已是翻天覆地，我们期望，同时我们更加深信，在党的十九大精神的指引下，一代又一代的凤医人必将以更高昂的姿态，更加宽广的情怀和更豪迈的气魄，沿着习近平总书记新时代中国特色社会主义思想道路阔步前进，为建设健康凤山、平安凤山、和谐凤山保驾护航，为建设壮美广西添砖加瓦。

二、市县医联体建设取得一定成就

为贯彻落实国家医改政策精神，深化公立医院改革，进一步优化医疗资源配置，根据《国务院办公厅关于全面推进县级公立医院综合改革的实施意见》（国办发〔2015〕33号）、《关于印发广西壮族自治区区域医疗联合体建设指导意见的通知》（桂卫发〔2015〕35号）、《广西壮族自治区人民政府办公厅关于印发广西加快推进医疗联合体建设和发展实施方案通知》（桂政办发〔2017〕123号）及《河池市人民政府办公室关于印发河池市加快推进医疗联合体建设和发展实施方案的通知》（河政办〔2017〕162号）文件要求，河池市人民医院与我院在2018年3月建成医疗联合体（简称“医联体”）。医联体在河池市、凤山县卫生与计划生育委员会的指导下，按照利益共分享、责任共承担、事业共同发展、技术共同提高的发展目标。河池市人民医院将在医院组织管理、技术业务指导、人才培养、双向转诊、资源共享医院宣传、业务拓展等相关给予指导。2018年4月份以来，河池市人民医院与凤山县人民医院在骨科、康复医学科先行开展紧密型医联体，取得了很好的效果。凤山县骨科、康复医学科技术水平明显提高，骨科手术量增加了2倍以上，业务量比去年翻一翻，所开展的一批手术填补了凤山县的空白，一些以前需要到南宁、百色或玉林做的手术，现在可以在当地实施；2018年11月凤山县人民医院康复医学科正式开业，新开展的康复医学科各项康复治疗正常运行。边远山区患者真正体会到在家门口享受“三甲”医院的医疗服务，医联体工作达到预期效果，得到患者的普遍赞誉。

三、县域医共体得到较大发展

为深入贯彻落实《国务院办公厅关于推进医疗联合体建设和发展的指导意见》（国办发〔2017〕32号）及桂政办发〔2017〕123号文件精神，我院自2017年以来分别与金牙、中亭、平乐、长洲等四个乡镇卫生院建立县域医共体，2018年与金牙中心卫生院建立紧密型医共体。凤山县人民医院充分发挥二级综合医院的技术优势、人才优势和管理优势，从技术帮扶、分级诊疗、人才培养、信息化建设等各个方面帮扶医共体医院。通过专科联盟建设、驻点专家帮扶、业务指导等，着力提高各个医共体医院专科化水平、诊疗能力、运行效率和业务能力。其中紧密型医共体凤山县人民医院金牙分院优势如下：

（一）人员共享机制

1. 凤山县人民医院将派出常驻金牙分院人员至少 3 人，并且以中级职称及以上为主，常驻人员在金牙分院工作至少一年以上，至少有一名担任分院业务副院长，同时要求金牙分院积极选派人员到县医院进修培训。

2. 凤山县人民医院每年可根据金牙分院的人员需求情况，由我院人事科以双选会或紧缺人才招聘等方式统一用编招录、统一调配使用。

3. 我院每次所开展的业务培训、知识竞赛等文化活动要求金牙分院派人参加。

（二）医疗资源共享机制

1. 目前我院已建成医共体心电微信群、医共体影像群，所有医共体成员单位均可实现“基层检查、上级诊断”，我院可帮金牙分院诊断心电图、拍片、B 超。

2. 金牙分院的血常规、血生化、心电图、B 超、拍片检查结果与我院互认。

3. 在金牙分院就诊患者，按一级医院收费所开的化验单、拍片、B 超、CT 等，在患者自愿的前提下可以到我院院检查，实现大型设备共享。

展望 2019 年，我院将继续贯彻国家、自治区、河池市、凤山县政府部门的医联体建设文件精神，牢牢紧握医联体建设，使得我院、乡镇中心卫生院，在医联体建设中不断壮大，诊疗水平不断提高，服务能力不断提升，更好地为本地区人民服务，更好地在医疗的多个领域让利于民。

提升妇幼健康服务能力
为妇幼健康保驾护航

宁夏永宁县妇幼保健计划生育服务中心

永宁县妇幼保健计划生育服务中心位于永宁县杨和北街64号，成立于1954年，建筑面积2933平米，是一所集保健、临床于一体的公益性、福利性公共卫生事业单位。贯彻执行《母婴保健法》，落实《中国妇女儿童发展纲要》，坚持“以保健为中心，以保证生殖健康为目的，保健与临床相结合，面向社会，预防为主”的妇幼卫生和计划生育工作方针，几十年来为全县妇女儿童身体健康做出了卓越的贡献。2018年，在卫计局党委和局委会的正确领导下，在区、市、县卫生计生业务单位的支持指导下，我中心认真贯彻落实《一法两规划》，组织实施妇幼卫生计生重大项目和民生服务项目，不断优化服务模式，拓宽服务领域，已较好完成各项工作。

一、人员结构

全中心现有职工90人，其中专业技术人员74人〔副主任医师13人（临床10人、公卫1人、超声2人），副主任护师2人，副主任检验师1人，副主任药师1人，主治医师2人，主管护师5人，主管检验师2人，医护、技、药师48人）〕，大专及以上学历61人，中共党员17人。（备注：2020年退休的5人中有4人属副主任医师）

二、科室设置

我中心共设置5个部门，分别为：办公后勤部、妇产科住院部、儿科住院部、群体保健部、医技部。

三、基础医疗设施

我中心现有日本阿洛卡彩色超声诊断仪（待报损期限）、迈瑞彩色超声诊断仪、韩国麦迪逊彩色超声诊断仪各一台，X 线摄影照相系统（放射科 Dr）、盆底康复治疗仪、海吉星妇产科超声波治疗仪、迈瑞多参数胎儿监护仪 2 台、心电监护仪 6 台、多参数手术麻醉机、多功能手术床、全自动五分类血液细胞分析仪、全自动酶免疫、全自动血凝仪、日立全自动生化分析仪、母乳成分检测分析仪、成人孕妇及儿童人体成分检测分析仪、尿液沉渣分析仪、全自动液基细胞制片机、微量元数分析仪、骨密度测定仪、儿童智能分析评价仪、中医智能数码多功能治疗仪、中药熏蒸仪、中医儿科智能多功能治疗仪、中医妇科智能多功能治疗仪、妇科臭氧治疗仪 2 台、多功能微波治疗仪 6 台、原装进口拓普康电脑角膜验光仪（日本）、进口黄疸检测仪、口腔数字化影像系统（口腔拍片）、口腔综合治疗椅等先进的医疗设备。

开放妇产科病床 15 张、儿科病床 18 张。

四、工作职责

（一）公共卫生职能

以县、乡、村妇幼卫生三级网络为基础，负责对全县各级妇幼保健工作进行业务培训、技术指导和绩效考核，组织开展全县孕产期保健和儿童保健技术服务工作；开展妇幼卫生计生工作如孕前优生健康检查、孕期“两筛”、待孕妇女增补叶酸、农村妇女两癌筛查等惠民民生服务工作。

为了提高健康知识普及率和群众健康行为形成率，我中心开设孕婴大讲堂、孕期瑜伽课堂，每月组织开展 2 期活动，对全县的孕妇从整个孕期、产后、母乳喂养、新生儿护理知识等方面进行指导宣教。

（二）基本医疗工作

开设妇科门诊、产科门诊、儿科门诊、儿保门诊、中医门诊、妇产科住院部、儿科住院部、医技科室。对常见妇科病、宫颈疾病、特异性阴道炎、宫颈癌诊断治疗，开展产科正常分娩、剖宫产手术、妇科子宫肌瘤、卵巢囊肿切除手术，可视无痛人流、计划生育手术、青春期保健、围产期保健、宫颈癌筛查、妇女卵巢肿瘤、乳腺肿瘤标志物等筛查，儿童微量元素检查、骨密度检测、儿童智力检查，婚前优生检查、孕早期唐氏筛查，妇科阴式彩超检查，产科胎儿畸形检查、乳腺彩超筛查等妇女儿童健康保健项目，为降低出生缺陷、提高围产质量和优生优育做出了积极努力，取得了良好社会声誉。

五、2018 年妇幼健康工作情况

（一）党建、精神文明工作

1. 加强党的建设，确保各项工作稳步发展

（1）落实党建制度。以落实党建目标责任为重点，深入开展“学查改”干部作风整治活动；坚持党课教育，“三会一课”制度，不断深化学习型、服务型党组织建设，制定党员理论学习计划和培训计划，按时组织党员过好组织生活，及时缴纳党费。

（2）抓牢活动载体。一是在党建月期间，组织在职党员到社区认领“微心愿”，解决辖区困难儿童的微小心愿。开展“志愿在行动”活动，组织党员志愿者联合帮扶村胜利乡陆坊村党支部以“义诊咨询服务”的形式共同开展了主题党日活动；在“七一”前夕，走访慰问了离退休老干部、老党员和生活困难群众，及时送上党的关怀。二是丰富“支部主题党日”活动载体。把主题党日作为落实“三会一课”制度的重要形式，按照每月开展 1 次主题党日的要求，全年共开展主题党日活动 13 次。每次召开主题党日之前做到有主题、有计划、有安排，活动结束后有记录、有图片资料，每次主题党日的内容紧扣当月工作和政治理论宣传的相关内容以及讲党课活动的开展，并结合“重温入党誓词”等规定环节，增强了党员的党性观念和爱岗敬业、无私奉献的精神。党员参与率达 100%。三是严肃组织生活。党支部分别于 5 月 18 日召开“严格执行中央八项规定精神”专题组织生活会；7 月 13 日召开 2018 年上半年组织生活会；10 月 18 日召开“不

忘初心、牢记使命、做合格党员，不信仰宗教，不参加宗教活动”专题组织生活会。党支部班子成员和全体党员按照会议要求，严格做了对照检查、严肃开展了批评和自我批评，旗帜鲜明的亮明了态度，做出明确表态和郑重承诺，签订了《共产党员不信仰宗教和参与宗教活动承诺书》，主动接受监督。

（3）加强党员教育管理。积极开展党员积分制管理。一是明确积分的内容和标准。将党员参加组织生活、教育培训、自愿服务等教育管理服务情况量化累积成分数。二是指定专人负责积分核实登记工作，并为每位党员制定一份党员积分卡，做到动态登记，实时跟进，确保每位党员的最后积分公平可信。三是建立积分台账、每月对党员积分情况进行登记，双月进行打分通报、年度进行公示等办法，使每位党员能随时掌握自己的积分排位情况，使党员开展的一切活动、所作的一切贡献都体现到年底的最终积分上。四是认真遵守党费收缴工作的具体规定，按照县委组织部要求，重新核定每位党员党费缴纳标准，并按照核定的缴费标准每月按时足额缴纳党费。

（4）做好包村帮扶工作。一是利用第十二个“党建月”组织党员干部到胜利乡陆坊村进行走访慰问，了解村民的生产生活，并给他们宣传卫生计生相关惠民政策，做到了困难户、上访户、“三留守”、孤寡户和离任村干部“五必访”。二是开展党内关爱帮扶活动，在“春节”、七一前夕，组织党员干部对帮扶的胜利乡陆坊村生活困难党员和单位退休党员进行慰问。充分体现了党组织对党员的关怀和爱护。

2. 示范带动、务求实效，行风效能、党风廉政工作不断加强

（1）完善规章制度，抓实专项治理。进一步建立健全各项党风廉政建设和反腐纠风规章制度，统一思想，提升岗位技术服务。全面落实首诊负责制、首办责任制、限时办结制；不断加强党员干部职工的教育，使党员干部职工在工作中树立履职尽责的责任意识，杜绝慢作为、不作为，建立反对和纠正“四风”的长效机制。认真落实党风廉政主体责任、领导班子成员“一岗双责”责任；认真执行县委“三重一大”事项集体决策制度、一把手“五个不直接分管”及“末位表态”制度；严格落实中央八项规定、国家卫计委“九不准”及区市县相关规定，

做好拒腐工作；坚持药品耗材、办公用品、医疗设备申报审批集中招标采购制度等；严明财金纪律、严控“三公经费”标准；单位内部对药品采购、职工食堂管理、出生证发放、库房管理等重点岗位人员实行轮岗。

（2）强化廉政建设，落实主体责任。党支部认真贯彻落实上级党委党风廉政建设主体责任实施意见，结合工作实际，研究制定具体的责任追究办法，按照党风廉政建设责任制要求，把责任分解到科室、细化到个人，形成既承担工作任务又承担廉政责任的“一岗双责”良好局面。结合《中国共产党廉洁自律准则》和《中国共产党纪律处分条例》的贯彻落实，适时组织开展全体干部职工警示教育活动，切实加大廉政教育力度，有效防范各类违纪违规问题发生。

（3）改进工作作风，提升行业形象。按照局党委“加强行风建设工作方案”要求，深入开展行风专项治理行动。进一步修订完善行风建设制度，内部实行自查自纠，加大行风建设明察暗访力度，对发现的问题实行责任逐级追究制；继续推行医德医风考评、满意度测评等管理制度；坚持中心事务、党务、财务公开制度，自觉接受职工和群众监督。多渠道征询群众意见和建议，将患者对部室综合满意度列为工作考核的重要内容，对因服务态度恶劣、违反操作规程、医德规范及制度被病人投诉等行为，按照制度严肃处理，建立奖惩结果同岗位竞聘、评先选优、绩效考核相结合，不断提升行业作风。

3. 加强学习、注重活动，精神文明创建系列活动深入开展

（1）开展学习，重视教育。深入组织学习中央及区市县有关会议的重要精神。召开全体职工政治理论学习会议42场次，认真学习党纪党规十九大会议精神及习近平总书记系列讲话精神。领导干部、党员撰写个人学习笔记2万字，心得体会3篇；职工撰写个人学习笔记10000字。开展“道德讲堂”4期，不断推进“两学一做”学习教育常态化制度化，引导党员干部和职工牢固树立政治意识、大局意识、核心意识、看齐意识、群众意识、服务意识，自觉践行“四讲四有”标准，做到政治合格、执行纪律合格、品德合格、发挥作用合格。党支部按照局党委要求落实好学习任务，在集中学习的基础上，每月组织开展“支部主题党日”活动，激发党员干部重温党史党章的学习热情，增强共产党员履职尽责的决心和信心。

按时完成各种党报、党刊、杂志的征订任务。

（2）加强管理，严格考核。年初，制定了《永宁县妇幼保健计划生育服务中心党建工作考核细则》，每季度对各部室党务工作进行量化考核，考核结果与科室年终奖励挂钩，对履行党风廉政建设工作职责不到位的科室实行一票否决，年度内科室不得评先评优，科主任不得评奖。

（3）扶贫帮困，奉献爱心。春节前走访慰问了建设社区5名单亲困难儿童、帮扶村15名困难老党员及单位15名生病退休职工，送出慰问金共计14500元；三八妇女节前走访慰问建设社区12名困难母亲，送出慰问金2400元；六一前到建设社区认领“微心愿”16个，为辖区县镇二小16名单亲、困境儿童每人购买春秋校服一套，共计1120元；“七一”前夕，走访慰问了陆坊村4名党龄满50年老党员、12名生活困难党员和单位3名离退休老党员，送出慰问金7100元，全年送出慰问金共计25120元。走访中认真倾听老党员对党组织工作的意见和建议，为推动中心和谐健康发展提供坚强的政治思想保障。

4. 紧抓落实，安全生产、综合治理、信访工作常抓不懈

（1）加强社会治安综合治理，落实平安医院创建任务。认真落实综合治理工作领导责任制，签订安全生产工作目标责任书，严格实行24小时值班制度和重大节日领导带班制度。认真做好“无毒单位”“平安单位”创建工作。进一步强化安全意识教育，形成单位包科室、科室包个人的安全工作良好氛围，每月开展1次安全隐患排查。在县消防大队检查指导下，对中心内存在的消防安全隐患全部进行整改落实。全面抓好药品、消防、设备、财物等安全管理，规范医疗操作，狠抓医疗安全，全年无安全责任事故发生。

（2）认真做好七五普法工作。继续加大法律学习和宣传，重点加强依法治国的学习教育，教育职工树立“学法、知法、尊法、用法”意识。按照县普法办下发的《2018年度无纸化学法用法和考试工作的通知》要求，组织干部和职工积极参加网上学法和法律知识竞赛，切实提高干部职工运用法治思维和法治方式维护社会稳定的能力和水平。

（3）加强信访维稳工作。认真坚持和做好职工的思想教育、政策宣传学习

和思想交流沟通以及矛盾隐患排查工作机制；积极做好群众举报投诉接待、调查和处置工作，并做好相关记录，坚持医患纠纷第三方调解机制；及时把矛盾消灭在萌芽状态，杜绝各类信访事件的发生。

（4）开展“扫黑除恶”专项斗争。一是统一思想认识。局党委“扫黑除恶”工作动员大会召开后，我中心立即召开班子会议进行专题研究，制定工作方案，明确“宣传要到位、底子要摸清、打击要有力”的工作目标，在职工大会上进行宣传发动，提高全体职工对“扫黑除恶”专项行动的认识，进一步增强了责任感和紧迫感。制作宣传标语，公开公示“扫黑除恶”宣传图片及社会监督举报二维码图示，接受社会和职工监督举报。二是加强领导责任制。成立了由中心党支部书记、中心主任、副主任及各部室主任为成员的领导小组，积极排查中心干部职工涉黑涉恶情况。通过全面排查，重点梳理，对重点科室、重点人群开展“问题”和“苗头”的双重梳理和摸排，我中心目前无黑恶势力，无医闹现象，工作人员认真履职尽责。三是加强教育，立足防范。要求各科室结合自身的职能，积极主动地参与“扫黑除恶”专项斗争，不折不扣地完成关于扫黑除恶工作的各项任务。同时加强对单位干部职工的教育管理，防范可防性案件的发生，杜绝单位干部职工参与黑恶势力犯罪。

（5）做好环境整治工作。按照自治区政府及区卫计委关于医疗机构环境及卫生整治的工作要求。我中心有针对性的对服务环境进行靓化美化，坚持对优美环境工作常抓不懈，为群众提供了温馨的就医环境。

（二）妇幼保健技术服务工作

1.全面落实医改各项工作任务

不断改革单位内部运行机制，修改制定年度工作计划；以各岗位服务态度、服务质量及患者满意度为准发放绩效工资。药品、医用耗材严格执行自治区“三统一”、“零差率”销售政策和国家基本药物目录制度，中标药品、医用耗材申购率、使用率、回款率100%，国家基本药物使用率100%；落实一把手抓药品采购审批工作制度；积极推行“先诊疗、后付费”服务模式。落实国家妇幼保健机构开展妇幼保健中医药服务工作政策，为妇儿群体提供中医药及中医理疗技术服务。根据千名医生下基层对口支援工作要求，继续加强玉泉营、黄羊滩、阳光社区卫生服务站三家协作医院的业务指导和技术支持，派中级以上职称的专业技术人员三名深入协作医院，指导开展妇幼保健计生服务、临床检验、护理管理等。

2. 深入开展医疗质量专项整治

根据“进一步改善医疗服务行动”和抗菌药物临床应用工作要求持续开展专项整治活动。严格落实区卫计委关于控制医疗费用不合理增长的规定。按照《宁夏回族自治区医疗机构药品、医疗器械使用质量管理规范》的标准开展工作，规范抗菌药物临床应用，落实抗菌药物分级管理制度和患者安全目标管理制度，组织医护人员学习相关专业法律法规和理论知识，建立医疗安全定期排查制度，确保医疗安全；落实医疗安全十八项核心制度，每周一次大查房，定期进行处方和病历点评，规范医疗文书书写，疑难病例及时进行讨论分析，门诊病历、住院病历甲级率均≥ 90%，处方合格率≥ 95%。

3. 严格控制医院管理各项指标

中心安排专人负责院内感染管理工作，严格执行消毒隔离制度，控制院内感染。按规定上报传染病，各科室医疗废物每日定时回收登记，与宁夏德坤环保公司签定医疗废物安全处置协议，医疗废弃物回收处置率 100%，院内感染管理人员不定期对各诊室、病房、卫生间的保洁、消毒工作进行督查，发现问题及时指出，提出限期整改意见，年内无院内感染发生；严格输血管理，做到科学、合理、安全输血；剧、毒、麻及精神类药品实行专人专柜管理，麻醉药品空安瓿严格登记销毁，药品管理人员每季度对住院部麻醉药品使用残余量登记进行核查，确保剧、毒、麻及精神类药品的安全使用。

4. 重点提升护理质量

制定护理工作计划，既有整体理论学习、技能操作培训计划，又有针对不同人员技术训练提高措施，按月度组织实施，理论学习方面注重政策法规和业务规范的学习，技能操作实行逐一考核，要求熟练掌握、人人过关，努力实现“让规范成为习惯”。

5. 大力开展职工继续医学教育

坚持以自学为主，单位内外培训相结合，短期学习与进修相结合的原则，举办传染病防治、妇产科基本知识、妇幼保健知识、安全生产相关知识等培训班8期。内部培训重点加强聘用人员理论和技能水平的提高，针对各岗位制定培训计划和目标，严格考核，对达不到考核要求的人员实行降薪或解聘处理。本年度安排各类卫生人员参加培训班累计约54次（其中参加区、市培训39次、县级培训15次），参加人数146人次；选派到市妇幼进修学习4人次，分别3～6个月；院内“三基”理论考试3次，各类技能操作培训8次；参加网上在线继续医学教育学习38人次。继续医学教育覆盖率100%。

6. 不断加强健康教育工作

制定实施方案，全面实施健康宣教及“健康永宁行动”工作，落实健康促进医院建设并纳入医院管理，并在医院发展规划和服务内容上得以体现，制定工作计划、按期完成规划建设目标。利用门诊大厅电子屏和每月的“孕妇学校”大讲堂，中心微信公众平台开展健康知识宣传；在门诊大厅及各诊室摆放健康教育处方及宣传材料，医护人员向来诊群众宣传健康知识；在住院病区向住院产妇及家属面对面宣传健康知识；利用节假日、卫生日等宣传日走上街头开展宣传义诊咨询活动；借助“两癌”筛查工作，深入村队进行健康保健知识宣传；结合2018年健康教育巡展巡讲工作计划，安排项目管理人员及专业技术人员巡回乡镇、街道、社区、企事业单位为群众进行项目内容的解读、宣传，妇女生殖保健知识、宫颈癌、乳腺癌预防知识、健康素养等知识。将群众对妇幼保健知识知晓率和服务满意度作为单位内各部室和基层健康教育考核内容。1—12月份，举办孕妇学校30期；举办各类宣传讲座20期（学校、社区、机关）；义诊咨询60次，受益群众约6300余人，接受免费血压测量累计约1500人；发放避孕药具20箱；制宣传折页共计12种5万份，累计发放4万余份；制作宣传横幅25条、展板15期，累计发放围裙5500余条；向全县各医疗卫生单位及县婚姻登记处免费提供各种妇幼卫生宣传小册子1万余份、宣传包3000余个；播放影像资料80小时。

7. 妇幼计生健康服务门诊及住院指标完成情况

（1）2018年1—12月全中心业务总收入953.82万元，比上年增长3.94%。

其中门诊人次47958人次，比上年增长5.83%；出院病人935人，比上年下降3.43%；医疗费用在控制指标范围内。

（2）2018年1—12月业务控制指标，药占比23.02%；抗生素使用率门诊16.91%，住院占比24.56%；次均门诊费166.46元；平均住院天数4.48天，次均住院费1744.63元，剖宫产率13.42%（82/611）。

（三）全县妇幼健康管理工作

1.贯彻落实“一法两规划”，认真组织开展督导、检查、考核

（1）健全领导管理体制，确保各项工作顺利开展

根据项目工作要求，县卫计局制定下发了各项目实施方案，将妇幼健康项目工作纳入到责任考核管理，与乡镇人民政府、街道办事处签订了目标管理责任书；与乡镇卫生院签订了任务书。成立项目管理工作领导小组，明确工作责任，保证了各项工作的顺利开展。

（2）认真落实基本公共卫生服务绩效考核工作。为落实深化医药卫生体制改革相关政策，做好县级基本公共卫生服务妇幼卫生绩效考核工作，推动妇幼健康事业发展，根据区市县工作要求进一步完善妇幼计生体系建设，规范实施妇幼健康各项服务，努力做好基本公共卫生中妇幼保健工作任务。完成基本公共卫生服务督导检查16次，专项督导6次，对工作中存在的问题予以指导并限期进行整改。

（3）加强基层妇幼保健业务指导和常态化监管，狠抓落实

一是加强基层妇幼健康服务网络建设，抓好孕产妇和0～6岁儿童健康管理工作。二是抓好“母婴保健技术服务”规范管理工作，确保高危孕产妇母婴安全。对县级两家助产机构进行了8次“安全分娩”工作检查，并进行现场笔录，对工作中存在的安全隐患问题均予以指导改进。三是加强高危孕产妇管理工作。按照县卫计局制定下发了《永宁县孕产妇妊娠风险评估与管理工作实施方案》（永卫计发〔2018〕号）要求，将妊娠风险筛查评估工作做为妇幼健康重点工作进行开展。明确职责分工，按“五色”管理要求，举办培训班，指导乡镇、社区卫生服务站做好孕产妇妊娠风险的初筛，县级医疗助产机构做好复筛及评估，通过三级网络

管理严格落实好孕产妇“五色”专案管理，确保高危孕产妇母婴安全。2018 年 1 月—11 月共筛出高危孕产妇 1080 人，其中黄色 891 人、橙色 147 人、红色 12 人、紫色 30 人，均实行了专案管理。四是加强督导考核及重点地区的管理力度。每季度对各项目实施单位进行技术指导和监督检查，对检查中存在的问题及时提出整改建议。重点加强闽宁地区、玉泉营农场、社区卫生服务站等薄弱环节的监督管理，对工作中存在的问题予以指导整改。本年度业务督导 13 次，专项督导 8 次。

（4）做好妇幼卫生信息监测工作。完善三级网络信息统计工作制度，每月召开妇幼例会，进行信息互动、共享，做到孕产妇儿童底数清、情况明，确保辖区孕产妇、儿童一对一管理。

（5）开展托幼园所卫生保健管理。认真贯彻落实《托儿所幼儿园卫生保健管理办法》，为了进一步加强托幼机构的卫生保健管理，提高管理质量，本年度联合县教育局对辖区内 120 名幼儿园保育教师和主管卫生保健的院长进行培训，对部分幼儿园进行了卫生保健评估，对 14 所幼儿园提出了卫生评价指导意见。

2. 做好群体性妇幼健康宣传教育工作

一是通过乡镇卫生院、社区服务站、各医疗机构门诊、保健科及妇产科住院部每两个月安排一期妇幼健康项目相关知识宣传墙报；二是印制健康教育宣传单、手册、折页等；三是利用新闻媒体、微信公众平台、孕妇大课堂、宣传专栏、建卡建册、入户随访等途径进行宣传服务；四是利用孕婴大讲堂为孕产妇及家属进行妇幼保健相关知识宣传；五是设置优生咨询门诊对孕优检查、婚前医学检查服务对象进行卫生保健、优生优育和计划生育等知识宣教；六是充分利用各种节日、大型活动等人群集聚的地方，组织人员上街开展咨询宣传活动。

3. 加强基层业务人员妇幼健康知识培训

一是举办基层妇幼健康管理人员业务知识培训 21 期，其中县、乡、村三级妇幼保健培训 16 期、计划生育服务人员专项培训班 5 期。二是按照县卫生计生局远程教学培训工作计划，将妇幼健康项目工作作为教学培训内容，向全县卫计系统工作人员宣传项目工作，扩大了项目宣传氛围。

4. 重点妇幼计生民生项目工作进展情况

（1）国家免费孕前优生健康检查项目。年内对 1664 对符合政策并计划怀孕夫妇进行了免费孕前优生健康检查，建立家庭档案 1664 份，完成自治区下达任务量的 100.85%（目标任务数 1650 对 /3300 人）。对 3328 人进行了风险评估，筛查出 734 例高风险人群，均给予个性化指导意见，并对 7 例特殊案例进行了分析、讨论，提出合理指导意见。

（2）艾滋病、梅毒、乙肝母婴阻断项目工作。截至 2018 年 11 月接受免费检测孕妇 2472 人，完成自治区下达任务量的 98.88%（目标任务数 2500 人），未检测出艾滋病患者；检测出 17 例梅毒孕产妇患者，对 17 例感染梅毒的孕产妇采取早期干预措施，对 8 例梅毒孕产妇所生的儿童采取预防干预措施，干预比例 100%；检测出乙肝阳性产妇 65 人。所生新生儿均免费注射乙肝免疫球蛋白。

（3）妇女“两癌”筛查工作。目前已完成“延续性宫颈癌”筛查 5781 人，HPV 检测 2000 人，完成自治区指标任务数的 105.11%（指标任务数 7500 人），筛查出 CIN Ⅰ 6 例，CIN Ⅲ 2 例，确诊 2 例原位癌，已进行手术治疗。“乳腺癌”筛查 3502 人，完成自治区指标任务数的 100.06%（目标任务 3500 人），确诊浸润性导管癌 1 例，正在接受治疗。

（4）农村妇女免费住院分娩补助工作。按照（宁人社发 [2017]173 号）要求，停止实施服务卫生“七免一救助”中农村妇女孕产妇住院分娩有关政策的要求。截至 2018 年 3 月 31 日本县农村户口产妇 308 人，住院分娩补助 359 人，补助资金 14.36 万元，农村孕产妇住院分娩补助率 97.73%（回补 58 人）。

（5）新生儿疾病筛查工作。我县机构内分娩活产数 1630 人，新生儿免费四种遗传代谢性疾病筛查 1581 人，筛查率 96.99%，48 项疾病筛查 1580 人，筛查率 96.93%，新生儿听力筛查 1566 人，筛查率 96.07%，完成自治区指标任务量的 78.26%（自治区任务数 2020 人，因我县全年机构内活产数 1800 ~ 1900 之间，无法完成自治区下达的任务量）。四病筛查共筛查出可疑阳性患儿 43 例，7 例正在召回（原因是该 6 例均是外来流动人口，可疑阳性结果反馈到我管理机构时已返回原户籍地，多次电话通知到原接产机构复查，至今未归），确诊 1 例

G6PD，48 项疾病筛查共筛查出可疑阳性 94 例，现有 27 例未召回，听力筛查无阳性确诊病例。

（6）婚前医学检查项目。婚前医学检查 976 人，检出疾病 202 人，患病率 20.70%（指定传染性疾病 27 例：其中艾滋病毒阳性 1 人，梅毒阳性 3 人，尖锐湿疣 2 人，乙肝表面抗原阳性 21 人），均给予医学指导意见。

（7）农村妇女免费增补叶酸项目。我县新增服用叶酸目标人群 2216 人，完成任务量的 96.34%（目标任务数 2300 人），共发放叶酸片 5306 瓶，自购叶酸 573 瓶，随访目标人群 2216 人，目标人群叶酸服药率达 100%。

（8）孕期妇女免费优生筛查工作。孕期妇女免费优生筛查 2308 人，筛查出高风险 108 人，实施终止妊娠手术 9 例。

5. 妇幼健康工作指标完成情况（3+1 模式）

（1）孕产妇健康管理：2017 年 10 月—2018 年 9 月全县分娩产妇 2563 人，活产 2589 人（26 个双胎），孕产妇健康管理 2559 人，健康管理率 98.84%；早孕建册人数 2559 人，建册率 98.84%；产妇孕产期中重度贫血 11 人，患病率 0.43%；住院分娩活产 2589 人，住院分娩率 100%；高危孕产妇管理 1165 人，管理率 100%。无孕产妇死亡人数发生。

（2）儿童健康管理：2017 年 10 月—2018 年 9 月全县在册登记 7 岁以下儿童 15539 人，保健覆盖 14867 人，保健覆盖率 95.68%；3 岁以下儿童 8718 人，健康管理 8631 人，健康管理率 99.00%；5 岁以下儿童血红蛋白检查 12183 人，中重度贫血患病 44 人，中重度贫血患病率 0.36%；5 岁以下儿童死亡 10 例，死亡率 3.91‰，婴儿死亡 10 例，死亡率 3.91‰。

（3）计划生育技术服务：计划生育服务随访率 100%，计划生育服务满意度 98%，全县免费避孕药具人工发放点 98 个，避孕药具自助发放机 13 台，避孕药具免费发放率 100%，无脱供、断供现象发生，保证了全县避孕药具的供应。

（四）2018 年重点工作落实情况

1. 中心信息化工作

按县卫计局信息化智慧医疗全覆盖工作要求，我中心信息化软件目前正在试用完善阶段，待组织二次验收。

2. 人才储备及提升服务工作

根据科室的人员需求，今年完成对妇产科三名助护一体化需求人员、妇儿口腔门诊一名（助理医师）及信息化系统管理员兼放射操作人员一名的招录储备。

3. 落实全面完成妇幼健康计划生育各项指标工作

⑴指导基层卫生机构落实流动人口的妇幼保健公共卫生均等化服务，强化培训，加强业务督查指导，金县各服务指标全县有明显提升。

⑵进一步完善妇幼健康计划生育技术服务体系建设，积极应对妇幼计生政策调整带动的母婴健康技术服务要求，为妇女儿童提供生殖保健、婚前、孕前、孕期、产时、产后康复、儿童临床治疗保健干预等服务。

⑶强化妇幼健康重大民生项目工作，切实推进相关项目工作按期完成，目前除婚检项目，其他各项工作任务基本按年度计划可如期完成（婚检工作需要民政部门大力配合才能完成）。

4. 积极发挥妇幼健康管委会职能

加强对承担妇幼健康工作内容的各医疗单位的培训、指导和考核职能，努力提升全县妇幼健康服务水平，推进妇幼健康工作全面上台阶。

5. 医疗质量及服务质量提升管理工作

⑴规范医疗操作流程，规范医务人员诊疗行为，切实落实首问首诊负责制。

⑵开展优质服务活动，优化工作流程，缩短非必要诊疗服务病员等待时间，为群众尽可能提供便捷高效的妇幼健康服务。

（五）亮点工作

1. 补齐短板，加强儿童保健服务

根据我单位儿科门诊病人需求，结合妇幼保健机构建设设置要求，我中心与上年年底开办了儿科住院病区，配备临床医护人员，很大程度上缓解了病人就医难、住院难的问题。开诊半年以来，共收治住院病人 358 例。

2. 经验交流

上半年参加了全区孕前检查经验交流会，永宁县作为代表之一就风险评估工作做了经验交流发言，为同行们提供借鉴帮助。

3. 拓宽宣传模式，扩大宣传氛围

在镇村级工作人员常规培训的基础上，县域内推广杨和街道办事处利用“美丽永宁、和谐街道”微信平台，将各个社区的优生优育宣传活动推送至平台，扩大了宣传氛围，提高了辖区内群众优生知识知晓率，上半年推送信息十余条。

4. 爱心妈咪小屋建设

为认真贯彻全总女工委“爱心妈咪小屋”建设现场推进会的精神，进一步推动《女职工劳动保护特别规定》的落实，按照县总工会的要求，结合我中心实际在门诊一楼打造一间15平米的“爱心妈咪小屋”，为备孕期、怀孕期和哺乳期的女性在就诊或办事的同时，提供一个私密、干净、舒适、安全的休息场所。

六、存在的问题

1. 专业技术人员严重断档，存在技术服务后继无人（持有效执业资格证独立上岗人员）的窘境。妇产科住院部有关门停诊的风险发生。

2. 受单位建筑硬件设施限制，造成单位标准化、规范化建设不能按要求及分区设置，在落实服务流程上难以达到规范要求，医疗风险因素加大，事业发展受到严重阻碍。

3. 新生儿多种遗传代谢性疾病筛查率低，因部分流动产妇分娩后住院不满72小时，强烈要求出院，多种遗传代谢性疾病无法按规范进行筛查，致使筛查率较低，自治区下达的多种遗传代谢性疾病任务数与我县两家助产机构分娩活产数有差距，使我县筛查率无法达到自治区任务要求。

4. 全县婚前医学检查率下降。婚检率较低的问题，因国家文件规定受检者自愿进行婚前医学检查，由于婚姻登记与婚前检查分属不同部门，两项工作的一些具体要求没有得到有效沟通和协调。我县民政部门也未对领证人员要求做婚前医学检查，群众对婚检意识薄弱，不愿进行婚前医学检查，针对婚检率低的问题，我单位已多次与县政府主管领导、县卫计局进行交涉，仍未与民政部门达成共识，致使我县婚检率持续降低。

七、下一步工作重点

1. 加强党建工作，做好党支部评星定级、五城同创、“守纪律、讲规矩”工作，积极创建区级“无烟单位”、健康促进医院。

2. 加强沟通协调，认真组织完成妇幼保健、计生服务项目工作实施。

3. 加强基层指导、检查、培训工作，提高保健服务质量，杜绝家庭分娩，降低因孕产期保健服务不到位导致的孕产妇及围产儿死亡发生。特别是加强重点地区和薄弱环节管理，进一步规范移民地区、玉黄农场和城乡结合部的孕产妇保健管理工作。

4. 继续深化医药卫生体制改革，重点加强县乡一体化管理，做好协作医院共建工作，做到突出重点，帮扶有质量。

5. 进一步完善和提高孕妇学校和微信平台的创新服务，重点发展孕妇瑜伽课堂业务，在提高社会知名度和认可度上下功夫，及时了解、掌握和满足群众的需求，让群众主动参与及时了解妇幼健康知识，发挥健康教育传播知识、改变意识的功能，提升服务能力。

服务新时代　展现新作为　助力健康新汶上

山东省汶上县人民医院

汶上县人民医院始建于1948年，是一所集医教、研于一体的二级甲等综合医院，济宁医学院教学医院、上海同济大学附属第十人民医院协作医院。2012年确定为全国311家县级公立医院改革试点单位，2015年确定为全国医疗服务能力提升500家试点单位。医院占地3.3万平方米，建筑面积5.6万平方米。开放床位1050张，现有职工1082人，其中副高级以上专业技术人员98人，硕士研究生58人。设有35个临床科室，10个医技科室。快捷的120急救、层流手术室、综合ICU、新生儿监护室、血液透析室等功能设施完善。拥有急诊科、泌尿外科等九个市级重点专科。

我院以党的十九大和十九届二中、三中全会精神为统领，认真贯彻上级指示精神，持续深化医药卫生体制改革，积极进取勇于创新，思想稳定团结一致，积极按照工作计划扎实工作，各项工作发展势头良好，社会效益稳步提高。

一、加强党的领导，坚持民主决策，认真落实党风廉政建设责任制

深入学习贯彻党的十九大、二中、三中全精神，以习近平新时代中国特色社会主义思想为指导，根据党支部工作规范化、标准化建设，不断完善党支部制度，不断落实党支部规定。

认真执行“三会一课”、民主生活会、组织生活会、民主评议、谈心谈话、党费缴纳等制度，重点做好“学习先进典型、争当先锋党员”、“重温《共产党宣言》”等主题党日活动，坚持责任到支部，学在日常、抓在日常。

二、全面落实“四个到位”，强力保障医疗改革创新发展

（一）思想认识到位

2018年是全面贯彻落实党的十九大精神的开局之年，是深化县级公立医院综合改革的攻坚之年。我院认真学习贯彻上级新精神、新要求，形成共识，明确目标，为政策稳妥有序实施提供思想保证。

（二）责任落实到位

从2017年7月医院成立理事会以来，班子成员团结一致，每周召开党政联席会，坚持民主讨论，民主决策，对医院“三重一大”等工作均召开党委会、理事会讨论表决决定。医院每月由院长带队，分管院领导会同各职能科室检查组深入科室全方位进行行政、业务工作检查，倾听一线人员心声，协调多部门联动，现场解决科室疑难问题；每月总结反馈并及时调整医院管理策略。实现了多科室协作便捷高效的行政、业务管理模式。

（三）齐抓共管到位

医院在行政管理上做到“三严”，即“严格制度、严格落实、严格监督”；业务上做到“三早”，即“早预防、早培训、早提高”；财务上做到“三低”，既“低支出、低成本、低消耗”，并通过实践不断完善各项管理制度。建立健全医院内部审计制度，加强内部审计工作，提高经营管理水平，完善内部监督制约机制，规范收支管理，促进医院各项工作健康发展。强化各部门执行主体责任，定期召开临床科室主任例会、护士长例会，对科主任职责、医生职责进行再培训，再要求，再强化。紧紧以落实“首诊负责制”“三级查房制度”为抓手，不断压实科主任、护士长及主治医师的责任。

（四）投入保障到位

门诊病房综合楼稳步建设中，现已完成主体封顶，力争在2019年5月底完成主楼的初装修，10月前投入使用；优化信息化体系，积极推进“银医通”“济宁智慧医疗平台”建设；依规购置了东软128层高端CT、贝克曼全自动生化分析仪等大型功能先进的医疗设备，使医院诊疗水平得到进一步完善和扩展。医院

继续加强对重点学科建设和人才培养的投入，同时，着重加强对现有自身人才队伍建设，积极建立与上级医院的合作关系，吸收先进技术，提高诊疗水平。

三、抓实医疗安全管理，强化“五大质量”，进一步提升专业学科建设水平

（一）切实抓好“三基三严”培训质量

“以考促学”，医护人员“三基三严”考试每季度一次，40 岁以下人员全部参加，每次考核结果均在 OA 系统公示。培训考核成绩与职称晋升、绩效工资挂钩，切实增强培训实效。

（二）积极开展优质护理服务，严抓院感质量

积极创建省级优质护理示范病房，按层级专业配备护理人员。开展科室感染质控，规范安全措施，切实抓好重点部门、重点部位、重点环节的感染管理基本措施。

（三）加强核心制度落实，提升医疗质量

十八项核心医疗制度融于医疗工作的常态化之中，指导规范各项医疗工作的有序健康开展。

（四）切实抓好临床路径管理质量

开展 168 个病种的临床路径管理，规范了治疗标准，缩短了患者的住院天数、降低了医疗费用、减轻了患者的经济负担、提高了医疗资源的使用效率。

（五）切实加强病历质量

完善三级质控体系，加强季度评审，强化全院质量意识，形成层次清楚、责任明确、逐级把关的质控网络。

四、实现“七大成效”，打造人民群众满意的医院

（一）医院综合管理能力稳步提高，顺利通过新一轮“二甲”复审工作

医院始终秉承持续改进的二甲医院创建理念，自 2012 年二甲复审后一直坚持月考核、月总结、及时调整的管理策略。为迎接新一轮“二甲”复审，在院长的领导下，采用集中办公方式，三轮自查自纠，逐一逐项对照标准，抓好细节管

控，使各项标准的执行成为每名员工的自觉行为。2018 年 8 月以较高分数首个通过济宁市卫计委组织二级甲等医院现场复审。2018 年 9 月份全市二甲综合医院标准化培训班在我院召开现场会，全市 15 家二甲综合医院的近 200 名医院管理专家对我院的标准化管理给予高度评价。

（二）积极推进了医院绩效分配制度改革

实行总额预算管理下的成本核算和工作量相结合的管理模式，绩效考核和发放更加趋于合理。坚持以病人满意度、医疗质量与工作量、药占比、耗占比、运营效率、医保资金合理使用等指标相结合。坚持向临床一线倾斜，向优秀人才倾斜，向苦、脏、累、险岗位倾斜，尽力做到多劳多得、优绩优酬、同工同酬，体现医务人员技术服务价值。

（三）建立多学科融合新模式，积极推进六大专业中心建设

医院按照“统一规划、统一标准、统一实施”的原则，积极开展胸痛中心、卒中中心、创伤中心、危重孕产妇救治中心、危重儿童和新生儿救治中心、癌症中心六大专业中心及市级县域医疗中心建设工作，逐步形成上下联动、信息联通、综合诊疗、多科联合、防治康复全链条的立体化医疗服务体系。我院现已成立胸痛中心、卒中中心、创伤中心，积极筹备危重孕产妇救治中心、危重儿童和新生儿救治中心，并取得显著成效。

（四）发挥信息优势改善就医体验

我院积极完善以电子病历为核心的医院信息化建设工程，优化系统功能。“济宁市智慧医疗平台”实施以来，使用总量一直居全市 16 家医院首位。积极实施银医通项目，采用线上软件和线下设备相结合的方式，采用“三合一”的就诊凭证，患者可凭社保卡、身份证和我院就诊卡就医，实现轻松就医、高效就医。

（五）积极推进了医联体建设，严格管控医保资金

全面落实分级诊疗制度，积极推进“医联体”建设。与白石等八家乡镇卫生院、济宁市第一人民医院组建“医联体”，医联体内部形成较为完善的人员上下流动、资源整合共享，构建合理就医秩序。严格执行医保工作的相关政策规定，及时制订培训计划，定期进行医保政策培训。制定下发了《关于 2018 年度控制医药费用不合理增长的实施方案》，严格执行“两票制”药品入库票据查验工作，切实控制医药费用不合理增长。

（六）公卫项目有效开展

2018 年 3 月我院获得“山东省早诊早治工作先进集体”荣誉称号，积极推进适龄女性两癌筛查项目，检出率为全县最高。积极完成“省重点慢性病机会性筛查项目”，5 月份我院在全市“慢性病机会性筛查”总结会议上做典型经验汇报。6 月我院作为山东省“淮河流域食管癌早诊早治”优秀项目点在国家级总结会议上做典型发言。

（七）服务质量持续改善，群众满意度高

院积极参加送医下乡、广场义诊活、家庭医生进社区等各类社会服务活动。继续开展免费白内障复明行动，为贫困白内障患者免费实施手术，受到患者及家属的一致好评，取得了良好的社会效益。紧抓业务不放松的同时医院还不断加强医院文化建设，微信公众号、官方网站及时发布医院最新动态。积极举办院庆 70 周年活动，突出感恩传承的宗旨，增强全体职工的主人翁意识，让全县人民更多地了解医院的发展历程，拓宽医患沟通渠道，改善医患关系。

目前院正处在建设和发展的上升期、关键期，面临新的机遇、新的挑战，全院干部职工肩负着历史的重任和时代的重托。为了我们所衷爱的崇高的卫生事业，凝聚起撸起袖子加油干、扑下身子抓落实的正能量，助力健康新汶上。

建宁县总医院医改纪实

福建省建宁县总医院

建宁县总医院（紧密型医共体）成立于2017年7月，下辖9个分院，74个延伸举办村卫生所，是建宁唯一一所现代化的二级综合医院，总部占地面积约18600平方米，建筑面积约23600平方米，开设病床260张（含精神科40张），现有在职干部职工总人数365人，其中专业技术人员295人，高级职称40人，中级职称70人。分院共承担全县近16万人口的医疗、急救、保健、康复和基本公共卫生服务任务。医院被卫生部授予“爱婴医院”，也是“省立医院协作医院”“交通事故伤员救治定点医院”。

三医联动——建宁县公立医院改革措施

自2012年以来，按照市医改领导小组统一部署，坚持问题和目标导向，市、县、乡、村统筹推进医药、医保、医疗“三医联动”综合改革。目前医改工作取得了较大成效，初步呈现了患者、医院、财政（医保基金）等多方共赢的局面，得到中央、省里的肯定和社会认可。建宁县总医院的医改就是按照三明医改的路径和政策，一步一个脚印落实，主要做法有：

（一）政府主导办医，高位推动改革

建宁县委、县政府历来高度重视医改工作，明确领导、管理、监督、保障责任，先后调整成立深化医药卫生体制改革领导小组、公立医院管理委员会等议事协调机构，由县委书记、县长分别亲自担任组长、主任，由一个分管副县长统一医药、医保、医疗所涉及职能部门，部门之间协调配合。政府在政策、资金上给予大力支持，初步建立“硬件靠政府、运行靠自身”的良性机制，使医院院长能把更多精力放在医院精细化管理和医院内涵建设上，不断提升医疗服务质量和水平。

1. 加大财政投入力度，着力补齐医疗卫生短板

一是加强基础设施建设。2014 年 1 月，县政府投入 4000 万元建设的新门诊综合楼投入使用。2017 年，县委、县政府高瞻远瞩，把提高基层医疗服务能力作为实施卫生强基固本提质工程，决定投资 4.65 亿元新建县医院。该项目用地面积约 100 亩，总建筑面积 5.75 万平方米，设计床位 500 张。2017 年 9 月动工，预计于 2020 年年底投入使用。

二是加大设备投入。2013 年以来，建宁县政府先后投入 3000 万元为医院购置了 1.5T 核磁共振、16 排螺旋 CT、数字化 X 光摄影系统（DR）、高清晰度彩超、大型生化仪等一批较为先进的医疗设备。

2. 加大卫生人才政策支持，提升医院软实力

为解决卫生人才紧缺问题，近年来，建宁县委、县政府根据医疗卫生的实际出台了多项卫生人才扶持政策。2018 年出台了《关于进一步加强建宁县卫生事业人才队伍建设的意见》。一是设立县总医院人才扶持专项基金，每年 100 万元。二是建设县总医院人才公寓 1—2 栋。三是提高在职高层次卫生事业人才待遇。四是改善乡镇基层卫生事业人才待遇。同时，实行灵活的编制形式和优惠的聘用政策，实施人才培养和素质提升工程，进一步吸引和培养优秀医学人才。

（二）三医联动，组合出拳

2012 年 2 月三明医改以“治混乱，堵浪费”为切入点，推进医药、医保、医疗“三医联动”综合改革。

政府通过实行药品（耗材）零差率销售，药品（耗材）联合限价采购，挤压药品（耗材）虚高水分；医院内部通过控制医药费用，做到合理用药、合理检查、合理治疗，堵住药品耗材浪费，实现药品耗材量价齐降，为“腾笼换鸟”调整医疗服务价格创造空间，在此基础上，通过提高医疗服务收费价格转化为医院的合理收入，为提高医务人员薪酬待遇提供财力保障。具体来说：

1. 在医药改革方面

严格落实药品（含中药饮片）、耗材零差率销售，药品、医用耗材联合限价采购和“两票制”。同步实施“腾笼换鸟”，调整医疗服务价格，充分体现医务人员劳务价值，不断优化医院收入结构。例如，普通门诊诊查费，主任医师从原来的20元提高到45元，而医保基金可以报销18元。

2. 在医保改革方面

在2016年、2017年全病种付费改革的基础上，从2018年1月1日起，实行住院费用按疾病诊断相关分组（C-DRG）收付费改革。结算原则是：定额包干、超支自付、结余归己。在我们医院，按疾病诊断个人自付30%、基金报销70%，相比之前，平均每个病种报销比例提高约10%，减轻了患者的负担。

3. 在医疗改革方面

规范用药行为，严格控制“大处方”、大检查。从2015年起，我院积极推行“全员目标年薪制”和“年薪计算工分制”，将全院职工分成医疗、护理、行政后勤三个团队，以科室为单位，通过工分制计算考核来实现公平、公正、公开年薪分配，落实向能者倾斜、向一线倾斜、多劳多得、优绩优酬的薪酬分配制度，按绩效考核拉开收入差距，调动大家的积极性。医务人员目标年薪有所提高，以住院医师为例，医改前每年约5万元，2017年达到目标年薪11万元。

（三）医改成效初显

通过“三医联动”的一套组合拳，促使医疗行为回归医学本质，做到合理检查、合理治疗、合理用药，医改成效初显，医院收入更趋合理：医疗服务性收入占比从2012年的17.5%上升到2017年的45.5%；药品收入占比从2012年的53.2%下降到2017年的29.7%，检查化验收入占比从2012年的30.5%下降到2017年的24.8%。

（四）构建紧密型医联体（总医院）

2017年4月，三明市委、市政府提出组建总医院的意见。9月10日，按照建宁县委、县政府统一安排部署，9个县总医院乡镇分院挂牌成立，标志我县紧密型医联体完成组建。医联体以县总医院为龙头、乡镇分院为骨干、村卫生所为基础，形成县乡村三级医疗卫生服务体系，进一步深化医药卫生体制改革，有效整合全县医疗卫生资源，提升基层医疗服务能力，推进分级诊疗。

（五）推动医疗资源下沉

组建医联体后，建宁总医院积极履行公立医院社会职能，发挥县域医联体优势，促进优质医疗资源下沉，医疗人才双向流动，实现县、乡医学检验、检查结果互认，提高基层医疗服务能力。县总医院由一名副院长主抓分院工作，组建8支优质医疗资源下沉服务队伍，分别由县总医院一名班子成员带队，逢墟日分赴各基层分院开展诊疗活动，通过“传”“帮”“带”，提升基层医务人员专业技术水平。

（六）推进县域分级诊疗

建宁总医院全面贯彻落实“分级诊疗、双向转诊”工作制度，通过下沉病种工分，鼓励引导县级专家下基层开展诊疗工作。发布医共体能力共享清单，推动检查结果互认，建立区域资源共享机制，支撑分级诊疗基础。确保形成“小病不出乡、大病不出县”的分级诊疗格局。

（七）加强信息化建设

在推进医改的同时，我们也逐步推进信息化建设。一是着力打造“互联网＋医疗＋金融”。2018年4月24日，建宁县总医院和建宁县信用联社举行“银医通”项目升级合作协议签订仪式，患者在自助机或者窗口都实现了微信支付、支付宝支付、银联云闪付支付，极大地方便了患者就诊缴费。

二是着力打造“微信智慧医院”。患者只需要关注建宁县总医院微信公众号，就可实现挂号、缴费、检查预约、报告查询等贯穿就医全流程的便捷服务。同时与微信、支付宝等第三方支付平台合作，实现安全扫码、微信支付、支付宝支付和云闪付。

三是着力打造“远程智慧医院”。我院作为省立医院、协和医院、福建医科大学附属第一医院及孟超肝胆医院等大型三甲医院的医联体单位，2018年参加了集体远程培训5次，参加人员360余人次，开展远程影像会诊23人次。对基层我院已建设县域心电中心，项目上线以来，已经给基层分院做远程心电诊断

140余人次。2019年我院还将建设县域影像中心，县域检验中心、县域病理中心和县域远程会诊中心。

（八）落实健康扶贫工作

1. 建档立卡贫困人口医保统筹

做好建档立卡贫困人口和省定扶贫标准下的低保对象数据与医保系统对接。我县建档立卡贫困人口和省定扶贫标准下的低保对象于2018年11月动态调整后，确认有6208人（与县医保数据一致），我县将这些人员全部纳入了城乡居民医疗保障管理信息系统，同时实现了城乡居民基本医疗保险、大病保险、医疗救助与精准扶贫医疗叠加保险“一站式”结算，在三明市统筹范围内所有定点医疗机构和福建省立医院、协和医院、肿瘤医院、武警总院四家可实现即时结报，并将人员信息、救治信息、管理信息全部收录全国健康扶贫动态管理系统。

2. 三个一批分类管理

将建档立卡农村贫困人口，实行大病集中救治一批、慢病管理一批、重病兜底保障一批原则，保障群众健康。对患13种大病人群开展定点医院集中救治；对患慢性病人群（高血压、糖尿病、结核病、精神障碍等）开展每年4次的面对面访视、1次健康检查；对重病人群在医疗保障方面实行兜底政策；对健康人群开展每年1次的健康知识宣传、家庭访视、健康检查，促进健康教育；为每人建立一份动态管理的电子健康档案。实行县内农村贫困人口住院先诊疗后付费。

（九）家庭医生签约履约服务工作

围绕基层医疗机构服务模式转变的要求，我县把乡村医生签约服务作为基层卫生工作的一项重中之重工作抓紧抓实，建立起签约家庭与乡村医生及服务团队之间长期、稳定、连续、可及的服务关系，促进分级诊疗和有序就医格局的形成，不断提升农村居民健康保障水平。全县成立家庭医生签约服务团队90支，成员由县医院医生、乡村医生、全科医生、护士和公共卫生科等218人组成，主要以基本型或标准服务模式为主。截至2018年11月30日，全县建档立卡农村贫困人口以及省定扶贫标准下的低保对象共计6208人，常住人口签约率100%。

让护理服务迈入“南丁格尔 +”时代

江苏省常州市第二人民医院

国家卫生健康委员会推出的新一轮进一步改善医疗服务行动计划聚焦了五大制度和十大任务，以社会新需求为导向延伸提供优质护理服务是十大任务中重要一条。如何以社会新需求为导向？江苏省常州市第二人民医院院长秦锡虎认为，在深化医药卫生体制改革的背景下，社会新需求涉及提倡预防为主的健康理念、延伸护理服务、提供精细化护理等方面，这就要求革新护理服务。对此，该院提出“南丁格尔 +”的理念，开启了改善医疗服务的特色之路。

一、护理专科化，让护士成为医生的同伴

随着医学的发展，预防为主的疾病防治理念深入人心。党的十九大报告指出，实施“健康中国”战略要坚持预防为主，这使得护理的基本职能发生转变。据介绍，在传统的护理服务中，护士的基本职能为协助医生完成医疗任务，而现代护理则赋予了护士更多的职能，提出了更高的要求。

医务工作者中，护理人员占比超过 50%。其中很多护理人员，有着丰富的护理及临床经验，如果能将护士的作用充分发挥出来，可将医学模式将从以疾病治疗为主导逐渐转变为以健康管理为主导。为此，该院提出“南丁格尔 +”理念，即护理人员不仅要熟练掌握基础护理理论和技能，还要向专家化、专科化甚至亚专科化发展。只有让护士的职能由医生的助手提升为医生的同伴，医疗服务才能得到进一步改善。

为此，常州市第二人民医院为具有丰富护理和临床经验的护士开设护理专家

门诊，并配备了专门的病床。自 2010 年 8 月开设常州市首家全日制糖尿病护理门诊以来，现有慢性伤口、助产、产科营养等 8 个护理门诊，真正体现了护理专业在患者长期康复过程中的职业价值。

提起开设护理门诊在改善医疗服务中的作用，该院伤口治疗中心主任、常州首位国际伤口治疗师韩云芳举了一个例子。

由于动脉供血闭塞，患者小张的脚趾已经全部坏死发黑，伤口散发着恶臭。这种糖尿病足，即使截肢伤口也难以愈合。今年 4 月，怀着仅剩的希望，小张来到该院创面修复中心。经过一个月的住院治疗，小张不仅伤口明显好转，全身感染也得到了控制。

韩云芳说："统计数据显示，糖尿病足截肢后的 5 年存活率为 46%，保肢的存活率则有 80%。对于这种并发症极多的慢性伤口，只有具备保守治疗的能力，才能提高患者生活质量。"

早在 2014 年 11 月，韩云芳就在医院的支持下，在全市率先开设了慢性伤口门诊。仅 1 个月，就诊人数就增加了 3 倍有余。

然而，诸如糖尿病足、压疮等慢性伤口，患者一般年龄较大，且伴有全身器官衰退等问题，需要能够长期稳定的全方位治疗，门诊已经无法满足。2016 年 6 月，该院尝试在外科病房设置 6 张创面修复专科床位，很快便一床难求，年接诊疑难伤口患者达 3600 余例。于是，2017 年 9 月，该院开设独立的创面修复专科病房，由护士担任科室副主任，这在江苏乃至全国都尚无先例。目前，床位增加到 43 张，仍旧满负荷运转。在这里，护士从医嘱的执行者转变成为治疗的主导者。慢性伤口的治疗，也从最初的"单打独斗"，发展成为"团队作战"——拥有国际伤口治疗师、伤口造口师等近 10 人。

两年来，该院在各个院区及紧密型医联体内，逐步开设护理专科专病门诊，并成立了医、护、治一体化的伤口治疗中心，形成了以伤口治疗师为主、多学科合作的新模式，门诊患者遍及江浙沪等地。

创面治疗中心的发展并非个例，在"南丁格尔 +"时代影响下，常州市第二人民医院培养了一批兼具熟练专业技能和丰富临床经验的护理专家，他们的工作不再是单纯的护理患者，执行医嘱和协助医生完成治疗，而逐渐演变成为能单独坐诊的专家、医生的合作者和治疗的主导者。

秦锡虎说："如果护士上了年纪，可能眼睛花了，针也扎不准了，慢慢地，就会丧失职业认同感。若把这些经验丰富的护士充分调动起来，让她们开设专家门诊，将丰富的经验转化为患者的获益，她们的职业认同感自会上升。"

二、延伸护理服，从"医院"走向"家庭"

魏大爷（化名）年届六旬，住在横山桥镇，尽管在一次体检中发现自己血糖偏高，却未曾到大医院就诊，只是随意在家门口的药店里买些降糖药吃着。

吃了两年，魏大爷仍旧常常觉得口干，有时稍一错过饭点就会饿得手抖，有一天早上起床时甚至两眼发黑。他并不知道，这一切都是自己血糖波动太大造成的，等症状过去了就算了。

2017 年 8 月，该院与横山桥医院签订慢病精细化管理协议，对村（社区）糖尿病患者实施"筛查、诊治、预约、转诊、康复"五位一体综合管理。在筛查中，魏大爷被确诊为糖尿病人。韩云，该院血糖管理团队的护理人员之一，发现魏大爷对糖尿病一无所知，更加谈不上科学控糖了。

像魏大爷一样，因为缺乏认知而导致病情加重的人不在少数。该院一边开展血糖科普，一边进行院外血糖管理项目，将血糖信息化管理系统与移动居家平台无缝衔接，实现对糖尿病患者血糖全病程跟踪管理。

魏大爷从团队那免费租来一个血糖仪，每次的测量结果都会上传到韩云的手机上。"通过这个远程系统，我可以监控他们的血糖波动情况，波动程度较小的交由社区医生管理，而长期波动程度较大的，则建议到该院来就诊。"韩云说。

随着人们生活水平的提升，对医疗服务的需求已不再局限于"治病"，如何预防和管理慢性疾病，成为健康生活的新焦点。借助信息化手段，该院率先开始探索"医院—社区—家庭"延续式居家护理模式，将护理服务从院内延伸向院外。

"为了更好地将三级医院护理工作范畴与慢病管理、居家护理相融合，让优质护理服务从院内扩展到院外、从病房延伸到家庭，我们做了很多努力。"常州市第二人民医院护理部主任徐宇红介绍说，一方面，以“万家灯火大讲堂”“健康教育联盟”及患者联谊会或专病俱乐部等系列活动为载体，面向有医疗性护理需求的出院患者，提供专业医疗护理、康复促进、健康指导等服务；另一方面，借助移动居家护理平台，让专科护士开设在线护理诊所，随时与患者互动交流，帮助患者或照护者掌握必要的护理技巧、健康知识等。

这份努力，现在已经开花结果。得益于该院开展的糖尿病全程精细化管理，99 位居民血糖达标率由 13.3% 上升到 31.8%，糖尿病的知晓率由 41.5% 上升到 79.2%；糖尿病慢性并发症筛查率由 9.9% 上升到 45.1%。

三、护理联合体，从“输血”走向“造血”

赵先生（化名）刚刚在该院完成手术，病情平稳后，下转到离家 10 分钟车程的天宁分院，方便家人照顾。

由于需要长期输液，赵先生的胸口埋着深静脉置管。开始，他有些担心在社区医院得不到良好的照顾,可护士熟练的操作和细致的关怀很快打消了他的顾虑。

天宁分院副主任护师秦微萍，现在已经是维护深静脉置管的一把好手，每天为患者进行评估，若是需要就进行敷贴换药。而几年前，赵先生这样的情况，还需要回到大医院去换药。

随着医联体的开展，不仅社区医生的诊疗能力获得了提升，社区护士的护理能力也随之精进。

徐宇红表示，社区居民需要优质的医疗服务，这其中既包括了医生的诊疗服务，也包括了护士的护理服务。要达到这一目标，仅凭大医院的专家下沉是远远不够的。只有配合医联体工作重心下移，优化护理资源合理配置，同时促进优质护理资源下沉，才能提升基层医疗机构护理服务能力，实现医院、社区、群众三赢局面。

该院曾先后两次从动机、态度、知识、技能、个体特征等多维度，对 239 位基层护理人员开展专题调研，结果显示，占前三位的是基层护理人员对慢病及社区知识需求占 75%、护理人际沟通 71.9%、心肺复苏 68.8%。由此可见，基层护理人员综合素质提升迫在眉睫。

早在2011年，常州市第二人民医院便与青龙街道社区卫生服务中心（现该院天宁分院）建立了全市首家市级医院与社区服务中心共同建立的专科病房——风湿关节病专科。病房建立初期医院派遣6名护士作为护理人员主力军，经过6年的持续培养指导，在护联体内建立起了一支“带不走”的护理团队。

如何才能使社区的年轻护理人员尽快独当一面呢？

常州该院采取了“导师制”，由派驻护士与护联体护理人员“结对子”，一方面通过三甲医院“走下去”，实行驻地指导带教、护理查房、业务讲座、特殊病例讨论、疑难问题解答等形式，另一方将护联体人员“带上来”参观交流、进修学习和专题培训，从理论到临床实践全面提高社区人员的护理水平。

天宁分院风湿关节病共建病区作为常州该院探索护联体团队建设的试点病区，已初见成效。下一步，该院将把上述成功的经验和做法形成可推广、可复制模式，移植于新建的产科共建病区以及即将建立的普外科、骨科、儿科、神经外科等病区。争取每增开一个共建病区，帮助其发展一支护联体队伍，让授人以渔成为一项长期工程，真正提升基层医疗机构自身的护理服务能力。

把握信息时代脉搏
实现医院服务能力和管理水平跨跃

河北省玉田县医院 沈立永 杨 波

玉田县医院是一所二级甲等医院，开设21个临床科室，现有床位700张，职工995名，担负全县66万人民群众的医疗保健任务。近年来，我院坚持以病人为中心，以创建省级优质医院为目标，大力加强医院信息化建设，有效地促进了医院的科学进位，跨越发展。在实践中我们深切体会到，加强医院信息化建设，对于加快推进医院的改革与发展，提升医院的服务能力和管理水平，满足人民群众日益增长的健康服务需求都具有重要作用和意义。

一、领导高度重视，职工思想统一，是信息化建设取得成效的根本保证

加强医院信息化建设，是医院现代化的必由之路，也是现代医院管理者的重要任务。对于这种现代医院管理的新观念、新方法，只有医院领导者具有科学的态度、前卫的理念、高度的重视、果断的决策才能真正取得实效。我院信息化建设始于1998年，14年来，每任领导虽然对医院管理有着不同的思路，但是在加强医院信息化建设方面思想却是高度一致的。为加强信息化管理，医院成立由院长挂帅的信息化领导小组，设立了信息科，配备4名专职人员，而且院长经常主持召开调度会，研讨会，安排部署信息化工作，从人员、资金等方面对信息化工作给予大力支持。正是有我院几任院长的高度重视，坚强领导，坚定决心，领导班子成员分工合作、密切配合、倾力支持，才使我院的信息化建设走在了全市乃

至全省同级医院的前列。在领导高度重视的同时，我院注重将职工思想统一到医院部署上来，从初期局部的 HIS 系统，到以后每一次系统升级、拓展、改造，实施前都认真组织职工培训，反复给职工讲解现代医院发展形势、介绍信息化管理理念和知识、分析信息化管理带来效率和效益的进步，使其认识到信息化建设在医院发展中的重要作用，确保全院职工积极主动地配合医院搞好信息化建设。

二、信息化建设难在开端，重在管理，贵在提高

建设符合医院管理和发展实际的信息系统是一项艰巨的工程。我们认为，与业内比较成熟的开发商合作是一个便捷途径。在事前认真考察，充分与合作者接洽、阐明医院的管理特点和需要的基础上，开发出来的软件才会更加适合医院管理的需要。同时，引进和培养专业能力强、政治素质高、具有高度事业心、责任感的网络信息管理人员，强化管理，对信息化建设起着重要作用。我院从建设初期，就着手引进和培养这方面的人才，经过多年的努力和实践锻炼，目前我院信息科人员都能较好地胜任本职工作。从而保证了我院信息管理系统功能得到最大限度的发挥和安全、有效的运行。另外，医院信息化建设是一个渐进渐新，不断完善、不断提高的过程，只有通过医院与开发商的共同努力，按照业务需求，对系统功能进行不断地改进完善，才能更好地适应医院改革与发展的需要，才能满足人民群众不断增长的健康服务需求。

三、突出“以病人为中心”，注重科学管理，正确把握医院信息化发展方向

为贯彻新时期医疗工作方针，我院确定了以病人为中心，以加强医院管理为核心，建设先进、安全、规范、高效的医院信息化应用系统的建设方向。为此，我院在信息化建设过程中着重把握以下几点：⑴真正突出以病人为中心，改变强调经济为重点的设计思想；⑵注重提高医疗质量管理，简化病人诊疗流程，缩短候诊时间和住院停留时间，提高医疗资源的利用率；⑶充分调动和发挥全院职工的积极性，为信息录入和传递提供良好服务平台；⑷门诊病人信息处理的实时性、关联性很强，要保障信息录入传递的方便、准确、快捷和共享；⑸加强临床医学信息的管理和开发，实现医生工作站向电子病历过渡。⑹实现医学影像、检验报告以及临床申请与报告的快速传送。

四、统一规划，分步实施，有序推进信息化建设

为保证信息化建设科学化、持久化，我院除了制订年度发展计划外，还制订了信息化中长期发展规划。我院正是按照规划设计，做到突出重点、有序推进、科学发展。自 1998 年建立初级的医院信息系统后，又逐步引进了护士工作站、增设了 LIS 系统、PACS 系统、漏费控制系统、电子图书系统、病案管理系统、门诊挂号系统、住院医生工作站、临床用药安全监测系统等。2010 年中央财政安排专项资金，实施县医院能力建设项目以后，我院又按照上级文件要求，更换了病案管理系统，安装了网络安全管理系统、分诊排队叫号系统、权力运行监控系统、门诊医卡通系统、住院电子病历系统。据统计，自 1998 年开始信息化建设以来，我院在信息化建设上已累计投入资金近千万元。

通过信息化建设，有效地节省了人力，强化了管理，提高了效率，改进了工作，方便了病人，优化了服务。这种效果主要体现在以下方面：一是为领导决策提供了有力的支持，为推进医改工作的顺利进行提供了有效保障。通过信息化，使医院的业务和管理信息能够及时传递与共享，为领导决策提供科学依据；同时，信息化将医院的定量管理、绩效考核变为现实，使管理更加科学化、规范化。二是工作效率得到显著提高。信息化管理既节省了人力，使业务人员腾出更多时间投入到医疗、护理工作上，又大大缩短了患者的就诊等候时间。同时，为科研工作的开展提供了更加准确的资料与信息。三是 PACS、LIS 系统的应用产生了巨大的社会效益和经济效益。按照河北省收费标准，目前我院 DR 平均透照费用大幅降低，患者不需要取胶片就可就诊，不仅缩短了患者就诊时间，而且为患者节省了胶片费用，该系统投入使用以来，已为患者节省医疗检查费用达 1000 余万元，且影像质量优化率达到 100%。四是电子病历系统的应用，规范了医生的诊疗行为，提高了医疗质量，实现了数据共享，提高了诊疗速度，节约了就诊时间。五是大型设备漏费控制系统的引进，基本杜绝了医技检查跑漏费现象。据统计，每年可使医院减少资金流失达100万元。六是临床用药监测系统保证了患者用药安全，有效地防止了重复用药、超剂量用药、配伍禁忌等现象发生。七是远程教育系统使我院广大医务人员每年享受100多场次的专家讲座，每年通过远程教育网络直接听课达10000余人次。八是实现了疫情、突发事件和医疗统计数据的网络直报。九是与新农合、社会保险和医疗保险实现接口对接，共享准确可靠的医疗信息。十是电子图书系统2000多套国内外医学期刊杂志的存储量，在减轻书刊订阅费用负担的同时，又使职工增加了知识面。

可以说，信息化给我院的发展注入了巨大推力，带来了丰硕的成果。2008年我院被省卫生厅评为诚信医院。我院虽然在信息化工作中取得了一些成绩，但是与人民群众的要求还有一定的差距。今后我院将按照上级有关文件要求，进一步完善医院现有信息系统功能，加快基于电子病历的医院信息平台建设，尽快完成与市区域卫生信息平台对接，实现互联互通和数据共享，打造一个全新的数字化现代化医院，更好地为人民群众健康服务。

服务新时代 展现新作为 助力全民健康

山西省朔州市平鲁区医疗集团人民医院

即将过去的2018年，区医疗集团人民医院认真贯彻落实党的十九大和习总书记视察山西重要讲话精神，紧紧围绕区委全年工作要点和本单位年度工作目标，全面深化全区区乡医疗卫生机构一体化改革，坚持发展才是硬道理，稳扎稳打，本年度各项工作得到稳步发展和持续推进，现将一年来工作总结如下。

一、加强党的领导和党的建设

按照区乡医疗机构一体化改革目标任务要求，经区委常委会批准同意，成立区医疗集团党委，选优配强党委班子，充分发挥党组织的政治核心和战斗堡垒作用。持续深入开展“不忘初心、牢记使命”主题教育。

扎实推进“两学一做”学习教育常态化制度化，坚持融入日常、抓在经常，党委书记讲党课5次。认真开展“三基”质量提升年活动，落实目标任务，实施标准化建设，制作十九大和习总书记系列重要讲话党建知识宣传版面，设立党员监督台，实行党务公开，接受群众监督。建立党员示范岗，充分发挥党员模范带头作用。严格执行“三会一课”制度，召开民主生活会、谈心谈活、民主评议党员各1次。组织全体党员和积极分子利用清明、“五四”等节日开展主题党日教育活动，重温入党誓词。组建党员志愿者医疗服务队，共50多人下乡进村入户开展健康扶贫12次。

二、年度目标任务完成情况

（一）主要业务指标完成情况

今年以来，门诊人次 11 万人；住院人次 5578 人；治愈好转率 98.1%；病床使用率 97.6%；出入院诊断符合率 99.2%；医疗业务收入 3800 万元，其中药品收入 1136 万元，药占比 30%，同比下降 12.6%；医疗服务收入 2655 万元，同比增长 13.5%；门诊次均费用 153 元，住院次均费用 4513 元，增长率均控制在 10% 的自然增长范围之内。

（二）医疗质量持续提升

严格依法执业，规范诊疗行为，深入贯彻落实《医疗质量管理办法》《医患纠纷预防和处理条例》，加强组织领导，落实主体责任，牢固树立底线思维和“红线”意识。严格病历考核奖惩，病历合格率达 97.8%，严格遵守 18 项医疗质量安全核心制度，积极开展自查自纠，建立各科室医疗质量（安全）不良事件信息采集、记录和报告相关制度，严格规范临床操作，医疗质量安全事件报告率 100%。扎实推进临床路径及单病种质量管理控制工作，今年以来，进入临床路径 1720 例，入径率 31.8%，纳入单病种管理 2615 例，占住院总人数的 47%。

（三）护理工作稳步扎实

持续深化优质护理服务，优化服务流程，创新服务理念，确立以患者为中心的服务导向，实现院前、院中、院后无缝隙服务。落实责任制整体护理，围绕“质量就是生命、安全就是效益”这个核心，强化护理安全，加强对危重患者的日常跟踪、管理、指导，减少不安全事件的发生。加强护理人员学习培训教育，组织全体护士集中培训 10 次，外派参加三级医院护理规范化培训 15 人。借“5•12”护士节召开之际，举办“护理指南演讲”比赛，开展护理岗位技能大赛，展现护理队伍风采。

（四）实施人才引进，助力能力提升

按照“广纳人才、拓展服务”的总体思路，在与普外、血管外、肿瘤、内镜、白内障等多位省内知名专家教授长期合作的基础上，今年以来，医院积极行动，

根据科室及患者需求，与省内知名妇科、眼科、心内科专家签订长期合作协议，省级专家教授每月定期来院开展诊疗服务。今年以来，专家教授来院指导开展腹腔镜胆囊切除术 72 例、前列腺电切术 5 例、下肢静脉曲张手术治疗 12 例、甲状腺切除术 3 例、白内障超声乳化术 90 例、胃肠镜诊断治疗 690 例。在专家教授的引领带动下，医院的医疗服务能力得到有效提升，临床诊疗技术水平也在不断提高，本院已能够独立自主开展腹腔镜阑尾切除、腹腔镜消化道手术治疗等多种新诊疗服务项目，服务范围得到进一步拓展。

（五）加强医疗体建设，人才队伍建设，提高自身综合实力

继续深化与省肿瘤医院、同煤总医院等三级医院的医联体协作关系，加强沟通、加深合作，今年以来，上级医院共派驻医务人员 14 人，参加帮扶科室查房、坐诊、病例讨论等日常工作，开展学术交流讲座 7 次，有力地促进了我院诊疗技术水平的提高。加强人才队伍建设，着力实施人才招聘计划，缓解人员断档、不足现状。今年以来，通过政府统一招聘医务人员 2 名，院内自主招聘临床医疗、护理、医技人员 10 名，充实临床一线。加强职称评聘考核，健全完善职称聘任考核办法。今年以来，续聘副高级职称 5 人、中级职称 11 人、初级职称 8 人。新聘业务能力强、综合素质高的主任医师 2 名，副主任医师 8 名，高级职称占比达 23%，有 21 人报考高级职称，11 人报考中级职称。进一步夯实了临床诊疗技术力量，为医院的发展提供了不竭的动力。加强医务人员知识和技能培训，今年以来，完成医师电子化注册培训 83 人，继续医学教育登记 213 人，普法教育考试及格率达 100%，外派 85 人参加省、市各类专业技能、进修学习、培训教育共计 38 次，院内有针对性地举办气管插管、重症监护护理培训等专业培训、学术讲座 11 次，培训医务人员 850 人次。强化“三基”训练，组织临床医务人员进行“三基”理论考试 2 次，及格率达 75% 以上，巩固并提高了临床医务人员的基本知识和技能。

（六）加强院感防控，预防保健扎实有效

紧盯重点科室、部门、关键环节，严防死守，严格要求，坚决杜绝院内感染事件的发生。加强医疗废物管理，严格规范医疗废物分类、收集、暂存流程，并按照院感和环保部门要求，新建规范化垃圾处理中心，集中分类处理医疗及生活垃圾，避免造成院内二次污染。定期对院内排放污水进行检测，达到城建环保部门排放标准。根据“二甲”医院建设和院感要求，重新启用及改造扩建医用酸化水系统，满足全院消毒需求，大大降低院感发生概率，提升医院整体消毒水平。开展基层医疗机构医疗废物规范化管理培训工作，普及院感防控知识。预防保健有序扎实。积极与区妇保站配合，提升妇幼健康水平。落实产前免费检查任务，今年以来，共为400多名产前妇女开展量体重、测血压、听胎心建档服务。开展产前饮食注意事项、孕期用药指导等健康教育，发放叶酸片，免费开展产前唐筛457人，开展宫颈癌筛查1484人，发现疑似高危15例。开展产前艾、梅、乙传染病筛查787例。完成新生儿疾病筛查338人、听力筛查358人，新生儿乙肝疫苗接种402人、卡介苗接种392人。按照卫生行政主管部门安排，完成与区疾控中心的疫苗接种任务交接，并按照要求，高标准建设预防接种中心，今年以来，已完成儿童预防接种、成人流感疫苗接种370例，狂犬病疫苗接种129例。积极开展结核病防治工作，早发现、早干预，完成对全区中小学、幼儿园学生2600多人的结核菌素试验。加强食源性疾病的安全风险监测，食源性疾病病例监测125人。落实死亡病例报告制度，死因监测登记上报85人，全面落实艾滋病病毒抗体筛查工作，完成抗体筛查5333例，其中孕产期监测1074人。落实传染病上报工作，完成传染病上报192例。扎实开展健康体检工作，今年以来，完成中高考、征兵、老干部等各类体检8000人，圆满完成全区大型活动、会议、医疗救援、消防演练等各类政府指令性医疗保障任务33次。按照区政府安排部署，配合区分安分局，高标准完成了病残吸毒人员收治专区建设。

（七）落实惠民政策、开展“健康扶贫”

持续实施“先住院、后付费”诊疗服务模式，今年以来，共为城乡居民住院患者3115人垫付医药费用748万元。对全区农村建档立卡贫困户实行住院报销“一站式”办结服务，共为381人垫付医药费191万元。开展城乡居民慢性病直报工作，共为233人直报慢性病费用9万元。同时，对全区“五保”供养人员实施免费诊疗服务，共为204人垫付61万元医药费用。开展“服务百姓健康行动大型义诊”

活动，进单位、进街道、进养老院，为群众量血压、测血糖、进行健康宣教，发放宣传资料 1 万多份。落实“健康扶贫”目标任务，今年以来，共抽调组织医务人员 380 多人次，分 57 批次赴双碾、下水头、榆岭等 11 个乡镇卫生院 42 个行政村，进村入户，为 2024 户贫困户重点人群 6075 人上门服务量血压、测血糖、超声检查、健康宣教等服务，免费发放药品 4 万多元，发放宣传资料 5000 多份，受到基层群众的广泛欢迎。按照省卫计委要求，在各乡镇卫生院组织开展实施“基石计划——糖尿病诊疗基层行”帮扶项目，集中培训乡镇卫生院医生 2 次，为 900 多名高危人群进行血糖和糖化血红蛋白筛查，并现场指导乡村医生，提高乡镇医生的慢病服务能力。

（八）加强医院管理，创优发展环境

建立现代医院管理制度，狠抓管理，强化责任落实，向管理要效益。班子成员带头履职尽责，身体力行，坚持行政查房制度，将每月一次的行政查房改为每半月一次，由过去单一的检查环境卫生变为多部门联动，列出任务清单，突出检查重点，有针对性地深入各科室进行检查指导，发现问题，现场处理、及时整改，并开展回头看，真正发挥职能管理作用。健全人才招聘管理制度，规范人力资源管理办法，建立科学合理的选人用人机制。严格药品、耗材、设备、后勤物资采供管理，规范采购流程，严格计划、申请、审批制度，严把产品质量，做到物有所值，发挥经济效益。加强内控管理，严格财务内部审计，坚决杜绝不合理支出。

充分发扬民主，实行院务公开，医院“三重一大”事项，都要通过前期广泛征求群众、职工、专家等各方意见建议，在专家技术委员会充分论证的基础上，经院委会研究决定，报党委会批准，经职代工表决同意，方可实施，充分发扬民主，体现职工意愿，实现真正意义上的民主、公开、透明。加强基础设施改造建设，设备更新换代，提升整体服务能力，夯实医院发展实力。基础设施建设方面，今年以来，按照“二甲”医院建设标准要求，高标准改造建设重症医学科，配备医务人员，配套先进医疗设施设备，现已投入运行；由专业制氧设备生产厂家技术人员对设备老化、故障不断的制氧系统进行全面更新维修，更换压力泵、分子筛等主要制氧设备，并为急诊科改造了氧气管道，为内科、心内科增加了氧气口，满足了临床一线需要；对设施陈旧的病房卫生间进行了全面升级改造，优化空间布局，安装品牌洁具，配备热水器、输液吊轨、扶手等设施，提供人性化服务，提升住院患者就医满意度。在取得预期效果的情况下，经过充分论证，广泛征求意见的基础上，对住院楼及门诊楼公共卫生间进行整体维修改造，彻底改善脏、乱、差现象，提升服务品质。为满足急救工作需要，将急诊科进行整体改造扩建，配备先进诊疗设备，打造全市一流急救中心。加强医院用电安全，提升应急保障能力，对配电设施进行了技术改造，并购置安装了应急发电机组。

按照院感要求，高标准改造建设内镜室，优化内部诊疗服务环境。门诊楼购置安装了一部电梯，满足了患者和工作需要。为缓解临床科室病床紧张现状，合理优化空间布局，制作安装断桥铝隔断将住院楼电梯间改造为病房等。合理优化院内各科室空间布局，充分利用现有空间，改造安全通道，为儿科、药剂等科室增加库房；改造检验科窗口布局，优化临检环境；改造优化药剂科布局，改造影像科安全通道，改造三楼会议门窗，制作安装外接消防通道，改造住院楼一楼大厅，门诊楼走廊安装耐腐蚀、易清洗高档洁净板墙裙、扶手等设施。医疗设备更新方面，为消毒供应中心更换了等离子灭菌器；购置新增一辆 120 急救车，满足临床急救工作需要；为检验科更新购置全自动生化分析仪一台；为急诊科购置心肺复苏仪一台；为妇科购置听力筛查仪；为手术麻醉科更换高、中、低过滤器等。开展院容院貌整治，院内种花植绿，粉刷各科室走廊，美化院内环境；实施亮化工程，室外制作安装门诊楼、住院楼冲空字，根据各科室需要，为门诊、住院每个房间以及各楼层走廊安装高效节能照明灯具。加强安全防范，维护更新院内监控设施，增加监控探头、服务器等。为门诊诊室及住院楼医生办公室更换高档办公桌椅，为医护值班室更换衣柜等，为医务人员提供温馨舒适的工作环境。

（九）加快推进信息化建设

健全信息化管理体系，充分发挥信息化在医院管理中的重要作用。完善电子病历系统，新增门诊医生工作站，优化门诊诊疗流程。启用影像传输系统，实现图文并茂、易于存储等多项功能。完善药品采购预警系统。购置更新服务器，更换临床、医技、职能科室计算机 120 台、打印机 50 台。安装检验结果自助打印工作平台，为影像科安装自助打片机，提高工作效率，提升群众就医体验度。重新建立并启动与北京301医院的远程医疗协作关系，实现与国内知名医疗专家的良性沟通与互动，满足了群众不出家门就能享受国内顶尖专家的医疗技术服务需求。自2018年7月份开通以来，共完成内科、心内科、骨科等各类疑难病例远程会诊10例。同时，通过远程信息平台提供优质的远程医疗、远程教育等服务，促进了本院医疗技术水平的提升。加强移动支付平台建设，开通微信、支付宝交费功能，满足群众多样化支付需求。

（十）全面深化区乡医疗机构一体化改革

充分发挥区人民医院集团主体作用，在按照要求完成医疗集团班子组建、“六统一”管理、管理中心和业务中心建设、医疗集团监管机制建设等任务的基础上，一是经区委批准同意，成立了区医疗集团党委，组建了班子。二是加快推进编制人事薪酬制度改革，完善岗位绩效工资制，合理确定绩效工资水平，以增加知识价值为导向，落实医院自主分配权。三是加快推进医疗集团信息化建设。高标准建设区乡医疗信息平台，实现与乡镇卫生院的医疗、公卫、健康管理、绩效考核等信息互联互通，家庭医生签约系统已实现“全覆盖”。四是持续提升医疗集团服务能力。按照区卫计局安排，成功举办全区基层卫生人才能力提升培训会，集中培训乡村基层医务人员150人，讲授常见病、多发病以及慢性防治等知识内容，有效提升基层医务人员整体服务能力和水平。五是加快医技人才招聘步伐，根据岗位实际需求，面向社会公开招聘医技人才，40名符合条件的报考人员已通过笔试、面试、政审，人员招录工作已接近尾声。六是继续实施“一科带一院”帮扶计划，下派专家120人次，对乡村医务人员举办院感防控、心肺复苏等专业知识技能培训、健康讲座15次。赴11个乡镇举办各类义诊活动26次，服务群众3000多人。七是实行医保总额打包付费制度改革。按照“总额预算、按月预拨、年终结算”的方式，与区医保经办机构协商，合理测算预拨金额，签订打包预付协议，从2018年7月份开始，按月将住院费用预拨到位。八是建立医疗服务价格调整机制。按照“总量控制、结构调整、有升有降”的原则，合理提升体现医务人员技术劳务价值的医疗服务价格，与区物价部门配合，对部分服务项目价格适时做了调整。九是加强医疗集团药品供应保障制度建设，严格实行医疗集团药品采购“五统一”管理，严格落实药品采购“两票制”。十是健全分级诊疗工作机制，构建“基层首诊、双向转诊、急慢分治、区乡联动”的分级诊疗模式，完善双向转诊机制，畅通转诊渠道，基本实现“小病不出村、大病不出县”的工作目标。

（十一）加强纪律作风和医德医风建设

坚持严管和厚爱结合、激励和约束并重，强化日常管理监督，加大提醒谈活诫勉力度，深入开展以“力戒形式主义、狠抓工作落实”为主题的作风整顿，重点整治党员干部中存在的“无所谓、不作为、不担当、花架子、落实差”和“吃拿卡要”等不良作风，紧盯“两个责任”落实，强化监督检查，用好问责利器。坚持把纪律挺在前面，强化政治纪律和组织纪律，带动廉洁纪律、群众纪律、工作纪律、生活纪律严起来。加强医德医风教育，坚决整治群众身边腐败问题。严格落实“九不准”规定，坚决杜绝诊疗过程中收受“红包”、开大处方、滥检查等行为，工作作风和行风建设得到明显改观。

（十二）加强“平安医院”建设，创建“文明单位”

加强医疗安全，严格落实责任追究制度，强化日常监管，牢固树立“安全就是效益”的意识。健全完善医疗保障和突发事件应急处置机制，开展突发公共卫生事件应急演练、消防应急演练、电梯逃生救援演练，提升医务人员应急处突能力，检验医院应急保障水平。提高安全防范意识，开展全院安全大检查，对临床用血、消毒供应、毒麻药品、消防、配电、制氧等关键部位重点环节进行大排查、大整治，坚决把不安全隐患消除在萌芽状态。加强医院治安防控体系建设，落实人防、物防、技防，提高医院安全综合防控能力。健全医患矛盾纠纷预防和处理协调机制，规范投诉登记办理流程。加强医患沟通能力培养，将矛盾化解在基层，处理在萌芽，努力构建和谐医患关系。深入开展医疗行业“扫黑除恶”专项斗争，提高政治站位，统一思想认识，成立领导组，抽调专门力量，设立举报信箱和举报电话，加大宣传摸排力度，建立台账，重点整治医疗机构周围医托、号贩子、医闹、血头血霸、黑救护车等，对危害医务人员人身安全，扰乱医疗机构正常工作秩序行为实行零容忍。积极开展“文明单位”创建活动，以“树一流形象、创文明单位”为活动主题，规范文明用语，文明诊疗、文明服务，争创“巾帼文明岗”，争做文明医院人，参加全区“学雷锋”志愿者服务活动。推动学习型医院建设，健全完善学习考核制度，教育引导干部职工善于把学到的本领运用到实际工作中心，做到知行合一、以知促行、以行求知，营造浓厚学习氛围。加强医院文化建设，做优做强院报，广泛宣传党的方针政策和医院发展面貌，以及学科建设成就。学习宣传贯彻党的十九大精神，举办“共享荣光、喜迎十九大”文艺展演。利用春节、“三八”妇女节、“五一”劳动节、“5·12”护士节，举办形式多样、内容丰富的文体活动，丰富职工文化生活，缓解工作压力，大力弘扬医院精神，为医院的发展凝心聚力。

经过全体干部职工的共同努力，医院的面貌日新月异，医院的事业蒸蒸日上，一个功能完备、设备齐全、技术精湛、流程规范、服务优质、作风优良、环境优美、群众满意的区医疗集团新形象展现在全区群众面前。2018 年以来，单位和个人先后获得了“朔州市文明单位”“朔州市计划生育先进集体”“全区健康扶贫暨区乡医疗机构一体化改革先进集体”的荣誉，刘文祥同志被评为“全区模范标兵”“全区优秀共产党员”，刘爱军同志被评为“全市优秀共产党员”，戎占恒等 10 名同志被评为“全区健康扶贫暨区乡医疗机构一体化改革先进个人”，高秀梅同志被评为“全市最美巾帼岗位能手”。

三、工作中存在的问题和不足

成绩固然重要，但存在的问题也不容忽视。首先是人民群众日益增长的医疗健康需求和认知与现阶段医疗服务能力和水平之间还存在一定的差距；其次是人员严重短缺现状还没有得到有效缓解；最后是设备老化陈旧，超期服役，亟待更新。这些问题应及时完善并尽快加以解决。

四、2019 年工作计划

1. 全面加强医疗集团党建工作，充分发挥集团党委“把方向、管大局、保落实”的政治核心作用，确保医院改革正确方向

坚持和完善民主集中制，健全议事规则和决策程序，建好班子、管理干部、

带好队伍。选好用好干部。坚持把医疗集团党的建设与现代医院管理制度建设紧密结合，同步规划，同步推进。进一步落实管党治党主体责任，建立内设机构党支部，选优配强党支部书记，充分发挥党支部的政治核心和战斗堡垒作用。认真贯彻落实《关于新形势下党内政治生活的若干准则》《中国共产党党内监督条例》，推进“两学一做”学习教育常态化制度化。严格“三会一课”，民主生活会和组织生活会，主题党日等制度。严格发展党员和党员教育管理工作。加强党组织自身建设，建设一支政治坚定、素质优良、精干高效的党务工作队伍。

2. 深化区乡医疗机构一体化改革

完善医疗集团法人治理结构，完善内部管理机构，决策机制、议事规则和办事程序，健全民主管理、医疗质量安全管理、人力资源管理、财务资产管理、绩效考核、人才培养培训管理、后勤管理等制度。“三重一大”重要事项和重要问题，经集团党委会议讨论同意，保证党组织意图在决策中得到充分体现。规范集团成本核算、管理，提高资金使用效益。完善分级诊疗体系建设，便捷转诊通道，提供优先服务，依托区级医院建立医不影像诊断、检查检验等中心，推进县域内检查检验结果互认；扎实推进薪酬制度改革，优化薪酬结构；开展远程医疗建设，向下辐射有条件的乡镇卫生院和村卫生室，开展远程医疗、健康咨询服务，提升基层医疗服务能力加强县域医共体建设；加大对乡镇卫生院的帮扶力度，实施精准帮扶；全面提升医疗质量，强化依法执业，落实核心制度，规范诊疗服务行为，健全诊疗科目，提升专科服务能力，夯实平台专科、强化核心专科、打造优势专科，推进优质护理服务。持续增强群众看病就医获得感和满意度。

3. 加强人才培养和梯队建设，加强住院医生规范化培训，订单定向医学生培养等，形成稳定、合理的专业人才队伍

加强在岗全员针对性继续教育，强化临床骨干医师培训，加强老年医学、康复、护理专业人才培养培训，加大人才培养和技术培训，挖掘内部潜力，激励创新创造，建立导向鲜明、激励有效的人才培养、引进和使用模式。积极争取招聘一批临床医技紧缺人才。

4. 加强医联体建设

继续深化与同煤总医院、大同五医院、省人民医院的长效协作机制，引深协作空间和范围，开展急危重症患者的及时转诊救治，有针对性地支持技术力量薄弱科室，如骨科以及产科的产前监测、产中新生儿安全、产后恢复等知识培训指导。开展远程心电监测，检验结果上传会诊，病历质控远程管理等。完善远程会诊服务，加强与北京 301 医院的远程医疗服务协作，促进优质医疗资源下沉，通过远程会诊、远程查房、远程示教等多种形式，提升我院综合服务能力。

5. 加强基础设施建设和设备更新换代

严格按照“二甲”综合医院建设标准要求，规范化改造建设配液中心，提升医院规范化建设水平。高标准建设体检中心，满足多样化需求。计划将理疗、中医针灸、骨科牵引等科室整合为康复科，拓展诊疗服务范围。优化院内空间布局，规范车辆停放秩序。改善办公设施和软硬件配套设施条件，改善医务人员工作和患者就医服务环境。针对现有设备超期服役，老化陈旧现状，分批逐步更新换代，计划为影像科购置移动式DR,为超声科购置彩色多普勒仪,为胃镜室购置麻醉机、更换胃肠镜等设备，为急诊科购置监护仪、清创车、动物咬伤冲洗床等抢救设备，为检验科购置结核肝菌培养箱等，为满足 120 急救工作需要，计划购置 2 辆急救车，提升应急保障能力建设。

6. 全面落实惠民政策

开展健康扶贫工作，继续实施“先住院、后付费”诊疗服务，认真落实全区建档立卡贫困户住院患者“一站式”帮扶政策。加大健康扶贫送医、送药、送健康工作力度，实现真扶贫、扶真贫。

7. 严格药品、耗材采购管理

完善药品保障供应机制，实行“五统一”，落实药品采购“两票制”，优先使用基本药物制度，一次性医用耗材网上阳光采购。适时动态调整医疗服务价格，有效控制医疗费用不合理增长。

8. 加强信息化建设

依托“健康山西”，建设“健康平鲁”医疗服务平台，积极争取上级资金，完善区乡医疗一体化信息平台建设，建立标准统一规范、系统安全可靠、适应城乡医疗改革和发展要求，高效便捷、服务群众的区域医疗信息网。

9. 加强“平安医院”建设

持续深入开展“扫黑除恶”专项斗争，创优诊疗服务环境，构建和谐医患关系。完善医院文化建设，推进医院文明建设再上新台阶。加强学习型医院建设，大兴学习之风，营造善于学习、勇于实践的浓厚氛围。有效应对突发公共卫生事件，圆满完成政府各项医疗应急保障任务。

精准定位高质发展 为健康连云港保驾护航

——连云港市第二人民医院创新管理取得新突破

江苏省连云港市第二人民医院　穆文玲

连云港市第二人民医院始建于1908年，现拥有东西两个院区，前身为美国传教士、医学博士慕庚扬创办的“义德医院”，开创了连云港市以及苏北鲁南地区西医先河。医院在110年的发展过程中，虽历经三次搬迁，四次分合，十次更名，却始终保持着非常优秀的医者品格与文化修为，于救死扶伤过程中拯救了无数人的生命，也给无数个家庭送去了健康的福音，成为当地远近闻名的“海州大医院”和三级甲等综合医院。

在几代二院人的努力下，该院创造了连云港市卫生事业发展史上多个第一：第一所西医院、第一个护士学校，第一所卫校，第一个教学医院、第一个肿瘤研究所、第一个肿瘤专科医院；也成功开展了许多第一例手术，如第一台心脏起搏器植入术，第一台心脏直视手术，第一台肾移植手术……

近年来，连云港市第二人民医院将精准定位作为医院实现高质发展的方向，主要围绕以下几个方面创新管理开展工作。

一、精准定位，推动高质发展进程

2017年7月，市委市政府对医院领导班子进行了一次大的调整，医院的发展也面临着一个新的考验：如何在主城区10分钟4家综合与专科医院就医圈内凸显核心地位。新一届领导班子经过反复调研，提出了东院区以“大综合、小专科”为主，西院区以“小综合、大专科”为主的差异化发展的工作思路，同时确定了肿瘤及相关手术专科优先发展，带动其他科室提升的战略，对两个院区的服务功能重新精准定位，向管理要效益，致力打造“省内有影响，苏北进前列，总体实力较强的三级甲等综合医院和苏北一流的三级甲等肿瘤医院”。

眼界决定格局，理念决定高度。经过一年时间稳扎稳打的工作，医院各方面工作及综合服务能力都取得了长足的进步，在先后成为南京医科大学康达学院附属医院、江苏大学附属连云港医院、徐州医科大学临床学院的同时，业务量提高了 20% 左右。其中，Ⅲ、Ⅳ级手术和危重患者增加了 16% 左右。城市主城区及周边地区危急重症救治中心地位更加凸显，这座历经百年岁月洗礼的古老医院再次勇立改革潮头，向着精准定位高质发展的方向砥砺向前。

二、牵手顶尖平台，助力学科高速发展

继 2017 年 11 月医院建立了全市首家江苏省人民医院徐泽宽教授名医工作室后，2018 年 4 月、10 月、12 月，又顺利建成北京清华长庚医院董家鸿院士工作站、南京医科大学第一附属医院肝胆外科研究所王学浩院士工作站、北京医院国家老年疾病临床医学研究中心协作单位。2018 年 10 月，医院被江苏省人社局命名为“江苏省外国专家工作室”，成为江苏省建立外国专家工作室的医疗科研单位。自 2017 年起，已经有近 20 位德国、法国知名医疗机构的专家来院交流指导工作，开展了近 20 场院级继续教育项目，举办了 90 余场科级专科技术培训。全新的国际领先水平诊疗视野，充满人文主义的敬业精神，推动的不仅仅是该院医疗技术与学术氛围的提升，也极大推动了连云港市医疗卫生事业的发展。

尖端平台的建立，给医院多方面工作尤其医疗技术与重点专科建设带来了极大的推动作用。2018 年，医院有 13 个科室申报了省级临床重点专科，市级临床重点专科达到 30 个以上。医院成为国家药物临床试验基地，检验科通过 ISO15189 现场认证，建成了国家级胸痛中心。2017 年，骨科为 103 岁老人成功施行手术，创本市高龄手术之最；2018 年 4 月妇科顺利施行连云港市第一台单

孔腔镜妇科肿瘤切除术；7月，胃肠外科开展了连云港市第一台3D腔镜胃肠肿瘤根治手术；8月，举办了连云港市首场3D腔镜胃癌根治手术现场直播会；承办了连云港市第一次全国精准肝胆外科大师班暨美刀论坛；等等。

三、主动响应新医改，拓展医疗健康服务领域

2018年是连云港市第二人民医院建院110周年。医院从年初就制定了“不忘初心、牢记使命、艰苦奋斗、再创辉煌”的院庆方针，用技术创新、学术引领、改善服务、慈善惠民等实实在在的行动，向110年院庆献礼。短短一年时间里，医院举办了100多场慈善惠民义诊活动，75项国家、省、市级继续教育项目，有150余位国内知名的医学专家来院授课。有序推行了两院区门诊病房改造等13项重点工作，同时再次开创了多项省内三级甲等综合医院中的首例工作，如成立了市互联网医院、市安宁疗护病房、市老年医学中心和市医养结合培训基地等。其中，仅西院区每周四举办的“情系百姓，给力健康”大型门诊慈善惠民活动，一年就为当地老百姓减免门诊费及大型医疗设备检查费近30万元。

10月19日，医院召开了建院110周年发展大会，成立了王学浩院士工作站，举行了董家鸿院士中国（连云港）精准肝胆外科论坛永久会址、江苏大学附属连云港医院、连云港市老年医学中心揭牌仪式，举办了“医院管理高峰论坛”“海峡两岸普外高峰论坛”“肿瘤高峰论坛”等三场高规格学术交流会议，来自法国、中国台湾、北京大学、清华大学、上海复旦大学附属医院等地近20位知名专家分别进行了精彩讲座，省内55家三级医院领导、专家莅会交流，与500余位嘉宾共同享受了一场饕餮的学术盛宴。

四、推行智慧医疗改善服务质量，提高患者获得感

医院在2017年11月建成了全省第三家美国沃森智能肿瘤会诊中心后，2018年的6月25日，又建立了全省首家依托三甲综合医院实体功能建立的互联网医院，积极打造“名医无界限、患者无疆域”的互联网医疗服务模式，人民网、新浪网等主流媒体在第一时间纷纷对这一举措予以转载报道。现在，仅靠一部手机或计算机，不出家门，港城人民便能享受来自连云港市第二人民医院医学专家乃至世界顶尖医学专家的优质诊疗。随着沃森智能肿瘤会诊中心、多科联合诊疗中心（MDT）、院士工作站互联网会诊中心等医疗服务设施的进一步推广，使得患者的诊疗方案更安全、更规范、更便捷。

五、考核与激励并存，逐一化解难点和热点

坚持以问题为导向，聚焦重点领域和关键环节，一手抓改革，一手抓服务，是该院领导班子的共识。针对患者就诊时普遍存在的“三长一短”即候诊时间长、缴费时间长、取药时间长、看病时间短等问题，医院斥资数千万元推行智能化与信息化工作，有序开展了电子病例、电子叫号系统、全自动发药机、全自动检验系统、一体化中药颗粒制剂机、静脉输液配制中心等智能化服务设施，以及一体化自主挂号、一站式结算、出入院床边结算、手机移动支付等多种缴费方式，大幅度减少了患者排队次数，缩短了缴费时间。

全面开展预约诊疗服务，将 100% 专家与专科号源开放预约，通过网络、电话、微信等多途径实现分时段预约挂号、预约检验检查等。在 26 家医联体成员单位内推行优先预约、优先就诊、优先检查、优先住院等便利措施，同时通过信息化手段在医院预约平台中，使得医院每周 6810 个专家号源，单是提供给基层及医联体成员就达到 1362 个 / 周。

加大考核与激励力度，使得 20 个病种日间医疗服务、院士工作站和医联体远程医疗会诊、临床路径管理、处方点评等难点问题得到一一解决。现在全院基本实现省、市级临床重点专科临床路径病种全覆盖，临床常见、多发疾病全覆盖，远程会诊成为常态。省级、市级等相关专业医疗质量控制合格的医疗机构检验检查结果互认，医联体内医学影像、医学检验、病理检查等资料和信息实现共享，检验结果互认，同样让患者切切实实感受到医疗服务新变化。

六、优化服务流程，让患者少跑一次，临床只跑一次

为了让患者少跑一次，医院提出“优化服务流程，让数据多跑腿、患者少跑腿”管理策略，先是对两院区一站式服务中心进行改进，进一步完善志愿者导医

导诊、预检分诊、药事医保咨询、便民服务、投诉接待、方便门诊、预约服务、标本送检八大类 16 项服务功能，通过一站式服务中心有效减少患者往返时间，有效减少患者辗转楼层缴费、看病的次数。与此同时，医院对东院区门急诊流程和就诊环境也进行了布局调整，改建了国医馆、医学美容中心、静脉配制中心等医技部门，增设了便民药房、超市、餐饮店、咖啡厅等便民服务区域，全面改善患者就医感受。

在医院内部，医院推行了职能“只跑临床一次”服务举措。各职能科室主动征询临床科室意见，优化操作流程，列出“最多跑一次”项目清单，全力完善各类“网上申请、在线审批”服务，通过移动办公平台实现行政审批线上操作，打通审核服务的“最后一公里”，将物资领用、请假会签、发票报销等需要反复请示会签等烦琐流程变为“只需跑一次”，凡合规合理、手续完备的项目做到一次性办结，实现“最多跑一次”乃至“一次都不跑”的目标。

其次，医院还将 22 个职能管理部门与 40 个临床所有科室进行对接，要求职能科室负责人每月至少 1 次深入相应临床科室，通过参加科务会公休座谈会等方式，与临床科室面对面交流沟通，变“提上来”为“寻下去”，变“等问题”为“找问题”，变“被动答”为“主动问”，及时征求意见建议，协调解决困难和问题，有效实现将时间还给临床，让临床医护人员有时间最大效率投入到病人照护的广度和深度上，全年为临床解决实际困难问题近 100 件。

凝心聚力 建群众满意医院

黑龙江省勃利县人民医院院长 白海军

黑龙江省勃利县人民医院党、宣办主任 马秀梅

勃利县人民医院作为勃利县龙头医院，始终坚持“以病人为中心”，把患者是否满意作为医院工作的出发点和归宿，县级医院要想健康有序的发展，服务是医院发展之魂，医护人员只有爱岗敬业，不断提高自身的业务素质，才能更好地为病人服务，院长白海军上任伊始，首先从抓学习开始，提倡自学、自修，并先后派出多名科主任、责任主治医及医生到北京、上海、哈尔滨等各大医院进修学习；培养急诊专职医生 10 人，邀请上级专家来院坐诊及专业讲座 30 余次，手术近 100 例。其次，从夯实基础护理、医德医风建设、软硬件设施、加强内部管理、医联体建设、文化建设等几个方面入手，并不断总结和创新，有效提升了医院形象和群众的满意度。

一、夯实基础护理，促进医患和谐

随着医院发展规模的不断扩大和人们对医疗护理服务需求层次的不断提高，护理服务正在不断向细化延伸，同时对护理队伍提出了更高的要求，因此，加强护理队伍建设迫在眉睫。几年来，医院从外树形象和内强素质两方面入手，积极开展“整体护理”“优质护理示范工程”“星级护士”评比等活动，为了加快护理人才培养和管理，尽快打造一支优秀的护理团队，为摆脱护理人员短缺问题，近期对全院护理人员分别进行了大摸底，使原来从事护理专业的护士逐渐归队，达到护理人员 95% 以上从事临床护理工作，严格限制护士向非护士岗位流动。

同时设立门诊导诊台，打破了传统的被动服务模式，积极主动、热情、耐心地帮助病人解决问题，维持大厅秩序，并用轮椅、平车送行动不便的病人入诊室就诊及帮助完成各种辅助检查，为病人提供方便快捷的服务。改变护士传统排班模式，实行弹性排班，增加关键时段的护理人力，使病人在任何时候都有属于自己的护士，增加了患者的安全感及归属感。

为方便患者，每天责任护士会主动热情的协助她们所分管的危重、大手术后生活不能完全自理的患者洗脸、刷牙、梳头、洗头、剪指甲、翻身拍背、做口腔护理和尿管护理，协助术后需早期离床活动者下床活动等。新入病人入院时值班护士会面带微笑，起立迎接，病人入院后10分钟内责任护士至床头，主动做自我介绍及入院宣教，护士长两小时内向病人做自我介绍，每天下午责任组长和本组的责任护士，要下病房对病人进行检温、病情观察及系统的健康宣教，了解当天的治疗情况，告诉病人次日的相关检查、治疗、手术的注意事项等。护士在每天的护理工作中始终遵循热情接、耐心讲、细心观、主动帮、亲切的工作原则，认真执行“六个一”温馨服务，即一张亲切的笑脸、一句温暖的问候、一个整洁的修养环境、一壶热水、一张舒适整洁的床、一份详细的入院宣教，得到了广大患者一致赞誉。

二、重医德医风建设，创人民满意医院

为着力推进医疗及护理质量全面上水平，进一步转变工作作风，树立正确服务方向，医院紧密结合实际制定各种有效措施，下发了“医务人员九不准”，以及根据今年“全国卫生健康大会精神”，医院下发了“医务人员十不准”和“领导干部十不准”并制作成卡片人手一份，每个医务人员要求熟记并进行考核，切实做到抓好医疗卫生建设和改革工作，树立风清气正的医疗环境。在认真总结历年来开展行风工作经验的基础上，从患者最关心、最担心、最需要的方面做起，调整充实院行风工作领导小组，明确责任分工，各负其责，做到单位一把手亲自抓，并指定了专人负责这项工作。建立健全院长“一岗双责”制度，把行风工作作为我院生存和发展重要工作列入议事日程，与医院业务工作紧密结合，班子会、

中层干部会经常分析，研究医院行风建设工作，解决在新形势下出现的新问题，做到把行风工作与医院的中心工作同部署、同检查、同考核、同落实，使医院的行风工作规范化、制度化。

为“加强医德医风建设，创建人民满意医院”，今年又聘请了17名有关单位、责任心强的同志，作为我院医德医风社会监督员。他们对我院的创建活动十分关心和支持，先后召开了两次座谈会。在会上实事求是、客观公正地给我们医院提出了批评和建议，帮助抓好整改，使各项纠风措施得到了较好的落实，有效地防止了纠风工作图形式、走过场。医院对服务对象和社会各界人士进行了多次医德医风满意度调查，结果显示总满意度为95%和98%。通过院长致广大患者及其家属一封公开信的形式，严格落实医德考评制度、自我评价、科室评价、向全社会进行公开承诺等。承诺内容主要包括：拒收红包、提成，合理检查、合理用药，热情服务，收费公示等。并将这些公示内容在医院的电子屏上向社会公示，通过这些举措使我院的行风建设工作得到进一步加强和提高，为医院优质服务奠定了坚实基础。

三、加强软硬件设施建设，着力提升服务水平

为了提升医疗技术的软实力，医院加大投入力度，积极推进医院基础设施建设，通过省、市、县的支持和自筹资金，使医院统基础设施建设进入快速发展的黄金期。近两年来，占地1万平方米的内科大楼扩建已接近尾声，901平方米的120急救中心，已于2014年10月份整体竣工交付使用。消防设施的改造正在施工中，对住院处和门诊的停车厂扩建已基本竣工，门诊大厅的改建更是彰显了医院对患者的人文关怀。这些设施的完善，医院基本达到了科室布局合理，院容院貌整洁，从根本上改善了群众就医环境，使这些惠民工程深得人心。

为了更好地实行分级诊疗制度，解决病人看病东奔西跑、既费时又费钱问题，让病人更好地就近接受治疗，几年来，医院共引进1.5T磁共振、64排128层螺旋CT、四维彩超机、DSA血管造影机、腹腔镜、高频数字钼靶乳腺摄影机、GE移动X线机、DR计算机成像系统、数字化胃肠机、彩色经颅多普勒、彩色图文分析系统、全自动生化分析仪等大型医疗设备，极大地提高了医院综合服务能力，使门诊量、住院病人数明显增加，解决了群众因病致贫、因病返贫问题，维护了群众利益。

四、提升服务质量，彰显人本理念

勃利县人民医院始终坚持“以病人为中心，坚持公益性、全心全意为人民服务、把维护人民群众健康权益放在第一位”的办院宗旨，不断推动医疗服务模式转变，加强医院内涵发展，推进持续质量改进，着力打造“手术治疗科室”和“疑难急危重症救治科室”，优化服务流程，提高服务水平，推行文明优质服务理念。多年来，医院始终以培育医院核心价值观为重点，不断加强医院精神文明建设和文化建设，医院精神文明建设强调以人为本、重在创建，拓展新的内涵及探索新的形式，以“社会主义价值观”“全面整肃医德医风九项查治活动”“两学一做”为重点，不断加强职工素质教育，提高职工精神文明水平；以文明创建活动为载体，始终坚持“文明科室”“十佳医务工作者”，精神文明建设先进评比及文明单位创建等活动；积极开展多种形式的立足岗位、奉献社会等活动，医院点点滴滴的变化，折射出医院医改后服务意识的改变，以“病人为中心”，关心关爱社会弱势群体，已成为医院的核心工作。

确立了“院徽”和“博爱、至善、精诚、创新”的医院院训，凝练出“严谨求实、开拓创新、一心赴救、精益求精”的医院精神，并整理、提炼、整合到医院管理规范中，使之成为全院职工统一的价值取向与思维方式，以广泛深入地开展唱院歌、讲院训和“人人都是勃医人形象”一系列活动；在坚持文化内核的前提下，彰显“人本理念”，注重强调职工个性发展，培育职工个体特征，使其充分享受医院发展成果，使医院的文化平台成为个性发展的坚实基础；加强医院文化深层次建设，促进医疗方式转变，实现全面人文关怀，提升品牌价值，形成医院文化特质；牢固树立和谐医疗观，构建和谐医疗环境，培育和谐医患关系，树立“把爱心献给患者，把温馨留给患者，把实惠送给患者，把方便让给患者”的服务理念。

五、发挥堡垒作用，构和谐医患关系

勃利县人民医院党总支隶属于勃利县卫生党委，下设三个党支部，共有党员71人，占全院职工总数的15%，全院3个党支部全部晋升县级标准化党支部。一年来，医院党总支紧紧围绕医院中心工作，创新性地开展党建工作，努力建设学习型、廉政型、服务型医院。党总支先后开展了“素质教育”“关注民生，服务发展，最佳最差单位评议活动”“创先争优争做白求恩式的医务工作者竞赛”和“全面整肃医德医风九项查治活动”“两学一做”等一系列教育活动。特别是在全院开展“社会主义价值观”“两学一做”活动中，广大党员干部主动亮身份、树形象、做表率、创一流。深入实际、转变作风、为患者解决问题，进一步树立廉洁行医、诚信服务的良好形象。这些活动的开展提高了广大党员全心全意为患者服务的思想，在工作中起到了先锋模范作用，增加了党组织的凝聚力和战斗力，带动了全院职工同心同德干事业，聚精会神谋发展。在全院上下形成了人人争做“服务好、质量好、医德好”、患者满意的楷模，涌现出许多想病人之所想、急病人之所急、帮病人之所需的感人事例。

在全院开展向劳动模范、优秀党员、优秀护士、医德医风楷模等先进人物的学习活动，大力弘扬白求恩精神。通过活动的开展，激发了广大医务工作者的服务意识、责任意识、创新意识、争先意识。各科室涌现出一大批先进人物，他们用自己的行动重塑了“白衣天使”的良好形象，为表彰他们的先进事迹，院党总支决定授予39名同志为“白求恩式医务工作者”荣誉称号。激励他们高尚的医德在医院各自岗位闪光，有效发挥了院党总支辐射带动作用。

六、加强内部管理，切实减轻群众看病负担

为适应医院发展的客观经济规律、医疗卫生体制改革的新要求，医院领导以十八届四中、五中全会精神和“习近平系列讲话”“全国卫生健康大会”精神为指导，弘扬“敬佑生命、救死扶伤、甘于奉献、大爱无疆”精神，加强医院管理，强化内涵建设，调整收入结构，通过系列措施控制药占比，减少不合理用药等不

当开支，最大限度为患者提供安全、有效、质优、价廉的医药服务，取得良好的综合效益。

为全面规范医疗行为，控制医师处方权，防止医生拿回扣而开大处方、花处方，让医生从“售药员”回归到看病的角色，严格抗生素的使用，禁止处方与个人奖金挂钩。制定了检验、医疗、手术等收入考核指标。为进一步规范临床路径管理，医院制定了《勃利县人民医院临床路径实施方案》及《勃利县人民医院临床路径工作制度及管理制度》《勃利县人民医院临床路径实施流程》等相关制度，为严格临床路径管理，筛选21个病种实施临床路径，目前共进入路径1600余例，为患者节省了90余万元费用，确保因病施治和合理检查、合理收费，让患者以较低的医疗费用享受到最规范优质的医疗服务，减轻群众的就医经济负担，患者就医费用大幅下降。

七、加强医联体建设，推进分级诊疗

为深化医药卫生体制改革，更好地发挥二级医院专业技术优势及带头作用，加强社区卫生机构能力建设，鼓励康复和护理机构发展，构建分级医疗、急慢分治、双向转诊的诊疗模式，促进分工协作，合理利用医疗资源，方便群众就医。自2015年医疗联合体工作正式启动以来，七台河市人民医院第一批专家正式入驻我院，承担妇产科、儿科等科室的门诊、病区查房、会诊等工作，参与妇产科手术、新生儿诊疗方案的指导，同时对临床医师进行专业知识培训，我院选派专业技术高、管理能力强的科主任到乡镇卫生院开展讲学、诊疗活动等，两年来我院精心选派了业务精、素质高的科主任和医生11人，深入到乡镇卫生院开展坐诊、查房、讲课等活动40余次，培训乡镇级骨干医务人员10余人，解决了病人到上级医院就诊难及病人不了解病情看病走弯路的问题，真正体现大病不出县，小病进社区（乡镇卫生院）的服务理念。

八、突出重点，加强文化建设

医院文化建设是医院建设的一项基础性和长期性工程，也是与医疗服务态度、医疗质量相关的“软环境”建设。优秀的医院文化水平是推动医院可持续发展的重要保证，意义重大，影响深远，职工是医院文化建设之本，职工素质的高低决定了医院文化的优劣，加强职工队伍素质的培养是医院文化建设的根本任务，也是塑造良好医院形象的前提条件。为此，医院每年都组织职工参加各种业余文化活动，开展“5•12”护士节演讲及技能比赛、庆七一排球赛、勃利之夏大型汇演等活动，这些活动的举办不仅丰富了职工的业余文化生活，也陶冶了员工的情操。

医院文化建设与医院日常工作是分不开的，为此，医院将文化建设与党的建设、行业作风建设和“两学一做”“创建学习型医院”等活动有效结合起来，利用广播、电视、报刊等有效载体，大力宣传“救死扶伤、人道主义”的高尚医德，同时以演讲、大型义诊等多种形式，激励医护人员对患者的健康给予关爱，对职工及社会不同层次的人遇到不幸和灾难给予同情、支持和帮助。这些活动的开展，有效加强了医院全体医护人员的责任心和社会责任感。

通过这些举措使我院各项工作得到进一步加强和提高，为医院的健康发展奠定了坚实的基础。一份耕耘、一份收获，医院先后荣获省、市“关注民生、服务发展”群众最满意单位；“全省拥军优属先进单位”“全省残疾人康复工作先进单位”；市级文明单位建设标兵；市级先进基层党组织荣誉称号；全市卫生系统优质护理服务示范病区；全县优质服务十佳文明窗口单位等多项荣誉。

走好健康扶贫道路 治好患者“贫困病”

河南省杞县人民医院

杞县平城乡贫困户患者王联成做梦也没想到，杞县人民医院和开封市中心医院联手免费为其做了一次结肠手术，治好了他长期的“肚子疼”，更治好了他的“贫困病”。

“肚子痛大概有一年了，起先没当回事儿，每次疼痛的时候去乡里诊所包点儿药就好了。”王联成说。

46岁的王联成是一个五口之家的唯一劳动力，他们家是政府帮扶的精准扶贫对象，本是困难家庭的王联成近期又重病缠身，真是雪上加霜。目前，解除其病痛不但是当务之急，也是解除王联成家庭致贫的因素之一。在平城乡政府和杞县人民医院的协调下，6月6日，王联成以“间断右上腹疼痛1年”为主诉入住杞县人民医院，诊断为“升结肠腺癌，降结肠管状腺瘤、息肉”。

目前，健康扶贫是开封市打赢脱贫攻坚战的重要环节，杞县人民医院为精准健康扶贫、精准脱贫、全面同步奔小康，将持续发力推进健康扶贫，精准建档立卡，提升贫困人口医疗救助的服务水平，遏制因病致贫、因病返贫现象。

杞县人民医院正通过开封市卫生计生委针对健康扶贫工作提出的政策，积极参与城市三级医院对口帮扶县级医院工作、实施贫困人口先诊疗后付费和“一站式”结算服务模式、做好医疗巡回服务帮扶工作、组织开展“百医包百村”活动、建立“三免两优一提一促进”健康扶贫模式等工作，为贫困户治好“贫困病”。

开封市卫生计生委要求认真做好城市三级医院对口帮扶县级医院工作，让贫困人口享受“看得上病、看得好病”的惠民政策是目前开封市各级医院的重点工作之一。据悉，全市共有 5 家三级医院对口帮扶 9 家县级医院，全年累计派遣帮扶医务人员 128 人次，对帮扶县级医院投入各类帮扶资金 26 万余元。其中，杞县人民医院和市中心医院的联袂合力为贫困人口的重症患者开通了健康扶贫绿色通道。

6 月 12 日，杞县人民医院邀请开封市中心医院联袂为王联成做手术，成立了健康扶贫手术小组。术前会诊、术前讨论、手术方案确定等相关术前准备完成后，6 月 14 日，杞县人民医院普外科马丙全主任团队与市中心医院强强联手为王联成免费进行了“结肠次全切术”。

经术后的追踪观察，王联成恢复良好，并于 7 月 4 日转至肿瘤科爱心病房。7 月 10 日，泌尿外科主任孙森又为贫困户王联成会诊出附睾炎，并进行相应治疗。住院期间，院长朱庆立、党委书记申军及纪检书记裴景升带领健康扶贫办主任、院办主任、宣传科科长看望慰问贫困户患者王联成。院领导与王联成亲切交谈，详细了解病情、治疗情况及家庭情况，鼓励他要坚定信心，战胜疾病。

在住院期间，肿瘤科主任、护士长带领医护人员对王联成无微不至的照顾，积极献爱心、捐赠衣物和书籍，让王联成感受到了医护人员亲人般的关心与温暖，感受到了对贫困户贴心的帮扶。最后，杞县人民医院按照“先诊疗，后付费”为其垫付了医疗费用，共计 30374.53 元。

在病情稳定出院后，王联成及家属感谢杞县人民医院一直以来的帮扶和关心，表示一定积极配合治疗，克服一切困难，“这次是党的健康扶贫惠民政策挽救了俺的命，挽救了俺的家庭”，王联成激动地说。

7 月 9 日，杞县人民医院肿瘤科住进了一位贫困户患者，名叫杨幸福（化名），其家庭很是贫寒和困难，又患上肿瘤疾病，对其家庭实在是一个很大的打击。

“这病耽误不得”，该科室主任赵建新说。医院按照健康扶贫的标准决定先为其治疗再讨论费用的事宜。最后，医院不但为其减免大额治疗费用，该科室医务人员还为其孩子捐赠了衣物和书籍，杨幸福和两个孩子喜极而泣。

按照开封市卫计委等 4 部门《关于印发开封市农村贫困人口大病专项救治实施方案的通知》（汴卫〔2017〕127 号）要求，对建档立卡贫困人口和经民政部门核实核准的农村特困人员和低保对象中罹患儿童急性淋巴细胞白血病、儿童急性早幼粒细胞白血病、儿童先心病房间隔缺损、儿童先心病室间隔缺损、食管癌、胃癌、结肠癌、直肠癌、终末期肾病等9种重大疾病的患者实施救治，扎实开展贫困人口大病救治工作。

“健康扶贫工作是杞县人民医院党委高度重视的民生工作，目前，我院对患重大疾病的贫困患者开展救治工作，对贫困人口实施‘先诊疗后付费’，困难群众大病补充医疗保险可通过‘一站式’即时结算平台及时报销。此外，我院积极通过医疗巡回服务帮扶对接工作，及时解决贫困患者忧虑。”杞县人民院相关负责人表示。

杞县人民医院多次派医政、护理、药学、宣传等部门组成医疗巡回服务队，赴杞县各乡镇进行巡回医疗，尤其是对苏木乡邹寨村、朱庄村两个深度贫困村进行帮扶对接。

无论严寒酷暑，医疗巡回服务队总是风尘仆仆地深入一线，不但了解各村基本医疗卫生情况，更重视对重大疾病患者情况的关注，并对各村卫生室的基本情况进行了深入了解，对卫生室的人员情况、规章制度、设备设施、环境布局、药品管理等方面进行指导。通过深入对接，杞县人民医院旨在能够为以后更好地开展医疗巡回服务和包村扶贫攻坚行动打下坚实的基础。

同时，开封市为使贫困人口享受到健康扶贫福利政策，继续落实好“三免两优一提升一促进”健康扶贫政策，不断提升医疗卫生服务能力。

据悉，杞县人民院针对建档立卡贫困人口实行“三免”政策，即建档立卡贫困人口在就医时免除门诊挂号费、免除120急救接诊费、每年进行一次免费体检。“两优”，即建档立卡贫困人口在就医时享受绿色通道服务，优先就诊；需要住院的，优先安排床位。“一提”，即提高贫困地区基层医疗卫生服务设施建设水平。“一促进”，即利用多种形式提升建档立卡贫困人口健康素养水平。

开封市卫生计生委告诉记者，全市91家医疗卫生机构对169个贫困村进行点对点、一对一医疗帮扶，各帮扶医疗卫生机构选派医疗技术骨干到对口贫困村卫生室开展帮扶。根据《印发关于开展“百医包百村”健康扶贫攻坚行动实施方案的通知》，继续认真落实市卫计委对两个贫困村的帮扶工作，每月至少1次到帮扶村卫生室，从制度、管理、人员培训、中西医适宜技术应用、常见病、多发病、急重病应急处理等方面进行指导，并组织开展义诊义治活动，为当地贫困群众送医送药；合理安排村卫生室村医轮流到帮扶医院进修、轮训，不断提高乡村医生的业务素质。

7月11日，河南杞县人民医院纪委书记裴景升一行带领医政科、护理部、办公室、药剂科、医技科、健康扶贫办、宣传科、眼科、神经内科、呼吸内科、骨科、耳鼻喉科、糖尿病科、心血管内科、中医康复科20人，赴帮扶联系点苏木乡许店村开展“百医包百村”健康扶贫义诊活动。义诊过程中，贫困户们络绎不绝，专家们认真聆听患者病情陈述、询问患者生活习惯，为其提供切实可行的就医方案。同时，还进行了健康教育宣传，发放健康教育宣传单、健康扶贫政策宣传单，提高群众的预防保健意识，让贫困人口了解就医流程。

据统计，本次义诊活动免费检查心电图90余人，发放了价值8600余元的药品，各种疾病健康知识宣传页2000余份，测量血压200余人，测量餐前餐后血糖230余人。

此次下乡义诊活动，真正把医院优质医疗资源送到了贫困群众的家门口，为困难群众解决了急需的医疗问题，让贫困人口享受到了实实在在的健康服务，活动的开展得到了群众的广泛认可与赞誉。

2017年，开封市卫生计生委针对健康扶贫工作全力推进，突出重点，措施到位，取得扎实成效，为全市脱贫攻坚工作做出了积极贡献，提高了贫困人口的满意度。

据悉，为进一步强化完善对贫困人口医疗健康服务惠民措施，提高贫困人口健康获得感，2018年，杞县人民医院将进一步根据全市脱贫攻坚工作总体安排，结合省卫计委医疗卫生扶贫有关要求，对健康精准扶贫工作进行认真谋划，根据贫困人口对健康的需求创新工作思路，不断完善扶贫措施，夯实基层医疗卫生机构建设，扎实推进医疗与健康帮扶工作，切实减轻贫困人口就医经济压力，扫除贫困人口健康幸福道路上因病致穷、因病返贫的障碍。

深化绩效薪酬改革 推行全面精细化管理 努力为人民群众提供更高水平的医疗健康服务

——子长县人民医院深化内部改革、提升管理质量纪实

陕西省子长县人民医院

子长县是国家和省市医改试点县。改革之初，这个县曾经以强化政府投入，率先实行药品集中采供、统一配送，打造了全国县级公立医院改革的“子长样本”，被各级媒体广泛誉为全国县级公立医院改革的排头兵、中国医改的风向标。但政府把医护人员工资、基础设施建设、药品补差及历史债务统一纳入财政预算后，公立医院如何实现“维护公益性、调动积极性、保障可持续”的改革顶层设计目标，是子长县人民医院面临的又一难题。对此，2016年新一届领导班子上任以来，紧紧围绕打造“陕北领先、西部一流、全国知名的现代化品牌医院”的奋斗目标，切实以深化人事及绩效薪酬改革，推行全面精细化管理，使全院总体实现出门诊住院人次、患者满意度、医疗质量、职工收入的“四提升”和门诊住院次均费用、医疗安全事故、转院转诊率、医院运行成本的“四下降”，初步达到了患者、医务人员、医院和政府的“四满意”目标，促使全县在今年荣获全国公立医院真抓实干成效显著示范县和全国卫生计生系统先进集体。那么，他们是怎样解决县级公立医院内部改革这个突出难题的呢?

一、主要做法

（一）创新绩效薪酬制度，破解内部改革难题

建立一套设计科学、操作简便、奖罚分明的人事及绩效薪酬制度，事关医护

人员的切身利益，是公立医院内部改革中最为难啃的一块硬骨头。正因为如此，医改以来，子长县人民医院在人事及绩效薪酬制度改革上下大决心、花大气力，不断探索创新，使人事及绩效薪酬分配改革日趋科学合理。首先，推行法人治理结构改革。成立了由县长任主任的管委会，建立了理事会、监事会，实行理事会领导下的院长负责制，进一步规范了政府、部门、法人的“三级责任”，实现了决策、执行、监督的“三权制衡”，真正形成了规范高效的现代医院运行新机制。其次，建立以当量值为核心的绩效薪酬制度，破解了公立医院内部改革的最大难题。一是推行“三量三度一服务”为核心的绩效分配方案，把工作数量、质量、效量、风险度、创新度、满意度和指令性服务作为院科一次分配的考核要素，缩小科室收支结余在院科一次分配中的权重，从根本上破除科室的盲目逐利行为。二是鼓励技术创新与开展新业务。出台手术管理“三项规定”，对全院创新开展、外请专家指导开展和重新开展的手术进行重点奖励，使新技术、新业务的推广应用成为全院工作的新亮点。截至目前，全院相继开展关节置换、高血压脑出血颅内血肿清除术、前列腺增生膀胱镜电切术、腹腔镜胆囊切除术、血液透析等二甲医院重点专科技术 20 余项，开展泌尿结石体外碎石、无痛电子胃肠镜、无痛人流等新业务 10 余项。三是薪酬待遇向一线医护人员倾斜。科主任、护士长不直接参与科室绩效总额发放，而是以科室绩效基数核算其绩效工资数额，由医院考核后统一发放，引导医院中层干部将工作重心向医疗管理、医疗质量和学科建设转变。四是推行差距控制管理。分别制定同科室医生、护士收入差距最高红线，使同科室医护人员的收入差距控制在 3 ~ 5 倍之间，既合理拉大了收入差距，又兼顾了多数职工的利益，充分调动了全体职工的工作积极性，促进了医院和谐发展。五是激励长期亏损科室。对亏损科室的财政拨付工资实行阶梯式扣除法，按照科室前三个季度亏损数额，第四季度按比例扣除档案工资，以增强科室发展动力。六是激发薄弱科室发展潜力。按照“托底、稳中、不封顶”的宏观调控原则，将全院发展相对滞后、技术薄弱的 4 个科室的效益工资计提比例提高 10 个百分点，促进薄弱科室不断拓展新业务。新的绩效薪酬分配制度推行以来，全院业务范围不断拓展，门诊住院人次持续增涨。目前，临床一线医师月绩效工资达 7000 元，二线医师达 8000 元，科主任达 1.1 万元，医务人员年均收入由原来的 2.9 万元增涨到 8 万元，最高可达 20 万元。

（二）突出精细化管理，奠定可持续发展基础

医院事业要发展，开源节流是根本。但如何开拓医院增收减支渠道，最大限度降低运行成本，子长县人民医院通过采取六项措施，深化内部财务制度改革，使全院步入历史上最佳的良性运转时期。一是实行财务收支两条线管理。按照全县公立医院改革方案，将财务收支分离，医院会计由县财政局委派，监督经济运行。二是推行 4 ∶ 3 ∶ 3 的业务收入分配制度。将全院收支结余的 40% 用于正常运转，30% 用于效益工资，30% 用于积累发展基金，奠定了医院事业可持续发展的坚实基础。三是坚持分类分项目全成本核算。对药械、总务库房、维修、木工电料等费用直计成本核算，对房屋折旧按所占面积采取成本分摊法计提折旧，对固定资产按服务年限，实行直线分配法计提折旧，对新增医疗设备，按盈利多少，采取阶梯分配法逐月计提，将人员成本按全额工资的 20% 分摊给科室，增强了职工的成本意识，确保了国有资产的保值增值。四是实行办公用品与耗材的实领结账制。科室在总务库房领取办公用品与耗材时，必须签写申领单，由科主任或护士长签字，主管院长批准后方可领取，月底从科室扣回成本后，以办公用品与耗材申领单为依据向供应商结账。五是实行财务运行情况分析公示制。每月召开中层干部会，对当月收支及运行成本、绩效薪酬和发展基金等财务运行情况进行通报分析，并在全院公示，接受职工监督。六是规范财务运行。制定出台了《内部财务管理规定》《财务科长、会计职责》等 70 多项制度，使财务管理渐趋规范，运行成本大幅下降。截至今年 9 月底，全院运行成本同比下降 0.72%，结余运转资金 627 万元，计提发展资金 268 万元，财务收支累计结余 895 万元。

（三）提升技术服务水平，增强核心竞争能力

让人民群众真正享受到质优价廉的医疗健康服务是医院事业发展的永恒主题。对此，子长县医院通过“请进来、走出去、上下联动”等方式，大力实施人才培养计划，切实加强学科建设，着力提升技术服务能力，严格医药费用控制，不断减轻群众看病负担。一是夯实基础设施建设，不断增强发展硬实力。由于精细化管理带来的成本剧减，2013 年至今，子长县人民医院依靠自身积累，不仅偿还了历史债务 1104 万元，同时投入各类医疗装备 3700 余万元，更新基础设施 960 余万元，完成急诊急救楼新建 800 余万元，使全院临床科室由 9 个增加到 15 个，医技室由 7 个增加到 15 个，病床由 300 张增加到 600 张，为建院 60 多年来，基础设施投资最大、项目最多、标准最高、进展最快、成效最为显著的发展时期。二是突出人才培养，努力提高技术服务软实力。近两年，通过与县上积极争取，新增编制 280 个，使全院编制达到 560 个，为今后引进人才留下了足够空间。与此同时，按照人才梯队建设规划，每年安排 150 万元专项经费，对新进医师进行规范化培训，每年选派 50 名以上护理人员到省市三级医院进行为期 3 个月的专业轮训，每年定向选派 15 名以上业务骨干到三级医院专科进修深造。三年安排 30 多名专业学科带头人参加了国家和省级学术年会，使人才队伍建设开创了历史新局面。三是打造重点专科，着力强化核心竞争力。按照《十三五发展规划》，全院依据转诊病种排名，新设了神经内外科、感染性疾病科、康复医学科、血液透析室、ICU 等 6 个重点科室，确定了急诊科、妇产科、骨科、新生儿科、皮肤科等 6 个重点发展科室，每年预算 300 万元，全方位提升学科发展水平，使神经内科、产科首批高标准通过了市级重点专科验收。先后与北医三院、省中医院、西安交大二院建立结对协作关系。在全省首创科室帮扶共建模式，与延安市人民医院神经外科建立科室帮扶协作关系。仅去年至今，争取省级三甲医院 10 批 30 人以上的专家团队到医院进行了为期半年或 3 个月不等的坐诊、查房、手术、教学等工作，累计接诊 2 万余人次，开展手术 200 余例，举办学术讲座 40 余次，有效提升了各科室开展新技术、新业务的能力。目前，全院平均每天有省级三级医院 4 位专家坐诊。四是狠抓医疗质量安全与医药费用控制，切实提升社会影响力。重新确定了 46 名二线、三线医师，全面推行以三级医师查房、手术分级管理、抗生素使用分级管理等为主的十五项核心制度。制订了《外请手术管理办法》，确保了诊疗行为更加规范。坚持合理检查、合理用药、合理治疗原则不动摇，结合临床实际，开展了妇产科、外科等专业 20 个病种的临床路径管理。组织全院副主任及以上职称的医师开展处方点评活动，从源头上纠正和避免了大处方、滥用药等现象。每月召开中层干部会，对当月医疗质量进行分析，对医生门诊处方数与挂号数、药占比与检查阳性率按科别进行排名，分析通报该比例可能存在的处方外流、推诿病人、大处方、滥用药等不良现象。在此基础上，把医疗质量与绩效薪酬制度挂钩，全面推行以三级综合考评为主的绩效工资制，其中，对科室的考评以缩短平均住院日、提高床位使用率、降低药占比、提高患者满意度等公益性指标为主要内容，对医务人员的考评以医德医风、劳动纪律、医疗质量、工作总量等激励性指标为主要内容，有效强化了职工的质量意识，在全县广大群众中赢得了良好口碑。为此，全院荣获“2016年省级文明单位”，院长光荣当选陕西省十三次党代会代表，出席了省党代会。

（四）强化为民惠民举措，改善患者就医体验

围绕“一切以病人为中心”的服务宗旨，子长县人民医院连续推出35条便民惠民新举措，为患者营造了一个方便快捷的就诊流程和温馨舒适的就医环境。一是开设急救急诊绿色通道。对急危重患者实行先就诊、后挂号，先抢救、后交费，先住院、后办手续的“三先三后”制度，确保危重病人得到及时救治。二是实行总值班制度。每天安排一名院级领导为总带班，同时安排行政总值班、医疗总值班及护理总值班，确保了急诊急救和院内突发事件的应急处置。三是出台了《门诊管理制度》，要求门诊医生合理安排工作，确保门诊到位率。该制度运行以来，单日门诊量突破1000人次，是医改前的近10倍。四是打造无假日门诊和无假日医院。全面推行专家、科主任无假日门诊，高薪返聘9名离退休专家到门诊坐诊，全部科主任、副主任职称以上医师上门诊，使门诊医师由原来的21名增加到72名，实行上、下午轮班，节假日、双休日轮休制，最大限度满足了群众特别是上班族、上学族的就医需求。五是推行陪检、陪护制度。新增导医分诊人员16名，强化训练，统一着装，成为医院一道靓丽的风景。对住院患者，由专职护理员全程陪同检查，成为医院传递温馨服务的新名片。六是破解“三长一短”现象。分设了收费窗口，为医技室安装了电子叫号系统，减少了医患摩擦。七是强化收费公开公示制度。推行“一日清单”“费用查询”“价格公示”和患者“五知道五明白”制度，让患者明白消费。八是严格执行药品集中采购、统一配送制度。

将医用耗材纳入集中采购统一配送范畴，使药价整体下降40%，各类试剂下降15%，高值耗材下降25%。同时开设便民药房，免费为群众提供用药指导和疑难咨询，药品与医院药房同质同价，免挂号、免排队、可刷卡，方便了群众就近低价购药。九是落实扶贫惠民举措。每年为农村五保户、孤寡老人、残疾人等贫困人群减免医药费用15万元左右。抽调83名医生组成贫困人口大病专项救治专家组，开展1对1帮扶救治工作，确保全县贫困大病患者得到及时救治。同时，全面启动贫困人口“一站式”结算工作，畅通“一站式”结算绿色通道，极大解除了贫困人口的医疗负担。

二、初步成效

回顾两年来的工作，是子长县人民医院改革攻坚克难、管理推陈出新、质量大步提升、服务日臻完善的两年，也是医院活力最强、发展最快、医务人员积极性最高、群众得实惠最多的两年。两年来，全院干部职工凝心聚力，奋勇进取，开创了一项又一项新纪录，取得了社会、经济效益的双丰收。一是服务能力与水平明显提高。截至今年9月底，全院门诊13.7万人次，较医改前增长142%；出院1.4万人次，较医改前增长330%；完成手术1434例，较医改前增长120%。二是公立医院公益性凸显。目前，全院住院次均费用5010元，门诊次均费用186元，药占比25.1%，成为省市同类医院中医疗价格最低、群众得实惠最多的二甲医院。三是收入结构发生本质变化。医改前，全院总收入3566万元，其中财政补助637万元，占总收入的17.8%；医疗收入1178万元，占总收入的33.03%；药品收入1751万元，占总收入的49.1%。截至今年9月底，全院总收入12110万元，是医改前的3.4倍多。其中财政补助收入2557万元，占总收入的22%；医疗收入9500万元，占总收入的79%；药品收入2552万元，仅占总收入的21%。四是医院事业步入可持续发展轨道。由于医疗条件的巨大改善和技术水平的大幅提高，全院业务量猛增，经营收入呈翻番式增长态势，而全面精细化管理又使运行成本大为降低。这一升一降不但使这个县级医院自我造血功能空前释放，更为可喜的是随着全院整体功能布局的逐步完善和自我积累基金的日益雄厚，政府投入压力相对缓解，财政保障性机制更加巩固。

三、几点启示

子长县人民医院的深刻变化，使我们深深感到：一是医改能否顺利推进，关键在于医护人员积极性的充分调动，而医护人员积极性充分调动的前提是绩效薪酬分配制度是否科学合理。医改以来，子长县人民医院通过四次调整，建立了以当量值为核心的绩效薪酬分配制度，一次比一次完善，一次比一次科学，既保证了职工收入的稳步增长，又通过差距控制管理，兼顾了多数职工的利益，凝聚了大局意识和团队力量，确保了各项改革举措的顺利推进。二是公立医院能否生存发展，技术能力是核心。医改初，由于技术力量薄弱，全院日门诊量始终徘徊在200 ~ 300人次，日住院量100 ~ 200人次，年均业务收入维持在2000万元左右。医改后特别是近两年，由于技术能力的大幅提升，日门诊量始终稳定在700人次左右，单日门诊量最高突破1000人次，单日住院量突破540人次，年均业务收入过亿元，有效实现了公立医院改革的顶层设计目标。三是医院事业要可持续发展，精细化管理是必然选择。子长县人民医院由医改前负债1104万元，到目前积累发展基金268万元，依靠的正是精细化管理带来的增收节支，这为全院未来发展奠定了更加坚实的经济基础。

第三篇
深化医药卫生体制改革与助力全民健康工作实践

强化使命担当 提升服务能力

云南省镇雄县人民医院

镇雄县位于云南省东北部，云、贵、川三省交界处，素有“鸡鸣三省”之称，全县总人口162.2万，是云南省第一人口县，这里贫困面广，贫困程度深，是国家扶贫开发重点扶持县；这里环境气候恶劣，自然灾害频繁，是多种疾病和疑难杂症的多发区；这里医疗资源匮乏，医疗基础设施薄弱，群众就医极不方便，因病致贫、因病返贫的问题成为严重制约全县人民脱贫致富奔小康的主要因素之一。

镇雄县人民医院始建于1953年，是一所集全县医疗、教学、科研、预防保健、计划生育技术指导、康复与急救为一体的二级甲等综合医院；是云南省红十字会冠名的“镇雄县红十字会医院”、云南省卫计委批准的职业病体检医院、昭通市卫计委批准的健康体检医院、云南省“光明工程”定点医院；云南省青少年近视防治定点医院及云南省关爱妇女“两癌防治”定点医院、云南省卫计委助理全科医师培训基地、镇雄县医师定期考核医疗机构、各大中专医学院校的实习医院。2012年镇雄县人民医院被国家卫生部、国家中医药管理局、国家人力资源和社会保障局评为“全国卫生系统先进集体”。

医院总占地面积14.76公顷，建筑面积约18万平方米。设有72个科室，其中，骨科、消化内科、妇产科、泌尿外科、儿科、急诊科等6个为省级重点专科建设项目。开放床位1300张，其中，院本部占地面积1.3495万平方米，业务用房2.5218万平方米，开放床位1000张；妇女儿童分院占地面积3300平方米，业务用房1.8159万平方米，开放床位300张。另外，占地面积13.08公顷、业务用房9.98万平方米、编制床位1000张的城南医院正在建设中。

医院现有在职职工 1218 人（在职在编 507 人），医生 407 人、护士 490 人、医技人员 77 人、药剂人员 42 人、行政后勤人员 202 人。其中高级技术职称 4 人，副高级技术职称 38 人，中级技术职称 133 人，县级“名医”5 人。拥有 GE1.5T 磁共振、GE64 排 128 层螺旋 CT、飞利浦 DSA 血管造影机、GE 数字乳腺机、GE 数字 DR、飞利蒲彩色 B 超机等医疗设备。目前开展了脊柱、胸椎、腰椎前后路手术，人工髋关节置换、肺叶切除、漏斗胸矫治、胃大部切除、肝叶切除、肾切除、胃肠镜下钛夹止血术、胃肠镜下息肉切除术等；新开展了冠状动脉造影术、经皮冠状动脉介入治疗术、永久启搏器置入术、中孕期胎儿Ⅲ级超声检查、中孕期胎儿畸形筛查等技术和业务。

医院常年承担着镇雄及威信、彝良、赫章、毕节比邻区域 250 余万人的医疗、预防保健工作。医院年门诊量 52 万余人次，年住院病人 5 万余人次，年手术量 1.4 万余例，各种健康体检及大、中专学生体检 10 万余人；年实习进修 300 余人次。建院 64 年以来，医院始终铭记服务人民的初心，紧扣“打造云、贵、川三省结合部集管理现代、技术先进、设备精良、服务优质为一体的中心医院”的发展愿景，强化使命担当，提升服务能力，在全县脱贫致富奔小康中做出了应有的贡献，医院成为昭通市服务能力最强的县级二级甲等综合医院。

一、外引内培，打造一流队伍

医院的发展关键在人，核心在队伍的业务素质和服务水平。镇雄县人民医院始终把引进人才、培养人才、留住人才放在重中之重。

（一）建立引才机制

医院根据长期发展规划和发展目标，有针对性地制订各类专业人才引进计划。每逢人才招聘季节，医院主要负责人带头奔走于各医学院校、人才市场，落实人才引进计划，夯实医疗队伍，储备医疗人才。通过各种途径发布紧缺人才信息，由医院党政领导班子亲自接待面试，加大高层次医学人才和特殊专业人才的引进。近年来，医院先后引进的 4 名学科带头人，带领创建了神经内科、心血管内科、手足显微外科及康复疼痛科等。

（二）建立培才联动机制

医院积极与本省及西南地区、上海市儿童医院等多家知名三级医院建立长效合作机制，选派业务骨干到合作医院进行为期 1 ～ 3 年的进修，把他们培养成学科带头人，并保障其进修期间薪酬待遇，根据进修成果考核发放薪酬，确保进修人员达到培训目标。近五年来，选派到省内外知名三甲医院进修业务骨干 156 人次，其中已有 34 人成为本院学科带头人。

（三）积极开展业务培训

近五年来，先后邀请国内外知名专家 78 人次，并定期或不定期邀请北京、上海、广州、四川、昆明等国内知名专家开展远程讲座，累计培训全县医务人员 2.3449 万人次，切实提高了医务人员的业务能力和水平。其中，邀请了美国安•依纳斯博士开展“结核病规范化防治”培训，邀请了昆明医科大学第一附属医院心内科主任医师、医学博士郭涛培训“内科常见病”，邀请了上海市儿童医院副院长兼消化内镜中心主任、医学博士刘海峰培训“消化内镜在儿科临床应用与实践”等。

（四）扎实开展对口帮扶

医院充分利用昆明医科大学第一附属医院、上海市儿童医院、昆华医院对口帮扶我院的契机，加强学科建设和医务人员培养。通过昆明医科大学第一附属医院对口帮扶专家多年的不懈努力，我院超声诊断、影像诊断及各临床专业科室诊断治疗水平明显提升；通过上海市儿童的对口帮扶，医院儿科医疗技术在市内县级医院中处于领先水平。

（五）建立完善激励机制

制定切实可行的绩效考核、人事管理、薪酬分配等制度，在国家政策允许范围内最大限度提升医务人员薪酬水平，形成了一整套重技术、重实绩、重责任、重贡献，待遇向临床一线、特色突出、技术风险高的岗位倾斜，形成了待遇能高能低、各岗位能上能下的竞争激励机制。

二、抓面强点，打造一流科室

为适应服务全县及周边县人民群众看病就医的需要，医院设置了 33 个临床、医技科室，基本满足群众医疗、预防、保健等需求。在全面发展的同时，医院还狠抓重点专科、特色专科建设，及时开展新技术、新业务的培训应用，在品牌建设中提升医院的影响力。

医院自2012年起，每年将2 ~ 3个科室纳入省级重点专科建设范围，加大人力培养引进和财力投入，使每年都有1 ~ 2个重点专科通过省级验收。截至2016年，骨科、消化内科、妇产科、泌尿外科、儿科、急诊科相继被列为省级重点专科建设项目。重点专科的创建，不仅在医院内部创造了积极的带动效应，而且还在县内及周边产生了良好的品牌效应。医院通过对全县转院转诊病种的调研分析，制定了新技术、新业务发展规划，选派具有发展潜力的医务人员外出进行针对性进修。先后派出了儿科、泌尿外科、普外科等125人，夯实了医院重点专科建设基础。通过外出进修及引进指导，目前医院已能较好地开展Smith-Petersen入路全髋关节置换术，腹腔镜下阑尾切除术及肠粘连松解术，漏斗胸矫治，内镜下止血、息肉切除、套扎等微创治疗及DDH早期筛查等新技术和新业务，有效降低了患者转院率，减轻了患者的经济负担。

三、主动下沉，打造一流服务

根据“小病不出村、常见病不出乡、大病不出县”的医改目标，医院积极主动与基层卫生机构建立分级转诊联动机制，将医改目标真正落到实处。采取领导联乡、科室包乡的方式，明确责任与目标要求，将科室主动服务基层医疗机构、服务群众工作情况与工资、津贴、职称晋升、评先选优等挂钩，扎实开展县乡村医疗服务一体化工作。目前已托管了7个乡镇卫生院，力争在未来两年内实现全覆盖。

医院定期或不定期安排专家，带领本院医务人员和基层卫生机构医务人员到乡村开展大型医疗免费巡回义诊，直接将服务送到千家万户。至今接受免费义诊的群众达1万余人次。

医院还是镇雄、彝良、威信三个相邻县的助理全科医师培训基地。自2015年以来，为本县及邻近县培训全科医师44人，显著提高了村级医生的服务能力和诊疗水平。

四、加大投入，打造一流设施

随着群众就医需求的大幅增加，医院现有业务用房和医疗环境硬件已不能满足群众需求。为此，医院超前谋划、加大投入，不断改善环境设施及硬件条件。

一是通过多方争取，在县南部新区新建镇雄县人民医院综合业务用房，规划用地13.08公顷，建筑面积15.7万平方米，编制床位1000张。该业务用房一期建设投资3.5亿元，竣工在即。投入使用后将集医疗、教学、科研、康复、预防保健、健康、后勤保障、计划生育技术指导、学术交流与合作为一体，成为全省乃至西南地区最好的现代化、数字化县级综合医院之一。

二是针对妇产科、儿科服务量的大幅增长，医院统筹规划，采用租赁的方式，投资4000余万，建设了占地面积3300平方米、业务用房面积18159平方米的妇女儿童分院，于2016年投入运行。有效满足了群众需要，缓解了医院压力。

三是加大设备购置资金投入。针对全县医疗服务能力短板，群众就医需求不断提高的要求，购置了GE1.5T磁共振、64排螺旋CT、DSA、彩色B超、数字乳腺机等诊疗设备。近三年来，投资约1.3亿元，添置、更新诊疗高精尖设备，使医院一跃成为周边县区诊疗手段最先进的县级医院。

五、狠抓细节，打造一流标准

规范决定行为，细节决定成败。医院在制定落实各项规章制度的同时，十分注重每个细节的管理，在细节中强化规范，在规范中提升服务，构建了和谐医患关系。

（一）实行严格的首问首诊负责制度，规范医疗行为

凡接受病人或家属咨询的每位干部职工必须负责到底，让每位到医院诊治、咨询的群众都能感受到周到热情、细致入微的服务。

（二）严格落实医疗核心制度，规范诊疗活动

按照标准，严格程序，整治不按标准、不合程序的违规操作行为，极大降低

了医疗纠纷和医疗事故的发生率。医院 DRGs 连续三年在全省二级综合医院排名靠前。

（三）加强医德医风建设，规范服务行为

分门诊、科室等制定切实可行的言行规范，定期或不定期开展医德医风案例教育和监督检查，对发现的苗头问题及时处理，用规范促进行风，用行风推动服务，使医院医务人员服务行为和服务态度得到明显改善，营造了和谐的医患环境。

通过多年艰辛的探索和不懈的努力，镇雄县人民医院服务能力的提升得到了群众的高度认可，取得了良好的社会效益。一方面服务总量逐年增加，年门急诊量、出院人数、手术量逐年跃升，到 2016 年门急诊量已达到 52.6255 万人次、住院人数达到 5.2956 万人次、手术量 1.4383 万余例。另一方面患者转院率逐年下降，2016 年转院率仅为 2.69%，群众基本实现了“大病不出县”的医改要求。医院服务能力的提升也多次获得了上级部门的认可和表彰。在省、市、县有关管部门开展的各项考核中成绩突出，是推荐给其他医疗机构参观学习的单位。2012 年医院被国家人力资源社会保障部、国家卫生部、国家中医药管理局评为“全国卫生系统先进集体”。

服务无止境，服务能力的建设也无穷期。虽然医院的服务能力得到了极大的提升，取得了显著的成绩。但我们的差距依然很大。今后，我们将砥砺前行，继续在服务中改革，在改革中加强，主动将我们的服务融入到脱贫攻坚中去，为全县如期实现脱贫目标助力加油。

打造核心技术团队 提升学科竞争力

江苏省南京医科大学第二附属医院

党的十九大报告指出，人才是实现民族振兴、赢得国际竞争主动的战略资源。南京医科大学第二附属医院正处于继往开来的发展关键期，要紧紧围绕人才这一战略资源寻求发展新动能，以改革和创新构建学科新引擎，建设高水平的人才培养体系，打造临床核心技术团队，围绕“疾病、病人、健康”三大中心，提升学科竞争力，服务“健康中国”战略。

注重“三化”培育

如果把医院比作一个机体，专科就是器官，个人则是最基本的细胞，管理模式上要注重医院、专科和专家的良性互动。推进医院学院化，着力培养学者、深耕科研、创新技术；推进专科学科化，着力促进整个学科的全面发展；推进专家学者化，培养学者型领军人才。“一凤高飞百鸟随”，要激发医务人员比学赶超，达到整体进步和全面提升。

突出“三点”培养

以疾病和以病人为中心，必须打造一支素质过硬的医务人员队伍，坚持抓好三个关键点给予差异化规划策略，助跑人才成材。在刚毕业时的“起跑点”给予目标，在升任主治之后的“转折点”给予方向，在晋升高级职称的“登高点”给予平台和机会。近年来南医大二附院已投入数百万资金，派出数十名医务人员出国进修学习。

坚持“立德”“树人”

创建一流和特色学科必须在立德树人上做大文章，既“立德”，又“树人”，从医院层面，要把立德树人的成效作为学科建设工作的根本标准，真正做到以文化育人、以德育人，把立德树人内化到一流和特色学科创建的方方面面。

打造“核心”团队

“众人拾柴火焰高。”一个人的力量是渺小的，只有发挥团队作用，才能实现价值最大化。面对新技术、新业务、新疗法不断涌现，要下大气力组建强有力的技术攻关团队。二附院当前正集中打造整合与诊治专病关键技术的临床核心医疗团队，已经有内（腔）镜诊疗、肠病、肾脏病、心胸、盆底、介入、妇儿、胰腺、康复等20多个临床诊疗和救治团队逐步成形。

引导“服务”下沉

根据《“健康中国2030”规划纲要》，医疗机构由传统的医教研延伸服务，是大势所趋。二附院正以健康为中心调整服务，与20余家省内外医院及社区卫生服务中心建立医联体，多个学科牵头组建省内外“专科联盟”；在中国医院协会健康管理示范医院项目的引导下，培养百余名健康管理师，为今后提供专业的居家康复与护理服务做准备……

坚持对“标”找“差”

处于集聚力量时期的二附院，要以高屋建瓴的眼光和视角，探究学科建设目标和思路，进一步制定和完善改革措施。面对体制机制创新，要不断适应新时代、新要求，聚好“焦”、对好“标”，解放思想，实事求是，找准自身不足和差距，紧紧抢抓“稍纵即逝”的新机遇，引领一流和特色学科创建，为“健康中国”做出贡献。

服务新时代 展现新作为 维护妇幼健康

江苏省连云港市妇幼保健院 施庆喜

过去的一年，在市卫生计生委的正确领导和大力支持下，在全院干部职工齐心协力和努力拼搏下，我院认真贯彻执行上级部门方针政策，全面落实《2018年度重点卫生计生工作绩效考核指标》，圆满完成了各项目标任务。现将2018年指标总体完成情况、重点与特色工作、创新创优加分项目以及2019年打算汇报如下。

一、指标总体完成情况

（一）在行政管理方面

一是推进规划落实。根据国家、江苏省有关政策文件以及全市“十三五”卫生与健康规划、区域卫生规划等文件精神，结合发展实际，对我院“十三五”发展规划做了相应修订，并严格贯彻落实。积极响应市委市政府“高质发展、后发先至”的号召，制订三年行动计划并进行任务分解，确保各项任务落实到位。

二是推进法治建设。联合多部门扎实开展法治建设，坚持依法执业，加大法律法规培训力度，建立患者投诉登记制度，严厉打击医闹行为，构建平安和谐的诊疗环境。

三是推进考核落实。出台干部目标管理考核办法，将委目标纳入其中，年底考核并与绩效挂钩。根据市卫计委下发的年度目标任务进行任务分解并落实责任，督促责任科室每月上报，并将各科室上报的及时性和准确性纳入干部考核。

四是推进统计工作。注重数据统计与分析，按要求上报各类统计报表，做到及时、完整、准确，住院病案首页上报率达100%。

五是推进信息公开。根据信息公开相关文件要求，积极做好院务公开，通过宣传栏、门户网站等平台及时公示院内重大事项、重大决策等。

（二）在基础设施方面

一是进度上全面跟进。根据既定计划，倒排工期，严格把控，全力做到保质保量完成项目建设。目前进入后期调试阶段。

二是管理上力求规范。严格遵守各项规章制度和工作流程，高度重视施工安全，施工现场安全措施到位，人员安全意识到位，作业行为安全规范，督导检查不留盲点，安全隐患及时排查，确保项目建设安全无事故。

（三）在母婴安全方面

一是落实“健康妈妈工程”。充分发挥省级新生儿危急重症救治中心以及市级孕产妇危急重症救治中心的作用，组织专题培训班8期，每季度开展技术督导，承担全市危重孕产妇和新生儿救治工作。制订了高危孕产妇管理方案，启用五色管理开展孕产妇妊娠风险筛查和评估，规范高危孕产妇个案管理，有效降低孕产妇死亡率。

二是落实妇幼健康分级服务。积极探索妇幼健康服务分级模式，引导孕妇到基层建卡，推动全市孕产妇保健手册实行颜色分级标识，多形式开展分时段预约诊疗。加快妇幼健康信息化建设，不断提高电子化母子健康手册使用率，目前共有12700余人关注App。

三是巩固爱婴医院成果。严格落实爱婴医院各项要求，依法开展母婴保健专项技术服务，按要求建立了两处规范的母乳喂养室，产妇分娩登记信息上报率100%。

（四）在基层卫生方面

一是完成常规性任务。扎实做好妇幼重大公共卫生和基本公共卫生项目督导考核工作，举办专题培训班16期，开展下基层指导340余人次，促进基层服务能力进一步提高。积极开展“两癌筛查（乳腺癌、宫颈癌）”工作，通过培训、指导、质控等途径提高各县区筛查能力，截至2018年11月已进行乳腺癌筛查109397人、宫颈癌筛查109188人。

二是推进医联体建设。成立院级双向转诊工作办公室，明确各部门职责，优化双向转诊流程，将22%的专家号源优先由基层医疗卫生机构预约支配。2018年共下派基层帮扶人员15人，占全院中级以上医生人数的6%，人均在基层累计工作85天。联合海州区卫计局打造紧密型医联体，落实双向转诊和绿色通道流程，安排高年资医生到所辖的8家社区卫生服务中心开展对口支援。与灌云县、赣榆区人民医院以及朝阳镇中心卫生院等10余家医疗机构建立合作关系，派驻妇产儿专家定期坐诊，免费接收医务人员来院进修，致力于打造妇幼健康联盟。与东海青湖卫生院联合成立产科孵化中心、海州社区卫生服务中心联合成立儿童康复科孵化中心。

（五）在计划生育方面

一是规范日常管理。建立避孕药具首发（首诊）登记和不良反应个案信息网上直报制度，按月上报，按季考核，形成长效且规范的管理机制。承担全市药具不良反应监测培训和督导工作，加强再生育咨询服务及技术指导。成功试点避孕药具免费发放，目前正常运行。

二是服务特殊人群。针对我市流动人口，制定免费提供计划生育基本项目技术的工作要求，今年共为109名流动人口提供免费服务。

（六）在质量提升方面

一是改善医疗服务。全面落实改善医疗服务行动计划，制定实施方案及序时推进表，确保各项举措落实到位。实行二级以上医疗机构检查结果互认。健全医患沟通机制，及时处理有效投诉。在门诊、病区、诊间安装自助挂号缴费机，全面实现门诊患者诊间结算、住院患者床旁结算。扩大分时段预约覆盖面，门诊患者分时段预约诊疗率达56%。1—11月临床路径管理病例数占比59.72%，实施路径管理完成率86.55%，处方合格率大于98%，平均住院日6.6天，日间手术 209 例，医疗费用增幅 4.3%，药占比、百元医疗收入（不含药品收入）中卫生材料费用、医疗服务收入（不含药品、耗材、检查、化验收入）占业务收入比重与 2017 年同期相比均有不同程度降低。

二是强化质量控制。加强医疗技术临床应用和手术分级管理，完成限制级技术行政备案及医师技术准入管理工作。加强医院感染管理，实行院科两级管理模式，每季度定期对重点科室进行监测，全年无院感暴发事件。独立设置输血科，加强临床用血管理，通过培训、督查、点评会等系列举措持续提高临床合理用血水平，临床用血总量基本与 2017 年持平。严格落实“两非”管理，各项规章制度健全完善，院内终止妊娠依法执行流程顺畅。

三是强化医政管理。扎实做好农村低收入人口健康扶贫工作，成立专家救治小组，将乳腺癌、宫颈癌纳入临床路径管理，实行住院先诊疗后付费，免收普通门诊和急诊诊察费，协助 5 人申请到疾病应急救助基金。加大重点专科投入力度，2018 年产科成功获批省级临床重点专科，优生学专科、医学检验科成功获批市级临床重点专科。规范病原微生物实验室管理，有效防控实验室安全事故。

四是强化优质护理。全面开展优质护理服务，患者对护理服务满意度均达到 90% 以上。充分发挥市级专科护士培训基地的作用，完成第四期产科护理专科护士培训及考核。充分发挥护理专科优势，对赣榆区、灌云县三家医院在爱婴医院工作、母乳喂养知识技能等方面开展培训和督导，进一步提升基层护理专科水平。在 2018 年省满意度调查中，连云港市妇幼保健院护士态度和护士技术满意度在全市排名第一。

（七）在人事管理方面

一是深化人事制度改革。继续落实岗位管理及人员聘用制度，实行全员岗位聘用与管理，对专业技术人员实行评聘分开，加大职称申报及聘任的考核力度。继续推进激励制度的落实，对备案制人员实行同岗同酬，完成 2018 年备案制人员选拔及兑现工作。实行奖励性绩效工资分配方案，注重工作质量和工作数量考核，不将医务人员的个人收入与药品和治疗、检查收入挂钩，向临床保健一线岗位倾斜，向高劳动强度岗位倾斜。

二是提高人才培养层次。制定《高层次人才、团队引进若干规定》，加大高层次人才和团队的引进力度，同时积极推荐人才申报各类重点人才工程。2018年获批省双创博士2人、苏北发展特聘专家3人、“六个一工程”拔尖人才项目获批1人。

三是注重扶持儿科发展。落实院绩效分配管理办法，儿科医师绩效不低于医院临床科室绩效平均水平。高度重视儿科医师的引进与培养，2018年引进儿科学博士1名、硕士研究生2名，招聘本科生7名，在职培养博士2名、硕士12名，进一步增强儿科医师队伍的有生力量。

（八）在科教研方面

一是深入推进“科教强卫工程”。开展重点学科、创新团队、各类重点人才和青年人才年度考评，组织签订新一年度目标责任书，定期对重点学科和人才进行科研培训和督导，不断提高我院科研产出的数量和质量。2018年荣获市级科技成果奖共5项，其中市科技进步奖一等奖1项、市新技术引进奖二等奖1项、市新技术引进奖三等奖3项。科研立项共计16项，其中中国疾控中心妇幼中心科研立项1项、省社发项目立项1项、省卫计委医学科研立项1项、省医院协会科研项目立项1项、市卫生科研立项5项、市“521工程”人才科研项目立项2项、康达学院科研发展基金项目立项5项。全年发表论文共计89篇，其中SCI发表7篇、中华系列论文5篇。各项科研指标同比2017年均同比增长10%以上。

二是扎实开展教育培训工作。按要求组织新入职27人参加规范化培训，本科及以上临床医师参培率100%。所有学员按时注册、进入基地，所有规培学员福利待遇不低于上级要求，无群体不良事件发生。2018年共接收基层进修人员43名，举办国家、省、市级继续教育、适宜技术培训班35次，培训基层人员4000余人次。举办第二批儿童康复专修班，培训基层学员12人。

（九）在信息管理方面

一是健全信息平台建设。采用向服务商购买服务的方式推进医院信息化基础建设、信息安全建设以及系统运维，并按要求及时报批、报备。完成妇幼平台与区域健康信息平台的对接，数据及时率、上传率均达85%以上。完成HIS系统与省级食源性疾病监测信息化网络平台的对接。根据要求完成体检报告的上传对接，及时率、完整率均达标。电子病历按照4级应用水平建设。全面实施实名制就诊，基本达到80%。

二是健全便民服务网络。启动互联网医院建设，医生可通过测血压、血脂等可穿戴设备获取签约服务人员的生命体征数据，为孕产妇提供监测与管理，促进双方有效沟通，目前在产科、中医妇科试运行。积极推进电子健康卡的应用，统一更换扫码墩，自助机可实现扫电子健康卡功能。

（十）在财务审计方面

一是健全价格管理制度。严格执行国家规定的医药价格政策，健全物价公示管理制度，配备价格管理人员，通过滚动显示屏、自助机、网站、纸质等途径实行价格公示。定期对门诊、住院收费进行清查、清理，形成督查报告并及时上报。

二是健全财务管理制度。建立健全财务管理和内部控制制度，设置总会计师。启用全面预算管理系统和成本核算管理系统，通过信息化手段强化预算约束、加强成本控制、严控债务规模。实行财务预决算信息公开，财政专项支出预算按财政进度使用，医院结余资金合理安排，增收节支。中央和省级转移支付专项资金使用管理符合规定要求。2018年我院经营状况良好，资产增值率连年保持在10%以上，固定资产报损报批率100%。

三是健全内部审计制度。建立工程建设项目中后期全面审计机制，切实做好对重点部门、重点资金、重大问题的审计。开展内部控制审计，将审计工作由监督审计向防范风险型审计转变。加强医院财务指标及医院经济运行情况分析，全面及时保质保量报送各项财务、审计等相关资料，数据准确、完整。

（十一）在疾病防控方面

一是加强医防合作。建立院内医防合作组织，严格执行医防合作“七项制度”“八项规范”，规范落实院内各项疾病预防控制工作。完善基于HIS系统的疾病监测报告五大功能模块，均正常运行。

二是加强传染病管理。规范开展新生儿疫苗、HPV疫苗接种工作，实施安全接种。做好PITC工作，艾滋病主动监测及时上报。针对流感、禽流感、寨卡病毒等急性传染病开展培训，做好监测报告工作。组织疟疾诊治培训1期。无传染病漏报，传染病监测指标完成率100%。

三是加强慢性病管理。规范开展35岁以上首诊测血压、肿瘤登记、死因监测、心脑血管疾病登记报告工作，规范报告率100%。疑似结核病、麻风病患者登记报告转诊率100%。

四是加强食源性疾病管理。按要求报送监测病例信息，已上报167例，食源性疾病事件100%上报，食物暴露史填报率达100%。开展病原检测，不断提升阳性样品检出率，阳性率达30%。

（十二）在卫生应急方面

一是建立健全卫生应急组织。成立应急办，负责组织、协调全院卫生应急工作；强化监测预警与部门合作，完成我院灾害脆弱性分析并据此完善了应急预案。

二是加大卫生应急培训力度。常态化开展卫生应急培训，完成全院急救技能培训、应急预案与处置流程培训及考核，开展应急演练18次。积极开展六进活动，就心肺复苏、海姆立克急救法等开展宣教及培训，不断提高全民自救互救能力。

三是增加应急物资储备。根据相关规定及实际情况对所需卫生应急物资进行储备，定期督查统计，确保物资始终保持充足，满足突发公共卫生事件和其他突发事件卫生应急处置需要。突发公共卫生事件及其他突发公共卫生事件紧急医学救援信息报告完整率和及时率达100%，及时、规范、有效处置率达100%。

（十三）在药品管理方面

一是规范药品采购。严格执行药品网上集中采购制度，基药按专科医院要求执行，加强临床使用考核。根据临床实际需要，合理编制药品采购目录与计划。积极参与新一轮药品集中采购工作，严格药品备案采购管理。

二是加强用药监管。定期开展处方和医嘱点评，抓实抓好抗菌药物管理工作，严格监控重点品种、辅助类与营养类药品并定期进行通报。定期召开药事委员会讨论用药情况，及时调整用药目录。每月按时报送药品采购、药品短缺信息及其他相关信息。根据省市卫计委统一要求，全面执行药品采购“两票制”，落实约谈制度，确保“两票制”落实到位。

（十四）在中医建设方面

一是规范中医科室建设。根据要求及自身特色设立了中医妇科、中医儿科、中药房，建立健全制度流程，按时完成中医类各项数据填报。在新院区设立妇孺国医堂，做实做大中医科室，提供标准化、个性化的中医保健服务。

二是规范中医人才队伍。积极引进和培养中医类别人才，配备7名中医科人才。组织院内中医药法培训及考核，安排中医人员外出进修和学习，促进中医人才能力不断提升。

（十五）在纪检监察方面

一是注重党风廉政建设。做好省纪委专责整改工作，制定实施方案及任务分解表，明确责任科室和完成时限，坚持每周整改、每周上报。认真履行监督责任，参与院内重点工作、重要活动全程监督。组织院内廉政自查，围绕办公用房、公务接待等开展全面排查，督促整改到位。

二是注重职工廉洁教育。认真落实“八条禁令”，多渠道宣传廉洁思想，组织赴警示教育基地参观学习，持续开展法律法规测试，不断增强党员干部廉洁自律意识。

三是注重行风建设。建立健全行风管理制度，组织签订行风建设目标责任书，用制度规范干部职工行为。认真收集社会各界意见，通过行风社会监督员座谈会、院科两级工休座谈会、发放满意度调查问卷等形式，收集有效意见和建议80余条，及时反馈并整改跟踪落实。

（十六）在信访投诉方面

我院高度重视信访工作，成立信访工作领导小组，严格落实《信访督查制度》，坚持领导一线接受咨询投诉，按规定程序及时处置办结各类举报投诉案件，每季度定期汇总分析，持续改进和完善信访案件处理程序。每月按要求向12345

和 12320 投稿。2018 年共及时办理上级部门转办信访案件 6 例、接待处理市政府 12345 投诉热线 85 例、12320 投诉 7 例、院内投诉 3 例，并针对反映的问题，采取有效措施督促科室整改，各类投诉结案率 100%。

（十七）在安全生产方面

一是增强保卫力量。加大保安人员培训力度，每周一集中训练，每季度组织安保、消防技能培训，强化保安人员综合素质。安装视频监控、一键报警系统，进一步完善安全风险防范设施。

二是提高防范能力。每季度开展医疗纠纷处理应急演练，组织医务人员参加医疗责任保险，全面实施疾病应急救助制度，切实提高突发事件应急处置能力。

（十八）在宣传教育方面

提前谋划宣传工作，制订年度宣传计划，确定宣传专项经费。拍摄微电影 3 部、宣传片 4 部，在《健康报》发表稿件 1 篇、《光明日报》发表稿件 1 篇、《健康时报》发表稿件 8 篇、中江网发表稿件 1 篇、新华网 1 篇、市级主流媒体刊登稿件 170 余篇，制作公益广告 12 个，电视台采访 20 余条，广播电台使用稿件 100 余条。积极主动调研收集政务信息，累计投稿 30 余篇。市局录用信息 30 余篇，微信公众平台推送稿件 400 余条，达到了预期宣传效果。

（十九）在精神文明方面

一是抓学习教育落实。持续推进“两学一做”学习教育常态化制度化，每月召开主题党日活动，扎实开展双进双促，打造政治信念坚定的党员干部队伍。第六党支部组织生活典型案例入围市委组织部优秀案例库。

二是抓妇幼文化凝聚。巩固扩大文明单位创建成果，安排专人实时更新文明在线网站，确保常态化运行。大力弘扬卫生计生职业精神，汤丽莎获评市劳动模范，孟茜获评敬业奉献道德模范。实施妇幼使者行动，组建院内以及社会妇幼使者队伍，开通“我是妇幼使者”专栏，传播妇幼健康理念，传递妇幼正能量，目前发表文章 68 篇，累计阅读量达 10 万以上。

三是抓文明城市创建。紧扣创文要求，成立创文领导小组及办公室，制定具体实施方案，细化任务分工，确保高标准高质量完成各项任务。规范建设实地考察点位，每周自查，每周通报，逐项整改，处于基本达标水平。

二、重点与特色工作

（一）顺利通过三甲妇保院评审

2018 年 8 月 22 日至 24 日，我院接受江苏省三级妇幼保健院复评审核。专家组通过查阅资料、追踪访谈、实地查看、抽查考核等方法，进行全方位、多维度、多层面考核，对我院近年来所做的工作和所取得的成绩给予了充分肯定。最终我院顺利通过了三甲复评。

自 2010 年成功创建三甲以来，我院并未就此松懈，而是将三甲复评作为每年重点工作积极推进。建立健全管理机制，按照院科两级负责制要求，在院三甲复评委员会的统一领导下，成立院级督查组及八个工作小组，负责具体复评工作的督导考核，确保复评各条线任务顺利平稳推进。扎实做好事前谋划，围绕评审标准组织学习并进行任务分解，制定迎评工作方案并明确总体进度安排，组织中层干部签订目标责任状，明确目标与分工，做到基础打得牢、步子迈得稳，力争高质量、高标准完成复评任务。加大督导和考核力度，紧盯临床与保健相融合、重难点问题，及时反馈，督促整改，促进评审指标全面持续改进，做足各项准备工作。经过全院上下共同努力，全力以赴打赢了“三甲”保卫战。

（二）有效促进教培工作提档升级

近年来，我院高度重视教育培训工作，进一步转变思维，谋求突破，搭建高层次、高水平教育培训平台，为增强教学实力、提升医务人员素质提供强有力的支持。

建设成为蚌埠医学院、南京特教师范学院教学实习基地，与我院开展教学合作的本科高等院校增加至 5 所。建设成为市母婴保健卫生监督实践培训基地，充分发挥产前诊断、新生儿疾病筛查的专科优势，面向全市开展母婴健康卫生监督员培训。主办、承办国家级继续教育项目，组织《变态反应性疾病诊疗进展学习班》《推广国际产儿科管理服务新模式、提高母婴健康质量国际研讨与临床指导》《全国妇幼健康机构建设与管理暨全国首批妇孺国医堂项目培训班》三个学习班，吸引省内外数百名妇幼保健工作者来连共同探讨前沿热点问题，有力地推动了妇幼卫生事业向前向好发展。

（三）扎实开展健康教育与健康促进

作为公益性事业单位，我们始终将践行公益作为自身责任，紧紧围绕群众切身的健康需求，扎实开展健康教育与健康促进工作，不断创新健康科普的形式与内容，广泛普及健康教育知识，切实促进居民健康水平持续提升。

制定《2018 年度节日主题活动实施方案》，利用重大节日开展丰富多彩的健康教育活动。举办第四届妇幼健康节，累计送出礼品 1100 份，接待咨询 800 余人次，发放宣传资料 2000 余份。举办集团首届健康科普大赛，通过演讲、歌舞、三句半、微课、小品、情景剧等喜闻乐见的形式，宣传健康生活方式、健康科普知识。以市区大型商场为平台，先后与万达广场、苏宁广场合作举办世界自闭症日、世界哮喘日、六一儿童节、母乳喂养日、乳腺保健月主题活动，极大地提升了传播效果。

三、创新创优加分项目

（一）表彰类成果

1. 荣获国家出生缺陷救助项目优秀项目实施单位

因在出生缺陷（遗传代谢病）救助项目实施过程中成绩突出，我院被国家卫生健康委员会妇幼司与中国出生缺陷干预救助基金会联合评为优秀项目实施单位。我院从全国 220 家项目实施单位中脱颖而出，进入 30 家被授予“优秀项目实施单位”之列。

2017 年 9 月江苏省召开出生缺陷救助试点项目启动会并颁布《江苏省出生缺陷救助试点项目工作方案》。作为中国出生缺陷救助基地之一，我院第一时间响应号召，积极对连云港市 0 ~ 14 岁遗传代谢病患儿开展救助申报工作。为保质保量完成任务，特别成立了出生缺陷救助工作领导小组，精心组织，周密安排，认真研究文件精神，分解细化工作流程，将该项工作全面布置、深入落实。自项目启动以来，成功申报救助 121 例出生缺陷儿，获得了 714000 元基金会救助款，为这些患儿家庭减轻了经济负担。本次救助工作我院在江苏省 13 座城市中位居第一，在全国 20 个省份 220 家出生缺陷救助项目实施单位中名列前茅，为出生缺陷救助工作做出了积极的贡献，被授予“优秀项目实施单位”。

2. 荣获我市科技进步奖一等奖

2018 年 5 月，我院“不良妊娠结局的系列化研究”科研成果被市人民政府授予市科技进步奖一等奖，这是市卫生计生系统唯一一个产科领域的一等奖，标志着我院产科对于不良妊娠结局的研究得到全市产科业内专家的认可，同时也是对综合实力的充分肯定，更加巩固了产科在全市产科行业内的领先地位，为我院提升妇幼保健实力奠定了坚实的基础。

该项目自 2011 年以来开展高通量测序技术，用于新生儿代谢疾病苯丙酮尿症检测及无创 DNA 产前筛查，取得了良好的经济效益和社会效益，有效降低了呆小症及“唐氏儿”等出生缺陷发生率。利用市妇幼信息平台在全市范围内开展胎儿无创 DNA 筛查，为早产的预测及尽早干预、妊娠期糖尿病防治及新生儿苯丙酮尿症的基因突变谱类型不同选择治疗方案提供了理论依据。

（二）亮点类成果

1. 率先在省内实施大保健改革

2014 年年初，以新一轮人事制度改革为契机，我院率先在省内启动实施大保健改革，设立孕产保健部、妇女保健部、儿童保健部三大学科部，实行部长负责制。2017 年结合国家新出台的文件精神，对大保健运行模式进行了补充和完善。为了促进大保健管理模式更加健康有效的运转，我院进行了诸多有益的探索。灌输基本理念，搭建运行载体，建立考核体系。我院大保健模式运行五年来，大保健服务意识逐渐增强，就诊流程逐步优化，各项业务快速发展，大保健管理与服务体系日渐成熟，为我市妇女儿童享有全方位、全生命周期的妇幼保健服务提供有力保障。其间先后吸引国家卫生计生委、国家妇幼保健中心、中国妇幼保健协会等领导来院调研，以及十余家兄弟单位前来交流学习，得到了国家和兄弟单位的充分认可。

2. 全力助推“健康宝贝”工程落地实施

为应对和解决当前出生缺陷防控的严峻形势问题，2017 年 12 月我市率先启动城区“健康宝贝”工程，并于 2018 年 9 月面向全市全面铺开。该项工程主要致力于加强全市出生缺陷综合防治工作，减少出生缺陷和残疾发生，全面提升出生人口素质，增强群众的获得感。这在全国尚属首创。

作为该工程的重点实施单位，我院高度重视、全力支持，充分发挥省新生儿疾病筛查中心的优势，建立健全集筛查、诊断、治疗、康复、随访和管理服务于一体的有效衔接机制，健全运转有效的出生缺陷三级防治网络，确保出生缺陷综合防治效果。同时承担“健康宝贝”工程的全市推广工作，举办项目实施培训班，发放母子健康手册，组织专家实地督导，全力推进该工程顺利实施。截至 2018 年 11 月底共有 8000 余人享受到“健康宝贝”工程惠民政策，项目实施效果显著，进一步为我市妇女儿童筑牢健康屏障。近日，我市“健康宝贝工程”在全国会议上做经验交流，受到了与会代表们的一致好评。

3. 新院区建设成为行业典范

作为我市重点民生工程之一，我院在新院区建设过程中始终坚守本心与本职，从符合我市妇女儿童健康需求的角度出发，科学规划，人文设计，注重质量，廉洁建设，致力于打造独具特色的现代化妇幼保健院，为我市“高质发展、后发先至”添势助力。

2018 年 4 月轻质隔墙板 QC 小组活动成果获得市级二等奖、省级三等奖，8 月项目工程荣获“市优质结构工程”“市文明工地”称号。目前绿色建筑二星级通过省里评审，近期将予以公示。11 月全国妇幼健康大会在连云港市召开，我院新院区作为观摩现场接待 180 余人参观。此外因为新院区设计融入大保健特色理念，受到了同行业的高度关注，先后接待省内外 10 余家兄弟单位前来参观学习，为各级妇幼保健机构建设提供了有益借鉴。

4. 全面加强高危人群规范管理

作为省级新生儿危急重症救治中心、市级孕产妇危急重症救治中心，我院不断加强高危孕产妇、高危儿管理，不断强化危急重症救治能力，逐步构建集预防、筛查、救治、康复于一体的综合防治网络和绿色转诊通道，确保两个高危人群患者得到及时、有效的临床救治。

加强组织领导，组建了救治领导小组及抢救专家组，成立了产科安全管理办公室，设立了高危妊娠管理科、高危儿管理科，成立了妇产科、新生儿质控中心，全面保障高危孕产妇、高危儿管理工作。健全管理制度，严格贯彻落实 24 项高危孕产妇管理工作制度，建立健全适合我院的高危孕产妇、高危儿管理制度与流程，率先在全市推出高危剖宫产手术专项审批备案机制，进一步规范两个高危管理。提升内涵质量，实行危重症孕产妇及新生儿专人、专区、专案“三专”管理，加强高危孕产妇颜色标识分级分类管理，完善院内高危儿、体弱儿转诊流程，组织全员急救能力培训与演练，大力推进多学科协作诊疗，建成并独立运行 120 急救妇幼分站，实现产妇与新生儿同车同时转运功能，最大限度保障母婴安全。2018 年 11 月我院高危儿管理在全国妇幼健康大会上有幸得以作为学术交流与经验分享。

5. 荣膺全国“母婴友好医院”荣誉称号

从 1986 年建院以来，我院高度履职尽责，始终以护佑母婴安全为己任，1994 年被国家卫生部授予“爱婴医院”称号，2015 年获评全国百家优秀爱婴医院，2017 年年底获评江苏省母婴友好医院。2018 年 6 月荣获中国妇幼保健协会颁发的全国“母婴友好医院”称号，目前为全市唯一一家获此殊荣的单位。

多年来，我院致力于全市妇女儿童健康事业，努力发挥市级妇幼保健机构在全市妇幼保健工作的领头羊角色。产科为省级重点专科、省妇幼重点学科、市级孕产妇危急重症救治中心，新生儿科为省级新生儿危急重症救治中心、省妇幼重点学科建设单位。我院通过引进开展无保护会阴接产、EENC、正念分娩理念、母乳喂养知识课程、袋鼠式护理，建立新生儿科母乳库等，促进了自然分娩、母乳喂养的不断提升。通过强化医疗安全管理，开展助产百日安全竞赛，定期组织应急演练，提升母婴急救水平，全力保障我市妇女儿童健康。

6. 科研创新工作再结硕果

近年来我院坚持“科教兴院”战略，在科研管理上更加规范，在科研力度上加大投入，进一步提升以产科为中心的特色学（专）科综合实力，科研创新结出累累硕果。

2018 年 2 月产科获批江苏省临床重点专科，是我院目前唯一一个省级临床专科，实现历史性突破。科研项目“政府引导的出生缺陷防控新型惠民体系的建立及应用研究”荣获 2018 年江苏省社会发展面上项目资助（资助金额 50 万），该项目是 2018 年我市卫生计生系统唯一一项获得该类项目资助的科研项目，也是我院有史以来独立申报获得资助金额最高的科研项目，充分体现了我院科技水平的大幅度提升。

7. 医保控费成效显著

为了积极应对新医改下的医疗保险费用控制问题，我院采取“以问题为导向、严格督查、精准控费”的方式方法，对医保费用进行科学合理控制，实现医保、医院、患者三方共赢。

突出抓好大病保险及各类单病种结算，2018 年医保出院单病种结算率大于 90%，专项结算获得补偿 125 万元，在全市三级医疗机构中执行得最好，受到市医保处领导的一致好评。突出抓好日间手术，1—11 月共开展日间手术 210 例，与 2017 年同期相比增幅 204%，有效缩短了病人的住院天数，减少了病人的医疗费用，其中妇科日间手术的有效开展在全市三级医疗机构属于首创。突出抓好医保督查，坚持三合理及合规收费，在市医保处的多次稽核中表现良好，在市级三级医院中结付率最高，达 102.7%，切实保障了医院基金的安全。

8. 成立我市首家妇幼健康联盟

为进一步统筹城乡妇幼健康事业发展，推进优质医疗保健资源向基层延伸，提升全市妇幼健康服务质效，促进基本医疗卫生服务公平性和可及性，由我院牵头，全市各县区综合医院、妇幼保健院、社区卫生服务中心、乡镇中心卫生院以及民营医疗机构等为成员，建成以业务协作为纽带、具有医联体性质的妇幼健康联盟，逐步形成龙头带动、双向联动、资源共享、责任共担、管理同质、发展同步的合作机制，提高城乡妇幼健康服务质量和资源利用效率，为全市妇女儿童提供安全、有效、方便、优质、连续的健康服务，努力使妇幼健康联盟成为服务共同体、管理共同体、责任共同体、利益共同体和发展共同体。

9. 大力弘扬社会主义核心价值观

为了弘扬和践行社会主义核心价值观，展现新时期医务工作者的职业精神，营造尊医重卫的良好氛围，构建和谐的医患关系，我院紧紧围绕先进典型，以先进典型感染人、教育人、激励人，弘扬正气，凝聚人心，促进人人向善，促进社会和谐。2018 年 6 月我院被评为 2017 年度连云港市“文明风尚大家唱，核心价值观六进”活动先进单位。

我院汤丽莎获评市劳动模范，唐淮云入选敬业奉献“江苏好人榜”，孟茜获评市敬业奉献模范，张开通荣获“港城好医生”荣誉称号，朱思颖荣获市“最美护士”荣誉称号，朱孟正荣获“港城好司机”荣誉称号，许成荣获市“最美文明使者”荣誉称号。同时，我院启动实施妇幼使者行动，组建院内以及社会妇幼使者队伍，开通“我是妇幼使者”专栏，形成妇幼正能量人人传、妇幼正能量人人赞的氛围，努力打造成为享誉港城、享誉江苏的妇幼文化品牌。截至目前已发布 70 余篇正能量故事，点击率平均达 2000 以上，其中数篇被新华网、《现代快报》等国家级、省级媒体网站以及中国妇幼健康、中国护理管理、健康江苏等影响力较大的业内微信公众平台转载。

四、2019 年打算

（一）聚焦基层妇幼，高站位提升服务绩效

重点加强黄色高危孕产妇管理力度，不断提升全市高危孕产妇、高危儿管理水平，降低孕产妇死亡率。推进健康宝贝工程，加快信息化建设步伐，加强县区管理与指导，开展产前筛查、新筛、听筛等项目专项质控，确保该项工程高质量

实施，力争国家现场会在我院召开。落实全市医疗机构分级分类管理文件要求，完善妇幼双向转诊流程，将高危儿、体弱儿管理纳入日常考核。探索妇产儿专科托管模式，与基层医疗机构建立紧密性合作关系。全面推行母子健康手册电子化，实现孕产妇、基层妇幼保健医生和市妇幼保健院之间的信息实时共享。发挥国家级儿童早期发展基地示范作用，加强指导，扶持基层创建市级儿童早期发展示范基地。

（二）聚焦重点工作，求突破实现跨越发展

围绕高质发展总要求，保质保量完成新院区工程建设，提前谋划搬迁工作，做到无缝对接，实现平稳过渡，确保上半年完成搬迁工作。围绕贯彻落实医药改革政策，完善务实大保健管理模式，推进并扩大妇幼专科联盟，稳步推进分级诊疗、双向转诊，做好各项考核指标管控等工作，促进医改任务落地见实效。围绕妇女病防治、流产后关爱、两癌筛查、更年期保健等，开展健康生殖工程系列主题活动，提高女性生殖健康意识。针对新院区启用，结合新院区功能布局，开展孕产妇一对一服务模式，创建国家级示范专科。充分发挥对外合作平台优势，力争国自然有所突破。

（三）聚焦质量提升，抓落实提升服务水平

进一步细化落实院科两级管理，以三大部为切入点制定科主任管理考核标准，定期通报，不断提升全员质量意识。举办首届管理工具使用大比拼，提升质量管理水平。进一步改进医疗服务质量，以妇产科质控中心和新生儿质控中心为抓手，开展孕产妇、新生儿应急演练，强化高危孕产妇和高危儿管理，力争创成国家级母婴安全优质服务单位。进一步探索无中医不保健的运行模式，筹划建立养胎中心和盆底康复中心，重点打造妇孺国医堂。进一步深化优质护理内涵，探索开展母乳喂养个案追踪，建立全市首个母乳库，力争实现住院患儿母乳喂养全覆盖。

（四）聚焦人才科技，抢机遇增强综合实力

继续探索薪酬制度改革，推进部分职工纳入职业年金管理工作，试行高层次人才年薪制。不断提升教学培训质量，通过院校联合办班、组建技能培训专家组、举办技能大赛等手段，持续强化人才业务能力。不断拓宽科研平台，扩大生物资源库，力争成为省转化医学研究院分中心，力争设立院士专家工作站，为增强我院自主创新能力提供强有力的支撑。抓住连云港高铁开通时机，加快北线人才柔性引进。加强与康达学院合作，拓宽合作办班专业。

（五）聚焦妇幼文化，创品牌凝聚核心力量

以新院区搬迁为契机，建立健全妇幼文化体系，打造各科室、各病区特色文化墙，彰显妇幼人风采。利用网络平台，重点开发一项具有妇幼特色的、参与性广、操作性强的网络志愿者活动项目，采取线上互动、线下行动的方式来引发更大的社会效应。加强妇幼使者管理，进一步壮大社会妇幼使者力量，做成市级乃至省级的妇幼文化品牌，凝聚妇幼正能量。

优化整合 真抓实干
为妇女儿童撑起“保护伞”

甘肃省榆中县妇幼保健计划生育服务中心

为了推进国家重大公共卫生服务项目在我县的稳步实施，落实国家妇幼计生卫生工作任务。2016 年在上级卫生计生行政及业务部门的指导和各项目单位的配合下，榆中县妇幼保健计划生育服务中心经县政府批准，由原县妇幼保健所和县计划生育服务中心合并组建成立，是集保健和临床于一体，以保健为主的医疗机构。现就项目及妇幼保健和计划生育服务中心工作进展情况作如下汇报。

一、主要目标任务完成情况

1. 计生宣传方面，全年把宣传教育放在计划生育工作的首位，采取各种形式，强化宣传力度，促进了广大群众生育观念的不断转化。一是把元月份作为计划生育宣传月，共出动宣传车 6 次，散发宣传材料 1 万余份，发放避孕药具，接受群众咨询 200 人，集中时间对广大群众进行宣传教育，提高了广大群众实行计划生育的自觉性。二是利用固定的宣传阵地（县级婚育学校）开办婚育培训班 12 期，培训计划怀孕夫妇 137 对，使他们掌握了优生优育科普知识，并应用输卵管通液仪和精液分析仪，为 120 例不孕症患者的诊断提供了可靠的依据。三是以维护育龄群众合法权益为重点，以育龄群众日益增长的生殖健康为出发点，加大了知情选择避孕节育措施和生殖健康知识宣传力度。

2. 孕产妇保健方面，2016 年活产数 3965 例，围产儿死亡 22 人，围产儿死亡率 5.55‰；孕产妇保健 3934 人，保健覆盖率 99.22%；孕产妇系统管理 3651 人，系统管理率 92.1%；住院分娩 3965 人，住院分娩率 100%；非住院分娩新法接生率 100%；孕产妇死亡 3 例，死亡率 75.6/10 万；无新生儿破伤风的发生。

3. 儿童保健方面，2016 年 5 岁以下儿童死亡率和婴儿死亡率分别是 3.78‰、3.03‰，7 岁以下儿童保健覆盖率和 3 岁以下儿童系统管理率分别达到 99.27%、90.5%；母乳喂养率 95.9%，其中纯母乳喂养率 92.4%；新生儿疾病筛查 3916 人，筛查率 98.76%；听力障碍筛查人，筛查率 99.09%。

4. 婚前保健方面，婚前进行积极有效的卫生咨询、指导率 100%，主检医师审核、签字率 100%，婚前检查率 75.3%，疾病检出率 5.31%。

5. 妇女保健方面，全县妇女病普查率 90.6%，妇女病疾病检出率 41.5%。

6. 托幼机构管理方面，托幼机构保健医（员）持证上岗率 100%，体检率为 96%。幼儿体检 6769 人次，体检率 98.0%，托幼机构复验率 100%。

二、国家重大公共卫生项目及妇幼卫生工作开展情况

（一）国家重大公共卫生项目工作开展情况

1. 农村孕产妇住院分娩补助不仅能及时发放，而且项目单位对孕产妇住院分娩补助资金发放等能及时进行核实和督导检查，严格项目资金管理。实行了贫困救助四联单报账制度，确保了救助资金真正惠及住院孕产妇。对住院分娩的产妇项目经费补助 500 元。同时，实行了住院分娩限价收费，县级医院 800 元，乡镇卫生院 500 元，剖宫产收费控制在 2000 元以内。2016 年住院分娩项目补助 3201 人，救助资金 160.05 万元，资金已全部兑现给补助对象

2. 农村妇女孕前和孕早期都能按时补服叶酸，县卫计局及时制定了《榆中县 2016 年中央补助重大公共卫生服务项目农村妇女孕前和孕早期补服叶酸项目实施方案》。根据方案要求，积极开展项目宣传，认真收集、上报项目开展信息，全年农村适龄妇女孕前和孕早期增补叶酸 3084 人。

3. 按时对农村妇女进行宫颈癌检查，提高农村妇女宫颈癌的早期诊断率、治疗率和五年生存率，降低宫颈癌死亡率。2016 年农村妇女宫颈癌检查工作，在没有上级本年度实施方案的情况下，榆中县暂按 2015 年方案的要求，召开农村

妇女宫颈癌项目会议，安排部署了项目工作。截至10月份，已经免费检查5000人，目前未查出阳性病例。

4. 在预防艾滋病、梅毒和乙肝母婴传播方面，根据《榆中县预防艾滋病、梅毒和乙肝母婴传播项目工作实施方案》，在县卫计局的统一安排下，榆中县所有接产单位均开展了预防艾滋病、梅毒和乙肝母婴传播项目工作，全年进行艾滋病、梅毒和乙肝抗体监测孕产妇3934人，婚前保健人员4982人。查出梅毒双阳孕产妇1人，乙肝抗体阳性孕产妇139人，为乙肝产妇所生新生儿注射乙肝免疫球蛋白96支。

5. 26种遗传代谢病的筛查，是为了扩大新生儿疾病筛查病种，降低新生儿遗传代谢病致畸率，提高人口素质，根据省卫生计生委《甘肃省新生儿26种遗传代谢病筛查项目方案》文件精神，为保障榆中县新生儿26种遗传代谢病筛查项目顺利实施，制定了甘肃省新生儿26种遗传代谢病筛查项目方案》。筛查项目数520人，无可疑阳性数和确诊病例数。

6. 对贫困听障儿童进行有效的救治，使更多的贫困听障患者获得救治，提高其生活质量，省卫生计生委、省财政厅、省残联将继续实施贫困听障儿童救治项目。根据甘肃省卫生厅 甘肃省财政厅 甘肃省残疾人联合会文件《2015年甘肃省贫困听障儿童救治项目实施方案》（甘卫妇幼函〔2015〕291号）的文件精神，结合榆中县实际，制定了《2016年榆中县贫困听障儿童救治项目实施方案》。筛查数3929，筛查率99.09%，暂时无确诊病例数。

7. 对全县新生儿疾病进行筛查，统计出2016年全年共收集上报检测先天性甲状腺功能减低症、苯丙酮尿症的血片筛查数3916，筛查率98.76%，确诊病例数4、治疗人数4人，随访人数共16人。

8. 对全县农村孕妇进行产前筛查，为推进出生缺陷综合防治工作，降低出生缺陷发生率，提高出生人口质量，落实《甘肃省财政厅 甘肃省卫生和计划生育委员会关于下达省级卫生专项补助资金的通知》（甘财社〔2014〕26号）的工作要求，依据《甘肃省农村孕妇产前筛查补助项目实施方案》，结合榆中县实际，制定了《榆中县农村孕妇产前筛查补助项目实施方案》。已完成项目任务数200人。

9. 为了妇幼卫生监测项目的进行，按照“三网”监测实施方案的要求，在全县接产医疗机构开展了出生缺陷监测，在县、乡、村三级开展了5岁以下儿童死亡监测和孕产妇死亡监测。

（二）国家基本公共卫生服务项目落实情况

1. 0 ~ 6岁儿童健康管理服务。通过国家基本公共卫生服务均等化项目的落实，各乡镇不同程度地开展了儿童健康管理服务工作。榆中县妇幼保健计划生育服务中心基层督导人员针对实际情况积极督导乡级妇幼专干做好对村级妇幼人员的培训。重点做好3岁以下儿童系统管理工作，通过培训和带教让各级妇幼专干能够熟练运用儿童体格生长发育评价曲线表，进一步规范儿童保健工作，提高服务质量。

2. 孕产妇健康管理服务。（1）规范系统管理，落实孕产妇健康服务。榆中县妇幼保健计划生育服务中心基层督导人员在督导过程中，手把手带教乡镇级妇幼专干督促村级完善孕产妇健康管理相关工作。督促各乡镇卫生院摸清辖区内的孕产妇总数，争取全部建卡，充分使用孕情一览表，随时掌握孕情动态，协助村级妇幼员完善产后访视工作。全县统一使用孕产妇保健册，孕产妇保健册随孕妇本人走，最后由村妇幼员负责回收。（2）加强产科管理，畅通绿色通道。我们始终把建立健全产科急救与转诊网络作为重点，在加强产儿科规范建设、完善各项产房工作制度的同时，进一步规范县一院孕产妇急救中心，及时调整抢救领导小组。落实人员、房屋、设备、药品、管理制度，实行了24小时值班、孕产妇首诊负责制，严格转诊转院流程，加大对基层产科监管力度，并严把产科资格准入。为规范母婴保健服务行为，使县、乡、村急救与转诊三级网络更趋完善畅通，孕产妇综合服务能力进一步提升。

（三）积极开展婚前保健，做好出生缺陷三级预防工作

2016年进一步规范了婚前保健信息化管理，加大了婚前保健卫生指导和卫生咨询的力度，通过播放录象、现场咨询、发放传单和张贴宣传画等方式向广大婚前男女进行婚前健康教育。2016年婚姻登记6616人，婚检4982人，免费孕前优生健康检查2009对，检查出风险人数为135人，婚检率75.3%。查出疾病

265 人，其中指定传染病 145 人，男性生殖系统疾病 106 人，女性生殖系统疾病 2 人，其他 12 人。对查出疾病的对象均做了健康指导和提出了适宜的医学建议。

（四）规范和加强对托幼园所集居儿童的保健管理

根据《兰州市托幼园所卫生保健管理办法》文件的要求，积极开展教师及幼儿保健管理工作。今年托幼机构保健员持证上岗率 100%。对全县 45 所托幼机构的 332 名教师进行了体检，体检率为 98.2%。幼儿体检 6769 人次，体检率 98.0%，查出营养性疾病数 25 人，占 0.37%；龋齿 3522 人，占 52.03%。对所有检查儿童都给予了相应的保健指导意见，对体检中查出的健康问题都及时地做了健康指导和适宜地处理。

（五）出生医学证明发放情况

全县出生医学证明的发放由专人管理，严格遵守出生医学证明管理的相关政策和法规，做好出生医学证明的发放工作。2016 年发放出生医学证明 4225 人。

三、存在问题及 2017 年工作打算

（一）存在问题

1. 妇幼计生保健网络建设方面：县、乡医疗机构领军人才、学科带头人缺乏，重点科室（尤其是儿科）、岗位人员配备不到位，人员编制短缺，人员结构不合理已成为制约妇幼计生卫生发展的瓶颈。目前县妇幼计生服务中心在编人员 50 人，其中自收自支 15 人，同时服务中心承担大量的非营利性公共卫生业务，使人员工资支出面临巨大压力。业务科室人员结构不合理，使人员培训计划的实施捉襟见肘，现有业务的开展和新业务的拓展受到极大地限制；乡村医生年龄偏大、知识结构不合理、专业技术老化、后继乏人等问题突出，不能满足三级医疗卫生服务体系网底需要。

2. 妇幼保健服务方面：在国家基本公共卫生服务均等化项目和住院分娩补助项目等妇幼卫生相关项目的推动下，我县的妇幼保健工作得到了长足的发展，但由于我县地域相对辽阔，川山相间，地域经济发展不平衡，致使妇幼保健工作服务水平也呈现不平衡现象。

3. 全面两孩政策实施后，累积生育需求集中释放，出生人口数量增加，高龄孕产妇比例增高，危重孕产妇与新生儿管理救治任务进一步加重，助产机构相关设备（如产床）及临床一线医师短缺，不能适应当前全面两孩政策的需求，保障母婴安全面临新的挑战，2016 年孕产妇死亡 3 例。

（二）主要措施

1. 落实国家惠民政策，加强妇幼卫生相关项目宣传。为落实国家惠民政策，县妇幼保健所决定采取多种措施，包括制作宣传牌、印刷宣传画、电子屏、刷写墙体标语、上街宣传和通过电视广播媒体等，进一步加强妇幼卫生相关项目宣传工作。宣传内容包括：（1）免费婚前保健；（2）国家基本公共卫生服务孕产妇和儿童健康管理项目；（3）为孕产妇和 0 ~ 36 个月儿童提供免费健康管理服务；（4）农村孕产妇住院分娩补助项目；（5）农村妇女孕前和孕早期补服叶酸项目；（6）农村孕妇产前筛查补助项目；（7）预防艾滋病、梅毒和乙肝母婴阻断项目；（8）农村妇女宫颈癌检查项目；（9）新生儿疾病筛查项目；（10）新生儿听力筛查项目；（11）贫困听障儿童救治项目；（12）26 种遗传代谢病筛查项目。

2. 积极开展基层督导，落实各项工作举措。县妇幼保健所由所领导带队，分片包干，深入基层，全年对全县 23 乡镇进行了四次督查与指导，包括基本公共卫生服务项目孕产妇和儿童健康管理工作开展情况，妇幼卫生相关项目的宣传、资金兑现及限价分娩情况，农村孕产妇住院分娩补助落实等工作。对存在的问题及时提出了整改意见。

3. 加强业务培训，提高妇幼保健服务水平。在榆中县卫计局的统一安排下，全年共举办 4 期培训班，培训人数 146 人次，发放《兰州市妇幼健康服务工作手册》292 本。培训内容包括国家重大公共卫生项目的落实、基本公共卫生服务项目孕产妇和儿童健康管理工作等。为全县各项妇幼保健工作的进一步落实奠定了基础。

4. 开展健康教育，增强保健意识。县妇幼保健所充分发挥社会各界力量，采取群众喜闻乐见的形式，积极开展妇幼卫生项目健康教育和健康促进活动。通过印发宣传资料、书写固定标语、板报、广播电视等多形式多渠道进行妇幼卫生项目和妇幼保健知识宣传，提高群众知晓率；充分利用“三八”妇女节、“爱耳日”“母乳喂养周”在县城广场开展宣传活动，广泛宣传妇幼卫生项目的实施、孕产期保健知识和住院分娩的重要意义。为提高群众自我保健水平，2016年制作宣传折页8种5万张。

（三）工作打算

1. 强化高危孕产妇筛查管理和急危重症孕产妇转诊抢救工作，最大限度地降低孕产妇死亡率和消除新生儿破伤风，尤其是没有接产点的边远山区和县二院周边地区，一定要做好孕产妇提前入驻接产点附近的宣传动员工作。

2. 督促落实乡对村级培训，着重提高培训质量，进一步规范妇幼保健服务，规范基础信息资料的收集、整理、上报和归档管理工作。

3. 进一步加强妇幼卫生相关项目管理，加大宣传力度。充分发挥各项目领导小组和技术指导组的作用，逐级对国家妇幼卫生项目实施情况进行监督、检查和指导。

4. 根据国家公共卫生服务项目的要求，切实做好两个系统化管理工作，重点突出服务质量的提高，关键做好高危孕产妇管理和体弱儿管理。

5. 继续做好婚前保健、新生儿疾病筛查、预防艾滋病母婴传播、托幼园所管理、出生医学证明的发放和健康教育等妇幼保健常规工作。

积极进取 开拓创新 强化内涵建设

广西壮族自治区平果县人民医院

2017年，在县委、县政府的正确领导下，在县卫计局的关心支持下，全院干部职工以饱满的工作热情，积极进取，开拓创新，把医院中心工作与公立医院改革、学习“十九大”等系列活动有机结合起来，不断强化内涵建设，各项工作取得了较好成绩。现将工作情况总结如下。

一、基本情况

截至2017年12月，我院在岗职工1001人（其中卫技人员837人，具有高级职称55人，中级职称173人）。编制病床460张，实际开放床位670张；设置有46个科室，其中有23个临床科室、6个医技科室、17个行政职能科室。

二、各项指标完成情况

（一）医疗业务工作

2017年门诊、急诊病人数438595人次，比2016年同期增加54546人次，增长14.2%；住院人数37072人次，比2016年同期增加4380人次，增长13.4%；完成手术4097例，比2016年同期增加209例。床位使用率92.7%，比2016年同期减少0.9%；病床周转次数50.3次/年，比2016年同期减少2.3次；平均住院日6.7天，比2016年同期减少0.4天。

门诊诊断与出院诊断符合率96.7%，同比下降1.5%；入院诊断与出院诊断符合率97.8%，同比下降0.7%；住院病人死亡率0.22%，同比增加0.01%；术前术后诊断符合率100%。急诊危重病人抢救成功率99.9%，同比增加0.2%；住院危重病人抢救成功率95.1%，同比减少0.8%。

（二）经济收入情况

2017年全年总收入2.52亿元，其中财政补助2383.4万元【财政基本补助1753.51万元，项目补助629.89万元（基建项目309.75万元）】，业务收入2.278亿元。业务收入同比增加2560.22万元，增加12.66%。其中，医疗收入22783.83万元，药品收入5633.49万元，药占比为24.73%同比下降0.75%。

业务支出2.51亿元，同比增加2220.03万元，增长率9.7%。其中，人员经费支出1.073亿元，同比增加1339.04万元，增长率14.25%；全年实现业务收支结余46.3万元，同比减少24.98万元，减少率35.04%。

三公经费支出44.26万元，同比减少7.64万元，减少率为14.73%。其中，公务接待费0.73万元，同比减少5.98万元，减少率89.15%。

三、年度开展的主要工作

（一）党建工作开展情况

1. 强化政治学习和医德医风教育，不断提高干部职工的整体素质

（1）严格执行党委理论中心组学习制度。按照中央、自治区党委、市委、县委关于党员干部理论学习的部署和要求，结合实际制定《党委中心组学习制度》，着力推进中心组学习制度化、规范化。一年来院党委共开展13次中心组扩大学习会，带动全院形成了良好的政治学习氛围，通过学习，使广大党员干部端正学风，更新知识，创新思维，不断强化大局意识、忧患意识、责任意识、服务意识和廉洁从政意识。

（2）狠抓职工政治学习。按照年初下发的政治学习计划，每月组织医德医风检查组下到全院各科室督促指导全院职工以科室为单位进行政治理论学习。

（3）开展医德医风大讨论。按年初计划安排，全年各科室组织职工进行了什么是医德、医德的特点、作用有哪些、医疗卫生行风建设“九不准”等12个专题大讨论。通过大讨论，结合医务人员自己从事本职工作实践的感悟，加深了

对医疗卫生行业的理解，对如何做一名好医生、好护士、好职工有了新的认识。

2. 认真开展“两学一做”学习教育，以实际行动开展党建工作

（1）按照县委和上级党委的要求，在全院开展学党章、党规，学习近平总书记系列重要讲话，做合格党员的“两学一做”学习教育活动。

（2）开展抓党建促脱贫攻坚工作。按照县委、县人民政府的统一部署和要求，我院选派265名干部职工到太平镇龙竹村、七良村、巴乐村任“第一家长”，承担274户贫困户的精准脱贫工作。全体“第一家长”攻艰克难，都能做到业务工作与扶贫工作两不误，较好地完成了上级部署的各个阶段的工作任务。2017年共有876人捐款，收到捐款39624.04元。2017年支出14500元，帮助14名贫困住院患者解决了实际困难。2017年8月，龙竹村龙了屯建档立卡贫困户户主任忠电之子任毓峥因脑出血术后上呼吸道感染在我院儿二区住院，在第一家长倡议下，我院领导及挂村干部踊跃为其捐款4358元。2017年8月26日，内科党支部将善款1725元送到太平镇局平村局良屯黄国猛贫困户大学生黄秀芬手中，助其完成学业。2017年10月16日，外科党支部共捐款5320元，资助太平镇巴乐村龙动屯贫困户吴秀先儿子兰华忠，使该生重返校园。2017年10月17日医院领导班子成员及内科党支部代表到南宁市江滨医院慰问老党员谢正文同志。

（3）组织开展活动。组织参加县委、县政府和县“三年一争当”办公室举办的“喜迎十九大 建设好班子”演讲比赛，由党委办起草演讲稿《不忘初心，用爱托起生命的太阳》，经儿科二区护士潘芳莲倾情演绎，荣获比赛第二名。2017年，组织我院13名预备党员到邓公山邓小平铜像前进行入党宣誓。

（4）按上级要求完成第二届党委换届选举工作各项文字材料，于2017年10月12日完成了换届选举工作，选出了新一届党委领导班子，完成内外科党支部分一、二支部、党员缴纳党费情况等工作。

（5）按县委组织部要求院党委组织在职工党员到马头镇朝阳社会报到。年内先后4次组织党员志愿者医疗服务队到中兴超市门前、老年活动中心、城东社区、朝阳社区开展义诊及健康知识宣教活动。

（6）做好发展党员工作。2017年9月份将3名预备党员按期转为正式党员，

同时吸收12名发展对象为预备党员，并要求所在支部做好跟踪考察工作。

3. 抓好民主生活会，增强党的生机活力

根据上级要求及院党委安排，于2017年2月17日召开了2016年度医院党员领导干部民主生活会，会议开得既严肃又热烈，达到了预期目的。会后党办对会议原始记录进行整理，撰写领导班子对照检查材料，并上报县委组织部、县纪委等部门。各党支部也及时召开了2017年度民主生活会和党员民主评议，开展了批评与自我批评。

4. 深入落实中央八项规定精神坚决整治“四风”

为深入贯彻落实中央、市纪委、市委农工委关于进一步深入落实中央八项规定精神坚决整治“四风”的精神要求，制定了我院《关于进一步深入落实中央八项规定精神坚决整治“四风”的工作方案》，抓好动员部署，抓好逐级约谈，严格排查存在或潜在的廉政风险点，抓好专项自查，形成《关于进一步深入落实中央八项规定精神坚决整治“四风”的自查情况报告》，抓好整改落实，建立健全“四风”整治长效机制，坚决维护好风清气正、健康清朗的政治生态。

5. 认真贯彻落实中央八项规定和党风廉政建设“两个责任”

严格贯彻执行财务管理制度，遵守《党政机关厉行节约反对浪费条例》及公函接待相关规定；严格车辆管理，实行公务派车审批制度。同时，职工外出实行出差、学习、培训、检查审批制度，无私车公养情况；压缩文件、简报、宣传资料、会议及其他日常办公经费开支，减少纸质公文数量，控制会议活动规模。倡导节约、反对婚丧嫁娶大操大办，职工有婚丧嫁娶执行上报备案制度，按规定不能超过有关规定的宴请桌数；按办公房间与工作岗位相结合的原则进行配置固定电话，严格通信费用开支，取消了院领导和中层干部的通信费用补助；目前医院办公用房符合标准要求，无超标使用情况。

6. 加强纠风管理，强化医德医风建设

（1）通过完善医德医风考评制度，健全院医德医风廉政档案，年度进行医务人员医德医风的考核，并在全院进行了公示。

（2）通过进一步细化工作指标和考核标准，将考核结果与评定职称、评先评优、奖惩挂钩，从而建立起对医务人员有效的激励和约束机制，有效推进了医德医风考评规范化、科学化、标准化建设，增强医务人员工作积极性。

（3）每月开展一次患者满意度调查工作，对存在问题和患者提出的意见和建议，每月均在院务会上反馈，并针对性地进行跟踪整改。

（二）狠抓医疗质量与医疗安全，不断推动医院各项工作的开展

1. 医疗制度的执行与安全管理

（1）加大对医疗核心制度的落实和执行力度。督促各科严格执行十三项核心制度、加强手术安全核查，做到三方核查后方可麻醉、手术；诊疗工作严格按照诊疗常规和技术操作规范，做到合理检查，合理用药，合理治疗；深入科室参加科室早交班，了解值班医生对整个病区的动态掌握情况；健全危急值报告制度，努力保障检验数据快速、准确、可靠；加强输血质量管理，反复要求各科加强对输血适应症、输血前告知、输血前检查及取血送血各环节的管理，减少了医疗安全及医疗纠纷的风险，并针对我院 AB 血型的孕产妇专门长期备留 6 个单位浓缩红细胞，从而保障了产妇生命线；加强病历书写质量，严格按照病历书写规范标准书写；重新修订手术分级管理制度，规范手术级别，相应的职称开展相应的手术级别，不跨级手术，以提高手术质量，保障医疗安全。

（2）加强医疗安全防范。根据“二甲”复审工作要求，根据医疗安全（不良）事件报告制度，每月定期对临床医技科室报送的不良事件报告进行总结分析，并提出整改措施，发回到各科室，要求各科室认真执行，并将该制度的报告纳入医疗质量持续改进考核内容，2017 年全年共报告 243 例不良事件，有效减少医疗（安全）不良事件发生，确保患者安全。每月在临床医技各科室开展科室质量与安全管理活动记录，科室针对存在的质量安全问题进行专门的讨论、记录，医教科进行监督，对存在问题进行督促整改。

（3）重视医患沟通，做好知情告知。年内组织多学科负责人多次讨论修订《平果县人民医院入院须知》，充分落实各项告知义务，保障患者的知情同意权。临床医师在进行各项操作特别是侵入性操作、使用贵重药品、大型检查患者同意签字率达到 100%。

2. 巩固、推进临床路径专项活动

（1）在14个临床科室、15个专业推行了63个病种的临床路径工作，较2016年新增26个病种，符合进入路径的病例数为12064例，共有11236例进入临床路径，入组率为92.67%。其中，完成10412例临床路径，入组完成率为92.67%；变异例数有3995例，变异退出率为35.56%。实施临床路径管理人数占总出院人数的30.27%（2016年为17.5%），提升了72%。

（2）通过临床路径的进一步深化开展，从而规范我院医师的诊疗行为，达到了合理检查、合理用药、合理治疗、合理收费，提高医疗质量，医疗安全得到了进一步保障，也赢得了较高的社会效益，同时患者的术前住院日2.0天、住院天数6.7天，均与2016年持平无增长，出院病人次均费用4364.81元，与2016年同比（4519.67元）减少154.86元，减少率3.43%，医疗消费更趋合理化，病人满意度逐步提高。

（3）通过临床诊疗规范诊疗管理和要求，我院2017年门急诊次均费用149.75元，与2016年同比（141.97元）增加7.78元，增长5.5%，没有超过国家规定的10%增幅。

3. 妥善处理医疗投诉、纠纷

2017年全年医院共发生医疗纠纷及投诉20起，其中医教科积极沟通、协调，化解了13起，卫计局、医调委组织协调5起，还有2例正在法院诉讼处理中，无恶性医闹发生。

以“二甲”复审为契机，重新修订《平果县人民医院制度汇编》建章立制，同时以孙东东、赵邦、童海伦等知名专家来院讲课为契机组织全院医疗人员开展法律法规及医院各项规章制度的学习，提高法律意识，增强法律观念和证据观念，自觉遵守法律法规，杜绝医疗事故的发生，保证医疗安全有效。

为减少外科和妇产科手术患者医疗纠纷发生，于11月执行内外科、妇产科联合查房制度，减少可控性的医疗意外发生。

4. 突发公共卫生及应急事件处理

（1）2017年共组织医院相关科室实施急救应急演练8次，急诊科开展2017年急救技能演练竞赛1次，不断提升本院职工急救技能水平的同时，为应急保障奠定了基础。外派医务人员参加平果县、百色市卫生应急技能竞赛获团体一等奖，百色市产科危急重症急救技能竞赛团体二等奖。

（2）全年组织医院应急急救人员参加重大突发应急事件 9 起，急救人数达 45 人次，完成上级部门交办的指令性任务，积极、有效地对患者进行救治避免病情加重，从而控制事态避免进一步恶化发展，缓解了社会矛盾，为县人民政府分忧，维护了社会稳定团结。

5. 分级诊疗管理

为深入推进医药卫生体制改革，我院于 2017 年 8 月初制定了双向转诊管理制度，并成立了以院长为组长，业务副院长为副组长，医教科、护理部及各临床科主任护士长为成员的管理小组，明确职责，全院干部职工高度统一思想认识，积极投入分级诊疗工作中，加强沟通、团结协作，并与 14 个乡镇卫生院签订双向转诊协议书，医教科制定分级诊疗服务流程及有关分级诊疗工作细则等管理措施，并定期评价和持续改进。急诊科负责接收社区（基层）卫生服务机构转诊的患者，根据转诊患者的实际病情，收入相应专业科室住院进行诊断、救治。并设置转诊预约专线电话及直接联系人；各临床科室指定 1 名医务人员为分级诊疗联络员，负责本科室上转上级医院、接收社区（基层）卫生服务机构上转至我院的分级诊疗病人的有关资料登记、整理工作。全年共接收乡镇卫生院转上来病人 881 例，共转送上级医院病人 396 例。无因接诊不及时或转送不及时引起的纠纷或投诉。

6. 医联体及医共体建设

2017 年，我院与广西中医药大学附属瑞康医院、右江民族医学院附属医院、百色市人民医院等三家大型三甲医院签订了医联体协议书，并与区内 27 个医疗专科联盟签订了专科联盟协议书，为我院以后医疗人才的培养、医技术的提升及业务的发展奠定了很好的基础和保障。

接着成立新安分院之后，2017 年我院在县委县政府及卫计局的领导及主持下，接收马头卫生院、坡造卫生院及太平卫生院作为我们三个分院，初步形成规模的医共体，并安排经验丰富的年轻骨干到分院任副院长职务，加强各分院的管理及业务的提升。在医改政策的实施及体现上走在市内前列。

7. 对口支援帮扶工作

完成对榜圩中心卫生院的对口帮扶工作。2017 年我院派送儿科余丽佳医师、中医科黄国婷医师、外科陆成克医师和内科唐淑江护士、苏静护士共 5 名医护人员到受援卫生院开展对口支援工作，均符合派送人员要求。工作人员参加一线值班、进行业务培训、教学查房和参与科室管理。共进行全院性业务培训 6 次，教学查房 32 次，诊治病人 481 人次，逐步规范了儿科、中医科及外科的诊疗和护理，使科室管理得到完善。

2017 年，我院 4 次共派 27 人（副主任医师 17 人、主治医师 5 人、住院医师 2 人、主管护士 3 人）到对口支援卫生院进行工作调研、督导、业务培训和义诊活动，共义诊 560 人次，发放宣传材料 500 多份，为人民群众减免费用 3600 元，方便当地人民群众就诊，使当地人民群众加深对当地常见病的预防和治疗知识的了解，获得当地人民群众的表扬。

2017 年我院已免费为卫生院培训 6 名医生，全年上级就对口帮扶项目给我院拨款 59900 元，已使用对口支援经费 135169.84 元。

根据要求，2017 年广西医科大学附属肿瘤医院对口支援我院，2017 年共派送两批次 11 名医生到我院开展对口支援工作。均为准备晋升主治医师或副主任医师的医生，工作期限均为 6 个月，派出的人员专业分别为重症医学科、放射科、乳腺外科、妇瘤科、麻醉科、骨神经外科、肝胆外科、内科及营养科，均符合要求。2016 年广西医科大学附属肿瘤医院接收我院进修人员 1 人。

开展对口支援工作期间，各位专家给我院临床医技人员讲课 18 场次，其中 6 次为全院性讲课，使我院医疗服务能力得到提升。另外，姬逸男及谭启杏医师带领外科四区医务人员开展的乳腺肿物微创旋切手术，大大提升了我院乳腺肿块的手术技巧及声誉，得到我院医务人员及患者的好评。通过帮扶工作的开展，我院可诊疗的病种比 2016 年增加，年门急诊人次、年出院人次、年住院手术人次占外科出院人次比例、住院微创手术占住院手术比例均较 2016 年度上升；患者满意度均较 2016 年度提高。

8. 医师技能培训管理

（1）加强年轻医生各种日常操作技能培训，主要由各科科主任加强监督及培训。

（2）完成全院性徒手心肺复苏技能培训及考核，考核合格率 100%。

（3）组队参加平果县卫生应激技能竞赛获第一名，并代表平果县参加百色市卫生应激技能竞赛获团体第一名，个人第一、第二及第三名。

（4）组队参加平果县产科急救技能比赛获第一名，并代表平果县参加百色市产科急救技能竞赛获团体二等奖。

9. 积极开展新技术、新业务

2017 年共开展新技术 16 项，共发表论文 10 篇。医技科室所开展的新项目为临床提供了可靠依据，为临床诊断提供服务。临床科室新开展的项目，临床效果好，并发症少，处于百色市县级医院领先水平，增强了我院业务技术水平，提高了医院的竞争实力，得到广大人民群众的认可和好评，取得了良好的社会效益。

（三）优化管理，不断提高护理服务质量

（1）完成护理相关制度和护理质量考核评分标准的修为规范化护理管理的落实提供依据。继续严格执行绩效考核制度、护士准入制度、护士分层级管理制度，加强护理质量管理。在原一、二级质控、夜查房等基础上，运用护理质量管理工具，实行护理质量分析图表格式，对每月、季、半年存在的护理质量进行问题分析和汇总，查找根因进行整改，使护理质量与护理安全得到持续改进和提高。

（2）全年开展理论知识培训 29 次、全院性护理查房 4 次、举办院内护理管理学习班 1 期（受益人次达 6621 人），选送 10 名优秀护士到上级医院进行重症医学、急诊、新生儿、手术室、骨科、血液净化等专科进修学习，把上级医院的先进管理理念、精湛的专业技术和优质护理服务带回基层，落地生根，更好地服务于患者。年内除了安排 2 名护理骨干到榜圩卫生院进行技术对口帮扶工作，还挑选 3 名优秀护理管理者到马头分院、坡造分院、太平分院任护理部主任，继续推进县乡一体化医疗管理模式。

（3）通过发放满意度调查表、举办座谈会等方式实行实习生评教评学制度，以提高带教老师的带教质量、培养优秀师资队伍。

（4）继续开展优质护理服务、优化护理服务流程。其中，移动护士工作，全院除中医科、康复科外，已有重症监护室、新生儿科及其他普通病区全部启用移动护士工作站，使用的模块有：医嘱执行、配液核对、标本检查、护理记录、录入体征、患者信息、住院经费查询、患者巡视、工作量统计九个模块。规范了护理工作流程，保障患者住院安全。微信预约、自助机自助缴费挂号等便民措施的提供，使预约率从原来的5.6%上升到现在的15.4%，减少病人排长队挂号现象，减少了门诊护士的工作量。2017 年 7 月起，根据百色市护理学会的要求，收集整理我院护理质量敏感指标并上报。为了获取准确的数据，护理部对全院护理人员进行电子化排班，在 Excel 表格内嵌入公式，自动计算科室责任护士工作时数和 24 小时护理时数，为质控指标统计和今后进一步优化绩效分配方案提供准确数据。

（四）加强院感管理，认真做好各项监测工作

（1）全年共监测出院病人 37014 例，其中有 225 人发生医院感染，医院感染率为 0.6%，器械消毒合格率 100%，抗生素使用情况：门诊使用率为 14%（指标≤ 20%）、急诊使用率为 23%（指标≤ 30%）、住院病人使用率为 52%（指标≤ 60%）。无菌切口感染率为 0，有效地控制了院内感染，确保了医疗安全。

（2）制定、完善《医院感染的质量控制与考评制度》《医院感染质量综合目标考核标准》《重点部位、重点环节的防治院内感染措施》，继续全面检查和梳理医院感染预防与控制各方面工作，认真排查安全隐患，切实抓好院感重点部门、重点部位、重点环节的管理。2017 年感控科对全院医务人员进行手卫生知识及技能培训 2 次，并依次下到各科室进行培训及考核。2017 年共抽查手卫生 854 人次，其中医生 362 人次、护士 349 人次、医技人员 68 人次、工勤人员 72 人次。医务人员对手卫生知识知晓率平均为 76%、手卫生正确率平均为 91.4%，手卫生依从性平均为 65.7%。

（五）其他工作开展情况

1. 医改工作

（1）2017 年我院通过调整医疗服务价格补偿药品零差率销售损失的比率为

87.41%，超过目标值（80%）7.41 个百分点。

（2）2017 年执行药品零差率销售让利给群众共 842.42 万元，自治区按进度下达经费 178.71 万元，县级按进度下达 88.83 万元。

2. 人事工作

为满足医院发展需要，加大医疗、护理、药剂、检验、医学影像等专业人员的引进力度。年内通过百色市人力资源社会保障局公开招聘考试录用 7 人，另外 78 名聘用控制数人员招聘已完成笔试，面试进入资料现场核对阶段；年内从高校毕业生聘用 55 人，从其他医疗单位调入 14 人。能按照医院功能和服务需求，合理配置基层医疗卫生人员。

3. 传染病防治工作

一是充分利用我院现有网络平台，通过内网系统上报、查询、督查和追踪各科室的传染病管理情况，大大提高信息准确度和工作质量和效率。2017 年共报告法定传染病及其他重点监测传染病 5649 例，比 2016 年同期增多 23.43%，上报率 100%。其中甲类 0 例；乙类 7 种，1894 例，比 2016 年同期增多 445 例，同比上升 30.71%；丙类 5 种，2852 例，比 2016 年同期增多 441 例，同比上升 18.29%；其他重点监测传染病 625 例，比 2016 年同期增多 179 例，同比上升 43.13%；无漏报、迟报。居首位传染病是手足口病 1578 例，比 2016 年同期减少 79 例，同比下降 4.77%；第二位是腹泻病 1037 例，比 2016 年同期增多 410 例，同比上升 65.39%；第三位是肝炎 888 例，与 2016 年同期增多 202 例，同比上升 29.45%。从传染病的分类看，呼吸道传染病 881 例，占同期传染病的 15.6%，比 2016 年同期增加 80 例，同比上升 9.99%；肠道传染病 1982 例，占同期传染病的 35.09%，比 2016 年同期增加 809 例，同比上升 68.97%；血源性传染病 956 例，占同期传染病的 16.92%，比 2016 年同期增加 243 例，同比上升 34.08%。二是做好性病防治专项管理工作：（1）全年孕产妇 HIV 抗体、梅毒抗体检测率均达 98%（指标 90%）；（2）性病门诊今年获批“自治区性病合格门诊”，血清学检测实验室能力连续 3 年获得质量合格证书。实验室梅毒阳性者及其他重点监测性病经规范会诊，符合规定诊断标准的能及时报告并规范治疗。

4. 妇幼公共卫生和健康宣传教育工作

年内积极配合上级做好地贫筛查、新生儿疾病筛查、儿童保健和孕产妇保健、产后防视等项目工作，完成率均超过考核指标任务，较好完成计划免疫项目——乙肝第一针和卡介苗的接种工作。积极开展多种形式的健康教育活动。一是多次进行院内医务人员知识培训、向群众发放印刷资料 25600 余份、播放音像资料 2584 小时、更新健康教育宣传栏内容 292 次。二是开展公众健康咨询宣传活动 6 次，参加咨询人数约 1000 人次；举办健康教育讲座 228 次，参与人数约 4950 人次。三是根据专科特点，开展个体化健康教育活动。如内分泌科开展“糖尿病之家”，结合模具教会病人饮食计划和康复知识；眼耳鼻喉口腔外科年内 5 次送医下乡，先后到凤梧镇堆圩卫生院、榜圩中心卫生院进行义诊和业务培训、健康知识宣教；到旧城镇、四塘镇开展白内障检查，为群众进行健康体检和疾病筛查，开展白内障相关知识宣传和普及，为群众解决很多实际困难和问题，得到广大群众的好评。

5. 艾滋病防治工作

继续推行“一站式服务”模式，优化感染者检测、随访、治疗程序，提高工作效率。完善院内外转介流程，每周对 HIV 初筛阳性者进行流行病学调查、咨询、干预教育、采血进行 HIV 复检、CD4 检测及确证检测。优化自愿咨询，开展主动检测，加强对就诊高危人群干预教育。设置宣传栏、通过多种方式发放艾滋病防治宣传材料，加强为正在接受抗病毒治疗的艾滋病病人和感染者的配偶 / 固定性伴 HIV 抗体检测，提高检测率。全年初筛 19103 例，阳性 120 例，重检 8 例，阳性率 0.63%。全年性病病人 43 例，HIV 和梅毒检测率达 95% 以上，产科门诊主动为孕产妇提供艾滋病和梅毒常规检测，检测率达 100%，完成哨点监测工作任务 300 例

6. 继续严格执行医保、新农合政策，加大费用审查工作力度

通过摆放、张贴宣传资料和宣传栏等加大医保、新农合政策的宣传。加大内部督查力度，全年共抽查病人费用清单 55450 份，其中，出院病历 4034 份，门诊处方 51416 份。门诊处方差错率为 0.57%。出院病历差错率为 3.52%，对审查

中发现的问题，按《平果县人民医院医疗费用审查及责任追究实施细则》的规定对相应科室和个人进行处罚。通过费用审查，我院的收费行为更加规范。完成全年财经二级质控，针对检查中出现耗材收费价格脱节的情况，改变管理模式，启动收费耗材价格同步上传同步调整，收费价格调整滞后现象得到改变。

7. 优化信息系统、调整工作流程

通过采取加速 CT 传图和观片速度，打印病历标签代替就诊卡，新增临床观片站接口和特殊病历上报功能，启用卫材模块、取消手工单；病理、多普勒、脑电图等仪器与中联系统对接等措施，不仅提高各项工作效率，还为医院每年节省约 10 万元。此外，启用收费、新农合手工报销等自助排队系统，为患者和家属提供免费 WiFi，完成大病保险接口改造和异地医保结算对接工作，避免患者多次奔波报销、结算。

8. 对外医疗保健及体检工作

全年共派出医务人员担任各种会议、球赛及县委、县政府的指令性任务保健 86 批 169 人次；健康体检科充分利用我院现有专业技术力量和医疗设备资源，完善体检流程，缩短体检时间，竭力为体检对象提供满意的服务。全年体检人次达 12495 人，经济收入 1589281.2 元。其中完成 69 家单位的健康体检工作，健康体检 7666 人，经济收入 981737.5 万元。门诊接诊人数 4599 人次，体检检查收入 607543.7 元。取得了较好的社会效益和经济效益。

9. 引进新设备、开展新项目

引进白内障超声乳化系统、口腔 X 线数字化体层摄影、“外星仓”无创脊柱牵引系统、钬激光治疗系统、乳腺钼靶机 5 个新项目，为白内障、口腔疾病、椎间盘突出症、泌尿系结石、乳腺疾病患者带来了福音。

10. 安全生产工作

继续深入开展创建“平安医院”活动，加强院内治安、消防工作力度。规范院内的停车场地，保证医院的绿色通道和消防通道畅通无阻。配合做好各种医疗纠纷的调解工作，保证医院各项工作秩序的稳定，保护医护人员和公物的安全。着重做好医院预防消防事故工作，重大节日前后进行全院性安全大检查，重点对全院各病区、锅炉、配电房、高压氧、制氧房、供应室、毒麻仓库等重点要害部门进行相关综合性安全生产检查，先后查出大小 15 处的消防安全隐患，对违章私拉、私接电源进行警告和拆除。

11. 后勤保障工作

水电工定期下科室巡查，全年完成各种水电等维修共 2865 余次，换插座、开关等 244 余次，保证了医院用水、电的需要。同时也有效地制止了长明灯、长流水、跑冒滴漏现象的发生。勤杂工全年为科室安加床、换门锁、搬桌椅板凳、维修床铺、修剪花铺及污水处理等共计 23081 件。全年清洗被套、床单、枕套等共计 1652911 件，加工被套和其他小件成品 3650 件，完成缝补 21658 件。年内多次组织人员对全院的卫生及“美丽平果•清洁乡村”责任片区进行彻底的清扫，清除卫生死角。在院内统一投放老鼠药和蟑螂药，消除蚊蝇、蟑螂滋生场所，保证了我院环境卫生的整洁。

12. 加大基础建设投入，医疗环境进一步改善

项目楼各项工作正在有序进行，工程进展顺利。项目楼主体及土建部分已竣工验收，二次装修也已经全部安装完成，正在等待整体验收。污水处理站已经建成投入使用。

13. 工会工作

年内我院工会开展了职工“拖拉机”扑克比赛，气排球比赛等。院羽毛球队参加平果县“迎国庆”羽毛球混合团体赛，荣获第一名。男女篮球队也获得可喜成绩。通过文体活动，增强了全院职工的使命感、责任感和荣誉感，更好地展示了全院职工朝气向上的精神风貌。

四、存在主要问题

（1）个别工作人员劳动纪律松散，主动服务意识不强，患者不满意。

（2）个别科室制度执行不到位，未引起重视，存在较大的安全隐患。

（3）专业人才引进的办法少，人才梯队结构欠合理。

（4）个别工作人员责任心不强，业务、技能操作熟练程度还达不到要求。

（5）医患沟通不到位、服务不周到等情况还存在，医疗投诉、差错和纠纷发生率明显提高。

总的来说，2017 年医院的门急诊人次、住院人次、业务收入较 2016 年稳步提升，职工思想稳定，医院运转有序，服务水平不断提升，医院各项工作扎实开展。在成绩的背后，我们还存在很多问题与困难，在今后工作中，我们要继续按照上级要求，继续深入持久地开展“进一步改善医疗服务行动计划”活动，进一步提升医疗服务质量，努力塑造医院新形象，全面提升医院的综合实力。

五、2018 年工作计划

（1）党建方面。进一步落实党组织职能，狠抓贯彻执行制度工作。继续创新开展各种党建活动，进一步增强党组织的凝聚力、战斗力，为医院可持续发展和跨越式发展做贡献。

（2）医疗、质控方面。继续修正、完善各类院内医疗、质控管理制度，完善临床路径质控检查，加大控费力度，加强病案管理，提高医疗质量、保障医疗安全。推行分级诊疗，努力完成国家医改 90% 大病不出县的工作任务。同时加大人才培养力度，继续选送人员到上级医院进修、培训，引进科研人才和新技术，进行卫生应急培训、演练，开展医疗知识、技能竞赛，努力提高我院医疗技术、科研水平。

（3）护理方面。继续根据优质护理服务和等级医院复评审要求做好各项工作，加强重点环节及重点病人的安全管理。重点推进“互联网＋智慧医院”的建设，在全院推广移动护士站，实现护士工作的实时、量化管理，减轻护士的工作量，提高护理服务质量，杜绝护理差错、事故的发生。

（4）财务方面。继续加强对收支业务日清月结的会计账务处理的执行力度，做好财务管理、会计核算。严格执行各项经费开支标准，严格审核，节约开支，有效控制收支业务，确保财务工作的平稳运行。

（5）医院感染管理。继续加强我院各项院感监测和抗生素使用的管理。做好各项工作的常规督查、整改工作，加强医院感染相关知识的培训。

（6）防保方面。一是抓好传染病报告卡填写质量，做好核查工作。二是继续加强健康教育宣传和培训，有目的、有针对性地开展全民健康教育活动。三是继续做好公卫项目、季节性传染病流行的防控工作。

（7）艾滋病防治方面。健全艾滋病抗病毒治疗“一站式服务”模式，做到HIV筛查、咨询、随访、抗病毒治疗和社会救助等无缝连接，提高治疗覆盖率。

（8）信息化管理方面。年内计划完成相关硬件的改造，完善患者自助打印/缴费、“微信医疗”（患者自助预约、微信支付缴费、查询检验结果）、合理用药和数字认证电子签名等系统，为病人就诊、分诊提供方便快捷的服务，减少等待时间，真正做到便民、利民。

（9）设备方面。一是加强监管设备使用效益，明确奖罚制度。二是协助临床科室加大设备宣传力度。三是探索运用现有的中联系统对设备进行有效的信息化管理，提高工作效率。

（10）人事方面。加大人才引进力度，做好2018年公开招考聘用专业技术人员计划。同时深入科室，了解中层领导干部及职工的工作能力，为医院用人提供依据。

（11）综治、保卫、后勤工作方面。充分发挥医院综治组织的作用，及早准备，将安全稳定工作作为全年工作重点，继续努力做好治安防范工作；加强医院安全防范系统，通过人防、物防、技防三级防护体系构建“平安医院”；争取2018年上半年完成项目楼的交付使用工作。

精准定位　创新妇幼服务模式

湖北省武汉市江汉区妇幼保健院　吕　岚　余　勇

改革创新医疗服务模式，实现惠民、便民是深化医药卫生体制改革的重要内容之一。随着医药卫生体制改革的深化，各项改革措施给妇幼卫生带来工作重心转移、资源结构重组、运行机制扭转等新挑战。基层妇幼保健院应积极应对，精准定位，不断加强医疗服务管理，创新医疗服务模式，改进医疗服务流程，改善医疗服务体验，进一步增强人民群众对深化医改的获得感。开展人性化、个性化、亲情化的医疗服务。

一、认真分析形势，在新挑战中发现新机遇

国家基本和重大公共卫生服务项目相继实施，其中孕产妇、儿童系统管理以及孕妇免费补服叶酸、分娩补助以及妇女乳腺癌、宫颈癌检查、艾滋、梅毒、乙肝母婴阻断等妇幼卫生项目占了较大比重，充分体现了对妇幼卫生的政府主导作用，既保障了公共卫生服务的均等化，也是通过政府花钱买服务的举措释放特殊人群的潜在需求。自 2016 年国家全面推开二孩政策以来，妇幼保健需求将会出现井喷，给妇幼卫生带来了巨大的市场。基层妇幼院必须在提供优质的基本妇幼卫生服务的同时，瞄准市场，改变传统的保健模式，满足人们多元化、多层次需求，使妇幼卫生与本地区经济发展和人民生活水平的提高同步发展，服务理念、服务设施、服务模式跟上时代前进的步伐。妇幼保健机构必须集中精力抓好妇幼卫生主业，充分发挥“龙头”对街道社区卫生服务中心的业务培训、技术指导、服务管理等职能，真正发挥中心辐射和带动作用，加强妇幼卫生与社区卫生的协作与

融合，增加互动和支持，更好地落实妇幼保健各项任务。同时，借助民政、计生、教育、妇联、人资等部门，借助街道、社区工作网络，动员更多的社会力量共同参与妇幼健康服务，健全妇幼健康服务体系。

二、明晰工作思路，在新画卷上谱写新篇章

（一）注重服务大局，明确“一个回归”

“一个回归”即妇幼保健功能的回归。瞄准妇女儿童保健需求，以现有群体保健和社区服务的经验为基础，更加突出专业妇幼保健机构的功能定位，做到“功能强化而不是弱化、体系完善而不是残缺、水平提升而不是下降”，“人无我有”形成特色优势，“人有我优”形成比较优势，提高核心竞争力与综合实力。妇幼保健机构依托三甲综合医院开展工作指导、业务讲座、人员带教、病例讨论，以自身能力建设带动全本地区妇幼保健整体水平的提升。依据《国家基本公共卫生服务规范》《全国儿童保健工作规范》《孕前保健服务工作规范》，制定适宜本地区的《妇幼保健服务手册》，进一步发挥妇幼保健指导中心、生殖保健服务中心、妇幼健康管理技术中心的作用，服务本地区医药卫生体制改革的大局，服务本地区社会经济发展的大局。

（二）注重改善服务，整合“二个重心”

“二个重心”即保健和临床。妇幼保健机构是公共卫生机构，既要注重“共性”需求（面向群体，开展群体保健），又要满足“个性”需要（依托临床，做好个体保健）。只有既建立保健的服务网络，又发挥临床的技术指导作用，把保健和临床有机整合起来协调发展，才能够实现妇幼健康预期目标。为此，要以“保健有广度、临床有深度”为标准，并渗透中医药服务，强化每个科室、每个项目之间的联系，做到“服务要素区域化、适宜技术品牌化”，既查病、又治病，无病早防、病后防复，形成围绕妇女儿童生命周期和“检查－治疗－康复－保健”的双链式服务。

（三）注重机制创新，紧抓“三个协作”

“三个协作”即与教育、民政、人资部门的协作。加强与教育部门协作，开

展“保教结合”的幼儿早期教育，拓展学龄前期儿童保健工作内涵。加强与民政部门协作，积极推进免费婚检、孕前优生检查，在广大欲婚待孕青年中宣传有关婚前孕前检查、优生优育、出生缺陷干预等知识。对残疾、低保等重点群体开展免费妇女病检查。加强与人资部门协作，深入街道厂矿企事业单位，为女职工搭建优质的健康服务平台，推进妇女宫颈癌、乳腺癌检查、避孕药具知识宣传等项目。

三、着力惠民服务，在新要求上实现新满意

医疗保障全民化的实质是让群众得实惠。妇幼保健机构应当主动承担起向群众特别是困难群众提供基本妇幼卫生服务的任务，认真落实各项卫生惠民政策，不仅费用便宜，更要有过硬的技术、周到的服务，确保服务价低质不低。要突出“质量、安全”两大主题，主动实施医疗质量和医德医风专项行动，并以此贯穿到保健服务的全过程中，让服务对象感到方便、舒适、放心和舒畅。在医改当中，我们全面实行了除中药饮片外的药品零差价销售，积极推进医药分开，同步对诊查费、护理费等价格进行调整。坚持合理检查、合理治疗、合理用药、合理收费来降低人均费用，以化解费用总额控制与满足服务对象不断增长的服务需求的矛盾，提高服务对象对妇幼院工作的满意度。

四、推进党建工作，在新时代上践行新要求

厚德守责，精医为民。院党支部充分发挥党组织的核心作用，大力推进党的思想建设、组织建设、作风建设和反腐倡廉建设，不断开创党建工作新局面。坚持党要管党和从严治党，切实履行党要管党和从严治党的主体责任，切实推进“红色引擎”工程，扎实开展“两学一做”“党员主题日”学习教育活动。通过创新活动载体，开展“双岗双星”活动，即创建“党员先锋岗”“巾帼文明岗”，评选“服务之星”“党员之星”，树立先进典型，发挥先锋模范作用，建立有追求、富激情、勇进取、争一流的妇幼卫生“精、气、神”，以先进的妇幼健康文化引领，围绕“大保健”发展思路，带领全院干部职工砥砺奋进，励精图治，开拓创新，不断改善服务环境，优化服务流程，提高服务质量，认真履行妇幼保健

机构职能，积极开展与妇女儿童健康相关的基本医疗服务，促进各项工作的顺利开展。

新时代，政府赋予了妇幼保健机构新的任务，我们必须牢固树立担负本地区妇女儿童健康的责任意识，以公共视角、群体眼光、大卫生大健康的观念，研究发现影响妇女儿童健康的社会问题，提出干预措施，实施具体方案，积极探索更科学、更灵活、更人性化的服务模式。进一步完善以基层医疗卫生机构为基础，妇幼保健计划生育服务机构为主体，大中型综合医院为技术支撑，民营医院为补充的妇幼健康服务体系。丰富妇幼健康管理内涵，使妇幼保健服务深入社区和家庭，渗透到不同特点的人群，满足多层次多方面的需求，提高妇幼健康服务的可及性、公平性和有效性。

助力健康发展新时代 多措并举建人文关怀示范医院

安徽省池州市人民医院办公室副主任　徐芳芳

摘要：建设人文关怀医院不仅是提高服务能力和水平、造福人民群众的需要，也是医院向现代化管理发展迈进的需要。

关键词：人文关怀　建立现代化医院管理制度

池州市人民医院始建于1970年，1972年4月正式开诊，是池州市唯一一家“三级甲等”综合性医院；是池州市医疗、教学、科研及预防保健中心、卫生部紧急救援中心网络医院、皖南医学院池州附属医院、安徽医科大学临床学院、皖南医学院临床护理学院、国家级住院医师规范化培训基地、国家级爱婴医院、池州市红十字医院；是全市急救中心，承担了全市危重疑难病人的救治、转诊任务。

为全面贯彻党的十九大“健康中国”战略和习近平总书记“没有全民健康就没有全民小康”讲话精神，切实落实《国务院办公厅关于建立现代医院管理制度的指导意见》及国家卫生与健康委员会关于《进一步改善医疗服务行动计划》要求，根据安徽省卫生与健康委员会《关于加强全省公立医院人文关怀制度建设的指导意见》等文件指导，深化公立医院改革，建立现代医院管理制度，构建和谐医患关系，改善患者就医感受和医务人员的行医感受，我院大力推行人文关怀示范医院建设。

建设人文关怀医院不仅是提高服务能力和水平、造福人民群众的需要，也是医院向现代化管理发展迈进的需要。我院坚持“以人为本、传承创新、突出特色、务求实效”的基本原则，取得了较好的成效，赢得了普遍赞誉。

1 坚持以人为本，重点体现服务两个“中心”

在人文关怀医院建设中，医院以“尊重、关爱”人的需求为基本导向，重点体现在“以病人为中心”和“以员工为中心”两个方面。

1.1 大力推行人文医疗和护理，推进人文关怀的精细管理，体现“以病人为中心”

1.1.1 优化提升医疗服务环境，体现人文关怀理念

为减少患者就诊等候时间，医院通过信息化手段，推行自助挂号、缴费一体机，推行诊间付费，实现手机 App、微信公众号、热线电话多种途径进行预约挂号。给予老人、孕妇、残障人士开通绿色通道，各诊区安排宽敞的等候区及便民服务，如免费发放“门诊就诊指南”“健康教育手册”“预约温馨卡”等，方便患者及时了解就诊信息。免费提供轮椅、平车、开水口杯、卫生纸、老花镜、充电器、雨伞、地图等。在儿科诊区设置哺乳室，在低楼层设置无障碍通道及无障碍卫生间。对老弱病残患者，护士主动陪同就诊。不断完善各项便民措施，体现人文关爱细节。

院内楼群按功能划分清晰，各病区及楼层分布标识齐全，诊室整洁美观，整体绿化和花卉装点温馨，诊疗制度及工作流程上墙，专家就诊排班及专科介绍公布与众，各种医疗服务价格及信息主动公开，营造良好的就诊环境，减少患者紧张焦虑情绪。安排院内副高以上专家，每周至少安排一次门诊，病人就医需求量大的科室，同时开设专家门诊和普通门诊，部分科室开设专病门诊。开展双休日和节假日门诊，充实门诊力量。医院开设便民门诊、门诊小手术室和日间病房，满足患者多元化就医需求。

对于孕妇、糖尿病、类风湿关节炎患者开设健康教育讲堂，科普医学知识，提供健康对策。

1.1.2 开展标准化护理服务单元建设，推行了体现人文关怀的多项护理服务举措

根据患者的特殊情况提供暖心服务，针对不同需求实施个性化的护理方案。

开展循证护理查房、增开护理专科门诊、实施项目小组管理、运用 SBAR 沟通模式等一系列举措，创新护理服务，提升服务品质。

鼓励各护理单元通过细节举措给予患者更多人文关爱，如产科开展赠送爱心照片活动，拍摄新生宝宝与妈妈第一次亲密接触的珍贵瞬间，照片免费赠予“新”妈妈们；建立关爱微信群，提供免费咨询平台，让肿瘤患者之间可以随时交流治疗心得，让更多患者获得治疗的信心。

各护理单元根据各自特色开展人文关怀健康宣教，通过发放科普宣传手册、召开公休座谈会、开展满意度调查等各种途径深入了解患者的健康需求，对各级各类护理人员制定人文关怀培训课程并实施培训考核，培养护理人员人文关怀意识，提高其关怀能力。

护理部制定“人文关怀服务质量评价标准”“人文关怀服务礼仪及服务忌语”“人文关怀服务流程”“人文关怀服务满意度调查表”，并下发到各科室，对人文关怀进行质量考核，并纳入长效机制。

1.2 搭建平台促进成长，完善关怀机制，体现“以员工为中心”

医务人员是人民群众健康的守护者，只有医务人员满意才能为患者提供满意的服务。医院把为员工服务作为人文关怀医院建设的重要内容，积极为员工成长进步、实现个人社会价值提供平台，充分调动广大医务人员积极性和创造性。

关爱职工身心健康，完善员工关怀机制，树立职工的职业自豪感和对单位的归属感。医院制订全员健康促进体检方案，每年度安排一次全员健康体检。医院开设预防保健办、成立预防保健委员会，专门研究职工因病因伤调岗、重大疾病补偿等重要事宜，为院领导决策提供依据。为职工提供进行门诊慢性病和住院报销后二次补偿，职工本院门诊做检查项目给予一定补助。

为职工提供人文关怀培训。医院开设“人文健康大讲堂”“职能科长大讲堂”“中青年医师大讲堂”定期安排院领导、职能科长、中青年医师为职工授课，科普健康知识，围绕历史文化传统、人生哲理和社会热点，为职工提供精神食粮。此外，根据职工不同需求，邀请院外知名专家来院讲学，举办系列讲座，为职工提供人文关怀的培训。

加大人才培养力度，形式多样强化培训提升素质。医院每年提供各种各类的进修、学习机会，开办各种主题的继续教育培训班，促进人才的继续教育和培养。自 2013 年起，我院陆续安排了多名医务人员分赴德国、英国、意大利、中国台湾等地学习先进的医疗技术和管理经验。2017 年医院首批选拔了 42 名青年人才，开设青年人才库，为医院发展提供长远智力。

组织各类文艺、竞赛活动，挖掘职工潜力激发活力，增强凝聚力。举办职工运动会，春节晚会等文体活动，充分调动职工身心活力；开展系列竞赛活动，将急诊急救技能、抗菌药物管理要点、临床输血规范、教学查房等管理要点融入竞赛、寓赛于乐；举办医师节、护士节纪念表彰活动，通过发放荣誉证书、张贴荣誉榜、借助主流媒体，表彰先进，树立正面典型，弘扬正能量。

2 坚持传承创新，探索人文关怀建设新途径

任何一家有历史的医院都拥有长久的文化积淀和人文特点，只有在继承前人积累的文化和人文成果的基础上，根据时代的发展和患者的需求，才能创新人文关怀的新方法。

2.1 传承历史文化，唱响“厚德、精业”主旋律

弘扬“敬佑生命、救死扶伤、甘于奉献、大爱无疆”的精神，我院历经半百，在为患者服务过程中，凝练出了“以人为本、敬业奉献”的池医精神，医院以此为指导，提出“提高医疗质量，服务健康事业”的医院宗旨和“厚德、精业”的院训。厚德就是要崇尚道德，涵盖了个人品德、社会公德、职业道德；精业是指专研医业，精于医业。医疗技术的精湛是医院忠诚于使命，取信于患者，立足于市场的关键所在。鼓励医院全体人员都要有热爱本职、专研业务，体现了我院追求“德”“艺”双馨的崇高目标，并细化到具体的工作中，使之成为全体员工共同遵守的核心价值观。

2.2 以党建工作为引领，大力弘扬医院文化

扎实开展“两学一做”活动，加强党员干部学习教育，设置“党员先锋岗”“党员示范窗口”，发挥党员先锋模范作用；强化党建工作部署，落实党风廉政建设，

与党员干部签署廉政风险防控承诺书；加强党员管理，推进基层党组织标准化建设；助力文明创建，推进文化建设，多次组织各支部党员赴社区及贫困村开展义诊活动，组织志愿者参加院内导诊服务和全市文明交通志愿服务活动，维持良好交通秩序。此外，选派各支部支委以上干部分赴上海交通大学和浙江大学开展短期的研学活动。

2.3 创新管理模式，紧抓医疗质量建设内涵

制定《池州市人民医院临床路径管理实施方案（2018 年版）》以临床路径管理为抓手，不断加强医疗质量管理，提高医疗技术水平。确定年度工作目标，优化考核办法，给予每份临床路径病历一定的奖励，而未达标的科室，每少 1 例给予处罚。院部每月对各科室进行打分、排序，排名后 5 位的科室，由临床路径管理办公室约谈科主任、主诊医生，并协助查找原因。截至 2018 年 9 月，全院临床路径符合入路径条件数 21023 例，占出院总人数 67.07%，入路径数 18790 例，占出院总人数 59.95%，纳入路径管理率 89.38%，同比增长 36.54%；完成数 15256 例，占出院总人数 48.67%，同比增长 40.52%。我院临床路径管理工作在 2018 年安徽省第二轮临床路径检查中获得 57 所公立医院中排名第 5 的好成绩。

3 坚持突出特色，升华人文关怀管理新概念

人文关怀管理是深化落实国家公立医院改革重要举措，是现代医院管理建设的重要内容，医院从以下方面创新人文管理。

3.1 积极投身医改，体现公立医院的公益特色

医院建立了与基层医疗卫生机构上下联动的医疗协同服务模式，并通过现代技术手段建立远程会诊中心，提高医疗资源的利用效率。创新了对口扶持方法，在上级政府部门的支持下，与石台县人民医院（池州市人民医院分院）组建紧密医疗联合体选拔优秀干部担任石台县人民医院院长，派遣医疗与管理专家团队长驻各分院，以“技术扶持、品牌输出、人才培养、合作管理”等方式带动分院学科的发展和医疗服务能力的提升。充分体现“医院搭台、科室唱戏”的全方位扶

持特色。

自 2003 年开始，医院组建“万民医师支援农村”医疗队定期到石台县人民医院、东至县人民医院长期驻扎，服务基层百姓。组织专家开展门诊坐诊、指导手术、定期查房等方式，将先进的医疗技术送至基层百姓身边，将基础疾病留在基层医疗机构解决，将疑难危重病例转至我院进行救治，形成基层首诊、有效转诊、上下联动的新模式。

3.2 传承老品牌，扶持新学科，体现专科特色

根据科教兴院和内涵建设的目标，打造更强的品牌和影响力，医院出台了《池州市人民医院重点学科管理办法》《池州市人民医院重点专科经费管理办法》，建立学科建设评价体系，实施动态量化管理，年度考核，以点带面，优化学科发展。进一步将学科专业细化，推进亚专科学科建设，使专业技术向精深发展，不仅树立了多个专业品牌，也培养和储备一批高水平的医疗人才。

截至目前，我院普外科为安徽省“十三五”医疗卫生重点专科，老年医学科为省“十二五”医疗卫生重点培育专科，妇产科、心内科等 9 个科室为池州市第一周期临床重点专科。

3.3 推行民主管理和精细化管理，体现人本管理特色

医院始终坚持职工代表大会民主制度，为职工创建一个进行民主决策与民主管理的有效平台，为职工合理进行民主协商、签订集体合同提供保障，维护职工的民主权利。坚持院务公开制度，保证职工和患者的知情权。

成立质量控制办公室，制定《医院质量控制管理方案》《池州市人民医院年度目标任务绩效考核实施方案》并实施，同时不断完善 RBRVS 方法考核医务人员工作量绩效。依据 PDCA 精细化管理理论，设置行政职能部门重点工作目标，每季度分析总结，同时针对各职能科室的效能和行风建设，每月开展“职能科长下临床”活动，深入推进“加强行风建设”整治专项行动。通过收集临床科室的意见和建议，帮助临床一线快速简捷地解决问题，及时传递了上级管理部门的管理思想，加强了交流和沟通，保证了行政职能部门内部管理质量的稳定性和管理的高效性。

4 坚持务求实效，确保人文关怀工作整体推进

4.1 一个主题深化教育培育人文理念

医院将“关爱医患、追求卓越”作为人文关怀建设的主题，把职业素养、医德医风、岗位要求作为主要内容，开展多形式多层次的培训教育，营造良好人文关怀氛围。组织主题鲜明、内容丰富、形式多样、效果明显的人文活动，促进人文关怀示范医院建设工作的推进。

4.2 “两大查房”推进人文管理执行到位

医院的“院长查房”和“科室负责人查房”两大查房涵盖了对全院的所有工作的督导检查。量化两大查房的内容，以问题为导向，加强监管，强化 PDCA 流程持续改进，列出责任清单，务求整改落实。

4.3 “三大调查”促进人文关怀改进

一是做好第三方满意度调查，通过安徽省卫计委每季度进行的全院各病区的随机问卷及行风建设第三方评议员，统计满意度，针对不满意的问题提出整改措施；二是做好随访调查，以每月病区护士对出院患者的电话随访为依据，找准问题，提出解决对策；三是不定期的召开病友公休座谈会，真实了解患者对人文服务的看法和存在的问题，有针对性地进行整改。

5 结语

积极开展人文关怀医院建设，是我院深化医改、积极落实国家“进一步改善医疗服务行动计划”的重要举措，更是我院响应国家全民健康的发展战略，向现代化医院迈进的重要步伐。通过人文关怀医院的建设，我院提高了医疗质量和服务水平，提升了管理成效，为使患者满意度、医务人员满意、政府满意，我们还要“百尺竿头、更进一步”，不断地深入推进该项工作稳步前进。

参考文献

（1）国家卫生与健康委员会．关于印发进一步改善医疗服务行动计划

（2018—2020 年）的通知 [Z].2017.

（2）国务院办公厅 . 关于建立现代医院管理制度的指导意见 [Z].2017.

（3）安徽省卫生与健康委员会 . 关于加强全省公立医院人文关怀制度建设的指导意见 [Z].2017.

（4）安徽省卫生与健康委员会 . 关于印发全省人文关怀示范医院活动实施方案的通知 [Z].2018.

（5）黄利华 . 坚持四大原则、推动人文医院建设 [EB/OL]. http：//www.chinaqking.com/yc/2015/540066.html， 2015–12–16.

组建医联体　让优质医疗资源互联互通

河北省保定市政协副主席、保定市第二医院院长　葛长青

基层医院空转，大医院人满为患，甚至一号难求，医疗资源分布和配置不均衡，既影响优质医疗资源发挥最佳效益，也影响医疗服务体系整体效率，更增加人民群众看病就医负担。分级诊疗无疑是解决大医院患者扎堆这一“看病难”问题的良方。医联体作为建立分级诊疗制度的重要抓手，也是深化医疗医保医药联动改革、合理配置资源、使基层群众享受优质便利医疗服务的重要举措。今年，医联体首次被写入政府工作报告，李克强总理在山东省威海市考察时曾强调，要以医联体之“通”，破解群众看病之“痛”。

基层医院小病治得好，大病不耽误，留得住病人；大医院检查精确，诊疗准确，服务好病人，老百姓满意度不断提升，医患关系越来越和谐，成为医联体建设的关键。保定市第二医院审时度势，在组建医联体过程中，建章立制，打通内部各个“关节”，优化服务体系，放大优势资源效应，形成合理布局，让医联体高效运转。旨在通过分级、分向、分治，提高各级各类资源的利用效率，从而有效解决群众看病难、看病贵、看病远问题。我们首先构建分级诊疗构架，有效利用共享医疗资源。首批由保定市第二医院牵头，二级医院、一级医院、医养结合机构等 31 家单位组成保定市第二医院医疗联合体，在各级医疗机构之间建立统筹协调和分工合作机制，着力提升基层医疗机构的诊疗水平、运行效率，合理分流患者，逐步建立“基层首诊、双向转诊、急慢分治、上下联动”的分级诊疗模式。

作为一所三级甲等综合医院，我院坚持“合作、共赢、创新、发展”的原则，

以医院重点专科、特色专科、优势技术为纽带，从规范制定、人才培养、专科建设、技术提升等方面对成员单位进行指导和帮助，从而实现医联体内优势互补、相互协作、共同发展。着力为基层和社区培养留得住、技术好、老百姓信得过的医疗队伍，通过“大手拉小手”实现“小病在社区、在乡镇，康复在基层，大病、疑难危重病在大医院”的有序就医格局，为广大群众提供优质服务，改善就医感受，提高健康水平。

人才上下流动　资源下沉共享

为推动形成分级诊疗制度，构建科学就医秩序，引导群众基层首诊、就近就医，我院充分发挥医联体内三级公立医院的牵头引领作用，引导不同级别、不同类别医疗机构建立目标明确、权责清晰的分工协作关系，积极探索和实践医联体新的工作模式和运行机制，实现病人、人才、技术和管理的共享，激发内生活力。通过医联体内下派专家、技术扶持、人员培训、免费进修以及设施设备支持等多种方式，院院对接、科科对接，把先进的管理经验和服务理念带下去，把优秀的科研成果和医疗技术带下去，使基层的硬件和软件都得到进一步改善，同时在医联体内部执行双向转诊，搭建就诊绿色通道，从而实现医联体成员单位间专家共享、临床共享、科研共享、教学共享的目标，构建大医疗、大科研上下联动的“一盘棋”新格局。

医养结合　打通健康养老“最后一公里”

为实现医疗卫生与养老资源有效融合，补齐养老机构在医疗服务上的“短板”，探索建立医疗卫生与养老服务结合长效机制，我们向社会“敞开怀抱”，吸引多家养老机构纳入医联体。2016 年，我们在全市首开先河，启动“医养结合”试点，在泰福春老年公寓内设立保定市第二医院医养康复中心，迈出公立与民营机构共赢发展的重要一步，截至目前已与 6 家养老机构签订了“医养结合”项目协议，以医助养、医养结合，打通健康养老“最后一公里”。

医养结合重在“医”。老年人医疗服务需求，不仅在于生病可就医，更重视诊断明确、治疗准确、护理得当。综合性公立医院医疗技术水平高、医疗资源丰富。我院派驻多名医护专家到医养康复中心坐诊；规划出独立区域设置康复室，配备康复治疗设备和专业康复师，帮助老人进行功能恢复锻炼，可为老人提供全方位优质医疗服务。同时，大医生团队资源下沉，有利于推进基层医疗养老体系建设，提升基层医疗养老服务能力和水平。同时，我院在院内设立医养结合病房，开通绿色通道，确保老人在疾病加重或急需治疗时得到及时、专业、便捷的医疗服务。老年公寓内的医养康复中心可作为我院康复护理场所，开展康复服务，以满足出院老人在回归家庭、社区过渡期的临床护理康复需求，真正实现"医、养、康、护"无缝对接，搭建方便快捷、品质优良、惠普实用的新型养老服务平台，提高老年人的生活质量。

借势京津冀协同发展　提升医院核心竞争力

在推进京津冀医疗卫生事业协同发展进程中，我们充分利用京津保地缘优势，抓机遇，谋发展，全面加强与京津地区的对接合作，着力提升医院的核心竞争力。先后与北京大学口腔医院、首都医科大学口腔医院、中国人民解放军海军总院、北京同仁医院、国际糖尿病暨减重中心建立长期的协作关系；与中日友好医院、北京协和医院、中国人民解放军301总院、积水潭医院、天津肿瘤医院等有长期的技术交流，通过"走出去、请进来"，加强与上级医院的沟通协作，努力培养一批规模相当、结构合理、技术过硬、适应医院长远发展的高层次专业人才队伍。不断改善基础设施条件，规范内部管理，不断提升医院医疗服务水平和知识结构，以先进的设备、精湛的技术、优质的服务，造福全市人民。同时，与京津建立医疗协作，患者除了在家门口就能享受到高水平医疗服务外，还能够更方便地到京津看病，也满足了现阶段广大患者的迫切需求，从而让群众看病就医更实惠。

依托"互联网+"新模式　推进网络建设

在"互联网+健康医疗"服务新模式下，依托互联网移动平台，我院开设远程会诊中心，提供远程医疗、远程教学、远程培训等服务，利用信息化手段促进资源纵向流动。目前已经与首都医科大学口腔医院、北京天坛医院对接，并逐步推进医联体内成员单位间的远程会诊。如我院加入首都医科大学附属北京天坛医院神经系统疾病专科联盟后，通过远程会诊、VR 会诊及手术、诊疗模式推广、双向转诊、医学数据共享、远程教育等方式，患者在我院即可做诊断治疗。对于需要转诊的疑难病例，可通过绿色通道直接将患者转至北京天坛医院相应的专家就诊，这在减轻患者负担的同时，也为抢救治疗赢得更多宝贵时间。下一步，我院还将进一步完善和扩大网络会诊中心建设，拓宽网络服务内容。届时，医联体内的专家将可以进行互联网会诊，一定程度上解决群众“看病远”的问题。

实现分级诊疗，必须加快形成“大医院舍得放，基层接得住，患者愿意去”的科学就医格局。今后，我们将在医联体管理体系、内涵建设、资源整合等重点“关节”上解难题、出实招，突破城乡、区域等限制，“联”出高效，使优质医疗资源上下贯通，让老百姓在家门口看得上病、看得好病，努力为老百姓提供全生命周期的健康服务，推动医疗卫生服务由“以治病为中心”向“以健康为中心”转变。

推行“四部制”改革 构建妇幼服务品牌

湖南省长沙县妇幼保健计划生育服务中心

湖南省长沙县妇幼保健院

为推进妇幼健康服务机构标准化和规范化管理，提升妇幼健康服务机构综合服务能力，长沙县妇幼保健院按照上级主管部门有关要求，顺应新医改形势，以满足群众需求为出发点，在“大保健”“全生命周期”和“三级预防”的理念下，整合内部资源，明确功能定位，调整机构设置，按服务人群优化服务流程，建立以孕产保健部、妇女保健和计划生育技术服务部、儿童保健部为核心的“大保健”服务体系，全面提升妇幼健康服务质量。

一、四部制改革政策环境

（一）政策环境

2015年底，国家卫计委出台了《关于妇幼健康服务机构标准化建设与规范化管理的指导意见》（国卫妇幼发〔2015〕54号文件）、《关于印发各级妇幼健康服务机构业务部门设置指南的通知》（国卫妇幼发〔2015〕59号文件），为医院推行四部制改革提供了有利的政策环境。全国成功改革的14家妇幼保健院为改革提供了借鉴学习的机会和增强了改革的信心和动力。

（二）医院困境

改革之前，医院只是按照一般医院的发展方向定位，保健与临床分离，三大特色业务分属不同科室，业务互相交叉，在不同程度上限制了优势保健医疗资源能力的释放，既增加了保健医疗成本，又给群众就医带来诸多不便。

二、四部制改革主要做法

（一）让四部制理念深入人心，清除改革阻力

2012 年，医院先后派人外出学习四部制改革新理念，但真正让四部制理念深入人心是 2016 年。2016 年 3 月，敢于创新、善于管理的夏宇同志调任长沙县妇幼保健院任院长。他经多方考察学习后，明确了“保健和临床相结合”的办院方针和“四部制”的发展思路，开始大力推行四部制改革，探索建立集群体保健、个体保健与医疗保障为一体的服务模式，建立保健和临床相互融合的工作机制以推动医院自身发展和全面提升妇幼健康服务能力。在改革之初，很多人不理解，他就带领中层骨干到天津、上海、昆明、江门等地广泛交流学习，吸收各地的先进理念，服务模式，学习回来让他们给全院职工讲课，开展演讲比赛，通过反复在全院职工中输入服务理念，慢慢四部制发展思路深入人心。

（二）优化整合调整科室设置，夯实改革基础

全员发展思路清晰后，逐步对保健、临床科室进行优化整合，按照保健和临床的功能定位，将妇、产、儿三大块所有相关科室进行重组排列，成立孕产保健部、妇女保健和计划生育技术服务部、儿童保健部三个大部，每大部再管辖若干科室，实行部长负责制，部长直接由院领导兼任，便于部内保健和临床人员统一管理、任务统一部署、绩效统一分配。副部长具体负责部内事务管理，协调各部间的关系，确保大保健方向。专业技术人员在部内轮岗，保健人员懂临床，临床人员知保健，促使保健更好地服务于临床，同时临床为保健提供保障。如全县妇女病两癌筛查，以前由妇保科、群保科、妇科等科室多头管理，职责不明确，流程欠合理，人员调配不畅。随着妇女保健部的成立，该项工作由妇女保健部牵头负责，形成了人员统一管理，设备统一调度，筛查、诊断、治疗等在一个部门即可实现无缝隙优质服务。

（三）规范业务用房流程设计，优化改革机制

2011 年，县委、县政府立项建设新院，在建设过程中，恰逢新政出台，为确保新院在流程上符合四部制建设要求，其间反复聘请专家对新院的流程设计进

行重新规划。在整体搬迁前带领职工在服务流程设计上反复模拟演练。新院完全是按“四部制”模式建设，大到楼层设置，小到色调装饰，无不彰显“一切以患者为中心”的服务理念。各科室在空间布局上尽量实现患者路径最短，每一个区设有收费、化验、检查全流程服务。服务对象足不出区就基本能完成全部诊疗过程，再也不用楼上楼下跑。进入大门后就对人群进行了分流，不同感染程度分别设了不同的诊疗区域。疾病区域与保健区域相对隔离，完全符合医院感染控制的要求。

“带小孩子看病，最怕跑上跑下，太折腾人了。”星沙市民柳女士反映，“现在到长沙县妇幼保健院看病，不用跑上跑下了，一个区域就基本能完成全部诊疗，完全是按老百姓的需求设计的，太方便了！”

（四）加强重点专科建设发展，增强改革动力

深化结构调整后，着手完善学科树建设，让其枝繁叶茂。开设了二孩生育门诊、高危门诊、新生儿科门诊，专门设立孕产保健门诊，加强高危孕产妇及艾滋病、梅毒阳性病人的面对面指导。妇女病查治专科、中医妇科、产后盆底康复专科、乳腺外科、小儿外科、眼科、口腔科等通过引进高级专业技术人员，专科技术力量不断增强，区域影响力不断提升，群众在县内能解决大部分疾病的诊治问题。为快速适应新院儿童健康服务需求，医院与省儿童医院建立医共体合作，在业务指导、技能培训、预约诊疗、检查结果互认、双向转诊、医疗信息对接、远程会诊等方面建立协作关系，以快速提升儿科服务能力。

（五）引进人才加强队伍建设，助推改革进程

2016 年起，采用引进来走出去的方式，分批次引进优秀中高级专业技术人才 20 余名，引进成熟型人才近 300 人；选拔优秀人才外出进修学习 109 人次。医院每年安排参加上级主管部门组织的各种培训 500 余人次，组织专场学习 30 多场次。院内培训与考核常态化，临床各科室每周二进行业务集中学习一次，医院每月组织一次业务培训和考核，安排一次业务交流，不断提升业务能力，同时在职工中间形成了良好的学习氛围。与省儿童医院建立医共体合作，每周六安排省级专家来院坐诊、查房、授课提升专科技术力量，助推改革进程。

（六）加强医院品牌文化建设，适应改革需求

根据县委县政府提出的民生立县、妇幼先行的总体要求，医院确立了打造中南地区第一、全国一流的县级妇幼保健院的发展目标。医院推行预约挂号、无假日门诊、自助挂号、自助取报告、自助缴费和医院微信平台等一系列便民措施。倡导职工绿色出行，将停车场留给就诊患者，方便群众看病就医，有效缓解了“停车难”问题。医院以新院启用为契机，开展志愿服务，通过志愿者付出的关爱与热诚，提升服务品质，方便患者就医，大大提升群众满意度。通过征集院训，书写院史，让医院精神、核心价值、道德理念、人文精神深植每一位职工心中。通过规范仪容仪表、言行举止，推行阳光服务、微笑服务，规范交班站位、物品摆放等来提升医院软实力，全体职工正以崭新的姿态展现在社会各界面前。

“县妇幼的医生服务真是好，我好几次都是快下班的时候来取的结果，医生总是看到六点多还没下班，真是很负责。”星沙的廖女士这样评价，“在医院建立的健康群里，我学到了好多的健康知识，如有问题也有专业医生随时帮助解答。”

“我的孩子快一周岁了，已经免费接种疫苗 14 针次疫苗，不但不收费还有几次到了预防接种的时间忘记去了，门诊的工作人员还打电话给我，督促我按时接种疫苗。服务真是周到。”星沙的张女士说。

（七）发挥考核指挥棒的作用，增强改革实效

医院每月对全员进行岗位目标责任管理考核并将考核结果进行通报。考核内容包括工作效率、医疗质量、临床与保健的结合、专科建设发展、服务态度、医德医风、环境卫生等，均纳入绩效考核，考核结果与各部门绩效工资挂钩，充分调动各部的工作积极性。同时通过绩效考核方案的引导，从关注业务问题转变到关注业务结构上来，从而降低药占比，降低次均费用，杜绝滥检查、大处方，控制抗生素滥用，让群众花最少的钱，享受最好的医疗服务。畅通投诉渠道，设立“我想听你说”意见箱，随处可见投诉电话，让服务对象在目之所及的地方都能知道如何反映问题、投诉评价，加大群众监督力度。行政职能科室通过每周一次的行政查房定期下科室，进病房，听取职工的意见和建议，调查了解科室发展中的困难和问题，为临床一线办实事，解难事。因此形成了良好的环境和优质的服务，给服务对象带来前所未有的舒适感、获得感。

三、四部制改革主要成效

（一）推行“部制”改革，社会效益明显提升

长沙县妇幼保健院自2016年6月推行大部制改革至今，仅仅一年，“大保健”模式的推进给妇幼带来了深刻变化，好评如潮。自大部制改革以来，门诊量增长一倍，群众就医更加高效便捷，流程更加合理，以患者需求为先的理念得到充分展现，社会效益显著提升。2016年12月获得国家级妇幼健康优质示范县称号、湖南省儿童保健服务合格区，群众满意度从改革前的95.8%增长到现在的99.8%。

（二）推行“部制”改革，妇儿健康水平提升

辖区内妇女儿童核心健康指标全面提升：2017年上半年，新生儿死亡率为2.06%，5岁以下儿童死亡率为4.97%，3岁以下儿童系统管理率为90.03%，孕产妇系统管理率为98.27%，剖宫产率下降为37.15%。

（三）推行“部制”改革，专科建设速度加快

通过保健与临床的紧密、有机、全面结合，妇女儿童保健关口得以前移，科室发展思路清晰。自改革以来，计划生育专科、盆底产后康复专科分别发展为县内最具有规模和技术水平的计划生育服务中心、盆底障碍性疾病诊治中心；中医妇科发展为医院的一个特色科室；儿保科积极开设二级专业，重点发展儿童早期发展及儿童康复专业；乳腺外科、小儿外科、不孕不育专科羽翼渐丰，等等。重点专科及特色保健专科不断发展，为群众就医提供了更多便利。

（四）推行“部制”改革，服务能力全面提升

实行部制改革后，通过专业培训，业务学习，特别是各部自行组织各类业务培训，保健和临床技术人员轮岗，服务能力得到提升。部内统一安排调配增强门诊力量，及时分流候诊人群，为患者提供安静的就医环境，缩短患者就诊时间。对于跨科转诊病人，在部内部外能实现无缝对接。同时，“部制”改革从根本上改变了科室之间无谓的业务交叉，大有合作，小有分工，珠联璧合，服务对象从

计划怀孕到妇女保健和计划生育技术服务部，怀孕后到孕产保健部，生完孩子接着到儿童保健部和妇女保健部，真正为妇女儿童提供全生命周期优质健康服务。

（五）推行“部制”改革，服务意识明显增强

全院职工紧紧围绕妇女儿童的健康需求，针对各自职责，主动创新，主动作为，推动改革顺利进行。全体职工由原来的等服务对象上门，变为主动下乡镇服务，不但保健人员下乡，临床中高级技术人员也能积极下乡提供技术指导。服务流程不断优化，使患者来院诊治不必“乱投医”，赢得了诊治时间，降低了就医成本。各部门、科室相应建立了自己的 QQ 群、微信平台，全天候为服务对象答疑解惑或亲情指导用药饮食，以满足服务对象的需求。为更有效服务特定人群，预约服务、加班加点、取消节假日在妇幼已成常态，服务对象什么时候有需求，医护人员什么时候就在你身边。

四部制改革让医院的业务从散乱的堆积状态转化为结构清晰的学科树，临床与保健工作得到双促进双提高，妇幼健康服务质量和群众满意度大幅提升。下一步，我们将继续在深化四部制改革内涵，继续在拓展服务功能、优化服务流程、改进服务措施、提高服务质量上下功夫，进一步深化保健与临床实质融合、群体保健和个体保健有机融合、公共卫生和临床医疗人才交流融合，大力提升辖区妇幼健康服务能力，提高妇女儿童健康水平。

服务新时代 展现新作为 助力全民健康

河北省枣强县人民医院

枣强县人民医院始终坚持“以病人为中心，以质量为核心”的服务理念，坚持以人为本、科技兴院，视行风建设为医院不断发展前进的“生命线”，不断加大医德医风建设力度，积极推行惠民和健康扶贫政策，有效缓解了群众“看病难、看病贵”问题，建立了医院的良好形象，谱写了新时代医疗服务的新篇章。

管理提升，激活发展动力

枣强县人民医院以县级公立医院综合改革为契机，积极改革医院管理体制，结合实际优化医院管理制度，建立了院长负责制，形成执行机制；实行职工代表大会制度，形成监督机制。全面实行了“一把手”负责制，制定了一系列改进工作作风、改善服务的措施，领导层各司其职，范围明晰，责任得以落实。

同时，医院不断开展新技术、新方法，提升诊疗技术水平，努力满足全县人民各层次的就诊保健需求。医院各学科在疾病的诊治方面形成了各自的特色和优势。我院分别成为国家高血压专科病医联体和河北省心血管内科医联体成员单位。相继建设全县危重新生儿、危重孕产妇救治中心、区域胸痛中心、脑卒中中心等急救中心，为全县人民构建起生命急救的绿色通道。

我院推广多项惠民利民政策，让广大群众感受到“人民医院为人民”。辅助检查费用降低30%。为了让全县群众感受到大医院的温暖，减轻我县广大群众住院费用的负担，大型设备辅助检查费用降价30%，党委书记南志健同志多次召开院党委会同党委成员研究，多次提出我们要在提高业务的同时，温暖百姓的心。

并在检验、放射、CT、彩超等多项检查中落实降价比例。此政策的落实，受到了全县人民的称赞。

我院坚持因病施治，合理用药，制定了一系列的管理办法，全面取消药品加成，挤压药品耗材水分，腾出空间理顺服务价格，从而优化了医疗服务收费结构，体现了医疗服务技术劳务价值的合理性。根据各科室用药特点制定科室年度药占比控制指标，定期公示各科室药占比，同时把药占比完成情况列入科室绩效考核，和科室绩效挂钩，并积极进行处方点评，减少无指征用药，优先使用国家基本药物。

2018年下半年，我院正式创建“国家级节约型公共机构示范单位”，分别从“人为”和“硬件”上采取节约手段，采取奖罚机制，双管齐下，下发有关节约方面的红头文件，通报“跑冒滴漏”不良行为的有关科室，利用地源热泵机组、无水小便池、LED灯等多方面硬件节约模式，通过国家节约型公共机构示范单位创建工作考评组验收。

上下联动，畅通医疗服务通道

伴随着新时代医疗行业的系列改革契机，枣强县人民医院通过医联体构建等一系列举措打通了群众就医的最后“一公里”，不仅方便了基层患者看病，更盘活了整个基层卫生医疗体系。我院与上级医院加强合作，上级医院从医院管理、业务培训、技术指导、人才培养、设备采购、双向转诊、远程会诊等多方面对该院的发展给予大力支持，实现优势医疗资源共享，切实提升该院的医疗服务能力。另外，我院还与多家大医院建立了技术合作关系，医院将上级医院的优势专家资源请到家门口，让百姓在县城体验国家级、省级专家的面对面服务。开通了远程会诊服务，建立了远程病理会诊系统，远程专家医生可以随时调阅该院患者的信息，实现了疑难病症、高难度手术等足不出院即可得到指导诊治。我院与全县所有乡镇卫生院建立了医疗共同体，成立了医共体管理中心，通过派出临床科室的七名医生，到七个卫生院开展医疗指导，开展临床带教、业务指导等方式，实现县级优质医疗资源有效下沉，弥补乡镇管理薄弱、人才短缺、技术不强、医疗资源紧缺等不足，以积极推进分级诊疗、双向转诊，开通转诊绿色通道，解决县域内广大患者“看病难、看病贵”的问题。

资源下沉，让健康走进千家万户

面对群众的迫切需求，医院全心全意为百姓做好多方位的医疗服务，解决好百姓看病难的问题。在医院的协调组织下，积极与乡镇、乡村医生联系，走村入户，我院每月固定派出医护人员在各乡镇进行义诊宣传，开展健康知识宣传暨义诊活动，对群众进行医疗卫生科普、疾病预防等知识的讲解，并发放健康教育宣传资料 10000 份，接待咨询群众 4000 余次，不断让群众享受优质医疗服务，并让医疗服务走进千家万户，真正将健康扶贫任务落到了实处。

同时，为做好日常医疗服务，医院实行全年开诊，节假日照常接诊，门诊设立导医咨询台，提供饮水、轮椅、候诊椅等便民就诊设施，方便接送急危重症、老弱残幼及行动不便的病员就诊、检查。实行门诊一卡通服务，减少不必要的就诊环节，方便就诊。完善病人出院回访制度，对所有出院病人电话回访，专人负责监督回访情况，及时给临床反馈意见。规范窗口科室服务行为，定期对导医、收费、划价、取药等窗口服务人员的礼仪服务进行培训，进行岗位职责、服务用语知识考试，设置军人、优抚优先挂号、收费、取药窗口，有效促进窗口科室服务规范化和满意度的提升。

身边感动，小护士救助癫痫病人

2018 年 10 月 12 日晚 8 点左右，县医院外二科护士杨帆正在火车站广场陪母亲遛弯，突然发现不远处围着一群人，有人不断呼救，出于职业敏感性，她立即上前查看，走近一看，躺在地上的男子出现了抽搐、口吐白沫且脸色惨白，大家站在一旁都束手无策。看见这种状况，她第一反应就是上前救人，经初步判断，认为对方应该是突发癫痫，用手摸了一下伤者的脉搏，随后就开始采取急救措施。

杨帆上前后，发现该患者双眼紧闭，她首先拍了拍患者的双肩大声呼喊他，发现没有回应，随即摸了摸他的颈动脉，脉搏很快，帮他把嘴唇扒开，发现他的牙齿紧闭，但是没有咬伤舌头，于是将他的头偏向一侧，防止他的呕吐物引起呛咳，导致窒息。事后杨帆回忆说，“现在回想起来，这也是我第一次遇到这种情况，不过我没想太多，救人要紧。”杨帆说，当时她也不清楚有没有人报警，她在救人过程中，她的妈妈就急忙拨打了 120。

据了解，这名患有癫痫的男子在第一时间被 120 急救车送到枣强县医院，在值班医生及时进一步处理后，已经脱离危险。

10 月 16 日，病人家属为表示感谢，将一面写有“当代楷模活雷锋　救死扶伤好天使”的锦旗送到了杨帆手中，家属连连道谢，杨帆说道：“救人可以说是出于我们的职业本能，在我们心中，无论何时何地，病人的安危都是最重要的。下次再碰到这种情况，我仍会毫不犹豫地挺身而出，为更多需要帮助的人尽自己微薄的力量。”

近年，“讹诈”“冷漠”“扶不起与不敢扶”等词在网络及各大媒体上频频出现，“社会还有公德良心在吗？“看到有人摔倒了，我要去帮忙吗？”，人们心中提出了各种疑问。在帮人可能反被诬告、社会公德遭质疑的大背景下，面对眼前即将逝去的生命，外二科护士杨帆的救人善举，为饱受质疑的社会公德画出了一道亮丽的风景线。

展现新作为 服务全民健康

宁夏青铝社区卫生服务中心

青铜峡铝业股份有限公司医院按照上级要求于2018年5月16日移交青铜峡卫计局管理，设置为青铝社区卫生服务中心，现将6月1日至9月30日工作做如下总结：

一、2018年工作总结

（一）基本医疗工作方面

1. 完成医院移交后与青铜峡卫计局的有序对接，克服没有独立账户、法人资格、事业单位资质及一级医院药品委托采购的不利因素，想方设法进行采购药品多种，保证6月1日正式营运，并基本满足临床需要。

2. 加强医疗安全，确保医疗质量：医疗安全是医院永恒的追求，严格执行诊疗技术操作规范，落实医疗质量和医疗安全核心制度，确保医疗安全是本中心的唯一选择。

认真稳妥调整现有人员到医疗质量的关键岗位，做好医疗质量把关人，中心负责人坚守临床科室第一线。

3. 坚持药事会议制度，加强药品采购管理使用的各类规范，努力做到采购广泛，使用合理，患者满意。

4. 临床工作统计：6月1日至9月30日临床医疗6898人次，各类缝合、换药、处置532人次，总医疗收入140878.49元。

（二）公共卫生工作方面

青铝社区卫生服务中心主要承担铝厂社区、艾山社区、峡西社区等三个社区的常住居民和流动人口的基本公共卫生服务工作，其中城乡居民健康档案管理10151人，慢性病管理1176人，孕产妇管理31人，重症精神病人27人，0～6岁儿童管理389人，65岁以上老年人体检833人，计划免疫接种2148针次。同时，按照卫计局的工作要求，开展狂犬病知识培训及狂犬病疫苗咨询、补种等相关工作；多次开展流行性乙型脑炎防控推进会，开展乙型脑炎的专业知识培训，发放乙型脑炎防控知识宣传册，宣讲乙型脑炎防控知识，每天入户排查疑似乙脑患者并进行网络上报。

（三）职业健康体检工作方面

2018年职业健康体检工作按照《职业病防治法》的相关要求及自治区疾控中心的督导要求，规范开展职业健康体检工作，书写职业健康体检报告，高质量的体检得到周边企业及安监局的认可和赞誉，6—9月为企业员工进行岗前、岗中、岗后及特种作业等各类体检4848人，完成833名65岁以上老年人体检工作。

（四）党支部及工会工作

一是严格落实党建暨党风廉政建设责任制。先后安排医疗服务中心党支部按照分公司党委的部署，完成了“四风”专题民主生活会及“四风”问题回头看各项主题活动。组织全体党员开展“两学一做”学习教育工作及党员公开承诺书，开展义务劳动3次，红色基地教育1次，增加全体党员群众的凝聚力和战斗力。

二是加强和改进责任制考核，将贯彻落实“八项规定”“四风”问题和集团公司“五条禁令，三十个不准”学习教育纳入考核范畴并与绩效挂钩，将党风廉政责任制落到实处。

三是组织全体员工积极参加公司的职工运动会及市委主办的第一届医师节庆祝活动。

（五）其他工作

1. 完成安全隐患整改，针对排查出建筑雨台檐脱落的危险，及时上报卫计局进行整改，现已完成重大隐患整改及外墙正面的粉刷工作。

2. 与市医院协议医联体帮扶工作初步开展，市医院青铝分院已挂牌。

二、目前存在的问题

（一）基本医疗方面

专业人员严重不足是目前的首要问题，业务开展与患者医疗需求还有很大差距。当前，中心虽与市医院签署帮扶协议，但专业队伍建设及中心的长远发展还存在很大困难，还很难保证协议的有效落实，需要有相关的政策性支持（相关文件的描述不清）。

（二）公共卫生服务方面

公共卫生服务工作才刚刚起步，还是一名新学生水平，许多制度、要求还不熟悉，处于边学边干的阶段。孕产妇管理、0 ~ 6 岁儿童管理、健康教育，健康小屋建设正在筹划中。另外，目前中心的信息化建设还很落后，还跟不上现在公共卫生工作的新要求。

（三）职业健康体检方面

对于职业健康体检的收入进行能力建设和工作奖励，需要有相关可操作的支持性文件。

三、明年的工作目标

1. 建设紧密型医联体，依托市医院。稳定员工队伍，建设专业人才梯队，为中心的长远发展打基础。

2. 加强基本公共卫生服务工作，要将公共卫生考核细则作为工作目标，争取基本公共卫生服务工作达标合格。

3. 努力保持职业健康体检资质的有效运行，继续开展职业健康体检工作。

4. 申请中心的信息化建设，完善中心的 hasi 系统，电子处方、电子病历及“互联网 + 医疗健康”等信息化建设。

5. 申请中心办公用房的室内粉刷及改造。

栉风沐雨谋发展 砥砺前行谱新篇

——共青城市人民医院发展纪实

江西省共青城市人民医院

素有“鄱湖明珠”之美誉的共青城，地处江西省北部、九江市南部，鄱湖之滨、庐山南麓，是全国唯一以共青团命名的城市，它拥有全国青年创业基地、全国青少年教育基地、国家级生态示范区、中国羽绒服装名城等多项桂冠，是昌九一体化重要战略支点城市，江西省改革创新先行、先试区，国家级新区（赣江新区）四大组团之一，共青城市是江西省的省直管市、九江市代管的县级市。

共青城的经济与社会发展离不开共青城的和谐与稳定，而实现社会和谐，守护一方康宁，也正是共青城市人民医院的神圣职责。一代又一代共医人，恪尽职守、牢记宗旨，心系患者，用精湛的专业技术和高尚的职业道德，为共青城 13 万人民的生命安康保驾护航。

共青城市人民医院始建于 1958 年，前身为德安县血防站金湖血防组，院址设在金湖乡政府驻地南虎头山上。1969 年场社分开，医院随场搬迁，临时设在 3 间土坯草棚内。1970 年医院搬迁总场招待所，条件有所改善，但依然维持在卫生所的性质和规模。1980 年医院再次搬迁至总场场部南侧并命名为国营共青垦殖场职工医院。1992 年医院最后迁到现址，并更名为江西省共青城人民医院。2010 年 11 月随着共青城设市，而更名为共青城市人民医院。

医院的发展时刻牵动着卫生主管部门领导的心并给予厚望，1986 年，时任卫生部部长崔月犁来院视察，1988 年时任卫生部部长陈敏章来院视察，2009 年时任卫生厅厅长李利来院视察，将我院列为“99+1”给予扶持。

60年的沐风栉雨，60年的春华秋实，如今的共青城市人民医院已成为全共青城市规模最大、医疗设备最先进，技术力量最雄厚，专业设备最齐全，集医疗、急救、预防、保健、康复、教学于一体的公立二级综合性医院。

医院占地面积35111.8平方米，建筑面积约19000平方米，开设综合内科、儿科、妇产科、外一科、骨科、急诊科、耳鼻喉科、口腔科等15个临床科室和药剂科、检验、超声科、医学影像科等6个医技科室。

医院核定床位200张，实际开放床位172张，年门诊量近5万人次，年收治住院病人近6000人次。

全院在岗职工302人，其中卫生技术人员252名，在编人员102名，高级职称5人、中级职称48人；硕士研究生学历1人、本科学历91人、专科学历107人。

技术篇

工欲善其事，必先利其器。作为全市三级卫生服务网络的龙头，共青城市人民医院节俭立业、集腋成裘。先后配置了荷兰飞利浦双排螺旋CT机、国产华润万东DR、开立S20彩超、日本富士能99型电子胃镜、电子肠镜、德国nopa腹腔镜系统、费森尤斯血液透析机等一大批医疗设备。

医院的技术水平不断提高，医疗服务项目不断增加。目前，能开展急性心肌梗塞的溶栓、血液净化、脊柱骨折切开复位内固定、胫骨平台切开复位固定以及腹腔镜胆囊切除、腹腔镜卵巢切除等微创手术。对急性创伤、急性中毒等危重症的抢救以及应对各类突发事件的能力不断提升。

2016年11月引进了一台美国GE1.5T核磁共振仪，填补了共青城市区域内无核磁共振设备的空白，为广大患者就医提供了良好的医疗条件。

人才篇

十年树木，百年树人。近年来，医院秉承科技兴院，人才强院的理念，注重点面分离，以学科主干为点，以点带面，加大人才培训力度，增强学术交流。

近年来，医院先后选派一百多人次外出进修、培训。依托省市三甲医院医联体，经常邀请九江市三甲医院专家来我院会诊和指导手术。与江西省人民医院成为结对帮扶医院，充分利用上级医院技术管理优势，帮助整改，促进管理水平和医疗质量不断提高。采取“专家指导，选送进修、外出交流、业余自学、院内培训和学术交流”等多种形式，塑造了一支医德高尚，技术过硬，服务优秀的医疗技术团队。

现骨外科、消化内科、急诊科为共青城市重点专科。医院有多人担任省、市级医学各专业学会、专业委员会委员，为医院可持续开展提供了强劲动力。

医院高度注重护理工作，坚持以病人为中心，深入展开优质护理示范工程，定期展开护理培训以及多种方式的学术活动。涌现出“巾帼文明岗”“九江市卫生系统优秀护士”等一批护理先进典型。

文化篇

文化建设是医院增强凝聚力的灵魂。医院将“团结、敬业、严谨、创新”作为文化建设的精髓。近年来，根据自身的特点，加强文化建设，通过电视、报刊、标语、简讯简报等多种渠道进行形象宣传；开展了三八妇女节拔河比赛、“5·12”护士节组织文艺汇演、演讲比赛和积极参加上级部门组织的篮球比赛、乒乓球比赛等，丰富了业余生活，弘扬了医院文化，提炼出了医院的院训、宗旨、理念等文化内容。

安全篇

医院积极完善各种规章制度，修订了《共青城市人民医院工作制度与职责汇编》。积极开展医务人员“三基三严”的培训、考核和岗位练兵等技能培训活动。切实落实患者十大安全目标和十八项医疗核心制度，有效保障了医疗安全，促进医疗质量持续改进。

医院还高度重视平安医院创建工作，加大资金投入，做到监管到位、长抓不懈。对全院消防、内保、特种设备正常运转状况定期督查，并定期开展消费培训、演练，做到安全警钟长鸣。

公益篇

医院坚持公益性的本质属性，以人民健康和社会效益为主要追求目标。做好健康扶贫工作，对贫困户实行先诊疗后付费，执行免费血透、“四免五减半”优惠政策，减轻病人费用负担。坚持开展下乡义诊、送医送药活动，出色完成了突发公共卫生事件医疗救援和抗洪救灾等政府指令性任务，并取得了良好的社会声誉。

叶茂于根，水深于源。我们希冀，同时我们更加深信，共青城市人民医院必将以更加昂扬的姿势，更加宽广的情怀，更加豪迈的气概，为建立安康共青、安全共青、和谐共青保驾护航，再谱新华章！

新时代 新形象 新作为
为打造具有吕梁特色的省级区域医疗中心而努力奋斗

山西省吕梁市人民医院院长 乔晓红

一、2017 年工作回顾

2017 年，我院在市委、市政府和上级卫生主管部门的正确领导下，院领导班子团结带领全院干部职工，改革创新，奋力开拓，较好完成了年度工作任务目标。过去的一年，特别是新一届院领导班子上任以来，在深入调研、广泛征求意见基础上，响亮提出“三个定位、四个抓手、五个布局、三个目标”发展思路，全院上下凝心聚力谋发展，医院建设进入了新时期。

2017 年，在全院干部职工的辛勤工作下，主要工作指标稳步回升，出院病人同比增加 2.74%，手术同比增加 0.93%，病床使用率同比上升 8.18%，业务收入同比增长了 5.5%，出院患者对医院的满意度达到了 98.58%，吕医人用热心、爱心、真心赢得了群众点赞。学科建设稳步发展，胸痛中心、脑卒中中心和创伤中心建设工作顺利启动，10 人新当选为国家、省级专业委员会常委，成功开展 37 项新技术项目，医疗服务能力得到新发展。教学工作取得可喜成绩，成功获批国家第二批住院医师规范化培训基地，7 名带教研究生顺利完成学业，教学能力得到新进步。改善医疗服务行动计划成效显著，就医群众的获得感和满意度不断提升，急诊科荣获全国医疗卫生系统示范科室，郭建勋、闫彩琴荣获全国医疗卫生系统示范个人，医疗服务质量取得新成效。城市公立医院改革工作全面铺开，实行药品零差率销售，医院收入结构不断优化，各项惠民措施落实落地，公益性进一步凸显，医院发展迎来新契机。社会各界关注，全院职工期盼的新建综合门诊楼二期工程如期顺利封顶，医院发展迎来新机遇。

当前面临的严峻挑战，主要表现在：一是医疗设备老化、信息化建设滞后、医疗用房不足（建筑面积3.86万平方米为全省三甲医院最小），硬件设施已严重制约了医院的发展；二是一线医护人员严重短缺，特别是高精尖专业技术人才缺乏，部分学科人员严重不足，形不成合理梯队，影响医院长远发展；三是随着城市公立医院改革各项举措的全面铺开，适应现代医院管理的人事制度、分配制度、绩效管理等深层次问题尚未形成有效机制；四是以人才培养、医疗水平、学科建设为核心的服务能力，与三甲医院标准要求相比，还存在较大的差距和不足；五是科学管理水平不高。医疗安全和质量持续改进制度不健全，流程不合理，执行落实不力，医疗纠纷和质量安全问题仍有发生；行政后勤管理相对松散，信息化管理水平低。部分科室落实行风制度不到位，极少数医务人员存在“收受红包”等损害群众利益的违纪违规行为，严重影响了医院声誉和群众信任度、满意度。

挑战无处不在，困难毋庸回避。我们要增强工作紧迫感、责任感和使命感，准确把握医院建设的正确方向，敢于打破阻滞改革的藩篱桎梏，勇于纠正阻碍发展的突出问题，善于凝聚成事创业的广泛力量，牢牢把握当前不可多得、大有可为的历史机遇，牢牢把握广大职工坚定发展、民生改进的主流民意，牢牢把握投身医改、适应转型的时代使命，牢牢把握创新管理、强化内涵的兴院战略，全力开创院所各项工作的新局面。

二、2018年的重点工作安排

2018年是医院新一届领导班子全面履职的第一年，也是全力打造具有吕梁特色的省级区域医疗中心的开局之年。2018年工作的总体思路是：全面贯彻落实党的十九大，以习近平新时代中国特色社会主义思想为指引，以2017年10月12日全院干部职工大会精神为统领，紧紧围绕“打造具有吕梁特色的省级区域医疗中心”的目标，深化城市公立医院改革，落实国家改善医疗服务行动计划，以备战第二周期“三甲”医院评审为主题主线，建立现代医院管理新机制，狠抓重点专科建设和潜力学科培育，强化以学科为载体、以人才为支撑，以技术引领的医院品牌建设，提高医院核心竞争力，塑造全新服务形象，打造吕梁山区诊疗服务高地，努力提升社会群众和广大职工的满意度和获得感。

年度主要目标任务是：力争门诊急诊工作量、住院人数、疑难危重症病人数量及手术量等指标增加10%左右；业务收入增长保持与国民收入同步，职工收入与医院业务收入同步增长；医疗费用平均增长幅度、药占比（不含中药饮片）、百元医疗收入（不含中药饮片）中卫生耗材费用等指标达到国家医改政策要求。

年度重点工作有九个方面内容。

（一）全面启动“三甲”医院复审工作，建立医院管理新机制

全力备战第二周期“三甲”医院复审工作，召开第二周期三甲医院评审动员大会，制订第二周期三甲医院评审实施方案并成立领导组及督导小组，负责评审标准的督促检查、指导及持续改进。按照省卫计委要求，收集资料填报医院评审申请书，组织模拟自评，汇总自评结果，形成自评报告并上报；邀请国家或省级评审员来我院解读三甲评审标准、评审方法与流程，同时进行指导、检查或模拟评审。以“三甲”医院复审为契机，加强自身建设，建立医疗质量持续改进的管理运行模式，达到医院管理和质量安全双提升双促进的良好效果，提高医院综合管理水平。

关于三级医院等级评审工作，有以下几点体会：

一是认识再提高，把等级医院评审作为当前医院工作重点。当前全力推动的“三甲”医院复审工作是我院新班子组建以来第一个重大考验，是检验我们党员干部、专业技术人员“两支队伍”成色的重要载体，是提升医院发展层次、推动内涵建设和规范化建设的现实要求，是打造区域医疗中心、实现建设发展目标的根本所在。既关系医院长远发展，也关系全院每位职工切身利益。从今天起，全院干部职工要提高认识，鼓起信心，振奋精神，迎难而上，发扬吕医人“敢啃硬骨头，能啃硬骨头”的精神，用每一个人全身心的投入坚决打好、打赢这场“攻坚战”，给吕梁市政府、给吕梁人民、给全院职工交付满意答卷。

二是落实再抓紧，把等级医院评审作为贯穿年度工作的主题主线抓在手上。“三甲复审”工作是一项紧迫任务，离最后评审只有不到一年的时间，“三甲复审”工作系统工程，涉及面广、难度大，时间紧迫，任务艰巨，全院各科室、各部门以及全院职工一定要树立时不我待的紧迫感和“功成在我”的荣誉感，把等级医院评审作为医院年度工作的重中之重落实在具体行动上，坚决服从医院“三甲复审”领导小组的统一部署和安排，吃透精神，领会要求，树立全院一盘棋思想，加强床、医技与职能部门之间的相互支持、相互配合，摒弃本位思想，为复审工作顺利开展创造一切有利条件，有力有序地抓好各项工作的落实，保证工作有效快速推进。

三是责任再压实，把工作落实的责任作为使命担当扛在肩上。等级医院评审不是一个或几个部门工作，更不是几个人、一些人的事，而是全院所有科室、所有部门、所有人员共同的大事，责任重大，人人有责。医院主要领导要拿出主要精力保证医院的“迎评”工作有序稳步推进；各分管领导要切实履行职责，全面落实好分工的各项工作任务。院领导班子成员要加强对自己牵头负责部门、科室指导和督查，对所分管工作的“迎评”工作情况要及时了解，做到心中有数，及时协调解决等级复审工作中需要解决的问题。职能管理科室要细化任务，明确责任部门，严格按照时间进度表，认真履行督查督办职责。各临床医技科室责任人、护士长要明确本部门、本科室的工作任务，做到任务到人，责任到人，措施到位，工作到位，确保按照《三级综合医院等级复审工作实施方案》要求，保质保量、不打折扣地完成各个阶段的工作任务。要加强考核跟踪问效，树立奖优罚劣的鲜明导向，对于组织有力、推动有力、工作有力的科室要结合绩效考核给予相应的经济奖励，对于创造性开展工作，取得突破性进展和重大贡献的人员要在干部选拔任用、晋职晋级、评先选优、学习深造中给予优先照顾，对于不推不动、懒政怠政、工作不力甚至造成严重后果的人员要启动问责机制，严肃问责一批不落实、不作为的人。要在等级医院评审中形成促团结、促干劲、促实绩、促成效的良好风向。

（二）全面深化内部改革，激发全院干事创业新活力

1. 完善人事管理制度

扎实推进人事制度改革，强化岗位聘用管理，本着公平、公开、公正原则有序开展全院的岗位设置及续聘工作；年内举办一次中层干部轮训班，强化中层干部的担当意识、大局意识、进取意识和责任意识；推进现有人员身份识别，实行适合院情、合理有效的激励机制，达到人尽其才、才尽其用，实现医院的可持续发展。

2. 完善《2018 年度绩效考核方案》

《2018 年度绩效管理考核方案》，在管理目标上，突出了重点工作和关键绩效指标管理；收支管理上，坚持成本核算基础地位不动摇，争取更多有效业务收支结余为目的；绩效分配上，坚持多劳多得、优绩优酬、客观公正为原则，一级分配（院对科）注重了结余分成为主要部分、有效工作量直接参与分配、优绩优酬奖励更趋合理把握，二级分配（科对个人）强调效率优先，体现综合因素，合理拉开差距；考核评价上，强调上级各种检查（含医院查房）为重点，组织联合考核是关键，履行职能考核为常态等多种形式合力推进。《2018 年度绩效考核方案》的运行，旨在规范各级各类人员的行为，最大限度地调动全员工作积极性，坚持持续改进，推动医院整体工作再上新台阶。

3. 建立城市公立医院改革长效机制

巩固公立医院改革成果，用好用足政策，争取政府支持，确保医院健康稳定发展。按照政府办医的体制原则，依法执业、规范服务，继续执行药品零差率销售政策，按照《关于吕梁市市级公立医院按病种收费标准的通知（试行）》精神，对选定的 103 种疾病实行按病种收费。同时，建立以公益性为导向的考核评价机制，将公立医院改革的各项目标、任务列入综合绩效考核，重点加强医疗费用控制主要监测指标的落实，完成情况保持在指标范围内。

4. 稳步推进医院信息化建设

信息化是医院以医疗为中心开展工作、患者服务流程优化、管理模式创新的重要支撑，是实现精细化管理、提高患者满意度、改善医疗服务、保障医疗安全

的重要途径。2018年信息化建设要同综合门诊楼使用结合起来，加快完善各项功能：启动新门诊楼网络建设工程，运营管理系统投入使用，建成门诊医生工作站，实现病历电子存储，移动护理站逐步使用，开通患者就诊“一卡通”，上马住院规培基地信息管理系统和门诊防漏费系统，供应室实现信息化管理，加强信息机房安全建设。

5. 规范和加强财务及医保管理

以医院综合运营管理系统项目建设为抓手，构建一套以会计核算为核心，预算为主线，物流、固定资产、人力资源和成本核算为基础的医院综合运营管理体系，增强对人、财、物各项综合资源的计划、使用、协调、控制、评价和激励等方面的管理水平，确保医院经济平稳、健康运行。严格执行各项医保政策方针，规范医疗服务行为，加强医保管理队伍建设，强化医保政策宣传工作，做好新时期的医保服务工作。

6. 继续推进后勤社会化改革

强化服务临床科室意识，对安保、餐饮、洗涤、保洁等社会化服务加大监管力度，推行临床一线和患者满意度为主的考核评议，评议结果与绩效考核挂钩。

（三）全面加强医疗服务能力，实现医疗技术水平新提升

1. 改善医疗环境

积极推进门诊楼装修工作，力争年内启用。同时启动住院楼和旧门诊楼的改造，逐步改善就医环境；根据医院学科建设和新技术项目的开展，加大设备投入力度，强化日常维保，为临床提供有力的支持和保障。

2. 加强医疗运行评价

一是拓展医疗运行评价，完善医疗监管机制，建立医疗运行评价问题清单制度，医疗费用平均增长幅度控制在10%以下。二是严格落实18项医疗核心制度，注重临床规范化训练，规范诊疗行为，提高医疗质量，保障医疗安全。三是加强医疗全过程管理监管，重点检查和质控考核病历书写、核心制度落实、首台手术到岗时间和麻醉医师监测在岗等情况。四是加强疑难重症患者安全管理，强化危重病人处置、分析及演练，促进医疗应急处置能力提升。加强对会诊病人和备案手术的追踪评价；加强对特殊手术病例管理，努力降低非计划再手术率。五是落实医疗质量与安全目标管理责任制，实施医疗质量安全事件报告、审评和告诫谈话制度，加大重大安全问题和医疗缺陷责任追究力度。

3. 加强医疗质量动态监管

一是加强医疗质量控制体系建设，完善三级质控体系，坚持每周一次的行政大检查。二是加强对终末病历和运行病历考核，开展病历缺陷问题专项整治。三是加强用血管理，重点检查输血合理性及输血前后的各项检查、查对制度落实情况。四是加强临床路径和单病种质控管理，重点监管入径病例、终末病历质控和实时费用情况。五是积极做好二、三类医疗技术的准入工作，建立健全医疗技术管理和医疗风险防范等制度。

4. 加强护理质量管理

深化各护理单元专科特色护理，推进护理学科建设。落实标准化作业，打造疾病护理同质化管理。利用助产士临床培训基地和医疗护理员临床实践基地平台，培养高素质的助产专科护士及医疗护理员。加强对护理管理人员的培训，力争培训率达 90% 以上。加强专科护士培养，争取培养院外专科护士 5 ～ 10 名；开展骨科院内专科护士培训，培训合格率≥ 90%。贯彻国家和省卫计委相关文件精神，落实对新入职护士的规范化培训率达 100%。落实下巡下视制度，病房危重病人下巡下视率达 100%。推行“把时间还给护士、把护士还给病人”的服务模式，使护理工作单项满意度≥ 93%，总满意度≥ 97%。

5. 加强门急诊管理

努力改善门诊设施条件，完善门诊标识，优化服务流程，增加更多的便民服务设施，方便患者就诊；加强门诊窗口工作人员规范化服务和业务培训，提高工作人员服务水平；进一步完善医院突发事件紧急救援体系，做到统一指挥、行动迅速、救治有效；开展全员应急演练活动，改善急救装备及设施，增强快速反应和应急能力。

6. 强化临床药事管理

加强药品价格管理，认真执行挂网药品采购价格，做好议价工作。加强抗菌药物临床应用管理工作，做好门、急诊处方及住院病人医嘱抗菌药物专项点评工作，按时上报抗菌药物临床应用的各项指标，促进抗菌药物的合理应用。加强辅助类用药临床合理用药管理，定期进行点评，按时上报各项指标，促进辅助类药物的合理使用。积极开展临床药学工作，做好处方点评工作，重点开展抗菌药物临床应用专项点评，指导临床合理用药。

（四）全面加强学科及人才队伍建设，核心竞争力迈上新台阶

1. 加强重点专科建设，大力培育优势学科

加强临床、医技科室规范化管理，促进学科建设，积极培育重点学科，充分发挥各专业优势。建立和完善相关学科设置，建立全科医学科、胸痛中心、脑卒中中心，加强肿瘤外科、康复医学科、外周介入、血管外科、消化内镜中心、乳腺外科、呼吸重症医学科、整形美容医学科、介入科建设；强化病理科、超声医学、核磁和CT学科建设，努力培育新的业务和经济增长点。在扩大床位的基础上，力争烧伤、疼痛、手足外科、外周介入、独立设治疗组开放病房；康复、中医、皮肤开设床位，力争创伤急救中心、内镜中心的建设。

2. 加快人才培养步伐，增强医院发展后劲

采用“送出去、请进来”的方式，通过多种渠道，加快人才培养力度。在人才培养的数量、培养方式、培养质量上狠下功夫，制定人才激励政策，培养骨干医师，优化人才梯队，人才培养向重点专科倾斜。选送30名骨干赴国家级、省级医疗机构进修学习，200名学术骨干参加省内外学术活动、多名重点学科带头人参加国际学术交流活动。

3. 加强医务人员继续教育，提升医务人员业务素质

强化临床专科能力建设和医务人员的“三基三严”培训，坚持高标准、严要求，加大考试考核力度，确保诊疗行为规范化、精细化；积极开展不同层次、不同专业人员的业务培训，积极开展继续教育工作，完成国家级继续教育学术活动2期、省级继续教育学术活动5期、市级继续教育学术活动10 ~ 15期、各专业院级继续教育学分达5学分。

（五）全面加强科研教学能力，科教工作取得新成效

提高科研工作水平，完成鉴定省计划内课题2项、市计划内课题6项；完成鉴定省计划外课题2项、市计划外课题8～10项；申报国家专利2项；引进、开展院级项目10项。争取省科技厅立2项课题；省卫计委立4项课题；市级立10项课题；院级立15项课题；筹备骨科临床研究中心实验室。发表中华系列论文3～5篇，国家级论文10～20篇，省级论文30～40篇。做好临床教学工作，成为山西医科大学直属附院、实现医教相长。全面推进住院医师规范化培训工作，遴选一批骨干医师成为住培师资，年计划招收70名学员。全年计划接收500名医学院校学生、100名县乡医护人员、50名全科医生来院临床进修学习。

（六）全面加强后勤保障管理，营造安全稳定新氛围

加强后勤管理保障工作，强化后勤保障人员的主动服务意识，为临床一线提供优质、高效服务。加强消防安全管理，定期组织全员消防安全知识培训和消防安全应急演练，并加大考试和考核力度，提高职工的安全意识，防火意识。加强治安防控体系建设，强化对人员密集场所、重点部位的物防、人防、技防三位一体的防范体系建设，依法打击“医闹”行为，维护医疗秩序，营造安全稳定的发展氛围。加强基础设施建设，积极推进新建综合门诊楼项目，进一步加强施工现场的监督、管理工作，开展内外精装修，空调、电梯、水暖电、消防等设施安装，严格控制工程质量与成本，进一步完善项目相关手续、资料，保证项目顺利通过验收并正常投入使用。

（七）全面加强党的建设，开创党建工作新局面

1. 加强党建工作

一是深入学习习近平新时代中国特色社会主义思想，贯彻落实党的十九大和十九届二中、三中全会精神。二是落实全面从严治党要求，切实履行“两个责任”，强化责任考核。三是严格落实中央八项规定精神，持续不断改进工作作风。

2. 加强惩防腐败体系建设

一是严格依法依规治院，落实“三重一大”、院务公开等制度，规范议事程序，阳光行使权力。二是建立预防和惩治腐败的长效机制，抓好重点岗位、重点人员、重点领域的长效治理，保证廉洁行医、廉洁从政各项措施的落实。三是深入开展治理医药购销领域商业贿赂工作，严格落实药品“一品双规”和挂网采购制度，严格高值耗材、设备集中采购管理。四是加强廉政文化建设，开展警示教育，逐步形成“廉洁自律、言行规范、风清气正、踏实工作”的良好氛围。

3. 加强行风管理

一是落实院科两级“管业务必须管行风”的“一岗双责”行风监管责任制；加强职业道德和法制教育；落实医疗卫生行风建设“九不准”，坚决纠正医务人员收受“红包”等行为。二是加强综合监督网络建设，通过医德查房、第三方评价、电话回访等方式，加大行风监管力度。三是加大行风问题的惩处力度，严格追究各个层级人员的责任，对重大行风事件实行“一票否决制”。

（八）全面加强医院文化建设，凝聚医院发展新合力

办好“一网一号，一报一窗”，做好医院文化规范和传播，充分利用院所官网、微信公众号、院报、橱窗等文化宣传载体，“道德大讲堂”等文化形式，弘扬主旋律，传播正能量，用文化来教育、引导职工，形成爱医院、树正气、积极向上的精神风貌和文化氛围。加强院所文化阵地及标识建设，发挥文化引领、引导作用。做好“有筋骨，有道德，有温度”主题宣传工作，树立医院的品牌和形象。加强精神文明建设，开展各类业余文体活动和评先评优活动，强化精神激励，拓展医院文化层次。充分发挥群团组织的积极作用，推进医院文化建设，丰富职工政治文化和精神生活，力争启动市级文明单位建设。

（九）全面落实各项指令性工作，打造医院发展新形象

对口支援工作要持续加强，细化帮扶目标，继续与山区 9 所医疗集团建立更加紧密的医联体关系，组织专家到合作单位开展大型义诊、查房、会诊和技术指导，帮助基层提升服务能力，推进优质医疗资源下沉。继续做好对口援疆工作，关心关爱援疆干部，推动援疆工作再上新台阶、再创新业绩。脱贫攻坚工作要狠下功夫，切实把全院干部职工的思想和行动统一到脱贫攻坚上来，充分发挥行业优势，紧紧围绕全村高质量脱贫摘帽，坚持思想保障、行动保障、作风保障，通过易地搬迁脱贫一批、退耕还林脱贫一批、发展生产脱贫一批、结对帮扶脱贫一批、社会保障兜底一批等精准方式，实现临县玉坪乡李家峁村2018年整村脱贫摘帽。

当前，我院所正处于谋划转型，实现由量到质华丽转身的重要节点，发展改革的目标催人奋进，时代赋予我们的使命艰巨光荣。让我们在市委、市政府的坚强领导下，精诚团结，奋发实干，勇于创新，努力把美好的愿景变成广大群众和职工看得见、摸得着、感受得到的发展成果，为打造具有吕梁特色的省级区域医疗中心，保障人民群众身心健康，建设健康吕梁做出新的更大贡献！

斩断“病根”治“穷根”

——山西沁水创建全省健康扶贫工程示范县工作纪实

山西省沁水县卫生健康和体育局

没有全民健康，就没有全面小康。为有效防止因病致贫，切实遏制因病返贫，健康扶贫工作作为山西省沁水县脱贫攻坚20个专项行动之一，又是全市创建“全省健康扶贫工程示范县”的唯一试点县。今年以来，沁水县认真贯彻落实中央、省、市脱贫攻坚会议精神及全县健康扶贫工作安排部署，坚持问题导向，强化医疗保障、实施分类救治、提升服务能力，多轮驱动，强力推进全省健康扶贫工程示范县创建工作。

医保兜底，让贫困人口看病不再愁

该县固县乡石泉村村民卫先生今年11月因脑出血在县人民医院住院，花去住院治疗费用14213元，通过一站式结算平台，普通医保报销9941元，大病补充保险报销242元，“136”兜底保障3321元，县政府出台的提高报销比例，又报销了744元，最终实际支付费用为“0”元，极大地减轻了家庭负担。

为防止“因病致贫、因病返贫”问题发生，沁水县建立了完善的医保兜底保障机制，在制定出台《沁水县农村建档立卡贫困人口医疗保障帮扶方案》，建立完善“136”补偿和医疗补充保险机制的基础上，同时出台了《沁水县提高城乡居民住院补偿比例工作实施方案》。农村贫困人口住院医保目录内费用实行县域内、市级、省级个人年度自付费用分别不超过1000元、3000元、6000元，医保目录外费用由补充医疗保险按85%的比例给予报销。在此基础上，县财政列出专项资金160万元，对在县域内医疗机构住院和县域外重大疾病住院的贫困患者，在医保政策补偿的基础上提高10%，深度贫困人口在县级医院住院提高20%。卫先生就是新政策出台后贫困人口在县域内就医的受益者之一，他激动地说："政府的健康扶贫政策是真好，一万多元的费用最终一分钱也不用花，真是开天辟地头一回。"

此外，为了多渠道解决贫困人口就医问题，该县人社、财政、扶贫、民政等四部门联合下发了《关于提高农村居民建档立卡贫困人员医疗保障待遇的通知》，对于农村建档立卡贫困人员慢性病门诊医疗费用补偿比例提高到100%，孕产妇在县域内医疗机构住院自然分娩实行全免费，患有21种重大疾病住院医疗费用由医保基金支付70%，民政部门救助20%，同时建档立卡贫困人员大病保险报销起付线由10000元降到5000元，提高报销比例，住院费用报销比例达到80%以上。

绿色通道，让贫困人口看病更方便

为降低贫困人口看病就医的经济成本和时间成本，沁水县全面开启医疗扶贫"绿色通道"。一方面，凡是贫困人口到县乡医疗机构就诊，一律免除门诊挂号费、一般诊疗费，各医疗机构还开设了扶贫专用病房，确保贫困人口优先就医、优先转诊，部分条件好的乡镇卫生院还减免了住院贫困患者的取暖费、陪侍费、一次性材料费等费用；另一方面，为切实减轻贫困患者垫资压力，沁水县实行贫困住院患者县域内"先诊疗后付费"服务模式，凡在县乡定点医疗机构住院的贫困人口一律取消住院预付金，同时实施医疗保险、大病保险、医疗救助"一站式"结算办法，极大地方便了贫困人口看病就医。

土沃乡后马元村的高女士因患子宫颈恶性肿瘤住院治疗，对于扶贫"绿色通道"，他深有感触："治病时不仅不需要交住院押金，直接进驻'专用病床'，出院还免去了为报销费用来回奔波之苦，6300余元的住院费用，经过一站式结算，只支付了500多元。"

为了尽快、分批、集中救治长期患大病的贫困人口，沁水县人民医院整合优质医疗资源，深入开展“三个一批”专项行动。对患93种大病的贫困人口83人开展了大病集中救治，慢病签约服务1295人，重病兜底保障15人。同时开展了大病专项救治，对患有儿童急性淋巴细胞白血病、食道癌等24种重大疾病的全县农村居民建档立卡贫困人口、深度贫困人口，统一安排治疗时间，量身订制诊治模式，分病种、分批次、优先进行专项救治。

签约服务，让贫困人口有病早发现

为着力解决“群众政策不知晓、就医报销难”的问题，我县制定出台了《沁水县健康扶贫“双签约”活动实施方案》，分管县长亲自安排部署。组建了由县级医院抽调的骨干医师以及乡村两级组成共55支、650名成员的家庭医生签约服务团队。与乡村干部团队210支，成员1016名，有重点、有针对性地深入贫困村家庭医生和乡村干部“双签约”活动，为贫困群众进行健康义诊、免费发放药品、开展慢病指导和健康咨询等服务，一举打通了服务群众健康的“最后一公里”。

签约之后，贫困户可以随时了解自己的身体健康状况，真正做到了有病早发现、早诊断、早治疗。目前，全县2137户3730贫困人口均实现了应签尽签，签约率达到100%。

提升服务，让贫困人口门前能看病

打开今年沁水卫计事业的日程，你会发现全县医疗服务提升愈发蹄疾步稳。5月10日沁水县人民医院集团揭牌成立；与蓝海之略、大医精诚集团合作组建口腔、耳鼻喉、眼科、康复学科专科联盟，现已投入运行；与省人民医院等省市三甲医院建立了医联体，开展远程会诊13例；投资4000余万元新建妇幼保健计划生育服务中心和龙港镇卫生院，现已开工建设；242个村级卫生室达标建设完成236个；与市三甲医院联合开展的大病集中救治月活动正在进行；县级医院共派驻9名医师到郑庄、郑村、固县乡镇卫生院进行对口支援；成立了3支巡回医疗队每月深入贫困村巡诊，对1200多名贫困人口进行了义诊，免费发放慢性病常用药物14种达5000余元；组织专科联盟共建科室的医务人员进行了大型慈善义诊活动，共接诊患者700余人；采用联合办学模式招收了第一届农村医学生43名；外出学习60余人次、轮训80余人次、乡村医生培训500余人次……

此外，对全县50岁以上的贫困人口免费体检，对全县农村居民建档立卡贫困人口、深度贫困人口中的妇女（36～64岁）免费进行宫颈癌检查和产前筛查与诊断服务；为感染艾滋病、梅毒的孕产妇及婴儿免费提供治疗药品；对建档立卡贫困人口、深度贫困人口中的困难计生家庭，落实人均1000元的困难救助；对建档立卡贫困人口、深度贫困人口中的计生家庭父母或子女患大病的，分别落实一次性5000元和8000元的救助。

看病贵、看病难的“冰点”正在消融，健康沁水的“底线”刻度接连提升，卫生保障网更加紧密坚实，沁水健康扶贫工作，正在沿着一条精密运筹、精细运作、精准推进的路子，斩断“病根”，治好“穷根”，用健康为贫困户脱贫奔小康护航……

注：“136”即农村贫困人口住院医保目录内费用实行县域内、市级、省级个人年度自付费用分别不超过1000元、3000元、6000元，医保目录外费用由补充医疗保险按85%的比例给予报销。

“让专家看看，我终于放心了”
——包头市肿瘤医院在沙尔沁镇中心卫生院设名医工作室方便基层患者就诊

内蒙古自治区包头市肿瘤医院　沈建梅

“这是甲状软骨，放心吧，没事的。”12月21日，沙尔沁镇中心卫生院名医工作室，包头市肿瘤医院头颈肿瘤外科主任郝森通过手诊仔细地为一位女性患者检查完颈部后说。

“知道今天郝主任来，我是特地从莎木佳村赶过来的，让专家看完终于放心了。”该患者说。原来，2018年6月份，这位患者突然发现颌下的颈部出现一个小疙瘩，在基层医院看过后，有的大夫说是淋巴节肿大，有的说是淋巴的肿瘤，她特别不放心，了解到沙尔沁镇中心卫生院设有包头市肿瘤医院的名医工作室后，特意问好了郝森主任的出诊时间过来看病。

为加强基层医院的肿瘤专科防治能力，促进优质医疗资源下沉。2018年9月份开始，每周五上午，市肿瘤医院都会派专家到沙尔沁中心卫生院开展诊疗活动。为了进一步推进分级诊疗，10月份包头市肿瘤医院在沙尔沁镇中心卫生院设立名医工作室，至今已有10余位专家在该卫生院名医工作室出诊。当天，正好是头颈外科专家郝森的门诊，他已经是第二次来这里出诊了。

一位12岁的男孩在父亲的陪伴下前来换药。男孩腹股沟处，一道10余厘米的伤口像张开的裂口，已经脂肪液化感染。原来，10多天前男孩骑车摔倒后车闸卡在腹股沟处，造成了肌肉、脂肪外翻的一个巨大伤口，虽然医生一再叮嘱要输液治疗，但是缝合处理完伤口后家长还是带孩子走了。这次过来，郝森主任就男孩处理伤口和换药的相关问题和镇中心卫生院外科医生进行了交流，提出了自己的意见。“三甲医院的诊疗会更规范，比如这种严重的外伤，我们会坚持让患者住院，首先要做细菌培养和输液治疗。”郝森主任说。三甲医院的大夫到设立在基层的名医工作室出诊，不仅方便当地群众就医，也可以规范基层医院相关疾病的诊疗，提高基层医院的诊疗能力。

脚趾骨折、心脏病、脑梗、帕金森病、腰腿疼……当天，不少患者走进了设在外科诊室的名医工作室。

沙尔沁镇中心卫生院被当地老百姓称为地区医院，在这家一级医院里，开设了外科、内科、妇科、儿科、中医科等各类临床科室，相关影像等医技科室也一应俱全，深受周边群众信赖，尤其是包头市肿瘤医院、包头市第三医院等医院相继在这里设立名医工作室，形成了这里“天天有名医”的诊疗局面。“各大医院在我们这里设立名医工作室，提升了我们的综合诊疗服务能力。”已经在这里工作 13 年的郭建英主任对记者说。名医工作室的设立不仅让医院的诊疗提档升级，还畅通了基层群众的看病渠道，让大家看病更方便了。

不久前，患者王女士发现自己左乳摸上去有一个肿块，特别担心，就来沙尔沁镇中心卫生院就诊，由于当天出诊的专家并非乳腺专科专家，患者又比较着急，不放心病情，杨建英立即与包头市肿瘤医院医务科副主任沈桂荣取得联系，沈副主任为患者联系了乳腺外科专家杨七玉，患者到了市肿瘤医院后，不用挂号，直接找到专家做了检查，最终专家确诊为乳腺的良性肿瘤，患者终于放下心来。感受到就医的方便，患者直夸这样的就医模式好。

“这样等于给基层患者开通了就医的绿色通道。”沈桂荣副主任说，医院领导非常重视名医工作室的工作，所派专家都是副高职称以上的专家，希望通过名医下基层的工作模式，让基层群众看病更方便，同时增强基层医院的肿瘤防控和早癌筛查意识。

跨省托管强基层

同济文昌医院宣传科　于　丽

文昌市地处海南岛东北部，因宋庆龄祖居和美食“文昌鸡”远近闻名。作为海南滨海旅游城市，文昌尽管有人文、区位、经济发展优势，但是一直没有形成医疗优势。

始建于1950年的文昌市人民医院，是一所综合性二甲医院，也是该市最好的医院。但因设备、技术比较落后，当地人得了重病多到60公里外的省城医院去看。“小孩上学到文昌，家人有病到海口；游客观光到文昌，‘候鸟’购房到琼海”，是百姓流传的顺口溜。

压力与机遇

近年来，由于国家航天发射中心建在文昌市龙楼镇，文昌市人民医院还肩负着航天发射的医疗保障任务。

因此，提高医疗水平，让老院脱胎换骨的重任迫在眉睫。有鉴于此，海南文昌市人民政府跨省求助，希望委托湖北省武汉市的华中科技大学同济医学院附属同济医院托管文昌市人民医院，期盼借助这一百年老院、名院的优势，打造一所软硬件全新的县医院。

2014年5月12日，华中科技大学党委常委、同济医院党委书记陈安民在签约仪式上表示，力争把这所二甲医院创建成三甲医院，并打造几个省级重点专科。2014年11月28日，华中科技大学同济文昌医院正式挂牌。会上宣布，托管期5年，同济医院原党委副书记刘正湘跨省出任首任院长。

“要输血，更要造血”

万事开头难。在获准行使医院的行政管理权、人事调配权和经营决策权后，刘正湘首先考虑的是，如何尽快将科学的管理模式、先进的医疗技术及理念、优秀的人才输入到这所偏远的基层医院。领导班子会议上，刘正湘提出：“要把同济的基因克隆到文昌，不仅要输血，更要造血。”为此，他使尽了浑身解数。

一是请同济专家团队常驻文昌，通过零距离、手把手的“传帮带”，提升各科人员的医技水平。其中从同济医院选派妇产科、泌尿外科、脑外科、心胸外科、骨科、心内科、消化内科、感染科、小儿科、放射科等顶尖专家进行“帮带”。如何做好“大帮小”，专家团队总结了“四步法”：从主刀时手把手指导，到当助手，再到放手不放眼让他们独立操作，直至在病房“待命”随叫随到。大胆精心的指导，有效提升了医务人员的业务水平和医院综合服务能力。

二是选送医务人员分批到同济医院及国内各大医院进修。目前，该院放射科、麻醉科、手术室、胸外科、普外科、儿科、妇科、ICU、心内科、消化内科、呼吸内科、肾内科、口腔科、B超室、检验科、心导管室等121位医护人员，在开了眼界、长了本事归来后，都在临床一线大显身手。而同济医院对托管的文昌市人民医院进修医生，不但来者不拒，还免收学费。

三是举办各种高端学术论坛打开脑洞。“海南省医学会妇产科学术会议暨同济文昌医院首届妇产科学新进展论坛”“国际尿石症联盟文昌高峰论坛”以及由陈孝平院士领衔的“2017年全国肝胆胰科主任论坛”等各种学术交流相继在文昌市人民医院举行，在二甲县医院开了举行高端论坛的先河。为开拓眼界，医院托管至今已邀请国内外专家开展学术讲座174场。

四是聘请美国国家科学院和人文与科学院双院士多拉德•威尔斯•蒲发夫为名誉院长，推进国际化发展进程。

2015年，在同济医院专家的指导下，该院共开展了51项新技术、新业务；2016年，各科再接再厉勇攀技术高峰，拿下了43项新技术，目前开展新业务新技术113余项，其中不少是省内首次开展，有些还达到了国内外先进水平。

心胸甲乳外科在同济专家魏翔教授指导下，成功开展了二尖瓣置换和三尖瓣修补术，掀开了该院心脏外科的第一页；泌尿外科在郭小林教授、詹鹰博士指导下，分别成功实施了海南首例双子星钬激光前列腺剜除术、省内首例智能控制灌注吸引下经皮肾镜钬激光碎石取石术（PCNL）；神经外科在雷霆教授指导下，运用微创手术完成了该市第一例巨大脑垂体瘤摘除术；心内科在王炎教授指导下，利用计算机3D成像技术，率先在省内开展了国内外领先的零射线射频消融术，并成功实施了省内有的大医院还没开展的ICD（埋藏式心律转复除颤器）植入术；消化内科在同济专家王波和李德民副教授等帮助下，开展了胃食管静脉曲张套扎术、经内镜逆行性胰胆管造影术等新技术，特别是成功抢救因贲门撕裂导致消化道大出血的消防战士，赢得了社会各界一致好评。

不仅是同济团队在引领，来自深圳市人民医院介入科的主任陈旭东，也被请到同济文昌医院，为肝癌患者顺利完成了省内首例“碘125放射性粒子植入术”。这一被誉为“体内伽马刀”的手术，再次刷新了海南微创治疗的纪录。而从湖北引进的妇产科主任沈方方与介入微创中心窦永充教授联手，把“子宫瘢痕孕囊灭活＋双子宫动脉栓塞术”引入该院。这种不开刀、不切除子宫的DSA介入疗法，给剖宫产后在瘢痕处妊娠的妇女带来了福音。更让人兴奋的是，2016年，海南省卫计委批准该院开展人类辅助生殖技术，同济医院生殖中心专家入驻文昌市人民医院开展指导工作，到目前为止，在同济文昌医院生殖中心成功受孕者近50人，2018年9月，同济文昌医院将要诞生首例“人工受精”受孕的宝宝。

多项高精尖技术在临床的成功运用，彰显了医院的综合实力，患者明显回流。自同济医院托管以来，危重患者回流逐渐增多，乃至周边县市甚至海口市的病人都慕名来该院就诊。2014年往上级医院转诊1660人次，2015年降至809人次，2016年仅有490人次，2017年只有336人次。百姓不出县城就能享受到大医院的优质医疗服务，同济托管两年的结果真实地展示了“文昌样本”。

大手笔绘就发展蓝图

走进同济文昌医院，你会惊叹这里的内外环境和硬件配备。绿树掩映的新院区病房内，竟安装了有助于空气消毒净化、防止传染的层流装置。超声科仅美国GE公司全球顶尖的彩超设备就拥有11台，放射科配备有德国西门子公司生产的3.0T磁共振仪，导管室使用着飞利浦1250毫安的血管造影机，令许多大医院也自叹不如。“要买就买好的，不能软件提高了，硬件上不去”，院领导的大手笔，改写了老院设备不齐、落后的历史，使全院上下信心倍增。

基层医院，麻雀虽小，五脏俱全。但按照大医院的过细分科，往往吃不饱，或难以支撑大手术或复杂病例。因地制宜，锐意改革，相关科室果断进行了重新组合。心胸甲乳外科主任林明飞感慨：“托管前的大普外，做的都是十多年前的手术。现在几个科合并后，优势互补。如我们率先在省内开展了甲状腺腔镜手术，避免了患者术后颈部‘自杀式毁容’的疤痕，已成了远近闻名的患者选择和外院参观项目。”而他本人于2015年11月成功救治的一位心脏破裂患者，也得益于科室的整合。对死亡率高达85%的心脏刀刺伤患者，他们成功实施了文昌首例心脏修补术，一切有条不紊，如行云流水。“学科打通了，优势互补，小医院也敢做大手术了”，林主任谈笑中洋溢着自豪。

2015年春从湖北引进的心内科主任张腊喜，感受最深的是，新领导有战略眼光，为抢占制高点舍得投入。以前医院不能做经皮冠状动脉介入治疗（PCI），刘正湘院长果断拍板创建导管室，2014年12月开工，2015年1月就启用了。2016年仅急性心肌梗塞急诊PCI就完成了78台，2017年完成急性心肌梗塞急诊PCI手术123台，成功率98%，最高龄的急性心肌梗塞患者92岁。另外，还顺利实施了冠状动脉左主干病变、复杂性分叉病变等高难度手术。2015—2017年共计完成心血管介入手术1342台，该院心血管介入技术从零开始，一跃在省内名列前茅。不仅省内，连内蒙、河南、河北、四川、北京这些居住在海南的“候鸟”患者也慕名前来。

令人瞠目的还有国际水平科研平台的搭建。2015年10月，同济文昌医院邀请美国华裔医学博士姚大纯担任医院医学基础与临床研究中心的主任，包括提供课题设计思路、专利申请、科研和学术讲座、指导医务人员完成每年不少于2篇SCI论文。2016年，不但实现了医院SCI文章零的突破，还在海南省内独领风骚。

发表的两篇 SCI 文章影响因子（IF）分别高达 6.3 及 5.8。

几年来，通过“内引外联传帮带”，以及“筑巢引凤”、“借鸡下蛋”、运用“互联网 +”等多种形式，该院的综合服务能力全面提升，有力推动了优质医疗卫生资源下沉。

优质、低价、服务才能留住病人

把患者留在基层，高水平的医疗服务和相对低廉的价格是关键。为解决百姓大病不出县的问题，同济文昌医院在托管的三年里，正在逐步实现这个目标。

如何做到优质？刘正湘认为，名院托管不是名医看病。要把大医院的资源实实在在地沉淀下来，必须通过“授人以鱼不如授人以渔”的理念创新、管理创新和科技创新。以管理为例，托管后的同济文昌医院严格开展全成本核算，每年减少不必要的各种开支 200 多万元，让“跑冒滴漏”无处遁形。同时，各科室主任实行严格的绩效考核。一句话，该放开的放活，实行多劳多得；该管的管严，不留情面。许多业务骨干感慨，医院的放手和激励政策，使他们从以前悠闲的状态，进入“热血沸腾，工作到深更半夜”的状态。

而对患者，医院则倾尽其所力做好服务。能让利绝不加价，能便民绝不刁难。一位甲状腺癌患者，去了省内大医院，建议他去北京、广州手术。一打听，需要花费约 10 万元。结果在该院，仅用 5000 多元就顺利出院。许多急危重症和疑难杂症患者感叹：“同济文昌医院就像咱家门口的医院，省时、省事、省钱，方便又放心。”

《国务院办公厅关于推进分级诊疗制度建设的指导意见》提出，县级公立医院是分级诊疗的关键环节，到 2020 年要实现分级诊疗制度基本建立，到 2017 年基本实现“大病不出县”。作为我国首批县级公立医院改革试点医院，海南同济文昌医院的托管实践，证明“大手拉小手”的做法，可行可学。

同济文昌医院业务工作量增长速度、新业务新技术开展数量和业务收入增长速度均居海南省医院系统第一。2017 年，全院门诊人数 482541 人次，与托管前的 2014 年 356841 人次相比增长了 35.62%；出院人数 30621 人，与 2014 年的

21549人次相比增长了42%；年手术量5739台次，比2014年2806台次增长了104.52%；2017年医院医疗业务收入34192.3万元，比2014年19812.8万元增加14379.5万元，同比增长72.57%；实现了医疗工作量及主要医疗指标持续增长。

抓住“科教兴院”龙头，该院实现了医教研工作同步发展。2015年医院申报省卫计委科研项目3项、省自然科学基金面上项目2项，均通过立项；2016年全院医务人员共发表论文20篇，申报省卫计委科研项目4项、省自然科学基金面上项目2项。2016年11月，该院成功注册为国家自然科学基金依托单位。

2016年6月25日，长征七号运载火箭在文昌航天发射场成功发射后，该运载火箭副总指挥张涛一行专程来到同济文昌医院，将中国运载火箭技术研究院精心制作的“火箭发射试验队保障医院”牌匾送给他们。

据不完全统计，同济文昌医院自托管以来，在中央电视台、新华网、中新网、中新社、《健康报》、海南电视台、《海南日报》、《湖北日报》、《南国都市报》、海口广播电视台、文昌广播电视台等各级媒体报道及转载累计达1300余篇次，平均每天有一篇次以上同济文昌医院的新闻报道，构建了全方位多层次立体式宣传渠道。

当地政府评价，同济文昌医院脱胎换骨的变化，创建了“跨省托管”强基层的崭新模式，为当地培养了一批带不走的医疗队伍，有效地缓解了当地老百姓“看病难”“看病贵”“看病不方便”等问题，促进了患者大量回流基层，实现了社会效益与经济效益的同步增长，增进了文昌老百姓的健康福祉。

同济文昌医院现任党委书记、院长夏曙表示，很感谢政府及百姓对医院的认可与肯定，今后将继续带领全体医务人员，牢记领导重托与白衣天使的责任，将立足本职、服务病人，做好工作，齐心协力为医院的发展多做贡献，以饱满的工作热情再接再励，努力将同济文昌医院打造成三级甲等医院，为加快建设海南自由贸易试验区和中国特色自由贸易港贡献自己的力量。

浅谈严格落实医疗质量安全核心制度持续提升医疗服务质量安全

山东省单县人民医院（单县北城社区卫生服务中心）

医疗质量安全是医院有序开展各项活动的基础，是医院发展的核心要素。要提高医疗质量，保证医疗安全，加强医疗核心制度建设不可或缺。医院在健全和完善相对规范的工作制度、管理制度的基础上，应根据医院的实际情况，着力推进以医疗质量管理体系为核心的制度建设，并坚持以制度固化责任，以责任促进制度落实，进一步将各项核心制度落到实处。围绕医疗质量安全，医院可通过对核心制度的培训、监督、考核等多个层面和维度进行管理，以达到提高整体医疗质量、提升医疗安全保障的目的。

提高医疗质量、保障患者安全是医院管理的核心，是医院生存的生命线。严格执行医疗核心制度在提高医疗质量、保障患者安全方面起到了重要的作用。特别是当前医疗核心制度的执行与落实仍是医疗质量管理的主线和重点，可以说医疗核心制度是医师进行诊疗活动的最基本的制度，是保证医疗质量和安全的基石，对提高医疗质量，减少医疗纠纷具有重要的现实意义。医疗核心制度执行得到位与否直接影响到医疗质量的好与坏，也会间接影响医院的美誉度和品牌效应。加强医疗质量建设，推进医疗核心制度落实与环节控制的全过程监督，是医疗安全的重要保证。

作者认为以核心制度建设为抓手，加强医疗质量建设应从以下几方面做好工作。

一、树立核心制度严格落实理念

（一）加强核心制度的学习培训

医院在制度管理过程中，常存在医务人员医疗质量安全意识不强、核心制度落实不到位的情况。例如，部分医院手术分级管理制度和术前讨论制度、三级查房制度、疑难病例讨论、病历书写规范等方面均存在一定问题，导致医院经常发生医疗纠纷，整体医疗质量堪忧的情况。为此，在医院层面应加强核心制度的学习培训，将核心制度印制成册下发，做到人手一册。定期组织全体医务人员认真学习与医疗密切相关的核心制度及相关的法律法规。不定期邀请院外医疗质量管理专家、法律人士来院就医疗核心制度落实与医疗质量安全等方面内容进行专题讲座，促进医务人员医疗安全素养的提高，增强医务人员牢固树立医疗安全责任意识，把各项医疗核心制度和诊疗规范落实到医疗活动的每一个环节，逐步养成严格遵守规章制度，按规程依法行医的良好习惯。

（二）加强“三基三严”培训考核

“三基三严”培训是提高医务人员业务技术水平的重要措施，也是夯实基础医疗质量的重要手段，医院可采取医务人员个人自学与科室集中学习相结合、三基理论考试与技能操作考核相结合、全员集中培训考核与重点人员分层分批次考核相结合等方法，让医务人员充分利用空闲时间巩固医学基础知识，学习新理论、新技术。科室还可利用科主任查房、晨会交班及科内业务学习等方式学习新知识，加强临床技能操作的现场演练。医疗核心制度可同步嵌入“三基三严”训练中一并考核，在此基础上核心制度考核还可采用“时时提、天天学、周周问、月月讲”的方法，促进医务人员在掌握临床基础的同时熟练掌握核心制度。相关考核结果纳入医疗质量管理，与医务人员个人积分考核和科室质量考核挂钩，实行奖优惩劣。

（三）加强纠纷案例分析，强化核心制度执行力

医疗纠纷的根源在于管理不善，制度落实不严，人员素质不高。医院在对人、财、物进行合理调配的基础上，应强化制度建设与管理，特别是针对医疗纠纷，

应强化案例分析，通过流程回溯、根本原因分析等方法，查找纠纷问题根源，发现核心制度落实过程中存在的不足，加强整改落实。以制度建设为抓手，对医疗纠纷要持公开透明的态度，不掩、不捂、不盖，每例医疗纠纷涉及的科室都要参与根本原因分析，吸取经验教训，确保医疗过程各环节严格按核心制度规范来执行落实，做到预防在先，防患于未然。

二、建立医疗核心制度执行量化考评体系

（一）科学制订核心制度考核标准

建立科学合理、规范有序的医院全面质量与医疗安全管理考核机制，将完善制度、优化流程、全面监控、加强沟通、整改到位等措施贯穿于基础质量、环节质量和终末质量控制的各个环节，是实施医疗质量持续改进的长效机制。在医疗质量管理过程中，医院应根据医疗服务规范、相关法律法规及院内规章制度，对医疗核心制度落实过程中的关键节点进行梳理、提炼，将每个节点按照实际工作中落实的难易程度及在整个核心制度中所占权重加以量化，并以百分制形式制定出每一项医疗核心制度不同的量化考核评分标准，在实际考核过程中还可根据医疗实际情况的不同，适时地调整。通过核心制度考核评分，实现对医疗质量进行全程、实时监管。

（二）将核心制度纳入医院综合考评体系

医疗核心制度是维系医疗质量安全的重要制度，医院应把医疗核心制度落实情况与医院综合奖惩和科室质量考核挂钩，制定奖惩细则。实行月度核心制度执行情况督查结果与月度医疗质量考核相结合，对医疗核心制度落实有较大缺陷的进行扣罚。

同时医疗核心制度作为医疗质量管理的重要组织部分，核心制度督查结果同步纳入医院绩效考核体系，按绩效考核指标予以奖惩。核心制度的督查结果还可与个人的评优、评先、职称晋升等挂钩，以进一步提高临床医护人员的自觉性。依托考评体系中的奖惩杠杆，医院逐步引导临床科室加强医疗核心制度落实管理，真正做到医疗核心制度落实到位。

（三）健全核心制度落实监管体系

在医疗质量控制理论和实践中，医疗核心制度落实的环节控制和过程监督是医疗质量管理的重要保证。

医院可从医疗质量管理委员会、医疗安全管理委员会、医务部门和临床科室质控小组3个层面组建医疗核心制度监管小组，形成三级管理构架，同时把全院各临床科室按网格划分，形成若干个网格，监管团队的成员可根据网格进行责任分工，按层级对接，分片监管，以防止督查有偏差。监管小组应有计划地制定核心制度督查进度表，确定每个网格每月督查1～2项核心制度，网格之间督查内容相互交叉，做到每个网格督查全覆盖、核心制度内容无遗漏。

（四）注重落实核心制度情况的抽查

要了解医疗核心制度落实的效果，在定期督查的基础上抽查更能反映医务人员核心制度落实的实际情况。医院的医务部门、质量监管部门应经常深入临床一线对重点科室（如ICU）、重点人员（如新进人员）等进行抽查，对科室交接班制度、手术安全核查制度等医疗核心制度落实情况进行随机检查。院领导、相关职能科室负责人应不定期参加临床科室早会，了解医务人员对核心制度的掌握情况和执行情况。通过抽查发现问题，加以整改，避免因医务人员思想懈怠发生医疗差错或事故。

三、持续推进核心制度落实信息化建设

（一）不断加强医院信息系统建设

医院信息系统是医院正常运转的基本条件，也是掌握和调控医院运行的网络中枢，医院信息系统主要包括医院管理系统、临床管理系统、医技管理系统及其他辅助管理系统等。信息系统能够连续、完整、准确地采集、存储、传递、处理医院管理、运行指标、临床应用等信息，并将收集到的信息准确地生成相关统计报表进行自动分析，为医院管理、医疗服务提供决策依据。确保医疗质量安全，加强核心制度监管，同样需要信息技术的支持，医院信息系统已成为医院不可或缺的技术支持环境。

（二）加强以电子病历为核心的质量监控

电子病历系统是医院信息系统的核心，医疗核心制度是否落实，在病历中能够得到体现。通过医院电子病历系统可实现病历质量网络实时监控，根据医疗核心制度执行关键环节设定控制规则，如可实时对围术期各项制度、危急及时处理及规范记录、有创操作、高风险诊疗项目操作知情告知及规范记录等进行实时监控，并运用医院信息系统提供质控反馈渠道。通过电子病历系统质控，可及时发现医疗核心制度落实中存在的问题并加以改进，有效降低病历质控的人力要求，提高病历质控的普及率、效率和公平性。

（三）加强临床资格准入和医疗技术准入的监督把关

严格控制医疗技术和人员资格准入，没有执业医师、执业护士资格的人员，不能独立从事医疗护理工作。严格执行技术准入，按照医疗机构相应级别开展适宜的项目，避免盲目追求高精尖。加强对新技术、新项目的管理，及时制定相关制度，对科室开展的新技术和新项目，须进行严格的效果评价和临床实践，确保实际运用中切实体现出技术或项目价值，服务好患者安全。面对医院日益增长的业务量和繁重的医疗工作，临床一线医务人员往往思想上容易产生懈怠，从而忽略医疗核心制度的落实。医疗核心制度是保障医疗质量、规范医务人员诊疗行为、防范医疗风险、避免或杜绝医疗差错与事故的重要制度，也是医务人员必须遵守的行为准则，应长期坚持，持续抓好。只有医疗核心制度落实到医疗服务的每一个环节，体现在每一个诊疗行为上，医疗质量才有根本保障，医院才能够屹立于激烈竞争的医疗市场服务市场中。对于医院的发展，医疗质量安全与核心制度落实是相辅相成的共生关系，二者应共同推进，互促发展。医疗质量永无止境，核心制度建设永远在路上，切实抓好医疗质量安全与核心制度落实两个要点，处理好二者关系，医院的质量发展之路才会走得更加通畅、长远。

以创新为支点 助力医院腾飞

——七台河市人民医院创新管理工作纪实

黑龙江省七台河市人民医院

始建于1984年的七台河市人民医院，伴随着改革开放的步伐不断发展壮大。特别是近两年来，人民医院在服务人民、造福百姓的进程中，以创建“国家级一流综合三甲医院”为目标，不断谋划大思路，追求高目标，实现了一个又一个新跨越。医院的各方面工作欣欣向荣，蒸蒸日上，无论从整体规模、技术实力、人才建设、硬件设施、文化建设等方面都有了质的飞跃。医院建筑面积由3.2万平方米扩增至11.7万平方米，开放床位由原来的700张增加到1200张，门急诊量、住院人数、业务收入、总资产额等经济指标平均每年都以高速度递增；医院的多项科研成果填补了省市空白，涌现了多位优秀学科带头人，医院成为七台河市级医院的排头兵；医院的院容院貌焕然一新，现代化的业务综合楼、门诊急诊医技楼拔地而起，带动医院驶入了规范化、科学化、信息化的快车道，创造了地市级三甲医院发展的奇迹。医院目前已成为七台河市规模最大，技术力量最强，集医疗、教学、科研和预防保健于一体的现代化综合性国家三级甲等医院、全国公立医院改革试点医院、全国文明单位，成为七台河市百姓心目中首选的医疗品牌。究其原因，七台河市人民医院主要掌握了“医院创新管理”的奥秘。

一、贯彻落实，创新党的建设

人民医院充分发挥党委“把方向、管大局、保落实”作用，把“党领导一切”和强化党的建设摆在突出位置，注重强化班子建设，明确落实党委主体责任，完善重大事项决策机制，对“三重一大”事项必须经集体决策讨论后上报，并必须经过职代会审议、提交党委会议讨论批准后执行，推动党建工作融入医院中心工作中；规范党支部建设，将原来4个党支部重新划分为12个党支部，配齐配强支部委员，对党务工作者给予全员培训，规范做好“三会一课”、主题党日等组织生活，深入开展学习贯彻党的十九大精神、党员先锋岗、“学先进、当先锋、暖人心”、创建“百优”党支部、党员奉献日等主题实践活动，落实党务工作者政治待遇，充分发挥基层党支部在人才培养、干部选拔等工作中的作用，让党务工作者有待遇、有责任、有能力，充分发挥支部和党员的示范作用，带动全院职工一起努力工作，在推进医院发展进程中实现新担当新作为，实现党建强发展强。

二、高屋建瓴，创新就医环境

2015年9月，李春光院长履新市人民医院院长。到任后，他凭借多年的医院管理经验，审时度势而又当机立断，为医院确立了“创建国家级一流综合三甲医院”的战略发展目标，2016年4月24日新建4.7万平方米的业务综合楼正式投入使用，使医院床位由700张增至1200张，彻底改善了治疗环境、缓解住院床位紧张的现状；同时，他精心谋划，筹措资金，整合资源，于2016年8月，医院又重新规划建设总建筑面积31604平方米的“整体升级改造工程”，先后建成了全科医生临床培训基地综合楼（含传染病区）、门诊急诊医技楼，建成拥有260个车位的大型地下停车场，绿化美化了5000平方米的庭院景观。医院修建了连廊将各个建筑楼群连为一体，南北出口实现全面融会贯通，既扩大了医院规模，美化了就医环境，缓解了病人住院难的问题，又促进了医院逐步向数字化医院、生态化院容、创新化科技的现代医院迈进。如今，一座体现人性化设计、整体布局合理、主体建筑突出、色彩简洁明快、精美雕塑点缀于花树之间的花园式医院已呈现在世人面前，成为七台河市一处亮丽的建筑群。

三、严格规范，创新业务管理

围绕创建“国家级一流综合三甲医院”的奋斗目标，人民医院坚持高水平的发展定位，制定了一系列科学规范的管理制度，持续开展“医疗质量工程”，不断加快学科建设步伐，加强重点学科建设，打造特色专科专病，开展科技创新，打造品牌优势。

先后开展了科主任两年一周期轮换工作，与国家级医院建立技术合作平台，与天津市肿瘤医院建立临床协作医院，与拓盟科技建立医学影像三维可视化联合实验室，与北京中日医院、北京301医院、天津市肿瘤医院、省肿瘤医院、哈医大四院、佳木斯大学附属第一医院等单位建立医联体和专科联盟，开展远程医疗会诊技术合作；扩大国家级重点专科神经外科、重症医学科的知名度，由粗放型向精细化微创腔镜发展，积极推进肿瘤介入、射频等工作；做大做强疼痛综合治疗、甲状腺、乳腺肿瘤专科、结直肠肿瘤专科，成立了七台河市胸痛中心，被国家卫计委授予“高级卒中中心建设基地”，被国家科技部列为全国心脑血管疾病防治课题参研单位，使医院综合实力不断增强；开设消化科，设立中医康复病区，走特色发展之路；对骨科、神经外科、普外科、妇产科和护理体系进行医院、学科、病区三级管理顶层设计，持续加速打造腔镜中心、CT等多个学科融合合作，使学科体系建设得到不断完善；为解决医疗业务工作中的疑难问题，医院建立了医学影像中心、医学检验中心、病理诊断中心、微创放射治疗中心、肿瘤介入治疗中心、网络心电诊断中心等六大中心，形成院有特色专科，科有专病优势，人有业务专长的格局，创立品牌优势，巩固医疗龙头地位。同时，医院加大科技创新奖励力度，极大地激发了医务人员的科研热情。2017年以来开展新技术新项目137项，其中获省新技术应用奖15项、市科技进步奖30项，开展的心脏介入、神经外科、关节脊柱及微创外科手术填补全市微创手术空白，肿瘤疾病的综合治疗达到了省内一流水平，近年获省、市级科技进步奖100余项，省新技术应用奖40项，省级科研课题立项9个。

医院还先后购置了德国西门子800排双源光子CT、美国GE产SPECT-CT、3.0T核磁共振、1.5T核磁共振、荷兰飞利浦FD20数字减影血管造影等国际国内一线品牌设备，使医院的装备水平提升到国家先进行列，增强了医院的发展后劲与综合实力。

四、“家和”理念，创新医院文化

人民医院不断改革思想观念，十分重视“家和”文化引领，带动医院文化在经历制度层面、精神层面后，向幸福层面逐步落地、内化，让文化与医院管理及建设相融，激励并影响全院职工为完成医院目标自动自发地努力和工作，增强职工归属感和幸福感，携手并肩共创人医幸福家园，真正增强人民医院既是患者的“家”，也是医务人员的“家”的归属感。医院引导职工凝聚“家”共识，总结凝练并确定新时期办院方针、医院院景、院训、共同价值观、医院精神、管理理念、服务理念、院旗、院徽、院标等，让文化与医院管理相融，使医院文化理念更加系统完善，同时不断丰富文化载体，每年确定不同的医院文化主题，先后开展了“院标”征集、院歌征集创作、新员工入职仪式暨医院文化艺术节、“责任与荣誉”主题演讲比赛、七台河之夏文艺演出、职工蓝球赛、书法绘画摄影展、拍摄微电影等一系列文化活动，将医院文化理念种植在职工心中，职工精神面貌得到很大改观。院领导班子身体力行让职工感受家的温暖，年三十晚上，院领导给值班的医护人员送饺子；医院每年为职工免费健康体检一次；开设职工餐厅及患者档口、生活超市，建设了乒乓球室、舞蹈室、健身房、蓝球场和职工浴池等，以家庭的一种价值取向把职工团结到一起，让情感成为文化，让大家心甘情愿地去努力工作奋斗，从而有效提升了职工的幸福指数。

五、更新理念，创新优质服务

医院认真学习“上海模式”优质护理服务理念，大力培养专科护理人才，先后派出30余名护理业务骨干，多次到上海等医院学习进修，回院后突显人文关怀，夯实基础护理，创新开启了“医护一体化”“星级护理站和星级护士”评比，护理 APN 排班，护理人员 AB 岗工作制度，实行危重症患者床旁“SBAR”交班、住院病人实行腕带身份识别、实施 PDA 移动护理等优质护理新模式，极大地提升了服务对象就医新体验和满意度，使医院护理信息化管理迈入省级先进行列，参加“黑龙江省东南部地区第一届护理学术高峰论坛”会议，并做优护模式经验交流。走进医院，随处可见从人性化服务理念出发、经过精心设计和巧妙布局的温馨细节：医院在门诊为患者准备了免费轮椅，急诊和病区都配有免费的急救箱、热水袋；在化验室、B 超室、专家门诊和手术室病人较多的地方设立候诊厅。同时，医院尽量简化就诊流程，每个楼层都设有收费窗口，减少病人的排队时间。在诊查科室和病区都配有幔帐，保护病人的隐私，方便患者就医，亲近了患者，满足了患者的就诊需求。

六、稳步推进，创新医改举措

自 2009 年被确定为全国首批城市公立医院改革试点医院以来，人民医院不断创新管理机制，发挥龙头作用，认真做好药品零差价、大型仪器设备降价、绩效改革等医改措施，推进医改试点工作开展。认真落实惠民措施，对全部药品实行零差价，药品价格下降 20%，对大型仪器检查减免 20%、检验费用降幅在 30% 左右，自 2014 年 9 月以来累计让利 6000 余万元；探索实施新的绩效改革，实行全成本核算和院科两级管理，建立临床、医技、医辅、行政后勤四个体系绩效分配制度，最大限度调动全院职工的积极性和创造性；同时探索推行同工同酬，在职工队伍中起到了鼓舞和激励作用。

七、精准精确，创新健康扶贫

人民医院认真贯彻落实“健康扶贫工程”，与桃山区万宝河镇卫生院、勃利县大四站镇卫生院和小五站镇卫生院共 3 个乡镇卫生院建立技术合作帮扶队伍，在巡回医疗、人员培训、健康教育、入户义诊及人才培养等方面进行精准帮扶，医院成立扶贫医疗服务队，根据乡镇卫生院的实际需求及疾病谱，每月选派专家到乡镇卫生院义诊，特别是针对乡镇卫生院缺少超声医生、部分设备陈旧老化闲置的实际情况，人民医院根据需要选派超声专家和设备维修师到卫生院开展工作，把健康扶贫做到精准到位。2018 年共完成 3 个卫生院共 25 次巡回健康扶贫工作，先后组织对 65 个贫困户、1000 余名村民进行义诊和诊治指导；同时，医院免费接收乡镇卫生院的医生来院进修学习，对乡生进行系统培训，帮助基层医院规范管理流程，建立健康扶贫微信群，方便工作沟通及业务咨询，为贫困患者做实事、做好事。

八、加大投入，创新信息化建设

人民医院为适应现代医院发展的需要，先后投资1000余万元进行信息化建设，建成了覆盖全院门诊、医疗、医技、后勤及管理系统的数字化网络。建立了门诊医生工作站，建立了医疗影像存储传输管理系统，实现全院的影像联网；完善了临床检验系统，实现了自助检验报告单打印；建立了药物咨询及用药安全监测系统，对临床用药情况进行实时监测和指导；建立了无线医生工作站、无线护理、无线心电上线；安装了门诊一卡通管理系统，开通了“银医一卡通”自助挂号缴费系统，方便患者就医；完善了院内网络办公系统，实现了办公自动化，使人民医院全面实现数字化医疗，移动医疗、移动护理全面铺开，推进医院信息化管理进入国家一流行列。

回首昨天，峥嵘岁月；展望明天，任重道远！建设一所“国家级一流综合三甲医院”，是人民医院所有员工美丽的梦想。而今，自信满满、豪情满怀的人医人，正团结一心，鼓足干劲，立足于创新的新起点，承载着新的远大梦想，扬帆起航，再创辉煌新篇章！

人文管理护佑百姓健康新模式

——新疆维吾尔自治区阿克苏市人民医院改善医疗服务纪实

新疆维吾尔自治区阿克苏市人民医院　陈必成

“真没想到，如今阿克苏市人民医院医疗技术这么厉害，连永久性人工心脏起搏器植入、冠状动脉支架植入、冠状动脉急诊 PCI 术、输尿管支架术 + 腹式全子宫切除等疑难手术都能做。而且我从入院到康复出院，体验到的是全程一站式服务，每个细节都做得那么温馨、贴心、暖心。”这是今年 9 月在阿克苏市医院住院治病的阿克苏地区人大工委委员、市人大代表、中华爱国工程联合会授予的“公益之星”、“全国时代先锋”、阿克苏市宗宝园艺科技有限责任公司董事长牟宗宝出院后特意向市医院送来 3 面锦旗时，对新疆阿克苏市人民医院院长高学忠说的一番肺腑之言。

“万分感谢阿克苏市人民医院的医生，在家门口就享受到了心脏起搏器的成功植入，使我的生命得以延续。”这是新疆阿克苏市托普鲁克乡 62 岁的农民患者吐某某，向市医院医生们表达的感谢之语。

实话说，过去新疆阿克苏市各族群众对已建院 66 年的市医院一度颇有微词，认为市医院医疗技术落后，改善医疗服务抓不住牛鼻子；医院医疗质量控制捉襟见肘；患者看病挂号、候诊、收费队伍长、看病时间短的“三长一短”现象严重等。

自 2017 年 5 月 12 日市医院由旧院区整体搬迁至前进路新院区、实施分级诊疗以来，在新疆阿克苏市委、市政府以及上级业务主管部门的关心支持下，特别是阿克苏市人民医院现任领导班子，以时不我待的紧迫感和责任心，顺势而为、科学谋划，立足长远，创新理念，形成了将工作重心转移到内涵建设上的战略思想，针对性地制定出“强内涵、精管理、做暖医，创建一流人文品牌医院”的总目标，注重秉承“厚德博学、生命至上”的院训，以始终坚持患者的“生命高于一切，患者的利益大于一切”为服务宗旨，紧紧围绕人民群众看病就医感受最强烈、反映最突出的医疗服务问题，本着你有我精、你无我有的专科建设原则，始终坚持“医院为主导，科室为主体”的学科发展方向，初步实现了在学科发展中医院与科室的准确定位。

以重点学科建设及学科整合为抓手，突破学科界限，促进专业整合，打造优质学科群，临床科室由原来的9个增至现在的新生儿科、儿科、血透室、手麻科、重症医学科、产科、妇科、骨外科、普外肿瘤科、神经泌尿外科、眼科、耳鼻喉科、口腔科、心血管肾病内科、消化内科、内分泌内科、呼吸神经内科、中医康复科、皮肤科、急诊科、体检科、影像科、检验科、功能科、超声科、内窥镜室、药剂科，疼痛科、杭州富阳中医骨伤阿克苏工作站、精神科、睡眠医学科等特色科室共31个，有效促进了各学科的发展壮大，也逐步满足了各族患者多样化健康的需求。

不拘一格从疆外、疆内三级医院引进专业技术人才和疆外大学生90余人，其中引进中高级职称人员30余人；在医院工作压力较大的情况下，仍派送科室负责人及高年资医师近20余人赴内地三甲医院进行学习；充分发挥自治区及杭州援疆专家在医院的作用，分层次、有重点培养一批医院重点学科和临床特色专科的拔尖医疗人才，以及医疗人才梯队。

充实完善各项便民服务措施。根据门急诊患者病种排序及常规诊查流程，优化各专业诊室和医技检查室，分楼层设置挂号、缴费窗口，推行先诊疗后付费，确保各族患者方便、快捷地享受到各项医疗保障政策的待遇。

设置醒目标识。市医院在就诊区域设置了建筑平面图、科室分布图，指示标识清晰、明了；在院区开辟了贫困大病患者就医绿色通道，危重孕产妇、危重新生儿救治通道；设置了指示牌，地面通道标识以及120专用停车位，在通道的两侧墙壁上均有明显的标识，给患者提供了一个无障碍就诊及抢救通道；为危险、易燃、易爆、有毒有害物品和放射源等设置了醒目的安全警示。

提供便民设施。完善自助预约挂号、查询等服务，为患者提供应急电话、轮椅、纸杯、休息哺乳室、纸笔等便民设施，完善无障碍设施，放射检查时为患者提供更衣条件和符合规范的放射防护。加强院内车辆管理，注重方便患者停车，确保应急通道车辆畅通。

推进双向转诊。利用医院及医共体等医疗资源，大力推进分级诊疗，支持双向转诊。通过网络、电话、窗口、诊间等多种途径，提供预约诊疗服务，方便患者预约。实行预约优先，对预约患者和预约转诊患者优先安排就诊，有效分流了就诊患者，缩短了患者在医院的候诊时间。

实施节假日专家出诊奖励机制。提高双休日、节假日专家门诊比例。合理调配检验检查设备和人力资源，逐步缩短检查等候时间和出具检查报告时间，力争做到预约诊疗患者及时检查。

持续开展健康饮食宣传，引导各族患者建立营养膳食理念，利用营养风险筛查工具对重点患者进行营养风险筛查，针对性地开具营养处方，指导患者合理、科学饮食。医院食堂每日主副食由过去的 7 种增加到现在的 16 种，菜品由过去的 6 种增加到现在的 30 余种。

不失时机地以科技手段打造家门口的“数字医院”，先后开通了远程会诊、远程影像诊断、双向转诊等互联网应用。如今对市医院而言，“互联网 + 医疗”已经开始走进了患者的生活，潜移默化地改变着大家的就医习惯，提高了患者就医的效率。

自 2018 年 11 月下旬开始，在医院中医科和骨科先行试点，推出了入出院患者床边结算的服务，12 月 1 日起开始在全院临床科室陆续开展了此项服务，这是市医院转变工作作风推进“最多跑一次”的改革行动。建立完善“门诊＋住院”“急诊 + 重症监护”“中医 + 特色治疗”“互联网 + 医疗”等一体化的服务模式和医疗服务体系，为各族患者营造了舒适便利的就医环境。

春风化雨润无声，细微点滴见真情。新疆维吾尔自治区阿克苏市人民医院通过多措并举，注重人文素养培养，优化服务环境，加强医疗管理，改善服务流程，创新医疗服务模式，使各族群众就医获得感、安全感、幸福感不断增强。

织密卫计融合一张网　打通健康服务一公里
全力促进医药卫生体制综合改革向纵深发展

安徽省宁国市卫生健康委员会　赵从群　方立平

宁国地处安徽省东南部，东临杭州，西依黄山，总面积2487平方公里，总人口38万。2010年以来连续9年入围中国中小城市综合实力百强，连续6年跻身“中国十佳‘两型’中小城市”，2018年位列全国中小城市综合实力百强县市第65位、全国中小城市投资潜力百强县市第9位。在经济快速、健康、稳步发展的同时，宁国市卫生和计划生育工作蓬勃发展，先后荣获全国计划生育协会工作先进市、全国计划生育优质服务先进市、全国人口文化先进市等荣誉称号。尤其是2015年卫生计生机构的整合以来，宁国市突出以惠民发展为导向，织密卫计融合一张网，打通健康服务“最后一公里”，促进了全市卫生和计划生育工作进一步提升，成功创建国家卫生城市、全国慢病防治综合示范区、省级妇幼健康优质服务先进市，计划生育工作连续三年被安徽省人民政府评为全省目标管理责任制考核先进单位，全市综合医改工作向纵深发展，不仅得到了国家、省、宣城市的肯定，而且广大人民群众对医疗卫生满意度也高达96%以上。

一、完善服务机制，织密卫计融合一张网

（一）加强组织领导

升格深化医改领导小组，由市委书记、市长任双组长，市政府分管副市长任办公室主任。市委、市政府主要领导经常性专题听取深化医改工作汇报，市委常委会议、市政府常务会议专题研究深化医改工作。市医改办建立季度例会制度，

及时研究、分析医改工作中存在的困难和问题，并针对性加以解决。

（二）完善管理机制

出台了《宁国市“十三五”卫生和计划生育事业发展规划》《宁国市医疗卫生服务体系规划（2016—2020年）》《宁国市紧密型医共体试点工作方案》《进一步加强公立医疗卫生机构人才队伍建设的实施意见》《乡镇、街道卫生和计划生育有关机构工作职责》等一系列文件。我们结合宁国实际，选择了人口和区位相对集中的中溪、港口、甲路三所中心卫生院及西津街道社区卫生服务中心，与市人民医院、市中医院分别建立紧密型医共体，积极探索“44333”运行新模式，推行“四不变四统一”，推动“三下沉三提升”，基本实现了群众满意、医疗机构满意、医务人员满意“三个目标”。

（三）整合资源共享

充分整合卫计人力资源，将原妇幼保健所、计生服务站整合为妇幼保健计划生育服务中心，原疾控中心、地病站整合为市疾控中心，将原卫生局监督所调整职能成立宁国市卫计委综合监督执法局。在全市19个乡镇街道成立计划生育协会，与卫计办合署办公，将乡镇街道计生服务所技术服务职能并入乡镇街道卫生院、社区卫生服务中心，并加挂“妇幼保健计划生育服务站”。对乡镇卫生院实施分类管理，努力破解基层建设全而弱的难题。把原村计生专干统一整编为卫计专干，赋予他们卫计政策宣传员、村医履职监帮员、群众就医导诊员和计生对象服务员“四大员”职责；赋予村医群众健康守门员、卫计政策宣传员、群众就医导诊员和计生对象服务员“四大员”职责，并将他们一同纳入目标管理绩效考核，实现了“1+1 ＞ 2”的效果。

二、创新服务模式，打通健康服务一公里

（一）突出能力建设，在上联下扶上求突破

市政府主要领导亲自督办，积极支持市人民医院争创“三级综合医院”；市中医院以实施迁扩建PPP项目为契机，不断加强专科建设。同时，两家县级公立医院积极对接上级医院，建立医联体，全面增强医院综合实力和“100+N”病

种救治能力，确保县域内患者“留得下、治得了”。在提升自身能力的同时，两所牵头医院全面开展下乡巡诊，并结合各地实情，组成若干个技术帮扶团队，并建立“1+N+N”师徒帮扶机制，对基层单位开展帮扶。市人民医院建立了心电诊断、医学影像、检验、病理四大会诊中心；市中医院与紧密型医共体成员单位建立“洗消一体化”及影像会诊、标本送检绿色通道。

（二）突出医防融合，在服务理念上求突破

把健康理念融入社会经济发展各个方面，促进“以治病为中心”向“以人民健康为中心”的转变。2017 年我市荣获国家卫生城市、国家慢性病综合防控示范区等称号；血吸虫病防治工作达到国家血吸虫病消除标准。创新建立了县级医院专家、基层医务人员和卫计专干“联合签约、组团服务”模式。同时，积极发挥信息化助力作用，签约对象就诊或履约时，只需通过身份证刷卡便可确认履约，确保履约医保资金能即时报销。截至目前，全市共签约 122684 人，覆盖率 31.87%；重点人群签约 69480 人，覆盖率 60.16%；有偿签约 46567 人，签约率 12.1%，总履约率 77.02%。

（三）突出医保改革，在杠杆作用上求突破

实行差别化补偿起付线，乡镇卫生院、街道社卫中心、一级医院、二级医院、省外就医起付线逐步增加。实行差别化补偿比例，一级医院、二级医院、省外协议医院、省外非协议医院补偿比例逐步降低。对于市内二级医院住院治疗达稳定期的患者，鼓励向乡镇卫生院、街道社卫中心转院治疗，其补偿比例较二级医院提升 15%，免扣住院补偿起付线。城乡居民基本医疗保险医共体总额预算向乡镇卫生院、街道社卫中心倾斜，鼓励实施紧密医共体，提升服务能力，对于疾病病种发生较大变化的，可追加预算，并启动商业保险经办基本医保工作。

（四）突出督查调度，在问效问责上求突破

市政府办印发《宁国市基本医疗保险问责办法（试行）》，明确了问责的方式、情形、主体和程序，并严格问责结果运用。建立 20 个医疗质量控制评价中心，开展各专业医疗质量指标监测、分析、指导控制和监管工作，加强全市医疗质量的监管。市直相关部门每月随机抽查各级医疗机构，督查工作落实情况，严厉查处各类违法违规行为。2017 年以来，我市共查处 41 家医疗机构，并对其中 12 家医疗机构取消药品零差率销售补助、暂停城乡居民医保报销资格。同时，以“双百”考评为抓手，对检查中发现严重问题所涉及的医务人员给予暂停处方权和经济处罚，并按相关规定实行不良执业行为记分和全市通报处理。

三、推行综合保障，构建高效运行平台

（一）强化财政保障机制

在全力保障两所公立医院“六项经费”的同时，自 2012 年以来，市财政配套 728 万元用于县级公立医院实行药品零差率销售补助。市政府常务会议先后研定，市财政对基层医疗卫生机构人员经费按编制数核拨；安排每人每年 3 万元的专项经费，用于规培人员的补助；对实施紧密型医共体成员单位每年每单位增加不少于 50 万元的专项补助。市财政对市疾控中心投入 400 余万元，用于卫生应急能力提升及慢病防控示范区创建等工作。并建立财政预算、追加预算、紧急调拨垫付等多种方法，兑现深化医改所需资金，仅 2018 年就在财力较为紧张的情况下，投入近 6000 余万元优先保障深化医改工作。

（二）强化人才队伍建设

改革公立医疗卫生机构人员公开招聘办法，建立“市招乡用”的灵活用人机制，近两年，共为基层医疗机构招聘 55 名医务人员，有效缓解了基层医务人员紧缺的困难。在省补基础上，从 2011 年开始市财政给予村医 102 万元补助；2013 年建立到龄退出村医生活补助机制；从 2017 年开始，市财政每年列支专项经费约 90 万元，为在岗村医比照村干部购买养老保险予以补贴，切实解决村医的后顾之忧。落实“两个允许”要求，优化薪酬结构，合理确定薪酬水平，并向关键和紧缺岗位、高风险和高强度岗位、高层次人才、业务骨干和做出突出成绩的医务人员倾斜，向急需且专业人才短缺的专业倾斜。对医疗卫生人员加班、值班、巡回医疗、基层工作应给予相应补助，补助不纳入绩效工资总额。

（三）强化职责机制落实

市目标办牵头，市发改、财政、卫计委、人社、市场监管、编制、物价等

相关部门密切配合，将深化医改工作开展情况纳入各单位目标管理责任制考核，挂图作战、台账销号，强势推进工作落实。严格实行公立医院实行党委领导下的院长负责制，市卫计委党委还选派两名政治素质好、专业能力强的科级干部分别到两家县级公立医院任第一书记，全面加强党的建设。通过2016年医药领域商业贿赂专项整治、2017年“严肃行业纪律，预防职务犯罪”活动，并结合我市十四届市委第三轮巡察和今年开展的医疗卫生领域专项巡察，对照镜子正衣冠，刀刃向内抓整改，起到了很好的正本清源、整风肃纪作用。

新画卷、新起点、新蓝图。下一步，我们将以党的十九大精神为引领，积极推进县域医疗健康一体化管理改革，打造市、乡、村一体零缝隙、零距离、零差别服务平台，为广大人民群众提供全周期、全方位、全时空医疗卫生服务平台，全面推动“健康宁国”建设，努力实现医改工作新跨越。

关于集团医院信息化系统的运维管理与应用探讨

安徽省合肥市第一人民医院　郎广东　魏　伟

摘要： 目前，国内医院的IT系统维护主要依靠人工方式进行监测管理，需要信息中心运维人员定时登录到设备或系统上面，再手动输入相关指令检查设备或系统的运行状态，定期对其进行汇总、分析、上报。现因各家医院信息中心人员本来就很紧张，再加上医院业务信息系统不断增加，导致人力资源日趋紧张；其次，由于医院IT系统管理的复杂性，维护人员无法进行主动监控，往往是接到临床科室反映问题后才知道设备或软件出了故障，所有涉及信息系统、设备管理上的问题都处于比较被动的局面，缺乏有效的技术手段和措施来保障系统的安全稳定的运行，未能做到把故障或隐患解决在事前，往往造成相应的人力、财力上的损失以及造成不必要的医患纠纷。我院通过医院信息化系统中的运维管理软件来解决集团医院的人、财、物各类软硬件管理。及时发现问题、解决问题，提高信息中心运维管理人员工作效率，减少运维成本，跟踪与观察各设备运行状况，减少设备运行故障风险，提高患者就诊满意度。

关键词： 集团医院　医院信息系统　运维管理　设备管理

Absrtact: At present, the maintenance of IT system in domestic hospitals mainly depends on manual monitoring and management, which need the operation and maintenance personnel of information center to log on to the equipment or system regularly, and then manually input the relevant instructions to check the operation status of the equipment or system. Collect, analyze and report it regularly. Now because the hospital information center staff is already insufficiency, plus the hospital business information system continues to increase, resulting in increasingly shortage of human resources; Secondly, because of the complexity of hospital IT system management, maintainers cannot carry out active monitoring. They often know that the equipment or software is out of order after receiving the clinical department to reflect the problem, all of which involve the information system and in equipment management are in a relatively passive situation, lack of effective technical means and measures to ensure the safe and stable operation of the system, failure to solve the trouble or hidden trouble in advance, often resulting in corresponding the losses of manpower and financial, and unnecessary disputes between doctors and patients. The management software of operation and maintenance in hospital information system is used to solve all kinds of hardware and software management of the group hospital. Finding problems in time, solving problems, improving the working efficiency of operation and maintenance managers in information center, reducing operation and maintenance costs, tracking and observing the operation status of various equipment, reducing the risk of equipment running failures, and improving the patient' s satisfaction.

Key word: Group hospital The hospital information system The management of operation and maintenance The management of equipment

一、建设背景

随着集团医院、医院与社区联合等新模式的出现，各级医院间的医疗资源整合已提上日程，跨区域的医疗信息共享和交换成为医疗信息化建设的必然趋势。我院始建于1954年，是一所集医疗、教学、科研、保健、预防、康复、急救、健康检查、临终关怀于一体的大型三级甲等综合性医院。近年来按照“集团化发展、集约化管理、集束化执行、集成化运营”的集团发展思路，从院本部发展成为拥有2个三级甲等医院和1个三级甲等医院延伸院区，3所专科分院，3个体检中心，3个门诊部的集团医院。每个院区、门诊部都处在不同的地理位置，且距离较远，从而给医院信息系统及各设备管理带来了管理难度。随着各院区、各业务系统的上线，在计算机、服务器等设备不断增加的情况下，如何更好地、更高效地为医护人员提高工作效率、更快地解决各业务系统出现的问题，以及如何为患者提供更好、更满意、更便捷的就诊流程，更好地对系统、设备进行运维，就成为我们信息人的思考点。

二、医院信息化运维面临的问题

医院行业已越来越多地依赖信息化保障运行，医院信息化涉及医院运营、管理、临床、医技等多方面，与社会医保、急救、商业保险关系紧密，且医疗专业划分非常细致，每个临床分类都有其独特性而需要单独的一个系统，导致医院信息高度复杂。医院信息系统的正常运行不仅关乎医院的运营与声誉，更关乎社会的和谐稳定。

医院在用的服务器、存储、各类网络设备数量逐年迅速增加，但这些网络设备、服务器、存储等都未建立一个有效的统一监控平台，全停留在资源管理靠人工、设备维护靠手工、故障发现基本靠经验的阶段。同时，HIS、LIS、RIS、EMR、心电、无线护理等各种业务系统的运行，与医院各项业务的开展息息相关，若其业务底层资源得不到保障，将成为日常业务开展的隐患。其次，设备和业务系统日常巡检依靠人力难以维持，工作量过大可能会造成巡检工作敷衍了事，还会留下运维“死角”。

因此，迫切需要建立统一、规范的监控指标体系，并将医院的各类数据按照统一的数据规范标准进行整合。

目前管理面临的挑战：

1. 监控管理体系缺失，没有实现资源的统一管理。运维人员无法及时了解整体应用的运行情况。由于业务的正常运行依赖于诸多IT基础设施，当业务出现异常后，需要逐一排查，增加了故障分析处理的时间以及业务中断造成的损失，降低了运维效率。

2. 缺少统一、规范的监控指标体系。目前对各类资源的管理相对独立，偶尔会使用到的监控工具也相对独立，各管理工具所采集、整理的数据也为不同格式，这对管理人员决策、判断带来很大的难度，所以需要统一的、一体化的IT综合管理平台。

3. 缺少统一的报表及报告数据分析工具。日常IT信息化管理缺少相应的数据统计工具，目前只能依赖手动的方式进行统计，无法实现对收集的数据进行自动汇聚、抽取、分析等功能。无法通过数据报表进行决策分析。缺乏各种IT基础设施性能数据的管理手段，不能从IT基础设施历史运行情况的角度为IT投入、容量扩容、规划提供准确和有效的数据支持。

4. 目前运维人员数量较少，但是任务量繁重，如每天进出机房、弱电间巡检设备，不仅耗时耗力还存在一些人工误差。

三、运维系统的建立与管理实施

运维系统建设完成后可对网络设备、服务器、存储设备、数据库、中间件、应用系统、机房环境等集中监控和统一展现、分析，监视并记录，实时发送警报信息给信息中心工作人员。

通过统一的运维管理平台对管辖内被监控对象的运行状况和系统性能进行实时的监控，将IT资产与业务应用相关联，并以图形化的方式直观地、层级化地展现出故障点对业务系统的影响程度。对于系统运行的异常表现及时报警；同时预设性能监控阀值，以帮助在系统出现问题之前提前向管理人员发出预警，从而可以积极主动地发现问题，改变被动管理的局面，保障系统的高可用性。

（一）业务监控

业务服务以关键业务为中心，提供图形化的业务建模工具，根据实际环境，定义个性化的业务运行评估模型，从业务角度对被监测资源进行关联、重组，建立真实表达业务内部关系的影响模型图。当某些资源（如服务器、网络等）发生故障时，能快速定位受影响的业务与故障根源点，通过运维平台的业务卡片视图功能，可以对业务应用系统进行全局监控，通过对 IT 资源对象进行系统化细节化的全面管理，关注影响各种业务的不同隐患，把相关联的资源信息进行关联、梳理和筛选，通过直观、形象的业务监控视图和深度数据报告，为管理者提供更准确、更有价值的管理信息。从宏观可以掌握业务整体的运行状况，从微观可以查询到业务系统底层众多资源的运行状况，提高故障定位的准确性，保障宏观业务的精确管理、稳定运行。

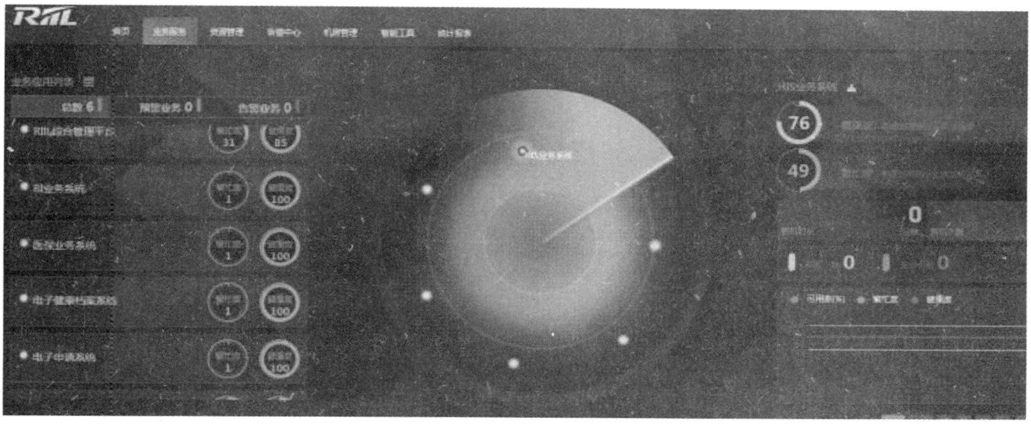

业务监控系统

（二）网络管理

网络设备日常维护是一种预防性的维护。医院网络作为大型网络架构，如仅仅依靠人对设备管理维护是无法完成的，集团医院下面有多个分院与门诊部，出现问题无法及时到达现场，因此通过运维软件来监控、分析、诊断、调整、优化网络链路与更迭旧的老化的网络设备。运维软件上可通过多种方式体现出网络设备运行的健康度与性能，如路由器、交换机、无线 AP、防火墙、网闸等硬件设备的 CPU 利用率、内存使用率、丢包率、用户连接数、接口的流量以及异常流量。可及时发现并消除设备所在的缺陷或隐患、维持设备的健康水平，从而使系统能够长期安全、稳定、可靠地运行。

（三）服务器、存储管理

运维软件可通过 SNMP、WMI、SSH 等方式实现对 Windows、Linux、Solaris 等各种操作系统主机的自动监控以及各存储进行监控，帮助管理员及时发现故障和故障隐患。采用集中非代理式监测，无须在被监控服务器上安装任何代理软件，对原有系统不产生任何影响的情况下，从而对服务器、存储设备的CPU、磁盘空间、内存等各项主要指标进行监测与分析。

（四）数据库监控

运维软件主要通过ODBC、JDBC等方式自动发现并监控Oracle、SQL Server等数据库，对各数据库的分区、进程、表空间、数据文件、日志文件、命中率等指标信息进行采集，用户可以根据业务应用情况对各指标进行告警阈值的设置，从而帮助运维人员很好地掌握数据库的运行状态；其次，我们在平时操作数据库时要尽量不进行全表查询，以及在查询历史数据时尽量避免医院就诊高峰期，在写查询语句时尽量带上NOLOCK防止数据库死锁等情况，在测试或使用中发现无用的表与字段及时进行清理。

（五）机房管理

机房管理，我们通过运维软件的接口与机房动环软件进行对接，结合基础资源监控管理，实现机房物理环境与业务服务的一体化管理。提供机房可视化管理视图，从而多角度深层次地呈现和挖掘出机房的内部所有信息。通过全3D仿真的虚拟机房环境，可洞悉每一个机房元素，了解机房信息、机房元素指标、机房内设备和元素的告警以及机柜相关情况（包括机柜内的设备信息、设备面板、机柜微环境等），对温湿度、烟感、门禁、防水、UPS、电池柜、精密空调、消防以及机房视频监控等进行监测与告警。

（六）IP地址管理

因我院是涉及多院区、门诊部的集团医院，在客户端IP地址分配上，有时就存在些困扰，如不对整个IP规划比较清楚，就很容易出现IP地址乱使用的状况，因此通过运维软件中的IP地址扫描功能可发现网络中存在的IP，针对IP按照部门、地址段等信息进行分类管理，展示IP网络地址的规划率、使用率、非法占用等信息。可根据非法占用、未登记、接口变更、网段使用率产生告警消息。

四、应用探讨

随着集团医院信息化的发展与建设，大量的安全设备、网络设备、服务器分散在不同的地方，运维系统为主副机房动力环境以及异地机房等软硬件设备提供了统一管理、集中展现、集中预警与集中处理等功能，提高了对信息系统的控制能力。

综合运维管理平台通过近一年的正常运行，为我部门提高了工作效率，平时在上班路上或家里可以通过手机 APP 实时查看医院所有机房、所有设备的运行状态；通过设置预警阀值达到相应的数值会自动推送警告信息；通过设置巡检任务能够定期、实时感知医院信息系统的软硬件的运行情况；通过指标异常的提前预知分析医院信息系统的运行情况，将故障率降到最低，提前发现并及时处理软硬件安全隐患，真正对“设备病痛”做到“早发现，早治疗”。

参考文献：

[1] 潘凌，杨骥，彭华．区域卫生信息平台建设方案研究 [J]. 中国数字医学，2015，10（27）：67-70.

[2] 周典，徐红兵，颜雨春．现代医院信息化运维服务管理 [M]. 北京：人民卫生出版社，2018.

[3] 何文金，刘江，李冬．管家式集约化运维关键技术研究 [J] 微型电脑应用，2017，33（12）.

强化医院管理 提升医疗质量 提高医疗服务水平 建设群众满意医院

——紫阳县中医医院等级复审工作汇报

陕西省紫阳县中医医院

根据省中医药局关于二级中医医院等级评（复）审工作的文件精神，我院积极开展了迎接“二级甲等”中医医院复审的各项准备工作，并严格对照《二级中医医院评审标准实施细则（2013年）版》，认真进行自查自纠。

一、医院基本情况

紫阳县中医医院始建于1979年，时至今日已走过了38个春秋，先后经历了四次搬迁。30多年的风雨洗礼，紫阳县中医医院始终秉持廉洁服务、病人至上的服务理念，凭着坚定的信念，靠着满腔的热情已发展成一所集医疗、教学、康复、预防、保健为一体颇具中医特色的县级中医院。2013年9月通过了二级甲等中医医院评审。经过历届院领导班子和全体职工的辛勤努力，医院各项工作有了长足的发展，从人员结构人员素质到内涵建设，科室设置、设备配套业务范围均得到了较快发展，综合能力从量到质均有了明显提高，承担着全县及周边近40万人民的中医医疗、康复保健和健康扶贫工作。先后荣获“白求恩精神奖”“市先进基层党组织”“县级文明单位”等多项荣誉称号，是紫阳县农村合作医疗、城镇居民医保、职工医保定点单位。

医院业务用房4300平方米，固定资产6000余万元。在建工程住院综合楼建筑面积 14500 平方米，主体已竣工，康复治疗中心建设项目规划建筑面积 5000 平方米。目前正在进行征地搬迁工作，预计年底开工建设。现有职工 151 人，其中卫生专业技术人员 138 人，占全院职工 91.4%，临床执业医师 31 人、中医类别执业医师 20 人，占执业医师总人数 64.5%，副高以上职称 8 人，中级职称 16 人。拥有健康管理机、牵引床、颈椎治疗仪、微波治疗仪、肛围多功能重洗仪等中医治疗设备 90 余台件，配有飞利浦螺旋 CT 机、彩超、DR、胃肠造影机、全自动生化仪、C 臂、心电监护仪、除颤仪、麻醉机等治疗设备，能较好地满足临床需要。

医院科室设置较全，设有 11 个职能科室、5 个临床科室、6 个医技科室。编制床位 200 张，实际开放病床 120 张，能较好地完成日常治疗工作，随着医院的不断发展，其服务半径治疗范围也逐渐扩大。内科、外科、理疗、烧伤等龙头科室的应急能力和处理急危重、疑难病人的综合能力已在当地形成影响，并独具中医特色。多年来始终大力推广中医适宜技术，积极开展针灸、火罐、推拿、中药外敷、刮痧、小儿捏脊等中医特点诊疗技术。烧伤科是省级特色专科，针灸理疗是市级重点专科。

二、积极动员，广泛宣传，扎实推进创建工作

（一）高度重视

县委县政府、各级主管部门高度重视紫阳县中医药事业发展与等级医院评审工作，多次莅临我院调研指导。为加快推进二甲复审创建工作，医院成立了以院长为组长，副院长任副组长的二甲复审工作领导小组，调整充实“二甲办”工作人员，并指派一名副院长具体负责“二甲办”的工作，形成“多管齐下、统筹兼顾，分级负责”一级抓一级，层层抓落实的创建工作总格局。

（二）狠抓落实

提出了“以评审促发展，以评审促建设”的口号，采取会议、标语、电子屏显等多种形式广泛宣传，营造浓厚的创建氛围。制订了医院《二甲评审实施方案》，多次召开评审动员大会，与科室主任、护士长签订了《二甲评审责任书》，对评审任务进行层层分解，落实责任到科、到人，内容明确，标准统一，目标一致。

定期召开创建工作专题会，研究创建工作中存在的问题和困难。根据《医院评审标准》印发各种规范、制度、法规，定期组织学习培训和考核，上下联动，人人参与，保证了评审工作有序开展。同时加大力度改善医院环境和基础设施建设，添置了一批必要的医疗设备，提升了医院整体服务能力和水平。

三、以评审促发展，打造中医药特色品牌

（一）理清工作思路，采取措施保护中医药特点优势

1. 坚持中医药为主的办院方向，制订了医院中长期发展规划，确立了发展目标，依据规划制订年度计划，制订了中医重点专科发展计划，有明确的资金投入和落实措施。

每年对影响中医药特色优势发挥和提高中医临床疗效进行分析，提出整改措施。健全院、科两级管理责任制、签订目标责任书、改革绩效分配，把发挥中医药特色优势和提高临床疗效指标作为重要内容，纳入科室综合目标考核和绩效分配考核中，鼓励发挥中医药特色。

2. 设立基层中医指导科，积极开展中医对口支援工作，制定了《对口支援实施方案》，分别与四家乡镇卫生院签订了对口支援责任书积极开展帮扶支援，并多次组织农村巡回义诊和对镇村医生进行中医药适宜技术培训，免费接纳镇村医生来院进修培训。

（二）优化人员结构，抓好中医人才队伍建设

1. 2017 年 10 月底，全院执业医师 31 人，其中中医执业医师 20 人，中医执业医师占执业医师总数比例为 64.5%，药学人员 13，其中中药学 8 人，中药药学人员占药学人员总数比例为 61%，病区护理人员 37 人，护理人员系统接受中医药知识和技能培训的 28 人，占总病区护理总人数的 78%。

2. 院领导及医务、护理、药剂等职能部门的负责人均经过了省级以上中医药政策和管理知识的系统培训。临床科室人员配置符合科室建设与管理指南的相关要求。近几来，借助省政府出台的优惠政策，招聘了中医、中西结合、针灸推拿、中药学等专业共 35 名本科毕业生，人才结构不断优化。医院确定了重点学科带

头人和继承人，积极开展师承教育和中医药继续教育培训，定期开展医师考核，加强“三基三严培训”，提高了整体素质及运用中医药服务的能力。

（三）规范科室设置，丰富中医诊疗服务项目

1. 医院科室设置合理。按照国家中医药管理局规定，重新规范科室名称，制作更换了具有中医特色的导向标识、标牌。医院门诊、病房、急诊设备及人员配备符合要求，上级医师能够正确指导下级医师进行中医诊疗，严格中医病历书写基本规范，中医处方符合规定。严格执行《中成药临床应用指导原则》，诊治中辩证使用中成药，用药坚持合理配伍。

2. 每个临床科室至少 2 个常见病及优势病种中医诊疗方案，并定期分析、评估，不断完善优化。有 4 个科室开展了优势病种中医临床路径工作，中医治疗设备达到 12 类 20 种，开展中医治诊技术 40 项，2017 年度门诊采用非药物中医治疗方法人次占门诊人次的 11%，临床科室设立了 3 个中医综合治疗室，门诊依托针灸推拿科设立了中医综合治疗区。2017 年度门诊中药饮片处方比例 39%，门诊中药饮片、中成药处方占总处方 60% 以上。中药饮片达 500 余种，中成药达 180 种。

（四）加强重点专科，特色专科建设，坚持突出中医临床疗效

目前省级中医特色专科 1 个（烧伤科）、市级重点专科 1 个（针灸推拿科）。重点专科在床位、设备、人员、业务技术等均达到规定要求。制定了专科建设发展规划、工作计划和发挥中医药特色优势的具体措施。医师能熟练掌握本专业常见病优势病种中医诊疗方案，有临床疗效评价，并定期总结及评估，不断优化，提高了重点病种的辩证论治水平，中医治疗率均达到 100%。

（五）加强中药药事管理，确保临床用药安全有效

1. 成立医院药事管理委员会制定药事质量管理、考核办法，定期进行监督评价和指导。中药房、库房、煎药室设备、人员配备符合要求。中药房负责人具备中药执业药师资质，中药饮片质量验收人员具备丰富的饮片鉴别经验。

2. 中药饮片采购验收制度齐全，供应商资质合格。毒性及按麻醉药管理的中饮片管理符合国家法律法规。煎药室设备配备合理，管理规范，记录完整。

（六）积极开展中医护理，彰显中医特色护理优势

实行分级护理管理体制，护理部职能和护士长职责明确。病区配备护士37名，各科制定不少于10个常见病种中医护理常规和中医护理方案，护理人员系统接受中医药知识和技能培训达到70%以上，均掌握了10种以上中医护理技术。全院开展中医护理项目10项。

（七）加强中医文化建设，传播中医药传统优秀文化

1. 重视中医药文化建设，多次召开专题会议，制定了本院《中医药文化建设实施方案》，结合自身特点，凝练出具有中医特点的医院宗旨、院训、发展战略、院徽、院歌，形成了特有的核心价值体系。制定《员工手册》形成了特有的员工行为规范体系和特定的礼仪，编印了院刊院报，广泛宣传中医药知识和中医药文化，让中医药文化内涵在职工及患者心目种逐渐沉淀。

2. 在病区走廊、门诊大厅、候诊区设立历代名中医画像、悬挂宣传和设计中医药文化知识展板，使用规范中医病名和中医术语，采用多形式全方位营造中医药文化氛围。

（八）开展“治未病”服务，努力打造中医药保健品牌

完善中医预防保健服务，依托针灸推拿科成立治未病科，根据中医体质辨识与体检结果进行综合分析与评估，提供一人一方的中医养生、调养处方，并建立健康管理数据库。同时积极应用灸法、针刺、火罐、推拿、刮痧冬病夏治等方法开展中医体质辨识、健康评估、健康档案、健康干预等治未病技术服务。

四、以评审促建设，提升综合服务能力

（一）立足公益以民为本，定位明确，功能完善

1. 始终坚持医院公益性，积极参加各类抢险急救，卫生救助、健康扶贫、脱贫攻坚等社会公益项目，功能、任务定位明确。紫阳属深度贫困县，全县在册贫困户13.6万人，因病致贫9800余人。在全县脱贫攻坚工作中，我院承担了1个村脱贫攻坚工作任务，5镇15个村贫困人口健康扶贫，定期组织医务人员深入村组开展精准扶贫和健康扶贫工作，想方设法从根本上着力解决老百姓脱贫和健

康问题。

2. 坚持以病人为中心，开展人性化服务，改善患者就医感受。大厅走廊设有候诊休息区，导向标示明显，有就诊、出入院流程，实行首诊负责制，开放节假日门诊。对急危重患者开通绿色通道。开展双向转诊服务，患者平均住院日逐年下降。对公开医疗收费价格及基本医疗保障支付项目制定告知制度，病人及家属享有知情权。实行“首诊、首问、首诉”负责制，在医务科设立投诉处，并负责对投诉内容进行协调答复。免费为住院病人进行营养膳食指导。提供煎药、送药到病房服务。在门诊大厅、病区为病人提供轮椅、针线包、手机快速充电、24小时提供开水等服务。严格执行无烟医院标准，与各科室签订禁烟责任状，张贴禁烟标识，设置吸烟劝导员，全面禁烟。

3. 制定了各类突出公共事件应急处置预案，成立应急队伍，并多次组织演练，积极承担突发公共卫生事件和灾害事故的紧急救援任务。坚持定期进行消防、应急抢救等相关知识、技能的培训和考核。

4. 医院教学师资设备设施基本符合中医药继续教育的要求。加强以中医药知识与技能为主要内容的专业技术人员继续教育，免费为临床工作人员发放中医药继续教育远程学习卡，并组织职工定期学习。为临床工作人员建立了电子医学书库。为乡镇卫生院免费提供临床技术骨干培训。

（二）严格落实各项规章制度，切实保障患者安全

一是严格执行查对制度，完善落实了转科、转院、手术等病人的交接登记制度；二是建立了手术安全麻醉安全核查制度、风险评估制度与工作流程，手术侧或手术部位有规范统一的标识；三是严格执行“危急值”报告制度和工作流程，建立了主动报告医疗安全（不良）事件的制度和工作流程；四是制定了防止患者跌倒坠床等意外事件报告制度和压疮风险评估与报告制度，制定了压疮诊疗及护理规范。

（三）加强医疗质量管理，确保医疗服务安全高效

一是成立了以院长为主任，以职能科室负责人和相关专家为成员的医疗质量、药事、控感、病案、输血和护理质量管理委员会。健全院、科、人三级质量管理体系，院长是第一责任人，科主任是科室医疗质量的负责人。定期召开医疗质量管理等专题会议，实施全程医疗质量管理。明确医院各级各类人员的岗位责任，建立各部门协调机制，实行责任追究制，医疗质量责任直接追究到个人。认真执行首诊负责制、三级医师查房制、疑难病案讨论制等18项医疗核心制度，加强危重病人、疑难病人、围手术期等关健环节的管理和质量控制。二是诊疗工作符合诊疗科目范围，建立了医疗技术风险预警机制，制定和完善医疗技术损害处置预案。对新技术的安全质量疗效等情况进行追踪管理和评价，不应用未经批准或已经淘汰的技术。三是加强医技及相关科室质量管理，为临床医疗保驾护航。①检验项目满足临床，提供24小时急诊服务，坚持开展常规项目室间质控，均取得合格证书；② CT室、放射科符合《放射诊疗管理规定》，有较规范的医学影像诊断和审核制度，诊断报告及时规范。制定了医学影像设备定期检测制度，各种防护符合要求；③实行了手术医师资格准入制，分级授权管理。重大手术必须报告审批或业务院长参加术前讨论。建立了急诊手术绿色通道，强化了手术预防性抗菌药物应用的选择和管理，肿瘤手术离体组织都做了病理检查；④实施麻醉医师资格分级授权管理、定期能力评估再授权。术前对患者麻醉进行病情评估讨论，履行患者麻醉前知情同意告知，实施规范的麻醉复苏流程，全程观察；⑤执行《传染病防治法》及相关法律、法规和规定，医疗废弃物严格按要求进行规范处理。认真开展传染病的监测和报告，按照规定进行规范处理，按规定进行网络直播，无迟报、漏报现象发生；⑥严格执行输血相关规定，严格审批用血手续和程序，开展临床用血科室人员业务培训。完善输血反应及输血感染疾病的登记、报告和调查处理制度，保障输血安全；⑦医院感染管理委员会负责感染管理工作有专职人员，制定了相应的规章制度及工作流程。对重点环节、重点人群分区进行监测，对重点部位有具体的预防控制措施。执行《医务人员手卫生规范》，实施依从性监管与改进。制定了多重耐药菌医院感染控制管理的规范和流程，建立多部门共同参与的多重耐药菌管理合作机制，指导临床合理使用抗菌药物。消毒工作符合《医院消毒技术规范》，有清洗消毒及灭菌效果监测的原始记录与报告。院感科定期通报医院感染监测结果，定期对监测信息分析讨论，并按照要求及时上报。⑧设置了病案管理室，专职人员管理，设施设备配套较全，按规定保存病历。住院医师病历检查覆盖率100%，病历书写甲级率达95%以上，无丙级病历。医院实行病案统一管理系统管理病历，采用规范分类与代码对出院病案进行分类编码且有出院病案信息查询系统。

（四）加强药事管理，保障用药安全

药品采购严格按管理制度与规程执行。近效期药品、高危药品、特殊药品严格按有关规定管理使用，确保用药安全。按照《处方管理办法》定期对处方进行评估，发现不合理用药情况及时干预。成立抗菌药物使用管理小组，严格按《抗菌药临床应用指导原则》等监督指导，合理使用抗菌药物。制定了药械不良反应与药害事件监测报告制度，并按规定及时上报。

（五）加强护理质量管理，优质护理服务落实到位

一是护理管理组织健全，人员配置合理。实行了分级护理管理，基础护理基本落到实处。制定了应急护理人力资源调配方案，能够迅速有效处置病人；二是制定了“优质护理示范工程”活动方案，建立了优质护理服务考评激励机制，在全院范围内推行优质护理服务；三是手术室、供应室符合相关要求。手术室现有护士6人，实际开放手术室两间，手术室护士与手术间之比为3∶1。供应室建立了完善的规章制度、工作职责及工作流程，各项质量管理与监测措施落实到位，质量控制过程的记录均符合可追溯要求。

（六）创新机制，提升医院现代化管理水平

1. 坚持依法开展执业活动，严格遵照相关法律、法规，开展各项诊疗活动、无违规执业、超范围执业、非法执业的现象。执业医师、执业护士均按规定注册，无超范围执业现象。

2. 信息化建设列入了医院建设的总体目标，制定了信息化建设中长期规划和年度工作计划。现有Lis、His、PACS、门诊住院、医护工作站等多种信息管理系统，覆盖医院管理、医疗、护理、病区、门诊、医技、财务等科室。信息系统符合二级中医医院信息系统基本功能的要求。

3. 制定完善了医院各项财务管理制度，认真落实“三重一大”制度和“责任追究制度”。按照医改和管理的要求，实施医院、科室成本核算，降低了运行成本。实行了价格公示和费用查询制度，制定了医院药品，高值耗材采购制度和流程，严格审批手续，严格执行国家规定的药品耗材最高零售价限价和零加成政策，药品坚持从采购平台进行网上采购，国家基本用药采购比例达到50%以上。

4. 制定完善了医疗设备的论证、采购、使用、维护、保养、建档等相关管理制度。认真落实了《大型医用设备配置管理办法》，建立医学装备应急调配机制，使急救、生命支持系统仪器设备始终保持使用状态，抢救设备完好率100%。

5. 制定了院务公开管理办法和实施措施，通过各种会议，院内公开栏、电子显示屏、文件等积极推行院务公开。重大事项经集体讨论决策后，按管理权限和规定报批与公示。及时做好来信、来访、来电、投诉件的处理，定期对门诊及住院患者进行满意度调查，实施社会公开评价活动。

五、狠抓医德医风，推动精神文明建设，助推行风建设

我院始终把精神文明建设、医德医风教育、行风建设纳入年度工作目标，相继开展了行风评议、创先争优、三好一满意、廉政风险防控，采取多种形式组织实施。一是严格执行国家卫计委关于加强医疗卫生行风建设“九不准”规定，把九不准内容纳入绩效考核。二是定期召开行风评议座谈会，聘请行风监督员定期进行监督评议，收集意见，对存在的问题限期整改。三是狠抓以职业道德建设为主要内容的精神文明建设，开展医德医风考评。落实医师定期考核制度，建立科室和个人医德医风档案，在门诊大厅制作“职业精神墙”，由院领导带队，全体医务人员面壁宣誓并签名，承诺“拒收红包及商业贿赂、倡导廉洁风险防控机制”，安装了“反统方”监控软件，由专人实施监控，发现可疑情况及时查处。

凤凰涅槃说妇幼

——林州市妇幼保健计划生育服务中心侧记

河南省林州市妇幼保健计划生育服务中心　王耀钢

林州市妇幼保健计划生育服务中心（又称妇幼保健院，以下简称“妇幼”），是一座为妇女儿童健康保驾护航的和谐园。走近妇幼，粉色的外墙让人眼前一亮；走进妇幼，门诊区、病房区、预防接种区，一个个房间整洁、优雅、温馨，走廊两侧点缀着彩色的卡通画，童真童趣十足，乍一看，似乎进到了幼儿园，医院原有的冰冷荡然无存，妇幼的人文关怀扑面而来。

深入了解，妇幼的工作亮点纷呈，变化巨大。

设备更先进

10月24日，在新进的芬兰数字化乳腺钼钯机室外，等待检查的人员排着长队。一位姓张的女士说，因为乳腺增生，她需要定期复查，过去每隔一段时间就要跑到安阳、郑州做检查，现在在家门口就能检查了，太方便了。

工欲善其事，必先利其器。一年来，妇幼的设备更新进入了加速期，可以说上了一个台阶。

据市妇幼保健计划生育服务中心主任刘先富介绍，一年多来，市妇幼更新医疗设备，购置了德国西门子16排螺旋CT、三瑞SRL998A导乐分娩监护阵痛仪、无痛分娩仪、芬兰数字化乳腺钼钯机、数字化DR、美国GE-E8四维彩超、腹腔镜、宫腔镜、产后康复治疗仪、新生儿无创呼吸机、蓝光治疗仪、胎儿监护仪、微量元素测定仪、骨密度测定仪等设备。先进的设备为产妇提供了更为安全的生育保障。

无痛分娩一直是很多准妈妈的梦想。该院妇产科主任李林燕说，妇幼新进的无痛分娩仪、导乐分娩监护阵痛仪让许多产妇减轻了阵痛，在舒缓愉悦的音乐声中，在舒适、安全的状态下顺利自然分娩，完成了当妈妈这一伟大的使命。

技术更精湛

8 月 27 日 5：30，一位怀孕 27 周的孕产妇张某在家中突发胎膜早破，被紧急送至妇幼孕产妇急救中心，在妇幼医生程玉芳和助产士、护士们的积极救治下，当日下午该孕产妇分娩一名女婴，体重 0.9 千克，患儿出生后青紫窒息。

看到新生儿情况紧急，该院立即组成了由业务院长为组长的救治小组，儿科团队制定了缜密的救治方案。患儿被紧急转至新生儿重症监护室（NICU），并选派专职医护人员进行严密监护。由于新生儿属于高危早产极低体重儿，各器官功能发育尚不完善，且不能自主吸吮，护士将奶粉用 1ml 注射器，以每次 0.2ml 的量一滴一滴送入宝宝口中，每隔两小时喂一次。经过全体人员的精心治疗与护理，15 天后，宝宝开始自主吸吮吃奶。50 天后，宝宝体重增加到 1.62 千克，各项生理指标达到出院标准，宝宝顺利回家。得知宝宝的家庭条件较差后，该院决定减免住院期间的部分诊疗、护理费用，刘先富主任还将自己的 500 元钱交给宝宝母亲。

10 月 18 日下午，宝宝的家人将一面“医德高尚 大爱无疆”的锦旗送到了医生们的手里。

网友小路对妇幼的技术感受更深，她在产后第二天发微信说：“终于顺产生下了一个头颅直径 9.9 厘米的大胖小子，原本外地多家医院都说只能剖腹产，但在妇幼多位医师、助产士的帮助下，经过合理的治疗调整和无微不至的照料，终于完成了顺产。”她为妇幼的技术和服务点赞。

10 月 24 日上午，在产科分娩室外，院长助理、妇产科主治医师郭海香，刚刚完成了一台剖宫产、一台顺产，迎接了 2 名宝宝降生。她说，妇幼作为专业的妇女儿童医院，有其独特的优势，比如对每一个入院产妇首先要做一个评分表，对其产中、产后存在的各种可能进行评估，努力提升顺产比率；比如手术室与自然分娩室一体化管理，第一胎剖宫产二胎计划顺产的产妇，一旦顺产有障碍可以立即进行手术，确保母婴健康；此外，妇幼可以处理新法接生、难产处理、导乐分娩、无痛分娩等妇产科疑难危重病症。

服务在延伸

10 月 24 日，在妇幼保健院泳疗中心内，该院副主任申志慧正在和泳疗中心的工作人员一起帮助新生儿洗澡、游泳、抚触。宝宝们泡在水里不哭不闹、神情怡然，似乎十分享受。

申志慧介绍说，泳疗中心 10 月 23 日开始运行，一天多的时间内共迎接了 30 名天使宝贝光临。除了刚出生、还在医院的宝宝，很多已出院的宝宝也被爸妈及时抱来享受这一新的服务项目。

10 月 12 日，妇幼第 38 期孕妇课堂内，由市妇幼副主任郭见丽主讲的“孕期保健”正在进行。郭见丽详细指导怀孕妇女科学地度过孕产期，并讲解了孕产期注意事项、营养搭配、生活禁忌、婴幼儿体检等。接着由妇幼专业瑜伽老师对孕妇开展了第 8 节“孕妇瑜伽课堂”。

练完后，家住龙山社区的孕妇小苏高兴地说，练习了几次瑜伽后，感觉睡眠好了，心情也好了。老师说，练习瑜伽还可以改善身材，促进睡眠，有益于身心健康，对孩子的发育和成长也是十分有帮助的，妈妈心情好了，宝宝心情自然也就好了。

据了解，妇幼今年延伸了服务链条，开设了孕妇瑜伽、孕妇课堂，开展了婴幼儿洗浴等项目；提升服务质量，成立了儿童重症监护室、儿童输液室、孕产妇急救中心，新建了孕产妇 VIP 病房、科学育儿亲子书屋。一系列举措，让第一次走进妇幼的准妈妈们纷纷点赞。

环境更优雅

一个单位的卫生怎么样，卫生间的环境最有说服力。妇幼狠抓卫生间环境，15 分钟清扫一次，蚊香、手纸 24 小时不间断。

在妇幼，人文关怀无处不在。产科的病房内放着一盆盆绿植；走廊的墙壁上一个个可爱的小宝贝图片；泳疗中心热水器下的管道上，趴着一只小猴子玩偶……

环境影响人的心情，尤其是对妇女儿童。一年多来，妇幼在美化医院环境上下了大功夫：投资上百万元，粉刷内外墙壁，增加绿化面积，张贴了卡通墙。优雅已不足以表达产妇的欣慰，她们直呼：走进妇幼，宛若置身于童话世界。

医德更高尚

红包历来为群众诟病，也是患者对医院失去信任的重要因素。一年来，妇幼狠抓医德医风建设、努力打造无红包医院，逐渐赢得了老百姓的好评与信任。拒收红包在妇幼已成为全体医护人员的共识和自觉行为。医护人员深有感触地说，没有了红包这些羁绊，医生反而更能轻松上阵，实际上产妇的平安是每一个医生的最大愿望。

婚检孕检更便民

在免费婚前医学检查工作方面，该院副主任郭庆芳介绍说，该院创新工作思路，与市民政部门有机结合，将婚姻登记中心与妇幼免费婚前检查中心合署办公，新婚夫妇领证的同时顺带就做了婚前检查。婚检率达到 99% 以上，努力提升免费孕前优生健康检查服务水平，实行一年 365 天无假日办公，全省首创，最大限度为群众提供方便，此项工作在全省名列前茅，受到省卫计委表彰。

免费筛查赢荣誉

出生人口素质关系千家万户幸福，是人民群众十分关切的重大民生问题。产前筛查、新生儿疾病筛查工作则是预防出生缺陷的有效措施。2017 年 4 月 4 日，河南省委省政府将免费筛查确定为 2017 年河南省十件民生实事之一，林州市妇幼高标准、严要求，创造性开展工作，于 2017 年 7 月 1 日，正式启动了免费筛查工作，走在了全省前列，受到了河南省卫计委的充分肯定。2017 年 9 月 11 日，河南省免费筛查民生实事东北片区现场推进会在妇幼召开，为我市赢得了荣誉。

花儿为什么这样红

林州市妇幼保健计划生育服务中心，是2016年由原林州市妇幼保健院与原林州市人口和计划生育服务站合并成立。此前的一段时间妇幼经历了跌宕起伏的变化，生育服务受到影响。是什么原因让妇幼在一年多的时间内，浴火重生，化茧成蝶呢?

（一）得益于市委市政府提出的大医教战略

妇幼的凤凰涅槃、浴火重生，首先得益于市委市政府提出的大医教战略，得益于林州市卫计委的坚强领导。

林州市第十次党代会提出了“大医教”发展战略，就是要大幅度提升林州市医疗卫生水平，提升民众幸福指数。作为林州市卫生事业重要组成部分的林州市妇幼，迎来了大发展的春天。

在“大医教”战略指引下，去年7月份以来，林州市卫计委在我市卫生系统举行了“如何振兴全市产科大讨论”，组织开展了“开创全市生育全程基本医疗保健服务新局面”的战役，市妇幼保健计划生育服务中心积极行动，以创建省级妇幼健康优质服务示范县为抓手，以提升内涵建设为核心，开拓创新、锐意进取，各项工作取得了突破性进展。在林州市孕产妇分娩量整体下降11%的情况下，依然保持了31.73%的增长。

（二）得益于一个团结奋进的领导班子

走进妇幼，你会发现，妇幼的行政办公区位于主楼的两侧副楼中，而且3个副院长挤在一间十几平米的房间内。行政办公区的环境也十分简陋，与病房区、门诊区相去甚远。

主任刘先富说，在妇幼所有的医院领导，全部在一线，在科室。

在妇幼一切以病人为中心，经过一年多的努力，中心病人越来越多，病床越来越紧张。不得已，领导班子决定，腾出办公区改成病房，行政人员到原来的库房里办公，这样做，领导班子积极支持，没有一个有怨言。

现在的妇幼领导班子心往一处想，劲往一处使，每个人都在为重铸妇幼辉煌忘我工作。遇到紧急情况，领导总是冲在第一线。在领导班子的身先士卒、率先垂范下，整个妇幼从领导到科室主任、到医生护士，正气正在形成，干事创业的氛围越来越浓。

（三）得益于妇幼的医德医风建设

妇产科主任李林燕说：“每当有病人家属给我送红包时，我都会告诉他这句话：我们医院正在努力构建和谐医患关系，打造无红包医院，希望咱不要违规开此先例。家属就会收起送红包的双手，然后说一句那就让你费心了，就是觉得你挺辛苦的。我告诉他这是我们的职责，应该的。”

妇幼不断完善工作制度，加强组织纪律，深入开展“两学一做”教育活动，针对侵害群众利益的不正之风和腐败问题开展专项整治工作。

妇幼还通过电子屏、网络、微信等平台，滚动播放医德医风宣传教育信息，强化医务人员医德医风意识。通过定期走访患者、召开医患沟通会、科主任座谈会、行风建设座谈会等多种渠道接受社会和群众的监督，广泛征求广大群众对医德医风方面和行风建设工作的意见和建议，增强了廉洁行医的自觉性，逐渐在人民群众中树立起了良好的形象。

（四）得益于“以妇女儿童健康为中心”的办院理念

十九大提出新时期主要矛盾是“人民日益增长的美好生活需求和不平衡不充分的发展之间的矛盾”。妇幼人对这一点的体会颇深。随着经济发展和人民生活水平的提高，广大群众对医疗保健质量的需求越来越高，对医疗服务需求关注的焦点逐渐向诊疗技术水平、服务范围、医疗安全、优质服务等方面转变。

妇幼的办院理念是：“以妇女儿童健康服务为中心”。围绕这一中心，该院组织分管领导、科室主任及全体医护人员赴郑州大桥医院、新密市妇幼保健院、郏县妇幼保健院及山东省邹城妇幼保健院，进行参观学习，解放了思想，开拓了视野，明确了奋斗目标。妇幼采取“请进来，走出去”的人才培养方针，与安阳市第三人民医院建立了对口帮扶协作。该院选派 4 名经验丰富的正高级医疗专家常驻妇幼开展临床诊疗、教学培训、重点学科建等技术援助。根据不同业务需要，选派相关医技人员外出培训学习，选派 8 名同志赴安阳市妇幼保健院针对超声、护理、妇科高危门诊进行进修学习，选派 17 名儿科医护人员赴安阳市妇幼保健院新生儿重症科进行培训。

说到“以妇女儿童健康服务为中心”，儿科医生陈苏巧、妇产科医生余沛打开了话匣子。儿科医生陈苏巧说，以病人为中心，真心换真心，医生良好的态度、耐心的讲解，就能缓解病人及家属的焦虑，赢得患者及家属的尊重。服务患者勤也是关键，不论日常上班还是半夜值班，只要有病人，她都是勤查房、勤询问，及时掌握病情变化，疗效自然也就好了。特别是妇幼开展重症监护病房后，患者及家属反响更好。

医生余沛说，人文关怀对产妇十分重要。第一次当妈妈的产妇通常只有二十来岁，实际上还是个孩子，她们来了只会喊疼，一开始就乱了阵脚，这时医生的指导、沟通就非常必要。余沛往往会耐心地给她们讲解如何做，可以减轻痛苦，可以有利于顺利生产，甚至如何做有利于产后体形的修复，这让年轻的妈妈们十分感动。产前产后的一杯红糖水在妇幼是规矩。优化服务模式，提高服务水平，落到实处就是每一个医务工作者点点滴滴的付出。她们说，苦归苦，累归累，所有的一切，都会在宝宝出生的那一刻烟消云散。

新的妇幼儿童医院正在建设中　妇幼明天更美好

按照市委市政府的统一规划，我市已在林州市林虑大道与实验路交界处西北角，征地近 50 亩，计划投资约 2.2 亿元，建设面积约 5 万平米、床位 450 张的新妇女儿童医院。其中，一期建筑面积 4560 平米的综合业务楼已竣工，二期采用 PPP 模式，已完成立项、选址、环评、节能评估、可研、建设用地规划许可证、设计勘测招标等手续。不久的将来，一座全省一流的县级妇女儿童医院将巍然矗立在太行山下。

新的理念、新的方式、新的思路，不断提升着妇幼的服务能力、服务水平，建设“人文妇幼、书香妇幼、青春妇幼、无痛妇幼、责任妇幼、廉洁妇幼、幸福妇幼、和谐妇幼、平安妇幼”，朝着全国一流的县级妇幼保健院的目标奋进，妇幼人满怀信心，铿锵前行。

改革创新 深化管理 重铸医院新辉煌

——记土默特右旗医院院长马福龙

内蒙古土默特右旗医院

他是一位院长，带领全院职工创新思路、开拓进取，一心一意为患者服务；他是一名共产党员，严于律己、勤于奉献、廉洁行医、时刻发挥党员先锋模范作用；他是一名人大代表，积极在岗位上发挥人大代表的作用；他是一名骨科主任医师，也是土右旗骨科带头人，从事临床工作27年，完成手术上千例；他是一个父亲，也是一个丈夫，却常常不能陪伴在家人身边，他说单位就是他的家，职工就是他的家人。他就是连续多年被土右旗政府评为优秀干部的土右旗医院党支部书记、院长马福龙。

一、改革之机，做开拓创新的领跑者

2015年是土右旗医院创建二级甲等医院和推进县级公立医院改革的关键之年，这一年，他接过了土右旗医院院长的重担，这一年，他不断地探索、实践和整改，稳步推进了土右旗医院医疗改革的步伐，凭着一股坚韧不拔的意志和勇往直前的精神，带领全院干部职工团结协作、共同努力，于2016年顺利通过了二甲医院评审，成为本地区最大的一所现代化综合性二级甲等医院，改写了土右旗无二甲医院的历史。

他带领班子认真研究医改政策和医院形势，广泛征求职工意见，分析医院当下问题症结所在，调整了医院绩效考核分配方案，拟定科室人员配置标准，明确岗位职责，加大对儿科、急诊科的支持力度，量化细化考核内容，力求做到用

人合理、监管到位，收入分配向临床一线、高技术、高风险等关键岗位倾斜，充分调动了职工工作的积极性。在包头市旗县区率先取消了药品加成，所有药品进行零差率销售。主动按照上级文件多次测算医疗服务项目收费标准，为包头市出台旗县级公立医院医疗服务价格调整方案奠定了基础，在2017年被国家卫计委2016年全国医疗服务价格和成本监测工作中通报表扬为先进单位。

通过与多家上级医院协作建立医联体，成立了血液透析室、神经内科、康复医学科、心内科等重点学科，在包头市旗县区形成了“人无我有、人有我优、人优我专”的专科专病格局，极大解决了当地患者的就医问题，并通过远程培训、送出去、请进来的方式，邀请北京专家到院坐诊，轮流派送中层干部和技术骨干到北京进修、高薪返聘各类各级专家。

为加大人才引进力度，他积极探索人才引进办法，制定与完善了旗级医疗卫生机构专业技术人员聘用管理办法，在保障合同聘用人员享有同等的培训学习与福利待遇前提下，倍增合同工工龄工资，缩短与在编人员的薪酬差距，积极促进编内外职工实行同工同酬，以吸引优秀人员落户土右旗医院。

二、强化管理，做持续改进医疗服务的推进者

马福龙作为医院的管理者，发现职工普遍人浮于事、上进心不高、组织纪律松散，为了改变这一现象，他果断采取措施，健全了一系列规章制度并严格落实各项奖惩制度，对个别屡教不改的职工予以清退，这一举措，迅速扭转了医院一盘散沙组织纪律松散的现象，严肃了工作纪律。他派人清点库存物资、规范物品采购和领取流程，建立固定资产电子档案，缩小库存，降低耗损，指导科室执行预算，完善出入库手续并实行下送物资到科室，减轻临床一线人员的工作负担，并设法降低办公费用，节约医院运行成本。

他积极争取政府支持，投资1500万新建了集影像中心、病房楼和门诊大厅为一体的综合病房楼，实现了就诊、住院、结算、报销“一站式”服务。斥资2000余万元引进了核磁、DSA、动态DR、四维彩超等先进医疗设备39台件。通过多方考察，建立了现代医院管理模式，在全院实行了全成本核算和年度预决

算，更新成本核算软件，将质量与安全、成本核算、医德医风、服务行为等作为考核内容，加强了医院的财务管理。

他利用电视台的健康专栏、院报、网络和微信平台等渠道，加大宣传力度，广泛宣传专家坐诊、义诊、新开展业务、院内优惠以及医保政策等内容，正确引导群众就诊，以方便群众问诊咨询，并提高职工对医院宗旨、核心理念、价值观等文化内涵的认同，促进其积极投身到医院改革和建设中来，树立了“以病人为中心”的理念，成功打造了土右旗医院的品牌形象。

三、胸怀大爱，做有社会责任的医院代言者

他是土右旗卫生系统的人大代表，始终挂记着老百姓的疾苦，带领干部职工踊跃参加社会捐资助学、助残，深入社区、乡村开展义诊和健康咨询活动，赠送爱心物品、药品；慰问驻扎土右旗的武警官兵、公安、消防战士并为其进行免费体检；为住院小患者赠送生日蛋糕，为产妇赠送红糖和新生儿照片，小细节处处彰显出医院对百姓的大爱。

他是土右旗医院的院长，也是职工的大家长，节假日慰问值班人员并为节日值班人员提供饮食；为职工免费体检并接种疫苗；慰问生病住院职工与职工家属；职工生日时发送生日短信及赠送书籍；为职工办理集体健身卡、举办专题朗诵活动等以丰富职工的业余生活，小细节处处彰显领导对职工的大爱。

他注重医院的人文建设，要求全院职工在服务中处处凸显人文理念，展现人文关怀，从患者和家属角度出发，设身处地，细致入微，急患者病痛，知患者冷暖，思家属忧患，解家属焦虑，治愈伤病的同时，注重和对患者心灵创伤的抚慰。他告诉职工“金杯银杯，不如老百姓的口碑；金奖银奖，不如老百姓的夸奖”，他说“院之所兴，重在得民”，患者和职工对医院的信赖度和忠诚度，是医院得以持续利好发展的宝贵财富。

四、无私奉献，做党的忠实践行者

马福龙作为土右旗医院的党支部书记，受党培养多年，本质上始终保持着共产党人的政治色彩。他将医院党建与“两学一做”学习教育紧密结合，以深化“456”工作法为契机，扎实开展精准扶贫和健康服务工作，通过实际行动认真践行合格党员全心全意为人民服务的“做”的宗旨，把土右旗医院党支部着力打造成连接民心、砥砺党性的服务平台，并把履行岗位职责与做合格党员相结合，创建了党员示范岗与示范科室，他带领的院党支部多次获得包头市及土右旗先进基层党支部的荣誉称号；他带领党员深入对口帮扶村走访贫困户，建立精准扶贫档案并给予贫困户养殖扶贫，为三百多名住院患者减免医疗费用 28.87 万元，与工商局联合扶贫 1.5 万元。他与医院各科室签订“党风廉政建设”责任状并完善党风廉政建设、“三重一大”、公务用车、公务接待等制度，重新制定了药械采购程序和财务审批权限，严禁职工收受回扣、红包及其他贵重物品，严禁公车私用、陪吃陪喝，从根源上杜绝职务腐败。

他的家在包头，工作单位在土右旗，为了工作，不得不常常舍弃小家利益，在管理医院的同时他也认真钻研业务知识，多次参加国内学术会议，在省级、国家级刊物发表论文二十余篇。主研承担包头市科研《应用超声检查胆囊脂餐前后收缩功能对腹腔镜胆囊切除术评价》一项并通过鉴定，在包头市旗县区尚属首次。他带领外科团队在本地率先独立开展了人工膝关节、髋关节置换术，老年股骨颈骨折滑动髋固定及腰椎骨折内固定术等，解决了常年外聘骨科专家到土右旗医院治疗的问题。他定期出诊骨科专家门诊、参与业务查房、疑难病例讨论和手术治疗，平时工作繁忙，到了周末又有各种会议和培训学习，一个月回不了几次家是常事，舍了小家而顾了医院这个大家。他觉得亏欠家庭太多了，他说他唯一能做的就是以个人优异的工作成绩和医院的跨越式发展来报答家人。

近年来，土右旗医院在马福龙院长的带领下，通过加大专科建设、打造优秀学科带头人、完善基础设施建设、提升医院品牌形象等一系列有效措施，不仅提高了医院的医疗服务能力，也使医院的社会效益和经济效益显著增加，全面提升了土右旗医院的综合能力。他说“将医院建设好，解决老百姓看病难、看病贵的问题”是一个医院院长的责任，也是一个人大代表的心愿，更是一个共产党员的本质体现。

多措并举 抓好医院高质量发展

四川省泸州市妇幼保健计划生育服务中心

坚持以人民健康为中心，以深化供给侧结构性改革为动力，以预防和减少孕产妇和婴儿死亡为核心，强化医疗质量安全管理，为群众提供安全、有效、便捷、温馨的妇幼健康服务，全力维护妇女儿童健康，为全市的妇女儿童健康保驾护航。顺利完成医院“二期”工程建设，实现医院高质量发展。具体采取以下措施。

一、以加强党建为核心，强化医德医风建设

医院高质量发展必须以党建工作为核心，时刻站在政治的高度，全面加强党的建设，充分发挥党组织战斗堡垒作用，把各方力量凝聚到医院高质量发展中来。院党委要坚持和完善“三会一课”和“党员活动日”制度，以“三重一大”制度和民主集中原则为指导，开展“严肃行业纪律，预防职务犯罪”警示教育等活动，强化组织建设、落实党建工作责任制。把党建与医院高质量发展同部署、同落实，狠抓医德医风建设，着力打造风清气正的医院文化氛围。

二、以高质量发展为契机，全力营造创建氛围

以医院高质量发展活动为契机，以创建国家三级甲等妇幼保健院为目标，在全院上下开展宣传动员工作。一是要召开专项工作部署会和职工动员大会，向全院职工通报医院高质量发展的总体部署和工作推进情况；二是要利用医院各种宣传载体，如利用医院的墙体广告、LED 显示屏、展板展架、职工 QQ 群、微信群、医院网站、报纸刊物等进行宣传报道；三是专题制作一系列关于医院高质量的宣传单页、视频影像资料、警示标牌等。在全院上、下营造出浓郁的活动氛围，做

到全院职工参与率、知晓率达100%。

三、以开展“四大”活动为载体，科学谋划发展蓝图

推进医院高质量发展要与“大学习、大讨论、大调研、大落实”活动紧密结合，把医院高质量发展做为核心议题来抓，重点开展“母婴保健法”“医疗机构管理条例”“三级妇幼保健医院评审标准”等专题培训，推动妇幼健康服务工作的高质量发展。在大讨论中，就如何加快落实妇幼健康事业发展，优化妇幼健康资源配置，加强生育全程基本医疗保健服务，提升全市妇女儿童的健康水平凝聚共识。在大调研中，坚持问题导向、目标导向，针对妇幼健康服务体系建设滞后、产儿科资源短缺、重点学科发展缓慢等重点问题开展研讨，谋划好全市妇幼健康事业未来的发展蓝图。

四、以强化服务监管为抓手，提升医疗服务质量

1. 成立医疗质量持续改进小组，以临床诊疗技术质控为重点进行质控方法研究，通过临床路径研究，以确定各专科病种医疗质量控制方案，促进医疗行为规范化，提高医疗服务质量。

2. 实行全程、全方位医疗质量管理质量控制，包括临床各科和医技科室，严格落实医疗核心制度，加强三级医师查房、手术、急救等医疗技术全过程的质量控制及医技专业的科内质控，狠抓单病种质量管理，采用有效率、平均住院日、平均住院费用进行综合评价，各科室要在各专业质量控制中心的带领和督促下，促进和带动各方面的工作质量。

3. 充分利用医疗“三监管”平台等综合监管手段，定期对相关情况进行综合分析，及时掌握问题线索，加强核查，依规严肃查处监管中发现的问题。认真落实处方点评制度，加强监督检查，对各科室及全院医生使用抗菌药物、用药情况进行通报奖惩。特别加强重点监控药品处方的点评，强化点评结果的应用，针对违规行为进行公示、通报和约谈整改。

4. 对医院发生的医疗不良事件和医疗投诉、纠纷进行认真的调查、分析和总

结，充分吸取经验教训，保证医疗安全、防范差错事故、减少纠纷。

5. 加大人员培训和继续医学教育的力度。根据各专业需求，派遣人员前往国内外各大医院进修学习，不断提高专业能力。强化基础训练，定期开展理论讲座，普及危重病抢救知识；坚持以自学为主的原则，激发医务人员学习的主动性；邀请专家来院进行学术讲座，促进双向交流，促使医务人员的学科知识逐步走向系统化、制度化、规范化。

五、加强重点学科建设，实施人才发展战略

实施重点学科建设规划，培育重点学科，提高医院的综合实力。建立人才激励机制，加强重点人才培养和引进，培养学科带头人。加强妇产科医师、儿科医师、助产士等紧缺人员培养和配备，并在职称评定、薪酬分配方面对产科、儿科从业人员给予政策倾斜。到 2020 年，力争创建成功 1 个省级重点专科和建成泸州市危重孕产妇救治中心。

六、实施主动健康工程，开展出生缺陷干预

按照泸州市卫生和计划生育委员会建立完善“低成本预防、全过程保健、多部门联动、分层次推进”的出生缺陷干预模式的统一部署，运用妇幼基因检测先进技术，有效预防和控制遗传、出生缺陷等疾病。2018 年，完成全市新生儿遗传代谢性疾病筛查 17072 例，妇女宫颈癌预防（HPV 病毒感染）基因检测 78237 例。

七、科学谋化“二期”工程，促进医院高质量发展

我院“二期”工程现主体已经建设完工，正在进行病区建设阶段，科学谋化“二期”工程，对促进医院高质量发展显得尤为重要。

一是要做好资金预算，确保工程按时保质完成；二是要做好科室规划与设置，确保“二期”工程建成后顺利投入使用；三是要做好人才储备，提前人才培养；四是要做好流程优化，方便患者就医。

八、加强信息化建设，助推医院快速发展

随着社会的发展，在信息化日益丰富的今天，医院信息化在方便患者就医、协助医疗过程和提供医院管理决策等方面发挥着极其重要的作用。医院力争通过2 ~ 3 年的建设，达到电子病历 4 级的要求。一是要成立信息化建设领导小组，小组成员可为全职、借调、兼职、外包等；二是制定信息化建设实施方案，细化建设的具体要求；三是向信息化建设先进的医院学习，或争取协作和支援；四是加强医院信息化管理人才引进或自身人员学习，提升信息化技术能力。

九、以厚植特色文化为基石，全力提升医院软实力

通过妇幼保健机构文化建设，弘扬“敬佑生命、救死扶伤、甘于奉献、大爱无疆”的职业精神。恪守服务宗旨，增强服务意识，提高服务质量，全心全意为人民健康服务。推进精神文明建设，开展社会主义核心价值观教育，促进形成良好医德医风。关心爱护医务人员身心健康，尊重医务人员劳动成果和辛勤付出，增强医务人员职业荣誉感。建设医术精湛、医德高尚、医风严谨的医务人员队伍，塑造行业清风正气。

不忘初心扬帆起 奋勇向前创一流

——盘山县人民医院创新医院发展材料

辽宁省盘山县人民医院

盘山县人民医院建立于1993年，坐落于美丽的辽河之畔，是一所集医疗、教学、急救、预防、保健等多项功能于一体的二级甲等医院。同时运营的两个院区总占地面积110亩（双台子院区10亩、新县城院区100亩），建筑面积36860平方米（双台子院区7000平方米、新县城院区29860平方米），开放床位420张（双台子院区120张、新县城院区300张）。医院现有职工580人，其中高级职称39人，中级职称139人，初级职称282人。医院现设有临床、医技科室24个，标准病区10个。医院先后与北京积水潭医院、北京同仁医院、中国人民解放军第307医院、辽宁省肛肠医院、沈阳市肛肠医院、盘锦市中心医院建立了技术协作关系。经过20多年的建设和发展，医院逐步发展成为医疗技术力量雄厚、综合实力强大、医疗设施齐全的现代化医院。尤其是2014年6月至今的两年多时间里，医院的发展突飞猛进，创造了连连佳绩，荣获了“盘锦市三八红旗单位”“盘锦市健康教育模范示范基地”等光荣称号。

一、两学一做落实处，党员干部走在前

医院党支部紧紧围绕着党的十八大和党的三中、四中、五中全会的精神狠抓党风党建工作，注重班子团结，加强班子成员间沟通协调，分工不分家，规范党务公开，健全党支部规章制度，制订详细的“两学一做”学习计划，每月按计划开展学习两次，院党支部书记、支部成员及党小组组长担任领学人，深入学习习

近平总书记系列重要讲话、毛丰美等优秀共产党员的先进事迹等。定期组织党员干部畅谈学习的心得体会，真正地把“两学一做”工作落到了实处。在遇到特殊问题及重大事件时广大党员干部更是身先士卒，率先垂范，充分展示了医院党支部的战斗堡垒作用和党员的模范带头作用。医院还把医德医风作为医务人员入职岗前培训重要内容进行集中授课，学习身边优秀典型，定期对医务人员进行行业作风培训，提升职业修养，为树立盘山县人民医院良好的职业形象打下了坚实的基础，医院的医德医风教育、行业作风建设和管理工作得到了健康持续发展。

二、医疗质量做保证，优质服务受欢迎

为迅速提高医疗护理质量，医院本着“走出去，请进来”的原则，在与多家医院建立技术协作关系后，定期聘请国内、省内知名专家来院讲学、坐诊，并筛选各科室技术骨干到大医院进修学习。2014 年 6 月在医院整体装修的 1 个多月，金长礼院长抓住此时机与盘锦市中心医院联系派送全体医护人员到不同的科室学习一个多月，使全院医护人员的整体水平有了不同程度的提高。为加强人才梯队建设，为医院的发展注入新鲜血液，2015 年医院制定《盘山县人民医院公开招聘工作人员实施方案》面向社会及各大医学院校招聘医护人员，一年多来新招聘医生 47 人，其中研究生 10 人，本科生 32 人，专科 5 人，护士 95 人，其中本科 29 人，专科 66 人。在提高医疗工作的同时，医院在护理工作方面从转变服务理念入手，坚持“以病人为中心”的服务理念。在全院范围内开展优质护理示范工程，病人从入院开始就有导诊人员笑脸相迎，协助办理各种手续，直到离院或交到住院部护士那里。住院护士从接诊起，细致入微的服务，周到全面的讲解，真诚耐心的关怀让患者真正感受到亲人般的温暖。如今盘山县人民医院的优质服务得到了社会各界人士的广泛认可和赞扬，无论走到哪个病房，无论询问哪位病人无不赞叹我们的优质服务。

三、医疗设备高精尖，特色专科成亮点

为加快医院的发展，提高诊疗水平，医院先后购置了日本富士能 4450 型电子胃镜和电子结肠镜、GE-8、GE-10四维彩超等治疗设备。医院重点打造肛肠、胃肠镜、血液透析、体检中心、康复理疗等科室作为医院的特色科室。其中透析科在国家级医院感染检查期间是盘锦市唯一一个合格的透析科室。检验中心在辽宁省县级医院检查后被专家认定为处于全省县级医院的领先水平。无痛胃肠镜检查患者多到需要先预约，技术水平处于全市领先行列，周边市、县区域的患者常常慕名而来。刚刚开诊的康复理疗科在2016年10月15日举办大型慈善晚会，为100名康复患者免费治疗，为200名患者资助治疗。肛肠科为消除男医生为女病人诊疗的尴尬，方便女性患者治疗，在全市首家特设“贴心女人坊”的爱心服务，女患者的所有检查治疗均由女医护人员完成，博得了女性朋友的喜爱。另一特色“妙手中医情”采用中医中药治疗肛肠疾病，解除患者的痛苦，深受广大患者的好评。

四、政策惠民人心暖，让利服务百姓甜

作为第二批国家公立医院改革试点医院，盘山县人民政府对此给予高度重视，成立了以县长为组长，主管副县长为副组长，卫生、财政、物价等7家相关单位负责人为成员的县级公立医院改革领导小组，先后制定出台了《盘山县人民医院综合改革实施方案》《加快推进县级公立医院综合改革》等相关文件。医联体工作正在逐步推广，新农合支付制度改革已经走在全省的前列，得到省级专家认可，周边多家县级医院多次派相关人员参观学习交流。经过多方努力，盘山县人民医院不仅是盘锦市医保，盘山县医保、农合定点单位，2016年还成为辽河油田职工医保定点单位，实实在在地解决了老百姓就近看好病的问题。

为真正解决百姓看病难、看病贵的问题，盘山县人民医院在药品管理上率先实行了药品零差价，多种药品全市价格最低。2015年11月20日，解放第307医院30多名不同科室的专家来院免费为患者诊疗，2016年9月3日北京中医药大学附属东方医院13名专家来院免费义诊，计划半天的义诊活动因患者量过多延长到了一天。2016年10月起，医院每两周聘请北京协和医院、朝阳医院等多家三甲医院的专家来诊，老百姓不出县域就享受到了北京专家的诊治，真正做到了实惠于民。医院设立了多项便民措施，在住院部、门诊部门口放置便民伞；开展60岁以上的老人免除挂号费看病；送医送药下乡；免费接送老百姓到医院体检；到敬老院为孤寡老人免费义诊、体检、免费发放药品等。建立了惠民卡发放到各场乡镇百姓手中，凡持卡看病的患者可享受多项免费检查，为在医院住院的低保户免费提供三餐；逢年过节为住院的患者和工作人员免费提供三餐和水果等多项活动，这些惠民措施深受百姓的喜爱。

五、齐心协力创佳绩，携手同行展辉煌

2014 年 6 月至今，在短短的两年多时间里，新一届领导班子带领着全院职工克服重重困难，不断地挑战自我，医院发生了翻天覆地的变化。不仅成功地完成新县城院区的搬迁工作，而且患者量明显增多，经济效益连翻了几番。2015 年共收治住院病人 9027 人次；门诊各科室诊疗病人共 66649 人次；门诊收入 2168 万元，住院收入 4497 万元，合计收入 7665 万元。2016 年，全院的收入将突破亿元。尤其是新县城院区运营后内、外科分别开设的一个病区已经满足不了患者的住院需求，各自增设了一个病区，高峰期没有床位，还要在走廊里加床。门诊量日平均超过了 400 人次，最高峰时达到 900 人次。新医院还成功地完成了全市伤残人员鉴定、部分慢性疾病的鉴定等大型诊疗工作。精心的筹备、合理的流程、规范的服务赢得了上级领导的赞誉和患者的良好口碑。来医院看病的患者无不赞叹，没想到盘山县人民医院能在这么短的时间内变换成这样。老百姓也从当初的不了解县医院、不信任县医院转变成认可县医院、相信县医院。

如今焕然一新的盘山县人民医院以“爱院、务实、创新、厚德”为院训，将优雅的医疗环境、先进的诊疗设备、知名的专家团队、优质的服务理念、现代化的管理手段作为服务特点，新县城院区与双台子院区以良好的势头同时运营着，迅猛增长的经济效益和社会效益是新一届领导班子携医院全体职工辛勤付出的喜人成果，这支和谐的团队不忘初心，锐意进取，创新务实，齐心协力，携手并肩努力向争创一流现代化的县级医院奋斗着。

最珍贵的资产　最难舍的牵挂

江西省于都县第二人民医院

唯改革者进，唯创新者强。创新是民族进步之魂，也是中华民族最深沉的民族禀赋，正所谓“苟日新，日日新，又日新”。它虽描绘的是一幅君子追求梦想，不断完善自我的画面，但何尝又不是于都县第二人民医院近年来公立医院改革筚路蓝缕、断鳌立极的真实写照呢？

于都县第二人民医院建院于 1951 年，前身为于都县银坑中心卫生院，现址占地 27 亩，建筑面积 18100 平方米，2016 年医院作出整体搬迁的宏伟构想。医院现行“两块牌子、一套人马”管理，是一所集医疗、预防保健、教学、科研为一体的二级乙等综合性公立医院。于都县第二人民医院作为于都北部地区的医疗急救中心，承担全县北部共七个乡镇的医疗、预防保健及急救任务，业务辐射宁都、兴国、瑞金等邻县（市）的五个乡镇，服务人口近 32 万人，是于都县第四医疗服务共同体的牵头单位，也是于都县唯一一个紧密型医共体。2017 年 7 月 25 ~ 28 日，赣州市卫生计生委组织评审专家到于都县第二人民医院进行“二级甲等综合医院”评审现场评价，专家一致反馈良好，目前医院正按照专家及评审要求进行行之有效的整改，11 月初专家将来我院进行回头看。

于都县第二人民医院实施新医改四年以来，坚持医疗、医药、医保“三医联动”，取消药品加成，破除“以药补医”机制，调整医疗服务价格，推进人事分配制度改革，综合推进便民利民惠民措施。创新体制机制，提升服务能力，调动各方面积极性，建设人民满意医院。尤其是2016年，医院在县委、县政府的领导下，按照县卫计委的部署，进一步贯彻落实医改政策和市县卫生会议精神，以“六大攻坚战”为工作方向，以提高医院医疗质量为核心，以建设高素质的人才队伍为依托，以维护人民群众的健康权益为根本，责无旁贷地担任起县级公立医院改革的先行者。调研近年来我院公立医院改革，主要有如下经验分享。

一、完善现代医院制度体系，探索医院管理新机制

（一）完善现代医院的制度体系

公立医院改革中，于都县第二人民医院按照等级医院评审要求，充分运用PDCA、QCC、品管圈等工具和方式，不断提高质量管理、优化服务流程、强化信息建设，使医院管理规范化、信息化。整理编辑各类制度100项，实行总会计师制度，出台及修订财价制度（办法）等2项；重新制定《绩效考核实施方案》，通过建立“多劳多得、优绩优酬”的薪酬制度，做到向临床一线倾斜、向业务骨干倾斜、向关键岗位倾斜、向有突出贡献人员倾斜，让医务人员获得应有的报酬，享受职业的尊严；实施同工同酬，激发医院发展活力。

（二）医院进一步加强医疗质量控制体系建设

充分发挥8个医院质量安全管理委员会作用，持续改进医疗质量，确保患者安全；认真贯彻落实《医疗技术临床应用管理办法》，建立医院一、二、三级手术目录，对医师分级、手术权限实施动态管理制度；每月重点检查医疗质量与安全管理的落实情况，重点监控非计划再次手术、住院时间长的患者、6种重点住院疾病等指标；从优化诊区设施流程、畅通绿色通道、改善患者就医体验等环节入手，进一步改善医疗服务；完成5000人次出院患者的电话随访，随访率达96%以上；建立患者预约诊疗新模式，进一步方便了患者。

二、狠抓人才队伍建设，大力支持新技术新项目

（一）加强人才培养，打造品牌学科

于都县第二人民医院现有专业技术人员246人，高级职称4人，中级职称39人。人才队伍建设是医院的核心竞争力，随着《国务院关于支持赣南等原中央苏区振兴发展的若干意见》和《中央国家机关及有关单位对口支援赣南等原中

央苏区实施方案》的相继出台，从2013年开始，国家卫计委先后将于都县列为全国第二批县级公立医院综合改革试点县，从人才培养，资金安排等各方面予以全方位支持。我院高瞻远瞩，乘势而上，利用“西部计划人才培养”“北京中日友好医院对口支援”等项目，派出学科骨干赴全国知名医院进修人员15人，他们学成归来后，在我院的医疗战线上发挥了中流砥柱的作用。外科洪太阳副主任医师、杨东亮主治医师分别在上海东方肝胆医院及上海仁济医院圆满完成进修学习后，在两年时间，大量开展腹腔镜下胆囊切除、阑尾切除、小肠憩室、肾囊肿、合并卵巢囊肿、胃十二指肠穿孔、外伤探查、外伤肠道破裂修补、疝无张力修补等腹腔镜手术的基础上，多次圆满成功完成了腹腔镜联合输尿管镜钬激光碎石治疗肝内外胆管结石、多发肝胆管结石、复杂肝胆管结石。外科今年还成功开展全腹腔镜下无张力疝修补术（TAPP术）后，今年再次率先在我县开展全腹腔镜联合输尿管镜钬激光碎石技术于肝胆管结石治疗中的应用及外伤性肠道破裂修补。现在我院腹腔镜技术达到县内领先水平，腹腔镜技术再上新台阶。儿科先后选派3名骨干医生到湘雅医院、6名护理人员到赣州市人民医院NICU及于都县人民医院NICU进修学习。目前能够成功治疗早产儿、新生儿窒息、新生儿缺氧缺血性脑病、呼吸暂停、新生儿肺炎、新生儿高胆红素血症、新生儿坏死性小肠炎等疾病，抢救治愈率高达95%以上。我院新生儿室自2017年3月8日成立以来，至今共收治住院新生患儿140余例。成功应用无创呼吸机治疗新生儿呼吸窘迫综合征3例、呼吸暂停10余例、重症肺炎1例。特别是在极低出生体重早产儿的救治方面取得了宝贵的经验。我们曾成功救治一位孕期只有26周，体重仅1250克的早产儿，是目前我院成功救治过体重最轻、孕期最短的早产儿，为我院重症患儿的救治工作再创奇迹，标志着我院在新生儿抢救上已达到了一个新的水平。

（二）大刀阔斧改格局，凝心聚力谋发展

2015年以来，我院以等级医院评审和医院整体搬迁为工作抓手，紧紧扭住创新这个牛鼻子，上下一心，团结奋进，以时不我待的使命感和雷厉风行的改革魄力对我院进行实事求是，因地制宜的新改扩，我院的整体布局，服务能力跃上了一个新台阶。因急诊科承担着我院大部分急救、危重患者诊疗工作，所以公立医院改革以来，我院重新对急诊科进行布局，设立预检分诊台，划分为“三区四级”，建立危重病人和“三无人员”绿色通道管理制度；对抢救室也重新改造，由原来的2张抢救病床扩建为5张，使平均每张抢救病床使用面积达到12平方米。急诊科共有6名医生，拥有本科学历者有5人，医生先后到湘雅医院及南昌进修急诊急救技术。今年开展了脑梗死溶栓术、脑脊液置换术、胸腹腔穿刺持续引流术及电除颤新技术新项目。抢救成功率由原来的42%提高到88.6%，使我科危重病人抢救成功率大大提高。

三、始终把群众满意不满意作为公立医院改革的出发点和落脚点

（一）公立医院改革和精准扶贫工作相结合，缓解群众“看病贵、看病难”难题

“意莫高于爱民，行莫厚于乐民”。于都县是一个有着百万人口的国家级贫困县，是2020年国家全面脱贫奔小康的主战场，也是全市“六大攻坚战”的积极参与者。作为于都县精准扶贫中健康扶贫的重要力量，于都县第二人民医院始终牵挂着人民的身体健康，尤其是因病致贫的困难群众，大力帮助他们走出因病致贫的泥沼。四年多以来，全院上下坚持思想上尊重群众，感情上贴近群众，工作上依靠群众，把群众满意不满意作为我院改革的出发点和落脚点。近年来，我院每年为挂点村贫困户办理慢性病门诊补偿58人次，并且为持有贫困户一本通来我院就诊的患者实行“不缴费，先看病”“农保医保，民政补助，大病补助，商业保险，政府暖心工程”五大保障线一站式结算全力保驾护航。在改革发展中不断夯实根基，充实自我，壮大力量。

（二）勇于承担于都县第四医疗服务医共体牵头单位职责

2017年4月份，在县委、县政府的领导和县卫生计生委的部署下，于都县第四医疗服务共同体在我院正式挂牌成立，这既是对我院的高度重视和充分信任，也是对我院的鞭策和勉励。医共体成立以来，我院始终把握正确的政治方向，同省市公立医院改革路线保持高度一致，不断提高服务能力，同时利用党员义诊，成立医疗资源下沉服务队等方式对医共体成员进行业务培训；实行“分级诊疗，

双向转诊”，把以前流失的病员留在医共体内诊治，基本实现“小病不出乡，大病不出县”。随着医改政策的不断推出，患者平均住院天数缩短1天，住院次均费用减少300元，“真心实意感党恩，凝心聚力跟党走”在当地老幼妇孺中广为传颂。

回首公立医院改革这四年极不平凡的心路历程，我们既觉风尘碌碌又倍感欣慰。于都县第二人民医院是几代前辈风雨兼程建设起来的，由小变大，从弱至强。人民，是改革的方向和“压舱石”，走过苦难，我们更加懂得一切的改革与创新都得以人民群众为中心，只有心中充满对人民群众的深情厚谊，时刻牢记医者神圣使命，不忘初心，我们的改革才会受到人民的拥护，国家卫生事业的发展才能稳步向前。展望未来，我们将一如既往加强人才培养，营造重才惜才良好环境，继续坚持把集聚人才、爱护人才作为医院发展之基，创新之本。人民，是我们最难以割舍的牵挂；人才，是我们最珍贵的资产。随着公立医院改革不断涉入深水区，我们深信，为人民谋福祉的公立医院改革一定会成功，中国人民沿着中国特色社会主义道路，以党的十九大精神和习近平新时代中国特色社会主义思想为指引，坚韧不拔，锲而不舍，一定能实现“两个一百年”的奋斗目标和中华民族伟大复兴的中国梦！

建设紧密型医联体
提升基层医疗机构服务能力

江西省上犹县人民医院

上犹县于2016年9月启动县人民医院与寺下中心卫生院紧密型医联体试点建设工作。2017年3月上犹县人民医院寺下分院（医联体）正式挂牌成立，标志着上犹卫生事业在医改道路上向前迈了一大步。现将有关情况介绍如下；

一、主要做法

（一）明确目标，确立试点原则

通过医联体建设，统筹区域内医疗卫生资源，促进医疗资源优化配置，推动分级诊疗机制形成，提高群众就近就诊率。

县医改办成立了医联体协调领导小组，坚持“三统一，三不变”原则，即在职人员编制不改变，资产所有权不改变，寺下中心卫生院职能不改变的情况下，由县人民医院实行统一管理，财务单独核算，县人民医院充分履行综合医院社会职能，将骨干医师和大型设备等优质医疗资源下沉到医联体，提升医联体综合服务能力。

（二）选点精准，有效整合资源

寺下镇位于上犹县北部，距离县城42公里，属全县四大中心乡镇之一，现有人口1.5万余人，毗邻湖南省桂东县，吉安市遂川县，周边与紫阳乡、安和乡等乡镇相邻，服务人口近7万人。所选乡镇地处较偏僻，辖区内人口较多，所在卫生院的服务能力在县内乡镇中属中等偏下水平。

（三）把握契机，争取优惠政策

县医改办协调财政、人社、物价、医保等部门，出台财务管理、绩效考核、服务价格调整和医保控费等相关配套政策，通过精确测算，适当上调医疗服务价格收费标准和医保控费标准，医保报销比例保持不变。医院财务从乡镇卫生院会计核算中心剥离，由人民医院对其资产进行盘点和财产核实，并由县人民医院接管。根据业务发展需要，适当增加寺下分院住院床位数，并指导其建立医院管理、薪酬分配等制度。

（四）投入资金，加强硬件建设

由县人民医院提供资金，对寺下分院进行改建。在一期建设中，完成了房屋维修、道路修整、食堂改扩建、药房及病房装修；增装了 CT、CR、空调以及垃圾处理设备；优化房屋布局，新成立院感科、护理部、公共卫生科等职能科室，还将在第二期建设中，完成手术室，产房，预防接种门诊的改扩建，并新添置彩超，生化分析仪及妇、外科常规医疗器械。通过加大硬件建设的投入，健全临床科室设置。截至目前投入资金共计 126 .27 万元，提供双排 CT 一台，心电监护仪两台，电动洗胃机一台，呼吸机一台，新添置彩超、生化分析仪各一台以及各种办公设备。

（五）人员下沉，强化业务指导

县人民医院分批次安排急诊、内科、儿科、外科、骨科、妇产科等骨干医师常驻寺下分院，派驻时间为六个月。第一批急诊、内科、骨科的三名医师已进驻。同时，县人民医院组建了 4 个医疗专家队，由县人民医院领导带队每周一日到寺下分院进行巡诊，持续对寺下分院的业务管理、临床医疗的日常工作进行指导。

（六）拓宽渠道，转诊会诊无缝对接

医联体内设立双向转诊办公室，由专人负责联系指导、对接双向转诊工作，对转诊患者进行无缝跟踪管理。人民医院出资搭建影像远程会诊平台，寺下分院的 CT 影像资料可实时传输到县人民医院，由县人民医院影像科医师阅片诊断后，把诊断报告通过会诊平台发送到寺下分院，有效保证了寺下分院的影像诊断的准确性，并将有计划地开展 B 超、检验专业的远程会诊。

二、主要成效

（一）快速提升寺下分院的服务能力

通过人民医院对寺下分院的人力、物力、财力的投入，使其具备了向群众提供基本医疗服务的基础条件，在县人民医院的指导下，完善了组织框架建设和制度建设并逐步建立评价机制，对医务人员实行绩效考核，充分调动了医务人员的积极性，基本结束了“干多干少一个样”的局面。通过常态化专家巡诊以及短期医师派驻寺下分院，直接有效地指导寺下分院业务开展，使医务人员有底气敢于接受并拓展新业务，也因此让他们看到了自己的职业前景，更激发起了他们沉在基层干事创业的激情。目前，寺下分院已可开展内、外、妇、儿各专科的常见病、急发病的常规处理，并已开展了骨科、普外科、妇产科等常见病的手术业务，结束了近十年没有手术业务的历史，基本能满足镇域内群众的基本医疗服务需求。

（二）有力推动了分级诊疗、双向转诊制度的实施

随着寺下分院的服务能力的提升，老百姓对医院充满信心，能充分感受到老百姓很愿意留在本乡镇卫生院接受治疗。据统计同期门诊人次也有明显增加，特别是医院间无缝对接跟踪转诊病人，提高了病人的就医体验，获得了群众的认可。

三、有关建议

县人民医院与寺下分院紧密型医联体试点开展以来，医疗资源得到了优化组合，充分利用。县级综合性医院承担起了该承担的社会职能，也更加体现了公立医院的公益性，推而广之，能否实现县域内所有医疗机构组成一个医疗联合体，联合体内成立董事会，由董事会管理所有医疗机构，医联体内医疗资源优势互补、合理配置，实现共建共赢、共建共享，让医联体在承担全县的医疗、保健、预防、疾控、教学、科研、应急救助时可对医疗资源统一管理、科学调度？

我们将积极探索医改新思路，不断借鉴建设医联体的成功经验，找到适合本县医改的新路子。

与疫情相伴的疾控人

陕西省咸阳市秦都区疾控中心

秦都区疾控中心作为全区疾病防控工作的一个技术指导和窗口服务单位，肩负使命神圣，承启责任重大，全体职工勇立潮头敢为先，以爱岗敬业的主人翁的姿态全身心投入工作之中，其中有这样一群人多少个节假日，本该休闲娱乐，度假旅游，他们却坚守岗位，舍小家为“大家”，为更多人的健康而守望；多少个华灯初上的夜晚，本该家人团聚，安享天伦，他们却要加班加点，熬夜守更；当她们面对突如其来重大传染病疫情，始终冲在前，这就是我们秦都疾控人。

疫情就是命令！哪里有疫情，哪里就有疾控人员忙碌的身影。面对我区近几年来手足口病高发态势，大家走遍了辖区的各个医疗机构、托幼机构及发病儿童家。特别是面对“食物中毒”“人感染 H7N9 禽流感” 等突发疫情时，我中心人员以服务为先导，行动迅速，始终第一时间赶到疫情现场，为大众人群筑起一道道的健康防线，保护大多数人民群众生命安全。特别是今年五一假期，突如其来的咸阳首例也是陕西省首例“人感染 H7N9 禽流感”聚集性病例突然向我区袭来，疫情就是无声命令。我中心人员冲锋在前，毫无畏惧，即刻奔赴疫区开展工作，5 月 3 日 17：35 咸阳市疾病预防控制中心紧急要求我中心检验科检验人员对城乡四个养鸡厂进行采样，我中心主任魏小务和检验科科长张艳妮二位领导一同前往。19：00，大家在鸡厂管理人员陪同下进入三合、小秩、沣苗、旺旺四个养殖厂进行采样工作，采样要求我们穿戴隔离防护服等防护工具，在穿戴完这些白色装备后我们在市场中显得格外“耀眼”，周围的群众表现出强烈的好奇心，围观在我们左右，议论纷纷，并拿出手机拍个不停，身处这样的环境和氛围中不禁让我们感觉到自己的呼吸也变得急促起来。在走至活禽厂时，由于正值傍晚时分，给我们采样工作带来了很大的不便。想到 H7N9 病毒可导致死亡的可怕性，我们在一线的同志们不畏艰难和辛苦，克服困难。另一方面采样工作刻不容缓，必须立即采样进行送检，想到作为一名疾控工作者身上所肩负的使命和责任，那就是当人民群众需要我们的时候，我们绝不能有半点懈怠和畏惧。我们按照采样规范要求进行着采样工作。凌晨 2 点，我们共采集样本 40 份，这些样品在第一时间被送至咸阳市疾控中心进行检验筛查。当我们脱去防护服的一瞬间，才感觉到了一些饥寒与疲惫。

另外流调人员在对咸阳市第一人民医院和 215 医院的患者进行流调的同时，在医院开展了 H7N9 禽流感防治知识的宣传工作。为了增强疫病防控工作的主动性和前瞻性，我中心开展了对辖区内家禽养殖场、活禽交易市场禽流感疫情排查及采样监测工作。中心检验科对辖区 25 个养鸡场及 1 个交易市场进行了活禽采样，中心人员同时现场进行了 H7N9 禽流感防治知识的宣传教育工作。流调人员对密切接触者均进行了医学观察、健康随访，并进行健康教育。

为了加大 H7N9 禽流感防治知识的宣传工作，我中心印制了大量的 H7N9 健康知识宣传材料，其中 H7N9 禽流感防治知识宣传单 10 万张，宣传折页 6 万张，致广大群众的一封信 5 万张。并对辖区社区卫生服务中心、乡镇卫生院进行了大量的发放，各街道办事处、教育局等多部门也相继进行了大量领取，以最大限度地扩展宣传参与单位及宣传面。广泛开展宣传教育，充分利用卫生网络资源，通过各种渠道宣传人感染 H7N9 禽流感防控知识，引导公众理性看待疫情，正确预防疾病；加强正面宣传引导，切实做好健康教育，做到“早预防、早诊断、早发现”，提高公众防控人禽流感知识水平和能力。

经历这次突发事件，我们克服了内心的恐惧，勇敢地战胜了自己，这使得我们在今后的疾控工作和学习上充满了信心，也让我们了解到身为疾控工作者的光荣性，更让我们知道人民群众的生命安全和健康高于一切！通过大家辛勤努力付出，我中心圆满完成陕西首例“人感染 H7N9 禽流感”聚集性疫情处置任务，赢得了人民群众的称赞和信赖。

不知道有多少个夜晚他们都坚持处理疫情到凌晨两三点，甚至6点以后，第二天还在正常上班，但是他们从来没有因为孩子小无人照顾、自己身体不适等原因脱离工作岗位……就是这样的一群人，这样一个团体，他们经受着重重考验，挺起钢铁般的肩膀，为人民的健康撑起一片蓝天。处理突发疫情仅仅是我们秦都疾控人在日常工作的一个缩影，在秦都这块大地上，到处都有疾控人爱岗敬业、舍身奉献、孜孜不倦、勇于拼搏的身影。

浅议疾控工作档案的管理与应用

山东省昌乐县疾控中心 李守利 张 磊

摘要：疾控中心作为我国重要的医疗卫生服务机构，在日常工作开展过程中，开展疾病监测分析以及防治、健康教育、公共卫生服务等重要工作，都会形成大量的档案资料。本文针对疾控中心档案管理，首先简要概述了加强疾控中心档案管理的必要性，并分析了目前疾控档案管理过程中存在的问题，最后就改进加强疾控中心档案管理，进行了系统的论述分析。

关键词：疾控中心；档案管理；改进完善。

引 言

疾控中心作为疾病预防控制以及公共卫生技术管理、卫生检验检测的重要服务机构，对于推动疾病预防控制以及健康事业发展，具有非常重要的意义。疾病预防控制档案，主要是指疾病预防控制活动过程中形成的具有重要保存利用价值的档案文件、调查资料、影音图片等档案文件。对于疾病预防控制机构来说，疾控档案是非常重要的信息资源，加强疾控中心档案管理以及开发利用，不仅可以为疾病预防控制等业务工作开展提供重要数据资料支撑，对于疾病预防控制事业的长远发展也有着重要的指导意义。

一、强化疾控档案管理及开发利用的必要性分析

（一）疾控档案是疾控工作体系的重要组成内容

疾控档案是疾控部门疾病预防与控制、突发公共卫生事件应急处置、疫情

报告和信息管理、健康危害因素的监测与干预、健康教育与健康促进和科研教学等工作过程中形成的档案资料记录，可以说是疾控中心工作的重要指南，对于指导疾控工作开展具有重要价值。

（二）疾控档案具有重要的信息价值

疾控档案能够作为疾控中心内部学习交流的重要工作资料，通过对疾控档案的全面归集整理以及有效开发利用，可以进一步总结疾控工作规律，对于服务疾控工作决策管理以及发展规划,促进卫生与健康事业发展都有着非常重要的意义。

（三）疾控档案是对多年来疾控工作的全面“痕迹”的记录整理

这些档案资料不仅是疾控工作多年发展的工作见证，同时也为疾控工作的下一步更好发展指明了方向。只有妥善保存并充分挖掘利用好这些档案资料，才能更好地指导疾控工作不断改进优化，实现工作水平的改善提高。

二、当前疾控档案管理中存在的问题分析

（一）疾控档案管理规范化程度不高

现阶段，由于对疾控档案管理重视不够，很多疾控机构档案管理仍然存在着不规范的问题。特别是疾控档案涉及人事管理档案、文书档案、疾病案例档案等一系列的资料，不仅种类内容较多，而且工作量较大，很多地方的疾控档案管理实际工作中，由于疾控档案管理制度不够健全规范，档案工作流程不够标准，一些病案资料散落到各个部门，还有很多档案资料归集整理不够及时，导致档案管理中存在着较多的薄弱环节。

（二）疾控档案管理信息化水平不高

目前，提高疾控档案管理工作效率，必须重视档案管理信息技术在档案管理过程中的充分运用。但是，不少疾控机构档案管理信息化方面的人力物力投入不够，无论是档案管理信息系统建设的硬件设施还是软件投入方面，都不够完善，档案管理工作的信息化水平整体不高，影响了疾控档案管理工作质量和效率。

（三）疾控档案资料的利用不够充分

疾控档案资料中蕴含着较大的价值，一些疾控机构在完成档案资料的归集整

理以后，便把档案资料束之高阁、置于一旁，缺少对疾控档案资料的编研利用，导致疾控档案利用效率不高，没有真正为疾控工作的开展提供有效的指导服务。

三、加强疾控档案管理与利用的措施

（一）完善疾控档案管理组织结构体系

疾控机构应高度重视档案管理在疾控工作内部管理中的重要作用，应把档案管理工作作为疾控机构重要的基础性工作，针对档案管理完善组织机构设置，并把档案管理与业务工作予以同步规划和发展。同时，应该针对疾控档案管理加强内部宣传，提高疾控机构内部各个部门的档案工作意识，积极支持档案管理工作的开展，逐步在疾控机构内部构建以档案管理部门牵头，内部各个职能科室共同配合的疾控中心档案管理组织体系，为疾控档案管理工作开展打下良好的组织基础。

（二）规范完善疾控中心档案管理规章制度

由于疾控中心档案资料内容丰富、种类繁杂，而且分布较散、专业技术性较强，因此，改进疾控中心档案管理必须建立系统完善的疾控中心档案管理规章制度，对疾控中心档案的分类、整理、排列、编号、编目等进行规范完善。在疾控中心档案管理规章制度的制定方面，应该重点包括疾控档案立卷归档制度、档案管理责任制度、档案借阅利用制度、档案统计制度、档案鉴定制度、档案销毁制度、档案保密制度以及信息化档案管理制度，通过健全完善的档案管理制度，强化对疾控档案管理工作开展过程中的有效约束和指导，确保疾控中心档案管理工作的规范有序开展。

（三）提高疾控中心档案管理业务水平

在疾控中心档案管理方面，应该对疾控档案管理工作业务流程进行完善，尤其是对以下两方面进行完善。一方面，应该注重档案归集整理的规范化，严格按照《档案法》以及档案管理制度的相关要求，对档案归集的内容、范围、时间、格式等相关要求进行明确，并注重积极开展疾控中心档案管理的前端控制和智能化归集，提高档案资料归集整理的及时性。同时，对各类档案资料进行合理分类以及科学编目，及时进行归档保存。另一方面，应该进一步强化档案的标准化管理，对文书、会计、业务、科研、基建、设备、照片以及实物档案等资料进行集中统一管理分类及编目，确保疾控档案管理工作规范有序开展。

（四）强化疾控档案资料的开发利用

在疾控档案管理方面，应该把档案资料的开发利用作为重要内容，加强档案编研工作，为档案管理科学决策、政策研究、内部管理、权益维护等提供参考和依据。在这方面，关键应该加强疾控档案资料管理信息化水平，做好存量档案数字化和增量档案电子化工作，推进档案存贮数字化和利用网络化，做好档案管理软件开发应用，逐步实现档案管理网络化智能化，为档案借阅查询使用提供便利条件。此外，还应该注重加强疾控档案资源整合与共享，依托信息传输网络和平台，收集整合各类档案信息，运用信息管理技术，建立联网集中保管和网上统一利用的档案服务体系，实现档案信息资料的充分利用。

（五）强化对疾控档案工作人员的教育培训

提高疾控档案管理工作水平，必须具有一支高素质、专业化的档案管理工作人员，在疾控档案管理方面，必须重视对档案管理工作人员的教育培训。针对档案管理专业技术，特别是在疾控档案管理标准规范以及档案管理新方式新方法的运用方面，强化技能培训，提高档案管理工作人员做好疾控档案管理的业务本领。此外，还应该针对疾控档案信息化管理等相关工作，强化对档案管理工作人员档案管理信息化智能化手段运用的培训，确保疾控档案管理工作的规范有序高效开展。

结 语

疾病预防控制档案作为重要的信息资料，与疾病防控工作息息相关。但是疾控档案由于具有内容涵盖广泛、种类较多、专业性强等一系列的特点，因而对于档案管理以及开发利用提出了较高的要求。在疾控档案管理开展过程中，应该注重完善档案管理制度体系，提高疾控档案管理信息化水平，并加强对档案资料的深度开发利用，以不断提高档案管理工作水平，真正发挥档案资料的价值。

参考文献：

[1] 刘忠俊 . 疾病预防控制档案管理现状与思考 [J] . 办公室业务， 2015 （4）.

[2] 姜伟红 . 疾控中心档案管理工作存在的问题及解决的途径 [J] . 黑龙江史志， 2014 （10）.

[3] 尹福顺 . 浅议基层疾控中心档案管理与建议 [J]. 华章，2013（22）.

[4] 李丹 . 浅谈疾控机构档案管理存在的问题和对策 [J]. 医学信息（上旬刊），2011（7）.

抓好服务体系建设　不断提升服务水平

河北省行唐县妇幼保健院

2016年，我县妇幼卫生工作在县委、县政府和上级主管部门的正确领导下，坚持科学发展观，认真贯彻落实“十三五”规划和《母婴保健法》，紧紧围绕全县卫生工作中心，优化服务模式，拓宽服务领域，全县妇幼保健的服务能力和管理水平不断提升。我县孕产妇死亡率、婴儿死亡率和5岁以下儿童死亡率有不同程度的下降，妇女儿童的健康状况得到进一步的改善；国家妇幼卫生重大公共项目全面完成，剖宫产率得到初步控制；妇幼保健业务管理进一步规范，服务水平和管理质量有了明显提高；国家基本公共卫生孕产妇和儿童保健均等化服务逐步得到加强，医疗机构之间的协作配合、信息共享机制逐渐形成；等等。从统计数据和绩效考核结果来看，成效明显，成绩显著。而这一系列的变化，是不断加强妇幼体系建设，以群众需求为导向拓展服务内涵的结果。

一、以需求为导向，服务体系不断完善

行唐县妇幼保健院儿童保健中心承担着城区25所托幼机构的入托体检、儿童常规保健、业务指导、技术培训、监督管理工作，为全县儿童提供基本医疗保健服务和公共卫生服务。独具特色的服务项目和服务理念，已逐渐成为妇女儿童保健中心的品牌优势。“亲亲小宝贝，小宝贝是丫丫，拍拍手、扭扭腰，转圈圈。”在行唐县妇幼保健院儿童保健中心，刘国瑞主任在脑瘫康复训练课堂上，正跟一名4岁的小宝贝交流。小家伙虽然话说不清，但她没有害羞和胆怯，开心地和刘老师玩在一起，现场气氛其乐融融……这是妇幼院倡导人性化服务、家庭式关怀

理念的一个缩影。

2016 年，妇幼计生整合工作顺利结束。我县新儿保中心迁入新址（原计生医院四楼），面积比原址增加 5 倍。医院还投入近 200 万元经费，购置智力测评仪、语言评估与康复训练仪、认知测评康复仪、儿童骨密度测试仪、骨龄测评等先进的医疗设备。迁入新址后，根据服务人群的需要，调整了内部科室布局。新儿童保健中心，温馨的色调和独具特色的装潢让人过目难忘。走进婴儿游泳抚触中心，专业的护理人员正认真地照看着一个个小宝宝在泳池中开心地戏水。同时，将儿童早期综合发展与健康管理相互衔接，优化了服务流程，整合了服务内容，为儿童提供“无缝式”妇幼健康服务。

围绕着孩子的健康发展，进行个性化健康干预，推出了“零级预防”的理念。即以孩子的健康为中心，以健康或疾病风险因素发生前的防控为重点，强调从“新生命出生时”“风险未出现时”“病变未发现时”的全生命周期健康维护与健康管理。实行“早、专、全”三位一体的儿童健康管理方法。

“早”即窗口前移，从新生儿开始就给予观察、评估，科学地指导促进发展。对早产儿、高危儿给予系统性发育风险评估和有效的早期干预。“专”即人才专业，中心拥有由儿科专家和儿童发育专业的医生、护士、早教教师等组成的专业队伍。“全”即学科全面，从儿童早期的体格发育、神经运动发育及心理行为发育等方面对儿童进行全方位的评估、跟进指导、干预促进。

“儿童早期发展中心以出生后满月儿童生长发育为基线，每个月对孩子进行全面监测，配合婴幼儿游泳、亲子、感觉统合训练、健康指导等多种干预措施与个性化的训练方案，可以第一时间发现孩子健康上的偏差，并及时解决，以促进儿童全面、健康成长。”

孕期保健部以保障生殖健康，降低出生缺陷率为目的，担负着从孕前至孕早期、孕中晚期的医疗保健、卫生咨询及健康指导工作。在开展如唐氏综合征筛查、孕 24 周 ~ 28 周妊娠期糖尿病筛查、ABO 溶血检查、孕期营养指导等常规孕期检查项目的同时，又开展了产前筛查服务，鼓励高龄孕妇在孕 16 周到“20+6”周期间进行检测，对 21 三体综合征（唐氏综合征）、18 三体综合征和开放性神经管畸形风险进行评估，减少了生育风险和出生缺陷发生率。这项筛查服务不仅极大减轻了孕妇的心理负担，而且比传统筛查速度更快。通过孕前和孕期检查，及时了解育龄妇女及孕期母婴健康状况，及时发现和消除影响胎儿发育的有害因素，提高孕妇的孕期健康水平，防治各种孕期并发症、合并症，为胎儿的生长发育创造良好的内、外环境，保障了母婴安全。

妇女保健部考虑高龄产妇因生育二孩造成盆底二次承重的问题、前次有剖宫产史子宫下段切口恢复情况等问题，专门设立了盆底康复科，引进了先进的盆底肌肉康复治疗仪，有效改善女性盆底肌肉组织损伤的问题，促进盆底肌肉生理功能的恢复，增强腹部、盆底等松弛部位的紧实度和弹性。同时，引进腔内 B 超，了解子宫复旧情况，为再次妊娠做好充分准备，减少孕育二孩的风险，大大提高了产妇的生活质量。产后乳房保健也是产后健康管理的重要内容之一。母乳喂养一直是妇幼工作多年来关注的话题，为了解决产妇因内分泌、情绪、休息等因素造成的产后乳汁不足、乳汁淤积、乳腺管阻塞以及乳腺炎等一系列问题，多途径促进产后乳汁分泌，消除乳汁淤积，疏通乳腺管，并指导产妇正确的母乳喂养技巧，让宝宝喝上营养丰富、充足的母乳。

二、以责任为使命，服务水平不断提高

2015 年以来，我县启动了妇幼健康优质服务示范活动，以妇儿中心公共卫生职能建设为抓手，健全妇幼公共卫生服务体系，加强对乡镇卫生院的指导。使妇儿中心公共卫生职能建设得到了加强，妇幼工作流程更加合理、工作标准更加明确、工作思路更加清晰。妇女在家庭中的作用举足轻重，关系到整个家庭是否幸福和谐。行唐县妇幼院高度关注女性健康状况，把建设技术力量强大的妇女保健中心作为中心工作常抓不懈。乳腺疾病已成为威胁女性健康的最常见恶性肿瘤之一，早发现、早治疗是治愈成功的关键。我院引进高频钼靶乳腺 X 线机一台。另外，彩色超声诊断仪具备筛查乳腺疾病的功能。超声科定期派骨干到省市级医院进行乳腺超声学习，提高服务水平。另外，拥有宫颈液基细胞学检测系统、Leep 刀、阴道镜等宫颈疾病系列筛查、诊断及治疗设备。通过努力，已经形成

管理到位、宣传到位、群众认可的宫颈疾病筛查与诊疗机构。孕育聪明健康的宝宝是每个家庭幸福的基石。开展不孕不育诊疗项目、给每个家庭带来幸福也是妇幼保健机构的责任之一。不孕不育治疗门槛低，对设备要求不高，易于开展工作。不孕不育专科开展以来，凭借治疗效果，受到了群众的好评。

每年组织开展妇女两癌普查工作。保证这项工作的科学规范，有条不紊地进行，我们结合实际制定了严谨详细的工作方案，基本原则是尊重、友爱、严谨、负责，在此基础上，筹建了由刘俊娟副院长为组长的工作小组，分别是导医服务组、医技检查组、妇科检查组。每个组都有明确的工作内容和工作要求及工作流程等。各工作组分工合作，有条有理，忙而不乱，保证了妇女两癌筛查工作的顺利进行。两年来，共为 2 万名妇女开展了两癌筛查。

以人为中心、家庭式关怀，正是因为这样的服务理念，让妇幼保健院在“二孩时代”能够从容应对，并且以此为契机，提升内涵建设，提高服务能力，拓宽服务领域，为全县妇女儿童提供全方位、个性化的健康服务。

情系妇幼健康 改革惠及民生

——永城市妇幼保健院真情打造妇女儿童健康“保护伞”

河南省永城市妇幼保健院

永城市地处苏、鲁、豫、皖四省交界处，素有“豫东门户”之称，辖管30个乡镇，人口150万，妇女儿童约80万，妇幼保健工作任务繁重而艰巨。永城市妇幼保健院成立于1956年，沐浴着改革开放的春风，其规模从小到大，服务功能从弱到强，医疗水平不断提升，如今已发展成为一所集医疗、预防保健、康复、急救为一体，具有一定规模的一级甲等妇幼保健院。近年来，在党和国家改革发展、利民惠民政策的指引下，我院出色地履行着为妇女儿童的健康保驾护航和为构建和谐永城添砖加瓦的神圣职责，并且无怨无悔地充当着全市妇女儿童身心健康的守护者。

一、创新思路，重塑理念

面对新的机遇和挑战，我院以于峰院长为首的新一届领导班子审时度势，锐意改革，对医院的发展进行了准确定位和重新规划。首先，从改变观念入手，培养和提高医院中高层干部的管理意识和管理能力，增强团队凝聚力与执行力。今年5月中旬，我院邀请高级导师对全院干部职工尤其是中层干部进行了为期两天的员工心态素质提升培训，丰富了中层干部的管理理念。其次，细化管理，确保质量。医疗质量是医院的生命线，直接关系到患者的生命安全和身心健康。我院实行全面质量管理，建立院、科两级质控体系，完善了质量控制的组织网络，建立健全各种规章制度，完善岗位职责，确保工作每一个环节有章可循。再次，加强同行业交流，走出去、引进来。于峰院长多次带领院班子成员和业务骨干到省级医院、同级妇幼保健院参观学习，拓展视野，更新知识，接受现代妇幼保健新技术、新理论、培养以前瞻性眼光和现代妇幼保健医学理念审视、谋划专业发展的思维能力，进而统一各级医护人员的思想，着眼长远，顾全大局，形成推进医院又好又快发展的整体合力。邀请了中国妇幼保健协会副会长，新密妇幼保健院原院长李长卿同志到我院指导各个科室的工作与管理，对全体员工展开了《新形势下县级妇幼保健院的发展与管理》的专题培训。

二、以十大民生实事工程为契机，力推惠民利民新举措

免费开展出生缺陷产前筛查和新生儿疾病筛查是我省、市十大民生实事之一，事关广大人民群众的切身利益。永城市妇幼保健院被确定为永城市唯一一家免费产前筛查定点医院。为把这项民生工程抓实、抓好，让党和政府放心，让人民群众满意，于峰院长带领院班子成员和有关科室负责人迅速行动起来，节假日不休息，加班加点，积极配合相关部门做好落实工作。“两筛”工作于 7 月 9 日正式启动后，院领导班子高度重视，制定了实施方案，成立了以院长为组长的“两筛”工作技术指导小组，明确了责任分工，抽调我院 B 超、检验、妇科、保健科等有关科室专家 26 余人组成了专家团队，专门为“两筛”工作服务。我院重新调整设置了产前遗传咨询门诊，添置了专用电脑、热线电话，各相关科室接通了信息平台，制定完善了各项工作流程、工作登记和工作制度，为保障该项目服务水平和技术质量提供了有力的支持。

为规范该项目的运作，我院精心挑选了专业技术人员分期、分类参加省卫计委组织的免费筛查各专业的技术培训，为扎实开展筛查工作打下坚实基础。我院还利用自己的资源优势，对全市承担该项目的工作人员进行了专题培训。为了将这项利国利民的好事更广泛更快捷地宣传到广大群众中去，我院充分利用各类媒体和多种途径进行了大量的宣传。编发“民生实事免费筛查”项目专题简报、服务手册、服务卡及各项登记册等。医院内部通过婚前保健、孕前保健、早孕建卡、遗传优生咨询、孕妇学校等环节采取集中宣传。出动了宣传车、利用乡村广播对该项目的有关检查事项进行了广泛宣传，有效提高了知晓率和筛查率。河南省卫计委妇幼处处长李华伟检查团一行及省妇幼保健院保健部主任胡孟彩率领的检查组在对我院的“两筛”工作进行实地查看后，给予了高度赞扬。

三、创新服务模式，打造名医品牌

为提升重大疾病防控防治水平，增强优质医疗服务供给能力，我院不断创新，更新观念、增强实力，积极探索和实践医联体新的服务模式。2017 年 7 月 9 日永城市妇幼保健院隆重举行了“河南省妇幼保健院医疗联合单位”“河南省妇幼保健院产科与麻醉技术指导医院”揭牌仪式。标志着永城市妇幼保健院在努力提升自身实力，做强做大的征程上迈出了重要的一步。2017 年 9 月 27 日永城市妇幼保健院新生儿重症监护室正式成为郑州大学第一附属医院新生儿重症医学专科联盟单位，将对我院新生儿重症监护室从科室管理和医疗技术等方面进行全面帮扶，有利于提高我院新生儿重症监护水平。将为推进永城市妇幼卫生事业发展，提高妇幼健康水平做出新的更大的贡献。

为有效降低剖宫产率，倡导自然分娩，我院成立了孕妇学校，并开设了特色项目——孕期瑜伽。孕妇学校将由该院有关专家为准妈妈们讲解系统的孕产保健、分娩及新生儿护理知识，让准妈妈们得到更专业、科学、实用的孕育指导，快乐孕育、快乐分娩。

四、建设特色专科，带动全面发展

永城市妇幼保健院作为全市妇女儿童身心健康的守护者，为方便全市广大妇女同志看病，让她们在家门口享受到首都妇科专家亲自做手术的便利，以于峰院长为首的领导班子通过多地考察，大胆引进了先进的腹腔镜系统，并选派妇科技术骨干到省级、国家级医院进修，外聘北京专家现场带教和技术合作，为更好地开展腹腔镜手术奠定了良好的基础。自开展以来，已为多名患者成功实施了腹腔镜手术，减轻了广大妇科病患者的经济负担，为缓解看病难、看病贵问题作出了应有的贡献。目前我院的脑瘫康复中心也是永城市唯一一家技术力量雄厚的特色科室，科室设置齐全，治疗技术已达到省级先进水平，被市残联评为永城市残疾儿童定点治疗机构。前来治疗的不仅有永城当地的孩子，许多涡阳、淮北、夏邑等地的孩子也慕名而来，每天约有 130 多名患儿在此进行功能训练及康复理疗，住院病人出现了加床现象，取得了良好的社会效益和经济效益。我院特色专科的开展，将起到以点带面的效应，随着特色专科不断的发展，不仅提升了我院的专科水平，同时也大大带动了其他业务项目的开展。

五、积极实施人才战略，引进绩效管理体系

医疗市场的竞争，归根结底是医疗人才的竞争。谁能吸引人才、留住人才、培养人才、用好人才，谁就能拥有竞争的主动权，拥有强大的核心竞争力。实施完善、可行的绩效管理激励机制，能够吸引高素质的技术人才进入医院，为未来的发展储备力量。为此，永城市妇幼保健院引进了医院绩效考核管理系统，由爱康妇幼保健管理中心的绩效管理专家前来指导我院的绩效管理与实施工作。专家们对我院进行了实地调研，详细了解了我院的实际情况和所处外部医疗环境，根据人员、科室、业务开展情况，对目前面临的问题进行了剖析，提出了绩效管理的方法与思路。不久的将来，有效的绩效管理方案将在市妇幼保健院正式实施。通过有效的绩效管理，将为管理者与职工之间提供良好的沟通和交流平台，给职工创造积极向上的发展环境、公平合理的竞争环境、按劳分配的薪酬环境，重视尊重职工的劳动成果，确立医院自下而上相互依存的工作关系。从而最大限度地发挥职工的能量和才华，为医院的长远发展服务。

目前永城市妇幼保健院是永城市孕产妇急救中心、永城市新生儿急救中心、永城市免费产前筛查定点医院，永城市免费新生儿疾病筛查服务中心。先后荣获全国卫生系统先进集体、省级卫生先进单位、省级新生儿疾病筛查先进单位、省级女职工工作示范单位、省级妇幼重大公共卫生服务工作先进集体等荣誉称号。

长风破浪会有时，直挂云帆济沧海。永城市妇幼保健院新一届领导班子通过一系列的创新改革，进一步规范了医院的管理、改善了医院的环境、促进了医院的发展、树立了医院的形象、提升了服务全市广大妇女儿童的能力水平。永城市妇幼保健院将把惠民、利民、便民作为主要目标，加快医药卫生体制改革，加快妇幼卫生事业发展，为建设富裕、文明、幸福、生态新永城作出新的更大的贡献！

百姓得实惠　医院增活力
——阳曲县积极推进县乡医疗机构一体化改革

山西省阳曲县卫生健康和体育局

没有全民健康，就没有全面小康。阳曲县严格按照习近平总书记的重要指示精神，认真落实省委、市委的部署要求，深入推进县乡村医疗卫生机构一体化改革，全面开展健康扶贫。

组合拳释放政策红利　红利释放活力解决疑虑

2017 年 3 月 31 日，山西省第一家以县医院为主体县乡村一体化管理的独立法人的医疗集团在阳曲县挂牌成立，10 个乡镇卫生院、117 个村卫生室资源全部整合，实现了行政、人员、资金、业务、绩效、药械采供的“六个统一”。县医疗集团成立集团理事会、监事会、专家委员会及“十部六中心”，理事长由医管委提名，经县委常委会研究决定，医疗集团理事会选举产生，医管委聘用并签订聘用协议，理事长兼任集团院长。县卫生健康和体育局全面履行行业监管职责，由运动员转变为裁判员，实现了政事分开、管办分离。

改革全面推开，动力与阻力同在，但发展的活力最终解决了改革中出现的困难。改革前乡镇卫生院普遍存在发展严重滞后问题，体制机制不顺，医疗设备简陋，专业队伍人员短缺、技术水平较差，远远不能满足 15 万阳曲人民的就医需求。家门口医疗服务成为影响群众健康指数的短板，如何使优质资源下沉，就近满足群众需求，县乡村一体化改革成为县委、县政府的优先考虑。但医疗改革核心内容之一就是赋予医疗集团人事任免、自主招聘权利，取消县乡医疗卫生机构行政级别和领导职数。我县医改成员单位积极转变职能，加大“放管服”力度，在人事薪酬制度等改革方面寻求更大突破，坚持人员编制将由政府统编改革为编制备案，人员管理由身份管理转变为岗位管理。改革之前，县医院人员是抱有很大疑虑的，但随着改革的推进，到2017年年底，改革红利释放，医疗集团得到极大发展，消除了种种疑虑，原有医务人员特别是一线医务工作者的劳动报酬提高了24%，极大地调动了工作积极性。同时新招聘71名医务人员，其中全科医生11名，集团人才得到有效补充，服务能力得到明显提升，医疗集团活力得到释放。一年来，医改工作成效初显。县人民医院门诊人次、住院人次实现两位数增长，医学影像、远程心电等六大中心业务增长均在20%以上，住院患者满意度达到99%以上，患者外转率下降41.5%，百姓就医和医院运营成本实现“双下降”；乡镇卫生院门诊诊疗量平均增长15.3%，住院人次和住院收入实现零突破，职工满意度和就医群众满意度实现“双提高”。

实现群众受益全覆盖　破解支出型贫困难题

家住东黄水镇东黄水村的范二花大姐，59岁，是一名脑瘤后遗症患者，现仍肢体行动不便，言语不利，加之丈夫多年前去世，无经济来源，还要承受看病费用，其家庭经济十分困难，为我县的精准扶贫户。为破解其因病致贫实际难题，按照我县精准扶贫相关政策和家庭医生签约服务要求，在家庭医生签约服务中范二花大姐为重点服务对象，签约医生田翠蓉大夫经常主动与范大姐电话随访病情近况，预约体检时间，体检数据及时录入健康电子档案以便家庭医生团队上级医生随时调阅资料、分析病情、制定后期康复治疗方案，有效缓解病情。一次范大姐突发肢体不适住院治疗时，在家庭医生团队和乡镇卫生院、医疗集团的协作下，优化入院流程及时就诊，而且住院期间通过医疗集团信息平台进行了远程会诊，远程心电、委托检验等项目的诊断，住院总费用1333.11元，自付112.51元，患者即减少去县医院就诊的不便，又享受到县级医院的诊疗服务，更重要的是减轻了患者的看病负担，让患者亲身体会到了获得感和幸福感。范二花大姐的这个案例是阳曲县县乡村一体改革的一个生动注脚，阳曲县通过实现四个“全覆盖”，促进了优质资源持续下沉。即 10 个乡镇卫生院和 117 个村级卫生室提档升级全覆盖，县医疗集团专家赴乡村开展巡回医疗诊疗服务全覆盖，家庭医生签约服务重点人群、建档立卡贫困人口、计生特殊家庭全覆盖，乡村干部、家庭医生签约团队健康扶贫“双签约”全覆盖，使百姓真正享受到优质便捷的医疗服务。

上下联动，推动了分级诊疗政策落地。向上联接省市 21 家医院，向下衔接各分院及村卫生室，完善双向转诊绿色通道，省市专家下乡诊疗，初步形成乡村首诊、双向转诊、急慢分治、上下联动的分级诊疗格局，基本实现“小病不出村、常见病不出乡、大病不出县”。不少基层医生选择往外走的现象、基层曾出现的一医难求的尴尬现状的得到根本改变。

改革最受益的是贫困患者，坚持医改、脱贫双推进，努力破解支出型贫困难题。制定出台《阳曲县农村建档立卡贫困人口医疗保障帮扶方案》，实施“三保险、三救助”，贫困户门诊费用 100% 报销，住院报销由 85% 提高到 92%，减轻了贫困户负担，提升了群众满意度。

“互联网 +”提升服务水平　服务队当好群众健康管家

家住侯村乡店子底村的张玉花大娘，已 88 岁高龄，有一天突然胸部不舒服，及时联系家庭医生村医王应喜大夫，王大夫立即赶到张大娘家，按照集团培训过的知识进行处理，并将心电图、血压等检查结果及其健康电子档案通过健康一体机和手机 APP 线上传输至集团心电中心及家庭医生团队的上级医师，专家在线上及时明确了诊断，并指导王大夫对患者对症口服药物治疗及日后的随访。张大娘的检查全部免费，仅心电图检测一项，就能为她省下 16 元。

在改革的过程中我们始终牢记习近平总书记为人民群众提供全方位全周期健康服务的教导，做到了心中始终装着百姓，时刻牢记群众利益，保证了医改工作始终围绕为百姓谋福祉的正确方向。不论身处县城还是偏远的乡村，都享受便捷高效优质的服务是改革的目标之一，阳曲县强化“互联网 + 医疗”服务模式。搭建了信息管理、影像管理、检验信息管理、心电会诊及综合运营管理平台；健全了居民健康电子档案，县乡村三级医疗、公共卫生、健康管理实现互联互通；开展了多学科远程联合门诊，乡镇卫生院和村卫生室医务人员可以随时连接县医院为患者进行远程服务，并通过手机APP“一键呼叫”，村医以视频方式在田间地头、群众炕头与县医院医生进行即时会诊，实现了信息多跑路、群众少跑路，方便了群众就近就医。同时医疗集团组建医师签约团队和家庭医生团队，对全县因病致贫、因病返贫的贫困群众进行摸底筛查和健康服务；由包村干部、驻村帮扶干部、第一书记、村“两委”干部组成政策服务团队，向贫困群众宣讲健康扶贫政策并进行医保报销、民政救助的代报代办服务。

集全县之合力医改工作成效逐渐显现，截至2018年6月30日各项重点指标控制科学合理，较2017年同期相比：医疗费用增幅6.6%；药占比26.4%，较去年下降13.7个百分点；百元医疗收入中消耗的卫生材料为11.8元，较去年下降9.8元；医疗服务收入占比为37.4%，较去年下降1.4个百分点；人员支出占业务支出的比例为43%，较2017年下降1.4个百分点。整体形成了“群众得实惠、医生得提升、医院得发展、政府得民心”的良好局面。时任国务院副总理刘延东、国家卫计委主任李斌等领导在我县调研一体化改革时给予充分肯定，2018年3月阳曲县被国家卫健委列为2017年度公立医院综合改革真抓实干成效明显拟予激励支持的地方之一。5月受国务院办公厅表彰。

创建卫生县城 优化人居环境 促进经济发展

——单县创建国家卫生县城工作汇报

山东省单县卫生健康局

单县位于鲁苏豫皖四省八县交界处，辖18个乡镇，4个街道办事处，1个省级经济技术开发区，1个浮龙湖生态文化旅游开发区，502个行政村，总面积1702平方公里，总人口123.4万人。城区辖北城、南城、园艺、东城4个办事处，面积25.5平方公里，人口21.4万人。

县委、县政府高度重视爱国卫生工作，认真贯彻落实《国务院关于进一步加强新时期爱国卫生工作的意见》和省、市有关文件精神，坚持把爱国卫生工作作为优化人居环境、促进经济发展的有效载体纳入各级政府的议事日程，列入经济社会发展规划。

县成立了以县委副书记、县长任主任，相关部门、单位主要负责人为成员的爱国卫生运动委员会。委员会下设办公室，为正科级事业单位，核定编制5人，并从卫计系统抽调7名专职工作人员充实工作力量，每年爱卫专项经费列入政府财政预算，为爱国卫生工作顺利开展提供有力保障。特别是2011年以来，我县把卫生县城创建工作作为推动经济社会又好又快发展的基础工作和民心工程，举全县之力，矢志不渝地向前推进，2014年顺利通过省级卫生县城复审，全面掀起了创建国家卫生县城的新热潮。

一、坚持“四个统一”，推进创卫工作高效运转

——统一安排部署

县委、县政府成立了由县委书记任政委、县长任组长、十名县级领导任副组长、50个县直部门主要负责人为成员的创卫领导小组，具体负责全县创卫工作的安排部署、统筹协调。领导小组下设指挥部，由县政府分管副县长任指挥长，负责全县创卫工作的推进落实、督导督查。领导小组建立了联席会议制度，县委书记、县长亲自组织解决创卫中的热点、难点问题，有力地促进了创卫工作的顺利开展。

——统一督查调度

县创卫领导小组建立定期观摩调度机制，每周对创卫工作进行观摩调度，现场查问题、定措施，强力推进创卫工作。同时成立了由县委、县政府“两办”督查室和县纪委8个纪检组组成的10个创卫工作督导组，并由县卫生计生系统150名业务技术骨干组成的10个技术指导组，每天深入现场开展督促检查和技术指导，及时向网格、单位反馈问题，挂牌督办，跟踪落实，形成了一套高效有序、保障有力的创卫督导机制。

——统一工作标准

以打造高标准的国家卫生县城为目标，先后9次聘请国家级创卫专家进行授课和现场技术指导，并多次组织人员赴外地市学习先进创卫经验，以“农贸市场超市化”“公厕建设星级化”“垃圾清运全域化”“城区绿化景观化”“城市面貌特色化”为创卫工作标准，确保我县创卫工作高层次、高定位、有特色。

——统一推进行动

在创卫格局上，全面实施了区域网格化管理，将建成区划分为13个网格，安排13名副县级干部和80个县直单位分到网格一线。每个网格安排一个牵头单位和多个协包单位，在网格包保领导的组织调度下，全面做好本网格的创卫工作。网格内所有社区、村、县直单位全面发动、统一行动，“五项整治”同步推进，“十大工程”全面实施，以超常规的思路、超常规的措施、超常规的方法，推进

创卫工作高效运转。

二、狠抓“五项整治”，推动创卫工作深入开展

——整治经营秩序

开展了市容环境整治“百日会战”活动，采取联合执法、错时工作、分区划片、堵疏结合的方式，对流动摊点、店外经营和马路市场等进行了综合治理。城区650余家流动商户，110余家食品摊点全部规范至指定区域经营，彻底解决了占道经营、乱设摊点等市容环境棘手问题。

——整治“五乱”现象

开展了“五乱”专项治理活动，拆除违规广告牌3060余块，刀旗广告5200余幅，清理乱堆乱放、违章搭建1620余处，规范洗车点135余个，整治店外经营2750余家。主次干道和公共场所施划道路标线10.5万平方米、机动车位2.1万个、非机动车位1.2万余个。

——整治建筑工地

加大建筑工地整治力度，32个在建工地增设围挡11.6万米，道路硬化11万米，覆盖裸露土地18万平方米，出入口安装车辆冲洗设备30台，监控设备37套。

——整治“八小行业”

实施“八小”行业全面达标治理，城区2000余家“八小”行业做到证照制度齐全、内外环境卫生整洁、垃圾收集设施管理规范，生产经营场所布局和工艺流程合理，“四害”防治设施配备到位。同时，大力实施“门前五包”责任制，对沿街建筑立面、环境卫生、停车秩序及公共设施等严格落实“五包”责任，签订责任书8020余份，通过部门监管和制度约束，切实提高经营户自律意识。

——整治城中村

以治理脏、乱、差为突破口，广泛开展了城中村、城乡接合部环境卫生综合整治活动。13个网格大会战，共清除边角垃圾126万余吨，硬化路面15.5万平方米，绿化巷道35条，铺设下水道1.25万米，城乡环境面貌焕然一新。集中整治巷道路口“露头丑”问题，修缮胡同口102处。有效解决污染扰民现象，整治养殖场 42 家，取缔砂石料场 31 处、废品收购站 10 家，清理水体岸坡 152 处。大力开展旱厕拆除工作，拆除临时小旱厕 1680 余处，并将公共场所旱厕改造与居民户户厕改造相结合，采取以奖代补方式改造居民户卫生厕所 1.2 万余座，同时鼓励各部门单位、家属院内部公厕全部对外开放，切实解决了群众如厕难问题。

三、实施“十大工程”，实现创卫工作全面提升

——清水入城工程

狠抓水环境综合治理，建成启用了城市生活污水处理厂、工业污水处理厂。投资建设了东舜河、嘉单河人工湿地水质净化工程等项目，实施了护城河、东舜河、莱河截污工程，对四君子、华康等企业实施了废水治理回收利用工程，铺设管网 116.8 公里，彻底改善了水环境，实现了清水入城。

——干道提升工程

加快主次干道的改造提升，完成 16 条道路的边坡及人行道入口治理，路沿石补栽 5200 余米，人行道维修 2.9 万平方米，护栏安装、维修 1.6 万米。

——增绿扩绿工程

大力实施增绿扩绿工程，投资 4 亿多元，对东舜河、莱河、环护城堤、环护城河进行了高标准绿化，栽植乔灌木 1000 多万株，河道绿化普及率达 98%；投资 2.8 亿多元，先后完成城区 6 条主要道路的绿化工程，形成了良好的城市林荫系统。

——特色园林工程

按照“临水建园”的理念，规划建设了 20 余处特色园林景观，形成了“城中湿地、绿色长廊，生态公园、河堤公园、专题公园与林荫系统有机结合”的独特生态园林面貌，成为人们休闲娱乐健身的好去处。

——市场改造工程

集中规范提升城区农贸市场。在繁华地段统一规划新建了园艺、庆丰等农贸市场和黄胡同、老灯塔、庆丰等 5 处夜市集中经营区，对这些市场采取政府零收益供地，最大限度地让利群众。

——节能降耗工程

大力推进节能降耗，着力整治大气污染，淘汰高耗能设备160台（套），对企业储煤场、水泥厂、粉煤灰砖瓦厂等产生粉尘的重点企业进行了专项治理。对尚舜化工实施了锅炉废气脱硫除尘、工艺废气硫磺回收、工业异味治理。

——环境安全工程

不断加强特殊行业的监管力度,对全县拥有放射源和辐射源的所有化工企业、重金属企业进行环境风险评价，制定应急预案，切实做好辐射和危险废物管理工作，确保全县环境安全。近3年内未发生较大（Ⅲ级）以上级别环境污染事件。

——健康教育工程

健全了县、乡、村三级健康教育网络，落实医院、学校、社区健康教育工作。开展了全民健康菏泽行动和健康生活方式行动示范创建工作,提升居民健康素养,推动全民健康文明生活方式的形成。制定公共场所禁烟规定，开展了无烟学校、医院等创建活动。采取多种形式，广泛开展各种健康教育宣传，职工相关卫生知识知晓率达95%；居民健康知识知晓率达93%，健康行为形成率达87%。

——传染病防治工程

加强传染病防治管理。全县县级以上医疗卫生机构和中心乡镇卫生院全部实现网络直报，疫情报告和突发公共卫生事件报告及时率和准确率达100%。全县二级以上综合医院都设立了感染性疾病科，其他医院设立了传染病预检分诊点。医疗废弃物统一收集处理，医源性污水实现稳定达标排放。认真开展了入托、入学儿童预防接种证的查验，配合辖区预防接种门诊及时为漏种儿童进行补种。

——病媒生物防治工程

大力开展病媒生物防制工作。近年来，县财政核拨经费500余万元，每年针对农贸市场、垃圾中转站、公共坑塘、公共绿化带等重点公共场持续开展蚊蝇消杀工作，并统一对城区3.5万余个毒鼠站进行了安装和毒饵投放。各办事处、企事业单位采取环境治理与直接消杀相结合、集中统一消杀与日常防制相结合、专业服务机构防制与群众防制相结合的方式，全面开展辖区病媒生物防制。近年来，城区鼠、蚊、蝇、蟑密度有效控制，群众反映良好。

四、完善“六项机制”，实现创卫工作常态化运行

六年来，通过深入开展卫生县城创建工作，城市建设大力推进、城市管理水平不断提升，城乡环境面貌发生了显著变化，创卫工作成效显著，让广大居民拥有了清新优美、健康舒适的人居环境。通过创卫，广大居民在城市环境潜移默化的改变中，深深意识到了保护环境的重要性，由“要我创”变为“我要创”，逐渐养成了良好的卫生习惯，文明素质不断提升。县委、县政府深刻地认识到，创卫“坚持以人为本，把群众得到更多实惠作为出发点和落脚点”，与建设服务型政府的理念相一致，是转变职能、转变作风的生动实践。但是创建和巩固国家卫生县城，不是一时之策，而是长远之计，重在常态管理。下一步，我县将牢固树立“创卫为民、创卫惠民”意识，不断探索完善长效机制，实现了创卫工作的常创常新。

——组织保障机制

县创卫指挥部统一组织领导国家卫生县城创建工作的机制不变，各街道办事处、各职能部门进一步健全爱国卫生工作机构，保证编制和人员落实。各级政府制定长期的创卫投入保障机制，将爱国卫生工作经费纳入年度财政预算，使创卫活动持续开展，人民群众长期受益。按照“重心下移、属地管理、以块为主、条块结合”的原则，强化街道办事处和社区（村居）在创卫管理中的基层、基础地位，使创卫管理工作的各项任务从基层抓起，从基础抓起，构建以县为主导、各街道办事处、各职能部门为主体、社区（村居）为基础的分工科学、责权明确、务实高效、运行有序的城市管理格局。

——网格管理机制

坚持网格“三不变”和“四转化”，建立创卫网格管理长效机制。坚持创卫网格包保领导、包保区域、包保单位不变，但在创卫方式上，网格包保人员由带头打扫卫生转为加强包保责任区内的监督指导；工作重心上，在继续开展“五项整治”的基础上，由集中突击转化为行业日常规范管理；在参与意识上，坚持创卫工作“贴近群众、贴近实际、贴近生活”原则，努力解决居民生活不方便的问

题，解决商户经营中的实际困难，使老百姓切实感受到创卫带来的变化和好处，引领广大居民群众在行动上由被动变主动，在行为上由“他律”变“自律”；在覆盖范围上，结合城乡环卫一体化工作，由建成区转化为乡镇、村居全域覆盖，逐步实现全域化创卫。

——联合执法机制

进一步加强创卫相关工作联合执法，建立权责明确、监督有效、保障有力的城市管理执法体制。以创卫网格化管理为基础，根据片区实际监管情况，职能部门派出人员进驻办事处。派驻人员主动作为，综合研判，向办事处提出专业建议，由办事处统筹协调，开展联合执法行动。通过开展联合执法，推进了城市管理方式由被动处置问题向主动发现问题转变，执法力量由分散到集中的转变，职能部门派出机构由各自为政向综合反应转变，有效提高了城市管理科学化水平。

——考核奖惩机制

县政府将国家卫生县城创建和爱国卫生、城乡环境整洁工作纳入对各街道办事处、各职能部门年度目标考核。县创卫指挥部建立日常巡查与月、季度考核评比相结合的监督考核机制，每年两次定期进行综合考核，并根据考核情况进行排名奖惩，促使各职能部门全面落实城市长效管理工作。对创卫工作不力、出现严重反弹的单位，以及在年度创卫工作考核排名靠后的单位，将按照县有关规定严肃问责。

——立体创建机制

以建设特色鲜明、生态优良、宜居宜业的美丽新单县为目标，深入开展国家卫生县城、国家园林县城和省级文明县创建“三城同创”工作，积极开展省、市级卫生乡镇、卫生村、卫生社区、卫生先进单位和卫生文明户等评选活动，建立县、镇、村“三级联创”机制，营造立体创建大格局。

——社会监督机制

充分发挥社会监督、舆论监督和组织监督作用，对创卫工作实施有效的监督评价。设立创卫服务热线，及时受理居民和社会各界的创卫工作咨询、投诉和建议，形成居民监督、创卫办交办、责任部门解决的工作推动机制；各级新闻媒体积极发挥城市卫生导向和监督作用，长期设立创卫专栏，对创建不力的单位和脏乱差现象予以曝光，加强社会互动，保持宣传声势，构建巩固创卫工作的长效宣传机制；聘请人大代表、政协委员为创卫督导员，通过他们行使检查、监督、建议权，促进创卫工作，逐步形成创卫服务热线为主、新闻媒体主动曝光和部门积极落实的社会监督落实机制。

37℃：暖在服务 暖在身边

——淄博市第七人民医院人文医院暖文化建设侧记

山东省淄博市第七人民医院

暖医、暖护、暖政

2018 年以来，淄博市第七人民医院深化人文医院建设，继续巩固“创建更具人情味医院”活动成果，延伸“拇指点赞行动”，以开展“七个一”温暖服务为抓手，让医务人员感受到关怀和温暖，进而向患者传递关爱和友善，逐渐建立以暖医、暖护、暖政为主要内容的“暖文化”。以心换心，传递温暖。如今，淄博市第七人民医院营造出一个医护奋进的“暖院”，收获了无数“暖患”的感激与信赖。为了更好地服务一线临床进而让患者享受到更多惠民红利，他们积极开展“37℃暖政”服务品牌创建活动，提炼出“保持 37℃温度，热情而不冷漠；表达 37℃态度，积极而不疯狂；传播 37℃精神，平和而不乏味”的品牌内涵，收到了良好成效。如今，“37℃暖政”服务品牌创建进行得有声有色，市七院各职能科室人员在平凡的岗位上发挥着自己的聪明才智，为一线科室发展献策献力，为医院发展凝心聚力，为医疗惠民尽最大努力。

暖医：为患者，我们尽己所能

走进市七院，在每个角落，都能感受到这所医院特有的温度。

门诊大厅里，是热情的导医服务、便捷的就诊流程；专科诊室里，是医生耐心细致的问诊、严谨科学的判断；病房里，是护士体贴入微的关爱、不厌其烦的叮嘱。

一幅幅画面，暖意融融，饱含着医护人员与患者之间的那份信任与仁爱。有温度的医生，履职尽责，收获信任。

在市七院，走进任何一个科室就诊，都能感受到医生的高度责任感。

“我是一名骨科医生，平凡的工作中做到细致、认真，让每一个病人感受到暖心、暖意。”骨二科副主任、副主任医师王维军。

“我是重症医学科的一名医生，每当面对着徘徊在生死线上的危重患者，尽我所能，救死扶伤，让病人登上生命的方舟，开始全新的旅程。”重症医学科主治医师张鹏。

“我是一名影像科医生，我愿做临床医生的眼睛，为患者的健康尽职尽责。”影像科主治医师殷秀富。

这些分散在各个科室的“暖医”代表，是这样表达的，也在以自己的实际行动践行着医院的“暖文化”精神。

2018 年 1 月，为巩固和深化人文医院建设成果，进一步开展改善医疗服务行动，医院决定在全院开展“七个一”温暖服务活动：一个适当的表情、一声恰当的问候、一张连心卡片、一次座谈交流、一个健康礼包、一串调查回访、一个真诚点赞。要求全院医务人员从细节做起，尊重与关爱患者，让病人在关爱中体会医务人员的爱心，努力构建和谐的医患关系，患者就诊时或住院 / 出院时送上一张连心卡片，卡片上包含医院和专家介绍，并附医院专家名片一张，病区内至少每周召开一次患者及家属座谈会，了解服务满意情况，征询服务短板以及改进措施，普及健康教育知识，对病人不畏病痛、乐观豁达的阳光心态，不惧病魔、勇战顽疾的坚强意志，遵从医嘱、配合医护的合作精神，病情改善、转向康健的点滴进步点赞，让病人感受到更多的尊重、激励和关怀等。

七院人深知，患者的求医行为，本身就包含着对医生的信任。当患者生病时，向医生倾诉痛苦，就是出于信任；当患者躺在手术台上时，把生命交给一群陌生人，这也是出于信任。面对如此重托，医护人员可谓重任在肩。

仁爱之心施于患者，精湛技术用于患者，在“暖医”们的不懈努力下，医院专科优势更加凸显，品牌形象稳步提升。

暖护：为护理，我们真诚以对

对“暖文化”的诠释，更多地体现在这些一线护理人员的日常工作中。一声恰当的问候，病人来院时关心问候，入院时护士起身问候，晨间问候，护士长问候，术后问候，新年、节日问候，让患者感受到温暖与关爱。患者出院送上最真诚的祝福，每出院一名患者，赠送内装控盐勺、体重指数表、腰围尺、健康饮食塔图、体温计、健康教育处方的“健康包”一个，传播健康生活方式，正确提供健康指导。

此外，在患者出院后，还有一串调查回访：门诊每月随机开展一次满意度调查；临床科室对所有出院病人由主管医生或责任护士实行定时电话回访，科主任、护士长监督、检查；同时服务监督科对出院病人至少一次电话回访，回访记录要翔实，问题反馈要及时。

时时为患者着想，处处帮助患者。在“七个一”温暖服务的推动下，“暖护”们不断为患者提供意想不到的服务，将服务的每一环节做精、做细，受到患者及家属点赞。“我们没有想到的，他们想到了；我们认为做不到的，他们做到了；我们认为已经做得到位了，他们做得更好了。”患者如此评价。

在市七院，主动关心和帮助，主动耐心安慰，主动热情接诊，主动真诚迎送，已人性化渗透到医院工作的每个环节和细节。暖医、暖护赢得患者的广泛尊重和信赖，为进一步推动和谐医院、和谐科室、和谐医患关系建设，和医院健康、协调、可持续发展，创造了良好条件。

暖政：为健康，请传递我们的暖

“再见了大淄博，谢谢你们给了我第二次生命，我会永远记住你们的。”来自北京的张女士在市第七人民医院外科通过手术治疗糖尿病，出院后在朋友圈发了一条这样的话语。

来淄博出差的江苏病人独自来市七院就诊，肛周脓肿疼痛不能走路，门诊导医台护士主动为其办理住院手续并推其去外科病房，小小举动，让孤身在异乡的患者备感温暖。

医护人员的温暖行动，得到了病患更温暖的回应：医院不断收到患者各种感谢信、表扬信、锦旗。医护人员更是深有体会："温暖服务让我们看到了以往工作中的不足，服务意识上升到了一个更高层次，学会了去观察患者内心的需求，用心倾听病人的声音，用心研究病人的疾病，用心对待病人合理的要求。"

在不断完善中，"暖文化"不断升华。6 月 14 日，根据市卫计委《关于开展优质医疗服务品牌创建的通知》精神要求，结合医院暖文化建设的需要，市七院在全部职能科室开展"37℃暖政"服务品牌创建活动，提出"保持 37℃温度，热情而不冷漠；表达 37℃态度，积极而不疯狂；传播 37℃精神，平和而不乏味"，通过这一活动，激发职能科室的工作热情，提高工作效率，让一线职工满意，让他们的自我价值实现。

如今，"三暖"之情感动每颗心灵，"三暖"之风温暖整个医院，而这些变化与医院的顶层设计密不可分。近年来，市七院深化人文医院建设，围绕"厚德尚能，重道乐标"的院训精神，2016 年开展了"创建更具人情味医院"活动，2017 年开展了"拇指点赞"行动，2018 年开展了"七个一"温暖服务，人文医院建设再上新台阶。全年住院患者满意度 96.74%，出院患者满意度 98.30%；在市考核办对医院的社会满意度考核中，市七院的满意度为 99.25%。2018 年以来，随着各项工作的稳步开展，在医院各部门的积极配合下，"七个一"温暖服务全面推广，已不仅是一项服务活动，更是平安医院建设、健康淄博建设的重要手段，为医患矛盾化解、医患纠纷预防探寻了一条新的出路。

如今的市七院，医生善待患者，患者感恩医生，医患共情，互相温暖，构成了一个正能量循环圈，关怀、关爱、友善的氛围中，医院迎来了又一个美好的明天。

博大 仁爱 精善 为民

——奋进中的长垣县妇幼保健院

河南省长垣县妇幼保健院

李相文，妇幼保健院院长，男，生于1972年04月，汉族，医学系大学本科，主治医师。一名以精湛技术扬名的外科主治医师。

他曾经说过，最喜欢一位外国企业家的格言：船停泊在港口最安全，但这不是我们造船的目的。在他心中，是船就要扬创新之帆、铸品牌之舟，劈波斩浪，驶向大海。

李相文，长垣县妇幼保健院院长，一位睿智、诚实、儒雅的人，正是他带领妇幼保健院这艘航船，在高手林立的医疗市场中，独辟蹊径，闯出一条特色之路，在3年的时间里，使医院旧貌换新颜。

2014年，走上妇幼保健院院院长的领导岗位，正值不惑之年的李相文，着实被眼前的问题和困难困惑了一阵子。那时的保健院由于种种原因正处于发展的低谷，新院建设困难重重，负债累累，很多人对医院的前途失去了信心，业务骨干精力不集中……面对这样的局面，李院长没有束手无策，临危受命的他，用睿智的头脑认真地分析原因，反复思考解决问题的办法。他认为，解决问题的关键在于管理的创新，在于闯出一条特色之路，在于把全院职工的心凝聚在一起。李院长上任伊始，就提出了“精诚团结，拼命工作，只争朝夕，争创一流”的工作意识，提出了建院工作思路：一是全心全意为病人服务的宗旨；二是改善医疗和工作两大环节，加强人、物两个管理；三是实施创服务一流、管理一流的专科医院。凭着这个思路，李院长从医院实际出发，本着少花钱多办事的原则，新院建设带头跑资金、跑项目，他把强化服务意识，努力营造一个健康、优美的医院氛围，看作是今后发展的重点。

在上级部门的大力支持下，在李院长的带领下，全院职工齐心协力，克服种种困难，终于在 2017 年 09 月份完成医院搬迁，实现了几代妇幼人的梦想。搬迁新院址后，各项工作得到了持续健康快速发展，由过去单一的产科服务发展成为管理科学规范、技术力量雄厚、科室设置合理、设备先进齐全、环境温馨舒适的现代化妇幼保健机构。医院在加强科学规范化管理，强化对全县妇产科业务指导的同时，坚持以病人为中心，确立了“厚德、精医、奉献、创新”的经营理念，加强医院文化建设，先后实施了“容貌工程”“明亮工程”和“暖心工程”三大工程。

今年 9 月份，长垣县妇幼保健院又被省政府指定为民生实事免费产前筛查定点医院，在县委、县政府的坚强领导下，医疗事关民生福祉，保健院践行十九大报告精神，按照“民生大进步”的工作目标，牢固树立“群众利益无小事”的群众观，从提高思想认识、强化组织领导和狠抓任务落实、加大资金投入、推广并普及惠民政策等方面着力，院长李相文同志带领保健院班子成员将全县 18 个乡镇（办事处）实行分包，实地到各乡镇（办事处）对其卫生院职工、计生办专干、乡村医生以及民众进行培训宣传教育。其次，我们利用电台、城乡公交广告插播、微信平台、发放宣传彩页等方式宣传民生实事免费筛查工作，围绕此项民生工作我们不仅同时开展“三化、五心、六个一”服务，即设施管理正规化、服务标准化、病房家庭化，用真心、爱心、关心、细心、诚心，为病人倒一杯开水、献一束鲜花、发一张贺卡、递一块手帕、送一个微笑、道一声问候。从门诊到病房，从入院到出院，从人前到人后，李相文院长带领保健人用真情、实情、深情、亲情、动情、感情，实行一条龙式服务，受到了广大群众的拥护和赞扬，确保了全县民办实事免费筛查工作任务全面顺利开展。在全院职工中营造团结向上、务实拼搏、开拓创新的浓厚文化氛围；大力开展医德医风和廉政建设教育，正行风、树形象，不断提高医护人员的业务能力和服务水平，致力打造让社会各界满意、让人民群众放心的现代化品牌医院。

展望未来，春华秋实，硕果累累！

别人常说创新难，可李相文却说：“可以创新的东西、能够创新的机会随时随地都有，关键在于发现，在于想到，在于做到。”医院在李相文院长的带领下，职工齐心协力，一步步走出了困境，打造出了属于自己的特色，开创了医院全面发展的大好局面。他总是清醒地看待自己，总是虚怀若谷地放眼世界，总是向着一个又一个新的目标和新的高度，孜孜不倦地躬身前行，艰苦求索……

从方便管理到方便群众

河北省邢台市人民医院

最近一段时间，市人民医院迎来了就医高峰。最高日门诊量超3000人，手术、B超、CT、胃镜等科室接待患者数量，均创新高。

2015年，市人民医院门诊量、住院病人量、手术量等各项业务指标大幅增长，实现社会效益、经济效益双丰收。但另一方面，医院病人均次收入却无明显增长。这说明：来医院就诊的患者多了。

人民医院患者就诊量的增加，得益于医院的服务水平和服务质量的提升。院长陈树波介绍说，医院切实做到“以病人为中心”，实施基于信息化的流程再造，从以前的注重方便医院的管理，到如今的注重方便群众就医，大大改善了患者的就医感受。

由于服务群众、文明创建成绩突出，市人民医院继去年获得省级“文明单位”荣誉称号后，刚刚又被中央文明委授予全国“文明单位”荣誉称号。

转变服务理念，医院的规定要围着患者转

市人民医院作为全市唯一一所综合性三级甲等医院，常常患者众多，因此出现的挂号难、等待时间长等问题，令医院领导一直压力很大。

为解决这些问题，医院借鉴大连、厦门、温州、无锡等地的先进经验，首先开展了一场自我“革命”，从根本上更新自己的服务理念，真真正正地做到“以病人为中心”。原来许多规章制度都是医院从便于自身管理角度制定的，忽视了患者的感受。如今，要切实围着病人转，出台什么规定，都要从患者角度考虑，从有利于患者的角度来做。

观念一变天地宽。一年来，医院围绕“便民、利民”理念实施了基于信息化的流程再造，从患者角度制定新的规定，对不便民的旧规定、旧做法予以废除。变化最显著的就是挂号、交费的等待问题了。原来患者挂号、交费只能在各个窗口进行，现在患者在各个医生处就可以直接挂号交费。门诊部主任文武斌介绍说，这是医院推行的“就诊储值一卡通”业务。群众只要凭身份证在医院办一张“就诊储值一卡通”，在卡中存入一定的钱款，不需到各个挂号收费窗口挂号交费，可直接找医生看病，凭这张卡医生就直接代你挂号交费了。患者张先生体会到了这一改变带来的便利。他原来到医院后先排队挂号，然后到诊室排队看病，医生给开单后又要去排队交费，再到检查处排队……往往是一次排队排半天，许多时间都花在排队上了，还要上上下下跑好几趟，感觉看病很累很烦。现在不一样了，他省去了挂号和交费等许多排队的时间，感觉也轻松多了。

除了“储值一卡通”外，医院还实施了预约挂号。文武斌说，现在预约挂号的患者越来越多，占的比例也越来越大。

针对就诊等待时间长问题，医院采取了扩大诊室、增加医生等措施。消化内科门诊有两个医生接诊，近期患者每天达二三百人，医院决定再增加两个门诊医生。针对儿科患者增多情况，儿科门诊接诊医生由两三个增加到五六个。

医院门诊实行弹性工作制，门诊部会随时密切监控各诊室的患者就医情况，一旦发现有的诊室患者急剧增多，就会临时抽调医生到门诊接诊。近几天，头颈乳腺科、肝病科、妇科，都曾出现患者就医高峰，都即时抽调医生予以分诊。不仅如此，患者取检查结果也不用排队等了。医院在大厅设置了自动取单设备。患者只要把就医卡往里面一插，报告单就自动出来了。

提升服务质量，让患者就医感到舒适便利

医院服务患者怎样，关键看患者的感受如何。陈树波说：“技术可以复制，服务无法复制。人民医院视服务为核心竞争力，致力提升患者的就医感受。”

显然，围绕“便民、利民”理念实施的基于信息化的流程再造，并不仅仅是解决挂号难、等待时间长问题，而是涉及整个医院服务的各个环节，伴随患者就医的整个过程。党办室主任宋聚海说，医院服务直接跟着患者走，患者到哪里服务就到哪里。

老院区门诊楼比较陈旧，不宜再进行大规模装修。就在患者较集中的地方安装上空调、电视和座椅，对所有卫生间进行改造。

许多病区患者爆满，原来就在楼道里加床，但是存在患者休息不好、物品存放不方便等问题，医院积极做工作，把病床加在病房内。

前来做B超、CT、核磁、胃镜等检查的患者每天都非常多，原来一到下班时间就停止检查。现在医院规定，当天来的患者必须当天给检查完。

在医院门诊楼三楼，原来等着做B超的患者黑压压一片，现在少多了。原来，医院对B超室进行了“再造”：原来三个诊室西临楼层中厅，现在在中厅西侧又加开四个诊室，中间的中厅设为等候大厅，并配置了座椅、电视、空调等。这样患者就不用再在楼道里挤着站着，可以坐在大厅里一边看电视一边等着了。

正等着做B超的王女士告诉记者：她拿着一卡通在B超室窗口进行登记后，很快窗口上方的LED屏上就显示出她应去哪个诊室、是多少号、前面还有多少人等信息了。现在，她心中有数了，不用担心有人加塞，也不用再盲目地等了，就等着叫号了。“没想到在人民医院看病，也跟在银行营业厅办事一样了。”她欣喜地说。患者害怕疼痛，医院就打造“无痛医院”，推广无痛检查、内镜、分娩、人流等项目。宋聚海介绍说，这些原来也有，但是麻醉医生在手术室，一般不在检查室，患者要做需特别安排。现在不一样了，麻醉医生直接驻在检查室，患者随时可以做。

去年，医院新增了小儿血液、小儿肾病两个科室，这是我市唯一的小儿血液、肾病方面的专业科室。小儿血液、肾病患者非常不幸，而且花费巨大，以前至少要到石家庄甚至北京去治。工会主席杜冷丁说，现在医院开设这两个科室，说明医院有了为更多患者服务的能力，而且医院没有从中赢利，更加注重的是社会效益。仅一年时间，医院流程再造已完成20多项，众多来医院就诊的患者感受到了这种悄然发生的变化：便利多了，舒适多了，温馨多了。

彰显公益属性，不让患者因没钱看不了病

治病救人是医院的宗旨。市人民医院树立“公益”理念，把社会效益放在第一位，把治病救人作为服务群众、服务患者的第一要务。陈树波告诉记者，在市人民医院不会发生一起因病人没钱而推诿病人的情况。

采访中，记者听到一个关于“爱心宝宝”的事：去年大年初四，几位志愿者把一位弃婴送到市人民医院。这名弃婴之前已在永年、邯郸、沙河等地辗转多次。孩子患有排泄不畅，又因感染导致高烧不退，转为重症肺炎，非常危险。当时，只有志愿者留下的 100 元钱。医院得知这一情况后，当即决定费用由医院支付，立刻组织人员为小患者进行会诊、治疗，并安排手术。经过两次手术，这位“爱心宝宝”终于脱离了危险并痊愈出院。原本对孩子已经失去信心的父母对医院的施救万分感激。

在人民医院有个“急救绿色通道”，对突发事件、急诊危重病人进行先抢救，先检查，后收费，并优先住院。

脑梗塞，病情凶险，3 至 6 小时是黄金抢救时间，如果抢救及时，患者可能痊愈，没有任何后遗症。但是，如果错过黄金抢救时间，患者不但可能留有后遗症，甚至可能因抢救无效死亡。此时，时间就是生命，金钱不再重要。由此，医院给神经内科主任放权：“无须请示院长，只要向药房打一个电话，就可以提出价值 7000 的药！”这些都是为患者进行融栓之类的急救药，对患者来说都是救命药。

市人民医院党委书记王建华介绍说，医院每年急诊先抢救后交费 170 多人次，年接收“三无”病人及困难就医患者 120 多人次，垫付费用 20 多万元。各科室都设立扶贫病房和扶贫门诊，对符合特困减免条件的住院病人，全部实行“三免一减”。去年，医院扶贫帮困捐款 14 万元。

医院还成立了志愿者服务队，足迹遍布邢台市几百个村庄，被评为省三下乡先进单位。建立了“残疾人爱心驿站”，获省残联授予“河北省无障碍设施建设示范工程”称号。“真正把患者放在第一位，进一步优化流程，进一步提升服务，进一步便民利民，服务群众，我们永远在路上。”院长陈树波说。

不忘初心谋发展 砥砺前行谱新篇

河北省望都县医院

望都县医院始建于1950年，60多年的栉风沐雨，60多年的春华秋实，望都县医院人一直坚守“敬佑生命、救死扶伤、甘于奉献、大爱无疆”的医者初心，用勇气和智慧谱写了一个又一个壮丽的篇章，为保障全县人民身体健康做出了重要贡献。

近几年来，保定市人大代表马文英充分发挥其代表作用，带领望都县医院全体医护人员团结奋进，攻坚克难，医院取得了突飞猛进的发展，把一个靠“三大件”（体温表、听诊器、血压计）支撑的县级医院建设成在技术、设备、环境上名副其实的“二甲”综合医院。

厘清思路 坚持正确发展方向

望都县医院始终坚持“改革、发展、创新、稳定”的总体思路，以市人大代表马文英为首的医院领导班子，站位全局，立足长远，以敢为人先的魄力，制定了“人才兴院，科技强院，特色立院，文化塑院”的办院方针，实施“名医、名科、名院”战略，以打造一流的县级综合医院为目标。推出一系列新举措：内抓管理，建章立制；外树形象，推行亲情服务；坚持以人为本的理念，想群众所想，急群众所急，以解决群众“看病难、看病贵”问题为突破口，让老百姓得到真正的实惠。正是因为坚持了正确的办院方向，医院得到了广大患者和社会各界的一致认可，先后被授予“实绩突出单位”、“巾帼文明岗”、“白求恩杯竞赛优胜单位”、“消费者信得过单位”、“文明单位”、河北省“三八”红旗先进集体等荣誉称号。

科学管理　增强核心竞争力

患者的满意来源于科学高效的管理。科学管理，制度先行，医院按照二甲标准，修订完善了各项工作制度。严格落实首诊负责制、医疗质量管理制度；在全院开展“优质护理服务”，切实提高护理质量；不断强化医疗环节质量和技术准入管理，建立健全了医疗质量管理和考核体系，实施全程医疗质量控制和各项临床诊疗行为的不断规范。尤其是通过成立胸痛中心，规范急救生命“绿色通道”，形成了抢救危重孕产妇、新生儿、胸痛以及脑卒中患者等危急重症患者的高效模式。

为全面改善医院整体形象，率先在全市引进“6S”精益管理；为充分调动医务人员的工作积极性，节支增收，在全院开展绩效管理与全成本管理。

为了减轻群众看病负担，改革“以药养医”机制，全面取消药品加成，实行药品零差价销售，迈出了公立医院综合改革坚实的一步。

为提高医院运行效率，该院建立完善了HIS、LIS、PACS、电子病历、护理管理、合理用药等管理信息系统，将大量医疗规章制度、医疗程序和质量控制功能等融入信息系统管理之中，优化了服务流程，为医院管理现代化打下坚实基础。

夯实专科　打造人才新高地

马文英代表常说：“作为全县龙头医院，不能故步自封，我们要进一步解放思想，与时俱进。只有人才带动技术，才能坚持向高难度技术和重症救治的方向去探索、去发展，医院才能有跨越式发展的希望。”

身处医改大势的潮流中，医院十分重视人才队伍建设。近年来，通过“请进来、送出去”、参加各类医学专题培训等多种形式、多种渠道，努力提高医务人员的业务水平和专业素质。

医院先后与河北大学附属医院、保定市第一医院、保定市第一中心医院、保定市第二医院、保定市传染病医院建立了“医联体”合作医院关系。同时，在京津冀协同发展、国家健康扶贫大背景下，医院又成为北京房山区第一医院、北京友谊医院平谷区医院对口帮扶医院。马文英代表带领全院职工紧紧抓住这一发展机遇，不断加强与合作医院在学术、业务、人才培养等方面的互动合作，充分利用平台资源优势，推进医院医疗、教学、科研工作全面发展，进而推动了医院心血管内科、内分泌科、妇产科、康复医学科、骨科等医院重点专科工作再上新水平、新台阶。医院现能够开展的大型手术有：心脏支架介入术、心脏起搏器植入术、冠脉造影检查、心动过速射频消融术、股骨头无菌性坏死全髋置换术、膝关节置换术、骨科椎间孔镜微创手术、脑出血血肿清除术、硬膜下血肿钻孔引流术、颅骨骨瘤切除修补术、外周血管介入手术、腹腔镜下子宫全切术、卵巢切除术、宫、腹腔镜联合妇科微创手术、腹腔镜下胆囊切除术、胃穿孔修补术、腹腔巨大肿物切除术等。其中，微创腹腔镜手术现已成为医院的特色技术之一。

通过与上级医院密切的交流与合作，广大老百姓不出家门口，就可以享受到省、市级专家高水平的医疗服务，深受患者好评。

健康扶贫　实现精准救治

“家底没摸清楚，精准扶贫就无从谈起。”马文英代表经常语重心长地强调，“要及时了解贫困户致贫原因及脱贫意愿和想法，掌握他们的生产生活、医疗卫生情况等第一手资料，设身处地为贫困户排忧解难。”

2016 年，望都县医院发挥全县救死扶伤“排头兵”的作用，她亲自带队，全院职工俯下身子接地气，利用休息日、节假日，多次深入对口帮扶村庄进行实地走访、送医送药、发放宣传册并进行免费诊疗、健康体检等义诊服务活动。

在医院为全县“建档立卡”贫困户患者设立了专门的办事窗口，并提供一对一的全程服务，实行“先诊疗、后付费”，报销比例均在 90% 以上，极大地减轻了扶贫对象患者就医的经济负担，让贫困患者“看得起病、看得好病”。

大医为民　关爱社会惠民生

医者德为先。一所医院有没有生命力、吸引力，不仅取决于医疗技术水平的高低，更取决于有无良好医德，有无至善至诚的服务态度。在马文英代表率先垂范作用的带领下，“一切以病人为中心”的理念一直深深刻印在每个医护人员心里，也已成为每一位职工的自觉行动。近年来，医院下乡义诊服务队，巡诊行程万余里，走遍了全县各个乡村，出动数百余名医护人员，为群众义诊万余人次，使偏远农村的老百姓实实在在得到了医疗实惠，增强了全县百姓的健康意识。

为真正让全县百姓就医少花钱，自 2017 年 12 月起，将每月 8 日定为医院“健康惠民日”“糖尿病日”。当天，门诊患者检查、化验费用一律优惠 30%，还为广大糖尿病患者免费检测血糖、血压、糖化血红蛋白、眼底病变检查等项目，受到人民群众高度赞誉，也为医院树立了良好的社会公众形象。

谈到医院未来的发展，马文英代表说：“作为一个有着 60 多年历史的公立医院，我们需要面对的是如何办人民群众放心满意的医院，如何与时俱进，如何实现医院科学健康可持续发展。我们的发展目标就是以病人为中心，以医疗质量为核心，为患者提供更好、更快、更多、更方便的医疗服务！”未来，她将继续带领全院职工砥砺奋进，谱写医院发展新篇章！

规范医院管理 创新工作思路 促进医疗质量 保障人民健康

——齐河县人民医院工作情况

山东省齐河县人民医院

齐河县人民医院是一所综合性二级甲等医院，现有在职职工 960 人，其中高级职称 88 人，中级职称 272 人，硕士生 18 人。设有临床医技科室 38 个，开放床位 570 张。拥有 1.5T 核磁共振、128 层 64 排螺旋 CT、直线加速器、大型血管造影机、1000MA 数字胃肠机等大型先进医疗设备 492 台件。2015 年全院服务门急诊病人 26 万人次，服务住院病人 3.7 万人次，完成住院病人手术 8000 余台次，业务收入达到 2.6 亿元。

近年来，在上级主管部门的支持帮助下，齐河县人民医院认真贯彻党的十八大及十八届三中、四中、五中全会精神，以二甲医院评审为契机，不断深化县级公立医院综合改革，进一步改善医疗服务行为，扎实开展“三严三实”专题教育活动，规范医院管理，创新工作思路，有效促进医疗质量和安全持续改进，使医院各项工作得到健康发展。

一、强化医疗质量和医疗安全管理，突出内涵建设

（一）加强基础质量管理，认真落实核心制度

根据“二甲评审细则”，重新修订了百余项规章制度、应急预案、工作流程，并对核心制度进行了进一步细化、量化，使之更具可操作性，为医疗安全提供了

制度保障。围绕基础质量、环节质量和终末质量管理，认真贯彻落实人员岗位责任制及医疗技术操作规范。强化病案管理委员会职责，坚持每月对终末病历进行评审，完善院科二级查阅病历的监控制度，加大奖惩力度，同时加强对各级各类医务人员的病历书写基本规范知识的培训，提高病历书写整体水平。目前，全院住院病历质量甲级率保持在98%以上，无丙级病历。

（二）健全质量管理组织，及时督导解决问题

健全完善了院科两级质量管理组织，定期召开医疗质量分析会，每周组织职能科室进行查房，了解医疗环节中的隐患，及时发现问题，解决问题。医务科、护理部等相关科室加大督查力度，重点针对工作中的薄弱环节，检查各项核心制度的落实情况，对检查中发现的问题，及时反馈给科室进行改进，并依据规定严格奖惩。定期将医疗、护理、院感、病历质量、抗菌药物合理使用、处方点评等考核情况进行通报汇总，并对质量情况进行分析点评，反馈到科室，促进了医疗质量的持续改进。

（三）推行患者安全目标管理，确保医疗安全

严格执行查对制度，注重手术安全核查、临床用血管理、临床实验室管理、危急值报告制度，确保手术输血、用药、检验等医疗服务环节的安全。重新制定了《医疗安全奖罚制度》，提升医务人员处理安全隐患的积极性。加大了对医患沟通制度落实检查及奖惩力度，提高了医患沟通水平，有效地防范了医患纠纷。实行了临床科室、职能科室、医院领导三级医患纠纷隐患预警，妥善处理医疗安全不良事件，积极学习法律法规，增强了医务人员的法律意识、安全意识，全年未发生重大医疗纠纷。

（四）加强临床路径管理，规范医疗服务行为

按照卫计委要求，结合我院实际情况，重新制定了《临床路径管理实施方案》，进一步完善了临床路径的考核管理制度，每月进行临床路径信息统计及质量反馈。截至目前，实行临床路径管理的病种达到86种，有效地规范了临床诊疗行为，保障了医疗安全。在2016年6月份的二甲复审中，我院临床路径的管理得到了复审专家组的高度评价。

（五）继续深化优质护理，护理质量稳步提升

制定了“深化优质护理、提高患者满意度”的九项举措，重新修订了《优质护理服务规范》，并进行专题培训，进一步规范了护理操作用语，提高了护患沟通技能。目前，我院19个病区已全部开展了优质护理示范病房活动。坚持每季度评定一次“优质护理服务标兵”，全年共评定奖励“优质护理服务标兵”84名。在小儿科、内四科、内五科、普外科、心胸泌尿小儿外科5个病区开展优质护理十项服务承诺活动，签订了《优质服务试点病区责任书》，将十项服务承诺落到实处，对全院十项服务承诺活动的开展起到了良好的推动作用。通过采取多项措施，病人满意度进一步提高，护理服务得到了病人及社会的认可。

（六）强化医院感染监测，确保院感质量安全

重新修订完善了各项医院感染管理制度、标准流程、预案等，完善了三级院感质量监控体系。强化了卫生管理，加强了医疗废物管理，加大了运行病历的医院感染监测力度，在ICU、新生儿室开展了目标性监测，对全院各科室特别是重点科室、重点环节进行了消毒灭菌效果和环境卫生学监测，有效地预防了医院感染流行病暴发。

（七）强化临床药品应用管理，不断规范临床药品合理应用

进一步完善了抗菌药物管理、临床药学、药品不良反应监测的各种制度、管理规定、规范等，加大医嘱合理性检查力度，坚持每月对运行病历进行仔细检查，对临床药品应用情况及时通报，落实奖惩，有效地控制了临床药品的不合理使用。认真落实抗菌药物分级管理制度，严格控制I类切口抗菌药物使用强度，使我院住院病人药占比进一步降低。

二、加强重点学科和人才队伍建设，积极开展新技术、新项目

医院坚持把重点学科建设作为重要工作之一，在基础设施、人力资源、建设经费、保障措施等方面给予倾斜，确保临床重点专科建设任务如期完成。与山东大学齐鲁医院合作开展《颅脑创伤及脑出血高效诊疗平台建设》项目，有效地推进了我院神经外科的重点专科建设。增设了骨外科门诊，更好地满足了骨科患者

的就医需求，使患者得到了更有针对性的诊疗，同时加强了外科门诊专科化建设，真正体现出精细化、专业化。

与首都医科大学签订长期合作协议，选派优秀医护人员和业务骨干到北京知名医院进修学习和规范化培训；定期邀请上级医院知名专家来院进行专题培训、疑难病例会诊、业务知识讲座等，提高了医务人员的业务能力和技术水平。近年来，医院相继开展了人工种植牙技术、支气管封堵技术、脑血管造影术、颅外血管支架置入术、适形放疗、胸腔镜下治疗食管癌、关节镜下交叉韧带重建术、腹腔镜下胃癌根治术、腹腔镜下直肠癌根治术、腹腔镜下肝叶部分切除术、腹腔镜下肾切除等高新技术 40 余项。

三、强化行风廉政建设，努力践行“三严三实”

按照县委的总体部署要求，医院积极开展“三严三实”专题教育活动，大力加强行风廉政建设，切实规范医务人员从业行为。坚持把行风廉政建设和“三严三实”纳入目标管理考核中，一起部署，一起落实，一起检查，一起考核，并且实行一票否决制。

一是不断加强制度建设，重新制定了《医疗设备、药品、耗材采购管理办法》《关于干部职工操办婚丧喜庆事宜的实施办法》等规章制度，使医院行风廉政建设工作有章可循。二是医院与各科室主任、护士长签订行风廉政建设责任书，贯彻落实行风廉政建设主体责任制，通过公布院长信箱、投诉受理专线电话、上级主管部门投诉电话、召开病陪人座谈会及院外监督员座谈会，积极向患者和社会宣传行风纪律规定，自觉接受患者和社会的监督。三是自 2015 年 12 月 1 日起，深入开展“红包”问题专项整治工作，医院与各科室主任签订拒收“红包”承诺书，严格执行禁止收受“红包”规定。四是“三严三实”专题教育活动开展扎实有效。通过活动的开展，使全院党员干部群众观念明显增强，在服务群众方面，更加积极主动，思想认识得到了进一步的提高，工作作风得到了进一步的转变，行风廉政建设得到了进一步的加强，各项工作均取得了新成效、出现了新亮点。

四、积极推进文化建设，促进医院和谐发展

医院领导班子坚持把文化建设作为一项重要工作来抓，为全体干部职工不断灌输积极向上的政治思想和医院文化精神，引导干部职工树立正确的人生观和价值观，提高思想道德水平。一是精选了多位全国优秀医务工作者以及本院优秀医护工作者名言、格言，制成匾牌，张贴在楼道、走廊的醒目位置，创建了具有医院文化特色的“文化长廊”，凸显了格言警句的激励作用，增强了医院干部职工履行岗位职责的事业心和责任感。二是在全院公开投票评选优秀医生、优秀护士、优秀青年医务工作者，树立榜样，鼓励先进，进一步推进了我院的职业道德建设，促进了广大职工特别是青年医务人员的自我完善、自我发展、自我成才，提高了医院整体服务水平。三是为职工们购买了《医务工作者必备的8种职业精神》《做最好的护士》等书籍阅读学习，通过多种形式加深职工对读书内容的认识和理解。四是不定期邀请励志专家、国学大师、教授前来做专题讲座，免费订购书籍，拓展医务人员的视野，从不同的角度提示医护人员要重视服务的附加价值，启迪员工用全新的眼光审视医院的服务，有效改善自己的职业素养，提高自己的服务能力。五是成立了离退休党员志愿服务队和青年职工志愿服务队，积极开展“志愿服务在医院”活动，利用休息时间为患者提供咨询、陪同检查、费用查询、健康教育等志愿服务，提高了我院的服务水平，更好地向社会宣传了我院全心全意为人民服务的良好形象。

五、加强硬件建设，提高诊疗水平，改善诊疗环境

投资2000余万元购进美国GE彩超、奥林巴斯电子结肠镜、诺道夫等离子电切镜、美国MMT视频眼震电图仪、郎氏经颅超声溶栓治疗仪等万元以上医疗设备30余台件，进一步提高了我院整体诊疗水平。截至目前，医院共有万元以上大型设备586台件，设备总值已达到1.7亿元。投资260万元，扩建了血液透析室，增加透析床位18张，改造了病区胃肠镜室，对外科病房楼高间及卫生间进行专项改造，功能设施进一步规范，诊疗环境得到进一步改善。在门诊大厅服务台新增配了轮椅和担架车等服务用具，鼓励和协助患者使用，切实方便了患者。

总之，通过采取多项有效措施，齐河县人民医院社会效益、经济效益均取得了显著成效，病人满意度、社会满意度均达到98%以上。在今后的工作中，医院全体干部职工将继续以病人满意为标准，以病人健康为目的，不断提高医疗质量和服务水平，力争以更加优质的医疗服务和良好的社会形象赢得患者的信赖，为保障人民群众的身体健康做出更大贡献！

创新传承中医药 普及知识保健康

四川省青川县卫生健康局

为着力推动我县中医药振兴发展，努力实现中医药健康养生文化的创造性转化、创新性发展，县卫生健康局坚持以传承中医文化精髓为己任，以发展中医特色诊疗为手段，以打造现代中医品牌为载体，以服务青川人民为宗旨，在县中医医院新建成了全省首个中医药生态文化博览馆和中医药特色体验馆。两个特色馆的建成使用，使我县中医药事业实现了新的历史性跨越，走出了一条创新发展之路，有力助推了全县生态旅游名县建设。

一、突出“三功能”，传播传统文化

为了让干部群众更多地了解中医、中药文化，让历史悠久的中医药文化更加深入人心，县中医药文化博览馆从设计、建设、布局等方面突出功能定位和文化传承。

一是突出了展示功能。博览馆打造三个展区展示中药材资源，共展出650余种标本，让参观者直观了解中药材的“本来面目”、入药前的“真实面目”、假劣药品的“虚假面目”，更好地普及中医药知识。三个展区中，最大的展区是腊叶标本区，该区的主要功能定位是让参观者认识中药材、记住中药材，所展示的青川中材药资源标本是全国第二次中药资源普查发现的中药材，其中我县境内采集的标本就达460余种。第二个展区是中药饮片陈列区，该展区的定位，是让人们感受就地取材的、原汁原味的药材到煎制之间的变化、文化。该展区的100多种药品，均经过切段并炮制后予以陈列，展示了从原始药材到用临床入药的过程，展现了几千来中华民族采药、加工、煎制的工艺与智慧。第三个展区是真伪对照区，功能定位是让广大参观者能够辨别正品与假冒伪劣品。该展区展示的20多种药品，为广大游客打开了眼界，通过正品与伪品的对照，提升大家鉴别真伪药材的能力。

二是突出了教育功能。在建设三个展区的同时，为了满足参观者更详细、更系统了解中药材的需求，在该区设置了中药查询系统，查询系统可以查询不同中药材的简介、性味归经、功效、配伍及用法、炮制加工、产地和生理特性等内容。三个展区和一个中药查询系统使游客参观、学习两不误。馆内种类多样、分类齐全、真伪并存的药材，既能满足医院医务人员工作需要，又能满足中医药学生的教学和科研需要。三是突出了窗口功能。三个展区、一个中药查询系统以及中医药文化展示，使得博览馆“身临其境”的优势得以展现，能够让外来游客从中了解到青川丰富的中医药资源，同时也是向广大人民群众宣传中医药文化和康养知识的重要阵地，以促进康养事业的发展。青川县中医药特色体验馆从不同角度向公众推广了中医适宜技术，是展示中医药特色疗法的又一阵地。两馆成为集科普教育、对外交流、康养旅游为一体的多功能专业场所，成为各界人士了解青川中医药、了解青川的又一窗口。

二、发挥“两优势”，助推健康新路子

中医药文化博览馆既体现了“中医”为主体，又体现了与“康养”相结合，是发挥中医药特色优势的又一创新举措。一是发挥了中医“治未病”优势。博览馆利用中医药资源的优势，大力宣传“治未病”知识、正确就医及防病知识，让人们走进康养、了解康养、热爱康养，引导人们在不同的季节、不同的气候条件下使用不同的中草药、中成药预防疾病，如初春季节使用“板蓝根”防流感、夏季使用“藿香正气液”防中暑、老人使用“大黄”防便秘等，充分发挥了中医药“简、便、廉、验”的特点，避免了上述疾病的发生。二是发挥了中医治病的优势。新建成的体验馆开展纯中医养生疗法，在发挥中医药特色优势的同时不断创新治疗方法，倡导“未病先防”理念，运用灸法、推拿、拔罐等特色疗法以及中

医药适宜技术对个体人健康状态进行调配，达到“未病先防”“病后防复”的效果。目前，体验馆前来体验的人次达到每月450余人次，受到了社会各界的一致好评。

三、注重一融合，生态康养谱新篇

中医药学是中国古代科学的瑰宝，也是打开中华文明宝库的钥匙，发扬中医药传统文化是传承祖国传统文化的现实需要，也是卫生健康主管部门的职责所在。一融合就是将中医药文化与生态康养相融合，就是将县中医药文化博览馆建成全县生态康养的一块试验田，以此为阵地，助推全县生态康养旅游名县建设。

全力以赴争创三级乙等综合医院

四川省南部县人民医院

南部县人民医院始建于1941年，2001年创建成为国家二级甲等综合医院。全院现有在岗职工923人，其中正高职称7人，副高职称71人，中级职称140人，初级职称404人。医院现有卫生技术人员684人，其中医师262人，护理人员361人，药学人员29人，医技人员32人。全院编制床位599张，实际开放床位800 ~ 1000张。

为开展整体搬迁，经申请，2014年6月医院编制床位获批增加到1200张。医院与解放军总医院（301医院）、重庆医科大学儿童医院、四川大学华西医院、川北医学院附属医院、南充市中心医院等上级医院建立了业务指导与合作关系。近两年来，医院以创建三级乙等综合医院、推进公立医院改革、开展党风廉政建设为抓手，大力加强能力建设。

医院业务现分为两块：一是大南街院本部，主要开设外科、心内、神内、妇产、儿科、医学影像、医学检验、门诊等专业，开展业务占医院业务总量的2/3；二是嘉陵路分院，主要开设消化、呼吸、内分泌、肿瘤、肾内、眼科、耳鼻咽喉、感染、血透、康复医学、医学影像、医学检验等专业，开展业务占医院业务总量的1/3。两个院区共占地43.92亩，业务用房总建筑面积30760平方米。

我院创“三乙”紧张有序推进。2013年7月2日召开攻坚动员大会，制定“三乙”创建考核细则与奖惩办法，细分创建任务，明晰创建进度。引进医院等级智能评审软件，督促全院自评。指导全院建立创建资料，规范全院资料模板。

一、积极开展培训，提升人员业务素质

鼓励技术骨干参加各种层次的培训学习。

两年来，派出医务人员长期进修20人次，参加省内外短期培训、学术会议330人次，分批次派出中层干部及技术骨干到上级医院参加管理观摩、业务培训125人次，护理骨干培训99人次，13个专科护理领域护士培训13人次，共投入培训经费近100万元，主办、承办、参与重大学术论坛如“川东北心血管疾病学术论坛”“川东北消化道疾病学术会议”“国家十二五重大科技专项启动会”“中层管理课程研修班”。院内常年坚持开展规章制度、行业规范、诊疗指南的培训。

二、实施名院战略，提高服务能力

对拟开展业务技术实行项目管理。打造部分重点学科，发展我院优势学科群。与蓝海之略合作全力打造肿瘤中心、健康体检中心、外科微创中心、介入治疗中心；针对部分短板科室如麻醉科、眼科、财务科等采取了开放式的合作模式，与川北医学院附属医院心内、神内、消化、肿瘤、呼吸、肾内、神外等七个学科开展管理和技术合作，引进麻醉科教授担任我院麻醉科主任，实行目标责任制合同式管理。切实从患者角度优化医院服务流程，改善患者就医体验。加强对医师或护理团队、医院的宣传。提升社会对医院的认同感，提高医院的美誉度。

三、建设人才高地，打造高素质人才队伍

坚持人才兴院的指导思想，实施重点人才计划，制定出台人才引进激励措施。引进中高级成熟人才8人，招收大专以上毕业生112人，硕士研究生5名；先后派出技术骨干470人次、管理骨干125人次参加川北医学院附属医院、华西医院、解放军301医院培训学习。组织并鼓励专业技术人员职称晋升，支持业务人员在省、市学术组织中任职和参加活动，提高我院专业技术人员在省、市同行中的学术地位。

四、强化医院管理，提升医院管理水平

坚持重要事项集体会议民主决策，尽力做到决策正确。按照《综合医院评审标准》要求，持续改进医院系统工作缺陷。定期召开医疗质量管理各委员会会议。严格医疗质量管理，每月开展工作质量目标考核，召开专题考核结果通报会，点评工作缺陷，制定持续改进措施，考核结果与当月效益分配挂钩。调整院职能科室设置，新设采购科，专职负责采购事宜，做到医学装备、卫生耗材、总务材料买、用分开，杜绝采购中可能存在的商业贿赂。

五、控制医疗费用卓有成效

全年门急诊病人次均费用 187.87 元，住院病人次均费用 4854.19 元。使用非医保目录药品占药品采购总金额的 13.86%，使用自费药品占比 5.9%，抗菌药物品种 35 个，住院患者抗菌药物使用率 49.5%，门诊患者抗菌药物处方比例 15.46%。全面巩固实施药品零加成。CT、MRI 等大型设备检查阳性率较上年有所提高。实施单病种付费的病种数 14 个。

六、规范临床路径管理效果良好

实施临床路径管理病种 40 个，涵盖了心血管内科、神经内科、骨科、肿瘤专业等主要病种。符合进入临床路径标准的病例入组率为 61%，入径后完成率为 79%。

七、深化开展优质护理服务深受好评

继续深化“优质护理服务示范工程”活动，设立“优质护理服务专项基金”，每月考核兑现奖惩，每季度评选“优质护理服务先进科室”1 个，科室评选“优质护理服务明星”1 名，护理服务内涵进一步得到拓展，优质护理服务病房覆盖率为 100%。全面实施责任制整体护理模式。推行护士岗位管理，科学设置护理岗位，临床一线护士占护士总数 95.6%。现正完善护士岗位管理的绩效考核制度。

八、“服务年”活动患者满意

继续开展“优质服务年”活动，向患者向社会公开服务信息和收费标准。推行服务承诺，建立完善投诉接待处理机制。对出院患者开展全覆盖的“三级随访”，为出院患者提供健康指导。实施院长接待日工作制度，举办医院开放日活动，邀请社会监督员来院体验医院工作，征求工作改进意见。

九、完善医院绩效管理深入人心

聘请九鼎医院管理咨询公司为我院编制战略绩效管理方案，将医疗质量、服务数量及能力、工作满意度纳入日常工作考核，每月通报，奖惩兑现，全面提升履职能力。通过系统梳理医院战略目标与计划，理顺各科室与岗位之间的价值关系，并通过绩效管理体系赋予各级员工明确的方向感和与战略使命相连接的责任感，加强指导性，发挥能动性，提高凝聚力，从而提高医院整体的运营效率，最终实现医院战略目标。

十、落实便民措施，优化服务环境

逐条梳理 24 项便民措施，因地制宜逐项落实。实行全市就诊“一卡通”。现正通过全县“24365”全天候市民服务信息平台建立预约挂号系统。去年以来，因地制宜投入 400 万元，优化美化医院环境。重新制作了标识系统，全面加强医院宣传，定期编辑印制免费赠阅院报《南医报》。投入 120 万元，全面更换病床与床单元设施，改善门诊病员候诊环境。投入 288 万元，改造洁净手术间、ICU、康复医学病区。

十一、信息化建设上新台阶

信息化建设包括挂号系统、电子病历系统、Lis 系统、PACS 系统、查询系统等 12 个，信息化建设顺利通过省上验收。2014 年投入 454 余万元，与川大华西医院、解放军 301 医院建立了远程会诊、远程教学的网络协作关系，最大限度实施国内先进医疗资源共享。配置完善学术厅多媒体系统和公共场所LED显示宣传系统。

我院积极推进创“三乙”工作获得显著成效，医院有省级重点建设专科2个（神经内科、呼吸内科）、南充市重点专科4个（神经内科、病理科、超声科、感染科）；2013年被省卫计委、省人社厅联合表彰为全省卫生系统先进单位；近两年共发表论文302篇，2015年获四川省医学科技进步二等奖1项。2014年及2015年上半年，门诊诊疗人次、住院患者出院人次等指标与前一年度同期比较均获两位数以上增长。

防病先行 精准施策
医共体多策叠加助力健康扶贫

河北省武强县医共体总医院院长 白平章

2018 年以来，武强县医共体总医院将健康扶贫工作作为工作重点，率领医共体各成员单位狠抓健康扶贫政策的落实，取得了显著成效，我们的做法被新华社、《河北扶贫》、省卫计委网站、《衡水日报》等媒体和杂志刊登，我们《给建档立卡贫困人口的一封信》得到全省推广。

一、防病先行，让贫困人口少得病

武强县医共体针对贫困人口因病致贫比例比较高的现状，把“防病先行”作为健康扶贫的重点开展一系列防病措施，让贫困人口提高自我保健意识少得病。一是开展健康咨询、健康讲座。由医共体总医院临床科室主任带领内、外、妇、产、儿、护等专业技术人员，会同乡、村两级医务人员深入农村、深入农户开展健康咨询和健康知识讲座，重点关注建档立卡贫困人口、老年人、老党员、计生失独、残疾家庭，提高群众自我保健意识。二是开展健康体检工作。对所有建档立卡贫困人口进行免费体检，及时准确靶向了解建档立卡贫困人口身体健康状况，有针对性地开展个性化医疗保健服务。三是在乡镇卫生院设立“健康小屋”，做到服务人员、保健设备、政策宣传、健康数据、健康理念五到位，免费为辖区老百姓提供自助健康保健服务。四是家庭医生签约履约。医共体总医院组建了 8 支家庭医生签约服务团队，与乡镇卫生院 35 支家庭医生签约服务团队相对接，将建档立卡贫困人口全部纳入家庭医生签约服务范围，做到应签尽签，应履尽履，确保签约率、履约率达到100%。通过集中预约、上门服务、电话服务等方式，开展基本医疗、公共卫生、慢病管理、健康咨询、中医干预等履约服务。

二、资源下沉，让贫困人口能看病

为提高乡村两级的医疗技术水平，解决建档立卡贫困人口就近看病。一是下派挂职。县医共体总医院八个临床科室科主任分别挂任乡镇卫生院副院长，协助乡镇卫生院院长开展医疗管理工作，提升乡镇卫生院的医疗技术水平和医院管理水平。二是对口帮扶。为落实“春雨工程”的相关要求，县医共体总医院采取坐诊、查房、带教，病历书写提高、村卫生室巡诊、健康教育等方式支援乡镇卫生院、分院。极大提升了乡镇卫生院的诊疗服务能力。三是开设“暖心社讲堂”。由医共体总医院组织副主任医师以上职称专家团队，面向乡、村两级医务人员，针对农村多发病、常见病进行培训，提升乡村两级医疗技术水平。四是开通远程会诊。利用专用网络，把乡镇卫生院医学影像、心电等设备连接到县医共体总医院服务中心，开展医学影像远程会诊工作。五是县乡共诊。把乡镇卫生院不能开展或标本少、成本高的医学检验项目拿到县医共体总医院化验，建立了乡镇卫生院开具检查单并按乡镇卫生院收费标准收费、医共体总医院出具报告的“县乡共诊”模式。

三、落实政策，让贫困人口看起病

一是宣传健康扶贫政策让贫困人口明白政策。（1）采取印发明白纸、展牌、电子屏、村大喇叭广播、义诊宣传、签约医生入户、给贫困户一封信、健康咨询、健康讲座等多种形式，营造浓厚社会氛围，确保贫困人口知晓率达到100%。共印发健康扶贫政策明白卡35000余份，制作健康扶贫宣传展牌近千余块，义诊宣传680余人次，签约医生入户宣传6600余人次。（2）采取到乡到村宣讲健康扶贫知识的方式，培训乡村干部和驻村工作队员，确保乡村干部和驻村工作队员健康扶贫知识知晓率达100%。组织乡村干部和驻村工作队员专题培训12期。二是落实健康扶贫政策让贫困人口享受政策。（1）精准识别。投资 4.3 万元与扶贫部门实现系统平台对接，精准识别贫困人口身份，保证每一位贫困人口都能享受到健康扶贫政策。（2）实行“先诊疗后付费”和“一免三减”政策。对农村建档立卡贫困人口和低保户、特困户全部实行“先诊疗后付费”和“一免三减”政策，医共体内部单位住院不收取住院押金，直接住院治疗。截至 2018 年度，已对 634 人次贫困住院患者实行“先诊疗后付费”政策，垫付资金 30 余万元，“一免三减”497 人次，减免费用 13.2 万元。（3）实施“一站式”报销结算。农村贫困人口办理出院时，享受“一站式”结算服务。（4）落实“六重保障”，减轻贫困患者负担。六重保障是指：基本医疗保险、大病保险、医疗救助、商业补充保险、财政专项资金补助、农总行医疗救助。截至目前，县总医院为保证贫困患者自付比例不超过总费用的 10%，已为 364 人次贫困患者垫付资金 8.6 万元；农总行医疗救助 272 人次，救助资金 6 万余元。（5）开展大病专项救治。总医院作为大病救治定点医院，根据医院技术条件对“21 种大病”分别明确了专家咨询人员和联系方式，保证贫困患者对大病专项救治政策的知晓和转诊服务。

武强县医共体多策叠加，推动我县健康扶贫工作取得显著成效，贫困人口因病致贫率同比下降 5.7%，扶贫工作不仅得到了上级领导的充分肯定，还受到了社会各界和患者的一致好评，县医院优质医疗资源得到下沉，乡镇卫生院得到了长足的发展，老百姓得到了真正的实惠，贫困人口有了健康守门人，老百姓为国家的健康扶贫政策拍手叫好。

适应医改新常态　护佑健康惠民生

——记宁阳县第一人民医院院长刘春

山东省宁阳县第一人民医院

刘春，女，1964 年 12 月生人，中共党员，大学本科学历，主任护师，现任宁阳县第一人民医院党委书记、院长，为山东省第十次党代会代表。

2013 年 8 月，原任宁阳县疾控中心主任的刘春走上了新的领导岗位——宁阳县第一人民医院党委书记、院长。上任伊始，刘春团结带领院领导班子，求新思变、共谋发展，短短三年的时间，医院基础设施、医疗环境、服务质量、学科建设和综合实力发生了日新月异的变化，为群众提供了优质、安全、高效、便捷、价廉的健康医疗保障，在全面创建人民满意的现代化县级医疗服务中心的进程中，奏响了精医为民、昂首奋进的发展最强音。医院连续 19 年保持省级文明单位荣誉称号，2015 年被国家卫计委医政医管局授予“全国改善服务创新医院”称号，并上榜全国县级医院竞争力排行 500 强。

解难题　持续提升服务能力

在县域经济实现快速发展的同时，人民群众对健康的渴望向高质量转化，县级公立医院综合改革也提出要“力争使县域内就诊率提高到 90% 左右，基本实现大病不出县”。面对这一新变化、新要求，作为一名县级综合医院的院长，刘春不等不靠，以提升服务能力建设为抓手，着力破解人民群众的就医难题。

刘春认为，门诊是医院的脸面，服务好不好，患者在门诊就有“第一感觉”。2013 年以来，在她的带领下，医院领导班子率先垂范，全面推行“院长当导医、一线解难题”工作法，先后制定了《“导医”院长一线办公制度》，在门诊大厅设立了院长导医台，从周一到周六，每天早上都有一位分管院领导带领各科室负责人，面对面接待群众来访，受理和解决群众投诉，听取意见和建议，实现了医院与群众的零距离沟通和交流，受到了群众好评。同时，每天早晨上班前，都要在门诊大厅召开院长及各职能科室碰头会，现场听取各项工作的推进和完成情况，研究解决工作难题。这项工作开展以来，最大的变化就是门诊服务风气焕然一新，医患关系明显改善，基本杜绝了医患矛盾。据统计，目前先后服务来院就诊患者500余人次，接待群众来访60余人次，现场解决问题42项。院长当导医身体力行、率先垂范，为全院树立了标杆、作出了表率，形成了以上率下、层层跟进的作风建设新气象，医护人员主动服务、文明服务意识不断提高，工作效率也明显提升。关注患者，服务患者，视患者为亲人，已然成为该院医护人员的共识和自觉行为。

2014年，医院20层新门诊病房综合大楼正式启用，整座大楼的布局充分彰显以人为本，以病人为中心的服务理念，门诊大厅宽敞、亮洁，各类导诊导医标识非常清晰，让人一目了然，使第一次到医院就诊的患者能够快速找到相关科室。另外，医院还通过增加门诊收款、挂号及取药窗口，引进全市首台德国药品自动分发机，新上一卡通、门诊排队叫号、化验单自助打印等服务系统和自助设备，大幅度降低患者等候时间，患者就医更加快捷方便。住院环境安静、舒适，每个病房均设有独立的卫生间，配备有现代化的中央空调系统、安全监控系统、中心供氧系统、中心吸引系统等，日开放门诊数量达到45个，年门诊承接能力可达到35万人次，年住院人次可达到4万多人次，有效满足了不同层次患者的就医诊病需求，以往看病难、住院难的问题得到明显缓解，整体服务能力迈上新的台阶。

面对新兴健康管理的发展方向，刘春提出“要紧紧围绕群众的健康诉求，不断延伸健康服务链条”。医院通过转变健康管理中心运行模式，积极开展院内健康体检和院外健康咨询，并按需量身定做查体套餐，提供单项查体服务，终检专家及时对受检者提供健康咨询服务和跟踪随访，对于特殊病情体检者，由终检专家安排相关科室专家及时进行会诊、治疗，打造了体检、保健、治疗、康复为一体的一站式服务圈。以普及中医适宜技术、健全中医“治未病”保健体系为目标，通过成立中医康复保健中心，相继推出产妇发汗、刮痧、拔罐、足部推拿、中药熏蒸及中药调理等中医特色治疗疗法，进一步满足了亚健康人群的康复治疗需求。

破瓶颈　推动学科建设步入“快车道”

面对医院发展需求，刘春坚持走专科化发展之路，大力培植学科引领优势，全方位打造学科建设平台，推动医院学科建设步入“快车道”，形成院有重点、科有特色、人有专长的医疗新格局。

以创新驱动、竞争互促为学科建设方向，刘春提出实行“分科竞争”的理念，大力培植学科特色和发展优势。2014年以来，医院先后将心内科、神经内科、儿科、耳鼻喉科、妇产科、骨外科、康复科等10多个专业科室一分为二，搭建同等发展平台，鼓励率先发展、特色发展，鼓励开展新技术、新项目，通过强化发展意识、竞争意识、实干意识和创新意识，让各专业科室在竞争中看到自身差距，激发竞相发展、你追我赶的壮志豪情，形成诊疗技术、科研创新、服务品牌各具特色的学科发展新优势，彻底改变了各专业科室原有的坐等患者上门、服务意识和技术水平滞后的无忧状态。

以推动医院学科发展战略升级为出发点，联大靠强、借势发展，先后加入北京大学人民医院医疗服务共同体，成为省立医院集团宁阳医院，并与山大附属生殖医院、省肿瘤医院、90医院全面建立技术协作关系，形成医疗资源共享、专家技术共用、双向转诊共通的院间合作新格局，让老百姓享受到省级医院同质化的医疗服务。目前，全院“急诊急救、重症医学、肿瘤治疗、显微微创、血管介入、医学影像、医学检验、病理诊断、血液透析”等九大全县医学中心建设已初具规模，“无痛诊疗、微创手术、介入治疗”三大医学前沿性技术，在院内得到有效推广。同时，医院先后购买了美国GE公司1.5T磁共振、锐科双板DR、超声刀、电子胃镜、结肠镜、病理组织工作站、超声乳化仪等高端医疗设备100余台件，积极为学科发展、科技创新提供强力支撑。

学科建设离不开人才的支撑。刘春始终把人才作为学科发展的第一资源，采取多形式、多渠道培养专业人才和业务骨干，努力打造与“学科群”相匹配的“人才链”。通过实施技术能力提升工程，依托国内及省内知名三甲医院，建立高层次人才培训基地，大力培养各专业学科发展急需的紧缺人才。她先后派出50余名专业技术骨干，分别到北京301医院、省立医院、齐鲁医院、省肿瘤医院等进修学习；派出80余名学科带头人及专业技术骨干，参加国内各类短期学习班及学术研讨会，学习借鉴先进的技术和经验，专业技术人才队伍综合素质快速提升。医院还通过制定优惠政策，积极搭建人才引进绿色通道；2016年10月，解放军第88医院心胸外科主任及重症医学科主任与医院达成聘用协议，正式来到医院工作，填补了医院博士研究生及高端人才缺少的零空白。去年5月份，该院成功抢救心源性猝死病人的事迹分别在中央电视台《央视新闻》及山东卫视《早安山东》栏目予以报道。

通过实施科技创新带动工程，注重国内学术交流、技术合作，积极与国内医学领域前沿接轨，全面提升重点学科创新能力。先后邀请中国工程院副院长樊代明院士及北京阜外心血管医院、安贞医院、同仁医院、省立医院等国内知名学科带头人，来院开展新技术、新业务专题讲座、开展教学查房20余次；成功承办全省消化道肿瘤内镜病理阅片会、全市骨科及儿科年会等多项大型现场学术研讨会；一大批国内医学界领军人物及知名专家陆续“开坛论剑”，成为医院对外学术交流史上的一件盛事。尤其是樊代明院士来院进行学术交流，成为医院对外学术交流向高端迈进的重要标志。

面对医院人才青黄不接，直接导致断层现象，刘春大胆改革用人机制，打破人员身份限制，积极探索中层干部竞聘上岗新模式，逐步建立起公开、公平、公正的人才选拔机制。2014年，经过理论考试、演讲、民主推荐、组织考察等各竞聘环节的严格筛选，15名护理人员脱颖而出，被选拔到副护士长岗位，成为医院历史上第一批竞聘上岗的中层干部。她还着眼医院发展未来，建立人才团队储备新机制，针对学科发展所需，严格按照民主推荐、民主测评等组织选拔程序，一批群众公认、实绩突出、想干事、能干事的中青年专业技术骨干被选拔到临床、医技科室管理岗位，选人用人公信度明显提升，干部队伍结构明显优化，综合素质明显加强，为推进医院健康、可持续发展积聚了充足能量。

促发展　在创新中突围

县级公立医院综合改革的实施，在强化和凸显公立医院公益性质的同时，也将进一步催生公立医院健康发展的强大动力。

刘春深刻地体会到，要创建人民群众满意的医疗服务品牌，“金杯银杯，不如老百姓的口碑”。因此，她提出要以院内、院外、社会“三评”为抓手，形成“长期征集，每月汇总，限时解决，跟踪问效”的意见征求和持续改进的新常态机制。

该院在泰安市首创成立医疗服务缺陷管理办公室，每天对各门诊服务窗口进行巡查、对住院病人进行走访，专职查找医院管理和医疗服务中存在的问题和漏洞，及时进行协调反馈和督办落实，并每月下发《走访患者及满意度情况通报》。通过开通“医患连心服务热线”，每月定期抽取各科室30%出院患者，通过电话回访，及时了解患者真实住院感受和服务需求；配备医患“连心”随访车，由业务院长带队，每月对大病患者进行登门回访，并定期深入社区、农村，征求群众对医疗服务的意见和建议。截至目前，通过电话回访出院患者2.3万余人次，登门回访大病患者500余人次，征求意见建议160余条。医院还充分借助政风行风网络热线、行风评议、宁阳读本等媒体网络平台的沟通桥梁作用，听民声、解民惑、应民求，公开接受社会监督。先后对群众反映及咨询的31项问题进行了及时反馈和解疑答惑，并采取强力措施，对自身存在的问题着力进行了整改落实。

同时，该院积极创新服务理念，充分发挥资源优势，通过实施“健康365”行动，努力让群众得到实实在在的实惠。以开展“健康十进”行动为载体，成立“健康365”志愿者服务队，通过广泛宣传发动，志愿者发展到600余人。去年以来，志愿者服务队先后进入企业、学校、农村、社区开展健康查体及举办健康教育讲座60余场次，发放免费药品4万余元，受益群众超过5000人；在电视台开辟了“健康365”栏目，大力普及疾病防治和健康教育知识。活动的开展得到社会一致好评和新闻媒体的广泛关注。

付出总有回报。在2014中国县级医院竞争力排行榜中，宁阳县第一人民医院上榜中国县级医院500强。目前，该院顺利度过剥离“阵痛期”，平稳驶入市场经济快车道，已逐渐成为宁阳百姓所接纳和乐道的医院。

站在新的起点，面对医改新常态。刘春笃定地道出了医院的美好愿景，医院将把“病有所医、让利于民”完全融入医院惠民、便民的举措中，打造一所充分体现公益性，能为病人提供优质、高效、超值医疗服务的综合性医疗机构，让宁阳老百姓放心、满意；用“绿色安全的医疗理念”庇护全县人民的身体健康，编织出枝繁叶茂的健康梦！

医生 朋友 亲人

陕西省汉中市铁路中心医院

我叫刘小明，我是来自汉中市铁路中心医院的一名肿瘤科医生。在医生这个岗位上，我已经默默工作了20多年。20多年，时光流逝，岁月蹉跎，时间把我从年青小伙变成了油腻大叔，皱纹也开始爬上了我的额头。回望过去，我一直扪心自问，在过去的20多年里，我到底做了些什么？我唯一能想到的就是：我把关心，把真诚，把善良，把爱真正地给了我的病人，我也从他们口中开始的医生，成了朋友，成了亲人……

我记得刚到上班时间，就遇到一个老太太，她是肺癌晚期，全身多处骨转移，声音嘶哑。每次她在叙述自己不适时，我都蹲在地上，耳朵凑在她的嘴旁，仔细地听，并给她复述一遍，直到她点头确认。老太太上厕所不方便，又不习惯在床上大小便，我就和她的家人一起帮忙，把她轻轻地扶起，抬到轮椅上，推到厕所，然后又抬到厕所马桶上。老太太因为口服止痛药，大便困难，再加上肺癌晚期，体质衰竭，大便到了肛门口就是下不来。没办法，我就自己戴上手套，抹上石蜡油，手伸进肛门里给她掏，等到大便出来了，老太太才舒服了一点。老太太一有不舒服，就让她儿子过来找我，向我详细地叙述。病魔无情，老太太最后还是走了，当时家属都在放声痛哭，想到和老太太相处的日日夜夜，我也伤心落泪，老太太的儿子过来安慰我："哥，别伤心，你已经尽力了……"

激情燃烧的岁月讲的是革命事业。而我们，在自己的岗位上，默默奉献着，我们把自己最好的年华，最美的时光奉献出来。我们做不了熊熊火炬，却可以像蜡烛一样，燃烧自己，让周围的人能感受到我们的温暖。人们一直在说工作八小时，一周五天制，然而，我知道，在我的时间概念里，也就只有一个信条：只要病人需要，只要工作需要，我随叫随到，不管刮风下雨，不管白天还是晚上，不管是平时还是节日。去年大年三十，我带着老婆，孩子去老家过年，高高兴兴，下午三点左右，突然我原来的一个病人给我打电话，心里十分焦急，说：兄弟，我自己脖子上好像摸到有个肿块，会不会是淋巴结转移了？他担心，疑虑，年都没心思过了……一听到这些，我啥都没想，立即打车过去，我查了一下并没有摸到肿大淋巴结，带他到医院做了个彩超检查也未发现淋巴结肿大，他一下子放心了，高高兴兴回家过年了。当我回到家里时，已经是华灯初上，全家团圆的时间……这时我的手机收到一个微信：刘医生，你是一个好人，你也是我真正的兄弟……

凌晨两三点，千家万户都已进入了梦乡，然而，手机铃声响了。我的一个喉癌术后病人，气喘，气短，血氧饱和度只有 70% ~ 80%。铃声就是命令，这样的铃声我们没法拒绝，也绝对不会拒绝……只有当我赶到医院，处理完病人，当看到病人症状缓解，能安然入睡，当看到心电监护机子上的一个个指标都在正常范围时，心里才能平静。套用一句最流行的话就是：大家好才是真的好，我们的信条就是病人好了，才是真正的好……

这里的山路十八弯，这里的水路九连环。这句话用来形容略阳再合适不过了，而认识这些，却是从我的一次送病人回家经历中得来的。2018 年 6 月份，我负责治疗的一个老太太，甲状腺癌晚期，叶落归根，病人想回老家。当时送老太太回家的时候，有人劝我：略阳刚受过灾，略撇得很……但那又有什么办法？我们不去，还指望谁去？不过这次护送确实让我认识了山路的艰辛。救护车在山路上一颠一簸，有时候还要倒退几步，有时候要转弯还得全部人员先下来，害怕拐不过弯。走到最后，汽车实在没办法了，我们就都下来，让老太太躺在担架上，固定好。我们几个人一步一步往上抬。最后终于抬到家里，那时我们才长舒一口气。等到往回走，看到那崎岖不平的山路，才惊叹人能爆发出如此大的能量。

没有金刚钻，揽不来瓷器活。作为医生，深知医疗技术的重要性，没有好的技术，一切都是枉然。一份耕耘，一份收获。业精于勤，荒于嬉。任何业务都不是一蹴而就，只有平时一点一滴的积累，万丈高楼平地起。我没有啥爱好，就爱学习，不断地学习，跟机器一样，不断地提高自己的手艺……当看到微波消融，粒子植入治疗肿瘤，创伤小，恢复快，效果确切，我就和陕西省肿瘤医院的雷光焰教授、余国政教授，唐都医院的罗中华教授联系，积极地学习引进。我记得我们有一个病人被诊断为肺癌，病人年龄大，体质差，走路都喘。当我们告诉他这个病可以微波消融，而且还没有伤口，就是一个针眼的时候，他一下睁大了眼睛，非常地吃惊。而事实也确实如此，在整个手术过程中他一直清醒着，整个手术过程仅仅持续一个小时左右，手术后胸壁也确实只有一个针眼。而更加欣喜的是：手术后第二天，病人就能下地活动，第三天他就已经回家了。超微创技术，给病人带来了快乐，也给我们带来了快乐。

爱美之心人皆有之，特别是现代的女性，更是如此。然而有一个病，乳腺癌却有可能摧毁这种美。为了解决这一难题，我们也是积极地学习复旦大学附属肿瘤医院和陕西省肿瘤医院乳腺病院保乳、保腋窝的经验，在治疗乳腺癌的同时，能留出那份美。我记得我们的一个女病人，46 岁，体检发现右侧乳腺肿块，当时高度怀疑是乳腺癌。伤心，难过，犹豫，徘徊。我们也是反复给她做工作，根据她的情况，可行保乳手术。我们给她制定了严格的治疗方案，我们也严格地实行了保乳手术。每一步都在计划中，每一步也都走得精致、稳当。授人玫瑰，手留余香。在让肿瘤病人生活质量最大化、生存时间最长化、医疗费用最少化的路上，我们砥砺前行……

两汉三国，真美汉中。汉中的油菜花海最美，冬去春来，汉中的油菜花竞相绽放，美得惊艳了万物，美得停滞了季节……而我也愿意做这千千万万颗油菜花海中的一颗，奉献我的全部，美丽医院，美丽汉中…….

创新医院发展 建设健康中国

青海省称多县藏医院

称多县藏医院成立于1988年，是一所集藏医药医疗、药物研发为一体的国家二级甲等综合医院。占地13400平方米，总建筑面积7450平方米，2003年5月被玉树藏族自治州总工会评为“先进基层工会”，2007年一月被青海省中藏医药管理局评为“青海省名院”和“先进集体”。2015年成功通过了青海省卫计委的“二级甲等”医院评审。“金杯银杯不如百姓的口碑”，在打造“健康医院”的道路上，称多县藏医院不断重视诊疗技术的创新和人才梯队的建设。坚持以病人为中心、以质量为核心、以特色为优势的办院理念；坚持对一切患者不分民族、不论身份地位，一视同仁的职业道德准则。对来医院求医问药的人员，实行藏汉双语服务。

正如刘新民在做客新华“十三五”院长论坛时的观点，健康中国建设离不开“健康医院”建设，而“健康医院”的建设应以“文化”为魂，以人才培养、学科建设为“根”，以服务、医疗为“本”，以科技创新为动力，优化合理配置医疗资源，强力打造基层中藏医院的“特色品牌”医院。“未来，我医院将继续秉承传统藏医药医学的精髓和勇于创新的创新精神，传承厚德尚德的仁医精神，培养出更多的医学‘人才’”。

作为玉树州称多县的一所二甲公立医院，近年来称多县藏医院不断积极承担社会责任，不断深入开展医疗服务和对口支援，积极参加援镇、援卫生院医疗工作，并和玉树州藏医院、珍秦镇卫生院等合作，学技术、送技术、请医师、送医师的形式，最直接、最有力地带动我院和基层医院服务能力提升，助我院以及援助单位珍秦镇卫生院实现医疗一体化发展。

我县乃至中国已进入人口老龄化社会，构建“健康称多 健康中国”先要让老年人“老有所养、老有所医”。我县的老年医学还处于起步阶段，缺乏一个完整的老年医学科，还有很多领域值得探索。老年人年龄大，发病率高，且治愈难度极大，而老年医学问题既涉及老年人自身、家庭，也会影响整个社会和国家。因此，我院特设立“老年病科”，目的就是要起到延长老年患者寿命、提高生活质量的效果，这也是我院未来老年医学研究的重点。

建立基层全科医生制度

在青海省委纪委的强力要求和上级单位的大力支持下，我院有序实现推进分级诊疗医改的重大举措，加快全科医生制度建设。但目前我院仅有全科医生和助理医生 15 人，且学历整体偏低，如果要达到“二级甲等”医院相关目标，即 2020 年基本实现我院有 3 ~ 5 个合格全科医生，“首先要建立健全全科医生制度，落实待遇、绩效考核、评估等问题，让人才愿意‘留下来’，其次，加快全科医生人才培养，作为一所大型综合性教学医院。我院除了要把人才“送出去”，更要“引进来”。“现在很多百姓相信大医院，不相信县级医院，就因为县级医院没有大专家，看病心里不踏实。所以我院今后准备请上级医疗帮扶单位一些知名专家到我院深入帮扶。同时，借助互联网，形成区域网络，让县级医院和大医院‘互联互通’，建成小病在县级医院、大病进大医院、康复回县级医院的分级诊疗体系。”

医疗卫生只能是给健康以安全保障作用，它对于增进健康的作用是有限的。如此看来，只用医疗方式来推进健康中国建设是不太可能成功的。而世界各国的医疗健康理论和实践也证明，至今还没有一个很成功的模式。所以，中国必须另辟蹊径，称多县藏医院必须另辟蹊径。医疗卫生成就不了健康，也打造不了“健康中国”，建设健康中国亟待创新思路模式。现在该是改革“医疗卫生体制”，创建“大健康保障体系”的时候了。

我县社会健康问题非常普遍。特别是当前慢性病已成为头号杀手，而且已严重影响到人们的生命质量，是影响人民群众健康的一个重大问题。为推动我县健康事业的发展，我县需要更多的健康教育和健康管理专家以推动人们提高健康素养，养成健康生活方式，提升自身健康水平。我院设立专家咨询室、药浴、外治、足浴等寻求转变长期以来以疾病为中心的理念与作法，树立以健康为中心的理念。习近平总书记在全国卫生与健康大会上指出，要把人民健康放在优先发展的战略地位，加快推进健康中国建设。我院以习近平总书记的讲话为终极目标，将不断推进我院“以健康为中心”的管理理念。

在进一步巩固和扩大“藏药制剂”的基础上，全力补齐“医”的短板，着力构建全产业链和全价值链的具有称多藏医院特色的健康产业体系，加快形成“健康 + 养生，健康 + 服务”等“健康 +N”产业发展新模式，努力把称多县藏医院打造为健康产品生产和服务的供给之地、称多人民追求健康的集聚之地。让更多的人了解称多县藏医院，认识称多县藏医院，提升称多县藏医院医药城品牌知名度和影响力，加快把称多县藏医院建设成为州级医药健康医院。

服务新时代　展现新作为
打造中医特色专科

重庆市荣昌区中医院

荣昌区中医院是一所全民所有制国家二级甲等中医医院，近年来，由于医院的正确领导，中医院人的努力，再加上医院致力于中医特色服务，发挥中医药特色和优势，在中医特色专科服务上赢得了百姓普遍赞扬。

一、医疗业务稳步增长

门诊量达到27.8万人，比2017年增长11.5%；出院病人16865人，增长3%。同口径医院业务收入及县级补助收入1.4亿元，增长8.5%。

二、费用控制达到要求

药占比、耗占比、医疗收入增长比等费用控制指标全部达到市卫健委要求。

三、职工待遇有所增长。

医院对在岗职工支出比2017年增加10%。

四、基础建设有序推进

新院已经开工建设，中央补助建设专项资金5000万已经到位。老院优化布局到位，改造新建血液透析室、五官科住院病区、儿科康复区和儿科VIP病房，改造搬迁口腔科、体检中心，均已完工并投入使用。

五、专科建设稳步发展

新成立的血液透析室运行超预期，第二批设备已安装到位，今天启用，已收治病人 70 人，争取早点实现两轮满负荷运转，提高经济效益。

成立了 ICU（重症医学科），已收治了危重病人 38 例，危急重症抢救能力不断提升。

成立了眼耳鼻咽喉科住院部，中医治疗眼疾稳步推进。

成立了推拿科，在院病人每天在 30 人次左右。

内外科分组初步完成，明确专科发展方向，为新院搬迁细分学科做好储备。

六、引进人才有新突破

深入川、渝、黔、陇地区招贤纳才，共引进研究生 6 名（其中已到岗 3 名，签三方协议 2 名、意向协议 1 名），大学本科生中级 3 名，待签协议规培生 2 名。

七、医疗质量安全有提升

坚持每月组织职工集中学习，共培训职工 780 余人次。强化演练，演练 180 次，加强医务人员“三基三严”训练，在全区大比武中荣获团体二等奖，技能操作比武个人奖 2 名，理论比武个人奖 1 名。新开展二类技术人工膝关节置换、人工髋关节置换 2 项。进一步改善医疗服务，开设晚间门诊。深入推进实施健康扶贫工程，优化医疗费用结算服务模式——启用银医自助系统。推进“平安医院”建设，医疗纠纷明显减少，下降 13%。推行了 6S 管理、品管圈活动，加强了护理质量检查控制，坚持按每月考核评分进行奖惩，积极开展 3 项专科中医特色护理。强化医院感染管理质量控制。强化药事服务管理。

八、中医特色服务有进步

全院共开展 45 项中医医疗技术，非药物中医治疗 51648 人次。开展特色中药服务，儿科研制了小儿健脾膏，妇科科研制了复元膏（丸）、养巢膏（丸）、桃红妇血康膏（丸），中药饮片及膏方制剂比 2017 年同期增长近 30%。指导安富社区卫生服务中心打造特色专科。

九、宣传引导工作初显力

成立志愿者团队，开展活动 14 次；院外宣传不断突破，义诊 71 次；举办中医药健康文化大型主题活动、首届医师节、第二届膏方文化节、中医院迁建项目开工仪式四次大型活动；媒体平台宣传不断增加，邀请荣昌区电视台报道 19 次，市级媒体（《重庆日报》）、《荣昌日报》报道 19 次。

十、医联体建设有大突破

松散型合作：与重庆市中医院等 3 家市内三甲医院签订医联体协议，与市内 4 家三甲医院建立皮肤等 6 个专科联盟。紧密型合作：与西南医科大学附属中医医院达成共识，我院作为西医大中医院分院。与镇街医院医联体合作，医院派出专家 393 人次，坐诊、查房、指导手术、讲座培训，医联体内共上转 496 人，下转 226 人。配合昌州卫生服务中心完成 65 岁以上老年人体检 4620 人次、学生入学及幼儿体检 1 万人次、队列研究基线调查 1500 人次。

十一、医院综合管理更规范

进一步建立健全了现代医院制度，制定了《党委会议事规则》《院长办公会议事规则》《意识形态工作责任制实施细则》《廉政风险防控工作实施办法》等，制定了《薪酬制度改革考核方案（试行）》《引进高层次卫生技术人才管理办法》《假期管理办法》《公务车辆加油卡管理规定》《考勤制度》等，修订和完善了《员工积分管理办法》《医务人员不良执业行为管理实施管理办法》等。建立了医院内部控制制度，内部权力运行机制不断规范，设备设施及耗材采购管理按程序进行。完成了银医系统建设，改善了患者就医体验。

通过对员工积分办法的考核，促进正能量发挥，全年共有 239 人加分，加分分值 111.3 分；有 17 人扣分（主要原因是上班、会议、学习迟到，患者投诉、差错事故等），扣分分值 19 分，8 个科室获得集体加分（收到锦旗和表扬信）。加减分管理有效地提高了技术与服务水平，改善了社会形象。据全区卫生医疗机构第三方社会满意度调查显示：2018 年度 1—8 月区中医院满意度提升到 85.7%，远远超过其他区级医疗机构。

十二、党的领导得到加强

按照区委要求成立了医院党委和纪委。制定了《中医医院章程》，把党的领导融入医院治理各环节；落实党委主体责任，抓好意识形态工作；执行“三会一课”制度；加强内部监督，做好风险防控；开展“三大主题年”专题活动。坚持正确政治方向，严格落实中央八项规定及其实施细则精神，坚持不懈整治“四风”，营造良好政治生态。

百位华西“大咖”齐聚龙泉 助推龙泉医疗高质量发展

——华西龙泉医联体建设取得阶段性成果

四川大学华西医院龙泉医院

11月27日至12月20日，由四川大学华西医院龙泉医院（以下简称“华西龙泉医院”）举办的“华西龙泉医联体学术月”系列活动在该院隆重举行。仅一个月时间，150多位华西专家陆续走进龙泉驿，通过培训讲座、手术演示、疑难病例讨论、现场会诊等多种形式，为全区医务工作者带来了一场学术的“饕餮盛宴”，助推龙泉医疗卫生事业高质量发展，这在以前是想都不敢想的。2017年2月，“华西龙泉医联体”正式成立。人们担心此次合作办医会不会是穿“新衣”走“老路”。实践证明，“华西龙泉医联体”不但为龙泉医卫事业带来了飞跃式发展，还给龙泉区域医疗中心的建设和基层医疗卫生事业的发展注入了一支“强心剂”，“华西龙泉医联体”已深入人心，为人们的担心做了有力回答。

善用优质医疗资源　促进全区医疗协同发展

据不完全统计，在刚刚过去的学术月活动中，先后有154位华西各专业、各领域的专家参与其中，共开展学术讲座120余场，仅来院开展培训交流的专家人数，就超过了2017年全年来院专家人数的2倍。而整个2018年，来院开展培训的华西专家总数，更是多达300余人次，给华西龙泉医院、龙泉各级卫生医疗机构带来了“福音”。

“这次学术月活动的规格之高、规模之大，应该是创造了历史之最。”华西龙泉医院院长陈德才说，其规格高主要体现在，包括华西医院大内科主任文富强教授、党总书记罗凤鸣教授，大外科主任董强教授在内的众多专家，他们所带来的不仅是先进的技术和丰富的经验，更带来了医疗事业前沿的发展理念，极大地拓展了大家的眼界和思维。

同时，此次学术月活动的参与人数和覆盖层面，也是前所未有的。来自全区各医疗机构的医务工作者近5100余人次参与活动，涉及20多个专科领域。专家们除了开展学术讲座外，还指导查房323例，手术演示30例，疑难病例讨论136例，现场会诊45例，其中还有2位危重患者被转至华西医院进一步治疗。“这些华西大咖为了提升龙泉驿区的医疗技术水平，可以说是使出了浑身解数，毫无保留。”华西龙泉医院副院长马莉介绍，大多数专家利用自己的业余时间来参与指导，有时他们在做完培训后，连饭都来不及吃又匆匆地回到他们自己的工作岗位。专家们的专业和务实，让区域基层医务人员受益匪浅。

学术月所营造的浓厚学习、学术氛围，也让专家们感触颇深。“华西龙泉医联体所呈现出的上下联动、共同学习交流的模式，为我们的医联体建设，提供了很好的思路和经验。特别是龙泉驿区区委区政府对医联体建设的高度重视，更是为全区医疗发展带来了勃勃生机。”作为交流专家的四川大学华西医院金堂医院院长韩平教授，在活动中感慨地说道。

而整个学术月活动只是华西—龙泉深化合作的一个缩影。一年多来，在区委区政府及区卫计局的全力支持和四川大学华西医院的全面帮助下，通过“传帮带”，华西龙泉医院医疗服务水平得到了全面提升，并辐射到全区各基层医疗事业单位，“华西”技术、理念在龙泉大地生根发芽，区域医疗水平高质量发展也得到稳步推进。

不断推动学科建设 实现高水平医疗服务

医院的学科建设，尤其是重点学科的整体水平和能力，直接决定了医院的发展后劲。四川大学华西医院大外科主任董强教授在完成前列腺癌快速康复的讲解后，谈到了学科建设的重要性。他表示，学科建设水平的高低，代表着医院综合实力的强弱，医院各层面管理人员都必须把学科建设作为发展的主要支撑点，纳人才，建梯队，才能从根本上推动学科发展。“华西龙泉医疗合作一年多，作为医院的一员，我感触很深，他们的到来，激活了医院的学科建设，学术研讨氛围浓厚，科室人员理论和技术水平得到极大的提升。”华西龙泉医院院长助理、神经外科主任陈钫说，自从华西教授贺民来到医院做神经外科学科主任后，神经外科得以飞速发展，离群众对科室的期待越来越近。

此次学术月活动的开展，受惠的不只是华西龙泉医院，而是整个龙泉区域所有的卫生医疗单位。“听了华西董强教授的讲座，觉得我们的前列腺内镜手术的应用及开展，还有很大的发展潜力，为我们下一步工作开展起到了重要的指引作用。”航天医院泌尿外科主任杨政表示，以后要带领全科医护人员全面学习前沿知识，快速提升诊疗能力，切实为患者健康谋福利。

华西医院心内科副主任兼超声心动图室负责人唐红教授也就超声医学学科建设提出了她的专业建议。她认为超声技术已逐步和强势学科融合，在介入治疗、手术影像检测评估等方面发挥着重要作用，科室要通过挖掘诊疗特色、提升科研能力、突破优质服务，来推动超声医学学科的建设。这些，都成为整个龙泉超声医学建设宝贵的财富。

增强人才队伍建设　打造高素质医疗团队

“医院要实现可持续发展，就必须树立强烈的人才意识，把人才资源作为第一资源，将人才培养做为首要任务，建立一支适应医改发展需要的高素质人才队伍。”而这，早已写入龙泉医卫事业发展的大纲，并逐渐加快实施。

作为国内知名的教育管理专家，四川大学华西医院护理专家陈红教授在护理专场学术交流中，重点介绍了如何培养护理人才的经验。她所倡导的“人文教育、以身作则”教学理念，引起了医院护理同人的强烈共鸣。

自华西—龙泉深化合作以来，医院人才队伍建设持续加强。在引才上，广开“才”路，招贤纳士，借助华西平台，通过双选会、直选等方式引进各类人才百余名，人才吸引力大幅增加。在用才上，按照“能上能下、能进能出、有效激励、严格监督、竞争择优、充满活力”的选人用人机制，顺利完成全院 120 余名中层干部换届工作，迈出了医院人事制度改革的第一步。在育才上，坚持“走出去”，全年累计外出进（研）修 64 人，其中华西医院进修 32 人，外出短期培训 939 人次，参加国际性培训 73 人次，国家级培训 144 人次，省市级培训 601 人次，其中华西医院培训约 198 人次。

区卫计局副局长曹梦熊指出，人才培养是促进学科建设和医院发展的关键，医院要以这次学术月活动为契机，包括区内其他医疗机构也要找准自身薄弱点，有计划地引进和培养专业人才，为他们提供平台，让他们在岗位上充分发挥自我价值并获得认同感，这样才能有效提升学术实力，引领全区医疗发展。

不断完善质量管理　增强医院核心竞争力

医疗质量管理是医院管理的主题，是医院的核心竞争力，它的好坏、高低直接影响着医院的可持续性发展。

在放射科学术交流活动中，华西医院放射科主任宋彬教授说，医疗过程中任何的技术和服务，都要以质量为标准，只有不断加强内涵品质，以质量求生存，以竞争谋发展，才能让科室在市场中得到认可，在百姓中获得口碑。“科室的医疗质量体现在哪里？就在我们的操作细节中，就在我们日常管理中。”华西医院神经外科副主任张跃康教授在神经外科学术交流活动中讲到，只有不断提升科室每一个人的质量意识，时刻紧绷医疗质量这根弦，充分发挥科学、严谨、规范的质量管理作用，才能让科室乃至医院获得可持续性发展。

量变引发质变。随着华西龙泉医院医疗质量的持续改进，整体医疗水平获得巨大改变。2018 年 1—11 月，医院门诊总诊疗 81.55 万人次、出院 3.20 万人次、手术 1.12 万人次，较 2016 年同期分别增长 60.30%、37.49%、38.20%，华西的品牌影响力愈加显现。同时，医院在医联体平台的影响下，构建省级重点专科 1 个、省级重点专科建设单位 1 个，市级重点专科建设单位 3 个，并牵头成立了区级诊疗中心 4 个，区级质控中心、专委会各 15 个；规划建设胸痛中心 1 个，卒中中心 1 个。

长年患有“脆性糖尿病”的丁春雪阿姨，在多家医院住院治疗，血糖都控制得不好。这次在华西龙泉医院内分泌代谢科住院期间，就体验到了医护人员耐心、规范、细致的高质量诊疗服务，使她的血糖得到有效控制。在出院之际，她特意向全体科室医护人员表达了自己的感激之情。“家门口享受华西的医疗服务，这真不是吹的，是实实在在的。”

促进科研技术提升　推动医疗事业健康发展

在此次呼吸内科专业学术交流活动中，四川大学华西医院大内科主任文富强结合大量的科研教学案例，从科研类型、课题种类、科研设计等方面深入讲解了临床医生应该如何进行临床科研。文教授指出，随着“经验医学”向“循证医学”的转型，临床医生必须在熟练掌握临床知识和技能的同时，拥有较强的科学研究能力，通过科学、合理的方法发现和解决临床中的问题与困难。而真正的科研容不得丝毫虚假，作为临床医生，更要对自己高标准、严要求，坚持求真务实、开拓创新的精神，不断增强科研思维和科研能力，实现医学科研事业的良性发展。

以科研强技术，以技术促发展。此次学术月活动中，华西医院神经外科副主任张跃康、泌尿外科副主任李响、胸痛中心总监张立、消化内科主任医师吴俊超、大外科护士长宁宁等众多知名教授在华西龙泉医院进行了脑干肿瘤切除术、经腹腔镜前列腺癌根治术、冠状动脉造影及支架植入术、贲门失弛缓内镜下肌切开术、疑难伤口清创等手术指导及演示，让全区医疗机构的观摩学员们受益匪浅。

同时受益的还有患者。“这次真的是太谢谢你们了，没想到这么快就在华西医院把手术做了。”一位因血管复杂病变而转诊华西医院的患者激动地说，没想到，在华西龙泉医院不仅能够得到华西专家的诊疗，还可以如此快地转诊到华西医院完成手术，这个医联体政策的实施实在是国家、政府为百姓谋得的大福利。

后记

随着医改的纵深推进，区域医疗发展也进入新时代，摆在医务人员面前的是更加艰巨的任务、更加严峻的挑战。龙泉驿区卫计局局长张鸿表示，通过不断地交流与学习，提升基层医疗机构自身业务能力和管理水平，让大家实时了解前沿发展理念和趋势，是应对挑战的唯一办法，这也是举办此次学术月活动的初衷。

华西—龙泉医联体建设，将基层医务人员的学习方式，从送出去学，变成了请进来学。通过华西龙泉医院的桥梁作用，让华西医院强大教学资源与龙泉区域基层医务工作者直接对接，不仅增加了大家的学习机会，更拓展了传授、教学的覆盖范围，对推动龙泉区域医疗水平的整体提升，造福广大龙泉百姓健康具有深远的意义。

“我们的目标是把华西龙泉医联体建设打造成整个成都的标杆，让华西优质的医疗服务造福龙泉及周边的城乡百姓。”正像张鸿局长所说，随着华西龙泉医联体更深入的合作，这样的美好愿景正在一步步变成现实。

服务新时代 展现新作为 办人民满意医院

重庆市永川区中医院

2018年，永川区中医院深入学习贯彻党的十九大精神，以习近平新时代中国特色社会主义思想为指引，以办人民满意的高水平医院为目标，在区委、区政府的坚强领导下和区卫计委的正确指导下，全体干部职工团结一心、奋力拼搏，医院各项工作都取得丰硕成绩。全年工作呈现十一个亮点。

一是众志成城，“三甲”复评工作高水平、高标准、高质量完成。通过复评工作，促使医院管理水平、特色优势、医疗质量、综合服务能力等方面有了显著提升，得到了评审专家组和市卫计委的高度评价，所得分数居全市前列。

二是奋发有为，医疗业务持续快速增长。医疗业务持续快速增长。医院全年总收入5亿元，同比增长24%，门急诊58万人次，同比增长9.5%，出院人次4万人次，同比增长28.21%。

三是凝心聚力，新院建设项目全力推进。争取中央投资项目和5000万项目资金，建设凤凰湖新院。努力克服各种困难，抢时间、赶速度，在艰难中推进工程建设。目前已经完成了该工程土地使用证的获取、可研报告、项目立项批复、地质勘测、方案设计及初设等，将于2018年12月底施工。

四是继续攻坚克难，巩固扩大医改成效。持续推进分级诊疗制度建设，形成科学有序就医格局。进一步规范医疗服务行为，推动公立医院实施按病种收费。完善便民惠民活动，不断提升患者就医感受。

五是借力而行，学科建设纵深推进。中国工程院副院长、美国国家医学院外籍院士樊代明亲临医院，打造西京消化医院永川区中医院整合医学中心，并在技术、人才、专科建设和医学科研等方面与我院实现资源共享。中国工程院院士韩德民来院指导“华佗工程”耳鼻喉科示范基地建设，正在建设德民院士工作室、樊代明院士工作室、全国名老中医郭剑华传承工作室，依托顶尖的专家力量，推进学科建设发展。

六是屡获殊荣，医院医护人员在高水平比赛上获奖。

1. 荣获 2016—2017 年度全国无偿献血先进促进奖。

2. 荣获重庆市医院协会管理先进会员单位，是全市唯一获此荣誉的中医院。

3. 荣获 2017 年度区级医疗卫生机构目标任务考核优秀单位。

4. 耳鼻喉科医生代表重庆市中医耳鼻喉参赛，在全国中医耳鼻喉科分会组织的临床知识竞赛中获得第一名。药学部人员在重庆市中药技能决赛中，揽获了 2 个单项一等奖、1 个单项二等奖和团体一等奖。护理人员在重庆市首届中医护理质量持续改进竞赛中，取得第二名佳绩，充分展现我院医务人员的业务素质和精神风貌。

七是拓宽思路，医疗服务水平显著提升。新成立康复科、骨三科住院病区，拓展医院的医疗业务。打造全新健康管理中心，提供高品质的一站式服务，以现代健康概念和中医“治未病”思想为指导，实现从“治病为中心”向“健康为中心”转变。

八是优质医疗资源下沉，医联体帮扶惠泽万民。永川区中医院领衔成立永川区放射影像会诊中心、超声质控中心，与基层医院实现影像、数据的实时传输、“同质化”诊断，覆盖 23 家基层医院，全面提高基层疾病诊断效率和质量。出资打造南大街社区卫生服务中心、来苏镇卫生院精品中医馆，在人才、技术、设备等方面助力基层中医药服务能力明显提升。

九是彰显公益性，积极承担社会责任，精准帮扶成绩斐然。开展形式多样的义诊讲座健康宣教活动 12 次，医疗服务 118 次。举办急诊急救知识培训及健康知识讲座 22 次，受众人群上万人，发放宣传资料 2 万余份，得到社会各界的高度认可和评价。对口支援黔江区石会镇卫生院、黔江区小南海镇卫生院累计诊疗病人 2000 人次，建立完善相关制度 20 项，讲课、培训 6 次，培训人次 200 余人次，取得良好的社会效益和经济效益。

十是打造智慧医院，患者就医体验大幅改善。上线微信服务号，实现网上预约挂号、缴费、检查检验结果查询、诊间支付等功能，方便患者就诊，提高工作效率。完成了线上处方、发药等采购流程，目前正进行流程梳理、前期准备工作等，拟在12月底进行试运行，届时将极大地降低市民获取医疗的门槛，改善患者就医体验。

十一是构建安全屏障，百姓就医安全更放心。加强对新技术、新项目、一二类医疗技术、“非计划再次手术”的监督和管理，有效减少或杜绝非计划再次手术病人数量和相应的风险，保障医疗安全。成立“输血管理委员会”，保证血液质量和安全。大力推进临床合理用血。

一年来，我们主要做了以下工作。

一、拓展医疗业务，主动适应医疗改革形势，医院呈现可持续健康发展

医院年总收入5亿元，同比增长24%，住院次均费用7034.07元，同比下降0.34%，药占比31.38%，同比下降2.43%。门急诊58万人次，出院人次4万人，累计全院2018年人均住院日8.64天。门诊病人人均住院费用247.26元/人次，出院病人人均住院费用7034.07元/人次。手术人次8500人，手术台次10000台，病床使用率98.61%，抢救成功率95.66%，治愈好转率97.4%。

二、以加强医疗质量管理为核心，医疗安全保障更加有力

（一）严抓医疗规范化管理和医疗核心制度的落实

严格执行《十六项医疗核心制度》《处方管理办法》《抗菌素合理应用指导原则》《执业医师法》《工伤劳动能力等级鉴定工作暂行规定》《医疗纠纷处理暂行规定》《中医病历书写基本规范》等管理，旨在保证医疗质量和医疗安全，保障医患切身利益。加强对新技术、新项目、一二类医疗技术、“非计划再次手术”的监督和管理，有效减少或杜绝非计划再次手术病人数量和风险，保障医疗安全。

（二）改善和优化医疗服务内容

以改善患者就医体验为着力点。落实改善医疗服务行动计划，创新和完善便民惠民服务，改善患者看病就医体验。对门诊就诊区域进行科学化改进，设立了阳正国名医工作室和曾朝芬名医工作室，提升群众就医体验。

以持续改进医疗质量为中心内容。一是坚持每周至少一次环节病历质量检查、每月一次病历质量检查通报会、每季度一次医疗安全分析会，对质控情况进行总结分析、通报并做到持续改进。二是加强会诊转诊管理，组织院内大会诊 84 次，上级医院专家会诊手术共 35 次，使我院高精尖手术的开展上升到更高的平台。三是坚持每月一次处方点评和临床用药情况通报，截至 2018 年 10 月 31 日，共点评门（急）诊处方 14888 张、病区医嘱 6706 份，包括门急诊处方 2866 张，抗菌药物处方 9019 张，中药饮片处方 1251 张，销售金额排名靠前药物医嘱 2580 份。对院内药品进行动态监测，每月对全院销售金额排名前 10 位的药品使用情况进行监测并限量使用；对用量较大的辅助用药、抗菌药物排名前五位的医师处方进行专项点评，对不合理处方进行干预。

以完成医疗保障任务为落脚点。全年我院先后分 64 次派出医护人员 180 余人次，参加“全国大众创业万众创新活动周重庆市分会场启动仪式”“2018 年服务百姓健康行动大型义诊活动”“2018 年度女足邀请赛”“扫黑除恶专项整治医疗保障”等，为政府指令性任务和大型社会公益性活动医疗救护服务提供了坚实的基础。

（三）多管齐下强化医疗安全管理

建立有效的用血管理制度，成立“输血管理委员会”，把科学合理用血作为输血工作的重点目标，采取了一系列管理措施，加强临床用血的监督管理，加强与永川区中心血站的联系，以备临床手术用血安全、及时。加强实验室血液质量控制，保证血液质量和安全。大力推进临床合理用血。

构建和谐的医患关系。医疗纠纷大幅下降。全年医疗纠纷下降 75%，医疗纠纷赔偿降到历史最低，医患关系更加和谐。2018 年 10 月 10 日，我院与中国人寿财产保险公司签订了医疗责任险，提高了医院医护人员从业抗风险能力，同时使患者生命健康权得到了有效保障。

提升全院安全意识。一是组织全院应急演练2次，参加全区协作应急演练3次。应急准备充分，组织周密、动员广泛，体现了医院综合协调能力和整体实力。在“513群体烧伤事件”“620食物中毒事件”中及时、有效地应对和采取有效措施处置，实施应急救援机制，最大限度保证人民群众的生命财产安全。二是加强重点科室、重点环节的院感监测工作，全年无医院感染暴发事件发生。三是加强疫苗储存和使用管理，确保疫苗使用规范安全。传染病、慢性非传染性疾病管理工作规范有效，无漏报迟报现象发生。四是及时处理应急事件。按上级要求，从7月16日起，及时处理长春长生不合格狂犬病疫苗222支；不合格百白破疫苗补种，截至2019年12月，应补种277人，283针剂，目前已补种93针剂。面对复杂的形势我们没有推诿，用极大的耐心、细心、责任心和社会责任感，严谨的工作作风，随时应对、处理、化解、疏导矛盾，没有发生一例因疫苗而引发的社会矛盾事件。

三、以人才队伍建设为基础，医资力量更加充实

（一）多渠道、全方位做好人才引进工作

积极引进高层次、高素质人才和急需紧缺人才，主动到各医学院校或面向社会招纳贤才。确立人才引进的原则，本科生选择进，硕士、博士人才优先进，紧缺人才随时进。2018年，医院成功签约西藏军区总医院退役脑外科博士后，让我院脑外科水平得到质的提高，在渝西地区处于领先地位。同时，引进硕士研究生10名，本科生40名。

（二）多举措加大人才培养力度

一是强化三基培训，培训参与率98.6%，考试合格率100%。护理理论培训42次，中、西医护理技能培训12次。二是鼓励外出进修学习，送出医生护士进修学习120余人次，参加学术会议及短期培训250余人次，举办“西学中暨护士创新能力提高班”共计176学时。三是倡导广大医务人员终身学习理念，全年组织各种形式的继续教育学习37次，继续教育达标人数621人，达标率100%。

并把继续教育作为晋级、职称晋升与专业技术职务评聘的必备条件。四是开展中医药师带徒工作，成功申报第六批全国老中医药专家学术经验继承工作指导老师1人，继承人2人。院内确定了14名带徒指导老师，28名继承人。

（三）深层次加强干部队伍建设

根据《重庆市永川区科级及一般干部交流办法》（永川委组发〔2014〕32号）以及重点部门和关键岗位定期轮岗交流的有关规定，结合医院实际情况，对部分中层干部进行岗位交流。首批参与轮岗的包括院办、人事、党办、财务、设备、药剂、审计等行政岗位和部分临床科室护士长岗位共18个，有效激发了医院中层干部队伍的活力。根据区委组织部、区卫生计生委党委关于科级干部选拔任用工作的相关规定，新提拔中层干部6名。

（四）建立健全人才激励机制

不断完善专业技术人员评聘制度，建立竞争机制，制定完善符合医院实际的评聘标准，更好地调动全院专业技术人员的工作积极性。2018年新聘副高级职称14名，完成121名职工的晋升和聘任工作。调整临床医师岗位招聘硕士研究生的福利待遇，参照正编人员标准，解除了临时聘用人员的后顾之忧，增强他们对医院的依赖感和责任感。

（五）在永川率先实行劳务派遣用工形式

为了加强编外用工管理，切实保障用工双方的合法权益，医院与人力资源公司合作，已完成了所有行政职能科室和护理招聘人员的劳务派遣工作，有利于促进人力资源有效配置，提高管理效率，集中精力搞好核心管理工作。提高选人用人效率，降低招工成本，提高招工效率。将在12月底完成招聘医生的劳务派遣工作。

四、以彰显公益性质为目的，中医药服务供给更加多元

（一）公益性质不断凸显

医院坚持公立医院的公益性。一是按照市卫计委要求，对口帮扶黔江区石会镇卫生院、黔江区小南海镇卫生院，制定了帮扶措施并稳步实施，取得良好的社

会效益和经济效益。二是全年残疾鉴定1279人次，红十字会救助198人次，交通救助共20例。2017年联系体检3万余人次。指派医护人员到自贡的荣县和遂宁的射洪县为东方地球物理勘探公司西南物探分公司一线员工进行健康体检，共体检800多人。三是每年4次，全年92次分别到全区23个镇街对65岁以上老年人、0 ~ 36个月儿童、35 ~ 64岁高血压人群进行中医药的管理服务工作指导和督导，使其各类服务人群管理率、服务率、复核符合率分别达到要求。

（二）分级诊疗稳步推进

与23个乡镇卫生院签订了双向转诊协议，对双向转诊患者开设绿色通道。全年下转病人349人，减免门槛费18600元，查房次数55次，开展讲座期数12次，培训医务人员人次496人，远程（影像）10495人次，全面落实资源下沉。

（三）医联体帮扶再增活力

建立紧密型医联体与松散型医联体相结合模式，探索帮助基层医疗机构打造精品中医馆建设。2018年，永川区中医院从人力、物力和财力上帮助南大街社区卫生服务中心、来苏镇卫生院打造精品中医馆建设。区中医院分别出资10万元用于改造基层单位中医馆的装修、添置常用的中医诊疗设备，为了让优质医疗资源下沉，分别派驻1名中医类别的针灸推拿医师到基层单位工作至少1年，指导基层单位开展中医药诊疗服务，为基层单位提升中医药服务能力添砖加瓦。

（四）义诊活动异彩纷呈

积极组织开展义诊活动，充分发挥中医药服务优势，组织医疗服务下乡等多种形式的公益性社会活动。全年组织医护人员到党政机关、企事业单位开展形式多样的义诊讲座健康宣教活动12次，医疗服务118次。举办急诊急救知识培训及健康知识讲座22次，受众人群6900余人，发放宣传资料1万余份，得到社会各界的高度认可和评价。

（五）“西学中”培训反响热烈

持续加强对未系统接受过中医药院校学习的从事临床工作的西医人员进行“西学中”培训，培训反响热烈，有效提高了我院西医人员掌握中医药理论知识，充分发挥中医药的特色优势，增强运用中医药防治疾病的能力，更好地为人民健康服务。临床科室非中医类别执业医师中医药基本知识与技能培训考核比例达到100%。护理部也按照制定的护理人员分层次培训计划，继续开展护理人员“西学中”培训。医院还制定了体现中医医院特点的规章制度和《员工手册》，编写了体现中国传统文化（包括中医药文化）核心价值观念的读本并开展培训。

五、以提升优质护理为动力，护理管理水平更加完备

（一）狠抓护理安全，持续改进护理质量

在医院护理质量与安全管理委员会的指导下，护理质量实行三级质控，坚持每月一次护理质量管理评价，每季度一次全院护理质量与安全管理分析报告会，对护理质量进行全面分析，对典型不良事件和护理成功的案例等进行分享，及时总结，及时发现问题，及时解决问题。成立了6个护理专项督导小组，保障护理质量得到持续改进，

（二）优化护理工作流程，完善并落实核心制度

一是不断完善优质护理服务激励机制，每季度进行优质护理先进科室评选活动，每月进行一次优质护理之星评选。同时，对急诊科、重症医学科等特殊护理单元设置特殊岗位津贴，稳定了护理队伍，提高了广大护理人员的工作积极性和创造性。

二是不定期召开优质护理服务工作协调会议，共同协商优质护理服务过程中需要解决的问题，进一步加大相关后勤部门对优质护理工作的支持和保障力度。

三是健全临床护理工作制度，进一步优化护理人员岗位职责。重新编订《护理核心制度》，对护理十八项核心制度以及护理人员岗位职责等汇编成册并下发科室，护理部培训护士长，护士长培训科内护士，层层学习，落实到位。

（三）落实“患者安全目标”，提高护理安全

一是围绕“患者安全十大目标”，预防患者安全事件发生，制定不良事件主动报告制度，规定了护理管理“零容忍”十条，患者安全人人有责，加强学习，将患者安全形成一种文化，养成习惯，自我管理，自我提高。全年主动报告不良

事件479例，与2017年相比（共主动上报354例）主动上报率大幅度提升。

二是全院开展了6S精细化环境管理，使治疗室、处置室等得以规范化管理，以预防医院内感染发生。制定了“护理人员上岗十时十防止”“护理人员十不交接制度”“药品管理安全五个准确”“十不执行”等安全提示标识，提高了工作效率，提高了工作质量，减少了不良事件的发生。

六、以纵深推进学科建设为支撑，科研教学发展成效更加显著

（一）凝聚顶尖专家力量

打造“华佗工程”耳鼻喉科示范科室和西京消化医院永川区中医院整合医学中心暨“国家消化系统疾病临床医学研究中心（网络单位）”，拟进一步打造韩德民院士工作室、樊代明院士工作室、全国名老中医郭剑华传承工作室，以工作室为平台，依托顶尖的专家力量，凝聚更多资源力量，推进重点学科建设，扩大医院影响力，推动医院更快发展。

（二）拓宽服务领域

成立康复科、骨三科住院病区，大力推进康复医疗技术、积极探索。有效提升医院创伤急救治疗的水平，拓展医院的医疗业务范围，同时方便与满足本地区手足外伤患者的医疗需求。

（三）深化科研成果

2018年申报11项省部级科研项目，1项国家自然科学基金，其中中医4项，立项2项。2018年申报30项厅局级科研项目，其中永川区科委申报23项，立项7项，成都中医药大学校基金申报7项，立项1项。

2018年我院职工发表学术论文100余篇，其中核心期刊6篇，CSCD1篇。2018年院内申请专利获批8项，其中发明专利2项，实用新型专利6项。参与出版专著或任编委、副主编5本。

（四）教学成果明显

2018年我院接收实习生212人、进修17人、见习39人、助理规培生10人，2018年招收国家统招硕士研究生17名，随着硕士研究生的招人人员增加，同

时也对我院教学工作提出了更高的要求。与重庆医高专深度合作，开展师承课题的研究，增加师承老师 4 人（李兴琼、欧畅、王涣群、王博伟）。全年全院共计完成科内入科教学、小讲座 700 余次，教学查房 1100 余次，病案讨论 200 余次。

七、以“两学一做”学习教育常态化制度化为抓手，推进全面从严治党更加坚定

（一）提升思想观念，提升发展动力

为确保党建工作的深入推进，完善党内机制，固化党建工作模式，2018 年我院党委认真加强党内制度建设，研究制定了党内的分工制度——“三会一课”制度、谈心谈话制度、民主评议制度、组织生活会制度，并在制度下认真开展 2018 年的党建工作，使得制度得到充分落实，凝聚了人心，增强了党组织的战斗力和凝聚力。

（二）扎实开展争创活动，加强作风建设

一是以每月的主题党日为载体，在《永川区中医院 2018 年党员活动年度计划》的基础上，根据“两学一做”要求，结合我院实际开展党员教育，至今开展 10 期党员活动、1 期主题集中冬训。主题党日充分的融合了“5+X”内容，包括廉政教育、警示教育、学党章党规、学党建常识、学党的十九大精神、学扫黑除恶专项精神，学习并讨论了转变思想观念优化营商环境等专项精神；结合微信学、集中学、小组学、交流讨论、观影、参观教育等形式，力求学习便捷与教育深刻的统一。二是定期组织中心组学习。至今开展了 10 次党委中心组学习，学习内容结合当期重点，小组成员全勤参加，轮流领学，实现了充分讨论与交流，确保了班子内的思想一致，意识深入。

（三）党风廉政建设落实到位

始终高度重视党风廉政建设，定期召开专题会议研究党风廉政建设相关工作，逐级签订责任书，严格考核。注重教育引导，组织开展《廉政准则》和《警钟长鸣》专题片等相关内容的学习，落实党内监督制度，领导班子成员坚持述职述廉

和各项报告制度，确保医院无违规违纪行为。不断完善党支部的制度建设，落实“三会一课”等基本组织生活制度，积极探索防止组织生活随意化、平淡化、庸俗化的有效办法。将党支部履行抓党建工作主体责任与医院中心工作、科室重点工作有机结合。

加强中国—东盟海上医学救援技术交流合作助力"向海经济"发展

广西壮族自治区北海市人民医院 陈志宇

2013年10月，习近平总书记出访东盟国家时提出，中国愿同东盟国家加强海上合作，发展海洋合作伙伴关系，共同建设21世纪"海上丝绸之路"，推进中国—东盟战略伙伴关系，加强我国与东盟国家在海洋领域的交流与合作。国家财政部、外交部联合出台《中国—东盟海上合作基金管理暂行办法》，国家卫生计生委决定申请中国—东盟海上合作基金项目支持中国—东盟开展海上医学救援工作。笔者认为，加强中国—东盟海上医学救援技术交流合作，依托广西北海市人民医院建立中国—东盟海上医学救援技术交流合作平台，助力"向海经济"发展，非常必要、意义重大、条件成熟，具有可行性和可及性。

一、必要性和意义

（一）必要性

1. 2017年4月19日，习近平总书记到广西北海考察铁山港码头时指出，要建设好北部湾港口，打造好"向海经济"，写好新世纪海上丝路新篇章。北海市委书记王乃学要求，北海要把学习贯彻习近平总书记系列重要讲话精神作为推动全市发展的巨大动力，舞起"四个龙头"大力发展"向海经济"，为"一带一路"建设发挥积极作用。

2. 北部湾港资源丰富，区位独特，是我国大陆距马六甲海峡最近的港口，是西南地区最近的出海口，也是全国沿海铁路布局最完善的港口之一。数据显示，2017 年一季度，北部湾国际港务集团完成营业收入 100.37 亿元，同比增长 66%，累计完成货物吞吐量 3492 万吨，同比增长 18.98%。北部湾港的建设目标是建设区域性枢纽港和集装箱干线港，成为面向东盟的区域性国际航运中心。北海作为海上丝绸之路的始发港，其地理位置尤为突出。

3. 随着“一带一路”建设以及中国—东盟自由贸易区建设加快推进，海上运输已进入快速发展轨道，海上交通运输量和船舶交通量连年增长，从事海上运输、作业及活动的人员逐渐增多，船舶年交通流量明显增多，同时台风、海啸、海上交通事故等突发事件发生频度增高，海上突发事件已成为常态化的灾害，其带来的损失也在逐年递增。

4. 中国与东盟各国地域宽广、海域辽阔，海上紧急医学救援实施难度大，这些因素对海上紧急医学救援提出了新的要求。急需建立中国—东盟海上医学救援合作机制，利用我国在卫生应急（如海上医学救援）领域的设备、技术和人才等优势，提升我国在海上医学救援方面的综合能力，同时带动东盟国家海上医学救援能力的提升。

5. 中国与东盟国家海上医学救援工作都起步较晚，海上医学救援体系未搭建，救援资源奇缺、救援技术手段落后，海上医学救援无技术标准，专业人员缺乏培训，救援技术和救援能力都急需快速提升。

（二）现实意义

1. 从国家战略层面来看，推动中国—东盟海上医学救援机制的建立，这将为“一带一路”建设提供坚实的安全屏障，有效促进中国同东盟各国的海上经济往来。

2. 从外交层面来看，海上紧急医学救援项目属于人道主义援助项目，不牵涉我国与东盟部分国家的利益争端，有利于树立我国负责任大国形象，直接服务于我国亚太外交大局。

3. 从卫生领域合作的角度来看，中国和东盟国家海上紧急医学救援方面合作尚未全面开展，医学救援的机制、能力等尚未形成，通过推动中国—东盟国家在卫生应急方面的合作，有利于协调国家间海上医学救援活动，促进中国南部海域海上国际联合救援工作开展。

二、可行性

目前，国内地方医疗卫生系统海上医学救援基础非常薄弱，而北海市人民医院在海上医学救援工作方面具有一定的基础和经验，在海上医学救援领域同行认可度高。

1. 依托北海市人民医院已经建立了广西海上紧急医学救援中心。根据国家卫生应急体系建设的要求，为进一步完善广西突发公共事件紧急医学救援体系，2012 年 10 月，广西壮族自治区卫生厅决定依托北海市人民医院成立广西海难紧急医学救援中心，同时要求中心选址要与北海市人民医院异地扩建项目相结合，统筹规划建设。

2. 国家卫生计生委、自治区党委政府和北海市党委政府高度重视和支持广西海上紧急医学救援中心项目建设。2013 年 12 月，自治区党委、政府主要领导到北京与国家卫生计生委进行会谈，请求重点支持广西卫生基础设施建设，国家卫生计生委同意该项目建设内容。2015 年国家卫生计生委出台《推进“一带一路”卫生交流合作三年实施方案（2015—2017）》，将广西海上紧急医学救援中心建设项目纳入该方案卫生应急和紧急医疗救助重点规划项目。2014 年以来，国家卫生计生委应急办已四次派调研组专题调研广西海上紧急医学救援工作开展情况，对中心项目及队伍建设作出的成绩充分肯定、高度赞赏。自治区人民政府连续四年（2014 年、2015 年、2016 年、2017 年）将广西海上紧急医学救援中心及北海市人民医院异地扩建项目列入自治区层面统筹推进重大项目，列入 2017 年自治区“一带一路”优先推进重大项目。北海市政府连续三年将其列入北海市“四定”重大项目。

3. 广西海上紧急医学救援队伍建设已取得突破性进展，现有队员 73 名。2016 年 2 月，国家卫生计生委正式命名广西海上紧急医学救援队为“国家（海上）紧急医学救援队”，成为国家级卫生应急队伍。队伍拥有完善的相关设备。2014 年北海市人民医院自筹资金 700 余万元采购了 4 个具有医学检验功能检查、放射检查、手术、重症监护的船载移动式医学方舱及一批相关救援、培训设备设施；

2015年自治区卫计委进一步投入1000万元资金，增加了卫星应急通信指挥方舱系统1套、水电油保障车、生活保障车等自我保障设备。北海新奥海运公司建造的可搭载海上紧急医学救援五个方舱的“北游15号”邮轮（最大载重量3000吨、可载客700人）于2015年9月投入使用。

为确保与东盟国家保持语言畅通，国家卫计委、自治区卫计委下拨专项资金委托北海市人民医院已经开展两期英语培训班。在国家卫计委和海军总医院的指导下编制了《国家（海上）紧急医学救援队管理办法》以及相应的管理制度，同时，编制了《国家（海上）紧急医学救援队海上突发公共事件医疗救援应急预案》等8项预案。确保在遇到各种灾害时，救援队伍能够按制定的预案规范开展救援工作，拥有较为完善的制度保障和联动机制。

同时队伍强化培训，定期开展卫生应急知识学习培训、人机磨合训练。强化体能、海况适应训练，急救技能培训、考核。参加过多次培训演练，积极参与军民融合工作，得到了同行及上级领导的一致认可与好评，积极参加学术交流。在2016年“中国医学救援协会水系灾害分会”第五届年会上，队伍中有一人当选为副会长，一人当选常务理事，两人当选理事。2017年1月医院联合中华医学会灾难医学分会共同举办“全国急诊与灾难及心肺复苏新技术学习班”，提高队伍的卫生应急能力水平。目前队伍已经初步具备了海上应急救援能力。

4.北海市人民医院是一所百年老院，海上医学救援经验丰富。医院成立于1886年，是国家三级甲等综合医院，技术力量和医疗急救能力在广西沿海三市中较强，多次参加广西海上搜救演练和海上医疗救援活动，有较丰富的海上医疗救援经验。与辖区的海事、渔政、救捞、海警、海军水警区等有良好的合作关系。医院与解放军海军总医院、海军医学研究所也有良好的技术合作关系。医院是中华医学会航海医学分会副主任委员单位、中国医学救援协会水系灾害医学救援专业委员会副主任委员单位，在国内专业领域知名度高，具有一定的影响力。

5.广西海上紧急医学救援中心及作为海上紧急医学救援中心支撑的北海市人民医院异地扩建项目建设顺利推进。异地扩建一期工程门诊医技综合楼项目，已完成主体封顶，根据市委市政府的要求2017年年底投入使用。广西海上紧急医学救援中心建设用地面积 2 万平方米，拟建一栋具有急救、海上指挥调度、海上重症监护、海上救援培训、可扩展的接收大批量海上伤病员的观察治疗病区，以及海上技术装备研发及其他辅助用房，建筑面积 22000 平方米，目前正在开展初步设计工作。

三、建议措施

1. 加强中国—东盟海上医学救援技术交流合作与广西海上紧急医学救援中心和广西海上紧急医学救援队伍的建设相结合。按国家卫生应急队伍标准进一步配备海上紧急医学救援装备及设施，储备救援物资，加强海上医学救援技术培训、演练及进一步提升海上救援组织实施的能力建设。参与国内国际海上紧急医学救援工作。使该中心具备远海医学救援，兼顾陆地和空难医学救援的能力。同时开展海上医学救援的科学研究与技术装备研发。积极开展海上医学救援领域的学术交流和与东盟国家的国际交流合作，借鉴先进经验和成功做法，不断提高海上紧急医学救援的能力和水平。

2. 依托北海市人民医院建设中国—东盟海上医学救援技术交流合作平台。将通过加强组织管理，提升海上医学救援的水平。使之作为中方的代表能快速高效的参与中国与东盟海上发生台风、海啸、地震、沉船等灾害性事故的紧急医学救援工作，为中国—东盟海上安全提供保障，发挥我国在“一带一路”建设主导国的作用，彰显我国外交形象，提高外交影响力。

为民族医卫事业奋斗终身

——记杂多县藏医院院长才仁丁巴

青海省杂多县藏医院

一、默默耕耘，不断钻研

1989 年 7 月，一毕业就要求被派到查旦乡卫生工作 4 年，1993—1998 年在昂赛乡卫生院任院长，1998—2010 年被任命杂多县藏医院副院长职务，2010 年至今在杂多县藏医院担任院长。1994 年承担了基层卫生所缺医少药时期繁重的医疗卫生服务任务，尤其凭借自身扎实的藏医药专业功底，发挥藏医药广阔的群众基础和高度青睐性，坚守在基层医疗卫生阵地的最前线。从那时起，他就把人生的坐标定在了为医疗卫生事业，尤其是民族医药事业献身的轨迹上。他热爱医疗事业、衷爱医生职业、关爱每一个患者，把自己的事业看得神圣无比。为了履行好医生这项神圣的工作，他始终坚持不断地学习，坚持阅读有关民族政策、专业方面的书籍和藏医药刊物，虚心学习老藏医的宝贵实践经验，拜访本县名藏医、老专家，坚持挖掘传统藏医药知识和工艺，在卫生所期间，大力普及基本卫生服务技术，推广藏医药适宜技术。他深知没有坚实、厚重的业务功底，没有准确的知识结构，没有先进的教育思想，就无法胜任健康所系、性命相托的这一职业。他在诊疗活动中力争做到有清晰透彻的思路、对症规范的诊治，使每一次看诊都成为精雕细琢的藏医论治。

二、常年奉献，克己奉公

县藏医院创建于 1982 年，历经 33 年的成长壮大，现已成为杂多县唯一一家集藏医医疗保健、制剂加工、公共卫生服务于一体的民族性综合医院。1998年5月，才仁丁巴同志调入县藏医院任职副院长工作，当时的县藏医院处于起步阶段，全院只有8个职工，他身先士卒、率先垂范、身兼数职，在短短的几年时间里，取得了大家公认的工作业绩，被破格提拔为副院长，更在担任副院长期间，承担了藏医院所有的日常事物和诊疗工作。以排头雁、领头羊的开创意识，引领了县藏医院从无到有、从小到大，从简易到综合性、从小门诊到住院、制剂加工、临床教学，现已初步形成了“院有专科，科有专病，病有专药，人有专长”的良好格局。并在近两年有了前所未有的崭新面貌，我院现有职工48人，其中正式工24人，政府聘用工5人，零就业人员10人，自聘工9人（有副高3人，中级3人，初级7人；研究生学历1人，本科生10人）。截至2015年5月1日我院门诊量达652人次，住院34人次，全面实现了“先住院、后结算”“城镇职工就诊取药刷卡”“常规的检验、放射、超声等医技检查的完备”，下一步，“药浴特色治疗的开展施治”，将成为全县各族人民群众的藏医药特色服务的健康之所，平安之地。

三、带着伤痛，挥洒大爱

2010年的玉树地震，对于每一个人，至今记忆犹新，但对于才院长来说更是始终笼罩的伤痛阴影，终生都不能痊愈的心酸痛楚。正值花季的女儿在那场地震中不幸罹难，儿子又重伤。就在当时因为杂多籍伤员大量返乡，县藏医院又以藏医骨伤手法技术出众，藏医院里迎来大量慕名而来的本乡及外乡人，包括多数的学生及牧民，当时仅一天就接骨伤者达100余人，由于老院长和才院长需要负责特殊的救治任务。才院长都未能亲自将女儿和儿子接回，因为这样，儿子对才院长怀有怨言，至今仍不能理解原谅，经历这次重大的打击后，才院长的儿子精神状态抑郁，需要长期服药治疗。为此，才院长也很是自责遗憾，因此，也更是竭尽所能、倾及所有的投入民族医药事业的工作中来，用精湛的医疗技能和出色的工作业绩来获得些许的安慰和体现最大的价值。

每每说到突如其来的灾难变故，讲到珍惜工作的机会时光，七尺身躯的康巴汉子满眼湿润，抽泣哽咽，全院所有的人都能感同身受、肃静无声，敬仰之情油然而生，感慨之言牢记于心。为了给牧民群众提供藏医药特色服务，让卫生改革的成果真正惠及牧民群众，才院长始终秉持着“医为民所用，院为民所办”的办院宗旨，尤其是在弱势群体中，在敬老院、寺院、学校、边远牧区村社中挥洒大爱。在全县医疗卫生改革的热潮中，县藏医院始终保持行进在全县行业的首列。

四、恪尽职守，以院为家

才院长历来注重坚持自我约束，从严要求，慎用权力，奉公以勤，律已以俭，不以职权谋私利，不为人情所左右。他经常挂在嘴边的一句话就是“医疗无小事，患者无小节”，“将科室事当作家里事”。2014 年我院在炮制佐青“佐太”等名贵藏药期间，才院长更是以院为家，率先垂范，7 月 14 日至 11 月 16 日，我院全体职工加班加点，超强度超负荷工作，历时 50 多个日夜，确保了 11 月 16 日成功炮制出藏药中的甘露精华之王“佐太”等名贵藏药 12 种，成为了本县藏医史上的首次创举和重大时刻，为我院制剂加工及藏医药传承发展写下了浓墨重彩的一笔，也使得濒临失传的藏医密练等工艺得以保护和传承。

日复一日的平凡岁月，默默耕耘的无悔人生，才院长凭着对民族医药事业满腔的执着追求和强烈的责任感，在基层医疗阵地坚守自己的岗位职责，他是医疗卫生战线上的一颗北斗星，是大家的指引标杆，是杂多卫生人学习的楷模。

欲穷千里目　更上一层楼

——吉水县中医院改善医疗服务行动纪实

江西省吉水县中医院　郭苗苟　黄　韬

雄关漫道真如铁，而今迈步从头越。近年来，吉水县中医院乘势而上，牢牢抓住医疗服务的“牛鼻子”，贯彻落实《吉水县卫生计生系统开展“人民至高无上，患者是我亲友”活动实施方案》《关于进一步加强全县卫计系统作风建设的实施方案》等文件精神，以更高的标准、更严的要求进一步提升医疗服务质量，为人民群众提供质优、便捷、实惠的就医服务。

咬定青山不放松——作风监察见成效

医院作风关乎医院的形象和生命，吉水县中医院秉持“人民至高无上，患者是我亲友”的服务理念，拿出自我革新、刀刃向内的勇气，全力根除“怕、慢、假、庸、散”等顽瘴痼疾，精心营造服务患者的干事氛围。“打铁还需自身硬”，要做到自我监督，首先要扎严制度的笼子。该院职代会表决通过《关于进一步提升吉水县中医医院作风建设的实施方案》和《吉水县中医医院作风建设检查工作实施细则》，选举成立“吉水县中医院行风作风监察小组”，将作风建设纳入规范化治理的轨道。同时，该院还设置了专门的投诉处理办公室，由专人进行接诉和登记，并开放多种渠道，如现场投诉、电话投诉等畅通患者诉求。在门诊大厅公布医院投诉办公室联系电话和投诉处置流程，设置投诉举报箱。该院把作风监察小组成员分成四组，每组人员带着执法记录仪在院内循环值班，全程记录巡察情况，并打开意见箱收集群众意见和建议。接到患者诉求后，该院监察小组对收集来的意见和建议逐条审核，认真核实及电话回访，及时向医院领导班子反馈。经监察小组投票表决，对违反工作纪律的个人和科室予以相应追责，对表现优异的职工给予适当奖励。

俯首甘为孺子牛——帮扶活动暖人心

为切实提升群众就医满意度，该院开展了“人民至高无上，患者是我亲友，党员走在前列”帮扶患者活动，党员率先垂范，领导以身作则，开展“为病人挂一次就诊号”“为病人铺一次床被”“为病人取一次药”等“十个一”帮扶活动，把患者当亲友，为患者提供贴心满意的服务。活动中涌现出很多党员帮扶患者的感人事迹：党员邓兴武医生用轮椅推患者去体检，党员许京芝医生搀扶病患上 CT 检查床，党员康伟医生给行动不便的病人喂药，党员周玉香护士为不识字的患者取药……赠人玫瑰，手留余香。在领导班子及党员干部服务精神的感召下，全体职工纷纷参与到帮扶患者的队伍中来。该院适时启动“人民至高无上，患者是我亲友，人人争当先进”活动，全院上下出现了许多帮扶患者的感动瞬间：内二科护士熊永红为精准扶贫病人赵世良老人洗脚，妇产科护士郭燕君帮助待产孕妇洗头并修剪头发，妇产科护士胡苏芬帮助产妇给宝宝喂奶，内一科护士熊晓磊为久病卧床老人梳理头发……美丽的白衣天使们用真诚体恤老人，用行动践行着“人民至高无上，患者是我亲友”的服务信念，与病人建立起亲密无间的情感联系，让病人感受到医院的关爱与温暖。

同舟共济扬帆起——医共体建设结硕果

习近平总书记强调，推进“健康中国”建设，是我们党对人民的郑重承诺。组建医共体，建立健全医共体内双向转诊、资源共享机制是目前深化医改的有效路径之一。人心齐，泰山移。医共体的成立，实现了上下级医疗机构之间的联动，也实现了医保和医疗、医药的三医联动，更实现了让群众花更少的钱，享受更方便、更高水平的医疗服务的美好愿景。作为县级二级甲等中医医院，吉水县中医院拥有中医药人才培养能力和较强的中医技术实力，该院本着“合作共赢”的原则，从人才培养、专科扶持、技术提升、双向转诊等方面对医共体内成员单位进行指导和帮助，建立起双向转诊的绿色通道，实现小病在社区、康复在基层，大病、疑难危重病在大医院的诊治目的。该院陆续与全县18个乡镇卫生院签订了“医共体”相关协议，与吉安市中心医院、江西省中医药大学附属医院、江西省人民医院和南昌市洪都中医院签订了“医联体”相关协议，定期选派骨干医生赴乡镇卫生院开展专家帮扶活动，开展医疗卫生技术帮扶活动，通过专家义诊、查房、讲课等形式，对卫生院的分级转诊系统、中医诊疗技术发展进行了详细的指导，推动中医药进农村，为乡镇卫生院和村卫生室培训中医药骨干技术人员，促进“基层首诊、分级医疗、双向转诊”格局的形成。

一枝一叶总关情——服务意识稳提升

语似春风暖四方，心如炉火映万家。医疗服务是医院发展的核心，该院在提升医疗服务质量方面多措并举，打出一套漂亮“组合拳”，切实改善了群众的就医体验。

在开展便民服务方面，该院在门诊设立导诊台，为患者提供就医咨询及其他服务。该院为行动不便的患者提供轮椅、担架等医疗设备，为门诊就诊患者免费提供一次性水怀、热水等便民物品，极大方便了患者。同时，该院还在醒目处张贴患者满意度调查二维码，第一时间调查患者就医满意度，并据此进一步落实便民服务措施。

在服务特殊人群方面，该院不断落实便民服务举措，对危急重症患者开辟绿色通道，实行先诊疗后付费管理；对老、弱、残、退伍军人等特殊人群实行优先挂号、诊治，必要时由医务人员代办手续和协助做各种辅助检查，直至送到病房；对建档立卡贫困人员开设“一站式”特殊服务，设置精准扶贫病房，助力健康扶贫。

在开展志愿者服务方面，该院成立“吉水县中医院学雷锋志愿者服务队”，定期在院内外开展就医指引、引路导诊、维持秩序、健康指导、义诊宣传、康复陪伴等服务，把志愿服务活动与医务社会工作有机结合，使全院志愿者服务工作有了质的飞跃。通过开展门、急诊志愿服务，该院有效规范了就诊秩序，为患者提供了优质便捷的服务。

在推行临床路径方面，该院建立健全临床路径管理工作评价指标体系，完善综合评估指标、效率评价指标、医疗质量指标等评价机制，按照临床路径管理出院患者，提高诊疗透明度，让患者明明白白就诊，提高了医疗运行效率。

千磨万击还坚劲——党建工作促发展

党建引领发展，党员是改善医疗服务的先锋队。该院党总支下辖四个党支部，每个党支部都是“为人民健康服务”理念的忠实践行者，在改善医疗服务行动中发挥了战斗堡垒作用。石可破也，而不可夺坚；丹可磨也，而不可夺赤。该院党总支强化政治意识，采取多种形式对党员和普通职工进行理想信念教育，提高全院职工的服务意识。院党总支利用“微党课”的形式对党员进行党性和医德教育，在“党员活动日”上，组织党员进行德育学习，号召党员参与帮扶患者活动，以先进思想荡涤灵魂，以实际行动践行理想。同时，各党支部以科室为单位，利用科室晨会、科室学习、科室讲课等时间，加强对医务人员进行正面宣教，引导职工遵章守纪，恪守医德，努力改善医疗服务。

医者仁心，悬壶济世。该院党总支模范践行习近平总书记关于发展卫生健康事业的重要讲话精神，努力让广大患者切身感受到党对人民群众的真诚关怀。院党总支发动党员弘扬中医文化，倡导高尚医德，在各科室设立“党员先锋岗”，党员亮明身份，带头服务，帮扶患者，以自己的优质服务感染每一位职工，让真心服务患者之花在全院竞相绽放；同时，院党总支定期深入临床一线，慰问患者，关怀职工，加强医患交流，并把一线职工和患者的所思所想、所忧所难及时反映到医院管理层，优化全院管理工作，提高患者就医满意度。

长风破浪会有时，直挂云帆济沧海。通过一系列改善医疗服务的举措，该院医疗收入同比增加 14.5%，门诊人次同比增长 5.81%，全院上下面貌焕然一新。一股踏实干事的正气在全院悄然形成，全体职工正以新理念、新作风、新担当的实干精神践行着医院“全心全意为人民健康服务”的办医理念，努力推动医院实现跨越式发展！

全面提高医疗质量
建立和谐医患关系

青海省囊谦县藏医院

2018年，我院在县委、县政府、县卫计局、县医改办的正确领导下，紧紧围绕“以病人为中心”，以全面提高医疗质量为主题，以建立和谐医患关系为目标，严抓医疗规范化管理和医疗核心制度落实，使得全院各项工作得以有序进行。医院圆满地完成了全年制定各项工作目标，现将我院2018年的工作情况总结如下。

一、人员机构

医院总人数96人　　在编　　35人　　退休　　1人

临聘人员　　56人　　高级职称2人　　中级职称2人

初级职称　　14人　　助理医师8人　　执业护士2人

二、党建工作

1. 2018年，我院符合相关条件，申请成立了医院党支部，加强对党员干部的管理力度。

2. 积极探索和研究新情况、新问题，不断改进工作和活动方式，找准党建工作与卫生业务工作的结合点和切入点，切实加强医院党组织建设。

3. 明确党组织职责、准确定位。明确党组织的领导核心地位，充分发挥监督保证作用和政治核心作用；积极发挥党组织的协调保障作用，党组织在确保领导核心作用的基础上，对医院各项业务工作积极发挥协助保障功能，促进医院各项业务发展；积极发挥监督作用，对单位全体干部职工进行监督检查，确保廉洁行医、廉洁行政，预防腐败发生。

4. 强化医院党组织的执政能力建设。切实发挥党支部在医院重大决策中的参与作用，在工作执行方面的监督作用，在处理各种关系和维护各方权益方面的领导和凝聚作用；坚持党建工作服务医院的改革和发展、服务医疗临床业务工作，使党建工作与中心工作紧密结合，更好地促进医院党建工作和业务工作协同发展。

5. 全面加强组织和党员队伍建设。强化制度，健全党员管理机制，为医院党建工作提供制度保障；加强党组织队伍建设，建立党员发展规划，严把“入口关”和“培养关”，积极培养发展新党员，将优秀职工吸引到党组织里来，扩大党组织的覆盖面，增强组织凝聚力，切实加强党员干部的教育、监督和管理工作。

6. 积极争创学习型党组织，提高党组织战斗力。积极引导党员干部学习理论和提高思想政治素质，真正把学习转化为促进医院科学发展的内在动力，提高理论武装的实效，提高运用科学发展观的能力，推动医院各项工作发展。

三、扶贫工作

1. 我院“大学习大调研大提升”领导小组组织全院在编职工 30 余人深入帮扶毛庄乡赛吾村开展了主题为“大学习大调研大提升”的健康扶贫调研义诊活动。

护理人员携带听诊器、血压计、便携式B超机等常规检查设备，为村民量血压、测血糖、测身高体重，并详细询问村民们的身体状况，讲解卫生保健、注意事项、饮食安全、合理用药等卫生常识，认真解答村民们关于常见病、多发病的预防诊治及愈后疑难问题。对于年老病重的村民，医护人员实行了“一对一”入户就诊。就诊期间，医护人员为贫困户发放了常规药品、大米、面粉、清油、大茶等生活物资，价值约 38600 元。

2. 深入精准扶贫挂钩的毛庄乡赛吾村，对 37 户建档立卡的贫困户进行“一对一”走访慰问。驻村干部一行在村干部的陪同下，走进帮扶对象家中，与贫困户家庭进行零距离交流，同他们拉家常、问冷暖，详细了解贫困户的近期生活、生产经营情况、身体状况等，对当前面临的困难和问题进行面对面访谈，向贫困户宣传相关扶贫政策措施，鼓励他们坚定信念，克服困难，积极乐观生活，通过政府的扶持引导和自身勤劳奋进，争取早日脱贫。

3. 藏医院精准扶贫第一书记尕玛扎西带领驻村干部和医院科室主要负责人深入精准扶贫挂钩的毛庄乡参加毛庄乡第一书记和驻村干部工作推进会，并召开毛庄乡赛吾村精准扶贫对象核准会议，并通过筛选对40位贫困患者进行免费药浴及住院治疗。

4. 通过帮扶村的地理优势，我院指导贫困户村民采集本地区的藏药材，我们将对药材进行高价收购，提高居民收入，起到脱贫双赢效果。

5. 通过我院对贫困户提供藏药材育苗，让村民自行进行药材种植，我院再将进行收购，鼓励村民通过劳务提高生活水平。

6. 对帮扶村党员活动室投入6万余元，用于购买相关办公用品及活动室墙面刷新，并对党建工作进行全面指导和交流。

四、对口帮扶工作

1. 北京市西城区广外医院赴我院开展了对接扶贫协作工作座谈会。并下派医师一名在藏医院开展一个月的帮扶工作，进一步推进了扶贫工作的全面有序开展。

2. 根据卫生部《万民医师支援农村卫生工程管理方案》及省卫生厅《青海省2015—2020年对口帮扶乡镇卫生院覆盖实施方案》，对我院的帮扶卫生院吉曲乡卫生院、吉尼赛乡卫生院、毛庄乡卫生院签订对口帮扶工作协议，并开展具体措施如下。

（1）指导落实和完善相关的规章制度。

（2）下派医务人员工作人员开展居民健康档案的建立。

（3）指导常见病、多发病的诊疗工作。

（4）开展重点传染病的相关知识培训。

（5）指导新建专科—外治科，并指导新宜技术、针灸、涂擦疗法等。

五、人才培养工作

1. 我院邀请世界首位黑人中医博士迪亚拉开展授课，为期五天半。边授课边施针，治病教学两不误，当中患者总数为1253人，参加培训的我院医务人员和各乡镇村医120余人。

2. 邀请西藏藏医学院博士生导师索南曲美教授开展藏医药大师措如次朗经典著作传授仪式、临床理论知识培训和专家义诊为一体的活动，受益医务人员100余人。

3. 邀请藏医大师措如次朗学生，玉树州藏医研究所副所长、主任医师扎西，举办为期9天的“藏医大师措如次朗经典著作《四部医典大祥解》口传仪式”活动，本县各乡镇卫生院、村医和毗邻地区藏医学者200余人参加活动。

六、医改模式平稳推进

1. 我院在2018年主要围绕全县“医保、医药、医疗”三医联动的要求，不断完善工作机制，初步完成了医改总体年度工作任务。逐步建立了基本药物制度并全面实施网上购药以及零差价销售。加大了“无假日门诊”的便民服务措施力度，提升医疗服务效率。

2. 积极推进“先看病、后付费”的就诊模式。加大对门诊和住院“大处方”的检查力度，对不合格的处方进行处罚，并和绩效工资挂钩，改变群众看病贵的问题。

3. 我院的门诊部和药浴科相距太远，为更好地为广大群众服务，开展便民工作，在门诊增设“一站式服务窗口”。

4. 分级诊疗工作。2018年我院继续按照医院制定的分级诊疗制度内容，认真实施分级诊疗制度，将上转病人率控制在2% ~ 3%。做到了小病不出村、常见病不出乡、大病不出县的医疗方针，切实提高医疗机构的作用力。

七、新农合管理工作

1. 严格按照2018年新农合卫生工作各项目标任务，高位求进，逐一落实，进一步规范了医院新农合定点医院服务行为，按照上级部门的要求设立了“一站式”服务窗口，确保了全县农民群众受益度不断提高，按上级新农合统筹补偿方案，我院按照新型农村规定要求，加强合作医疗的组织管理，明确工作职责，建立建全我院合疗服务管理制度，实行诊疗服务项目、用药目录、收费标准公开，始终坚持报销直通车，从未发生过一例投诉事件。使我院新型农村合作医疗工作良性运转。

2. 随着我县新型农村合作医疗工作的持续推进，随着广大患者日益增加的服务需求，我院改进了住院条件和就医环境，让广大患者享受到更多的实惠；进一步改善了服务态度，提高服务质量和水平，严格按照医疗基本操作规程和规范进行医疗活动，为参合人员提供物有所值的服务；对内强化医德、医风建设，做到“以病人为中心，以质量求生存”，确保让病人满意。

八、存在的问题

1. 人员编制补充停滞化。近年来，由于人民生活水平的不断提升，新型农村合作医疗、城镇居民医疗保险、大病救助等惠民政策的深入实施，我县各医院的住院人数逐年增长，患者人数呈大幅度上升趋势，工作量也随之大幅提升。目前，我院有编制 37 名，在编 35 人，其中藏医学医生占 93%、护士占 4%、行政后勤人员占 3%，聘用 50 人，包括老专家、护士、勤杂人员。面对与日俱增的患者量，有限的医生、护士已不能满足现有的工作任务，特别是专业技术人员的短缺，不合理的人员结构已不能适应未来的要求，人才补充的速度已赶不上医院的高速发展，编制的短缺已经在某些程度上制约、阻碍了医院发展，不能适应医改需求。

2. 虽然藏医院科学含量高，但科研经费短缺。

3. 近年来医院门槛费高，导致患者自费部分增加，给患者承担医药费带来重大压力。

九、2019 年工作计划

1. 2018 年新建项目“传统藏药加工车间”将于 2019 年正式投入使用，我院将趁热打铁，研发制剂新的藏药，开展第四次“佐太”研制工作，满足广大患者的用药需求。

2. 重点加大财务管理力度，重点控制私自收费和跑票漏收现象。加强财务人员的业务培训，做好与临床工作衔接的顺畅有序，杜绝差错的发生。

3. 在药品的管理上，着重加强毒麻药品管理药局设专人、专柜、专门管理制度。所有药品坚持月末盘点，做到账清、账物相符，杜绝药品管理无序、账物不符现象。

4. 着重发展重点专科建设和文化建设，2019 年门诊住院医技楼将投入运行，我院将根据需要，计划增设新的科室，发展专科建设和文化建设。

5. 加强行风建设，打造群众满意医院。2019 年将继续深入开展“三好一满意”活动，加强医德医风建设，不断提高医疗服务质量。将继续推出惠民服务措施，努力构建和谐医患关系，把整体医疗服务水平提升到一个新的高度。

服务新时代　展现新作为　助力全民健康

——丰镇市中蒙医院再启航

内蒙古自治区丰镇市中蒙医院

习近平主席说：“新时代属于每一个人，每一个人都是新时代的见证者、开创者、建设者。只要精诚团结、共同奋斗，就没有任何力量能够阻挡中国人民实现梦想的步伐！”这不仅是对我们每一位中蒙医人人生发展方向的引领，更是对我们的一种要求和希冀，新时代的中蒙医人要做时代的见证者、参与者和建设者，更要做新时代的奋斗者。在全面建成小康社会、实现“两个一百年”奋斗目标的历史进程中勇担责任、贡献力量。没有全民健康，就没有全面小康。习近平主席指出：“要把人民健康放在优先发展的战略地位。”其中关键提到要努力全方位、全周期保障人民健康。

内蒙古自治区乌兰察布市丰镇市中蒙医院在60多年的发展历程中，尤其是在“健康中国2030”战略全面推进的大背景下，医院贯彻落实深化医药卫生体制改革，以“转作风、优服务、促发展”活动为抓手，在确保安全生产前提下，于2018年9月份圆满的完成了医院整体搬迁工作。作为改革开放40周年的献礼工程，医院新址的启用，是我市助力精准扶贫的重点工程，更是我市改善医疗事业的重要民生工程。医院通过改进医疗质量、规范运营管理、强化内涵建设，在健康稳步发展的道路上踏出了坚实的一步。

一、倡导“治未病”，防患于未然

从国家层面对于健康的概念在拓宽，疾病的预防与诊治也在逐渐向前延伸。

随着“大健康”理念的普及以及人民生活水平的提高，全民健康素养也逐渐提高，医院也逐渐改变过去“疾病治其表”的观念，将工作重心从疾病诊治逐渐过渡到为广大患者提供预防、保健、医疗、康复一体化全程式服务。医院开设了健康管理中心，以增进健康为宗旨，建立健康体检、健康评估、健康预警、动态监测、追踪服务的医疗服务机制。同时，医院引进先进的现代康复技术，新建了具有中医特色的残疾人康复中心，建立了完整康复训练体系，作为自治区重点建设专科，残疾人康复中心针对个体，运用中医整体观念、辨证论治制订专业治疗和康复方案，将中药汤剂、针灸、现代康复训练等紧密结合，在临床取得显著疗效，得到患者一致认可和好评。

二、完善一站式服务，严把饮片质量

医院目前已成立了门诊、住院、后勤“一站式”服务中心：为患者提供咨询、导诊、预约挂号、选择专科医生、一体化诊疗，还有便民服务可以提供轮椅、取药、开常规药方、检验单、检查单解疑、审批、咨询疾病、诊断证明、病假证明审批，医保、医疗政策咨询等都可以一站式完成。

医院严把中药饮片质量关，通过专业的检测机构和质量验收小组进行选货，配置符合 GMP 标准的中药加工、炮制、配方、煎药、储存设备，新建符合国家相关标准的中药煎药室，能够为每一位患者提供最佳的疗效保证。

“改善医院环境提升医疗服务”是一项需要长期坚持的工作，医院本着以患者为中心，提升患者就医获得感为己任，继续将这项工作更好的完成下去。

三、加强医联体建立，让每个患者都能享受优质医疗服务

医联体的建立，是医改的一项重要内容。医院已与内蒙古自治区国际蒙医医院、大同市同煤集团总医院、乌兰察布市中心医院等多家“三甲”医院建立了医联体合作关系，涵盖中医、疼痛、康复等不同专业。通过专家巡诊、专家常驻、健康宣教等方式来我院开展工作，与我院在医院管理、医疗服务、分级诊疗、双向转诊、技术协作、人员培训、专科建设等方面开展广泛合作，促进优势医疗资

源下沉，推进分级诊疗，满足基层群众对健康服务的需求，有效提高了医院综合服务能力，有效缓解人民群众“看病难、看病贵”问题。

在医院积极推进医联体建设同时，积极贯彻医疗精准扶贫，实施了卫生援助工程。2018 年，我院上转病患 95 人次，下转病患 16 人次，治愈率达 98%；成功与大同市同煤集团总医院建立了医联体合作关系，开通“就医绿色通道”，多次对社区卫生服务中心和乡镇卫生院开展对口帮扶，全年共完成义诊 12 次；在紧抓医疗精准扶贫工作方面，以“精准医疗”助推“精准扶贫”，我院全年完成对 918 位贫困病人的检查和治疗。

丰镇市中蒙医院经过多年的发展，目前医院运营已经非常成熟。医联体专家团队会定期来我院查房指导。另外，通过师传帮带的方式，我院的医疗水平已经显著提高，医院也从以前的门可罗雀变成了如今的好评如潮，极大地方便了周边居民的就医问题。每天来这里就医的百姓络绎不绝，大家对这里的就医环境和医疗水平都赞不绝口。

四、加强医院建设，增强软实力，创新型中蒙医院

纵观医院历史发展足迹，丰镇市中蒙医院成立于 1954 年，前身系绥远省丰镇县中医联合医院；2010 年正式更名为丰镇市中蒙医院。医院发展至今，五迁院址，六易其名，十任院长，医院在岗职工 450 余人，其中专业技术人员 326 人，开设 11 个医疗中心、11 个特色专科、15 个护理单元，开放床位 300 张。医院拥有一大批躬身临床、经验丰富、中西医技术兼备的优秀人才。其中，自治区级名老中医药专家学术经验继承指导老师 2 人。

老一辈的中蒙医人走着勤俭节约、艰苦创院的道路，为今后医院的发展奠定了基础。如今的医院领导班子深化改革，解放思想，坚持“以病人为中心，以质量为核心”的宗旨，尤其是医院在完成搬迁后，落实医疗运行规章制度，强化科学管理机制，引进先进仪器设备，医务人员业务水平不断提升，服务质量不断改善，取得了令人瞩目的成绩。主要表现在一下五个方面。

一是本着现代化、信息化的建设理念，医院引进先进的信息管理系统。

二是拥有高级别的层流净化手术室、设施先进齐全的病房等，充分实现服务流程的科学化，服务细节的人性化。

三是引进64排螺旋CT，核磁共振、高端DR、心脏彩超、罗氏全自动生化免疫流水线分析仪、奥林巴斯CV-290电子胃肠镜系统、非手术脊柱减压系统、微创腔镜治疗系统、体外冲击波治疗系统等先进诊疗设备，硬件设备得到极大的改善。

四是通过“外引内培”的方式，使医院整体人才素质得到进一步提升。特别是2018年，共引进各类人才138名，其中高级职称8名，中级职称4名；外派66人次接受培训再教育。通过各类培训，共有52名员工实现了职称晋升，其中副高职称3人，中级职称9人。对我院围绕“人才立科，能力立院”的战略提供了有力的人才保障。

五是2018年全年共开展新技术23项，其中CT室1项，核磁1项，放射科1项，超声科2项，内科2项，外科2项，肿瘤科3项，疼痛科5项，妇科4项；在蒙医治疗技术方面新开展了放血疗法及茶炙疗法。

五、建立特色区域医疗中心，打造健康丰镇

丰镇市中蒙医院历经四代人的辛勤耕耘，一个甲子的薪火相传，已发展成为一所中医特色突出、中西并举、综合实力雄厚的中医医院。医院始终坚持把改革创新贯串于发展的全过程，着力完善医疗质量管理，提升服务质量和水平，改善群众就医体验。更加注重体制机制创新以及医教研的协同发展，提升医院品质和核心竞争力，发扬中医药在治未病中的主导作用、在重大疾病治疗中的协同作用和疾病康复中的核心作用，引导、宣传人民健康的就医和养生理念，将医院建成集医疗、教学、科研、预防、养生保健、康复六位一体的综合实力雄厚的特色区域医疗中心。

张家界市桑植县健康扶贫新举措

湖南省桑植县卫生健康局　孟春霞

健康扶贫是打赢脱贫攻坚战、实现贫困人口脱贫的重要一环，是精准扶贫、精准脱贫的重要保障。为全面贯彻落实脱贫攻坚决策部署，桑植县以政策衔接为抓手，坚持靶向施策、精细化管理的理念，坚持“基本医疗有保障”“小病不出乡、大病不出县”的工作目标，以医疗卫生服务公平性、可及性、均等化和群众满意度显著提高为出发点和落脚点，做实、做细、做精健康扶贫工作，让贫困人口“看得起病、看得好病、方便看病、少生病”，有效解决因病致贫、因病返贫问题。

一、健康扶贫有新贡献

一是贫困人口应保尽保。全县建档立卡贫困人口 29380 户，其中 100382 人实现了应保尽保。

二是实施“一站式”结算和“先诊疗后付费”。按照省人社厅等六部门“七个统一”的要求，“一站式”结算服务由原来的五重医疗保障，完善至六重，并开设了健康扶贫“一站式”结算专户，实行“基本医疗保险 + 大病保险 + 扶贫特惠保 + 医疗救助 + 医院减免 + 财政兜底”的结算模式，全面落实农村贫困人口县域内住院治疗“先诊疗后付费”工作。2018 年，全县通过“一站式”结算的全县建档立卡贫困患者 15912 人次，救助资金支出总额 9398 万元。其中医保基金 6864 万元、大病保险 448 万元、商业保险（扶贫特惠保）330 万元、省民政大病医疗救助（试点政策）68 万元、民政救济（县级政策）1125 万元、医院减免 3 万元、财政兜底 560 万元。贫困患者政策内住院费用报销比例达到 100%，实现了合规费用全报销，县域内实际报销比例达到了90.37%，人均报销比例在85%以上，平均住院报销比例为87%，有效缓解了农村居民因病致贫、因病返贫现象。

三是大病救治、慢病签约服务、分级救治不断推进。2类5种大病县级定点医院集中救治率为82.67%。2018年全县组建了121个家庭医生签约服务团队，按“应签尽签、签约一人、履约一人”的原则，对90978名应签对象全部实行签约，对建档立卡贫困人口（90269人）、非建档立卡贫困人口计生特殊家庭（158人）、非建档立卡贫困人口残疾人精准康复对象（551人）实现全覆盖。以签约人群中的慢性病患者、残疾人等为重点，强化履约和规范化服务，实行痕迹化管理，提供个性化的残疾人精准康复服务。认真落实农村贫困人口分级诊疗管理，与医保报销政策挂钩，促进分级诊疗的推进。目前，县域内就诊率达86.27%。

四是开展健康知识宣传。发放宣传资料10万份、播放健康教育影像资料7510次、举行健康讲座278次、接受咨询17786人次，宣传了卫生计生政策，普及健康知识与技能，提升了群众健康素养。

五是实施免费救助。免费提供基本药品和计生药具。全年组织医务人员358人次，开展义诊活动52场次，接诊群众12000余人次。开展妇女免费“两癌”筛查3500人、孕前检查2400人，免费发放儿童营养包8300余人、3.2万余包，免费救治救助重性精神病患者455人次、尘肺病患者33名、白内障患者586人、儿童先心病患者42人，免费救助工作走在了全市前列。

二、医改工作有新举措

一是进一步加强医联体建设。县级公立医院与省市三级医院的医联体建设继续稳步推进，拟定《桑植县县域内医疗技术服务联合体工作实施方案》（讨论稿）及《进一步加强县域医疗技术合作，构建一体化医疗服务体系的指导意见》（讨论稿），下一步将组织实施县乡村基层医联体建设。

二是积极开展远程诊疗服务。在两家县级公立医院及23个乡镇卫生院建设了25个远程诊室。在县级公立医院建设综合会诊室，可以提供内、外、妇、儿、放射、超声、心电图、五官、皮肤、中医等10个专业的远程会诊服务。综合会诊室接受上级医院指导的同时，也对乡镇卫生院开展远程诊疗服务和远程教学。

三是精准提升县级医疗服务能力。县人民医院县级孕产妇救治中心顺利通过验收，卒中中心、胸痛中心、新生儿救治中心已开始运行，创伤中心正在积极建设中，普外科、泌尿外科、神经外科、呼吸内科、妇产科等医院重点建设专科，都已安排医生至中南大学湘雅二医院进修学习。县民族中医院针灸科、骨伤科成功申报湖南省“十三五”省级重点专科，并严格按照相关要求拟订专科建设计划，实施专科建设。

四是公立医院药品加成全面取消。全县公立医院已全面取消药品加成，自2017年10月1日起开始执行“两票制”，2018年1月1日起全面实施。五是公立医院收入结构不断优化。2018年1—11月全县县级公立医院医疗业务总收入为32789万元，其中药品收入（不含中草药）7861万元，公立医院平均药占比（不含中草药）为23.97%、医疗服务收入占业务收入的比重为37.1%、百元医疗收入（不含药品收入）消耗的卫生材料费为24.1元。

三、基础建设有新突破

一是医疗机构建设计划顺利完成。县人民医院综合楼、县疾病预防控制中心业务用房、县妇幼保健计划生育服务中心儿童保健大楼等改扩建项目均按计划实施建设；完成240所村卫生室建设（农工民主党已援建20所），第一次实现全县村卫生室全覆盖。

二是环境治理目标得到落实。全县所有乡镇卫生院全部建设了医疗废物和医疗废水处理设施，首次实现了全县乡镇卫生院医疗污染防治全覆盖，为桑植碧水蓝天做出了积极贡献。

通过上述举措，全县基本医疗保险、大病保险、签约服务管理、公共卫生服务对农村贫困人口已基本实现全覆盖；全县偏远地区医疗卫生服务能力和可及性明显提升，贫困人口大病和长期慢性病得到及时有效治疗，重大传染病和地方病得到有效控制，健康教育和健康促进工作明显加强，贫困地区群众健康素养明显提升。

对口支援“传帮带” 精准帮扶到甘孜

四川省简阳市中医医院

为贯彻落实党的十九大精准扶贫工作要求，依据四川省卫生健康委员会关于做好2019年贫困地区城乡医疗卫生对口支援人员选派工作的通知及成都市卫生和计划生育委员会《关于参加2019年全省贫困地区城乡医疗卫生对口支援“传帮带”工程培训会的通知》（〔2018〕1832号文件）精神，简阳市中医医院立即组织第四批对口支援人员，赶赴甘孜中藏医院进行2019年对口支援“传帮带”工程帮扶工作。

1月2日上午9点，在简阳市中医医院副院长蒋炜的带领下，一行8人坐上了汽车，前往远在千里之外的甘孜汽车，简阳市中医医院书记、院长邓治林带领医院领导班子，一一与大家告别，在住院部门口举行2019年四川省对口支援“传帮带”医疗队出征仪式，支援甘孜县、武胜县两地的8名医疗队员踏上征程。

1月的甘孜，白雪皑皑，一路银装素裹，想到远离家乡，来到700多公里外的藏区，思乡之情油然而生，经过两天一夜的赶路，终于到达了美丽的藏乡。

一到甘孜，甘孜县中藏医院的书记、院长韩喜东快速上前握着蒋院长的手，说我们是藏区人民的福音和希望。由于甘孜特殊的气候条件，许多的藏区人民得了关节病、胃病、妇科病。针对这些特殊的情况，简阳市中医医院派出我院非常优秀的三名老师前往甘孜，有功能科主任周恕敏、骨科副主任医师王辉民、麻醉科副主任医师李福彬。

在甘孜县卫计局、甘孜县中藏医院的交流会上，蒋院长对我院参加此次支援工作人员提出以下四点要求及下一步发展思路。

一、提高政治意识，落实支援工作

当前，省、市卫计主管部门对“对口支援传帮带工程”工作重视程度更高，工作任务更重，考核要求更高，要切实按照上级要求，扎实开展对口支援帮扶工作。

二、遵守法律法规，尊重民族文化

工作中要严格遵守相关法律法规，日常生活中要尊重民族地区的生活习惯和宗教信仰，多了解、学习当地文化，积极快速融入受援单位，全身心地投入工作。

三、发挥专业特长，建立师徒情谊

各支援工作人员在各自的工作岗位上，根据自己多年来的工作经验和知识，要毫无保留地传授给受援单位，通过师徒相互合作，做好“传帮带”工作，最终达到青出于蓝而胜于蓝的完美局面。

四、转变思想作风，工作重心下沉

支援人员要转变思想和作风，把工作重心从顶岗、代岗转变为育人、扶智，通过教学查房、理论讲座、诊疗示范、手术示教等方式，做好精准的“传帮带”，提升当地医疗机构的造血能力。严格按照院党委的要求，做医院文化的传播者、贫困帮扶的践行者、临床培训的教育者、自我价值的实现者。

五、下一步发展思路

支援单位进一步加大专业性技术人才的输出，特别是受援医院紧缺的技术性人才，支援单位免费接收受援单位医务人员进修。帮助受援单位建设一批特色和重点科室，培养一批骨干和科室带头人，提高医院管理水平。受援单位应当有计划地选派医德医风好、业务素质高的年轻医务人员，到支援单位进行为期半年以上的进修。支援单位对受援单位进修人员，安排副高级及以上职称老师，制订帮带计划，一对一带教。

受援单位组织开展在职人员学历提升工程，建立健全人才培养机制，实施医、药、护、技等专业人员毕业后教育，稳定和提升现有人才队伍。努力做到引进人才“高技术、精水平、尖服务、优流程”的理念。合理提高基层医疗卫生人员待遇，加大卫生人才、资金的投入，用待遇留住基层一线人才，不断增强在职人员的幸福感和归属感。

悬壶济世显初心 救死扶伤信念真

——记秦皇岛市北戴河医院的前世今生

河北省秦皇岛市北戴河医院 李心月

历史洪流滚滚而去，沧桑风雨跌宕起伏，许多事都已改变，不变的是悬壶济世的初心，是救死扶伤的信念。63个寒来暑往，它历经风雨洗礼、披星戴月；63年，它精进医技，秉承救死扶伤的理念，护佑人民安康；63年薪火相传，它历经了从无到有、从弱到强的顽强蝶变。

翻看历史，北戴河医院一步一个台阶。1955年组建，1993年被省卫生厅评为秦皇岛市二级甲等医院，1995年，成为秦皇岛市第一家国家级“爱婴医院”，2016年获得“精神文明单位标兵”，2017年被评为秦皇岛市重点学科……时间如白驹过隙，63年后的今天，北戴河医院已经发展成为一所集医疗、教学、科研、预防、保健、急救医学于一体的综合性二级甲等医院。

目前，北戴河医院拥有床位320张，科室50余个，基础学科力量在本市二甲医院中排名前列，是一所集医疗、科研、教学于一体的综合性二级甲等医院。党委书记赵永茂说：“这是一代代医护工作者无怨无悔的挥洒青春与汗水，坚定与执着的付出艰辛和努力，才铸就了今日的荣耀与辉煌。”

望过去 仁心精神传承发扬

回望过去，北戴河医院似乎已成为北戴河人心中的一处神圣之地。它记录着老的一代代医护工作者的奉献与耕耘，记录着他们艰苦创业、奋发向上的曲折过往，也倒映出他们不忘初心、开拓创新的精神力量。

万事难忘，终将告别。1955年，北戴河医院由卫生部抽调西北卫生医疗队专家组建。于顺里、贲全书是当年的第一批医护工作者。

回忆着医院从无到有、从小到大的每一步，今年93岁的贲全书说：“当年我们都是刚刚毕业的学生，一个大夫肩负几个科室的责任和值班工作，在今天看来，简简单单的小儿输液，在当时条件下都不是特别容易操作。”当时北戴河医院的医护工作者们夏季承担当地的医护工作，冬季便去北京深造学习，随着时间的推移，大夫们的技术一天比一天好。

于顺里和爱人都是当年的第一批医护工作者，于顺里爱人回忆说：“当年医院的窗帘都是我们自己一针一线做的。”1957年于顺里与同行一起开展骨病、骨结核、骨肿瘤、骨与关节的各种创伤、畸形及功能障碍的诊断与治疗，1958年之后，医疗技术不断提高，会诊、医疗应接不暇。1984年正式建立骨外科，其间有3项医疗成果填补了秦皇岛市医疗空白，在河北省处于领先地位。今年90岁的于顺里记忆超常，回忆工作历程的每一年都思路清晰：“我们以医院为家，在这里奋斗了一辈子。”

退休多年的贺海山今年82岁了，现在偶尔还想去医院转转，“转一圈就放心”。“德医双修”是患者给予他的评价，感慨今天的北戴河医院蒸蒸日上，贺海山说：“医者仁心，愿北戴河医院办成真正为病人服务的好医院。”

我们从来都不曾留住过岁月，却始终葆有岁月的情愫，只是因为我们懂得它曾经存在的意义。北戴河医院的历史痕迹，将伴随着时间的推移不断远去，但其蕴含的前进动力，其仁德仁心的精神将会继续传承和发展着……

重发展　医联体结硕果

北戴河医院地处环境优美的北戴河海滨，辖区拥有11万人口，除了服务本地居民，夏季还承担着700～800万旅游人口的医疗服务和相关直属单位的医疗保健任务。

众所周知，技术水平是一个医院发展的关键要素。只有不断汲取新技术、新理念，才能更好地推动学科建设；只有不断提升自身医疗技术水平，更好地造福当地百姓，才能让更多的患者在家门口得到专业的治疗。

2016 年 8 月，北戴河医院与北京医院深度合作，成为河北地区唯一一家北京医院医联体成员单位，在省里独树一帜，以此优化城乡医疗资源配置。人才兴则医院强，两年来，北戴河医院聘任内科、神经内科、内分泌科以及肝胆外科 4 个科室专家到医院坐诊，加速对接首都优势医疗资源，给广大市民和患者提供全方位、全周期健康服务。

近年来，北戴河当地百姓得益于北戴河医院在京津冀医疗卫生一体化进程上的有益探索和创新实践，北京优质医疗资源加速下沉，让当地患者们可以接受均等化医疗服务，看病不再跑远路。每次北京专家来义诊，北戴河当地居民的参与热情都很高，大家纷纷说："从此以后，家门口就能看上北京专家号门诊了，可真是方便啊！"

现如今走进北戴河医院，患者不但能享受到德国西门子产直线加速器、美国 GE 公司核磁共振、飞利浦血管造影机、美国 GE 产 64 排 128 层 CT、体外碎石机等先进诊疗设备的贴心服务，还能享受免去北京专家号问诊的排号难、涉途远、问诊贵的烦忧。

"这些专家在我院开展代教培训、出门诊、查房等工作，着力于优势资源下沉，让大医院的专业技术人才参与到基层诊疗中去。医联体医院实施的两年来，医院基层问诊理念和技术手段都有提升。"党委书记赵永茂说。特别值得一提的是，北戴河医院同时依托北京 301 医院、北京医院优势资源，建立远程会诊中心，2017 年 4 月，"河北眼科医院北戴河分院"在北戴河医院揭牌，标志着秦皇岛市北戴河医院与河北省眼科医院的深度合作就此展开。

看今朝　品牌文化深度发展

医院品牌代表着医院的特色和形象，它是医疗服务质量的内涵和市场价值的评估系数及识别的徽记，是医院核心竞争力的体现。医院品牌建设是增强医院向心力、凝聚力的需要。近年来，该院在长期医疗服务过程中，坚持"一切以病人为中心"，以"关爱健康、服务大众"为服务理念，以"救死扶伤、爱心奉献"

为核心价值观。

“就诊体验”是医院现代化人文建设的重要内容，同时也是医院服务能力的重要体现。近年来，北戴河医院以提高患者就诊体验为提升服务质量的导向，不断改善诊疗环境，对门诊部的布局进行重新规划、改造，调整就诊流程。各类标识清楚，咨询台、导医台、急救绿色通道、残疾人无障碍通道等便民设施齐全、功能完备。近年来，医院门诊、住院患者的总体满意度达到了99.8%，每年收到患者及家属送来的感谢信、锦旗等300余件。

为实现医院跨越式发展、提高医院综合竞争力，目前北戴河医院正在实施病房楼改扩建项目，此项目是国家“十二五县级医院能力建设”项目，将建成地下1层、地上5层病房楼，总建筑面积达9000平方米，为医院的发展打下坚实基础。新病房楼建设完成后，全院住院床位可达到500张，显著地改善了住院环境，为更多患者提供优质服务。

医疗技术是医院立院之本，而创新则是医院发展的动力，细节更能决定成败。北戴河医院一直重视公益性医疗项目，目前开展的有红色义工、共青团健康快车、绿色通道服务窗口等。在今后，北戴河医院将一如既往地坚持“公立医院回归公益性”的理念，以公益之名，行公益之事，将老百姓的利益放在第一位，收入放在第二位，真正地帮助老百姓解决看病难、看病贵的问题。

63年历史，成就积淀；63年风雨，成就底蕴。北戴河医院将始终坚持砥砺前行，不忘初心。前进的历史，从不等待一切犹豫者、观望者、懈怠者。只有与历史同步伐、与时代共命运的人，才能赢得光明的未来；而初心是起点时心怀的承诺与信念，是困境时履行的责任与担当。

市县乡医联体紧密协作
合力打赢“心肌保卫战”

——庆元县人民医院创建胸痛中心经验介绍

浙江省庆元县人民医院　吴维红

日前，庆元县人民医院通过中国心血管健康联盟、中国胸痛中心认证委员会认证，获得“中国基层胸痛中心”称号。

时间就是心肌，时间就是生命。

庆元县地处浙西南，距离最近的中国胸痛中心——丽水市中心医院180余公里，车程约需2.5小时。在庆元县创建中国胸痛中心，让山区胸痛患者得到及时、有效、规范的救治，意义重大。

一、政府高度重视，全民参与

县委、县政府高度重视，将其作为重要民生工程。县卫计局专门发文，要求各医疗机构“全力推进我县中国胸痛中心创建，实现病人就诊医疗机构全覆盖，为群众提供更快速的急救服务，形成全民参与、全程管理工作新格局”，有力推动了胸痛中心的创建。

二、构建“1+1+8”救治网络，不断提升抢救成功率

胸痛救治网络由庆元县人民医院（简称“庆医”）与丽水市中心医院（标准版中国胸痛中心）和8家基层卫生院、社区卫生服务中心组成，实行信息共享、

分级救治和协同救治机制。丽水市中心医院将胸痛中心创建作为“双下沉、两提升”重点帮扶项目，丽水市首席医学专家韦铁民教授工作站在庆医成立，每月下派专家来院坐诊、指导。中心医院副院长郑荣宗、曾春来担任庆医胸痛中心建设委员会专家顾问；8 家基层网络医院将胸痛诊疗作为“家庭医生签约”服务项目，并将胸痛健康教育纳入公共卫生服务。

三、打通各环节绿色通道，争分夺秒赢得“黄金”救治时间

所有胸痛患者实行先救治后缴费；凡是需要转入本院或转上级网络医院救治的，一律先转送再收费。

四、注重培训、考核，发挥团队作用

分层次组织开展院内、基层网络医院胸痛知识培训、考核、应急演练，举行“胸痛中心创建知识竞赛”，印发“胸痛中心”应知应会手册，全面提升全县医疗卫生单位处置胸痛病人能力；设立“胸痛中心微信群”，实行核心溶栓团队 24 小时轮流值班制度，充分发挥核心团队作用。

五、将胸痛中心创建有机融入

在“庆元县巡回诊疗车下乡医疗”，一名医务人员负责一个村的“全县农民健康促进大行动”等特色活动中，直接将创建工作下沉，“进村入户”。

六、以群众喜闻乐见的方式开展形式多样的胸痛急救知识宣传活动

拍摄《医路有你 温暖前行》胸痛中心微电影，编排《时间就是心肌》情景剧，印制发放“时间就是心肌”的健康小礼品，让更多的居民知晓胸痛急救知识，参与到胸痛中心创建中。

自庆元县人民医院开展中国胸痛中心创建以来，一大批胸痛患者第一时间得到了有效治疗，降低了胸痛患者的致残率和死亡率，为庆元县乃至浙闽边际区域百姓的心血管健康提供了坚实的医疗保障。

全面推进高质量发展
打造成都西部群众最信赖的医院

——大邑县人民医院以“健康大邑”建设为引领
多措并举提升医院能力建设

四川省大邑县人民医院

2018 年 5 月 23 日，成都市卫计委组织召开成都市医疗机构高质量发展工作专题会，吹响了我市推进医疗机构高质量发展的冲锋号。

作为大邑县的医疗卫生龙头，在县委、县政府的高度重视下，县卫计局的关心指导下，大邑县人民医院一直坚持以“健康大邑”建设为引领，多措并举，在抓好医疗机构硬件设施建设的同时，突出打造重点专科，使医疗技术和服务能力不断提升。

近年来，医院积极行动，以川大华西医院、省医院为标杆，找差距、增动力、建机制、强服务，将标杆榜样医院立院宗旨、办院理念、治院方略、管理制度等先进经验融入医院的“高精尖优”高质量发展，促进医院综合能力的全面提升，推动了医院从“高速度增长”向“高质量发展”转变，使人民群众看病就医的获得感、幸福感和安全感得到进一步提升。

坚持“高精尖优”发展理念，推动医院从“高速度增长”向“高质量发展”

11 月 5 日，大邑县人民医院卒中中心建设启动会在医院正式举行，这标志着科学高效的心脑血管疾病区域协同医疗救治体系在大邑县落地生根。新建的卒中中心紧邻医院门诊大厅，内部环境整洁、设施齐全，可以确保患者在第一时间得到及时、有效救治。

和普通救治流程不同，卒中中心将打破原有分科、分专业治疗的壁垒，整合医院神经内外科、急诊医学科、影像、介入、导管室的优势力量。同时，新成立的卒中中心诊疗小组可以实现多学科协作的无缝对接，大大缩短卒中患者入院到CT检查和治疗的时间，进而有效减少死亡率和致残率，节约医疗成本。2018年5月，医院还推出了胸痛中心，高质高效、无缝连接的救治模式，为大量患者打通了挽救生命的“绿色通道”。

其实，“两中心”的建立，只是医院在推动高质量发展进程中的一个片段。在推动高质量发展过程中，医院坚持紧抓“两高”，即高站位加强党的建设、高水平推进科学管理。近年来，医院紧抓党建工作，贯彻围绕中心抓党建，抓好党建促发展的原则，让党建工作与业务工作有机融合、渗透，真正有所作为。在管理方面落实院长负责制，强化党政协同和分工合作，增强班子整体领导力、凝聚力和执行力，同时成立了医院科室经管团队，负责科室经济运营管理，督导科室各项指标监测和管理，降低医疗费用。

在业务上，医院强调“两精”，即精心提供医疗服务、精准强化医疗质量管理。近年来，医院以胸痛中心、卒中中心建设为契机，加强急诊急救、危急重症和疑难复杂疾病救治能力，搭建县乡一体化救治体系。管理上则全面贯彻落实《医疗质量管理办法》，以“三级综合医院评审细则”为指导，使医院的各项医疗质量、安全核心制度能落到实处。

与此同时，医院还在着力打造“两尖”，即打造拔尖人才团队和发展尖端医疗技术。在实施人才兴院战略的过程中，医院专门设立了人才发展专项资金，结合医院发展实际，重点引进领军专家、学科带头人和高级管理人才。而在发展技术方面，医院更是绘制了宏伟蓝图，在两中心建设的基础上，未来3～5年，医院还将全力建设各专业相关的多学科联动诊疗（MDT）。到2020年年底，在急诊急救团队建设的基础上，全力打造急诊—产科—手术室—新生儿科—输血科—重症医学科为线条的产儿科急救中心。

除此之外，在医院文化和服务建设方面，医院坚持以“两优”为目标，即全面厚植优秀特色文化、全面强化优质服务保障。尤其值得一提的是，现在医院拟以三级甲等综合医院标准搬迁新建院区已提上日程，建成后该院占地面积约13万平方米，设编制床位1000张，开放床位1500张，届时各方面服务能力都将大大提升。

打造医共体建设“大邑模式”，实现“小病不出乡、大病不出县”

对于不少人来说，医共体还是一个新鲜名词，它不同于医联体，是指一个区域内的医院与其他医疗服务机构和组织联系在一起，重新组合、重新构建的一个整体性的全新医疗组织架构。在推进医共体建设的进程中，大邑县走在了成都的前列，“大邑模式”的出现，为当地群众构建了全新的医疗服务体系。

10月27日上午11时15分，大邑县沙渠镇公立卫生院迎来一名90岁高龄的患者，当时老人突发呼吸困难，气促、发绀，心率增快，血氧饱和度急剧下降，情况十分危急。针对此情况，医院当班医生、护士立即组织抢救，并电话请示医共体专家任颖主治医师指导抢救工作。

任颖经分析后，认为患者目前存在“急性心力衰竭、呼吸衰竭”，随时可能有生命危险，于是指示医院立即告知患者家属病情及联系转院事宜，并电话指导用药抢救。

经任颖主治医师电话指导及医院医务人员的全力抢救，患者症状得到改善，病情逐渐平稳，并于12时35分转入医共体上级医院大邑县人民医院进一步治疗。后来，经重症医学科与中西医结合科共同诊疗后，患者病情逐渐恢复。

2018年以来，为进一步推进分级诊疗制度的落实，真正实现“小病不出乡、大病不出县”，大邑县组建了以“县级综合医院为龙头、乡镇卫生院（社区卫生服务中心）为枢纽、村卫生室为基础”的县乡村一体化管理的县域紧密型综合医共体。在此框架下，医院创新模式，建立健全了“基层首诊、双向转诊、急慢分治、上下联动”的医疗机构间分工协作机制。

大邑县人民医院承担大邑县第一医共体的建设任务，对接15家基层医院。

为积极探索医共体建设，医院目前已经与晋原街道社区卫生服务中心、王泗、金星、斜源、沙渠公立卫生院进行首批次医共体建设试点工作。在这个过程中，建立了以县医院为龙头、联合乡镇医院及社区医院、乡村医生卫生站的三级医疗机构管理体制和运行机制。目前，在第一批次医共体建设任务中，医院已派遣高年资主治医师 3 名，高年资副主任医师 2 名进行对口下沉。截至 2018 年 10 月，医共体下沉医师共诊治患者 752 例，查房 60 余次，下乡村配合公共卫生服务及家庭医生服务 15 次，开展教学讲座 13 次，上下转诊患者 189 人次，协同救治危急重症患者 39 人次。晋原街道社区卫生服务中心在医院帮扶指导下，《基层医疗机构呼吸疾病规范化诊治体系与能力建设》项目顺利通过国家级现场评审。

通过建设县域医疗服务共同体，即医共体，可以实现优化整合医疗卫生资源，落实医疗机构功能定位，提升基层服务能力，理顺双向转诊流程，推进分级诊疗制度，“我们希望推动县、乡镇（街道）、村（社区）三级医疗机构管理体制和运行机制联动改革、协同推进、同步完善，实现以治病为中心向以健康为中心转变，实现医疗服务共同体向健康服务共同体转变。”医院相关负责人说。

引进人才强化服务，医院将建设五大板块十五个中心

2018 年 8 月，28 岁的博士生康迪来到大邑县人民医院，担任口腔科医师。他毕业于川大华西口腔医学院，师从中国著名龋病学专家、川大华西口腔医院前任院长周学东教授，具备扎实的科研、理论和业务基础。他的到来，让医院口腔科的业务水平立马提升了一个档次，尤其是在根管治疗和前牙美容修复方面，有了长足的进步。“我之所以选择这里，很大程度上取决于医院对人才的重视。在这里，医院上下都很支持我的工作，接下来还会专门为我开设一个博士工作站，让我能更好地开展工作。”

康迪的例子，只是医院人才战略的一个缩影。为了加强人才队伍建设，医院非常重视人才培养和引进工作，还特别制定了引进高层次高素质人才的办法。近 3 年来，医院引进高级职称人员 4 人，博士生 1 人、硕士生 14 人、规培生 3 人。

为了推进医院高质量发展，医院还不断优化服务流程，改善服务设施，方便患者就医。根据工作要求，医院投入 700 万元完成了对急诊医学科、医学检验科、病理科、产房、手术室、病房等改建和流程改造。完善了门诊标牌标识，对门诊区域进行了统一规划和改造，建成了门诊内科、外科、妇科、产科、儿科等候诊区，并落实配套设施，方便患者使用。同时，医院还在医学检验科门诊三楼增设了糖耐量试验专用采血窗口，并提供病人所需的葡萄糖、水杯、搅拌棒、饮用水，有效缩短了患者等候采血的时间，避免了采血时间不准确等问题。

据医院党委书记、院长陈忠勇介绍，目前，医院正在着力打造五大板块十五个中心，其中五大板块是指临床、健康体检、预防保健、医学教育、医养结合。十五个中心（4、5、6 战略）包括 4 个会诊中心：远程疾病会诊中心、远程影像会诊中心、县域心电会诊中心、远程检验中心；5 个急救中心：胸痛中心、卒中中心、创伤急救中心、产科急救中心、新生儿急救中心；6 个慢病中心：慢阻肺中心、肿瘤中心、代谢性疾病中心、骨关节及风湿免疫中心、康复中心、精神卫生中心。

与此同时，医院拟以三级甲等综合医院标准搬迁新建院区已上日程，建成后该院占地面积约 13 万平方米，设编制床位 1000 张，开放床位 1500 张。“打造成都西部群众最信赖、医务人员最向往，集医、教、研、管和人才培养为一体的现代化医院，这是我们为之奋斗的愿景！”

务实创新 砥砺前行
全力开创柴桑区人民医院新局面

江西省九江市柴桑区人民医院

九江市柴桑区人民医院是一所集医疗、急救、预防、保健、教学、科研于一体的二级甲等综合性公立医院，是柴桑区政府指定的120急救中心和产科急救中心。医院占地面积约8.2万平方米，总建筑面积6万多平方米，开放床位650张，现有职工562人，其中高级职称27人，中级职称134人，硕士研究生3名。2018年门、急诊人数24.24万人，出院病人数2.1万人。

一、加强基础设施建设，改善患者就医环境

柴桑区人民医院老院地处老城区，占地面积约1.3万平方米，建筑面积2万平方米，随着区域经济的发展，医院的环境越来越不能满足发展的需要。

2016年区委、区政府提出对医院整体搬迁的决定，规划新院用地约8.2万平方米，按照三级乙等医院标准建设，总建筑面积6万多平方米，开放床位650张。

新建医院在就医流程、服务能力上得到极大改善，功能分区科学、就医流程合理、环境建设优美。

新院建设的投入使用，使医院环境较老医院将发生根本的改变，大大缓解了医院病床和停车位相对紧张的矛盾，干净整洁、绿化率高，将为广大患者提供一个温馨、舒心、放心的就诊环境，改善患者的就医感受，促进患者对医院的认可感。

二、加强业务水平提升，不断完善服务能力

医疗卫生服务能力的提升直接关系到人民群众健康的保障程度，是卫生事业发展的重要目标，为进一步加强我院卫生服务能力建设，提升医疗卫生服务能力和水平，我院以提升服务能力为目标，着力开展以下工作。

（一）加强人才队伍建设

医院的发展，离不开人才队伍建设，我院把人才队伍建设作为服务能力建设的第一要务，大力实施人才兴院战略。近三年，我院通过各种方式，积极引进各类医学人才共计 136 名，其中引进硕士研究生 3 名。每年选派青年骨干医师到全国各大医院进修深造，三年来共选派青年骨干医师到上级医院进修深造 85 人，共有 35 人参加全国各地学术活动。同时，还邀请国内、省内 50 余名知名医学专家来我院培训。我院现有高级职称 27 人，其中正高 7 人；中级职称 134 人，初级职称人员 281 名，形成了合理的人才梯队。人才兴院战略推动了医院新技术、新项目的推广，大大加快了医疗技术水平和医疗服务能力的提升。

（二）加强医疗设备引进

工欲善其事，必先利其器，在以科技实力打造医院品牌的进程中，我院积极推进新技术、新项目，不惜花费巨资大力引进一流的医疗设备。近年来，医院医疗设备总投入达 5000 万元，大型医疗设备达到百余台，医院的医疗设备到达市级医疗单位水平。

（三）加强学科业务建设

医院始终将学科建设作为医院工作的重点来抓，把工作重点转移到培养专科人才和学科带头人上来，通过“合作、引进、培养、招聘”等方式，加快人才队伍建设和技术能力提升。医院与省四附院是对口支援协作单位，充分利用派来的专家为我院开展技术指导和科室建设工作，又与江西乳腺专科医院、省二附院建立了协作医院关系，重点培养心血管内科、消化内科、肿瘤科、微创外科、泌尿外科、乳腺外科、康复科、新生儿科等专业人才，一批专业领域的技术骨干脱颖而出，使医院的人才结构和学科特色初步得到改善。坚持巩固、提高、拓宽、稳

步发展战略，力争建设一个，成熟一个，巩固一个，避免重复建设造成医疗资源和人才的浪费，目前医院已经建成了介入科、内镜中心、肿瘤科、重症医学科、新生儿科、康复医学科等具有核心竞争力的特色科室。

（四）加强优质服务建设

引导全体干部职工更新服务理念，转变工作作风，医院想方设法优化服务流程，改善就医体验，为人民群众提供安全、有效、优质、满意的医疗服务。医院聘请专业培训公司的专家对医院全体员工开展了为期半个月的服务培训，培训内容涉及服务理念、服务态度、服务行为、服务规范、服务程序等方面。并根据服务工作需要，成立了服务办公室，安排专人负责此项工作，在临床各科室各选拔了一名医务人员担任科室服务督导员，并对督导员进行了专门培训。同时医院继续加大规范化服务管理力度，把工作做细做实，服务办工作人员邀请院领导和相关职能科室领导，督促和指导科室医务人员开展规范化的医疗服务工作。

（五）加强信息网络建设

按照现代化医院要求，依托信息化管理平台，先后投入1000余万元，开发和引进三佳信息管理平台、HIS系统、PACS系统以及电子病历质控系统，实现病历质量实时监控与评价，将医院管理向精细化、数字化推进。开设医院微信公众平台，不断完善微信服务功能，实现在线预约、挂号、缴费，大大增强了患者就医的便利性，进一步优化就医体验，通过微信可以查询医院动态，专家坐诊时间、医院学术活动，更加方便快捷地了解医院的各项信息动态，为医院宣传和品牌推广提供良好的平台。

三、强化精细化管理，开源节流促发展

（一）健全内部治理结构和管理体制

一是健全领导体制，明确各方面的职责，坚持民主集中制原则，充分发挥集体的作用，完善领导班子分工合作机制。依靠广大职工集思广益，充分尊重和维护职工的合法权益，保障职工的知情权、参与权并接受群众监督。二是完善院区的管理体制和运行体制，明确医院领导、职能部门、业务科室各自的职责范围及

办事程序。三是完善科主任负责制，明确科主任负责的内涵及权限。四是完善各项规章制度。对各项规章制度进行梳理、修订和完善，以制度管人，以制度行事，逐步形成制度化、科学化、规范化的管理体系。

（二）加强绩效管理，激发工作积极性

一是全面推行岗位绩效管理和全成本核算，并对现有的绩效方案进行不断补充完善，并向临床一线、关键岗位、业务骨干倾斜，体现多劳多得，优绩优酬，建立符合医院实际、体现岗位绩效和劳动价值的绩效分配机制，有效激发全院职工的工作积极性。二是严格预算管理和收支管理，加强成本核算与控制，加强资产管理，建立健全内部控制机制，以节水、节电、节材、降耗、压缩开支和资源综合利用为重点，通过改进和加强内部管理，实现医疗卫生资源的高效利用，逐步形成优质、高效、低耗的发展模式，实现医院健康、可持续发展。

（三）强化监督检查力度

坚持"以病人为中心"的服务准则，严格执行首诊医师负责制和因病施治的原则，合理检查、合理治疗、合理用药、合规收费，进一步健全完善医院费用控制制度，加大对违规行为处罚力度，有效规范诊疗行为。

成都市新都区
创新探索建立现代医院管理制度
与分级诊疗制度深度融合机制

四川省成都市新都区卫生健康局　何宇生　黄小利　古翔儒　曾小琴

成都市新都区以“优质资源进‘三层’‘三加’模式强能力”为主线，建立现代医院管理制度与分级诊疗制度深度融合机制，推动医改由打好基础转向提升质量、由形成框架转向制度建设、由单项突破转变为系统集成综合推进，有效提升了基层医疗服务能力，让百姓非常方便地享受城市三级医院专家的优质医疗服务，让社区群众足不出镇就可以享受区级医院专家诊疗服务。

一、聚焦立柱架梁，纵深推进改革试点任务

一是实施法人治理结构建设，健全现代医院管理制度。按照中编办试点部署，新都区在区级公立医院实施法人治理结构改革，构建以医院理事会为核心的法人治理组织框架，通过制定医院章程，完善岗位设置，健全绩效分配制度，探索运营管理，发展医院文化，医院管理水平得到大幅度提升。

二是实施区域医联体建设，完善分级诊疗制度。新都区人民政府先后与四川大学华西医院、四川大学华西第二医院、成都军区总医院、成都市第二人民医院、成都医学院第一附属医院签署合作办医协议，建立以5家区级公立医院为枢纽，上链城市三级医院，下接全区基层医疗卫生机构的纵向型紧密型医联体，形成了“基层首诊、双向转诊、急慢分治、上下联动”的分级诊疗秩序。

二、聚焦协同推进，创新实施优质资源进“三层”

一是智库资源进决策层。邀请城市三级医院管理专家作为智库专家，担任区级公立医院理事会理事，参与医院决策，提升医院的科学决策能力。

二是管理资源进执行层。聘请城市三级医院管理专家担任医院业务副院长、院长助理进入执行层，参与医院日常业务管理，提升医院的管理创新能力。

三是专业资源进学科层。通过聘请城市三级医院专家教授担任学科主任、名誉主任、首席专家进入学科层，提升医疗技术水平和学科建设能力。

三、聚焦能力提升，探索推行“三加”内部运行机制

一是“理事会＋医联体”实现精英智慧共享。以战略性医联体为载体，各医院定期召开理事会会议，审议医院业务发展规划、重大业务计划、主要管理制度以及医院财务预算和决算等，城市三级医院管理专家理事对医院工作提出重要的建设性意见。

二是“在位＋在线”实现优质资源下沉。聘请的城市三级医院专家教授以“在位”的方式通过临床带教、业务指导、教学查房、学术讲座、科研和项目协作等形式实现优质医疗资源共享、专科共建，促进专科诊疗水平提升。2017 年，城市三级医院专家“在位”496 人次，填补学科（专科）空白 10 个，技术项目空白 128 项。同时，通过开展网络联合门诊、桌面联合查房等信息化手段，利用区域影像阅片中心、区域检验质量控制中心等信息化平台，以“在线”的方式将优质医疗资源惠及新都百姓。新都区域医学影像阅片中心覆盖全区所有基层医疗卫生机构和部分民营医疗机构，联通对口支援的甘孜州理塘县人民医院，正在探索实践“基层检查＋区级医院诊断＋华西疑难会诊”模式。启动至今，已为全区 14 家乡镇卫生院和社区卫生服务中心进行远程诊断 21462 人次，DR 阅片 44798 张；为理塘县人民医院进行 DR、CT 远程诊断 800 余人次。

三是“学科＋运营”实现服务效率提升。聘任的城市三级医院专家教授以专科协作为纽带，提升重大疾病救治能力和学科建设能力，帮助医院建立完善学科

运营目标责任体系和绩效考核体系，构建长效运营管理机制。2017 年，新都区级公立医院危重患者占比明显上升，药占比降至 27.30%，住院次均费用比去年同期下降 0.52%。

四、聚焦群众需求，深入推进机制融合延伸服务

一是促进区级优质资源下沉乡镇。将“三层”“三加”现代医院管理制度与分级诊疗制度深度融合模式向基层延伸，由区级公立医院选派业务骨干任乡镇公立卫生院院长、副院长、科室主任、护士长，从医院管理、专业技术水平提升等方面带动医院发展。

二是畅通双向转诊绿色通道。成都军区总医院、成都市第二人民医院等城市三级医院分别为新都区级公立医院预留门诊号源和床位，区级公立医院为基层医疗卫生机构预留门诊号源和床位。各区级公立医院和基层医疗卫生机构设置双向转诊服务科室、服务窗口，方便双向转诊。2017 年，新都区无缝链接转院至上级医院 1428 人，并实现下转病人 1209 人。

三是实施检验检查结果互认。2017 年 1 月，依托区域医学影像阅片中心、临床检验质量控制中心和超声医学质量控制中心，实现区内公立医院医学检查检验结果互认。2017 年，共开展医学检查检验结果互认 6838 项次。

传承创新六十载 自强奋进启新篇

——写在南昌市洪都中医院建院60周年之际

江西省南昌市洪都中医院 邱佩君

南昌市洪都中医院创建于1957年，是一所集医疗、教学、科研、预防、保健为一体的三级甲等中医医院。60年来，医院在南昌市委、市政府和省、市卫计委的正确领导下，秉着“稳中求进”的工作总基调，紧抓国家大力发展中医药的良好机遇，坚持中医特色，优化服务流程，持续改善群众就医体验，成为南昌卫生医疗事业和中医药事业的一扇重要窗口，社会评价一路向好。

积淀深厚：六十年的洪中文化相承至今

南昌市洪都中医院的责任与担当、拼搏与进取，是南昌人的天性基因。

医院成立至今走过一甲子，从最初由10多位南昌市中医界的知名人士组织成立的南昌市中医保健联合诊所，到今天已有近千名员工的江西中医药大学附属洪都中医院，历经坎坷沉浮，铸就了院史文化、建筑文化、中医药文化、廉政文化、管理文化等五大文化。

虽数次更改院名，但在历任领导的带领和全院职工的拼搏维系下，医院最初的文化基因延续至今，正如医院职工共同谱就的院歌《悬壶济世洪中人》中所唱：“杏林洪中业精岐黄，济世洪都救死扶伤。”也如职工共同抒写的《中医人誓词》中所写：“为振兴与发展祖国中医药事业，扬膏丹丸散之所长，探中医发展之新路，保黎民众生于安康。”

60年来，洪中人不忘初心，一路提灯前行，照亮了无数病患的健康之路。

蜕变重生：红谷滩新院撑大了医院体量

南昌市洪都中医院是南昌市“一江两岸”发展的见证者，也是南昌市新老城区两翼齐飞的一个缩影。

为拓展医院格局，促进医院健康发展，也为能够给病患提供更优质的医疗服务，2010 年，南昌市洪都中医院紧抓南昌市扩充并均衡新老城区优质医疗资源的机遇，在红谷滩新区规划新建一所集医疗、急救、养生、保健、科研、教学于一体的综合性中医院，一期工程于 2014 年 3 月 15 日正式投入使用。

红谷滩新院投入运营，构建了医院“一江两院”的发展新格局，医院体量迅速撑大，医院总占地面积从 9.3 亩扩大到 86.07 亩，服务病患人次翻番，职工总数从 400 余名增加到近千人，高级人才、骨干力量以及基础人才的梯队逐步形成。

同时，病患就医环境、就医体验以及医务人员的工作环境大大改善。前庭后院的“花园式”医院，使医院成为红谷滩新区的一处重要人文景观，极大地增强了职工的自豪感与自信心，为医院持续发展打下坚实的基础。

特色明显：医院从内到外都是“中国风”

南昌市洪都中医院是红色南昌、古色南昌、绿色南昌的重要体现。

外看南昌市洪都中医院红谷滩新院建筑群，与赣江对岸的滕王阁建筑群遥相呼应，白墙灰瓦红窗，清明素雅；阳台、露台、阶梯、连廊与庑殿式屋顶有机组合，错落有致；厅、堂、廊、井将各功能区块紧密相连，院庭、院廊、院落相贯相通，水墨江南。整个医院是环境优美、安静祥和的绿色空间，也彰显了中医“天人合一”的理念以及人与自然和谐统一的思想。

细看南昌市洪都中医院，八角楼造型的门诊大厅，其屋顶主灯造型颜色为橙红的星火颜色，取自井冈山八角楼油灯的颜色，寓意全院干部职工结合新的时代特点，担负新的历史任务，继续发扬井冈山精神，让“八角楼的灯光”焕发新的光芒，让燃于赣鄱大地的星星之火燎亮祖国中医药事业的原野。

内看南昌市洪都中医院，传统中医药特色明显，形成“洪都骨伤”“洪都中医”“洪都康复”“洪都治未病•养生”“洪都制剂•膏方”五大中医特色学科品牌；具有38个中医特色专病门诊。洪中人传承中医中药内服外敷、艾灸、温针、穴位贴敷等中医特色治疗手段；归纳总结了小伤合剂、外洗合剂、外科清凉解毒合剂等验方；自主研制伤药膏、舒筋活血合剂、小儿银翘合剂等制剂品种40多种，并广泛应用于临床，其治病救人的良效得到广大病患的认可。

服务优良：细致周到、真诚热情、深入人心

南昌市洪都中医院的热情、活力、创新、开放是南昌城的精神特质。

“医院领导班子工作作风好，医护人员服务态度好，就医看病效果好！”在南昌市洪都中医院召开的一次行风监督员座谈会上，红谷世纪花园社区主任黄安安连用三个“好”称赞该院的医疗服务，并说出了红谷滩新区居民的心声。

为提升院外医疗服务，南昌市洪都中医院每周坚持派出医疗团队进社区、进企业、进学校、进乡村，将优质医疗服务送到病患家门口，近三年已义诊十万余人次。

为改善院内就医体验，医院成为南昌市人口健康信息平台试点建设单位，积极试行患者“先诊疗、后付费”便民工程，优化服务流程，让患者享受所有诊疗项目结束后再统一缴费的便捷诊疗服务，解决了“病人挤、排队长”的就诊问题。

为扩充医疗服务项目，医院在充分继承传统中医药特色技术的基础上，融中汇西，不断创新，开展了颈椎前后路手术、关节置换及翻修手术、MIPPO技术治疗四肢骨干骨折微创手术、伊里扎洛夫（llizarov）骨矫形技术、断指再植、关节镜等国内外高、新、尖端手术技术50多项，并配备1.5T磁共振、64排螺旋CT、术中CT、移动式数字平板成像系统、关节镜、针刀镜、全身量化康复系统等先进大型医疗设备，真正为患者提供便捷、高效、优质的医疗服务。

古话说，冰冻三尺非一日之寒！南昌市洪都中医院成为南昌的展示窗口，是社会各界对医院发展的支持，是社会各界对医院医疗水准与服务质量的肯定，是洪中人厚德勤业、自强奋进的结晶，是洪中人以人为本、以诚为重、传承发展、求实创新的硕果！

做实紧密型医联体 快速提升博望地区医疗服务能力

——马鞍山市人民医院博望分院

安徽省马鞍山市博望区人民医院

为进一步深化全市医疗卫生体制改革，逐步建立横向协同、纵向一体的全市医疗联合体，加快形成基层首诊、双向转诊、急慢分治、上下联动的分级诊疗格局。2016 年 12 月 18 日，在马鞍山市委、市政府的关心支持下，市立医疗集团积极推进博望医改实践，博望区人民政府与市人民医院签订医联体合作协议，成立马鞍山市人民医院博望分院。经过两年的不断发展，博望分院凤凰涅槃，华丽转身，发展成为一所集医、教、研、预防、保健于一体的区级综合性公立医院，赢得博望区群众普遍欢迎，得到领导一致好评。

一、医院基本情况

（一）医疗用房

博望分院是一所集医疗、预防、保健于一体的综合性公立医院，占地面积 17200 平方米，建筑面积 6707.8 平方米，现有门诊楼、住院部和医技楼，综合楼正在建设中。

（二）科室设置

医院目前设有预防保健科、内科、普外科、骨科、妇产科、妇保科、儿保科、儿科、中医科、眼科、耳鼻咽喉科、口腔科、放射科、检验科、超声科、血透室、供应室、麻醉手术科、内镜中心、心电图室、职业卫生科、公共卫生科、药剂科等 30 多个科室。

（三）医疗设备

主要医疗设备有西门子 16 排螺旋 CT、腹腔镜、电子胃肠镜、DR、彩色/黑白 B 超、心电图、全自动生化分析仪、全自动血球分析仪、电解质分析仪、血压血氧脉搏监护仪、麻醉机、裂隙灯显微镜、眼底镜、非接触眼压仪、电脑验光仪、手术显微镜等仪器。

（四）人员结构

目前医院职工共有 142 人，其中高级职称 3 人，中级职称 29 人，初级职称 98 人，卫生技术人员 134 人，占全院 94.37%。此外，市人民医院派驻专家常年常驻开展工作达 30 余人次，其中主任医师 10 人，副主任医师 14 人，主治 2 人，高级职称专业技术人员超过一半以上。

二、医联体建设开展情况

（一）政府财政支持，促环境设施大力改善

医联体工作开展以来，博望区财政先后投入近 2000 万元对医疗用房、医疗设备、医院环境等进行升级改造。

一是加大业务用房及环境改造。医院夯实基础设施建设，不断改善院容院貌。先后对住院部、门诊部大楼修复出新，对急诊科、中医馆、内科、外科、妇产科病区、手术室等进行升级改造，优化诊疗流程、提高工作效率，为广大患者提供干净、舒适、便捷的就医环境。新建的医技楼，现已投入使用，增添临床医疗所需辅助检查项目，满足临床诊疗和辖区居民体检需求。6000 余平方米综合业务楼已开工建设，2019 年投入使用后将增设 5 个病区，医院床位数将逐渐达到 300 张，医院综合实力将进一步提高。博望区人民医院正以前所未有的崭新姿态呈现在全区人民的面前！

二是医疗设备不断齐全。俗话说："工欲善其事，必先利其器。"先进的医疗设备是开展诊疗活动的重要保证。博望区人民医院拥有西门子 16 排螺旋 CT、

DR、电子胃肠镜、腹腔镜、关节镜、电子喉镜、彩色多普勒超声诊断仪、全自动生化分析仪、血常规分析仪、除颤仪、LEEP刀、超声刀、高频电刀、呼吸机、监护仪、麻醉机、眼科手术显微镜、C臂机等先进医疗设备，为提高医院诊疗水平提供强有力的硬件保障，为医院的发展打下坚实基础。

（二）狠抓制度建设，促诊疗行为规范

分院托管后，首先召开全院干部职工大会，广泛动员、统一思想，按照二级综合医院要求，对医院制度建设全面梳理，经过反复调研并结合医院实际，成立“医疗质量管理委员会”“病案质量管理委员会”“药事管理委员会”等5个委员会。各委员会严肃纪律、制度上墙、规范开展工作、定期督查、总结整改。全院医疗质量和医疗安全得到快速提升。

（三）实行人才双向流动，促诊疗能力提升

一是专家由上而下技术下沉。市人民医院作为医联体的牵头医院，派遣本院专家到博望分院定期坐诊，参与临床一线工作。通过专科门诊、病房管理、科研引导等多方位帮带，实现了“授人以鱼”到“授人以渔”的转变。提升了医院医疗服务能力，让乡镇的老百姓在家门口就能享受到优质的医疗资源服务。

二是基层医生由下而上进行进修培训。博望分院各科室轮流派遣医护人员到总院进修培训，提升医技水平。医联体合作以来，进修培训人员达25人次，市级医院变成了培养优秀基层医生的“孵化器”。

（四）以科室“一体化管理”为抓手，促学科发展

学科建设是医院发展的核心。托管以来，博望分院首先以区政府聘任的学术带头人作为学科发展的主要抓手，做到成熟一个、发展一个。先与普外科、妇产科学术带头人签署协议，从医、教、研科室规范化管理入手，且大纬度对学术带头人做出了具体要求，制订年度发展规划，进行中期评估，发现问题立即整改。通过一体化管理机制，目前已相继设立并逐渐完善外科、内科、妇产科、麻醉科、骨科、眼科、口腔科、耳鼻咽喉科、中医皮肤性病科等9个临床学科。

（五）完善双向转诊，促分级诊疗制度坐实

医联体工作运转两年来，统一功能定位，不断完善了分级诊疗、双向转诊机制。积极实行分级负责、双向转诊，形成了急重症病人在市人民医院住院、慢性病人和恢复期病人在基层医疗卫生机构康复、维持治疗的服务模式。进一步完善了医联体内急救转诊流程，开通了双向转诊绿色通道，市人民医院为博望分院上转的患者提供“一站式”医疗服务，对转诊患者实施优先诊疗。实行分级诊疗制度后，患者住院流向逐步趋于合理，切实解决了群众看病难的问题，基本实现了“首诊在基层，小病不出镇，大病不出区”目标。2018 年度，已完成双向转诊 350 人次，其中上转 233 人，下转 117 人。

（六）广泛实现资源共享，提升分院综合实力

医联体建立后，博望分院与市人民医院签订了消毒供应、临床检验、药品、影像、信息化建设等“一揽子”合作协议，大大提升了资源利用效率，形成市级医疗资源的大力辐射，有效提升了博望分院的医疗技术能力，实现了真正意义上的资源共享。

（七）高度重视信息化建设，完成远程医疗会诊服务

在各级领导的高度关注下，在市人民医院的大力支持下，博望分院高度重视医院信息化建设。信息化建设是医院快速发展的基础。

2017 年 7 月，我院完成了电子病历系统。2018 年 9 月，建立远程医疗会诊中心，实现了市人民医院专家可以面对面为分院就诊患者进行零距离诊疗，完成了远程影像中心、远程心电中心等远程会诊服务。三级医院的优质医疗服务将向基层广大患者形成更广大的辐射。

三、医联体建设取得的成效

（一）职工精神面貌焕然一新

医联体模式正式建立后，分院综合服务能力得到快速提升，通过建章立制，不断提高医院内涵建设，循序渐进，努力加强医院医疗质量管理、医疗安全管理及医疗技术管理，调整医院绩效分配方案，充分体现“多劳多得、优劳优得、单项激励、奖优罚劣”原则，职工工作积极性普遍得到了提高，目前全院职工精气神呈现蓬勃发展的趋势。

（二）人才队伍得到加强

博望分院成立后，总院下派专家 60 余人次，开展各类诊疗工作，其中高级职称 50% 以上。医院新增专业技术人员 45 人，其中副高职称 3 人，各科室技术力量明显增强。

（三）学科建设大幅提高

紧密型医联体模式建立以来，2017 年分别完成了妇产科、内科一体化管理。2018 年新增了口腔科、耳鼻喉科、中医科、皮肤科、骨科、泌尿外科、肿瘤科、心血管科、神经内科、内分泌科、超声科、消化科等专家门诊 12 个。并相继完成了麻醉科、骨科一体化管理。各学科建设逐步迈向良性发展的快车道。

（四）区域医疗服务能力、业务量快速增长

医联体建设开展以来，诊疗人次、住院人次、手术量及医疗收入均得到了快速增长。2018 年度门诊接诊 179192 人次，住院达 1902 人次，出院达 1894 人次，手术达 834 台次，医疗收入达 2106 万元。门诊人次、住院人次、出院人次、手术台次分别较 2017 年同比增长 16.93%、65.82%、68.36%、46.83%、44.25%。辖区医疗卫生服务水平和能力得到大幅提升，辖区群众实现了“足不出区”就能享受到市三级医院优质医疗资源服务。

（五）医院发展呈现蓬勃生机

目前博望分院各项工作正在紧跟医改方向运行，“1+1+3+N”医联体模式全面铺开，以 1 个市三级综合医院（市人民医院）为龙头，建立 1 个区级综合性医联体分院、3 个卫生院建立专科联盟和若干个村级医联体资源共享单位，形成市、区、镇、村“四位一体”的医疗服务格局。2018 年 12 月 18 日，博望区人民政府与马鞍山市人民医院举行医联体紧密型合作签约仪式，将博望区全域医疗卫生服务工作交由市人民医院托管。标志着博望区医联体工作持续深入推进，不断探索，向构建完整的分级诊疗体系大步迈进。

人民医院政府办 办好医院为人民

贵州省铜仁市卫生健康局

在全面深化医药卫生体制改革中，铜仁市近年来发扬“弱鸟先飞”、先行先试的精神，持续推进公立医院综合改革，并以“人民医院政府办、办好医院为人民”为宗旨，不断攻坚克难、真抓实干、砥砺奋进，在全面改革上下功夫，在深化改革上动真格。

从2012年松桃苗族自治县被列为国家第一批县级公立医院综合改革试点县，2016年被列为国家第四批公立医院综合改革试点联系市，到2017年铜仁市被列为全省首批公立医院综合改革两个省级示范城市之一，铜仁市公立医院改革成效显著，逐步破除公立医院逐利机制，落实政府办医主体责任，优化医疗服务体系，完善分级诊疗制度。目前，该市5家县级公立医院通过三级医院评审，位居全省市州县级公立医院之首。

铜仁市卫生和计划生育委员会党组成员、副主任熊明说：“铜仁市委、市政府高度重视深化医药卫生体制改革工作，切实履行领导责任、保障责任、管理责任和监督责任，以巩固提升公立医院综合改革省级示范城市为契机，深入推进公立医院综合改革，加快建立现代医院管理制度，着力优化医疗资源配置，始终坚持中西医并重，全面推动各项重点任务落细落小落实，医疗卫生事业改革发展取得明显成效。

履行政府办医主体责任，让公立医院回归公益性

“人民医院政府办，办好医院为人民。”在铜仁市的主要交通要道上，医改

的宣传标语格外醒目。它表明了当地政府办医的担当与决心，给人民群众吃了一颗“定心丸”。

医改以前，公立医院的生存主要靠服务收费和药品销售加成，财政拨款所占比例较少，使得公立医院以开不必要的“大处方”、做不必要的“大检查”为代表的“逐利行为”愈演愈烈。“公益性”和“非营利性”特征弱化，患者“因病致贫、因病返贫”的现象也时有发生。如何扭转公立医院“向钱看”的运行机制？只有把破除公立医院逐利机制，落实政府办医主体责任当成是一次“自我革命”，才能让群众受益。

“医改是一项世界性难题，极少有可照抄照搬的成功经验可循，更多是在摸着石头过河。”铜仁市委保健办专职副主任杨胜忠说，公立医院改革是医改的“核心”与“大头”，改得好不好，直接关乎医改成败。

2012 年，松桃苗族自治县被列为国家第一批县级公立医院综合改革试点县，该县人民医院率先在全市实行了药品零差率，大型设备检查费用下浮 5%。以药养医模式基本破除，切实减轻群众就医负担。

群众利益耽搁不起。近年来，铜仁市把加快推进县级公立医院综合改革作为深化医药卫生体制改革的桥头堡和重点任务，坚持试点先行，典型引路，全面推开，改革红利、群众获得感初步显现。铜仁市创新实施药品跨区域联合限价采购。加入药品耗材联合限价采购三明联盟，全市所有公立医疗机构全部进入三明平台采购药品，有效推动了药品采购配送“两票制”落实，药品虚高价格得到有效遏制，全市药品价格同比降幅达 27.46%。

而从 2018 年 12 月 1 日起，铜仁市县级以上公立医院全面取消耗材加成，成为全省乃至全国第一个全面取消耗材加成的市（州）。同时连同加入药品耗材联合限价采购三明联盟腾出的空间，同步调整了 996 项医疗服务价格。

全面深化公立医院综合改革，铜仁市逐步提标扩面。当地切实加强人才引进培养，围绕紧缺人才，积极引进中、高级职称人才。近两年来，市、县两级医疗机构共引进（招聘）高层次急需人才 1200 余人，乡、村两级医疗卫生人才引进工作连续两年被原省卫计委评为一等奖。与此同时，当地医疗服务能力进一步提升。3 个国家级、15 个省级临床重点专科基本达到中期评估标准；新获批省级中医重点建设专科 5 个、全省累计建成省级中医重点专科 6 个、获批省级中医重点建设专科 22 个；新建成 31 个市级临床重点专科，全市市级临床重点专科累计已达 55 个。德江县人民医院、德江县民族中医院基本达到县级医院综合能力推荐标准，占全省基本达到标准数的 40%。

大海航行靠舵手。铜仁市委加强对深化医改工作的组织领导，将医改纳入市委十项重点改革内容之一，市、县（区）均调整充实了医改领导小组及县级公立医院综合改革工作领导小组，以此进一步完善工作机制。

此外，市、县（区）各级进一步落实政府保障责任、管理责任，不断加大人、财、物的保障。各县均提高了县级公立医院人员工资财政拨款比例，并组建了公立医院管理委员会。

维护公立医院公益性，保障公立医院可持续发展。当地建立以公益性为导向的考核评价机制，控制公立医院医疗费用不合理增长。截至 2018 年 10 月 30 日，全市公立医院医疗费用增幅 5.62%，药占比 17.37%，百元医疗收入消耗卫生材料 19.45 元，医务性收入占比 36.93%，全市医改重点监测指标全部达标。

优化医疗卫生服务体系，建立现代医院管理制度

随着经济社会的快速发展，原有的医疗卫生服务体系越来越不适应人民日益增长的医疗卫生服务需求，广大群众期盼“看病难、看病贵”难题尽快破解。

何以解民忧？优化医疗卫生服务体系势在必行。

铜仁市人民医院有着近 110 年的历史，整体搬迁至碧江区川硐教育园区两年多。作为全市唯一的三级甲等综合医院，它是城市公立医院的排头兵、领头羊。

“新院环境更优，设备更强，服务更好，水平更高，能更好地为广大患者服务。”该院党委书记黄胜说，医院以党建促业务发展和专科建设为抓手，着力提升医疗卫生服务水平。并于 2018 年 8 月成立了城市公立医院综合改革办公室，专人专职有序推进相关工作。

当前，信息化建设成为优化医疗卫生服务体系的重要抓手。该院敢为人先，创新发展，引进的全球影像云服务系统，成为西南地区首家迈入“云胶片”时代的医疗机构。告别了以往等待打印胶片的烦琐环节，医生可直接通过医院内网查看患者影像，患者也只需扫描二维码即可随时随地查看影像，且储存时间至少为15年。医院降低了运行成本，提高了工作效率，同时也方便了患者。

医改强调公益性，决定了公立医院“服务”的性质。当地在医院与患者、社会之间，切实营造以服务对象为本的服务氛围。德江县人民医院以“互联网+”为手段，推进电子病历优化升级，同时推行移动护理，在全院覆盖了80%以上的病区。

优化医疗卫生服务体系，人才是关键。公立医院改革，如何破解医院人才难题，解决县级公立医院招人难、留人难的问题尤为重要。

近年来，铜仁市积极健全完善公立医院综合改革配套措施，加快建立现代医院管理制度，改革公立医院人事薪酬制度，推进公立医院编制备案制。各县深化用人机制改革，落实医院用人自主权，分别出台了人才引进和培养的优惠政策。

思南县出台配偶随调、子女就近入学、发放安家补助费、实施“人才公寓”制度，建立县级政府特殊津贴制度等优惠政策，从引进到培养全方位留住人才。

铜仁市还在县级公立医院全面推行岗位聘用制度，实行全员聘任、竞聘上岗。建立完善岗位绩效工资制度，绩效分配向临床一线倾斜，充分调动了医务人员工作积极性。

建立院长考核激励机制。当地启动实施了院长年薪制，院长年薪由财政全额负责，并明确规定了县级卫生计生部门班子成员不得兼任县级公立医院院长。

建立权责一致的政府办医体制。成立由市长任主任的市级公立医院管理委员会，代表政府履行办医职能，建立了医院发展规划、章程制定、重大项目实施、财政投入、院长选聘、运行监管、绩效考核等“三重一大”议事决策机制。

此外，为推进公立医院预算管理和成本核算，铜仁市所有三级医院均设置总会计师岗位，目前全市6家三级公立医院均已配备到位。不仅规范了公立医院财务管理，促进医院调整收支结构，还降低了资源消耗性支出，保证国有资产增值，增强公立医院可持续发展能力。

推进"医共体"建设，完善分级诊疗制度

加大公立医院改革力度，既要拓展外延，又要深化内涵。如何由点到线及面？抱团发展、合作共赢的"医共体"建设焕发出新的活力与生机。

从 2017 年起，针对市、县级医院人满为患，乡镇卫生院闲置的现状，铜仁市积极探索建设医共体。通过提高基层医疗服务能力和医保支付等手段，全面推进基层首诊、分级诊疗、双向转诊、上下联动的诊疗模式。

医共体内，实行县、乡、村医疗卫生机构一体化管理，牵头医院加强对基层医疗卫生机构进行重点专科对口扶持、双向转诊和技术指导及人员培训，推动优质医疗资源下沉，提高基层医疗卫生机构的诊疗水平，促进"小病不出村、常见病不出乡、大病不出县，急、危、重症和疑难杂症到三甲医院"的诊疗机制，确保为人民群众提供安全、有效、方便、价廉的基本医疗服务。

与此同时，铜仁市将县域医共体建设改革试点工作列入市委全面深化改革10个先行试点之一，并把其作为市卫生计生委（市医改办）一把手工程。出台了《铜仁市县域医疗服务共同体建设工作实施方案》，以建立资源共享机制为指向，形成管理共同体；以建立完善双向转诊机制为载体，形成服务共同体；以发挥新农合调节机制为根本，形成利益共同体；以建立医共体考核机制为保障，形成责任共同体。

目前，该市 10 个区（县）共组建医共体 18 个，实现所有二级以上公立医院和政府办基层医疗卫生机构全覆盖。其中，江口县与德江县被列入省级试点。

家住江口县德旺乡的李勇军，今年因患左腹股沟嵌顿性斜疝，在县人民医院实施了手术。为了方便患者生活和降低患者费用，该院在患者病情稳定后，便将其转回乡卫生院进行后续治疗调养。"大手术在县医院做，我放心；恢复调养到乡镇卫生院，费用少，离家近，我安心。"李勇军说。

2017 年，江口县分别以县医院和县民族中医院牵头组建了县域第一、二医疗服务共同体，并探索创新实施了慢性病"5+5"服务模式，即筛选 5 种多发性慢性病，各配 5 种药物，由县域医共体组建家庭医生签约服务团队，实行分片包户制，对辖区内重点人群进行筛查确诊、随访服务。让群众在家得到好的治疗。

做实、做细家庭医生签约服务，加快建立分级诊疗制度。目前全市10个区县的174家基层医疗卫生机构已全部实施家庭医生签约服务工作。截至2018年10月底，签约服务覆盖率38.14%，在家建档立卡贫困人口签约服务率达100%。

“在医共体内组建签约服务团队，通过开展家庭医生签约服务，让医生留在乡村，深入家庭，服务和引导患者。群众就不用像以前一样，无论大病小病、急病慢病都去大医院排长队。群众看病难、看病贵的问题也能得到有效缓解。”铜仁市卫计委基层卫生科负责人张敏说。

当前，通过医共体建设，铜仁市县、乡、村三级医疗卫生机构功能定位更加合理，县域内分级诊疗秩序初步形成。今年，基层累计上转病人1329人次，县级医疗机构下转病人12106人次。促进资源纵向流动，全市逐步建立县域内医疗卫生机构“管理、服务、责任和利益一体化”的服务共同体，进一步将医药卫生体制改革向纵深推进。

求创新 重实干
筑牢因病致贫返贫“防火墙”
——孙纪新同志先进事迹材料

河北省临西县卫生健康局

临西县位于河北省东南部，是省级扶贫开发重点县，全国著名劳模吕玉兰同志的故乡，全县未脱贫人口4284名，疾病是农村群众致贫返贫的一项重要原因。卫计系统作为健康扶贫攻坚战的最前沿，担负着全县健康扶贫推进落实的重任，如何做好群众健康“守门人”，让贫困患者健健康康地奔小康，把各项健康扶贫政策落地生根，成为了临西县卫健局党组书记、局长孙纪新上任后亟须解决的第一课题。

一、勤于学，攻于坚，健康扶贫显成效

孙纪新，男，1970年出生，中共党员，1988年参加工作，2017年10月担任临西县卫生和计划生育局党组书记、局长一职。为快速进入角色，把自己这个门外汉转变为行家里手，他虚心向老同志请教，多次到基层一线调研，在上任不到一年时间里，他对上级有关卫生计生路线、方针、政策即做到了然于胸、熟记于心，对全县医疗卫生和贫困人口现状了如指掌、如数家珍。他坚持把健康扶贫作为攻克脱贫攻坚战“坚中之坚”的关键举措，在县委、县政府正确领导下，该县健康扶贫工作取得了令人瞩目的成绩，因病致贫返贫发生率由2016年年初的43%下降至目前的16.9%，贫困发生率由5.9%下降到1.43%，扎实筑牢了因病

致贫返贫的“防火墙”。2018年8月9日，该县创建建设的“健康小屋”在央视《新闻联播》栏目以《百姓小事即大事，村镇健康屋，小病早治不拖延》为题进行了报道，第五届京津冀区域医疗发展会议和第七届中国健康生活方式大会上也分别对该县健康扶贫工作和“健康小屋”打造模式进行推介，并受到《人民日报》《河北日报》、新华网等多家媒体、网站关注；国家卫健委发展研究中心，省委、省政府以及省卫计委等领导先后到该县调研健康扶贫工作。在2018年河北省脱贫攻坚奖集中表彰中，孙纪新同志因立足实际、开拓创新，被省委、省政府授予“河北省脱贫攻坚创新奖”。在他的带领下，临西县卫健局先后被县委县政府授予实绩突出单位、党建工作示范单位、精神文明建设先进单位、争创亮点工作先进单位以及“三八”红旗集体等多项荣誉。

二、筑牢防火墙，织密保障网，积极打造“健康临西”模式

面对全县健康扶贫工作现状，孙纪新同志只为推动工作想办法，从不为困难和问题找理由，他号召卫健系统全体干部职工把健康扶贫工作放在首位，吹响卫生健康脱贫攻坚战的号角，并带领临西县卫健局一班人在县委、县政府的领导和大力支持下，从早发现、早预防、早治疗入手，创新推出“健康临西”计划。

（一）关口前移，开展贫困人口“两免两优”活动，在“治未病”上下功夫，筑牢根源防控防火墙

每年为全县30万农民开展以“免费体检、免费开方、提供优质治疗、提供优良服务”为主题的5类18项全民免费健康体检活动。扎实做好体检工作，他积极争取财政资金支持100余万元，选定9家乡镇卫生院为服务主体，抽调医务人员组成体检队伍，组织14名县级医院专家定期到卫生院坐诊，调配购置医疗检测设备300多台（套），举办了11期医疗服务技能大课堂，全面提升了体检队伍的整体水平。为做到体检群众点全覆盖，不漏掉一人，采取“集中、上门、预约”相结合方式：对在家农民能够到医疗机构体检的，由乡镇和所在村负责，分批次进行集中服务；对在家但因年迈或疾病原因，不能到医疗机构接受服务的，组成体检小分队，上门服务；对因事出门、打工在外的农民登记造册，由所在村

负责通知到人，归来后预约到医疗机构接受服务。

2017 年度共体检 21.7 万人次，对筛查出的慢性病患者有针对性地进行健康指导，建立了“健康数据库”，对体检中查出的重症人群和贫困家庭，开展“手拉手”党员帮扶活动，老百姓对这一惠民政策人人道好。他常说：“让农村老百姓每年花一二百块钱体检，他们真的舍不得，为了做好这项惠民工程，我们的医务工作者累点没事，关键是能让咱老百姓健健康康的地奔小康。”

（二）预防为主，多路并进，重宣传、抓防控，让群众“少生病”，切实减少重大疾病发生率

为进一步夯实免费大体检成效，2018 年紧紧围绕“预防为主、健康助力脱贫”总体目标，将防贫关口持续前移，全方位实施健康示范村工程。在县委、县政府大力支持下，按照有场地、有医生、有设备、有宣传资料、有健康档案的“五有”标准，建成“健康小屋”19 个，以小屋为依托，开展防病知识讲座、防治措施指导、疾病筛查、康复锻炼、心理辅导等“五位一体”的综合服务。以免费发放 8000 个“健康包”为抓手，在健康小屋周围建设“健康广场”“健康长廊”，并邀请河北省医科大学教授或市、县级医院知名专家走进“健康小屋”，开展健康教育大讲堂。如今“健康小屋”打造工程已在全县开花结果、特色纷呈，每个小屋也实现了“一村一屋一特色”。现在一说起小屋，老百姓对健康扶贫好政策赞口不绝，在全县起到了很好的示范效应，防病大于治病，健康助力小康的意识明显增强，进一步夯实了因病致贫返贫防火墙的基石。

（三）综合施策，提升基层医疗服务能力，为群众打造全方位、全周期健康服务

一年来，在精准扶贫工作中，在孙纪新同志带领下，该县主动作为、勇于创新、真抓实干，善于将实际情况与理论相结合，积极为全县居民提供全方位、全周期健康服务。一是在“履约”上下功夫。为每名贫困患者定制“健康使者”，制订医疗脱贫计划方案，定期为签约家庭提供诊疗、访视、送药等医疗服务，2018 年 7 月份，该县开通“手机 APP 家医签约移动平台”，目前，已实现全覆盖，贫困人口签约、履约达到 100%。二是在“互联网 +”上下功夫。积极响应国家号召，敢做第一个“吃螃蟹”的人，积极探索“互联网＋医疗健康”，开通在线就诊“智慧医院”系统，建立了临西县糖尿病分级诊疗北京糖协控糖卫士远程协作平台，实现了“基层医疗首诊＋专家远程支持＋家庭医生签约网络化服务”为一体的医疗模式。三是在“能力提升”上下功夫。为了不断提升基层医生的医疗服务水平，他多次进省与上级有关部门进行对接，2018 年 8 月，经他努力争取，该县被河北医科大学乡村医师学院确定为培训基地，并举办全县三级医疗人员培训 2 期，收到良好效果。四是在“健康教育”上下功夫。为了进一步做好健康教育工作，他提出“小手拉大手”活动，让孩子去影响身边的人。五是在“就医感受”上下功夫。他提出“小厕所大民生”，短短一个月时间，全县基层医疗机构的旱厕全部改为水冲厕，收到社会各界一致赞许。

三、一心为公助脱贫，甘当健康铺路人

2018 年，孙纪新同志爱人因急性阑尾炎入院手术，由于孩子不在身边，需要他亲自照顾。但时值“健康小屋”打造关键阶段，工作离不开，他只能白天委托医院护士代为照顾，晚上亲自照顾陪床。手术后的前两天，他晚上没有睡过一个囫囵觉，但白天依然准时坚守在工作岗位上。是什么力量支撑着他努力工作？是一名共产党员的信仰和一心为民的精神力量支撑着他，默默无闻地在平凡岗位上，一步一个脚印地把本职工作做好，在健康扶贫的征程上不计个人得失，勤勤恳恳、任劳任怨。

在他的带领和感召下，该县卫健系统全体干部职工真抓实干，领导在一线指挥、工作在一线落实，问题在一线解决，作风在一线转变，并以一抓到底的狠劲、一以贯之的韧劲、一鼓作气的拼劲为农民群众谋“福利”。他常说：“以前咱们深入基层老百姓爱答不理，现在下基层老百姓会用袖子给你擦板凳，家里收了花生非让拿，蒸了馍让你尝尝，时不时拉着你的手唠叨唠叨家里的事……0 你说咱有不好好干的理由吗？”

全面推进“健康郯城”建设
奋力谱写新时代卫生计生事业新篇章

山东省郯城县卫生健康局

2017年以来，郯城县卫生健康工作在市卫健委的精心指导下，以加强党的建设为统领，以新旧动能转换为抓手，全面实施强基固本、健康促进、改革创新、规范提升和妇幼健康“五大工程”，全力打好国家卫生县城创建、省级医养结合示范先行县创建、医疗机构等级创建、健康扶贫“四场硬仗”，对标赶超、走在前列，各项工作有序推进，取得明显成效。

一、全面加强党的建设，管党治党焕发新气象

坚持把全面从严治党作为最大主业，狠抓主体责任落实，引领卫健事业健康发展。

一是抓学习教育，打好思想免疫针。认真学习贯彻习近平新时代中国特色社会主义思想和党的十九大精神，扎实开展“大学习、大调研、大改进”“双知双强”“周周学、月月讲”等系列主题活动，切实筑牢理想信念的思想根基。

二是抓组织建设，品牌助力党旗红。坚持以示范带整体，以创建促提升，深入开展党建示范创建活动，积极争创红旗党支部。目前，“健康郯城 阳光卫计”党建工作品牌逐步叫响，系统内9个基层党支部申报县级红旗党支部。

三是抓巡察整改，编织监督防火墙。组织开展卫健系统首轮全面从严治党巡察活动，共巡察发现问题239个，目前已全部整改到位。同时，深入开展行业作风整治专项行动和“三合理两优化一规范”活动，每月开展群众看病就医满意度

电话抽查，推动行业作风持续向好。

二、加快新旧动能转换，事业发展凝聚新引擎

牢牢把握高质量发展要求，加快推进卫生健康领域新旧动能转换，推动卫健事业实现跨越发展。

一是致力于资源整合，大力发展医养健康产业。专门成立医养健康产业专班，采取“走出去、请进来”，委托商会、行业协会招商等方式，加大招引力度。共引进医养健康产业项目 3 个，总投资近 20 亿元。

二是致力于机制完善，持续深化医药卫生体制改革。公立医院综合改革效果显著，药占比降至 24.4%，医疗费用增幅 6%，百元医疗收入耗材 17.8 元，均低于省市规定标准。3 月份，代表临沂市迎接全省公立医院综合改革成效考核评价，位居全市第一。基本药物制度成果进一步巩固，年减少患者药品费用支出 8000 余万元。

三是致力于能力提升，强化医联体内涵建设。医联体建设实现乡镇卫生院全覆盖，县级医院重点帮扶乡镇卫生院建成特色科室 14 处，基层就诊率达到 71.3% 以上，基层医疗机构门急诊人次占比呈递增趋势，为医共体建设打下坚实基础。

三、全力开展创建活动，创先争优彰显新成效

一是在抢抓机遇中，强力推进卫生创建。坚定“不创则以、创则必成”理念，同步启动国家卫生县城和全域卫生创建工作。11 月 23 日，顺利通过国家卫生县城创建暗访评估，成功创建国家级卫生乡镇 1 个、省级 8 个、市级 2 个，申报国家级卫生乡镇 3 个。

二是在拼搏奋进中，积极推进省级医养结合示范先行县创建。加强医养结合服务体系建设，增设养老床位 300 余张，各医疗机构通过设立老年病科、开通老年人就诊绿色通道、增设老年病房、协议服务等方式，为老年人提供医疗养老一体化服务。积极引导社会资本参与医养结合工作，拓展医养结合业务。8 月份，

顺利通过省级医养结合示范先行县中期评估。三是在团结协作中，深入推进医疗机构等级创建。以医疗机构等级评价为载体，推动医疗机构标准化建设和精细化管理，不断提升服务能力。县第一人民医院成功创建“三级乙等”综合医院，红花镇卫生院、花园乡卫生院被评为“国家级群众满意的乡镇卫生院”。

四、提升综合服务能力，看病就医满意度得到新改善

坚持以人民群众健康需求为导向，持续改善医疗服务，提高医疗质量。

一是以提升防治能力为目标，不断优化公共卫生服务。规范实施 14 类 55 项基本公共卫生服务项目，推动基本公卫与基本医疗、家庭医生签约服务融合发展。目前，家庭医生签约服务已实现贫困人口、计生特殊家庭全覆盖，签约老年人 9.8 万人，签约率 70%。

二是以落实惠民政策为抓手，精准推进健康扶贫。继续实施“八个一”健康管理工程和“三个一批”行动计划，全面落实“一站式”信息化结算服务，目前共住院救治患病贫困人口 3761 人，减免住院费用 26 万元，商业补充保险垫付 266 万元，个人自付费用均不超过医疗费用的 10%。

三是以夯实基层基础为主线，提升中医药服务能力。完善基层中医药服务体系建设，提升乡镇卫生院国医堂内涵建设，打造中医药特色村卫生室 19 处。开展“中医专家进基层、技术传承沂蒙行”活动，全面推广中医药适宜技术，为群众提供多元化的中医药诊疗服务。

五、全面深化卫计融合，妇幼计生服务展现新面貌

充分发挥卫生计生资源整合的优势，以创新促改革，以服务促转型，推动卫计融合优化升级。

一是计生服务管理进一步优化。认真落实全面“两孩”生育政策，扎实做好出生人口动态监测，及时汇总上报出生、孕情等信息。开展村居卫计专干业务培训 15 场次，指导基层做好新时期计生服务管理工作。

二是妇幼健康服务水平进一步提升。加强母婴安全保障，全面推广使用母子健康手册，扎实做好孕产妇妊娠风险评估。目前共发放手册 1.1 万余份，开展免费孕前优生健康检查 6017 对，产前筛查 6312 例，新生儿疾病筛查 11175 例、听力筛查 8984 例，均已完成任务目标。

三是计生家庭发展能力进一步增强。严格兑现奖励扶助政策，年投入 1000 余万元，用于发放计生家庭奖扶特扶金、独生子女父母奖励费、独生子女父母退休一次性养老补助等利导项目。为 150 名计生失独和伤残家庭成员办理了计划生育家庭健康意外医疗保障计划保险，取得了积极的社会效应。

一年来，我县卫生健康工作虽然取得了一些成绩，但整体工作水平仍须进一步提升。下一步，我们将坚持问题导向、服务导向、发展导向，激活力，补短板，优服务，提党建，低调务实不张扬，重整行装再出发，奋力开创“健康郯城”建设新局面，为推动全市卫生健康工作实现跨越发展做出新的贡献。

多措并举 精细化控制医药费用不合理增长

平煤神马医疗集团总医院

平煤神马医疗集团总医院始建于1956年，目前已发展成为一所集医疗、教学、科研、预防、保健、康复于一体的综合性“三级甲等”医院。医院为国家安全监督管理总局矿山医疗救护中心平顶山（河南）分中心和新乡医学院非直属附属医院。医院是省级卫生应急队伍单位。荣获过全国百姓放心示范医院、全国十佳优秀企业医院、省级文明单位、省医院管理创新先进单位、省“三好一满意”活动先进单位等称号。

2014 年 6 月 19 日，正式通过河南省医院评审委员会第二周期“三级甲等”综合医院等级评审复核评审，成为河南省省辖市级医院中第一个正式通过复核评审的医院。

在新医改的大浪潮中，医院顺势而为，把“坚持公益性、调动积极性、惠及老百姓”作为发展的目标，出台系列措施，将合理合法收费、努力控制医药费用不合理增长、切实减轻群众的经济负担作为一项重要工作常抓不懈，医院运营呈现出“五升”（出入院病人量、手术台次、三四级手术占比、疑难危重病例人次、医疗技术服务收入占比上升）、“五降”（药占比、药品绝对值、检查检验收入占比、次均住院费用、平均住院日下降）的良好态势，具体做法主要有以下几点。

一、加强组织领导，严格落实目标责任

医院高度重视医药费用控制工作，成立了以院长任组长，分管院长任副组长的控费小组，班子成员、科室主任任成员。指定分管领导具体抓、班子成员协助抓、各科室主任具体落实控费工作；多次召开专题会议，研究分析控费工作中出现的新问题，及时解决；制定《医保总额预算指标考核方案》《总医院调整全院药品比例分解控制指标》《强化重点监控营养学辅助性用药管理实施方案》等，同时把次均医疗费用、药占比与医院绩效考核工作相结合，落实工作责任，奖惩兑现，确保医药控费工作扎实、有效开展。

二、多方发力，控制医疗费用的增长

医保属地化管理以来，总医院采取多种措施控制医疗费用增长。

一是规范收治、科学管理，严格按照临床路径管理病人，合理检查、合理用药、合理治疗，控制平均住院日，同时，控制自费药品、自费检查项目费用的不合理增长。多部门联合发力，开展医药专项检查，针对部分科室存在的不合理用药、不合理诊疗和不合理收费等现象进行现场反馈整改，并给予全院通报。

二是引入医保医师管理制度，与全院医师签订医保医师服务承诺书；通过医院信息系统，实时监测科室及医师的次均医疗费用控制情况，每月对同一专业内次均费用较高和连续两个月超标的科室主任和医师进行约谈，监督整改；住院的肿瘤放化疗和透析患者纳入家庭病房管理；对重症监护室实行医保额度预扣管理等有效手段，控制医疗费用不合理增长。

三是加强医保资金预算管理，通过制定合理、动态调控的费用控制目标体系，规范诊疗行为。每月对各科室费用控制目标完成情况进行统计、分析，对超标科

室按照考核方案进行扣罚。

三、加强药品和耗材管理，提升医务性收入比例

医院采取了“总额控制、降低药品比例、控制人均费用、控制人均药品费用绝对值”四种措施联动的举措，加大合理用药管理力度。严格执行高值耗材、贵重药品的准入标准和使用审批制度。新增贵重药品、高值耗材、诊疗项目须经审批后方能使用。在药品比例控制方面下功夫，药品比例、人均药品费用等指标明显降低，合理用药水平明显提高，主要采取如下举措。

（一）层层落实责任，认真分解和落实药品比例指标

医院始终重视药品比例的控制工作，根据国家政策，提前对医院药品比例及权重进行了认真的调研与分析，在取得大量数据支持的基础上，及时下发了全院药品比例指标及各科室的分解指标，严格控制，奖惩兑现。

（二）加大管理力度，提升合理用药水平

根据上级行政部门要求，加大营养性、辅助性药品的管理，先后两次出台营养性、辅助性用药的管理规定及考核方案，制定营养性、辅助性用药目录，限制处方使用权限。加强抗菌药物管理，严格落实处方点评制度，认真考核抗菌药物相关指标，确保辅助用药使用的合理性、科学性，降低了科室药品比例及人均药品费用。制订《门诊重症慢性病用药管理方案》，加强门诊慢性病的用药管理，并纳入统一考核，确保门诊慢性病用药的规范性、合理性。

（三）创新考核方式，严格奖惩兑现

从 2018 年二季度开始，对人均药品绝对值进行考核。医院根据各科室 2018 年出院人数、医疗总费用的权重，制定各科室住院患者费用控制目标，主要对次均费用、医疗总费用和人均药品绝对值进行考核。并从科室医师组效益工资中扣除超出部分，科主任加倍扣罚。在降低药品比例的基础上，强化人均药费控制，制定了人均药费的考核管理办法，从药品比例和人均药费两个方面对科室药占比指标进行动态管理，堵塞漏洞。

（四）临床药师分片包干，让合理用药及药品比例制度落地生根

为更好地控制药品比例和人均药费，医院建立了合理用药微信群，通过微信平台与各科主任、首席医师及部分医生进行互动交流，及时推送药品比例控制信息和合理用药信息。同时，推行临床药师分片包干制，每个临床药师包保相应病区，强化与临床的沟通，协助临床科室做好药品比例控制。

（五）加大宣传力度，做到人人参与

要做好医疗费用和药品比例的控制，加大宣传力度非常必要，医院通过微信平台、院报、中层干部会、专题座谈会等多种形式，宣传控制医药费用不合理增长的重要性和必要性，要求各临床科室负责人、管床医师明确费用控制的必要性，树立红线意识，理解并主动参与费用控制工作，营造“人人参与考核，人人被考核”的良好氛围。

总之，医院通过不断改革，健全各项规章制度，规范医疗服务行为，改善医患关系，有效控制了次均费用和药品费用的不合理增长，让群众真正得到了实惠。但是我们也清醒地认识到，有效控制医药费用增长是一项长期的工作，需要持之以恒，不懈努力，在今后工作中，我院将进一步加强医院科学管理，建立健全各项规章制度，进一步规范医疗行为，采取更为有力的措施控制医药费用增长，提高医疗服务质量，切实满足人民群众的就医需求。

服务新时代 展现新作为

四川省广水市第二人民医院

2018年是全面贯彻党的十九大精神的开局之年，是实施“十三五”规划重要的一年。一年来，我院在市委、市政府、市卫计局的正确领导下，牢牢把握“医疗质量、医疗安全、医疗服务”主题，实现了医院综合服务质量、服务能力继续稳步提升，较好地完成了2018年度各项工作任务。

一、工作完成情况

（一）把握发展主题，责任目标圆满完成

2018年，全院完成业务收入7658.6万元，较2017年同期上升近23%；其中医技收入2200万元，较2017年同期上升83.94%；服务收入2148万元，较2017年同期上升16.35%，收入结构调整收效明显；门诊人次138446人，较2017年同期上升13.39%；住院人次10661人，较2017年同期上升9.28%；住院手术台次2274台，较2017年同期上升9.85%；门诊手术台次，较2017年同期上升126.46%；心超、检验、放射、内窥镜、病理等检查人次均全面超过2017年同期水平，医院总体运行情况良好。

（二）坚持政治学习，党建工作不断加强

院党委班子带头深入学习党的十九大精神、习近平新时代中国特色社会主义思想、中国特色社会主义理论体系及习近平总书记系列重要讲话精神，坚定理想信念；积极推进“十进十建”工作，按月坚持开展党委中心学习组学习活动、“支部主题党日”活动，邀请市纪委、市委党校专家学者来院讲党课；以党建促团建，

创新团委工作模式，每月举办“支部主题团日”活动；深入开展精准扶贫，先后组织100余名党员干部对4个驻点村95户贫困家庭进行走访慰问、健康体检、赠送生活物资、给予资金帮扶等活动；强化主体监督责任，开展“一把手”对班子成员、分管领导对分管科室负责人廉政谈话；组织全院党员到随州市九口堰新四军五师司令部、河南省信阳市鄂豫皖革命纪念馆及红安县烈士陵园接受革命传统廉政教育；坚决贯彻落实“三重一大”事项报告机制，全年按程序向市纪委报备“三重一大“事项30余件。

（三）创新服务模式，深入推进公立医院改革

2018年，医院完成了信息化二期建设项目，共上线电子病历系统、LIS系统、PACS系统等模块20个，医院诊疗模式全面更新；加强了门诊导诊、便民服务功能建设，患者就医体验不断改善；大力推行医疗服务监管工作，加大了控费工作力度，严格按照随州市物价局《关于制定随州市第一批按病种付费和收费标准（试行）的通知》实行按病种付费，98个病种已实现单病种付费，全年药占比控制在23.81%；深入推进分级诊疗、双向转诊工作，与华中科技大学同济医学院附属协和医院、湖北省中西医结合医院、武汉亚洲心脏病医院、武汉市第八医院等上级医院建立了战略合作关系；切实履行了对口支援工作，接收基层医院进修人员5人，全年深入基层开展免费义诊40次，义诊人次达5500余人，免费发放药品12万元，对基层医疗机构医务人员开展业务讲座10场次，下转病人124例。

（四）紧扣“二甲”复评，医疗质量持续改进

“二甲”复评工作是医院2018年重点工作之一，医务科、护理部、感控办（公共卫生科）等业务管理科室以评审标准为抓手，将规范临床医疗行为、提升业务技术水平作为工作重心，促进了医疗质量持续改进，确保了医疗安全。继续加强业务制度建设，制定、完善、编辑了50余万字，涵盖医疗、护理、院感、公共卫生、病案、信息化等各领域的医院各类职责、制度、流程、预案等，从根本上规范了业务工作；继续狠抓医疗核心制度的落实，业务管理科室以业务查房、不定期巡查等形式对各业务科室医疗核心制度落实情况进行督查，医疗、护理、药事、院感等全年各发布19期“督查通报”，对违反核心制度的责任人、责任科室予以处罚并督促整改。一年来，医院无一例重大医疗纠纷发生，医疗安全得到了保障。

（五）加强人才培养，全面提高学科建设

2018 年，共招聘引进新职工 32 人，其中本科生 18 人、专科生 14 人；充分利用上级战略合作医院技术优势，不断加强学科建设，皮肤科、泌尿外科、放射科成为华中科技大学同济医院附属协和医院专业联盟成员科室，康复医学科成为湖北省针灸推拿联盟理事单位，普通外科成为武汉市第八医院肛肠专科联盟单位；大力开展新技术业务，成功开展了麦默通真空辅助乳腺微创旋切术及血 HCG、PCT 检测等新技术；腔镜诊疗技术进一步成熟，全年开展腹腔镜、宫腔镜等腔镜手术 100 余台次；选送了 19 名中青年专业技术骨干赴武汉、济南、随州等上级医院进修学习，开展了全院性专题业务讲座 21 次；成功举办了省级医学继续教育项目“慢性萎缩性胃炎—消化道早癌中西医结合治疗进展培训”“康复技术提高班”活动，医院学科建设步伐不断加快。

（六）转变服务理念，不断延伸医疗服务内涵

医院第二、三期业务用房改造工程全面竣工，住院楼（1）（2）（3）已正式投入使用，住院环境进一步改善；64 排 128 层螺旋 CT、飞利浦数字 DR、德国罗氏全自动生化分析系统、美国 GE 彩超、西诺德口腔 CT 机、奥林巴斯电子胃肠镜、因赛德思可视喉镜等高精尖医疗设备装备到位，诊疗档次提档升级；加强了医院安全保卫、卫生保洁、晾晒淋浴、餐饮订送、车辆停放等后勤工作保障力度，切实做到让患者满意；全面实施病人回访制度，一年来通过电话、上门等方式回访 983 人次，发放患者满意度调查表 1800 余份，患者满意度始终保持在 90% 以上。

（七）倡导核心价值，切实打造医院文化品牌

医院确立了以核心价值观、医院宗旨、愿景与目标、医院院训、医院精神、服务理念等为主体的文化体系并积极倡导、大力推行文明行医，树立并培养广大干部职工“爱国爱家爱医院”思想；兴建了社会主义核心价值观及医院宣传阵地，加强了新媒体宣传，微信公众号定期推送相关文章；院工会、团委积极组织开展篮球赛、拔河比赛、未婚青年联谊会等文娱体育活动 10 余场次；走访慰问离休老干部、困难党员、无偿献血、生病住院职工，发放慰问金2万余元；成功申报“广水市红十字医院”，认真履行了红十字医院工作职责，将红十字精神融入医院文化之中。

（八）发扬互促互进，统筹推进各项工作

积极开展平安医院、优质护理服务等创建活动，统筹推进“双评双治双促”活动，切实将扫黑除恶、健康扶贫、信访维稳、计划生育、青年志愿者服务、社会综合治理、安全生产等与医院日常工作紧密结合起来，统一安排、统筹推进，圆满完成了各项工作任务。

二、存在的问题

1. 党风廉政建设有待进一步加强。2018年，院党委在落实主体责任压力传导上、班子成员在履责纪实、对党员的教育及管理等方面存在一定问题。

2. 学科建设成效不明显。一年来，医院积极与上级医院寻求战略合作，医院各专业学科建设有一定进步，但成效不明显，表现在新技术、新项目开展不多，各专业申报市级临床重点专科不积极等。

三、2019年工作安排

1. 全面加强党建和党风廉政建设工作。将党建工作作为统领、促进全院各项工作的旗帜全面推进，把落实党委主体责任作为2019年度党风廉政建设工作的重中之重，按要求完成精准扶贫工作，扎实推进党风廉政建设工作，加强党员干部教育和管理，不断健全廉政风险防控工作机制。强化干部职工纪律意识、责任意识，切实营造风清气正的工作氛围。

2. 进一步打造并完善医院文化品牌建设。将医院文化建设与医院发展实际紧密结合，植根于每名职工思想之中，自觉遵守、共同维护，打造医院文化名片。

3. 高质量完成“二甲”复评工作任务。严格按照评审细则开展日常工作，全面推行PDCA工作模式，牢固掌握应知应会相关内容，确保“二甲”复评顺利通过并形成长效工作机制。

4. 继续提升医疗质量。狠抓医护核心制度落实，坚持业务督查通报工作机制，全面加强人才培养，重点在学科建设上寻求新突破，力争创建 3 ~ 4 个市级临床重点专科。继续加强与上级战略合作医院的联系，借助上级医院的技术优势推动医院各项工作不断进步。

5. 推进公立医院改革。不断加强医药费用控制和医保资金管理，积极做好医联体建设，大力推进分级诊疗和双向转诊，不断改善群众就医环境。

6. 不断延伸医疗服务。继续开展优质护理服，务示范病房创建工作，加强为患者服务的后勤保障工作力度，持续开展医疗服务宣传工作，重塑医院形象。

7. 积极落实相关工作。积极做好扫黑除恶、健康扶贫、信访维稳、计划生育、青年志愿者服务、社会综合治理、安全生产等中心工作。

发挥“互联网 + 妇幼健康”优势
提高孕产妇精细化服务水平

河北省南宫市妇幼保健院

用手机预约挂号、自助查看检验报告、在线问诊、线上缴费支付……近年来，南宫市妇幼保健院的医务人员和来诊患者经历了许多前所未有的新鲜事。这是南宫市妇幼保健院自 2016 年以来大力推行智慧医院建设的成果。

在信息技术飞速发展的今天，如何运用“互联网 +”更好地推进便民服务，是摆在医院面前的一项重要课题。南宫市妇幼保健院在这方面进行了大胆探索，围绕打造“智慧型妇幼院”，以提高孕产妇精细化服务水平为中心，积极创新“互联网+妇幼健康”服务模式，提升了医疗服务水平，大大促进了医院的高质量发展。

一、充分发挥妇幼健康服务信息管理系统的优势

2018 年 1 月份，南宫市妇幼保健院启用“妇幼健康综合业务信息管理系统”，为孕妇发放妇幼保健计生服务卡，办理《母子保健手册》，持卡办理妇幼健康和计划生育相关业务。在具体操作中，医院紧紧围绕四个环节进行。

第一个环节，让前来办册领卡的孕妇使用手机下载 APP，实现“四在线、两预约、一智能”。

四在线：

1. 在线问诊。医院在 APP 平台上为临床科室医生开通了专属账号，每位医生手机上都下载医生客户端。孕妇可以向自己信赖的医生提问，医生每天固定一个小时来回复孕妇提出的问题。通过及时解答问题，既拉近了医患之间的关系，

也为医院带来一定的收益，同时也提升了医院的服务质量。

2. 在线查询检验结果。由于孕期的检验项目较多，孕妇领取检验结果较为烦琐，医院将手机 APP 与医院的 LIS 系统进行了对接，实现孕妇使用手机查看检验结果，避免了孕妇二次取检验结果的程序，为孕妇提供了很大便利。

3. 在线支付。孕妇可以通过手机 APP 查看医院各项检查、检验项目的详细信息并完成在线支付，到院后根据 APP 内的引导直接到相应科室进行检查、检验，省去排队缴费过程，大大缩短了患者就诊时间。

4. 孕妇学校课程在线观看。医院每周一、周四开展的孕妇学校讲课活动都通过手机 APP 进行在线直播，偏远乡镇的孕妇足不出户即可观看孕妇学校课程，学习各类母婴知识。

两预约：

1. 预约产检。孕期很多检验项目需要空腹，孕妇可以在手机 APP 上进行预约产检，预约的孕妇来院后可以直接到科室检查，避免了孕妇排队而导致的长时间空腹的不适。

2. 预约病房。医院将分级归类后的病房信息展示在手机 APP 上，孕妇在手机上即可查看病房的信息，包括照片、介绍等，并选择适合自己的病房进行网上预约。院内医生定时整理预约情况，了解患者入住信息，进而合理安排本科室病房，避免让孕妇来院后等待病房。

一智能：

智能平台。医院依托智能平台开展智慧门诊服务。由智能设备和智能软件相结合，为孕妇提供从科学排队到智能叫号，从线上购买检查项目到检查结果网上查询并自助打印等方面的服务，大大减少了孕妇的等待时间。

第二个环节，将妇幼保健计生服务卡和医院就诊卡同步，同样具有充值缴费的功能，避免孕妇手持多张卡片，实现了孕妇从建档、产检、分娩到打印出生医学证明信息化管理，大大方便了孕妇。

第三个环节，将妇幼健康系统与妇幼健康回访系统对接，将高危孕产妇信息推送到妇幼健康回访系统，进行专案专人管理、电话回访、产后体检提醒等动态跟踪服务，为母婴安全提供强有力保障。

第四个环节，将妇幼健康系统与孕健康平台对接，在为每一位孕妇建档之后，妇幼健康系统将在已收集信息的基础上自动开通该孕妇的个人账号，并以短信形式告知，孕妇只需下载 APP 登录或者使用微信小程序登录即可。

用好“妇幼健康综合业务信息管理系统”，并牢牢抓住四个环节，这是南宫市妇幼保健院打造智慧妇幼的重头戏，也是“互联网+妇幼保健”服务模式的关键。目前，在医院建册建档的比例已由使用系统前的 59.4% 上升到 96.2%，这一比例还在持续增长。截至 2019 年 1 月 31 日，已有 1900 余名已孕或备孕妇女通过系统在线问诊；直播孕妇学校课堂 47 期，固定在线受众 2900 人；537 位孕妇通过手机预约产检，在网上预约病房并顺利入住的孕妇有 178 人，极大提高办事效率。

二、加大信息化软硬件投入力度，为妇幼系统提供支撑

一是大力加强妇幼保健互联网建设。首先，在全院布局网络发射装置，实现了病区、院落免费 WiFi 网络全院覆盖，患者和家属只需通过智能手机搜索无线局域网“南宫市妇幼保健院”连接之后，即可在门诊和病房免费上网，不受任何流量限制。其次，开通了支付宝、微信支付业务，方便了患者缴费。

二是加大投资力度，推进信息化服务。先后投资近百万元在门诊区域设立多台全功能自助机与多套智能排队叫号系统。患者持本人身份证可以在自助机上进行就诊卡办理、储值、挂号、缴费、查询等操作，不必去收费窗口排队。患者可以找医生通过院内系统开具电子检查申请单，持卡到检查科室刷卡做检查或到药房取药；也可以扫描排队机上的二维码在线购买检查项目并直接排队。

三、整合内部信息资源，实现数据资源共享

一是加强数据共享，实现系统间业务协作。将妇幼健康综合业务信息管理系统和医院 HIS、LIS 系统连接，妇幼系统在满足基本公卫的基础上丰富检查项目，并与医院 HIS、LIS 等系统业务协作，将基本公卫外的检查项目推送到 HIS 系统，检查、检验结果通过 LIS 系统推送到妇幼系统，真正实现了妇幼保健和医疗机构

业务的融合，同时加强与基本公卫系统、省级平台的对接，减少重复性工作。

二是搭建远程会诊双向转诊服务平台。2017 年 10 月，医院与全市 16 家乡镇卫生院成立了妇幼专科医联体，签署了相关合作协议，并以此为契机在全市妇幼健康信息系统基础上，以市妇幼保健院为核心，构建市、乡两级的妇幼保健网络，对全市妇幼健康信息数据的共享，搭建了各乡镇卫生院与南宫市妇幼保健院的远程会诊、双向转诊服务平台。自医联体成立以来，远程会诊百余人次，双向转诊 50 余人次，真正实现了“小病不出乡镇，大病及时转诊”。

三是将医院住院信息系统与回访软件对接。患者办理出院结算后，患者信息自动上传到回访系统，回访工作人员就会对出院患者就住院期间的满意度进行调查，通过回访调查查找医院在医疗服务方面的问题，为医院更好的发展提供保障。

服务新时代 展现新作为 助力全民健康

浙江省温州市中医院

2018年，是贯彻落实党的十九大精神的开局之年，是我国改革开放40周年，也是“十三五”规划承上启下的关键一年。我院深入贯彻习近平新时代中国特色社会主义思想，坚持走中国特色社会主义医院发展道路，不忘初心、砥砺奋进，遵循全国卫生与健康大会和浙江省卫计委医疗服务改革精神，以“最多跑一次”改革为载体，在成功创建全国文明单位的基础上开拓进取、再接再厉，引领广大职工奋力谱写新时代医院发展新篇章，为推动医院快速、协调、可持续发展，助力广大人民群众的健康而努力奋进。

一、持续深化“跑改”工作，打造优质医疗服务

（一）建设“互联网+”智慧医院

1.我院积极创新服务模式，创建温州市中医院互联网医院。复诊、慢病患者通过微信公众平台中的“专属医生”功能，即可随时随地享受到我院专家的医疗服务，包括在线检验报告解读、用药咨询等，医生通过问诊辨证，并确认患者身份后，可开具在线处方，患者可直接在网络上支付费用，还可选择药品快递配送和中药代煎服务，真正做到了复诊、慢病患者就诊一次不用多跑。

2.作为区域内中药处方量最大的中医医院，利用信息化手段，解决传统中医门诊诊疗后中药处方处理慢的痛点。今年1月，医院自主研发了全国首创中药房智能绿色无纸化信息系统，没有纸质处方，中药师人手一台平板电脑抓药，为保

障发药的准确性，配制好的每包中药带二维码，窗口的工作人员扫码核对患者信息，调配差错率几乎为零，中药师工作强度降低了，工作效率提升了，患者候药时间也大为缩短。同时医院还最早在我市推出中药处方代煎代送服务，患者在智能手机端操作后，药品配送全程均由快递完成。

3. 为简化患者门诊和住院流程，医院整合门诊和住院收费处功能，实现了住院自助结算、床旁结算、诊间结算和移动结算，发票自助打印，使患者就医后的结算更方便快捷，基本实现无现金医院。

（二）提升服务体验和诊疗效率

建立以微信公众号和支付宝服务窗口为核心的对外服务入口，陆续推出了手机端排队查询、费用推送及查询、停车缴费等服务；在支付方式上，开通微信和支付宝充值、扫码支付、门诊无证患者身份识别功能；在便民服务方面，在门诊放置共享轮椅、共享按摩椅、充电宝，提供 24 小时租借服务；成立并逐步完善综合服务中心功能，优化预约挂号、预约检查、人脸识别、诊间屏提示等流程。2018 年，我院在国家卫健委医政医管局举办的“进一步改善医疗服务行动计划”活动中表现突出，获得表彰；并获得由《中国卫生》杂志社颁发的“管理创新医院”称号。

（三）持续开展精细化服务

从 2014 年开始实施精细化管理至今，我院已分五期对医生、护士、窗口人员、后勤保卫人员等进行精细化管理培训，把精细化服务贯串医院管理和服务全过程。培养职工注意细节和倾听患者声音的习惯，每天由专人到候诊大厅进行满意度调查，及时听取患者对医院服务的意见与建议，并及时反馈、落实整改；在细节管理方面，撤销了收费窗口与住院登记处的玻璃隔断，全面调低服务台的台面高度，从引入精细化管理至今，在全院职工的努力和坚持下，患者的满意度不断提升，服务方面的投诉下降明显。根据全国公立医院满意度调查报告（2017 年 9 月—2018 年 1 月），我院门诊患者满意度为 98.12%，位居全省第 3 名；近年来，在温州市卫生系统患者满意度第三方测评中，我院总体满意度排名在 6 家综合型医院中多次获得第一名。

二、不断提高医疗水平，医疗质量稳步提升

（一）推广多学科诊疗模式

2018 年在院内建立了颈椎病诊疗中心、足病诊疗中心等 10 个专科专病诊疗中心，并建立脑卒中 MDT 小组、创伤 MDT 小组等 4 个多学科诊疗小组，汇集院内专家团队力量，集中解决疑难病症。

（二）推行医疗安全积分管理制度

针对医疗诊疗、护理看护、医院感染防控、传染病和慢性病上报的各个环节和流程进行全面排查，对不符合要求的工作流程、操作标准、诊疗规范及不合理用药、不合理处方等行为开具整改罚单。积分制度的执行，全面改进了我院医疗护理环节中的不足，提升了医疗技术能力。

（三）以医联体为载体提供连续医疗服务

作为区域内中医医疗龙头单位，牵头建立了中医医疗集团，全面托管泰顺县中医院，联合区域内的多家中医医疗机构与社区卫生服务中心，推广中医药与适宜技术，使祖国医学“简、便、廉、验”的特点充分得到了体现，尤其在大型医疗仪器设备与技术人员缺乏的基层医疗单位发挥了独特、不可替代的作用。

（四）开展医养结合及康复护理服务

在养老服务机构内开设医疗机构，成立“温州市中医院怡福院区”，打造医养结合新模式；与宏地置业打造“亲和雅园”康养项目，为更多老年人提供优质诊疗、护理、康复及养生保健服务。

（五）支持西部卫生帮扶工作

根据国家与浙江省卫生工作全局部署，医院积极响应对西部贫困地区开展卫生事业帮扶工作的号召。

2018 年度，我院先后派遣 12 名副高以上医疗护理专家、2 名中级职称医师，赴贵州、四川、新疆等地，开展卫生支援工作，涉及外科、骨科、康复医学、神经内科、脾胃病科、中医妇科等专业；医疗专家在当地医院开展学术讲座 22 场，门诊人次超过 4000 人，手术 70 台，总计完成服务天数 546 天。

三、加强名医、名科、名院建设，巩固提升核心竞争力

（一）建立石学敏院士工作站

与中国工程院院士、国医大师石学敏教授签订合作协议，共建石学敏院士工作站，对我院针灸、康复、神经内科等学科在诊疗技术、人才培养及科研建设等领域进行全方位指导，提升相关学科的临床医疗水平和创新能力。

（二）与上海曙光医院“石氏伤科”合作

医院与“石氏伤科”合作成立了国家中管局石氏伤科流派传承工作室（温州）二级工作站和詹红生上海市名中医学术经验研究（温州）工作室。依托资源优势，通过专家坐诊、查房、带教等形式，学习其先进的临床技术、科研方法、人才培养措施等，提升我院骨伤学科的技术水平。

（三）启用I期临床试验病房/生物等效性研究（BE）中心

中心面积约1500平方米，配备受试者观察床位36张，机动床位20余张，设有多功能区块和功能用房，先进的专业仪器和完善的视频监控系统，能够有效保证受试者的安全和临床试验的顺利进行。

（四）成立中医药科研实验中心

中心在医院原肾病实验室基础上整合检验科、病理科相关技术平台，现已运行的主要技术平台有PCR技术、流式细胞术等10余项，开展的基于上述技术的所有项目，能满足绝大部分临床常规科研的实验要求。

（五）名医馆新馆正式开馆

我院位于六虹桥院区的名医馆新馆于2018年9月正式开馆。新馆在规模、环境和服务上更上一层楼，将起到汇聚名医智慧及学术思想、收集整理名老中医诊疗经验、传承发展历代名医学术流派、开展中医药学术研究、交流和师承工作等作用，是我院提升医疗水平的重要载体。

（六）举行传承拜师仪式

为更好地传承名老中医经验，2018年9月，院内外共24位名医名家和他们的弟子通过传统中医拜师仪式，行拜师礼，结成师徒关系，年青一代中医药传承人将遵循师训，传承师父的中医学术思想经验和专长，精研医术，造福于民。这是我院弘扬中医药传统文化、培养中医药人才的重要举措。

四、加强中医文化宣传，提升群众健康保健意识

（一）加强医院文化品牌宣传

医院高度重视文化品牌建设，积极通过多种形式，特别是新媒体平台，发出医院“好声音”，传播中医正能量。本年度组织开展“中医之旅”13期，党政综合办牵头举办“中医讲师团”讲座、保健部门牵头举办各个法定宣传日义诊及科普讲座26场；国家级、省级、市级媒体发布医院相关消息报道230余篇；医院微信订阅号发布科普文章及各类信息约680篇，关注人数超过12万，微信服务号发布各类文章约150篇；医院院报荣获2018年度第二季寻找卫生行业宣传创新活动“年度健康传播优秀案例”；通过广泛宣传，彰显了中医特色、宣传了医院品牌、为医院的发展营造了良好的舆论环境。

（二）创办普安养生保健学院

为推进中医药健康知识和技能的普及，提高群众的保健意识和健康水平，我院创办的温州普安养生保健学院2018年7月正式开课。学院成立半年来，共开课17次，线下听课约1000人次，授课内容丰富、全面，涵盖各种常见病、慢性病的防治方法，中医养生保健知识等。同时通过微信公众平台，线上推广相关内容的原创科普文章12篇，累计阅读量达1.2万人次。

（三）以人文服务为媒介构建和谐医患关系

为了给特殊人群就医提供便利，医院组建了区域内唯一一支全员经过专门培训考核并获得证书的手语服务队伍，为门诊聋哑患者提供全程医疗辅助服务；在所有病区实现优质护理全覆盖；建立由高级职称中医医师团队组成的中医养生保健知识宣讲团队，全年定期面向普通群众宣讲专业的中医养生保健知识，推行正确的中医养生保健理念，使群众正确养生、少得病甚至不得病。新时代赋予新使命，新征程要有新担当。今后我院将继续秉承“以病人为中心”的服务理念，不断改善医疗服务品质，持续提升中医药服务内涵，并努力在培养高层次中医人才、培育更高级别科研成果、建立特色突出的优势学科等方面取得新的突破，为推动医院快速、协调、可持续发展，圆满实现医院“十三五”发展规划目标而不懈努力，用实干和奋斗更好地服务新时代，展现新作为，助力全民健康！

罗平县人民医院公立医院综合改革情况

云南省罗平县人民医院

罗平县人民医院经过多年的改革发展，特别是从1993年开始全面推行内部行政、人事和分配制度改革，2005年引入社会资金，职工全员入股等改革举措后，各项工作取得良好成效。在新一轮医药卫生体制改革中，我院始终按照国务院《关于全面推开县级医院综合改革的实施意见》总体要求，将公平可及、群众受益作为改革的出发点和立足点，着力解决群众看病就医问题。坚持公立医院公益性的基本定位，贯彻落实习近平总书记在全国卫生与健康大会上提出的五项制度建设，认真执行国家和省、市、县以管理体制、运行机制、服务价格调整、人事薪酬、医保支付等为重点的县级公立医院综合改革举措。通过探索现代医院管理制度，医疗卫生服务体系进一步完善，看大病、解难症水平明显提升，基本实现大病不出县，努力让群众能在当地就医。

一、新一轮公立医院改革主要措施和做法

（一）严格执行药品零差率销售，真正惠及患者

我院从2015年11月1日起执行药品零差率销售，仅2016年1年，因药品零差率销售就为患者节约资金823.86万元，切实体现了让人民群众得实惠。但医院正常药品供应的实际运行中，包括涉药人员117人的工资等劳动报酬金支出，发药机等设备耗材，药房、药库、静脉药物配制中心等涉药部门的房屋设备折旧的管理成本，每年需要1500万元的支出，全部由医院承担。

虽然在药品实行零差率销售的同时，曲靖市发改委对263个项目的医疗服务

价格进行了调整，但因医疗服务价格调整增加的收入仅有 550.01 万元，再加上中央财政补助公立医院综合改革补助资金 247 万元，还差 1526 万元，这是目前实行药品零差率销售的实际经济负担。

（二）借力信息化建设，进一步深化综合绩效量化考核，使考核结果更客观、更科学、更具体，全面调动医务人员积极性

我院从 1992 年开始进行信息化建设，2010 年被卫生部指定为电子病历试点单位，目前，医院 PACS、HIS、LIS、电子病历等系统平稳运行，数字化、智能化麻醉工作站、血液透析系统、院感控制系统、网络心电诊断传输系统等信息化工程运行顺畅。正在逐步实现信息化、数字化、网络化、智能化的目标。

从 1993 年开始，根据罗平县政府批转的改革方案，彻底打破“大锅饭”，打破原工资制，工资标准仅作为档案工资挂起来。实行绩效工资制（岗位工作量量化与职工待遇全额挂钩），在坚持按劳分配和按生产要素分配、效率优先和兼顾公平及职称、学历、工龄的原则下，将管理要素、技术要素、责任要素和完成工作量的多少、质量好坏作为分配的主要依据；避免科室分配用经济收入与职工待遇直接挂钩的分配现象发生，将综合指标量化成参与分配的直接指标，建立起重实绩、重贡献，向优秀人才和风险岗位、重大疑难手术、疑难危重病人的抢救治疗等重点项目、重点专业技术、开展新技术、新业务和参与医学科学研究的专业技术人才倾斜的分配机制。严格实行院科两级核算，医院将分配权下放科室，由科室自主按绩效考核分配，实行全额工作量量化的绩效考核劳动报酬金分配。根据各个岗位的实际情况，研究制定科学合理的量化考核实施办法，严格按照数量、质量综合绩效考核结果领取劳动报酬。

目前，为了充分利用良好的信息网络资源，进一步将我院运行近 30 年的全员、全面、全程综合绩效量化考核推向深入，我院于 2018 年年初与武汉网新公司合作开发医院绩效考核平台，10 月份将全面上线。届时将可以更加科学直观的方式体现“多劳多得、少劳少得、不劳不得、优绩优酬”的社会主义分配原则，形成了全部工作质量和数量与综合评价结果优劣紧密衔接的分配制度改革，使考核结果更科学、更客观、更具体，更加全面地调动了全体员工的积极性。

（三）与乡镇卫生院分享改革发展成果，促进县乡一体化建设

为了帮助各乡镇卫生院解决医保并轨管理后数据获取、传输问题，方便人民群众就地结算报销，我院通过与中国电信合作，无偿将医院 HIS 系统信息资源与各乡镇共享，目前已经完成了罗雄、富乐和鲁布革三个乡镇卫生院的系统接入和人员培训并投入运行，其中罗雄街道卫生服务中心已经全面运行并取得明显效果。计划逐步实现 PACS、LIS 系统、电子病历和患者健康信息共享，将通过远程阅片、读取报告等方式帮助基层卫生院解决诊断治疗方面的技术问题，由我院具有诊断资质的医生出具辅助检查报告，可以从根本上解决大部分乡镇医生的诊断水平和依法执业问题。下一步将逐步协助完成村卫生室的信息系统建设，为助推分级诊疗、家庭医生签约和县、乡、村一体化医疗服务体系建设做好工作。

二、公立医院综合改革中存在的困难和问题

因为各种医保报销服务前移，医院需要提供基本运营的药品、器械、设施设备并垫付报销资金，增加人力和设备投入，需支付医保报销网络服务费用等。造成了医院资金压力大、人力成本增加、相关开支加大的问题，我院设备、网络服务费用每年 30 余万元，增加医保费用报销工作人员 10 余人，但医保资金拨付滞后，2018 年上半年，我院垫付的未拨付资金就达 1000 余万元，很大程度上影响了医院的正常运转。

由于编制限制，我院目前编制 400 人，实有员工 1610 人，其中在职在编职工 393 人，编外合同制职工 1217 人，编外人员占 75%。虽然政府财政投入逐年增加，但为了稳定队伍，编外人员人工工资也必然要同步适度增长。连同单位为编外人员承担的社会保险费用及编内员工的养老保险和职业年金，医院每年仅此项支出即需增加 2000 余万元。

我院从 2005 年起，经县人民政府批准实施的股份制改革，全面有效地调动了员工积极性，促进了国有资产提质、保值、增值，但股份制改革的分配是我们目前面临的困难。

实行药品零差率销售以来，涉药人员 117 人的人工工资等劳动报酬金支出，

药房、药库、静脉药物配制中心等涉药部门的房屋设备折旧等药品管理成本每年1500万元，需要医院完全承担，给医院的经济运行造成压力。

三、着眼未来，规划蓝图，逐步建成大健康产业

面对困难，我们没有退缩，而是励精图治，提早筹谋。结合地域特点和我国人口老龄化日趋突出的实际，我院分别于2004年和2009年征地53万平方米，设计规划了包括养老康复中心、老年公寓、养老院、护理院、临终关怀院、公墓（艺术文化园林）开发，形成以科研支撑临床、临床支撑养老康复、护理、临终关怀和公墓开发为一体的关注生老病死的健康产业。目前，公墓已完成一期建设，待手续齐备即可投入运营，6万余平方米的住院综合楼暨医养中心建设项目已开工建设。

这既符合十八届三中全会提出的健康产业建设要求。也符合习近平总书记在全国卫生与健康大会上发表的重要讲话中阐述的要“发展健康产业为重点”，“努力全方位、全周期保障人民健康”，“让健康服务贯穿全程”的要求，医院将抓紧实施，稳步推进，为罗平社会经济全面协调可持续发展肩负起力所能及的责任。

我们将不断深化医药卫生体制改革，特别是县级公立医院的改革，始终坚持公立医院的公益性，努力承担起自己的责任，尽力做好工作。

靖边县中医医院康复科的建设与发展

陕西省靖边县中医医院

在我们身边，常常会碰到一些人，他们或步履蹒跚、或久坐轮椅、或长期卧床，他们需要借助仪器或家人来完成生活中最基本的动作，他们常常为生活不能自理而自卑，他们常常为不拖累家庭而选择轻生，家人在他们面前满带微笑，背后却满面泪流。

曾几何时，我们对这一切都无能为力，我们同情他们的遭遇，感叹病魔的无情，抱怨生命的不公，但我们只能看着身边的他/她在生活中痛苦挣扎，越来越无助，越来越无措。

现在，随着经济、医学与科技的发展，新的康复理论、康复技术的不断涌现，康复医学也得到了长足的发展，我们发现其实可以做的还有很多很多……

康复医学发展初期主要针对残疾人，即战争、车祸、意外事件导致的残疾和先天性缺陷，或后天性功能障碍残疾者。随着社会需求发展，康复医学发展服务对象扩展为术后或病后的恢复对象，即久治不愈慢性病、生活方式病、中老年病、心理精神障碍患者等特殊群体。康复医学发展未来的服务对象，将扩展到更多的亚健康人群。

康复医学在国家政策的鼓励和支持下迅速发展，靖边县中医医院康复科是在中医针灸科的基础上发展成立起来的临床学科，经过不断的积累与发展，现有的诊疗项目有：偏瘫站立训练系统、计算机语言认知教育系统、下肢肌力训练系统、上肢肌力训练系统、肢体智能康复仪、吞咽障碍治疗仪、平衡评定训练、空气压力波治疗仪、超短波治疗、中医定向透药治疗仪、超声波治疗、脑循环治疗、冲击波治疗、微电脑治疗仪、熏蒸床等。主要治疗方法有物理疗法、作业疗法、运动疗法和传统的康复疗法等。主要治疗项目有以下几项。骨科康复：各种骨折、关节置换、关节损失伤、手外伤等；神经康复：脑中风、颅脑损伤、脊髓损伤、周围神经损伤等；运动训练伤康复：急性肌肉韧带扭伤及慢性肌肉肌腱劳损等；颈肩腰腿痛康复：颈椎病、腰椎间盘突出等。靖边县中医医院康复科应用功能测评、医学手段及专业康复手段，针对不同的疾病，根据患者的自身状况来选择合适的治疗方案，使患者在身体、心理和社会功能上都取得最大的治疗效果，得到最大限度的恢复，降低致残率，提高生活质量。

靖边县中医医院康复科的成立为全县人民及周边百姓提供了更好、更权威、更方便的中医药服务与正规的康复治疗模式，致力于为广大患者提供省时、省力、省钱、便捷的家门口服务，让更多患者享受到不出县城就能得到合理、正规的康复治疗，为更多病、伤、残患者减轻痛苦、重拾信心，更加减轻了家庭和社会的负担，显著提高了生活质量，使病患尽早地回归社会，为全县病、伤、残患者带来了福音，一年以来成绩斐然，深受广大患者的信赖。

过去，我们只是单纯对疾病的治疗；现在，我们更强调机体功能的恢复。过去，我们只是被动地接受治疗；现在，我们是主动地追求康复。过去，我们只是为了维持生命存活的状态；现在，我们更关注提升生活的质量。靖边县中医医院遵从“生命至上、服务第一、务实创新、开拓进取”的办院宗旨，坚持中西医并重的发展方向，在充分发挥中医特色的同时全面提升医院的综合实力，为县域内外提供更好、更优质的中西医医疗服务。

仁和精诚　杏林春光

——记新时代时期的荣县中医医院

四川省荣县中医医院

川南明珠——荣县，黄帝之子青阳玄嚣之封国，置县1400余年，历史悠久厚重，有“千年古县”之誉。荣县又有“山中郡国”之称，西北高，与荣威穹窿交错，三山矗立，沟壑纵横，植被丰茂；东南低，有旭水越溪二水潆洄，沃野千里，物丰民富。人杰地灵，相传老子炼丹于荣德山，希夷结庐在古云台；在南宋时，爱国诗人陆游曾摄政荣州，盛赞荣县“其民简朴士甚良，千里郁为诗书乡”。更有清翰林赵熙，延安五老之一的吴玉章，历史长河中熠熠生辉的明珠让人景仰。

荣县独特的人文地理还缔造出一代代优秀的中医人，或师承，或家传，但统而难置，联而犹散。1978年，改革的春风吹遍神州，1980年，在国家提出“振兴中医”的政策指导下，荣县中医医院成立。荣县中医药从此沐浴和风、浸润甘霖得到长足发展。

38年的历程，融入7代中医人的辛勤汗水和心血。把成立之初十几人的队伍，壮大为荣县中医药之龙头。现已发展成为规模较大、布局合理、环境优美、功能完善，集医疗、教学、科研、预防保健、康复养生、健康养老于一体的国家二级甲等中医医院（已经接受三级医院评审），是国家中医药管理局纳入的“全面提升县级医院综合能力首批498家县级医院”之一。系四川省中医药高等专科学校、四川省康复职业技术学院等院校实习基地。系西南医科大学附属中医医院、自贡市中医医院、自贡市第四人民医院技术指导医院。先后荣获四川省中医药管理局“文明单位”，自贡市“爱国卫生红旗单位”“巾帼文明岗”，荣县县委、县政府评选的“十二五”期间中医药工作“先进单位”等荣誉称号。

中医药是我国传统文化的瑰宝，是中华民族几千年来同疾病做斗争的经验总结和智慧结晶。中医药事业是我国卫生事业的重要组成部分，也是我国卫生事业独具的特色和优势，是一项宝贵的卫生资源。习近平总书记对中医药的高度评价，让我们中医药人无比荣光！也看到了光明的中医药前景！

党的十九大报告中指出，实施“健康中国”战略。要完善国民健康政策，为人民群众提供全方位全周期健康服务。深化医药卫生体制改革，全面建立中国特色基本医疗卫生制度、医疗保障制度和优质高效的医疗卫生服务体系，健全现代医院管理制度。加强基层医疗卫生服务体系和全科医生队伍建设。全面取消以药养医，健全药品供应保障制度。坚持预防为主，深入开展爱国卫生运动，倡导健康文明生活方式，预防控制重大疾病。实施食品安全战略，让人民吃得放心。坚持中西医并重，传承发展中医药事业。支持社会办医，发展健康产业。促进生育政策和相关经济社会政策配套衔接，加强人口发展战略研究。积极应对人口老龄化，构建养老、孝老、敬老政策体系和社会环境，推进医养结合，加快老龄事业和产业发展。党的十九大这掷地有声的为民理念，又向深受鼓舞的中医药人提出服务新时代、展现新作为、助力全民健康的新方向新任务。借此东风，荣县中医医院人也昂首迈步新的征程。

为了更好地服务新时代，展现新作为，助力全民健康，荣县中医医院党政班子调整战略，布局出中医医院 5 年、10 年规划。

一、文化建院为引领

什么是文化？著名作家梁晓声对文化的四点经典概括：1. 根植于内心的修养；2. 无须提醒的自觉；3. 以约束为前提的自由；4. 为别人着想的善良。而中医药文化在此范畴但又有其特殊性。中医药把“仁和精诚”视为中医药文化核心价值之“魂”，而医院文化建设便是要把“魂”在经意与不经意之中根植于每个人的内心，让这一“魂”引领中医人感悟和践行其中的含义。仁：中医仁者爱人、生命至上的伦理思想，表现为尊重生命、敬畏生命、爱护生命；和：中医崇尚和谐的价值取向，表现为天人合一的整体观、阴阳平和的健康观、调和致中的治疗观以及医患信和、同道谦和的道德观；精：医道精微，要求精勤治学，精研医道，追求精湛的医术；诚：中医人格修养的最高境界，表现在为人处事、治学诊疗、著述科研等方面诚笃端方。

荣县中医医院就文化建设三部曲：1. 请成都中医药大学著名教授钟森、西南医科大学著名教授杨思进、九鼎集团黄明教授等人来院讲相关医院文化及文化建设；2. 送医院骨干去华西医院、同济大学、杭州等地学习；3. 动员全院参与医院文化建设。《荣县中医药赋》、院歌《仁和精诚》、对联（玉皇观中革故鼎新杏林大医存远志，名医馆内承前启后岐黄妙手显仁心）、“大医精诚”字画等赋予中医药文化的作品便是在这三部曲中由中医医院人自行创作。不仅展示了中医医院人的文化自信，更让这些“营养”根植于每个中医医院人内心。并把这种根植于心的文化和新时代方向、任务相结合，助力“健康中国”早日实现。

二、内涵建院为依托

1. 依法执业，深化医药卫生改革，全面落实分级诊疗，实现“上下联动、急慢分治、基层首诊、双向转诊”目的。目前，对上在巩固与西南医科大学附属中医医院、自贡市第四人民医院“医联体”合作，开展坐诊、急危重疑难病例查房、讲座等夯实诊疗基础，提高诊疗水平；积极参加专科联盟建设，与自贡市第一人民医院肿瘤专科和心脏康复专科、自贡市中医医院肛肠科、自贡市第三人民医院肾病专科、自贡市第四人民医院骨伤科等均建立了专科联盟合作关系，对专科建设提供有效的技术经验保障；对下与留佳中心卫生院、乐德中心卫生院、双古中心卫生院、望佳卫生院搭建了紧密型医疗共同体合作模式，多次召开“医联体”专项工作会，并开展了查房、会诊、坐诊等技术，开通绿色通道，落实双向转诊，全年选派专家坐诊、查房指导，既有效的帮助“医联体”，也加大了医疗服务的区域，更加有效地服务更基层的人民群众，也为医院发展夯实了更为广泛的群众基础。

2. 改善就医体验。就医硬件方面：名医馆建设、住院楼扩建、老住院楼改造等基础硬件工程的建设，以及河西院区养老中心的规划，都是为满足人民群众日益增长的就医需求；打造“数字化医院”建设工作，开通了网上预约挂号、微信支付、支付宝支付、检查检验报告查询等功能；极大方便了患者及家属，提升患者到我院就医的体验。

3. 深入开展医疗质量持续改进，提升医院综合服务能力。狠抓医疗质量，确保医疗安全。在完善绩效考核方式的前提下，以绩效考核为抓手，加强医疗业务管理及内涵质量建设。坚持考核结果与科室绩效挂钩，对危急值报告流程进行了修订，对《择期手术风险评估表》进行了科学调整，对有创诊疗操作、麻醉医师分级授权、处方权进行了动态调整。组织开展了“双人徒手心肺复苏 + 床旁心电监护仪”操作培训和比赛、“突发公共卫生（食品安全）事件应急处置”、创伤急救、手术安全核查演练等，通过培训、演练、考核，打造精兵强队，提高了我院针对危重患者的抢救治疗水平，确保医疗质量和安全。

4. 以培养名医为基础，加强重点专科建设，提升服务能力，以创建名院为目标。拟定了《荣县中医医院重点专科建设管理办法》，从制度上对医院专科建设落实提供保障。省级重点中医专科骨伤科及市级重点中医专科针灸康复科建设成果得到进一步巩固，按照《四川省重点中医专科（专病）建设与验收标准》及科室专科建设计划，市级重点中医建设专科肛肠科、老年病科专科建设有序开展。

5. 护理围绕“质量、安全、服务、管理、绩效”开展工作，以护理质量管理为重点，推进中医服务能力，落实 30 个优势病种的中医护理方案、辨证施护和健康指导。积极开展中医适宜技术，深化优质护理内涵，全院优质护理服务覆盖率达 100%。落实责任制整体护理，为患者提供具有中医特色的健康教育等连续、全程的护理服务。

6. 创建完善的争优创优机制：优秀党员、优秀医生、优秀护士、优秀科主任、优秀护士长、优秀管理等，让争优创优，以优带优，人人成优的向上向优成为一种常态，一种氛围。

三、放眼未来促发展

1. 发挥中医特色，创建和发展壮大“治未病科”。未病先防、既病防变、瘥后防复。在现有基础上，把治未病科做强做大，把治未病理念作为保健康的一种基本理念宣传、灌输。

2. 随着中国人口老龄化日趋严重，布局医养一体的中医分院，把中医食疗、中医养生、中医整体观念等一系列有益医养一体建设的元素发挥出来，更好地服务全民的健康事业，助推全民健康事业的发展。

3. 社区医疗服务的深化和布局，形成完善的社区医疗服务保障体系，打造强大的社区医护队伍，加强“走出去”深入社区的服务理念。

四、社会担当为己任

1. 树立公立医院为人民健康服务的公益理念，遵从救死护伤传统。

2. 落实国家“十一免两补一减一控一体检”政策，确保贫困患者县域内住院和慢性病门诊维持治疗医疗费用个人支付占比均控制在 10% 以内，实行“先诊疗后结算制度”。完成大病救治巡回医疗任务，组织业务骨干对结对帮扶的贫困户进行健康体检，免费义诊，送医送药上门。严格执行国家和省市医疗救助相关要求。其中，建档立卡病人，医院减免住院费用；特困群体、残疾人、失独家庭等特殊病人医院减免床位费、检查费、治疗费等。百医帮百户，打好了脱贫攻坚战，继续坚守战斗成果，把这场战役转变成长期帮扶困难群众的契机，体现医院的社会担当。

3. 公益医疗保障，义工服务，志愿者服务，助力地方精神文明建设。

中华民族伟大复兴的号角已吹响，“健康中国”战略布局已启动，处在新时代的荣县中医医院以文化建院为引领、内涵建院为依托、放眼未来为助力、社会担当为己任，定能傲立在滚滚向前的时代潮头，服务新时代、展现新作为、助力全民健康，绽放杏林春光橘井泉香的愿景！

巾帼不让须眉

——记双牌县中医医院院长张丽华

湖南省双牌县中医医院

有一颗心——犹如浩瀚星空，灼灼生辉。

有一份爱——犹如朗朗皓月，挥洒光芒。

有一份情——犹如东方红日，默默奉献。

——题记

她微行徐步，却又雷厉风行；她坐姿娴雅，却又热情开朗；她，巾帼不让须眉！张丽华，女，55岁，双牌县中医医院院长，副主任医师。1985年从湖南医科大临床医学专业毕业，同年参加工作。她自走出医学大门，不忘初心，始终恪尽职守，勤学钻研，对医疗工作的热情犹如夏日的骄阳，彰显了自己对医疗事业的热爱。

一、宁弃高枝凤凰，愿做低檐沉雁

1985年，正值改革开放初期，改革开放的春风吹遍了天南地北，吹拂了大街小巷，“有为”青年们人人都跃跃欲试，抓住这个千载难逢的从乡村走向城市、从内地飞至沿海地区绽放激情、燃烧梦想的机会！尽管如此，张丽华却放弃了大城市、高薪水待遇的职位，申请回到地处偏远、医疗条件落后的小县城——家乡双牌，用自己所学回报养育她的父老乡亲。但很多人都在妄臆肆猜张丽华这条“大鱼”肯定在双牌这个“小池塘”待不了多久时。她却33年如一日，始终遵循：

实行人道主义、生命高于一切、救死扶伤、全心全意为家乡人民服务的宗旨。在工作中，她恪守职业道德、廉洁奉献、努力弘扬白求恩精神、孜孜不倦、自强不息、刻苦钻研、不断进取、攀登医学上一个又一个高峰，掌握了过硬的业务技术和知识，积累了丰富的临床实践经验，努力让自己成为一名德艺双馨的医疗工作者，不但在老百姓心中赢得了非常高的口碑，同时也得到了不同部门领导的嘉奖以及社会学术界的肯定。据不完全统计，张丽华先后分别被双牌县三湘农民健康行组委会评为“先进个人”，被湖南省医院协会选为“湖南省医院协会县级医院管理专业委员会”，被双牌县人民政府残疾人工作委员会评为“2014 年全县残疾人工作先进个人”，2013—2016 年连续 4 年因工作表现突出分别被双牌县县委、县政府予以嘉奖，2015 年记“三等功”一次，2018 年荣获永州市首届“中国医师节优秀医师称号”，2012—2016 年任湖南省医院协会理事一职，2016 年 5 月被聘为湖南省健康管理学会第二届疾病管理专业委员会常务委员，2016 年 12 月当选为第九届永州市中西医结合学会理事会副会长，2017 年当选为湖南省中医药和中西医结合学会第六届理事，2018 年被聘为中华中医药学会外科分会蛇伤与蛇毒医学专业委员会常务副主任委员，同年被聘为《中华蛇学与医学》杂志第十三届编委会社长。

张丽华临床医疗救治水平虽赢得了当地老百姓的信赖和肯定，但她也没松懈学术上的追求和造诣，多次在不同级别刊物发表论文数篇，如在《当代医学》上发表了《头孢哌酮舒巴坦联合佐氧氟沙星治疗老年性肺炎疗效分析》，《延边医学》上发表了《慢阻肺患者 CAT 评分与 MMPC 评分相关性探讨》等。

二、待病人胜亲人，幸福来敲门

张丽华爱岗敬业，有着强烈的责任感和使命感，心里始终装着病人。身为医院管理人员，平时要忙于政务，不但要主持医院的行政工作，还要承担医院的医疗工作，利用休息时间抽空为患者诊治看病，办公室亦是诊室。有时刚忙完门诊病人，又忙住院科室，随叫随到，毫无怨言。有一天，一位 2 岁高热的患儿由家长抱来请张丽华医师看病，虽然已是下班时间，但她还是仔细地为患儿查看病情，详细地向家属询问病史，并完善相关检查和对症处理。因怀疑是手足口病，建议去上级医院住院治疗。当时患者家属听说是手足口病，还要去上级医院治疗，立马就慌了，很是紧张和焦虑。她就耐心地开导和安抚患儿家属，考虑到家属是淳朴的村民，去上级医院救治，应该不是很清楚就医流程，会耽误病情，为让患儿尽快得到治疗，她立即电话联系了上级医院，并为其留下床位。临行前，她再三交代其路途上的注意事项和安全。待忙完后，早已华灯初上，街上到处都可闻见可口的饭菜香味。因患者转诊及时，救治得当，得以完全康复。

“张医师医术高超、医德高尚，为人很亲和，一点都没有领导的架子，已经为我一家人看了十几年的病了，并将她的联系方法留给我，不管什么时候打电话给她，她总不厌其烦、有求必应，就像我们家里的“私人医生”一样，多年过去了，张院长始终如一。逢年过节的时候，我们有时为她准备点小礼品，以表我们的谢意，总被她婉转回拒。”家住双牌县泷泊镇的蒋先生深有感受地道来。其实，张院长行医 33 年来，一直洁身自律、文明行医。据了解，已拒收红包数万元，物品不计其数。

张丽华总说：“只要我们善待患者，设身处地地为患者着想，不求回报，做好自己的本职,就会赢得患者对我们的尊重和认可！就会收获不同意义的幸福！”她行医 33 年来，不知治好了多少病人，她自己都记不清了，可她的仁心医术早已烙印在病人的记忆中！“张院长，你好！”“张院长，谢谢你救了我！”“张院长，你也在吃早餐，我请你！”“张院长，没座位了，坐我的位子吧！”路上、商场、早餐店、车上……不管走到哪里，张院长时常会感觉这样的幸福，见到这样用陌生声音诠释出的那份温暖而又质朴的医患情感！

三、不忘初心，手握收获硕果

张丽华以过硬的技术、良好的医德医风、出色的工作业绩得到了广大群众的好评、职工的爱戴、同人的认可、领导的重用，于 2005 年 1 月被上级领导提拔为人民医院业务副院长，2016 年 3 月调任双牌县中医医院任院长一职至今。双牌县中医医院在张丽华的正确领导下，医院上下同心同德、爱岗敬业、厚德精医、臻于至善，实现了医院发展质的飞跃，医院医、教、研等各项工作再上新台阶。

医院先后被湖南省中医药管理局和永州市卫计委授予全国基层名老中医药专家传承工作室建设项目、永州市蛇伤重点中医专科、永州市脑病特色中医专科；医院蛇伤科于2018年5月被中华中医药学会蛇伤与蛇毒医学专业委员会授予“湘南蛇伤救治”基地，并纳入省重点中医专科管理，10月承办了首期“一带一路”国际蛇伤骨干医师培训班。目前，医院蛇伤科运用中医中药治疗蛇伤，治愈率达到99.5%，很大程度上降低了致残率以及血清的使用率，不但缩短了病程，同时也节约了医疗资源，传播和弘扬了中医药文化。同时，中华中医药学会外科分会蛇伤与蛇毒医学专业委员会同意将第十七届全国蛇伤学术交流会暨第十二届全国中医毒蛇咬伤大会在湖南省永州市双牌县召开，并同意双牌县中医医院作为会议承办单位，扩大了医院蛇伤科在专科学术界的影响力，同时也为推助我县卫生事业的发展起到了积极的作用。

双牌县中医医院深入贯彻党的十九大精神，深化医药卫生体制改革，建立优质高效的医疗卫生服务体系，从根本上将广大群众对医疗服务的不满意中解脱出来，为广大患者提供更满意的医疗服务。与全县15个乡镇卫生院及4所民营医院共同组建了“紧密型医疗联合体”。

积极探索和实践医联体新的工作模式，不断拓展医联体服务范围，提升技术水平，加快信息化建设，打造技术共享的远程医疗平台，在医联体医院内实行同质化诊疗，先后分别与湘雅附三医院、省中医附一医院、市中心医院签署了《医联体合作协议》，让“小病不出门、大病不出县城、在双牌找湘雅”变为现实，现已远程为数十名基层老百姓会诊，切实解决了老百姓看病难的情况。

双牌县中医医院作为一所县级综合医院，背靠中南大学湘雅三医院、湖南中医药大学第一附属医院，永州市中心医院、永州市中医医院等大型三级甲等医院，有着强大的技术支撑。作为他们的医联体成员单位，医院在人才培养方面得到诸多“特殊照顾”，在业务、培训上提供了规范化、专业化指导，分别派出近60名医护人员到上述医院进行多学科进修，为医院“科教兴院”打下坚实基础。

双牌县中医医院建立了专属基层老百姓的绿色通道“基层首诊，分级诊疗”。

与各社区医院、乡镇医院和民营医院院长签署了“紧密型医疗联合体”。这标志着双牌县中医医院医联体正式成立。通过医联体，实现以城带乡、以乡促村，构建优势互补、结构合理、功能完善、资源与利益共享的县、乡、村医疗服务一体化格局，共同建设双向转诊的绿色通道，确保疑难病、重症病患者能顺利、快捷地获得大医院及时有效的医治。

2013 年双牌县委、县政府研究决定将双牌县中医医院整体搬迁至县城紫金南路党校，核定床位 300 张，占地面积 3.3 万平方米，建筑面积 1.6 万平方米，项目总预算 1.2 亿。该项目于 2013 年 4 月立项，2014 年正式启动，并列为双牌县重点建设项目，2014 年年底完成征地工作，2015 年 9 月正式开工建设。在张丽华的带领下，狠抓新院建设步伐，住院楼的主体已于 2016 年 12 月完工并通过验收。目前，医院新院住院部顺利完成搬迁，门诊大楼（原党校办公楼）正在改建当中，现已进入配套设施、设备、建筑建设阶段，定于 2019 年 4 月可实现整体搬迁。搬迁后开设针灸科、医养结合科、康复科、针灸康复治疗中心；内一科（心血管、内分泌、风湿免疫）、脑病科、内二科（呼吸、消化、肾病）、儿科、骨伤科、蛇伤科、烧伤科、肛肠科、泌尿科、普外科、妇产科、皮肤科、五官科、健康管理中心、慢病管理中心、治未病中心、血液净化中心、ICU、手术室、麻醉科等临床学科，全国基层名老中医药专家传承室一个，中医特色治疗中心一个，法医鉴定室。拥有 100 级的手术室及 64 排 CT、1.5TMRI、西门子彩超、迈迪逊四维彩超、骨科 C 型臂、全自动生化分析仪、血透仪、24 小时动态心电图机、进口麻醉机、进口呼吸机、高压氧舱、中心供氧负压系统、中央空调、消毒供应中心等先进设备设施。建立“患者至上、幸福员工”的文化体系，倡导健康生活方式与中医药养生文化。

33 年医路同行，张丽华始终践行“救死扶伤、敬佑生命、甘于奉献、大爱无疆”的精神，同时作为管理者，她严己律人，严谨科学管理。目前，医院在院长张丽华的领导下正步入良性发展的快车道阔步前行，医院始终坚持以“患者至上”为宗旨的服务理念，以技术创品牌，以服务赢信任，更好地服务广大老百姓的健康！

我心目中的好医院

——沐川县人民医院“大学习大讨论大调研”调研报告

四川省沐川县人民医院 王晓锋 石玉华 阿成拉叶 陈绍光 李世忠 周 庆

【摘要】目的：调研评价我心目中的好医院的标准。方法：采取“大调研”方式向沐川县人民医院在职员工和住院病人及陪护家属发放调查问卷，继而收集、整理、分析、讨论。结果：发放1350份问卷，收回1287份，回收率95.3%，有效率89.5%。医院整体评价较好，患者就医体验有待提高，绩效福利制度需进一步完善。结论：进一步改善医疗服务行动，有效促进医疗质量提高，提升患者就医体验，进一步促进医院从高速度发展向高质量发展转变，积极打造人们心目中的好医院。

【关键词】好医院 职工评价 患者评价

1 资料与方法

1.1 调研对象

医院所有在岗职工，来医院就诊的患者及家属，前来医院体检、咨询的群众等以医院为单位辐射的所有与医院联系、交际的人员。

1.1.1 患者及家属

包括前来医院就诊的患者及其陪同的家属、体检咨询人员，共发放问卷1000份，收回948份，回收率94.8%，其中有效问卷890份。

1.1.2 医院职工

在医院上班人员，共发放350份，回收339份，回收率97%，其中有效问卷318份。

1.2 调查方法

1.2.1 问卷调查法

问卷调查法是以标准化的问卷，自主设计一系列的问题让被调查人员回答，收集问卷对答案进行统计和分析。根据笔者这次调查的目的，确定所需要的信息，再通过查阅相关书籍、文献确定问题的设计和选择，本问卷分为职工卷、患者及家属卷两大类，每类问卷设置包括基本问题和评价调查表两个部分，基本问题大同小异，职工卷评价调查表包括规章制度、团队协作、医院环境、执行力、培训教育、医患沟通六大内容；患者及家属卷评价调查表包括就医环境、诊医流程、服务态度、医疗费用、医德医风、医疗技术六大板块。两份问卷共发放1350份，收回1287份，回收率95.3%，其中有效问卷1208份，有效率89.5%。

1.2.2 访谈法

主要用于调查前准备的问题，重点在于对科室主任或负责人进行面对面非结构式的访谈，日常工作中因职务方便与前来就诊的患者、不认识字的患者及家属进行访谈交流，以提高调查对象的代表性和类别，提高调查的准确性。

1.2.3 文献资料研究法

通过上网查阅等途径收集和查询大量的文献资料，分析掌握当下最新医改政策，职工和患者需求变化，借鉴一些社会评价好、经济收益高、患者就医多、员工幸福的医院的管理经验，为边缘山区县级公立医院的后期改革、转变提供建议和意见。

2 调查结果

2.1 医院职工评价调查表显示

2.1.1 规章制度评价

制度建设评价：认为医院制度建设很全面的有14人，占4%；认为比较全面的有152人，占48%；一般的有110人，占35%；不太全面的有33人，占10%；很不全面的有9人，占3%。制度执行评价：认为医院制度全部得到严格执行的有41人，占13%；大部分得到严格执行的有197人，占61%；只有少部分得到严格执行的有74人，占23%；全部制度都没得到严格执行的有6人，占6%。制度完善评价：认为急需加强完善福利制度的最多，有207人，占总人数的65%；人事制度118人，占37%；安全制度109人，占34%；其他制度选择人数较少。医院绩效评价：认为需对财务维度进行改革完善的最多，有121人，占总人数38%；认为当前绩效方案很满意，不需要改的有57人，占总人数18%，总体来看满意度较低。

2.1.2 团队协作评价

总体评价很满意的有36人，占11%；比较满意的有136人，占43%；一般的有114人，占36%，不满意的人数相对较少。不同层次团队协作评价：认为高管层之间协作很好的有47人，占15%；比较好的有117人，占37%；一般的有131人，占41%；认为不太好的有13人，占2%。上下级之间，认为不太好的有9人，占3%；科室之间不太好的有22人，占7%；医护之间认为不太好的有19人，占6%。团队协作存在问题：认为医院存在科室利益至上的有47人，占15%；存在且严重的有22人，占7%；认为存在遇事互相推诿的有33人，占10%；存在且严重的有40人，占13%；认为同事之间存在遇事不可商量的有25人，占7.9%；存在且严重的有25人，占7.9%；认为医院存在互相组小团体的有23人，占9%；存在且严重的有20人，占6%。

2.1.3 医院环境评价

对医院工作条件比较满意和一般的占绝大多数分别有116人、120人，分别占比36%、38%；对医院收入水平不满意的有46人，占14%，相对较多。对医院晋升机会评价认为一般的有168人，占52%。对医院人际关系比较满意和感觉一般的占多数，分别为110人、134人，分别占比35%、42%。觉得医院培训学习情况评价一般的占绝大多数的有158人，约占50%，不满意的有18人，占6%。认为医院职工凝聚力、归属感、忠诚度一般的占绝大多数，分别为193人、196人、179人，分别占比61%、62%、56%；其他选项都相对较少。

2.1.4 医院执行力评价

对医院的执行力评价一般的占绝大多数，其中认为高层管理者执行力一般的有 204 人，占 64%；中层管理 208 人，占 65%；普通员工 206 人，约占 65%；认为医院执行力很高的人次最多，其中认为医院高层管理执行力很高的有 60 人，占 19%；中层管理者 55 人，占 17%；普通员工 63 人，占 20%。其他认为医院执行力较差或很差的相对较少。医院执行力存在问题，认为医院执行不足是因为医院缺乏有效的监督机制的占主要原因，有 153 人，占 48%。

2.1.5 医院培训教育评价

对培训内容、方法、效果比较满意和一般的占最多，其中认为比较满意的分别有 129 人、127 人、123 人，分别占比 41%、40%、39%；认为一般的分别有 113 人、106 人、135 人，分别占比 36%、33%、42%。其他认为非常满意或不太满意的相对较少。在应加强培训项目上，认为应加强医患沟通培训的最多，有 272 人，占 86%；其次认为应加强医疗专业相关知识，有 176 人，占 55%；应加强职业素质培训排第三，有 162 人，占 51%，其他的相对较少。

2.1.6 医患沟通评价

认为影响医患沟通主要原因是工作太忙，没时间的最多，有 177 人，占 56%；其次是认为患者素质有待提高是主要原因的有 167 人，占 53%；认为主要原因是制度不健全的排第三，有 147 人，占 46%。认为存在医患沟通事故隐患最大的是挂号缴费流程，有 164 人，占 52%；其次是医疗护理，有 150 人，占 47%；手术过程排第三，有 125 人，占 39%。

2.2 患者及家属评价调查显示

2.2.1 就医环境满意评价

对交通情况满意的最多，有 399 人，占 45%；其次是病房安静情况有 365 人，占 41%；学科建设满意度排第三，有 320 人，占 36%。

2.2.2 诊疗流程评价

认为医院应该改进挂号缴费取药便利的最多，有 380 人，占 43%；其次是看病手续要简便，有 325 人，占 37%；认为应改善认真询问病情的有 324 人，占 36%；选择检查诊断确诊率相对较少的有 263 人，占 30%。

2.2.3 服务态度评价

认为需要改善挂号收费人员服务态度的最多，有 356 人，占 40%；其次是医生护士人员，有 299 人，占 34%；认为医技人员的服务态度需改善的排第三，有 283 人，占 32%。

2.2.4 医疗费用评价

认为检查费用过高须调整的最多，有 328 人，占 37%；其次是药品，有 280 人，占 31%；认为费用明晰度需调整的排第三，有 246 人，占 28%。

2.2.5 医德医风评价

认为医院亟须改善的是医生向病人耐心解答问题，有 378 人，占 42%；其次是尊重患者隐私，有 224 人，占 25%；医务人员着装整洁排第三，有 215 人，占 24%。

2.2.6 医疗技术评价

认为亟待改进医疗技术项目最多的是设备先进齐备，有 327 人，占 37%；其次是治疗方案的及时性须及时改善，有 266 人，占 30%；判断病情准确度排第三，有 262 人，占 29%。

医院综合满意度评价：服务态度满意度最好，有 379 人，占 43%；其次是医疗流程，有 359 人，占 40%；就医环境排第三，有 323 人，占 36%。

3 结论

3.1 患者总体满意度较好，就医体验有待提高

一是患者及家属对医院总体满意度较好，环境方面对交通便利满意度最高，医院食堂满意度最差；二是亟须改善挂号缴费取药便利，提高挂号收费人员服务态度；三是个别医护人员解答问题没有耐心，认为医务人员对待病人没有亲和力，没有耐心对待病人及家属合理的提问，特别对待老年人等特殊患者没做好耐心解释和引导工作；四是医院环境整体良好，个别死角欠清洁或垃圾桶旁烟头较多。

3.2 职工组织评价较好，医院绩效福利制度需进一步完善

一是职工对医院的规章制度、团队协作、组织环境、执行力、培训学习、医院文化等内容的评价较好，但认为医院缺乏内部组织机构的管理内涵提升和常态化机制的监督约束；二是医院个别中高层干部职业素养有待提高，缺乏危机感和

责任感，没有竞争意识，职业素质不能满足医院快速发展的需求，业务能力亟须进一步提高；三是认为医院绩效分配方案不合理，绩效与工作量不相符，应增加一线工作人员工作绩效；四是认为医院需要完善职工福利制度，认为应加强对职工的重视、慰问，实行人性化管理制度，提高医院职工福利、奖励制度、晋升机会，增强职工归属感；五是应加强医患沟通培训，提高医务人员主动服务意识，并认为影响医患沟通的主要原因是工作太忙、没有时间或个别患者素质有待提高。

4 思考与行动

4.1 加强培训学习力度，进一步提高职工整体素质

针对调研存在的问题，医院认真总结梳理，积极整改完善，取得各项丰硕成果：就调研发现的个别中层干部素质有待提高，培训时间不合理等问题，医院与“成都西经医院管理研究院”签订长期合作协议，分批派送医院中高层管理人员参加培训学习，学习先进的管理理念，提高职业素质，并合理安排培训学习时间，设立每月 15 日为“全院集中学习日”，结合每月主题党日活动一并召开，会上拟选每期外派参加学习培训的人员交流学习心得、管理经验等，营造了“人人要学习，人人爱学习”的良好学习氛围，进一步提高全院职工整体素质。

4.2 进一步改善医疗服务行动，提高患者就医体验

一是医院通过派送管理干部赴浙江省江山市人民医院考察学习，结合调研中发现的问题，成立了两批共 45 项改善医疗服务行动计划服务具体工作和内容，包括设立每月最后一周星期四为“全院爱卫日”，将“大学习、大讨论、大调研”活动相关成果落地落实，营造全院人人参与，科室为单位，职责明确的环境卫生治理良好氛围；二是通过设立户外吸烟区，加大惩戒力度等办法进一步加强禁烟管理，打造整洁、优美、无烟的就医环境；三是各科室积极提高服务意识，通过节日期间送住院患者亲手制作的香囊、给他们包饺子等温馨服务，积极促进医患关系和谐；四是成立“南定格尔志愿小分队”和“爱心志愿者”两个志愿团队，为患者提供引导就医、办理入出院手续、义诊义检及其他社会服务，积极提高医院形象；五是住院实行护士站一站式办理，做到服务前移，并通过医院官方微信、

官网、宣传横幅及院长带队指导和导医台老师的现场引导等不同渠道的宣传及推广，积极向门诊患者推荐使用微信预约挂号及网上缴费；六是推行窗口微笑服务，实行不同收费员之间互相可以退票，优化患者退费流程，设立“老孕残弱”优先窗口、自助挂号缴费服务机，方便群众就医；七是组织全院职工和患者及家属开展医院营养食堂满意度调查，针对调查结果，积极整改完善；八是积极打造智慧医院，努力构建标准化互联网服务流程，提高功能操作的易用性，多举措确保互联网实际应用效果，切实提高患者就医满意度；九是进一步加强学科建设，积极推进住院综合楼扩建项目，项目资金属2016年四川省单体最大扶贫项目资金，并于2017年9月医院综合楼扩建项目正式启动，建筑占地面积1.4万平方米，预计2019年年底竣工，新增床位283张，届时学科建设更加健全，进一步满足患者就医需求。

4.3 创新人才引进培养机制，积极推进工作绩效改革

一是医院通过拟定卫生专业人才引进奖励办法，积极鼓励医院职工向医院推荐县域外专业人才，并在县域内首次公开遴选特殊专业儿科医生等创新人才引进机制，多管齐下诚聘医才；二是医院启动高质量绩效提升项目，通过借助第三方将原来全市率先创新引进的人力资源管理项目绩效分配模式向工作量绩效转型，充分体现各岗位的价值贡献，向高风险、高责任、高技术、高贡献岗位倾斜，增加职工忠诚度和满意度，充分调动医务人员积极性；三是加大全院职工慰问力度（包括临聘人员和退休职工等），特别向本科以上学历或紧缺性岗位新进员工提供周转房或公租房等福利，积极稳定人才，提高医院社会效益。

5 讨论

5.1 加大财政支持力度，促进人才引进工作上新台阶

边远山区医院人才引进困难一直是制约医院发展的一大难点和通病，我院也深受其扰，虽然随着医院的发展，医院职工数量和高学历比例一直也在上升，一些行政后勤、临床护士、医技科室等岗位应聘者较多，选择较广，但始终存在临床医技一线科室、特殊岗位等专业技术人才紧缺现象，边缘山区医院一直招不到本科以上高学历的专业技术人才，或者留不住人才，当地政府或上级政府应加大对边缘山区公立医院的财政投入力度，或者及时准确地拨款财政补贴医院款项，加强对医院引进的外来人才的公租房等住宿问题的解决或支持力度，做好医院发展的背后支持工作。

5.2 进一步加强医院文化建设，积极提升医院管理内涵

“三流医院靠人力，二流医院靠制度，一流医院靠文化。”通过合理安排员工职务，让员工发挥自己所长，让员工决定自己的工作标准，使员工在干扰最小的情况下，发挥工作最大效益，培养职工管理者愿景，让职工能从管理者的角度看待问题，提高员工的使命感和责任感；积极倡导中层桥梁“真诚沟通”的工作方式，交代工作，不要颐指气使，要用平等的沟通方式来交流，来培养职工主动意识，锻炼提升执行能力，并建立合理的激励机制，调动员工的主动性和积极性；持续开展质量改进活动，积极改进各科室在运作中出现的问题，提出合理化建议和解决办法，将落实完善规章制度作为一项长期的文化建设工作；加强做好员工节日慰问、高温慰问、生日慰问、新进员工生活关心慰问等福利工作，提高员工对医院的归属感。

5.3 强化医院信息化建设，提高服务效率和质量

针对医院心超室、放射科、儿科等门诊患者较多，患者就诊排队无序，环境嘈杂的科室，推荐医院引入叫号系统，医生只需简单按一下呼叫终端的呼叫键就可按序呼叫病人前来就诊，避免人工排队叫号。使用排队系统，不仅能优化服务和工作环境，使患者和医生情绪得以放松，医务人员人身安全得到保障，并且提高服务效率和质量，树立良好的医院形象，进一步提高医院的经济效益和社会效益，并根据提供的实时动态信息，可进行准确的工作量化考核，提高医务人员的工作积极性。

实施健康扶贫 助力脱贫攻坚

新疆维吾尔自治区伊犁州卫生和计划生育委员会

脱贫攻坚是党的十九大确定的对全面建成小康社会最具决定性意义的“三大攻坚战”之一，健康扶贫是打赢脱贫攻坚战的关键举措。“没有全民健康，就没有全面小康。”保障人民群众身体健康是全面建成小康社会的重要内涵，也是扶贫的关键环节之一。为贯彻落实党的十九大精神，努力推进“健康中国”建设，以实际行动践行党和国家“精准扶贫”和“健康扶贫”战略，伊犁州通过提升医疗保障水平、深化医药卫生体制改革、提高医疗服务能力、加强公共卫生服务等手段，让贫困群众看得起病、看得上病、看得好病、防得住病，确保贫困群众健康有人管、患病有人治、治病能报销、大病有救助，为打赢脱贫攻坚战提供强有力的健康医疗服务保障。

一是提升医疗保障水平。在核准贫困人口因病致贫、因病返贫情况的基础上，精确到户、精准到人，实施健康扶贫工程“三个一批”行动，落实好“大病救治一批、慢病签约一批、重病兜底保障一批”，明确患有大病、慢性病、重病的贫困人口将得到分批救治，兜底保障。

二是深化医药卫生体制改革。全面实施“先诊疗后付费”，州直 5 家三级医疗机构和 11 个县市 29 家县级医疗机构、119 家基层医疗卫生机构全部实施针对农村户籍人口的“先诊疗后付费”制度，免收患者住院押金。全面实施“一站式结算”服务工作，真正做到让群众少跑腿、快结算，切实为群众提供方便快捷的服务。做好做实家庭医生签约服务。完善分级诊疗制度，大力推进医联体、医共体建设高位推动多种形式的医疗联合体建设，州级医院和县级医疗机构全部参与医疗联合体建设。大力推进县域内医共体建设，各县市医共体覆盖所有基层医疗机构，初步构建县乡村三级联动的县域医疗服务体系。

三是提高医疗服务能力。全面实施城乡医院对口支援帮扶工作，落实城市三级医院对口支援贫困县县级公立医院，推动县级公立医院帮扶基层医疗卫生机构，全面提升县域内医疗机构综合服务能力。促进乡镇卫生院服务提质增效，补齐基层医疗卫生基础设施、设备不足、技术力量不足的短板，实现乡镇卫生院和村卫生室标准化建设全覆盖。强化乡镇卫生院、社区卫生服务中心基本医疗服务功能，全面提升县域内各级医疗机构综合服务能力和县域内就诊率。实施“优质服务基层行”活动，切实提高州直基层医疗卫生机构能力水平。加强远程医疗服务体系建设。积极开展“互联网 + 医疗健康”行动，所有县级以上医院分别与援疆对口省市、自治区医联体协议单位建立远程会诊平台，在全州建成互联网慢病管理平台、家庭医生签约服务平台和移动随访平台，全面开展远程医疗服务。优化队伍强服务。依托州友谊医院、州新华医院、州奎屯医院及州中医医院住院医师规范化培训基地，进一步加强以全科医生为重点的基层卫生人才培养。

四是加强公共卫生服务。扎实做好基本公共卫生项目工作，建立居民健康档案，做好新生儿访视、产后访视工作，加强 0 ~ 6 岁儿童健康管理、65 岁以上老年人健康管理、高血压患者管理、2 型糖尿病患者管理、严重精神障碍患者管理、肺结核患者管理。扎实做好全民健康体检工作，制定伊犁州阳性病例疾病谱，提高疾病早发现能力，提升各族居民健康素养和健康水平。

今年，我州将健全精准扶贫机制，重点解决基本医疗有保障的问题，让贫困人口能看得起常见病、多发病，得了大病有保障。通过深入落实“三个一批”行动举措、持续推进医药卫生体制改革、发挥远程医疗网辐射作用、提升基层医疗卫生服务水平等措施，坚决防治因病致贫、因病返贫，坚决打赢健康扶贫攻坚战。

县域医联体激发改革新动能
推动实现县乡村就医一体化

山东省微山县人民医院

微山县地处湖区、边区、矿区，各乡镇、村居沿湖或湖内分布，地域狭长、交通不便，镇村医疗诊治能力相对薄弱，群众看病难问题尤为突出，为切实解决这个棘手的问题，在县委、县政府和县卫计局的大力支持下，县人民医院为龙头，联合县中医院、各乡镇卫生院、部分厂矿医院、民营医院和村卫生室等25家县域医疗机构，深化“技术支持、信息互通、人才培养、双向转诊”合作，成立“县域医联体”，推动分级诊疗制度落实，提升县域医疗水平和服务能力，群众足不出户即可享受优质医疗服务，县乡村一体化就医新模式日益成熟。县人民医院先后荣获“中国县域医疗改革领导力奖”“中国县级医院百佳院长奖”“中国医联体探路先锋奖”“中国县域医院优质资源对接发展力奖”“中国县域医院信息化建设奖”“优秀慢病管理县域医院”“山东省优秀家庭医生签约服务典型”等称号。

一、创新驱动，贴近群众，医者连起患者

认真落实以人民为中心的发展思想，始终把患者需求放在第一位，立足实际、大胆创新，加快推进分级诊疗制度建设，形成科学有序、方便快捷的就医格局。

一是设立湖区特色专科。大力推进医疗技术提升，县人民医院建立9个市级重点专科，启动慢病领航项目和微山湖区“心脏零猝死工程”，建立“全国高血压微机网络推广中心”和“糖尿病筛查基地”，设立北京医院外科肝胆微创治疗中心，成立介入导管室，增设神经内科、呼吸内科、心脏内科、骨科等科室二级

监护室，成功复审二级甲等医院，完成了“爱婴医院”和“平安医院”的复核。改建扩建乡镇卫生院10处，筹资3200万为9处县乡医疗卫生机构配备DSA、四维彩超、DR、救护车、内镜、生化分析仪等设备，增强了医疗机构基本医疗功能，为“医联体”建设打下了坚实的硬件基础。

二是深化家庭医生制度。大力实施“家庭医生”制度，配备精良设备的巡回医疗车，面向县域乡镇、村居开展巡诊义诊服务，每月入村3次，签约服务，梳理常见病、多发病，让上层医疗资源服务基层群众。2017年，县人民医院医务人员共进村入户58310户，签约率92.21%，张贴健康宣传栏414个，发放健康宣传材料61236份，健康咨询人数（包括电话咨询）65234人次，健康查体人数30215人，下乡安排车辆310余次（其中巡回医疗66次），免费发放价值5万余元药品，为分级诊疗工作和医联体的推进奠定了良好的群众基础。

三是推进分级诊疗服务。认真落实国家《关于推进分级诊疗制度建设的指导意见》，研究制订《微山县域医联体实施方案》，组建信息化集成平台，加快推进分级诊疗制度建设，让更多患者及时就近得到医治。坚持纵向整合医疗资源、横向扩展服务范围，细化医联体医疗机构责任分工，实施清单式管理，构建县、乡、村一体化就医服务体系，减少了患者出行困难。

二、协作联动，融合发展，城市连起镇村

“县域医联体”建设着力把乡镇医院与县级医院专科医疗串联起来，让乡镇卫生院依托县人民医院先进的检查设备、齐全的检验项目、雄厚的技术能力，完成了从业务到管理的无缝衔接、全面提升。

一是联动人才。建立医院医务人员定期到医联体成员单位兼任学科带头人、挂职培养机制和医联体成员派出人员到县人民医院学习深造等机制，县人民医院坚持每周两次到医联体医院坐诊、查房、带教、讲座，快速拉近基层与县城诊疗水平，让常见病、多发病尽可能留在当地。

二是联动资源。县人民医院先后与北京医院、千佛山医院、市第一人民医院签署合作协议，上级专家定期来微坐诊，最大限度满足群众“大医院、大专家”

就医需求。同时，县人民医院依托济宁市重点学科创建之际，着力打造神经内科、心内科、儿科、眼科、麻醉科、骨科、呼吸科、消化内科、ICU 等 9 大重点专科，促进三级、二级、一级医院的传帮带作用，学科水平逐渐达到“同质化”。通过向下派遣专家、专科共建、业务指导，把国家级、省市级先进医疗技术带下去，缓解了基层医院人才资源和硬件设施缺乏的通病。目前，上级医院专家帮扶 110 人次，全院授课 8 次，参加病例讨论 24 次，开展手术 78 例；北京医院等帮扶 DSA 室建设，完成 511 例心脏造影和支架植入术。

三是联动质量。对医疗质量人员进行管理培训，不定期进行医疗、护理和院感质量检查，帮助整改问题。先后向成员单位派出专家 1431 人次，举办专题培训 71 次，接收进修人员 68 人次，巡讲 12 次，授课 47 学时，培训医务人员 510 人次，利用服务平台和信息化手段“点对点”技术支持，保证医疗质量和效率。

四是联动管理。建立健全健康教育、医疗信息查询、在线咨询、预约挂号和远程医疗服务体系，建立“医联体工作群”“院前绿色通道群”“专科协作群”等联络群 30 余个，实现医联体病人的预约诊疗、专家会诊、报告反馈、问题咨询、病历讨论、信息及时共享。

五是联动考核。推行新的绩效管理和考核机制，结合薪酬激励制度和绩效考核机制，突出基层诊疗量占比、双向转诊比例、居民健康改善等指标，实行绩效考核、业务考核、病人满意度“三重”考核评价，推行“同工同酬同绩效”，实现县乡村利益共享。

三、拓展促动，为民解忧，党心连起民心

坚持公立医院公益属性，围绕“大病不出县，小病不出乡，慢病在村居”的目标，认真落实上级各项惠民政策，让老百姓切实感受到党和政府的温暖，成为党委政府和群众百姓的“连心桥”。

一是医保新政策“促动”。在塘湖医院、张楼卫生院试点开展医保新政策，在乡镇住院付 200 元报销起付线后，转县人民医院住院只需再付 300 元起付线，增加了医药费用报销总数。医联体住院病人在县人民医院进行检查，可按乡镇比例报销，减轻了群众看病就医负担。

二是村医网底培训“促动”。对全县“村医”进行集中培训，目前已完成七轮培训，共有453名乡村医生参加，占全县乡村医生三分之二；培训由经验丰富、业务能力强的专家、骨干进行授课，巩固村级医疗卫生网底，提高全县乡村医生综合素质和业务能力，将优质医疗资源带到乡村最基层。

三是慢病管理防控“促动”。把“慢病管理”纳入家庭医生工作重要内容，通过对慢性病人进行筛查，建立患者信息档案，定期随访，做到病例建档、病种分类、对症就诊、服务跟踪等诊疗行为，把自查、医院就诊、关注病情发展、科学治疗等内容由浅入深地普及给辖区群众。

四是人民满意度“促动”。坚持把群众满意作为行动指南，实施门诊前移，畅通绿色通道，提高医保结算方式，患者“上转”和“下传”更为畅达，让群众能就地享受精准高效、质优价廉的医疗服务。

四、扶贫带动，医疗惠民，政策连起落实

在国家脱贫攻坚工程的关键节点，县人民医院坚持精准扶贫、健康扶贫。2017年3月8日，县人民医院与县残疾人联合会联手启动“精准健康扶贫——白内障复明工程”，医院通过“家庭医生服务”和“县域医联体”运作模式，为全县贫困白内障患者进行免费筛查，对于符合手术条件的低保户、因病致贫或因其他原因导致家庭困难无力进行复明手术的湖区患者，进行免费手术治疗，让困难百姓得到医疗救助；对于能够承担起手术费用的患者建立档案、纳入管理，制订有效治疗方案，逐渐打造出一支特色的“湖区白内障医疗救助扶贫攻坚队”。工作中，医院重点攻克特别贫困、深处湖区的脱贫任务，尤其是微山岛、南阳岛的湖区居民，在当地政府的大力支持下，医院派专人负责，集中办理相关手续，免费接送湖区病患，实现“一站式白内障复明”服务。2017年，医院共计筛查出200余例白内障患者，已为144位贫困病人免费实施白内障复明手术，让利湖区群众16.5万元，有效降低了全县白内障致盲率，此外，医院还针对慢病、特病透析病人减免医保报销之后的所有费用，2017年减免金额31万元。对于全县的贫困人口和低保人员，县人民医院落实“两免两减半”的健康扶贫政策，切实减少了困难群众因病致贫、因病返贫的现象，进一步提升了群众满意度，对于推进党的十九大“实施健康中国战略”，全面建成小康社会目标具有重要的新时代意义。

五、远程互动，精准医疗，科技连起医患

2017 年 4 月，为进一步提升服务质量，实现“互联网 + 医疗”服务模式，提升全县医疗信息化水平，县人民医院与北大医疗信息技术有限公司达成全面战略合作，组建信息化集成平台及智慧医疗，为卫生管理、服务患者和“医联体”建设打下了坚实的信息互通互联基础。2017 年 11 月 1 日零时，县人民医院信息化平台项目正式上线运行，数据及时上传省、市健康数据平台，初步达成互联通、强基层、共协同、同管理的项目目标，开展预约治疗、双向转诊、远程会诊、区域转检、远程阅片、区域心电、慢病管理等协同服务，有效提升医院管理和服务水平。

利用信息集成平台的数据整合与挖掘分析，以大数据、云计算、物联网、移动互联网与线下医疗服务紧密结合，全力打造符合目前医疗大环境下的信息化工程。一是通过信息平台，配合家庭医生手机移动终端，使医生和患者能够远程一对一沟通、诊治，从而实现“互联网 + 家庭医生”的新机制，推进医药卫生信息化建设步伐。二是增强“县域医联体”各单位协调互补，实现医联体内乡镇卫生院、村卫生室的医疗卫生服务资源共享和区域资源规划协调优化，最大限度地让利于基层患者和湖区群众。三是稳步推进县域卫生信息化进程，通过信息集成平台，启动“掌上医院”就医模式，实现手机预约、挂号、缴费和查询报告，持续改善患者就医体验，提升医院整体工作效率，开启智慧医疗新时代，让患者感受到信息化平台带来的快速与便捷。

同时，医院紧抓国家级重点学科专项精准扶贫工程——远程医疗乡镇全覆盖和国家级疼痛诊疗示范中心项目，以进一步强化学科建设，加强县级医院与“基层医疗机构”和“上级医院”之间的联系，实现专家资源与基层群众实时对接和互联互通，使得优质医疗资源能够更好地上下贯通。

通过专家优势带强重点学科，设备优势提升硬件实力，人才培训增加后备力量，造福全县老百姓，共同推动微山县医疗事业在远程医疗、学科建设、信息化管理、患者服务及智慧医疗领域实现更高的目标，全方位、全周期保障湖区人民健康。

目前，微山县域“医联体”已拥有成员单位 25 个，覆盖 16 个乡镇（街道、开发区），惠及覆盖全县 72 万人口，赢得了上级领导高度赞誉和群众一致好评，经验做法在全市推广。微山组建县域“医联体”有力带动了基层医疗卫生服务能力提升，逐步实现了县、乡、村就医一体化，实现了全县医疗资源的纵向整合，完善了城乡医疗服务体系，促进了医疗机构间的分工协作机制形成。2017 年，县人民医院共接收基层医联体转诊患者 9111 人次，向基层医联体医院转诊患者 7337 人次，县人民医院同比实现了门诊量 21.6% 和住院量 14% 的增幅，乡镇卫生院门诊量实现了 10% 以上的增幅，特别是张楼镇卫生院、付村街道卫生院等基层医联体医院门诊及住院人次实现 50% ~ 80% 的增长。

提升医疗服务能力 构建和谐医患关系

四川省泸定县人民医院

泸定县人民医院成立于1954年，为公益性二级甲等综合医院，占地面积23亩（1亩≈666.67平方米），业务建筑面积2万余平方米。1986年，国家把我院定为三分之一重点建设的县医院，1997年评为“二乙”医院，2012年评为“二甲”医院，2016年通过等级复评。2010年，被州委、州政府确定为全州首家县级公立医院改革试点单位；2014年，被国家卫生部确定为全国县级公立医院改革试点单位。现有编制人数166人，编制床位200张，实有在编职工147人，编制外职工83人，开放床位124张，承担着全县各族群众的临床医疗、急救、预防保健、乡镇卫生医疗机构业务指导、进修学习、医学院校学生临床实习与教学，县内及周边突发公共卫生事件应急、抗灾救援和学术科研等任务。

为提升患者满意度，优化就诊流程，泸定县人民医院在2018年主要着力于提升医疗服务质量、改进医疗服务模式，进一步优化服务，流程方便群众就医，增强群众获得感，努力构建和谐的医患关系。

为方便患者就医，简化就医流程，提升医疗服务水平，真正做到服务好，我院多措并举，制订一系列切实有效的便民利民措施。

一、优化服务，便民利民，提升服务水平

1.门诊大厅导医台设立“便民服务”中心，制订便民服务措施：导诊、咨询、接待投诉、开展体检预约服务、免费提供健康咨询；为患者导医导诊，免费测量血压、体温；指引路线，介绍医院信息、专科特色，帮助患者实现就诊和检查。

协助老、弱、病、残和行动不便的患者缴费、取药、陪送办理住院手续等服务。免费提供开水、一次性纸杯、担架、轮椅、推车、针线等便民物品。一系列便民服务措施的推出，为患者提供了方便、温馨的服务。

2. 简化医疗服务流程。

一是简化报帐程序，结算报帐实行一体化。

二是增设挂号、收费服务窗口，为老年人、军人、残疾人、优抚对象设立优先服务窗口。

三是与建设银行合作开发“银医系统”，实现了微信挂号、缴费，自助挂号缴费、自助打印、自助查询等多形式的自助模式。

3. 严格落实病人回访制度和每月的满意度调查，为改进医疗服务提供了依据。

4. 推行党务、院务、财务三公开制度，接受群众监督。

一是在门诊大厅设立 LED 显示屏，公开医院收费项目和价格，为患者提供用药清单，也方便了患者查询收费标准，杜绝了乱收费现象。

二是公示医德医风评议监督电话，向社会公开服务承诺，使我院的医疗服务能够更广泛地接受群众的监督，促进了医德医风的建设。

三是公示医务人员相关信息，不仅为患者选择医生提供了方便，同时也接受了社会的监督。

5. 严格执行医患沟通制度，履行对诊疗服务以及收费标准的告知义务，切实维护患者的知情权。

6. 加强医德医风建设，着力改善医疗服务。我院狠抓医院内涵建设，开展科室互评、群众民主评议查摆问题，制订有效措施解决服务质量、服务态度中存在的问题，并把切实有效的措施转变为长效机制，达到持续提升医疗服务的目的。

7. 开展优质护理服务示范工程活动。结合我院实际制定实施计划及实施方案，活动以“夯实基础护理，提供满意服务”为主题，通过试点病房的经验和做法，以点带面，全院推广，真正达到为人民群众提供安全、优质、满意的护理服务的目的。

8. 完成了住院大楼及门诊大楼的搬迁改造，科室设置及流程布局合理、规范，完成高压氧舱建设，新成立了老年病科、重症医学科。

二、严格落实医疗质量和医疗安全核心制度，开展医疗质量管理与控制，进一步规范临床诊疗行为，确保医疗安全

1. 制度的落实是医疗质量的保障，我院始终把医疗质量制度的落实放在首位。医疗质量管理体系由医院质量与安全管理委员会、各质量管理委员会（各职能部门）两级质量监督、考核体系组成，建立两级管理及考核、质量管理效果评价及双向反馈机制。由质控科及各职能部门每周进行联合检查，发现问题及时反馈，定期总结，持续改进，定期以《泸定县人民医院医疗质量考核评价》形成书面总结通报下发全院各科，监督十八项核心制度执行落实情况，对于违规者严格按照我院医疗缺陷管理处罚。临床合理用药方面由我院药事管理与药物治疗学委员会每月对合理用药进行督导检查，并每月定期以《药事管理通报》白皮书的形式通报到各科室，开展处方点评和医嘱点评，对于缺陷处方及医嘱按照缺陷管理处罚。通过严格的质量控制措施的落实，确保了医疗安全。

2. 贯彻执行《处方管理办法》，加强处方规范化管理，开展处方点评工作，登记并通报不合理处方。严格执行《抗菌药物临床应用指导原则》，开展抗菌药物临床应用和细菌耐药监测，提高抗菌药物临床合理应用水平，同时实施临床用药临控，做好药品不良反应的监测与报告。通过以上措施，有效地提高了广大医务人员合理用药的自觉性，确保群众利益得到真正维护。

三、强化培训，提高技能，保障医疗安全

在活动中，我院始终把医务人员的培训放在重要位置，采取培训与考核相结合的形式，全面开展专业技术人员的培训，努力提升医务人员的专业技术水平。

（一）加强新聘人员的岗前教育，增强依法执业的自觉性

我院每年对新进的专业技术人员开展《执业医师法》《护士条例》《传染病防治法》《侵权责任法》等卫生法律法规的培训以及职业道德教育，进一步强化了法律意识和自律意识。

（二）分层次、分类别组织专业知识培训，确保培训取得实效

医务科、护理部根据人员层次及专业的不同分别制定培训、考核计划，内容包括“三基”知识、抗菌药物临床应用知识、医院感染知识、医疗纠纷防范及各类危急症病例抢救知识，等等。通过培训与考核，使医务人员的专业知识水平不断提高，是提供更安全、更优质的医疗服务的有力保证。

（三）多种形式相结合，全面提升医务人员的专业水平

一是在院内组织培训。二是积极参加上级组织的各类培训讲座。三是选派业务骨干到上级医院进修。

（四）实施医师定期考核，提高医师整体素质

根据卫生部《医师定期考核管理办法》精神，制定我院的《医师定期考核实施方案》，成立医师定期考核管理委员会，对依法取得医师资格、经注册在本院执业的医师每两年一个周期遵循考核原则进行定期考核，考核的内容包括工作成绩、职业道德评定及业务水平。通过医师定期考核工作的实施，提高了医师素质，提高了医疗质量，保障了医疗安全。

我院通过制定和落实各项制度、措施，努力做到安全无隐患、服务无门槛、医患无距离，切实提高了医疗服务质量，减少了医患纠纷，保障了医疗安全。以后，泸定县人民医院仍将继续坚定不移地开展以改善医疗服务、不断促进医疗服务水平为目标的各项活动，坚持以病人为中心，牢固树立服务意识、质量意识和安全意识，提高医疗质量、改善医疗服务和提升医院管理水平，为保障医疗安全、构建和谐医院做出贡献。

建设新时代中国特色社会主义医院
让群众不出镇乡享受三级医院服务

贵州省遵义市播州区人民医院党委书记 汪明飞

今年是全面贯彻落实党的十九大精神的开局之年。十九大报告为实现中华民族伟大复兴的中国梦提供了科学的行动指南和强大的精神力量。把学习党的十九大精神与学习贯彻习近平总书记在全国卫生与健康大会上的重要讲话结合起来，全面贯彻落实党的十九大提出的“实施健康中国战略”各项新要求是当前医院工作的首要任务。根据十九大提出的新思想、新论断、新提法、新举措，我院提出了“建设新时代中国特色社会主义医院，让群众不出镇乡享受三级医院服务”的新目标。具体做法如下。

一、转变观念：提高政治站位，确保党对医院各项工作的绝对融入

首先，根据中央有关意见实行党委领导下的院长负责制。为发挥党组织在管理工作中的领导作用，更好的加强全院的基层组织建设和党员队伍建设工作，经上级党委批准将原党总支升格为党委。升格后，召开干部职工大会，进一步明确了党委对医院各项工作的统一领导，实现了党建工作重心的转化，将以思想和组织建设工作为重点的务虚工作，转化为对医院各项事务的谋划、决策、运行管理、监察监督的抓实工作。党委及各级党组织通过集体决策，承担把方向、管大局、作决断、促医改、保落实、做监察等责任。院长不再担任决策者，院长仅主持行政工作，实施目标管理。

其次，是强化政治意识。党委以院党员队伍和统战对象队伍建设为切入点，

着力提升基层组织力。在院党委同质化管理和要求下采取党支部引领“知联会”发挥战斗堡垒作用，党员引领统战对象发挥先锋模范作用的方式密切党与党外人士的联系，增强党组织的凝聚力，巩固和扩大党的群众基础和阶级基础。通过开展“讲政治、重规矩、作表率”专题教育活动，让两支队伍在学习、工作、生活中把讲政治烙印在心灵中、融化在血液里、体现在行动上，让两支队伍成为牢记使命，履职尽责、攻坚克难的主力军，在全院干部之中汇聚起进行伟大斗争、建设伟大工程、推进伟大事业、实现伟大梦想的磅礴力量。

最后是加强意识形态的管理与引导。严格按照党的十九大提出的新要求新任务，牢牢把握医疗领域意识形态工作的领导权。明确党内领导干部和各中层干部的意识形态工作责任，强化组织领导，认真履行主体责任。制定出台了我院《意识形态工作计划》《意识形态责任制实施方案》《网络意识形态工作细则》《网络舆情管理实施细则》等一系列措施和规定，尤其加强了干部职工自媒体平台的管理和监督。在干部职工中树立了立场思维、法治思维、渗透思维、层次思维、大局思维五大理念，通过开展意识形态干部培训和意识形态理论宣讲系列活动，不断增强干部职工对社会主义意识形态凝聚力和引领力，再通过医院自主宣传的多个平台向干部职工反复进行“正能量”推送，打牢了全院干部职工团结奋斗的思想文化基础，从思想意识上引导广大干部职工树立建设新时代社会主义医院的信心与决心。

二、升级文化：贯彻以心为本，以利他之心体现责任与关怀

目前整个医疗行业的发展重心正从规模扩张发展向提升就医品质转化。虽然在患者的整个就医体验中我们可以将医疗服务向两端进行不断延伸，以期让患者获得更好的就医体验，但作为一门自然科学，现代医学看似先进，但通过医疗技术并不能治愈所有的疾病，当患者在医院无法获得治愈这一核心体验时，其整体的就医体验感必然不高，但人性化的理念通过优良的服务却能治愈患者的内心，对于许多心灵治愈比临床治愈显得更重要的患者，更能提升其整体就医感受，而当患者来到医院能够享受到双重治愈，则必然获得较好的就医感受。

当我们意识到了这一点，为实现这一目标，我们便通过党委会研究确立了我院建设新时代中国特色社会主义医院的根本宗旨是“不忘初心，以心为本，全心全意为人民群众健康服务”。

这一宗旨的提出是因为党的十九大由习近平总书记把“不忘初心”作为大会主题的首词鲜明提出，体现出了根本要义，并且这个初心的着落点，是在一个“心”字。在我国传统文化中儒家的正心，道家的赤子之心无不引导着我们，从圣人们的观点中去寻找自己的内心。所以在我们的医疗服务过程中，将以人为本的服务理念升级为“以心为本”，就是要让每一名医务工作者的心中都秉持那颗当仁不让的责任心，拥有那颗最真诚质朴的关怀心。而全心全意为人民服务是由伟大领袖毛主席提出并最终成为了我党的根本宗旨和共产党员的最高行为准则，结合习近平总书记提出的“实施健康中国战略”，具体到我们医务工作者那就是“全心全意为人民群众健康服务”。

为落实和践行好这一宗旨，院党委还向全院干部职工发出了“树立一颗利他之心”的倡导，在医院的干部职工之间，在医务工作者与患者（家属）之间，鼓励全院干部职工协助他人解决困难。倡导中没有去规定一个量和度，毕竟有时候协助也不全是显性的，抑或是默默奉献，旨在由此切入，让责任与关怀不再是生硬的工作要求，而需要变得更有“温度”。

三、丰富模式：加强专科建设，实现纵横两种诊疗模式优势互补

我院在四十年改革开放的背景下始终坚持以专科建设为导向的发展模式，一个个专科和亚专科被确立，越来越多地出现在医院临床科室的目录中，截至2018年，确立了35个临床专科，建立30个临床病区。临床专科的细分发展给患者带来了更加专业的精准诊疗服务，在各专科四级外科手术和限制内诊疗技术被频繁成功开展，全院业务技术基本达到三级甲等医院评审标准，而诸如手指全形再造、脚趾移植拇指再造、游离臂内侧皮瓣修复面部皮肤缺损等多项业务技术更是处于全省领先地位。随着社会环境的不断变化，疾病谱变得更加复杂，在加强专科化以后专科医护人员知识面略显狭窄、广度延展不足的弊病也被暴露了出

来，专科化的诊疗体系并不利于患者得到综合诊疗，如何在鼓励纵向深度发展的同时打通横向连接壁垒，让学科间在“互助”中齐头并进，密切专科横向的联系也成为摆在院党委面前的新课题。

院党委在调研会诊工作中发现，针对肿瘤患者的MDT模式，绝不仅适用于肿瘤患者，在系统疾病患者的诊疗中更能践行以病人为中心这一核心理念，为此在院党委的统一领导下遴选全院各科室医护人员，组建了保障组、工作组、专家组以定期讨论的形式，形成了由保障组做基础调查和数据建立，由工作组提出适合患者的治疗方案，由专家组分析评估并予以规范的MDT新模式。

这一MDT新模式的运用让同一系统疾病患者得到及时明确诊断、减少了发病后早期延误、享有了规范治疗，给予了科学护理，实现了从诊疗到康复横向衔接的协同救治体系，在这样的体系中一个个临床系统疾病救治中心被孵化成型，如孕产妇、胸痛、卒中、创伤等中心被不断创立，围绕消化系统腔道进行检查、诊断、治疗的消化内镜中心也被建立起来。而在多系统疾病患者或疗效不满意的疑难患者、出现严重并发症的患者、危急重症患者的诊疗上亦呈现出蓬勃生机，在专家组的共同商讨下，确定多学科综合诊疗方案，实现了全院医疗资源和优势的最大化整合，最大限度减少患者的误诊误治，缩短患者诊断和治疗等待时间、增加治疗方案的可选择性、制定出了最佳治疗手段，同时避免了不停转诊、重复检查给患者家庭带来的负担，成为专科专病诊治模式的完美补充。结果是诊治的质量提高了，患者的医疗费用降低了，大大改善患者就医体验，同时为更好的开展分级诊疗打下了坚实基础。不仅实现了大病不出县（区），更是让疑难和危急重症患者在第一时间得到高效的救治。

四、创新机制：展现战略担当，在“健康中国”中突出公益特质

党的十九大报告提出“实施健康中国战略”，是以习近平同志为核心的党中央从长远发展和时代前沿出发，坚持和发展新时代中国特色社会主义的一项重大战略部署。围绕习近平总书记健康中国建设系列重要论述和健康中国战略各项重点任务，这决定了医院在“健康中国战略”中必须更有担当，必须更好地发挥公

立医院的公益性。

从实施医疗改革以来，院党委便在全院提出了“要敢于挥刀自宫”的口号，在地方财政毫无投入的情况下，采取从执行药品零加成到实施药品耗材托管、从全面实施预约诊疗到推行日间手术、从全面实施优质护理到不断改善医疗服务、从实行一站式结算窗口到提供网络支付、从建立医医群到医患群、从医药控费到绩效改革、从医联体到医共体等举措率先垂范，为了让人民群众有更多的获得感，全院干部职工无不竭力执行。尤其是在地方财政十分窘迫的当下，从2008到2013的定额拨款320万，到近5年的毫无拨款，作为地方政府主导创办的公立医院，没点担当怎么行，不等不靠不要，坚定不移为群众健康服务。不仅如此，我院还积极地为地方政府融资，支持地方社会经济发展，只要是能为人民群众谋福祉，能体现医院公益性，我们无怨无悔。

目前，我院已将我区马蹄镇卫生院纳入紧密型医共体，实现了对该院人、财、物统一管理，形成了两院一体化发展的新格局，并立下了明年年底前提升该院为二级医院的“军令状”。

五、完善体系：提升诊疗水平，构建县（区）信息化诊疗生态圈

自2014年《中共中央国务院关于深化医药卫生体制改革的意见》颁布后，院党委便积极谋划覆盖全区的远程医疗体系，在2015年成功进行了基础设施建设的基础上，2016年部分远程诊疗科室投入运行，并经过2017年的改扩建，建成了集远程通讯、应急指挥、急救配置、远程诊断、影像诊断、心电诊断、超声诊断、病理分析、检验质控、远程会诊、交互会诊、视频会议、双向转诊、健康管理、远程教育培训、数字资源共享等多种功能于一体的区域协同远程医疗综合服务平台。经过多方联系与沟通协调，形成了以中日友好医院、中国人民解放军总医院、中国人民解放军空军总医院、贵州医科大学附属医院、贵州省人民医院、遵义医学院附属医院、遵义市第一人民医院为上级指导依托，遵义市播州区人民医院为核心诊断节点，覆盖全区各街道、镇乡医疗机构、部分民营医疗机构的信息化诊疗生态圈。

远程医疗中心现设有远程急救指挥调度中心、远程门诊中心、远程心电中心、远程影像中心、远程病理室中心、远程超声室中心、远程检验质控室中心，专科会诊室、多学科综合会诊室、医技联合诊断室、远程示教培训会议室，目前，播州区远程医疗中心联网医疗机构近百个，开展的各项远程医疗服务已常态化、规模化，2017 年至今开展远程会诊 78 人次，其中对下会诊 66 人次，对上会诊 12 人次；开展远程培训 134 次；其中 2017 年 11 月 1 日至 2018 年 5 月 11 日，受理远程急救指挥调度 2875 人次，有效出诊 2625 人次。远程心电中心从 2016 年 8 月至 2018 年 6 月 30 日，已通过远程为基层卫生院作出心电图诊断 46079 人次，其中危急重患者 1208 例，为基层医院的医生进行远程指导和现场培训 1532 场次；从 2016 年 2 月 1 日至今年 4 月 30 日，远程影像中心已联网 19 个医疗机构，涵盖了所有具有 CR 或 DR 以上医学影像设备的基层医疗机构及部分民营医院，共出具影像诊断报告（X 线和 CT）146714 人次，其中 CT 报告 25937 人次，日均业务量突破 350 人次。在整个区域内形成了“基层检查、上级诊断、危重上转、普病下治、疑难会诊、全国联诊”的有效模式，实现三级医院优势医疗资源下沉基层，使专家突破地域、时间限制，更好为基层患者服务，缓解看病难问题，提升诊疗效率和水平。基层群众只需到乡镇卫生院，便能直接享受三级医院诊疗服务。

围绕乡村振兴战略的开启，全院党员干部和广大医务工作者意气风发，斗志昂扬，有决心有信心在上级党委政府和卫健委的坚强领导下，以习近平新时代中国特色社会主义思想为指导，践行党的宗旨，密切联系群众，深入推进优质医疗资源下沉，共建共享健康中国发展成果。

用爱点亮生命之光

——武威市凉州医院作风建设工作

甘肃省武威市凉州医院 高德玉 达国娟 张恒泽

一位诗人在写给白衣天使的歌中写道，妙手回春是我们的理想，医高德厚是我们的崇尚。你把希望交给我，我把真情给你献上。关爱生命，呵护健康，同有幸福，同有欢畅；情系一方，和谐一方，我们微笑，我们荣光！

有人说，医院，是生命的守护场。医护人员，是人们健康的美丽天使。也有人说，医院是社会的窗口，在这服务社会的窗口，我们看到一朵朵圣洁的云，感受到一缕缕清新的风！这圣洁的云、这清新的风，就是白衣天使们救死扶伤的医者仁心，就是白衣天使们用爱点亮的生命之光！这圣洁的云、这清新的风，就是医院优化环境的真实写照、作风建设的最美见证！

早在2014年，习近平同志就在《当前工作中需要注意的几个问题》中指出，“善除害者察其本，善理疾者绝其源。”习近平总书记指出，解决作风问题，要像人防止疾病复发一样来抓。怎样来抓？作为医院系统来说，也许更能充分地理解这句话的深刻内涵。“转变作风改善发展环境建设年”活动开展以来，我们医院系统自觉主动地将作风建设作为工作的重中之重，在全院上下发出了以作风建设推动环境优化的动员令，一场通过改进学风、工作作风、领导作风和生活作风，努力建设一支创新意识强、工作执行力强、服务意识强、拒腐防变能力强的干部队伍的改进作风攻坚战全面打响！

改进学风，坚持学以致用。面对改革发展稳定的繁重任务，广大医护工作者自觉加强学习，不断吸取新知识、学习新经验，增强新本领，为统一思想、谋求发展奠定了坚实的思想基础。

改进工作作风，推动工作落实。全院上下积极反“四风”，抓整改，着力解决责任不强、干劲不足、工作不实的问题，以公开促监督，以检查促落实，以问责出成效，广大干部职工从思想深处查找问题，从行为“源头”促进转变。

改进领导作风，强化服务意识。医院领导班子问计于民、问需于民，深入基层大走访，沉下身子大调研，全院上下呈现出“领导干部作风在基层一线转变、部门执行力在基层一线提升、党的政策和工作在基层一线落实”的喜人局面。

改进生活作风，提高防腐拒变能力。广大医护工作者牢记使命，警钟常响，始终保持着奋发有为、坚韧不拔的良好状态和艰苦奋斗、勤俭节约的良好作风，以清正廉洁的良好形象赢得了社会各界的信任和支持。

一枝一叶总关情，东方风来春满园。坚持不懈的作风建设活动，实现了医护人员灵魂深处的刮骨疗毒。大家深切地认识到，对于医护工作人员而言，优良的作风，就意味着尽职尽责，意味着无私奉献；优良的作风，就意味着救死扶伤，意味着全民健康！走进今日医院，优良的作风犹如春风拂面，阳光普照。门诊接待处，工作人员耐心和气，引路答疑。大家知道，那微笑，就是作风。在各科诊室中，医生把脉问诊，对症下药。大家知道，那精准，就是作风。在手术室，医生护士分秒必争，聚精凝神。大家知道，那专注，就是作风。在医院的急救中心，与死神赛跑的地方，时时刻刻都弥漫着紧张的气息。大家知道，那速度，就是作风。在急诊科，一遍遍心肺复苏的惊险抢救不断上演，一个个垂危边缘的生命被力挽狂澜。大家知道，那时间，就是作风。而在这一场场没有硝烟的战斗中，作风就是压舱石，作风就是加油站！

奋战在与死神搏斗、与时间抢跑的战场上，美丽而英勇的医护人员因为心中有党，心中有民，心中有爱，心中有情，他们没有怯懦、没有退缩，更没有丝毫的畏惧。李琴，就是奋战在这个战场上的美丽天使的代表。自2014年担任急救科护士长以来，她坚守岗位，以爱为根，让每位病人感受到了“大医精诚”的温暖。今年72岁高龄的赵德元，是高坝中心敬老院的一名五保户老人，因咯血入住急诊科，陪同他治疗的只有同住在敬老院的65岁护工康世录。相比其他患者病榻前来来往往探望照料的亲友，赵大爷显得格外清冷孤寂。李琴和她的同事们把这一切都看在了眼里，对老人格外照顾，24小时精心看护着老人，陪伴着老人。看着老人的身体一天天好转，李琴心里有着说不出的高兴。她说："我们能做的，就是从身体到心理，给予病人全方位的照顾和慰藉。"一滴水折射太阳的光辉，一朵花代表整个的春天。在医院战线，有着许许多多的"李琴"，他们铭记着"医心慈、医术精、医纪严、医风正、医表端"的标准和理念，奔波在生命的守护场上，以植根于思想、心灵深处的作风保障，捍卫着对生命的尊重，对患者的大爱！

天使奉献爱心，杏林溢满春风。光荣与梦想同行，责任与担当共进！站在新的起点上，我们将满载对生命的延续与喝彩，在转作风、提效能，强服务、塑形象，专业务、乐奉献中，志做医疗事业的"追梦人"，誓做人民健康的"守护神"，为守护患者的生命之光而披荆斩棘，用爱编织一个个生命的奇迹！

一院四区统筹管理 狠抓内涵质量建设

陕西省西安市中心医院 王繁荣

陕西省内的三甲医院，多以优势专科吸引患者，注重树立品牌，始建于1952年的西安市中心医院也在探索中前行。掌舵这样一家拥有60多年发展历史的综合医院，院长虎威雄心勃勃。接棒院长一职3年多以来，虎威志在将西安市中心医院打造成西安乃至省内行业标杆，并且做得有声有色，秉承“尚德、精术、和谐、创新”的院训，形成了目前“一院四区”的发展规模。

一、抓规模：打破规模限制，一院四区迎来发展机遇

壮志酬筹，实施起来却困难重重。虎威院长接任时，遇到的首要阻碍是西安市中心医院发展规模受限。虎威院长坦言，20世纪70年代，西安市中心医院综合实力在陕西省位居前四，由于受规模限制，医院的发展受到了一定的影响，位于繁华的西安市中心，医院却只有1000张床位，未来将如何发展？这给他出了道难题。

如何通过调整整体布局扩大科室规模，保障优势专科发展，成为虎威院长思考的核心问题。2018年2月，市中心医院迎来了机遇：经西安市政府规划，西安第二人民医院老院区的22.8亩地划拨给西安市中心医院成立糖坊街院区，这一下就使原本1000张床位又增加了400张。西安市中心医院糖坊街院区于2018年6月25日正式开诊，医院充分利用糖坊街院区既有特点来重新整合学科分布，“原西安市第二医院曾经也是西安市肿瘤医院，鉴于这个基础条件我们将肿瘤科、康复、老年病专业、血研所等科室全部搬过去，这样能利用曾经累积的优势及硬

件。”虎威院长介绍到。将部分科室迁至糖坊街院区，既使迁过去的科室扩容，又使本院留下的科室有进一步发展的空间。

2018 年 5 月 8 日，西安市经开区国际医疗中心项目启动，西安市中心医院承担其中 1500 张床位的综合医院建设。

至此，西安市中心医院南院、北院、糖坊街院区、经开区院区形成了“一院四区”的规模，打响了西安市中心医院的名医名院品牌。

自身扩建的同时，虎威院长还不忘发展“同盟”，将中心医院的品牌、优质医疗资源、名医专家外扩、下沉。早在 2013 年，西安市中心医院便成立了陕西省第一家医联体，医院目前已与阎良区、未央区、高陵区、周至县等多地的多家基层医疗机构建立了医联体合作关系。西安市中心医院通过多项措施并举，专家定期下基层坐诊、查房、带教，基层医务人员免费来西安市中心医院培训、进修等，帮助医联体成员单位提高其基层服务能力。

虎威院长透露：目前西安市中心医院正在筹备托管周至县人民医院，帮助全面管理、提升该院的医疗、教学、科研。

二、强制度：改革考核机制，提升服务质量

规模扩大只是第一步，打造优势专科，狠抓内涵质量，全面提升医、教、研水平才是医院未来发展的重点。

2018 年，虎威院长带领领导班子将医院的绩效考核体系做了重大调整和完善。如何调动医院干部工作的积极性、主观能动性和执行力，如何打造一支“铁军”，要充分发挥考核体系的作用，对高级职称的医生设计不同的考核制度，鼓励他们一心扑在医、教、研工作上。医疗、教学、科研的考核体系，尤其涉及医疗质量和医疗安全，要通过考核体系的建立来规范、约束医疗行为，实现优胜劣汰。

为患者提供优质的医疗服务，虎威院长一直秉承以问题为导向、在批评中前行的原则来管理医院。“挂号时间长、候诊时间长、取药时间长、就诊时间短”，所谓“三长一短”的就医问题常被患者诟病。按照现代医院管理制度，虎威院长引入了“第三方满意度调查”办法，采取网络问卷、现场调查等形式，了解患者

对就医的真实想法，对医生医疗服务进行客观评价。“通过患者满意度调查去发现医疗服务中的问题更加科学、客观、合理，如今已经实施了两年，确实反映出一些问题，包括医疗流程的问题、硬件的问题、医疗技术的问题、医患沟通的问题等。针对患者反映的问题，在两年内，我们准备将病房、门诊楼进行改造和装修来解决医院硬件设施问题。通过完善考核制度，从制度上保证医务人员能够以好的服务态度接待患者，让患者时刻有温馨感。”虎威院长说。

在优化就诊流程、细化服务措施、提升群众就医获得感方面，中心医院也采取了很多措施：2017 年，医院在门诊大厅设立了一站式服务中心，丰富便民服务内涵，增加充电宝、身份证复印、行李寄存、按摩候诊椅等便民措施。针对境外人员、行动不便、残疾人及计划生育家庭等特殊人群开展全程陪诊、陪检等特色优质服务。为外地及有需求的患者以微信或电子邮件的形式免费发送邮寄相关检验、检查结果。

随着老龄化的加速发展和老年患者的增多,为了使老年人拥有更多的获得感，医院在门诊设立“老年优待服务窗口”，为老年患者提供优先服务。为了保障急危重症患者得到及时就治，在急诊科和门诊主要通道制作地标指引，方便重症抢救患者及时救治。在各窗口设立“绿色通道”，保障危急重症患者优先处置制度的落实。虎威院长表示：虽然我们的硬件条件不是最好的，但是我们一定为患者提供最优质的服务。

三、精专科：细分专科，做精做强优势科室

承担西安市医疗保障任务与健康服务工作，西安市中心医院提升综合实力的同时，在每一个专科领域深耕细作。“强综合、精专科，综合医院的标准就是每一个专科都要强。”虎威院长的雄心壮志在一步步化为现实。

解决患者就诊科室选择迷茫症，西安市中心医院的一项重点工作便是细化专科。据虎威院长介绍，医院设置行政职能科室 21 个，临床、医技科室 51 个，是科室布局最精细的一家西安市属医院。未来，西安市中心医院还将探索多学科联合门诊。

优势学科铸就权威品牌，虎威院长意识到，医院要想持续发展，就要建设一批体现医院实力的优势学科。经过多年努力，神经内科、放射科、呼吸科、职业病科、消化科、血液科、内分泌科、心内科、超声科、神经外科、烧伤整形科 11 个科室，发展成为西安市医学重点专科。职业病科、超声诊断科、血液科分别被授予“陕西省化学中毒救治基地”“陕西省产前超声筛查中心”“西安市血液病研究所”。值得一提的是，西安市中心医院的职业病科是陕西省卫计委确定的唯一一家职业病培训基地，承担着全省职业病中毒研究所的临时救治和研究工作，原国家卫计委发布的《职业性慢性铅中毒的诊断》就是西安市中心医院协助草拟的。烧伤整形美容外科始建于 1959 年，是我市最早创立的烧伤整形美容专科。50 余年来，参与并成功抢救了如“3 • 5 西安西郊液化气闪爆”“11 • 25 北郊煤气闪爆”等多起省、市突发事件的危重伤员的抢救工作，多次获得省卫计委、市卫计委及市政府的表彰。

自 2015 年以来，医院的科研成果硕果累累，获省科学技术奖二等奖 1 项、三等奖 4 项；获市科学技术奖二等奖 2 项、三等奖 4 项；获国家职业病诊断标准 1 项（国家卫计委）；在 SCI 收录期刊发表论文 110 篇（最高 IF10.19）；取得国家实用专利证书 10 项；取得国家自然科学基金 6 项（面上 1 项，青年 4 项，地区 1 项）；获得陕西省科技计划项目重点项目 1 项；西安市科技计划项目重大项目 1 项（均为我院首获）；获得省科技计划项目立项 49 项（含省基础研究项目）；市科技计划项目立项 25 项；省卫计委、省中管局、市卫计委科研项目立项 22 项。医院还被确定为西安市博士后创新基地；建立神经外科微创与转化医学中心实验室。

四、重关怀：“没有关怀，就没有医疗。”

没有关怀，就没有医疗。虎威院长在从事行政管理工作前，曾在泌尿外科当了十几年的医生，偶有闲暇，他就喜欢跟患者聊天。他深知，优质的医疗服务不仅仅是治好疾病，更要增加患者的信任度。医疗中因为融入了人文关怀，其内涵才显得更加丰富和深刻，而医护工作因融入了人文关怀才显得更加伟大和高尚。西安市中心医院专门请了北京大学人文学院王岳教授等专家为医护人员讲解如何与患者进行沟通和交流。虎威院长表示，医院已经越来越认识到人文关怀的重要性，所以这两年连续办了很多活动、讲座，以此提高医务人员的人文素养，让患者充分感受到医护人员的人文关怀。

2017 年 10 月，一名 29 岁车祸复合外伤急危重患者被紧急送往市中心医院急诊科进行救治。接诊时患者已经丧失意识，失血量达 2000 毫升，这样的危重患者能被救活的可能性只有 5%。在家属几近绝望之时，医院顶着巨大风险和压力，由虎威院长亲自指导抢救并指示：哪怕只有一丝希望，也不会放弃患者。并果断决定由多学科协作，将患者由急诊科转入胸外科 ICU 进一步治疗。经医护人员的精心治疗和护理，患者病情逐渐平稳康复，医院用大爱精神创造了奇迹。

2018 年 8 月，烧伤整形科收治 4 岁贫困家庭被狗咬伤女童，因家中无力支付医药费，医院便减免了女童的医疗费，并积极联系媒体号召社会募捐，虎威院长还专程去病房探望了患儿和家属，在大家的共同帮助下，小患者已经平安度过危险期。这样一幕幕暖心的场景时常在医院上演，医院的社会评价日益提升，得益于虎威院长倡导人文化管理理念发挥出潜移默化的作用。

虎威院长来到西安市中心医院仅仅 3 年多，共完善了 113 项管理制度。还打破了医院高级职称终身制的传统。“人力资源部向外院学习，对正高、副高建立完善的考核体系，不搞终身制。定期考核涉及医、教、研，还包括医联体、下乡职能等多维度指标，连续两次考核不达标，就把正高降为副高，副高降为主治，给想干活的人腾出位置来。”

另外，对于已到退休年龄的专家，通过医院考核，还会返聘回来，发挥余热。虎威院长坦言，目前中层干部的考核仍没有做到位，还要加大力度。未来，干部考核将更侧重于医疗指标，如，抢救成功率、床位使用率、第三方满意度调查等医、教、研各项指标。

违反制度，医院绝不手软。深谙管理之道的虎威院长同时明白，有堵就有疏，他认为，医院管理就像一棵树，即使是个好苗子，也可能会长歪，需要不断修剪、灌溉。来到西安市中心医院仅 3 年多，虎威院长还不熟悉每一位职工，但是，每一位职工都可以通过电话、微信等方式反映情况。“我要让每个员工知道，我们是想干实事的领导班子。”虎威的管理风格源于他的个人经历。经历过大夫、科主任、副院长、卫生部门领导等职业，虎威看待问题更具备宏观思维。医生的身份只能让他拯救一个患者，而成为管理者，将会带来更大的社会效益。他认为，良好的医院文化、规范的管理制度、温情的人文关怀，加上团队合作及领导个人修养，这才是管理之魂。

送您“五颗心”

——绵阳市中心医院改善医疗服务纪实

四川省绵阳市中心医院　刘　杨　韦林川

十载春华秋实，今朝骏业日新。自 1939 年建院以来，在 79 个年轮洗礼中，绵阳市中心医院牢牢扎根于川西北大地，守护着一方百姓的安康。如今，医院已发展成为四川省区域医疗中心，医疗服务辐射包括川西北区域和甘肃、陕西等省份。一直以来，医院把人民群众利益放在首位，以群众需求为导向，以科学方法为管理手段，着力打造让患者省心的诊疗流程、让患者舒心的诊疗环境、让患者安心的诊疗团队、让患者放心的诊疗行为，切实推进医疗服务质量水平的全面提升。

提效率　优流程　让患者省心

电话预约、银医卡预约、微信预约……患者足不出户，挂号一键可达。门诊大厅挂号窗口人满为患的场景不见了，患者就医体验得到提升了。在提供方便快捷的预约挂号渠道的同时，医院还实现了分时段预约诊疗服务，不断推广自助挂号和缴费服务。通过预约诊疗服务，患者可以根据自身情况选择时段进行预约。挂号简单，看病不难，方便快捷，实力点赞！——这是广大患者的真实心声。

改善医疗服务从未止步。遵循方便患者的服务宗旨，为患者开通“健康直通车”；医院在省内率先开展日间病房、日间手术服务，为患者设计的短、平、快的医疗服务；设立出入院服务中心，初步实现出入院一站式服务；设置门诊综合服务站、手机充电站等便民设施，营造良好就诊环境；提供检查结果查询和报告自助打印服务，方便患者及时快捷地领取报告。

值得一提的是，为了让患者进了医院不再“蒙圈”，医院开设了“智能导航”。通过绵阳市中心医院微信为载体，患者就医可以通过该系统自动引导到就诊、检查、检验、收费等窗口点位，再也不会因为找不到地方而晕头转向，极大地方便患者就医。

几年来，围绕着如何改善医疗服务，医院卯足干劲、开动脑筋，不断摸索和总结新措施、新机制、新经验。流程优化了，调配合理了，环境温馨了，服务优质了。患者就医更便捷，更畅通，更省心。

信息化　智能化　送给患者称心

当前，国家正大力推动医疗健康行业与互联网的融合，通过“互联网+健康医疗”探索服务新模式、培育发展新业态，为实现健康中国提供了有力支撑。

发挥信息技术优势，改善患者就医体验，绵阳市中心医院一直在积极摸索。2017 年 6 月，四川省三甲综合医院中首家互联网医院在绵阳市中心医院正式上线运营。从此，广大人民群众看病问诊 so easy！在问诊过程中，医院专家可根据问诊情况，为患者开具处方，并由第三方专业药事机构配送到家，实现患者足不出户看病买药全搞定。医院互联网医院还提供了私人医生、健康咨询、视频课堂等一系列专业、定制服务和功能，满足公众对医疗健康的多样化需求。

远程心电监护中心是智慧化医疗中一项不得不提的标杆性工程，原国家卫计委主任李斌在对医院进行调研时，给予中心高度的肯定。只要网络通讯良好，均能进行心电远程心律失常监护，使心电远程监护进入 3A 时代，即任何时间、任何地点、任何人，它也被广大患者亲切地称为“心脏守护神”。

目前，我院远程心电监护分中心辐射范围涵盖了市内、省内、甚至省外多家医院，所有分中心都是无偿援建，基层医院只需要一台电脑就能和我院共享基站。2015 年 4 月成立以来，共完成远程心电监护患者 20560 例，心电异常报警 10400 次，及时发现并成功处置恶性心律失常患者 2250 例。

信息化为智慧医疗打下了坚实的后盾，为改善医疗服务插上了翅膀，为广大群众享受优质医疗服务提供了畅通的平台。

强人才　重管理　送给患者放心

一直以来，医院秉承人才是第一资源的理念，坚持人才兴院的发展原则，人才队伍建设取得了显著成效。一支卓越的人才队伍牢牢地扎根于这片热土，不断为人民群众提供着优质的医疗服务。为激发人才的“内生活力”，医院每年送出多名医护人员和管理人员赴北大医院、协和医院等上级医院进修学习；送出多名临床医师去美国、德国、意大利、英国学习研修；派送管理团队到英国、中国台湾等国家和地区的医院参观学习先进管理经验；多次特邀国内知名医院专家来院开展管理培训。此外，绵阳市中心医院还通过“引智”项目带动自身人才发展，与多位国外医学专家签订合作协议，定期来院开展诊疗活动。

2017 年 9 月，著名肝胆外科专家陈孝平院士在川内的首个院士工作站在绵阳市中心医院正式启动。这不仅是对医院整体综合实力的肯定，更是对提升医院科研能力，促进医院人才梯队建设，最终惠及川西北区域民众起着重要的推动作用。

品质铸就未来，服务创造价值。近年来，医院在“向管理要效率”的路上迈出了坚实的一步，成立了“品质管理委员会”，全面开展品质管理活动。医院应用 PDCA 等多种质量管理工具实施科学管理，对问题进行深入分析并系统整改，提升质量管理水平，增强质量管理和医疗安全意识。自开展品质管理活动以来，医院实施改进措施 300 余项，获得国家实用新型专利 10 余项，保证了医疗安全，改善了患者就医体验，并多次获得全国医院品管圈大赛一等奖，在“全国医院擂台赛”中多次荣获“最佳管理奖”“最佳表现奖”及“最具行动力”和“最具创新力医院”等奖项。

为民情　助公益　送给患者安心

一直以来，作为四川省区域医疗中心，医院充分发挥优质医疗资源的带动效应，最大范围地将优质的医疗服务辐射开去。

医院先后对口支援阿坝州、广安市、广元市及绵阳各县共计 10 余家医院。

通过努力，2 家医院建成三乙医院，3 家医院建成二甲医院，2 家医院成为县级城区医疗中心。众多受援医院医疗服务水平得到提升，当地群众在本地就享受着三甲医院的优质医疗服务。

为体现公立医院立足党的卫生事业发展的特性，医院一直致力于体现医院的公益性。20 余年来，医院派出数十名医疗专家赴非洲参加援外医疗工作；积极开展对川西北老、少、边地区技术支边及对口帮扶工作，并无偿赠送医疗设备。在“5 • 12”汶川地震、“4 • 14”玉树地震、“4 • 20”庐山地震、“8 • 8”九寨沟地震等重大自然灾害面前，绵阳市中心医院克服艰险，冲锋在前，受到国家、省、市各级党委、政府的表彰和社会各界的一致好评。

近年来，通过总结历次地震救援组织经验，医院积极开展灾害管理学研究，并组建省内首支灾害护理预备队，促进医院灾害救援队伍的专业化。2014 年 9 月，医院荣获全国“2004—2014 灾害医学突出贡献奖”。

贫困群众始终是医院最长情的牵挂。自开展精准扶贫工作以来，绵阳市中心医院深入学习贯彻习近平总书记关于精准扶贫工作相关讲话精神，同时院党委审时度势提出了“用心想事、用心谋事、用心做事”的“三用心”原则，出资购买生活用品、文体活动用品，用以看望 100 余户困难群众和失地农民，以及共建乡村学校少年宫。医院共成立 87 个“医患手牵手”团队，牵手 300 余名患者及家庭，定期开展上门服务、电话随访、医患联谊会等活动，解决医疗服务的“最后一公里”问题。

树机制　建文化　送给患者舒心

构建更为和谐的医患关系，让患者在就医的同时感受到人文关怀，关系着改善医疗服务质量的高低。

医院坚持以诊疗文化打造为核心，不断丰富医院文化的内涵和外延，早在 2012 年就明确提出诊疗文化概念，将质量安全保障从制度文化层面，上升到精神文化层面，通过开展“我学、我练、我能”系列技术大比武，“医院开放日”开门纳谏等形式深化内涵。为增强职工队伍凝聚力，院工会组织开展了“关怀、关爱、关心”、文化活动月等活动，让职工感受到家的温暖，并把这份温暖传递给患者。

目前，医院已经形成闪耀人文精神的诊疗文化体系。“仁爱、诚信、和谐、敬业”的医院精神和“以病人为中心，以质量为核心，济世救人，造福社会”的服务宗旨也在医院所有人的诊疗实践中得到印证。

此外，医院深入开展志愿者活动，志愿服务活动形成长效机制。开展义诊巡诊、无偿献血、健康讲座、社区服务等志愿活动，得到各级领导的一致好评。医院获得 2015 年度中国南丁格尔志愿护理服务“十佳志愿者服务队”“全国无偿献血促进奖”等称号。

各式各样的社工志愿服务成为了改善医疗服务中一张亮丽的名片，让广大群众感受到医院的社会担当和为民情怀！

省心、称心、放心、安心、舒心说到底都是一切以病人为中心，潮起海天阔，风好正扬帆。医院将自始至终把实现好、维护好患者的利益放在首位，以改善人民群众看病就医感受为出发点，努力实现“群众得实惠、医院得发展、职工受鼓舞”，为人民群众提供安全、有效、方便、价廉的医疗服务。

医联体让基层医院“底气十足”

——记安徽省立医院—颍上县人民医院医联体发展纪实

安徽省颍上县人民医院

没有全民健康就没有全民小康，为了脱贫攻坚，安徽省颍上县借力安徽省立医院帮扶，开拓进取，锐意改革，在新时代，为健康扶贫、提高全民健康贡献自己的新作为。

安徽省颍上县，地处淮河与颍河交汇处、黄淮平原最南端。全县国土面积1859平方千米，人口178万。作为国家级贫困县，颍上县优质医疗资源匮乏，县外就诊率始终在30%的高位运行，消耗了近60%的合作医疗资金，这也是引发百姓因病致贫、因病返贫的主要因素之一。颍上县人民医院始建于1950年，是全县唯一一所集医疗、科研、教学、预防、保健为一体的二级甲等综合性医院，同时也是安徽省县级公立医院综合改革试点医院，担负着颍上县近180万人口的医疗救治任务。由于客观原因的局限，颍上县人民医院也面临着诸多基层医院普遍面临的综合医院能力薄弱、专科建设滞后、高级人才难留等难题和挑战。

如何达到国家医改目标要求，破解面临的困局，改革势在必行，这既是现实形势所迫，也是内在发展所需。2017年3月，在各级卫生主管部门和县委、县政府的大力支持下，颍上县人民“牵手”安徽省立医院，组建全省首个紧密型医联体，搭乘医联体建设这列“快车”，颍上县人民医院随即步入了快速发展的轨道。

一、建章立制，搭建制度管理框架

托管后，省立医院派遣3名管理专家分别担任县医院院长（法人代表）、业务副院长和总会计师。新班子实行大刀阔斧的改革，对行政、医疗、护理、人事、财务等业务进行梳理和规范，先后完善和新出台各项规章制度50余项，初步实现了以制度管人、用标准规范的长效管理机制，引导广大干部职工树立规矩意识和责任意识，大大提高了医院运行效率，医院职工面貌也焕然一新。

二、借力发展，夯实医院发展根基

（一）完善学科设置，提升专科品牌效应

县医院综合能力薄弱，严重制约着医院发展，导致百姓县外就诊率居高不下。整合优势资源，实行优势学科集群发展，医院先后将南区和北区两个院区的泌尿外科、肿瘤内科，儿一科、妇科搬迁至院本部，三区错位发展。补齐学科薄弱短板，在省立医院帮扶下，先后成立呼吸内科、康复科、急诊外科、肾内科等科室，学科设置更加齐全。外联借力，实行薄弱科室省立专家直管，将技术力量薄弱，外转率较高的外科、骨科、儿科、妇科、肾内科托付与省立专家直接管理，并建立考核目标。肿瘤内科与安徽省肿瘤医院组建肿瘤专科联盟，检验科牵头20个县乡医共体单位，组建区域性检验中心，进一步提升医院品牌专科效应和区域影响力。2018年，我院普外科、肿瘤内科获得“县域品牌专科”荣誉。

（二）加快人才培养，提升自身软实力

一方面依托百年省医的品牌和口碑，加大人才引进力度和资金投入，制定高级人才引进政策，先后引进包括研究生学历人才200余人，大大弥补了人才匮乏的短板。另一方面利用省立医院专家资源，实施各种形式的人才培养战略，“青蓝计划”、中层干部集中轮训、干部竞聘上岗、选派科室骨干人员赴省立医院进修等，变被动传授为主动学习，厚植人才培育的沃土。

（三）推进远程医疗，拓展帮扶渠道

随着医联体建设的深入，帮扶的形式也越来越丰富和多样化，除了传统的专家坐诊、查房、手术带教、授课讲座等帮扶形式，颍上县人民医院先后与省立医院开通了远程转诊会诊系统、远程影像辅助诊断系统和远程病理会诊系统，进一步提升了县医院疑难疾病的诊治能力，有效减轻了病人看病就医的负担。

三、文化共建，丰富医联体发展内涵

医联体建设，提升县医院技术和能力是核心要义，但实现文化融合却是任重道远。如何让县医院干部职工认同和接受医联体文化，加深双方的交流融合，文化建设显得尤为重要。在开展技术帮扶的同时，省立医院进一步拓宽帮扶面，开创性的对县医院进行文化帮扶，即行管职能科室结对共建，并形成了每月一次的固定帮扶机制。通过党建帮扶，行管共建，文化互动等形式，让县医院的发展“提质增效”，县医院在技术服务、院容院貌、职工精神面貌、患者就医感受等方面改善明显。

四、探索前进，医联体建设初显成效

医联体建设没有现成的经验和模式可以照搬照抄，只能在摸索中前进。经过一年半的艰难探索，医联体建设成效初显。在省立医院的全方位帮扶下，县医院医疗服务能力持续提升，能够从容应对各类突发公共卫生事件，比如出色完成 2017 年“11 • 15”交通事故伤员救治，2018 年乡镇幼儿园幼童集体食物中毒事件等，高效及时的救治，获得各级政府表彰和群众的好评；在发展的同时，医院不忘对托管时广大职工的承诺，逐步提升职工福利待遇，2018 年人员支出占比增至 40%，职工幸福感和获得感显著增强；三级医院创建也取得可喜进展，2018 年 10 月，医院三级医院设置请示获省卫计委批准通过。

医联体建设是快速提升基层医疗卫生机构服务能力，实现优质医疗资源下沉，落实分级诊疗制度的一项有效举措。依托百年省立文化积淀和专家技术优势，颍上县人民医院顺势而为，借力发展，抢抓医联体建设机遇，不断完善提升自身能力，力争实现跨越式发展。现在县医院在为县域百姓提供更加优质的医疗服务，助力健康脱贫方面，显得更加“底气十足”，在医院发展和三级医院创建之路上，也显得更加自信从容。

百姓福 中国福

——巩义市打造本土特色医共体模式

河南省巩义市人民医院

巩义市人民医院始建于1951年，至今已走过了60多年的风雨历程，在各级政府的领导和历届医院领导班子及全体干部职工的共同努力下，医院从无到有，从小到大，从弱到强，现已发展为集预防、保健、医疗、科研、教学、康复于一体的现代化综合医院。

近年来，在巩义市委、市政府和上级卫生行政部门的领导下，全院干部职工坚持“以病人为中心”“技术精益求精，服务全心全意”的办院宗旨和“仁爱诚信、博学创新”的院训。以学习培训提高员工整体素质，以环境改造塑造医院良好形象，以加大质控检查力度保障医疗质量和医疗安全，以信息化建设提高医院工作效率，以开展健康教育拓宽医院服务半径，努力为群众提供安全、有效、便捷的医疗服务，服务质量得到老百姓的认同，群众满意度达到95%以上。

2014年底，巩义市人民医院作为河南省首批县级公立医院改革试点单位，正式启动了医疗联合体工作，联合巩义市回郭镇卫生院、涉村卫生院、小关卫生院、站街卫生院和孝义街道社区卫生服务中心，于2015年组建了医疗联合试点。巩义市人民医院作为牵头医院，充分发挥人才、学科优势，以派驻人员帮扶为主，投入设备和资金为辅，帮助乡镇卫生院重点建设特色专科，开展诊疗服务。

2017年7月，为实现“小病不出村、大病不出县”的目标，巩义市县域医疗共同体（以下简称医共体）工作全面展开，与站街卫生院、孝义街道社区卫生服务中心、涉村卫生院等21家基层医疗机构组建了更大规模的医共体，建立了基层首诊、双向转诊、急慢分治、上下联动的分级诊疗模式，加快了巩义市城乡一体化和医疗服务同质化进程，实现了“人、财、物、事”统一管理，较好地提升了基层医疗机构技术水平和服务能力，使基层群众的健康水平显著提高，逐渐打造出了具有巩义特色的医共体模式。

一、实现管理一体化

为确保各项工作落实到位，巩义市成立了医共体工作领导小组，确定了工作职责。巩义市人民医院与各成员单位签订了合作协议，成立了巩义市医共体理事会。理事会制定了医共体章程和相关制度，明确了各成员单位的责任、权利和义务。为做好医共体各单位的指导、督促、考核、评价等工作，提高基层医疗机构服务能力，理事会决定每月召开一次医共体工作会议。为确保工作有效落实，医共体设立了基层医院业务提升组、信息化组、后勤保障组、督查组等 9 个工作小组，统一制作了服务流程、标识标牌，实现了管理同质和管理提高。

二、实现资源共享化

2017 年 7 月，医共体成立了远程影像中心、心电网络远程会诊中心、远程会诊中心、区域检验中心、后勤保障中心等 8 个中心，各成员单位实现了互联互通。

在加强医疗质量控制的基础上，为发挥远程医疗作用，促进医疗资源纵向流动，提升基层医院诊疗服务能力，医共体加强了对医疗设施的投资。例如，巩义市人民医院联合全市 21 家基层乡镇卫生院及 277 家村卫生室构建了巩义市医共体，累计斥资 1000 多万元，免费为 300 多个成员单位安装了远程常规心电仪 277 台、远程动态心电仪 55 台、远程血压仪 10 台、远程血糖仪 10 台、远程视频系统 67 台等设备，建成了医共体远程慢病管理平台、远程会诊平台、远程医技平台、远程培训平台等六大平台和远程检验、远程心电、远程影像、远程血压等九个区域性医疗中心，百姓在家门口基层单位测量的数据同步传输至远程中心，我院专家判读并出具报告，远程视频指导基层医师施治，迄今已判读常规心电图 30000 余例，动态心电图 2000 余例，与胸痛中心完美融合，今年 1—10 月已开展急诊 PCI285 例，判读远程血糖 10000 余例，远程影像 4759 例，接受基层血样并检测 4850 例，为基层医师提供远程技能培训超过 3000 多人次。

为加强区域检验中心建设，医共体对 18 家卫生院的检验项目进行了完善。通过共享市级医院检验设备，病人们在乡镇卫生院就能享受到高端设备、高技术的诊疗服务。

三、实现双向转诊畅通

医共体设立了综合服务平台，实现了城乡居民一站式电子转诊，建立了不同形式的沟通渠道，优化就诊流程，实现了疾病诊疗和健康管理无缝衔接。

2017 年，医共体共完成医联体内双向转诊 9577 人次，全年出院患者 65373 人次，下转至乡镇卫生院 28 人次，上转至上级医院 2615 人次，向县外上级医院转诊转院率 4.71%，向县域内下级医院转诊转院率 0.05%。

通过多管齐下，综合施策，医共体建设取得了明显成效。县外住院病人开始下降，截至 2017 年 12 月，县外住院率 4.71%，同比 2015 年下降 2.01%。

四、实现人员一体化

医共体实施了“1+N 师带徒”帮扶计划及基层医师培训计划，建立了“科对科帮扶”机制。巩义市人民医院指派 21 位帮扶责任人分别对 21 家医疗单位进行一对一帮扶，帮助成员单位建立特色专科，提升诊疗水平。该院还组建了涵盖内科、外科、产科的医疗巡回队，每周定期到基层卫生院进行面对面巡回问诊查房，对疑难危重病例进行教学查房，对临床医生工作中遇到的问题进行答疑解惑。2017 年，医疗巡回队共开展巡回医疗 10 次，服务患者 200 余人次。巩义市人民医院定期召开基层医务人员业务培训会，对医共体成员单位医务人员进行管理、业务知识，常见病、多发病、临床检验等方面知识的培训，提升基层医务人员技术水平。

五、实现后勤保障科学化

医共体运用财务管理办法，对成员单位之间财产、收入、分配进行科学化管理，在HIS系统和医院财务系统增加了医共体核算单元，制定了医共体下乡专家补助标准和审批流程，以提高医务人员工作积极性。

医共体积极优化医保、农合报销流程，完成了18家卫生院的检查、检验等目录，加强了设备及基础设施巡检，及时为成员单位提供设备及基础设施维修、维护保养服务。

六、实现医防紧密化

医共体切实加强群众预防保健和健康管理，根据各成员单位的医护人员工作特长，到辖区为群众宣传健康教育知识，协调推进家庭医生签约服务工作。全面推动慢性病预防、教育、宣传工作，建立了慢病网络管理中心，将慢病防治工作规范化、制度化、常态化。有针对性地开展健康教育，普及慢性病防治知识，减少健康危险因素。

医院坚持以人为本，以患者满意为宗旨，不断出台服务病人新举措，实行优质护理服务，覆盖率达到100%；建立专家门诊和疑难病会诊中心，开展预约诊疗、夜间门诊、双休日及节假日门诊，实现24小时不间断服务，方便不同人群来院就诊；实现了同级医院之间的检验结果、影像资料互认；成立了“孕产妇俱乐部”“糖尿病协会”“高血压协会”“抗癌协会”；连续四年举办了巩义市健康文化节活动；积极开展“送医送药送健康”大型义诊活动及下乡讲课活动，深受群众欢迎和好评。

巩义市卫生和计划生育委员会总医师曹振军说，作为试点县市，巩义市公立医院改革工作任务艰巨，责任重大，同时也面临着良好的发展机遇。在今后的工作中，巩义市各医院将紧紧围绕国家和河南省关于县级公立医院综合改革的指导意见，先行先试，着力在创新健全体制机制上下功夫，不断解决新问题，争取试出成效、试出经验，为巩义市县级公立医院综合改革作出积极贡献，让医改成果惠及人民群众，使人民群众获得感增强，生活得更加健康、更加幸福。

携共同愿景　促医患和谐

——应城市人民医院助力全民健康纪实

湖北省应城市人民医院

合理的诊室布局、清晰的就诊流程，宽敞明亮的文化长廊将门诊医技楼和住院部相连；行走在这所医院，整个院区地面不时能看到红、黄、蓝等各种颜色鲜亮的标识，有的用文字，有的用图形，分别指向患者需要到达的方向。这所医院拥有当地一流的专家团队和设备，一切以患者为中心，不断完善服务至上的从业理念……

“厚德精医，以人为本”，这，便是应城市人民医院服务新时代、展现新作为、助力全民健康的一个侧影。

一、优质服务引领发展

优质服务是医院建设和发展的重要资源和宝贵财富,反映了医院的综合实力,展现了职工的精神面貌。

医院党政领导班子把优质服务建设作为医院重要工作来抓，并将它渗透到医院的全部日常工作中去。

每年医院与各科室层层签定目标责任书,除了工作量、医疗质量指标等之外,还有党风廉政责任制，医德医风实行情况，病人满意度，科室的文化、文明、团结等一系列量化指标，定期对其进行考核和检查，年终与奖惩挂钩。在其他各项工作中也是如此。近年来，医院在优质服务建设方面做了大量工作，包括建章建制、强化核心制度落实，完善各种管理制度及工作制度，大力提高医疗服务能力和水平。

二、以人为本彰显内涵

在医院工作中体现“以人为本”，就是要以病人为中心，提高医疗质量和服务质量。

创造整洁舒适优美的就医环境是医院文化“以人为本”理念的一个重要体现。为了给病人创造一个干净、整洁的就医环境，医院请专业保洁公司对整个院区进行24小时全面保洁，从每一间病房、每一个病区再到每一楼层、每一处公共区域，全部不间断清扫、清理，包括及时转运医疗废物以及生活垃圾。同时在所有病区提供免费WIFI。

为方便群众就诊，先后对门诊进行多次规划改造，增设大量候诊椅，更换诊室桌椅。目前，医院外环境整洁优雅，秩序井然，绿树成荫，鲜花常开，生机盎然；诊疗区及病房整齐洁净，宽敞明亮，设施齐全，温馨如家。为病人营造了一个整洁优美、温馨舒适的就医环境和人文环境。

优质服务同样是医院文化的一大重点，医院围绕如何使患者方便满意进行改革，处处体现“以人为本”的现代管理理念。为此，医院实行无假日门诊，完善门诊及病区的各类标识标牌系统，实行自助预约挂号，调整门诊作息时间，整合业务、增设窗口，及时出具检查、检验结果等。医院还确定了多个优质护理服务示范病房试点，试点病房责任护士对其负责的患者实施护理服务，实行责任包干制，每个护士负责2 ~ 3名住院病人，全面、全程负责患者的治疗护理、基础护理、生活护理、健康教育和心理护理。

三、文化阵地推陈出新

近年来，应城市人民医院的对外宣传工作在宣传力度、规模、深度及连续性、系统性方面得到了加强，形成了一套独具特色的宣传体系。和电台电视台长期合办了“万家灯火”等专题栏目，同时医院自己的网站、微信公众号、院刊、各类健教宣传折页也是有声有色，各有特点。这些工作进一步增加了医院知名度，提升了医院品牌，也让医院文化得到了更为广泛的传播。医院网站点击率节节攀升，市内外的读者向院刊《医者馨·健康情》投稿。医院聘请的医德医风监督员说：每个月收到你们院刊的时候，我都很高兴。一些应聘进入医院工作的职工说，是医院网站和院刊让我们了解了医院，喜欢上医院。来到医院以后，我们发现它和想象中一样美好，甚至还要更好。

写信、讲故事、娓娓述说、赠送鲜花都是很普通的事，是亲人、友人之间吐露心声、互相沟通的平常方式。但在我院却常常被院领导用来鼓舞士气、表达问候、讲明道理、求得理解。每逢护士节、妇女节等大型节日，院领导都会手捧鲜花到每个病区把祝福送到，让大家真正体会到了过节的感觉，发自内心地感叹“再苦也无怨，再累也无悔”。每逢员工生日，医院都会送上精美的生日蛋糕，员工那份职业情感瞬间得到升华。浓厚的人文氛围，久久荡漾在心头。对患者，医院每个病区都特意设立了“心愿墙”，专门用来让患者和医务人员互动吐露心声，其中既有患者对医务人员精心救治的衷心感谢，也有医务人员对患者早日康复的真诚祝福，奏响了医院感恩文化的强音。

四、特色文化凝聚人心

在建设人文医学环境的过程中，医院采取理论联系实践的方式，鼓励各支部推荐在“两学一做”实践活动中学以致用的优秀先进个人和先进科室事迹，认真收集，安排专人配以精美照片，图文并茂的展现在医院网站等媒体上，同时积极组织各类志愿者服务活动、到敬老院开展孝心敬老服务活动、举行储备干部竞聘演讲比赛活动等；在总结实践活动的基础上进行理论的研究，先后编印了《应城市人民医院院志》《应城市人民医院建院80周年画册》《医者馨.健康情》等刊物。

医院精神文化绝不仅仅是印在书上，念在嘴上，关键要扎根心中，内化为观念，见诸于行动。我们将确定的医院精神、医院宗旨、医院核心价值观、医院服务理念等内容在医院诊疗区、医务人员工作区等醒目位置张贴。同时张贴的还有近万个各类标识标牌，包括在每个路口增设的大量引导标识，空中、地面、墙面到处是醒目标识，有的指引医技检查部门的具体位置，有的指引洗手间、开水间，为病人提供了方便、温馨的就诊环境。

舆论宣传也是人文医学建设的重要手段和媒介。医院通过院刊、网站、网络等载体，发掘先进典型，传承医院文化，使人文医学潜移默化地得到升华。大力宣传和发扬“应医”精神，将人文精神作为医学科学的基础，为打造医院品牌，提升医院综合竞争力提供坚实的保障。

为丰富职工业余生活，增强职工的凝聚力和向心力，医院每年都举办多种形式的活动，如演讲比赛、登山活动、乒乓球、篮球、拔河比赛，书画摄影展、拓展训练，等等。组建了篮球队、羽毛球队，积极参加应城市体委的多次球类比赛。通过这些活动的开展，充分展示了广大职工锐意进取、奋发向上的精神风貌，促进职工相互了解、沟通，增进了职工之间的友谊，凝聚了人心。

五、道德文化净化心灵

近年来，在医院医德医风和伦理道德建设中，除了通过制度管理进行他律以外，通过道德文化进行自律才是核心。医院通过推出各种喜闻乐见的文化主题活动来陶冶情操，净化心灵，达到提高道德素养、增强自我约束力的作用。

在医院网站上点击相关栏目，您会看到各类场面温馨感人、别开生面的医患互动图文，这是医院各种文化主题活动形式之一。各种纪念文艺晚会、主题演讲会、操作竞赛等形式多样，喜闻乐见，寓教于乐；以“选择护理我无怨无悔”“救死扶伤是我的使命”等为主题的大讨论让员工换位思考，将心比心。每一次主题活动，对员工来说都是一次陶冶情操、净化心灵的过程，成为医院道德文化建设的素质保障。

一流的医院需要一流的服务，一流的服务造就一流的医院。多年来，“应医人”就是在这种精神指引下，积淀传承，创新发展，形成了独具特色的医院文化，成为推进医院发展的强大动力，助力全民健康。

"党建+" 用红色引擎推进医院健康发展

湖北省秭归县人民医院　梅向东　龚晓红

近年来，秭归县人民医院全面贯彻从严治党要求，提高政治站位，结合卫生行业实际，充分发挥党组织引领作用，配优配强班子队伍，健全完善工作机制，不断丰富活动载体，依托"党建+"充分激发党组织活力，用红色引擎助推医院各项事业健康发展。

一、党建+精细管理

医院党委围绕党建目标，修订完善《医院党政工作议事规则》《医院"三重一大"工作制度》《院务公开制度》等规章制度，扎实开展"五星级"党员创建和积分制管理工作，明确职责、严肃奖惩，并逐项进行考核公示、预警提示、执纪问责。扎实开展"转作风、抓落实"专项整治及"两讲一树"（讲政治、讲规矩、树正气）主题教育活动，采取"院主要领导带队，多科室联合，定期或不定期，随机与常态化相结合"的督查方式，对医院劳动纪律、医德医风等进行常态化监督检查。设置督查室，对相关工作落实情况进行督查，每季度形成工作简报，对发现的问题进行全院通报，并在评优创先、绩效资金等方面给予惩处。扎实做好党务、政务公开工作，积极向社会公布监督电话，在醒目位置设置行风监督意见箱，主动接受社会各界的监督。切实加强学习型党组织建设，医院在年初制定党建学习计划，将党章、党规及各类文件精神列入学习内容，不断增强学习效果。严把党员入口关，完善和落实党员推荐制、票决制、公示制和责任追究制，重视党员发展工作，鼓励有上进心的积极分子和优秀团员青年向党组织靠拢，截至目前已发展党员 177 人，覆盖全院各个科室。按照党组织规范化设置要求，正式将医院党组织规范设置为党委，并配齐、配全相关工作人员。

二、党建 + 优质服务

以党建为引领，以新作为助推，加强党的组织和作风建设，始终坚持党的全面引导。为全面推动“党建 + 优质服务”工作模式，统筹建立“支部 + 科室 + 阵地”工作。门诊支部新增门诊部、放射科、超声科、医保科等窗口科室的电子叫号系统，维护了就诊秩序，减少了患者的候诊时间，以服务群众好、办事效率高、遵守纪律好、党员示范好和环境卫生优来着力提升医院服务水平。医院行管支部着力推进智慧医院建设，以信息科、医务科为依托，实现了公众 Wi-Fi 全覆盖，微信预约挂号、手机查询检查信息已逐步开通，并率先在全县启动区域远程医疗、远程心电、远程检验中心建设，区域远程影像、消毒供应中心、医卫协同体系等建设正稳步推进，今年 10 月，医院申报的“区域就诊信息互联互通项目”斩获改善医疗服务行动全国擂台赛中南赛区十大价值案例奖。以医保科为依托，与民政、医保、保险公司等协作，扎实推进一站式结算服务，实现了职工医保患者、城乡居民、大病保险、意外伤害、民政救助、健康扶贫对象出院报销一站式结算，解决了结算时患者来回奔波的苦恼。以内科、外科支部为依托稳步推进胸痛中心、卒中中心建设，目前医院成功创建卒中中心，胸痛中心创建工作持续推进。

三、党建 + 精准扶贫

充分发挥党建工作在精准扶贫领域引领作用，组织 378 名党员干部、职工代表建立 16 支精准扶贫工作队，深入 1263 户贫困群众家中进行入户调查、政策宣讲，至今累计组织下乡达 3000 多人次。医院党委安排一名党员专职负责郭家坝庙垭村帮扶工作，征集帮扶资金 10 多万元为该村添置路灯和宣传展牌等设施。结合帮扶村实际，通过加强与各部门及社会各界的联系，研究制定具体帮扶措施，帮助做好贫困村产业结构调整和经济发展。2016 年年初，医院组织召开党政联席会议，研究制定了扶贫帮扶计划，对精准扶贫对象的就诊费在医保报销的基础上再予以减免。自2016年初至2017年上半年，医院先后为417名在我院接受住院治疗的贫困群众支付医疗费用587915.97元，单人次最高达10892.62元。2017年7月，秭归县健康扶贫新政实施以后，医院制定出台了“五严一公示”（严把出入院指针、严格控制检查、治疗、药品费用、自查项目以及公示健康扶贫对象住院情况）管理措施，全面启动先诊疗后付费机制，为健康扶贫患者就诊提供便利。

四、党建+文化建设

一是着力丰富医院文化活动内涵。医院按照“党章”的要求，建立科学化、规范化、制度化的文化体系。组建了“秭医人”职工舞蹈队，积极参加了省总工会“关爱女性，法在你身边”微信答题活动及县总工会，妇联组织的“醉美秭归 甜蜜橙乡”万人相亲、端午文化节开幕式，“注重家教家风 培育家国情怀”读书征文，县“节能有我 绿色共享”徒步等活动。二是着力加强医院精神文明建设。医院党总委紧扣党建工作的实际，明确共同的目标和价值取向，加强各种形式的文明创建。近年来，医院医护人员共拒收“红包”、礼品金额达8万多元，医院收到患者赠送的锦旗60余面，感谢信80余封，问卷调查患者满意度达99%。着力发挥党组织的引领作用。充分发挥党员干部示范引领作用，携手医院工青妇共同打造文明劝导、心理咨询、红十字公益、公益义诊等志愿服务队，扎实做好交通文明劝导，青少年心理健康疏导、洁城洁河及内部劳动等公益活动，积极发挥各科室党员干部作用，开展医疗安全年、优质护理年等服务活动。今年10月，医院成功斩获由国家医政医管局、人民网联合举办的2018年度全国改善医疗服务学习型医院。

五、党建+典型引领

以医院行管支部为依托，扎实开展“典型引领”工作。充分发掘党员干部中“关键少数”，着力推出一批先进典型。医院党委委员、副院长宋秀海20年来始终坚守岗位。在儿子16岁中考那年，他因忙于工作仅陪伴儿子4天，现在回忆起来他一直觉得愧对孩子，但只要看见病人康复出院，他的内心就充满成就感。他用润物细无声的方式感诠释着一名普通党员的本色。医院重症医学科主任汪长珍从医 20 年来始终把“患者无小事”作为自己的座右铭，真诚对待每一位患者，为抢救危重病人，加班、熬夜是她的工作常态。一次她在家陪伴生病的女儿，一个急诊电话，她便丢下女儿匆忙赶往医院，对病人守护一天一夜没有合眼，病人转危为安，她才回到家中陪伴生病的孩子。她在工作中舍小家为大家，带领的科室重症医学科先后荣获“工人先锋号”“先进科室”，她自己也被评为“道德模范”“宜昌市最美医生”。

“以三通、促三共”做实做强医共体

湖北省枝江市人民医院

近年来，枝江市坚持把人民健康放在优先发展的战略地位，坚持政府主导，市委书记领衔推进，部门协调配合，系统性、整体性、协同性推进综合改革，强化医共体内人通、财通、医通，探索形成了符合基层实际的医共体建设“枝江模式”。截至目前，市外转诊率下降2.82%，市外三甲医院住院人次减少3.2%；基层医疗机构诊疗量增长34%，基层门急诊人次占比达到38%，增长8%；市直医院例均费用仅为5400元，在全省处于较低水平；参保群众住院率同比下降4%，住院自付费用减少5.35%。群众获得感满意度显著增强。

一、基本情况

将原有2大医共体调整优化为市人民医院为龙头的“1+7”医共体和以市中医医院为龙头的“1+3+N”健联体。医共体上联武汉同济医院、宜昌市中心人民医院，下联7家镇卫生院及所属164个村卫生室。健联体内市中医医院与马家店社区卫生服务中心实行“一套班子、两块牌子、三个不变、四个统一”全面整合，与市妇幼保健院、市疾控中心、枝江市康宁医院（民营）签订协作协议，明确各自职责，实行分工负责，共同指导、考核各医疗机构健康管理工作。

二、主要做法

（一）创新机制促“人通”，打造责任共同体

一是编制统筹管理。市委编办、市人社局、市卫计局联合出台《枝江市医共

体成员单位编制备案制管理实施办法》，由牵头医院统筹调度基层医疗机构人员编制，实行“市招共用、镇聘村用”。医共体目前统筹管理编制1032个，其中市人民医院569个，乡镇463个；健联体统筹管理编制254个，其中市中医院150，社区104个。

二是人才统一招聘。医共体内人员招聘由牵头医院统筹负责。部分特殊岗位1:2开考，高素质人才高校现场招聘签约，急需紧缺人才落实安家补贴、生活补贴、住房补贴等。近两年牵头医院招聘102人，其中为乡镇招聘38人，引进高素质人才6人。定向委培村医134名（今年新招聘29名），每人每年补助学费、生活费1万元，其中24名已上岗。

三是人员打通使用。实行医共体内人员统筹调度、打通使用、以岗定酬。牵头医院选派9人到成员单位担任院长、副院长，其工资和绩效全部由牵头医院承担。牵头医院新进人员跟班学习2年后到乡镇和市直轮岗，晋升副高级及以上职称的，下基层服务至少1年为必备前置条件。村卫生室实行“村办镇管”，由镇卫生院安排院级领导担任村卫生室法人。对取得执医（执助）资格的村医计划择优招录10名纳入镇卫生院编制管理。

（二）完善政策促“财通”，打造发展共同体

一是基金打包使用。我们率先在全省启动“总额预算、过程管理、合理超支分担、结余留用”原则下的医保支付方式改革，城乡居民医保基金预留相关项目经费后全部划拨给医共体，结余按6:3:1在市镇村三级分配。配套建立谈判协商、费用引导、综合监管三项机制。对定点医疗机构医保基金实行总额控制，成立医保基金稽查领导小组，医院专家定期参与医保局病历审核及现场巡查，考核结果与基金拨付挂钩，防止小病大治、大病小治等行为。医保杠杆倒逼医共体形成利益联盟。牵头医院从过去“跑马占地”向现在“真心帮扶”转变，医疗机构从“以治病为中心”向“以健康为中心”转变，从“被动控费”向“主动挖潜”转变。

二是资源整合共享。实施枝江市医疗卫生服务能力三年提升计划，由医共体牵头医院担任业主，以融资租赁方式为12家医疗机构配置价值1.2亿元的医疗设备，磋商谈判后实付设备本息7529万元，为成员单位节约采购成本4500万元。

争取人福药业捐赠医疗设备2200万元，为各卫生院配齐了“彩超、DR、全自动生化分析仪”等三大件。牵头医院与成员单位签订资源共享协议，医共体内大型设备共享、资源共用，镇级开单缴费，市级免挂号直接诊疗。消毒供应中心辐射卫生院，实行按件计费，年终结算。

三是统一绩效考核。先后出台《枝江市市域医共体成员单位运行绩效考核方案》《枝江市公立医院综合改革效果评价考核方案》，突出功能定位、规范服务、基层帮扶、基金监管和公立医院考核评价核心指标等，考核结果与医共体内二级医院300万元年度考核资金、基层医疗机构120万元的年度考核资金、医保结余资金及院长考核直接挂钩。

（三）上下联动促“医通”，打造服务共同体

一是坚持外引内联，服务协同化。武汉同济医院、宜昌市三甲医院与枝江达成3年帮扶建设13个重点科室的协议，共选派13人到枝江开展坐诊和驻点帮扶。牵头医院选派125名业务骨干和中层干部到上联医院进修、轮训，提升解决疑难重症的能力及综合素质。一年来，市人民医院开展新技术17项，收治新病种897例，为患者人平均节约外出就医费用约1万元。分院作为院内科室进行管理、考核，每天组建5人左右专家团队轮流到成员单位坐诊、带教查房、授课、质控。今年接受镇卫生院进修10人，指导建设血液透析科、康复科等7个特色科室，下乡巡诊589人次，指导手术24台，下乡授课115场次。

二是共享智慧医疗，服务人性化。以三峡云和宜昌市人口健康信息平台为依托，搭建“健康之路”智能转诊平台，转诊申请、审批、接诊手续网上一键办理。在全国基层医疗机构中首家建立“网医通”，群众足不出户也可网上挂号问诊市、镇两级专家。依托市人民医院建立“1+7”远程会诊、远程影像、远程心电与超声诊断中心、医学检验与病理诊断中心，基层疑难病例上传中心审核诊断，实现“基层首诊、专家会诊，基层检查、市级诊断，资源互通、结果互认”，群众不跑路，信息去跑路。目前“网医通”已网上预约18248人次，成功问诊10316例，成功问诊率56%。诊断中心为基层阅片诊断及复审2496人次，远程心电诊断859例、远程超声145例，远程教学114次。

三是规范诊疗标准，服务同质化。推行201种常见病、多发病临床路径，制定一级医院108种、二级医院287种首诊病种目录和下转病种目录，制定并执行了一级医院29种、二级医院151种单病种。出台临床医疗、护理等11个质控标准，牵头医院质控专家每季度参与市卫计局质量巡查，每两月对镇卫生院考核一次。选派65名专科医生参与基层家庭医生签约服务，定期下乡组织慢性病集中会诊。实施药品集中配送，市镇两级统一921种药品目录，医共体内用药实现无缝衔接，推进市域内一致性诊疗和同质化服务。

一所医院崛起背后的人文因子和使命担当
——聊城市肿瘤医院改革开放40年实现跨越式发展纪实

山东省聊城市肿瘤医院 代 可

有一种情怀，叫为民；

有一种温暖，叫奉献；

有一种责任，叫担当。

20世纪六七十年代，聊城市肿瘤医院的医护人员用一辆地排车拉着X光机，深入工厂、机关、农村去做体检，一天下来要为几百号人做检查，一年下来，他们要为十几万人做体检，从不知道什么叫苦，什么是累；下基层检查儿童牛痘的接种情况，一辆自行车，一天奔波四五个乡镇，行程上百里路，不知疲惫，不顾艰辛，摸排出一组组真实数据……

改革开放40年来，乘着党和国家不断深入的医疗机制体制改革的东风，传承着一心为民的人文情怀，聊城市肿瘤医院人用严谨勤勉的工作作风、无私忘我的奉献精神，在艰苦环境中不断探索，勤奋创业，不断求证着“小市场中大作为”的理念，使聊城市肿瘤医院由小到大、由大到强，不断实现着发展上的突破和跨越。

一、沧海桑田，艰难发展

始建于1953年的聊城市肿瘤医院是聊城市为数不多的建院较早的医疗机构。在风雨65年的发展历程中，医院曾数易其名——干部疗养院、结核病防治所、聊城地区第三人民医院、聊城市传染病医院、聊城市肿瘤医院。对医院来说，每一次易名都是公益的转型，每一次易名都是更大的担当，每一次易名都体现着替政府尽责、为民众解忧的情怀。

1978年，改革开放的春潮在中华大地涌动，但对聊城市肿瘤医院而言，发展却遇到瓶颈。

随着人民生活水平的不断提高，结核病的发病率和住院率在逐年降低，国家对结核病的防治方针也由过去以治疗为主转向以预防为主，这一方向的改变，给诊疗学科单一的市肿瘤医院带来了发展的难题。

面对这一局面，医院人深知，不去耕耘，不去播种，再肥沃的土地也长不出庄稼。思变的萌芽慢慢在医院人的心里扎根，梦想的种子乘着改革的东风，吹遍医院每一个角落。

医院领导班子经过深入调研发现，经济社会的发展使肿瘤疾病不断增多，尤其是恶性肿瘤疾病死亡率高、治疗难度大、治疗手段单一，成为全社会亟待发展的一个学科之一。

因此，医院决定开展肿瘤学科建设。

面对缺少人才的局面，医院克服重重困难，1981年，从省肿瘤医院引进了首个肿瘤专业人才。

1983年，随着人才队伍的不断扩大，医院组建起肿瘤学科专业队伍，并设立了肿瘤科病房。肿瘤学科的发展，给了医院人以希望，但受现实条件的限制，医院缺少肿瘤治疗的设备和手段，肿瘤疾病的治疗仍以中医疗法为主，肿瘤学科整体发展缓慢。缓慢的发展，孕育着新的生机；短暂的沉默，积累着爆发的动力。

进入90年代，医院在设备和学科上寻求突破。1990年，医院在聊城市引进了首台钴60远程放疗设备，在全市率先开展肿瘤疾病的放射治疗。1992年，医院领导班子克服重重困难，排除体制机制障碍，开展外科学科建设。

面对场地不足、资金短缺等一系列困难，医院对外向友好单位借款25万元，对内向院内职工集资30万元，在门诊楼二楼建起了院内第一间手术室。

肿瘤科和外科两个学科的建立和完善，使医院在学科建设上实现了历史性突破。

很多医院人把它们比喻为站在地平线上遥望海中已经看得见桅杆尖头了的一只航船，比喻为躁动于母腹中的快要成熟了的一个婴儿。

它们的出现，承载着全体医院人的执着和梦想，成为了医院发展史上的一个重要里程碑。

二、不惧疫情，勇担重任

2003 年的春天，一个幽灵在中华大地上徘徊，“非典”的突如其来，为整个国家带来危难、恐慌和悲壮。在这场没有硝烟的战斗中，在生与死的考验面前，聊城市肿瘤医院的医务人员没有退却。

作为聊城市“非典”定点救治医院，医院的全体干部职工站在了抗击“非典”的最前线，冲向最危险的战场，一场生命保卫战拉开了大幕。

按照我市抗击“非典”指挥部部署，应急指令发出的当天下午 5 点前，要将 100 余名住院患者进行分流，实现全部病房腾空；次日早上 7 点，病房楼隔离按标准改造完毕，并具备接纳救治“非典”患者条件。

疫情就是命令。领导小组、专家医疗组、消毒隔离组、运输救护组、警戒组、后勤保障组等迅速成立，有关救治流程等预案制定完毕，医护人员接受了严格的战前培训。全院干部职工立即行动起来，3 小时便完成了对 100 余名住院患者的转院分流。后勤保障组成立 5 个工程队，仅用 1 夜时间便完成了对 4 个病房和外围的隔离改造。消毒隔离组对全院病房进行消毒处理，配齐各种抢救物品，做好一切收治患者的准备。

在这艰难危急关头，共产党员始终冲锋在前，面对严峻形势和生命危险，全院党员和医务工作者没有退缩，纷纷响应，“我要到最危险的地方去……”一封封饱含激情的“请战书”纷至沓来。

沧海横流，方显英雄本色。

全院干部职工众志成城，意志坚定架起抗击盾牌；党支部和一线科室冲锋在前，不怕牺牲，筑就钢铁长城。3个月里，隔离、排查、观察……全体医务人员在劳累和坚守中度过了90多个日日夜夜。

随着“非典”疫情的渐渐远去，很多人回想起那一幕，仍然不胜感慨。如果把抗击“非典”比作一部雄浑激昂的交响乐，承担救治工作的团队、党员和医务工作者就是每个乐章里的最强音。

在山东省委、省政府举行的抗击“非典”总结表彰大会上，聊城市传染病医院荣立“集体一等功”，医院“非典”救治组组长、呼吸内科主任商玉光荣立“个人一等功”，付春生院长及多人荣立“二等功”和“三等功”。至此，医院的功劳簿中又增添了闪耀的一笔，树立起永不磨灭的荣誉丰碑。

三、人文建院，根深叶茂

时间迈入2005年。

这一年，以付春生院长为首的医院新班子组成，为了寻找医院发展出路，树立职工发展意识，医院制定出九年发展规划，确定了“差距、责任、奋斗、辉煌”的医院发展理念和“建设全员学习型、绿色环保型、持续发展型一流专业品牌医院”的医院愿景。

质量、技术、品牌三个建设主题，推动医院医疗质量和服务水平持续提升，医疗市场不断扩大，病源逐渐增长。

优质、低价两个经营目标。明确了政府医院的使命与担当，实现了医院从不被社会了解到赢得群众信任的华丽转身。

在发展中积淀，在积淀中勃发。以文化行，以文塑型的医院大树在逐渐开花结果，展现风姿。

“规范管理年”“科技进步年”“品牌建院年”，三年提升技术水平，塑造专业放心品牌。

“优质高效年”“技术创新年”“文化建院年”，三年完善诊疗特色，塑造自身文化内涵。

“水平提升年”“服务创新年”“品质建院年”，三年增强服务能力，推进品质实力提升。

“学科建院年”“人才培养年”“境界提升年”，三年强化人才梯队培养，实现人生境界与道德境界再提升。

2018年“服务素养提升年”……每年一个主题，三年一个循环，三年一个台阶。

落脚点体现在医院承担社会责任，强化自身建设，关注员工成长，实现持续提升。

医院用爱深耕，从尊重每一个人和每一个生命入手，实现让生命尊贵、让灵魂高尚、让大家活出人生价值，成就精彩人生。

医院通过开展“六提、五讲、四美、三热爱”活动和“立身、立业、立家”等主题演讲，使每名职工完善自我，超越自我，做到内心阳光、充满爱心，通过开展“人生境界大讨论”和“书香家庭人文展示”等活动，全面提升科室和团队的思想意识和道德境界，让人人变成发动机、人人散发正能量、人人都具备阳光心态和工作活力。使院内充满温馨和谐，为家庭注入幸福源泉，让团队凝神聚力，实现爱与责任的有力传承。

现在，尊重人、理解人、关心人、激励人的理念已深植于员工内心，并成为医院“家文化”的最好诠释，赋予了医院更加强大的人文温度和丰富内涵。“健康、有为、谦谨、中正、明理、至善”的理念指引着员工成长。

规范系统的岗前培训、“青年学习型沙龙”“医院大讲堂”，让员工将学习变成一种习惯。

不同主题的岗位练兵、技术比武、服务竞赛、品管圈展示等活动，让员工在实践中得到锻炼与成长。

“做好本职工作就是人才”，激发着每个员工发挥出巨大潜能。

人人都是人才，人人都能成才，不让一个员工掉队，让大家在认识自我、重塑自我的基础上，找到了自身的闪光点，让成为更好的自己变成现实，让每个人的价值熠熠生辉。

现在，即使是院内的一名普通后勤维修工，也可以通过自己的勤奋努力，实现自身的价值与梦想，成为全院干部职工学习的榜样。

只要能干事就有平台，让有才能的人不屈才。

在这一经营理念指引下，医院对业务骨干实行低职高聘，将表现优秀的年轻同志及时选拔到管理岗位锻炼成长，对新进员工落实同工同酬。干部选拔六步法，营造出公平、公正、干净的干事创业环境。

干部履职“七个更”。展现出打铁还需自身硬的深刻内涵，以硬实力服众，让干部成为职工和群众的领路人。在创造良好成长环境的同时，医院更加关注干部职工的心灵养护，将“工作并快乐着”的文化理念传播开来，让每个人都能体会到厚重的人文滋养。健身广场、篮球场、老干部活动室、休闲公园的设立，使干部职工的身体有了健康养护之所。生日送上蛋糕祝福、婚礼送上鲜花祝愿、职工及父母定期免费查体，让干部职工的心灵情感找到家的港湾。

身心的愉悦，才能迸发激情。

医院职工自编自演的舞蹈《运河从俺门前过》登上水城明珠大舞台，成为整场晚会唯一的一个由非专业人员表演的节目，受到市委书记及参会领导的亲切接见。全体干部职工在和谐、快乐的氛围中，实现着爱自己、爱岗位、爱患者、爱家庭，为自己工作、为他人造福的目标，凝练升华起“与爱同行、和谐共荣、敬天爱人、兴院有德”的医院核心价值观。

四、兴院有德，仁医汇聚

不忘初心，方得始终。

医院提出建设鲁西地区最好人文医院的目标，医院以“建有道德的医院、做有道德的员工、做有良心的医务工作者”为总抓手，将医者使命与责任扛在肩上，记在心头。

（一）抓党建引领，用党员示范

党的群众路线教育实践活动、“三严三实”专题教育、“两学一做”专题教育活动得到深入开展，“1 + 1 好支部共建”、共产党员进社区、党员干部教育培训等活动全面推开，让每名党员发挥模范带头作用，用党的先进思想凝聚力量，鼓舞斗志，引领风尚，指导行动。

（二）抓医德医风，促服务提升

医院以“三好一满意”“优质护理示范工程”等活动为抓手，深化医德医风和服务水平提升，专门成立服务提升办公室和行风办，着力解决患者在诊疗就医过程中遇到的各种问题，运用电话回访、问卷调查、床旁沟通等多种形式，全面提升服务质量和水平，患者满意度达到 99%。

（三）抓文明创建，展天使风采

医院持续巩固省级文明单位创建成果，以社会主义核心价值观为统领，以“五个一工程”“四德工程”建设为平台，大力弘扬白衣天使无私奉献、爱岗敬业的精神。

现如今，医院已经形成了院领导靠扎实的工作作风带动，科主任、护士长靠无私奉献的精神带动，职工靠表现突出的优秀模范带动的良好氛围。

一批传承仁术、善行仁医的优秀医务工作者团队得以形成，成为水城医界的一道亮丽名片。

在这里，有三十多年如一日，始终以一颗强烈的责任心和仁爱的医者之心忘我地工作在救死扶伤临床一线的“全国医德标兵”“中国好医生”商玉光；有长期坚守在结核病防治一线的我市著名胸科专家、“德耀聊城好医生”荣誉获得者杨富增；有备受水城女性信赖，医德高尚的全市“十佳医德标兵”张俊华；有被广大患者和群众称之为“鲁西第一超”，获得“德耀聊城好医生”和聊城市“医德先进个人”荣誉称号的李永杰；还有 10 位“聊城好医生”荣誉获得者：冯庆亮、陈宗祥、苗朝良、宋来高、孙明晓、董林、梁甲旭、侯传强、杨国峰等。

这些模范人物在各自专业领域中独树一帜、大放异彩，如群星璀璨，成为患者的守护天使。

为了弘扬商玉光先进事迹，聊城市卫计委在全市卫生计生系统举办了 13 场

“全国医德标兵”商玉光同志先进事迹报告会，使水城仁医响彻鲁西。

榜样的力量是无穷的，患者至上的文化土壤在医院内不断生根发芽。现在医院随处可见医护人员推着担架车、轮椅陪同患者检查的身影；每逢节日都有热气腾腾的水饺、可口的月饼送到患者床前；为困难患者减免费用、送上职工爱心捐助等事例更是屡见不鲜。

国家级、省级、市级的“好医生”“好护士”在院内不断涌现，正从过去的一个“英雄”，变成了“最美群像”。越来越多“粉丝”也在现实中和媒体上为医者楷模点赞。

有的患者为了表达对商玉光的感激之情，便拨打了市长热线，要求对商玉光进行表扬，那是聊城市长热线开通以来，接到的第一个表扬电话。

有的患者经 301 医院专家推荐，慕名来找“鲁西第一超”李永杰，经过他的超声诊断，再细小的病灶也能被抽丝剥茧般地找出来。更有巴基斯坦医疗团队前来医院，向李永杰学习微波消融治疗肿瘤技术，使这一技术跨越国界，造福更多患者。

金杯银杯不如百姓口碑。在这里，不仅有众多的赞誉，还有来自患者内心深处的款款真情。

“辕门外三声炮如同雷震……”悠扬的曲调，浓郁的唱腔，让一位老人的脸上露出幸福的笑容。这位老人就是这场演出的组织者，名叫马善绪，20 年前他患上左腹股沟淋巴瘤，在医院肿瘤科陈宗祥主任的成功救治下，他得以长期生存，为了表达感激之情，他组织聊城市向阳艺术团来到医院，为全体人员献上一场精彩演出。那一刻，我们仿佛看到一面面锦旗正高高悬挂在一位位病患的心坎上。“与爱同行，兴院有德”的医院核心价值观在这里得到完美诠释。

五、初心不忘，造福桑梓

一颗赤心担道义，满腔热血济苍生。

作为聊城市唯一一家传染病专业救治机构，医院一直按照“平战结合”的原则，为保障聊城人民的身心健康默默奉献着，并经受住了多项重大疾病的考验。

2008 年，聊城市手足口病疫情突发，医院牺牲经济利益，腾空病房救治患儿，确保患儿零死亡。

2009 年，甲型 H1N1 流感爆发，医院全力投入救治。

2010—2012 年，连续 3 年做好手足口病救治工作，确保患儿零死亡。

2013 年，医院圆满完成人感染 H7N9 禽流感防控工作，为保水城一方安康做出积极的贡献。

众爱济沧海，涓涓暖民心。

医院在公益事业中不断前行，践行和承担公立医院职责，为百姓送去了爱心与温暖。

自 2009 年医院开展全球耐多药结核病项目以来，已为 300 多例耐多药患者提供减免费用治疗。有的贫困患者在得到救治后，满怀感激地对看望他的医务人员，高呼“共产党万岁”。

由于工作得力，医院被评为全国三个结核病耐药示范诊疗管理点之一。

2012 年，国家消化道肿瘤早期筛查项目落户聊城市肿瘤医院，使医院成为全国首家承担这一项目的地市级医院，项目旨在对 40 ~ 69 岁健康人群的消化道进行早期筛查、早期发现肿瘤、早期进行治疗。在工作中，医院为所有筛查群众提供免费的车辆接送、查体和早餐，确保不让筛查群众花一分钱。现在，医院已为全市 157 个自然村的上万名基层群众进行了免费筛查。筛查出疾病患者 173 人，其中早癌患者 149 人，均已得到及时治疗，多名基层群众送来致谢锦旗。

医院连续 5 年被中国癌症基金会、国家卫生计生委评为全国“优秀项目单位”。被省卫计委评为山东省癌症早诊早治项目先进集体。

在承担公益的同时，由于医院长期在艰苦环境中生存，离基层群众最近，接触的困难患者最多，不仅能够理解他们的就医需求，更能体会到他们的实际困难。

因此，医院采取“市级医院，乡镇收费”等举措，把仁慈与同情转化为行动，把关爱与帮助变成一种常态，把建成一所爱心、平价、有温度的医院作为自身的职责使命，让困难群众看得起病、看得好病成为永恒的责任与担当。

医院推行各项检查互认制度，患者在二级以上医院所作的大型检查和各种化验，无特殊情况不再重复检查，最大限度地减轻患者负担。

为做好城乡医院对口支援工作，医院与50余家乡镇卫生院建立帮扶联系，推进基层医疗水平提升。

医院开展“赶大集，送健康”、“三下乡”义诊和“服务百姓健康行动”等，将党的温暖送到百姓心中。

医院还与聊城市委宣传部、市红十字会联合开展了“关爱健康、情洒鲁西”肿瘤普查大型义诊活动。

与农工党山东省委、农工党聊城市工委、市卫计委、市总工会、市妇联等部门联合承办“健康山东•美丽山东，医疗卫生关爱行动”，联合国药控股聊城有限公司投资60余万元为600名贫困家庭妇女免费健康查体。

现在，医院勇挑重担、低价惠民、扶危济困的美名已经得到了人民群众的广泛认可，许许多多令人感动的瞬间被留存在人们心间，辉映着水城这方晴空。

六、锐意进取，信风扬帆

习近平总书记指出，幸福都是奋斗出来的。进入新时代，医院在前进的征程上，不断开拓创新，永不停歇止步。

医院以党的十九大和习近平新时代中国特色社会主义理论为指导，紧紧抓住我省新旧动能转换的重大历史机遇，用新视野认识新时代、用新思维开辟新局面。

（一）学科发展实现突破

医院秉持“大专科、中综合”的发展思路，推进重点学科优化，形成专科特色。肿瘤突出个性化综合治疗优势；胸部疾病突出快速诊断与专业治疗优势；肝病突出规范化合理科学治疗优势。医院市级重点学科数量实现了从1个到7个的历史性突破。

聊城市传染病和肿瘤专业质量控制中心、聊城市肿瘤防治办公室、聊城市癌症中心先后在医院设立，医院承担起全市肿瘤防治任务，对全市肿瘤、传染病专业进行质量控制与指导，医院学科发展步入一个全新的高度。

（二）人才队伍日益完善

现如今，医院硕士研究生达到近百人，省、市级学术带头人、硕士研究生导师、水城英才、市级杰出医生以及省、市十佳医师在不断增加。医院逐渐形成了以院内人才为基础、院外专家为支撑的宝塔式人才团队。

（三）医院空间不断拓展

放疗中心楼、东门诊大楼和病房综合大楼相继完成并投入使用，使医院打破空间发展瓶颈，营造温馨环境。

（四）诊疗技术取得进展

肿瘤个性化、人文化微创诊断与治疗现已成为技术亮点；高难度肿瘤粒子植入术、无痛胃镜下早癌治疗、介入治疗等取得新突破；胸腔镜、腹腔镜、宫腔镜、射频消融等微创诊疗手段的广泛应用让肿瘤无处遁形；基因治疗、免疫治疗、靶向治疗等多种治疗手段开创了医院在个体化、多学科肿瘤治疗的新模式；现在，医院的每一位患者都能得到精准、人文、个性化的治疗，许多晚期肿瘤患者在院内得到很好的照护，外地慕名而来的患者，实现了目的地医疗。

（五）服务水平和人文素养显著提升

医院以患者满意为标准，推行首问、首接负责制；强化人文沟通，推行临床路径，实行精准诊疗；开展人文护理、叙事护理、磁性护理等各项优质诊疗服务，让尊重人成为一种习惯，让尊重生命成为医者使命，让尊重灵魂成为做人的风貌，用超值感动服务赢得患者信赖。

现如今，医院综合实力一举跃居同行业领先水平。有十几家医院领导率团来院参观学习，慕名而来的患者也扩大到全国十多个省市。

医院先后荣获“全国百姓放心示范医院”“全国创先争优示范集体”“山东省卫生系统先进集体”“山东省医院管理先进集体”“全省惠民医疗先进单位”“富民兴鲁劳动奖状”“全省医院经济管理先进单位”，蝉联五届“山东省消费者满意单位”。

七、风正好，当扬帆

成绩的取得，并没有让肿瘤医院人感到满足，更没有就此止步，他们以“归零”的心态，在成功完成第一个九年发展规划的基础上，从 2015 年开始，他们已然奋进在第二个新的九年发展规划征途上。

三年上技术、三年铸特色、三年构中心。力争医院床位达到 1000 张，实现三级甲等专科医院建设，形成省级区域性肿瘤诊断、会诊、治疗中心。

医院力争跻身全国专科医院五十强，创建鲁西地区最好的人文医院，把医院打造成鲁西地区的人文高地、人才高地、技术高地和学科高地，为聊城人民的幸福生活与身体健康保驾护航，为“健康聊城”建设做出更大的贡献！

应势而为 创建医院发展新局面

青海省湟中县第二人民医院

按照医改“强基层、保基本、建机制”的总体部署，让优势服务资源关口前移、重心下沉到基层和社区，是解决群众“看病难、看病贵、看病远”的有效途径，2017 年 12 月下旬，湟中县第二医疗联合体审时度势，以创建“智慧卫生”为医疗卫生发展的着力点，充分借助“互联网 +”技术，组建湟中县医共体网络心电监测中心，在全省率先开通运营县、乡、村三级网络心电中心，北京世纪今科医疗有限公司免费提供 50T 云端服务器，并承担维护运营责任。

网络心电监测中心自运营以来，从起初第二医联体各成员单位，逐步扩展到全县县、乡、村及民营医疗卫生机构，累计分析心电病例 3.82 万人次，核心医院 19861 人次，乡镇卫生院 11065 人次，动态心电图（豪特）3142 人次，动态血压监测 4155 人次，处理心脏危急重症患者 432 余例；及时转入上级医院治疗 261 人，提高了心电病例诊治时效，促进了分级诊疗的落实，为群众带来福音。目前心电中心已在全县范围并网运行，覆盖 49 万人口，占西宁市人口总数的 1/4，心电诊断量高于我省三甲医院平均日诊断量（省内 9 家三甲医院覆盖人口 200 多万），效益日益显现。

湟中县医联体网络心电监测中心设在县第二人民医院，现有工作人员 5 名，由副主任医师、主治医师、技士组成，24 小时开展网络心电诊断服务。承担着全县 22 所医疗卫生单位及部分村卫生室常规及动态心电病例、动态血压实时传输、实时分析，网络心电监测中心专业诊断医生及时出具诊断结果并回传打印，让患者在家门口就享受到核心医院医生的专业诊断。心电疑难病例通过网络与中国心电医联体中心（北京阜外医院、解放军301医院、北京大学附属医院）进行双向会诊，累计开展12次远程会诊，诊断疑难病症19人次，视频远程教学2次，这种全新的网络心电模式依托大数据系统，操作简便，时效性高，只需要护士或者一般医务人员学会简单的心电操作和上传即可，解决了乡镇卫生院（社区）专业心电图诊断医生紧缺的矛盾，同时还统一了心电质控的标准，实质性地为乡镇卫生院（社区）留住了患者，确保了医疗安全，提升了医疗服务质量。

我县群加藏族乡，距离县城60余公里，到就近医院开车近2个小时，乡卫生院无熟悉心电诊断的医生，心脏病、心电异常患者往往得不到及时诊断，延误病情，如今通过网络心电监测中心联网，可以在5分钟内得到诊断结果，极大地方便了群众就医。

网络心电中心还可进行移动心电传输，在巡回医疗、基层心脏病筛查、不同人群健康体检等方面发挥了方便、高效优势，深得群众信任。

在7月27日北京召开的中国心电学论坛会上，我院就心电网络“湟中模式”做了大会交流发言，相比银川、福建、兰考、四川地区省市县医疗机构间的网络心电服务模式，我县这种县、乡、村三级心电网络服务模式得到市、省、国家医改办重视及认同，认为“有效组织和推进心电远程会诊，双向转诊，规范化培训等工作，真正提高了社区、基层医院的首诊水平，推动了分级诊疗制度的实施，是落实国家医疗卫生体制改革的良方”。会上，我院被授予“远程心电会诊中心示范基地”，在该领域走在全国前列。

11月15日20时，中央电视台第二套《经济半小时》节目播出“互联网：让名医走进乡村”专题播报，节目时长25分28秒，围绕“让偏远地区患者，在最短的时间内，获得最好的诊疗”，通过宁夏、孙逸仙心血管医院、湟中模式网络心电诊疗过程的报道，展现了心电网络监测远程会诊在患者诊治过程中方便、快捷、高效的优势，“让数据跑腿”，“花最少的钱，享受到专家的诊疗”，“远程医疗不仅加快了医疗资源上下贯通、信息互通共享，并且将优质的医疗资源下沉到基层医院，让偏远地区患者看病难的问题得到缓解”。

随着中央电视台“互联网：让名医走进乡村”专题播报，我县网络心电中心建设引起了业内关注，11 月 19 日，德令哈长江医院领导班子来我院参观考察，提出了与我县心电中心联网运行的建议。

12 月 4 日，市医改办考核组时，对我县医共体网络心电中心“湟中模式”给予了充分肯定，认为是今年医改工作中的亮点，提出发挥好先发优势，让网络心电中心“湟中模式”走出去，在现有基础主动出击，与我省、市及各州、县各级医疗卫生单位、外省帮扶医院沟通联系，建立合作机制，打造网络心电联盟，形成品牌，让优质医疗卫生服务走近群众身边。

在今后工作中我们将以点带面，聘请心电及心内科优秀专家，组建西宁市心电网络监测学会，并以此为契机，为突破点，为抓手，强化急诊、ICU、心内、健康管理中心等学科建设，形成完整的服务链，提升医院服务水平，打造区域医疗卫生服务高地。

深化医改 为当地百姓谋福祉

安徽省全椒县人民医院

全椒县人民医院始终以全心全意为人民服务为宗旨，秉承“厚德 精医 尚新 博爱”的院训，齐心协力、改革创新，致力于改变服务态度，改善就医环境，开展便民服务，提高患者满意度，为全椒卫生事业做出了突出贡献。

一、加强党风行风建设，强化劳动纪律意识

一是深入学习新党章、习近平系列讲话重要精神，以深入开展民主生活会，学习常态化、制度化为抓手，用党的最新理论武装自己，指导全院员工树立正确的价值观和人生观。二是改善服务态度，严格要求全院职工转变服务理念，树立人民医院为人民的服务意识。开展“全椒县人民医院好医生”评比活动，旨在树立良好的全医新形象。三是强化考勤制度的管理，劳动纪律明显好转。四是完善投诉机制，加强医患沟通，构建和谐的医患关系。在医院醒目位置公布投诉电话，畅通投诉渠道，加强对医患沟通办公室的管理，安排重点职能科室负责人轮流值班，对网络、电话、来访等各种投诉及时应对，以投诉问题为契机，优化工作流程，投诉量明显下降。五是开展患者满意度调查，每月由专人对住院患者和门诊患者分别调查，根据反馈及时整改。

二、全面提升医院服务能力，满足全县人民的医疗需求

一是加强学科建设，科学规划科室发展。2018 年，全椒县人民医院呼吸内科被评为“呼吸与危重症医学科规范化建设优秀单位”。肿瘤科得到进一步发展，

直线加速器机房投入使用；新开设医美中心，满足全县人民的医疗美容需求；体检中心搬迁新址，规范了体检项目。全椒县人民医院东区正在建设中，学科建设趋于完善。

二是积极加强与外院的交流。南京鼓楼医院的心超专家在全椒县人民医院长期坐诊，继续为小儿先天性心脏病筛查提供服务，获得了社会效益和经济效益的双丰收。与上海六院专家合作，推出新生儿先天性髋关节疾患筛查。与江苏省肿瘤医院合作成立肿瘤中心，于 2018 年 3 月开始工作日长期派驻专家在全椒县人民医院参与门诊及查房工作。与上海交通大学医学院附属同仁医院合作后，全椒县人民医院医美中心可以独立使用皮肤检测仪，冰点脱毛仪，M22 操作光子嫩肤，308 治疗白癜风，红蓝光治疗痤疮等仪器的操作。

三是有计划地引进和培养人才。积极开展高学历人才引进工作，对高学历人才予以经济上的补贴和政策上的支持。同时，重视对现有人才的进一步培养，吸引更多的人才留在医院，极大地提升全椒县人民医院的诊疗水平。

四是鼓励开展新技术。支持和鼓励新技术的研发，对开展新技术的科室和个人予以经济奖励，并纳入年底评优。2018 年成功开展了腹腔镜下肾上腺手术、腹腔镜下保留肾单位肾部分切除术等。影像中心新开展乳腺钼靶诊疗技术，提高乳腺肿瘤的识别。肿瘤科引进 CT 引导下的肿瘤穿刺技术。该穿刺活检术是一种微创、安全、准确的检查方法，其操作简便、并发症少、准确率高，能为大多数患者所接受。目前肿瘤科可以开展肺穿刺、肺部结节术前定位、肝穿刺、纵膈肿块穿刺、腹腔肿块穿刺等新技术。

五是加强医疗及护理质量管理，提升医院服务效率。全椒县人民医院开展医疗核心制度督查，使每位医生熟练掌握医疗核心制度内容并能严格遵守核心制度。每月对各科室药占比、耗占比、抗菌药物使用率、使用强度、临床路径完成率进行统计，统计结果直接与绩效挂勾。开展了病历抽查活动，每月对各科室的病历进行抽查，规范书写，提高病历质量。鼓励年轻职工走上管理岗位，鼓励医护人员支援基层。

六是实施绩效考核制度，充分调动医护人员的积极性。全椒县人民医院采用全新的绩效考核模式。绩效分配与工作量、岗位风险系数、技术含量、工作效率挂钩，与科室收入、检查开单、用药量、使用耗材量脱钩。并且每月根据药占比、耗占比、抗生素使用率、三费、临床路径与单病种付费率、双向转诊、医疗质量、群众满意度进行考核。绩效向临床一线合理倾斜。

三、加强医联体和医共体建设，创新医改新思路

以现代医院管理制度为指导准则，创新驱动开展医改各项工作。继续加强与外院的交流与联系，不断提升自身服务能力。

一是积极推进医联体和医共体建设工作。县人民医院与东南大学附属中大医院、江苏省肿瘤医院、滁州市第一人民医院等建立了紧密型医联体，并开展远程医疗服务。与大墅、二郎口、西王、十字、武岗、古河、古沛卫生院建立医共体，其中将二郎口中心卫生院建设成全省示范性紧密型医共体。二郎口中心卫生院已通过二级医院审批，得到了省、市卫计部门的认可。

二是为了打造全椒县医改新亮点，成立全椒县人民医院医共体中心药房。在医共体内实现“四个统一”，即统一用药范围、统一网上采购、统一集中配送、统一药款支付。

四、加强医院文化建设，提升职工集体荣誉感和归属感

一是重视宣传工作，扩大医院的影响力。全椒县人民医院微信公众号和全椒县人民医院官网进一步完善。微信公众号主要发布健康科普知识、医院各类活动以及 “最美全医”先进个人事迹。医院网站主要开设医院概况、医院动态、医疗动态、健康科普、护理天地、党建园地、信息公开、学术前沿、紧密型医联体和紧密型医共体等模块，尤其是检验报告可以在网站上实时查询，受到就医群众的一致好评。

二是开展形式多样的活动。文艺汇演、篮球比赛、羽毛球比赛等活动长期开展。根据职工需求，自觉自愿参与，开设了诗词、骑行、钓鱼、球类、旅行等 12 个兴趣小组，全院职工踊跃参与，丰富了职工的文化生活，增强了医院的凝聚力。

三是全人医志愿服务队如火如荼地开展。医院倡导职工和社会爱心人士积极参与，志愿活动不仅能帮助到患者，让他们感受到温暖，同时，锻炼了医护人员，让他们能够进一步改善服务态度。

四是长期开展义诊活动，服务当地患者。2018年，我院开展10余次不同规模的义诊活动，受到百姓的一致赞誉。

全椒县人民医院不断深化医改，医德医风明显改进，医疗质量稳步提升，技术水平不断提高，群众满意率不断上升，全院职工凝聚力不断加强。今后，全院医务工作者必须上下同心、攻坚克难，求真务实、奋力作为，为把全椒县人民医院建设成先进的现代化医院不断努力，为更好地服务全椒百姓不断进取！为全椒县的卫生事业做出自己独特的贡献！

沧桑巨变 铸就辉煌

——叙永县人民医院发展纪实

四川省叙永县人民医院 朱 静 范 涛 曾 理

叙永县人民医院位于川、滇、黔三省交汇处，素有“鸡鸣三省”之称的四川省泸州市叙永县。其建筑面积3.7万平方米，编制床位600张，全院职工636人，高级职称69人，设有临床科室18个、医技辅助科室7个，年服务患者20多万人次，是一所集医疗、教学、科研、预防和康复为一体的三级乙等综合医院。2017年，获“全国卫生计生系统先进集体”称号，是国家爱婴医院、省级院务公开先进单位、泸州市文明单位、叙永县最佳文明单位。在党和政府的正确领导下，医院在基础设施建设、医院管理、业务技术、服务质量、设备更新、人才培养、医德医风等硬件与软件建设及整体服务功能方面得到长足发展。

回顾往昔，1941年6月，叙永县人民医院始建于叙永县西城公园，开设病床仅20张，主要诊断常见病多发病和收容一般住院病人。叙永解放后，医院先后修建内科、外科大楼和教学大楼，增设了传染科、手术室、心电图室、病案统计室等科室，但条件仍相当落后。

1978年起，随着改革开放的逐步深入，医院职能部门增设办公室，逐渐健全各种医疗制度、规范医院管理。医务人员总数从60年代的107人增加到200人，无论是人力资源，还是医疗技术都成倍提高。能开展内科系统各种疾病诊治和危急重症的抢救，可进行开胸肺叶切除、上腹部及子宫全切等手术。成为当时泸州医学院专科学校的实习基地，同时宜宾卫生学校护士班在叙永县人民医院办班7届。

改革开放的浪潮给医院的发展带来了生机，叙永县被定为“三分之一”重点建设县，上级拔款20万元修建医技楼、行政办公楼和门诊大楼，投资80万元安装了制剂净化设备、400MAX光机、心腹两用B超机等医疗设备，医院门诊部增设了中医正骨科、镶牙科、急诊抢救室；住院增设了骨科、中西医结合病房。建立了总务科、财务科、制剂室等科室。进一步规范与二级乙等医院相适应科室设置和健全规章制度，规范各种技术操作规程，于1995年成功创建国家二级乙等综合医院。

千禧年之后，医院在认真开展各项医疗工作的情况下，自筹资金和上级拔专项项目建设款，修建行政楼、急救中心楼、住院内科大楼、感染病区，使医院面积增加到27755平方米。先后购买了CT、彩色B超、电子胃镜、生化分析仪、结肠镜、腹腔镜、呼吸机、麻醉机、多功能手术床等一批高尖仪器设备。同时大力培养人才，引进大中专毕业生，培育学科专业技术人才，建立了与“二甲”医院相适应的各职能部门、临床科室和必备组织机构。2003年成功创建国家二级甲等综合医院。同年初春，“非典”病毒突然袭来，向全人类发起挑战，地处川南的叙永，随着打工返乡的病员李屯海入住叙永县人民医院起，就此掀开了泸州市历史上抗击“非典”的第一页。为把“非典”阻隔在四川南大门外，四川省委、省政府决定在叙永龙安桥设置留验站，确定叙永县人民医院为收治“非典”病员的定点医院。在这场惊天动地、可歌可泣、没有硝烟的“战争”中，叙永县人民医院以救死扶伤为己任，恪尽职守、无私奉献，发扬抗非精神，守护生命健康。获得四川省全省防治非典型肺炎工作先进基层党组织、泸州市抗击“非典”斗争先进基层党组织、叙永县抗击非典型肺炎先进集体称号。

21世纪以来，随着医改的春风，医院根据医疗卫生发展的需要，持续发展较快，修建了急救中心、住院大楼、行政医技楼、感染病区、外科门诊综合大楼。严格院长负责制医院管理办法，建立健全了院科两级体系，做到了标准化、规范化、科学化和信息化管理。为提升医院医疗技术，2013年，医院与西南医科大学附院建立对口支援暨医疗技术合作项目关系，通过派驻专家、加强人才培养等方式，重点加强专科、科研等建设。创建市级重点专科 3 个，分别是儿科、骨科、呼吸内科；同时呼吸内科成为省级重点专科建设单位；在建市级重点专科 5 个，分别是麻醉科、心血管内科、肾病内科、眼科、检验科。2014 年，医院信息化建设通过四川省数字化医院评审。同年，按照国家精准扶贫要求，叙永县人民医院开始对口帮扶摩尼镇田义村，助力脱贫攻坚，在该项工作中表现突出，于 2016 年度获评叙永县脱贫攻坚先进集体称号，并带领该村于 2017 年完成整村脱贫任务，2018 年进入巩固提升阶段。“因病致贫”是贫困县脱贫的拦路虎，为了解决这一突出问题，叙永县于 2014 年 9 月开展全民预防保健工作试点，组建专家组，任命叙永县人民医院副院长李正业为县预防保健技术组组长，发挥叙永县人民医院龙头作用，指导乡镇卫生院、村卫生计生站开展常住人口体检、建档、干预与管理的人群健康管理工作，探索了健康管理培训体系，实施县级蹲点医师包保责任，以“以师带徒”对基层医务人员进行健康管理培训，提高基层医务人员健康管理能力，开展多种形式的健康教育与促进活动，引导农村居民作为健康管理第一责任人和“守门人”。试点工作先后得到了习近平、李克强、刘延东、汪洋等党和国家领导人的肯定性批示，入选了 2017 年全国年度改革十大案例备选名录。健康扶贫叙永模式在全省推广。2017 年，叙永县人民医院获得全国卫生计生系统先进集体称号。

70 多年沧桑巨变，自建立医院以来，经几代人的努力，医院在医疗技术、医疗服务方面取得成就，医院党政班子齐备，分工明确。设有党政办、医务部、护理部、信息科、财务科、医学装备科等 13 个职能部门；外科、内科、妇产科、儿科、重症医学科等 18 个临床科室；药剂、检验、放射等 7 个医技辅助科室。拥有磁共振、CT、数字胃肠机、全自动生化分析仪、血凝仪、腹腔镜、纤支镜、心脏彩超、多功能麻醉机、多功能手术床以及百级千级万级手术间。医院医疗技术由能治常见病、多发病的水平，持续发展到现在，科设置规范并以专业为主，逐步向专科发展。内科系列能开展呼吸内科、心血管、神经内科、内分泌、肾内、消化等各系统疾病的规范治疗和各种危急诊、多种疑难病症的抢救和治疗。外科系列能诊治多种疑难病症和颅脑、颈部、腹部、脊柱、妇产科、五官科各类手术水平达三级综合医院水平，并积极开展微创技术。医院在注重人才培养和医疗技术提高的同时鼓励科研，获宜宾地区科技进步奖 1 项，泸州市重大科学技术进步成果奖 1 项、通过鉴定 4 项，叙永县科技进步成果奖 3 项。医、药、护、技水平持续发展提高，具备相当处置公共卫生突发事件的能力，2017 年成功创建国家三级乙等综合医院。

如今，踩在医院旧楼木板上“嘎吱嘎吱”的声音已成为老一辈人医人的记忆。纵观历史，叙永县人民医院发展迅速；横向比较，叙永县人民医院处于本区域同级医院的前列。2017 年 9 月，按照国家“三甲”医院建设标准，投入资金近 6 个亿、建设规模 6 万多平方米的叙永县人民医院改（扩）建项目已经启动，预计 2021 年投入使用。在医院发展的道路上，叙永人医人正举全院之力，秉承“敬业、仁爱、求真、创新”的医院精神，努力为人民群众提供优质、价廉、高效、便捷的医疗服务，用智慧和汗水，为把医院建设成为川、滇、黔结合部区域优质中心医院而努力奋斗。人医人将踏上新征程，展望新目标，追逐新的梦想！

对标三甲 加强结对帮扶 打造化州家门口的南方医院

广东省化州市人民医院

近年来，化州市人民医院积极贯彻落实党的十九大报告提出的“实施健康中国战略”方针政策，坚持“党建引领，文化建院”的理念，以创三甲为目标任务，通过深化体制改革、提高医疗质量、精细优质服务、改善医疗环境、拓展业务范围等核心工作，锐意进取、开拓创新、攻坚克难，不断深化医疗内涵管理。以南方医院帮扶为契机，加强联盟合作，立足服务、突显特色，着力抓好环境、人才、专科、服务、设备等方面的建设，全面推进医院科学发展。该院综合服务水平和能力不断提升，今年1—10月完成门急诊34万人次、出院4.4万人次，同比去年分别增长49.33%、24.46%。综合实力排名由全省的第29位上升到第26位。医院整体面貌有较大改变，就医环境明显改善，医疗质量、技术水平显著提高，医德医风明显好转。医院就医环境、医疗质量、技术水平显著提高，充分体现了医院的公益性，医院的迅猛发展得到上级社会各界的认可与好评。

一、以党建引领，推动十九大精神落地生根

持续推进党建工作。不断加强党建阵地和总支及各支部班子队伍建设，开展“党员示范岗”创建活动，充分发挥党组织战斗堡垒作用和党员先锋模范作用。建立以“不忘初心，永远跟党走”为主题的党建文化墙，展示医院的党建工作和党员的风采，形成“讲党性，比奉献，树形象，促发展”的浓厚氛围。举办首届“七一”书画比赛，激发了员工对我国灿烂文化和语言文字的热爱之情，

丰富了员工的业余文化生活。开展系列创先争优活动，以评促改，形成人人争当先进、人人争做贡献的良好氛围。医务人员医德医风明显好转，拒收或退还红包、拾金不昧等现象不断涌现。开展“红旗医院进百村”大型义诊活动，组织党员职工200多人次的专家先后到市区和各个乡镇进行了义诊活动80次，组建巡回医疗队数量16次，开展巡回医疗活动40次，为住院患者免费做公益义诊手术1041台，为群众免费送医送药，打通百姓健康最后一公里。据统计，通过开展“红旗医院进百村”活动，为全市334个村级老百姓开展义诊和健康科普教育，避免老百姓因病致贫、因病返贫，深受群众的好评。“红旗医院进百村”的做法被《中国人口报》一版报道推介。

二、优化人才培养机制，强化重点专科建设

一是加大招聘力度，通过到高等院校现场招聘，吸纳本科以上的医疗人才；二是加强高层次人才引进，对引进的高层次人才给予倾斜政策，为他们创造良好的工作、生活条件，吸引人才。今年引进了多名研究生学历的医生，提升了医疗人才后备力量。三是加强现有人员的培养。每年选送骨干到三级以上大医院进行长、短期进修学习人数达121人次，投入教学经费200多万元。四是加强重点专科建设。依靠南方医院的技术帮扶，打造神经内科、心血管内科、胸外科、普外科、骨科、妇科省级重点专科。通过“请进来、送出去”方式引进学科带头人，提高专科建设能力，目前开展高难度三、四级手术，如PCI、ERCT、TIPS、食道癌等高难度手术率逐步提高，人才梯队逐步趋向合理，专科建设能力得到进一步增强。

三、对标找准差距，稳步推进创“三甲”工作

以创建三级甲等医院为目标，邀请了全国著名的“三甲”医院评审专家前来讲学授课，找准目标方向和差距所在。按照“三甲”医院目标方向，健全完善了实施方案和责任分解表，印发临床科室相关评审材料目录，召开创三甲工作推进会议，明确三甲标准任务分工，制定工作进度表，对临床创三甲专员、内审员进

行培训。近年来，通过创三甲工作的推进，健全完善了医院组织架构，明确了岗位职责；增添了 MR、DSA、CT 等大型设备；外聘了 40 多位高级职称的专家作为学科带头人，不断补充完善医院技术、设备等方面的短板，促创建工作正在有序进行，持续提升综合服务能力，向三级甲等综合医院目标奋进。

四、深化医改工作，惠民利民落到实处

通过破除“以药补医”机制，严格控制费用增长，大力改善就医环境，强化医德医风监管等一系列举措，医改工作取得切实成效，群众得到实惠。通过新技术应用、医药结构比例调整，探索精细化管理，逐步实行全成本核算，严控费用不合理增长，减轻群众负担。据统计，从实施医改以来，为群众减负 2763 万元，让群众切切实实感觉到医改带给他们的实惠。同时，该院不断完善就医环境，为群众提供便捷、安全、高效的医疗服务。新增设了介入室，升级改造 CCU、肿瘤科、超声科、检验科、病理科，设立门诊服务大厅、出入院办理盖章窗口，全面上线信息化工程，实现患者在网上预约挂号、收费、查询检查结果，极大减少就医的流程和缩短就医的时间。打造了粤西首家网络移动医院，为群众提供方便快捷的服务。投入了 3.1 亿元进行升级改造，建设内科大楼和业务综合楼，目前两个项目已开工建设，预计 2019 年底建设完成投入使用，增加床位 1000 张，可有效解决群众住院难的问题。

五、加强文化建设，医院文化建设品位持续提高

加强全方位的宣传文化建设，加强员工的思想道德教育，开展“不忘初、牢记使命”廉洁行医，全心全意为人员服务的宗旨意识教育，强调并践行技术与服务并重，逐步营造医院品牌效应。硬件建设通过统一全院标识，制作院徽、院训、院歌，提高内涵文化氛围，以改善技术与服务为宗旨，逐渐形成了医院的文化品牌效应。通过院讯、公众号、印发专科设备简介宣传小册子、制作门牌宣传展架、录制医院的宣传视频等，以及开设官方微信公众号和订阅号，让百姓了解专家信息，方便看病。目前，员工的整体文化素质有了较大的提高，逐渐形成优质服务

行为的品牌效应，逐步营造医院品牌。

六、加快推进医联体建设，实现资源下沉，提高县域就诊率

加强各基层卫生医疗机构的技术帮扶，进一步提高基层医疗机构综合服务能力和技术水平。2018 年派出 12 名主治职称以上的骨干医师到乡镇卫生院挂职副院长，参与医联体建设，着力提高基层卫生院的医疗技术水平。与多个社区卫生服务中心结成医联体。与广西中医药大学附属瑞康医院缔结专科联盟，建立跨省医联体，成立中西医肿瘤诊治中心；加入“华南神经内科缺血性脑血管病介入专科联盟”单位；放射科与广东医科大学附属医院建立医学影像专科联盟；神经内科与中山大学附属第一医院建立专科联盟，并加入“中国出血中心联盟”，成为联盟理事单位；泌尿外科与中山大学附属第二医院建立专科联盟。加强与南方医院“组团式”帮扶协作力度，进一步提升技术水平。作为该市医疗龙头单位，该院技术水平的提高，使该市实现了 85% 病人首诊在镇级的目标，较大幅度提高县域就诊率，实现大病不出县的目标任务。

七、推行优质服务建设，创优质服务成效显著

全面推行优质服务，邀请专业的培训师对员工进行培训，举办优质服务建设专题培训班。建立消化内科、神经外科、放射科、服务中心、体检中心、收款处等 6 个优质服务样板科室，以点带面推进全院各科室的优质服务。通过制定样板科室服务标准，并对照标准加强科室管理，培训师到科室指导 6S 管理，有效促进了样板科室的管理。进一步提升医院全体员工的服务意识，优化服务流程、改善服务环境、规范服务行为，提升患者满意度，加强团队凝聚力，为医院的优质服务品牌建设打下基础。广泛开展满意度调查，每月进行门诊、住院患者、员工、临床对职能部门的满意度调查，全年群众满意率达 92.15%，群众看病就医的获得感得到较大的提升。

守护人民健康 新乡市二院一直在路上

河南省新乡市第二人民医院

成立我市首家“贫苦烧伤患者慈善救助基金”，向家庭经济困难的烧伤患者提供更有效的医疗援助，帮助他们恢复身心健康，回归社会；走村串户开展走基层活动，践行着责任医院的不变承诺；相继举行“目标支持系统”“打造有温度的医护团队”等专题培训，不断提升医护人员的责任意识和服务意识……回望这一年，新乡市第二人民医院（以下简称“新乡市二院”）以服务病人为中心，以建设责任医院为目标，用实实在在的行动为患者服务，为社会服务，赢得了社会各界的一致好评和赞誉，在社会上享有很高的知名度、信誉度和美誉度。

一、践行动，担责任

（一）8 年 9 次走基层护佑人民健康

2018 年 10 月 30 日上午，新乡市二院专家队来到我市凤泉区人民医院开展医疗支持活动。该院专家深入各个临床科室进行床边查房、疑难病例会诊讨论、学术分享和交流、门诊坐诊等。此次活动是该院今年“健康走基层、专家献爱心”活动的第 30 站，标志着 2018 由新乡市卫计委、《平原晚报》及我院联合走基层活动的完美收官。

新乡市二院将“走基层”这件事情做了 8 年，开展了 9 次走基层大型公益活动，服务我市 300 多个村庄，受益群众达 6 万余人次，始终心系患者，践行着责任医院的不变承诺。

（二）成立我省首家“贫困烧伤患者慈善救助基金”

新乡市二院烧伤诊疗中心作为新乡市乃至豫北地区公立医院中的特色学科，

在各类大面积、重度烧伤患者的抢救救治过程中发挥了无可替代的重要作用，承担着我市乃至全国突发公共事件的烧伤救治任务。豫北地区烧伤发生率远高于我省平均水平，大多数烧伤患者发生在农村和生活相对贫困落后的地区，有很多患者因家庭经济困难得不到完善有效的治疗，致使病情加重，重者导致残废甚至死亡。加之烧伤患者抵抗力较弱，一旦遭受严重烧伤，常因病菌感染而引发脓毒症与败血症，死亡率相当高。为了向家庭经济困难的烧伤患者提供更有效的医疗援助，帮助他们恢复身心健康，回归社会，新乡市红十字会联合新乡市二院共同设立我省首个包含成人和儿童在内的“贫困烧伤患者慈善救助基金”，启动仪式当日共筹集181665元，全部善款归入专项账户。据悉，目前已经救助2名贫困烧伤患者。

（三）牵手乡村医生，守护人民健康

乡村医生是一个高尚而艰辛的职业，是国家基本医疗和公共卫生服务的承担者，也是广大群众生命与健康的“第一道健康守门人”。提高医疗水平和公共卫生服务能力是加快农村卫生事业发展、解决广大农民看病难的当务之急。11月12日上午9点，由新乡市牧野区卫计委主办、新乡市二院承办的牧野区乡村医生技能培训项目在该院顺利开班。采取集中培训、分组练习、逐一考核相结合方式对乡村医生进行全方位培训，确保培训效果。本项目分三期进行，预计将有200余名乡医接受培训。通过此项培训活动，将大大提高基层卫生人员理论知识和技能操作水平，为更好地守护全区人民健康奠定基础。

（四）跨越2000多公里开展医疗援助

2018年5月28日，受国药集团总部委派，新乡市二院普通外科副主任、主任医师陈继红和麻醉科医师戴海新随国药中原医院管理有限公司医疗队前往平均海拔4500米以上、年均温为 –0.3℃至 –0.6℃的青海省治多县开展医疗精准扶贫。这是他们第二次来到这里开展医疗援助。严重的高原反应、恶劣的天气，让他们每天上班都像是蜗牛一样一步一步走到医院。然而，他们没有一个掉队，努力在这有限的时间里为当地的居民提供更多的医疗援助，为全县乃至整个玉树州成功开展了3例无痛分娩，填补了全州此项技术的空白。

二、提内涵，聚人心

（一）心中有目标，行动有力量

为更好地将医院的目标管理系统化、流程化，激发职工内在潜能，促进团队建设发展，2018 年 7 月，该院导入“目标支持系统”，对全院中高层人员进行培训，经过 5 个多月的运行，医院各科室在目标完成、医疗质量、患者满意度、新技术开展、工作改进等方面取得了大幅度提升。之后，该院又相继开展了 5 期“打造有温度的医护团队”专题培训和“为梦想而来——教练型内训师”培训项目。该院在不到半年的时间里有将近 600 余名职工参与了学习和培训。通过这三个主题项目的导入，全院各团队之间在支持与被支持、关心与被关心、在相互碰撞中，逐步形成了“以目标为导向，对结果负责”的理念；实施四聚焦，即聚焦目标、聚焦当下、聚焦快乐、聚焦正向价值。形成了共同价值体现：心中有目标，行动有力量；只为成功找方法，不为失败找借口。在这些理念的引导下，全院上下围绕目标，呈现出心齐气正、争先创优的大好局面。他们不是忙碌在工作岗位上，就是奔走在乡村社区，工厂学校的路上，风雨无阻！他们用奋斗描绘出了二院美好的新时代！

（二）闪亮首届中国医师节

8 月 10 日晚，在该院烧伤中心楼和新病房楼之间的广场上，华彩的舞台明光闪亮，缤纷的霓虹灯交相辉映，20 余名青年医生举起右手一起宣誓，铿锵有力、激昂的声音回荡在该院上空，开启了该院“8 • 19 首届中国医师节”颁奖盛典。该院对突出贡献奖、优秀学科带头人等奖项获得者进行了隆重表彰，并为全院职工呈现了一场激荡人心、穿越时空、感动至深的视觉盛宴。晚会中，一位患者亲自上台感谢该院神经内科二病区医护人员对她的悉心照顾和精心治疗，所有在场的人们都被这温暖情深的医患真情所感动，现场响起了雷鸣般的掌声，该院“8 • 19 首届中国医师节”颁奖晚会在一片和谐美好医患真情中圆满结束。这是建院 66 年来规模和形式最大的室外庆祝活动。没有外援，没有协助，从主持人到演员，从晚会流程到舞台设计，从摄影摄像到后期视频制作等各项工作全部由该院独立完成。此次医师节活动为每一个二院人心中蓄满了力量和能量，他们心无旁骛，义无反顾，勇往直前，竭尽全力，他们坚信二院的明天更加辉煌。

三、强学科，助发展

该烧伤学科于 2009 年被河南省卫计委定为“新乡市烧伤诊疗中心”，2017 年 12 月建筑面积 12000 平方米的烧伤专科楼投入使用，形成集烧伤重症、小儿烧伤、慢性伤口、烧伤康复、整形专业等专业齐全的全国规模最大的烧伤治疗基地。2018 年，该院又被授予中国烧伤康复培训基地。神经外科率先在新乡市开展脑立体定向技术治疗帕金森病、微球囊压迫手术治疗三叉神经痛微创手术，脑出血、脑干出血等治疗，癫痫手术治疗，功能性神经外科技术已经完全成熟，神经脊柱已经初具规模，今年又以神经重症为突破口发展植物人促醒治疗也取得了可喜的成绩。骨科开展了 3D 打印技术、颈椎前后路联合手术、全膝关节置换术、小切口全髋全膝置换术等一系列高难度新技术，治愈的年龄最大的患者近 102 岁。心血管内科良好的人才梯队建设为学科发展保驾护航，每年的手术量达到 1000 多例。今年，该院胸痛中心顺利通过了中国胸痛中心认证，做到了胸痛病人的快速鉴别诊断和心梗病人最短时间内开通血管，打造了胸痛救治高速路。神经内科在我市率先开展急性脑梗死静脉溶栓、脑动脉取栓治疗，每年开展脑血管造影及神经介入治疗 100 余台，走在我市同行的前列。普外科开展的腹腔镜减重术已经辐射到内蒙、云南等全国各地，截至目前，已经完成减重手术人数 130 人，进入全国前十，并成为大华北减重与代谢外科联盟会员单位。在学科建设中，该院逐步进行学科细分，实行专科专治、专病专治的同时，2018 年新组建了肾病风湿免疫科、内分泌科、泌尿外科、肿瘤血液科等专科，同时还构建了多学科联合诊治平台，并正式成为“新乡学院第一临床学院”。

展望新的一年，新乡市二院人将牢记“广济天下，惠及百姓”的责任担当，落实“以病人为中心”的服务理念，以科技创新、管理创新为动力，以持续提高医疗质量为核心，与前沿医疗技术同步，为全市人民的健康造福，为医疗卫生事业的发展助力。

奋进在新时代的春风里

——咸宁市中心医院推动高质量发展纪实

湖北省咸宁市中心医院　汪姣慧　沈隽宁

“三级甲等医院”通过复审并授牌；生殖中心通过夫精人工授精技术评审；胸痛中心通过国家认证；卒中中心通过省卫健委认证；脑血管介入术、辅助生殖IUI技术等一批新技术新业务区域领先……

一项项医疗创新，标志着咸宁市中心医院发展迈上新台阶。

近年来，该院科学谋划，借鉴同济医院先进管理经验，大力推动医疗服务高质量发展，在医疗质量、学科建设、科研创新、人才队伍、从严治党等各方面，均取得显著成绩。

2018年，门急诊总量505725人次，同比增长10.9%；出院47383人次，同比增长19.0%；完成各类手术及操作12374台，同比增长23.4%。

一、聚力医疗质量，提升服务水平

医疗质量是立院之本，是医院永恒的主题。近年来，医院始终坚持“以人民为中心”的理念，大力提升医疗质量，持续优化患者就医体验。

为提升医疗服务质量、确保医疗安全，医院制定《医院重大手术报告审批制度》等规定，成立咸宁市病案质控中心，加强医疗质控督查，每月对质控会、危急值管理、住院超30天患者管理、非计划再手术管理、重大手术管理、会诊管理、病历质量等进行全面监管考核，考核成绩与科室绩效以及评先评优相结合，绷紧医疗安全弦，保障患者安全。大力推行多学科联合诊疗模式，针对复杂病患情况，成立由多学科专家组成的医疗团队，制定最佳治疗方案，并对患者进行全程管理，提供一站式服务。

为改善患者就医体验，医院开通手机预约诊疗服务、移动支付宝手机支付服务、在门急诊大厅为行动不方便患者设立共享轮椅等；护理部着力开展患者心理护理、健康教育等人文关怀护理，真正做到“以病人为中心”，为病人提供全程无缝隙的优质服务。

成立咸宁市区域医疗联合体开通远程医疗会诊平台，成立区域消毒供应中心、咸宁市新生儿转运中心、咸宁市康复疼痛专科联盟等，让咸宁卫生行业共享优质医疗资源，方便基层患者看病就医。

二、聚力科研创新，医教研齐步走

科技创新是推动发展的第一动力。该院全面加强科研人才队伍的建设和培养，坚持多学科创新发展，科研成果取得新突破。

2018 年，共获立项资助的各级科研项目 33 项，其中院内科研项目 16 项，院内探索基金 3 项，市科技计划项目 9 项，省卫计委项目 4 项，省自然基金项目 1 项，累计共获资助经费 39 万元。科研结题验收 10 项，刘启胜、甘方良、余开湖、吕旭东等主持 5 项省级科研项目获省科技厅科研成果。杜光、王定淼的科研成果获咸宁市自然科学优秀学术成果二等奖，江波涛、吴剑的科研成果获咸宁市自然科学优秀学术成果三等奖。

全院共发表医药科技论文 135 篇，其中 SCI 论文 10 篇，北大核心期刊 15 篇，中国科技论文统计源期刊收录论文 58 篇，编著 12 本，一般期刊收录论文 36 篇。科研论文被高水平医学期刊收录的比例显著升高。

省住院医师规范化培训招录工作圆满完成，全省范围内共招录住培学员 26 名；住陪结业学员 22 名，全科转岗培训结业学员 13 名。咸宁市全科医师转岗培训开班，来自全市各单位 150 名学员在该院进行为期一年的全科医生转岗培训。

成功举办“药物临床试验质量管理规范（GCP）培训班”，全院 260 余人通过考试获得了 GCP 证书。I 期临床研究中心顺利建成，已完成药物临床试验研究项目5项。这也标志着医院在真正意义上拥有了“医疗、教学、科研”三位一体、协同发展的功能，也充分体现了中心医院人一往无前的进取精神和敢闯敢试的创新能力。

三、聚力培训培优，建强人才队伍

人才是医院发展的核心竞争力。近年来，市中心医院狠抓培训培优，全面建强人才队伍，为医院长期健康发展打下坚实基础。

为实现临床学科向更高端、更精锐层次发展，该院连续多年做好人才引进及人才储备工作，从华中科技大学同济医学院、武汉大学医学院、南方医科大学等高等院校择优招聘应届硕博士80余人，临床学科基本达到硕士化。

今年，医院新增省、市高层次人才3人，国务院津贴1人，市政府津贴1人，专业技术二级岗位1人。全院博硕人员达343人，正高41人，副高232人。

启动海外研修项目，派出优秀医生、护士以及管理人员37人至海外学习，未来医院将派出更多优秀的年青医务工作者到国外进修学习，尽快培养出一批具有国际视野的人才队伍。开展高规格的医院管理培训班，选送优秀行政管理人员16人到同济医院培训，提高行政办事能力。

先后聘请英国皇家医学院院士高武图、德国杜伊斯堡－埃森大学、汉诺威大学多位教授为医院客座教授，促进双方科研合作、临床经验交流，不仅开阔了医院人才视野，也为该院实现“国内一流、国际知名”的愿景奠定了坚实基础。

在首届“中国医师节”上，医院给一批为医院做出贡献的新老医生颁发了突出贡献奖、爱岗敬业奖等10个奖项，共表彰105名医务工作者，让医学人才更有成就感。

四、聚力党的建设，推动作风转变

2018年，市中心医院始终坚持以“支部主题党日”活动为载体，夯实基层党建工作，其中 “支部建在专科上”被《健康报》评为党建工作创新案例。在做好规定动作的基础上，组织党员、团员志愿者深入乡村、社区、机关、学校，开展义诊、慰问、健康宣教、禁烟控烟、导医导诊等活动。其中，院领导带队走访各自结对的困难户，发放慰问金 14400 元；帮助通山改善慈口乡西垅村村委办公设施，规范医务室建设和药房配置，捐赠帮扶资金共计 50000 元。开展“养猪扶贫”活动，捐款筹资 36800 元，采购幼猪交贫困户饲养，帮助村民增收。

医院压实“两个责任”，特别加强对人事、财务、基建、物资采购、招投标等重点领域、关键部门的监督监管，每季度组织对落实中央八项规定情况、“三公经费”使用情况、“三重一大”事项的报告及执行情况等工作开展全面监督检查，对发现的问题提出整改意见并督促限时整改，有力促进全院转变作风，提升医疗服务效能。

新时代要有新担当，新起点展现新作为。

2019 年，市中心医院将以习近平新时代中国特色社会主义思想为引领，继续奋进在新时代的春风里，用更加突出的新成果、新业绩、新作为，向新中国成立 70 周年献礼。

援藏针灸医生在雪域高原上的新领悟

四川省成都市温江区中医医院

“援藏一期、造福一方”，秉承着这样的理念，温江区中医院史庆卫作为温江区第五批援藏医疗队的一名队员来到了美丽的甘孜州色达县。他坚信是医生就要服务患者，哪怕是去条件艰苦的雪域高原，也义无反顾。

史庆卫是温江区中医院康复科一名硕士主治中医师。2018 年 8 月，当他得知温江区要选拔第五批援藏医疗队赴色达县进行医疗支援，便主动请缨，向医院递交了援藏申请书。当他的妻子得知他要去艰苦偏远的地方医疗支援两年，非常不高兴。平时他和妻子工作都非常忙，经常加班加点，年迈的父母和幼小的儿子需要照顾，这下家庭的重担全部落在柔弱的妻子身上。另外，高原强烈的紫外线及严寒缺氧的环境对人的皮肤及心脑血管的强烈侵蚀，藏区高发的包虫病、结核病及艾滋病，都让他的妻子很担心他的安危。夜间他的妻子悄悄地留下了眼泪，史庆卫耐心做她的思想工作，让她理解这是国家重大决策，这是医院和组织的信任，让她理解医院少一个人影响不大，但在藏区多一个人能为更多的藏区老百姓解决病痛。妻子听后慢说：“家是最小的国，国是最大的家，为了我们最大的家繁荣富强，为了藏区尽快的脱贫，这个小家我能扛起来。”

2018 年 10 月，史庆卫放下对年迈的父母和妻子及刚满 4 岁儿子的思念和不舍，踏上让人心神向往的雪域高原，然而，史庆卫入藏后不久高原反应十分强烈，缺氧让他彻夜难眠，伴随头痛头晕，胸闷气紧，嘴唇紫绀，走几步路就气喘嘘嘘，常常走几步路就要坐在路边休息几分钟，高原上干燥的空气导致嘴唇干裂，鼻腔干燥流鼻血，对高原的饮食不适应引发胃肠炎。但如此恶劣的自然气候和生活条件并没有打垮他的意志，从合家团圆的小家庭来到无悔付出的援藏大家庭，对于家人的牵挂和亏欠没有消磨他的激情，因为他始终坚持他的理想和信念，“不忘初心，服务好藏区人民”，他始终履行自己的承诺，救死扶伤、身先士卒，奉献着自己的全部，舍小家为大家。

一、初上色达，埋头苦干

史庆卫刚分配到援助单位色达县藏医院，就面临医院二级乙等医院复审工作，巩固提升“二级乙等民族医院”是色达县藏医院全院干部职工持之以恒的梦想和夙愿，也是色达县藏医院院规划的重要战略目标，被列为色达县县政府全面决胜2020脱贫攻坚健康脱贫重大民生工程，既是造福民生的需要，也是民族医药事业良性发展的必然趋势，更是医院提档升级的关键所在。援藏队员史庆卫医生不顾初到高原缺氧及严寒等困难，立即投入对口康复科工作中。色达县藏医院康复科是甘孜州重点专科，是这次复审检查重点，史庆卫医生主动承担重点专科康复科的迎检工作，开展针灸、火罐的消毒及康复科医疗废物处置流程等培训，对照复审标准详细检查迎检资料，复审中圆满回答省级专家对重点专科的访谈，通过色达县藏医院援藏队员及全院职工加班加点共同努力，顺利通过了二级乙等民族医院复审工作。

二、“造血型”援藏，让“针灸”转动起来

如何将内地先进的医疗理念、人才技术优势带到藏区，从而实现藏区卫生事业的发展，是援藏干部努力破解的课题。

色达县是甘孜州较为偏远的地区，气候恶劣，条件艰苦。史庆卫讲：“刚到色达县藏医院，目睹眼前的一切，我惊呆了，看到的只有体温计、血压计、听诊器‘老三件’，缺医少药严重，群众看病非常难，特别是针灸理疗科成为一种摆设，处于闲置状态，业务基础基本为零……”对此，迅速开展针灸理疗技术，培训医疗业务，改善医疗设备成为史庆卫的“第一要务”。

史庆卫坚守在医院，周末加班加点向藏区牧民传授中医的好处，受气候等因

素影响，中风偏瘫、面瘫、颈腰椎疾病、风湿性关节炎是当地的常见病，重点宣传针灸理疗治疗中风偏瘫、颈腰椎疾病、面瘫、风湿性关节炎等“顽症”的显著疗效，用最短的时间把针灸理疗科所需要的器械全部整理安装完毕，合理安排针灸理疗科的布局，想方设法方便群众就医。

针灸、推拿、按摩……为藏区群众做这些中医治疗，史庆卫不但减免费用，还上门服务，甚至倒贴针具。这种在一些人眼里难以理解的做法，史庆卫却觉得理所当然。从小，他就被家乡的赤脚医生耳濡目染着，建立了悬壶济世的人生理想。“做太行山的名医”，是他从小向往的目标。家乡的赤脚医生对于贫苦的患者，往往不收医药费或者收得很少，这种善行义举深刻地影响了他。

史庆卫组织科室人员集中学习了浮针疗法新技术。史庆卫结合浮针疗法的主要内容、基本技法以及操作过程中的心得和体会，通过语言讲授及实际操作全面详细讲解了浮针疗法。患者彭某某系色达县中学一名计算机教师，患者长期颈肩部疼痛伴左上肢放射痛及麻木，疼痛剧烈，尤其上课时疼痛难以忍受，无法坚持上课，患者在郫都区港区医院行针灸理疗后疼痛缓解不明显，后患者来色达县藏医院康复科就诊，患者颈肩部疼痛明显，左上肢放射痛及麻木较前明显，通过查体及外院颈椎 CT 检查，诊断为颈椎病，背部筋膜炎及网球肘。患者在外行常规针灸治疗疗效不佳，安排在颈部及肩部行浮针治疗，经过三次治疗后患者颈肩部疼痛症状明显缓解，患者高兴地说：“在外地没治好的病，没想到在色达县藏医院治好了。”患者现在已重新回到工作岗位，继续为色达县的教育事业努力工作。

色达县中学初一学生，头晕头痛伴背痛已一月多，先后在色达县人民医院及马尔康州医院行头颅 CT、腹部彩超及生化检查未见明显异常，夜间突然疼痛明显加重，全身颤动伴恶心，双下肢无法行走。史庆卫夜间急诊出诊，根据中医急者治其标，针刺风池、合谷、太冲、外关、后溪、申脉、风池散寒祛风，通络止痛，背部腧穴拔火罐疏通经络，调和脏腑，艾灸神阙温经通络，益气祛风，活血止痛。经上述综合治疗后，患者面色逐渐转红润，全身颤动消失，诉疼痛缓解，可以下床走路，班主任和患者连声说“卡卓（谢谢），卡卓（谢谢）”。

70 多岁的老阿妈患有退变性膝关节病数年，夜间疼痛及上下楼梯非常困难，今年，她的病再次复发。在色达县藏医院就诊中，史庆卫用娴熟的针灸技术，仅用短短的几十分钟时间，便有效地缓解了她的病痛，老阿妈当场就能下地活动。“谢谢……”，老阿妈竖起大拇指点赞，用不太熟练的汉语表达着自己的感谢之情。虽然没有更多语言，但是目光中流露出的却是无限的感激和病痛缓解后的喜悦之情。

“西医辨病，中医辩证，中西医结合。”在援藏工作中，史庆卫一直秉持着这样的原则。事实证明，这样的原则很适合藏区医疗服务工作。小小的银针，居然有如此奇效。色达县藏民得知许多患者出现“奇迹”后，便一传十，十传百地前来咨询或就诊，针灸理疗室常常人满为患。仅三个月时间，史庆卫创办的针灸理疗服务就得到了广大藏民的认可，也整活了藏医院针灸理疗专业治疗。史庆卫也经常被藏民亲切地称为“门巴雅古”（藏语：好医生）。

史庆卫在色达县藏医院带了三个徒弟。他除了教授医疗技术，还特别重视培养他们预防疾病的意识。他要求徒弟们，要经常向群众宣传“大医治未病”的理念，使群众少生病、不生病。在徒弟们的眼里，史庆卫是个“医德高尚、医技高超”的好老师。“史老师不嫌病人脏，握着病人的脚去做按摩。我以前都做不到这样。”一位学生惭愧地说，大城市里来的人，能这样服务患者，真是令人敬佩。

“不仅仅授人以鱼，还在于授人以渔；不仅仅坐诊会诊巡回义诊，还要让受援医院掌握中医适宜技术；不仅仅治病救人，还要教会老百姓中医疗法。”三个“不仅仅”，道出了史庆卫在医疗援藏工作中的理念和做法。在他和徒弟的倡导下，一些藏区群众学会了艾灸、拔罐等简单的中医治疗方法，真正享受到了最大限度、最优质、最直接、最实惠的服务。史庆卫用四个字高度概括了中医药治疗对于广大藏区群众的重要意义：简、便、验、廉——简单、便利、灵验、廉价。

真情援藏，情系色达。“援藏医疗工作，对心灵而言，是一种净化和升华。”史庆卫诚恳地表示：“为援藏付出我深感荣幸。”他说，在色达，他领悟到一些从前领悟不到的东西。他觉得现在不应再把“利”理解成经济等方面的利益，而应该理解成“正能量”“价值观”“幸福感”等正面概念。拯救生命，播撒希望。援藏工作服务了广大患者，缩小了城乡区别，促进了民族团结，巩固了社会和谐。

在这片离云彩最近的地方，史庆卫放弃了内地优越的工作条件，他把色达当作第二故乡，忍受着高寒、缺氧、干燥对生命的侵蚀，忍受着孤独以及对家乡和亲人的思念，时刻把藏族同胞的健康放在心上，克服困难积极工作，创造条件多做贡献，把援藏上升到党的群众路线教育实践活动的高度去践行，只为在这片神奇的雪域高原为民族团结大业及藏区攻坚脱贫多做点事情，多留下点技术。

援藏是一种缘分，更是一份责任；是一次历练，更是一生的财富。援藏不仅开拓视野、磨炼意志，而且让心灵净化、受益终身，人生因援藏而更加精彩。

立足新时代 展现新作为
以高质量发展更好服务百姓健康

山东省潍坊市中医院

近年来，山东省潍坊市中医院始终坚持以新时代中国特色社会主义思想为指引，坚决执行新时期卫生与健康工作“38字”方针，坚定不移实施“四大”战略工程，努力推动医院高质量发展，群众的获得感和满意度显著提升，综合实力跃居全国地市级中医院前五强。医院先后荣获全国卫生计生系统先进集体、全国改善医疗服务示范医院、全国医患和谐医院等多个荣誉称号。

一、实施“人才强院”工程，打造人才集聚新高地

医院牢固树立“人才是第一资源”的理念，大力实施“人才强院”战略，创新人才引进、培养、使用和管理机制，为医院跨越发展提供强力的人才支撑。

（一）海纳百川聚人才

借力潍坊市“人才新政20条”，创新实行项目工资制和协议工资制等灵活多样的分配形式引进顶尖人才团队。加大中医人才引进力度，设立了1个院士工作站、6个国医大师工作室、6个全国名老中医传承工作室、2个学术流派传承工作室，共有55名同志跟师学徒，实现了由院内师承向跨地域师承的新突破。加强国内外合作，本着“一科室对接一国内知名专家团队”的原则，西京消化病医院潍坊整合医学中心、江西热敏灸医院潍坊分院落户医院，与中国中医科学院广安医院、西苑医院、北京中医院大学东直门医院、北医三院、天坛医院、上海交大附属医院等多家医院建立全面合作关系，借助外力促发展。

（二）固本强基育人才

利用举办和参加国内大型学术会议、远程教学查房等渠道，不断扩大人才“朋友圈”，加速高层次人才梯队培育。对标国内顶尖医院，定期和不定期安排临床科主任、护士长、业务骨干轮流带着课题、带着项目、带着问题到对标单位进修学习。鼓励支持在职人员接受更高学历教育，与北京中医药大学等大学合作，定向培养了一批专业博士，人才的创新能力和技术水平大幅提升。先后建成王法德、王景彦、张奇文3个全国及22个省市级名老中医专家传承工作室，7名同志分别被遴选为全国老中医药专家学术经验继承指导老师、全国中医药领军人才、山东省和潍坊市有突出贡献的中青年专家等称号。

（三）机制创新留人才

大胆创新人才激励机制，建立与医院发展相适应的收入分配制度，探索完善知识、技术、管理、技能等生产要素按贡献参与分配的方式激励人才，让各类人才看见奔头、干有劲头、尝到甜头，激发各类人才的创造活力和创新热情。建立人才交流互动平台，面向各类人才实行创新、子女入学、补贴申领等“一站式”服务，开通人才“绿色通道”，让人才干得顺心、舒心。

二、实施“质量立院”工程，培育区域医疗新高峰

医院始终把医疗质量放在首位，创新诊疗模式，提高临床疗效，打造以患者安全满意为核心的卓越质量管理文化模式。

（一）打造10分钟绿色抢救圈

医院作为山东省胸痛中心联盟单位、急诊急救医疗质控中心牵头单位，在实行心脏急救、脑病急救、骨伤急救、外科急救并行值班、联合救治的基础上，开启智慧急救模式，加强患者信息共享、远程急救指导和院内急救准备，做到了院前急救与院内救治的无缝衔接，急危重患者抢救成功率提高到了96%以上。

（二）积极开展重大疑难疾病中西医临床协作试点

医院在成立疑难杂病门诊和多学科会诊中心的基础上，充分发挥国家重点专科优势，成功创建国家重大疑难疾病中西医临床协作中心，非小细胞肺癌入选试点项目，形成独具特色的中西医结合诊疗方案，大大提高了重大疑难疾病、急危重症的临床疗效。

（三）构筑国内一流特色专科集群

各重点专科积极向省级、国家级行列迈进，脑病科成功创建山东省专科专病诊疗中心、国家高级卒中中心建设单位；心血管病科成为中国心衰中心建设单位、中国房颤中心建设单位；肿瘤科成为中国中医肿瘤防治联盟理事单位；介入医学科成为中国出血中心联盟理事单位；耳鼻喉科成为全国耳鼻咽喉头颈外科联盟成员单位；皮肤科成为京津冀皮肤科中西医融合发展联盟成员单位。另外，急性脑血管病的溶栓和介入治疗、脑病康复、急性心肌梗死、老年骨质疏松性椎体骨折成功创建为市级区域医疗技术中心；乳腺甲状腺肿瘤、老年痴呆病、股骨头坏死成功创建为潍坊市临床精品特色专科。

（四）新技术新业务蓬勃开展

临床医技科室瞄准医学发展前沿，积极开展人无我有、人有我优的高精尖技术 100 余项。其中，多学科联合开展的心脏不停跳体外循环辅助下肾癌根治 + 下腔静脉瘤切除、骨伤科开展的一体化治疗脊髓伤瘫痪和胸椎肿瘤后路全脊椎切除、心外科开展的主动脉窦瘤破裂修补、胸外科开展的单孔胸腔镜肺癌根治、消化内科开展的内镜下粘膜剥离、治未病中心开展的无痛蜂疗等多项技术在潍坊市率先开展；影像中心开展的头颈部动脉斑块高清磁共振成像和急性缺血性脑卒中多模态磁共振检查达到国内领先水平。多项技术在全国大赛中斩露头角，乳腺甲状腺外科连续三年蝉联全国青年医师乳腺癌手术视频大赛山东赛区第一名；肝胆胰外科获得全国精准护肝经典病例演讲比赛第二名。

（五）大力开展中医综合治疗

在每个科室设立中医综合治疗室，将中医综合治疗纳入科室常见病、多发病的中医诊疗方案和临床路径中，全院开展中医传统疗法 96 种。将中医经典理论与现代技术相结合，建立起了多种方法并用的综合治疗模式。脑病科开展的中风系统化治疗，骨伤科开展的外固定支架治疗骨盆骨折入选全国地市级医院百项绝活，开展的中药联合中医正骨成功救治抗生素耐药的重伤昏迷患者、中医整体治疗成功唤醒沉睡半年的植物人、中医特色疗法治疗“渐冻人”等特色技术均被《中国中医药报》进行了大篇幅报道，得到国家中医药管理局的认可。

三、实施“服务兴院”工程，树立优质服务新标杆

创新发展无止境，服务改善无穷期。医院以开展改善医疗服务行动计划为抓手，优化就医流程，完善服务细节，拉长服务链条，努力提升群众就医感受。

（一）成立全国首家中医互联网医院

在门诊，推出微信、支付宝、V派等7种预约挂号缴费平台，患者可凭身份证、医保卡、银联卡、就诊卡等随时随地预约挂号、自主择医、诊疗缴费、实时查询检查检验结果等，实名就诊率达到84%。在病房，实行护士站缴纳住院预交金，自助机缴纳住院预交金、住院费用清单打印、检查检验结果打印，推出住院病历复印支付室预约并快递到家服务，避免了住院患者来回奔波；推行移动医疗、移动护理服务，简化工作流程，减少医疗差错，提高整体工作效率。在中药厂，成立智慧云药房及中药智能配送中心，实现了诊疗、开方、审核、煎煮、配送“一条龙”服务，让患者在家里吃上好中药。

（二）深化优质护理服务内涵

先后开展了亲情化护理、品管圈管理、护理质量提升工程等系列活动，推行了无痛、无栓和快速康复病房管理，均取得良好效果。不断拓宽服务内涵，开展多元化健康教育，通过面对面、床头平板、发放健康教育处方、患者微信交流群等途径进行健康宣教。成立了“康爱家园”“糖之友”“风之媛”等22个患者俱乐部，开展健康宣教、咨询答疑、护理康复、心理干预等综合服务，成为患者战胜疾病的“健康乐园”，目前覆盖患者6万余名。

（三）创新实施“三级随访”服务

病人出院7 ~ 14天，由主管医生通过电话进行一级专业随访，指导病人治疗用药、康复锻炼、门诊复诊等；15 ~ 30天护士长进行二级健康随访；随访中心进行三级监督管理随访，就医疗质量、服务态度、医德医风等方面进行全面调查，发现问题，及时整改，将不满意的患者转化为满意甚至是感动、忠诚的患者，

真正做到把投诉和意见作为病人送给医院的最好礼物。

（四）大力推进中医药养老服务

医院充分发挥中医药在健康养老方面的优势，经市政府批准，与社会资本合作，按照“全龄化社区”的中医药健康养生养老理念，在高新区规划建设用地497亩的医养结合中心、在潍城区规划建设中颐国际生态健康城、在安丘市规划建设用地3090亩的中颐龙湖康养小镇，努力打造全国康养产业发展典范。

四、实施“人文名院”工程，谱写公益惠民新篇章

医院在做大做强的同时，时刻牢记社会责任，在精准医疗扶贫、提升基层能力等方面走在了全国前列，经验做法在全国中医医院院长培训班和中国医院院长年会上做了专题报告，受到与会人员的认可和评价。

（一）组建潍坊市中医医疗集团

医院作为全市中医龙头单位，面对中医药优质资源分布不够均衡、发展不充分问题，主动担当，积极作为，以开放共享发展理念为引领，于2017年10月牵头组建了覆盖县级综合医院、中医院、乡镇卫生院和社区卫生服务中心共147家成员单位的潍坊市中医医疗集团。加强基层人才培养，遴选专家到成员单位实施“一对一”“团队带团队”的导师带教制度；在免费接收来院进修的基础上，承办了全市经典中医药传承杰出人才千人培养工程，邀请知名院士、国医大师、全国名中医、学术流派负责人集中授课。加强基层学科建设，实施“一县一院”重点帮扶工程，成立脑病、骨伤、外科、消化等多个专科联盟，带动基层专科诊疗能力提升。积极开展远程协作，成立了远程心电诊断中心和远程医学影像中心，出资600余万元免费为基层单位配备了信息化设备，并提供免费会诊。目前，远程心电诊断中心成员单位发展到92家，日均心电诊断260余人次；远程医学影像中心成员单位发展到67家，日阅片量达到80人次。另外，潍坊市远程医学中心、远程病理诊断中心、远程检验中心正在加快建设中。

（二）开展惠民义诊送健康活动

组织专家到80个市直选派第一书记帮扶村及市卫计委挂职干部联系点开展

“送医送药送健康”大型义诊活动。成立义诊服务队、健康宣讲团、急诊急救骑行队深入广场、灾区、基层、企业、军营、学校开展了“服务百姓健康行动”和中医药文化大型义诊科普巡讲活动，每年服务群众10万余人次，让群众在家门口享受到三甲医院的优质服务。

（三）做实东西部精准扶贫协作

医院认真贯彻落实党中央、国务院关于打赢脱贫攻坚战三年行动的决策部署，与贵州省榕江县、重庆开州区、西藏南木林县、新疆生产建设兵团十二师等医院开展“造血式”帮扶，定期选派专家帮助开展新技术新项目、指导学科建设，免费接收受援单位人员来院进修学习；支持重庆市开州区大进镇卫生院改扩建项目和新疆生产建设兵团十二师国医堂建设项目，进一步提升了帮扶单位的内生发展动力。

在惠安县医院就医感觉真不错

福建省惠安县医院

“都说医患关系紧张，毋庸讳言，紧张的医患关系，是当前普遍的现象。但如果你近距离地观察医生、护士为病人忙碌穿梭的脚步，为抢救病人夜以继日奋战的身影，心中一定会产生一种别样之情。”

这是一名高龄产妇在我院生二胎时发的一则微信。看到后，笔者立刻想到，当社会聚焦于紧张的医患矛盾时，其实在医患之间也不乏温暖的正能量故事。为此，我连续深入多个科室，撷取了几则动人的小故事。

一、手术室里的温暖一幕

2017 年 1 月 18 日，惠安县医院微信圈里疯传了一组相片：照片上的小患者看样子才 5 ~ 6 岁，牵着她的手的是惠安县医院外三科陈添平医师，他是一个年轻帅气的小伙子。这一天小女孩要做疝气手术。

大人一听做手术都紧张，更别说小孩子了。到了陌生环境，爸爸妈妈都不在身边，能不害怕吗？为了缓解小患者紧张的情绪，陈医生灵机一动，陪她玩尽术前小儿诱导室里的各种玩具，给她讲故事，大手牵着小手在手术室的走廊里散步聊天。瞧，她眉开眼笑，还不时抬起头与这位大哥哥说着话，看样子，小家伙已经完全放松了，这一幕被刚好路过的同事拍下来。

“在手术室里，医护人员都会用语言、用眼神等安慰孩子，几乎都这样做过，这种画面十分常见。”面对笔者的几番追问，平常少言寡语的陈医生答话时更显腼腆。

二、为“折翼天使”插上“翅膀”

自2015年9月份调入康复基地工作，县医院年轻的护士吴冬燕从此与“折翼天使”结下不解之缘。吴冬燕已记不清楚自己到底抱了多少脑瘫儿，有多少残疾儿经她哄劝乖乖配合治疗。在她脑海里有一个坚定的信念：每一条生命都是值得尊重的，都应该得到最好的关爱。在康复基地，每个患儿每天都要接受8项治疗，时间长，强度大，孩子哭闹不配合，医护人员就自己动手制作玩具，给孩子讲故事，哄孩子玩，减轻孩子的紧张情绪。为缓解孩子的紧张以得到有效的治疗，未婚姑娘吴冬燕更是使出浑身解数，被我们戏谑为“未婚妈妈”。

走进位于县残联大厦的康复基地，经常看到这么一幕：瘦小的吴冬燕或怀抱着个胖嘟嘟的孩子，阳光照耀着孩子的灿烂的笑脸；或孩子把弄着她的头发缠着她的胳膊，生怕别人跟他抢这个阿姨似的；或看到她在旁边笑开了花，引导着孩子朝各个方向走路。原来康复训练也可以这么快乐……

康复基地医护人员在主任庄志鹏和护士长连亚霞的带领下，为让行动不便的病患们即使住院也照样能感受到传统节日里“家”的温暖，端午节那天，医护人员自掏腰包筹资，举办“浓浓粽香情，粽暖患者心”包粽子送患者活动。患者及家属对这突然的“意外惊喜”显得有些激动，脸上洋溢着欣喜与满足。“感动、太感动了……”很多病患及家属异口同声说了三四个“感动”。“他们恢复得这么好！真的比我们想象中的还好”。康复基地被患者及家属称赞为“温馨的港湾”。

三、细节体现爱

有句话叫“宁治十成人，不治一孩子”。“现在的孩子都是家庭的‘宝贝疙瘩’，家长对就诊期望值很高。有些家长在孩子生病时，稍有不顺，就把怨气撒在医务人员身上，投诉、辱骂甚至殴打医务人员。”儿科被称之为“哑科”。医务人员面对的是不会表达与沟通、容易情绪化的儿童，加之儿科病情变化多端，医务人员承受的压力可想而知。

工作和家庭的双重压力使儿科护士长李雪琼一度消瘦。由于儿科病人长期爆满，护理任务重，技术要求高，责任风险大，在困难和挑战面前，她没有退缩，这些年来一直超负荷工作。她练就一手精湛过硬的技术，静脉穿刺技术在院内小有名气。“我要阿姨给我打针。”有个小家伙每次来都“点名”要她挂针，第一次来的时候哭闹得很厉害，据说是以前查血，皮试两次很痛苦，到静脉注射时死活不干。她仔细寻找静脉，凭着几年来积累的临床经验和自我摸索的方法，终于摸到了一条看不见的细小静脉，稳健地边摸边进针。“扎上了、扎上了、太好了”全家人高兴不已。是啊，很平常的一次穿刺，却让孩子从此不再恐惧医院，这样的护理是人性化的一次升华啊！其实在我们县医院真实演绎了许多感人至深的医患故事，让我们再把视角投向外三科吧！

外三科护理团队赋予病人的人文化护理亲情化服务，病人都看在眼里，记在心上，从病人的留言、赠送锦旗就足以窥一斑见全豹。一位女性患者每次见到护士时，都很激动，紧紧拉住护士们的手，“孩子，孩子”亲切地叫着。问其缘由，她说：“这些护士不论对谁都甜甜地微笑，打针换药时，她们总是轻声细语，特别是帮我们这些老年人洗吹头发，剪指甲，不怕脏，特别有爱心！”

说来也怪，杨燕红年纪轻轻，却很容易和患者交上朋友。你或许会好奇，这是一个怎样的护士啊？但只要跟她聊一会儿天，你立即就会明白，一个好护士就该是这样：简单直接、温暖有爱。她正是用自己的人格魅力，处处为病人着想，让病人觉得是自己生活中的一个最亲密、最值得尊敬的朋友。因此她经常收到病人的感谢信，有时病人出院后还常到科室找她。

其实这只是县医院全心全意为病人提供亲情化温馨服务的又一细节的映射，但它充分体现了县医院以人为本的现代服务理念。

编后语：

这些事例都真真切切地发生在我工作所在的惠安县医院里，它体现出一种和谐的医患关系。是啊，医患之间从来不只是冰与火，还有情与爱，有相互的理解与支持。希望通过我们再将这份情传递给全社会，以助益和谐医患关系的重建。

因为良好的医患关系本身就具有治疗的效力，它可以使患者心情愉快、信心倍增，可充分发挥患者的主观能动性，增加患者对医嘱的顺从性和对自身健康问题的了解与责任，从而提高医疗服务的效果。

深化绩效薪酬改革　推行全面精细化管理 努力为人民群众提供更高水平的医疗健康服务

——子长县人民医院深化内部改革、提升管理质量纪实

陕西省子长县人民医院

子长县是国家和省市医改试点县。改革之初，这个县曾经以强化政府投入，率先实行药品集中采供、统一配送，打造了全国县级公立医院改革的“子长样本”，被各级媒体广泛誉为全国县级公立医院改革的排头兵、中国医改的风向标。但政府把医护人员工资、基础设施建设、药品补差及历史债务统一纳入财政预算后，公立医院如何实现“维护公益性、调动积极性、保障可持续”的改革顶层设计目标，是子长县人民医院面临的又一难题。对此，2016年新一届领导班子上任以来，紧紧围绕打造“陕北领先、西部一流、全国知名的现代化品牌医院”的奋斗目标，切实以深化人事及绩效薪酬改革，推行全面精细化管理，使全院总体呈现出门诊住院人次、患者满意度、医疗质量、职工收入的“四提升”和门诊住院次均费用、医疗安全事故、转院转诊率、医院运行成本的“四下降”，初步达到了患者、医务人员、医院和政府的“四满意”目标，促进全县今年荣获全国公立医院真抓实干成效显著示范县和全国卫生计生系统先进集体。那么，他们是怎样解决县级公立医院内部改革这个突出难题的呢?

一、主要做法

（一）创新绩效薪酬制度，破解内部改革难题

建立一套设计科学、操作简便、奖罚分明的人事及绩效薪酬制度，事关医护

人员的切身利益，是公立医院内部改革中最为难啃的一块硬骨头。正因为如此，医改以来，子长县人民医院在人事及绩效薪酬制度改革上下大决心、花大气力，不断探索创新，使人事及绩效薪酬分配改革日趋科学合理。首先，推行法人治理结构改革。成立了由县长任主任的管委会，建立了理事会、监事会，实行理事会领导下的院长负责制，进一步规范了政府、部门、法人的“三级责任”，实现了决策、执行、监督的“三权制衡”，真正形成了规范高效的现代医院运行新机制。其次，建立以当量值为核心的绩效薪酬制度，破解了公立医院内部改革的最大难题。一是推行“三量三度一服务”为核心的绩效分配方案，把工作数量、质量、效量、风险度、创新度、满意度和指令性服务作为院科一次分配的考核要素，缩小科室收支结余在院科一次分配中的权重，从根本上破除科室的盲目逐利行为。二是鼓励技术创新与开展新业务。出台手术管理“三项规定”，对全院创新开展、外请专家指导开展和重新开展的手术进行重点奖励，使新技术、新业务的推广应用成为全院工作的新亮点。截至目前，全院相继开展关节置换、高血压脑出血颅内血肿清除术、前列腺增生膀胱镜电切术、腹腔镜胆囊切除术、血液透析等二甲医院重点专科技术 20 余项，开展泌尿结石体外碎石、无痛电子胃肠镜、无痛人流等新业务 10 余项。三是薪酬待遇向一线医护人员倾斜。科主任、护士长不直接参与科室绩效总额发放，而是以科室绩效基数核算其绩效工资数额，由医院考核后统一发放，引导医院中层干部将工作重心向医疗管理、医疗质量和学科建设转变。四是推行差距控制管理。分别制定同科室医生、护士收入差距最高红线，使同科室医护人员的收入差距控制在 3 ~ 5 倍，既合理拉大了收入差距，又兼顾了多数职工的利益，充分调动了全体职工的工作积极性，促进了医院和谐发展。五是激励长期亏损科室。对亏损科室的财政拨付工资实行阶梯式扣除法，按照科室前三个季度亏损数额，第四季度按比例扣除档案工资，以增强科室发展动力。六是激发薄弱科室发展潜力。按照“托底、稳中、不封顶”的宏观调控原则，将全院发展相对滞后、技术薄弱的 4 个科室的效益工资计提比例提高 10 个百分点，促进薄弱科室不断拓展新业务。新的绩效薪酬分配制度推行以来，全院业务范围不断拓展，门诊住院人次持续增长。目前，临床一线医师月绩效工资达 7000 元，二线医师达 8000 元，科主任达 1.1 万元，医务人员年均收入由原来的 2.9 万元增长到 8 万元，最高可达 20 万元。

（二）突出精细化管理，奠定可持续发展基础

医院事业要发展，开源节流是根本。但如何开拓医院增收减支渠道，最大限度降低运行成本，子长县人民医院通过采取六项措施，深化内部财务制度改革，使全院步入历史上最佳的良性运转时期。一是实行财务收支两条线管理。按照全县公立医院改革方案，将财务收支分离，医院会计由县财政局委派，监督经济运行。二是推行 4 ∶ 3 ∶ 3 的业务收入分配制度。将全院收支结余的 40% 用于正常运转，30% 用于效益工资，30% 用于积累发展基金，奠定了医院事业可持续发展的坚实基础。三是坚持分类分项目全成本核算。对药械、总务库房、维修、木工电料等费用直计成本核算，对房屋折旧按所占面积采取成本分摊法计提折旧，对固定资产按服务年限，实行直线分配法计提折旧，对新增医疗设备，按盈利多少，采取阶梯分配法逐月计提，将人员成本按全额工资的 20% 分摊给科室，增强了职工的成本意识，确保了国有资产的保值增值。四是实行办公用品与耗材的实领结账制。科室在总务库房领取办公用品与耗材时，必须签写申领单，由科主任或护士长签字，主管院长批准后方可领取，月底从科室扣回成本后，以办公用品与耗材申领单为依据向供应商结账。五是实行财务运行情况分析公示制。每月召开中层干部会，对当月收支及运行成本、绩效薪酬和发展基金等财务运行情况进行通报分析，并在全院公示，接受职工监督。六是规范财务运行。制定出台了《内部财务管理规定》《财务科长、会计职责》等 70 多项制度，使财务管理渐趋规范，运行成本大幅下降。截至今年 9 月底，全院运行成本同比下降 0.72%，结余运转资金 627 万元，计提发展资金 268 万元，财务收支累计结余 895 万元。

（三）提升技术服务水平，增强核心竞争能力

让人民群众真正享受到质优价廉的医疗健康服务是医院事业发展的永恒主题。对此，子长县医院通过“请进来、走出去、上下联动”等方式，大力实施人才培养计划，切实加强学科建设，着力提升技术服务能力，严格医药费用控制，不断减轻群众看病负担。一是夯实基础设施建设，不断增强发展硬实力。由于精细化管理带来的成本剧减，2013 年至今，子长县人民医院依靠自身积累，不仅偿还了历史债务 1104 万元，同时投入各类医疗装备 3700 余万元，更新基础设施 960 余万元，完成急诊急救楼新建 800 余万元，使全院临床科室由 9 个增加到 15 个，医技室由 7 个增加到 15 个，病床由 300 张增加到 600 张，为建院 60 多年来，基础设施投资最大、项目最多、标准最高、进展最快、成效最为显著的发展时期。二是突出人才培养，努力提高技术服务软实力。近两年，通过与县上积极争取，新增编制 280 个，使全院编制达到 560 个，为今后引进人才留下了足够空间。与此同时，按照人才梯队建设规划，每年安排 150 万元专项经费，对新进医师进行规范化培训，每年选派 50 名以上护理人员到省市三级医院进行为期 3 个月的专业轮训，每年定向选派 15 名以上业务骨干到三级医院专科进修深造。三年安排 30 多名专业学科带头人参加了国家和省级学术年会，使人才队伍建设开创了历史新局面。三是打造重点专科，着力强化核心竞争力。按照《十三五发展规划》，全院依据转诊病种排名，新设了神经内外科、感染性疾病科、康复医学科、血液透析室、ICU 等 6 个重点科室，确定了急诊科、妇产科、骨科、新生儿科、皮肤科等 6 个重点发展科室，每年预算 300 万元，全方位提升学科发展水平，使神经内科、产科首批高标准通过了市级重点专科验收。先后与北医三院、省中医院、西安交大二院建立结对协作关系。在全省首创科室帮扶共建模式，与延安市人民医院神经外科建立科室帮扶协作关系。仅去年至今，争取省级三甲医院 10 批 30 人以上的专家团队到医院进行了为期半年或 3 个月不等的坐诊、查房、手术、教学等工作，累计接诊 2 万余人次，开展手术 200 余例，举办学术讲座 40 余次，有效提升了各科室开展新技术、新业务的能力。目前，全院平均每天有省级三级医院 4 位专家坐诊。四是狠抓医疗质量安全与医药费用控制，切实提升社会影响力。重新确定了 46 名二线、三线医师，全面推行以三级医师查房、手术分级管理、抗生素使用分级管理等为主的十五项核心制度。制定了《外请手术管理办法》，确保诊疗行为更加规范。坚持合理检查、合理用药、合理治疗原则不动摇，结合临床实际，开展了妇产科、外科等专业 20 个病种的临床路径管理。组织全院副主任及以上职称的医师开展处方点评活动，从源头上纠正和避免了大处方、滥用药等现象。每月召开中层干部会，对当月医疗质量进行分析，对医生门诊处方数与挂号数、药占比与检查阳性率按科别进行排名，分析通报该比例可能存在的处方外流、推诿病人、大处方、滥用药等不良现象。在此基础上，把医疗质量与绩效薪酬制度挂钩，全面推行以三级综合考评为主的绩效工资制，其中，对科室的考评以缩短平均住院日、提高床位使用率、降低药占比、提高患者满意度等公益性指标为主要内容，对医务人员的考评以医德医风、劳动纪律、医疗质量、工作总量等激励性指标为主要内容，有效强化了职工的质量意识，在全县广大群众中赢得了良好口碑。为此，全院荣获 2016 年省级文明单位，院长光荣当选陕西省十三次党代会代表，出席了省党代会。

（四）强化为民惠民举措，改善患者就医体验

围绕“一切以病人为中心”的服务宗旨，子长县人民医院连续推出 35 条便民惠民新举措，为患者营造了一个方便快捷的就诊流程和温馨舒适的就医环境。一是开设急救急诊绿色通道。对急危重患者实行先就诊、后挂号，先抢救、后交费，先住院、后办手续的“三先三后”制度，确保危重病人得到及时救治。二是实行总值班制度。每天安排一名院级领导为总带班，同时安排行政总值班、医疗总值班及护理总值班，确保了急诊急救和院内突发事件的应急处置。三是出台了《门诊管理制度》，要求门诊医生合理安排工作，确保门诊到位率。该制度运行以来，单日门诊量突破 1000 人次，是医改前的近 10 倍。四是打造无假日门诊和无假日医院。全面推行专家、科主任无假日门诊，高薪返聘 9 名离退休专家到门诊坐诊，全部科主任、副主任职称以上医师上门诊，使门诊医师由原来的 21 名增加到 72 名，实行上、下午轮班，节假日、双休日轮休制，最大限度满足了群众特别是上班族、上学族的就医需求。五是推行陪检、陪护制度。新增导医分诊人员 16 名，强化训练，统一着装，成为医院一道亮丽的风景。对住院患者，由专职护理员全程陪同检查，成为医院传递温馨服务的新名片。六是破解“三长一短”现象。分设了收费窗口，为医技室安装了电子叫号系统，减少了医患摩擦。七是强化收费公开公示制度。推行“一日清单”“费用查询”“价格公示”和患者“五知道五明白”制度，让患者明白消费。八是严格执行药品集中采购、统一配送制度。

将医用耗材纳入集中采购统一配送范畴，使药价整体下降40%，各类试剂下降15%，高值耗材下降25%。同时开设便民药房，免费为群众提供用药指导和疑难咨询，药品与医院药房同质同价，免挂号、免排队、可刷卡，方便了群众就近低价购药。九是落实扶贫惠民举措。每年为农村五保户、孤寡老人、残疾人等贫困人群减免医药费用15万元左右。抽调83名医生组成贫困人口大病专项救治专家组，开展1对1帮扶救治工作，确保全县贫困大病患者得到及时救治。同时，全面启动贫困人口“一站式”结算工作，畅通“一站式”结算绿色通道，极大解除了贫困人口的医疗负担。

二、初步成效

这两年，是子长县人民医院改革攻坚克难、管理推陈出新、质量大步提升、服务日臻完善的两年，也是医院活力最强、发展最快、医务人员积极性最高、群众得实惠最多的两年。两年来，全院干部职工凝心聚力，奋勇进取，开创了一项又一项新纪录，取得了社会、经济效益的双丰收。一是服务能力与水平明显提高。截至今年9月底，全院门诊13.7万人次，较医改前增长142%；出院1.4万人次，较医改前增长330%；完成手术1434例，较医改前增长120%。二是公立医院公益性凸显。目前，全院住院次均费用5010元，门诊次均费用186元，药占比25.1%，成为省市同类医院中医疗价格最低、群众得实惠最多的二甲医院。三是收入结构发生本质变化。医改前，全院总收入3566万元，其中财政补助637万元，占总收入的17.8%；医疗收入1178万元，占总收入的33.03%；药品收入1751万元，占总收入的49.1%。截至今年9月底，全院总收入12110万元，是医改前的3.4倍多。其中财政补助收入2557万元，占总收入的22%；医疗收入9500万元，占总收入的79%；药品收入2552万元，仅占总收入的21%。四是医院事业步入可持续发展轨道。由于医疗条件的巨大改善和技术水平的大幅提高，全院业务量猛增，经营收入呈翻番式增长态势，而全面精细化管理又使运行成本大为降低。这一升一降不但使这个县级医院自我造血功能空前释放，更为可喜的是随着全院整体功能布局的逐步完善和自我积累基金的日益雄厚，政府投入压力相对缓解，财政保障性机制更加巩固。

三、几点启示

子长县人民医院的深刻变化，使我们深深感到：一是医改的顺利推进，关键在于医护人员积极性的充分调动，而医护人员积极性充分调动的前提是绩效薪酬分配制度的科学合理。医改以来，子长县人民医院通过四次调整，建立了以当量值为核心的绩效薪酬分配制度，一次比一次完善，一次比一次科学，既保证了职工收入的稳步增长，又通过差距控制管理，兼顾了多数职工的利益，凝聚了大局意识和团队力量，确保了各项改革举措的顺利推进。二是公立医院能否生存发展，技术能力是核心。医改初，由于技术力量薄弱，全院日门诊量始终徘徊在200 ~ 300人次，日住院量100 ~ 200人次，年均业务收入维持在2000万元左右。医改后特别是近两年，由于技术能力的大幅提升，日门诊量始终稳定在700人次左右，单日门诊量最高突破1000人次，单日住院量突破540人次，年均业务收入过亿元，有效实现了公立医院改革的顶层设计目标。三是医院事业要可持续发展，精细化管理是必然选择。子长县人民医院由医改前负债1104万元，到目前积累发展基金268万元，依靠的正是精细化管理带来的增收节支，这为全院未来发展奠定了更加坚实的经济基础。

多措并举 扎实推进
邓州市中心医院不断深化公立医综合改革

河南省邓州市中心医院

自2012年8月我院被确定为河南省首批县级公立医院改革试点医院以来，医院高度重视此项工作，严格按照国家卫计委和省、市关于深化公立医院改革的工作部署，认真贯彻落实。我们抓住破除“以药养医”这个关键环节，全力推动公立医院改革工作，从提升基本医疗服务能力、深化人事分配制度改革、完善绩效考核制度和加强上下联动等方面入手，满足人民群众基本医疗服务需求，切实解决城乡居民看病难、看病贵问题，取得了一定成效。

一、医院简介

邓州市中心医院始建于1932年，由最初的“邓县人民医院”，历经“邓州市人民医院”“邓州市第一人民医院”“邓州市中心医院”三次更名，通过几代医务工作者的艰苦奋斗、不懈努力，现已成为邓州市唯一一家集医疗、保健、康复、急救为一体的国家“二级甲等”综合医院，是河南省首批40家县级公立医院综合改革试点医院之一，是河南科技大学、南阳医专、邓州卫校等多家医学院校的临床实习基地；承担着邓州市及周边邻县200余万人口的医疗救治工作。

医院现有职工1163人，其中高级职称65人（正高级职称6人，副高级职称59人），中级职称207人，编制床位1200张，开放床位1155张，年门诊量34万人次，住院病人4.2万人次。拥有德国西门子1.5T磁共振、美国通用64排128层螺旋CT、美国瓦里安直线加速器、美国柯达800mA数字化成像系统（DR）、德国西门子大型C臂血管造影系统等居国内先进水平的医疗设备。近年来，邓州市中心医院在医院管理、学科建设、学术研究等方面取得了令人瞩目的成绩，神经内科被纳入河南省县级重点专科建设项目，儿科、普外科、神经内科等7个学科被评为南阳特色专科；医院先后荣获国家“二级甲等医院”“爱婴医院”“全国百姓放心示范医院”“全国模范职工之家”“全国节约型公共机构示范单位”“全国五四红旗团支部”等荣誉称号。

二、主要工作

（一）改革运行机制，切实减轻患者就医负担

1. 合理调整医疗服务价格

医院成立了以院长为组长的邓州市中心医院公立医院综合改革试点工作领导小组，制定了《邓州市公立医院综合改革实施方案》，按照总量控制、结构调整、医药价格联动的原则，对医院的业务发展情况、收支情况及负债情况进行全面摸底，摸清了医改前运行成本与医改要求之间的差距，并严格按照邓州市物价管理办公室、市人力资源和社会保障局、市财政局和市卫生和计划生育委员会《关于调整邓州市公立医院医疗服务价格的通知》要求，合理调整门诊医师服务费、护理费、手术费和治疗费等医疗服务价格，向人民群众提供更加优质、高效、安全、价廉的医疗服务。

2. 规范药品采购供应管理

医院严格按照省有关规定，将基本药物作为首选药物，医院配备、使用基本药物比例稳步提高，逐步达到基本药物收入占药品收入比例的50%。同时，严格执行药物集中采购政策，在省集中药品采购平台采购率达100%。8月21日，医院按照河南省卫生计生委《关于我省用量大药品议价部分（第一、二批）采购使用的通知》要求，对使用中的西药品种60余种、中成药20余种共计300余批次进行价格调整，药品累计降价约22余万元。

3. 稳步推进诊疗服务模式和药品销售改革

2011年5月1日，启动新农合按病种付费试点工作，积极、稳步推进临床

路径管理工作；2012 年 12 月 3 日零时起，在销药品（除中药饮片外）取消药品加成，实行药品“零差率”销售；2014 年 1 月 10 日，启动“先住院、后付费”诊疗服务模式；2015 年 9 月 10 日，医院新农合患者日间手术费用被纳入新农合报销；9 月 1 日，大型医疗设备检查费、各项化验费一律下调 5%。通过全面实施这些惠民举措，仅药品“零差率”销售这一项医院已让利患者达 7300 万元，有效减轻了患者的就医负担，得到了广大人民群众的高度认可。

（二）提升基本医疗服务能力，满足人民群众就医需求

医院始终坚持把公益性放在首位，一切围绕病人需求，全心全意为人民群众的健康服务。为城乡人民群众提供基本医疗服务，开展常见病、多发病的治疗和急危重症病人的救治；为基层卫生院提供技术培训和业务指导，承担部分公共卫生服务。与此同时，面对心脑血管疾病连年增长的严峻态势，为缩短早期救治时间，提高急性心脑血管疾病救治成功率，我院加强对心血管内科、神经内科、神经外科等临床专科建设力度，把脑卒中防治中心、胸痛中心纳入 2017 年医院重点建设项目，积极整合医院医疗资源，优化诊疗流程，打破原有分科治疗的壁垒，为急性心脑血管疾病患者开通急诊绿色通道，采取多学科参与、多层次管理、多环节联动的医疗服务模式，提高了急性心脑血管疾病救治成功率，降低了病死率、致残率。

先后投入 1200 余万元完成了 HIS（医院信息管理系统）、LIS（实验室信息管理系统）、PACS（影像归档和通信系统）、EMR（电子病历系统）等信息化管理系统，数字化医院管理模式降低了运行成本，与医保和新农合联网，对全院网络设备同步进行更新，增加了住院部医生工作站、护士工作站、门诊医生工作站，体检系统、财务核算系统、自动办公系统（OA）等。

同时，我们优化门诊服务流程，设立导医台随时解决患者在就诊中遇到的问题，扩展网络管理平台新功能，增加门急诊就诊叫号系统、就诊“一卡通”、微信预约挂号、微信支付等。我院信息化建设实现全院网络覆盖，提高了医院管理水平和整体服务能力，初步打造出安全、先进的数字化中心医院，提升了医院服务品质，改善了患者就医感受。

（三）加强上下联动，提高整体医疗服务水平

1. 筹建成立联合心脏中心

2016 年 11 月，武汉亚洲心脏病医院与我院联合心脏中心成立，由武汉亚心医院派出 10 名心脏病诊疗专家和管理团队常驻我院。目前，我院已成为河南省仅有几家具备 24 小时开展急诊介入治疗能力的县级医院之一，心脏病介入治疗能力达到同级医院领先水平。

2. 我院与上级医院建立长期对口协作关系

我们抢抓南水北调对口支援机遇，积极与复兴医院对接，力争用 3 ~ 5 年时间，把我院妇科宫腔镜诊治中心建设成为区域内的优势特色科室。同时，我院与郑大一附院联系对接，在我院设立河南省远程医学中心邓州分中心；依托河南省远程医学平台，自筹资金百万元建立市乡（镇）两级远程心电网络。今年以来，借助远程医学平台已为 356 名门诊、住院患者提供了高效、便捷的医疗服务，有 1260 余人次的医务人员接受了远程医学教育培训，14 个乡镇卫生院已建成远程心电网络工作站。

3. 与 12 家乡镇卫生院建立医联体

我们与构林镇、桑庄镇、汲滩镇、彭桥镇等 12 家乡镇卫生院建立医联体，积极探索双向转诊服务模式。对医联体成员单位加强业务指导和培训，通过预约诊疗服务、急诊急救绿色通道、简化就诊流程等措施，方便患者就医。累计培养、培训基层全科医生转岗、乡镇骨干医师 62 人次，并向彭桥镇卫生院赠送价值 10 万元的救护车一辆。医联体内就医的便捷性更为突出，可以优先享受门诊、住院的转诊通道，预约专家门诊等，提高了医联体成员单位的诊疗服务水平。

（四）深化人事制度改革，提高全员工作积极性

建立和完善以聘用制度和岗位管理制度为重点的人事管理制度，制定了邓州市中心医院《人员聘用实施方案》《中层干部聘用实施方案》等，经市卫计委审核，报市人社局核准，核定编制 1560 人。通过竞聘上岗、按岗聘用，实行同工同酬，为职工缴纳养老、生育、医疗保险和公积金，激发干部职工干事创业的热情。

加强人才队伍建设是促进学科建设的首要条件，医院在人才引进方面得到了市委、市政府的大力支持，为我们开辟了引进人才的“绿色通道”。随着河南省“369人才工程”的实施，2017年我院引进了硕士研究生3名、医疗专业本科生25名、护理专业专科生10名。

（五）完善绩效考核制度，推动医院深层次改革

我们修订、完善了《绩效工资考核方案》，活化工资分配激励机制，将职工工资分为岗位工资、岗位绩效和奖励性绩效工资三部分。按照医改政策的要求，进一步完善现有工资方案，坚持“多劳多得、优绩优酬”的原则，实行医院、科室二级成本核算，将绩效工资考核严格与医疗服务的数量、质量、技术难度、成本控制、群众满意度等紧密关联，向临床一线和重点岗位、重点人员倾斜，不断激发医务人员工作积极性。